Buch-Updates

Registrieren Sie dieses Buch auf unserer Verlagswebsite. Sie erhalten damit Buch-Updates und weitere, exklusive Informationen zum Thema.

Galileo BuchUpdate

Und so geht's
> Einfach **www.galileocomputing.de** aufrufen
<<< Auf das Logo **Buch-Updates** klicken
> Unten genannten **Zugangscode** eingeben

Ihr persönlicher Zugang zu den Buch-Updates: 06GP69110935

Liebe Leserin, lieber Leser,

ich freue mich, dass Sie sich für ein Galileo Computing-Buch entschieden haben!

Dieses Handbuch zum Exchange Server und Live Communications Server wird Sie begeistern. Es behandelt *alle* Bereiche, die für einen Administrator, der in Microsoft-Netzwerken zuhause ist, relevant sind. Sie finden hier keine reine technische Referenz, keine endlosen Funktionsbeschreibungen, sondern wirklich lösungsorientiertes Wissen, das Ihnen weiterhilft. Dieses Werk gehört wohl zu den eindeutig professionell ausgerichteten Büchern zum Thema. Und da Profis es nie mit nur einem Produkt zu tun haben, wird der Gedanke der Integration verschiedener Server hier ganz groß geschrieben. Denn neben Exchange werden Sie sich auch für den LCS, den ISA- oder Windows-Server interessieren. Das ist schließlich Ihr tägliches Geschäft.

Dieses Buch wurde mit großer Sorgfalt begutachtet, lektoriert und produziert. Sollten sich dennoch Fehler eingeschlichen haben oder Fragen auftreten, zögern Sie nicht, mit uns Kontakt aufzunehmen. Sagen Sie uns, was wir noch besser machen können. Ihre Anregungen und Fragen sind jederzeit willkommen.

Viel Spaß beim Lesen wünscht

Judith Stevens-Lemoine
Lektorat Galileo Computing
judith.stevens@galileo-press.de
Galileo Press · Rheinwerkallee 4 · 53227 Bonn

Auf einen Blick

1	Über dieses Buch	27
2	Aufbau des Buchs	27
	Teil 1 Das Service Pack 2	
3	Exchange 2003 – Service Pack 2	33
	Teil 2 Grundlagen und Planen	
4	Einführung in das Thema Collaboration	47
5	Erster technischer Überblick	57
6	Solutions Design	75
7	Exchange und Active Directory	83
	Teil 3 Kernaspekte Exchange Server	
8	Routing	129
9	Storage	203
10	Öffentliche Ordner	267
11	Administrative Gruppen	305
12	Richtlinien, Vorlagen und Adresslisten	319
13	Front-End-/Back-End-Architektur	347
	Teil 4 Connectivity & Security	
14	Clients	369
15	Sichere Anbindung an das Internet	483
16	Sicherheit	501
	Teil 5 Installation und Upgrade	
17	Installation	633
18	Migration/Upgrade auf Exchange 2003	671
	Teil 6 Betrieb	
19	Betrieb und Administration	737
20	Backup, Restore und Desaster Recovery	809
21	Verfügbarkeit	867
	Teil 7 Live Communications Server	
22	Live Communications Server 2005 – Ein Überblick	903
23	LCS – Installation und Konfiguration	925
24	LCS – »Externe« Clients und Föderationen	939
25	LCS – Administration	955
26	LCS – Sicherheit	965
	Teil 8 Development	
27	Entwicklung	977
28	Programmieren mit CDO (CDOEX)	987
	Anhang	
A	Problembehebung in Warteschlangen	1033
B	Zu überwachende Parameter (Jetstress-Test)	1037
C	Performance Monitoring, wichtige Datenquellen	1039
D	Outlook Level 1 Dateianhänge	1049
	Index	1053

Der Name Galileo Press geht auf den italienischen Mathematiker und Philosophen Galileo Galilei (1564–1642) zurück. Er gilt als Gründungsfigur der neuzeitlichen Wissenschaft und wurde berühmt als Verfechter des modernen, heliozentrischen Weltbilds. Legendär ist sein Ausspruch »Eppur se muove« (Und sie bewegt sich doch). Das Emblem von Galileo Press ist der Jupiter, umkreist von den vier Galileischen Monden. Galilei entdeckte die nach ihm benannten Monde 1610.

Lektorat   Judith Stevens-Lemoine
Korrektorat   Friedericke Daenecke, Zülpich
Einbandgestaltung   Barbara Thoben, Köln
Titelfoto   zefa visual media
Herstellung   Steffi Ehrentraut
Satz   SatzPro, Krefeld
Druck und Bindung   Bercker Graphischer Betrieb, Kevelaer

Dieses Buch wurde gesetzt aus der Linotype Syntax Serif (9/11,5 pt) in FrameMaker. Gedruckt wurde es auf chlorfrei gebleichtem Offset-Papier.

Gerne stehen wir Ihnen mit Rat und Tat zur Seite:
judith.stevens@galileo-press.de bei Fragen und Anmerkungen zum Inhalt des Buches
service@galileo-press.de für versandkostenfreie Bestellungen und Reklamationen
stefan.krumbiegel@galileo-press.de für Rezensions- und Schulungsexemplare

Bibliografische Information Der Deutschen Bibliothek
Die Deutsche Bibliothek verzeichnet diese Publikation in der Deutschen Nationalbibliografie; detaillierte bibliografische Daten sind im Internet über http://dnb.ddb.de abrufbar.

ISBN 3-89842-691-2

© Galileo Press, Bonn 2006
1. Auflage 2006

Das vorliegende Werk ist in all seinen Teilen urheberrechtlich geschützt. Alle Rechte vorbehalten, insbesondere das Recht der Übersetzung, des Vortrags, der Reproduktion, der Vervielfältigung auf fotomechanischem oder anderen Wegen und der Speicherung in elektronischen Medien. Ungeachtet der Sorgfalt, die auf die Erstellung von Text, Abbildungen und Programmen verwendet wurde, können weder Verlag noch Autor, Herausgeber oder Übersetzer für mögliche Fehler und deren Folgen eine juristische Verantwortung oder irgendeine Haftung übernehmen. Die in diesem Werk wiedergegebenen Gebrauchsnamen, Handelsnamen, Warenbezeichnungen usw. können auch ohne besondere Kennzeichnung Marken sein und als solche den gesetzlichen Bestimmungen unterliegen.

Inhalt

| 1 | Über dieses Buch | 27 |

| 2 | Der Aufbau des Buchs | 29 |

| Teil 1 | Das Service Pack 2 | 31 |

| 3 | Exchange 2003 – Service Pack 2 | 33 |

3.1	Mobiler Zugriff	35
	3.1.1 Push-Technologie	35
	3.1.2 Zertifikate und Verschlüsselung	36
	3.1.3 Remote Wipe	36
	3.1.4 Suchen in der globalen Adressliste	37
	3.1.5 Policies für den Zugriff von Mobilgeräten	37
3.2	Spam-Bekämpfung	38
	3.2.1 Intelligent Message Filter	38
	3.2.2 Sender ID-Technologie	38
	Wie erstelle ich meine Sender ID-Einträge im DNS?	40
	Abfrage der Sender ID einer Domain im DNS	41
3.3	Sonstiges	41
	3.3.1 Datenbankgröße der Standard Edition	41
	3.3.2 Verbessertes Management von Öffentlichen Ordnern	42
	3.3.3 Verbesserungen beim Offline Adress Buch (OAB)	44
	3.3.4 Aktivieren von MAPI-Access/Erzwingen des Cached Mode	44
	3.3.5 Sonstiges	44

| Teil 2 | Grundlagen und Planen | 45 |

| 4 | Einführung in das Thema Collaboration | 47 |

4.1	Haben wir überhaupt Probleme?	50
4.2	Kosten und Wirtschaftlichkeit	53
4.3	Microsoft Collaboration	55

5 Erster technischer Überblick — 57

5.1	Editionen	59
5.2	Die Exchange-Organisation	60
	5.2.1 Active Directory	61
	Schema-Erweiterung	62
	Active Directory und die Exchange-Organisation	62
	Eine Exchange-Organisation – ein Forest	64
	5.2.2 Serverrollen	65
5.3	Clients	65
	5.3.1 Outlook	66
	Cached Mode	66
	RPC over https	67
	5.3.2 Outlook Web Access	67
	5.3.3 Outlook Mobile Access (OMA)	68
	5.3.4 Exchange ActiveSync (EAS)	68
	5.3.5 Mobiler Zugriff – the Big Picture	69
5.4	Speichern von Nachrichten	70
	5.4.1 EDB, STM und LOG	71
	5.4.2 Postfachspeicher und Informationsspeicher für Öffentliche Ordner	71
	5.4.3 Speichergruppen (Storage Groups)	72
	5.4.4 Größenbeschränkungen	72
	5.4.5 Recovery Storage Group	72
5.5	Exchange und andere Serverprodukte	73

6 Solutions Design — 75

6.1	Szenario 1: Kleineres Unternehmen mit einem Standort	77
6.2	Szenario 2: Größeres mittelständisches Unternehmen	78
	6.2.1 »Traditioneller« Aufbau	78
	6.2.2 Progressiver Aufbau	79
	Zentrale Struktur, Outlook Web Access	81
	Zentrale Struktur, Terminal Services	81

7 Exchange und Active Directory — 83

7.1	Active Directory Grundlagen	85
	7.1.1 Logische Struktur	85
	Domain	85
	Tree	86
	Vertrauensstellung	87
	Forest	88
	OU	89
	OUs vs. Gruppen	90
	Zur Unterscheidung: Authentifizierung und Autorisierung	92

	7.1.2	Praktische Überlegungen zum logischen Design	93
		Abbildung des Unternehmens	93
		Übersichtlichkeit und Verwaltbarkeit	95
		Replikation	98
	7.1.3	Physikalische Struktur	98
		Standorte	98
		Zeitpläne und Verknüpfungen..	100
		Bridgeheads	100
	7.1.4	Namensraum	102
	7.1.5	Global Catalog	102
	7.1.6	Gruppenrichtlinien	104
		Gruppenrichtlinien anlegen und abarbeiten	104
		Arbeiten mit der Group Policy Management Console (GPMC)	107
		Übersichtlichkeit gewährleisten..	107
	7.1.7	Betriebsmaster-Rollen	107
		Warum gibt es diese speziellen Funktionen?...	108
	7.1.8	Netzwerkdienste	109
		DNS	109
		WINS	110
		DHCP	110
	7.1.9	Das Schema	110
	7.1.10	Von Klassen und Attributen	111
7.2	**Exchange im Active Directory**		112
	7.2.1	Namenskontexte im Active Directory	112
		Schemanamenskontext...	113
		Konfigurationsnamenskontext..	113
		Domainnamenskontext..	113
	7.2.2	Exchange in einer einzelnen Gesamtstruktur	114
		Recipient Update Service/Empfängeraktualisierungsdienste	116
		Notwendige Berechtigungen für die Benutzeradministration................	116
	7.2.3	Exchange in der Ressourcendomain	118
	7.2.4	Exchange in einer Umgebung mit mehreren Gesamtstrukturen	119
		Was ist gesamtstruktur-übergreifend nicht möglich?............................	119
	7.2.5	Zugriff auf das Active Directory	120
		DSAccess..	120
		DSProxy	121
		AD-Zugriff durch Outlook...	121
		Optimieren des AD-Zugriffs für Outlook	123
	7.2.6	Verfügbarkeit	123
7.3	**Live Communications Server im Active Directory**		124
		Active Directory-Strukturen	124
		Anforderungen an das Active Directory...	126

Teil 3 Kernaspekte Exchange Server   127

8 Routing   129

8.1	**Routing aus 10.000 m Höhe**		132
	8.1.1	Nachrichtenübermittlung innerhalb der Organisation	132
	8.1.2	Nachrichtenübermittlung an einen Internet-Empfänger	132

8.2	Protokolle in Exchange 2003	134
8.2.1	SMTP	134
8.2.2	Konfigurationsmöglichkeiten für virtuelle SMTP-Server	135
	Karteikarte »Allgemein«	135
	Karteikarte »Zugriff«	136
	Karteikarte »Nachrichten«	139
	Karteikarte »Übermittlung«	141
	Allgemeine Anmerkungen zur Konfiguration virtueller SMTP-Server	142
	Virtuelle SMTP-Server und Performance	143
8.2.3	HTTP, IMAP4, POP3, NNTP	143
8.3	Connectoren (= der SMTP-Connector)	143
8.3.1	SMTP-Connectoren und virtueller SMTP-Server	144
8.3.2	Die Konfiguration eines SMTP-Connectors	145
	Karteikarte »Allgemein«	145
	Karteikarte »Adressraum«	149
	Karteikarte »Verbundene Routinggruppen«	151
	Karteikarte »Inhaltseinschränkungen«	151
	Karteikarte »Übermittlungsoptionen«	152
	Karteikarte »Erweitert«	153
	Karteikarte »Empfangseinschränkungen«	155
8.4	Der Internet Mail-Assistent	156
8.5	Routinggruppen	158
8.5.1	Routing zwischen Routinggruppen	160
	Hub-and-Spoke-Topologie	160
	Komplette Vermaschung der Routinggruppen	161
	… und andere Varianten	162
	Routingbeispiele	164
8.5.2	Anlegen einer Routinggruppe	166
8.5.3	Server verschieben	166
8.5.4	Routinggruppen-Master	166
	Ausfall des Routinggruppen-Masters	167
8.6	Der Routinggruppenconnector	168
8.6.1	Anlegen und Konfigurieren	169
	Karteikarte »Allgemein«	169
	Karteikarte »Remotebridgehead«	171
	Karteikarte »Empfangseinschränkungen«	172
	Karteikarten »Inhaltseinschränkungen«, »Übermittlungsoptionen«	172
8.7	Verbindungsstatus und Routing	172
8.7.1	OrgInfo-Paket und Verbindungsstatustabelle	172
	Aktualisierung der Statusinformationen	175
	Schwankender Verbindungsstatus (instabile Verbindungen)	176
8.8	Kostenoptimiertes Routing	177
8.8.1	Beispiel 1	177
8.8.2	Wichtig: Die IP-Konfiguration	178
8.8.3	Beispiel 2 (Hub-and-Spoke-Topologie)	179
8.8.4	Beispiel 3: Internet-Anbindung	181
8.9	Load Balancing und Fehlertoleranz	182
8.9.1	Lösung mit einem Connector	182

	8.9.2	Lösung mit mehreren Connectoren	183
	8.9.3	Anmerkung zu Namensräumen von SMTP-Connectoren	184
8.10	Diagnose und Problembehandlung		185
	8.10.1	Statusüberwachung mit dem Exchange System-Manager	185
	8.10.2	Warteschlangen	186
		Bedeutung der Warteschlangen	187
	8.10.3	Ereignisanzeige	188
	8.10.4	Performance-Monitor	189
	8.10.5	Zentrale Überwachung mit dem Microsoft Operations Manager	190
	8.10.6	Third Party-Produkte, Quest Spotlight on Exchange	190
	8.10.7	Allgemeines zur Fehlersuche	190
	8.10.8	Statusüberwachung mit WinRoute	192
	8.10.9	DNS-Konfiguration	192
	8.10.10	SMTPDiag	193
	8.10.11	Tracking von Nachrichten (Nachrichtenverfolgung)	194
	8.10.12	Netzwerkmonitor	197
	8.10.13	Active Directory-Konfiguration	198
8.11	Mit Exchange Nachrichten aus POP3-Postfächern holen		198

9 Storage   203

9.1	Ein wenig Datenbanktheorie		205
9.2	Speichergruppen und Datenbanken		207
	9.2.1	Unterschiede zwischen den Editionen	208
	9.2.2	Struktur der Exchange-Datenbank	209
		*.edb und *.stm	210
		Transaction Logfiles und Circular Logging	211
		GUID	213
		Single Instance Storage	213
	9.2.3	Speichergruppen	214
	9.2.4	Postfachspeicher	216
		Karteikarte »Allgemein«	217
		Karteikarte »Datenbank«	219
		Karteikarte »Grenzwerte«	220
		Karteikarte »Volltextindizierung«	221
		Karteikarte »Richtlinien«	222
	9.2.5	Informationsspeicher für Öffentliche Ordner	223
		Karteikarte »Allgemein«	223
		Karteikarte »Replikation«	224
9.3	Email-Archivierung (Journaling)		225
	9.3.1	Journaling-Varianten	226
		Message-only-Journaling	226
		BCC-Journaling	227
		Envelope Journaling	228
	9.3.2	Funktionsweise	230
9.4	Dimensionierung von Plattenbereichen		233
	9.4.1	Aufteilung der Platten	233
	9.4.2	Die Anzahl der benötigten Platten berechnen	234

		IOPS-Leistung der Festplatte	234
		Einfluss des RAID-Levels	235
		Konkrete Berechnung	236
	9.4.3	Zusammenfassung der Vorgehensweise	239
		Ermittlung des Performancebedarfs	239
		Ermittlung der benötigten Kapazität	241
	9.4.4	Kleine Systeme mit kleinen Datenbanken	241
	9.4.5	Kalkulatoren	242
	9.4.6	Messen der IO-Anforderungen	243
		Messen	243
		Analysieren und Interpretieren	244
	9.4.7	Testwerkzeuge (Jetstress)	247
	9.4.8	Optimierung der Festplatte (Diskpar)	250
9.5	**Problembehebung**		**250**
	9.5.1	Grundsätzliches	250
	9.5.2	–1018 (JET_errReadVerifyFailure)	251
		Detaildiagnose eines 1018er Fehlers	253
		Seiten, die nicht Postfächern zugeordnet sind	257
	9.5.3	Reparatur für –1018 (JET_errReadVerifyFailure)	258
		Einschätzung der Reparatur-Chancen	259
		Wiederherstellung von der Datensicherung	260
		Defragmentierung	260
		Reparatur	260
	9.5.4	Fehler –1019 (JET_errPageNotInitialized)	264
	9.5.5	Fehler –1022 (JET_errDiskIO)	265
	9.5.6	Fehler –1032 (JET_errFileAccessDenied)	266
	9.5.7	Fehler in *.STM-Dateien	266

10 Öffentliche Ordner 267

10.1	**Grundlagen**		**270**
	10.1.1	Anwendung	270
	10.1.2	Rechte und Berechtigungen	271
	10.1.3	Administration	271
	10.1.4	Speicher für Öffentliche Ordner	273
	10.1.5	Zusätzliche Öffentliche Ordner-Strukturen	274
		Virtuelles Verzeichnis für Öffentliche Ordner-Struktur hinzufügen	275
	10.1.6	Volltextindizierung	277
		Voraussetzungen	278
		Konfiguration	278
		Optimierung	280
		Vollständiger Neuaufbau der Indices	282
		Anwendung	282
	10.1.7	Replikation und Verweise	282
		Szenarien, in denen die Replikation Öffentlicher Ordner sinnvoll ist	284
		Szenarien, in denen die Replikation nicht sinnvoll ist	285
		Konfiguration der Replikation	285
		Konfiguration von Verweisen auf Öffentliche Ordner	285
	10.1.8	Email-Aktivierung	286

10.2	Abgrenzung zu SharePoint	287
10.3	Internet News	290
	10.3.1 Push und Pull	290
	Probleme beim Pull-Empfang (NewNews-Kommando)	291
	10.3.2 Konfiguration eines eingehenden Newsfeeds	292
	Anlegen von Newsgroups	293
	Abfrage-Intervall und Sicherheit	293
	Virtuelle Verzeichnisse	293
	10.3.3 News-Clients	295
	Outlook	295
	Outlook Express	296
	Outlook Web Access	298
	Sonstige Newsreader	299
	10.3.4 Warum überhaupt Newsgroups über Exchange bereitstellen?	299
10.4	Systemordner – spezielle Öffentliche Ordner	300
	10.4.1 Frei-/Gebucht-Informationen	301
	Das Verfahren aus 10.000 m Höhe	302
	10.4.2 Offline-Adressbuch	302

11 Administrative Gruppen   305

11.1	Verwendung von administrativen Gruppen	309
11.2	Anwendungsszenarien für administrative Gruppen	310
	11.2.1 Zentrales Verwaltungsmodell	310
	11.2.2 Dezentrales Verwaltungsmodell	310
	11.2.3 Kombiniertes Verwaltungsmodell	312
	11.2.4 Fazit	313
11.3	Implementation	314
	11.3.1 Anlegen	314
	11.3.2 Berechtigungen setzen	314
	11.3.3 Server installieren	316
	11.3.4 Server zwischen administrativen Gruppen verschieben?	318

12 Richtlinien, Vorlagen und Adresslisten   319

12.1	Systemrichtlinien	321
12.2	Empfängerrichtlinien und -vorlagen	324
	12.2.1 Detailvorlagen	326
	Beispiel: Anpassen des Suchdialogs in Outlook	328
	12.2.2 Adressvorlagen	332
	12.2.3 Adresslisten	333
	Adresslisten	333
	Global Address List (GAL)	335
	12.2.4 Offlineadressliste/Offlineadressbuch	335
	Das Offlineadressbuch aus Client-Sicht	337
	12.2.5 Empfängerrichtlinien/Email-Adressen generieren	339
	Default Policy	340

		Zusätzliche Richtlinien für Email-Adressen	340
	12.2.6	Empfängeraktualisierungsdienste	341
	12.2.7	Empfängerrichtlinien/Postfach-Manager	342

13 Front-End-/Back-End-Architektur — 347

13.1	Typisches Szenario für eine Front-End-/Back-End-Architektur	349
13.2	Front-End-Server in der DMZ	350
13.3	Konfiguration eines Front-End-Servers	351
	13.3.1 Front-End-Server und Exchange Edition	351
	13.3.2 Port-Nummern	352
13.4	Front-End-Server und Zugriff von internen Clients	352
13.5	Exchange-Zugriff für SharePoint-Webparts	353
13.6	Wann Sie keinen Front-End-Server benötigen	354
	13.6.1 Einzelner Exchange Server	354
	13.6.2 Zugriff nur über das MAPI-Protokoll	356
	13.6.3 Verschlüsselter Datentransport	356
	13.6.4 SSL-Offloading	357
	13.6.5 Zugriff auf den Verzeichnisdienst	358
	13.6.6 Authentifizierung	359
	Dual Authentication	359
	Pass-Through Authentication	360
	Methoden zur Authentifizierung	360
	13.6.7 Absichern von Front-End-Servern	360
	13.6.8 Konfiguration der Clients	362
	13.6.9 Service Packs in Front-End-/Back-End-Umgebungen	362
13.7	Front-End-Server redundant auslegen	362
	13.7.1 Troubleshooting	363
	Zu öffnende Ports für Front-End-Systeme in der DMZ	364

Teil 4 Connectivity & Security — 367

14 Clients — 369

14.1	Endgeräte	372
	14.1.1 Windows PC	372
	14.1.2 Linux PC und Mac	373
	14.1.3 Windows Mobile	373
	Pocket PC und PocketPC Phone Edition	374
	Windows Powered SmartPhone	374
	Management von Windows Mobile-Geräten	375
	Geschäftsanwendungen mit Windows Mobile-Geräten	376
	Windows Mobile vs. BlackBerry	377
	14.1.4 Sonstige PDAs und SmartPhones	378
	Zugriff über Outlook Mobile Access	378
	Zugriff über Exchange ActiveSync	378

14.2	Einwahl vs. VPN vs. Internet ohne VPN	379
	14.2.1 Funktionsvergleich der Verfahren	380
	14.2.2 Einwahltarife für Mobilgeräte (GSM/GPRS/UMTS)	380
14.3	Outlook	382
	14.3.1 Der Exchange Cached Mode	382
	Konfiguration	383
	Was geht nicht im Cached Mode? – Mögliche Probleme	384
	Offline-Adressbücher (OAB)	385
	Verwendung der Global Address List (online)	386
	Download des vollständigen Adressbuchs	387
	Manueller Download des OABs	390
	Interessantes in der Knowledge Base	390
	14.3.2 Einstellungen für Outlook modifizieren und verteilen	391
	14.3.3 Erweiterte Sicherheitskonfiguration für Outlook	392
	Konfiguration und Verteilung der Sicherheitseinstellungen	394
14.4	Outlook mit RPC over http	400
	14.4.1 Funktionsweise im Detail	401
	14.4.2 Voraussetzungen	402
	14.4.3 Installationsbeispiel	403
	RPC-over-http-Proxy-Server	403
	Exchange Server konfigurieren	408
	Konfiguration der Global Catalog-Server	408
	ISA Server anpassen/allgemeine Anmerkungen	410
	ISA Server anpassen/Anwendung mit anderen Exchange-Diensten	412
	Client konfigurieren	413
	Client-Konfiguration testen	417
	Troubleshooting	417
14.5	Outlook Web Access	418
	14.5.1 Versionen	420
	Betriebssysteme und Browser	426
	14.5.2 Topologie (Front-End-/Web-End-Architekturen)	427
	14.5.3 Konfiguration	428
	14.5.4 Sichern der Kommunikation	429
	14.5.5 »Featureunterstützung« und Segmentierung	430
	14.5.6 Passwort mit OWA ändern	431
	Aktivieren der Funktion	432
	Verschlüsselung des Datenverkehrs	434
	14.5.7 Formularbasierte Authentifizierung	436
	Der Anmeldedialog	438
	SSL-Offloading	440
	14.5.8 S/MIME	442
	14.5.9 Automatische Umleitung von http auf https	443
	14.5.10 Dateianhänge	446
	Lösung für das Anlagenproblem mit AttachView von Messageware	448
	14.5.11 Optische Anpassung (Erzeugen und Modifizieren von Themes)	448
	Erzeugen eines neuen Themes	449
	Änderung des Logos und anderer Elemente	452
	Änderung der Farben	454
	Einfügen eines Hintergrundbilds	456
	Themes im Front-End-/Back-End-Szenario	457

	14.5.12	Problembehebung	458
		UrlScan	458
		Koexistenz mit SharePoint	459
	14.5.13	Zugriff auf Kalender anderer Anwender	462
14.6	Outlook Mobile Access (OMA)		463
	14.6.1	OMA konfigurieren	465
		SSL-Verschlüsselung	465
		Formularbasierte Authentifizierung	467
	14.6.2	Zugriff auf OMA in der Praxis	468
	14.6.3	Front-End-Server und ISA Server	470
	14.6.4	Übertragungskosten	470
14.7	Exchange ActiveSync		470
	14.7.1	Serverseitige Konfiguration	471
		SSL-Verschlüsselung	472
		Formularbasierte Authentifizierung	472
	14.7.2	Clientseitige Konfiguration	472
		Überprüfung der Zertifikate	474
	14.7.3	Pocket Outlook und Exchange ActiveSync im Einsatz	476
	14.7.4	Push-Verfahren	477
		Verfahren mit SMS Control Message (AUTD)	478
		Exchange SP2 und Messaging & Security Feature Pack für Windows Mobile 5	480
	14.7.5	PocketPC vs. PocketPC Phone Edition	481

15 Sichere Anbindung an das Internet 483

15.1	Mail Relay		486
		Beispiel für ein Mail Relay	487
15.2	Client-Zugriff aus dem Internet		490
15.3	Der ISA Server		492
	15.3.1	Grundlegende Konfiguration des ISA Servers	492
	15.3.2	Grundlagen: Veröffentlichen von Webservern	495
	15.3.3	Outlook Web Access, Outlook Mobile Access und EAS	498

16 Sicherheit 501

16.1	Grundlagen zur Exchange-Sicherheit		503
	16.1.1	Patches und Service Packs	503
		Microsoft Baseline Security Analyzer (MBSA)	504
		Windows Server Update Service (WSUS)	508
	16.1.2	Best Practices Analyzer	516
	16.1.3	Benutzerrechte und Gruppenrichtlinien	519
		Lokale Administratorrechte als Sicherheitsrisiko	520
		Gruppenrichtlinien	520
	16.1.4	Sonstige Sicherheitsmaßnahmen	521
		Zutrittsbeschränkung	521

		Umgang mit Sicherungsbändern	522
		Schutz der Netzwerkanschlüsse	522
		Unautorisierte Einwahlmöglichkeiten	523
		Sonstige Maßnahmen	523
16.2	Kommunikation mit Zertifikaten absichern	....	523
	16.2.1	Kurzüberblick: http über SSL	523
	16.2.2	Erwerb eines Zertifikats von einer öffentlichen Stammzertifizierungsstelle	524
		Schritt 1: Root-Zertifikat installieren	525
		Schritt 2: Zertifikatsanforderung vorbereiten	529
		Schritt 3: Einbinden des Zertifikats..	533
16.3	Aufbau und Nutzung einer eigenen PKI	....	535
	16.3.1	Installation einer Stammzertifizierungsstelle	536
		Export des öffentlichen Schlüssels...	539
	16.3.2	Anfordern eines Zertifikats für den IIS	541
	16.3.3	Zugriff auf die Sperrliste	545
		Bedeutung für Ihre Zertifizierungsstelle	547
16.4	Verschlüsseln und Signieren von Mails	....	548
	16.4.1	Verschlüsseln	550
	16.4.2	Signieren	551
		Implementation der Prüfung der Signatur in der Praxis.........	554
	16.4.3	Größenvergleich	557
	16.4.4	Anfordern eines Zertifikats durch den Benutzer	558
	16.4.5	Autoenrollment von Zertifikaten	560
		Konfiguration des Autoenrollments	561
	16.4.6	Verschlüsseln und Signieren mit Outlook	565
		Konfiguration von Outlook	565
		Verschlüsseln und Signieren...	567
		Signaturen überprüfen..	569
		Verschlüsselte Nachrichten empfangen	569
	16.4.7	Verschlüsseln und Signieren mit Outlook Web Access	570
	16.4.8	Austausch von Mails mit »externen« Benutzern	572
		Externer Client bestätigt die Echtheit der Mail	572
		Echtheit der Mail eines externen Clients bestätigen	574
		Mail für externen Client verschlüsseln......................................	574
		Verschlüsselte Mail von externem Client empfangen.............	576
	16.4.9	Installieren von Stammzertifikaten auf PocketPC und SmartPhone	577
		Installation eines Stammzertifikats auf einem PocketPC 2003....................	577
		Installation eines Stammzertifikats auf einem Windows Powered SmartPhone 2003	580
16.5	Transport Layer Security (TLS)	....	580
	16.5.1	Sicherung des SMTP-Datenverkehrs	581
		Konfiguration des virtuellen Servers (Empfänger)	581
		Konfiguration eines SMTP-Connectors......................................	583
		Konfiguration in Outlook Express	586
	16.5.2	Sicherung des POP3-Datenverkehrs	586
	16.5.3	Sicherung der Kommunikation mit IPsec	588
16.6	Überblick Information Rights Management/Windows Rights Management Services	....	588
		Funktionsweise..	589

		Testumgebung für Windows Rights Management Services	591
		Schutz von Office-Dokumenten	593
		Testszenario für Emails	597
		Kompatibiltäty	599
		Lizenzmodell	602
16.7	Virenschutz	....	603
	16.7.1	Wo müssen Viren bekämpft werden?	603
	16.7.2	Virenscanmethoden auf Exchange Servern	604
		MAPI-Scanner	604
		VSAPI-Scanner	604
		ESE-basierte Virenscanner (auch ESE-API)	605
	16.7.3	Filescanner auf Exchange Servern	606
	16.7.4	Praxistest des Virenscanners	607
16.8	**Spam/Intelligent Message Filter**	....	**607**
	16.8.1	Blacklists	610
		Probleme für Firmen, die Blacklists verwenden	610
		Technische Hintergründe	613
	16.8.2	Exchange-»Bordmittel«	616
		Standard/Größenbeschränkungen	616
		Absenderfilterung	617
		Verbindungsfilterung	617
		Empfängerfilterung	618
		Aktivieren der Filter beim virtuellen SMTP-Server	619
	16.8.3	Intelligent Message Filter	620
		Spam Confidence Level	620
		Architektur und Anwendung	620
		Überlegung zu den Thresholds	622
		Installation und Konfiguration	623
		Leistungsmessung	625
		Gefilterte Spam-Mails einsehen	626
		Spezielle Konfigurationen	629

Teil 5 Installation und Upgrade 631

17 Installation 633

17.1	Erstinstallation	....	635
	17.1.1	Voraussetzungen	635
		Systemweite Voraussetzungen	635
		Betriebssystem für den Exchange Server	636
		Dateisystem für Exchange Server	636
		Komponenten und Dienste für Exchange Server	637
	17.1.2	Die Bereitstellungstools	638
	17.1.3	Vorbereitung (manuelle Installation)	639
		Überprüfen der korrekten Funktion	640
		Weitergehende Prüfungsmöglichkeiten	642
		ForestPrep	644
		DomainPrep	645

17.1.4	Installation	647
	Kommandozeilenparameter	648
17.1.5	Installation für mehrere administrative Gruppen	648
17.1.6	Die nächsten Schritte	652
	Erweitere Anzeige im Exchange System-Manager	652
	Wechsel in den einheitlichen Modus	653
17.1.7	Nutzung des Hauptspeichers	654
17.2	**Installation zusätzlicher Server**	**655**
17.3	**Installation im Cluster**	**655**
17.3.1	Microsoft Cluster installieren	656
	Voraussetzungen schaffen	656
	Ersten Knoten installieren	657
	Zweiten (und weitere) Clusterknoten installieren	658
	Konfiguration	659
17.3.2	Distributed Transaction Coordinator (MSDTC) installieren	660
17.3.3	Exchange installieren	663
17.3.4	Virtuellen Exchange Server installieren	664
	Clustergruppe einrichten	664
	Ressourcen zuweisen	664
	Exchange-Systemaufsicht installieren	667

18 Migration/Upgrade auf Exchange 2003   671

18.1	**Exchange 5.5**	**673**
18.1.1	Voraussetzungen schaffen	674
	WINS-Eintrag erstellen	674
	DNS-Eintrag erstellen	675
	Vertrauensstellung einrichten	676
18.1.2	Migration der Benutzerkonten	677
	Vorbereitungen auf dem Windows 2003 DC	678
	Vorbereitungen auf dem NT4-PDC	681
	Durchführung	684
18.1.3	Weitere Schritte und Überprüfung	689
18.1.4	Konsistenzprüfung für Exchange 5.5	690
18.1.5	Active Directory-Account zum Exchange 5.5-Administrator machen	690
18.1.6	Schema erweitern und Active Directory Connector (ADC) installieren	691
18.1.7	Active Directory Connector konfigurieren	695
	Schritt 1: Tooleinstellungen	695
	Schritt 2: Datenerfassung	695
	Schritt 3: Ressourcenpostfach-Assistent (Ressourcenpostfächer bereinigen)	697
	Schritt 4: Verbindungsvereinbarungs-Assistent	699
	Ressourcenpostfächer im Active Directory	701
18.1.8	Exchange 2003 installieren	703
	Name der Exchange-Organisation	707
18.1.9	Postfächer migrieren	708
	Verschieben mit dem Exchange System-Manager	708
	Verschieben mit »Active Directory-Benutzer und -Computer«	711
	Gleichzeitiges Verschieben von mehreren Postfächern	711

		18.1.10	Öffentliche Ordner migrieren	711
			Manuelles Migrieren von Öffentlichen Ordnern	712
			Der Einsatz von PFMIGRATE.WSF	713
		18.1.11	Sonstige Funktionen verschieben	719
		18.1.12	Exchange 5.5 abschalten	719
		18.1.13	Den nativen Modus für die Exchange-Organisation aktivieren	722
		18.1.14	NT4-Domain abschalten	722
	18.2	Exchange 2000		723
		18.2.1	Von Exchange 2003 nicht mehr unterstützte Dienste	724
		18.2.2	Bereinigung von Exchange 2000 Tuning-Einstellungen (Inplace-Upgrade)	724
	18.3	Migration zwischen Exchange-Organisationen		726
	18.4	ExMerge		726
		18.4.1	Installation	726
		18.4.2	Konfiguration	726
			Sicherheitsgruppe anlegen	726
			INI-Datei modifizieren	729
		18.4.3	Anwendung	730
		18.4.4	Einsatzszenarien	731
	18.5	Die Umlaufprotokollierung bei Verschiebe- und Importvorgängen		732

Teil 6 Betrieb 735

19 Betrieb und Administration 737

19.1	Das Microsoft Operations Framework		739
	19.1.1	Das Prozessmodell	740
		Changing	741
		Operating	741
		Supporting	742
		Optimizing	742
19.2	Operating: Tägliche, wöchentliche und monatliche Aufgaben		742
	19.2.1	Täglich durchzuführende Maßnahmen	742
		Überprüfung der Umgebung	743
		Überprüfung der Bandsicherung	744
		Überprüfung der Plattensysteme	744
		Überprüfung von Prozessor und Speicher	745
		Überprüfen des Antwortverhaltens des Systems	746
		Überprüfen der Routingwege für Nachrichten	747
		Überprüfen des Logs	749
		Überprüfen der Anti-Viren-Maßnahmen	750
		Entwurf einer einfachen Checkliste	750
	19.2.2	Wöchentliche und monatliche Aufgaben	751
		Zusammenfassung der Ergebnisse der täglichen Überprüfungen	752
		Patches einspielen	752
		Werkzeuge zur Überprüfung nutzen (MBSA und ESBPAT)	752
		Datensicherung zurückspielen und prüfen	753

		DR-Konzept überarbeiten und testen	753
	19.2.3	Automatisierung der Überprüfung	754
19.3	**Status-Monitoring und Benachrichtigung (Standard-Umfang)**		**755**
	19.3.1	Statusmonitore	755
		Link-Status	755
		Server-Status	755
	19.3.2	Benachrichtigung	757
19.4	**Performance-Monitoring**		**759**
	19.4.1	Performancemonitor	759
		Begriffserläuterung: Objekte und Indikatoren	760
		Die Erfassung eines Leistungsindikatorenprotokolls konfigurieren	760
		Analysieren eines gespeicherten Protokolls	762
		Ausführung auf einem Remote-PC	764
	19.4.2	Baselining	764
		Leistungsindikatoren für das Baselining	765
		Erfassungszeitraum	766
		Verfälschung des Messergebnisses	766
	19.4.3	Interpretation der Messdaten	766
		Warteschlangenlänge des Datenträgers	767
		Global Catalog-Problem?	767
	19.4.4	Performance Wizard PerfWiz	768
	19.4.5	Quest Spotlight on Exchange	770
19.5	**Microsoft Operations Manager**		**772**
	19.5.1	Konzept und Architektur	773
	19.5.2	Editionen	774
	19.5.3	Voraussetzungen	775
	19.5.4	Installation	775
	19.5.5	Die Administrationswerkzeuge	775
		Verwaltungskonsole	776
		Operatorkonsole	776
		Webkonsole	778
		Berichtskonsole	779
	19.5.6	Management Packs	781
		Computergruppen	783
		Regelgruppen	784
		Warnungsregel	785
		Leistungsregel	787
19.6	**Sicherung und Wiederherstellung**		**787**
19.7	**Benutzeradministration und -konfiguration**		**788**
	19.7.1	Empfängeraktualisierungsdienst (RUS – Recipient Update Service) oder: Wie der Benutzer zur Email-Adresse kommt	789
	19.7.2	Berechtigungen	792
	19.7.3	Quotas	795
	19.7.4	Zustelloptionen	797
		Details zu »Im Auftrag senden«	798
		Stichwort »Urlaubsvertretung«	799
	19.7.5	Zugriffsmethoden	800
19.8	**Verteilergruppen**		**801**
	19.8.1	Statische Verteilergruppen	802

	19.8.2	Abfragebasierte Verteilergruppen	803
		Vor- und Nachteile	805
19.9		Kontakte	806
19.10		Zum Schluss: Welche Exchange-Edition habe ich überhaupt?	807

20 Backup, Restore und Desaster Recovery — 809

20.1		Über Papierkörbe	811
	20.1.1	Aus dem Papierkorb gelöschte Mails wiederherstellen	813
	20.1.2	Mit Shift-Delete gelöschte Mails wiederherstellen	813
20.2		Wiederherstellung von Postfächern/Mailbox Recovery Center	815
	20.2.1	Grundsätzliches zur Wiederherstellbarkeit von Postfächern	817
20.3		Sicherung	818
	20.3.1	Sicherungsverfahren	818
		Sicherungstypen beim Exchange-Backup	819
		Verfahren in der Praxis	821
	20.3.2	Volume Shadow Copy Services (VSS)	821
		Das Prinzip des Copy-on-Write-Snapshots	822
		Volume Shadow Copy Services – Technische Hintergründe	825
	20.3.3	Sicherung mit Windows Server-Bordmitteln	828
	20.3.4	… was sonst noch gesichert werden muss	830
		System State	830
		IIS Metabase	831
		Active Directory	831
20.4		Rücksicherung – Einführung	832
20.5		Restorevarianten	834
	20.5.1	Soft Recovery	834
	20.5.2	Hard Recovery	836
		Automatisches Hard Recovery	837
		Manuelles Hard Recovery	839
		Ein Missverständnis beim Testen	841
	20.5.3	Einspielen von Offline-Backups	842
		Point-in-Time Restore	843
		Roll-Forward Restore	844
		Fazit Offline-Backup	845
	20.5.4	Rücksichern von Brick-Level-Backups	845
20.6		Arbeiten mit der Recovery Storage Group	845
	20.6.1	Grundlagen	846
		Die Fehlermeldung 0xC7FE1F42	847
	20.6.2	Wiederherstellen einzelner Mails	848
		Anlegen der Recovery Storage Group	848
		Rücksichern in die Recovery Storage Group	850
		Verschieben der Objekte mit dem Exchange System-Manager	852
		Verschieben mit ExMerge	855
	20.6.3	Dial Tone Recovery	857
20.7		Recovery bei Verlust der kompletten Datenbank oder Storage Group	862
	20.7.1	Zurücksichern einer Datenbank	862

	20.7.2	Zurücksichern einer Storage Group (d.h. alle DBs einer SG)	862
	20.7.3	Dial Tone Recovery	863
20.8		**Recovery des kompletten Servers**	**863**
	20.8.1	Restore des Exchange Servers	863
	20.8.2	Rebuild des Exchange Servers	864
	20.8.3	Allgemeines	864

21 Verfügbarkeit   867

21.1		Die Facetten des Themas »Verfügbarkeit«	870
	21.1.1	Der Worst Case-Fall	870
	21.1.2	Wiederherstellzeit	870
	21.1.3	Datenverlustzeit	872
	21.1.4	Probleme durch logische Fehler	873
	21.1.5	Bewertung der Systeme	874
	21.1.6	Störfall vs. Notfall	874
21.2		Konkrete Aspekte der Verfügbarkeit	875
21.3		Datenhaltung	879
	21.3.1	Controller-basierte Spiegelung in einem SAN	879
	21.3.2	Host-basierte Spiegelung in einem SAN	880
	21.3.3	Host-basierte Replikation mit oder ohne SAN	881
21.4		Erhöhung der Verfügbarkeit durch virtuelle Server	882
	21.4.1	Abgrenzung zum Microsoft Cluster	884
21.5		Cluster	885
	21.5.1	Allgemeines zum Microsoft Cluster	885
	21.5.2	Aktiv/Aktiv, Aktiv/Passiv und n+1	887
		Aktiv/Passiv und n+1	887
		Aktiv/Aktiv-Cluster	889
	21.5.3	Virtuelle Exchange Server	890
	21.5.4	Einschränkungen	890
	21.5.5	Besonderheiten bei der Konfiguration	891
	21.5.6	Cluster vs. Servervirtualisierung	891
	21.5.7	Sicherungs- und Wiederherstellungsverfahren	891
	21.5.8	Testumgebung	892
21.6		Front-End-Server	892
21.7		Active Directory und Netzwerkdienste	893
21.8		Störfall und Notfall	894
	21.8.1	Störfall	894
	21.8.2	Notfall	895
	21.8.3	Definition der Sevicelevel	896
	21.8.4	Lösungsansätze	897
		Wiederherstellzeit: 4 Stunden // Datenverlustzeit: 1 Stunde	898
		Wiederherstellzeit: 1 Tag // Datenverlustzeit: 1 Tag	898
		Zur Datenverlustzeit	899
		Wiederherstellzeit: 3 Tage // Datenverlustzeit: 1 Tag	900
		Allgemeines	900

Teil 7 Live Communications Server 901

22 Live Communications Server 2005 – Ein Überblick 903

22.1 Technologie 905
22.2 Präsenzinformationen oder: Wer ist anwesend? 907
    22.2.1 Kontakte eintragen 908
22.3 Sofortnachrichten und Dateiübertragung 910
22.4 Voice 913
22.5 Anwendungsfreigabe und Whiteboard 915
    22.5.1 Anwendungsfreigabe 916
    Helpdesk-Lösung 917
    22.5.2 Whiteboard 919
    Technische Umsetzung 920
22.6 Videokonferenz 920
22.7 Integration 921
22.8 Editionen und Lizenzierung 922
    22.8.1 Editionen 923
    22.8.2 Lizenzierung 923

23 LCS – Installation und Konfiguration 925

23.1 Voraussetzungen 927
23.2 Installation durchführen 928
23.3 Server »aktivieren« 929
23.4 Archivierungsdienst installieren und aktivieren 930
23.5 Office Communicator 2005 konfigurieren 934
23.6 Service Locator Records (SRV) eintragen 935

24 LCS – »Externe« Clients und Föderationen 939

24.1 Verwendung eines VPNs 941
24.2 Veröffentlichung mit ISA Server 2004 942
24.3 LCS-Zugriffsproxy einsetzen 944
    24.3.1 Installation 944
    24.3.2 Zertifikate anfordern 945
    24.3.3 Konfigurieren 946
    24.3.4 Zugriffsproxy oder Serverpublishing? 951
    24.3.5 LCS Proxy (Abgrenzung zum Zugriffsproxy) 951

24.4	Föderationen und öffentliche IM-Dienstanbieter	952
	24.4.1 Föderationen	952
	24.4.2 Anbindung an öffentliche IM-Dienstanbieter	954

25 LCS – Administration — 955

25.1	Benutzerverwaltung	957
	Massendatenpflege	960
	25.1.1 Unterschiedliche Email-Domains	961
25.2	Überwachung des LCS	963
25.3	Backup des Live Communications Servers	963

26 LCS – Sicherheit — 965

26.1	Verschlüsselung der Kommunikation	967
	26.1.1 Zertifikat anfordern und installieren	967
	26.1.2 Einstellungen für den LCS vornehmen	968
	26.1.3 Service Locator Records anpassen	969
26.2	Virenschutz	970
26.3	Der intelligente Sofortnachrichtenfilter	971
	26.3.1 URL-Filter	971
	26.3.2 Dateiübertragungsfilter	972

Teil 8 Development — 975

27 Entwicklung — 977

27.1	Exchange oder SharePoint oder …	981
27.2	Exchange und Outlook	981
27.3	Integration von Anwendungen in Exchange	982
27.4	Technologien für die Exchange-Entwicklung	983
	27.4.1 XSO?	985
	27.4.2 Fazit	985
	MAPI	985
	Collaboration Data Objects (CDO)	985
	Event Sinks	986
27.5	Exchange SDK	986

28 Programmieren mit CDO (CDOEX) — 987

- 28.1 Vorbereiten der Entwicklungsumgebung 989
- 28.2 Versenden einer Mail 992
- 28.3 Umgang mit Terminen 994
  - 28.3.1 Prüfen der Frei-/Gebucht-Informationen 995
  - 28.3.2 Termin eintragen 999
- 28.4 CDO und Webservices 1001
  - 28.4.1 Was sind Webservices? 1002
  - 28.4.2 Frei-/Gebucht-Informationen als Webservice (Webservice) 1004
    - Webservice erstellen 1005
    - Webservice installieren 1006
    - Webservice testen 1008
    - Probleme beheben/Identität des Anwendungspools 1010
  - 28.4.3 Frei-/Gebucht-Informationen als Webservice (Webservice-Client) .. 1012
  - 28.4.4 Sicherheitsaspekte/Frei-/Gebucht-Informationen (Phase 2) 1015
  - 28.4.5 Termine eintragen (Webservice) 1018
    - Sicherheitsaspekte 1018
  - 28.4.6 Termine eintragen (Webservice-Client) 1019
  - 28.4.7 Kontakte lesen 1020
    - Anmerkung: Berechtigung auf Postfach-Ebene? 1023
    - Implementieren als Webservice 1025
    - Einige »Innereien« 1025
  - 28.4.8 Kontakte eintragen 1026
    - »Kontakte eintragen« als Webservice 1030

Anhang — 1031

A Problembehebung in Warteschlangen — 1033

B Zu überwachende Parameter (Jetstress-Test) — 1037

C Performance Monitoring, wichtige Datenquellen — 1039

- C.1 Performance Counters for Mail Queues 1039
- C.2 Performance Counters for RPC Processing 1040
- C.3 Performance Counters for Epoxy Queues 1040
- C.4 Performance Counters for Temp Disks 1041
- C.5 Performance Counters for Database Disks 1041
- C.6 Counters for Transaction Log Disks 1042

C.7	Performance Counters for SMTP Queues	1043
C.8	Performance Counters for Page File Disks	1043
C.9	Performance Counters for User Space Memory	1043
C.10	Performance Counters for Kernel Memory	1044
C.11	Performance Counters for Exchange Store Virtual Memory	1044
C.12	Performance Counters for exchmem Heaps	1045
C.13	Performance Counters for Processors	1046
C.14	Performance Counters for Network	1046
C.15	Performance Counters on the Exchange Server that Indicate Global Catalog Problems	1046
C.16	Performance Counters on the Global Catalog Servers that Indicate Problems	1047
C.17	Performance Counters for Public Folder Server Problems	1048

D Outlook Level 1 Dateianhänge   1049

Index   1053

1 Über dieses Buch

Liebe Leserin, lieber Leser,

als das Projekt »Exchange-Buch« in die Planungsphase ging, habe ich mir natürlich überlegt, dass dieses Buch »irgendwie anders« als andere Exchange-Bücher sein muss. Schließlich ist Exchange 2003 schon ungefähr zwei Jahre auf dem Markt, und dementsprechend viele Fachbücher sind bereits zu diesem Thema erschienen.

Über mein Buch zu Microsoft SharePoint hat ein Rezensent geschrieben, dass es »radikal anwendungsorientiert« sei – das trifft genau meine Intention! Da ich der festen Überzeugung bin, dass ein Buch für den Leser dann wertvoll ist, wenn es weit über die Online-Hilfe hinausgeht, sich also ganzheitlich mit einem Thema beschäftigt, habe ich mich über diese Aussage sehr gefreut!

Mein Ziel für dieses Exchange-Buch ist also, dass es genauso radikal anwendungsorientiert wie das SharePoint-Buch und für Sie dementsprechend nutzbringend sein soll!

Klassischerweise beginnt ein Buch über ein Softwareprodukt mit dessen Installation. Einige Exchange-Bücher führen den Leser durch den Aufbau einer Testumgebung, um die Grundlagen zu vermitteln. Ich habe mich aus zwei Gründen für einen anderen Weg entschieden:

- Ich gehe davon aus, dass viele von Ihnen (vielleicht sogar der größere Teil?) bereits Exchange 2003 einsetzen und demzufolge bereits über ein fundiertes Grundlagenwissen verfügen. Für diese Leser bringt es wenig, im Detail den Aufbau einer Testumgebung durchzusprechen.
- Es zeigt sich immer wieder, dass nicht das eigentliche Installieren die große Hürde ist, sondern die Fragen des Designs und der Architektur der *Gesamt*-Umgebung. Hierbei geht es häufig nicht nur um »Exchange-Only«-Themen, sondern um übergreifende Aspekte wie etwa das Active Directory, das Zertifikatswesen oder die Anbindung an das Internet. Diese Themen halte ich für einen erfolgreichen Einsatz von Exchange für sehr wichtig, sie passen aber schlecht in ein Konzept »Installationsworkshop« (dessen Vorteile und Daseinsberechtigung ich aber keinesfalls in Frage stellen möchte).

Wenn Sie absoluter Exchange-Neuling sind und sich auch bei der ersten Installation Hilfestellung erhoffen, kann ich Sie beruhigen, denn dieses Buch verfügt natürlich auch über ein ausführliches Kapitel zur Installation (Kapitel 17).

Ansonsten werden Sie viel Architektur- und Planungswissen erhalten, wobei natürlich die Installationsanleitungen und Vorgehensweisen nicht vergessen worden sind – stets behält dieses Buch die Anforderung, »radikal lösungsorientiert« zu sein, im Blick!

Ich hoffe einerseits, dass es mir gelungen ist, dass dieses Buch Exchange-Einsteigern zu einem guten Start mit dem Messagingsystem von Microsoft verhilft. Andererseits ist mein Ziel, dass auch alte Exchange-Hasen noch den einen oder anderen Aspekt finden, der für sie neu und »umsetzungswürdig« ist. Ich hoffe, dass auch dies gelingt!

Wie Sie dem Titel entnehmen können, behandelt dieses Buch neben Exchange den **Live Communications Server 2005**. Die Nutzung von Instant Messaging in Unternehmen steckt – zumindest in Deutschland – zwar noch in den Kinderschuhen, nichtsdestotrotz bin ich aber überzeugt, dass diese Form der elektronischen Zusammenarbeit die Arbeitsabläufe deutlich verbessern kann und wird. Wenn Ihnen bisher noch das Gefühl für die Möglichkeiten dieser Technologie fehlt, möchte ich Sie einladen, den Live Communications Server 2005 kennen zu lernen und zu prüfen, ob diese Technologie zur Optimierung der Zusammenarbeit in Ihrer Organisation beitragen kann.

Danksagung

Meiner Ehefrau Ilona möchte ich herzlichen Dank für die liebevolle Unterstützung bei dem Entstehen dieses Buchs aussprechen. Stellvertretend für die vielen Mitmenschen, die mich seit Jahren nur mit eingeschaltetem Notebook, diversen PocketPCs, SmartPhones und CD-Mappen kennen, möchte ich mich bei meinen Eltern, Prof. Dr. Bruno und Marlies Boddenberg, sowie bei meiner Schwiegermutter Elisabeth Jakubczyk für viel Geduld und Verständnis bedanken. Viele liebe Grüße auch an unsere Nachbarn und Freunde Birgit und Alexander Haccius (nebst Rika), die sich jeden Sonntag geduldig die Neuigkeiten über erreichte Seitenzahlen und Amazon-Verkaufsränge anhören.

Natürlich hat Amy auch bei diesem Buchprojekt viel mentale Unterstützung geleistet – ein liebevolles Golden-Retriever-Schwanzwedeln hilft immer, kreative Tiefpunkte zu überspringen.

Ich freue mich auf den Email-Kontakt mit Ihnen. Sie erreichen mich unter:

ulrich@boddenberg.de

Gern erreichen Sie mich auch per MSN Messenger. Mein Anzeigename ist **ulrich@boddenberg.de**

Ulrich B. Boddenberg

2   Der Aufbau des Buchs

Dieses Kapitel enthält sozusagen die Bedienungsanleitung für das Buch.

Dieses Buch enthält mehr als 28 Kapitel, die sich sieben »Hauptthemen« zuordnen lassen. Diese Hauptthemen sind:

- **Grundlagen und Planen**: Hier finden Sie neben einer Einführung in das Thema »Collaboration« einen ersten Überblick über Exchange und die Basistechnologie Active Directory.
- **Kernaspekte Exchange Server**: In diesem Hauptthema werden die wichtigsten Bestandteile von Exchange ausführlich behandelt.
- **Connectivity und Security**: Hier geht es im weitesten Sinne um den Zugriff auf Exchange und um die dabei notwendigen Sicherheitsmaßnahmen.
- **Installation und Upgrade**: Exchange muss wie jede Software installiert werden – das ist das Thema dieser Kapitel.
- **Betrieb**: Wenn Exchange installiert und in der Betriebsphase ist, kommen neue Herausforderungen auf den Administrator zu. Diese umfassen beispielsweise Überwachung, Sicherung und Notfallbehandlung.
- **Live Communications Server**: Das zweite in diesem Buch behandelte Produkt ist der Live Communications Server.
- **Development**: Exchange kann durch eigene Softwarelösungen ergänzt werden. In diesen Kapiteln erhalten Sie einen ersten Überblick.

Eine gewisse »Ausnahmeposition« nimmt das Kapitel über das **Service Pack 2** ein, mit dem das Buch beginnt. Da viele Leser neugierig auf die in diesem Update enthaltenen Möglichkeiten sein werden, habe ich eine themenübergreifende Zusammenfassung geschrieben, die Sie direkt zu Beginn des Buchs finden.

Einen schnellen Überblick über den Aufbau des Buchs liefert das Mindmap (Abbildung 2.1), das in elektronischer Form auf der Begleit-CD vorhanden ist.

Dieses Buch enthält eine CD, auf der die Codebeispiele des Buchs und einige ergänzende Auszüge aus meinem bei Galileo Press erschienenen »Konzepte-Buch« enthalten sind. Des Weiteren findet sich dort die komplette Buchstruktur als Mindmap. Die Struktur der CD ist in Abbildung 2.2 visualisiert.

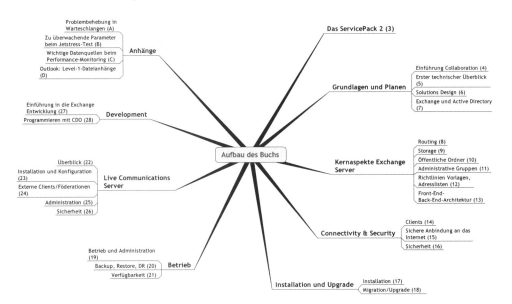

Abbildung 2.1 Der Aufbau des Buchs im Überblick

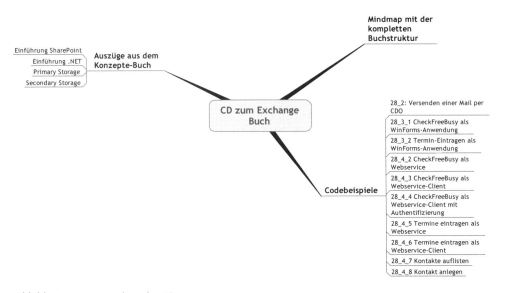

Abbildung 2.2 Die Struktur der CD

Teil 1
Das Service Pack 2

3 Exchange 2003 – Service Pack 2   35

3 Exchange 2003 – Service Pack 2

3.1 Mobiler Zugriff 35

3.2 Spam-Bekämpfung 38

3.3 Sonstiges 41

1	Über dieses Buch
2	Der Aufbau des Buchs
3	**Exchange 2003 – Service Pack 2**
4	Einführung in das Thema Collaboration
5	Erster technischer Überblick
6	Solutions Design
7	Exchange und Active Directory
8	Routing
9	Storage
10	Öffentliche Ordner
11	Administrative Gruppen
12	Richtlinien, Vorlagen und Adresslisten
13	Front-End-/Back-End-Architektur
14	Clients
15	Sichere Anbindung an das Internet
16	Sicherheit
17	Installation
18	Migration/Upgrade auf Exchange 2003
19	Betrieb und Administration
20	Backup, Restore und Desaster Recovery
21	Verfügbarkeit
22	Live Communications Server 2005 – Ein Überblick
23	LCS – Installation und Konfiguration
24	LCS – »Externe« Clients und Föderationen
25	LCS – Administration
26	LCS – Sicherheit
27	Entwicklung
28	Programmieren mit CDO (CDOEX)
A	Problembehebung in Warteschlangen
B	Zu überwachende Parameter (Jetstress-Test)
C	Performance Monitoring, wichtige Datenquellen
D	Outlook Level 1 Dateianhänge

3 Exchange 2003 – Service Pack 2

Wenn Sie dieses Buch in der Hand halten, dürfte das Service Pack 2 für Exchange Server 2003 in der finalen Version erhältlich sein. Dieses Buch weist im eigentlichen Text jeweils auf eventuelle Änderungen bzw. Verbesserungen durch SP 2 hin. Für viele Leser dürfte eine kurze Zusammenfassung der Features des SP2 interessant sein, weshalb ich diese direkt an den Anfang des Buchs gestellt habe. Beachten Sie bitte, dass die hier getroffenen Aussagen zum Exchange 2003 SP2 auf der CTP-Version basieren. Da diese nur in englischer Sprache vorliegt, stammen die Screenshots dieses Kapitels ausnahmsweise auf der englischen Exchange-Version.

Die Verbesserungen des SP2 lassen sich grob in drei Kategorien unterteilen:

- Mobiler Zugriff
- Spam-Bekämpfung
- Sonstige serverseitige Ergänzungen

3.1 Mobiler Zugriff

Im Bereich des mobilen Zugriffs hat Microsoft im Jahr 2005 zwei wesentliche Erweiterungen vorgestellt, **Exchange 2003 SP2** und **Windows Mobile 5**.

Die hier vorgestellten neuen Möglichkeiten basieren sämtlich auf dem neuen Mobil-Betriebssystem, auf dem zusätzlich das **Messaging & Security Feature Pack** für Windows Mobile 5 installiert sein muss.

3.1.1 Push-Technologie

Mit Exchange 2003 SP1 (und Vorgängerr) und Windows Mobile 2003 (und Vorgängern) konnte die Mailübertragung durch das Versenden einer SMS an das Mobilgerät ausgelöst werden. Dies ist weder sonderlich elegant noch sonderlich preisgünstig gewesen (mehr dazu in Abschnitt 14.7.4).

Die Kombination Exchange 2003 SP2 und Windows Mobile 5 verfolgt einen anderen Ansatz:

- Das Mobilgerät baut eine https-Verbindung zum Exchange Server auf.
- Diese Connection wird allerdings *nicht* abgebaut, sondern offen gehalten.
- Wenn eine Mail (oder sonstige Information) für den Benutzer des Geräts eingeht, wird diese über die offene Verbindung direkt zugestellt.

Dieses Verfahren ist schnell, erfordert keine proprietäre Technologie (wie beispielsweise BlackBerry) und funktioniert netzübergreifend auch bei Roaming.

In den Einstellungen für Mobilgeräte im Exchange System-Manager existiert zur Aktivierung dieses Features eine neue Checkbox »Enable Direct Push over HTTP(s)« (siehe Abbildung 3.1).

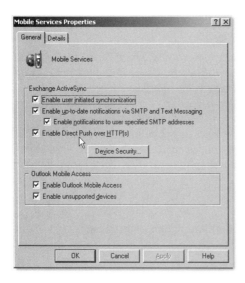

Abbildung 3.1 In den Eigenschaften für Mobilgeräte gibt es eine neue Checkbox, mit der das neue Push-Verfahren aktiviert werden kann – dies funktioniert aber nur mit Windows Mobile 5.

3.1.2 Zertifikate und Verschlüsselung

Bislang unterstützen die mobilen Geräte kein S/MIME, also kein Verschlüsseln und Signieren von Mails, dies ändert sich jedoch angenehmerweise. Dies ist ein wichtiger Schritt, der die richtige Konsequenz aus folgenden Entwicklungen ist:

- Die über Mail transportierten Inhalte sind zunehmend geschäftskritisch geworden, so dass Verschlüsseln und Signieren unerlässlich wird.
- Durch die schneller werdenden Prozesse ist der mobile Zugriff auf sensible Inhalte auch für mobile Benutzer notwendig.

Für mobile Geräte ist nun auch eine zertifikatsbasierte Authentifizierung möglich. Bislang war es gängige Praxis, dass auf den Mobilgeräten die Credentials des Benutzers gespeichert waren, um bei Synchronisationsvorgängen diese nicht ständig erfragen zu müssen.

3.1.3 Remote Wipe

Es gibt eine berühmte Statistik darüber, wie viele Handys, SmartPhones, PocketPCs und ähnliche Mobilgeräte jährlich in Londoner Taxis vergessen werden. Die Zahl ist erschreckend, und vermutlich ist die Dunkelziffer noch weitaus höher.

Der mehr oder weniger ehrliche Finder hält mit einem solchen Gerät im Normalfall (Gerät ist eingeschaltet) einen »offenen Zugriff« in das Firmennetz in den Händen; zumindest kann er problemlos die Mails des eigentlichen Besitzers lesen und in dessen Namen verfassen.

Die Remote Wipe-Funktionalität gestattet es einem Administrator, ein Windows 5-Mobilgerät komplett »zu leeren«, also auf den Auslieferungszustand zurückzusetzen.

Der Ablauf stellt sich wie folgt dar:

- Ein Anwender verliert sein Windows Mobile 5-Gerät.
- Er informiert den Administrator, und dieser veranlasst das Remote Wipe.
- Wenn das Gerät das nächste Mal Kontakt mit dem Exchange Server hat, bekommt es sozusagen den Befehl zur Selbstzerstörung.
- Der Administrator erhält eine Information über das erfolgte Remote Wipe.

Der Anwender bekommt zwar sein Mobilgerät nicht zurück, zumindest wird aber kein weiterer Schaden durch ein »Informationsloch« angerichtet.

3.1.4 Suchen in der globalen Adressliste

Bislang konnte die globale Adressliste (GAL) mit einem Mobilgerät nicht durchsucht werden – dies ist nun möglich.

3.1.5 Policies für den Zugriff von Mobilgeräten

Der Zugriff von Mobilgeräten kann nun durch Sicherheitsrichtlinien reglementiert werden. Hierzu ist ein neuer Dialog vorhanden, den man über die Mobileinstellungen erreicht (Abbildung 3.2).

Abbildung 3.2 Mit einigen über den Server zu konfigurierenden Sicherheitsrichtlinien kann ein Windows Mobile 5-Gerät abgesichert werden.

Der eigentliche »Master-Schalter« ist »Allow acces to devices that ...«: Mit dieser Checkbox kann festgelegt werden, dass ältere Geräte (alles, was nicht Windows Mobile 5 ist) keinen Zugriff auf den Server erhalten.

Die möglichen Sicherheitsrichtlinien dürften den meisten Anforderungen genügen:

- Ein komplexes Passwort kann gefordert werden.
- Nach einer Inaktivitätszeit ist wieder eine Passworteingabe notwendig.
- Nach einer Anzahl von Fehleingaben wird das Gerät zurückgesetzt.
- Das Gerät liest nach einer angegebenen Zeit die Richtlinien vom Server ein.

3.2 Spam-Bekämpfung

Da Spam bereits seit geraumer Zeit ein ernsthaftes Produktivitätshindernis ist, sind bereits mit Exchange 2003 SP1 einige »Gegenmaßnamen« möglich gewesen. Zu nennen wären hier die Einbindung von Blacklists oder der zusätzlich zu installierende **Intelligent Message Filter**.

Exchange 2003 SP2 bringt eine neue bereits integrierte Version des IMF mit und unterstützt das Sender ID-Verfahren.

3.2.1 Intelligent Message Filter

Der Intelligent Message Filter in der Version 2 ist im Service Pack 2 bereits integriert. Die Hauptkonfigurationsdialog findet sich, wie auch bei der nachzuinstallierenden Version, in den Eigenschaften der »Nachrichtenübermittlung« in den »Globalen Einstellungen« (Abbildung 3.3).

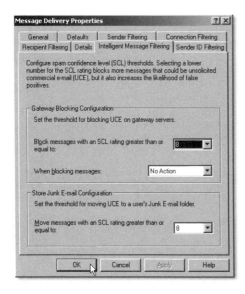

Abbildung 3.3 Der Intelligent Message Filter ist nun direkt integriert.

Die SmartScreen-Technologie, die vom IMF verwendet wird, ist auch in Bezug auf Phishing verbessert worden.

3.2.2 Sender ID-Technologie

Hinter Sender ID steckt ein eigentlich recht simpler Ansatz zur Spambekämpfung. Spams werden bekanntermaßen häufig unter einem falschen Absender versendet. Das Sender ID-Prinzip basiert nun darauf, dass geprüft wird, ob der Server, der die Mails ausliefert, auch tatsächlich autorisiert ist, Mails dieses Absenders auszuliefern. Ein Beispiel: Der Server `mail.ichbinspammer.de` ist nicht autorisiert, Mails von `ulrich@boddenberg.de` zu versenden.

Bereits vor einiger Zeit ist man auf die Idee gekommen zu prüfen, ob der ausliefernde Server zu dem MX-Record der Domain passt. Dies scheitert aber an einigen wichtigen Eckpunkten:

- Nicht notwendigerweise liefern alle Firmen die ausgehenden Mails über das als MX im DNS eingetragene System aus. Dies kann die unterschiedlichsten Ursachen haben, beispielsweise die Firewall-Architektur, Load Balancing, Ausfall des Systems etc.
- Insbesondere kleinere Unternehmen liefern Mails häufig über einen beim Provider stehenden Smarthost aus. Eine Prüfung des MX-Records würde dann ebenfalls negativ ausfallen.

Sender ID beruht darauf, dass im DNS die Server eingetragen werden, die autorisiert sind, Mails für die Absenderdomain auszuliefern. Der Ablauf der Sender ID-Validierung sieht dann wie in Abbildung 3.4 gezeigt aus:

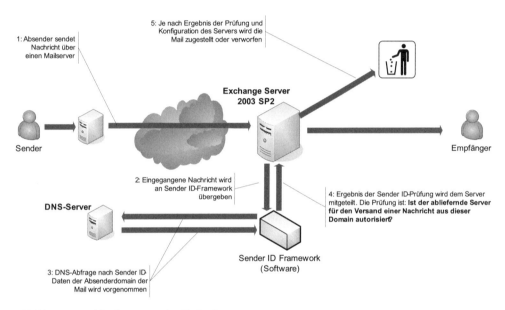

Abbildung 3.4 Ablauf einer Sender ID-Prüfung

- Ein fremder Server liefert eine Mail ein.
- Der empfangende Server übergibt die Mail an das Sender ID-Framework, also eine Softwarekomponente.
- Das Sender ID-Framework fragt das DNS nach der Liste der Server, die berechtigt sind, Mails dieser Domain auszuliefern. Dies setzt voraus, dass diese Einträge dort vorhanden sind!
- Das Sender ID-Framework vergleicht die vom DNS erhaltenen Angaben mit der Adresse des Servers, der die Mail eingeliefert hat und teilt das Ergebnis der Prüfung mit.
- Je nach Ergebnis der Prüfung und Konfiguration wird die Mail an das Postfach des Empfängers zugestellt oder verworfen.

Wie der Exchange Server sich bei einer Mail mit negativem Sender ID-Prüfungsergebnis verhalten soll, wird auf einer Karteikarte in den Eigenschaften der »Nachrichtenübermittlung« (Globale Einstellungen) definiert (Abbildung 3.5):

- Die Mail kann trotzdem zugestellt werden.
- Die Mail wird »kommentarlos« gelöscht.
- Der Absender erhält eine Meldung über die Unzustellbarkeit.

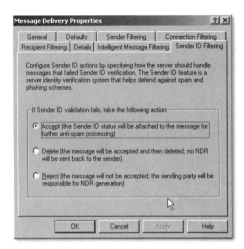

Abbildung 3.5 Auf dieser Karteikarte wird konfiguriert, wie sich das System bei einem negativen Sender ID-Prüfungsergebnis einer Mail verhalten soll.

Wie erstelle ich meine Sender ID-Einträge im DNS?

Sender ID kann nur funktionieren, wenn möglichst viele Unternehmen und Organisationen die Sender ID-Einträge für ihre Domains erstellen.

Wenn Sie nun auch einen Sender ID-Eintrag für Ihre Domain vornehmen möchten, ist Folgendes erforderlich:

- Sie benötigen Zugriff auf die DNS-Konfiguration Ihrer Domain. Im Zweifelsfall müssen Sie mit Ihrem Provider sprechen, damit er die gewünschten Eintragungen für Sie vornimmt.
- Sie müssen ermitteln, was genau eingetragen werden muss, d.h. »Inhalt, Form und Stil« des DNS-Eintrags.

Für Letzteres gibt es unter **http://www.anti-spamtools.org** einen Assistenten im Internet (Abbildung 3.6). Dieser Wizard stellt Ihnen diverse Fragen über Server, über die Ihre Domain eventuell Mails versendet (nebst vielen anderen Dingen), und gibt am Ende den vorzunehmenden DNS-Eintrag aus.

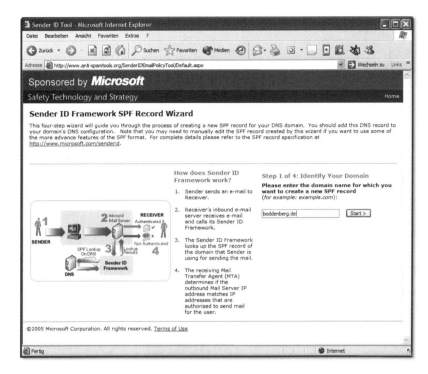

Abbildung 3.6 Mit diesem Wizard können Sie leicht den korrekten Sender ID-DNS-Eintrag für Ihre Domain ermitteln. Sie müssen diesen dann eintragen bzw. von Ihrem Provider eintragen lassen.

Abfrage der Sender ID einer Domain im DNS

Auf den Abbildungen 1.7 und 1.8 wird gezeigt, wie man mit nslookup die Sender ID-Einträge von Domains ermitteln kann:

- **Microsoft** (Abbildung 3.7): Zunächst wird hier ein Redirect auf den Eintrag _spf.microsoft.com angezeigt. Die Abfrage dieses Eintrags liefert die Namen und IP-Adressen der autorisierten Server.
- **Symantec** (Abbildung 3.8): Bei Symantec ist nur ein Abfragevorgang notwendig, der direkt die IP-Adressen der zum Senden autorisierten Server ausgibt.

3.3 Sonstiges

Diverse andere Änderungen sind ebenfalls vorgenommen worden; insbesondere interessant ist die Erweiterung der Datenbankgröße für die Standard Edition von Exchange.

3.3.1 Datenbankgröße der Standard Edition

Für viele Unternehmen ist die interessanteste Neuerung sicherlich die deutliche Erweiterung der Datenbankgröße für die Standard Edition von Exchange. Nach den doch sehr knapp bemessenen 16 GB kann die Gesamtgröße der Datenbanken nun **75 GB** betragen.

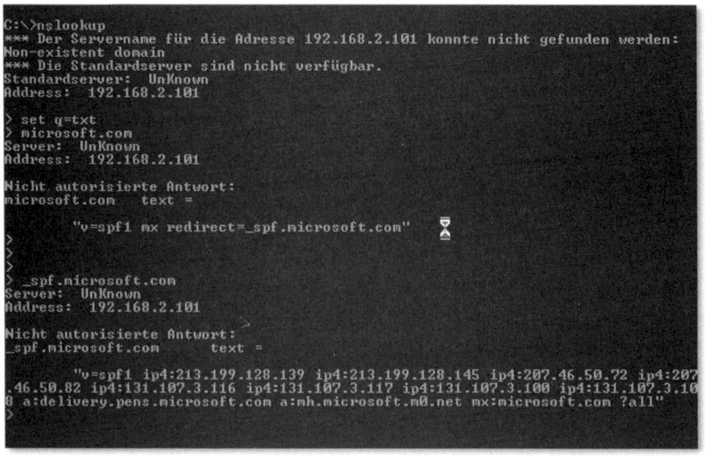

Abbildung 3.7 Sender ID-Abfrage der autorisierten Server von Microsoft

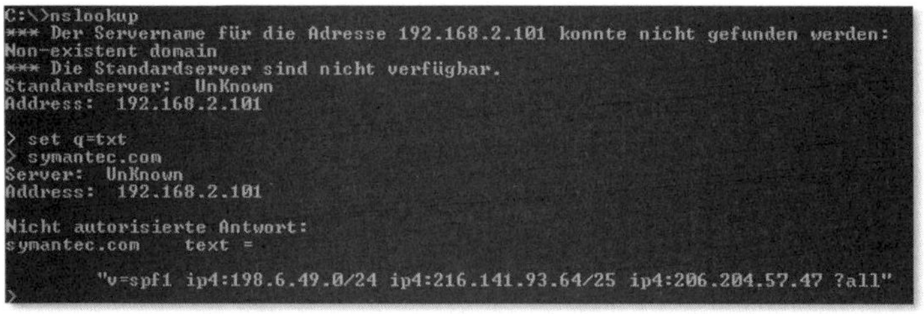

Abbildung 3.8 Sender ID-Abfrage nach Symantecs autorisierten Servern

Um die neuen Speichermöglichkeiten zu nutzen, muss der Registry-Key `Database Size Limit in GB` gesetzt werden.

3.3.2 Verbessertes Management von Öffentlichen Ordnern

Folgende Verbesserungen im Bereich des Managements Öffentlicher Ordner werden mit SP2 eingeführt:

- Protokollierung des Löschens Öffentlicher Ordner (ÖO): Wenn ein ÖO gelöscht wird, erstellt Exchange einen Eintrag im Ereignisprotokoll. (»Wer hat welchen Ordner wann gelöscht?«)
- Alle Replikationsvorgänge in der Organisation können durch eine Funktion im Kontextmenü des Organisationseintrags gestoppt werden. Dies ist praktisch, wenn durch Replikationsprobleme ein zu hoher Datenverkehr auftritt (Abbildung 3.9).
- Erweiterte Synchronisation der Hierarchie Öffentlicher Ordner
- Einfachere Rechtezuweisung: Es existiert ein neuer Assistent, mit dem sehr einfach Rechte im Baum unterhalb des gewählten Öffentlichen Ordners gesetzt werden können. Dieser wird, wie in Abbildung 3.10 gezeigt, im Kontextmenü des ÖO-Eintrags gestartet.

Abbildung 3.9 Durch einen Klick im Kontextmenü des Organisationseintrags können sämtliche Replikationsvorgänge in der Exchange-Organisation angehalten werden.

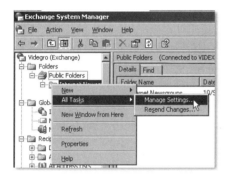

Abbildung 3.10 Der neue Wizard für die Rechte- und Replik-Konfiguration für Öffentliche Ordner wird im Kontextmenü des zu verwaltenden Ordners aufgerufen

▶ Mit dem neuen Assistenten »Manage Public Folder Settings Wizard« können die Repliken für einzelne Öffentliche Ordner (und die in der Hierarchie darunter angeordneten ÖOs) modifiziert werden.

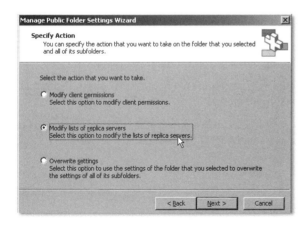

Abbildung 3.11 Der neue Assistent kann Zugriffsrechte und Repliken konfigurieren.

Sonstiges

3.3.3 Verbesserungen beim Offline Adress Buch (OAB)

Es gibt ein neues Format für das Offline Adress Buch, OAB 4.0. Nutzbar ist es allerdings nur, wenn die Outlook 2003-Clients auf dem Stand von Office 2003 SP2 sind.

Seine Vorteile sind:

- Geringere Größe des OABs
- Weniger Situationen, in denen ein organisationsweiter Download des kompletten Adressbuchs erzwungen wird.
- Eigenschaften und Indices können gesetzt werden.
- Die OAB-Indizierung wird nun auf dem Client ausgeführt. Dadurch wird diese abhängig von der Sprache des Clients und hängt nicht mehr von der Sprache des Servers ab. Dies ist wichtig, wenn auf dem Server Anwender aus unterschiedlichen Sprachbereichen arbeiten.

3.3.4 Aktivieren von MAPI-Access/Erzwingen des Cached Mode

Bislang konnte man für einen Benutzer festlegen, ob er Zugriff per Outlook Web Access, POP3, IMAP4 und mobiler Dienste haben sollte – oder auch nicht. Den Zugriff über MAPI zu sperren war nicht möglich.

Durch Modifikation des `ProtocolSettings`-Attributs des Benutzers im Active Directory ist es nun möglich, folgende Definitionen vorzunehmen:

- Der Benutzer hat vollen MAPI-Zugriff.
- Der Benutzer hat keinen MAPI-Zugriff (er muss dann beispielsweise über OWA zugreifen).
- Der Benutzer hat nur MAPI-Zugriff, wenn er den Cached Mode verwendet.

Die Einstellungen können nicht über den Exchange System-Manager vorgenommen werden, sondern müssen mit ADSIedit (oder einem anderen Werkzeug) durchgeführt werden.

3.3.5 Sonstiges

Natürlich wird SP2 etliche Fehler beheben, Performance verbessern und Exchange weiter optimieren. Wenn die finale Version des Service Packs verfügbar ist, wird es in der Microsoft Knowledge-Base eine Liste aller durchgeführten Änderungen geben.

Die zuvor genannten Funktionen sind diejenigen Neuerungen, die für Planung, Administration und Betrieb am interessantesten sein dürften.

Teil 2
Grundlagen und Planen

4 Einführung in das Thema Collaboration   49

5 Erster technischer Überblick   59

6 Solutions Design   77

7 Exchange und Active Directory   85

4 Einführung in das Thema Collaboration

4.1 Haben wir überhaupt Probleme? 50

4.2 Kosten und Wirtschaftlichkeit 53

4.3 Microsoft Collaboration 55

1	Über dieses Buch
2	Der Aufbau des Buchs
3	Exchange 2003 – Service Pack 2
4	**Einführung in das Thema Collaboration**
5	Erster technischer Überblick
6	Solutions Design
7	Exchange und Active Directory
8	Routing
9	Storage
10	Öffentliche Ordner
11	Administrative Gruppen
12	Richtlinien, Vorlagen und Adresslisten
13	Front-End-/Back-End-Architektur
14	Clients
15	Sichere Anbindung an das Internet
16	Sicherheit
17	Installation
18	Migration/Upgrade auf Exchange 2003
19	Betrieb und Administration
20	Backup, Restore und Desaster Recovery
21	Verfügbarkeit
22	Live Communications Server 2005 – Ein Überblick
23	LCS – Installation und Konfiguration
24	LCS – »Externe« Clients und Föderationen
25	LCS – Administration
26	LCS – Sicherheit
27	Entwicklung
28	Programmieren mit CDO (CDOEX)
A	Problembehebung in Warteschlangen
B	Zu überwachende Parameter (Jetstress-Test)
C	Performance Monitoring, wichtige Datenquellen
D	Outlook Level 1 Dateianhänge

4 Einführung in das Thema Collaboration

Es dürfte heute kaum mehr ein Unternehmen geben, das Geld für etwas ausgibt, was nur »Nice-to-have« ist und nicht einen konkreten Business-Value bringt. Im Bereich der elektronischen Zusammenarbeit werden zwar nicht die direkten IT-Kosten reduziert, durch ein enormes Potenzial an Möglichkeiten zur Steigerung der Benutzereffizienz können diese Systeme aber eine sehr gute Investition darstellen.

Die Maildienste haben seit Exchange 5.5 einen gänzlich anderen Stellenwert in der Unternehmenskommunikation bekommen: Vor einigen Jahren war Mail ein Kommunikationsmittel, das man im Vergleich zu Fax oder Telefonie als eher zweitrangig eingeordnet hatte. Heute hat Mail sicherlich eine wesentlich höhere Bedeutung als das Fax. Ich würde behaupten, dass Mail mittlerweile in vielen Fällen sogar wichtiger als die Telefonie geworden ist. Durch diese Entwicklung entstehen zwei Anforderungen, die früher weniger relevant waren:

- Die Verfügbarkeit des Mailsystems ist sehr wichtig geworden. Kaum ein Unternehmen kann es sich heute erlauben, einen oder sogar mehrere Tage auf die Mailanbindung zu verzichten. Dies gilt einerseits für die externe Kommunikation, andererseits aber auch für die internen Arbeitsabläufe, die zumindest in größeren Unternehmen ohne Mailunterstützung kaum mehr funktionieren. Dies trifft übrigens umso mehr zu, als es bei Exchange nicht »nur« um Mail, sondern auch um Funktionen wie etwa Kalender-, Kontakt- und Aufgabenverwaltung geht: Der Ausfall des System bedeutet, dass beispielsweise keine Kundentermine mehr wahrgenommen werden können: Ein Vertriebsbeauftragter weiß schlicht und ergreifend nicht mehr, dass er heute um 14:00 Uhr eigentlich beim Einkaufsleiter eines wichtigen Kunden hätte sein sollen.
- Wenn ein Mitarbeiter drei Tage unterwegs ist und währenddessen nicht in seine Mail schauen kann, ist er trotz Handy von der geschäftlichen Kommunikation abgeschnitten. Schlimmer noch, Kunden werden sich vermutlich beschweren, dass auch nach zwei Tagen keine Reaktion auf die eingegangene Email erfolgt ist. Ein wichtiges Ziel ist also, dafür zu sorgen, dass der Mitarbeiter jederzeit kostengünstig auf seine Mails und ggf. sonstige Informationen zugreifen kann – am besten mit Handy und PocketPC, damit nicht dauernd umständlich ein Notebook hochgefahren werden muss.

Bereits diese beiden Beispiele zeigen, dass im Exchange-Umfeld eine wesentliche Anforderungen zu erfüllen ist:

Ermöglichen des Zugriffs von überall und jederzeit auf die neuesten Informationen. Das bedeutet:

- Eine gute Verfügbarkeit der Systeme ist erforderlich. Das bedeutet nicht notwendigerweise, dass Sie Hunderttausende Euros für Hochverfügbarkeits-Hardware ausgeben müssen. Die Entwicklung und Einführung von leistungsfähigen Prozessen für Sicherung und Wiederherstellung reicht in vielen Fällen aus.

- Es genügt nicht mehr, dass die Verbindung zu den Informationen beim Aufenthalt im Büro aufgebaut werden kann. Es müssen neue Kommunikationswege erschlossen werden, z.B. durch Nutzung von Mobilfunk etc.

Die beiden zu Beginn erwähnten Beispiele waren natürlich recht Exchange-lastig, was in einem Exchange-Buch ja durchaus korrekt ist. In diesem Kapitel möchte ich das Thema »Collaboration« ruhig etwas übergreifender betrachten, denn Exchange ist »nur« eine Säule in der elektronischen Zusammenarbeit, die sich aus folgenden Komponenten zusammensetzt:

- Mail und Messaging: asynchrone Kommunikation sowie Bereitstellung von Kontaktdaten, Terminen etc.
- Informationen aller Art gemeinsam nutzen: strukturiertes Bereitstellen von Informationen.
- Direkte Kommunikationsformen wie Voice, Videoconferencing, gemeinsame Nutzung von Applikationen etc.

4.1 Haben wir überhaupt Probleme?

Dass Mail aus dem heutigen Geschäftsleben nicht mehr wegzudenken ist, brauchen wir sicherlich nicht weiter zu diskutieren.

Um zu prüfen, ob die sonstigen Aspekte der elektronischen Zusammenarbeit, nämlich insbesondere der strukturierte Umgang mit Informationen aller Art, verbesserungsbedürftig sind, macht es Sinn, einmal den Ist-Zustand zu beleuchten:

Trotz enormen technischen Fortschritts im Bereich der Serversysteme, Clients und der darauf laufenden Software kann man nun wirklich nicht behaupten, dass die Benutzer die Möglichkeiten, die eine moderne Systemumgebung ihnen bietet, auch nur ansatzweise ausschöpfen. Ganz im Gegenteil, ich würde behaupten, dass viele Benutzer sogar ausgesprochen ineffizient mit den ihnen zur Verfügung gestellten Arbeitsmitteln umgehen. Gern gebe ich Ihnen einige Beispiele:

- Der Klassiker ist die Dateiablage: Wenn man ernsthaft hinterfragen würde, wie viele Benutzer *nicht* wissen, was sich eigentlich hinter Dateien, Ordnern, Verzeichnissen und Laufwerken verbirgt, würde das Ergebnis vermutlich einigermaßen schockierend sein. Man kann sicherlich den Benutzern keinen Vorwurf machen, dass sie sich nicht für diese »technisch abstrakten Computerdinge« interessieren. Wenn das Speichern und Aufrufen von Dateien häufig in ein Ratespiel ausartet, ist das sicherlich nicht besonders effizient.
- Das Chaos wird perfekt, wenn mehrere Benutzer gemeinsam mit Dateien arbeiten sollen, was ja heute nicht mehr die Ausnahme, sondern der Normalfall ist. Einige Aspekte und Effekte:
  - Es hat sich als recht schwierig erwiesen, sinnvolle Dateistrukturen zu etablieren. Es ist zwar nicht kompliziert, sinnvolle Strukturen vorzugeben, aber diese weichen meistens schnell auf, weil die Benutzer sie entweder nicht verstehen oder akzeptieren oder anfangen, selbst wilde Unterstrukturen aufzubauen. Das Resultat ist in jedem Fall, dass das Ablegen und Wiederfinden von Dateien zumindest kompliziert und aufwändig wird. Fragen Sie Ihre Benutzer einmal, wie lange sie realistisch

betrachtet mit dem Suchen von Dateien zubringen, die Kollegen gespeichert haben. Natürlich wissen die Benutzer sich zu helfen, greifen zum Telefon und rufen den Kollegen an. Das ist sicherlich nicht im Sinne eines effizienten Arbeitsablaufs, denn nun beschäftigt sich nicht nur ein Mitarbeiter mit der Suche nach Dateien, es sind jetzt sogar schon zwei!

- Es ist ungemein schwierig, die Benutzer dazu zu bringen, eine einheitliche Struktur für Dateinamen zu verwenden. Auf der einen Seite gibt es Benutzer, die sehr akribisch versuchen, den Inhalt der Datei in deren Namen zu beschreiben, andere nennen ihre Dateien **Brief1.doc**, **Brief2.doc** und **Kalkulation0001.xls**. Der größte Teil der Benutzer wird sich irgendwo zwischen diesen beiden Extremen finden. Das Filesystem gibt es eben nicht her, dass zu den Dateien jeweils durchsuchbare Attribute wie Kurzinhalt, Kunde, Projekt etc. gespeichert werden.

- In vielen Firmen ist die Rechtestruktur im Filesystem und das, was die Benutzer letztendlich daraus machen, ein echtes Highlight. Häufig wird ein Bereich für den Vertrieb, die Buchhaltung, die Geschäftsleitung und andere Abteilungen eingerichtet. Jede Abteilung kann dabei nur auf ihre eigenen Daten zugreifen. Da häufig abteilungsübergreifender Datenaustausch notwendig ist, wird ein »Transferlaufwerk« eingerichtet, auf das alle Benutzer lesend und schreibend zugreifen können. Der Gedanke ist natürlich, dass die Benutzer die Dateien hier nur temporär ablegen und direkt wieder löschen. In der Praxis sieht es aber häufig so aus, dass das »Transferlaufwerk« das meistgenutzte Volume überhaupt ist. Die Effekte sind, dass eine vollkommen chaotische und sehr dynamisch wachsende Ablagestruktur entsteht und sämtliche Zugriffsrechte und Sicherheitsmaßnahmen außer Kraft gesetzt sind.

- Die Suche in Dateisystemen gestaltet sich übrigens auch nicht ganz einfach. Natürlich kann man die im Windows Explorer enthaltene Suchfunktion nutzen. (Wie viele Benutzer kennen diese Funktion überhaupt?) Diese setzt allerdings voraus, dass Dateinamen einigermaßen sinnvoll gewählt werden, zudem ist sie bei sehr großen Dateiablagen keine besonders ressourcenschonende Funktion. Auch die Volltextsuche des Explorers (»Ein Wort oder Begriff innerhalb der Datei«) ist eine Funktion, bei der man täglich beten muss, dass die Benutzer sie nicht eines Tages begeistert entdecken: Wenn mehrere Dutzend Benutzer ständig ein mehrere hundert Gigabyte großes Dateiarchiv durchforsten, bekommen die Server ein ernsthaftes Performanceproblem. Fakt ist, dass es streng genommen keine wirklich gute Suchfunktion für Dateisysteme gibt. Im Übrigen kann man ja gar nicht unbedingt davon ausgehen, dass die gesuchte Information sich tatsächlich im Dateisystem findet: Andere Speicherorte wären beispielsweise ein öffentlicher Exchange-Ordner oder das Intranet. Wenn man sich eine Suchfunktion wünschen dürfte, müsste diese also alle Ressourcen der Firma berücksichtigen.

- Selbst wenn mehrere Benutzer tatsächlich in der Lage sind, eine Datei zu finden und an dieser zu arbeiten, stellt sich das Problem der Versionierung. Im Dateisystem wird eine Datei geöffnet, verändert und gespeichert. Ältere Versionen gibt es nicht mehr. Trotzdem könnte der Zugriff auf ältere Versionen durchaus interessant oder notwendig sein.

- Die Informationsbeschaffung ist in den meisten Organisationen mittlerweile recht schwierig geworden, weil es einfach zu viele Informationsquellen gibt, deren »Bedienung« jeweils erlernt werden muss.
  - Denken Sie beispielsweise an einen Vertriebsmitarbeiter, der lediglich seine Umsätze des Tages, der Woche, des Monats und des Quartals sehen möchte. In den meisten Unternehmen benötigt er den Client des ERP-Systems, in dem er sich täglich durch zig Menüs und Untermenüs wählen muss, um dann Reports erstellen zu können.
  - Firmeninterne Informationen finden sich vielleicht in einem Intranet – fragt sich, wie aktuell und gepflegt die Daten hierin sind.
  - Andere Informationen, beispielsweise die aktuelle Image-Broschüre des Unternehmens, finden sich irgendwo im Dateisystem – an einer Stelle, die sich ohnehin niemand merken und schon gar nicht intuitiv erreichen kann.

Natürlich fallen die beschriebenen Probleme gar nicht unbedingt so hart auf, wie ich es gerade beschrieben habe. Das liegt unter anderem daran, dass die Anwender häufig mehr oder weniger kreative Workarounds finden und im Zweifelsfall Kolleginnen und Kollegen um Hilfe bitten.

Beispiele:

- Findet ein Benutzer nicht die aktuelle Version der Firmenbroschüre, ruft er eben die Kollegin aus der Marketingabteilung an, die ihm die Datei per Mail schickt. Da man sich aber nie sicher sein kann, ob man wirklich die aktuellste Version hat, wiederholt sich dieser Vorgang entsprechend häufig. Sorge bereitet mir gar nicht der Platzverbrauch, den mehrere Dutzend Firmenbroschüren im Mailsystem einnehmen, sondern die Tatsache, dass diese Vorgehensweise schlicht und ergreifend für alle Beteiligten sehr aufwändig ist.
- Überhaupt gilt, dass massiv Arbeitszeit dadurch verschwendet wird, dass die Benutzer sich gegenseitig beim Auffinden von elektronischen Informationen helfen müssen.

Ich könnte noch seitenweise über die Probleme schreiben, die die Benutzer mit einer modernen IT-Umgebung haben. Ich denke aber, dass diese Beispiele völlig genügen, um Sie dafür zu sensibilisieren, dass die Steigerung der Benutzereffizienz in den meisten Umgebungen ein sehr wichtiger Aspekt sein wird.

Natürlich ist dieses Kapitel eigentlich mit »Collaboration«, also Zusammenarbeit überschrieben. Aber was ist in letzter Konsequenz das Ziel der Einführung von Systemen zur computergestützten Zusammenarbeit? Die Steigerung der Benutzereffizienz!

Die Benutzer sollen einfacher auf die von anderen Anwendern erzeugten Daten zugreifen können, sich schneller die benötigten Informationen beschaffen können und besser und zeitsparender miteinander kommunizieren können.

Man kann beobachten, wie die Geschäftsprozesse immer schneller werden und somit auch die Anforderungen an die Menschen steigen, die diese Prozesse mit Leben füllen. Man kann aber auch beobachten, dass die meisten Mitarbeiter mit ihren vernetzten PCs noch immer so wie vor acht Jahren umgehen. Gut, es gibt einige Unterschiede, denn die Programme liegen in neueren Versionen vor, und der Internet Explorer ist ständig geöffnet – aber abgesehen davon hat sich nicht viel verändert. Denken Sie einmal darüber nach!

Nun genügt es in vielen Bereichen nicht, wenn die Anwender sich Mails schreiben oder Informationen gezielt ablegen; die direkte Kommunikation ist häufig erforderlich. Natürlich gibt es das gute alte Telefon, aber:

- Wie viel Zeit wird damit verschwendet, dass man hinter einem Kollegen hertelefoniert, der vielleicht einfach im Meeting, im Urlaub oder sonstwie nicht am Platz ist? Es würde einfach Zeit sparen zu wissen, dass jemand nicht verfügbar ist.
- Kommunikation ist erfahrungsgemäß am effizientesten, wenn sich die Gesprächspartner nicht nur hören, sondern auch sehen können. »Bildtelefonie« am Arbeitsplatz wäre sicherlich eine interessante Option, die aber mit den Mitteln einer »normalen« Telefonanlage entweder nicht oder nur zu horrenden Preisen zu erreichen ist.
- Ich persönlich kann komplexe Sachverhalte am besten erklären, wenn ich am Flipchart stehe. Jeder, der mich persönlich kennt, wird bestätigen, dass ich beim Betreten eines Raums erst ängstlich hin- und herschaue, ob irgendwo ein Flipchart oder eine Tafel zu entdecken ist. Die Möglichkeit, beim Gespräch eine Skizze anzufertigen oder meinem Gesprächspartner eine Grafik zu zeigen, ist hilfreich – und ich bin bestimmt nicht der einzige, dem es so geht.

Sprechen Sie mit Ihren Anwendern!

Sie als IT-Profi können sich vielleicht kaum vorstellen, dass es Menschen gibt, die die grundlegenden Funktionsweisen eines Computers nicht verstehen und beispielsweise mit Worten wie »Datei«, »Filesystem« oder »Share« nichts oder nur wenig anfangen können.

Ich kann nur jedem Administrator und IT-Verantwortlichen nahe legen, das Gespräch mit den Anwendern zu suchen und sie zu fragen, wo vielleicht der Schuh mit dem aktuellen System drückt. Im Normalfall wird dann nämlich nicht »zu langsam«, sondern »sehr umständlich« als Ergebnis herauskommen. Und damit sind wir beim Thema Benutzereffizienz.

4.2 Kosten und Wirtschaftlichkeit

In den heutigen Zeiten knapper Budgets wird niemand mehr Nice-to-have-Projekte beginnen. Das in IT-Systeme investierte Geld soll wirtschaftliche Ziele verfolgen, also entweder Kosten sparen oder dafür sorgen, dass die Firma mehr Geld verdienen kann.

Die vergangenen Jahre standen eindeutig unter dem Stern der »Kostensenkung«. Hier hat es sicherlich viele sinnvolle und erfolgreiche Projekte gegeben – angefangen von der Ablösung von Systemen, die sehr hohe Wartungs- und Betriebskosten verursacht haben, über die Einführung von Managementsystemen, die die Administrationsaufwände deutlich senken, bis hin zu einer generellen Optimierung der IT-Prozesse. Der Markt hat natürlich ebenso viele erfolglose Versuche der Kostensenkung gesehen, darunter fallen insbesondere diverse »Outsourcing-um-jeden-Preis«-Projekte, bei denen im Vorfeld das Blaue vom Himmel herab versprochen wurde, die aber im Endeffekt horrende Kosten, den Verlust von Flexibilität und unzufriedene Anwender zum Ergebnis hatten.

Mittlerweile hat sich die Erkenntnis durchgesetzt, dass die IT ein dermaßen kritischer Produktionsfaktor geworden ist, dass Investitionen in deren Sicherheit und Verfügbarkeit ebenfalls gut angelegtes Geld sind. Wenn die IT-Kosten zwar gering sind, die Systeme dafür aber auch so instabil sind, dass regelmäßig die Produktion gestoppt und Daten aufwändig rekonstruiert werden müssen, wird das sicherlich nicht dazu beitragen, dass die Gewinne höher ausfallen.

Im Übrigen gibt es kaum etwas, was peinlicher ist, als dem Kunden erzählen zu müssen, dass die Ware nicht pünktlich geliefert werden konnte, weil die Produktion mal wieder für zwei Tage stand …

In vielen IT-Landschaften dürften die Möglichkeiten zur Kostenoptimierung ausgereizt und die Verfügbarkeit der Systeme auf ein angemessenes Maß angehoben worden sein. Es stellt sich nun die Frage, was zur weiteren Optimierung getan werden kann – unter der Maßgabe, dass jede Investition auch dazu führen soll, dass entweder mehr Geld eingenommen wird, Kosten gespart werden oder zumindest mögliche Verluste vermieden werden.

Sie haben es sicher schon geahnt: Die dritte Säule ist die Steigerung der Benutzereffizienz. Auch wenn allgemeine Rechenbeispiele häufig einen faden Beigeschmack haben, möchte ich Ihnen dennoch ein paar Werte präsentieren.

Wenn man annimmt, dass man es schaffen kann, dass jeder Benutzer pro Tag 15 Minuten spart, weil er aufgrund einer »optimaleren« Arbeitsumgebung seine Aufgaben besser und schneller erledigen kann, bedeutet das:

- In einem Jahr (240 Arbeitstage) spart jeder Anwender 60 Stunden Zeit. Das sind immerhin 1,5 Arbeitswochen. Man kann es anders formulieren: Um diese Steigerung der Produktivitätszeit anders zu erreichen, müsste man den Mitarbeitern 7,5 Tage Urlaub streichen.
- Eine Firma mit 500 PC-Arbeitsplätzen gewinnt jeden Tag 125 »Produktivitätsstunden«, das sind immerhin mehr als 15 Personentage.

Im Übrigen ist die angenommene Zeitersparnis von 15 Minuten pro Tag und Benutzer eine sehr pessimistische Annahme. Vermutlich liegt diese, zumindest nach einer Einschwingphase, deutlich höher. Lassen Sie uns aber ruhig mit diesem sehr vorsichtigen Wert weitermachen:

Wenn man die durchschnittlichen monatlichen Personalkosten (inkl. aller Nebenkosten) eines Mitarbeiters im »Bürobereich« (Verwaltung, Entwicklung, Vertrieb etc.) mit EUR 3.000 ansetzt, realisiert eine Firma mit 500 Mitarbeitern im »Bürobereich« jeden Monat Einsparungen von 15 * 3.000 = EUR 45.000 (Die 15 eingesparten Tage ergeben sich aus einer Zeitersparnis von 15 Minuten bei jedem der 500 Mitarbeiter.)

Ja ja, ich weiß, dass diese Berechnungen immer deutlich hinken:

- Die 15 Personentage, die eingespart werden, sorgen nicht direkt für einen Kosteneffekt, weil ja nicht direkt 15 Leute entlassen werden.
- Ein positiver Effekt stellt sich natürlich auch nur ein, wenn jeder Mitarbeiter die eingesparte Zeit in produktive Arbeit »umwandelt«. Das wird man vielleicht nicht generell voraussetzen können, in vielen Fällen wird das aber der Fall sein.
- Auch wenn Sie nicht direkt ein in Euro messbares Ergebnis erhalten: Die Verbesserung der Handhabbarkeit der Systeme wird mit Sicherheit zu einer Verbesserung der Qualität der Bearbeitung der Geschäftsprozesse führen. Im Übrigen nehmen Benutzer einen umständlichen Umgang mit IT-Systemen immer recht negativ auf; eine deutliche Vereinfachung dürfte auch zu einer Verbesserung der Motivation führen.

Fakten sind:

- Eine Reduzierung der IT-Kosten führt zu einem direkt messbaren Ergebnis. In den meisten Umgebungen dürfte mittlerweile das Kostensenkungspotenzial ausgeschöpft sein.
- Eine Verbesserung der Verfügbarkeit führt bei einer Bewertung im Rahmen des Risk-Management sicherlich zu positiven Effekten – oder ist schlicht und ergreifend zwingend notwendig. Sie verdienen dadurch vermutlich aber nicht mehr Geld, sondern verlieren im Schadensfall weniger.
- Die Steigerung der Benutzereffizienz bietet ein enormes Potenzial, weil die meisten Unternehmen und Organisationen in dieser Richtung noch keinerlei Anstrengungen unternommen haben. Die Ergebnisse sind allerdings recht schwer in Euro messbar – zumindest wenn man seriöse Zahlen liefern möchte. Trotzdem liegt der Nutzen auf der Hand!

4.3 Microsoft Collaboration

Nachdem der Exchange Server anfangs das einzige Collaboration-Serverprodukt aus dem Hause Microsoft war, steht dieser Bereich mittlerweile auf drei Säulen:

- **Exchange**: Mail und Messaing
- **Live Communications Server**: Instant Messaging
- **SharePoint**: Integrierte Arbeitsumgebung für die Arbeit mit Informationen aller Art

Dass das Thema »Collaboration« nicht mehr nur mit einem Produkt, sondern mit einer kompletten Produktlinie abgedeckt wird, bringt natürlich teilweise auch das Verschieben von Funktionalitäten mit sich:

- Instant Messaging, das in Exchange 2000 noch enthalten war, ist in einem eigenen Produkt aufgegangen, nämlich dem Live Communications Server. Exchange selbst enthält seit der Version 2003 keine entsprechenden Funktionalitäten.
- Das immer wichtiger werdende Thema des Zugriffs von Mobilgeräten (Handys, SmartPhones, PocketPCs, PDAs), das vormals in einem eigenen Produkt zu finden war, ist mit Version 2003 in Exchange integriert worden. Der Mobile Information Server ist eingestellt worden.
- Etwas anders gelagert ist der Fall »Öffentliche Ordner«: Es ist zwar nicht abzusehen, dass die Öffentlichen Ordner in näherer Zukunft aus Exchange herausgenommen werden, aber Microsoft positioniert diese nicht mehr als zukunftsträchtigen Informationsspeicher – wie dies noch vor einigen Jahren der Fall war. Themen wie das unternehmensweite strukturierte Bereitstellen von Informationen, das Speichern von Dokumenten oder der große Bereich Workflow gehen in Richtung der SharePoint-Technologien.

Etwas abstrakter betrachtet scheint es so zu sein, dass Exchange sich auf seine Kernkompetenzen, nämlich »klassisches« Mail und Messaging, besinnt und diese dabei möglichst ganzheitlich und nachhaltig beherrscht.

Stellt man die Situation eines Benutzers in einer Microsoft-Umgebung grafisch dar, ergibt sich das in Abbildung 4.1 gezeigte Bild:

- Der Benutzer hat unterschiedliche Endgeräte zur Verfügung, beispielsweise PC, Notebook, TabletPC, PDA oder SmartPhone.
- Mit seinen Geräten möchte er mit anderen Anwendern kommunizieren, Informationen austauschen – oder etwas allgemeiner gesprochen: gemeinsam arbeiten.
- Diese Zusammenarbeit wird durch die Serverprodukte Exchange, SharePoint und Live Communications Server unterstützt.

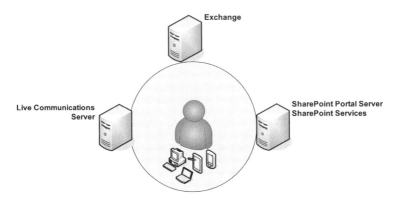

Abbildung 4.1 Die Benutzer verwenden verschiedene Endgeräte und nutzen mehrere von Servern bereitgestellte Dienste, um mit anderen Menschen zu kommunizieren und zusammenzuarbeiten.

- Exchange dürfte Ihnen bekannt sein – spätestens nach der Lektüre dieses Buchs.
- Die Möglichkeiten des Live Communications Servers lernen Sie in diesem Buch kennen.
- Ein kurze Einführung in SharePoint liegt auf der Buch-CD bei.

5 Erster technischer Überblick

5.1 Editionen 59

5.2 Die Exchange-Organisation 60

5.3 Clients 65

5.4 Speichern von Nachrichten 70

5.5 Exchange und andere Serverprodukte 73

1	Über dieses Buch
2	Der Aufbau des Buchs
3	Exchange 2003 – Service Pack 2
4	Einführung in das Thema Collaboration
5	**Erster technischer Überblick**
6	Solutions Design
7	Exchange und Active Directory
8	Routing
9	Storage
10	Öffentliche Ordner
11	Administrative Gruppen
12	Richtlinien, Vorlagen und Adresslisten
13	Front-End-/Back-End-Architektur
14	Clients
15	Sichere Anbindung an das Internet
16	Sicherheit
17	Installation
18	Migration/Upgrade auf Exchange 2003
19	Betrieb und Administration
20	Backup, Restore und Desaster Recovery
21	Verfügbarkeit
22	Live Communications Server 2005 – Ein Überblick
23	LCS – Installation und Konfiguration
24	LCS – »Externe« Clients und Föderationen
25	LCS – Administration
26	LCS – Sicherheit
27	Entwicklung
28	Programmieren mit CDO (CDOEX)
A	Problembehebung in Warteschlangen
B	Zu überwachende Parameter (Jetstress-Test)
C	Performance Monitoring, wichtige Datenquellen
D	Outlook Level 1 Dateianhänge

5   Erster technischer Überblick

Dieses Kapitel ist das »klassische Einsteigerkapitel« in diesem Buch. Es vermittelt auf wenigen Seiten einen ersten Überblick über Exchange und stellt Ihnen die wichtigsten Fachbegriffe der Exchange-Welt vor. Alle hier genannten Aspekte werden im weiteren Verlauf des Buchs vertieft.

Auf den ersten Blick ist es gar nicht so viel, was man mit dem Exchange Server machen kann:

- Persönliche Mails empfangen und versenden
- Termine, Kontakte, Aufgaben und Notizen verwalten
- Termine, Kontakte, Aufgaben und Notizen im Team bearbeiten
- Öffentliche Informationen aller Art (beispielsweise Internet-News) lesen und erstellen

Warum ist dann ein so dickes Buch notwendig?

Offenkundig ist das Bereitstellen von Mail- und Messagingfunktionalität nun doch nicht ganz so einfach, wie die kleine Liste vermuten lässt. Einige Beispiele:

- Die Daten müssen über unterschiedlichste Wege transportiert werden, sowohl innerhalb des Unternehmens als auch ins Internet.
- Die Mails müssen gespeichert werden, und zwar so, dass nur berechtigte Personen diese einsehen können. Andererseits müssen auch Sicherung und Wiederherstellung reibungslos funktionieren. Die Erwartungshaltung der Benutzer ist ja schließlich, dass sie jederzeit Zugriff haben.
- »Jederzeit« ist aber nicht genug, »von jedem Ort« ist die nächste Forderung. Kaum ein Mitarbeiter im Außendienst gibt sich damit zufrieden, dass er nur dann Mails bearbeiten kann, wenn er im Büro ist.
- Die Administratoren wünschen sich, dass die Verwaltung und Überwachung möglichst einfach sein soll. In einer größeren Organisation, in der IT-Know-how an mehreren Standorten vorhanden ist, muss die Administration »teilbar« sein, d.h., jeder Admin erhält nur die Berechtigungen, um »seinen« Bereich von Exchange zu verwalten.

Wenn Sie Exchange kaufen, erwarten Sie, dass es möglichst gut zu Ihrem Unternehmen passt – klar! Exchange kann nun von Unternehmen eingesetzt werden, die nur fünf Benutzer haben, gleichzeitig ist es auch für einen Weltkonzern mit 250.000 Anwendern geeignet. Das System ist also extrem skalierbar, was aber andererseits bedeutet, dass die Anpassung an die jeweiligen Gegebenheiten durch die Konfiguration vorgenommen wird – und das besprechen wir in diesem Buch.

5.1   Editionen

Wenn Sie in die Preisliste schauen, werden Sie feststellen, dass Exchange 2003 in zwei Editionen erhältlich ist: als Standard und als Enterprise Edition. Die nachfolgende Tabelle zeigt die Unterschiede:

	Standard Edition	Enterprise Edition
Speichergruppen	1 Speichergruppe (plus Recovery Storage Group)	4 Speichergruppen (plus Recovery Storage Group)
Anzahl der Datenbanken pro Speichergruppe	2 Datenbanken	5 Datenbanken
Größe der Datenbank	16 GB 75 GB mit SP2	Bis 16 TB
Windows Clustering	Nein	Ja
X.400-Connector	Nein	Ja

Kurz gesagt werden Sie die Enterprise Edition einsetzen, wenn …

- … Sie die Exchange Server clustern möchten,
- … Sie mehr als 16 GB Speicherbedarf haben (**75 GB ab Exchange SP2**).

(Die Anwendungsfälle, in denen wirklich dringend der X.400-Connector benötigt wird und das entscheidende Kaufargument für die Enterprise-Version ist, sind eher selten.)

Für jeden Benutzer mit Exchange-Zugriff benötigen Sie eine Exchange-CAL (Client Access License). Die CAL ist unabhängig von der eingesetzten Edition. Vergessen Sie nicht, dass Sie neben der Exchange-CAL auch eine Windows-CAL benötigen, schließlich nutzen Sie lizenzpflichtige Dienste des Betriebssystems!

5.2 Die Exchange-Organisation

Wenn man mit Exchange zu tun hat, ist immer von der »Exchange-Organisation« die Rede. Diese umfasst sämtliche Exchange-Objekte und hat eine eigene Organisations- und Berechtigungsstruktur. Exchange ist zwar komplett in Active Directory (AD) verankert, allerdings führt Exchange einige »Organisationsmittel« ein, die im AD nicht vorhanden sind.

Die wichtigsten Bestandteile der Exchange-Organisation sind in Abbildung 5.1 zu sehen:

- Zunächst gibt es beliebig viele **Exchange Server**.
- Diese werden in **administrativen Gruppen** angeordnet. Mit den administrativen Gruppen können Sie die Administrationsaufgaben innerhalb der Exchange-Organisation auf verschiedene Administratoren verteilen, wobei jeder nur die Admin-Rechte für »seinen« Bereich hat.
- In einem größeren Unternehmen mit verschiedenen Standorten müssen Sie die Übertragung zwischen den Exchange Servern bzw. zwischen den Standorten steuern können. Um dies zu bewerkstelligen, gibt es die **Routinggruppen**. Server eines Standorts werden zu einer Routinggruppe zusammengefasst – eventuell fasst man auch Server von sehr breitbandig verbundenen Standorten zusammen.
- Innerhalb von Routinggruppen werden **Connectoren** definiert (auf dem Bild durch die kleinen Satelliten dargestellt). Die Connectoren übertragen die Nachrichten an die definierten Ziele; entweder innerhalb der Organisation an andere Routinggruppen oder ins Internet.

▶ Die **Benutzerkonten** werden aus dem Active Directory entnommen. Sie müssen zwar für den Zugriff auf Exchange aktiviert werden, sie müssen aber nicht komplett neu angelegt werden (im Gegensatz beispielsweise zu einer Exchange 5.5- oder Lotus Notes-Umgebung).

Das Bild ist nicht ganz vollständig, da beispielsweise Richtlinien und Öffentliche Ordner fehlen – diese Zeichnung ist als erster Überblick gedacht.

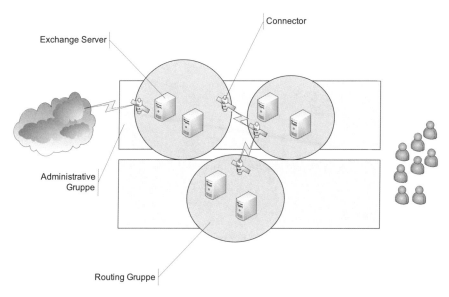

Abbildung 5.1 Einige grundlegende Elemente der Exchange-Organisation: Server, administrative Gruppen, Routinggruppen und Connectoren

Falls Sie bereits Zugriff auf eine installierte Exchange-Organisation haben, können Sie die Inhalte der Zeichnung im Exchange System-Manager, dem Verwaltungswerkzeug, wiederfinden (Abbildung 5.2):

▶ Auf dem Bild sind zwei administrative Gruppen zu erkennen.
▶ Hierarchisch unterhalb der Gruppen sind Server und Routinggruppen angesiedelt.
▶ Unterhalb der Routinggruppen sind die Connectoren angesiedelt.
▶ Eine Benutzerverwaltung ist im Exchange System-Manager nicht enthalten. Unterhalb des Knotens »Empfänger« können diverse Listen und Richtlinien definiert werden, es werden aber dort keine Benutzerkonten angelegt oder sonstwie verwaltet.

5.2.1 Active Directory

Exchange 2003 kann ohne Active Directory (AD) nicht funktionieren. Der Hintergrund ist, dass sämtliche Benutzerinformationen und die meisten Konfigurationsinformationen für die Exchange Server selbst im AD gespeichert sind. Neben diversen Konfigurationsaspekten muss also auch deutliches Augenmerk auf die Verfügbarkeit des Active Directory und der Netzwerkdienste wie DNS gelegt werden.

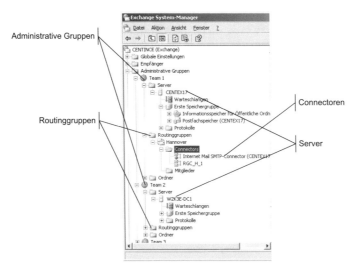

Abbildung 5.2 Auch im Exchange System-Manager kann man die Struktur der Exchange-Organisation erkennen.

Schema-Erweiterung

Im Active Directory werden zu Objekten wie »Benutzer« diverse Attribute gespeichert, beispielsweise der Name, das Passwort oder die Telefonnummer. Exchange muss allerdings deutlich mehr Angaben zu einem Benutzerobjekt speichern, als »standardmäßig« im Active Directory vorgesehen ist. Damit diese Daten gespeichert werden können, wird bei der Installation des ersten Exchange Servers eine Schema-Erweiterung durchgeführt. Das Schema beschreibt, welche Klassen (z. B. Benutzer) und Attribute (z. B. Passwort) existieren sowie deren Zuordnung.

Die Schema-Erweiterung umfasst übrigens nicht nur zusätzliche Attribute für die Definition der Benutzer, sondern auch zahlreiche Objekte, um die Konfiguration der Exchange Server selbst oder solcher Elemente wie administrativer Gruppen und Connectoren zu speichern.

Die Struktur, die Sie im Exchange System-Manager erkennen können, findet man übrigens auch wieder, wenn man das Active Directory mit »Low-Level-Werkzeugen« betrachtet (Abbildung 5.3).

Active Directory und die Exchange-Organisation

Wenn Sie in einem größeren Unternehmen arbeiten, sind unter Umständen mehrere Active Directory-Domains vorhanden. Die Exchange-Organisation ist von den AD-Domains zunächst unabhängig, sie erstreckt sich in jedem Fall über den gesamten Forest. Wie in Abbildung 5.4 zu sehen ist, kann es Domains geben, in denen ein Exchange Server vorhanden ist, und genauso solche, deren Benutzer auf Server in anderen Domains zugreifen müssen. Konkret: Wenn Ihr Unternehmen zehn Standorte mit jeweils einer eigenen AD-Domain betreibt, können Sie trotzdem mit nur einem einzigen Exchange Server an einem zentralen Standort planen.

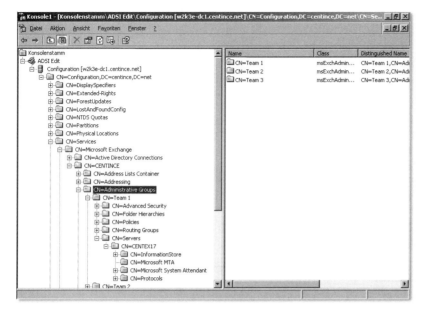

Abbildung 5.3 In der Konfigurationspartition des Active Directorys erkennt man die Exchange-Struktur.

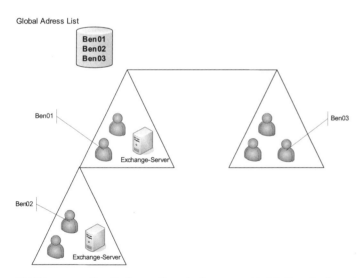

Abbildung 5.4 Eine Exchange-Organisation erstreckt sich über das komplette Active Directory. In allen Domains könnten Exchange Server vorhanden sein – müssen es aber nicht.

Bei der Rechtevergabe für Administratoren und Operatoren sind grundsätzlich »beide Welten«, also das Active Directory und die Exchange-Organisation, zu beachten:

▶ Jemand, der einen Exchange Server administrieren soll, benötigt die Berechtigungen auf Ebene der Exchange-Organisation, muss lokaler Administrator auf der Maschine sein und benötigt einige Rechte im Active Directory.

Die Exchange-Organisation **63**

- Jemand, der »nur« Administrationsarbeiten an der Exchange-Organisation ausführt, beispielsweise Adresslisten pflegt, muss nicht notwendigerweise Administrator der Server (auf Betriebssystem-Ebene) sein.
- Jemand, der neue Benutzer anlegt, muss das entsprechende Recht in der jeweiligen Active Directory-OU haben. Wenn er auch Exchange-Postfächer für die neuen Benutzer anlegen soll, muss er zumindest über eine »niedrige« Adminberechtigung in der Exchange-Organisation verfügen.

Die Liste ließe sich noch mit beliebig vielen weiteren Beispielen füllen. In einem kleinen Unternehmen, in dem **der** Administrator ohnehin alle Aufgaben und Rechte inne hat, spielt die Möglichkeit der Aufteilung der Berechtigungen keine Rolle. In einer großen Organisation, in der unterschiedliche Personen jeweils einen abgegrenzten Aufgabenbereich übernehmen, sind diese Möglichkeiten sehr wichtig. Zusätzlich strahlen auch die administrativen Gruppen in das Berechtigungskonzept hinein.

Eine Exchange-Organisation – ein Forest

Wichtig ist, dass Sie sich folgende Aussagen einprägen:

- Pro Active Directory-Forest kann es nur eine Exchange-Organisation geben.
- Eine Exchange-Organisation erstreckt sich nur über einen AD-Forest.

Wenn Sie in einem Konzern tätig sind, in dem durch Zukäufe und Fusionen mehrere Active Directories existieren, können Sie darüber keine einheitliche Exchange-Organisation legen. Es ist zwar möglich, zwischen zwei Exchange-Organisationen eine Replikation einzurichten, so dass zumindest sämtliche Konzernbenutzer in den Adresslisten vorhanden sind, dies kann allerdings nur durch Replikation ermöglicht werden (Abbildung 5.5). In einem solchen Fall müssen Sie mit diversen funktionalen Einschränkungen rechnen. Das Ziel sollte also immer sein, nur eine Active Directory-Gesamtstruktur und damit einhergehend nur eine Exchange-Organisation zu betreiben.

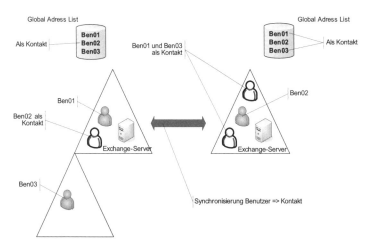

Abbildung 5.5 Wenn Sie mehrere Active Directory-Forests (Gesamtstrukturen) betreiben, müssen Sie mehrere Exchange-Organisationen aufbauen. Eine Replikation von Benutzerdaten, die in den jeweils anderen Organisationen als Kontakt erscheinen, ist mit Zusatzprodukten möglich.

5.2.2 Serverrollen

Wenn in Ihrem Unternehmen nur ein einziger Exchange Server vorhanden ist, wird dieser natürlich sämtliche Exchange-Aufgaben übernehmen. In großen Installationen wird man aus Architektur- und Leistungsgründen die Funktionen aufteilen, so dass die Server unterschiedliche Rollen innehaben:

- **Postfachserver**: Die ureigenste Funktion von Exchange ist das Speichern von Postfächern von Benutzern.
- **Server für Öffentliche Ordner**: Wenn Ihr Unternehmen sehr intensiv mit Öffentlichen Ordnern arbeitet, könnte man diese aus Leistungsgründen auf separate Server legen. Öffentliche Ordner können repliziert werden, so dass man an größeren Standorten Repliken vorhalten kann, um die WAN-Strecken zu entlasten, da die Benutzer die Informationen lokal finden.
- **Frei/Gebucht-Server**: Die Frei/Gebucht-Informationen werden beim Planen von Besprechungen verwendet. Letztendlich handelt es sich hierbei um einen Sonderfall eines Öffentlichen Ordners. Es muss genau geplant werden, an welchen Stellen Repliken der Frei/Gebucht-Informationen vorgehalten sollen und wie häufig diese aktualisiert werden sollen.
- **Server für Offlineadresslisten**: Exchange Server erstellen aus den im Active Directory enthaltenen Benutzerinformationen Listen, die von Clients downgeloadet werden können. Wenn Sie einen großen Standort mit einem eigenen Exchange Server und 100 Benutzern haben, wäre es ziemlich ungünstig, wenn die Clients die Adresslisten über eine WAN-Verbindung laden würden, »nur« weil keine lokale Offlineadressliste vorhanden ist. Die Offlineadresslisten werden übrigens ebenfalls in einem speziellen Öffentlichen Ordner vorgehalten.
- **Front-End-Server**: Front-End-Server werden verwendet, um Zugriffe externer Clients (= Benutzer, die über das Internet auf ihr Postfach zugreifen wollen) an die jeweiligen Postfachserver weiterzuleiten. Zudem ist ein Front-End-Server eine zusätzliche Sicherheitsstufe.
- **Bridgehead-Server**: In sehr großen Organisationen möchte man unter Umständen dedizierte Server einsetzen, die beispielsweise den kompletten externen SMTP-Verkehr abwickeln. Diese Systeme bezeichnet man als Bridgehead-Server.

Da Exchange vergleichsweise ressourcenschonend arbeitet und gleichzeitig die Hardware sehr leistungsfähig geworden ist, wird man auch in großen Organisationen nicht für jede Rolle einen separaten Server installieren. Wichtig zu wissen ist aber, dass es bei Bedarf möglich ist.

5.3 Clients

Früher (zu Zeiten von Exchange 5.5) war die Welt noch recht einfach. Wer Zugriff auf Exchange benötigte, starte sein Outlook – und hatte Zugriff. Wer »von unterwegs« oder aus dem Homeoffice zugreifen wollte, nutzte eine Einwahlverbindung oder einen VPN-Zugang.

Exchange 2003 unterstützt eine Vielzahl unterschiedlicher Clients und ermöglicht darüber hinaus für alle Varianten die Nutzung einer SSL-Verbindung durch das Internet. Auf diese

Weise kann mit dem gerade zur Verfügung stehenden Client eine Verbindung zum Exchange-Postfach aufgebaut werden – eine wichtige Voraussetzung in einer Zeit, in der Mail zu einem immer wichtigeren Kommunikationsmedium wird.

5.3.1 Outlook

Der Client für Exchange ist natürlich Outlook, das mittlerweile in der Version 2003 zur Verfügung steht. Diese Applikation bietet mit Abstand die meisten Möglichkeiten und das komfortabelste Arbeiten für die Benutzer. In Zusammenhang mit Exchange sind zwei neue Funktionen zu nennen, die Einfluss auf die Zugriffsarchitektur und das Client-Deployment haben:

- Cached Mode
- RPC over https

Cached Mode

Der Cached Mode macht sich letztendlich zu Nutze, dass jeder einigermaßen moderne PC mit dermaßen großen Festplatten ausgeliefert wird, dass mehr oder weniger beliebige Mengen an Plattenplatz zur Verfügung stehen.

Der Outlook Cached Mode ist schnell erklärt (Abbildung 5.6):

- Auf dem PC wird eine lokale Kopie des Postfachs angelegt.
- Sobald Zugriff auf den Exchange Server vorhanden ist, repliziert Outlook den lokalen Speicher mit dem Postfach auf dem Server.
- Der Anwender arbeitet grundsätzlich auf der lokalen Datenbank.

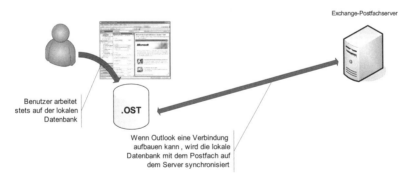

Abbildung 5.6 Funktionsweise des Outlook Cached Mode

Der Cached Mode bietet folgende Vorteile:

- Ein Benutzer kann auch arbeiten, wenn die Verbindung überhaupt nicht, nur sehr schmalbandig oder instabil zur Verfügung steht – im Zweifelsfall ist die Synchronisation langsam, nicht aber das »Arbeitsgefühl«.
- Durch den deutlich geringeren Bandbreitenbedarf eines Outlook-Clients lassen sich an vielen dezentralen Standorten die lokalen Exchange Server abbauen – das Thema heißt

also »Exchange Serverkonsolidierung«. Der Benutzer wird keinen Unterschied bei der Arbeitsgeschwindigkeit wahrnehmen.
▶ Die Last auf dem Exchange Server wird reduziert.

RPC over https

Wenn Anwender von unterwegs oder aus dem Homeoffice zugreifen, liegt im Allgemeinen das Internet zwischen Outlook und dem Exchange Server. Outlook kommuniziert standardmäßig über **Remote Procedure Calls** (RPCs) mit Exchange, was für eine sichere Verbindung durch das Internet aus verschiedenen Gründen nicht optimal geeignet ist.

Outlook 2003 ist in der Lage, die RPC-Pakete in http bzw. https einzukapseln. Auf diese Weise kann sehr einfach eine SSL-verschlüsselte Verbindung zum Exchange Server aufgebaut werden, ohne dass ein »komplettes VPN« installiert werden müsste. Optimal ist natürlich die Verbindung aus RPC over https und Cached Mode (Abbildung 5.7):

▶ Outlook läuft im Cached Mode, d.h., der Benutzer arbeitet auf der lokalen Festplatte.
▶ Im Hintergrund baut Outlook eine https-Verbindung zum Exchange Server auf und synchronisiert das Postfach.

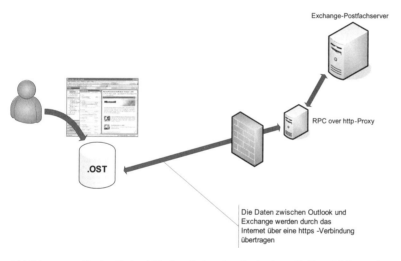

Abbildung 5.7 Ein im Cached Mode arbeitendes Outlook greift über RPC over https auf den Exchange Server zu.

Damit RPC over https funktioniert, sind allerdings diverse Voraussetzungen zu erfüllen – mehr dazu finden Sie in Abschnitt 14.4.

5.3.2 Outlook Web Access

Anstatt das »normale« Outlook zu verwenden, können Anwender auch über das webbasierte Outlook Web Access zugreifen. Mittlerweile ist die Darstellung so »rich«, dass die optische Ähnlichkeit zu Outlook verblüffend ist. Hätten Sie bei flüchtigem Hinschauen auf Abbildung 5.8 nicht auch Outlook erkannt?

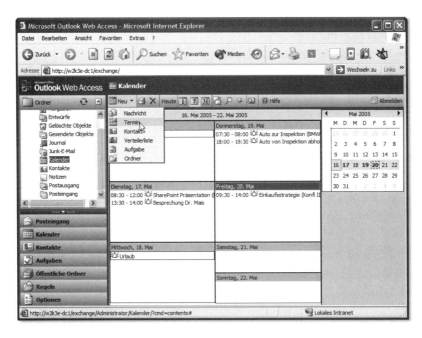

Abbildung 5.8 Outlook Web Access stellt auch komplexe Oberflächen wie einen Kalender in der Wochenansicht überzeugend dar.

Outlook Web Access bietet gegenüber dem »normalen« Outlook zwar einige funktionale Einschränkungen, gestattet aber dennoch komfortables Arbeiten – und zwar unabhängig von einem auf der Maschine installierten Outlook.

5.3.3 Outlook Mobile Access (OMA)

Outlook Mobile Access (OMA) ist gewissermaßen der kleine Bruder von Outlook Web Access. Es bietet den Postfachzugriff mit Microbrowsern, die in Mobiltelefonen oder PDAs zur Verfügung stehen.

Unter Exchange 2000 war diese Funktion in dem kostenpflichtigen Mobile Information Server enthalten; in Exchange 2003 gehört OMA zur Grundausstattung.

Da OMA mit einer sehr großen Zahl von Mobiltelefonen und PDAs genutzt werden kann, bietet es eine sehr günstige Möglichkeit, um Benutzer mit mobilem Exchange-Zugriff zu versorgen – ohne neue Geräte zu beschaffen!

5.3.4 Exchange ActiveSync (EAS)

Das zuvor gezeigte Outlook Mobile Access basiert auf einer Online-Verbindung zum Exchange Server. Mit Geräten, die das Exchange ActiveSync-Protokoll beherrschen, können Mails, Termine und Kontakte vom Exchange Server auf das Mobilgerät synchronisiert werden. Das EAS-Protokoll wird bislang von den Windows Mobile-basierten Geräten unterstützt, andere Hersteller haben es mittlerweile lizenziert.

Abbildung 5.9 Mit Outlook Mobile Access können die meisten »internetfähigen« Mobiltelefone und PDAs auf Exchange zugreifen.

Die Synchronisation erfolgt über https, ein »großes« VPN ist nicht erforderlich.

Abbildung 5.10 Mit Exchange ActiveSync werden Mails, Termine und Kontakte auf ein Mobilgerät synchronisiert.

5.3.5 Mobiler Zugriff – the Big Picture

Um mobilen Zugriff auf Exchange zu ermöglichen, bietet sich die Verwendung des ISA-Servers 2004 (= Internet Security and Acceleration Server) an. Der ISA Server agiert als Reverse Proxy (Abbildung 5.11).

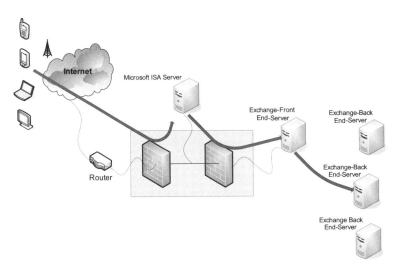

Abbildung 5.11 Der Zugriff von externen/mobilen Geräten auf Exchange ist recht einfach mit dem ISA Server zu realisieren.

Die Verwendung des ISA Servers ist nicht unbedingt notwendig, grundsätzlich kann die benötigte Konnektivität auch auf anderem Wege realisiert werden. Mit dem ISA Server ist die Umsetzung aber einerseits recht einfach und erreicht dabei ein gutes Sicherheitsniveau.

In einer Umgebung mit mehreren Back-End-Servern (= Postfachserver) empfiehlt sich, wie in der Abbildung gezeigt, die Verwendung eines Exchange Front-End-Servers. In einer Umgebung mit nur einem Exchange Server muss nicht extra ein Front-End-Server implementiert werden, um den externen Zugriff zu ermöglichen.

5.4 Speichern von Nachrichten

Letztendlich ist Exchange eine Datenbank, die die gespeicherten Informationen in Form von Mails, Kontakten und Terminen empfängt und versendet. Dieses Kapitel gibt Ihnen einen ersten Überblick über die Datenbanktechnologie.

Wie bei jeder »vernünftigen« Datenbank besteht das System aus zwei Komponenten:

- der eigentlichen Datenbankdatei und
- den Logs, in denen jede Änderung, die in der Datenbankdatei durchgeführt wird, protokolliert wird.

Aus Gründen der Verfügbarkeit und der Performance sollten die Datenbank und die Logfiles auf unterschiedlichen RAID-Sets liegen, so dass sich ein Storage-Layout wie in Abbildung 5.12 ergibt.

Bei einem kleinen Exchange Server für zehn Benutzer kann man sicherlich bezüglich des »richtigen Plattensizings« einige Abstriche machen, aber in einer größeren Umgebung führt das berühmte »Drei-Platten-RAID5«, das dann maximal logisch partitioniert wird, nicht zu einem optimalen Ergebnis – vorsichtig ausgedrückt ...

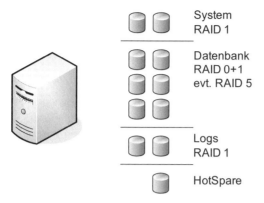

Abbildung 5.12 In etwa so kann ein Storage-Layout für eine Datenbank, also auch für Exchange, aussehen.

5.4.1 EDB, STM und LOG

Eine Exchange-Datenbank besteht aus drei »Kerndateien«:

- .EDB und .STM: Diese beiden Dateien bilden die eigentliche Datenbank. Stark vereinfacht gesagt ist die .EDB die »Hauptdatenbank«; über Internetprotokolle empfangene Anhänge werden in der .STM-Datei gespeichert. (Diese Darstellung ist nicht ganz exakt, die genauen Zusammenhänge finden Sie in Abschnitt 9.2.2)

- .LOG: Alle Änderungen, die in die Datenbank geschrieben werden, werden sequenziell in diesen Logfiles gespeichert. Die Logfiles sind immer 5 MB groß. Ist ein Logfile »voll«, wird das nächste begonnen.
Aktiviert man die Umlaufprotokollierung, werden alte Änderungen überschrieben, so dass nur relativ wenig Speicherplatz für Logfiles benötigt wird. Das ist aus Gründen der Wiederherstellbarkeit eine Katastrophe, deaktivieren Sie sie also unbedingt! (Hinweis: Es gibt einige Szenarien, in denen die Umlaufprotokollierung, zumindest zeitweise, durchaus sinnvoll ist.)

Neben diesen Dateien gibt es einige weitere Dateien, die für »interne Zwecke« verwendet werden, wie beispielsweise eine Checkpoint-Datei.

Die Datenbanken müssen grundsätzlich auf einem Blocklevel-Device, also auf einer lokalen Festplatte oder einem über FibreChannel oder iSCSI angebundenen Storage-System, abgelegt werden. Exchange kann die Datenbanken nicht auf einer entfernten Freigabe ablegen.

5.4.2 Postfachspeicher und Informationsspeicher für Öffentliche Ordner

Exchange kennt zwei Arten von Datenbanken:

- Postfachspeicher
- Informationsspeicher für Öffentliche Ordner

Die Bezeichnungen an sich sagen schon mehr als deutlich, welche Informationsart in der jeweiligen Datenbank gespeichert werden kann. Eine irgendwie geartete Vermischung ist nicht möglich.

5.4.3 Speichergruppen (Storage Groups)

Eine Exchange-Datenbank liegt grundsätzlich immer in einer Speichergruppe (Storage Group). Eine Speichergruppe kann mehrere Datenbanken enthalten, die ein gemeinsames Logfile nutzen (Abbildung 5.13). Die Datenbanken der Speichergruppe können Postfachspeicher oder Informationsspeicher für Öffentliche Ordner sein.

Zwischen der Standard- und der Enterprise-Edition gibt es folgenden Unterschied:

- **Standard Edition**: Enthält nur eine Speichergruppe mit einer Datenbank für Postfächer und einer Datenbank als Informationsspeicher für Öffentliche Odner.
- **Enterprise Edititon**: Kann vier Speichergruppen mit jeweils fünf Datenbanken enthalten.

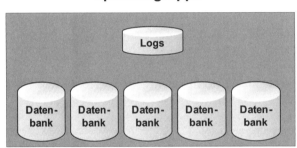

Abbildung 5.13 Eine Speichergruppe enthält bis zu fünf Datenbanken (Standard Edition: zwei Datenbanken) und ein gemeinsames Logfile.

5.4.4 Größenbeschränkungen

Sie dürfen bei der Planung nicht vergessen, dass bei der Standard Edition von Exchange eine Beschränkung der maximalen Gesamtdatenbankgröße existiert.

- Vor Exchange 2003 SP2: 16 GB
- Ab Exchange 2003 SP2: 75 GB

5.4.5 Recovery Storage Group

Beide Exchange-Editionen verfügen über eine Speichergruppe, die Recovery Storage Group (RSG), die bei Bedarf zusätzlich angelegt werden kann. Die RSG dient einem optimierten Recovery-Prozess und kommt immer dann zum Einsatz, wenn Sie nicht eine Datenbank vollständig zurücksichern möchten.

Darüber hinaus können mit Hilfe der Recovery Storage Group intelligente Recovery-Konzepte durchgeführt werden, wie beispielsweise das Dial Tone-Recovery.

5.5 Exchange und andere Serverprodukte

Sie sollten bei Ihren Planungen grundsätzlich berücksichtigen, dass Sie Ihren Exchange Server – letztendlich auch die komplette Umgebung – durch den Einsatz weiterer Applikationsserver deutlich »veredeln« können.

Im Laufe Ihrer Planung sollten Sie folgende Produkte im Auge behalten:

- **ISA Server**: Der Internet Security and Acceleration Server ist ein intelligentes Firewall-System, mit dem sich sehr einfach und sicher Anbindungen für mobile oder externe Clients realisieren lassen (wird in diesem Buch näher betrachtet).
- **MOM**: Der Microsoft Operations Manager eignet sich für eine regelbasierte (!) Überwachung auf Betriebssystem- und Applikationsserverebene. Aufgrund der sehr preiswert erhältlichen Workgroup-Variante sollte dieses Serverprodukt auch in kleineren Unternehmen zum Pflichtprogramm erklärt werden.

Wie Sie im vorherigen Kapitel gehört haben, gehören zur Familie der Microsoft Collaboration-Produkte neben Exchange:

- **Windows SharePoint Services** und **SharePoint Portal Server**: Diese Produkte dienen der Optimierung der gemeinsamen Nutzung von Informationen aller Art. Mit SharePoint können Sie strukturiert Informationen für andere Benutzer bereitstellen, die Zusammenarbeit von Teams optimieren, externe Informationen in das Portal einbinden und vieles andere mehr.
- **Live Communications Server**: Mit dem Live Communications Server wird das Collaboration-Portfolio in Richtung des Instant Messagings ausgeweitet. Neben dem »klassischen« textbasierten IM ermöglicht der Live Communications Server beispielsweise Videokonferenzen, Voice-Kommunikation, gleichzeitiges Arbeiten an einem Dokument und Anwendungsfreigabe.

6 Solutions Design

6.1 Szenario 1:
Kleineres Unternehmen mit einem Standort 77

6.2 Szenario 2:
Größeres mittelständisches Unternehmen 78

1	**Über dieses Buch**
2	**Der Aufbau des Buchs**
3	**Exchange 2003 – Service Pack 2**
4	**Einführung in das Thema Collaboration**
5	**Erster technischer Überblick**
6	**Solutions Design**
7	**Exchange und Active Directory**
8	**Routing**
9	**Storage**
10	**Öffentliche Ordner**
11	**Administrative Gruppen**
12	**Richtlinien, Vorlagen und Adresslisten**
13	**Front-End-/Back-End-Architektur**
14	**Clients**
15	**Sichere Anbindung an das Internet**
16	**Sicherheit**
17	**Installation**
18	**Migration/Upgrade auf Exchange 2003**
19	**Betrieb und Administration**
20	**Backup, Restore und Desaster Recovery**
21	**Verfügbarkeit**
22	**Live Communications Server 2005 – Ein Überblick**
23	**LCS – Installation und Konfiguration**
24	**LCS – »Externe« Clients und Föderationen**
25	**LCS – Administration**
26	**LCS – Sicherheit**
27	**Entwicklung**
28	**Programmieren mit CDO (CDOEX)**
A	**Problembehebung in Warteschlangen**
B	**Zu überwachende Parameter (Jetstress-Test)**
C	**Performance Monitoring, wichtige Datenquellen**
D	**Outlook Level 1 Dateianhänge**

6 Solutions Design

Dieses Kapitel gehört entweder an den Anfang oder an den Schluss eines Buchs. Wie Sie sehen, habe ich mich für die erste Möglichkeit entschieden. Bevor dieses Buch die »neuen Möglichkeiten« von Exchange Server 2003 und Windows Server 2003 im Detail vorstellt, möchte ich Ihnen einen Überblick geben, wie Ihr Exchange-System zukünftig aufgebaut sein könnte.

Mail und Messaging, die »Kernkompetenzen« von Exchange, nehmen in einem modernen Unternehmen eine zentrale Stellung ein. Mit Ausnahme eines »traditionellen Kleinbetriebs« (Friseur, Bäcker, Fliesenleger etc.) mit drei Mitarbeitern funktioniert ein modernes Unternehmen kaum noch ohne die elektronischen Kommunikationsmöglichkeiten – diese Aussage gilt sowohl für die interne als auch die externe Kommunikation.

Die Anforderungen haben sich seit den ersten Tagen der elektronischen Post bis heute natürlich deutlich geändert und erweitert. Ohne nun im Detail die zwischenzeitliche Entwicklung betrachten zu wollen, sind die beiden wichtigsten Forderungen der jüngsten Zeit:

- Ein Zugriff auf Mail- und Messaging-Daten muss jederzeit und von überall möglich sein.
- Implementation und Betrieb müssen möglichst einfach und kostengünstig zu realisieren sein; schließlich sind die IT-Budgets trotz steigender Anforderungen nicht größer geworden.

Diese beiden Anforderungen sind in Exchange Server 2003 berücksichtigt worden. Als Ergebnis gibt es diverse Erweiterungen und Vereinfachungen in den Bereichen »Mobile Clients« und »Konsolidierung der Exchange-Umgebung«. Die sich ergebenden Möglichkeiten werden in zwei Szenarien vorgestellt.

6.1 Szenario 1: Kleineres Unternehmen mit einem Standort

Ein kleineres Unternehmen mit einem Standort und vielleicht einigen Homeoffice-Benutzern wird bisher einen einzelnen Exchange Server einsetzen – daran wird sich natürlich auch zukünftig nichts ändern. Auch in einem kleinen Unternehmen wird die Anforderung des mobilen Zugriffs auftauchen, so dass also Konnektivität für PocketPC, SmartPhone & Co. geschaffen werden muss. Der einfachste Weg, um diese Zugriffe von außen zu ermöglichen, ist die Verwendung des Webserver-Publishings des ISA Servers (Abbildung 6.1).

Obwohl mit dem ISA Server die Möglichkeit bestände, sollten Sie weder den Exchange Server als SMTP-Server veröffentlichen und schon gar nicht Port 25 (SMTP) für kommenden oder gehenden Verkehr öffnen.

Falls Sie ein Mail-Relay wie beispielsweise die Messaging Security Suite von Trend Micro verwenden, werden Sie den ein- und ausgehenden SMTP-Verkehr über dieses abwickeln (siehe auch Abschnitt 15.1). Wenn Sie nicht über ein solches Produkt verfügen, können Sie auf dem ISA Servercomputer den Microsoft SMTP-Server einrichten. (Dieser ist Bestandteil der Internetinformationsdienste, wird also über **Systemsteuerung · Software · Windows-**

Komponenten installiert). Aus- und eingehender Mailverkehr wird dann über diesen abgewickelt, so dass der Exchange Server keinen direkten SMTP-Kontakt mit dem Internet hat. Entsprechende Firewallrichtlinien müssen auf dem ISA Server eingerichtet werden.

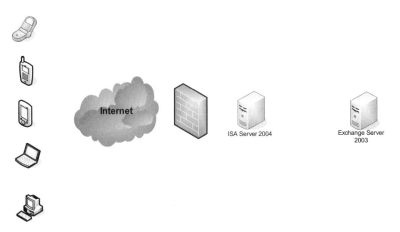

Abbildung 6.1 In einem kleinen Unternehmen wird für den Zugriff auf den Exchange Server das Webserver-Publishing von ISA Server 2004 verwendet.

Falls Sie Mails mit einem Zusatzprogramm über POP3 abholen, wird dieses ebenfalls am besten auf dem ISA Server (jedenfalls nicht auf dem Exchange Server) installiert, und die Firewallrichtlinien werden dementsprechend angepasst.

6.2 Szenario 2: Größeres mittelständisches Unternehmen

Bei einem größeren mittelständischen Unternehmen mit mehreren Standorten wird die Lage schon etwas komplizierter, denn es werden diverse Außenstellen vorhanden sein, in denen sich Benutzer befinden, die ebenfalls Exchange nutzen möchten.

6.2.1 »Traditioneller« Aufbau

Ein mittelständisches Unternehmen mit mehreren Niederlassungen dürfte in vielen Fällen über mehrere Exchange Server verfügen (Abbildung 6.2). Diese Architektur ist im Allgemeinen weniger wegen einer hohen Gesamtzahl an Nutzern, die weitere Exchange Server erforderlich macht, notwendig, sondern in der Tatsache begründet, dass sich Outlook schlecht über eine relativ schmalbandige WAN-Verbindung betreiben lässt. Eine Niederlassung mit einem halben Dutzend Anwendern ist vor diesem Hintergrund schnell ein Kandidat für einen kleinen Exchange Server.

Vor einiger Zeit hatte man kaum die Möglichkeit, eine andere Architektur zu wählen, weil einige Schlüsseltechnologien noch nicht zur Verfügung standen. Fakt ist trotzdem, dass viele kleine Exchange Server das Leben weder einfach noch preiswert machen:

▶ Lizenzen und Hardware müssen beschafft werden.
▶ Die Systeme müssen aufgesetzt, gepflegt, gepatcht und administriert werden. Wenn man es gut macht, müssten die Exchange Server in den Niederlassungen proaktiv über-

wacht werden, um Indikatoren für zukünftige Stabilitäts- und Performanceprobleme im Vorfeld zu erkennen.

▶ Die Systeme müssen gesichert werden – wobei das noch der einfachste Teil ist. Insbesondere muss im Fehlerfall eine schnelle Wiederherstellung möglich sein, bis hin zu einem Disaster Recovery bei Totalverlust.

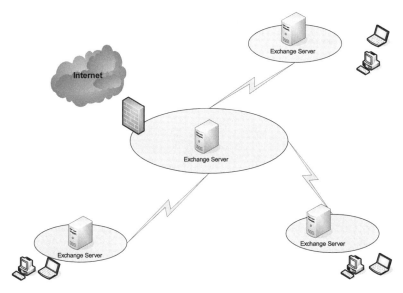

Abbildung 6.2 In vielen Unternehmen befinden sich auch in kleineren Standorten Exchange Server.

Ein weiteres Problem ergibt sich, wenn die Benutzer der Niederlassung mobil oder aus dem Homeoffice auf die auf den dezentralen Exchange Servern gespeicherten Daten zugreifen wollen.

▶ Man könnte Einwahlpunkte oder VPN-Gateways in den Niederlassungen schaffen. Diese weitere Dezentralisierung bringt aber wiederum einen erhöhten Administrationsaufwand und deutliche Sicherheitsprobleme mit sich.

▶ Wenn der Zugriff über die Zentrale erfolgt, belasten Sie die WAN-Strecken, weil der Benutzer seine Daten über die Zentrale aus der Niederlassung beschafft.

Die dezentrale Struktur bringt also deutliche Nachteile.

6.2.2 Progressiver Aufbau

Die Alternative ist eine zentrale Struktur, bei der nur in der Firmenzentrale ein Exchange Server vorhanden ist, auf den sämtliche Anwender zugreifen (Abbildung 6.3). Dieser Aufbau ist zunächst eine Frage der Bandbreiten zwischen den Standorten und der Zentrale.

Bei älteren Softwareversionen als Exchange 2003 und Outlook 2003 ist problematisch, dass eine (mehr oder weniger) ständige Kommunikation zwischen Exchange und Outlook notwendig ist. Außerdem werden die Benutzer das »zähe« Antwortverhalten von Exchange bemängeln.

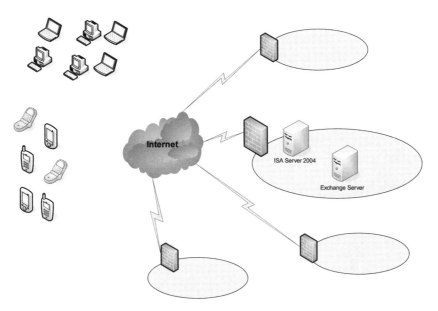

Abbildung 6.3 Ein erfolgversprechender Ansatz ist, nur einen Exchange Server in der Zentrale zu implementieren und die Benutzer auf dieses System zugreifen zu lassen – trotz WAN-Strecken. Voraussetzung hierfür ist der Cached Mode.

Die Lösung für dieses Problem ist der Cached Mode, der von der Kombination aus Exchange 2003 und Outlook 2003 bereitgestellt wird.

Kurz gesagt arbeiten die Benutzer im Cached Mode grundsätzlich auf einer lokalen Kopie der Maildatenbank. Outlook synchronisiert diese im Hintergrund mit dem Exchange Server, aus diesem Grunde haben weder langsame Verbindungswege noch eventuelle Ausfälle derselben einen Einfluss auf das Arbeiten der Benutzer (siehe Abschnitte 5.3.1 und 14.3.1)

Die Vorteile der zentralen Struktur ergeben sich prinzipiell aus der Umkehrung der Nachteile der dezentralen Struktur:

- Weniger Hardware und Lizenzen
- Eine geringere Anzahl von Servern bedeutet einen geringeren Administrationsaufwand.
- Sicherungs- und Wiederherstellungsprozeduren sind für einen zentralen Standort leichter zu planen und durchzuführen als für zig dezentrale Lokationen.
- Der Zugriff für externe bzw. mobile Anwender ist einfacher zu realisieren, wenn man einen zentralen Zugriffspunkt (vorzugsweise über das Internet) etabliert, von dem aus unmittelbarer Zugriff auf die gespeicherten Daten besteht.

So interessant sich diese Vorgehensweise auch anhört, sie ist natürlich kein Verfahren, das grundsätzlich immer passt:

- Wenn an einem größeren Standort viele Benutzer sehr intensiv untereinander kommunizieren, unter anderem große Dateianhänge austauschen, intensiv auf Frei/Gebucht-Informationen zugreifen oder intensiv mit Öffentlichen Ordnern arbeiten, wird ein eigener Exchange Server sinnvoll sein.

- Die Outlook-Replikation (Cached Mode) zieht »gnadenlos« die Leitungen zu. Man kann hier aber beispielsweise mit Routern gegensteuern, die die Bandbreite für bestimmte Kommunikationstypen begrenzen.
- Behalten Sie die Kapazität, die täglich übertragen werden muss, im Blick! Gegebenenfalls müssen die Leitungskapazitäten erhöht werden – das würde natürlich auch gelten, wenn ein Exchange Server im Standort vorhanden ist.

Bei der Planung wird die Prämisse sicherlich sein, mit möglichst wenigen Servern auszukommen. Dies bedeutet, dass an Standorten, wo nicht zwingend ein Exchange Server benötigt wird, auch keiner installiert bzw. ein vorhandener zurückgezogen werden sollte.

Vergessen Sie nicht: Der Cached Mode setzt Outlook 2003 voraus!

Zentrale Struktur, Outlook Web Access

Wenn Sie über eine zentrale Struktur nachdenken, ist natürlich ein weiterer Gedanke zu beleuchten: Zu prüfen ist, ob die Anwender in den Außenstandorten zwingend den »normalen« Outlook-Client benötigen, oder ob eventuell Outlook Web Access genügt (Abschnitte 5.3.2 und 14.5).

Die Einschränkungen von Outlook Web Access (OWA) sind insbesondere:

- OWA benötigt natürlich jederzeit Online-Zugriff auf den Exchange Server. Fällt die Verbindung aus, haben die Benutzer keinerlei Daten mehr. Mit Outlook im Cached Mode wird der Benutzer den Ausfall gar nicht bemerken – abgesehen davon, dass er keine neuen Mails bekommt.
- Wenn Sie intensiv mit Formularen oder Outlook Add-Ins arbeiten, kommt OWA nicht in Frage.

Zentrale Struktur, Terminal Services

Die dritte Möglichkeit, eine zentrale Exchange-Struktur zu implementieren, wäre die Bereitstellung der Clients via Terminal-Services oder Citrix MetaFrame.

Wenn Sie für die Bereitstellung der sonstigen Office-Applikationen ebenfalls Terminal Services nutzen oder nutzen werden, ist das natürlich genau der richtige Bereitstellungsweg.

Wenn es »nur« um die Bereitstellung von Outlook geht, ist die Einführung von Terminal Services sicherlich nicht der richtige Ansatz:

- Der Umgang mit Anlagen, die ja im Allgemeinen mit anderen Office-Programmen erstellt, gelesen oder bearbeitet werden, ist für meinen Geschmack nicht optimal, wenn Outlook in der Zentrale auf einem Terminal Server läuft und der »Rest« von Office lokal ausgeführt wird.
- Terminal Services benötigen eine redundante Server-Infrastruktur – allein für den Betrieb von Outlook dürfte das zu teuer sein.
- Für die Terminal Services gilt dasselbe wie für Outlook Web Access: Fällt die WAN-Verbindung aus, arbeiten die Benutzer nicht mehr. Kein WAN – kein Outlook.

7 Exchange und Active Directory

7.1 Active Directory Grundlagen 85

7.2 Exchange im Active Directory 112

7.3 Live Communications Server im Active Directory ... 124

1	Über dieses Buch
2	Der Aufbau des Buchs
3	Exchange 2003 – Service Pack 2
4	Einführung in das Thema Collaboration
5	Erster technischer Überblick
6	Solutions Design
7	**Exchange und Active Directory**
8	Routing
9	Storage
10	Öffentliche Ordner
11	Administrative Gruppen
12	Richtlinien, Vorlagen und Adresslisten
13	Front-End-/Back-End-Architektur
14	Clients
15	Sichere Anbindung an das Internet
16	Sicherheit
17	Installation
18	Migration/Upgrade auf Exchange 2003
19	Betrieb und Administration
20	Backup, Restore und Desaster Recovery
21	Verfügbarkeit
22	Live Communications Server 2005 – Ein Überblick
23	LCS – Installation und Konfiguration
24	LCS – »Externe« Clients und Föderationen
25	LCS – Administration
26	LCS – Sicherheit
27	Entwicklung
28	Programmieren mit CDO (CDOEX)
A	Problembehebung in Warteschlangen
B	Zu überwachende Parameter (Jetstress-Test)
C	Performance Monitoring, wichtige Datenquellen
D	Outlook Level 1 Dateianhänge

7 Exchange und Active Directory

Das Active Directory ist der Verzeichnisdienst einer Microsoft-Umgebung. Da Exchange und Live Communications Server ein zuverlässig funktionierendes Active Directory (AD) voraussetzen, werden wir zunächst einen Blick auf die Architektur des AD werfen und dann die Integration von Exchange betrachten.

Active Directory ist zwar der »Nachfolger« der alten NT4-Domain, verfolgt aber ein deutlich anderes Konzept mit fantastischen Möglichkeiten – wenn man sie denn auch wirklich nutzt. Ich erlebe häufig, dass das AD in etwa so verwendet wird wie damals die NT4-Domain. Das ist zwar für das Funktionieren von Exchange kein Problem, aber trotzdem schade, weil sehr viel Potenzial verschenkt wird – und bezahlt haben Sie es trotzdem ...

Vielleicht nehmen Sie ja die Beschäftigung mit Exchange auch zum Anlass, Ihr AD-Design einmal zu überprüfen und ggf. zu optimieren!

7.1 Active Directory Grundlagen

In diesem Abschnitt möchte ich Ihnen einige Grundlagen zum Active Directory vermitteln. Dies ist zwar in erster Linie ein Exchange-Buch, da die Bedeutung des AD in der Gesamtumgebung aber bereits jetzt schon immens ist und weiter steigen wird, kann es nicht schaden, einige Grundlagen zu wiederholen.

7.1.1 Logische Struktur

Stürzen wir uns auf die Struktur und Planung einer Active Directory-Umgebung.

Die wichtigsten Begriffe beim Design einer logischen Struktur sind:

- Domain
- Tree
- Forest
- Namensraum
- OU = Organizational Unit = Organisationseinheit

Domain

Die Domain ist die »Keimzelle« einer Active Directory-Umgebung. Sie muss aus mindestens einem Domain Controller bestehen. Da die Domain ohne einen Domain Controller nicht arbeitsfähig ist, wird man in einem produktiven Umfeld aus Redundanzgründen mindestens zwei DCs planen.

Weitere Objekte einer Domain sind:

- Member Server: Das sind Server, die Dienste wie Exchange, SQL, Fileservices etc. bereitstellen und eben keine Domain Controller sind.

- PCs
- Benutzer
- Benutzergruppen
- Organizational Units (hierüber erfahren Sie im weiteren Verlauf des Abschnitts Genaueres)

Einige weitere Objekte können ebenfalls in einer Domain angelegt werden, diese haben aber für den ersten groben Überblick keine Bedeutung.

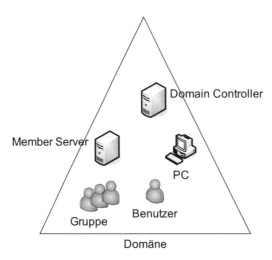

Abbildung 7.1 Eine Domain enthält mindestens einen Domain Controller. Im Allgemeinen werden auch Member Server, PCs, Benutzer und Benutzergruppen in einer Domain vorhanden sein.

Wenn Ihr Unternehmen nicht allzu groß und nicht allzu komplex strukturiert ist, werden Sie eventuell nur eine einzige Domain betreiben. Auch wenn Sie mehrere NT4-Domains benötigt haben, bedeutet das nicht, dass dies im Active Directory-Umfeld beibehalten werden muss, da die OUs (Organizational Units) den Aufbau einer leistungsfähigen Struktur ermöglichen.

Im NT4-Umfeld existierten Primary Domain Controller (PDC) und Backup Domain Controller (BDC). Alle Änderungen (z.B. das Anlegen von Benutzerkonten) wurden auf dem PDC durchgeführt, der diese unidirektional an die untergeordneten BDCs synchronisiert hat. Im AD-Umfeld sind prinzipiell alle Domain Controller gleich, d.h., Änderungen können auf allen DCs durchgeführt werden. Diese replizieren mit den anderen in einer Multimaster-Replikation. Über die Replikationstopologie brauchen Sie sich keine Gedanken zu machen, das System ermittelt selbstständig eine recht optimierte Topologie; manuelles Eingreifen und Optimieren ist im Allgemeinen nur in sehr großen und gleichzeitig sehr komplexen Umgebungen notwendig.

Tree

Wenn in Ihrer Organisation mehrere Domains benötigt werden, bildet man einen Tree (Abbildung 7.2).

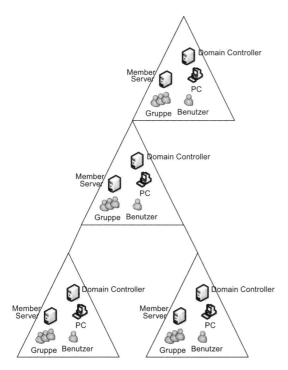

Abbildung 7.2 Mehrere Domains bilden einen Tree.

Das Wichtigste in Stichworten:

- Die Domains bleiben jeweils eigenständige »Sicherheits-Zonen«, d.h., der Administrator der höchsten Domain hat **nicht** automatisch Administrationsberechtigungen in den darunter angeordneten Domains.
- Es werden automatisch transitive Vertrauensstellungen zwischen den Domains eingerichtet (»Kerberos Two Way Transitive Trusts«). Das bedeutet: Auch wenn dies nicht explizit eingerichtet werden muss, existieren zwischen allen Domains Vertrauensstellungen.
- Der Tree ist ein einheitlicher Namensraum (mehr dazu später).
- Es gibt keine Vererbungen von Gruppenrichtlinien (mehr dazu später) über Domaingrenzen hinweg. Die Gruppenrichtlinien der obersten Domain vererben sich also nicht auf die darunter stehenden.

Fazit: Jede Domain muss separat administriert werden. Das kann so gewollt sein, beispielsweise wenn zwei fusionierte Firmen zwar ein gemeinsames Active Directory einrichten, ansonsten aber weitgehend autark arbeiten wollen. Im Endeffekt gilt allerdings: »Viele Domains machen viel Arbeit.«

Vertrauensstellung

Da es oft Unklarheiten gibt, folgen hier noch einige Anmerkungen zum Thema »Vertrauensstellungen« (Abbildung 7.3):

- Die Vertrauensstellung zwischen zwei Domains bedeutet, dass der Benutzer aus Domain 1, der auf eine Ressource in Domain 2 zugreifen will, von Letzterer nicht nochmals authentifiziert wird.
- Wenn in Domain 1 festgestellt wurde, dass der Benutzer ein gewisser »Ulrich B. Boddenberg« ist, wird die Ressource zwar prüfen, ob dieser Benutzer Zugriff hat – wird aber nicht nochmals die Prüfung der »Echtheit« vornehmen.

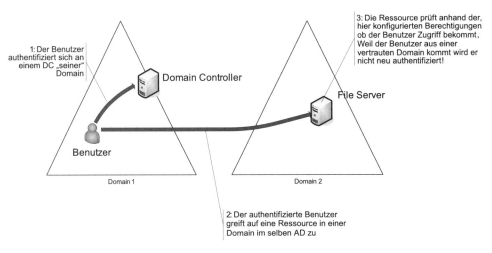

Abbildung 7.3 Zugriff auf eine Ressource einer anderen Domain

Ein Vergleich aus dem wahren Leben: Wenn Sie eine große Firma besuchen, wird der Empfang Ihnen einen Besucherausweis aushändigen – eventuell erst, nachdem Sie sich ausgewiesen haben. Mit dem Aushändigen des Besucherausweises ist festgestellt worden, wer Sie sind. Darüber, ob Sie jeden Büroraum des Gebäudes betreten dürfen, macht der Besucherausweis keine Angaben. Dies wird der jeweilige Benutzer des Büroraums individuell entscheiden.

Forest

Die nächstgrößere Organisationseinheit ist ein Forest. Er besteht (ganz wie im richtigen Leben) aus mehreren Trees (Abbildung 7.4).

Merkmal eines Forests ist insbesondere, dass jeder Tree einen eigenen Namensraum (siehe nächster Abschnitt) darstellt. Diese Konstruktion würde Sinn machen, wenn ein multinationaler Großkonzern seine jeweils aus mehreren Firmen bestehenden Geschäftsbereiche weitgehend autark lassen will, aber trotzdem eine gemeinsame übergreifende AD-Struktur einführen möchte.

Für den gesamten Forest gibt es übrigens **ein** einheitliches Schema. Wenn jemand dem Schema ein Attribut hinzufügen möchte, wird dieses in der gesamten Organisation vorhanden sein.

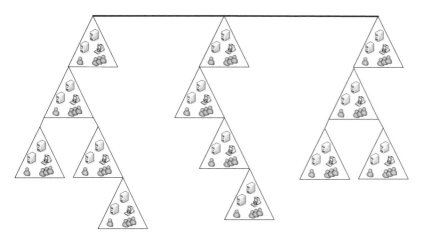

Abbildung 7.4 Ein Forest besteht aus mehreren Trees.

OU

Im Gegensatz zu NT4-Domains können Active Directory-Domains weiter unterteilt werden, und zwar in Organizational Units (OUs), in den deutschen Windows-Versionen Organisationseinheiten genannt. In einer OU können sich Benutzer, Computer, Server oder auch andere OUs befinden.

In Abbildung 7.5 sehen Sie eine Domain mit sechs Organizational Units:

- Die Domain Controller sind in der OU DC angelegt.
- Alle anderen Server befinden sich in der OU Server.
- In der OU entwicklung befinden sich die Benutzer, PCs und Gruppen der Entwicklungsabteilung. Die Abteilungsleiter nebst PCs sind in der Unter-OU leitung angesiedelt.
- Genauso wie die OU entwicklung ist die OU vertrieb aufgebaut.

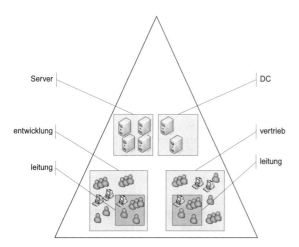

Abbildung 7.5 Eine Domain mit Organizational Units

Active Directory Grundlagen

Die skizzierte Domain-Struktur sehen Sie in Abbildung 7.6 im Konfigurationswerkzeug. Neben einigen standardmäßig vorhandenen OUs wie beispielsweise Builtin oder Computers sehen Sie auch die sechs auf der Skizze gezeichneten OUs.

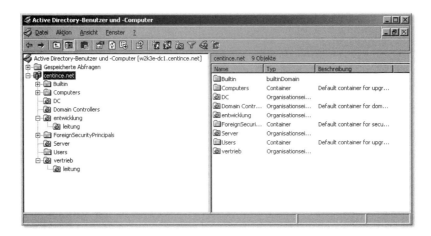

Abbildung 7.6 Die OU-Struktur im Konfigurationswerkzeug

Sinn und Zweck der OUs ist es, die Struktur Ihrer Firma abzubilden. Wenn Sie das Active Directory nur dazu verwenden würden, Benutzerkonten und die zugehörigen Passwörter einzutragen, wären OUs letztendlich überflüssig, aber es ergeben sich viele andere Möglichkeiten. Zum Beispiel:

- Mit Hilfe von Gruppenrichtlinien (= GPO = Group Policy Objects) können Sie gezielt Rechtezuweisungen und Konfigurationsanpassungen für Benutzer und Computer in einer OU vornehmen.
- Sie können mit Software-Verteilungswerkzeugen gezielt an die Mitglieder der OU vertrieb den neuen CRM-Client verteilen.
- Sie können Login-Skripts in Abhängigkeit der OU-Zugehörigkeit definieren.
- Benutzer können die AD-Struktur durchsuchen und so herausfinden, wer zur Leitung des Vertriebs gehört (nämlich die Benutzer, die in dieser Unter-OU angesiedelt sind).
- Vielleicht setzen Sie demnächst Software ein, die anhand der OU-Zugehörigkeit bestimmte Funktionen bietet und Benutzerrechte ableitet.
- Und vieles andere mehr

Organizational Units sind übrigens bezüglich des Namensraums transparent, der DNS-Name eines Servers ist server.domain.intra, egal in welcher OU er sich befindet.

OUs vs. Gruppen

Man kann den Mitgliedern einer OU nicht direkt Ressourcenberechtigungen gewähren. Wenn Sie eine Freigabe für die Benutzer der Vertriebsleitung angelegt haben, können Sie also nicht direkt diese OU als berechtigt eintragen – leider!

Sie müssen in der OU `vertrieb, leitung` eine Gruppe anlegen, die dann als Mitglieder die in dieser OU angelegten Benutzer enthält – das müssen Sie leider manuell zuweisen. Dieser Gruppe können Sie dann Berechtigungen für das Filesystem zuweisen (Abbildung 7.7).

Abbildung 7.7 Da man an OUs keine Ressourcenberechtigungen zuweisen kann, empfiehlt sich das Anlegen einer Gruppe.

Generell sollten Sie sich bei der Planung Gedanken über die Gruppenstrukturen machen. Mit einer einfachen und durchgängigen Struktur können Sie viel Administrationsarbeit sparen.

Das klassische Beispiel: Wer darf auf eine Fileshare zugreifen?

- Sie richten eine »Lokale Gruppe« ein, der Sie die Berechtigung zum Zugriff auf die Fileshare erteilen.
- Wenn z.B. die Mitglieder der Vertriebsleitung Zugriff haben sollen, wird die Gruppe »Vertriebsleitung« Mitglied dieser Gruppe. »Vertriebsleitung« wird übrigens als globale Gruppe angelegt.

Daraus ergibt sich folgende Faustregel:

- Benutzer fasst man in globalen Gruppen zusammen.
- Ressourcenberechtigungen weist man lokalen Gruppen zu.
- Globale Gruppen werden Mitglied in lokalen Gruppen.

Und weil es auch nach dreimaligem Lesen verwirrend ist, folgt noch eine Skizze (Abbildung 7.8).

Stichwortartig einige weitere Anmerkungen zu Gruppen:

- Gruppen können verschachtelt werden, d.h. die Gruppe `Vertrieb` kann die Gruppen `V_Innendienst` und `V_Außendienst` enthalten.
- Globale Gruppen werden nicht über Domain-Grenzen hinweg repliziert.
- Domain-übergreifend funktionieren universelle Gruppen.

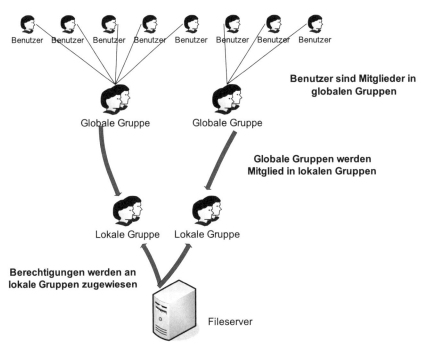

Abbildung 7.8 Benutzer werden Mitglied in globalen Gruppen. Diese werden Mitglied in lokalen Gruppen, denen Ressourcenberechtigungen zugewiesen sind.

- Best Practice, wenn Sie eine domain-übergreifende Gruppppe benötigen: Wenn Sie beispielsweise in jeder Domain eine globale Gruppe Vertrieb angelegt haben, würde man eine universelle Gruppe U_Vertrieb einrichten, deren Mitglieder die Vertrieb-Gruppen der einzelnen Domains sind. Der Vorteil ist, dass sich die Mitgliedschaft der universellen Gruppe sich nicht ändert (dort sind ja nur die globalen Gruppen Mitglied) und somit der Replikationsverkehr zwischen den Domains begrenzt bleibt. Die Gruppe U_Vertrieb würde dann Mitglied einer lokalen Gruppe, um die Berechtigung für den Ressourcenzugriff zu erteilen.
- Replikation: In sehr großen Umgebungen mit über schmalbandige WAN-Strecken angebundenen Außenstandorten ist der durch Gruppenmitgliedschaften erzeugte Replikationsverkehr durchaus planungsrelevant.

Sie sehen, dass das Thema »Gruppen« nicht ganz trivial ist – es ist in den meisten Umgebungen durchaus sinnvoll, hin und wieder das Gruppenkonzept einer kritischen Prüfung zu unterziehen.

Zur Unterscheidung: Authentifizierung und Autorisierung

Auch in einer Active Directory-Umgebung bleibt das Prinzip erhalten, dass die Benutzer sich am Domain Controller anmelden und dort anhand ihres Passworts, biometrischer Merkmale oder mittels einer Chipkarte authentifiziert werden. Ob der Benutzer auf eine Ressource (z.B. ein Dateisystem) tatsächlich zugreifen kann, wird von dieser anhand der dort konfigurierten Berechtigungen (z.B. NTFS-Berechtigungen) entschieden.

7.1.2 Praktische Überlegungen zum logischen Design

Sie haben nun einiges über Grundlagen des Active Directory erfahren. Die Planung eines AD ist ein Thema, mit dem man leicht tausend Seiten füllen könnte. Es gibt aber einige recht einfache Grundregeln beim Design, die letztendlich in jeder Umgebung Gültigkeit haben.

Abbildung des Unternehmens

Im Active Directory bildet man die Struktur des Unternehmens bzw. der Organisation ab. Ein Unternehmen könnte beispielsweise so strukturiert sein, wie in dem Organigramm in Abbildung 7.9 gezeigt wird (das Organigramm ist natürlich nicht vollständig, sondern zeigt nur einen Ast komplett an).

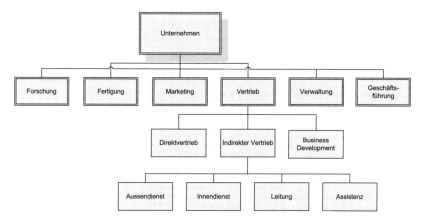

Abbildung 7.9 Beispiel für die Struktur eines Unternehmens

Sie sind natürlich nicht gezwungen, sich beim Design des ADs an eine solche Unternehmensstruktur zu halten. Man könnte auch alle Benutzer in eine OU werfen, alle PCs in eine weitere und in eine dritte sämtliche Server. Technisch würde das selbstverständlich funktionieren und hätte vielleicht bei der Verwaltung sogar einige Vorteile, *aber*: Ein Verzeichnisdienst soll und muss mehr sein, als nur die Datenbank, in der Benutzername und Passwort für die Anmeldung gespeichert werden.

Wenn ein Benutzer wissen möchte, wer in der Vertriebsassistenz arbeitet, kann er, wenn Sie die Firmenstruktur im Verzeichnis abbilden, diese Information aus dem Active Directory gewinnen. Wenn Sie hingegen alle Benutzerobjekte in einer flachen Struktur »aufbewahren«, entfällt diese Möglichkeit.

In der Praxis hat sich gezeigt, dass AD-Strukturen, die sich nach Geschäftsführungsbereichen und Kostenstellenplänen richten, für die Benutzer ebenfalls nicht oder nur schwer durchschaubar sind. Der »normale« Benutzer denkt eben »Ich bin im Vertriebsinnendienst« und nicht »Ich bin im Geschäftsführungsbereich ›External Relations‹ und mein Team hat die Kostenstelle 99837«.

Rein technisch gesehen ist ein Abbilden von unterschiedlichen Standorten in der Struktur des Active Directory nicht notwendig – hierzu gibt es mit Sites/Standorten weitere Konfigurationsmöglichkeiten.

Für das Abbilden der Standorte in der logischen Struktur gibt es prinzipiell drei Gründe:

- Wenn der Benutzer das Verzeichnis durchsucht, wird er den geografischen Bezug als wichtige Orientierungshilfe ansehen.
- Für einzelne OUs können Administrationsaufgaben an bestimmte Benutzer delegiert werden, beispielsweise das Zurücksetzen von Passwörtern. Wenn es in München einen Mitarbeiter gibt, der dazu berechtigt werden soll, können Sie das natürlich nur konfigurieren, wenn der Standort in der Struktur auch auftaucht.
- Wenn an den Standorten unterschiedliche Gruppenrichtlinien verwendet werden sollen, bedingt das natürlich auch, dass die Standorte in der logischen Struktur erscheinen.

Für die Integration der Standorte in die logische Struktur gibt es natürlich mehrere Möglichkeiten, die »Extremfälle« sind in den Abbildungen 7.10 und 7.11 dargestellt.

Im ersten Fall ist der Standort die oberste »Organisationsinstanz«, im zweiten Fall wird erst zum Schluss der Standort angegeben. Beliebige Mischformen sind natürlich möglich – es hängt von Ihren individuellen Anforderungen ab.

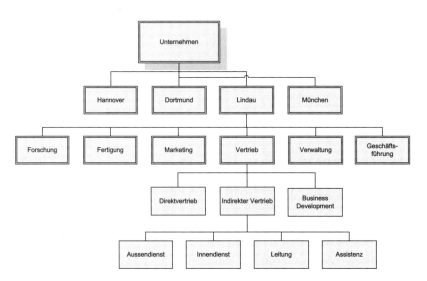

Abbildung 7.10 Eine Unternehmensstruktur mit Standorten

Die Unternehmensstruktur, wie in den vorherigen Beispielen gezeigt, kann mit Domains und/oder Organizational Units abgebildet werden – mehr dazu folgt im nächsten Abschnitt.

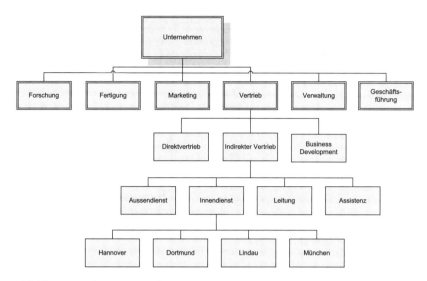

Abbildung 7.11 Alternative Struktur

Übersichtlichkeit und Verwaltbarkeit

Dieser Abschnitt wird sich ausführlicher mit der Fragestellung befassen, ob man die Unternehmensstruktur lieber mit Domains oder OUs abbildet bzw. inwieweit man welches Organisationsmittel einsetzt.

Ich erläutere einige Varianten am Beispiel der in Abbildung 7.10 gezeigten Konfiguration – das bedeutet allerdings nicht, dass dies notwendigerweise die beste Variante ist.

Für die jetzt folgenden Erläuterungen weiche ich von der sonst in der Literatur üblichen Darstellung ab. Abteilungen/Bereiche, die als Domain implementiert werden, sind mit einem Dreieck gekennzeichnet, Organisationseinheiten ohne Dreieck werden als OU eingerichtet.

Abbildung 7.12 zeigt die Struktur, wenn relativ stark von Domains Gebrauch gemacht wird.

Vorteile:

- Der Replikationsverkehr zwischen Domains ist wesentlich geringer als innerhalb von Domains. Da das Beispiel von vier Standorten ausgeht, könnte das bezüglich der Belastung der WAN-Strecken ein Vorteil sein.
- Am Namen des Servers lässt sich relativ einfach erkennen, an welchem Standort und für welchen Bereich er eingesetzt wird, also beispielsweise `server18.vertrieb.lindau.centince.intra`. Zur Erinnerung: OUs verhalten sich bezüglich des Namensraums neutral.

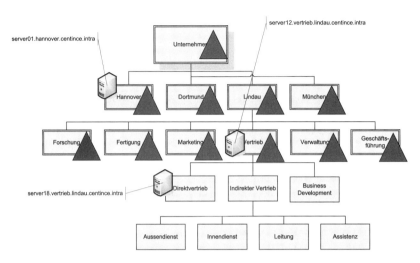

Abbildung 7.12 Abbildung der Struktur mit vielen Domains

Nachteile:

- Je mehr Domains Sie haben, desto höher ist der administrative Aufwand, weil jede Domain einzeln administriert werden muss. Es gibt beispielsweise keine Gruppenrichtlinien, die sich über Domaingrenzen hinweg vererben. Wenn Sie die einzelnen Bereiche getrennt voneinander administrieren wollen, macht die Trennung durch die Domaingrenzen andererseits wieder Sinn.
- Für jede Domain wird mindestens ein Domain Controller benötigt; aus Redundanzgründen werden eigentlich zwei Domain Controller pro Domain benötigt. Wenn Sie eine Struktur mit elf Domains aufbauen, brauchen Sie demzufolge 22 Server!

Die in Abbildung 7.12 gezeigte Vorgehensweise mit elf Domains macht eventuell (!) in einem Unternehmen mit 5.000 PC-Arbeitsplätzen Sinn. Wenn Sie lediglich 500 Arbeitsplätze haben, ist es mit Sicherheit der falsche Weg.

Abbildung 7.13 zeigt ein realistischeres Szenario: Hier gibt es eine Root-Domain (ganz oben), darunter ist für die Standorte jeweils eine Domain vorhanden. Die weitere Strukturierung erfolgt mittels OUs.

Dieses Szenario ist unter folgenden Voraussetzungen sinnvoll:

- Die einzelnen Standorte werden weitgehend autark administriert.
- Der Replikationsverkehr zwischen den Standorten soll auf ein Minimum begrenzt bleiben (Replikationsverkehr zwischen Domains ist deutlich geringer als innerhalb von Domains).

Die dritte Möglichkeit ist die Einrichtung einer einzigen Domain für die gesamte Organisation (Abbildung 7.14).

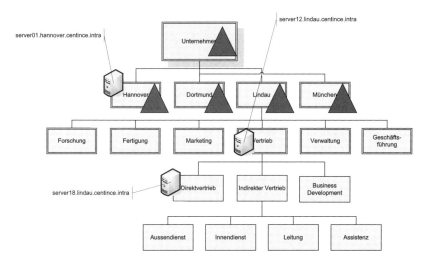

Abbildung 7.13 Abbildung mit einer Domain pro Standort, die restliche Strukturierung erfolgt mit OUs.

Sie werden in diesem Fall übrigens keine (oder kaum) Server einsparen können, weil Sie vermutlich an jedem Standort zwei Domain Controller einsetzen werden, denn schließlich muss auf das Active Directory zugegriffen werden. Der Administrationsaufwand dürfte in diesem Szenario am geringsten sein, weil Sie beispielsweise für die Gruppenrichtlinien Vererbungen nutzen können. »Unterbereichsadministratoren« lassen sich übrigens auch in diesem Szenario anlegen.

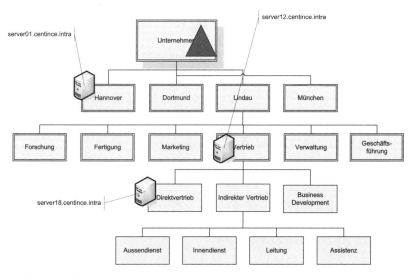

Abbildung 7.14 Abbildung der Struktur mit nur einer Domain

Active Directory Grundlagen **97**

Replikation

Das Thema Replikation ist in dem vorherigen Abschnitt bereits recht ausführlich angesprochen worden.

In Abbildung 7.15 sehen Sie eine sehr stark vereinfachte Darstellung. Sie zeigt die Replikationswege innerhalb einer Domain. Diese sind recht breit, weil viel Replikationsverkehr zwischen DCs innerhalb einer Domain entsteht. Zwischen den Domains gibt es ebenfalls Replikationsverkehr, allerdings in deutlich geringerem Ausmaß.

Die Zeichnung ist sehr stark vereinfachend: Sie dürfen von den eingezeichneten Pfeilen keine Rückschlüsse auf tatsächliche Replikationswege ziehen! Des Weiteren fehlt in der Zeichnung der Replikationsverkehr zu Global Catalog-Servern.

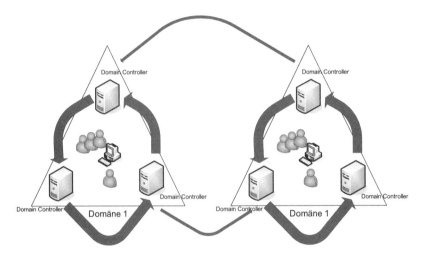

Abbildung 7.15 Sehr stark vereinfacht: Replikation innerhalb von Domains und zwischen Domains

Wenn Ihr Unternehmen aus drei weitgehend autarken Geschäftsbereichen besteht, die an drei unterschiedlichen Standorten sitzen, eventuell auch im Ausland, bietet es sich allein schon zur Reduzierung des Replikationsverkehrs an, drei Domains einzurichten. Wenn Sie Abbildung 7.15 anschauen, leuchtet das auch ein, weil Sie über die WAN-Strecken nur die durch die »dünnen Pfeile« dargestellten Daten übertragen müssen.

7.1.3 Physikalische Struktur

Die physikalische Struktur ist recht schnell erklärt. Es gibt den Begriff des Standorts – fertig. In der englischsprachigen Literatur sprich man übrigens von »Sites«.

Ein Standort wird durch ein oder mehrere IP-Subnetze definiert.

Standorte

Betrachten wir den Zusammenhang zwischen Standorten und Domains.

Der erste Fall ist, dass Standort- und Domaingrenzen identisch sind, anders gesagt: Wo eine Domain ist, ist ein separater Standort (Abbildung 7.16).

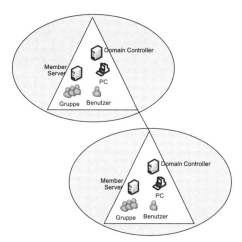

Abbildung 7.16 Jede Domain befindet sich an einem eigenen Standort.

Der zweite Fall ist, dass sich mehrere Domains an einem Standort befinden (Abbildung 7.17). Dieses Szenario macht übrigens durchaus Sinn: Wenn eine Organisation mehrere autarke Geschäftsbereiche hat, die in einem Gebäude sitzen, wird man genau diese Konstellation vorfinden.

Wenn zwischen mehreren Standorten sehr schnelle WAN-Verbindungen liegen, könnte man sich auch überlegen, nur einen Standort zu definieren, frei nach dem Motto: »Je weniger definiert wird, desto geringer der Administrationsaufwand«.

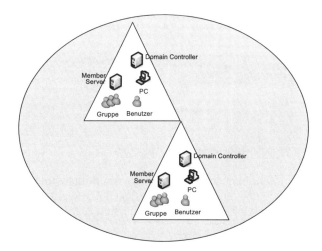

Abbildung 7.17 Mehrere Domains befinden sich an einem Standort.

Der dritte Fall ist, dass sich eine Domain über mehrere Standorte erstreckt (Abbildung 7.18). Auch dieser Fall kommt in der Praxis häufig vor: Gerade in mittelgroßen Organisationen macht es häufig Sinn, nur eine Domain einzurichten. Wenn die Firma sich über mehrere Standorte erstreckt, wird man genau den hier beschriebenen Fall vorfinden.

Active Directory Grundlagen **99**

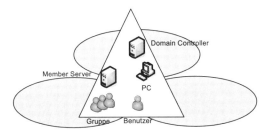

Abbildung 7.18 Eine Domain erstreckt sich über mehrere Standorte.

Zeitpläne und Verknüpfungen

Für die Replikation zwischen Standorten werden Verknüpfungen eingerichtet. Als Verknüpfungstypen stehen »IP« und »SMTP« zur Verfügung. Für sehr schmalbandige Verbindungen wählt man die zweite Option.

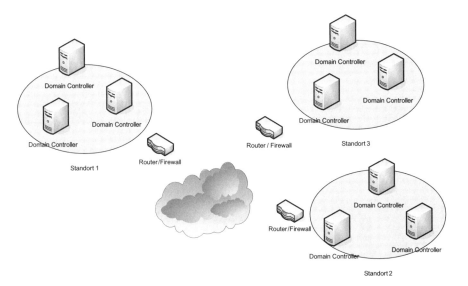

Abbildung 7.19 Beispielszenario für die Replikation zwischen mehreren Standorten

Auf den ersten Blick ist die Konfiguration sehr einfach: Die Standortverknüpfung wird eingerichtet, dieser werden Kosten zugewiesen und außerdem die Häufigkeit der Replikation. Darüber hinaus lässt sich konfigurieren, zu welchen Zeiten die Replikation zur Verfügung steht (Abbildung 7.20).

Da Kosten für die Standortverknüpfungen hinterlegt werden können, sucht sich das System jeweils den günstigsten Replikationsweg.

Bridgeheads

Wenn Sie, wie zuvor gezeigt, Verknüpfungen zwischen den Standorten angelegt haben, gibt es noch ein kleines Problem:

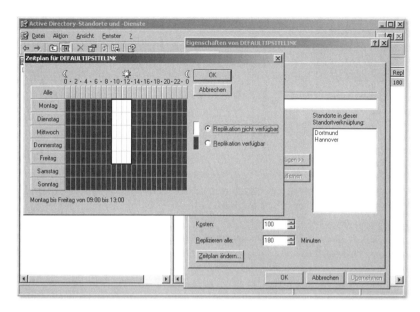

Abbildung 7.20 Replikationszeitplan und -häufigkeit für eine Standortverknüpfung

Das Active Directory legt selbständig fest, welche Domain Controller über die Standortgrenzen miteinander replizieren. Das Problem ist, dass man hierfür die Firewalls vergleichsweise weit öffnen müsste – jeder DC müsste mit jedem anderen Daten austauschen dürfen.

Die Lösung ist die Definition von Bridgehead-Servern. Die standortübergreifenden Verbindungen werden dann nur über den oder die Bridgehead-Server geführt (Abbildung 7.21).

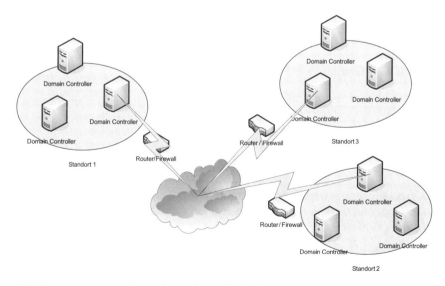

Abbildung 7.21 Die Replikation kann über Bridgehead-Server geführt werden.

Active Directory Grundlagen **101**

7.1.4 Namensraum

Active Directory arbeitet mit einer auf DNS basierenden Namensstruktur. Sie haben beim Tree gesehen, dass die Anordnung der Domains keine Auswirkungen auf die Sicherheitseinstellungen hat, dass also der Administrator der »höheren« Domain nicht automatisch Administrator der darunter angeordneten Domain ist.

Die Anordnung der Domains hat allerdings Auswirkungen auf die DNS-Namen der Domain. Am besten schauen Sie den Tree auf Abbildung 7.22 an:

- Die oberste Domain heißt `centince.intra`. Die darunter angeordnete Domain heißt `deutschland.centince.intra` etc.
- Für die in der Domain angesiedelten Objekte leiten sich entsprechende DNS-Namen ab: Die Maschine *server01* in der obersten Domain etwa heißt `server01.centince.intra`.

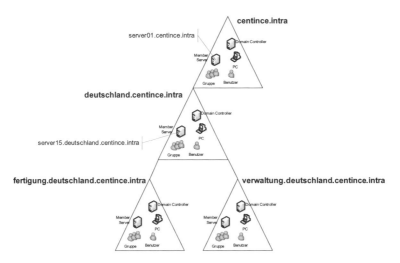

Abbildung 7.22 Der hierarchische Namensraum eines Trees

7.1.5 Global Catalog

Den Global Catalog wird man als Mensch zwar nie direkt zu Gesicht bekommen, trotzdem übernimmt er eine wichtige Rolle in einer Active Directory-Umgebung.

Ein technisch stark vereinfachtes Beispiel (Abbildung 7.23):

- Benutzer A möchte die Telefonnummer des Benutzers B aus dem Active Directory ermitteln.
- Benutzer B arbeitet zwar in derselben Organisation, ist aber in einer anderen Domain angelegt. Der Domain Controller der Domain von Benutzer A kennt also weder Benutzer B und schon gar nicht dessen Telefonnummer.
- Ohne den Global Catalog müsste der Client von Benutzer B zunächst sämtliche Domains der Organisation (es können ja mehr als die gezeichneten zwei Domains vorhanden sein) abklappern und prüfen, ob irgendwo der gesuchte Benutzer B angelegt ist – im Zweifelsfall weltweit über WAN-Strecken!

▶ Faktisch sieht es so aus, dass der Client von Benutzer A lediglich im Global Catalog nachschaut, da auf diesem grundlegende Informationen über die Benutzer, beispielsweise auch die Telefonnummer, gespeichert sind.

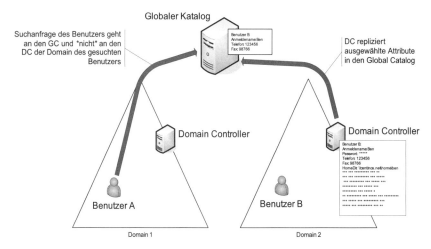

Abbildung 7.23 Funktionsweise des globalen Katalogs

Der Global Catalog (GC) wird übrigens nicht nur für Suchanfragen von Benutzern vorgehalten, sondern beispielsweise auch für eine schnelle Prüfung von Gruppenmitgliedschaften und andere »AD-interne« Dinge verwendet.

Im Gegensatz zu der Darstellung in Abbildung 7.23 benötigt der Global Catalog keinen separaten Server. Prinzipiell kann man jedem Domain Controller per Mausklick die Funktion Global Catalog hinzufügen.

Die Aufgabe bei der Planung ist nun, die beste Anzahl und Positionierung für globale Kataloge zu ermitteln:

▶ Wenn ein Außenstandort keinen eigenen GC hat, werden die entsprechenden Anfragen über WAN-Strecken abgewickelt.
▶ Da der GC natürlich über die notwendigen Daten verfügen muss, findet permanenter Replikationsverkehr zu diesem statt.
▶ Globale Kataloge sollen/müssen redundant vorhanden sein. Der Ausfall des einzigen GCs führt zu schweren Einschränkungen der Funktion! Ein Exchange-System ist übrigens ohne Global Catalog nicht funktionsfähig!

Das Beispiel ist übrigens nicht ganz unrealistisch: Das Attribut »TelephoneNumber« wird tatsächlich in den Global Catalog repliziert. Dies können Sie im Schema-Manager Snap-In (er muss vor der Verwendung registriert werden!) sehen (Abbildung 7.24).

Wenn Sie Ihrem Active Directory eigene Attribute hinzufügen, auf die häufig zugegriffen werden muss, werden Sie diese in den Global Catalog replizieren lassen!

Abbildung 7.24 Konfiguration, ob ein Attribut in den globalen Katalog repliziert wird

7.1.6 Gruppenrichtlinien

Mit Gruppenrichtlinien können diverse Konfigurationen für Benutzer oder Computer vorgenommen werden – und zwar in Abhängigkeit von Standort, Domain und Organizational Unit, in der sich der Computer oder der Benutzer befindet.

Letztendlich werden bei der Anwendung von Gruppenrichtlinien Werte in der Registry modifiziert – und zwar genauer gesagt Werte in den Zweigen HKEY_CURRENT_USER und HKEY_LOCAL_MACHINE. Mit den Gruppenrichtlinien werden also Einschränkungen für Benutzer konfiguriert, aber auch Einstellungen für Computer vorgenommen werden, z.B. zur Sicherheitskonfiguration für drahtlose Netzwerke.

In den Gruppenrichtlinien werden übrigens auch die anzuwendenden Login-Skripts konfiguriert.

Abbildung 7.25 zeigt das Modifizieren eines Eintrags im »Gruppenrichtlinienobjekt-Editor«. Hier wird festgelegt, dass der Benutzer in seinem Startmenü nicht die Abmelden-Funktion zur Verfügung hat.

Gruppenrichtlinien anlegen und abarbeiten

Gruppenrichtlinien können an drei Positionen angelegt werden:

- Domain
- Organizational Unit
- Standort

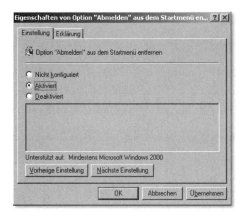

Abbildung 7.25 Konfiguration einer Eigenschaft

Abbildung 7.26 zeigt, in welcher Reihenfolge die Gruppenrichtlinien für den mit dem Pfeil gekennzeichneten Benutzer abgearbeitet werden:

- 1: Zunächst wird die Gruppenrichtlinie des Standorts abgearbeitet.
- 2: Dann wird die Gruppenrichtlinie der Domain abgearbeitet.
- 3: Als Nächstes wird die Gruppenrichtlinie der »äußeren« Organizational Unit abgearbeitet.
- 4: Zuletzt wird die Gruppenrichtlinie der »inneren« OU verarbeitet.

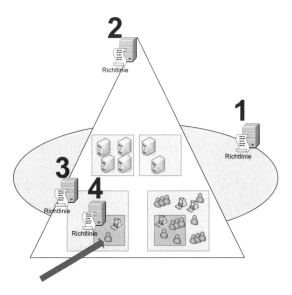

Abbildung 7.26 Abarbeitung von Gruppenrichtlinien

Die Gruppenrichtlinien überschreiben sich in der Reihenfolge der Abarbeitung und wirken additiv; ein »praktisches Beispiel« sehen Sie in der folgenden Tabelle:

Active Directory Grundlagen **105**

Richtlinie	Konfiguration
Standort	Aktiviert
Domain	Deaktiviert
OU 1 (»äußere«)	Aktiviert
OU 2 (»innere«)	Nicht konfiguriert
Resultat	Aktiviert

In den Eigenschaften des Standorts, der Domain und der OUs findet sich ein Reiter »Gruppenrichtlinie«. Hier können Sie Richtlinien anlegen und mit dem Gruppenrichtlinienobjekt-Editor bearbeiten (Abbildung 7.27).

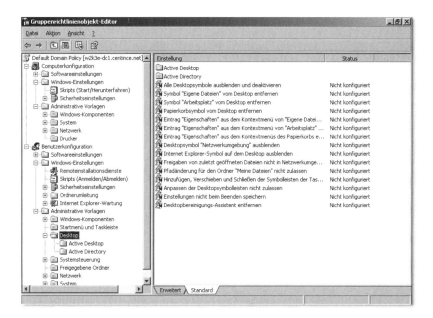

Abbildung 7.27 Der Gruppenrichtlinienobjekt-Editor

Die Gruppenrichtlinien, die Sie vorfinden werden, umfassen natürlich nicht alle denkbaren Einstellungen – von Office, das sich auch über Gruppenrichtlinien konfigurieren lässt, ist beispielsweise nichts zu sehen. Auch neue Service Packs, beispielsweise Windows XP SP2, bringen neue Möglichkeiten mit, die man über Gruppenrichtlinien steuern könnte. Im Allgemeinen liefert Microsoft Vorlagen-Dateien mit, die dann mit eingebunden werden können.

Anmerkung Gruppenrichtlinien-Vorlagen (*.adm-Dateien) für Office finden Sie im Office Resource Kit, das Sie auf der Microsoft-Website herunterladen können.

Ansonsten können Sie für spezielle Zwecke eigene Vorlagen erstellen.

Arbeiten mit der Group Policy Management Console (GPMC)

Wenn Sie etwas intensiver mit Gruppenrichtlinien arbeiten, werden Sie feststellen, dass die Administration derselben mit dem »Active Directory-Benutzer und -Computer«-Snap-In etwas »unhandlich« ist.

Als sehr wertvolles Werkzeug hat sich die **Group Policy Management Console** herausgestellt, die Sie als kostenlosen Download von Microsoft erhalten können (suchen Sie im Download-Bereich nach GPMC, Abbildung 7.28).

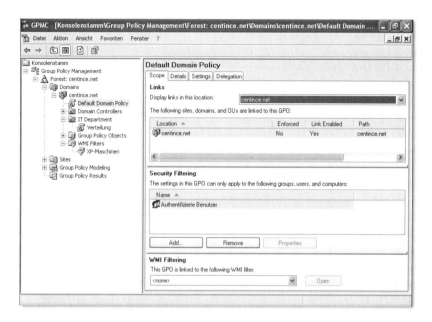

Abbildung 7.28 Zur Administration von Gruppenrichtlinien bietet sich die GPMC an.

Übersichtlichkeit gewährleisten

Für eine OU, Domain oder einen Standort können mehrere Gruppenrichtlinienobjekte definiert werden (Abbildung 7.29).

Dies bietet die Möglichkeit, ein wenig mehr Übersicht zu schaffen: Ich würde jeweils ein Gruppenrichtlinienobjekt einrichten, in dem nur die Benutzer-Richtlinien eingetragen werden, und ein weiteres, in dem die Computer-Richtlinien eingestellt werden.

7.1.7 Betriebsmaster-Rollen

Im Active Directory geht es letztendlich so zu wie in George Orwells »Animal Farm«: Die Domain Controller sind letztendlich doch nicht alle gleich, weil es einige gibt, die gleicher als die anderen sind.

Abbildung 7.29 Mehrere Gruppenrichtlinienobjekte können definiert werden.

Es gibt **pro Domain** jeweils einen Domain Controller für folgende Betriebsmaster-Rollen (FSMO = Flexible Single Master Operations):

- PDC Emulator
- RID Master
- Infrastruktur Master

Pro Forest, also einmal je Active Directory-Gesamtstruktur, gibt es noch folgende Betriebsmaster-Rollen:

- Domain Naming Master
- Schema Master

Diese fünf Betriebsmaster-Rollen können auf einem DC laufen oder auf mehrere Maschinen verteilt werden.

Warum gibt es diese speziellen Funktionen?

Bei verteilten replizierten Datenbanken sind natürlich stets Konflikte denkbar. In größeren verteilten Umgebungen wird es jeweils dauern, bis Änderungen auf alle DCs repliziert sind. So könnte es beispielsweise sein, dass die Telefonnummer des Benutzers innerhalb eines kürzeren Zeitraums auf zwei unterschiedlichen Domain Controllern geändert wird. Letztendlich wird die später durchgeführte Änderung die »endgültige Fassung« werden, d.h., die ältere Änderung wird bei einem Replikationskonflikt verworfen. Das ist eventuell ein wenig lästig, mehr aber auch nicht. Nun sind auch Änderungen denkbar, die für die Gesamtumgebung »stabilitätsgefährdend« wären, wenn die ältere Änderung einfach verworfen würde: Stellen Sie sich vor, dass an zwei Stellen im Unternehmen eine neue Domain »Vertrieb« angelegt würde – es gäbe dann zwei völlig unterschiedliche Domains mit demselben Namen. Das würde zu absolutem Chaos führen – damit der beschriebene Fall nicht auftritt, gibt es pro Gesamtstruktur einen Domain Naming Master: Der Domain Controller, der diese FSMO-Rolle inne hat, prüft, ob ein neu anzulegender Domain Name zulässig ist.

7.1.8 Netzwerkdienste

Active Directory setzt eine moderne TCP/IP-basierte Netzwerkinfrastruktur voraus. Besondere Bedeutung kommt dem DNS-Dienst zu.

DNS

Der DNS-Dienst wird in einer Active Directory-Umgebung nicht »nur« verwendet, um Computernamen aufzulösen. Vielmehr verwenden die Clients den DNS-Dienst, um Ressourcen, wie beispielsweise die Domain Controller oder Global Catalog-Server, zu finden.

Sie müssen übrigens nicht notwendigerweise den Microsoft DNS-Server verwenden, eine »moderne« BIND-Implementation würde ebenfalls funktionieren – allerdings tun Sie sich meines Erachtens keinen Gefallen damit.

Abbildung 7.30 zeigt einen Screenshot des Konfigurations-Snap-Ins für den Microsoft DNS-Server. Sie können darauf beispielsweise Service Locator Records von zwei Global Catalog-Servern (_gc) erkennen.

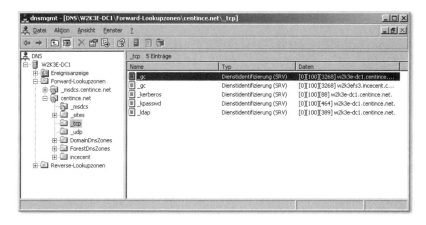

Abbildung 7.30 Diensteinträge im DNS-Management-Snap-In

Im Normalfall brauchen Sie sich um das Anlegen der Service Locator Records nicht zu kümmern, allerdings sollten Sie sich darüber im Klaren sein, dass ein Client, der keinen DNS-Server mehr zur Verfügung hat, weitgehend »verloren« ist. Sprechen wir also über Redundanz:

DNS ist vergleichsweise einfach ausfallsicher zu gestalten, indem Sie weitere DNS-Server einrichten, auf die die Clients bei Bedarf zugreifen können. Die Synchronisierung der DNS-Server ist durch die Nutzung Active Directory-integrierter Zonen einfach einzustellen – also wesentlich unproblematischer als die Einrichtung von Zonen-Transfers unter BIND.

Im Normalfall wird man den DNS-Serverdienst auf Domain Controllern installieren. Genauso wie ein größerer Standort mit mindestens zwei Domain Controllern ausgestattet werden wird, wird man an einem solchen auch mehrere DNS-Server installieren. An einem kleinen Standort, der nur über einen DNS-Server verfügt, wird man den sekundären DNS-

Eintrag der Clients auf einen DNS-Server an einem entfernten Standort legen – wichtig ist natürlich, dass die entsprechenden Daten auch dorthin repliziert werden.

WINS

Wenn in Ihrem Netz ältere Clients, wie beispielsweise NT4- oder Windows 95-Maschinen, betrieben werden, benötigen Sie den WINS-Dienst. Dieser kann auf Domain Controllern installiert werden und mitlaufen.

Exchange 2000/2003 benötigen übrigens für einige Operationen ein funktionierendes WINS.

Die notwendige Redundanz kann erzeugt werden, indem Sie mehrere WINS-Server installieren und Replikationsbeziehungen einrichten.

Auf den Clients können die Adressen von mehreren WINS-Servern eingestellt werden.

DHCP

DHCP, also die dynamische Zuweisung von IP-Adressen an Clients, müssen Sie zwar nicht zwingend benutzen, es bietet sich für eine moderne Umgebung allerdings an:

Zum einen ersparen Sie sich die manuelle Verwaltung der IP-Adressen, zum anderen können Sie vergleichsweise einfach IP-Optionen, wie z.B. die Adressen des DNS-Servers, auf den Clients ändern.

Damit der DHCP-Service ausfallsicher zur Verfügung steht, muss dieser auf zwei Maschinen installiert werden. Redundanz für DHCP-Server ist auf zweierlei Arten herzustellen:

- **80/20-Regel**: Man kann nicht zwei DHCP-Server mit überlappenden IP-Bereichen installieren, demzufolge kann man nicht einfach beide Server mit dem vollen Adressbereich konfigurieren. Ein gängiger Weg ist, zwei DHCP-Server einzurichten, von denen der eine 80% der Adresse, der andere die restlichen 20% verwaltet. Da nicht alle Clients gleichzeitig neue IP-Leases anfordern werden, können für die Zeit des Ausfalls des »größeren« Servers die Anfragen aus dem kleineren Bereich bedient werden.
- **Clustering**: Falls Sie die 80/20-Regel nicht anwenden möchten oder können, können Sie den DHCP-Dienst clustern. Das Lästige bei Cluster-Konfigurationen ist, dass diese relativ teuer sind.

Über die Konfiguration der DHCP-Server nachzudenken setzt natürlich voraus, dass ein belastbares IP-Konzept vorhanden ist. Damit DHCP über Routergrenzen hinweg funktioniert, muss auf den Routern die Weiterleitung von DHCP-Requests konfiguriert sein bzw. müssen DHCP Relay-Agents installiert werden.

7.1.9 Das Schema

In den vorherigen Erläuterungen ist der Begriff »Schema« bereits gefallen. Das Schema ist sozusagen die Datenbankstruktur des Active Directory. Hierin ist beispielsweise definiert, dass es beim Benutzerobjekt eine Eigenschaft »Email-Adresse« gibt. Mehr über den Aufbau des Schemas lesen Sie im Abschnitt »Von Klassen und Attributen«.

Das Schema ist übrigens für eine Active Directory-Gesamtstruktur einzigartig (= überall gleich). Um dies sicherzustellen, werden Änderungen am Schema nur auf einem DC vorgenommen, und zwar auf demjenigen mit der Betriebsmaster-Rolle »Schema Master«.

7.1.10 Von Klassen und Attributen

In diesem Abschnitt werden wir uns ein wenig mit den Active Directory-Interna beschäftigen. Den grundsätzlichen Aufbau des Active Directory können Sie erkennen, wenn Sie das Schema Manager-Snap-In (muss separat installiert werden!) starten (Abbildung 7.31).

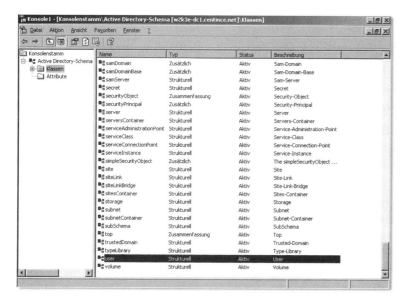

Abbildung 7.31 Das Schema Manager-Snap-In

Im Active Directory finden Sie Klassen und Attribute. Benutzer (user) sind eine Klasse, der verschiedene Attribute zugeordnet sind. Attribute sind beispielsweise der Benutzername, die Telefonnummer, das Passwort und viele andere mehr. Der Klasse user sind knapp 280 Attribute zugeordnet.

Sie haben die Möglichkeit, dem Active Directory weitere Attribute hinzuzufügen und diese neuen Attribute beispielsweise der Klasse user zuzuweisen, so beispielsweise eine Personalnummer. Dieses Attribut wird nun zwar nicht in der standardmäßigen Benutzerkonfiguration auftauchen, Sie können die Werte aber mit eigenen Applikationen oder Skripts verändern bzw. darauf zugreifen.

Bedenken Sie aber, dass eine Schema-Erweiterung für die gesamte Organisation gilt und nicht rückgängig gemacht werden kann.

> **Warnung** Auch wenn es recht einfach ist, neue Klassen und Attribute anzulegen, sollten Sie auf dieser Low-Level-Ebene nur Veränderungen vornehmen, wenn Sie sich 100%ig sicher sind, was Sie tun!

Gleiches gilt für Manipulationen, die man mit ADSIedit durchführen kann – normalerweise sollten solche manuellen Eingriffe nicht notwendig sein.

7.2 Exchange im Active Directory

Exchange 2000 war die erste »große« Applikation, die konsequent das Active Directory zur Speicherung von Konfigurationsinformationen verwendet hat. In diesem Unterkapitel ergänzen wir den allgemeinen Überblick über das AD um etliche Exchange-spezifische Überlegungen.

7.2.1 Namenskontexte im Active Directory

Das Active Directory ist in drei logische Segmente unterteilt, die als »Namenskontext« bezeichnet werden. Drei Namenskontexte sind vorhanden, nämlich:

- Schemanamenskontext
- Konfigurationsnamenskontext
- Domainnamenskontext

Die Änderungen in den Namenskontexten werden zwischen den Domain Controllern separat repliziert.

Wenn Sie ein wenig tiefer in die Daten der jeweiligen Namenskontexte hineinschauen möchten, können Sie dies mit ADSIedit tun; Sie sollten allerdings mit diesem Werkzeug nur im Ausnahmefall – und nur, wenn Sie absolut sicher sind, was Sie tun – Änderungen im AD vornehmen (Abbildung 7.32). Wenn Sie beispielsweise im Namenskontext »Configuration« zu »Services|Microsoft Exchange« navigieren, werden Sie dort die meisten Einstellungen, die Sie im Exchange System-Manager vornehmen können, wiederfinden.

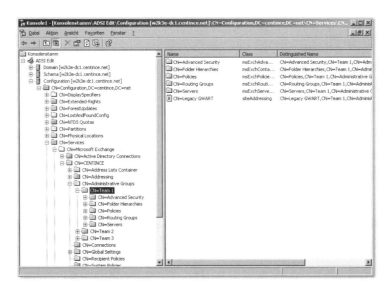

Abbildung 7.32 Mit ADSIedit kann man die Elemente der drei Namenskontexte des Active Directory auslesen.

Schemanamenskontext

Im Schemanamenskontext sind die Objekte des Schemas und deren mögliche Attribute gespeichert. Jeder Domain Controller verfügt über eine Kopie dieser Schemaverzeichnispartition; Schemaaktualisierungen und somit auch Schema-Erweiterungen kann nur ein DC im Forest durchführen, nämlich derjenige, der die FSMO-Rolle »Schemamaster« ausführt.

Bei der Installation einer Exchange-Organisation wird zunächst das Schema mit ForestPrep erweitert. Hierbei werden viele Objekte hinzugefügt; sie sind in der entsprechenden Partition vorhanden (Abbildung 7.33).

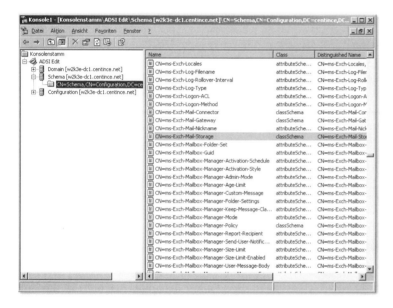

Abbildung 7.33 Nach der Schema-Erweiterung mit ForestPrep

Konfigurationsnamenskontext

Im Konfigurationsnamenskontext, der auf sämtliche Domain Controller der Organisation repliziert wird, werden diverse Exchange-Einstellungen gespeichert. Die Exchange Server der Organisation erhalten hier die serverübergreifenden Konfigurationsinformationen, beispielsweise über Connectoren, Richtlinien etc.

Die Zugriffsberechtigungen für die Exchange-Objekte werden im Exchange System-Manager mit der Funktion »Objektverwaltung zuweisen« gesetzt.

Domainnamenskontext

Jede Domain wird durch einen Domainnamenskontext dargestellt. Im Domänennamenskontext werden Benutzer, Computer, Gruppen und andere Objekte für die jeweilige Domain gespeichert. Alle Domain Controller verfügen über eine Kopie der Domänenverzeichnispartition.

Der Domainnamenskontext ist für Exchange insofern relevant, als die Konfiguration email-aktivierter Objekte (Benutzer, Gruppen, Verteilerlisten) hier gespeichert wird.

7.2.2 Exchange in einer einzelnen Gesamtstruktur

Grundsätzlich sind die Grenzen der Active Directory-Gesamtstruktur, also des Forest, und der Exchange-Organisation gleich. Diese Konstellation wird ohnehin vom System erzwungen, denn:

- In einer AD-Gesamtstruktur (= Forest) kann sich nur eine einzige Exchange-Organisation befinden.
- Eine Exchange-Organisation kann sich nicht über mehrere AD-Gesamtstrukturen erstrecken.

Nun sind natürlich durchaus Szenarien in größeren Firmen denkbar, in denen durch Fusionen, Übernahmen etc. die Notwendigkeit entstehen könnte, eine Exchange-Organisation über mehrere Gesamtstrukturen zu etablieren – mögliche Lösungsansätze sehen Sie in Abschnitt 7.2.4.

Im einfachsten Fall besteht der ActiveDirectory-Forest lediglich aus einer Domain. Im komplexesten Fall sind mehrere Trees mit unterschiedlichen Namensräumen vorhanden (lesen Sie zu den Begriffen ggf. nochmals am Anfang dieses Kapitels nach). In Abbildung 7.34 sehen Sie einen kleinen aus drei Domains bestehenden Forest. Bezüglich der installierten Gesamtstruktur ergibt sich nun folgendes Bild:

- Es gibt Benutzer, die auf einen Exchange Server zugreifen, der sich in ihrer Domain befindet.
- Es gibt eine Domain, in der sich Benutzerkonten, aber keine Exchange Server befinden. Diese Benutzer müssen notwendigerweise auf einen Server in einer »fremden« Domain zugreifen.

Dieses Nutzungsszenario kann mit Exchange problemlos abgebildet werden. In den folgenden beiden Abschnitten werde ich Sie auf die Aspekte der Administrationsrechte und der Empfängeraktualisierungsdienste hinweisen.

Der Beginn der Installation von Exchange ist grundsätzlich die Erweiterung des Active Directory-Schemas mittels ForestPrep. Da Schema- und Konfigurationsnamenskontext einer AD-Gesamtstruktur in allen Domains identisch sind, stehen die notwendigen Objekte/Attribute und Konfigurationsinformationen in allen Domains zur Verfügung.

Folgende Active Directory-Voraussetzungen müssen erfüllt werden:

- Auf den Domain Controllern wird Windows 2000 Server mit Service Pack 3 oder Windows Server 2003 ausgeführt.
- In jeder Domain, in der Exchange installiert wird, sollte mindestens ein Global Catalog-Server vorhanden sein. Das Betriebssystem muss Windows 2000 Server mit SP3 oder Windows Server 2003 sein.

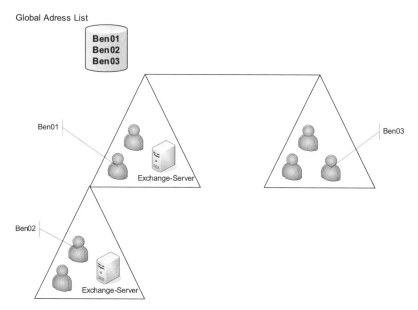

Abbildung 7.34 In den meisten Fällen wird Ihr Unternehmen eine einzige Active Directory-Gesamtstruktur umfassen. Dies ist bezüglich der Einführung von Exchange 2003 der einfachste Fall.

- Für Benutzer mit »modernen« Outlook-Versionen (ab Outlook 2000 SR-2) sollte ebenfalls ein Global Catalog-Server »in der Nähe«, also über eine schnelle Verbindung erreichbar sein.
- DNS und WINS müssen korrekt und zuverlässig funktionieren.

Neben der Vorbereitung der Gesamtstruktur mit ForestPrep müssen alle Domains, die in irgendeiner Weise mit Exchange in Berührung kommen, mit DomainPrep angepasst werden. Genauer gesagt sind dies folgende Domains:

- Die Rootdomain (= Stammdomain) der Organisation
- Alle Domains mit Exchange 2003-Servern
- Alle Domains mit postfachaktivierten Objekten (z.B. Benutzer und Gruppen). **DomainPrep muss in diesem Domains auch ausgeführt werden, wenn dort keine Exchange Server installiert werden.**
- Alle Domains mit Global Catalog-Servern, auf die von Exchange-Komponenten eventuell zugegriffen werden könnte
- Alle Domains mit Benutzern und Gruppen, die die Exchange-Organisation verwalten

Genauere Details über die von ForestPrep und DomainPrep durchgeführten Änderungen finden Sie im entsprechenden Abschnitt des Installationskapitels (Kapitel 17).

> **Fazit** Solange Sie eine AD-Gesamtstruktur betreiben, ist die Integration von Exchange recht einfach. Dabei ist es unerheblich, ob in jeder Domain ein Exchange Server steht oder diverse Domains vorhanden sind, die nur Exchange-Benutzer beinhalten.

Recipient Update Service/Empfängeraktualisierungsdienste

Wenn Sie Exchange in mehreren Domains installieren und einige davon nur Exchange-Benutzer, aber keine Exchange Server beinhalten, werden Sie zwangsläufig mit der Konfiguration des Recipient Update Service konfrontiert werden. In den deutschen Exchange-Versionen finden Sie diesen unter »Empfängeraktualisierungsdienste«.

Der Recipient Update Service (RUS) wird beispielsweise dazu verwendet, die per Richtlinie vorgegebenen Email-Adressen bei den Benutzerobjekten einzutragen.

> Wie Sie in Kapitel 12.2.5 noch im Detail erfahren werden, müssen Sie die E-Mail-Adressen der Benutzer nicht manuell eintragen, sondern können dies über eine Richtlinie automatisiert erledigen.

RUS überprüft regelmäßig, ob neue Benutzerobjekte hinzugekommen sind oder neue Richtlinien angewendet werden müssen. RUS nimmt dann die entsprechenden Eintragungen beim Benutzerobjekt vor. Wenn Sie einen neuen Benutzer mit Exchange-Postfach anlegen, wird es einige Minuten dauern – dann hat der Recipient Update Service seine Arbeit getan, und die Email-Adressen für dieses Benutzerobjekt sind angelegt.

In jeder Exchange-Organisation gibt es mindestens zwei RUS-Objekte (Abbildung 7.35):

- Ein RUS-Objekt dient zur Aktualisierung der Exchange System-Objekte. Dieser RUS ist nur einmal vorhanden und mit (Enterprise) gekennzeichnet.
- Für jede Domain wird mindestens ein weiteres RUS-Objekt benötigt. Vergessen Sie also nicht zu kontrollieren, ob für alle Domains mit Exchange-Benutzern auch wirklich ein RUS-Objekt vorhanden ist!

In der Konfiguration eines RUS-Objekts wird festgelegt, welcher Exchange Server welchen Domain Controller aktualisiert. Ein Domain Controller kann nur von einem RUS-Objekt aktualisiert werden, Sie können aber RUS-Objekte für mehrere Domain Controller einer Domain einrichten.

Falls für eine Domain kein RUS-Objekt vorhanden ist, werden keine Richtlinien auf die dort gespeicherten Benutzer angewendet.

Notwendige Berechtigungen für die Benutzeradministration

Sowohl beim Betrieb von Exchange in einer einzigen Domain als auch bei Nutzung eines komplexen Forests stellt sich die Frage nach den notwendigen Berechtigungen für die Administratoren, die für die Benutzerobjekte verantwortlich sind.

Exchange kennt drei Administratorstufen:

- Exchange Administrator – Vollständig
- Exchange Administrator
- Exchange Administrator – Nur Ansicht

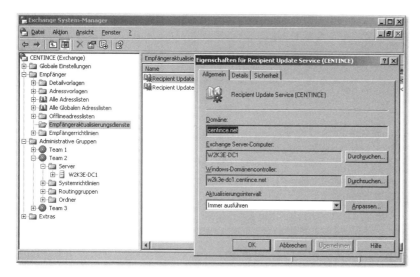

Abbildung 7.35 Der Recipient Update Service sorgt für die Anpassung der Benutzerobjekte in den Domains.

In diesem Abschnitt möchte ich Ihnen das Zusammenspiel von Berechtigungen auf Ebene des Active Directorys und der Exchange-Organisation am Beispiel der Benutzeradministration erläutern.

Ein Administrator/Operator, der in einer Domain neue Benutzer anlegt, benötigt neben dem Administrationsrecht auf den entsprechenden Active Directory-Container noch Rechte in der »Exchange Administrativen Gruppe«, in der der Postfachserver für die neuen Benutzer steht. Genauer gesagt muss er »Exchange Administrator – Nur Ansicht« sein.

Sie werden also nicht vermeiden können, den AD-Administratoren, die für das Anlegen der Benutzer zuständig sind, zumindest den niedrigsten Exchange-Administrator-Level (= »Nur Ansicht«) zu geben.

Damit die Administratoren, die eigentlich nur für die Benutzerverwaltung begrenzt auf eine Domain zuständig sind, nicht die gesamte Exchange-Organisation einsehen können, bietet sich der Einsatz von administrativen Gruppen an, die sich an den Domaingrenzen orientieren können (nicht müssen!). Ohne Kapitel 11, das sich mit den administrativen Gruppen beschäftigt, zu sehr vorgreifen zu wollen, könnte man ein Szenario wie in Abbildung 7.36 gezeigt implementieren:

- Ein AD-Administrator der linken oberen Domain wird gleichzeitig »Exchange Administrator – Nur Ansicht« der »Administrativen Gruppe 1«, in der der Exchange Server der Domain enthalten ist. Er kann dann neue Benutzer mit Exchange-Postfächern anlegen.
- Ein AD-Administrator der rechten Domain, die übrigens keine Exchange Server enthält, wird ebenfalls »Exchange Administrator – Nur Ansicht« der »Administrativen Gruppe 1«. Er kann in seiner Domain neue Benutzer im AD anlegen und für diese Postfächer auf einem Exchange Server in der »Administrativen Gruppe 1« einrichten. Postfächer auf einem Exchange Server in einer anderen administrativen Gruppe kann er allerdings *nicht* anlegen.

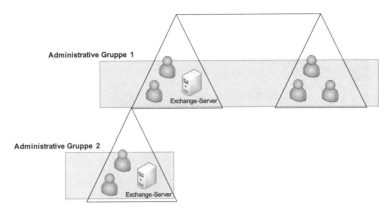

Abbildung 7.36 Mit administrativen Gruppen kann der »Wirkungskreis« von Admins begrenzt werden.

7.2.3 Exchange in der Ressourcendomain

Es kann eine dedizierte Exchange-Gesamtstruktur (Ressourcengesamtstruktur) aufgebaut werden: Wenn Sie Exchange nicht in Ihre »normale« Domain-Struktur integrieren wollen, sondern eine separate Struktur aufbauen möchten, spricht man von einer Ressourcengesamtstruktur. Hierbei werden die Benutzerobjekte der »eigentlichen« Gesamtstruktur jeweils mit einem Postfach verbunden, das einem deaktivierten Benutzer der Ressourcengesamtstruktur zugeordnet ist (Abbildung 7.37).

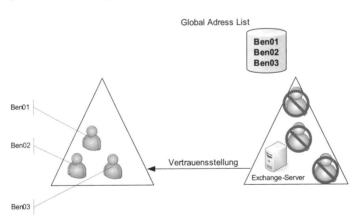

Abbildung 7.37 Exchange kann in einer separaten Struktur betrieben werden.

Ganz deutlich: Es geht hierbei nicht darum, eine separate Domain aufzusetzen, sondern um den Aufbau eines zweiten eigenständigen Active Directorys, das nur Exchange beinhaltet. Wirklich sinnvolle Gründe, dies zu tun (zumindest in einem mittelständischen Umfeld) fallen mir nicht ein, höchstens ein extrem hohes Sicherheitsbedürfnis (absolute Trennung der Exchange-Administration von der AD-Administration) oder der Wunsch, auf keinen Fall im Haupt-AD eine Schema-Erweiterung durchzuführen. Nachteile sind ein erheblich höherer Administrationsaufwand und ein doppelt so hoher Bedarf an Servern (DCs und GCs). Zudem müssen Sie noch einen Weg finden, die Konten des Haupt-ADs in die

Exchange-Struktur zu replizieren (MIIS, Microsoft Identity Integration Server, beherrscht nicht die Synchronisation für eine separate Ressourcenstruktur).

7.2.4 Exchange in einer Umgebung mit mehreren Gesamtstrukturen

Es könnte in Ihrem Unternehmen den Fall geben, dass mehrere Active Directory-Gesamtstrukturen vorhanden sind: Dies könnte an einer Fusion liegen, an einer firmenpolitisch gewollten organisatorischen Trennung von Unternehmensteilen oder an Schema-Änderungen, die nur einen Teil der Firma betreffen dürfen (ein Schema gilt immer für die Gesamtstruktur – wenn Sie unterschiedliche Schemata verwenden müssen, ist der einzige Weg der Aufbau mehrerer getrennter AD-Strukturen). In diesem Fall würde man Exchange in jeder AD-Gesamtstruktur installieren, erhält dann aber auch mehrere Exchange-Organisationen. Der Betrieb mehrerer Exchange-Organisationen ist nicht empfehlenswert, da der Funktionsumfang deutlich eingeschränkt und der Administrationsaufwand erheblich höher ist. Wenn Sie es nicht vermeiden können, müssen Sie ein Werkzeug einsetzen, das die Benutzerdaten zwischen den Gesamtstrukturen synchronisiert. Hier käme beispielsweise der Microsoft Identity Integration Server (MIIS 2003) in Frage. In Abbildung 7.38 sehen Sie zwei Gesamtstrukturen mit je einer Exchange-Organisation. Damit die Benutzer der linken Gesamtstruktur in der Global Adress List der rechten Gesamtstruktur verfügbar sind, werden sie dort als Kontakt gepflegt – und umgekehrt.

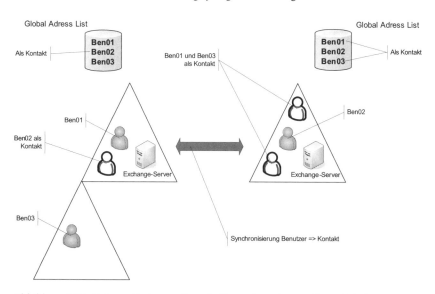

Abbildung 7.38 Mehrere Exchange-Organisationen in mehreren Gesamtstrukturen

Wenn Sie mit mehreren Gesamtstrukturen arbeiten, gibt es einige Funktionseinschränkungen, die im folgenden Abschnitt erläutert sind.

Was ist gesamtstruktur-übergreifend nicht möglich?

Hier ein kurzer Überblick über die wichtigsten Funktionen, die in einer Umgebung mit mehreren Gesamtstrukturen *nicht* übergreifend möglich sind:

- **Stellvertreter für Postfächer**: Nein; da Benutzer oder Gruppen einer anderen Gesamtstruktur als Kontakte dargestellt werden, können Sie den Zugriff auf ein Postfach nicht an eine Person einer anderen Gesamtstruktur vergeben. In den Zugriffsrechten eines Postfachs können keine Kontakte eingetragen werden.
- **Anzeigen des Kalenders**: Nein; obwohl Sie Frei/Gebucht-Informationen gesamtstrukturübergreifend synchronisieren und diese dann zur Planung von Besprechungen verwenden können, können Sie Kalenderinformationen eines Benutzers einer anderen Gesamtstruktur nicht in Outlook mit der Funktion »Ordner eines anderen Benutzers öffnen« anzeigen.
- **Anzeigen von Gruppenmitgliedschaften**: Nein; da eine Gruppe einer anderen Gesamtstruktur als Kontakt dargestellt wird, können Sie die Gruppenmitglieder nicht anzeigen.
- **Senden als**: Nein, hierzu müssen sich die Benutzer in derselben Gesamtstruktur befinden.
- **Front-End-Server für mehrere Gesamtstrukturen**: Nein, ein Front-End-Server kann für einen Back-End-Server einer anderen Gesamtstruktur nicht als Proxyserver dienen.

Für eine automatische Synchronisation (d.h. Anlegen eines Benutzerobjekts als Kontakt in der/den anderen Gesamtstruktur/en) ist ein Zusatzprodukt wie der Microsoft Identity Integration Server notwendig.

7.2.5 Zugriff auf das Active Directory

Es ist wichtig zu verstehen, wie Exchange auf das Active Directory zugreift – dies betrifft die Exchange Server selbst, aber auch die mit Outlook arbeitenden Client-Systeme.

DSAccess

Die meisten Zugriffe auf das Active Directory führt Exchange mittels DSAccess (Directory Service Access) aus. Die Aufgaben von DSAccess sind:

- Lesen und Schreiben von Daten aus und in das Active Directory, beispielsweise Informationen über Postfächer oder Konfigurationen.
- DSAccess enthält zur Beschleunigung der Verarbeitung einen Caching-Mechanismus für die aus dem AD erhaltenen Informationen.
- Ermittlung der verwendbaren Domain Controller und Global Catalog-Server.

Um Ihnen die Bedeutung des Zugriffs auf den Verzeichnisdienst zu vermitteln, zeige ich Ihnen in der folgenden Liste die Exchange-Komponenten, die von DSAccess abhängig sind (in Klammern die Informationen, die über DSAccess beschafft werden):

- Exchange Information Store (Benutzer- und Konfigurationsdaten)
- SMTP Categorizer (Liste der Global Catalog Server)
- Exchange Routing Engine (Benutzer- und Konfigurationsdaten)
- Message Transfer Agent (Benutzer- und Konfigurationsdaten)
- Directory Service Proxy, DSProxy (Liste der Global Catalog Server)
- Inetinfo (Nachrichten-Routing)

- WebDAV (Benutzer- und Konfigurationsdaten)
- Exchange Metabase Update DS2MB (Konfigurationsänderungen im Active Directory)

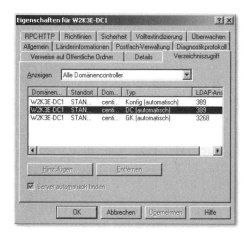

Abbildung 7.39 In den Eigenschaften des Servers kann man die von DSAccess verwendeten Domain Controller und Global Catalog-Server einsehen und ggf. manuell konfigurieren.

DSProxy

Ein Bestandteil von DSAccess ist DSProxy. Bei der Funktion dieser Komponente kann man zwei Szenarien betrachten:

- **Outlook Clients vor Outlook 98 SR-2**: Diese Applikationen stammen aus Exchange 5.5-Zeiten, in denen die Clients ausschließlich mit dem Exchange Server und nicht mit weiteren Active Directory- bzw. Global Catalog-Servern kommunizierten. Diese Clients fordern Informationen grundsätzlich am Exchange Server an; DSProxy beschafft die angeforderten Daten von einem Global Catalog-Server und leitet diese an den Client weiter (Abbildung 7.40).
- **Outlook Clients nach Outlook 98 SR-2**: Diese Outlook-Versionen nehmen Kontakt zum Exchange Server auf, und dieser verweist sie auf einen Global Catalog-Server, von dem dann die Informationen, beispielsweise über Mailempfänger, angefordert werden. Die Anfragen laufen nicht wie bei den älteren Versionen durch DSProxy (Abbildung 7.41). Die Abfrage nach den verfügbaren Global Catalog-Servern führen die Outlook-Clients nur beim ersten Kommunikationsvorgang durch; die Ergebnisliste dieser Abfrage wird in der Registry des lokalen Systems gespeichert.

AD-Zugriff durch Outlook

Wie bereits zuvor erwähnt, greifen moderne Outlook-Versionen (98 SR-2 und später) direkt auf Global Catalog-Server zu. Um zu kontrollieren, auf welche Server der Outlook-Client zugreift, kann man den Dialog »Verbindungsstatus« von Outlook aufrufen (Abbildungen 7.42 und 7.43).

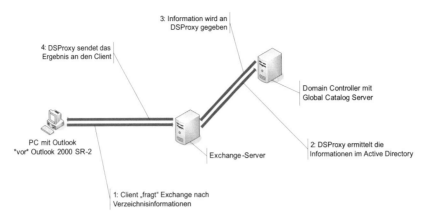

Abbildung 7.40 Outlook Clients, die älter als Outlook 2000-SR2 sind, greifen nicht direkt auf Global Catalog-Server zu.

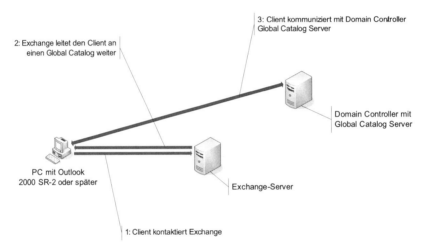

Abbildung 7.41 Outlook-Clients ab Version 2000 SR-2 erhalten vom Exchange Server einen Verweis auf einen Global Catalog-Server.

Abbildung 7.42 Durch einen Mausklick bei gedrückter STRG-Taste auf das Outlook-Symbol neben der Uhrenanzeige öffnet sich ein erweitertes Menü, aus dem der »Verbindungsstatus…« aufgerufen werden kann.

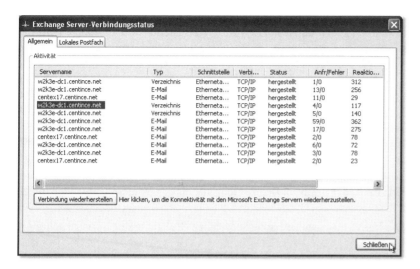

Abbildung 7.43 Im Dialog »Verbindungsstatus« kann man einsehen, mit welchen Exchange- und Global Catalog-Servern Outlook kommuniziert.

Optimieren des AD-Zugriffs für Outlook

Wenn Sie durch Analyse des Netzwerkverkehrs feststellen, dass Outlook auf einen entfernten Global Catalog-Server zugreift, beispielsweise über WAN-Strecken, finden Sie im Knowlege Base-Artikel 319206 Maßnahmen zur Problemlösung.

7.2.6 Verfügbarkeit

Für Exchange nebst Clients sind folgende Dienste erforderlich:

- **Domain Controller**: Der Zugriff auf Domain Controller ist für Exchange absolut lebensnotwendig. Schließlich speichert Exchange dort sämtliche (Konfigurations-)Informationen. Für Domain Controller und Exchange gelten zwei Designhinweise:
  - **Domain Controller sollten redundant vorhanden sein.** Das ist völlig einleuchtend: Sind nach einem Ausfall keine Domain Controller vorhanden, ist Ihre IT-Landschaft kaum mehr arbeitsfähig.
  - **Exchange Server sollten nicht auf Domain Controllern installiert werden.** Hierfür gibt es wiederum zwei Gründe: In stärker belasteten Installationen ist es aus Gründen der Performance empfehlenswert, die Exchange-Maschine nicht auch noch mit DC-Diensten zu beschäftigen. Ein Exchange Server, der auf einem Domain Controller installiert ist, wird auf keinen anderen DC mehr zugreifen. Fällt also der DC-Dienst auf dem Exchange Server aus, kann er kein Failover zu einem anderen DC durchführen (eine Begründung hierfür ist mir allerdings nicht bekannt). Wenn Sie einen Außenstandort mit zehn Benutzern haben, wird man natürlich keinen größeren Server-Park mit separatem Exchange und separatem Domain Controller aufbauen. Technisch funktioniert die Installation von Exchange auf einem DC, Sie sollten sich aber stets vor Augen halten, dass dies keine empfohlene Konfiguration ist!

- **Global Catalog** Server: Eine Struktur ohne Exchange ist nach Ausfall eines nicht-redundanten globalen Katalogs noch einigermaßen »überlebensfähig«, für Exchange trifft das nicht zu. Anmeldevorgänge der Clients schlagen gnadenlos fehl, wenn Outlook keinen globalen Katalog ausfindig machen kann. Beim Auflösen von Adressen, was über die Global Address List (GAL) geschieht, wird übrigens ebenfalls auf den Global Catalog zugegriffen. Dies bedeutet, dass an größeren Standorten lokale GC-Server vorhanden sein sollten (zur Erinnerung: Ein Domain Controller kann durch einen Mausklick zum Global Catalog-Server gemacht werden). Die Zugriffe auf den Global Catalog würden ansonsten über WAN-Strecken durchgeführt. Stichwortartig noch zwei weitere Design-Aspekte:
  - Ein Exchange Routinggruppen-Master sollte nicht auf einem Global Catalog-Server installiert sein (Exchange sollte ohnehin nicht auf einem Domain Controller installiert sein).
  - Faustregel: Das Verhältnis von Exchange Servern zu Global Catalog-Servern sollte 4:1 betragen.
- **DNS**: Stellen Sie sehr akribisch sicher, dass DNS an allen Standorten mit Exchange Servern einwandfrei funktioniert. Dies gilt natürlich auch für Standorte, die zwar nicht über eigene Exchange Server verfügen, von denen aber Benutzer mit Outlook auf Exchange Server anderer Standorte zugreifen. Wenn die DNS-Konfiguration nicht optimal ist, werden Sie teils merkwürdige und kuriose, in jedem Fall aber äußerst lästige Seiteneffekte sehen: Das fängt an bei Clients, die teilweise nicht auf Exchange zugreifen können, und endet bei Replikationsproblemen zwischen Servern.
- **WINS**: Exchange 2003 benötigt für einige Aufgaben WINS!

7.3 Live Communications Server im Active Directory

Live Communications Server 2005 (LCS) benötigt zwingend ein Active Directory, in dem sowohl Informationen zu den Servern als auch zu den Benutzern gespeichert werden.

Bei der Installation von LCS wird zunächst eine Schema-Erweiterung durchgeführt. Als Ergebnis finden Sie bei den Benutzerobjekten zusätzliche Konfigurationsmöglichkeiten. Abbildung 7.44 zeigt das entsprechend erweiterte Active Directory-Benutzer und -Computer-Verwaltungswerkzeug.

Active Directory-Strukturen

Im einfachsten Fall verfügen Sie nur über eine Domain. In dieser wird dann ein Live Communications Server installiert und gegebenenfalls ein LCS-Pool eingerichtet.

Falls Sie mehrere Domains verwenden, aber nur einen einzigen Live Communications Server oder einen einzigen Pool aufbauen möchten, ist dies ebenfalls möglich: Benutzer können auf LCS-Server zugreifen, die außerhalb ihrer eigenen Domain stehen (Abbildung 7.45). Der LCS muss nicht in der obersten Domain stehen, die Positionierung auf der Abbildung ist zufällig.

Zusätzliche Live Communications Server in den einzelnen Domains sind möglich. Zu beachten ist, dass die in einem Pool zusammengefassten Systeme sich in einer einzigen Domain befinden müssen.

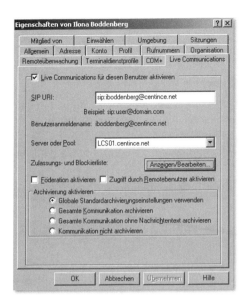

Abbildung 7.44 Die Benutzereinstellungen für den Live Communications Server werden im Active Directory gespeichert und dort administriert.

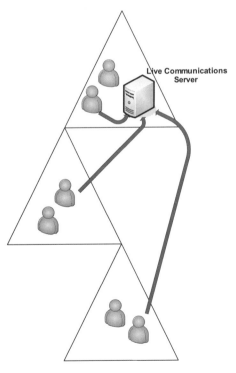

Abbildung 7.45 Genauso wie bei Exchange können Benutzer beliebiger Domains des Forests auf einen Live Communications Server zugreifen.

Anforderungen an das Active Directory

Die Anforderungen an das Active Directory sind letztendlich dieselben (oder zumindest ähnlich) wie bei vielen anderen Serverprodukten auch:

- Die Namensauflösung muss einwandfrei funktionieren.
- An jedem Standort, an dem Live Communications Server betrieben wird, sollte ein Global Catalog vorhanden sein. Ist kein Global Catalog verfügbar, wird die Anmeldung am LCS fehlschlagen!
- In jeder Domain, in der Live Communications Server ausgeführt wird, muss ein Global Catalog-Server vorhanden sein.
- Live Communications Server-Systeme sollten nicht auf einem Domain Controller installiert sein.

Beachten Sie, dass erhöhter Datenverkehr bei Durchführung der Schema-Erweiterung anfällt.

**Teil 3
Kernaspekte Exchange Server**

8 Routing   131

9 Storage   205

10 Öffentliche Ordner   269

11 Administrative Gruppen   307

12 Richtlinien, Vorlagen und Adresslisten   321

13 Front-End-/Back-End-Architektur   349

8 Routing

8.1	Routing aus 10.000 m Höhe	132
8.2	Protokolle in Exchange 2003	134
8.3	Connectoren (= der SMTP-Connector)	143
8.4	Der Internet Mail-Assistent	156
8.5	Routinggruppen	158
8.6	Der Routinggruppenconnector	168
8.7	Verbindungsstatus und Routing	172
8.8	Kostenoptimiertes Routing	177
8.9	Load Balancing und Fehlertoleranz	182
8.10	Diagnose und Problembehandlung	185
8.11	Mit Exchange Nachrichten aus POP3-Postfächern holen	198

1	Über dieses Buch
2	Der Aufbau des Buchs
3	Exchange 2003 – Service Pack 2
4	Einführung in das Thema Collaboration
5	Erster technischer Überblick
6	Solutions Design
7	Exchange und Active Directory
8	**Routing**
9	Storage
10	Öffentliche Ordner
11	Administrative Gruppen
12	Richtlinien, Vorlagen und Adresslisten
13	Front-End-/Back-End-Architektur
14	Clients
15	Sichere Anbindung an das Internet
16	Sicherheit
17	Installation
18	Migration/Upgrade auf Exchange 2003
19	Betrieb und Administration
20	Backup, Restore und Desaster Recovery
21	Verfügbarkeit
22	Live Communications Server 2005 – Ein Überblick
23	LCS – Installation und Konfiguration
24	LCS – »Externe« Clients und Föderationen
25	LCS – Administration
26	LCS – Sicherheit
27	Entwicklung
28	Programmieren mit CDO (CDOEX)
A	Problembehebung in Warteschlangen
B	Zu überwachende Parameter (Jetstress-Test)
C	Performance Monitoring, wichtige Datenquellen
D	Outlook Level 1 Dateianhänge

8 Routing

Einer der Kernaspekte bei der Planung von Messagingsystemen ist das Routing. Dies beinhaltet sowohl die Übertragung zwischen den Exchange Servern innerhalb einer Organisation als auch den Nachrichtenaustausch über das Internet. Dieses Kapitel erläutert die Grundlagen der Nachrichtenübermittlung, geht auf Exchange-Objekte wie Connectoren und Routinggruppen ein, diskutiert Vor- und Nachteile der verschiedenen Topologien und zeigt Ansätze für die Fehlerdiagnose und -behebung.

Eine der wichtigsten Aufgaben ist die Verteilung von Informationen zwischen Servern innerhalb der Exchange-Organisation und natürlich auch mit externen Systemen. Abbildung 8.1 verdeutlicht die Aufgabenstellungen:

▶ An den einzelnen Standorten befinden sich ein bis drei Exchange Server. Zwischen diesen Servern, die sich in einem gemeinsamen LAN befinden, müssen Nachrichten transportiert werden.

▶ Zwischen den Standorten muss ein bandbreiten-schonendes Routing eingerichtet werden.

Der Nachrichtenaustausch mit anderen Unternehmen muss über das Internet realisiert werden.

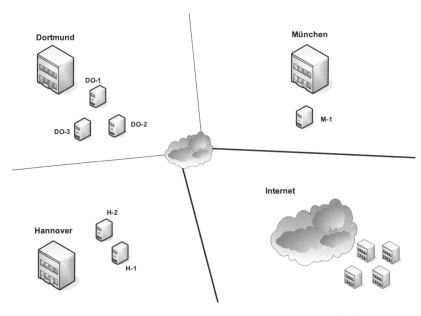

Abbildung 8.1 Beispiel für eine mittlere Exchange-Umgebung: Der Nachrichtenaustausch findet zwischen den Servern eines Standorts, zwischen verschiedenen Standorten und mit dem Internet statt.

Die Anforderungen an die Nachrichtenübermittlung sind klar:

- Schnell
- Zuverlässig und fehlertolerant
- Übersichtlich, also einfach zu planen, zu implementieren und zu administrieren

8.1 Routing aus 10.000 m Höhe

Bevor wir die einzelnen Komponenten des Exchange-Nachrichten-Routings besprechen, werfen wir zunächst einen kurzen Blick auf den Ablauf der Nachrichtenübermittlung. Die einzelnen Komponenten lernen Sie im Laufe des Kapitels kennen, wichtig ist zunächst, überhaupt einen Eindruck zu erhalten, wie das Routing funktioniert.

Grundsätzlich lassen sich zwei Fälle betrachten: die Nachrichtenübermittlung an einem Empfänger innerhalb der Organisation und an einen externen Kontakt.

8.1.1 Nachrichtenübermittlung innerhalb der Organisation

Am Beispiel der zuvor dargestellten Exchange-Organisation betrachten wir die Nachrichtenübermittlung zwischen einem Absender am Standort München, der eine Mail an einen Empfänger am Standort Dortmund senden möchte (Abbildung 8.2):

- Mit seinem Mail-Client, das kann beispielsweise Outlook oder Outlook Web Access sein, erstellt der Absender die Nachricht und sendet diese an seinen Postfachserver, hier an das System M-1.
- Der Postfachserver des Absenders ermittelt durch eine Active Directory-Abfrage (genauer: Global Catalog-Abfrage) den Postfachserver des Empfängers, in diesem Beispiel DO-3.
- M-1 ermittelt den kostengünstigsten Routingweg zu DO-3. Hierzu greift er auf die Verbindungsstatustabelle zurück, die Sie im Laufe des Kapitels genauer kennen lernen werden.
- M-1 übermittelt die Nachricht an den Server DO-2 über eine WAN-Strecke. Die Übermittlung erfolgt nicht direkt an den Postfachserver DO-2, weil in diesem Beispiel DO-2 als Bridgehead-Server definiert ist, d.h., nur er tauscht Nachrichten mit Servern anderer Standorte aus.
- DO-2 ermittelt den Postfachserver des Empfängers und stellt nun die Mail direkt an diesen Server zu.
- Der Empfänger kann mittels seines Clients die Mail auf dem Postfachserver abrufen.

8.1.2 Nachrichtenübermittlung an einen Internet-Empfänger

In vielen Fällen wird sich der Empfänger der Nachricht nicht in der eigenen Organisation befinden, sondern über das Internet erreichbar sein. Auf Abbildung 8.3 sehen Sie die Nachrichtenübermittlung.

- Der Absender übermittelt die Mail an seinen Postfachserver, hier M-1.
- Dieser ermittelt, dass die Mail in das Internet gesendet werden muss. Aus der Verbindungsstatustabelle geht hervor, dass alle Mails ins Internet über den Server H-1 transportiert werden müssen.

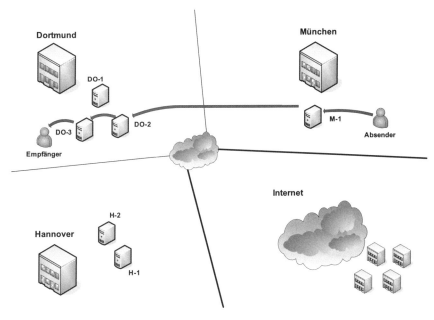

Abbildung 8.2 Nachrichtenübermittlung innerhalb der Organisation

▶ In diesem Beispiel kann die Mail von M-1 zu H-1 direkt übertragen werden. Nach Empfang der Mail überträgt H-1 diese ins Internet.

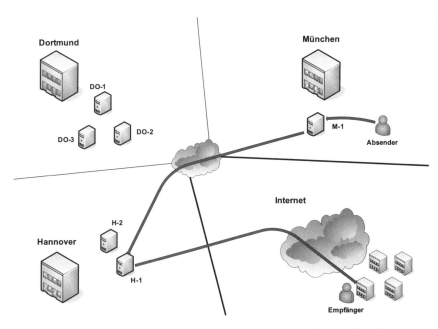

Abbildung 8.3 Nachrichtenübermittlung an einen Internet-Empfänger. Alle Mails ins Internet müssen über den Server H-1 transportiert werden.

Die beiden Beispiele für das Nachrichtenrouting sehen einfach und einleuchtend aus, oder? Bis alles funtioniert, müssen Sie Protokolle, virtuelle SMTP-Server, Routinggruppen, Routinggruppenconnectoren, SMTP-Connectoren und einiges andere mehr konfigurieren – wie das funktioniert, sehen Sie in den folgenden Kapiteln.

8.2 Protokolle in Exchange 2003

Die Protokolle werden unterhalb der einzelnen Server im Exchange System-Manager konfiguriert (Abbildung 8.4).

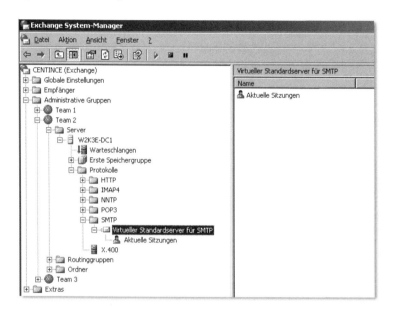

Abbildung 8.4 Die Protokolle werden auf den Servern konfiguriert.

8.2.1 SMTP

Das »wichtigste« (oder zumindest ein sehr wichtiges) Protokoll in einer Exchange 2003-Umgebung ist SMTP. Einerseits wird es für den Mailverkehr zwischen Exchange Servern der Organisation verwendet, andererseits wird es für die Kommunikation mit der Außenwelt benötigt.

Wenn Sie einen Exchange Server installieren, wird bereits ein »virtueller Standardserver für SMTP« eingerichtet. Der von Exchange verwendete SMTP-Dienst basiert auf dem in INETINFO.EXE enthaltenen SMTP-Dienst, der ja auch vor der eigentlichen Exchange-Installation auf die Maschine gebracht werden muss. Der SMTP-Dienst wird bei der Installation von Exchange um einige Fähigkeiten erweitert, beispielsweise um die Unterstützung für die Verbindungsstatusinformationen.

Obgleich der vorhandene »virtuelle Standardserver für SMTP« in seinem Eigenschaften-Dialog diverse Konfigurationsmöglichkeiten anbietet, sollten Sie mit Veränderungen außerordentlich vorsichtig sein: SMTP wird eben nicht nur für die Kommunikation mit dem Internet verwendet, sondern dient auch der Informationsverteilung der Exchange Server untereinander, sei es innerhalb oder zwischen Routinggruppen. Wenn geänderte Einstellungen die Nachrichtenübermittlung zwischen den Exchange Servern verzögern oder gar verhindern, könnte dies recht schwer zu diagnostizieren sein.

Falls der Exchange Server gleichzeitig Domain Controller ist (was übrigens nicht empfohlen ist), wird der virtuelle SMTP-Server ggf. auch für den Austausch von Replikationsdaten des Active Directorys verwendet; ein weiterer Grund, mit Konfigurationsänderungen sehr vorsichtig zu sein!

Um spezielle SMTP-Konfigurationen zu verwenden, beispielsweise Größenbegrenzungen für Mails oder Regeln für die Authentifizierung, gibt es zwei Möglichkeiten:

- Sie nehmen die Einstellungen in SMTP-Connectors vor (mehr über Connectors im nächsten Kapitel).
- Sie richten einen oder mehrere weitere virtuelle SMTP-Server ein (Abbildung 8.5).

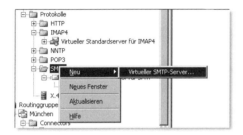

Abbildung 8.5 Weitere virtuelle SMTP-Server können eingerichtet werden.

Zur Abgrenzung zwischen einem »virtuellen SMTP-Server« und einem Connector ist Folgendes zu sagen:

- Ein virtueller Server ist eine Instanz des auf dem Exchange Server installierten SMTP-Diensts. In den Eigenschaften des virtuellen SMTP-Servers können die Protokolleigenschaften festgelegt werden.
- Mit einem Connector können isolierte Routen für Nachrichten definiert werden. Für diese Routen können spezielle Parameter gesetzt werden.

8.2.2 Konfigurationsmöglichkeiten für virtuelle SMTP-Server

In diesem Abschnitt werden wir einige Konfigurationsmöglichkeiten betrachten. Es ist sicherlich nicht notwendig, jedes Detail zu diskutieren, allerdings möchte ich Sie auf einige Aspekte der Konfiguration hinweisen. Die Konfiguration eines virtuellen Servers erreichen Sie über dessen Kontextmenü.

Karteikarte »Allgemein«

Die erste Grundregel bei der Konfiguration eines virtuellen SMTP-Servers ist, dass er eine eigene IP-Adresse benötigt, damit er eindeutig »ansprechbar« ist (Abbildung 8.6). Prinzipiell ist es möglich, die Portnummer umzustellen, das sollten Sie allerdings unterlassen!

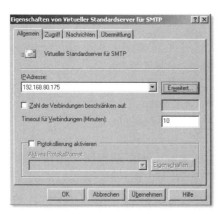

Abbildung 8.6 Jedem virtuellen SMTP-Server muss eine eindeutige IP-Adresse zugeordnet werden.

Karteikarte »Zugriff«

Der nächste Konfigurationsschritt ist das Einstellen der Zugriffskontrolle (Abbildung 8.7).

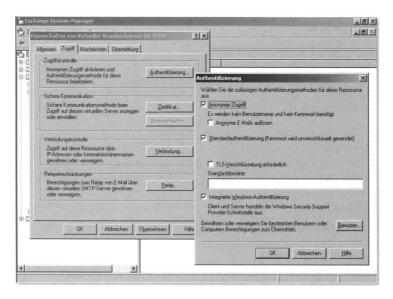

Abbildung 8.7 Konfiguration des Zugriffs auf einen virtuellen SMTP-Server

Wenn dieser Server Nachrichten von anderen (externen und fremden) Systemen entgegennimmt, muss anonymer Zugriff auf diesen Server möglich sein. Dies wird beispielsweise benötigt, wenn diesem Server Mail aus dem Internet zugestellt wird. Unterhalb der Einstellung für den anonymen Zugriff findet sich die Option »**Anonyme E-Mails auflösen**«; damit hat es folgende Bewandtnis:

Prinzipiell kann Exchange versuchen, die Email-Adresse des Absenders mit den Einträgen aus der Global Address List aufzulösen. Aus ulrich.boddenberg@centince.de würde dann

Boddenberg, Ulrich B. Im Normalfall wird es sich nicht verhindern lassen, dass Mails mit einer gefälschten Absenderadresse bei Ihnen eingeliefert werden (= Spam), also irgendein »Dunkelmann« bei Ihnen Nachrichten abwirft, die als Absenderadresse `ulrich.boddenberg@centince.net` tragen. Wenn Sie die Absenderadressen solcher von einem anonymen System empfangenen gefälschten Nachrichten auflösen lassen, haben Ihre Anwender kaum mehr eine Chance, eine gefälschte von einer echten Mail zu unterscheiden.

Ich kann Ihnen natürlich nicht versprechen, dass es Ihren Benutzern auffällt, wenn der nicht-aufgelöste Name im Kopf der Mail steht, aber zumindest gibt es einen kleinen Anhaltspunkt. Wenn Sie solche extern eingelieferten »Fake-Mails« (anonyme Ablieferung von Mail, die laut Absenderadresse aus dem eigenen Adressbereich kommt) verhindern möchten, können Sie dies am besten mit einem externen Mail-Relay realisieren (siehe auch Abschnitt 15.1).

Die Auflösung der Namen ist übrigens sehr praktisch, wenn Sie mit einer »befreundeten« Organisation kommunizieren, beispielsweise mit einer Firma aus Ihrem Unternehmensverbund, die aber nicht in Ihre Exchange-Organisation integriert ist. Letzteres könnte beispielsweise daher rühren, dass das Unternehmen neu hinzugekommen ist und entweder ein anderes Mailsystem als Exchange einsetzt oder ein separates Active Directory betreibt. Anhand dieses Beispiels lässt sich übrigens ein nettes Beispiel dafür stricken, wann man einen zweiten virtuellen SMTP-Server einsetzen könnte (Abbildung 8.8):

▶ Eingehende Mail (von anonymen Servern) aus dem Internet wird von einem virtuellen SMTP-Server angenommen, der keine Auflösung der Namen durchführt.

▶ »Verbundene Unternehmen« liefern Mail auf einem anderen (z.B. nur aus dem internen Konzernnetz erreichbaren) virtuellen SMTP-Server ab, der eine Auflösung der Absendernamen durchführt. Das macht natürlich nur dann Sinn, wenn die Mitarbeiter der anderen Firmen als Kontakte in der GAL (= Global Address List) von Exchange vorhanden sind.

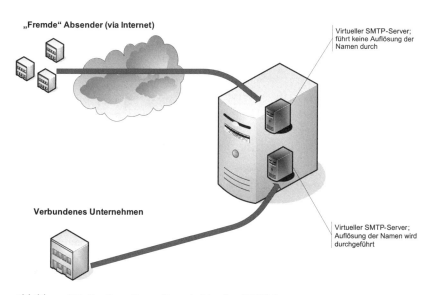

Abbildung 8.8 Konfiguration mit zwei virtuellen SMTP-Servern

Das Beispiel ist vielleicht ein wenig konstruiert, da man natürlich mit den verbundenen Unternehmen auch eine Authentifizierung für die SMTP-Verbindung vereinbaren könnte. Sie sehen aber, was einerseits die Option »Anonyme E-Mails auflösen« bewirkt, und andererseits sehen Sie, wie man mit virtuellen SMTP-Servern arbeiten kann.

Neben den Möglichkeiten der Konfiguration von gesicherter Kommunikation und dem Einrichten von Sperr- und Erlaubtlisten (Von welchen IP-Adressbereichen oder Domains darf auf diesen virtuellen SMTP-Server zugegriffen werden oder nicht?) ist die Konfiguration der Relayeinschränkungen sehr wichtig (Abbildung 8.9). Die auf der Abbildung gezeigte Konfiguration ist empfehlenswert. Es werden keinerlei Mails weitergeleitet, es sei denn, dass ein authentifiziertes System diese einliefert.

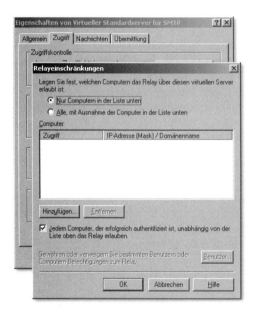

Abbildung 8.9 Die Relay-Konfiguration ist wichtig, um Spammern das Leben nicht zu einfach zu machen.

Hintergrund dieser Konfigurationsoption ist unter anderem dieser: Spammer nutzen gern die Möglichkeit, 10.000 oder 100.000 Mails auf dem Mailserver einer beliebigen Firma abzuladen. Dieser Mailserver erkennt, dass die Mails größtenteils gar nicht für die eigene Domain bestimmt sind, und schickt diese an die richtigen Empfänger weiter. Das Szenario ist in Abbildung 8.10 exemplarisch gezeigt:

- Beim Mailserver von centince.net werden Mails für fremde Domains abgeliefert.
- Der Mailserver erkennt, dass die Mail nicht für seine Domain bestimmt ist, und schickt diese an die entsprechenden Systeme weiter => Spam-Verteilung!

Abgesehen davon, dass eine Konfiguration, die diesen Missbrauch zulässt, Spammern das Leben sehr einfach macht und die eigenen Übertragungskapazitäten massiv beeinträchtigt, kann es sein, dass Sie an einige Ihrer Geschäftspartner keine Mails mehr zustellen können: Es gibt diverse Organisationen und Verbände, die offene Mail Relays suchen und eine

Blacklist pflegen, beispielsweise http://www.ordb.org. Etliche Mail-Administratoren binden diese Blacklists ein und nehmen von Mailservern, die von Spammern missbraucht werden können (oder worden sind), von vornherein keine Mails an.

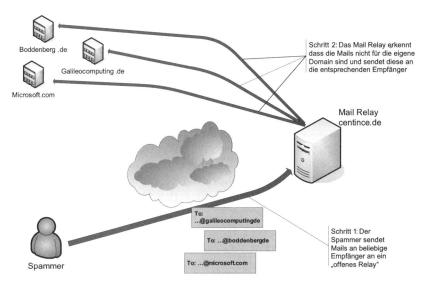

Abbildung 8.10 So missbrauchen Spammer »offene Mail Relays«.

Die Standard-Einstellungen von Exchange 2003 sind prinzipiell in Ordnung, ich würde es dennoch überprüfen. Wenn Sie einmal in zig Blacklists reingerutscht sind, ist es unter Umständen kompliziert und fast nicht möglich, Ihre Systeme wieder von den Listen herunterzubekommen!

Zwei Anmerkungen:

- Falls Sie selbst solche Blacklists nutzen möchten, sollten Sie sich genau über mögliche »zwischenmenschliche« Konsequenzen klar sein: Ihr Vertrieb wird es sehr schwer haben, dem Einkäufer eines Kunden zu erklären, warum seine Mails abgewiesen werden. Kunden reagieren auf die Aussage »Ihr Relay ist offen, daher nehmen wir keine Mails von Ihnen an« nicht allzu gut!
- Ich würde generell Exchange nicht als äußeres Mail-Relay betreiben, siehe Kapitel 15.

Karteikarte »Nachrichten«

Die Konfigurationsmöglichkeiten auf der Karteikarte »Nachrichten« sind weitgehend selbsterklärend. Auf drei Einstellmöglichkeiten möchte ich dennoch hinweisen:

- »Kopie von Unzustellbarkeitsberichten…«: Hier kann eine Email-Adresse hinterlegt werden, die eben eine Kopie der Unzustellbarkeitsnachrichten erhält. Dieses Feature ist eigentlich dafür gedacht, dass Administratoren relativ schnell auf ein generelles Problem bei der Mailverarbeitung aufmerksam gemacht werden. In der Praxis wird zumindest ab einer mittleren Unternehmensgröße dermaßen viel Traffic auf diese Mail-Adresse zulaufen, dass man ihn ohnehin nicht mehr auswerten wird – zumal die meisten Probleme durch »Buchstabendreher« entstehen. Systeme wie der Microsoft Operations Manager (siehe Abschnitt 19.5) können eine Warnmeldung bei gehäuftem Auftreten von unzustellbaren Mails senden, was sicherlich der sinnvollere Weg ist.

- **»Warteschlangenverzeichnis«**: In diesem Verzeichnis werden auf weitere Verarbeitung wartende Mails abgelegt. Im Normalfall kann die Standard-Einstellung übernommen werden. In sehr (!) stark belasteten Systemen könnte es aus Gründen der Performance Sinn machen, dieses Verzeichnis auf ein separates physikalisches RAID-Set zu legen (siehe auch Abschnitt 9.4). Behalten Sie auch die Größenverhältnisse auf Ihrem System/Boot-Volume im Auge! Wenn dessen Größe ohnehin knapp gewählt ist und Sie zeitweise 800 MB Mails in der Warteschlange haben, ist das sicherlich »unschön«: Wenn die Systemplatte vollläuft, wird Exchange einfach stehen bleiben (= Dienst beendet)!

- **»Alle E-Mails mit nicht ausgewerteten Empfängern...«**: Diese Einstellmöglichkeit kann beispielsweise in einer Migrationsphase hilfreich sein: Wenn ein Mailempfänger nicht in der Exchange-Organisation (= im Active Directory) angelegt ist, würde normalerweise eine Unzustellbarkeitsmitteilung gesendet. Stattdessen leitet Exchange die Mail an den Server weiter, der in diesem Feld mit seinem FQDN angegeben ist.

    - WICHTIG! Dies funktioniert nur mit Domains, für die Exchange autorisierend ist (siehe Empfängerrichtlinien, Abschnitt 12.2).

    - WICHTIG! Achten Sie unbedingt darauf, dass nicht eine äquivalente Einstellung an dem Zielsystem vorgenommen worden ist, d.h. alle Mails zu diesem Exchange Server gesendet werden.

    - WICHTIG! Wenn mehrere Exchange Server bzw. virtuelle SMTP-Server Mails annehmen, muss diese Einstellung natürlich in allen virtuellen SMTP-Servern vorgenommen werden.

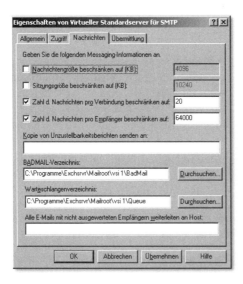

Abbildung 8.11 Konfiguration einiger Parameter für die Behandlung von Nachrichten

Karteikarte »Übermittlung«

Die vierte Konfigurationsgruppe des virtuellen SMTP-Servers bezieht sich auf die Nachrichtenübermittlung. Die direkt auf der Karteikarte gezeigten Einstellmöglichkeiten sind selbsterklärend. Hier handelt es sich um das zeitliche Verhalten, wenn Mails nicht zugestellt werden können (Abbildung 8.12).

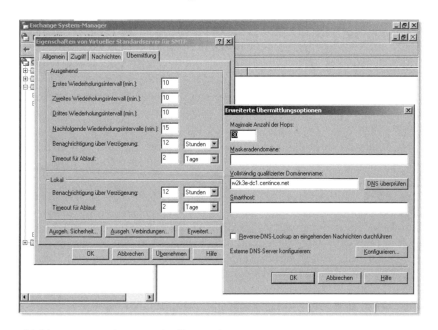

Abbildung 8.12 Konfiguration der Übermittlungsoptionen

Die Schaltfläche »Ausgeh. Sicherheit« führt zu einem Dialog, in dem konfiguriert werden kann, ob und wie sich der SMTP-Server bei ausgehenden Verbindungen authentifizieren soll. Die Standardeinstellung ist, dass ein anonymer Zugriff erfolgt.

Interessant sind in einigen Einstellmöglichktein der »Erweiterten Übermittlungsoptionen«:

- **»Maximale Anzahl der Hops«**: Jedes Mal, wenn ein SMTP-Server eine Nachricht empfängt und weiterleitet, ist dies sozusagen ein »Hop«. Wenn eine Nachricht bereits über mehr SMTP-Server gelaufen ist, als hier konfiguriert sind, wird sie als unzustellbar an den Absender zurückgesendet. Das macht durchaus Sinn, denn wenn die Mail bereits über 30 Server gelaufen ist, kann das Ziel dieser Mail vermutlich niemals erreicht werden, und sie braucht nicht weiter die Netze zu belasten. In einer extrem (!) verschachtelten Mailroutingstruktur könnte vielleicht Bedarf für die Anpassung dieses Wertes bestehen – ich würde in so einem Fall allerdings empfehlen, die Routingstrukturen zu überprüfen!

- **»Vollständig qualifizierter Domänenname«**: Mit dieser Option lässt sich der FQDN festlegen, mit dem der virtuelle SMTP-Server Mails versendet. Dieser Name muss nicht der Name des Servers sein, muss aber als DNS-Name extern/intern aufgelöst werden können (was mit der praktisch neben diesem Eingabefeld angeordneten Schaltfläche geprüft werden kann).

- **»Smarthost«**: Ein Smarthost ist ein System, an das sämtliche Mails weitergegeben werden. Wenn hier ein System (FQDN verwenden!) konfiguriert ist, wird der virtuelle Server nicht den Namen des Zielservers auflösen und die Mail direkt zustellen, sondern zu dem hier angegebenen System senden. Häufig wird für die Zustellung von externen (!) Mails ein Smarthost beim Provider angegeben, der dann die Weiterleitung an die Zieldomains übernimmt. Das wäre an dieser Stelle (= im virtuellen SMTP-Server) einigermaßen tödlich, denn dann würden auch die internen Mails an andere Exchange Server zu dem externen Smarthost gesendet, und unter ungünstigen Umständen würden interne Mails unzustellbar!

  Kurz gesagt: An dieser Stelle wird man nur in Ausnahmefällen einen Smarthost konfigurieren. **Der Smarthost für externe Mails wird übrigens in den Einstellungen eines Connectors konfiguriert.**

- **»Reverse-DNS-Lookup…«** sorgt dafür, dass der Hostname des Systems, von dem eine Nachricht empfangen wurde, aufgelöst und im Header der Mail eingetragen wird. Diese Möglichkeit könnte beim Troubleshooting interessant sein.

- **»Externe DNS-Server konfigurieren«**: Normalerweise löst Exchange externe Namen über den in der IP-Konfiguration eingetragenen DNS-Server auf. Wenn dieser aus irgendwelchen Gründen nicht verwendet werden soll, kann der virtuelle SMTP-Server die hier eingetragenen Server zur Namensauflösung verwenden. Ein möglicher Grund könnte sein, dass der interne DNS-Server keine Verbindung nach außen hat, dort also keine Weiterleitungen konfiguriert werden können.

Allgemeine Anmerkungen zur Konfiguration virtueller SMTP-Server

Bitte denken Sie daran, dass im SMTP-Umfeld nicht nur die virtuellen Server, sondern auch Connectoren existieren.

- Connectoren können grundsätzlich keine Mail annehmen, insofern müssen Sie Einstellungen für das Annehmen von Mails generell bei den virtuellen SMTP-Servern vornehmen.
- Einstellungen für ausgehende Mail (beispielsweise Smarthost, ausgehende Sicherheit etc.) sollten bei den Connectoren und nicht beim virtuellen SMTP-Server konfiguriert werden.

Die virtuellen SMTP-Server werden auch für die interne Übermittlung (= zwischen Ihren Exchange Servern) verwendet. Seien Sie daher bitte sehr vorsichtig, denn es ist ohne weiteres möglich, die virtuellen SMTP-Server so zu verstellen, dass das interne Routing von Nachrichten nicht mehr funktioniert.

Bedenken Sie bitte auch, dass die virtuellen SMTP-Server auf dem standardmäßigen SMTP-Dienst des Betriebsystems basieren. Dieser wird beispielsweise auch vom Domain Controller-Dienst verwendet, wenn dieser bei standortübergreifender Replikation SMTP als Transportprotokoll verwendet (abgesehen davon sollte Exchange ohnehin nicht auf einem DC installiert werden).

Wenn Sie sehr spezielle SMTP-Einstellungen benötigen, sollten Sie einen weiteren virtuellen SMTP-Server hinzufügen.

Virtuelle SMTP-Server und Performance

Ein kleiner Hinweis zum Thema Performance: Da der SMTP-Dienst ohnehin multithreaded läuft, erreichen Sie keine bessere Performance, wenn Sie auf einem Exchange Server mehrere virtuelle SMTP-Server einrichten.

8.2.3 HTTP, IMAP4, POP3, NNTP

Neben SMTP finden sich natürlich noch einige weitere Protokolle:

- Die Besonderheiten beim Web-Zugriff (http) werden wir im Kapitel über Outlook Web Access und Outlook Mobile Access genauer betrachten (14.5).
- Die Besonderheiten der Internet-News (NNTP) erläutere ich im Kapitel über Öffentliche Ordner (Kapitel 10).

Ansonsten finden sich bei den Protokollen IMAP4 und POP3 keine besonders erklärungsbedürftigen Einstellmöglichkeiten; das heißt: Wenn Sie SMTP konfigurieren können, können Sie auch POP3 und IMAP4 richtig einstellen.

In Zusammenhang mit POP3 und IMAP4 verweise ich auf die Erläuterungen zur Front-End-/Back-End-Architektur (Kapitel 13).

8.3 Connectoren (= der SMTP-Connector)

Neben den zuvor vorgestellten virtuellen Servern sind Connectoren das zweite konfigurierbare Element der Nachrichtenübermittlung in Exchange. Die Connectoren werden jeweils für eine Routinggruppe konfiguriert.

Folgende Connectoren stehen zur Verfügung (Abbildung 8.13):

- **Routinggruppenconnector**: Wird verwendet, um Routinggruppen miteinander zu verbinden. Im nächsten Kapitel kümmern wir uns sehr ausführlich um Routinggruppen und besprechen dabei auch diesen Connectortyp.
- **SMTP-Connector**: Dieser Connector kommt zum Einsatz, um beispielsweise die Mailanbindung mit dem Internet zu realisieren, oder für eine Anbindung eines sonstigen Mailservers. Letztgenannter kann beispielsweise ein Sendmail-System Ihrer Organisation oder eine Exchange-Organisation eines Kunden oder Lieferanten sein.
- Der **X.400-Connector** ist nur in der Enterprise-Version von Exchange Server 2003 enthalten. Er wird verwendet, um eine Anbindung an X.400-fähige Mailsysteme zu realisieren.
- Die **Dirsync-Komponenten** dienen zur Verbindungsaufnahme mit einem alten Microsoft Mail-System.

Microsoft liefert mit Exchange Connectoren zu Novell Groupwise und IBM Notes, die beim Setup mitinstalliert werden können.

Abbildung 8.13 Connectoren werden jeweils für eine Routinggruppe angelegt.

Darüber hinaus gibt es von diversen Herstellern, die beispielsweise Fax- oder SMS-Versand in Exchange integrieren, entsprechende Connectoren. Etliche Archivierungs- und Dokumentmanagement-Systeme werden ebenfalls über den Weg eines Connectors eingebunden.

Obwohl dieses Kapitel mit »Connectoren« überschrieben ist, betrachten wir primär den SMTP-Connector. Dies hat letztendlich zwei Gründe:

- Der Routinggruppenconnector wird ausführlich im nächsten Kapitel beschrieben.
- Die Anwendungsfälle für die übrigen Connectoren (X.400, DirSync) sind mittlerweile so speziell geworden, dass sie in diesem Buch nicht weiter untersucht werden.

8.3.1 SMTP-Connectoren und virtueller SMTP-Server

Im vorherigen Abschnitt hatten Sie bereits die virtuellen SMTP-Server kennen gelernt. Grundsätzlich basiert ein SMTP-Connector immer auf einem virtuellen SMTP-Server.

Der SMTP-Connector wird benutzt, um den Nachrichtenfluss zu anderen SMTP-Systemen und in das Internet zu steuern. Hierzu bietet er einige Konfigurationsmöglichkeiten, die sich ebenfalls beim virtuellen SMTP-Server finden – nichtsdestotrotz sollten Sie Einstellungen soweit möglich immer beim Connector vornehmen, nicht beim virtuellen SMTP-Server.

Betrachten wir ein kleines Beispielszenario (Abbildung 8.14):

- Ein Unternehmen betreibt an einem Standort drei Exchange Server.
- An die meisten externen Unternehmen wird Mail direkt via SMTP ausgeliefert (links unten). Da mit diesen Unternehmen nur gelegentlich kommuniziert wird, erfolgt der Nachrichtenversand ohne Authentifizierung und ohne TLS (Transport Layer Security).
- Mit einem Unternehmen wird regelmäßig Mail über das Internet ausgetauscht (links oben). Hier hat man vereinbart, dass der SMTP-Server sich bei der Ablieferung von Mail authentifizieren muss, darüber hinaus könnte man auch eine TLS etablieren.
- Ein Unternehmen, beispielsweise eine Schwesterfirma, ist direkt über eine Standleitung (oder ein VPN) verbunden, befindet sich allerdings nicht in der Exchange-Organisation (rechts oben). Der SMTP-Server braucht sich nicht zu authentifizieren, da er ohnehin über eine »private« Verbindung zugreift.

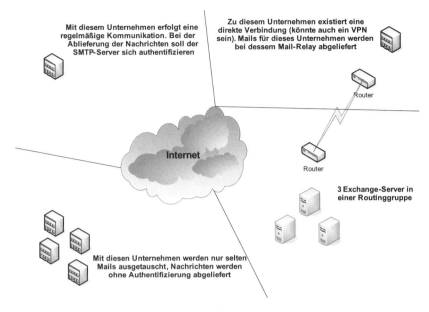

Abbildung 8.14 Ein Beispiel für die Verwendung von Connectoren

Wir werden nun zunächst die Konfigurationsmöglichkeiten der SMTP-Connectoren betrachten. Zum Schluss des Kapitels gibt es noch einige Hinweise für die Umsetzung des Beispiels.

8.3.2 Die Konfiguration eines SMTP-Connectors

Wie bereits in Abbildung 8.13 gezeigt, wird ein Connector in der Routinggruppe angelegt und nicht an einem Server. Zum Vergleich: Ein virtueller SMTP-Server ist immer dem Server zugeordnet.

Nachfolgend werden wir einige Konfigurationsoptionen eines SMTP-Connectors genauer untersuchen.

Karteikarte »Allgemein«

Betrachten wir zunächst den ersten Konfigurationsdialog (Abbildung 8.15). Neben dem Namen des Connectors (wählen Sie deskriptive Namen!) gibt es drei wichtige Einstellmöglichkeiten:

Zunächst zur **Konfiguration der Weiterleitung**, deren Hintergründe ich an einem kleinen Beispiel erläutern werde: Wenn Sie eine Mail an mich senden möchten, wird diese irgendwann (= nach internem Nachrichten-Routing in der Exchange-Organisation) über einen SMTP-Connector gesendet. Die beiden Varianten funktionieren wie folgt:

- »**DNS für Weiterleitung...**«: In diesem Betriebsmodus ermittelt der SMTP-Connector zunächst den Namen und die Adresse des für die Domain zuständigen Mailservers. Anschließend baut der Connector eine Verbindung dorthin auf und versendet die Mail direkt an den Zielserver. Den Vorgang des Auffindens des Mailservers über DNS können Sie übrigens leicht selbst mit dem Kommandozeilenwerkzeug `nslookup` nachvollziehen (Abbildung 8.16). Die Kennzeichnung MX bedeutet »Mail eXchanger«, also System zum Mail-Austausch.

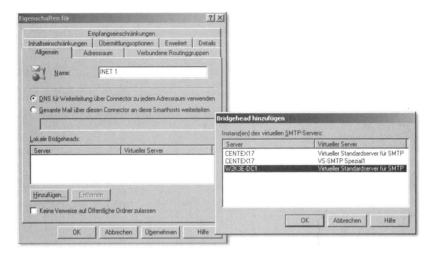

Abbildung 8.15 Die Konfiguration der Weiterleitung und die Definition von Bridgehead-Servern sind elementare Einstellmöglichkeiten.

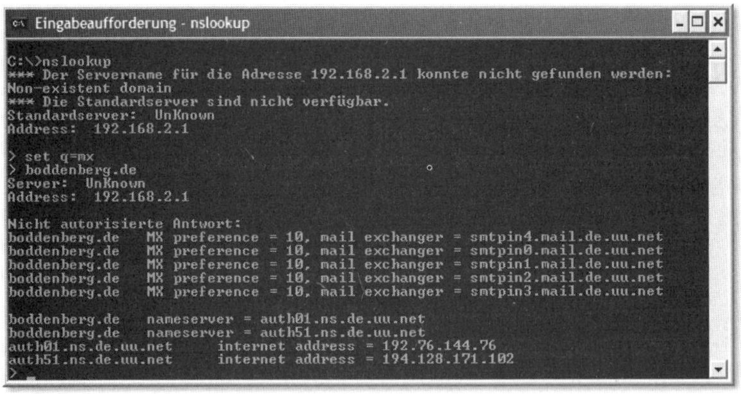

Abbildung 8.16 Bestimmen des Ziel-Mailservers mit nslookup

- »... Smarthosts«: Wenn Sie diese Konfiguration wählen, stellt Ihr Exchange Server die Mail nicht direkt an den jeweiligen Mailserver zu, sondern stellt sämtliche Mails an einen Server beim Provider zu, den Smarthost. Dieser übernimmt dann die Weiterleitung an den Ziel-Mailserver. Beachten Sie in diesem Zusammenhang das Thema Sender ID (siehe Abschnitt 3.2.2).

Zwei Anmerkungen:

- Wenn Sie »nur« über eine dynamische IP-Adresse verfügen, sollten Sie sich für den Versand über einen Smarthost, also einen Server Ihres Providers, entscheiden. Viele »große« Provider nehmen aus Gründen des Schutzes vor Spam mittlerweile keine Mails mehr entgegen, die von Systemen mit dynamischer IP-Adresse eingeliefert werden.
- Wenn Sie ein Mail-Relay in Ihrer DMZ positioniert haben (siehe auch Abschnitt 15.1), wird dessen FQDN oder IP-Adresse als Smarthost eingetragen. Dies ist sicherlich die empfohlene Konfiguration!

In der nächsten Konfigurationsmöglichkeit werden »**Lokale Bridgeheads**« definiert. Die Funktion wird in Abbildung 8.17 dargestellt:

- Die Umgebung zeigt drei Exchange Server. Auf zweien dieser Systeme sind jeweils zwei virtuelle SMTP-Server installiert.
- Zwei dieser virtuellen SMTP-Server werden als Bridgehead-Server definiert. Sie erkennen übrigens auf Abbildung 8.17, dass letztendlich ein virtueller SMTP-Server und erst in zweiter Linie der physikalische Server ausgewählt wird.
- Die Server, die als Bridgeheads definiert sind, versenden Mails direkt in das Internet. Entsprechend müssen die Router- und die Firewall-Konfiguration vorgenommen werden. Server, die Mails (beispielsweise in das Internet) über diesen Connector versenden möchten, aber keine Bridgeheads sind, routen die Mails zunächt zu einem Bridgehead-Server. Dieser leitet die Mail dann über den Connector weiter.

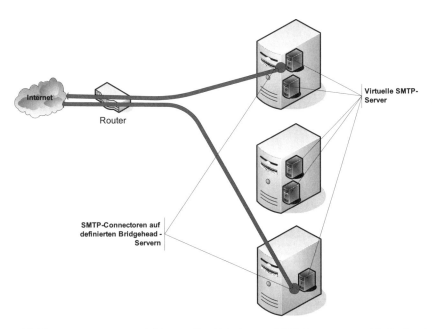

Abbildung 8.17 Das Gesamtbild: virtuelle SMTP-Server, SMTP-Connector und Bridgehead-Server

Generelle Anmerkungen:

- Ein Connector oder die Bridgehead-Funktionalität muss übrigens *nicht* extra auf den entsprechenden Servern installiert werden. Die notwendigen Funktionen sind auf den Exchange Servern »automatisch« vorhanden.
- Während virtuelle SMTP-Server dediziert auf jedem einzelnen Exchange Server konfiguriert werden können/müssen, ist ein SMTP-Connector jeweils für die Routinggruppe zu konfigurieren.
- Die Verbindung zwischen Routinggruppen könnte mit einem SMTP-Connector realisiert werden. Hierzu empfiehlt sich aber eher die Verwendung der Routinggruppenconnectoren (siehe nächstes Kapitel).

Die letzte Einstellmöglichkeit dieser Karteikarte ist die Checkbox »**Keine Verweise auf Öffentliche Ordner zulassen**«. Diese ist allerdings nur relevant, wenn Sie mit diesem Connector Routinggruppen verbinden (Abbildung 8.18).

- Wenn ein Benutzer auf einen Öffentlichen Ordner zugreifen möchte, wird zunächst versucht, auf den Öffentlichen Ordner auf dem Postfachserver des Benutzers zuzugreifen. Ist dies nicht möglich, wird der Öffentliche Ordner auf einem Server in der lokalen Routinggruppe des Benutzers gesucht.
- Befindet sich kein Replikat des Öffentlichen Ordners in der Routinggruppe, wird eine Verbindung zu einem Server in einer anderen Routinggruppe hergestellt, der ein Replikat des entsprechenden Öffentlichen Ordners trägt.
- Damit ein Connector für diese Verbindung verwendet werden kann, darf der hier besprochene Schalter »Keine Verweise auf Öffentliche Ordner zulassen« *nicht* gesetzt sein.

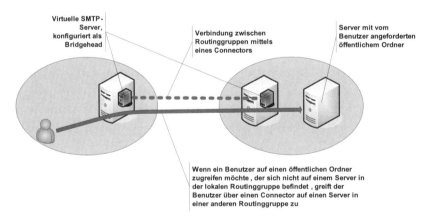

Abbildung 8.18 Ist ein Öffentlicher Ordner nicht in der lokalen Routinggruppe verfügbar, kann auf einen Server in einer anderen Routinggruppe zugegriffen werden.

Beachten Sie bitte auch die Erläuterungen in den Kapiteln über Öffentliche Ordner (Kapitel 10) und Routinggruppen-Connectoren (Abschnitt 8.6).

Karteikarte »Adressraum«

Absolut notwendig ist das Festlegen eines »Adressraums«, was auf der hier besprochenen Karteikarte vorgenommen wird (Abbildung 8.19).

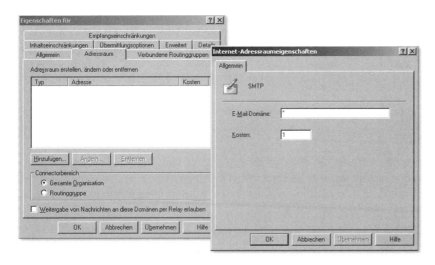

Abbildung 8.19 Die Konfiguration des Adressraums

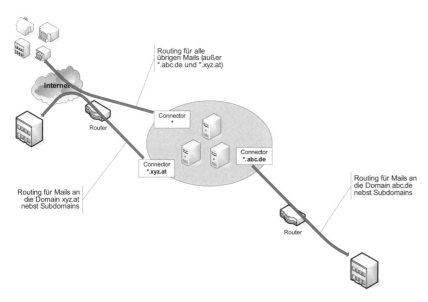

Abbildung 8.20 Connectoren für unterschiedliche Adressräume im Einsatz

Bei der Festlegung des Adressraums geht es um die Definition der Domains, an die über diesen SMTP-Connector Nachrichten weitergeleitet werden können. Abbildung 8.20 verdeutlicht dies anhand eines Beispiels:

- Mail für die Domain `abc.de` nebst Subdomains wird über eine direkte Anbindung (z. B. Standleitung) versendet. Konfigurierter Adressraum im Connector: `*.abc.de`
- Mails an die Domain `xyz.at` wird zwar über das Internet gesendet, allerdings über einen speziellen Connector. Dies macht Sinn, wenn zum Senden an diese Domain andere Connector-Einstellungen erforderlich sind, beispielsweise in puncto »Ausgehende Sicherheit«. Konfigurierter Adressraum im Connector: `*.xyz.at`
- Mails an sämtliche anderen Namensräume werden über den Connector mit dem konfigurierten Adressraum `*` gesendet.

Der Ablauf sieht folgendermaßen aus:

- Der Exchange Server, von dem die Mail versendet wird, ermittelt, über welchen Connector die Mail versendet werden soll. Die Entscheidung wird von folgenden Parametern beeinflusst:
  - Zunächst ist der Adressraum entscheidend. Es wird immer der am besten passende Adressraum gesucht. Im o. g. Beispiel gilt: Für einen Server `mail.abc.de` passt der Connector mit dem Adressraum `*.abc.de` besser als derjenige mit `*`.
  - Wenn mehrere Connectoren für denselben Adressraum zur Verfügung stehen, wird derjenige mit den geringsten Gesamtkosten ausgewählt. Exchange errechnet für den Versand der Mail die Gesamtroute und somit auch die Gesamtkosten, also ggf. inklusive des Transports innerhalb der Organisation über diverse Routinggruppen-Connectoren. Für die Errechnung des optimalen Wegs verwendet Exchange die Verbindungsstatusinformationen. Über diese erfährt der Server beim Berechnen der Route übrigens auch, ob eventuell Connectoren nicht zur Verfügung stehen.
  - Der Benutzer muss berechtigt sein, Mails über einen Connector zu versenden. Ist dies nicht der Fall, wird Exchange einen anderen Weg errechnen (siehe Beschreibung der Karteikarte »Empfangseinschränkungen« weiter hinten).
- Ist der Routingweg für diese Mail errechnet, wird die Mail zu dem entsprechenden Bridgehead-Server dieses Connectors transportiert.
- Der Bridgehead-Server sendet nun die Mail an das Zielsystem.

Einige Anmerkungen:

- Der Routingweg der IP-Pakete wird durch die Netzwerkkonfiguration, also die konfigurierten IP-Routen, bestimmt.
- Welcher physikalische Exchange Server tatsächlich den Mailversand durchführt, wird in der Konfiguration der Bridgehead-Server des SMTP-Connectors festgelegt (siehe Beschreibung der Karteikarte »Allgemein« weiter vorn).
- Ein Connector kann die Übermittlung an mehrere Adressräume übernehmen. Neben SMTP-Adressräumen können auch die Adresstypen **X400**, **MS-Mail**, **CCMail**, **Notes** und **Groupwise** angegeben werden.

Mit Hilfe des Radiobuttons »**Connectorbereich**« kann konfiguriert werden, ob dieser Connector nur für Mails aus der eigenen Routinggruppe oder aus der kompletten Organisation verwendet werden kann. Exchange Server berücksichtigen diese Einstellung beim Errechnen des Routingwegs einer Nachricht innerhalb der Exchange-Organisation. Diese Information wird ebenfalls in der Verbindungsstatustabelle gespeichert.

Ist die Checkbox »Weitergabe von Nachrichten an diese Domänen per Relay erlauben« nicht aktiviert (Standardeinstellung), werden nur Mails, die von authentifizierten Benutzern abgeliefert worden sind, über diesen Connector weitergeleitet. Dies dient der Spam-Vermeidung!

Karteikarte »Verbundene Routinggruppen«

Wenn Sie Routinggruppen über diesen SMTP-Connector verbinden, können Sie auf dieser Karteikarte die verbundenen Routinggruppen angeben.

Generell würde ich empfehlen, Routinggruppen über Routinggruppenconnectoren zu verbinden.

Karteikarte »Inhaltseinschränkungen«

Die Konfigurationsmöglichkeiten auf dieser Karte sind weitgehend selbsterklärend (Abbildung 8.21):

Abbildung 8.21 Auf der Karteikarte »Inhaltseinschränkungen« wird konfiguriert, welche Nachrichtentypen über diesen Connector gesendet werden können.

- **Zugelassene Prioritätseinstellungen:** Diese Einstellung bezieht sich in der Tat auf die Nachrichtenpriorität, die der Benutzer bei der Erstellung auswählt. Eine sinnvolle Anwendung für diese Einstellung dürfte es wohl nur im Ausnahmefall geben, insbesondere deshalb, weil die Benutzer, sollten diese feststellen, dass es für Nachrichten mit hoher Priorität einen »besseren« Übermittlungsweg gibt, jede Nachricht mit dieser Einstellung versenden werden.

- **Zugelassene Typen:** Standardmäßig werden alle Nachrichtentypen übertragen. »Systemmeldungen« beziehen sich beispielsweise auf die Replikation, das Exchange-Monitoring oder Zustellbarkeitsberichte. »Nicht vom System stammende Nachrichten« sind die Mails der Benutzer.

▶ **Zugelassene Größen**: Wie die Bezeichnung der Einstellmöglichkeit vermuten lässt, werden Nachrichten, die über dem konfigurierten Schwellenwert liegen, nicht über diesen Connector versendet. Diese Einstellmöglichkeit ist letztendlich nur sinnvoll, wenn Sie einen weiteren SMTP-Connector einsetzen, über den diese großen Nachrichten kostengünstiger gesendet werden können. Falls Sie tagsüber Ihre WAN-Verbindungen schonen möchten, könnten Sie auf der Karteikarte »Übermittlungsoptionen« festlegen, dass große Mails nur nachts gesendet werden sollen – das ist konfigurationsmäßig übersichtlicher, als mit zig unterschiedlichen Connectoren zu arbeiten.

Karteikarte »Übermittlungsoptionen«

Auf der Karteikarte »Übermittlungsoptionen« kann eingestellt werden, wann dieser Connector die Mails übermitteln soll. Standardmäßig wird eine Mail sofort gesendet. Wie in Abbildung 8.22 gezeigt ist es möglich, die Übermittlungszeiten zu beschränken.

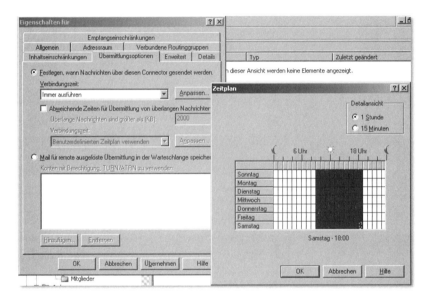

Abbildung 8.22 Konfiguration der Verbindungszeiten eines Connectors

Wenn Sie Ihre WAN-Strecken schonen möchten, ist es unter Umständen sinnvoll, sehr lange Nachrichten in den Nachtstunden zu übermitteln. Auch diese Einstellmöglichkeit findet sich auf dieser Karteikarte.

Interessant ist die Möglichkeit, die Übermittlung für die Domains im Adressraum des Connectors durch einen Client der Remote-Domain auslösen zu lassen. Hierzu wird die Option »Mail für remote ausgelöste Übermittlung in der Warteschlange speichern« gewählt. Das Verfahren funktioniert wie folgt:

▶ Über den Connector werden Mails für den Adressraum *.abc.de gesendet. Mails, die für diese Domain(s) bestimmt sind, bleiben in der Warteschlange.

▶ Wenn das Mailsystem der Domain die Verbindung aufbaut, muss es sich authentifizieren (entsprechendes Windows-Benutzerkonto anlegen!) und TURN/ATRN senden.

- Der Connector beginnt nun die Mail an das System, das die Verbindung hergestellt hat, per SMTP zu senden. Wohlgemerkt: Es werden die Mails für den kompletten im Connector definierten Namensraum gesendet.

In Zeiten, wo dank DSL-Verbindungen und mit diesen betriebenen VPNs die Verbindungen ständig verfügbar sind, hat diese Übertragungsvariante sicherlich deutlich an Bedeutung verloren. Nichtsdestotrotz sind Szenarien denkbar, in denen die Mails für eine Domain, beispielsweise eine Partnerfirma, über eine Wählverbindung abgeholt werden sollen. Das Remote-System wählt sich ein, baut eine Verbindung auf, sendet die »Initialsequenz«, und Ihr Connector beginnt mit der Übertragung der Mail.

Hintergrund zu TURN/ATRN Klassischerweise sendet bei SMTP das System, das die Verbindung aufbaut, seine Mails – fertig. Dies setzt natürlich voraus, dass das jeweils empfangende System permanent online erreichbar ist. Wenn dies nicht der Fall ist, könnte normalerweise keine Übertragung per SMTP durchgeführt werden. »TURN« sorgt dafür, dass die Rollen getauscht werden können, d.h., das ursprünglich als Empfänger agierende System wird Sender und umgekehrt. Konkret bedeutet es: Das externe System baut eine Verbindung auf, liefert seine Mails ab, »dreht« per TURN die Richtung der bestehenden Verbindung und empfängt von dem Exchange-System die in die Warteschlange gestellten Mails.

ATRN ist die Abkürzung für Authenticated TuRN.

Karteikarte »Erweitert«

Auf dieser Karteikarte können diverse Einstellungen für ausgehende Verbindungen, also zunächst für den Versand von Nachrichten über diesen Connector definiert werden (Abbildung 8.23).

- »**HELO an Stelle von EHLO senden**«: HELO und EHLO sind SMTP-Befehle, mit denen sich ein die Verbindung aufbauender (= sendender) Server beim empfangenden Server identifiziert. Die Standardeinstellung ist EHLO, das ein erweiterter SMTP-Befehl (= ESMTP, Extended SMTP) ist. Wenn Sie eine Verbindung zu alten Servern, die kein ESMTP verstehen, aufbauen müssen, können Sie diese Checkbox anklicken, es wird dann lediglich HELO verwendet. Wenn Sie HELO statt EHLO verwenden, stehen übrigens sämtliche anderen Auswahlmöglichkeiten dieser Karteikarte nicht mehr zur Verfügung, da sie das modernere EHLO erfordern.
- »**Ausgehende Sicherheit…**«: Prinzipiell funktioniert SMTP, ohne dass sich das sendende System beim empfangenden System authentifizieren würde. Eine Authentifizierung wäre allein schon deshalb nicht zu realisieren, weil es im Internet Millionen von Mailservern gibt, mit denen potenziell eine Verbindung hergestellt werden könnte – zu viele auszutauschende Passwörter… Sofern Sie über diesen Connector Mails an ein bestimmtes System senden, mit dem Benutzername und Passwort vereinbart sind, kann dies in diesem Dialog eingetragen werden (Abbildung 8.23).
- **ETRN/TURN**: Ursprünglich war SMTP ein Protokoll, das nur senden und keine Mails abholen konnte, was aber voraussetzt, dass das empfangende System permanent online ist. Wenn Ihr System nicht permanent online ist und demzufolge nur hin und wieder Mail von einem Relay abholen kann, muss Ihr System diesem mitteilen, dass es nun

empfangsbereit ist. Das lässt sich mit den ESMTP-Befehlen ETRN und TURN realisieren. Es existieren drei Einstellungen:

- »ETRN/TURN nicht senden« ist die Standardeinstellung. Über diesen Connector wird lediglich Mail gesendet, ein Abholvorgang wird nicht angestoßen.
- »ETRN/TURN beim Senden…«: Diese Einstellung macht Sinn, wenn Sie mit diesem Connector Mails zu einem Smarthost übertragen, der auch die Mails für Sie in einer Warteschlange speichert. Durch ETRN/TURN veranlassen Sie den Smarthost, mit dem Senden der für Sie bereitliegenden Mails zu beginnen. Wenn Sie die Mails nicht via Smarthost, sondern mittels DNS direkt an die Zielserver versenden, macht diese Einstellung keinen Sinn, da auf diesen Servern kaum Mail für Sie bereitliegen wird (jedes System, zu dem gesendet wird, wird aufgefordert, wartende Mails zu senden).
- »ETRN/TURN von einem anderen Server…«: Für den Fall, dass Sie Mails über DNS (also direkt und ohne Smarthost) den Empfängern zustellen möchten und gleichzeitig Ihre Mails aus der SMTP-Warteschlange eines Servers beim Provider holen müssen, kommt diese Option in Frage: Bei dem einzutragenden Server wird gemäß eines Zeitplans regelmäßig Mail abgeholt: Die Verbindung zu diesem Server wird aufgebaut, er wird aufgefordert, die wartenden Mails per SMTP zu senden – und diese werden von Ihrem System empfangen und weiterverarbeitet.
Diese Option macht übrigens auch Sinn, wenn der Smarthost, an den Sie Mails senden, ein anderes System ist als das, von dem Sie Ihre Mails beziehen.

▶ »Festlegen, wie Remoteserver…«: Mit diesem Radiobutton können Sie auswählen, ob bei der Nutzung der zuvor geschilderten Optionen ETRN oder TURN verwendet werden soll.

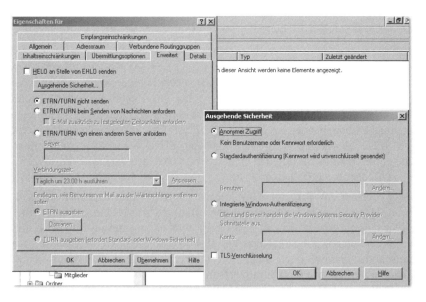

Abbildung 8.23 Konfiguration des Verhaltens bei ausgehenden Verbindungen

Hintergrund zu ETRN/TURN

- Um ETRN zu nutzen, benötigen Sie eine feste IP-Adresse! Das System, zu dem Sie die Verbindung aufbauen, beginnt mit dem Senden der Mails für die angeforderten Domains. Hierbei wird die IP-Adresse, an die gesendet werden soll (MX der Domain), per DNS ermittelt. Dies wäre bei einer dynamischen Adresse natürlich nicht möglich. Für welche Domains die Übermittlung angefordert werden soll, kann mit dem Dialog »Domänen...« unterhalb der Auswahloption »ETRN ausgeben« definiert werden.
- TURN können Sie auch mit einer dynamischen IP-Adresse verwenden, allerdings müssen Sie über eine authentifizierte Verbindung zu dem SMTP-Server verfügen – ansonsten könnte ja jeder Ihre Mails abholen.

Karteikarte »Empfangseinschränkungen«

Auf dieser Karteikarte können Sie festlegen, welche Benutzer Mails über diesen Connector senden können – oder eben auch nicht (Abbildung 8.24). Sie können konfigurieren, dass über diesen Connector nur Mails bestimmter Benutzer oder abfragebasierter Verteilungsgruppen gesendet werden. Ein gutes einigermaßen realistisches Anwendungsbeispiel zu konstruieren fällt schwer, allerdings ist die Verwendung dieser Empfangseinschränkungen ohnehin nur bedingt zu empfehlen: Jeder Benutzer muss in der Verbindungsstatustabelle aufgeführt werden, die sich dadurch unter Umständen erheblich vergrößert.

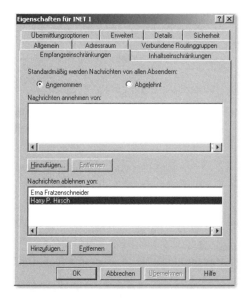

Abbildung 8.24 In diesem Dialog kann konfiguriert werden, welche Benutzer oder abfragebasierten Verteilungsgruppen über diesen Connector senden können – oder auch nicht.

8.4 Der Internet Mail-Assistent

Ein SMTP-Connector kann verwendet werden, um eine Verbindung zu einem anderen Mailsystem herzustellen. Die häufigste Anwendung wird aber die Anbindung an das Internet sein. Hierzu muss der virtuelle SMTP-Server konfiguriert werden, außerdem muss ein SMTP-Connector eingerichtet werden.

Sie können natürlich die Konfiguration für die Internet-Anbindung manuell durchführen, alternativ können Sie den Internet Mail-Assistenten verwenden. Der Internet Mail-Assistent wird im Kontextmenü der Exchange-Organisation aufgerufen (Abbildung 8.25).

Abbildung 8.25 Der Internet Mail-Assistent wird im Kontextmenü der Exchange-Organisation gestartet.

Der Internet Mail-Assistent kann unter folgenden Voraussetzungen **nicht** verwendet werden:

▶ Es wurden bereits SMTP-Connectoren eingerichtet.
▶ Zusätzliche virtuelle SMTP-Server wurden erstellt.
▶ Die Anschlussnummer oder IP-Adresse des SMTP-Standardservers wurde geändert.

Der Internet Mail-Assistent ist primär für kleine und mittlere Umgebungen gedacht. In komplexen Enterprise-Umgebungen sollten Sie die Anbindung an das Internet manuell konfigurieren.

Nachfolgend besprechen wir einige Konfigurationsschritte des Internet Mail-Assistenten. Die »Hintergründe« zu den einzelnen Konfigurationsschritten haben Sie in den vorherigen Kapiteln (virtuelle SMTP-Server, SMTP-Connectoren) kennen gelernt.

Im ersten Schritt müssen Sie festlegen, welcher Server die Nachrichtenübermittlung in das Internet übernehmen soll (Abbildung 8.26).

Im zweiten Schritt entscheiden Sie, ob der zuvor ausgewählte Server Mail empfangen und/oder senden soll.

Nun muss festgelegt werden, für welche Domains Mail angenommen werden soll (Abbildung 8.28). Die Konsequenz dieser Einstellung ist, dass die Empfängerrichtlinie um die hier angegebenen Domainnamen ergänzt wird. Lesen Sie bitte ggf. weiter hinten weitere Details über Empfängerrichtlinien nach (Abschnitt 12.2): In Abbildung 8.28 wird letztendlich konfiguriert, dass die Mail-Adressen ulrich.boddenberg@centince.net, ulrich.boddenberg@centince.de und ulrich.boddenberg@centince.com gültig sind.

Abbildung 8.26 Im ersten Schritt wird festgelegt, welcher Server die Nachrichtenübermittlung ins Internet übernehmen soll.

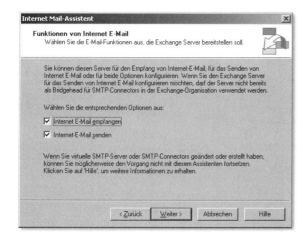

Abbildung 8.27 Im zweiten Schritt entscheiden Sie, ob der Server Mail senden und/oder empfangen soll.

Die nächsten Schritte sind:

▶ **Bridgehead-Server**: Es wird der virtuelle Server ausgewählt, der zum Senden der SMTP-Mails verwendet wird.

▶ **Ausgehende Nachrichten**: Auf dieser Dialogseite des Assistenten legen Sie fest, ob die Nachrichten direkt an die Mailserver der Empfängerdomain zugestellt (DNS-Auflösung) oder über einen Smarthost gesendet werden sollen.

▶ **SMTP-Domäneneinschränkungen für ausgehende Nachrichten**: Hier wird festgelegt, ob über den vom Assistenten erstellten Connector Mails an sämtliche Internetdomains gesendet werden sollen oder ob dieser nur für die angegebenen Domains verwendet wird.

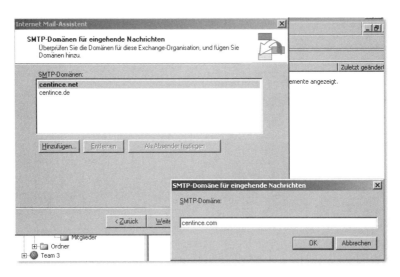

Abbildung 8.28 Es wird definiert, für welche Domains Mail empfangen werden soll.

Nach Abschluss des Assistenten wird der virtuelle SMTP-Server konfiguriert und ein SMTP-Connector erzeugt.

> **Hinweis** Vermutlich wird der neu erstellte Connector nach dem Abschluss des Assistenten nicht zu sehen sein. Mit **Aktion · Aktualisieren** können Sie dafür sorgen, dass der neue SMTP-Connector angezeigt wird.

Der Internet Mail-Assistent erstellt einen »normalen« SMTP-Connector, den Sie natürlich manuell weiter konfigurieren können.

8.5 Routinggruppen

In einer Umgebung, in der mehrere Exchange Server Ihrer Exchange-Organisation über WAN-Strecken verbunden werden, müssen Sie sich über Routinggruppen und Routinggruppenconnectoren Gedanken machen.

Auf Abbildung 8.29 sehen Sie den Exchange System-Manager:

- In jeder administrativen Gruppe können mehrere Routinggruppen definiert werden.
- In der Routinggruppe gibt es Connectoren (insbesondere SMTP- und Routinggruppenconnectoren) und Mitglieder. Bei diesen handelt es sich um Server in dieser Routinggruppe.
- Im einheitlichen Modus können Routinggruppen und administrative Gruppen unterschiedliche Grenzen haben – der Server kann sich in einer anderen administrativen Gruppe befinden als die Routinggruppe, der er zugeordnet ist.
- Jeweils ein Server pro Routinggruppe ist »Master«, dessen Aufgabe die Verwaltung der Verbindungsstatusinformationen für die Exchange Server der jeweiligen Gruppe ist.

Nachteile:

- Fällt aus irgendwelchen Gründen (Leitungen, Server) der zentrale Standort aus, können auch die anderen Standorte nicht mehr miteinander kommunizieren. Im Zuge der Notfallplanung sollte man dies nicht außer Acht lassen.
- Falls Sie ein VPN betreiben und diese Struktur wählen, benötigen Sie in der Zentrale eventuell eine sehr große Bandbreite für Ihre Internet-Verbindung – es läuft ja sämtlicher Mailverkehr über diese Verbindung.

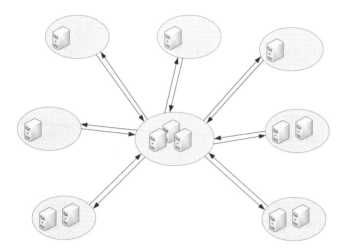

Abbildung 8.31 Verbindung der Routinggruppen in der Hub-and-Spoke-Topologie

Komplette Vermaschung der Routinggruppen

Eine weitere Möglichkeit für das Routing ist eine komplette Vermaschung. Diese Topologie ist in Abbildung 8.32 gezeigt.

Vorteile:

- Der Hauptvorteil ist, dass diese Struktur fehlertolerant ist. Selbst der Ausfall der Firmenzentrale unterbricht nicht die Nachrichtenübermittlung zwischen den Standorten. Sollte die direkte Verbindung zwischen zwei Routinggruppen nicht möglich sein, wird Exchange einen alternativen Routingweg finden.
- Wenn Sie ein VPN betreiben und Tunnel zwischen den einzelnen Standorten aufbauen, läuft der Mailverkehr nicht mehr über die Zentrale – dies spart dort entsprechend Bandbreite.

Nachteile:

- In einer größeren Umgebung mit entsprechend vielen Routinggruppen wird die Topologie sehr unübersichtlich, es entsteht also viel Arbeit beim Planen, beim Einrichten und beim Betrieb – und letztendlich auch bei der Fehlersuche.
- Wenn Sie mit Festverbindungen arbeiten, macht diese Konfiguration keinen Sinn, denn kaum jemand wird so viele Leitungen unterhalten, dass eine direkte Nachrichtenübermittlung möglich wäre.

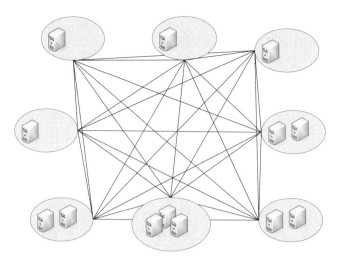

Abbildung 8.32 Bei einer kompletten Vermaschung der Routinggruppen müssen unter Umständen sehr viele Routinggruppenconnectoren eingerichtet werden.

... und andere Varianten

Angenehmerweise sind nicht nur die beiden zuvor vorgestellten Topologien, die die »reine Lehre« vertreten, möglich, sondern beliebige andere Routingstrukturen. Wenn aufgrund der Kombination aus Festverbindungen und VPNs und durch die globale Verteilung Ihrer Exchange-Organisation eine Mischung aus Hub-and-Spoke- und vermaschter Topologie sinnvoll ist, kann das Routing entsprechend konzipiert werden. Abbildung 8.33 zeigt ein entsprechendes Beispiel, das wir im weiteren Verlauf dieses Kapitels noch vertiefen werden.

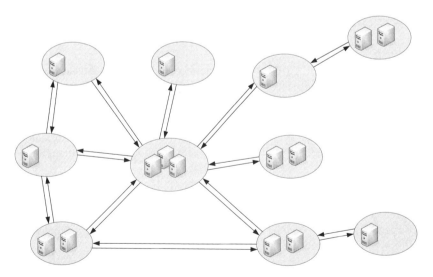

Abbildung 8.33 Eine Mischung aus Hub-and-Spoke- und vermaschter Topologie

Eine weitere Möglichkeit ist der Aufbau eines Rings, wie in Abbildung 8.34 gezeigt. Ein Vorteil des Rings ist die Fehlertoleranz; sollte eine Verbindung nicht mehr verfügbar sein, gibt es eine Ersatzroute – den Ring andersherum. Ein Nachteil ist, dass die Nachrichten unter Umständen über relativ viele Server transportiert werden müssen.

Der Aufbau eines Rings macht nur Sinn, wenn Ihre physikalischen WAN-Verbindungen keine andere Topologie zulassen. Wenn Sie mit einem VPN prinzipiell direkte Tunnel zwischen den Standorten aufbauen können, sollten Sie vom Ring absehen.

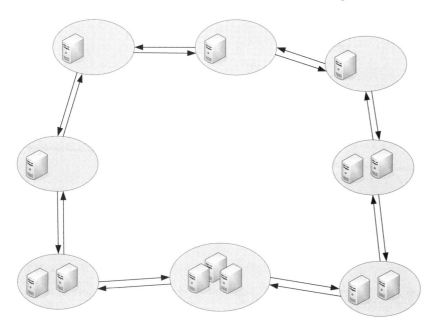

Abbildung 8.34 Eine Ringtopologie kann ebenfalls aufgebaut werden.

Ebenfalls möglich ist der Aufbau einer linearen Routingtopologie (Abbildung 8.35). Diese Topologie führt zu diversen Nachteilen:

- Das Nachrichtenrouting ist recht »langwierig«, da die Nachricht im ungünstigsten Fall über jeden Standort transportiert wird.
- Über das »mittlere« System werden sämtliche standortübergreifenden Mails transportiert. Dies führt in einer großen Umgebung zu einer erheblichen Belastung der WAN-Strecken und des routenden Exchange Servers.
- Der Ausfall eines Standorts (Exchange Server, WAN-Verbindung) führt zu einer erheblichen Störung beim standortübergreifenden Datenverkehr.

Trotz dieser Nachteile ist es natürlich denkbar, dass eine andere Struktur nur mit erheblichen Mehrkosten zu realisieren ist. Wenn Sie keine VPN-Verbindungen verwenden, sondern die Standorte mit Wählleitungen oder Festverbindungen verbinden, könnte die Weitergabe an den jeweils nächsten Standort die kostengünstigste Lösung sein.

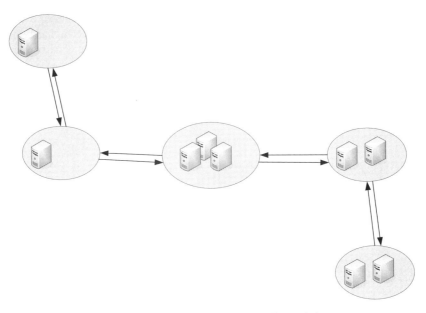

Abbildung 8.35 Eine lineare Routingtopologie ist ebenfalls möglich.

Routingbeispiele

Generell ermittelt Exchange basierend auf den Verbindungsstatusinformationen die kostengünstigste Route – genauere Erklärungen über das Verfahren finden Sie weiter unten.

Durch Zuweisung von Kosten zu Routingwegen kann genau gesteuert werden, über welche Wege die Mail im Normalfall fließen soll.

Interessant ist, wie das System sich verhält, wenn eine Route, ein Connector oder ein ganzer Standort ausfällt: Der Postfachserver des Benutzers, der die Mail absendet, errechnet den kompletten Weg für dieselbe. Hierin unterscheidet sich Exchange 2003 übrigens von der 5.5er Version; bei dieser wurde jeweils nur die nächste Station ermittelt.

Betrachten Sie das in Abbildung 8.36 abgebildete Szenario:

- Ein Benutzer sendet eine Mail an einen Adressaten, der sich außerhalb der Organisation befindet, die Nachricht wird also ins Internet gesendet. Die Mail wird von Outlook beim Postfachserver des Benutzers abgeliefert.
- Da sich der einzige SMTP-Connector zum Internet in dem zentralen Standort befindet, muss die Mail dorthin übertragen werden.
- Eine Route ist ausgefallen, auf der Abbildung durch ein Kreuz gekennzeichnet. Normalerweise würde wahrscheinlich über diese nun ausgefallene Verbindung geroutet, da dies offenkundig der kürzeste Weg ist (es sei denn, er ist mit sehr hohen Kosten behaftet).
- Wegen des Ausfalls der Verbindung ermittelt Exchange eine Ersatzroute; diese ist wiederum die kostengünstigste der möglichen Routen.
- Die Mail wird über den SMTP-Connector ins Internet gesendet.

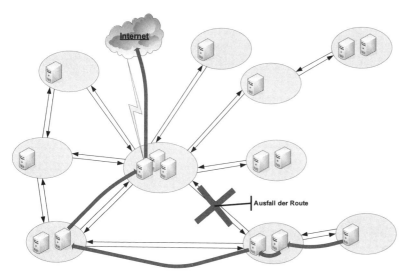

Abbildung 8.36 Routing einer Mail zu einem Internet-Empfänger

In Abbildung 8.37 sehen Sie ein wirklich ernsthaftes Problem, nämlich den Ausfall des zentralen Standorts. In einer reinen Hub-and-Spoke-Topologie würde auch der Mailverkehr zwischen den sonstigen Standorten nicht mehr möglich sein. Wenn »Querverbindungen« zwischen den Routinggruppen bestehen, können die Nachrichten um den ausgefallenen Zentralstandort herumgeroutet werden.

Voraussetzung ist natürlich, dass tatsächlich Netzwerkverbindungen zwischen den Standorten vorhanden sind – dies ist beispielsweise in einer VPN-Umgebung mit Tunneln zwischen den Standorten möglich.

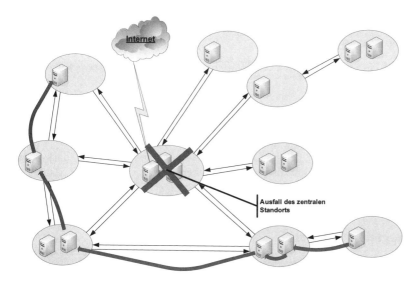

Abbildung 8.37 Routing zwischen Niederlassungen, obwohl der zentrale Standort ausgefallen ist

8.5.2 Anlegen einer Routinggruppe

Erste Voraussetzung für das Anlegen einer Routinggruppe ist, dass das Anzeigen der Routinggruppen aktiviert ist. Dies wird im Eigenschaften-Dialog der Exchange-Organisation eingestellt.

Das Anlegen einer Routinggruppe ist absolut unkompliziert. Im Kontextmenü eines Routinggruppencontainers (der Eintrag »Routinggruppen«) einer administrativen Gruppe kann im Kontextmenü das Erstellen einer neuen Routinggruppe ausgewählt werden. Als Konfigurationsinformation muss dann lediglich der Name der Routinggruppe eingetragen werden.

> **Hinweis** Falls sich in der administrativen Gruppe kein Routinggruppencontainer befindet, können Sie diesen im Kontextmenü der administrativen Gruppe erstellen.

Nochmals zur Planung der Routinggruppen: Die Routinggruppen werden jeweils die Server eines physikalischen Standorts umfassen. Eine mehrere Standorte umfassende Routinggruppe macht nur Sinn, wenn diese über eine Verbindung mit sehr hoher Bandbreite (z.B. 100 MBit/s) verbunden sind.

Bezüglich des Zusammenhangs zwischen administrativen Gruppen und Routinggruppen möchte ich Ihnen Folgendes in Erinnerung rufen:

- Betreiben Sie Ihre Exchange-Organisation im gemischten Modus (= Exchange 5.5-Server sind vorhanden), müssen der Server und die Routinggruppe, in der er sich befindet, unter derselben administrativen Gruppe angeordnet sein.
- Befindet sich die Exchange-Organisation hingegen im einheitlichen Modus (= nur Exchange 2000/2003-Server), kann sich die Routinggruppe in einer anderen administrativen Gruppe als der Server befinden. In großen Umgebungen könnten die Routinggruppen nebst aller Connectoren von anderen Personen, also in einer anderen administrativen Gruppe, verwaltet werden.

8.5.3 Server verschieben

Server können zwischen Routinggruppen verschoben werden, und zwar unter folgenden Voraussetzungen:

- Wenn die Exchange-Organisation im gemischten Modus läuft, können die Server nur zwischen Routinggruppen derselben administrativen Gruppe verschoben werden. Im einheitlichen Modus entfällt diese Beschränkung.
- Der verschobene Server (bzw. die darauf installierten virtuellen Server) darf kein Bridgehead-Server eines Connectors der ursprünglichen Routinggruppe sein. Ansonsten erscheint eine Fehlermeldung, die Sie auffordert, den Server zunächst von den Connectoren zu entfernen.

8.5.4 Routinggruppen-Master

In jeder Routinggruppe übernimmt ein Server die Rolle des Routinggruppen-Masters. Dieses System verwaltet die Verbindungsstatusinformationen für die Routinggruppe und leitet diese an die anderen Server dieser Gruppe weiter.

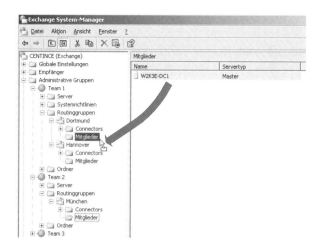

Abbildung 8.38 Server werden per Drag & Drop zwischen Routinggruppen verschoben.

Wenn ein Server bei der Übermittlung einer Mail an einen Server einer anderen Routinggruppe feststellt, dass ein System auf dem Routingweg nicht erreichbar ist, wird diese Statusinformation an den Routinggruppen-Master gemeldet. Falls ein Routinggruppen-Mitgliedsserver Verbindungsstatusinformationen empfängt, leitet er diese ebenfalls an den Routinggruppen-Master weiter. Dieser verteilt diese Informationen dann an andere Systeme.

Jeder Server der Routinggruppe kann die Funktion des Masters übernehmen. Dies wird im Kontextmenü der Mitgliederliste der Routinggruppe festgelegt (Abbildung 8.39). Der Master sollte über eine zuverlässige Verbindung zu einem Domain Controller verfügen, da er aus diesem die Konfigurationsinformationen für die Routinggruppe liest – letztendlich gilt natürlich für jeden Exchange Server, dass er einen zuverlässigen AD-Zugriff braucht.

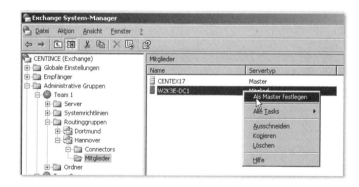

Abbildung 8.39 Jeder Server einer Routinggruppe kann die Rolle des Masters übernehmen.

Ausfall des Routinggruppen-Masters

Da es pro Routinggruppe nur einen Master gibt, muss natürlich das Szenario dessen Ausfalls betrachtet werden.

- Die Master-Funktion geht bei einem Ausfall **nicht** automatisch auf einen anderen Server der Routinggruppe über.
- Wenn in einer Routinggruppe temporär kein Master vorhanden ist, ist dies zunächst kein Problem, allerdings wird die Effizienz sinken: Stellt ein Server fest, dass eine Nachricht über einen bestimmten Weg nicht transportiert werden kann, meldet er dies an den Routinggruppen-Master, der die Verbindungsstatustabelle aktualisiert und die Informationen den anderen Systemen bereitstellt. Entfällt nun aufgrund des Ausfalls des Masters die Aktualisierung und Verteilung der Verbindungsstatusinformationen, werden andere Server versuchen, über nicht-verfügbare Verbindungen Nachrichten zu transportieren. Etwas flaspig gesagt, muss jeder Server alle Erfahrungen selbst machen.
- Wenn Sie davon ausgehen, dass der bisherige Master für einen längeren Zeitraum ausfällt, sollten Sie einen anderen Server dieser Routinggruppe als Master definieren. Was ist nun ein »längerer Zeitraum«? Sie sollten bei jedem Ausfall, der länger als einige wenige Stunden dauert, einen neuen Master definieren.

8.6 Der Routinggruppenconnector

Nachdem Sie nun Routinggruppen und die theoretischen Überlegungen für das Routing zwischen denselben kennen gelernt haben, müssen wir uns mit Routinggruppenconnectoren beschäftigen. Diese dienen zur Definition der Verbindungen zwischen den Routinggruppen.

Einige Fakten:

- Die Routinggruppenconnectoren kommunizieren zwischen Exchange 2000/2003-Servern via TCP/IP, demzufolge setzen sie auf die virtuellen SMTP-Server auf. Wenn eine Verbindung zu Exchange 5.5-Standorten aufgebaut wird, erfolgt die Kommunikation über RPCs (= Remote Procedure Calls).
- Mit Routinggruppenconnectoren werden generell unidirektionale Verbindungen aufgebaut. Aus diesem Grund wird man immer zwei Connectoren anlegen, also A=>B und B=>A. Beim Anlegen eines Routinggruppenconnectors unterstützt Sie der Exchange System-Manager, indem er automatisch die Erstellung des »Gegenstücks« anbietet (Abbildung 8.40).
- Der Routinggruppenconnector ist, wie der Name ja auch schon vermuten lässt, speziell für die Verbindung zwischen Routinggruppen entwickelt worden. Nichtsdestotrotz können Routinggruppen auch mit einem SMTP- oder X.400-Connector verbunden werden.

Abbildung 8.40 Routinggruppenconnectoren arbeiten unidirektional. Der Exchange System-Manager unterstützt Sie auf Wunsch durch automatisches Anlegen des »Gegenstücks«.

8.6.1 Anlegen und Konfigurieren

Das Erstellen des Routinggruppenconnectors wird im Kontextmenü »Connectors« der entsprechenden Routinggruppe aufgerufen (Abbildung 8.41).

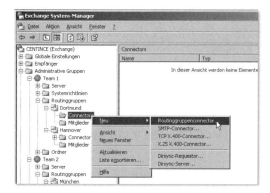

Abbildung 8.41 Routinggruppenconnectoren werden im Container der jeweiligen Routinggruppe erstellt.

In den nächsten Abschnitten werde ich Ihnen die wichtigsten Konfigurationsoptionen für Routinggruppenconnectoren vorstellen.

Karteikarte »Allgemein«

Ein Routinggruppenconnector verbindet grundsätzlich zwei Routinggruppen miteinander. Demzufolge ist der erste Konfigurationsschritt die Auswahl derjenigen Routinggruppe, mit der die Verbindung aufgebaut werden soll. Ansonsten können dem Connector Kosten zugewiesen werden (Abbildung 8.42).

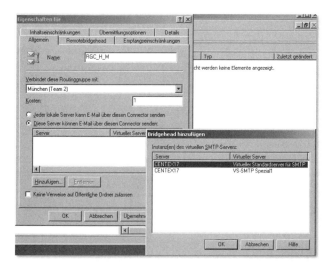

Abbildung 8.42 Konfiguration eines Routinggruppenconnectors

Sehr wichtig ist die Einstellung, welche Server Mails über diesen Connector versenden können.

»**Jeder lokale Server kann...**«: Bei dieser Einstellmöglichkeit verhält sich das System so, wie in Abbildung 8.43 gezeigt:

- Wenn ein Postfachserver der Routinggruppe Dortmund eine Mail an einen Empfänger senden möchte, dessen Postfach auf einem Server der Gruppe Hannover liegt, wird dieser direkt die Verbindung nach Hannover aufbauen.
- Zu beachten ist, dass für alle Server die Kommunikation über die WAN-Strecke möglich sein muss.
- Die Zustellung der Mail erfolgt an dedizierte Server (Remotebridgeheads) in der entfernten Routinggruppe. Wenn das Postfach des Empfängers nicht auf einem dieser Server liegt, wird die Mail innerhalb der entfernten Routinggruppe entsprechend weitergeleitet.

Abbildung 8.43 Es kann definiert werden, dass alle Exchange Server über diesen Routinggruppenconnector senden können.

Wir werden folgendes Thema in Abschnitt 8.9, *Load Balancing und Fehlertoleranz*, noch vertiefen: Mit dieser Einstellung wird der Routinggruppenconnector als permanent verfügbar angesehen, d.h., in der Verbindungsstatustabelle wird dieser Connector niemals als ausgefallen gekennzeichnet, selbst wenn kein funktionierender Server in dieser Routinggruppe vorhanden ist.

In komplexeren Routingszenarien ist dies durchaus ein Problem, wenn Systeme anderer RGs Mails durch diese Gruppe leiten möchten – was dann natürlich nicht gelingt.

»**Diese Server können E-Mail...**« ist die zweite Konfigurationsmöglichkeit. Sie ist sowohl die voreingestellte als auch die empfohlene Einstellung. In Abbildung 8.44 sehen Sie das Funktionsprinzip:

- Die Übermittlung zwischen den Routinggruppen wird lediglich über die definierten Bridgehead-Server durchgeführt. Dies kann ein einzelner Server oder auch mehrere Systeme (eventuell auch alle) sein.
- Postfachserver, die nicht als Bridgehead-Server definiert sind, routen die Nachrichten zunächst innerhalb der Routinggruppe an einen der Bridgeheads, diese übernehmen dann die Weiterleitung.

Zum Thema »Ausfall des Routinggruppenconnectors«: Sind alle Bridgehead-Server ausgefallen, wird dieser Routinggruppenconnector in der Verbindungsstatustabelle als nicht verfügbar gekennzeichnet – eindeutig das günstigere Verhalten.

Abbildung 8.44 Routing, wenn im Routinggruppenconnector ein Bridgehead-Server definiert ist.

Beim Hinzufügen der Brigehead-Server wird übrigens ein virtueller SMTP-Server, der auf dem physikalischen Exchange Server läuft, ausgewählt (Abbildung 8.45). Achten Sie darauf, dass Sie einen virtuellen SMTP-Server auswählen, der nicht mit speziellen Einstellungen konfiguriert ist – dies *könnte* dazu führen, dass die Nachrichtenübermittlung nicht funktioniert.

Die Bedeutung von »**Keine Verweise auf Öffentliche Ordner zulassen**« ist im Abschnitt über den SMTP-Connector erklärt und in Abbildung 8.18 dargestellt.

Karteikarte »Remotebridgehead«

Wie bereits weiter vorn erläutert wurde, erfolgt die Übermittlung an dedizierte Server am Remotestandort. Diese werden als Remotebridgehead eingetragen (Abbildung 8.45).

Beachten Sie auch hier, dass jeweils ein virtueller Server auf den Remotebridgehead-Servern ausgewählt wird. Achten Sie darauf, dass der ausgewählte virtuelle SMTP-Server möglichst über die Default-Konfiguration verfügt, damit nicht Probleme wegen eines »verkonfigurierten« virtuellen SMTP-Servers auftreten.

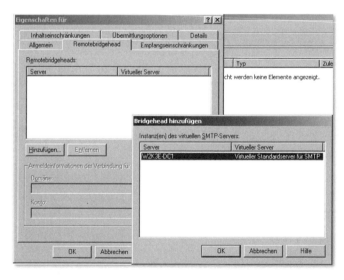

Abbildung 8.45 Als Remotebridgehead wird ein virtueller Server der Remote-Routinggruppe ausgewählt.

Karteikarte »Empfangseinschränkungen«

Diese Karteikarte entspricht derjenigen des SMTP-Connectors, die in Abschnitt 8.3.2. besprochen worden ist.

Sie sollten mit dieser Konfigurationsmöglichkeit sparsam umgehen, da hier vorgenommene Eintragungen die Verbindungsstatustabelle deutlich vergrößern.

Karteikarten »Inhaltseinschränkungen«, »Übermittlungsoptionen«

Diese Karteikarten entsprechen weitgehend den entsprechenden Dialogen des SMTP-Connectors. Lesen Sie bitte in Abschnitt 8.3.2 nach!

8.7 Verbindungsstatus und Routing

In diesem Abschnitt schauen wir zunächst ein wenig unter die Haube des Exchange-Systems, und anschließend untersuchen wir einige Details des Routingverhaltens.

8.7.1 OrgInfo-Paket und Verbindungsstatustabelle

Von der Verbindungsstatustabelle haben Sie bereits mehrfach gehört – Zeit zu klären, worum es sich dabei handelt.

Die Verbindungsstatusinformationen finden sich im OrgInfo-Paket, das jeder Exchange Server im Speicher hält. Die Informationen des Pakets werden durch die Routinggruppen-Master (siehe Abschnitt 8.5.4) aktualisiert und über die gesamte Exchange-Organisation verteilt.

In dem OrgInfo-Paket finden sich Informationen über:

- Organisationsnamen
- Routinggruppen
- Connectoren
- Adressräume

Im Normalfall werden Sie mit diesen »Exchange-Innereien« nicht viel zu tun haben, bei der Fehlersuche jedoch kann ein bisschen Hintergrundwissen bestimmt nicht schaden.

Das OrgInfo-Paket kann mit dem Werkzeug WinRoute sichtbar gemacht werden, es kann bei **microsoft.com** heruntergeladen werden. Das Download-Archiv kann extrahiert und in ein Verzeichnis kopiert werden, und in diesem kann die Datei **winroute.exe** ohne weitere Installation aufgerufen werden.

Wenn Sie WinRoute aufrufen, müssen Sie sich zunächst mit einem Server verbinden. Dessen OrgInfo-Paket wird gelesen und angezeigt.

In Abbildung 8.46 sehen Sie WinRoute in Aktion:

- Im unteren Bereich der Abbildung sehen Sie die »Rohinformation«, etliche Informationen sind dort im Klartext zu erkennen.
- Im oberen Bereich sehen Sie eine baumartige Darstellung der im OrgInfo-Paket gespeicherten Informationen. Sie können bequem darin navigieren und die Informationen anschauen.

- Die im OrgInfo-Paket enthaltene Verbindungsstatustabelle wird von den Exchange Servern zur Bestimmung der Routingwege für Nachrichten verwendet. Wenn Sie den Eindruck haben, dass das Routing in Ihrer Organisation nicht funktioniert, können Sie mittels WinRoute also exakt die Informationen anschauen, die die Grundlagen für die Routingwegeentscheidungen der Exchange Server sind.
- Auf der Abbildung ist im oberen Bereich ein Connector markiert. Im unteren Fenster sind alle zu diesem Connector vorhandenen Informationen markiert. Der markierte Bereich endet mit STATE UP – dieser Connector ist also verfügbar. Ist ein Connector ausgefallen, wird diese Information natürlich ebenfalls in der Verbindungsstatustabelle gespeichert, so dass Server beim Ermitteln des besten Routingwegs eine über diesen Server führende Route nicht verwenden.

Abbildung 8.46 Die im OrgInfo-Paket zu einem Connector vorhandenen Informationen enthalten den Status – in diesem Fall ist der Connector verfügbar: STATE UP.

Ich hatte Sie weiter vorn darauf hingewiesen, dass Einträge auf der Karteikarte »Empfangseinschränkungen« der Connectoren zu einem deutlichen Aufblähen der Verbindungsstatustabelle führen. Dieses kann man mit WinRoute nachvollziehen (Abbildung 8.47):

▶ Im oberen Fenster ist der Knoten »Einschränkungen« eines Connectors ausgewählt. Sie sehen, dass es Einträge bei »Zulässige Absender« und »Verweigerte Absender« gibt.

▶ Im unteren Bereich des Fensters sehen Sie das OrgInfo-Paket, markiert sind die konfigurierten Einschränkungen.

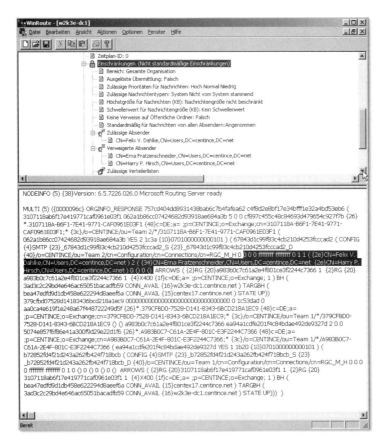

Abbildung 8.47 Bei den Connectoren definierte Empfangseinschränkungen werden im OrgInfo-Paket übertragen.

Das mag in dieser Darstellung zunächst nicht so dramatisch erscheinen. Wenn Sie allerdings in einer größeren Organisation 100 Connectoren haben, bei denen jeweils 100 Benutzer konfiguriert sind, bläht sich das OrgInfo-Paket um 100 Connectoren * 100 Benutzer * 100 Bytes = 976 kB, also ein knappes MB, auf (100 Byte als Länge für den Eintrag eines Benutzers ist ein grober Schätzwert; hier sind die Länge des Organisationsnamens, die Länge der Namen der OUs und natürlich die Benutzernamen zu berücksichtigen). Da das OrgInfo-Paket bei jeder Statusänderung an alle Routinggruppen gesendet wird, ist dieses zusätzliche MB bei schmalen WAN-Strecken durchaus spürbar!

Aktualisierung der Statusinformationen

Nachdem Sie nun Hintergrundwissen über die Verbindungsstatusinformationen im OrgInfo-Paket erhalten haben, werden wir nun noch darauf eingehen, wie die Aktualisierung der Informationen funktioniert. Ein Beispielszenario sehen Sie in Abbildung 8.48:

- In dem Beispiel fällt eine WAN-Verbindung zwischen zwei Standorten aus. Im Connector sind zwar zwei Remotebridgeheads eingetragen, allerdings sind beide nicht erreichbar. Der Bridgehead-Server der mittleren Routinggruppe stellt fest, dass der Connector ausgefallen ist.
- Der Ausfall des Connectors wird von dem Bridgehead-Server an den Routinggruppen-Master gemeldet.
- Der Routinggruppen-Master verteilt ein neues OrgInfo-Paket an die Server »seiner« Routinggruppe und übermittelt es an die Master der anderen Routinggruppe. Die Kommunikation mit den anderen Routinggruppen erfolgt über SMTP (SMTP-Befehl X-LINK2STATE).
- Zu beachten ist, dass die Kommunikation zwischen den Mastern über die »normalen« Connectoren erfolgt. Der in Abbildung 8.48 gezeigte direkte Übermittlungsweg zwischen den Mastern ist also als logischer Weg zu sehen.
- Alle Routinggruppen-Master verteilen die OrgInfo-Pakete an die Server ihrer jeweiligen Routinggruppen.
- Der Bridgehead-Server wird übrigens regelmäßig versuchen, einen der Remotebridgeheads zu erreichen – wenn dies wieder gelingt, übermittelt er die wartenden Nachrichten und teilt dem Master seiner Routinggruppe mit, dass der Connector wieder verwendet werden kann.

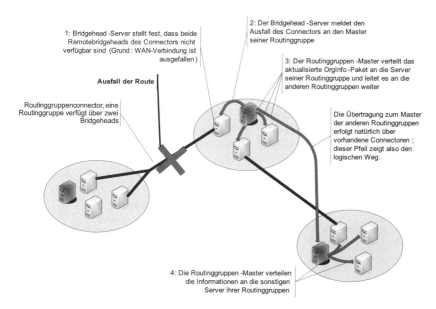

Abbildung 8.48 Beispiel für die Aktualisierung der Verbindungsstatusinformationen

> **Anmerkung** Der Ausfall eines Connectors kann natürlich auch aus dem Ausfall der Bridgehead-Server resultieren – das Verhalten des Systems ist sinngemäß identisch. Den Ausfall des Routinggruppen-Masters habe ich bereits in Kapitel 8.5.4 erläutert.

Die Konsequenz aus der aktualisierten Verbindungsstatustabelle ist, dass die Exchange Server versuchen, den ausgefallenen Connector zu umgehen. In Abbildung 8.48 gibt es natürlich keinen alternativen Weg, wenn aber ein weiterer Connector – selbst wenn er mit sehr hohen Kosten belegt ist – vorhanden ist, werden alle Nachrichten über diesen übertragen (Abbildung 8.49).

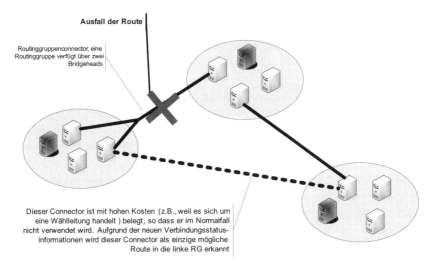

Abbildung 8.49 Falls ein Ersatz-Connector zur Routinggruppe vorhanden ist, wird dieser verwendet. Die Exchange Server reagieren auf die aktualisierten Verbindungsstatusinformationen im OrgInfo-Paket.

Nochmals zurück zum Beispiel in Abbildung 8.48, in dem kein alternativer Weg zur Verfügung steht: Wenn der Routinggruppen-Master feststellt, dass es keinen alternativen Weg zu einer Routinggruppe gibt, lässt er den Status auf »UP«. Dieses Verhalten soll verhindern, dass zig Server der Exchange-Organisation versuchen, eine alternative Route zu finden. Die nicht zustellbaren Nachrichten bleiben in der Warteschlange auf dem Bridgehead-Server des Routinggruppen-Connectors liegen, der sonst die ausgefallene Verbindung bedient.

Schwankender Verbindungsstatus (instabile Verbindungen)

Ein ernsthaftes Problem können instabile Verbindungen sein, die beispielsweise entstehen, wenn ein sehr weit entfernter Standort über eine sehr schmale und »wacklige« VPN-Verbindung angebunden ist. In der Praxis sieht es so aus, dass ein Bridgehead-Server versucht, die Verbindung zu diesem Standort herzustellen, was nicht gelingt. Daraufhin informiert er den Routinggruppen-Master über dieses Problem. Wenige Minuten später gelingt die Verbindung, was ebenfalls dem Master mitgeteilt wird. Die Konsequenz *wäre*, dass im Minutentakt alle Server der Exchange-Organisation komplette OrgInfo-Pakete bekommen.

Da selbige in einer größeren Umgebung bereits ein nennenswertes (= über WAN-Strecken schmerzhaftes) Datenübertragungsvolumen hervorrufen, ist bei Exchange 2003 folgendes Verhalten implementiert worden: Der Routinggruppen-Master hält empfangene Informationen zunächst 10 Minuten zurück; wenn sich also innerhalb dieses Zeitraums der Status eines Connectors erst in »DOWN« und kurze Zeit danach wieder in »UP« ändert, wird diese Information nicht in der Exchange-Organisation verteilt.

Oszilliert eine Verbindung mit einer geringeren Frequenz (z.B. halbstündlicher Wechsel des Verbindungsstatus), wird sich dies in Aktualisierungen der Verbindungsstatustabelle niederschlagen. Die gröbsten Probleme werden durch diese Zehn-Minuten-Verzögerung unterdrückt.

Es ist möglich, die Verbindungsstatusinformationen eines Servers komplett zu unterdrücken, er sendet dann keinerlei Informationen mehr zu dem Status seiner Connectoren. Dies kann durch Änderungen in der Registry des entsprechenden Servers konfiguriert werden. Konkret muss in dem Registry-Zweig `HKEY_LOCAL_MACHINE\SYSTEM\CurrentControlSet\Services\RESvc\Parameters` der Wert `SuppressStateChanges` vom Typ `REG_DWORD` mit dem Datenwert »1« (dezimal) hinzugefügt werden. Anschließend müssen die Dienste RESvc (Routing Engine), SMTPSVC (SMTP-Dienst) und MSExchangeMTA neu gestartet werden.

Ich erwähne diese Möglichkeit nur der Vollständigkeit halber – schließlich dokumentiert Microsoft diese Möglichkeit. Ich denke aber, dass es wesentlich zielführender ist zu versuchen, die Ursache (= schlechte Verbindung) zu eliminieren, als an den Symptomen (= häufige Änderung der Verbindungsstatusinformationen) herzumzubasteln.

8.8 Kostenoptimiertes Routing

Bei der Konfiguration der Connectoren (SMTP-Connector und Routinggruppenconnector) haben Sie die Möglichkeit der Kostenzuweisung gesehen. Ich möchte Ihnen die Bedeutung dieser Konfigurationsmöglichkeit in diesem Abschnitt mit ein paar Beispielen vor Augen führen.

8.8.1 Beispiel 1

Betrachten wir zunächst einen recht simplen Fall (Abbildung 8.50):

- Eine Organisation verfügt über drei Routinggruppen, die »im Ring« über Routinggruppenconnectoren verbunden sind.
- Es ist erwünscht, dass die Nachrichten möglichst über die VPN-Strecken zugestellt werden. Die linke und die rechte Routinggruppe können jeweils einen VPN-Tunnel zur mittleren Routinggruppe aufbauen. Im Bedarfsfall kann zwischen der linken und der rechten Routinggruppe eine Wählverbindung aufgebaut werden. Wählverbindungen haben die unangenehme Eigenschaft, teuer zu sein, weshalb diese Möglichkeit nur im Notfall genutzt werden soll.
- Man wird in diesem Fall den Connectoren, die über VPN-Strecken kommunizieren, die Kosten von »1« zuweisen und dem Connector mit der Wählverbindung die Kosten 100.
- Wenn eine Nachricht von der linken zur rechen Routinggruppe übertragen werden soll, wird das Exchange-System folgende »Überlegungen« durchführen:

- Routingweg 1: Man könnte die Nachricht direkt über den Wählleitungs-Connector übertragen. Die Kosten betragen in diesem Fall 100.
- Routingweg 2: Alternativ kann die Nachricht über die mittlere Routinggruppe transportiert werden, und zwar zu Kosten von 2.
- Die Nachricht wird also über den günstigeren Routingweg 2 gesendet.

▶ Wenn die VPN-Verbindung zwischen der mittleren und der linken Routinggruppe aus irgendwelchen Gründen nicht verfügbar ist, würde eine Mail zwischen diesen für die Kosten von 101 über die rechte Routinggruppe gesendet. Da keine andere Route verfügbar ist, ist in diesem Fall der Weg über die Wählverbindung die kostengünstigste Möglichkeit.

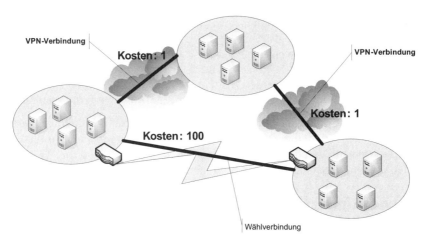

Abbildung 8.50 Eine Topologie mit drei Routinggruppen und mit unterschiedlichen Kosten behafteten Connectoren

8.8.2 Wichtig: Die IP-Konfiguration

In den Connectoren definieren Sie Bridgeheads und im Fall von Routinggruppenconnectoren darüber hinaus Remotebridgehead-Server. Damit die Daten wirklich über den vorgegebenen Weg laufen, muss Ihr IP-Routing entsprechend konfiguriert sein. Abbildung 8.51 zeigt die rechte Routinggruppe aus Abbildung 8.50:

▶ In der Routinggruppe selbst ist das IP-Netz 192.168.12.0 konfiguriert.
▶ Die linke Routinggruppe (siehe Abbildung 8.50) nutzt das IP-Netz 192.168.17.0, dementsprechend ist eine direkte Route dorthin auf dem Wählleitungs-Router konfiguriert.
▶ Alle anderen Ziele werden über das VPN geroutet.
▶ Wenn nun der kostengünstigste Weg über die mittlere Routinggruppe gewählt wird, baut der Connector eine Verbindung zu einem dort befindlichen Remotebridgehead-Server auf, die Nachricht wird also über das VPN übertragen.
▶ Wenn der Connector, der eine Verbindung mit dem Remotebridgehead in der linken Routinggruppe aufbaut, zur Anwendung kommt, wird über die Wählleitung übertragen, weil das Routingziel im Adressbereich 192.168.17.0 liegt.

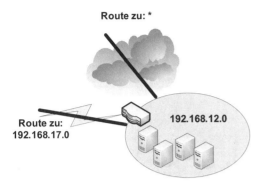

Abbildung 8.51 Damit die Daten über die »richtigen« Verbindungen laufen, muss das IP-Routing korrekt konfiguriert sein.

> **Anmerkung** Es würde in dem vorgenannten Beispiel übrigens ausreichen, den Routingweg zu dem Bridgeheadserver in der linken Routinggruppe über die Wählverbindung zu führen – Verbindungen zum Rest des Netzes 192.168.17.0 können kostenoptimiert über die VPN-Verbindung laufen.
>
> **Anmerkung 2** Damit das obige Beispiel funktioniert, müssen Sie auf dem (oder den) Server(n) die Routingtabellen anpassen. Als Standard-Gateway wird man in den Systemen des Beispiels in Abbildung 8.50 den VPN-Router eintragen; die Route in das Netz der linken Routinggruppe muss zusätzlich hinzugefügt werden. Hierzu kann man das Utility route.exe verwenden, es ist standardmäßig auf den Microsoft-Systemen vorhanden.

Um eine Route in das Netz der linken Routinggruppe hinzuzufügen, lautet der Befehl (die interne Schnittstelle des Wählleitungsrouters sei 192.168.12.100):

```
route -p add 192.168.17.0 mask 255.255.255.0 192.168.12.100
```

oder abstrakt:

```
route -p add [ziel] mask [subnet-mask] [gateway]
```

Der Schalter –p sorgt dafür, dass die Route auch nach einem Neustart des Systems verfügbar ist (P = Permanent).

Um die aktuellen Routingeinträge eines Servers anzuschauen, verwenden Sie route print, was zu einer Ausgabe wie in Abbildung 8.52 führt.

8.8.3 Beispiel 2 (Hub-and-Spoke-Topologie)

Die klassische Hub-and-Spoke-Topologie hat gegenüber einer voll vermaschten Struktur einen ganz wesentlichen Nachteil: Fällt die zentrale Routinggruppe aus, ist auch die Kommunikation der Außenstellen untereinander unterbrochen. Dies ist insbesondere bei der Erstellung eines Notfallkonzepts interessant, denn dabei plant man u.a. die Aufrechterhaltung der Funktionsfähigkeit der Firma für den Fall, dass die Firmenzentrale nicht mehr verfügbar ist.

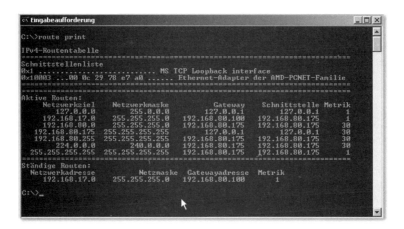

Abbildung 8.52 Damit die Nachrichten über die gewünschten Wege geleitet werden, muss die IP-Konfiguration auf den Bridgehead-Servern eventuell angepasst werden. Mit dem Werkzeug route.exe kann die Routingtabelle eines Servers angezeigt werden.

Um beim Ausfall des zentralen Standorts zumindest den Nachrichtenfluss zwischen den Standorten zu gewährleisten, könnte man zwischen den einzelnen Routinggruppen Connectoren einrichten, die im Fall des Ausfalls des zentralen Standorts die Nachrichtenübermittlung übernehmen. Die Übertragung könnte über Wählverbindungen laufen, was natürlich zu hohen Kosten führen wird (Abbildung 8.53):

- Um die »Querverbindungen« wirklich nur im Notfall zu verwenden, werden diesen wesentlich höhere Kosten zugewiesen.
- Sollte nur die VPN-Verbindung zu einem der Außenstandorte ausfallen, ist dieser ebenfalls über den »Ersatzweg« erreichbar.
- Beachten Sie unbedingt die Hinweise bezüglich des IP-Routings (8.8.2).

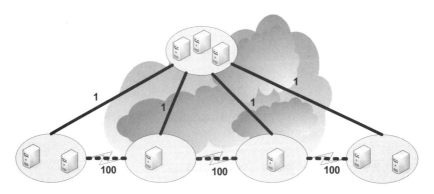

Abbildung 8.53 Eine Hub-and-Spoke-Topologie kann durch zusätzliche Connectoren ausfallsicherer gemacht werden.

8.8.4 Beispiel 3: Internet-Anbindung

Dem SMTP-Connector, mit dem die Verbindung zum Internet aufgebaut wird, werden natürlich ebenfalls Kosten zugewiesen.

Abbildung 8.54 zeigt eine Umgebung, in der aus Redundanzgründen ein zweites Gateway zum Internet eingerichtet worden ist:

- Standardmäßig soll das Gateway der mittleren Routinggruppe (oben) verwendet werden, es werden daher Kosten von »1« zugeordnet.
- Dem Ersatzgateway in der linken Routinggruppe (unten) werden Kosten von »100« zugewiesen. Sofern nicht das Gateway der mittleren Routinggruppe oder sogar die komplette Routinggruppe ausfällt, wird auch die linke Gruppe dieses Gateway nicht verwenden.
- Nicht vergessen: Wir sprechen hier über den Transport ausgehender Mails, nicht eingehender!

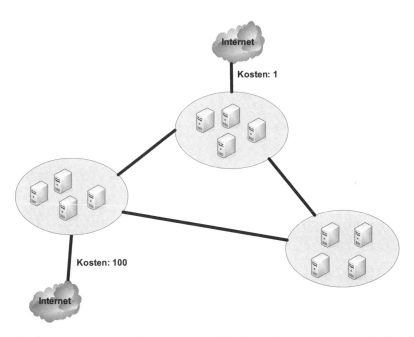

Abbildung 8.54 Diese Konfiguration ermöglicht das Senden von Internet-Mails über das Ersatzgateway, das sich in der linken Routinggruppe befindet.

Man könnte sich ein Szenario vorstellen, in dem ein Standort ein separates Gateway zum Internet verwendet (Abbildung 8.55):

- Zwei europäische Standorte nutzen das Internet-Gateway der mittleren Routinggruppe. Der amerikanische Standort nutzt ein eigenes Gateway.
- Damit die Internet-Mails der rechten Routinggruppe über das europäische Gateway (oben) gesendet werden, werden die Kosten der Routinggruppenconnectoren zwischen den europäischen und dem amerikanischen Standorten auf »5« gesetzt.

- Fällt ein Internet-Gateway aus, werden die Mails zu dem jeweils anderen geleitet.
- Eingehende Mails können in diesem Beispiel ebenfalls »aufgeteilt« werden, da die amerikanische Firma eine andere Domain (inbasco.net) als die europäische (centince.net) verwendet. Fremde Mailserver finden das zu nutzende Gateway über die MX-Records.

> **Anmerkung** Sie sollten sich sehr gut überlegen, ob Sie wirklich mehrere Internet-Gateways aufbauen möchten. Ein Internet-Gateway ist grundsätzlich sehr empfindlich und schutzbedürftig. Es dürfte vorteilhaft sein, nur eines dieser Systeme aufzubauen und zu betreiben.
>
> Bedenken Sie auch, dass eingehende Mails heute auf Viren geprüft werden müssen und dass Spam aussortiert werden muss. Insbesondere ein Gateway für eingehende Mail ist ein komplexes System mit vielen Funktionen, das man sicherlich nur im Ausnahmefall mehrfach aufbauen wird.

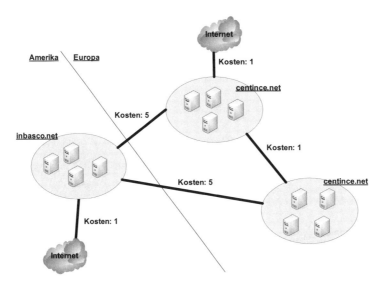

Abbildung 8.55 In einer weltweit verteilten Organisation könnte ein Standort generell ein lokales Internet-Gateway verwenden.

8.9 Load Balancing und Fehlertoleranz

Load Balancing und Fehlertoleranz sind beim Routing wichtige Funktionen, die bei der Planung berücksichtigt werden müssen. Prinzipiell haben Sie die Funktionen in den vorherigen Kapiteln kennen gelernt, dieses Kapitel ist also eine Zusammenfassung.

8.9.1 Lösung mit einem Connector

Wie Sie wissen, kann ein Connector über mehrere Bridgehead-Server verfügen. Es macht übrigens keinen Sinn, mehrere virtuelle Server eines einzigen physikalischen Servers als Bridgeheads eines Connectors zu definieren; der SMTP-Dienst läuft ohnehin multithreaded.

Die entstehende Konfiguration sehen Sie in Abbildung 8.56:

- Die Bridgehead-Server werden nach dem Zufallsprinzip ausgewählt, auf diese Weise werden diese ungefähr gleich ausgelastet.
- Fällt ein Bridgehead-Server aus, bleiben die Mails in dessen Warteschlange liegen, bis die Funktion wiederhergestellt ist – es wird keine Umleitung vorgenommen. Erreicht eine Nachricht einen Bridgehead-Server, ist kein **erneutes** Routing über einen anderen Bridgehead-Server möglich.
- Solange einer der Bridgehead-Server eines Connectors verfügbar ist, gilt der Connector als verfügbar. Beachten Sie zur Verfügbarkeit von Connectoren auch das Kapitel über den Verbindungsstatus (Kapitel 8.7).
- Aus Performance-Gründen machen mehrere »sendende« Bridgehead-Server nur Sinn, wenn erstens mehrere Remotebridgeheads für den Empfang zur Verfügung stehen und zweitens genügend Netzwerkbandbreite zur Verfügung steht.

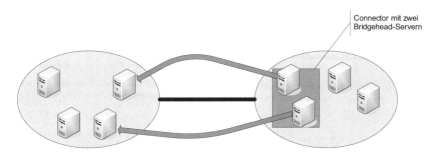

Abbildung 8.56 Für einen Connector können zwei oder mehr Bridgehead-Server konfiguriert werden.

8.9.2 Lösung mit mehreren Connectoren

Alternativ zu der vorgenannten Möglichkeit können mehrere Connectoren mit jeweils einem Bridgehead-Server eingerichtet werden (Abbildung 8.57). Die Fakten:

- Sind unterschiedliche Kosten für diese Connectoren konfiguriert, wird derjenige mit den höheren Kosten nur verwendet, wenn derjenige mit den niedrigeren Kosten ausfällt. Letzteres sorgt für die Anpassung der Verbindungsstatustabelle, so dass die übrigen Exchange Server ihre Routingwege entsprechend ändern.
- Sind identische Kosten für die Connectoren eingetragen, werden diese nach dem Zufallsprinzip verwendet.
- Ist ein Connector ausgefallen (weil der zugehörige Bridgehead-Server ausgefallen ist), werden die Nachrichten über den anderen Connector gesendet.
- Beachten Sie, dass zusätzliche Connectoren die Verbindungsstatustabelle deutlicher vergrößern als »nur« zusätzliche Bridgeheads eines Connectors (dies kann man mit WinRoute nachvollziehen).

Die hier vorgestellte Konfiguration mit mehreren Connectoren bietet eine bessere Fehlertoleranzkonfiguration als das Szenario »Ein Connector mit mehreren Bridgeheads«.

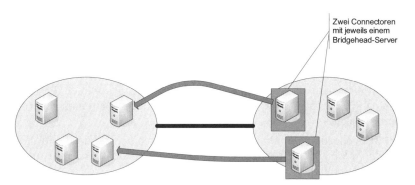

Abbildung 8.57 Zwei oder mehr Connectoren können für die Verbindung zwischen Routinggruppen konfiguriert werden.

Wenn Ihre Exchange-Organisation mehr als zwei Routinggruppen umfasst, ist es wahrscheinlich gar nicht die optimale Lösung, mehrere Connectoren mit demselben Ziel in **einer** Routinggruppe unterzubringen: Ein fehlertolerantes Routing über mehrere Routinggruppen ist möglich und in vielen Fällen sinnvoller: Falls ein Standort (i. A. eine Routinggruppe) komplett ausfällt (z. B. Verlust der WAN-Verbindungen, Brand im Serverraum des Standorts etc.), bringen an diesem Standort redundante Connectoren gar nichts. Eine Konfiguration, die es ermöglicht, beim Routing die ausgefallene Routinggruppe komplett zu umgehen, dürfte das eigentliche Ziel sein.

8.9.3 Anmerkung zu Namensräumen von SMTP-Connectoren

Bei SMTP-Connectoren ist für die Auswahl des Connectors noch zusätzlich der Namensraum relevant. Sie haben weiter vorn gesehen, dass bei SMTP-Connectoren der Namensraum, an den dieser Connector Nachrichten übermittelt, konfiguriert werden kann, beispielsweise *.net für alle Domains, die sich unterhalb dieser Root-Domain befinden.

In Abbildung 8.58 sehen Sie eine Umgebung, in der ein Connector existiert, um Nachrichten an Domains des Namensraums *.net zu senden, und zwei Connectoren, die für die Übermittlung an alle übrigen Domains verwendet werden. Zwei Fälle müssen in diesem Zusammenhang betrachtet werden.

▶ **Fall 1:** Eine Nachricht wird an einen Empfänger in einer .net-Domain gesendet (z. B. u.boddenberg@centince.net):
  ▷ Zunächst wird geprüft, welcher Connector vom Namensraum am besten passt, das ist natürlich der Connector für den Namensraum *.net.
  ▷ Jetzt wird es wichtig: Fällt der einzige Connector, der dediziert diesen Namensraum bedient, aus, gibt es kein Failover auf einen allgemeineren Connector (= mit dem Namensraum »*«); die Nachrichten bleiben in einer Warteschlange, bis der Connector wieder verfügbar ist

▶ **Fall 2:** Für alle Empfänger, die sich nicht in einer Domain *.net befinden, gilt (z. B. ulrich@boddenberg.de):
  ▷ Bei der Prüfung, welcher Connector vom Namensraum her am besten passt, wird einer der Connectoren mit dem Namensraum »*« ausgewählt.

- Da zwei *-Connectoren vorhanden sind, wird ermittelt, über welchen kostengünstiger übertragen werden kann. Es zählen wie immer die Gesamtkosten der möglichen Route.
- Ist einer dieser Connectoren ausgefallen, wird über den jeweils anderen übermittelt.

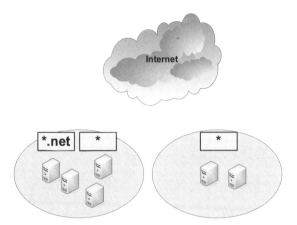

Abbildung 8.58 Bei der Wahl des SMTP-Connectors wird zunächst der Connector mit dem am besten passenden Namensraum gewählt.

Sie sehen an diesem Beispiel, dass es bei SMTP-Connectoren sehr wichtig ist, auf den konfigurierten Namensraum (bzw. die Namensräume) zu achten – insbesondere auch, weil es kein Fallback vom spezielleren auf den allgemeineren Connector gibt.

8.10 Diagnose und Problembehandlung

Auch in einer sorgfältig geplanten und eingerichteten Umgebung wird es hin und wieder zu Problemen kommen. Wichtig ist, dass Sie von vornherein die regelmäßige Überwachung der Exchange-Systeme planen und im Fall von Problemen strukturiert an mögliche Probleme herangehen.

8.10.1 Statusüberwachung mit dem Exchange System-Manager

Einen ersten Anhaltspunkt, ob die Routingkomponenten funktionieren, bietet die Status-Anzeige des Exchange System-Managers (Abbildung 8.59). Sie sehen auf einen Blick den Status von Connectoren und Servern. Diese Anzeige verwöhnt zwar nicht unbedingt mit Details, zumindest lässt sich aber auf einen Blick erkennen, ob alles vordergründig in Ordnung ist – oder eben auch nicht.

Damit Sie diese Anzeige richtig bewerten:

- Wenn ein Server oder Connector als nicht-verfügbar gekennzeichnet wird, ist auf jeden Fall etwas nicht in Ordnung.
- Wird überall »verfügbar« angezeigt, können Sie *nicht* zwingend davon ausgehen, dass die Exchange-Organisation komplett in Ordnung ist; zumindest liegt aber kein offensichtlicher Fehler vor.

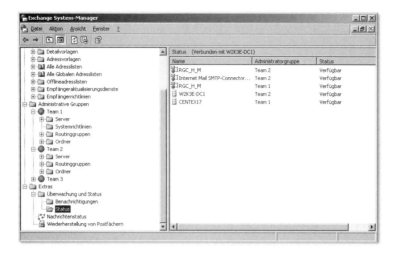

Abbildung 8.59 Die Status-Anzeige des Exchange System-Managers gibt einen ersten Überblick über Server und Connectoren.

8.10.2 Warteschlangen

Auf jedem Exchange Server finden sich diverse Warteschlangen. Im Exchange System-Manager können Sie die Warteschlangen aller Server anzeigen lassen. Befindet sich eine Warteschlange im Status »Wiederholen«, bedeutet dies, dass Sie der Ursache nachgehen sollten (Abbildung 8.60).

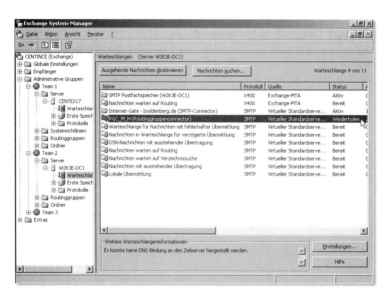

Abbildung 8.60 Warteschlangen, die im Status »Wiederholen« stehen, sollten genauer unter die Lupe genommen werden.

Im Kontextmenü der Warteschlangen findet sich der Eintrag »Nachrichten suchen«. Dieser führt zu dem in Abbildung 8.61 gezeigten Dialog, mit dem sich zumindest ein erster grober Überblick über die Warteschlange und die darin befindlichen Nachrichten gewinnen lässt.

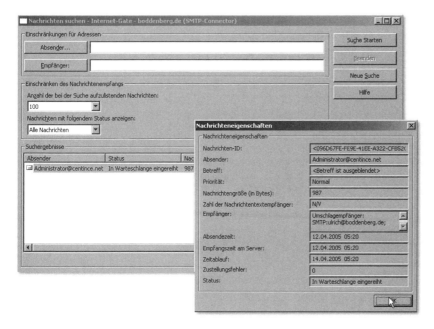

Abbildung 8.61 Mit »Nachricht suchen« kann man die in der Warteschlange stehenden Nachrichten anschauen.

Bedeutung der Warteschlangen

Da sich aus dem Titel der Warteschlangen nicht unbedingt deren konkrete Bedeutung erschließt, finden Sie in der nachstehenden Tabelle eine kurze Beschreibung der einzelnen Warteschlangen.

Warteschlange	Beschreibung
[Lokaler Domänenname] (Lokale Übermittlung)	Enthält Nachrichten, die auf dem Exchange Server für die lokale Übermittlung an ein Exchange-Postfach oder einen Informationsspeicher für Öffentliche Ordner in die Warteschlange eingereiht sind.
Nachrichten warten auf Verzeichnissuche	Enthält Nachrichten an Empfänger, die noch nicht anhand des Microsoft Active Directory-Verzeichnisdienstes aufgelöst wurden. Nachrichten verbleiben ebenfalls während des Erweiterns von Verteilerlisten auf diesem Server.
Nachrichten warten auf Routing	Nachrichten verbleiben in dieser Warteschlange, bis der nächste Zielserver ermittelt wurde, und werden anschließend in die entsprechenden Verbindungswarteschlangen verschoben.

Diagnose und Problembehandlung

Warteschlange	Beschreibung
Remoteübermittlung [Connectorname| Servername| Remotedomäne]	Enthält Nachrichten für die Remoteübermittlung. Der Name der Warteschlange ergibt sich aus dem Ziel der Remoteübermittlung, also aus dem Namen des entsprechenden Connectors bzw. Servers oder dem Namen der Domäne.
Endgültiges Ziel momentan nicht erreichbar	Der endgültige Zielserver für diese Nachrichten kann nicht erreicht werden. Exchange war z.B. nicht in der Lage, einen Netzwerkpfad zum endgültigen Ziel zu finden.
Vor Übermittlung	Enthält Nachrichten, die vom SMTP-Dienst bestätigt und angenommen wurden. Mit der Verarbeitung dieser Nachrichten wurde jedoch noch nicht begonnen.
DSN-Nachrichten mit ausstehender Übertragung	Enthält Benachrichtigungen über den Zustellstatus, auch Unzustellbarkeitsberichte genannt, die zum Übermitteln durch Exchange bereit sind. Hinweis: Die folgenden Vorgänge sind für diese Warteschlange nicht verfügbar: Alle Nachrichten löschen (kein Unzustellbarkeitsbericht) Alle Nachrichten löschen (Unzustellbarkeitsbericht)
Warteschlange für Nachrichten mit fehlerhafter Übermittlung	Enthält Benachrichtigungen, deren Warteschlangenübertragung fehlgeschlagen ist, meistens bevor eine andere Art der Verarbeitung stattgefunden hat. Standardmäßig werden Nachrichten in dieser Warteschlange nach 60 neu übertragen.
Nachrichten in Warteschlange für verzögerte Übermittlung	Enthält Nachrichten, die eingeordnet sind und später gesendet werden sollen. (Darunter sind auch Nachrichten, die mit älteren Versionen von Outlook gesendet wurden. Diese Option kann bei Outlook-Clientcomputern festgelegt werden.) Frühere Versionen von Outlook sind für die Übermittlung von Nachrichten vom Message Transfer Agent (MTA) abhängig. Nun wird die Übermittlung von Nachrichten über SMTP und nicht den MTA durchgeführt. Daher wird die verzögerte Übermittlung von Nachrichten, die über frühere Outlook-Versionen gesendet werden, anders gehandhabt. Diese Nachrichten verbleiben bis zum angesetzten Übermittlungszeitpunkt in der Warteschlange.

8.10.3 Ereignisanzeige

Exchange schreibt Ereignisse in das Anwendungsprotokoll des jeweiligen Servers. Standardmäßig werden dort nur kritische Ereignisse protokolliert; in den Eigenschaften der Exchange Server kann für jede Dienstkategorie der Protokollierungsgrad festgelegt werden. Die Einstellung muss für jeden Exchange Server individuell vorgenommen werden (Abbildung 8.62).

Bedenken Sie bitte, dass ein Protokollierungsgrad von »Maximum« für viele verschiedene Dienstkategorien merklichen Einfluss auf die Leistung eines ohnehin stark belasteten Systems haben wird. Sie sollten zum einen sparsam mit höheren Protokollierungsgraden umgehen und diese zum anderen nach erfolgter Problemanalyse wieder zurücksetzen.

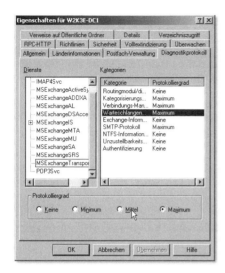

Abbildung 8.62 Der Protokollierungsgrad kann für jede Dienstkategorie individuell festgelegt werden. Die Einstellmöglichkeit findet sich in den Eigenschaften der Exchange Server (Exchange System-Manager).

8.10.4 Performance-Monitor

Mit dem Performance-Monitor können Sie ebenfalls Problemen bei der Nachrichtenübermittlung auf die Spur kommen.

Bei der Exchange-Installation werden zig Performance-Monitor-Datenquellen und -Indikatoren installiert (Abbildung 8.63).

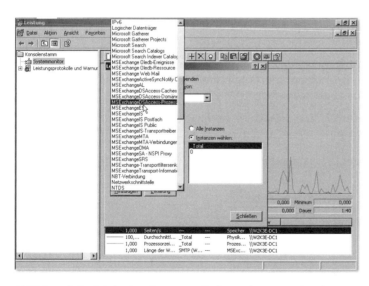

Abbildung 8.63 Bei der Installation von Exchange Server werden diverse Leistungsobjekte und Leistungsindikatoren hinzugefügt.

Diagnose und Problembehandlung **189**

Bei der Arbeit mit dem Performance-Monitor ist generell zu beachten, dass es i.A. wenig Sinn macht, einen einzelnen Wert zu betrachten: Um die »richtigen« Schlüsse zu ziehen, sollten nicht nur die Exchange-Datenquellen untersucht, sondern grundsätzlich stets auch die wichtigsten Parameter des Betriebssystems berücksichtigt werden. Mehr zum Monitoring des Exchange Servers finden Sie in Kapitel 19.4 – dort finden Sie auch Hinweise, welche Datenquellen sinnvollerweise überwacht werden sollten!

Grundsätzlich gilt, dass Messwerte dann besonders aussagekräftig sind, wenn Sie Vergleichswerte heranziehen können. Sie sollten also nicht nur dann mit der Performance-Messung beginnen, wenn massive Benutzerbeschwerden eingehen, sondern kontinuierlich wichtige Werte erheben. Sie nehmen also die Baseline des Systems im »Normalzustand« auf und haben somit die Möglichkeit zu vergleichen, welche Werte aus dem Ruder laufen.

8.10.5 Zentrale Überwachung mit dem Microsoft Operations Manager

Wenn Sie Exchange-Systeme wirklich »gut« überwachen möchten, sollten Sie ernsthaft über den Einsatz des Microsoft Operations Manager nachdenken. Die Möglichkeiten dieses Produkts in Zusammenhang mit Exchange werde ich Ihnen in Abschnitt 19.5 genauer vorstellen.

8.10.6 Third Party-Produkte, Quest Spotlight on Exchange

Das Produkt »Quest Spotlight on Exchange« ist Ihnen in diesem Buch bereits begegnet. In Zusammenhang mit der Nachrichtenübermittlung und -bearbeitung möchte ich Sie auf zwei Möglichkeiten dieses Produkts hinweisen.

Sie können die wichtigsten Datenquellen in einer grafischen Übersicht darstellen und bewerten (Abbildung 8.64). Spotlight greift auf die »normalen« Datenquellen zu, die auch der betriebssystemeigene Performance-Monitor verwendet. Dieses Produkt liefert also primär eine übersichtlichere Darstellung. Es bringt also nicht eine grundsätzlich neue Funktionalität mit oder leistet weitergehende Datenaufbereitung.

Die zweite interessante Funktion von Spotlight ist der Topology Viewer (Abbildung 8.65). Hier werden Server, Routinggruppen und Connectoren grafisch dargestellt – sehr praktisch, um die Konfiguration zu visualisieren.

Weiterhin können Sie diverse Tests, beispielsweise für den Nachrichtenfluss, definieren und diese in regelmäßigen Intervallen ausführen lassen. Grundsätzlich können Sie diese (oder zumindest ähnliche) Tests auch mit Bordmitteln durchführen. Spotlight macht diese Aufgabe aber komfortabel, insbesondere wenn Sie diese regelmäßig durchführen.

8.10.7 Allgemeines zur Fehlersuche

Wenn durch die regelmäßige Überwachung oder »Anwenderbeschwerden« ein Problem ans Licht gekommen ist, geht es um die Lösung des Problems.

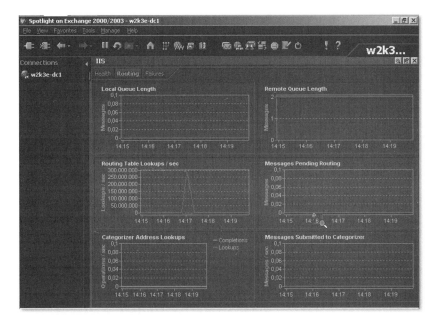

Abbildung 8.64 Mit Spotlight on Exchange können Sie recht einfach für das Nachrichten-Routing relevante Performance-Daten ansehen.

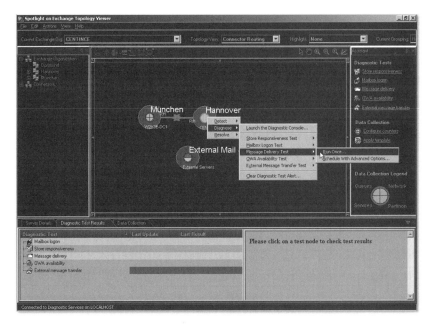

Abbildung 8.65 Die regelmäßige Durchführung von Tests ist für die »Früherkennung« von Problemen wichtig.

Bevor ich Ihnen einige Maßnahmen vorstelle, möchte ich Ihnen einige Punkte mit auf den Weg geben:

- Erfahrungsgemäß rühren viele Exchange-Anomalien entweder aus Problemen bei der Namensauflösung (DNS) und/oder des Active Directorys her (beispielsweise schlecht erreichbare Global Catalog-Server). Es ist also eine gute Idee, zunächst diese möglichen Problemquellen auszuschließen, bevor Sie komplexeste Troubleshooting-Maßnahmen beginnen.
- Sie sollten Ihre Konfiguration sorgfältig dokumentieren. Ich würde mir eine schriftliche Liste aller Server, virtueller Server, Connectoren nebst jeweils zugehöriger IP-Adressen anlegen. Warum? Ein kurzes Beispiel: Wenn zwei virtuelle SMTP-Server auf dieselbe IP-Adresse konfiguriert sind, gibt es massive Probleme, die unter Umständen schwer zu entdecken sind; die üblichen Tests (z.B. SMTPdiag) sind erfolgreich, dennoch können die Routinggruppenconnectoren keine Nachrichten austauschen. Die manuelle schriftliche Dokumentation ist eine altbekannte, aber dennoch hilfreiche Maßnahme.
- Bevor Sie anfangen, mit Werkzeugen wie ADSIedit im Active Directory oder regedt32 in der Registry »herumzukonfigurieren«, sollten Sie wirklich alle anderen Möglichkeiten ausgeschöpft haben und sich mehr als 100%ig sicher sein, was Sie tun. Ich betone das deshalb, weil ich schon mehrfach verzweifelte Versuche mit manuellem Umbiegen von Active Directory-Einstellungen gesehen habe, die allesamt dazu geführt haben, dass das Active Directory neu aufgesetzt werden musste – sehr unangenehm. Ansonsten gilt die Anmerkung aus dem ersten Punkt dieser Liste ...

8.10.8 Statusüberwachung mit WinRoute

WinRoute liest das OrgInfo-Paket aus, das sämtliche Verbindungsstatusinformationen enthält. Die Kenntnis dieser Informationen hilft bereits, um einen guten Überblick über den derzeitigen Zustand der Exchange-Organisation zu erhalten.

Etliche Informationen zu Hintergründen von WinRoute sind in Kapitel 8.7.1 dargestellt.

8.10.9 DNS-Konfiguration

Die »Klassiker« bei der Überprüfung der Namensauflösung sind die altbekannten Ping und nslookup. Wenn diese beiden Überprüfungen gelingen, ist das zwar beruhigend, allerdings noch nicht unbedingt aussagekäftig, da mit diesen Werkzeugen nicht exakt das Verhalten des SMTP-Service bei der Namensauflösung nachgebildet wird.

Das Werkzeug Dnsdiag aus dem Windows 2003 Resource Kit simuliert das Verhalten des SMTP-Service bei der Namensauflösung und gibt detaillierte Diagnosemeldungen aus.

Installieren Sie Dnsdiag auf dem Server, den Sie bezüglich der Namensauflösung überprüfen möchten (Sie benötigen die Dateien `dnsdiag.exe` und `isatq.dll`).

Um zu überprüfen, ob ein Servername (`centex17.centince.net`) korrekt über den Nameserver 192.168.80.175 aufgelöst werden kann, geben Sie folgenden Befehl ein:

```
Dnsdiag centex17.centince.net -s 192.168.80.175 -d
```

Die Ausgabe des Dnsdiag-Werkzeugs sehen Sie in Abbildung 8.66.

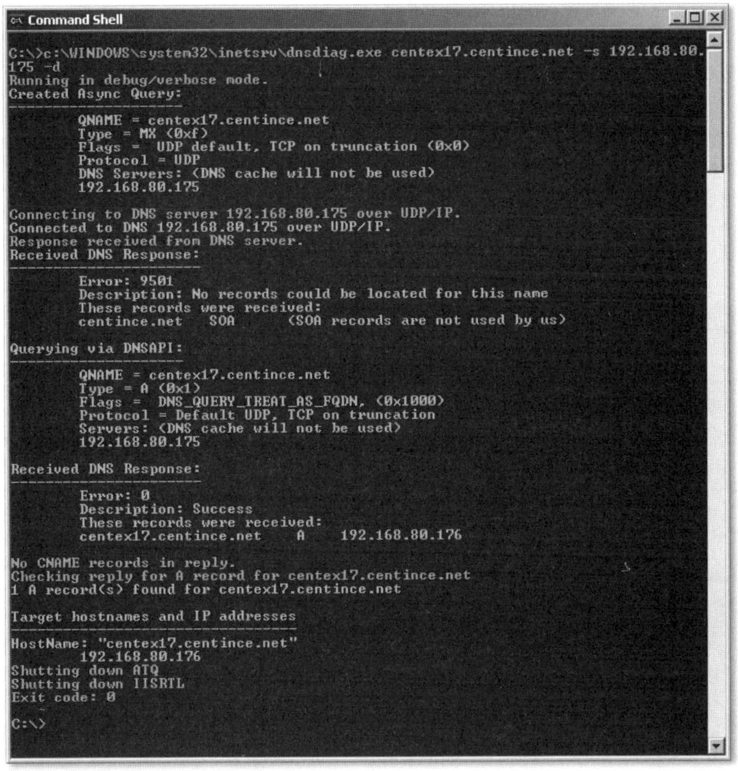

Abbildung 8.66 Die Ausgabe der Namensauflösung mit Dnsdiag aus dem Windows Server Resource Kit

8.10.10 SMTPDiag

Ein weiteres wichtiges Testwerkzeug ist SMTPDiag, das von der Microsoft.com-Website bezogen werden kann – suchen Sie einfach nach »SMTPDiag«. Mit SMTPDiag können Sie prüfen, ob eine Mail tatsächlich versendet werden könnte, indem tatsächlich eine Verbindung mit dem SMTP-Server hergestellt wird.

Die Syntax lautet:

```
SmtpDiag "absender@domain.de" "empfänger@domain.de"
```

Optional kann der Schalter /v gesetzt werden, um eine detailliertere Ausgabe zu erzeugen.

SMTPDiag geht wie folgt vor:

- Nach dem Überprüfen der Syntax überprüft SMTPDiag zunächst den SOA-Datensatz (Start of Authority) der Remoteadressdomäne.
- Im nächsten Schritt wird überprüft, ob die MX/A-Datensätze der lokalen Domäne auflösbar sind. Dieser Test überprüft, ob die Domäne des Absenders gültig ist und ob Nachrichten, die zwischen Servern übermittelt werden, an den ursprünglichen Server zurückgesendet werden können. Der Test kann fehlschlagen, wenn die Domäne innerhalb der Firewall nicht auflösbar ist.

- Die MX/A-Datensätze der Remotedomäne werden ebenfalls überprüft. Wenn dieser Schritt fehlschlägt, werden Nachrichten aufgrund von DNS-Problemen nicht gesendet. In diesem Fall sollte die DNS-Netzwerkinfrastruktur untersucht werden.
- Wenn alle DNS-Datensätze erfolgreich abgefragt wurden, versucht SMTPDiag eine Verbindung mit allen MX-Datensätzen herzustellen, die auf der Remotedomäne über Port 25 veröffentlicht wurden. Anschließend versucht das Tool die Befehle EHLO, mail from, rcpt to und quit auszuführen.

Ein Beispiel einer Ausgabe von SMTPDiag sehen Sie in Abbildung 8.67.

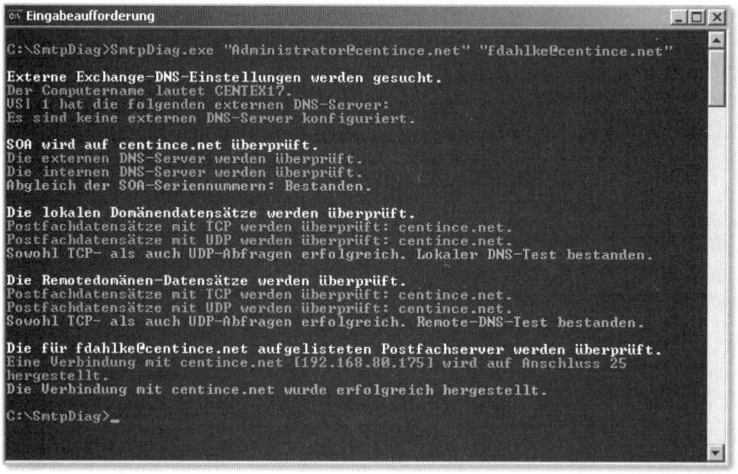

Abbildung 8.67 Überprüfung des Übermittlungsvorgangs einer Mail mit SMTPDiag

Wenn in einer Warteschlange Nachrichten »festhängen«, können Sie Empfänger und Absender identifizieren wie in Kapitel 8.10.2 beschrieben und in Abbildung 8.60 gezeigt. Überprüfen Sie auf dem entsprechenden Server den Mailversand für genau diesen Absender und Empfänger mit diesem Werkzeug. Vielleicht hilft das bereits weiter! Nutzen Sie den Schalter /v für eine ausführlichere Ausgabe.

SMTPDiag kann übrigens auch für die Überprüfung des Versands an externe Mailadressen verwendet werden. Das kann unter Umständen zur Klärung beitragen, warum an externe Adressen nicht gesendet werden kann.

8.10.11 Tracking von Nachrichten (Nachrichtenverfolgung)

Bei der Fehlersuche ist es unter Umständen außerordentlich hilfreich, den Fluss einer einzelnen Mail in der Exchange-Organisation detailliert nachvollziehen zu können. Exchange bietet diese Möglichkeit, sie muss allerdings zunächst aktiviert werden. Im Eigenschaften-Dialog des Servers aktivieren Sie die Checkbox »Nachrichtenverfolgung aktivieren« (Abbildung 8.68).

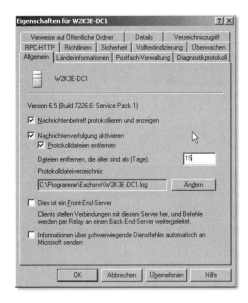

Abbildung 8.68 Die Nachrichtenverfolgung wird im Eigenschaften-Dialog jedes einzelnen Exchange Servers aktiviert.

Für jeden Tag wird in einem frei wählbaren Verzeichnis eine separate Datei (Name: yyyymmdd.log) angelegt. Wenn Sie möchten, löscht Exchange die Logs, die älter als eine vorgegebene Anzahl von Tagen sind.

Beachten Sie bitte folgende Aspekte:

- Die Nachrichtenprotokollierung führt auf stark belasteten Systemen zu einer merklichen Leistungsverringerung. Sie sollten die Nachrichtenverfolgung nur im Bedarfsfall aktivieren und nach Abschluss der Diagnosearbeiten wieder abschalten.
- Die Nachrichtenprotokollierung muss auf allen Servern aktiviert sein, über die die zu prüfenden Nachrichten laufen können.
- Beachten Sie bitte, dass Benutzer, die die Nachrichtenverfolgung durchführen sollen, auf das freigegebene Verzeichnis, in dem die Protokolle gespeichert werden, Zugriff haben müssen. Das gilt für alle Server, auf denen Protokolle erzeugt werden!

Die Anzeige der Ergebnisse der Nachrichtenverfolgung wird mit dem Exchange System-Manager durchgeführt (**Extras · Nachrichtenstatus**). Sie können dort nach diversen Parametern die zu verfolgenden Nachrichten suchen (Abbildung 8.69).

Sie können nun die Nachricht, deren Verlauf Sie untersuchen möchten, auswählen, worauf der in Abbildung 8.70 gezeigte Dialog erscheint. Auf dieser Abbildung sehen Sie, dass die Nachricht vom Server w2k3e-dc1, auf dem sich das Postfach von Administrator@centince.net befindet, per SMTP zum Server centex17 gesendet worden ist. Dort befindet sich übrigens das Postfach von fdahlke@centince.net.

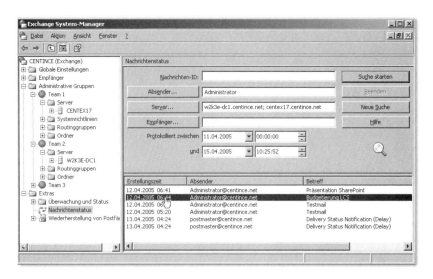

Abbildung 8.69 Im Exchange System-Manager können die zu verfolgenden Nachrichten gesucht und ausgewählt werden.

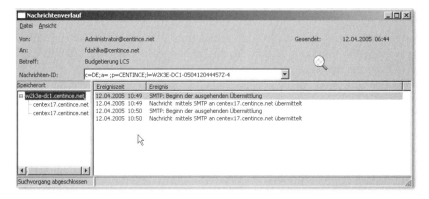

Abbildung 8.70 Die Nachrichtenverfolgung: Die Nachricht wurde per SMTP zu einem anderen Server gesendet.

Verfolgen wir die Nachricht dieses Beispiels weiter (Abbildung 8.71): Durch einen Klick auf den nächsten Server der Übermittlungsreihenfolge sehen Sie die dortige Behandlung der Nachricht – außerdem können Sie ein wenig über die Nachrichten-Verarbeitung lernen:

▶ Zunächst wird die Nachricht in eine Eingangswarteschlange gestellt.

▶ Im nächsten Schritt stellt das »Kategorisierungsmodul« fest, wie weiter mit der Nachricht zu verfahren ist.

▶ In diesem Fall, da sich die Nachricht bereits auf dem »richtigen« Postfachserver befindet, wird sie an den Informationsspeicher übermittelt.

Abbildung 8.71 Die Nachrichtenverfolgung: Die Nachricht ist auf dem Postfachserver des Empfängers angelangt und wird in den Informationsspeicher geschrieben.

Sie sehen, dass die Verfolgung einer Nachricht an sich nicht schwierig ist – falls eine Nachricht auf dem Routingweg »hängen bleibt«, werden Sie dies relativ einfach herausfinden. Häufig ist es schwieriger zu diagnostizieren, warum nun konkret eine Nachricht nicht weiterübermittelt werden kann; mit Hilfe der zuvor vorgestellten Werkzeuge und einer sorgfältigen Analyse der Konfiguration lassen sich die Fehler bestimmt entdecken und beheben!

8.10.12 Netzwerkmonitor

Falls Sie aus dem Verhalten Ihres Systems überhaupt nicht schlau werden, besteht die Möglichkeit, den Datenverkehr auf Netzwerkebene anzuschauen (Abbildung 8.72). Der Netzwerkmonitor ist Bestandteil der Serverbetriebssysteme, muss allerdings separat installiert werden (**Software · Windows-Komponenten hinzufügen**).

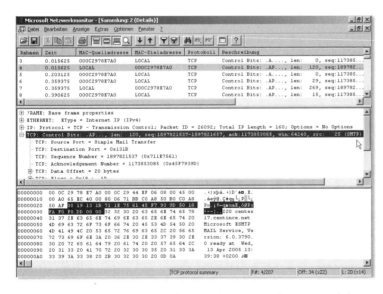

Abbildung 8.72 Mit dem Netzwerkmonitor können Sie den Datenverkehr genau analysieren. Hier sehen Sie den Beginn einer SMTP-Kommunikation zwischen zwei Exchange Servern.

Ich will Ihnen nichts vormachen: Die Analyse eines Problems mit dem Netzwerkmonitor ist so ziemlich eine der anspruchsvollsten Tätigkeiten für Administratoren und setzt viel theoretisches Wissen und Erfahrung hinaus.

Allein über die SMTP-Protokolltheorie, die man zum erfolgreichen Arbeiten auf dieser Ebene kennen muss, könnte man leicht ein dickes Buch schreiben.

8.10.13 Active Directory-Konfiguration

Ich hoffe, dass Sie regelmäßig die Funktion Ihres Active Directorys beobachten und kontrollieren?

Dies ist kein Active Directory-Buch, deshalb werde ich hier nicht genauer auf Techniken und Maßnahmen eingehen.

Sie können in jedem Fall davon ausgehen, dass in einer Umgebung, in der das Active Directory nicht einwandfrei funktioniert, Exchange mit Sicherheit auch nicht stabil laufen wird: Zum einen benötigt Exchange einen stabilen Zugriff auf die AD-Informationen, zum anderen sind beide Dienste auf eine zuverlässige Netzwerkinfrastruktur angewiesen – insbesondere im Bereich der Namensauflösung.

Übrigens: Probleme im Active Directoy sind häufig auf Probleme mit der Namensauflösung zurückzuführen. Es klingt zwar ein wenig abgedroschen, dauernd auf der Namensauflösung herumzureiten, trotzdem ist sie sehr häufig das Problem.

Ein paar Hinweise:

▶ Behalten Sie die Ereignisanzeige im Blick. Active Directory-Fehlermeldungen werden dort eingetragen.

▶ Setzen Sie die von Microsoft bereitgestellten Überwachungswerkzeuge ein, beispielsweise den Replikationsmonitor!

▶ Wenn Sie sich das Leben leichter machen möchten, sollten Sie über »Spotlight on Active Directory« von Quest nachdenken.

8.11 Mit Exchange Nachrichten aus POP3-Postfächern holen

Insbesondere kleinere Unternehmen werden vor der Situation stehen, dass kein eigenes »von außen« erreichbares SMTP-Mail Relay vorhanden ist, sondern die Mails aus POP3-Postfächern abgeholt werden müssen. In einem »normalen« Exchange werden Sie die Möglichkeit, POP3-Postfächer abzuholen, vergeblich suchen – sie ist schlicht und ergreifend nicht vorhanden. Nur der Small Business Server bringt einen Connector für die Abfrage der POP3-Mailboxen mit, dieser ist aber außerhalb des SBS nicht verfügbar. Natürlich ist das Problem mit Hilfe von Drittanbietern lösbar.

Zunächst jedoch noch ein kleiner Hinweis: Was an der Konstruktion mit POP3-Postfächern wirklich lästig ist, ist die doppelte Pflege der Benutzerkonten: In Exchange (bzw. Active Directory) und beim Provider. Bei zehn Mitarbeitern ist das sicherlich noch tragbar, es gibt aber durchaus Unternehmen mit dreihundert Mitarbeitern, die eine entsprechende Anzahl von POP3-Postfächern beim Provider verwalten.

Etliche Provider bieten die Möglichkeit einer »Catchall-Mailbox« (Bezeichnungen variieren). An dieses Postfach werden sämtliche Mails geleitet, für die beim Provider keine Mailbox eingerichtet ist (Abbildung 8.73). Im Klartext bedeutet dies, dass Mails für sämtliche Empfänger in einem Postfach gesammelt werden, so dass beim Provider eben nicht sämtliche Benutzer angelegt werden müssen.

Abbildung 8.73 Wenn Sie Ihre Mails über POP3 holen müssen, ist es sehr hilfreich, wenn Ihr Provider sämtliche Mails in einem einzigen Postfach bereitstellen kann (in dieser Abbildung: Konfigurationsmenü von Strato).

Es gibt diverse Applikationen, die mit dem POP3-Protokoll Mails für Exchange abholen, ein Beispiel ist der POPBeamer von der österreichischen Firma DataEnter (http://www.dataenter.co.at). Der POPBeamer kostet ca. 160 Euro und ist in einer Demoversion verfügbar.

Die Konfiguration (**mbadmin.exe** aufrufen!) ist recht einfach. Das Wichtigste im Überblick:

▶ POPBeamer ist nicht als Exchange-Connector implementiert, demzufolge muss er auch nicht auf dem Exchange Server ausgeführt werden. Letztendlich (und stark vereinfacht gesagt) ist POPBeamer ein System, das Mails via POP3 abholt und per SMTP an den Exchange Server sendet.

▶ Eine wesentliche Konfigurationsinformation ist, an welchen Exchange Server (= an welche IP-Adresse) POPBeamer die abgeholten Mails weiterleiten soll (Abbildung 8.74).

▶ Natürlich müssen alle POP3-Mailboxen, von denen POPBeamer Nachrichten holen soll, eingetragen werden (Abbildung 8.75). Wie zuvor erläutert wurde (»Catchall-Mailbox«), ist der Optimalfall, dass nur ein Postfach abgefragt werden muss, in dem sämtliche Nachrichten für Ihre Organisation ankommen. In POPBeamer kann eingetragen werden, ob die von einer Mailbox empfangenen Nachrichten an ein bestimmtes Exchange-Postfach weitergeleitet werden sollen (Option: »Diese E-Mail Adresse«) oder ob POP Beamer selbstständig das »richtige« Exchange-Postfach ermitteln soll (»Auto-Detect den Empfänger«). Die Auto-Detect-Option ist übrigens eine wesentliche Grundlage für die Verwendbarkeit der Catchall-Mailbox!

▶ Für jedes einzelne Postfach kann ein Zeitplan für das Mailabholen definiert werden. Im Zeitalter von permanent verfügbaren DSL-Verbindungen schadet es sicherlich nicht, einmal pro Minute den Abholvorgang ausführen zu lassen.

Nochmals zurück zum Autodetect: Damit alles korrekt funktioniert, muss das Verfahren für das Autodetect festgelegt werden. Den entsprechenden Dialog finden Sie unter **Ansicht · Optionen · Überprüfen** (Abbildung 8.76). Wenn Sie Exchange 2003 einsetzen und der Exchange Server für die komplette Domain verantwortlich ist, sollten Sie das Verfahren »Domainliste« wählen. Tragen Sie unbedingt die Namen der Domains, also beispielsweise `centince.net`, ein. Auf der Karteikarte »Auto-Detect« wird schließlich eingetragen, welche Informationen der Mail zur Erkennung des Empfängers ausgewertet werden sollen; im

Allgemein ist »Alle Kopfzeilen« die beste Einstellung (Abbildung 8.77). Dies ist übrigens auch die Default-Einstellung.

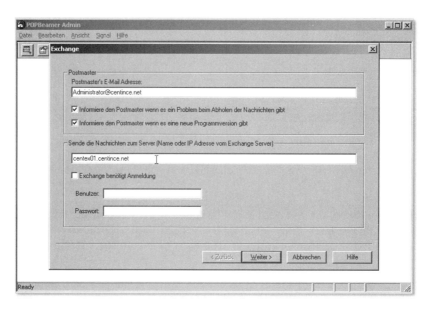

Abbildung 8.74 Ein Konfigurationsschritt für POPBeamer ist das Eintragen der Adresse des Exchange Servers.

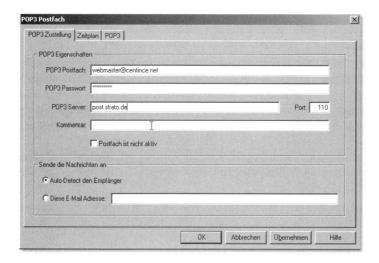

Abbildung 8.75 In diesem Dialog werden jeweils die abzufragenden POP3-Mailboxen eingetragen. Besonders interessant ist die Auto-Detect-Funktion, insbesondere dann, wenn der Provider sämtliche Mails in einer einzelnen Mailbox zur Verfügung stellt.

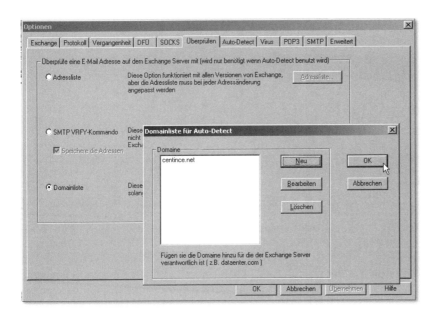

Abbildung 8.76 Wenn Sie Auto-Detect verwenden möchten, muss das Verfahren ausgewählt werden. In einer Exchange2003-Umgebung bietet sich »Domainliste« an – vergessen Sie nicht, die Domains einzutragen!

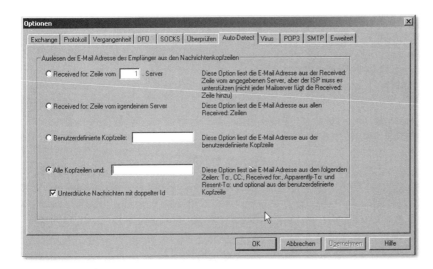

Abbildung 8.77 Für das Auto-Detect muss angegeben werden, welche Zeilen einer Mail hierfür ausgewertet werden sollen. Im Allgemeinen ist »Alle Kopfzeilen« die beste Einstellung.

Ist POPBeamer konfiguriert, können Sie die den Serverprozess mit **mbserver.exe** starten; in einer Textoberfläche kann man die jeweiligen Aktivitäten überwachen (Abbildung 8.78) – diese werden natürlich auch in Logfiles protokolliert.

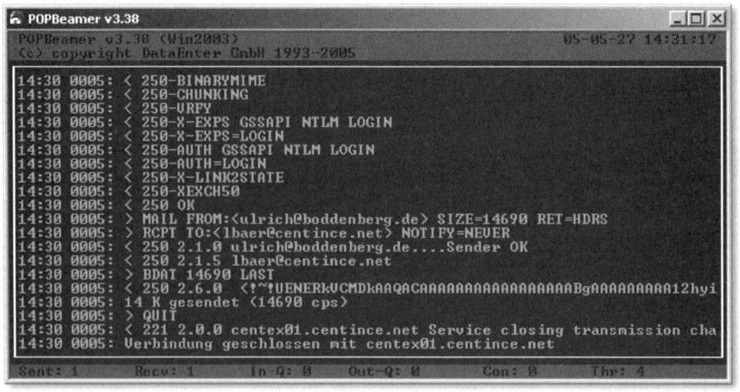

Abbildung 8.78 Wenn POPBeamer interaktiv gestartet wird, kann die aktuelle Aktivität in dieser Textoberfläche überwacht werden.

Bekanntlich ist kein Administrator wirklich glücklich, wenn auf einem Server ein Benutzer eingeloggt sein muss, weil eine Applikation interaktiv gestartet und ausgeführt werden muss – Serverapplikationen sollten als Dienst installiert werden.

Um POPBeamer als Dienst zu installieren, rufen Sie `mbserver.exe install` auf, dann läuft die Applikation als Dienst (Abbildung 8.79).

Abbildung 8.79 Durch die Eingabe von »mbserver install« wird POPBeamer als Dienst installiert, so dass kein angemeldeter Benutzer benötigt wird.

> **Kleiner Hinweis am Rande** Ich habe erlebt, dass die POP3-Server einiger Provider häufig nicht in der Lage sind, jede Anfrage sofort verzögerungsfrei zu bedienen. Wenn Sie POPBeamer also im Minutentakt Mails abholen lassen, wird demnach hin und wieder eine Anforderung fehlschlagen. Das ist zunächst nicht schlimm, wird aber unangenehm, wenn der Administrator jedes Mal eine Mail bekommt, wenn dies passiert. Achten Sie also auf die Konfigurationsmöglichkeit »Informiere den Postmaster, wenn es ein Problem ...«. Schalten Sie diese Option ab. Je nachdem, wie stabil die POP3-Server Ihres Providers sind, »müllen« Sie sonst den angegebenen Administratoraccount gnadenlos mit »Ich konnte den POP3 Server nicht erreichen«-Mitteilungen zu!

9 Storage

9.1 Ein wenig Datenbanktheorie 205

9.2 Speichergruppen und Datenbanken 207

9.3 Email-Archivierung (Journaling) 225

9.4 Dimensionierung von Plattenbereichen.................. 233

9.5 Problembehebung 250

1	**Über dieses Buch**
2	**Der Aufbau des Buchs**
3	**Exchange 2003 – Service Pack 2**
4	**Einführung in das Thema Collaboration**
5	**Erster technischer Überblick**
6	**Solutions Design**
7	**Exchange und Active Directory**
8	**Routing**
9	**Storage**
10	**Öffentliche Ordner**
11	**Administrative Gruppen**
12	**Richtlinien, Vorlagen und Adresslisten**
13	**Front-End-/Back-End-Architektur**
14	**Clients**
15	**Sichere Anbindung an das Internet**
16	**Sicherheit**
17	**Installation**
18	**Migration/Upgrade auf Exchange 2003**
19	**Betrieb und Administration**
20	**Backup, Restore und Desaster Recovery**
21	**Verfügbarkeit**
22	**Live Communications Server 2005 – Ein Überblick**
23	**LCS – Installation und Konfiguration**
24	**LCS – »Externe« Clients und Föderationen**
25	**LCS – Administration**
26	**LCS – Sicherheit**
27	**Entwicklung**
28	**Programmieren mit CDO (CDOEX)**
A	**Problembehebung in Warteschlangen**
B	**Zu überwachende Parameter (Jetstress-Test)**
C	**Performance Monitoring, wichtige Datenquellen**
D	**Outlook Level 1 Dateianhänge**

9 Storage

Im weitesten Sinne ist Exchange ein System, das Daten speichert und wieder bereitstellt. Demnach ist die Speicherarchitektur ein wesentlicher Bestandteil des Exchange-Systems. In diesem Kapitel lernen Sie zunächst die Exchange-Datenbank-Architektur kennen. Anschließend betrachten wir weiterführende Themen vom Festplattensizing bis zum Volume Shadow Copy Service.

9.1 Ein wenig Datenbanktheorie

Gängige Datenbanksysteme (z.B. Microsoft SQL Server, Oracle, IBM DB2) schreiben neben der eigentlichen Datenbank eine zusätzliche Datei, das Logfile. Wenn Sie also einen Datensatz hinzufügen, ändern oder löschen, wird die Änderung also nicht nur in dem Datenbankfile vorgenommen, sondern auch in dem Log mitgeschrieben. Sie können sich dieses Log als ein permanent mitlaufendes Protokoll vorstellen. Das Prinzip ist in Abbildung 9.1 gezeigt:

- Linke Seite der Abbildung: Im Ursprungszustand (beispielsweise nach einer Sicherung) ist das das Log noch leer. Die Datenbank enthält eine Tabelle, die zwei Zeilen enthält.
- Rechte Seite der Abbildung: Mittlerweile sind einige Änderungen durchgeführt worden:
  - Eine neue Zeile ist hinzugefügt worden (»N: Laserjet 4000«).
  - Warenbestände für den neuen Artikel sind gebucht worden (»Ä: LJ4000: …«).
  - Von dem bestehenden Artikel LJ1015 sind fünf Stück von Lager 1 ins Lager 2 verschoben worden. Zunächst werden fünf Stück in Lager 1 abgezogen, dann fünf Stück dem zweiten Lager zugebucht.

Sie sehen, dass zum einen die Änderungen in der eigentlichen Tabelle zu sehen sind, parallel sind aber auch alle durchgeführten Aktionen im Log protokolliert.

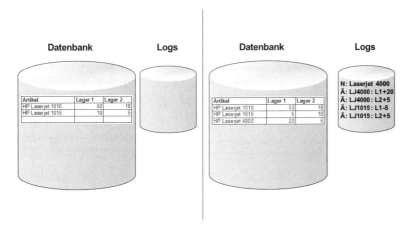

Abbildung 9.1 Datenbanken schreiben alle durchgeführten Aktionen in ein Log.

Was kann man mit diesem Log anfangen? Einige Beispiele:

- Wird die Datenbank inkonsistent, beispielsweise weil eine Schreiboperation logische Fehler verursacht hat, kann diese rückgängig gemacht werden, indem die protokollierten Änderungen widerrufen werden.
- Wenn die Datenbankdatei korrupt wird, beispielsweise durch Dateisystemfehler, muss eine Sicherung eingespielt werden. Wenn Sie noch über die Logfiles verfügen, die seit der Sicherung der Datenbankdatei geschrieben worden sind, können Sie mit diesen die zurückgesicherte Datenbank wieder auf den aktuellen (oder zumindest einen sehr zeitnahen) Stand bringen, indem die Logs auf diese angewendet werden.
- Aus dem zuvor genannten Punkt ergibt sich eine interessante Möglichkeit: Da es häufig nicht möglich sein wird, die eigentliche Datenbank mehrmals täglich zu sichern, kann man sich behelfen, indem man nur die Logs sichert. Beim Restore wird dann zunächst die Vollsicherung eingespielt, anschließend werden die Logs, die sozusagen inkrementelle Sicherungen sind, angewendet.
- Viele Geschäftsvorgänge bestehen aus mehreren Änderungen in der Datenbank. Das Verschieben von Artikeln zwischen den Lagern (siehe vorheriges Beispiel) ist ein Anwendungsfall, an dem sich das Konzept der Transaktion gut erklären lässt: Die Transaktion ist erst abgeschlossen, wenn fünf Drucker in Lager 1 ausgebucht und diese wieder in Lager 2 hinzugebucht worden sind. Fällt das System nach der ersten Buchung (fünf Drucker in Lager 1 abziehen) aus und führt den zweiten Schritt nicht mehr durch, würde Ihr Lagerbestand nicht mehr stimmen! Eine Anwendung kann deshalb eine Transaktion beginnen, dann die Änderungen durchführen und zum Schluss die Transaktion abschließen (»commit«) oder verwerfen (»rollback«). Sollte mitten in einer Transaktion die Datenbank abstürzen, werden beim erneuten Hochfahren zunächst alle Transaktionen zurückgefahren, so dass keine Dateninkonsistenzen durch nicht abgeschlossene Transaktionen entstehen können.

Sie sehen an den Beispielen, dass die Logs keinesfalls lästiges Beiwerk, sondern dass diese erstens für die Funktion der Datenbank außerordentlich wichtig und zweitens absolut sicherungswürdig sind!

Aus der Tatsache, dass eine Datenbank jeweils aus der eigentlichen Datenbankdatei und dem Logfile besteht, resultieren einige Konsequenzen für die Dimensionierung des Festplattenbereichs eines Datenbankservers (Abbildung 9.2):

- System (Betriebssysteminstallation, die ausführbaren Dateien des Datenbankservers etc.), Datenbank und Logfile sollten **grundsätzlich** auf physikalisch unterschiedlichen RAID-Sets liegen. Es genügt nicht, auf einem RAID-Set mehrere Partitionen zu bilden!
- Die eigentliche Datenbank kann auf einem RAID 5 (kleinere Systeme) oder RAID 0+1 (größere Systeme) liegen.
- Die Logfiles sollten auf einem RAID 1 oder in sehr großen Systemen aus Gründen der Performance auf einem RAID 0+1 liegen.

Um es einmal ganz deutlich negativ zu formulieren: Legen Sie bitte nicht die eigentliche Datenbankdatei und das Logfile auf ein physikalisches RAID-Set! Neben den Sicherheitsaspekten hat das auch handfeste Performancegründe: Auf die Datenbankdatei wird sehr »zufällig« zugegriffen, d.h., es werden quer über die Platte verteilt Blöcke mit Daten gelesen oder verändert. Auf das Log wird im Allgemeinen »nur« sequenziell geschrieben!

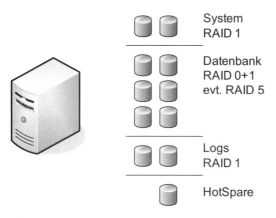

Abbildung 9.2 Das »richtige« Sizing für einen Datenbankserver

Das sind völlig unterschiedliche Zugriffscharakteristika, die auf einem einzigen physikalischen RAID nicht gerade harmonieren.

Es ist nun nicht so, dass eine Datenbank auf einem Server mit einem einzigen aus drei Platten bestehenden RAID-5-Set nicht funktionieren würde, wenn aber einigermaßen intensiv auf diese Datenbank zugegriffen wird, werden Sie mit Sicherheit ein Performanceproblem bekommen. Dessen Ursache ist schlicht und ergreifend ein ungünstiges Sizing des Storage-Bereichs.

»Aber das hier ist doch ein Exchange-Buch!« werden Sie sicherlich denken. Genau! Und deshalb ist es wichtig, sich über die Datenbankkonzepte klar zu werden, denn im Grunde genommen ist Exchange eine Datenbank, die Daten in Form von Nachrichten empfängt, speichert und wieder bereitstellt.

Im Vergleich zu einer Datenbank, auf der das Warenwirtschaftssystem gespeichert ist, muss Exchange zwar keine komplexen Abfragen über zig Tabellen ausführen oder OLAP-Auswertungsmöglichkeiten bereitstellen. Entsprechend geringer sind im Vergleich die Anforderungen an die Leistung des Storagebereichs, grundsätzlich gelten aber dieselben Grundregeln für die Dimensionierung des Storages für Exchange!

Sie werden im Verlauf dieses Kapitels sehen, dass Ihnen die hier vorgestellten Begriffe und Konzepte noch mehrfach begegnen werden!

9.2 Speichergruppen und Datenbanken

Exchange speichert die Daten (= Nachrichten, Termine, Kontakte etc.) der Benutzer in Datenbanken. In diesen Datenbanken werden *keine* Konfigurationsinformationen gespeichert, diese liegen im Active Directory. Exchange kennt grob gesehen zwei Typen von Datenbanken, nämlich für Postfächer und für Öffentliche Ordner.

Wie Sie in Abbildung 9.3 sehen, sind die Datenbanken in Speichergruppen organisiert, diese wiederum werden unterhalb der Server verwaltet. (Nicht alle Ressourcen sind von der Verwaltung her unterhalb von Servern aufgehängt, denken Sie beispielsweise an Connectoren!)

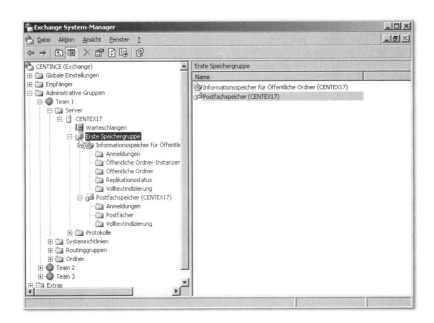

Abbildung 9.3 Datenbanken werden in Speichergruppen organisiert, diese werden unterhalb der Server verwaltet.

Wie bei allen Datenbanken gelten auch bei Exchange die Anforderungen »Performance« und »Verfügbarkeit«. Wir werden in diesem Kapitel diskutieren, wie diese Ziele erreicht werden können.

9.2.1 Unterschiede zwischen den Editionen

Im Bereich des Speichers gibt es zwischen der Standard- und der Enterprise-Edition einige Unterschiede:

	Standard	Enterprise
Anz. Speichergruppen	1	4
Datenbanken pro SG	2	5
Max. Größe einer einzelner DB	16 GB vor SP2 75 GB ab SP2	16 TB

Zu den Speichergruppen: Streng genommen unterstützen beide Editionen jeweils eine Speichergruppe mehr, als in der Tabelle angegeben (2 und 5), hierbei handelt es sich allerdings um die »Speichergruppe für die Wiederherstellung« (Recovery Storage Group), die nicht für produktive Datenbanken verwendet werden kann.

Betrachten wir zunächst die Standard-Edition: Bei dieser gibt es nur eine Speichergruppe mit zwei Datenbanken: Eine davon ist der Postfachspeicher, die andere der Informationsspeicher für Öffentliche Ordner. Hieraus ergibt sich, dass bei einem Exchange Standard-Server eine maximale Postfachspeichergröße von 16 GB (**75 GB ab SP2**) möglich ist.

In Umgebungen mit nur einem Exchange Server ist dies bereits schon ein wichtiges Entscheidungskriterium: Wenn in Ihrer Firma 200 Exchange-Benutzer vorhanden sind, denen jeweils eine Postfachgröße von 500 MB erlaubt ist, genügt die Standard-Edition nicht (200 Ben. * 500 MB = 100.000 MB = 98 GB).

Die maximale Größe einer einzelnen Datenbank in der Enterprise Edition beträgt 16 TB. Dies ist aus mehreren Gründen nur eine theoretische Größe:

- Ein 16 TB großes Speichervolume ist bereits hardwaremäßig ein Problem.
- Selbst wenn Sie so viele Anwender haben, dass Sie einen dermaßen großen Speicherbereich benötigen, wird man erstens nicht alle Benutzer auf einem Server arbeiten lassen und zweitens bei sehr großen Postfachservern mehrere Datenbanken in verschiedenen Speichergruppen nutzen. Mehr dazu folgt später in diesem Kapitel.

9.2.2 Struktur der Exchange-Datenbank

Bevor wir die Exchange-Datenbank aus einem eher planerischen und administrativen Blickwinkel betrachten, werden wir uns zunächst der internen Struktur widmen.

In Abbildung 9.4 sehen Sie ein Datenbank-Verzeichnis, in dem (noch) keine Datenbanken oder Logs verschoben worden sind.

- ***.edb und *.stm:** Die Exchange-Datenbanken bestehen jeweils aus einer Rich-Text-Datenbankdatei (*.edb) und der Streaming-Datenbankdatei (*.stm). Mehr Details finden Sie weiter unten.
- **Transaction Logfile (*.log):** Die Logfile-Dateien sind immer 5 MB groß (hat ein Logfile nicht exakt die Größe von 5.242.880 Bytes, ist es beschädigt). Ist die aktuelle Datei »voll«, wird sie umbenannt und ein neues File wird erzeugt. Das jeweils aktuelle Logfile erkennen Sie am Namen **Exx.log**, wobei **Exx** das für die Speichergruppe ausgewählte Präfix ist.
- **Checkpoint File (*.chk):** Das Checkpoint File zeigt auf die letzte in die Datenbank geschriebene Transaktion; es enthält einen Verweis auf Logfile und Position. Die Datei wird gelesen, wenn Exchange nach einem Fehler neu startet. Die Checkpoint-Datei verhindert dabei, dass Exchange sämtliche Logfiles durcharbeiten muss, um zu prüfen, welche Transaktionen bereits in die Datenbank geschrieben worden sind.
- **Reserve Logfile (res1.log, res2.log):** Eines der kritischsten Probleme für jede Datenbank ist, wenn kein physikalischer Speicherplatz mehr zur Verfügung steht. Wenn ein neues Logfile erstellt werden müsste und weniger als 5 MB auf dem Datenträger verfügbar sind, nutzt Exchange die beiden Reserve Logfiles, um zumindest die aktuellen Vorgänge im Speicher zu Ende führen zu können. Sind diese Vorgänge abgeschlossen, wird Exchange die Datenbanken der Speichergruppe herunterfahren – die Benutzer haben dann keinen Zugriff auf diese Datenbanken mehr.

Beachten Sie bitte, dass die Logfiles nicht einzelnen Datenbanken, sondern Speichergruppen zugeordnet sind – mehr dazu später.

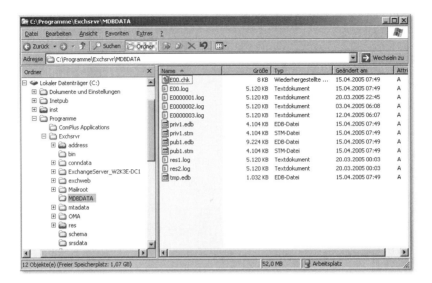

Abbildung 9.4 Ein Blick in das Datenbankverzeichnis – vor dem Verschieben der Log-Dateien

*.edb und *.stm

Schauen wir nochmals genauer auf die Struktur der Datenbank:

- *.edb: In der Rich-Text-Datenbank werden alle Daten gespeichert, die von MAPI-Clients gesendet werden; Outlook ist beispielsweise ein MAPI-Client. Ansonsten enthält diese Datei die Tabellen, mit denen das System Nachrichten lokalisiert, die Prüfsummen über EDB- und STM-Datei und Verweise auf die Daten in der STM-Datei.

- *.stm: Die Streaming-Datei enthält die nativen Internet-formatierten Inhalte (MIME). Diese Datei wird verwendet, um Non-MAPI-Clients zu unterstützen, also POP3- und IMAP-Clients.

Schauen wir uns die »Zusammenarbeit« der beiden Datenbankdateien an (Abbildung 9.5):

- Wie bereits erwähnt, wird eine von Outlook (MAPI-Client) gesendete Nachricht direkt in das EDB-File geschrieben. Liest ein Non-MAPI-Client diese Nachricht, wird diese im Speicher des Exchange Servers konvertiert. Die Nachricht wird *nicht* physikalisch in die STM-Datei geschrieben.

- Sendet ein Nicht-MAPI-Client eine Nachricht, wird diese in dem STM-File gespeichert, gleichzeitig werden die Informationen aus dem Messageheader in die EDB-Datei geschrieben. Greift ein MAPI-Client auf diese Nachricht zu, wird diese zunächst konvertiert und in die EDB-Datei geschrieben, anschließend kann der MAPI-Client zugreifen. Anhänge verbleiben übrigens in der STM-Datei und werden im Speicher konvertiert. Da der Vorgang beim ersten Lesen vermutlich etwas verwirrend ist, findet sich der Ablauf in Abbildung 9.5.

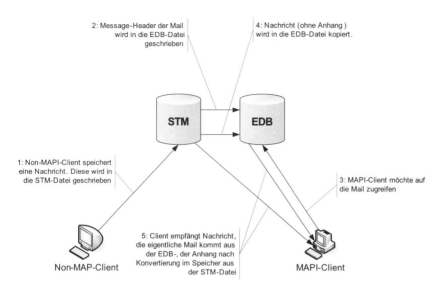

Abbildung 9.5 Szenario, wenn ein MAPI-Client auf die Nachricht eines Non-MAPI-Clients zugreift

Transaction Logfiles und Circular Logging

Wie bereits zuvor erläutert, schreibt Exchange sämtliche Transaktionen in Logfiles. Die Logfiles sind grundsätzlich 5 MB (5*1.024*1.024 = 5.242.880 Bytes) groß. Ist das aktuelle Logfile »voll«, wird es umbenannt, und eine neue Datei gleichen Namens wird erzeugt.

Betrachten wir Logfiles unter dem Gesichtspunkt des Wiederherstellungsvorgangs: Grundsätzlich gilt, dass man in regelmäßigen Abständen eine Vollsicherung durchführen muss. Wie bereits erläutert, schreibt das Exchange-System permanent jede Transaktion in die Logfiles (Abbildung 9.6).

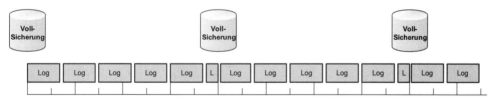

Abbildung 9.6 Regelmäßig wird eine Vollsicherung der Datenbank durchgeführt.

Interessant ist nun die Vorgehensweise bei der Rücksicherung, wenn Sie tatsächlich die Exchange-Datenbank (EDB und STM) verlieren.

- Der erste Schritt ist das Einspielen der aktuellsten Vollsicherung.
- Dann werden die Logfiles angewendet, d.h., die in den Logfiles gespeicherten Änderungen werden in die Datenbank geschrieben, so dass die Datenbank wieder auf dem aktuellen Stand ist. Logfiles können, sofern dieses noch verfügbar ist, vom Festplattensystem gelesen oder von der Bandsicherung eingespielt werden (mehr zu Sicherungsstrategien folgt in Kapitel 20). Interessant ist, welche Logfiles benötigt werden, nämlich

diejenigen, die seit der letzten Vollsicherung erzeugt worden sind. In Abbildung 9.7 sind alle Daten, die zur Wiederherstellung erforderlich sind, mit einem Punkt gekennzeichnet: die letzte Vollsicherung und alle seitdem geschriebenen Logfiles.

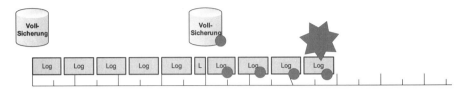

Abbildung 9.7 Zur Wiederherstellung werden die letzte Vollsicherung und alle seitdem erzeugten Logfiles benötigt (gekennzeichnet mit Punkten).

Aus den zuvor angestellten Überlegungen ergibt sich, dass die Logfiles, die vor der letzten Vollsicherung erstellt worden sind, nicht mehr benötigt werden. Dementsprechend können diese nach erfolgreichem Abschluss einer Vollsicherung gelöscht werden. Dies zu veranlassen ist Aufgabe der Backup-Software, mehr dazu folgt in Kapitel 20.3.

Kommen wir zum Circular Logging (= Umlaufprotokollierung); ich beginne mit einem Beispiel: Wenn Sie nur einmal pro Woche eine Sicherung durchführen würden und ein tägliches Transaktionsvolumen (= alle Änderungen in der Datenbank) von 2,5 GB hätten, wären die Logfiles am Ende der Woche (bei 5 Werktagen) insgesamt 5*2,5 GB = 12,5 GB groß. Das Aktivieren der Umlaufprotokollierung verringert diesen Speicherbedarf auf ca. 20 MB!

Bei der Umlaufprotokollierung wird Exchange ungefähr 4 Logfiles (zu je 5 MB) schreiben. Sind diese vier Logfiles »voll«, überschreibt Exchange das älteste.

Das Hauptproblem bei der Umlaufprotokollierung sehen Sie in Abbildung 9.8: Durch das Überschreiben der alten Protokolle wird ein Nachfahren der Logs seit der letzten Vollsicherung nicht möglich sein – ganz einfach deshalb, weil nicht mehr alle Logfiles vorhanden sind.

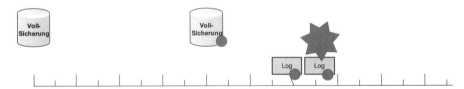

Abbildung 9.8 Wenn Circular Logging aktiviert ist, ist die Wiederherstellung aus der letzten Vollsicherung und zwischenzeitlich generierten Logs nicht möglich – die älteren Logs sind überschrieben worden.

Ist die Umlaufprotokollierung aktiviert, hat dies übrigens Auswirkungen auf die Sicherungsstrategie. Die Sicherungsarten »inkrementell« und »differenziell« sind nicht möglich, wenn die Umlaufprotokollierung aktiv ist. Der Grund ist, dass diese Sicherungstypen ausschließlich die Logs sichern, und dies hat wenig Wert, wenn man mit den gesicherten Logs keine Wiederherstellung durchführen könnte, was beim Circular Loggin nun mal der Fall ist.

Generell ist eine Umlaufprotokollierung für Postfachspeicher absolut ungeeignet. Überprüfen Sie also diese Einstellung bei Ihren Datenbanken! Dies gilt insbesondere auch beim Small Business Server – hier ist Umlaufprotokollierung die Standardeinstellung.

Für die Aktivierung der Umlaufprotokollierung gibt es folgende Gründe:

▶ Bei Öffentlichen Ordnern, von denen mehrere Repliken in Ihrer Organisation vorhanden sind, könnte man die Umlaufprotokollierung verwenden; schließlich sind die Daten auch auf anderen Systemen vorhanden. Sofern Sie diesen Server lokal sichern, werden Sie vermutlich aber nicht die Umlaufprotokollierung aktivieren, um sich nicht die Möglichkeit der inkrementellen oder differenziellen Sicherung zu verbauen.

▶ Wenn Sie größere Datenmengen in diese Datenbank importieren, beispielsweise beim Verschieben von Postfächern von einem anderen Server, wird ein großes Volumen an Logs erzeugt; 100 GB importierte Postfachdaten erzeugen 100 GB Logfiles. Es würde also durchaus Sinn machen, während des Importvorgangs die Umlaufprotokollierung zu wählen. Danach aber direkt wieder abschalten!

GUID

Jeder Datenbank wird ein GUID (Globally Unique Identifier) zugewiesen. Dieser GUID wird auch im Active Directory gespeichert. Dies bedeutet, dass einem Exchange Server keine »falsche« Datenbank untergeschoben werden kann, selbst wenn der Dateiname passen würde.

Single Instance Storage

Das Prinzip des Single Instance Storage ist einfach erklärt. Angenommen, jemand sendet allen zwanzig Vertriebsmitarbeitern die 15 MB große neue Firmenpräsentation. Er sendet hierzu eine einzige Mail, die an alle Empfänger adressiert ist.

Wenn sich die Anwender in einer Datenbank befinden, wird die Mail nur einmal gespeichert (Speicherbedarf: 15 MB) und eben nicht zwanzigmal (300 MB). Die anderen Postfächer erhalten einen Verweis auf diese Mail (Abbildung 9.9).

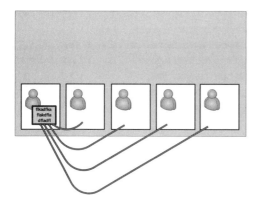

Abbildung 9.9 Das Prinzip des Single Instance Storage: Eine an mehrere Benutzer gesendete Mail wird nur einmal physikalisch gespeichert.

Single Instance Storage funktioniert nicht über Datenbanken hinweg. Wenn sich die Postfächer der Benutzer in dem anfangs genannten Beispiel über vier Datenbanken verteilen, wird die Mail viermal gespeichert.

Wird ein Postfach in eine Datenbank verschoben, in der diese Nachricht bisher noch nicht gespeichert ist, wird sie dort physikalisch angelegt. Exchange erkennt Nachrichten anhand einer intern zugewiesenen ID.

9.2.3 Speichergruppen

In Speichergruppen werden Datenbanken zusammengefasst: zwei in der Standard Edition und bis zu fünf in der Enterprise Edition. Die Datenbanken einer Speichergruppe verwenden ein gemeinsames Logfile (Abbildung 9.10).

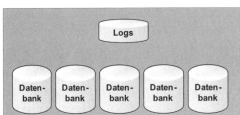

Abbildung 9.10 Eine Speichergruppe beim Exchange Server der Enterprise Edition kann fünf Datenbanken umfassen; bei der Standard Edition sind es nur zwei Datenbanken.

Wenn Sie Exchange in der Enterprise-Edition einsetzen, können vier Speichergruppen angelegt werden, insgesamt werden dort also zwanzig Datenbanken unterstützt (Abbildung 9.11).

Weshalb legt man nun mehrere Speichergruppen an? Einige Gründe:

▶ Beginnen wir mit dem einfachsten Grund: Wenn Sie mehr als fünf Datenbanken verwenden möchten, haben Sie ohnehin keine andere Wahl, denn in einer Speichergruppe können nur fünf Datenbanken eingerichtet werden.

▶ Wenn Sie ein sehr stark belastetes System haben, wird es performance-mäßig günstig sein, mehrere Logfiles auf unterschiedlichen physikalischen RAID-Sets anzulegen. Mehr dazu folgt in Kapitel 9.4, *Dimensionierung von Plattenbereichen*.

▶ Wenn Sie eine Gruppe von Datenbanken in einem Backup-Job sichern möchten (die Sichtweise auf den Informationsspeicher hängt allerdings von der verwendeten Backup-Software ab).

▶ Die Umlaufprotokollierung (Circular Logging) kann nur für ganze Speichergruppen aktiviert oder deaktiviert werden. Wenn für eine Gruppe von Datenbanken nur Umlaufprotokollierung benötigt wird, fasst man diese sinnvollerweise in einer Speichergruppe zusammen.

▶ Wenn Sie einen Exchange Server für verschiedene Firmen Ihres Unternehmens nutzen (evtl. nach einer Serverkonsolidierung), möchte man diese eventuell auf dem Server möglichst weitgehend trennen. Man könnte dies über unterschiedliche Speichergruppen erreichen. Beachten Sie aber, dass Sie die Speichergruppen eines Servers nicht unterschiedlichen administrativen Gruppen zuordnen können; man könnte zwar an den Berechtigungen mit ADSIedit »herumpfuschen« – davon möchte ich Ihnen aber ganz dringend abraten!

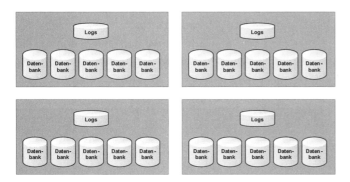

Abbildung 9.11 Exchange Enterprise-Edition unterstützt vier Speichergruppen mit je 5 Datenbanken.

Kommen wir von der Theorie zur Praxis: Zusätzliche Speichergruppen können, zumindest in der Enterprise-Version, im Exchange System-Manager hinzugefügt werden (Abbildung 9.12).

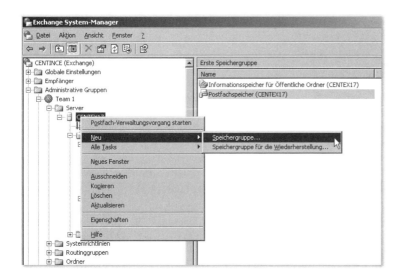

Abbildung 9.12 Neue Speichergruppen werden im Exchange System-Manager unterhalb des jeweiligen Servers angelegt.

Zu den Einstellmöglichkeiten der Speichergruppe ist nicht allzu viel zu sagen:

- Der **Pfad des Transaktionsprotokolls** sollte auf ein separates physikalisches RAID-Set verweisen. Mehr dazu finden Sie in Kapitel 9.4, *Dimensionierung von Plattenbereichen*.

Wenn Sie einen anderen Pfad auswählen, werden die Logs verschoben. Während des Verschiebevorgangs wird die Bereitstellung der Datenbanken der Speichergruppe aufgehoben, d.h., die Clients können nicht zugreifen.

- Der **Systempfad** verweist auf den Speicherort, an dem temporäre oder wiederhergestellte Dateien abgelegt werden.
- Das Präfix für die Protokolldatei wird automatisch vergeben. Sie finden es wieder, wenn Sie die Namen von Log- und Checkpoint-Datei anschauen.
- Wenn gelöschte Speicherbereiche sofort »richtig« entfernt werden sollen, können Sie diese Option wählen. Dies verbessert die Sicherheit (m.E. nur marginal), verringert allerdings die Leistung des Systems.
- Die Umlaufprotokollierung (Circular Logging) ist einige Absätze vorher bereits ausführlich beschrieben worden. Sie sollten sie nur in Ausnahmefällen aktivieren.

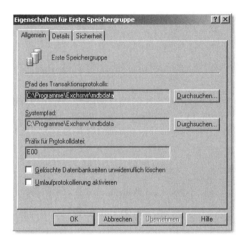

Abbildung 9.13 Die Konfiguration einer Speichergruppe

9.2.4 Postfachspeicher

Wie bereits in Kapitel 9.2.2 beschrieben, bestehen Postfachspeicher in Exchange 2003 aus einer EDB- und einer STM-Datei.

Wenn Sie die Enterprise Edition von Exchange benutzen, haben Sie die Möglichkeit, die Postfächer Ihrer Benutzer über mehrere Datenbanken zu verteilen. Wo liegen nun die Vorteile bei der Aufteilung der Daten auf viele verschiedene Datenbanken? Einige Gründe:

- Ein Problem mit einer Datenbank führt nicht zum Ausfall des Gesamtsystems, nur ein Teil der Benutzer hat keinen Datenbankzugriff mehr.
- Aus Gründen der Performance kann man die Datenbanken auf unterschiedliche physikalische RAID-Sets legen, es arbeiten also weniger Benutzer auf einem RAID-Set. Mehr dazu folgt in Kapitel 9.4, *Dimensionierung von Plattenbereichen*.
- Im Fall eines Restores des kompletten Servers können Sie die Datenbanken gemäß ihrer jeweiligen »Wichtigkeit« wiederherstellen. Wenn Sie nur eine 200 GB große Datenbank

einsetzen würden, müssten alle Anwender auf deren Wiederherstellung warten. Wenn Sie kleinere Datenbanken einsetzen, kann zuerst diejenige mit den Postfächern der Geschäftsführung etc. wiederhergestellt werden. Zurückgesicherte Datenbanken können bereits in Betrieb genommen werden, während für andere der Restore-Vorgang noch aktiv ist.

▶ Sie sollten die Postfächer von Benutzern einer Abteilung zusammen in einer Datenbank speichern, damit Single Instance Storage effektiv genutzt werden kann. Anders gesagt: Die Wahrscheinlichkeit, dass SIS greift, ist höher, wenn Benutzer einer Abteilung in einer Datenbank zusammengefasst sind.

▶ Da die Volltextindizierung nur für ganze Datenbanken ein- oder ausgeschaltet werden kann, können Sie Postfächer, für die dieses Feature sinnvoll ist, in einer Datenbank speichern.

▶ Wenn für unterschiedliche Postfächer unterschiedliche Policies (Größenbeschränkungen, Aufbewahrungszeiten) konfiguriert werden sollen, ist dies mit mehreren Datenbanken möglich.

Das Anlegen eines neuen Postfachspeichers geschieht mit dem **Neu**-Befehl im Kontextmenü der jeweiligen Speichergruppe (Abbildung 9.14).

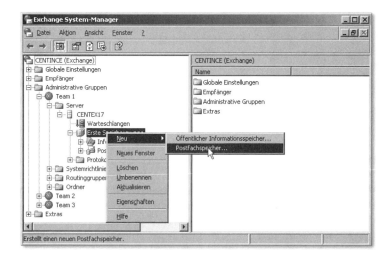

Abbildung 9.14 Postfachspeicher werden aus dem Kontextmenü der Speichergruppe heraus angelegt.

In den folgenden Abschnitten werden wir die Konfigurationsmöglichkeiten für Postfachspeicher detailliert betrachten.

Karteikarte »Allgemein«

Die erste Konfigurationsmöglichkeit ist der »**Öffentliche Standardinformationsspeicher**«: Benutzer, deren Postfach in diesem Postfachspeicher angelegt ist, werden auf Öffentliche Ordner zugreifen. Beim Zugriff wird die Client-Software des Benutzers auf den hier eingestellten Informationsspeicher für Öffentliche Ordner zugreifen. In vielen Fällen wird dies ein Öffentlicher Informationsspeicher auf dem Postfachserver sein. Wenn Sie beispielsweise an einem großen Standort einen dedizierten Server für Öffentliche Ordner eingerichtet haben, legen Sie diesen als Standard fest. Der hier ausgewählte Server (bzw. der darauf liegende Informationsspeicher) sollte möglichst »nah« an den Clients liegen, also nicht nur über schmalbandige WAN-Strecken erreichbar sein. Diese Konfigurationsoption könnte also auch heißen: »Auf welchen öffentlichen Informationsspeicher sollen die Benutzer, deren Postfach in diesem Informationsspeicher liegt, zuerst zugreifen?«.

Die Einstellung der »**Offlineadressliste**« ist letztendlich eine ähnliche Konfigurationsmöglichkeit wie die zuvor vorgestelle Auswahl des öffentlichen Standardinformationsspeichers: Hier definieren Sie, welche Offlineadressliste für die Clients verwendet werden soll, die auf die in dieser Datenbank gespeicherten Postfächer zugreifen. Mehr über Offlineadresslisten erfahren Sie in Kapitel 10.4.2.

Abbildung 9.15 Konfiguration des Postfachspeichers, Karteikarte »Allgemein«

Hinter der Checkbox »**Alle von Postfächern ...**« verbirgt sich die Archivierungsfunktion für Exchange-Datenbanken; diese wird auch als Journaling bezeichnet. Die gesetzlichen Vorschriften verlangen mittlerweile in vielen Bereichen, dass sämtliche relevante Korrespondenz archiviert wird – dazu gehört natürlich auch der Email-Verkehr. Die Archivierungsfunktion von Exchange schalten Sie mit dieser Checkbox ein. Ausführlichere Informationen zu Funktion und Konfiguration der Archivierung finden Sie einige Abschnitte weiter unten in Abschnitt 9.3.

S/MIME ist ein Internet-Standard für die verschlüsselte und/oder signierte Übertragung von Nachrichten. Die Einstellung »**Clients unterstützen S/MIME-Signatur**« wird gewählt, wenn die verwendeten Clients diesen Standard unterstützen. Outlook unterstützt dies ab Version »98«, daher ist dieser Schalter standardmäßig aktiviert. Mehr zu Sicherheit, Verschlüsselung und Signatur finden Sie in Kapitel 16.

Outlook zeigt Nachrichten normalerweise mit einem proportionalen Schriftsatz an (»i« ist schmaler als »W«); wenn ein Absender mühevoll ASCII-Tabellen »gemalt« hat, werden diese nicht mehr sinnvoll angezeigt. Der Schalter »**Eingehende Internetnachrichten...**«

sorgt dafür, dass eingehende Nachrichten mit einem nicht-proportionalen Schriftsatz angezeigt werden. Dieser Schalter gilt logischerweise für sämtliche aus dem Internet in diesen Postfachspeicher eingehende Nachrichten. Grundsätzlich lassen sich proportionale Schriften besser lesen, demnach sollten Sie mit dieser Option zurückhaltend sein. Probieren Sie es selbst (zwei Schriftproben):

```
Nicht-Proportional: Benötigen Sie eine Kommunikationsplattform,
    die alle Mitarbeiter und deren Wissen miteinander verbindet?
```

Proportional: Benötigen Sie eine Kommunikationsplattform, die alle Mitarbeiter und deren Wissen miteinander verbindet?

Karteikarte »Datenbank«

De ersten beiden Einstellmöglichkeiten beziehen sich auf den Speicherort der Exchange-Datenbank und der Streaming-Datenbank (siehe Abschnitt 9.2.2). Wenn Sie einen neuen Speicherort auswählen (»Durchsuchen« klicken), wird die Datenbank bzw. Streamingdatenbank verschoben. Datenbanken und Logs sollten auf separaten physikalischen RAID-Sets liegen – dies ist der Dialog, in dem Sie das Verschieben vornehmen! Lesen Sie zum Thema Plattenlayout in Kapitel 9.1 nach!

Bedenken Sie bitte, dass während des Verschiebevorgangs die Bereitstellung des Postfachspeichers aufgehoben wird, im Klartext: Die Clients können während des Vorgangs nicht zugreifen.

Abbildung 9.16 Konfiguration des Postfachspeichers, Karteikarte »Datenbank«

Zum »**Wartungsintervall**«: Sie können eines der vorgegebenen Intervalle auswählen oder einen individuellen Zeitplan (mit »Anpassen«) erstellen. Im Rahmen der Wartung werden diverse Aktivitäten von der Bereinigung der Indices bis zum Löschen von Postfächern ohne zugeordnetes Benutzerkonto im Active Directory durchgeführt.

Das Wartungsintervall sollte natürlich zeitlich so gelegt werden, dass es zur verkehrsärmsten Zeit durchgeführt wird.

Mit Vorsicht zu genießen ist die Konfigurationsmöglichkeit »**Diese Datenbank kann bei einer Wiederherstellung überschrieben werden**«. Sie verlieren beim Einspielen einer Sicherung sämtliche Änderungen, wenn die bestehende Datenbank überschrieben wird. Diese Option wird man dann aktivieren, wenn eine Datenbank so defekt ist, dass sie nicht mehr gestartet werden kann. Damit keine »Unfälle« passieren, sollte die Checkbox ansonsten deaktiviert sein.

Karteikarte »Grenzwerte«

Die »Speichergrenzwerte« sind selbsterklärend. Sie sollten aber daran denken, dass es nicht unbedingt zur Steigerung der Produktivität beiträgt, wenn Sie Ihre Benutzer mit engen Limits drangsalieren und mit »Warnmeldungen« bombardieren!

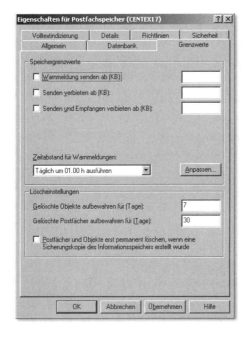

Abbildung 9.17 Konfiguration des Postfachspeichers, Karteikarte »Grenzwerte«

Interessant sind die »Löscheinstellungen«:

▶ Das Aufbewahren gelöschter Objekte (z.B. Nachrichten) ermöglicht eine Wiederherstellung, ohne dass das Backup-System bemüht werden muss. Die gelöschten Objekte verbleiben für den hier konfigurierten Zeitraum im System und können vom Benutzer über Outlook wiederhergestellt werden. Diese Einstellung bezieht sich nicht auf den »Gelöschte Objekte«-Ordner in Outlook. Im Backup- und Restore-Kapitel erklärt Abschnitt 20.1, *Über Papierkörbe und den Papierkörbe-Papierkorb,* die Details.

- Wenn ein Benutzerobjekt aus dem Active Directory gelöscht wird, wird das Postfach für die angegebene Anzahl von Tagen aufgehoben. Eine Wiederherstellung mittels des Mailbox Recovery Centers (Exchange System-Manager; Extras; Wiederherstellung von Postfächern) ist möglich. Mehr dazu finden Sie in Abschnitt 20.2.
- Als Parameter für die beiden Löscheinstellungen können Werte zwischen 0 und 24.855 Tagen eingestellt werden. Ein Wert von 0 bedeutet, dass Nachrichten und Postfächer sofort gelöscht werden.
- Die Checkbox »Postfächer und Objekte erst permanent löschen...« hat aufschiebende Wirkung, falls der Informationsspeicher innerhalb des zuvor angegebenen Zeitraums nicht gesichert worden ist. Wird dann eine Sicherung durchgeführt, werden die angegebenen Aufbewahrungswerte angewendet.

Karteikarte »Volltextindizierung«

Ist ein Volltextindex für eine Datenbank erstellt, können die Benutzer deutlich schneller Suchvorgänge ausführen. Dies gilt nicht nur für die eigentlichen Mails, sondern auch für Anhänge der Typen ***.doc**, ***.xls**, ***.ppt**, ***.html**, ***.txt** und ***.eml** (Embedded MIME Message).

Den Volltextindex erstellen Sie nicht aus dem **Eigenschaften**-Dialog heraus, sondern im Kontextmenü des jeweiligen Informationsspeichers (Abbildung 9.18).

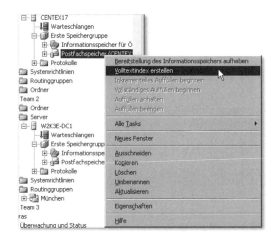

Abbildung 9.18 Erstellen eines Volltextindex für einen Postfachspeicher

Für die Volltextindizierung gibt es nur wenige Konfigurationsmöglichkeiten:

- Das Aktualisierungsintervall kann zwischen »Nie ausführen« und »Immer ausführen« schwanken. Im erstgenannten Fall muss der Index fallweise per Hand erstellt werden, im letzten Fall wird der Index bei jeder Änderung aktualisiert. Individuelle Zeitpläne können erstellt werden.
- Die Checkbox »Dieser Index kann...« dient letztendlich zum An- und Ausschalten des Index für die Clients.

Abbildung 9.19 Konfiguration des Postfachspeichers, Karteikarte »Volltextindizierung«

> **Wichtiger Hinweis** Obwohl die Volltextindizierung für Postfachspeicher aktiviert werden kann, wird dies im Allgemeinen nicht empfohlen. Das Erstellen der Indices ist ressourcenintensiv, und Postfächer ändern sich sehr häufig. Die Volltextindizierung eignet sich eher für »Informationsspeicher für Öffentliche Ordner«.

Bedenken Sie, dass das Durchsuchen von Postfächern ohne einen Index ebenfalls ressourcenintensiv ist, da jede Mail »angefasst« und eingelesen werden muss. Wenn Gruppen von Benutzern sehr intensiv im jeweiligen Postfach suchen, könnten Sie überlegen, die Postfächer in einer separaten Datenbank zusammenzufassen und für diese die Volltextindizierung zu aktivieren. Sie sollten die Postfachspeicher hin und wieder mit dem Performancemonitor beobachten (z.B. den Wert »Nachrichtenöffnungen/Sek.«; siehe auch Abschnitt 19.4, *Performance*).

Karteikarte »Richtlinien«

Die Karteikarte »Richtlinien« bietet zwar keine Einstellmöglichkeiten, ist aber bei Administrationsarbeiten eine gute Hilfestellung (Abbildung 9.20).

Abbildung 9.20 Auf dieser Karteikarte wird angezeigt, welche in der Organisation vorhandenen Richtlinien auf diesen Postfachspeicher angewendet werden.

Innerhalb der Exchange-Organisation können Richtlinien für Postfachspeicher definiert werden, mit denen die meisten in diesem Kapitel besprochenen Einstellungen vorgegeben werden können. Dass für die Konfigurationsmöglichkeiten auf einer der Karteikarten eine

Richtlinie greift, erkennen Sie daran, dass deren Konfigurationselemente deaktiviert (= grau) sind. Auf der Karteikarte »Richtlinien« können Sie mit einem Blick erkennen, welche Richtlinen für diesen Postfachspeicher definiert sind.

Mehr zur Planung und Anwendung von Richtlinien erfahren Sie in Kapitel 12.

9.2.5 Informationsspeicher für Öffentliche Ordner

Der zweite Datenbanktyp neben dem im vorherigen Kapitel vorgestellten Postfachspeicher ist der »Informationsspeicher für Öffentliche Ordner«.

Grundsätzlich entsprechen die meisten Konfigurationsdetails denjenigen des zuvor besprochenen Postfachspeichers. Auf die beiden wesentlichen Konfigurationsunterschiede werde ich Sie in diesem Kapitel aufmerksam machen.

Ansonsten gelten die Grundlagen für Exchange-Datenbanken natürlich auch für Informationsspeicher für Öffentliche Ordner (IfÖO):

- Ein IfÖO ist sowohl physikalisch als auch administrativ unterhalb eines Servers aufgehängt.
- Ein IfÖO befindet sich ebenso wie Postfachspeicher in einer Speichergruppe. Postfachspeicher und IfÖOs können gemeinsam in einer Speichergruppe existieren.
- Genauso wie die Postfachspeicher besteht die Datenbank eines IfÖO aus einer EDB- und einer STM-Datei sowie aus dem Log. Es wird das gemeinsame Logfile der Speichergruppe genutzt.
- Auch für IfÖOs gilt, dass die Datenbank (*.edb und *.stm) und das Logfile der Speichergruppe auf unterschiedlichen physikalischen RAID-Sets liegen sollen.

Dieser Abschnitt bezieht sich »nur« auf den Informationsspeicher, nicht auf die Öffentlichen Ordner selbst; diese werden ausführlich in Kapitel 10 behandelt.

Karteikarte »Allgemein«

Ein Informationsspeicher für Öffentliche Ordner wird grundsätzlich einer »Öffentliche-Ordner-Struktur« zugeordnet (Abbildung 9.21).

Abbildung 9.21 Eine wesentliche Eigenschaft eines Informationsspeichers für Öffentliche Ordner ist die zugeordnete »Öffentliche-Ordner-Struktur«.

Wenn auf dem Server bereits jeder Öffentliche-Ordner-Struktur ein Informationsspeicher zugewiesen ist, kann kein weiterer erstellt werden. Anders gesagt: Auf einem Server können nicht mehrere Datenbanken für dieselbe Struktur existieren. Einem Informationsspeicher können nicht mehrere Strukturen zugewiesen werden.

Die zugewiesene Öffentliche-Ordner-Struktur eines Informationsspeichers kann nicht geändert werden. Dies ist nur durch Löschen und erneutes Anlegen möglich.

Karteikarte »Replikation«

Eine beim Postfachspeicher nicht vorhandene Eigenschaft ist die Replikation. Während ein Postfach in der Exchange-Organisation genau einmal existiert, kann eine Replik eines Öffentlichen Ordners (genauer: einer »Öffentliche-Ordner-Struktur«) prinzipiell auf jedem Exchange Server der Organisation vorhanden sein. Die Replikationswege müssen nicht manuell konfiguriert werden; ist ein Informationsspeicher einer ÖO-Struktur, von der noch weitere Repliken existieren, zugeordnet, kümmert sich Exchange um die Replikation. Befinden sich die Repliken in unterschiedlichen Routinggruppen, läuft der Replikationsverkehr über die eingerichteten Connectoren (das ist vermutlich ein Routinggruppenconnector, kann aber auch ein SMTP- oder X.400-Connector sein).

Zu den Konfigurationsmöglichkeiten (Abbildung 9.22):

- Mit dem **Replikationsintervall** legen Sie fest, wann die Replikation dieses Informationsspeichers durchgeführt werden soll. Die Einstellmöglichkeiten bewegen sich zwischen »nie« und »immer« – individuelle Zeitpläne, um beispielsweise nur nachts zu replizieren, können erstellt werden. Sofern die Replikation über Connectoren abgewickelt wird (= Replikation zwischen Servern in verschiedenen Routinggruppen) gelten auch die zeitlichen Einschränkungen des Connectors: Wenn Sie in diesem Dialog eine Replikation zwischen 20 und 23 Uhr zulassen, der einzige Connector aber nur zwischen 6 und 18 Uhr zur Verfügung steht, wird es keine Replikation für diesen Ordner geben. Beim Lesen ist diese »Weisheit« völlig einleuchtend, ja sogar trivial: Wenn man aber in einer mittleren oder großen Umgebung unter Zeitdruck herauszufinden versucht, warum die Replikation für die Öffentlichen Ordner einer Routinggruppe nicht funktioniert, sind solche sich addierenden Einschränkungen unter Umständen schwer zu finden. Es tritt ja aus Exchange-Sicht letztendlich keine Fehlersituation auf, die sofort gemeldet werden muss. Meine Empfehlung ist, die gesamte Organisation grafisch darzustellen und alle konfigurierten Einschränkungen (und natürlich auch alle anderen Dinge wie IP-Adressen etc.) einzutragen. Auf diese Weise können Fehler am einfachsten entdeckt werden.

- »**Reguläres Replikationsintervall**«: Wenn für das Replikationsintervall »Immer ausführen« konfiguriert ist, wird dieser in Minuten angegebene Parameter verwendet. Die Replikation kann beispielsweise rund um die Uhr alle zehn Minuten ausgeführt werden. Die Replikation wird also zeitgesteuert ausgelöst und nicht durch neu eingehende Nachrichten.

- Die Bedeutung von »**Maximale Größe der Replikationsnachrichten**« erschließt sich von selbst, dennoch gibt es ein wenig Hintergrundwissen: Die Connectoren verfügen ebenfalls über eine Beschränkungsmöglichkeit für die maximale Nachrichtengröße, diese wird allerdings *nicht* bei der Replikation Öffentlicher Ordner berücksichtigt! Wenn Sie also die Größe der in Öffentlichen Ordnern replizierten Nachrichten beschränken möchten, muss die hier gezeigte Einstellmöglichkeit gewählt werden.

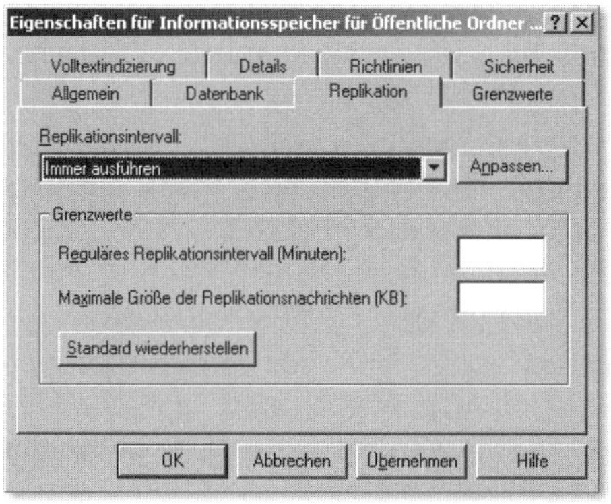

Abbildung 9.22 In den Eigenschaften des Informationsspeichers für Öffentliche Ordner wird die Replikation konfiguriert.

9.3 Email-Archivierung (Journaling)

Da der Email-Verkehr mittlerweile ein wesentlicher Aspekt der geschäftlichen Kommunikation ist, hat der Gesetzgeber eine Aufbewahrungspflicht für geschäftliche Emails beschlossen. Viele (meines Erachtens zurzeit die meisten) Unternehmen haben bislang diese Archivierungspflicht nicht umgesetzt. Nun ist es in der Tat richtig, dass professionelle Archivierungslösungen zum einen teuer sind; andererseits können Sie die Mailarchivierung bereits mit »Exchange-Bordmitteln« realisieren – was erstaunlich selten genutzt wird. In der englischen Literatur finden Sie diese Funktion als Journaling.

Die Mailarchivierung wird jeweils für einen Postfachspeicher aktiviert. Sie wählen ein Postfach aus, zu dem Kopien aller Nachrichten gesendet werden (Abbildung 9.23).

Abbildung 9.23 Die Archivierung bzw. das Journaling von Mails wird jeweils in den Eigenschaften der Datenbank aktiviert.

Einige Fakten:

▶ Die Archivierung wird jeweils für eine Datenbank eingeschaltet. Wenn sämtliche Mails Ihrer Organisation archiviert werden sollen, muss für jede Datenbank die Archivierung aktiviert werden.

▶ Die Archivmails werden an ein Postfach gesendet, das im Konfigurationsdialog (Abbildung 9.20) festgelegt wird. Sie können für jede Datenbank ein anderes Archivpostfach definieren.

▶ Es wird empfohlen, das Archivpostfach (oder die Archivpostfächer) auf einen separaten Server zu legen. Dies geschieht insbesondere aus Leistungsgründen: Bedenken Sie bitte, dass dieser Server sehr viele Schreibzugriffe verarbeiten muss. In kleineren Installationen kann das Archivpostfach natürlich auf demselben Server wie »normale« Postfächer liegen – achten Sie nur auf die Performance-Aspekte!

- Die Mails müssen nicht unbedingt auf einem Exchange-System archiviert werden. Sie können einen mail-aktivierten Kontakt anlegen und diesen als Archivmailbox angeben. Die Mails werden dann über den SMTP-Connector an das entsprechende System gesendet. Beachten Sie, dass sich das Zielsystem in einem anderen Namensraum befinden muss. Alternativ können Sie eine serverseitige Regel für dieses Postfach erstellen.
- Um archivierte Nachrichten schnell im Zugriff zu haben, sollte für den Postfachspeicher, in dem das Archivpostfach liegt, die Volltextindizierung aktiviert sein. Um eine unnötige Belastung (= Performance-Engpässe) des Servers zu vermeiden, sollte der Index nur einmal täglich zu verkehrsarmer Zeit gebildet werden.
- Liegt das Archivpostfach auf einem Exchange Server, werden Sie für diesen vermutlich die Enterprise Edition einsetzen. Da in der Tat jede Mail gespeichert wird, wird die 16-GB-Grenze (**75 GB bei SP2**) für ein Postfach der Standard Edition zu schnell erreicht sein.
- Planen Sie sehr sorgfältig, wer Zugriff auf das Archivpostfach erhalten soll. Diese Person kann sämtlichen Mailverkehr der Organisation einsehen!
- In einem Unternehmen bzw. einer Organisation mit Betriebs-/Personalrat *könnte* die Einführung des Journalings für Mails zustimmungspflichtig sein. Mir fehlt der rechtliche Hintergrund, um diese Frage verbindlich beantworten zu können – Sie sollten sich hier entsprechend informieren!

Wo liegen die Grenzen des Journaling?

- Für Öffentliche Ordner kann die Archivierung nicht aktiviert werden.
- Bei Mails, die an externe Verteilerlisten gesendet werden, können natürlich nicht die tatsächlichen Empfänger »erkannt« werden.

9.3.1 Journaling-Varianten

Wenn Sie Journaling aktivieren, werden die Nachrichten gemäß dem später beschriebenen Verfahren in die Archivpostfächer kopiert. Es stellt sich nun natürlich die Frage, welche Informationen beim Journaling gespeichert werden und ob es verschiedene Konfigurationsmöglichkeiten gibt.

Message-only-Journaling

Wenn Sie, wie oben gezeigt, die Archivierung von Mails aktivieren und zuvor noch keine organisationsweite Konfigurationsänderung bezüglich des Journaling vorgenommen haben (siehe Envelope Journaling), wird das Message-only-Journaling angewendet.

Die im Archivpostfach gespeicherten Mails enthalten *nicht*:

- BCC-Empfänger
- Empfänger, die Mails aufgrund von Weiterleitungsregeln in der Exchange-Organisation erhalten

- Empfänger, die Mails aufgrund von Verteilerlisten enthalten, werden nicht explizit aufgeführt, nur der Name der Verteilerliste ist zu sehen. Das ist natürlich nur bedingt wertvoll, da Verteilerlisten (und insbesondere natürlich auch abfragebasierte Verteilerlisten) sich (u. U. häufig) ändern.

Die gespeicherten Nachrichten erscheinen im Postfach wie eine »normale« Mail (Abbildung 9.24).

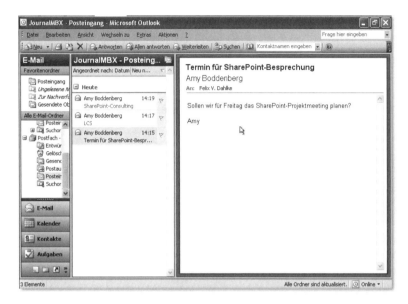

Abbildung 9.24 Die archivierten Nachrichten erscheinen beim Message-only-Journaling wie eine »normale« Mail.

BCC-Journaling

Wie bereits aus der Bezeichnung dieses Journaling-Typs hervorgeht, handelt es sich hierbei letztendlich um ein Message-only-Journaling, bei dem die BCC-Informationen (= Empfänger der Blindkopien) archiviert werden.

Um das BCC-Journaling zu aktivieren, muss auf den entsprechenden Servern ein Registry-Wert hinzugefügt werden:

- Starten Sie regedit und navigieren Sie zu `HKEY_LOCAL_MACHINE\System\CurrentControlSet\Services\MSExchangeTransport`.
- Dort (unterhalb des zuvor angegebenen Zweigs) fügen Sie den Schlüssel `Parameters` hinzu.
- Unterhalb dessen, also in `HKEY_LOCAL_MACHINE\System\CurrentControlSet\Services\MSExchangeTransport\Parameters`, wird der DWORD-Wert `JournalBCC` hinzugefügt.
- Diesem weisen Sie (Doppelklick auf den neuen Key) den Wert 1 zu.
- Anschließend werden der SMTP- und der Informationsspeicherdienst neu gestartet.

Diese Vorgehensweise ist übrigens im Knowledge-Base-Artikel 810999 beschrieben.

Seit mit Exchange 2003 Service Pack 1 die Methode des Envelope Journaling zur Verfügung steht, ist BCC-Journaling vergleichsweise uninteressant geworden.

Envelope Journaling

Envelope Journaling steht seit dem Exchange 2003-Service Pack 1 zur Verfügung. Es unterscheidet sich von den beiden anderen Verfahren insbesondere dadurch, dass neben Empfängern und BCC-Empfängern auch die Empfänger von Verteilergruppen ausgewertet werden. Das Envelope Journaling wertet die P1-Messageheader aus.

Das Envelope Journaling kann leider nicht einfach durch Mausklick aktiviert werden. Microsoft liefert ein Kommandozeilenwerkzeug namens Exejcfg.exe. Dieses können Sie von der Microsoft-Website beziehen; suchen Sie einfach nach dem Dateinamen. Wenn Sie das heruntergeladene Archiv entpacken, findet sich darin ein Kommandozeilenprogramm, das ebenfalls Exejcfg.exe heißt. Sie sollten dieses Utility nach Möglichkeit auf einem Domain Controller ausführen. Die Funktionen:

- Exejcfg.exe -l zeigt an, ob das Envelope Journaling aktiviert ist.
- Exejcfg.exe -e aktiviert das Envelope Journaling für die gesamte Exchange-Organisation.
- Exejcfg.exe -d schaltet das Envelope Journaling für die gesamte Exchange-Organisation ab.

In Abbildung 9.25 sehen Sie das Konfigurationswerkzeug im Einsatz.

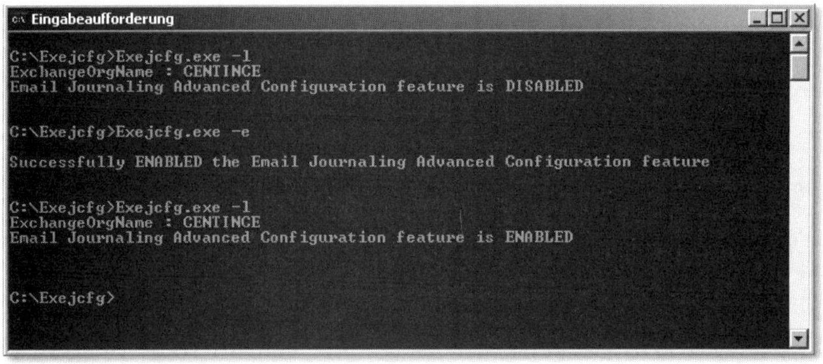

Abbildung 9.25 Mit dem Werkzeug Exejcfg.exe wird das Envelope Journaling konfiguriert.

Dieses Buch erhebt den Anspruch, Ihnen auch ein wenig Hintergrundwissen zu vermitteln. Sie haben bei den Ausführungen zum BCC-Journaling gesehen, dass zur Aktivierung desselben auf allen Exchange Servern ein Registry-Wert gesetzt werden muss. Exejcfg hingegen muss nur auf einem einzigen Domain Controller ausgeführt werden. Warum? Für die Aktivierung des Envelope Journalings wird ein Attribut im Active Directory gesetzt. Sie können ADSIedit verwenden. Unter Configuration\Services\Microsoft Exchange\[Organisationsname] findet sich das Attribut heuristics (Abbildung 9.26):

- Ist dieses Attribut nicht gesetzt (= 0), ist das Envelope Journaling nicht aktiv.
- Um das Envelope Journaling zu aktivieren, wird der Wert dieses Attributs auf 512 gesetzt.

Auch wenn man Exchange mehr oder weniger komplett mit ADSIedit konfigurieren *könnte*, sollten Sie stets die bereitgestellten Werkzeuge nutzen – verwenden Sie also Exejcfg!

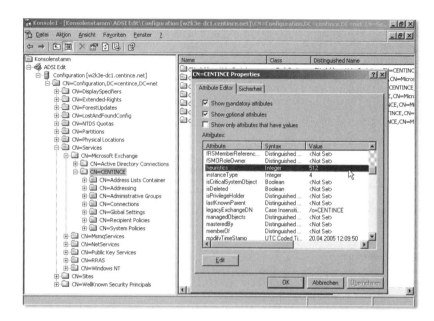

Abbildung 9.26 Das Envelope Journaling wird im Active Directory für die Exchange-Organisation aktiviert.

Ist das Envelope Journaling aktiviert, wird an das Archivpostfach eine Mail mit dem kompletten Messageheader gesendet. Die eigentliche Nachricht ist der Mail als Anhang beigefügt (Abbildung 9.27).

> **Hinweis zu diesem Abschnitt:** Ich gehe davon aus, dass das Envelope Journaling für die Exchange-Organisation aktiviert ist!

Die veränderte Anzeige ist natürlich nicht das einzige Feature, das Envelope Journaling bereitstellt. Wie eingangs des Abschnitts erwähnt, ist beispielsweise das Auflösen von Verteilergruppen eine wichtige Funktion, um Journaling wirklich sinnvoll zu verwenden.

> Grundsätzlich gilt, dass Sie Envelope Journaling aktivieren sollten, falls Sie die Archivierungsfunktion nutzen möchten.

Vergessen Sie nicht, dass alle Exchange Server den Stand Service Pack 1 benötigen.

Email-Archivierung (Journaling)   **229**

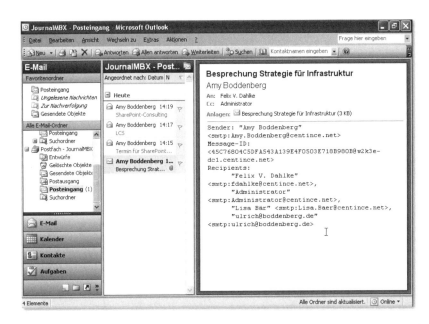

Abbildung 9.27 Bei einer mittels Envelope Journaling archivierten Mail wird der komplette Message-Header gezeigt. Die eigentliche Mail ist als Anlage beigefügt.

9.3.2 Funktionsweise

Die Funktionsweise der Archivierung ist einfach erklärt (Abbildung 9.28):

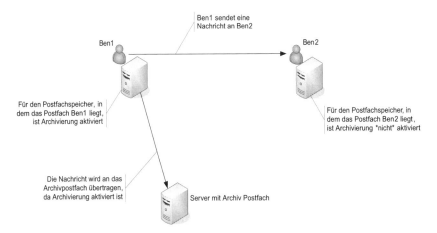

Abbildung 9.28 Wenn Journaling für einen Postfachspeicher aktiviert ist, werden Kopien aller Nachrichten zum Archivpostfach gesendet.

▶ Versendet ein Benutzer (Ben1) eine Mail an einen internen oder externen Anwender (Ben2), wird – sofern das Journaling für den Postfachspeicher von Ben1 aktiviert ist – eine Kopie der Nachricht an das Archivpostfach gesendet.

- Natürlich funktioniert das Verfahren auch andersherum: Wenn Ben1 eine Nachricht empfängt, wird ebenfalls eine Kopie an den Archivserver gesendet.
- Wie bereits angemerkt: Das Zielpostfach für das Journaling muss nicht auf einem separaten Server liegen; ab einer mittleren Umgebung ist das aber durchaus sinnvoll/notwendig.

Ein wenig spezieller wird es, wenn für den Postfachspeicher des Empfängers ebenfalls Journaling aktiviert ist. Um es ein wenig interessanter zu machen, ist bei dem folgenden Beispiel ein zweiter Archivserver vorhanden (Abbildung 9.29):

- S1 muss herausfinden, wohin die Mail an Ben2 gesendet werden muss, wozu er im Active Directory nachsieht. Dabei stellt er fest, dass beim Postfach von Ben2 das Journaling aktiviert ist.
- Da sowohl beim Empfänger- als auch beim Senderpostfach das Journaling aktiviert ist, wird S1 drei Messages senden:
  - Zunächst wird natürlich die eigentliche Mail an Ben2 gesendet.
  - Eine Journaling-Message wird an den linken Archivserver gesendet (hier werden die Messages des Postfachspeichers von Ben1 archiviert).
  - Eine Journaling-Message wird an den rechten Archivserver gesendet (hier werden die Messages des Postfachspeichers von Ben2 archiviert).
- Bei diesem Beispiel ist verwirrend, warum der Server mit der Empfängermailbox nicht selbst eine Journal-Message schreibt. Beim Versand kennzeichnet S1 die Mail, so dass S2 sieht, dass die Mail bereits von S1 an das entsprechende Journal gesendet worden ist.

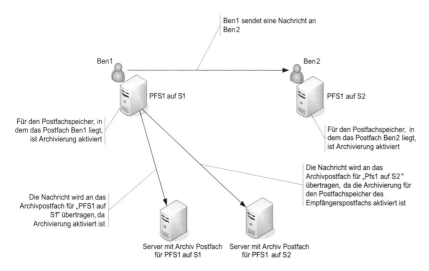

Abbildung 9.29 Vorgehensweise beim Journaling, wenn Absender- und Empfängerpostfach in einem Postfachspeicher mit aktivierter Journaling-Funktion liegen

Man kann die Beispiele natürlich beliebig komplex gestalten. Beispielsweise ergibt sich bei Verteilerlisten, die nicht auf dem sendenden Server aufgelöst werden, ein recht komplexer Ablauf (Abbildung 9.30):

- Ben1, dessen Postfach im Postfachspeicher 1 (PFS1, Journaling aktiv) auf Server S1 liegt, sendet eine Mail an eine Verteilergruppe. Die Verteilergruppe wird nur auf dem Server S3 (oben in der Mitte auf der Abbildung) aufgelöst. Zur Vereinfachung hat die Verteilergruppe nur einen Benutzer, nämlich Ben2, dessen Postfach auf Server S2 gespeichert wird.

- Die Mail ist an die Verteilerliste adressiert und wird dementsprechend zunächst zu S3 gesendet, damit er die Auflösung übernimmt. Da das Journaling für den Postfachspeicher des Benutzers aktiv ist, wird eine Kopie der Mail an das Archivpostfach gesendet (dieses liegt auf dem Server links unten).

- S3 löst die Verteilerliste auf und sendet die Mail an ihr einziges Mitglied, nämlich an Ben2, dessen Postfach auf Server S2 liegt.

- Da für beide Postfächer (Sender und Empfänger) das Journaling aktiv ist, sendet S3 die Mails an die jeweiligen Archivpostfächer. Das Archivpostfach des Senders (Ben1) erhält die Mail übrigens deshalb nochmal, weil man erst jetzt nach dem Auflösen der Verteilerliste erkennen kann, an welche Empfänger die Mail tatsächlich verschickt wurde.

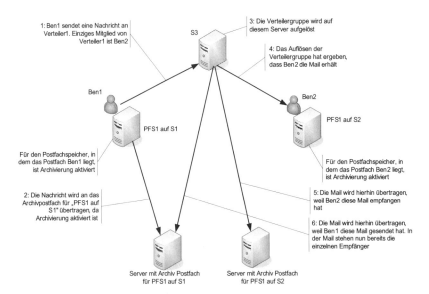

Abbildung 9.30 Ablauf, wenn eine Mail an eine Verteilerliste gesendet wird

Sie sehen an diesen Beispielen, dass es extrem wichtig ist, den Nachrichtenfluss bei aktiviertem Journaling genau zu untersuchen. Unter Umständen entsteht durch das Journaling eine erhebliche Belastung von WAN-Verbindungen. Ebenso ist es wichtig, sich darüber Gedanken zu machen, auf welchen Servern Verteilerlisten aufgelöst werden. Wenn in Ihrer Organisation mit Journaling gearbeitet wird und Verteilerlisten einigermaßen intensiv genutzt werden, kann es durchaus zu ungewollter Mailbelastung auf WAN-Strecken kommen!

9.4 Dimensionierung von Plattenbereichen

Performance und Betriebssicherheit bedingen einerseits die »richtige« Anzahl von Festplatten, andererseits eine sinnvolle Aufteilung derselben auf RAID-Sets. Zu Beginn dieses Kapitels habe ich einiges zu Datenbanken geschrieben – schauen Sie ggf. diese Grundlagen nochmals an.

In diesem Abschnitt betrachten wir die Dimensionierung von Plattenbereichen für den Informationsspeicher. Neben dem Informationsspeicher müssen für die Dimensionierung von Plattenbereichen auch Verzeichnisse für Übermittlungswarteschlangen und dergleichen betrachtet werden.

9.4.1 Aufteilung der Platten

Rufen Sie sich zunächst nochmals eine Speichergruppe in Erinnerung (Abbildung 9.31). Sie besteht aus dem Log und bis zu fünf Datenbanken. Die Datenbanken schreiben gemeinsam in das Log.

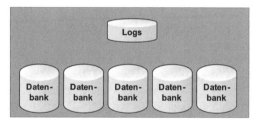

Abbildung 9.31 Eine Speichergruppe enthält die Logs und bis zu fünf Datenbanken.

Weshalb legt man überhaupt mehrere Datenbanken an? Neben den bereits weiter vorn in diesem Kapitel genannten Gründen geht es insbesondere um die Performance. Eine Performancesteigerung erreichen Sie allerdings nur dann, wenn die Datenbanken auch performance-optimiert auf die (hinreichend performanten!) Plattenbereiche verteilt sind. Anders gesagt: Sie werden definitiv keine Performancesteigerung feststellen können, wenn Sie ein einziges Drei-Platten-RAID5 für alle Datenbanken nebst Logs einsetzen.

In einer sinnvollen Konfiguration wird man folgendes Sizing wählen (Abbildung 9.32):

▶ Für das System (Betriebssystem, Exchange-Installation, Pagefile) wird ein separates RAID 1 angelegt.
▶ Für jede Datenbank wird ein separates physikalisches RAID-Set angelegt.
▶ Für das Log wird ebenfalls ein physikalisches RAID-Set angelegt.

Wenn Sie nicht nur eine Speichergruppe eingerichtet haben, ändert sich das gezeigte Szenario insbesondere dahingehend, dass nun nicht nur ein Logfile, sondern für jede Speichergruppe eines vorhanden ist. Die Logfiles der einzelnen Speichergruppen sollten natürlich ebenfalls auf separaten physikalischen RAID-Sets liegen.

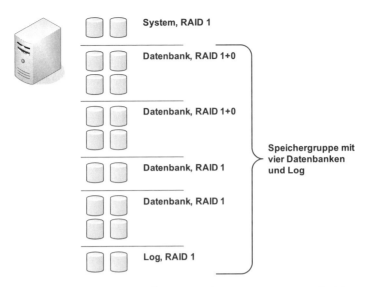

Abbildung 9.32 Plattensizing für einen Exchange Server mit einer Speichergruppe mit vier Datenbanken

Es ist für die eigentliche Funktion natürlich nicht zwingend notwendig, die einzelnen Datenbanken auf unterschiedliche RAID-Sets zu verteilen – es hat aber Vorteile: Zum einen können die Performane-Anforderungen der einzelnen Datenbanken feiner ausbalanciert werden, zum anderen werden, wenn auf einer Datenbank intensive Maintenance- oder Restore-Vorgänge ausgeführt werden, nicht alle anderen Datenbanken in Mitleidenschaft gezogen. Gleiches gilt natürlich auch für den Ausfall eines physikalischen RAID-Sets.

In der Praxis sind die meisten mir bekannten Exchange-Systeme mit einem einzigen physikalischen RAID-Set für die Datenbanken (nicht Datenbanken und Logs!) angelegt. Auch wenn es nicht optimal ist, ist es zumindest für mittlere Systeme eine pragmatische Lösung, die auch gut funktionieren kann – sofern die Anzahl der Platten im RAID-Set ausreichend ist.

Die spannende Frage ist nun natürlich, wie viele Platten in diesen RAID-Sets konkret benötigt werden. Hierauf gibt der folgende Abschnitt Antworten.

9.4.2 Die Anzahl der benötigten Platten berechnen

Nach den Vorüberlegungen widmen wir uns nun der Berechnung der tatsächlich benötigten Plattenanzahl. Häufig werden Exchange-Installationen durch grobe Schätzung dimensioniert – in diesem Buch werden wir eine konkrete Berechnung anstellen.

IOPS-Leistung der Festplatte

Die entscheidende Kenngröße bei der Ermittlung der Anzahl der benötigten Festplatten ist der IOPS-Wert, dies bedeutet IO-Vorgänge pro Sekunde. In den Datenblättern der Festplattenhersteller wird dieser Wert im Allgemeinen nicht angegeben. Er kann aber errechnet werden. Der IO-Wert wird deshalb nicht angegeben, weil er vom Verhältnis der Schreibzugriffe zu Lesezugriffen abhängt.

Die entscheidenen Parameter sind die Latenzzeit (Latency) und die Seek Times.

In Abbildung 9.33 sehen Sie den Auszug aus einem Festplattendatenblatt (Hitachi/IBM Ultrastar 15k/147, eine 147-GB-Festplatte mit einer Rotationsgeschwindigkeit von 15.000 U/min). Geht man von 66 % Lese- und 33 % Schreibzugriffen aus, kann man mit den Datenblattangaben den IOPS-Wert errechnen:

```
IOPS = 1000 / (0,66 * (3,7ms + 2,0ms) + 0,33 * (6,7ms + 2,0ms))
IOPS = 151
```

Performance		
Data buffer (MB)[2]	16	16
Rotational speed (RPM)	15,000	←
Latency average (ms)	2	←
Media transfer rate (max. Mbits/sec)	1129	←
Interface transfer rate (MB/sec, max)	320	212.5
Sustained data rate (MB/sec.max)	62.3 - 93.3	←
Seek time (read, typical)[3]		
Average (ms)	3.7 / 3.6 / 3.3	←
Track to track (ms)	0.6	←
Full stroke (ms)	6.7	←

Abbildung 9.33 Auszug aus dem Datenblatt einer Festplatte (Hitachi IBM/Ultrastar 15k/147)

Die folgende Tabelle zeigt IOPS-Werte für Serverplatten mit 10.000 und 15.000 Umdrehungen pro Minute sowie für eine Desktopplatte. Sie erkennen, dass die Verwendung von 15k-Platten erhebliche Performancevorteile bringt. Die Performancenachteile der zum Vergleich aufgeführten Desktopplatte sind so massiv, dass diese kaum mehr ausgeglichen werden können.

Festplatte	IOPS (R/W-Ratio 2:1)
Serverplatte 15k	Ca. 150
Serverplatte 10k	Ca. 107
Desktopplatte, 7k2	Ca. 79

Einfluss des RAID-Levels

Neben der nativen Performance der Festplatten sind die Einflüsse der gewählten RAID-Level natürlich nicht zu vernachlässigen. Die nachfolgende Tabelle zeigt, wie viele I/Os bei den jeweiligen RAID-Leveln für einen Schreibvorgang benötigt werden. Sie sehen, dass RAID5 vergleichsweise viele I/Os pro Schreibvorgang benötigt, was natürlich massiv Performance kostet. Aus diesem Grunde ist RAID5 für RAID-Sets, auf die sehr viel und schnell geschrieben werden muss, vergleichsweise ungeeignet.

RAID-Level	I/Os pro Schreibvorgang
0	1
1 und 1+0	2
5	4

Die nächste Tabelle fasst die bisherigen Erkenntnisse zusammen und zeigt zu der Kombination Platte und RAID-Level die zu erwartende IOPS-Rate (bei Schreib-Lese-Relation von 1:2).

RAID-Level	IOPS / 10k	IOPS / 15k	IOPS / 7k2
0	107	150	79
1 und 1+0	88	124	65
5	79	111	59

Bei einer etwas anderen Projektion kann man folgenden Vergleich ziehen. Wir vergleichen die externe IO-Leistung (= wie viel kann das jeweilige RAID an Anforderungen von der Applikation verarbeiten) eines RAID5, das aus 10k-Platten besteht, mit einem RAID 1+0 aus 15k-Platten:

RAID-Konfiguration	IO-Leistung (extern)
6 Platten 10.000 U/min im RAID 5	474 IOPS
6 Platten 15.000 U/min im RAID 1+0	744 IOPS

Performancegewinn der zweiten Konfiguration: 56 %!

Sie sehen also, dass bei Auswahl geeigneter Platten und RAID-Level eine erhebliche Steigerung der Storageperformance zu erreichen ist.

> **Hinweis** Die hier aufgeführten Werte sind natürlich nur als Anhaltswerte zu verstehen. Zum einen gibt es Unterschiede zwischen den Platten der unterschiedlichen Hersteller, zum anderen spielen natürlich auch die RAID-Controller und andere Systemparameter eine beeinflussende Rolle.

Konkrete Berechnung

Wenn Sie die vorhergehenden Abschnitte gelesen haben, wissen Sie zwar nun, welche IOPS-Leistung von einer Platte in einem RAID-Set zu erwarten ist, gleichwohl fehlt noch die konkrete Projektion auf die Exchange-Umgebung.

Um einzuschätzen, welche Leistung pro Benutzer benötigt wird, hat Microsoft die in der folgenden Tabelle aufgeführten Werte kommuniziert:

Postfachprofil	IOPS	Mailverkehr
Leicht	0,18	Out: 10 / In: 50
Mittel	0,4	Out: 20 / In: 100
Intensiv	0,75	Out: 30 / In: 100

In heutigen Zeiten geht selbst der Nutzungsgrad »Intensiv« der Tabelle mit 30 ausgehenden und 100 eingehenden Mails von vergleichsweise »zurückhaltender« Nutzung aus. Umgerechnet wären das knapp vier ausgehende Mails pro Stunde und etwa 12 eingehende. Ich weiß nicht, wie es Ihnen geht, aber ich schreibe und empfange deutlich mehr Mails pro Stunde!

Angenommen, in Ihrer Firma arbeiten 1000 Benutzer, die sich auf vier Postfachprofile aufteilen. Nun rechnen Sie anhand der vorherigen Tabelle jeweils die benötigten IOPS aus. Deren Summe definiert die benötigte Gesamtleistung des Plattensystems für die Datenbank(en).

Postfachprofil	Anzahl	IOPS (Gesamt)
Leicht	200	36
Mittel	200	80
Intensiv	300	225
Sehr intensiv	300	300
Gesamt		641

Aus dem errechneten Wert von 641 resultiert eine benötigte Anzahl von 15k-Platten in einem RAID 1+0: `641 / 124 = 5,17`, also 6 Platten. Geht man pro Jahr von einem um 20 % gesteigerten Leistungsbedarf aus, benötigt man im dritten Jahr 8,64 Platten. Um nicht zu knapp zu dimensionieren, würde ich aus Gründen der Performance zehn Platten vorsehen.

In einem RAID 1+0 ergeben sich folgende Kapazitäten unformatiert netto:

72 GB HDs 360 GB

144 GB HDs 720 GB

Genügen diese Kapazitäten? Bedenken Sie auch das Datenwachstum!

Wenn Sie mehr Plattenplatz benötigen, lassen sich natürlich problemlos weitere Platten hinzufügen. Mehr Platten schaden nicht! Der Umkehrschluss wäre aber falsch: Wenn Sie aus Kapazitätsgründen signifikant weniger Plattenplatz brauchen, benötigen Sie trotzdem die zuvor errechnete Anzahl an Spindeln!

Bedenken Sie auch, dass Sie über Plattenplatz für Maintenance-Zwecke verfügen sollten bzw. müssen. Es ist durchaus sinnvoll, Plattenbereiche nur zu 40 % mit Datenbanken zu füllen. Diesen zusätzlichen Plattenbereich benötigen Sie beispielsweise, wenn Sie eine Notfallreparatur oder eine Offline-Maintenance der Datenbanken durchführen müssen. Da Sie zwar nicht eine einzige riesige Datenbank anlegen werden, müsste man vielleicht nicht 60 % des Gesamtspeichers vorsehen – wenn Sie im Problemfall aber immer erst ausführlich Speicherplatz suchen müssen, ist der vermeintliche Kostenvorteil schnell egalisiert.

In der folgenden Tabelle findet sich eine Berechnung des Speicherbedarfs für 1000 Benutzer mit einer maximalen Postfachgröße von 100 MB.

	Netto	Incl. Maint.-Reserve	RAID 1+0 mit 72-GB-Platten	RAID 1+0 mit 146-GB-Platten
Jahr 1	100 GB	250 GB	8	4
Jahr 2	120 GB	300 GB	10	6
Jahr 3	144 GB	360 GB	10	6

In der vorhergehenden Performanceberechnung haben wir einen Bedarf von 10 parallelen Platten ermittelt. Dies passt ganz gut mit den Kapazitätsanforderungen zusammen, zumindest, wenn 72er-Platten verwendet werden.

Nicht immer passen die Werte für Performance und Kapazität so gut zusammen:

- Wenn Sie nur 50 MB pro Postfach planen, werden Sie aus Performance-Gründen trotzdem zehn Platten benötigen.
- Wenn Sie von 200 MB pro Postfach ausgehen, können Sie die Plattenanzahl problemlos erhöhen, entweder auf 20 72er Platten oder auf 12 146er Platten. Mehr parallele Platten bedeuten mehr Performance, was für die Verwendung von 72er Platten spräche. Allerdings haben wir errechnet, dass 10 parallele Platten genügen, so dass Sie auch mit 146er Platten planen können.

Wie legt man nun die Datenbanken an?

- Die schlechteste Möglichkeit wäre, eine einzige Datenbank zu verwenden. In der Exchange Enterprise Edition wäre eine so große Datenbank zwar kein Problem – ist das trotzdem nicht gut!
- Alternativ könnte man natürlich vier Datenbanken (Exchange Enterprise unterstützt fünf Datenbanken pro Speichergruppe, eine davon werden Sie vermutlich für Öffentliche Ordner verwenden) in einer Speichergruppe anlegen und die Benutzer einigermaßen gleichmäßig auf diese verteilen. Es macht sicherlich keinen Sinn, für jeden Benutzer einzeln zu überlegen, in welcher Datenbank sein Postfach am besten aufgehoben ist. Stattdessen wird man abteilungsweise Zuordnungen treffen. Nun müssen Sie sich noch darüber Gedanken machen, was diese Aufteilung für die physikalische Anordnung der Platten bedeutet:
  - Die erste Möglichkeit wäre, ein RAID1+0 mit zehn Platten einzurichten und alle Datenbanken auf diesen Bereich zu legen.
  - Die zweite Möglichkeit wäre, diese 10 Platten in vier RAID-Sets (dreimal RAID 1, einmal RAID1+0) zu unterteilen und die Datenbanken auf diese zu verteilen.

Die Vorteile von mehreren physikalischen RAID-Sets sind in Abschnitt 9.1 dargestellt. In der Praxis liegen bei den meisten Systemen alle Datenbanken in einem RAID-Set. Solange dieses ein RAID1+0 ist und in diesem hinreichend viele Platten integriert sind, ist eine solche Konfiguration sicherlich auch mit einigermaßen gutem Gewissen zu vertreten!

Bei der vorhergehenden Berechnung wurden drei Aspekte in Zusammenhang mit den Exchange-Datenbanken nicht berücksichtigt:

- **Log:** Sie benötigen noch Platten für ein separates physikalisches RAID-Set für die Logs der Datenbank. Sinnvoll ist hier ein RAID1, es werden also zwei weitere Platten benötigt. Falls Sie mehr als eine Speichergruppe haben, sind entsprechend viele Logs vorhanden – jedes sollte auf einem eigenen RAID1 liegen. Wenn in den Datenbanken einer Speichergruppe extrem viele Benutzer intensiv arbeiten (ca. ab 2.000 Benutzer mit dem Postfachprofil »Intensiv«), würde man für das Log vier Platten (RAID1+0) benötigen. Bei dieser Menge von Benutzern würde man aber ohnehin eine zweite Speichergruppe einrichten, die dann über ein eigenes Logfile verfügt.

- **Öffentliche Ordner:** Für Öffentliche Ordner wird genauso wie für die privaten Postfachspeicher eine Datenbank eingerichtet. Diese kann auf einem separaten RAID-Set liegen; alternativ müssen zu einem RAID-Set, auf dem andere Datenbanken liegen, weitere Platten hinzugefügt werden.
- **Volltext-Indices:** Sofern Sie die Volltextindizierung intensiv nutzen, könnte man die Index-Dateien ebenfalls auf ein separates RAID-Set legen.

Insbesondere bei den letzten beiden Punkten ist es schwierig, am grünen Tisch ein Plattensizing vorzuschlagen. Hier wäre die beste Möglichkeit, Performancemessungen an einem bestehenden System durchzuführen und mit diesen Ergebnissen die Dimensionierung durchzuführen.

Der im Beispiel erwähnte Exchange Server könnte folgendermaßen dimensioniert sein:

Bereich	Anzahl Platten	RAID-Level
System	2	RAID1
Datenbank für Postfachspeicher (alternativ Aufteilung auf einzelne RAID-Sets)	10	RAID1+0
Datenbank für Öff. Ordner	2	RAID1
Log für Speichergruppe	2	RAID1
SMTP-Queue	2	RAID1
Hot Spare	1	

19 Platten sieht auf den ersten Blick nach einer erschreckend hohen Anzahl von Platten aus. Überlegen Sie aber einmal, wie viele Platten für 1000 SQL-Server-Clients, die alle in der Warenwirtschaft arbeiten, benötigt würden!

9.4.3 Zusammenfassung der Vorgehensweise

Da die vorherigen Abschnitte recht ausführlich waren, gibt es hier eine kurze Zusammenfassung der Vorgehensweise:

Ermittlung des Performancebedarfs

Kategorisieren Sie die Benutzer nach Postfachnutzungsprofil, und errechnen Sie die benötigten IOPS (Produkt aus Anzahl von IOPS pro Postfach).

Postfachprofil	Anzahl	IOPS (Postfach)	IOPS (Gesamt)
Leicht		0,18	
Mittel		0,4	
Intensiv		0,75	
Sehr intensiv		1,0	
Gesamt			

Nun errechnen Sie daraus die benötigte Mindestanzahl (!) an parallelen Platten: In die Spalte IOPS(Soll) setzen Sie den zuvor errechneten Wert ein. Der Quotient IOPS(Soll) / IOPS(Platte) ergibt die benötigten parallelen Platten.

	IOPS(Soll)	IOPS (Platte)	Ben. Platten
R1+0, 10k		88	
R1+0, 15k		124	
R5, 10k		79	
R5, 15k		111	

Anmerkung Die hier vorgegebenen Werte für IOPS(Platte) gehen von einem Verhältnis Lesen:Schreiben von 2:1 aus.

Das in der Tabelle ermittelte Ergebnis muss allerdings noch nachgearbeitet werden:

- Nicht alle Plattenanzahlen sind in einem RAID-Set auch realisierbar. Ein RAID1+0 mit einer ungeraden Plattenanzahl ist genauso wenig möglich wie ein RAID5 mit zwei Platten.
- Sie sollten Reserven einkalkulieren. Zum einen würde ich für das System eine maximale Belastung von ca. 60 % planen, um auch in Spitzenzeiten ein performantes System zu garantieren. Zum anderen sollten Sie einen jährlich steigenden Bedarf einkalkulieren – Mail/Messaging wird intensiver genutzt werden. Ein jährliches Anwachsen der IOPS-Last von 20 % halte ich nicht für unrealistisch!
Sie werden aus diesen Gründen mehr Platten einplanen, als Sie hier errechnet haben.
- Die ermittelte Zahl von Platten stellt die Mindestanzahl unter Performanceaspekten dar! Wenn Sie aus Kapazitätsgründen mehr Platz benötigen, müssen Sie dem hier errechneten Wert zusätzliche Platten hinzufügen! Bedenken Sie auch, dass Sie Platz für die Maintenance der Datenbanken benötigen; es ist eine gute Idee, die Platten zu maximal 50 % auszulasten (siehe auch Kapitel 20).

- Es ist durchaus denkbar und sinnvoll, nicht nur ein großes RAID-Set, sondern mehrere kleinere anzulegen. Die Anzahl der aus Performancegründen benötigten Platten wird sich dadurch aber sicherlich nicht reduzieren.
- Neben der eigentlichen Datenbank für die Postfachspeicher werden Sie für System, Log, Speicher für Öffentliche Ordner und ggf. Queues und Volltextindices Platten für separate RAID-Sets benötigen.

Ermittlung der benötigten Kapazität

Die Kapazität ist zunächst einfach zu errechnen:

`Kapazität = Anzahl Postfächer * Maximale Postfachgröße`

Diesen Wert können Sie in die Zellen `Jahr 1 | Netto` der nachfolgenden Tabelle eintragen.

Schätzen Sie nun die jährliche Kapazitätssteigerung (z.B. 20%), und tragen Sie die resultierenden Werte in die Zellen `Jahr 2 | Netto` und `Jahr 3 | Netto` ein.

Davon ausgehend, dass Sie nur 40% der Kapazität für Datenbanken nutzen und 60% als Maintenance-Reserve (Platz für Offline-Maintenance und Notfallreparatur) vorsehen, können Sie die Zellen `Incl. Maint.-Reserve` füllen (`Netto / 0,4`).

Die benötigte Plattenanzahl für 72- und 146-GB-Platten ist nun leicht zu errechnen. Bedenken Sie, dass mit RAID1+0 nur RAID-Sets mit gerader Plattenanzahl aufgebaut werden können.

	Netto	Incl. Maint.-Reserve	RAID 1+0 mit 72-GB-Platten	RAID 1+0 mit 146-GB-Platten
Jahr 1				
Jahr 2				
Jahr 3				

Da Sie vermutlich Ihre Hardware über drei Jahre abschreiben oder leasen werden, ist letztendlich die im dritten Jahr benötigte Plattenanzahl entscheidend.

> **Bitte beachten Sie** Sie haben nun den Plattenbedarf aufgrund von Performance und aufgrund von Kapazität berechnet. Sie müssen immer so viele Platten planen, wie Sie gemäß des höheren Werts benötigen!

9.4.4 Kleine Systeme mit kleinen Datenbanken

Wenn Sie »nur« ein relativ kleines Exchange-System mit 20, 50 oder 100 Benutzern betreiben, brauchen Sie natürlich keine komplizierten Berechnungen vorzunehmen, sondern können etwas »hemdsärmliger« an das Thema herangehen.

Aus den Überlegungen der vorherigen Abschnitte geht hervor, dass Sie von zwei Serverplatten, die mit 15.000 Umdrehungen pro Minute laufen, eine IOPS-Leistung von ca. 200 erwarten können (Lese-Schreib-Verhältnis 2:1). Wenn man vorsichtigerweise davon ausgeht, dass alle Benutzer das System sehr intensiv nutzen, könnte man mit zwei Platten im RAID1 ca. 100 Benutzer versorgen (es sind dann bereits viele Reserven berücksichtigt).

Denken Sie an die Kapazität: Abzüglich Maintenance-Reserve und 20 % Kapazitätsreserve im Jahr verbleibt bei einem RAID1 für die Benutzerdatenbank bei folgenden Plattengrößen:

- 72-GB-Platten: 20 GB, bei 100 Benutzern also ca. 200 MB pro Postfach
- 144-GB-Platten: 40 GB, bei 100 Benutzern also ca. 400 MB pro Postfach

Ein Server für eine kleinere Umgebung (bis ca. 100 Benutzer) könnte vom Storage-Sizing also wie folgt dimensioniert werden:

- System und Applikation: 2 Platten im RAID1, 36 GB-15k
- Datenbank: 2 Platten im RAID1, 72 GB oder 144 GB-15k
- Log: 2 Platten im RAID1, 36 GB-15k

Grundsätzlich kann eine Hotspare-Platte nicht schaden.

Wenn Sie den Small Business Server einsetzen, bei dem (leider!) alle Dienste auf einem Server installiert werden müssen, sollten Sie der Exchange-Datenbank und dem Log ebenfalls separate Platten spendieren!

9.4.5 Kalkulatoren

Es ist auf jeden Fall sinnvoll, die Hintergründe für die Storage-Planung eines Exchange-Systems zu kennen. Sie haben gesehen, dass man relativ einfach die benötigte Plattenanzahl bezüglich Performance und Kapazität errechnen kann. Man kann natürlich auch den Computer für sich arbeiten lassen.

Sehr interessante Werkzeuge zur Dimensionierung von Serversystemen finden sich bei Hewlett-Packard im Bereich »ActiveAnswers«. Rufen Sie also **http://www.hewlett-packard.com** auf, und suchen Sie dort nach `ActiveAnwers`. Die Nutzung ist kostenlos, eine Registrierung ist erforderlich.

In der Rubrik »Exchange« findet sich ein »HP Storage Planning Calculator for Exchange 2003«. Mit dieser Software können Sie komfortabel nach Eingabe von Postfachanzahl, maximaler Postfachgröße, Nutzungsprofil und einigen anderen Parametern die benötigte Plattenanzahl ermitteln (Abbildung 9.34). Der Storage Planning Calculator kommt übrigens relativ exakt zu dem Ergebnis, das man auch bei der manuellen Errechnung des Bedarfs erhält.

> **Tipp** Vergessen Sie bei der Benutzung des Werkzeugs nicht, die Plattengröße und Performance (10k/15k) einzustellen (rechts oben).

Falls Sie keine HP-Server verwenden, macht der Storage Planning Calculator trotzdem Sinn, denn die Ergebnisse lassen sich auf Systeme anderer Hersteller übertragen.

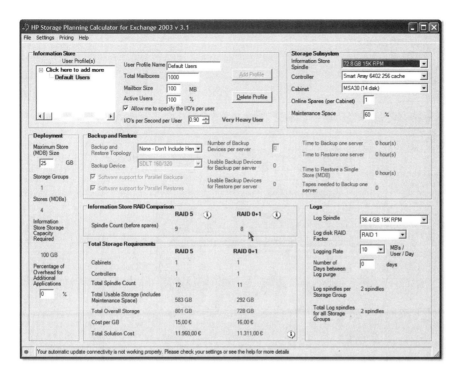

Abbildung 9.34 Der »Storage Planning Calculator for Exchange 2003« von Hewlett-Packard hilft bei der Ermittlung des Festplatten-Sizings.

9.4.6 Messen der IO-Anforderungen

Wenn Sie bereits Exchange Server im Einsatz haben, sollten Sie nicht nur mit theoretischen Werten dimensionieren, sondern auf Messwerte zurückgreifen, die Sie vom bestehenden System ermitteln können. In diesem Abschnitt zeige ich Ihnen, wie man diese Werte erheben kann.

Wenn Sie die Postfächer mehrerer Exchange Server in einem System konsolidieren möchten, sollten Sie die Werte aller Server ermitteln und dann die entstandenen IOPS-Werte addieren.

Vorab: Wenn Sie Messwerte aufnehmen, sollten Sie den »Gesamtzustand« des Servers berücksichtigen. Wenn ein Server eine kontinuierliche Prozessorauslastung von 90 % hat und die Warteschlange des physikalischen Datenträgers kontinuierlich größer als »2« ist, sind die Messwerte nicht sonderlich aussagekräftig: Das Gesamtsystem ist deutlich überlastet und wird nicht in der Lage sein, Exchange hinreichend performant zu bedienen. Fazit: Ist das System völlig überlastet, sollten Sie zumindest mit den theoretischen Werten für den IOPS-Bedarf eines Postfachs gegenrechnen.

Messen

Erstellen Sie im Performance-Monitor ein neues Leistungsindikatorenprotokoll (Abbildung 9.35). Diesem fügen Sie die folgenden Objekte hinzu:

- Physikalischer Datenträger
- Logischer Datenträger
- Prozessor
- MSExchangeIS

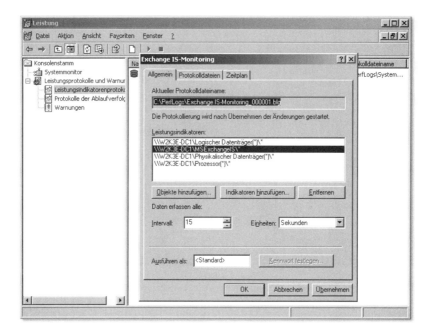

Abbildung 9.35 Konfigurieren der Leistungsprotokolle für das Erfassen der benötigten IO-Leistung für die Datenbank

Das vorgegebene Aufzeichnungsintervall von 15 Sekunden ist durchaus sinnvoll. Die Überwachung sollte an einem »verkehrsreichen« Tag durchgeführt werden. Wichtig ist, dass der Zeitabschnitt mit der höchsten Belastung gewählt wird. Die Protokollierung kann automatisch gestartet und beendet werden. Dies kann auf der Karteikarte »Zeitplan« des Leistungsindikatorenprotokolls eingestellt werden (Abbildung 9.36).

Analysieren und Interpretieren

Wie bereits angemerkt, sollten Sie vor dem Analysieren der Messwerte überprüfen, dass der Server nicht am Leistungslimit läuft. Das standardmäßig vorhandene Leistungsindikatorenprotokoll »Systemübersicht« liefert die wichtigsten Daten:

- Warteschlangenlänge des physikalischen Datenträgers (kontinuierlich nicht länger als 2)
- Prozessorzeit (kontinuierlich nicht mehr als 60 %)
- Seiten/s

Klicken Sie im Performancemonitor auf »Protokolldaten anzeigen« (Abbildung 9.37).

Abbildung 9.36 Das Protokoll sollte an einem »verkehrsreichen« Tag aufgenommen werden. Die Protokollierung kann automatisch gestartet und beendet werden.

Abbildung 9.37 Wählen Sie den gezeigten Schalter, um zu der Konfiguration der Protokolldateien zu gelangen.

In dem dann angezeigten Dialog können Sie die aufgezeichnete Protokolldatei auswählen, außerdem kann der anzuzeigende Zeitraum eingeschränkt werden (Abbildung 9.38).

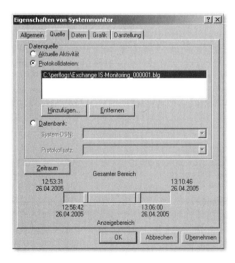

Abbildung 9.38 Im Systemmonitor können die aufgezeichneten Protokolldateien geöffnet werden; darüber hinaus kann der angezeigte Zeitraum eingeschränkt werden.

Dimensionierung von Plattenbereichen **245**

Nun fügen Sie der Anzeige folgende Leistungsindikatoren hinzu (Abbildung 9.39):

- `MSExchangeIS->RPC-Operationen/s`
- `Prozessor->%Prozessor->Instanz=Summe`
- `Logische Festplatte->Übertragungen/s->Instanz=[Lw.-Buchst.]`: Hier wählen Sie den Laufwerksbuchstaben des Laufwerks, auf dem die Datenbank (nicht die Logs) liegen.

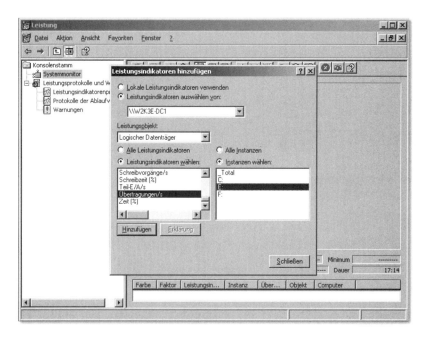

Abbildung 9.39 Aus der aufgezeichneten Protokolldatei werden einige Indikatoren angezeigt.

In der grafischen Anzeige lässt sich ermitteln, in welchem Zeitraum die drei Indikatoren gleichzeitig die höchste Auslastung anzeigen. Identifizieren Sie den Zeitraum von einer Stunde, und schränken Sie den Anzeigezeitraum auf diese Stunde ein. Dies kann im Eigenschaften-Dialog konfiguriert werden (Abbildung 9.38).

Für den nun angezeigten einstündigen Zeitraum können die Mittelwerte (= Durchschnitt) abgelesen werden (Abbildung 9.40).

Abbildung 9.40 Wenn der einstündige Zeitraum festgelegt ist, können die Mittelwerte der Indikatoren abgelesen werden.

Rechnen Sie den durchschnittlichen IOPS/s-Wert pro Postfach aus, indem Sie den Indikator `Übertragungen/s` durch die Anzahl der auf diesem Server vorhandenen Postfächer dividieren. Diese erhalten Sie aus dem Exchange System-Manager. Der Wert `IOPS/s` pro Postfach wird beispielsweise von dem ActiveAnwers-Sizer (Abschnitt 0) benötigt.

Microsoft stellt eine Excel-Arbeitsmape zur Verfügung, in der die ermittelten Werte eingetragen werden (Abbildung 9.41). Als Ergebnis erhalten Sie die IOPS und die Megazyklen pro Postfach. Der letztgenannte Wert wird zur Berechnung der für die Bedienung der Exchange-Datenbanken notwendigen Prozessorleistung benötigt. In dem Screenshot sind 1,5 Megazyklen pro Postfach berechnet worden; bei 200 Benutzern benötigen Sie (theoretisch) einen 300-MHz-Prozessor – Sie sehen, dass die Prozessorleistung bei der aktuellen Hardware eines der geringeren Probleme ist.

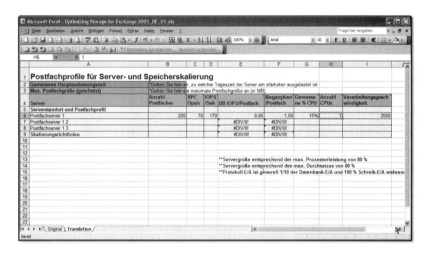

Abbildung 9.41 Microsoft stellt eine Excel-Mappe bereit, in der Messwerte eines existierenden Exchange-Systems eingetragen werden können.

Die Excel-Arbeitsmappe aus Abbildung 9.41 gehört übrigens zu dem Archiv `Optimizing Storage for Exchange 2003_DE_V1.exe`, das Sie auf der Microsoft-Website finden (eventuell könnte sich im Laufe der Zeit die Versionsnummer ändern).

9.4.7 Testwerkzeuge (Jetstress)

Es ist absolut sinnvoll, eine neue Serverhardware vor der Aufnahme des Produktivbetriebs zu testen. Mit Jetstress stellt Microsoft ein Werkzeug bereit, das Performance und sonstiges Leistungsverhalten des für die Exchange-Datenbanken vorgesehenen Festplattensystems überprüft.

Jetstress ist kein »Planungswerkzeug«; wenn Sie aber anhand von Messwerten und theoretischen Überlegungen einen Server nebst Storage-System dimensioniert haben, macht es schon Sinn, diesen mit Jetstress zu überprüfen. Bringt das Speichersystem deutlich schlechtere Leistungen als vorgesehen, gibt es drei mögliche Gründe: Ihr Sizing ist falsch, Hardwarekomponenten sind defekt, oder das System ist schlicht und ergreifend falsch bzw. schlecht eingerichtet.

Entsprechen die Ergebnisse des Jetstress-Tests nicht Ihren Erwartungen, müssen Sie die Konfiguration überprüfen. Sollte sich herausstellen, dass das Sizing schlecht war (beispielsweise zu wenige Platten), ist es sicherlich besser, dies vor dem Produktivstart festzustellen, anstatt sich mit wütenden Benutzern auseinander zu setzen.

Jetstress kann auf der Microsoft-Website kostenfrei bezogen werden. Das Utility steht als Kommandozeilenversion und mit einer grafischen Oberfläche (Abbildung 9.42) zur Verfügung.

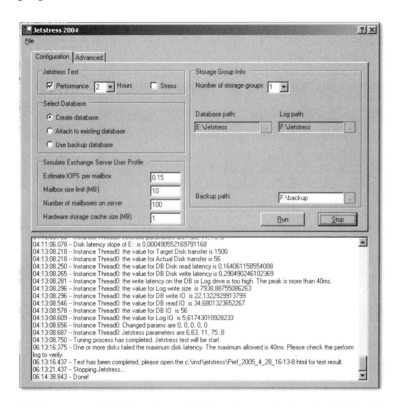

Abbildung 9.42 Mit Jetstress kann ein System, bevor es in den Produktivbetrieb geht, auf seine Leistungsfähigkeit getestet werden.

Die Installation ist simpel, das Archiv muss lediglich in ein Verzeichnis extrahiert werden. Bei Nutzung der Kommandozeilenversion sind einige Vorarbeiten (Verzeichnisse anlegen, Dateien kopieren) notwendig; eine detaillierte Anleitung findet sich in einem dem Jetstress-Paket beiliegenden Dokument.

Bei Nutzung der grafischen Version werden anschließend die Testparameter angegeben, beispielsweise die Postfachgröße, die Postfachanzahl und die errechnete IOPS-Anforderung. Bevor der Test beginnt, müssen die Dienste MSExchangeSA und IISAdmin beendet werden (`net stop MSExchangeSA` und `net stop iisadmin`; die abhängigen Dienste müssen ebenfalls beendet werden); dies geschieht, um mögliche Performanceeinflüsse durch ein laufendes Exchange-System zu vermeiden.

Jetstress unterstützt vier Speichergruppen, in denen für den Test jeweils fünf Datenbanken angelegt werden. Es versteht sich von selbst, dass für den Jetstress-Test die Datenbanken und Logs der Speichergruppen auf den Laufwerken liegen, die auch in der realen Umgebung genutzt werden sollen.

Sie haben nun die Möglichkeit, einen zwei-, vier- oder achtstündigen Performance-Test zu planen oder sich für den 24-stündigen Stresstest zu entscheiden.

Läuft der Test an, legt Jetstress zunächst Datenbanken an und befüllt diese. Der jeweilige Status wird in dem Textbereich von Jetstress angezeigt (Abbildung 9.42), in dem nach Abschluss der Tests auch der Pfad zu der Ergebnisdatei angezeigt wird.

Als Ergebnis schreibt Jetstress eine HTML-Datei, die die wichtigsten Messergebnisse in tabellarischer Form anzeigt (Abbildung 9.43). Detailliertere Angaben zum weiteren Verlauf des Tests finden sich in der Ausgabedatei weiter unten.

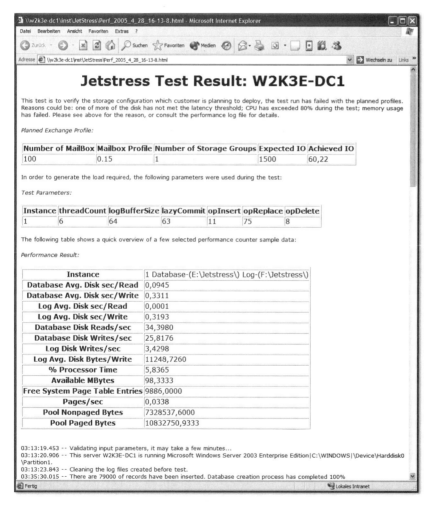

Abbildung 9.43 Ausgabe des Jetstress-Testergebnisses

> **Warnung** Jetstress sollte nicht auf einem bereits im Produktivbetrieb befindlichen Server ausgeführt werden. Es dient zur Überprüfung der Storage-Performance *vor* der Einbindung der Maschine in die Produktivumgebung!

9.4.8 Optimierung der Festplatte (Diskpar)

Bei der Einrichtung von Festplatten sollten Sie folgende Aspekte beachten:

- Zunächst sollten Sie die Platte mit `diskpar.exe` behandeln. Hierbei handelt es sich um ein im Resource Kit vorhandenes Kommandozeilenwerkzeug. Vereinfacht gesagt wird die logische Formatierung an der physikalischen Struktur der Platte ausgerichtet.
- Wenn die Platte (RAID-Set) bereits im Einsatz gewesen ist, löschen Sie alle Partitionen, beispielsweise mit der Datenträgerverwaltung (Teil des Applets »Computerverwaltung«). Ich brauche es wohl nicht zu erwähnen: **Vorher müssen die Daten gesichert werden.**
- Das Utility wird mit `diskpar -s [Laufwerksnummer]` aufgerufen. Die Laufwerksnummer können Sie beispielsweise in der Datenträgerverwaltung ermitteln.
- Das Utility fragt nach einem Start-Offset. Da Exchange die Daten in 4-kB-Blöcken schreibt, soll dieser Offset ein Vielfaches von 4 kB sein.
- Nachdem die Festplatte mit DiskPar ausgerichtet wurde, geben Sie an der Eingabeaufforderung `diskpar -i [Laufwerksnummer]` ein, um zu überprüfen, ob die Festplatte richtig ausgerichtet ist.
- Nun partitionieren Sie die Festplatte mit der Datenträgerverwaltung. Die Festplatte muss mit NTFS formatiert sein, die Zuordnungseinheiten sollten 4.096 (4 kB) groß sein.

> **Warnung** Die Anwendung von Diskpar löscht die auf der Platte vorhandenen Daten.

9.5 Problembehebung

Leider sind auch die Exchange-Datenbanken nicht frei von Problemen. Manchmal gelingt eine Reparatur der beschädigten Datenbank, teilweise kommen Sie um das Einspielen einer Sicherung nicht herum.

Im Zusammenhang mit der Datenbank gibt es zu viele mögliche Probleme, als dass man diese komplett nebst Lösungsszenarien aufführen könnte. Wir werden in diesem Kapitel exemplarisch einige Fehlerszenarien, insbesondere den »1018er« betrachten und genauer analysieren.

Weitere häufig recht detaillierte Informationen mit Lösungsinformationen finden Sie auf den Technet-Seiten auf der Microsoft-Website.

9.5.1 Grundsätzliches

Es gibt eine wichtige Regel im Umgang mit defekten Datenbanken: Bevor Sie Reparaturversuche beginnen, sollten Sie die beschädigte Datenbank sichern, d.h. auf Dateiebene kopieren. Es gibt hierfür zwei Gründe:

- Es ist immer »wertvoll«, wenn Sie zum Ursprungszustand der Datenbank (= vor dem Reparaturversuch) zurückkehren können. Ein anderer Versuch mit einem anderen Werkzeug, einer anderen Parametrisierung oder einer anderen Reihenfolge kann manchmal den Durchbruch bringen. Wenn Ihre Datenbank aufgrund von erfolglosen Reparaturversuchen endgültig defekt ist, hat auch ein Werkzeug keine Chance mehr.
- Wenn Ihnen selbst die Reparatur nicht gelungen ist, möchten Sie eventuell einen zusätzlichen Experten einschalten. Für diesen wird die Arbeit einfacher (und chancenreicher!) sein, wenn er an einer Datenbank arbeiten kann, die nicht schon mehrere erfolglose Reparaturversuche hinter sich hat.

Sie sollten pessimistisch sein und davon ausgehen, dass eine Reparatur im Zweifelsfall nicht gelingt und mit hohem Datenverlust verbunden ist. Ich kann Ihnen nur dringendst ans Herz legen, ein effektives Backup- und Restorekonzept zu planen, zu etablieren und möglichst regelmäßig Überprüfungen des Konzepts vorzunehmen.

9.5.2   –1018 (JET_errReadVerifyFailure)

Ein ausgesprochen gefürchteter Fehler ist »der 1018«. Dieser Fehler sagt aus, dass eine Seite (= Page) der Exchange-Datenbank korrupt ist.

Um die Hintergründe zu verstehen, ist es erforderlich, ein wenig in die Struktur der Datenbank zu schauen (Abbildung 9.44):

- Physikalisch besteht eine Exchange-Datenbank aus 4096 Bytes großen Bereichen.
- Logisch gesehen beginnt die Exchange-Datenbank mit einem 4096 Bytes großen Header (er enthält beispielsweise die Datenbank-Signatur). Es folgt der Shadow-Header, alle weiteren Pages enthalten Daten.
- Die logische und die physikalische Pagenummer hängen zusammen. Die logische Seite »1« ist die physikalische Seite »3«.
- Jede Seite mit Daten (ab logischer Nummer 1) enthält zu Beginn die Prüfsumme für die Seite, Seitennummer und einige andere Informationen.
- Die Prüfsumme wird errechnet, wenn eine Seite in die Datenbank geschrieben wird. Außerdem wird bei einem Lesezugriff die Prüfsumme neu errechnet und mit dem gespeicherten Wert verglichen.

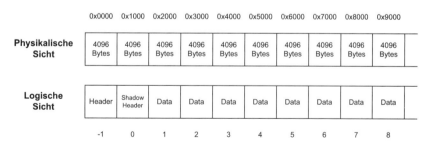

Abbildung 9.44 Die Exchange-Datenbank ist in 4096 Bytes große Seite eingeteilt.

Mit diesem Grundlagenwissen ist es relativ einfach zu verstehen, wann ein 1018-Fehler auftritt. Mögliche Ursachen sind:

- Die Prüfsumme der Seite entspricht nicht dem gespeicherten Wert.
- Die Seitennummer stimmt nicht; beispielsweise befindet sich an der physikalischen Position 0x8000 die logische Seite 35 (anstatt 7 – vergleiche Abbildung 9.44).

Welche Ursachen kann das Auftreten dieses Fehlers haben?

- Die logische Seite wurde an die falsche physikalische Position geschrieben.
- Daten wurden beim Transfer Speicher => Festplatte beschädigt.
- Daten wurden beim Transfer Festplatte => Speicher beschädigt.
- Daten wurden auf der Festplatte beschädigt.

Die oben genannten Ursachen könnten beispielsweise auf einem dieser Probleme basieren:

- Korruption des Dateisystems
- Fehler des Festplattencontrollers bzw. in dessen Firmware
- Unterbrochener/abgebrochener Schreibvorgang
- Fehler im Speicher bzw. Cache-Speicher
- Fehler bei der Kompression von Hardware- oder Logfiles

Obwohl wir zuvor ein handfestes Fehlerszenario beschrieben haben, macht sich die Korruption einer oder mehrerer Seiten nicht unbedingt direkt bemerkbar. Das Problem ist in folgenden Situationen erkennbar:

- Wenn ein Benutzer auf eine Mail zugreift, die teilweise in einer korrupten Page gespeichert ist. Auch wenn aus der defekten Seite Daten lesbar sein könnten, wird Exchange diese Daten nicht verwenden. Der Fehler wird im Eventlog vermerkt.
- Wenn ein Offline-Vorgang (z.B. Defragmentierung) durchgeführt wird, tritt das Problem ebenfalls auf, weil hierbei sämtliche Seiten »angefasst« werden.
- Ähnliches gilt für das Online-Backup. Auch hierbei werden sämtliche Seiten gelesen und überprüft, so dass ein Fehler festgestellt wird. **Das Backup bricht dann ab!**

Sie können übrigens in eine wirklich böse Falle laufen, denn ein Online-Backup bricht ab, wenn es auf eine defekte Seite trifft (Abbildung 9.45). Wenn Sie nicht täglich kontrollieren, ob die Sicherung erfolgreich gelaufen ist, kann es durchaus sein, dass schlicht und ergreifend keine aktuelle Sicherung vorhanden ist, weil der Backup-Vorgang nicht abgeschlossen wird.

Die 1018er Fehler können übrigens relativ unbemerkt auftreten, weil im Allgemeinen zunächst keine nennenswerte Beeinträchtigung des Gesamtsystems auftreten wird. Einige Mails werden nicht mehr lesbar sein, aber der Rückschluss auf eine Korruption der Datenbank liegt nicht unbedingt auf der Hand.

Abbildung 9.45 Die Online-Sicherung bricht ab, wenn versucht wird, eine defekte Seite zu sichern.

Detaildiagnose eines 1018er Fehlers

Beim Auftreten eines 1018er Fehlers findet sich in der Ereignisanzeige des Exchange Servers ein Eintrag, wie in Abbildung 9.46 gezeigt. Neben der Fehlernummer finden sich der Pfad zur Datenbankdatei und der Offset, also die Position, an der der Fehler aufgetreten ist.

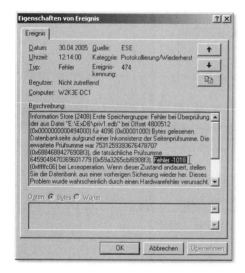

Abbildung 9.46 Das Auftreten eines 1018ers wird in der Ereignisanzeige protokolliert. Dort findet sich der Offset, mit dem man die logische Seite errechnen kann.

Ist ein Fehler aufgetreten, stellen sich zunächst diese Fragen:

▶ Kann der Fehler ohne Datenverlust behoben werden?
▶ Wie viele Daten gehen verloren? Kann eingegrenzt werden, welche Daten verloren gehen werden?

Problembehebung **253**

Unter Umständen (!) ist es möglich, das Postfach, dem die korrupte Seite zugeordnet war, zu identifizieren. Dies ist mit den Exchange-Werkzeugen `eseutil` und `isinteg` möglich. Damit Sie ein wenig Gefühl für die Arbeit mit diesen Utilities bekommen, werde ich Ihnen nun vorführen, wie man ermittelt, zu welchem Postfach die korrupte Seite gehört. Natürlich ist es wichtig zu wissen, welches Postfach eventuell von Datenverlust betroffen ist. Eine genaue Analyse hilft auch, vor der Einleitung von möglichen Reparaturmaßnahmen die Schwere des Fehlers abschätzen zu können – und nicht gleich »drauflos zu reparieren«.

Wie wird vorgegangen? Das Flussdiagramm (Abbildung 9.47) skizziert die Vorgehensweise:

Abbildung 9.47 Ermittlung des von einem Fehler betroffenen Postfachs

Bevor Sie mit `eseutil` und `isinteg` an einer Datenbankdatei arbeiten, muss deren Bereitstellung aufgehoben werden. Dies geschieht im Exchange System-Manager (Abbildung 9.48).

Abbildung 9.48 Vor der Arbeit mit den Datenbankwerkzeugen muss die Bereitstellung der Datenbank aufgehoben werden.

Zunächst kann man aus der in der Ereignisanzeige gezeigten Position die Nummer der logischen Seite errechnen. Die »Formel« lautet:

```
Log. Seite = (byte offset / 0x1000) - 1
```

In unserem Beispiel (Abbildung 9.46) ist der Fehler bei Offset 0x494000 aufgetreten, demzufolge ist die nachfolgend errechnete logische Seite betroffen:

```
(0x494000 / 0x1000)-1 = 493   => Dezimal: 1171
```

Die Berechnung mit Hex-Werten nebst deren Konvertierung kann leicht mit dem Windows-Taschenrechner im Betriebsmodus »Wissenschaftlich« erfolgen.

Wir beschäftigen uns also näher mit der logischen Seite 1171. Um nähere Informationen über diese Seite zu erhalten, kann man mit dem Werkzeug `eseutil.exe` die Header-Informationen dieser Seite auslesen. Die Syntax hierzu lautet: `eseutil /m [pfad]\priv.edb /Pnnnn` (nnnn steht für die logische Seitennummer, die Sie wie gezeigt aus der Fehlernummer ermitteln können).

Das Ergebnis in dem konkreten Fall sehen Sie in Abbildung 9.49:

- In der Ausgabe können Sie erkennen, dass die Prüfsumme der Seite falsch, also defekt ist (****** checksum mismatch ******).
- Im Rahmen der »Ermittlung des betroffenen Postfachs« ist es wichtig, den Tree (die Exchange-Datenbank besteht aus Binärbäumen, B-Trees), zu dem diese Seite gehört, zu ermitteln. Suchen Sie hierzu in der Ausgabe den Eintrag objidFDP, der in diesem Fall den Wert 303 (dezimal) hat.

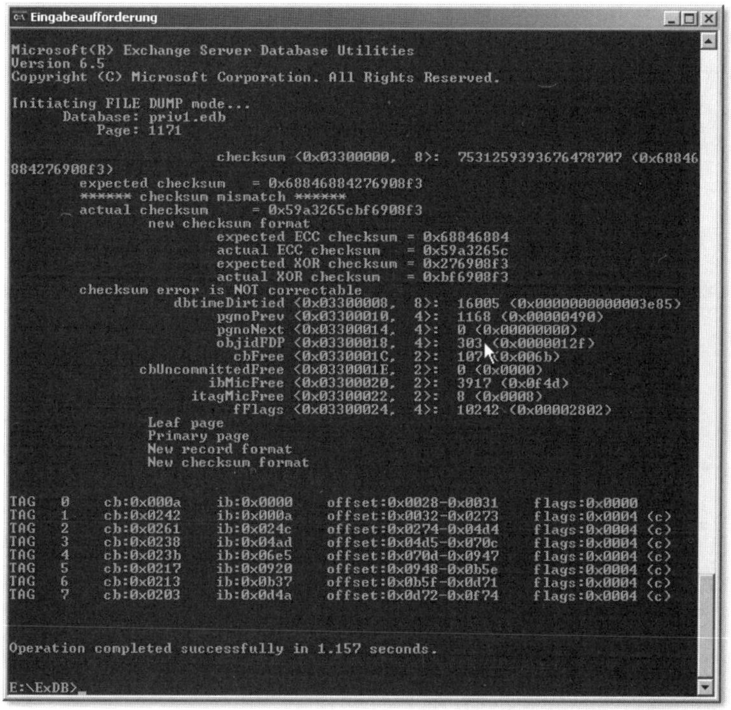

Abbildung 9.49 Mit eseutil können die Header-Informationen einer Datenbankseite gelesen werden.

In einer Exchange-Datenbank sind beliebig viele Trees enthalten, die wiederum in Tabellen aufgelistet sind. Die nächste Aufgabe ist nun, die Tabelle zu ermitteln, in der sich dieser Tree befindet. Dies geht leider nur mit mehreren Arbeitsschritten. Zunächst geben Sie die Liste aller Trees und Tabellen aus. Dies lässt sich mittels eines Space Dumps bewerkstelligen. Verwenden Sie die Funktion /ms von eseutil, also beispielsweise:

```
eseutil.exe /Ms priv1.edb >spacedump.txt
```

Anschließend öffnen Sie die Datei, in die die Ausgabe umgeleitet worden ist. Das Ergebnis dieses Befehls sehen Sie stark gekürzt (die Auflistung ist je nach Umfang der Datenbank *sehr* lang) in Abbildung 9.50. Hier können Sie nun nach dem zuvor ermittelten Dezimalwert des Trees suchen. Achten Sie darauf, dass der Wert in der Spalte ObjidFDP gefunden wird! Sie können jetzt den gesuchten Tabelleneintrag ablesen – in diesem Beispiel ist dies 1-9C1D.

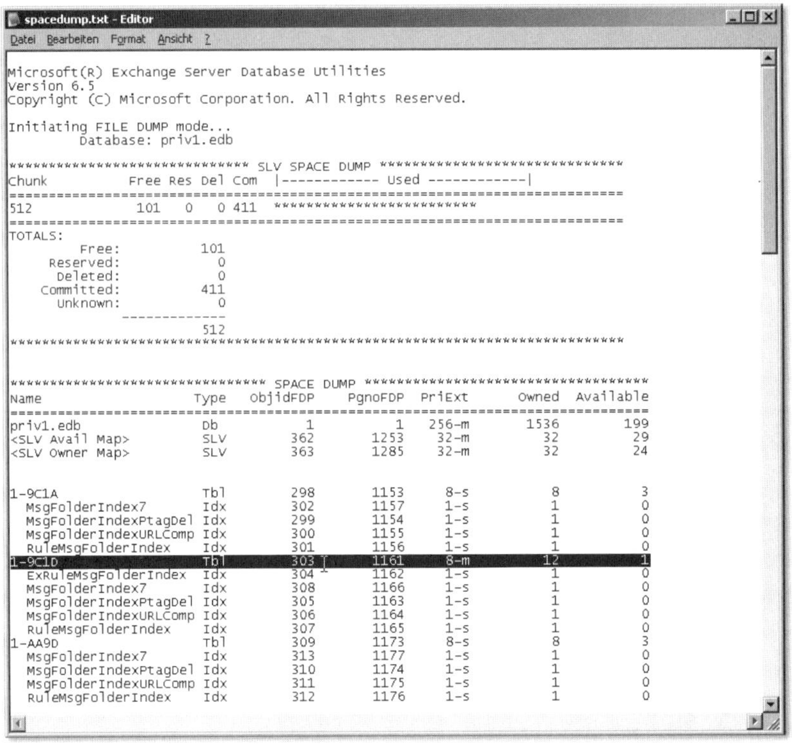

```
spacedump.txt - Editor
Datei  Bearbeiten  Format  Ansicht  ?

Microsoft(R) Exchange Server Database Utilities
Version 6.5
Copyright (C) Microsoft Corporation. All Rights Reserved.

Initiating FILE DUMP mode...
        Database: priv1.edb

******************************** SLV SPACE DUMP ********************************
Chunk           Free Res Del Com  |----------- Used -----------|
================================================================================
512              101   0   0 411  **************************
================================================================================
TOTALS:
          Free:         101
      Reserved:           0
       Deleted:           0
     Committed:         411
       Unknown:           0
                -------------
                        512
********************************************************************************

********************************* SPACE DUMP ***********************************
Name                      Type   ObjidFDP    PgnoFDP  PriExt      Owned  Available
==================================================================================
priv1.edb                 Db            1          1  256-m        1536        199
<SLV Avail Map>           SLV         362       1253   32-m          32         29
<SLV Owner Map>           SLV         363       1285   32-m          32         24


1-9C1A                    Tbl         298       1153    8-s           8          3
  MsgFolderIndex7         Idx         302       1157    1-s           1          0
  MsgFolderIndexPtagDel   Idx         299       1154    1-s           1          0
  MsgFolderIndexURLComp   Idx         300       1155    1-s           1          0
  RuleMsgFolderIndex      Idx         301       1156    1-s           1          0
1-9C1D                    Tbl         303       1161    8-m          12          1
  ExRuleMsgFolderIndex    Idx         304       1162    1-s           1          0
  MsgFolderIndex7         Idx         308       1166    1-s           1          0
  MsgFolderIndexPtagDel   Idx         305       1163    1-s           1          0
  MsgFolderIndexURLComp   Idx         306       1164    1-s           1          0
  RuleMsgFolderIndex      Idx         307       1165    1-s           1          0
1-AA9D                    Tbl         309       1173    8-s           8          3
  MsgFolderIndex7         Idx         313       1177    1-s           1          0
  MsgFolderIndexPtagDel   Idx         310       1174    1-s           1          0
  MsgFolderIndexURLComp   Idx         311       1175    1-s           1          0
  RuleMsgFolderIndex      Idx         312       1176    1-s           1          0
```

Abbildung 9.50 Im Space Dump kann man erkennen, welcher Tabelle ein Tree zugeordnet ist.

Zum Schluss muss noch ermittelt werden, zu welchem Postfach die Tabelle gehört. Auch dies ist leider nur über einen Umweg möglich. Der folgende Befehl listet alle Tabellen der Datenbank auf:

```
isinteg.exe -s w2k3e-dc1 -dump -l c:\dump1.txt
```

Da Sie einerseits in den ausgegebenen Daten suchen müssen und andererseits die Datenmenge *sehr* groß sein kann, wird die Ausgabe in eine Datei umgeleitet.

In der aus dem `isinteg`-Dump entstandenen Datei können Sie die zuvor ermittelte Nummer (in dem Beispiel `9C1D`) suchen. Die Nummer wird mehrmals gefunden werden; die »richtige Stelle« haben Sie gefunden, wenn sie in der Zeile »`Folder FID=`« erscheint (Abbildung 9.51). Sie sehen hier bereits ein paar Informationen, beispielsweise, dass der Ordner, zu dem die defekte Seite gehört, »Posteingang« heißt.

Im letzten Schritt muss noch identifiziert werden, wer der Besitzer dieses Postfachs ist. Beim Ordner ist eine `RootFID` angegeben (Abbildung 9.51), diesen Wert suchen Sie weiter unten im Isinteg-Dump (die Postfächer sind im letzten Teil des Dumps aufgeführt). Hier können Sie den Anzeigenamen des betroffenen Postfachs im Klartext lesen (Abbildung 9.52).

```
 Search Backlinks=
 Categ FIDs=
[174] Folder FID=0001-000000009C1D
 Parent FID=0001-000000009C1A
 Root FID=0001-000000009C19
 Folder Type=1
 Msg Count=19
 Msgs Unread=8
 Msgs Submitted=0
 Rcv Count=4
 Subfolders=0
 Name=Posteingang
 Comment=
 Restriction=
 Search FIDs=0001-0000000090C7,0001-0000000090C8
 Scope FIDs(search folder only)=
 Recursive FIDs=
 Search Backlinks=0001-0000000090C7,0001-0000000090C8
 Categ FIDs=
[175] Folder FID=0001-000000009C1E
 Parent FID=0001-000000009C1A
 Root FID=0001-000000009C19
 Folder Type=1
 Msg Count=0
```

Abbildung 9.51 In dem mit isinteg erstellten Dump kann der Folder gefunden werden; es ist der Posteingang eines Benutzers (siehe Name = …).

Abbildung 9.52 Anhand der ParentFID des Folders kann das Postfach und somit der Besitzer identifiziert werden (Display Name).

Seiten, die nicht Postfächern zugeordnet sind

Nicht alle Seiten der Datenbank sind dediziert einem Benutzerpostfach zugeordnet. Tabellen, die nicht mit einer Nummer (z.B. 1-9C1D), sondern mit einem Namen bezeichnet sind (z.B. Msg) sind Systemtabellen (Abbildung 9.53).

Wenn ein Datenbankdefekt auf einer Seite eintritt, die in der Msg-Tabelle aufgehängt ist, wird mindestens (denken Sie an den Aspekt »Single Instance Storage«!) eine Mail verloren sein!

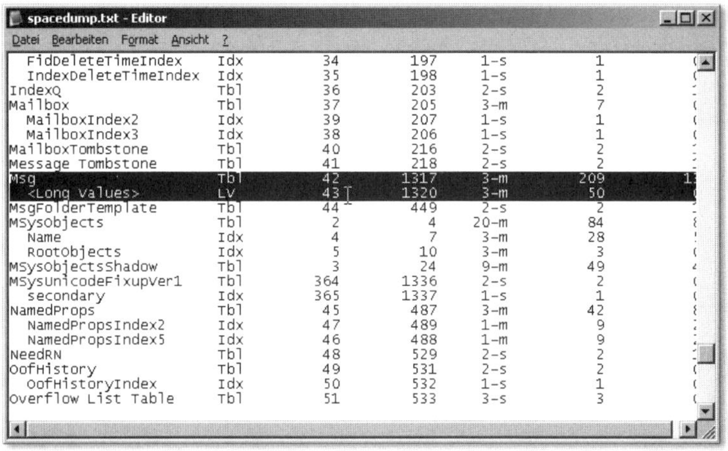

```
spacedump.txt - Editor
Datei Bearbeiten Format Ansicht ?
   FidDeleteTimeIndex     Idx    34     197    1-s      1        (
   IndexDeleteTimeIndex   Idx    35     198    1-s      1        1
 IndexQ                   Tbl    36     203    2-s      2
 Mailbox                  Tbl    37     205    3-m      7        (
   MailboxIndex2          Idx    39     207    1-s      1        (
   MailboxIndex3          Idx    38     206    1-s      1        (
 MailboxTombstone         Tbl    40     216    2-s      2        (
 Message Tombstone        Tbl    41     218    2-s      2        (
 Msg                      Tbl    42    1317    3-m    209       1
   <Long Values>          LV     43    1320    3-m     50        (
 MsgFolderTemplate        Tbl    44     449    2-s      2        (
 MSysObjects              Tbl     2       4   20-m     84        8
   Name                   Idx     4       7    3-m     28        (
   RootObjects            Idx     5      10    3-m      3        (
 MSysObjectsShadow        Tbl     3      24    9-m     49        4
 MSysUnicodeFixupVer1     Tbl   364    1336    2-s      2        (
   secondary              Idx   365    1337    1-s      1        (
 NamedProps               Tbl    45     487    3-m     42        8
   NamedPropsIndex2       Idx    47     489    1-m      9        (
   NamedPropsIndex5       Idx    46     488    1-m      9        (
 NeedRN                   Tbl    48     529    2-s      2        (
 OofHistory               Tbl    49     531    2-s      2        (
   OofHistoryIndex        Idx    50     532    1-s      1        (
 Overflow List Table      Tbl    51     533    3-s      3        (
```

Abbildung 9.53 Es ist durchaus möglich, dass die defekte Seite nicht dediziert einem Postfach zugeordnet ist.

9.5.3 Reparatur für –1018 (JET_errReadVerifyFailure)

Wenn Sie festgestellt haben, dass die Datenbank nicht in Ordnung ist, müssen Sie schnellstmöglich Reparaturmaßnahmen ergreifen.

Falls Sie nicht die zuvor geschilderten Diagnoseschritte durchgeführt haben, sollten Sie die Integritätsprüfung über die Datenbank-Datei laufen lassen. Wenn die Bereitstellung des Informationsspeichers aufgehoben ist, kann dies mit folgendem Aufruf durchgeführt werden (Abbildung 9.54):

`Eseutil /g priv1.edb`

Der Vorgang wird abbrechen, sobald der erste Fehler entdeckt worden ist. Falls dieser Vorgang keinen Fehler zu Tage fördert, obwohl in der Ereignisanzeige ein 1018er protokolliert wurde, können Sie davon ausgehen, dass eine leere Datenbankseite beschädigt ist. Das ist Glück im Unglück, denn dies lässt sich durch eine Defragmentierung ohne weiteren Datenverlust beheben.

Wenn ein 1018er Fehler in der Datenbank angezeigt worden ist, ist die Wahrscheinlichkeit, dass noch weitere korrupte Seiten vorhanden sind, zumindest nicht ganz gering.

Bevor Sie sich in die Reparatur stürzen, sollten Sie nach Möglichkeit den Informationsspeicher komplett überprüfen, um ggf. weitere defekte Seiten zu identifizieren. Möglich ist dies mit folgenden Aufrufen:

`Eseutil /k priv1.edb`
`Esefile /s priv1.edb`

> **Hinweis** Das Utility `Esefile` finden Sie auf der Exchange-CD.

Beachten Sie, dass diese Vorgänge eine erhebliche IO-Last auf dem Server erzeugen.

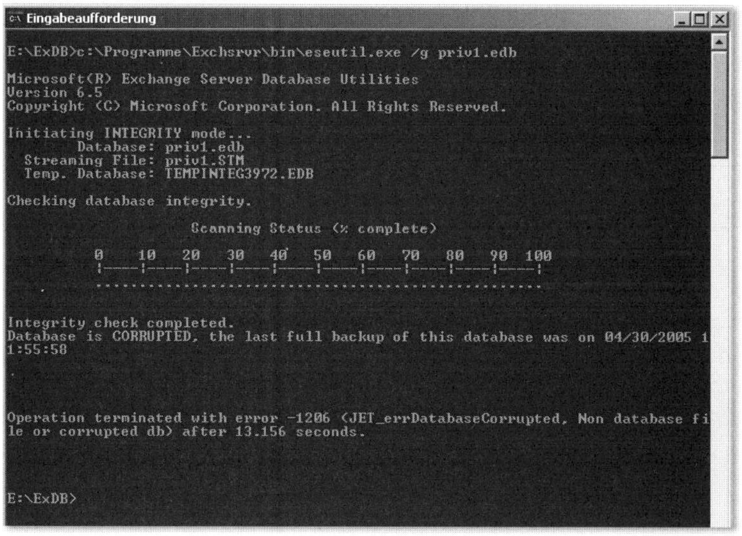

Abbildung 9.54 Ausgangspunkt der Reparatur: Die Datenbank besteht nicht den Integrity-Check.

Einschätzung der Reparatur-Chancen

Man kann die Chancen einer Reparatur zwar nicht präzise vorhersagen, allerdings lassen sich ein paar »Vermutungen« äußern.

Zu Beginn des Abschnitts »Detaildiagnose eines 1018er Fehlers« habe ich Ihnen gezeigt, wie man aus dem Offset in der Fehlermeldung der Ereignisanzeige die logische Seitennummer ermitteln kann. Mit `eseutil /m [pfad]\priv.edb /Pnnnn` kann man die Header-Informationen der Seite auslesen (Abbildung 9.49).

In diesem Dump finden sich einige Informationen zu dieser Seite bzw. zu deren Inhalten; den entsprechenden Ausschnitt sehen Sie in Abbildung 9.55.

Abbildung 9.55 Im Dump des Headers einer Seite finden sich einige Detailinformationen zum Inhalt der Seite.

Wenn wie bei der defekten Seite in Abbildung 9.55 nur »Leaf Page« und »Primary Page« angezeigt wird, können Sie davon ausgehen, dass die Seite Daten enthält (oder enthalten hat) – diese Daten werden Sie bei einer Reparatur verlieren.

Im besten Fall wird hier »Empty Page« angezeigt. Falls die Seite eine Index- oder interne Seite ist, sind die Chancen gut, dass eine Reparatur ohne Datenverlust gelingt.

Drei Reparaturmöglichkeiten stehen zur Verfügung:

- Wiederherstellung von der Datensicherung
- Defragmentierung mit `eseutil`
- Reparatur mit `eseutil`

Wie die einzelnen Reparaturvarianten durchgeführt werden und wann Sie diese anwenden, erfahren Sie in den nächsten Abschnitten.

Wiederherstellung von der Datensicherung

Die zuverlässigste Möglichkeit ist das Einspielen einer Datensicherung. Wenn Sie **Online**-Sicherungen durchführen, können Sie davon ausgehen, dass die Datenbank auf dem Backupmedium in Ordnung ist. Wenn Sie die Datensicherung einspielen und die Logfiles anwenden, wird die Datenbank wieder auf den aktuellen Stand gebracht.

Das Einspielen der Datensicherung wird ausführlich in Abschnitt 20.4 ff. gezeigt.

Defragmentierung

Wenn lediglich leere Seiten korrupt sind, lässt sich das Problem durch eine Defragmentierung lösen; diese wird wie folgt aufgerufen:

```
Eseutil /d priv1.edb
```

> Bevor Sie die Defragmentierung starten, sollten Sie unbedingt (!) eine Sicherung (Kopieren der Dateien nach Aufhebung der Bereitstellung) anfertigen.

Bei einer Defragmentierung werden alle Seiten in eine neue Datenbank geschrieben, leere defekte Seiten werden dabei verworfen. Zwei Aspekte sind zu beachten:

- Für die Defragmentierung benötigen Sie relativ viel freien Plattenplatz, im Zweifelsfall entsprechend der Datenbankgröße. Aus diesem Grund wird empfohlen, die Plattenbereiche mit Datenbanken nur zu 40 % auszulasten.
- Die Defragmentierung bricht ab, sobald eine korrupte nicht-leere Seite erreicht wird (Abbildung 9.56). Passiert dies nicht, können Sie davon ausgehen, dass die Datenbank nach Abschluss der Defragmentierung wieder in Ordnung ist.

Reparatur

Wenn die Datenbank so beschädigt ist, dass das Problem mit einer Defragmentierung nicht behoben werden kann, sollten Sie die Datensicherung einspielen und die Logfiles darauf anwenden.

Was passiert nun, wenn Sie entweder keine Datensicherung haben oder aus irgendwelchen Gründen nicht die Möglichkeit haben, die Logfiles auf die zurückgesicherte Datenbank anzuwenden (z.B. Umlaufprotokollierung aktiviert)? In diesem Fall bleibt Ihnen nichts anderes übrig, als die Reparatur der Datenbank zu versuchen!

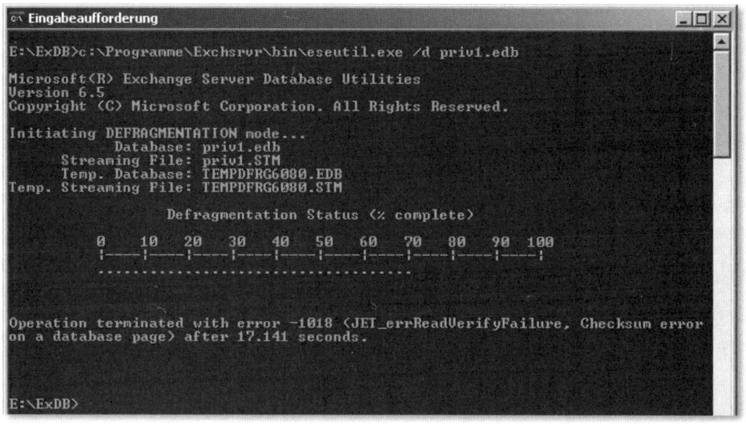

Abbildung 9.56 Die Offline-Defragmentierung als Lösung für »den 1018er« schlägt fehl, wenn die beschädigte Seite nicht leer gewesen ist.

Wie bereits zuvor erwähnt wurde, genügt eine Defragmentierung nicht, wenn die defekten Seiten nicht leer sind; Sie müssen also reparieren.

> **Bevor Sie mit der Reparatur beginnen, müssen Sie eine Sicherung (Kopieren der Dateien nach Aufhebung der Bereitstellung) anfertigen.**

Die Reparatur der Datenbank starten Sie mit folgendem Befehl:

```
Eseutil /p priv1.edb
```

Wenn Sie diesen Befehl aufgerufen haben, erscheint zunächst eine sehr deutliche Warnmeldung (Abbildung 9.57). Ich weiß, dass ich mich wiederhole, aber: **Fahren Sie keinesfalls fort, ohne dass Sie eine Kopie der Datensicherung haben**. Halten Sie sich auf jeden Fall die Möglichkeit offen, nach einem eventuell missglückten Reparaturversuch, die »unreparierte« Datenbank zur Verfügung zu haben.

Abbildung 9.57 Warnung: Die Reparatur ist die schlechteste Möglichkeit und sollte aufgrund ihrer Nachteile nur im Ausnahmefall verwendet werden.

Der Reparaturvorgang verläuft wie in Abbildung 9.58 gezeigt. Die letzte Zeile der Ausgabe zeigt, ob der Reparaturvorgang erfolgreich verlaufen ist. Leider können Sie nicht davon ausgehen, dass eine Reparatur immer möglich ist. Wenn wirklich »lebensnotwendige« Bereiche der Datenbank beschädigt worden sind, könnte der Reparaturversuch fehlschlagen.

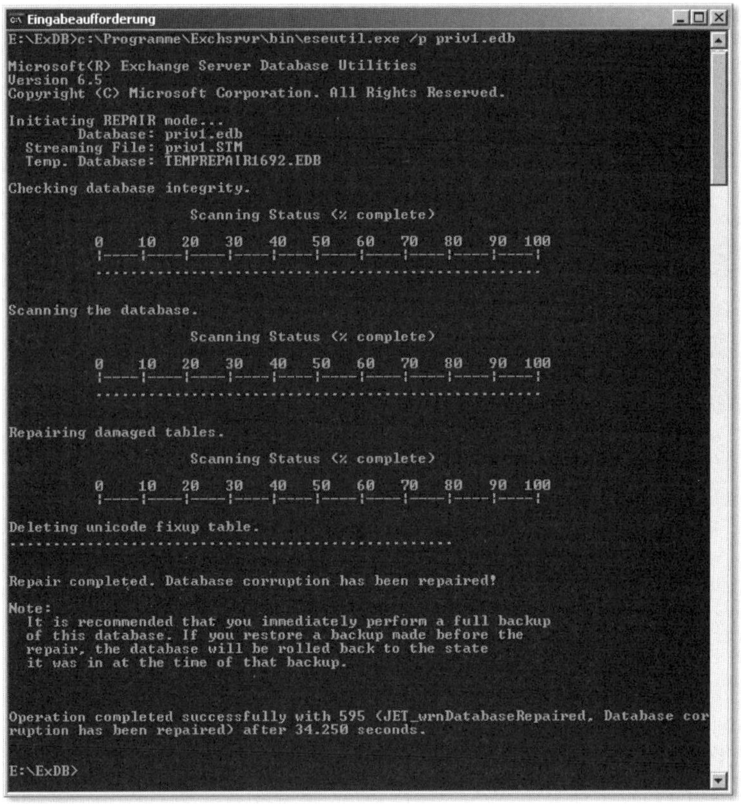

```
C:\Eingabeaufforderung
E:\ExDB>c:\Programme\Exchsrvr\bin\eseutil.exe /p priv1.edb

Microsoft(R) Exchange Server Database Utilities
Version 6.5
Copyright (C) Microsoft Corporation. All Rights Reserved.

Initiating REPAIR mode...
         Database: priv1.edb
   Streaming File: priv1.STM
    Temp. Database: TEMPREPAIR1692.EDB

Checking database integrity.

                  Scanning Status (% complete)

          0    10   20   30   40   50   60   70   80   90  100
          !----!----!----!----!----!----!----!----!----!----!
          ....................................................

Scanning the database.

                  Scanning Status (% complete)

          0    10   20   30   40   50   60   70   80   90  100
          !----!----!----!----!----!----!----!----!----!----!
          ....................................................

Repairing damaged tables.

                  Scanning Status (% complete)

          0    10   20   30   40   50   60   70   80   90  100
          !----!----!----!----!----!----!----!----!----!----!
Deleting unicode fixup table.
....................................................

Repair completed. Database corruption has been repaired!
Note:
  It is recommended that you immediately perform a full backup
  of this database. If you restore a backup made before the
  repair, the database will be rolled back to the state
  it was in at the time of that backup.

Operation completed successfully with 595 (JET_wrnDatabaseRepaired, Database cor
ruption has been repaired) after 34.250 seconds.

E:\ExDB>
```

Abbildung 9.58 Die Reparatur sollte mit »completed successfully« enden.

Wenn die Reparatur erfolgreich verlaufen ist, muss mit der Dump-Funktion von Eseutil der Header der Datenbank ausgelesen werden, was mit folgendem Befehl vorgenommen werden kann:

Eseutil /mh priv1.edb

Eseutil wird diverse Informationen ausgeben, von denen in diesem Zusammenhang insbesondere der Repair Count wichtig ist. In Abbildung 9.59 sehen Sie die Ausgabe des Datenbank-Headers nach einer Reparatur; die Angabe Repair Count findet sich ungefähr in der Mitte und hat in diesem Fall den Wert »4«. Ist der Repair Count größer »0«, sind weitere Maßnahmen notwendig!

Falls der Repair Count einen Wert größer als null hat, sind zwei weitere Maßnahmen notwendig:

▶ Zunächst muss eine Defragmentierung vorgenommen werden.
▶ Anschließend muss mittels des Werkzeugs isinteg eine Reparatur auf Ebene des Informationsspeichers erfolgen.

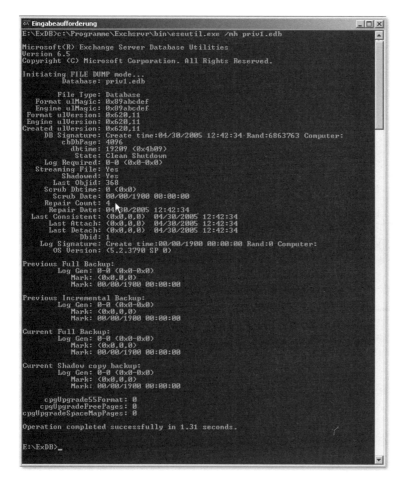

Abbildung 9.59 Nach einer Reparatur muss der Repair Count geprüft werden. Ist dieser größer null, sind weitere Maßnahmen notwendig.

Wenn Sie diese Maßnahmen nicht durchführen, wird das System zwar grundsätzlich funktionieren, allerdings werden fallweise Probleme auftreten, beispielsweise dass Benutzer keine Mails oder Anhänge mehr öffnen können.

Zunächst zur Defragmentierung. Der Vorgang wird mit `eseutil /d priv1.edb` aufgerufen. Nach der Reparatur werden keine defekten nicht-leeren Seiten vorhanden sein, so dass die Reparatur erfolgreich ablaufen wird (Abbildung 9.60).

Nun muss noch eine Überprüfung, ggf. mit Reparatur auf Informationsspeicherebene, stattfinden. Folgender Befehl startet den Vorgang:

```
Isinteg -s [servername] -fix -test alltests
```

Nach dem Start von `Isinteg` müssen Sie die zu reparierende Datenbank angeben. Der Überprüfungsvorgang wird zu einer Ausgabe wie in Abbildung 9.61 gezeigt führen.

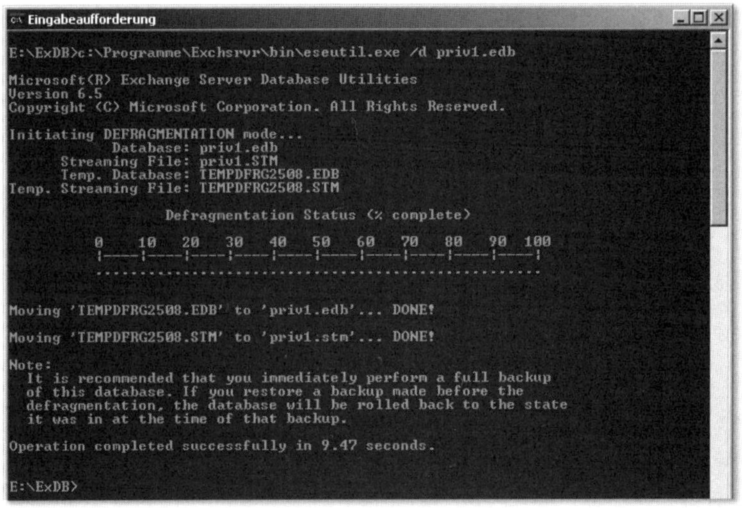

Abbildung 9.60 Nach der Reparatur wird die Offline-Defragmentierung erfolgreich durchgeführt.

Diese Ausgabe überzeugt zwar nicht unbedingt durch übertriebene Übersichtlichkeit, man kann ihr aber entnehmen, ob Probleme behoben werden konnten und/oder ob ggf. nicht behebbare Fehler aufgetreten sind.

Nach Abschluss der Reparatur können Sie noch eine Integritätsprüfung (`eseutil /g priv1.edb`) durchführen, und vor allem sollten Sie eine Online-Sicherung der Datenbank anlegen. Wie eingangs dieses Abschnitts beschrieben, wird man insbesondere dann eine Reparatur versuchen, wenn keine Sicherung und/oder Logs zur Verfügung stehen – legen Sie also sobald wie möglich eine Datensicherung an!

Ist die Reparatur gelungen, können Sie sich zwar zunächst freuen, dann sollten Sie sich allerdings fühlen wie der »Reiter über dem Bodensee« (Gustav Schwab »Der Reiter und der Bodensee«) und unbedingt dafür sorgen, dass …

- … regelmäßig Online-Sicherungen aller Datenbanken durchgeführt werden und diese Vorgänge sorgfältig überwacht werden.
- … die Logs für die Wiederherstellung bereitstehen. Hierzu muss insbesondere die Umlaufprotokollierung **de**aktiviert sein.
- … das Sicherungskonzept regelmäßig in »Feuerwehrübungen« geprüft wird.

9.5.4 Fehler –1019 (JET_errPageNotInitialized)

Dieser Fehler tritt auf, wenn auf eine Seite verwiesen wird, die entweder leer oder nicht initialisiert ist. Prinzipiell ist dieser Fehler dem »1018er« recht ähnlich, er wird allerdings nicht bei einem Online-Backup gefunden.

Abbildung 9.61 Die Reparatur endet mit der Ausführung von isinteg zur Behebung eventueller Probleme auf Ebene des Informationsspeichers.

Gründe für das Auftreten sind:

▶ Hardwareprobleme
▶ Fehler im Exchange-System – dieser Fall ist erfahrungsgemäß weniger wahrscheinlich als ein Hardwareproblem.

Die Korrekturmaßnahmen für den 1019er Fehler entsprechen den zuvor erläuterten Maßnahmen für den 1018er.

9.5.5 Fehler –1022 (JET_errDiskIO)

Dieser Fehler ist bezüglich der Reparaturmöglichkeiten wesentlich unangenehmer als die zuvor besprochenen. 1022 wird bei Schreib-/Lesefehlern zurückgegeben.

Ein Beispiel: Durch ein Problem wird die Datenbankdatei »abgeschnitten«, sie ist also nicht mehr 14 GB, sondern nur noch 10 GB lang. Wenn Exchange nun auf eine Seite zugreifen möchte, die in dem verlorenen Bereich liegt, der nun durch einen Fehler nicht mehr vorhanden ist, erscheint der Fehler 1022.

Realistisch gesehen können Sie sich bei Erscheinen eines »1022ers« auf das Einspielen des Backups vorbereiten. Die Chancen auf eine Reparatur sind gering – das heißt nicht, dass Sie es nicht trotzdem versuchen sollten.

Ein »1022er« kann übrigens auch auftreten, wenn eine andere Applikation, beispielsweise ein Virenscanner, die Datenbankdateien blockiert. In diesem Szenario kann auch der nachfolgend genannte Fehler 1032 auftreten.

9.5.6 Fehler –1032 (JET_errFileAccessDenied)

Wenn dieser Fehler auftritt, ist die Datenbank im besten Fall nicht beschädigt. Dieser Errorcode wird beispielsweise gemeldet, wenn eine Datenbankdatei von einem Virenscanner gelockt wird – ein auf Dateibasis agierender Virenscanner kann mit den Datenbankdateien und Logs ohnehin nichts anfangen, Sie sollten ihn also von diesen fernhalten.

Generell wird ein Neustart des Servers, alternativ zumindest aller Exchange-Dienste, empfohlen.

9.5.7 Fehler in *.STM-Dateien

Probleme in den Streaming-Dateien werden mit `eseutil /k` erkannt. Eine Reparatur sorgt zwar dafür, dass die Prüfsummen angepasst werden, eine weitergehende Datenrettung wird nicht versucht. Die Prüfsummen für die Streaming-Dateien werden übrigens in den EDB-Dateien gespeichert.

An dieser Stelle kann ich nur nochmals sehr dringend an Sie appellieren, ein einwandfreies Datensicherungskonzept zu planen und umzusetzen (siehe Kapitel 20).

10 Öffentliche Ordner

10.1	Grundlagen	270
10.2	Abgrenzung zu SharePoint	287
10.3	Internet News	290
10.4	Systemordner – spezielle Öffentliche Ordner	300

1	Über dieses Buch
2	Der Aufbau des Buchs
3	Exchange 2003 – Service Pack 2
4	Einführung in das Thema Collaboration
5	Erster technischer Überblick
6	Solutions Design
7	Exchange und Active Directory
8	Routing
9	Storage
10	Öffentliche Ordner
11	Administrative Gruppen
12	Richtlinien, Vorlagen und Adresslisten
13	Front-End-/Back-End-Architektur
14	Clients
15	Sichere Anbindung an das Internet
16	Sicherheit
17	Installation
18	Migration/Upgrade auf Exchange 2003
19	Betrieb und Administration
20	Backup, Restore und Desaster Recovery
21	Verfügbarkeit
22	Live Communications Server 2005 – Ein Überblick
23	LCS – Installation und Konfiguration
24	LCS – »Externe« Clients und Föderationen
25	LCS – Administration
26	LCS – Sicherheit
27	Entwicklung
28	Programmieren mit CDO (CDOEX)
A	Problembehebung in Warteschlangen
B	Zu überwachende Parameter (Jetstress-Test)
C	Performance Monitoring, wichtige Datenquellen
D	Outlook Level 1 Dateianhänge

10 Öffentliche Ordner

Öffentliche Ordner sind viel mehr als »nur« eine Möglichkeit zur elektronischen Abbildung des »schwarzen Bretts«. In Öffentlichen Ordnern können alle Arten von Informationen, also Kalender, Aufgaben, Notizen, Adressen und sogar ganze Dokumente gespeichert werden. Man kann auch noch einen Schritt weiter gehen und die Öffentlichen Ordner als Grundlage für komplexe Applikationen verwenden, vorzugsweise im Workflow-Bereich.

Öffentliche Ordner sind ein recht universelles Instrument mit vielen Anwendungsmöglichkeiten, bei denen gemeinsamer Zugriff auf unterschiedliche Informationen benötigt wird. Die Öffentlichen Ordner werden allerdings nicht »nur« für den Informationsaustausch der Anwender verwendet, vielmehr werden einige spezielle Öffentliche Ordner für »interne« Zwecke verwendet – sie heißen dann Systemordner.

Bevor Sie sich mit Begeisterung auf die Öffentlichen Ordner stürzen, muss ich Sie darauf hinweisen, dass bei Microsoft zwar nicht zur Debatte steht, die Öffentlichen Ordner kurz- oder mittelfristig komplett zu Grabe zu tragen, sie stehen aber keinesfalls mehr im Mittelpunkt von Microsofts Collaboration-Strategie. Anders gesagt brauchen Sie bestehende auf Öffentlichen Ordnern basierende Verfahren und Prozesse nicht hektisch zu ersetzen; wenn Sie allerdings ein neues großes Integrations- oder Softwareentwicklungsprojekt planen, ist es sicherlich langfristig besser, auf SharePoint anstatt auf Öffentliche Ordner zu setzen.

Wie bereits in Abschnitt 4.3 erläutert, teilt sich der Themenkomplex Collaboration bei Microsoft in drei Produkte:

- **Exchange**: »Klassisches« Mail und Messaging
- **SharePoint**: Zusammenarbeit in Teams oder im Unternehmen, umfasst beispielsweise den Umgang mit Dokumenten und mit Listen aller Art (Termine, Kontakte, Aufgaben sind im Endeffekt auch Listen), die strukturierte Bereitstellung von Informationen, den Zugriff auf »externe« Daten und vieles andere mehr.
- **Live Communications Server**: Dies ist ein Instant Messaging System.

Einen kurzen Vergleich zwischen SharePoint und den Öffentlichen Ordnern finden Sie in Abschnitt 10.2. An dieser Stelle möchte ich Sie auf zwei Möglichkeiten der weiteren Beschäftigung mit SharePoint hinweisen:

- Mein Konzepte-Buch enthält eine recht ausführliche Einführung in die SharePoint-Technologien (**http://www.galileocomputing.de/1030**). Das entsprechende Kapitel findet sich übrigens als Leseprobe auf der Begleit-CD dieses Buchs.
- Wenn Sie noch tiefer in SharePoint einsteigen möchten, wird Sie mein ebenfalls bei Galileo Press erschienen SharePoint-Buch interessieren (**http://www.galileocomputing.de/936**).

10.1 Grundlagen

Der Sinn von Öffentlichen Ordnern ist, dass mehrere Anwender auf gemeinsam genutzte Informationen zugreifen können. Hierin unterscheiden sie sich von den privaten Postfächern, denn auf diese greifen, wie ja auch der Name bereits sagt, nur die jeweiligen Besitzer der Postfächer zu.

10.1.1 Anwendung

Wenn Sie mit Outlook einen neuen Öffentlichen Ordner anlegen, erkennen Sie, dass die Standard-Inhaltstypen wie Mail, Aufgabe, Kalender und Kontakt auch hier Verwendung finden (Abbildung 10.1).

Abbildung 10.1 Beim Anlegen eines Öffentlichen Ordners mit Outlook kann der Typ der zukünftigen Inhalte bestimmt werden.

> **Hinweis** Öffentliche Ordner werden mit Outlook angelegt, indem Sie in der Ordnerliste den Knoten »Öffentliche Ordner« oder einen in der Hierarchie darunter stehenden Eintrag selektieren und in dessen Kontextmenü »Neuen Ordner erstellen« auswählen. Alternativ kann das Anlegen mit dem Exchange System-Manager erledigt werden. Dort müssen Sie den Knoten »Ordner« (befindet sich in jeder administrativen Gruppe) ausfindig machen.

Es ist also sehr einfach möglich, einen Gruppenkalender, eine Aufgabenliste für ein Projektteam oder ein firmenweites Kontaktverzeichnis mit Hilfe von Öffentlichen Ordnern aufzubauen. Erfahrungsgemäß finden sich, insbesondere in Gesprächen mit Anwendern, jede Menge Anwendungsfälle für Öffentliche Ordner. Neben den standardmäßigen Typen, also Kalender, Kontakte etc. können relativ einfach eigene Formulare entworfen werden.

Wie bereits in der Einleitung dieses Kapitels angedeutet wurde, sind Applikationen am Markt erhältlich, die auf Öffentlichen Ordnern basieren. Ein Standardbeispiel ist eine Helpdesk-Applikation:

- Ein Anwender stellt sein Problem mittels eines Formulars im Öffentlichen Ordner ein.
- Auf diesen Öffentlichen Ordner haben alle Support-Mitarbeiter Zugriff. Diese können über ein spezielles Formular in Outlook die Anfragen der Anwender bearbeiten. Alter-

nativ ist auch eine zusätzliche Applikation denkbar, die nichts mit Outlook zu tun hat, aber trotzdem auf die Öffentlichen Ordner zugreift.

- Wenn ein Mitarbeiter des Supports die Bearbeitung der Anfrage beginnt, kennzeichnet er den Eintrag entsprechend, so dass er für die Kollegen gesperrt ist.
- Hat der Support-Mitarbeiter die Anfrage bearbeitet, wird der Status des Eintrags auf »gelöst« gesetzt.
- Die zurzeit in Bearbeitung befindlichen Anfragen können vom Leiter des Supports jederzeit eingesehen werden.

Natürlich könnte man eine solche Helpdesk-Applikation auch mit einer »normalen« Datenbank erstellen. Der Vorteil der Öffentlichen Ordner von Exchange ist, dass auf diese über Outlook sehr einfach zugegriffen werden kann und dass eine gewisse »Korrespondenzfähigkeit« bereits enthalten ist.

Prinzipiell könnte man die Öffentlichen Ordner von Exchange auch zur Speicherung von Dokumenten verwenden; die Betonung liegt hier auf »prinzipiell«, denn Öffentliche Ordner eignen sich hierzu bei weitem nicht so gut wie SharePoint-Dokumentbibliotheken.

10.1.2 Rechte und Berechtigungen

Natürlich möchte man auch bei *Öffentlichen* Ordnern (trotz des Namensbestandteils »öffentlich«) verhindern, dass jede beliebige Person lesend oder gar schreibend auf sie zugreifen kann.

Das Ändern der Berechtigungen ist Personen mit der Berechtigung »Besitzer des Ordners« möglich, dies ist im Allgemeinen die Person, die den Öffentlichen Ordner angelegt hat. Der Personenkreis kann aber erweitert werden.

Um Berechtigungen eines Öffentlichen Ordners zu ändern, muss man angenehmerweise kein Exchange-Administrator mit Zugriff auf den Exchange System-Manager sein: In den Eigenschaften des Öffentlichen Ordners in Outlook findet sich die Karteikarte »Berechtigungen«, mit der die Sicherheitskonfiguration vorgenommen werden kann (Abbildung 10.2).

Die Möglichkeit, die Berechtigungen von Öffentlichen Ordnern mit dem Exchange System-Manager zu modifizieren, existiert übrigens erst seit Exchange 2003, davor war der einzige Weg die Administration über Outlook. Ebendies gilt auch für das Anlegen neuer Öffentlicher Ordner.

Der Dialog für die Vergabe von Berechtigungen ist übrigens unabhängig vom Typ der Elemente des Öffentlichen Ordners: Für Exchange ist es unerheblich, ob Outlook die gespeicherten Elemente als Termin, Aufgabe oder Kontakteintrag interpretiert.

10.1.3 Administration

Wie Sie bereits gehört haben, können Öffentliche Ordner entweder mit Outlook oder dem Exchange System-Manager administriert werden. Die folgende Tabelle zeigt, welche Konfigurationsmöglichkeiten mit der jeweiligen Applikation möglich sind:

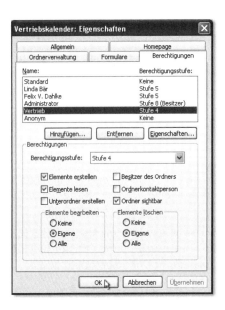

Abbildung 10.2 Die Berechtigungen für Öffentliche Ordner können mit Outlook (hier im Bild) oder dem Exchange System-Manager modifiziert werden.

Outlook	Exchange System-Manager
Standard-Ansicht zuweisen, benutzerdefinierte Ansichten erzeugen	Email-Adressen für Öffentliche Ordner definieren (mail-aktivierte Öffentliche Ordner)
Formulare (werden beim Erzeugen neuer Elemente verwendet) verwalten und erzeugen	Anzeigenamen des Öffentlichen Ordners definieren. Festlegen, ob ein mail-aktivierter Öffentlicher Ordner im Adressbuch gezeigt wird.
Definieren einer Webseite, die gezeigt wird, wenn der Benutzer den Öffentlichen Ordner auswählt	Administrationsrechte und Weiterleitungsadressen definieren
Zugriffsrechte setzen	Festlegen, ob Gelesen/Ungelesen-Informationen geführt werden sollen.
	Definieren von Speichergrenzen und einem Höchstalter für Einträge
	Zugriffsrechte festlegen
	Replikation des Öffentlichen Ordners definieren
	Erzeugen von Systemordnern, die für Outlook nicht »sichtbar« sind

10.1.4 Speicher für Öffentliche Ordner

Der Inhalt von Öffentlichen Ordnern wird in einer speziellen Datenbank, nämlich dem »Informationsspeicher für Öffentliche Ordner« gespeichert. Technisch unterscheidet sich dieser Speichertyp nicht wesentlich vom Postfachspeicher, allerdings sind drei Besonderheiten zu beachten:

▶ **Zugeordnete Struktur**: Exchange ermöglicht die Verwendung mehrerer Strukturen für Öffentliche Ordner. Dieser Begriff ist ein wenig unhandlich, klarer wird es, wenn man formuliert: Es können mehrere voneinander unabhängige Bäume mit Öffentlichen Ordnern angelegt werden (mehr in Abschnitt 10.1.5).
Ein Informationsspeicher für Öffentliche Ordner kann jeweils nur eine Struktur für Öffentliche Ordner speichern. Die Struktur wird beim Anlegen des Öffentlichen Ordners ausgewählt und kann später nicht mehr geändert werden (Abbildung 10.3).

▶ **Replikation**: Die Nachrichten in einem Postfachspeicher sind stets genau einmal vorhanden; anders gesagt kann ein Benutzerpostfach nicht auf mehreren Exchange Servern abgelegt sein. Bei den Öffentlichen Ordnern verhält es sich anders, diese können auf beliebig viele Server repliziert werden (mehr in Abschnitt 10.1.7).

▶ **Volltextindizierung**: Obwohl die Volltextindizierung prinzipiell auch für Postfachspeicher aktiviert werden kann, ist sie doch ein typisches Feature für Öffentliche Ordner (mehr in Abschnitt 10.1.6).

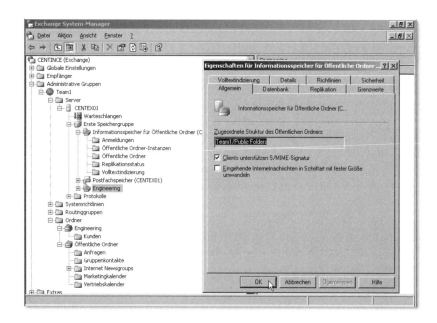

Abbildung 10.3 Ein Informationsspeicher für Öffentliche Ordner kann nur eine Struktur für Öffentliche Ordner enthalten.

10.1.5 Zusätzliche Öffentliche Ordner-Strukturen

Wenn Sie bereits ein wenig mit Öffentlichen Ordnern gearbeitet haben, wird Ihnen natürlich aufgefallen sein, dass diese letztendlich in einer Baumstruktur, die Sie selbst erstellen können, angeordnet sind: Ein Öffentlicher Ordner kann einen Öffentlichen Ordner enthalten, der wiederum einen Öffentlichen Ordner enthält, in dem schließlich Inhalte liegen. Alles klar?

Die Enterprise Edition von Exchange bietet Ihnen die Möglichkeit, weitere Öffentliche Ordner-Strukturen anzulegen. Bevor Sie aber zu euphorisch beginnen, für jede Ihrer Abteilungen eine eigene Öffentliche Ordner-Struktur anzulegen, sollten Sie die folgenden Anmerkungen lesen:

- Es existieren zwei »Ordnerstrukturtypen«, nämlich »MAPI-Clients« und »Allgemein« (Abbildung 10.4):
  - **Ordnerstrukturtyp »MAPI-Clients«:** Hinter diesem Ordnerstrukturtyp verbirgt sich die »normale« Struktur für einen Öffentlichen Ordner. Wie der Name ja auch vermuten lässt, können auf diese Strukur MAPI-Clients, also Outlook, zugreifen. Darüber hinaus können die hier enthaltenen Ordner mit eigenen Applikationen oder über das Webinterface genutzt werden.
  In einer Exchange-Organisation kann nur eine Ordnerstruktur für MAPI-Clients existieren! Damit scheidet der Plan, für jede Abteilung eine eigene Ordnerstruktur aufzubauen aus – zumindest, wenn die Anwender mit Outlook zugreifen sollen.
  - **Ordnerstrukturtyp »Allgemein«:** Beliebig viele Öffentliche Ordner-Strukturen können angelegt werden, wenn der Ordnerstrukturtyp »Allgemein« verwendet wird. In der englischsprachigen Literatur wird von einer »General purpose hierarchy« gesprochen.
  Der wesentliche Nachteil dieses Ordnerstrukturtyps ist, dass die Ordner dieses Baums für Outlook-Clients nicht sichtbar sind. Der Zugriff ist über ein Webinterface oder mit Applikationen möglich. Damit ist auch klar, wofür sich diese Ordnerstruktur primär eignet, nämlich als Speicherort für Applikationen, die auf Öffentlichen Ordnern von Exchange basieren.
- Beim Anlegen wird Ihnen das System von vornherein nur die Möglichkeit bieten, eine neue Öffentliche Ordner-Struktur vom Typ »Allgemein« anzulegen – eine zweite MAPI-Struktur kann es nicht geben.
- Ansonsten stehen Ihnen bei einer Struktur vom Typ »Allgemein« die üblichen Konfigurationsmöglichkeiten, also Replikation, Zugriffsrechte, Speichergrenzen und Volltextindizierung zur Verfügung (letztgenannte ist eine Funktion des Informationsspeichers, nicht der Öffentlichen Ordner).

Das eigentliche Anlegen einer zusätzlichen Öffentliche Ordner-Struktur ist einfach, Sie finden die entsprechende Funktion im Kontextmenü des Knotens »Ordner« (Abbildung 10.5).

Damit die neu angelegte Öffentliche Ordner-Struktur auch tatsächlich verwendet werden kann, muss ein neuer »Öffentlicher Informationsspeicher« angelegt werden. Sie erinnern sich, dass in einem Informationsspeicher nur jeweils eine Öffentliche Ordner-Struktur gespeichert werden kann.

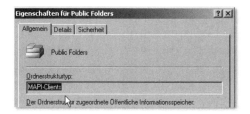

Abbildung 10.4 Öffentliche Ordner-Strukturen können »MAPI-Clients« oder »Allgemein« sein.

Abbildung 10.5 Die Funktion zum Anlegen einer neuen Öffentliche Ordner-Struktur findet sich im Kontextmenü des Knotens »Ordner«. Diese finden sich jeweils in den administrativen Gruppen.

Beim Anlegen des Ordners muss die »Zugeordnete Struktur« ausgewählt werden, die Sie im zugehörigen Dialog leicht auswählen können (Abbildung 10.6).

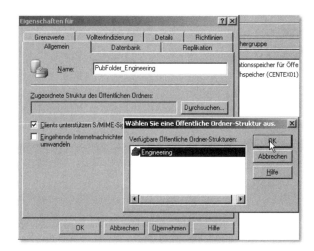

Abbildung 10.6 Damit Daten in der neu angelegten Öffentliche Ordner-Struktur gespeichert werden können, muss ein dedizierter »Öffentlicher Informationsspeicher« angelegt werden.

Virtuelles Verzeichnis für Öffentliche Ordner-Struktur hinzufügen

In einem der vorherigen Abschnitte habe ich gesagt, dass man auf eine Struktur des Typs »Allgemein« nicht mit dem MAPI-Client (= Outlook), sehr wohl aber via http zugreifen kann. Eine solche Aussage ist natürlich schnell getätigt – dass die Konfiguration fast genauso einfach ist, sehen Sie in diesem Abschnitt.

Das Zauberwort lautet »Virtuelles Verzeichnis«. Ein solches legen Sie für den »Virtuellen Exchange Server« (unterhalb des Knotens HTTP) an (Abbildung 10.7).

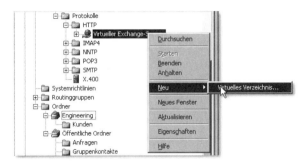

Abbildung 10.7 Um via http auf eine Öffentliche Ordner-Struktur vom Typ »Allgemein« zugreifen zu können, muss ein »Virtuelles Verzeichnis« hinzugefügt werden.

▶ Im Wesentlichen gibt es für das virtuelle Verzeichnis drei Konfigurationsmöglichkeiten: den Namen, die Zugriffskonfiguration und den Exchange-Pfad. Für Letzteres wählen Sie »Öffentlicher Ordner« und geben die Öffentliche Ordner-Struktur an (Abbildung 10.8, die Struktur dort heißt »Engineering«).

▶ Nun können Sie mittels `https://servername/verzeichnisname` auf die Öffentliche Ordner-Struktur gemäß den gewährten Berechtigungen zugreifen (Abbildung 10.9).

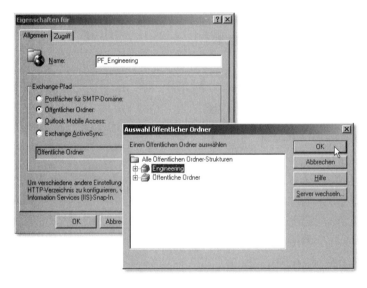

Abbildung 10.8 Für das virtuelle Verzeichnis muss ein Exchange-Pfad angegeben werden.

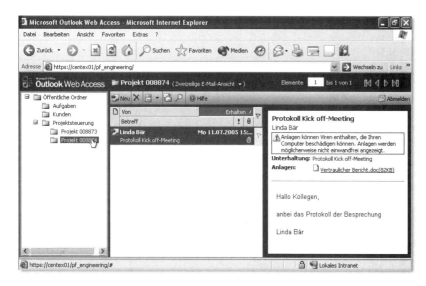

Abbildung 10.9 Mit Outlook Web Access kann auf Ordner einer Öffentlichen Ordner-Struktur vom Typ »Allgemein« zugegriffen werden – MAPI-Clients können das nicht!

10.1.6 Volltextindizierung

Wenn in Ihrem Unternehmen sehr viele Informationen in Öffentlichen Ordnern gespeichert werden, wird immer wieder die Anforderung gestellt werden, dass die große Menge an Informationen schnell durchsuchbar sein muss. In der Tat stößt die »normale« Suchfunktion schnell an ihre Grenzen (Geschwindigkeit des Suchvorgangs, Belastung des Servers, keine Suche in Anhängen etc.).

Mit der Volltextindizierung werden die »Suchprobleme« auf einfache Art gelöst: Für den Öffentlichen Informationsspeicher wird ein Index erstellt, der von den Clients durchsucht werden kann – und alle sind glücklich: Die Benutzer freuen sich über schnelle Suchvorgänge und die Administratoren über die vergleichsweise geringe Belastung der Server bei Suchvorgängen.

In der Tat bietet der Volltextindex signifikante Vorteile:

▶ Für Unternehmen, die Dokumente in Öffentlichen Ordnern speichern, das Wichtigste zu Anfang: Die Volltextsuche indiziert auch die Inhalte von Dokumenten. Berücksichtigt werden folgende Dokumenttypen:
  ▷ Microsoft Word (doc)
  ▷ Microsoft Excel (xls)
  ▷ Microsoft PowerPoint (ppt)
  ▷ HTML (html, htm, asp)
  ▷ Text (txt)
  ▷ Embedded MIME (eml)
▶ Weitere Dokumenttypen können mit optionalen Filtern durchsucht werden.

- Verknüpfungen zwischen Suchwörtern (UND, ODER) können verwendet werden.
- Wortbestandteile werden gefunden; »hund« findet beispielsweise auch: »Hundefutter« und »Gebirgshund«.
- Und: Der Suchvorgang ist *signifikant* schneller.

Die Volltextindizierung lässt sich übrigens auch für Postfachspeicher aktivieren. Dies ist aber nicht zu empfehlen, weil die Indizierung an sich eine recht ressourcen-hungrige Angelegenheit ist, die bei großen Mengen eingehender privater Mail zu einer signifikanten Belastung führt. Zudem ist der Nutzen erfahrungsgemäß nicht so hoch wie im Bereich der Öffentlichen Ordner.

Voraussetzungen

Die Volltextindizierung ist eines der Features, die vor dem Aktivieren ein wenig Planung bedürfen:

- Plattenplatz: Ein brauchbarer Schätzwert für den Platzbedarf des Index ist 20% der Größe des Informationsspeichers.
- Performance: Der Index sollte auf separaten physikalischen RAID-Sets liegen, *nicht* gemeinsam mit Exchange-Datenbanken und *nicht* gemeinsam mit Logdateien. Mehr dazu folgt in einem der nächsten Abschnitte.
- Die in der Systemsteuerung eingestellte Sprache des Servers sollte derjenigen entsprechen, in der die meisten Dokumente abgefasst sind. Dies hängt mit der Konfiguration des Worttrennmoduls zusammen.
- Die SMTP-Adressen sollten sich nicht mehr ändern. Wenn dies doch geschieht, führt dies zu der Notwendigkeit eines kompletten Neuaufbaus der Indices. Das ist keine Katastrophe, aber in großen Umgebungen einigermaßen lästig.

Konfiguration

Die Aktivierung der Volltextindizierung für einen öffentlichen Informationsspeicher ist recht einfach.

- Zunächst wird im Kontextmenü des Öffentlichen Informationsspeichers der Befehl »Volltextindex erstellen« gewählt (Abbildung 10.10).
- Exchange reagiert darauf direkt mit der Frage, wo der Katalog erstellt werden soll (Abbildung 10.11). Bevor Sie auf diese Frage antworten, sollten Sie den nächsten Abschnitt, »Optimierung«, lesen.
- Nachdem der Volltextindex für diesen Informationsspeicher belegt ist, kann mit dem Auffüllen begonnen werden. Standardmäßig wird dies mit der Priorität »Niedrig« ausgeführt – das System wird dann zwar nur wenig belastet, der Vorgang dauert aber entsprechend lange!
- Zum Schluss müssen Sie zwei Einstellungen in den Eigenschaften des Informationsspeichers vornehmen:
- Sie müssen das Aktualisierungsintervall festlegen. Dieses kann zwischen »Immer ausführen« (= neue Dokumente werden mehr oder weniger sofort indiziert) und »Nie ausführen« (in diesem Fall würden Sie den Vorgang gelegentlich manuell beginnen) liegen.

Die Indizierung kann übrigens auch zeitabhängig, beispielsweise nachts, ausgeführt werden (Abbildung 10.13).

▶ Wichtig ist die Checkbox »Dieser Index kann aktuell von Clients durchsucht werden«: Ist diese nicht aktiviert, wird der Index nicht verwendet. Dieser Schalter macht insofern Sinn, als dass man während einer Neuerstellung den Index sperren kann, um zu verhindern, dass in dieser Zeit fehlerhafte oder unvollständige Angaben zurückgegeben werden.

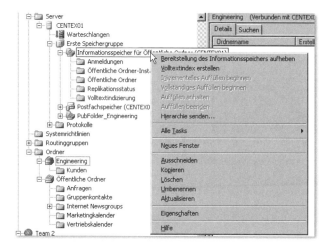

Abbildung 10.10 Die Erstellung eines Volltextindex wird im Kontextmenü des öffentlichen Informationsspeichers vorgenommen.

Abbildung 10.11 Der Speicherort für die Katalogdateien sollte mit viel Bedacht gewählt werden.

Abbildung 10.12 Damit der Index verwendet werden kann, muss er zunächst aufgefüllt werden.

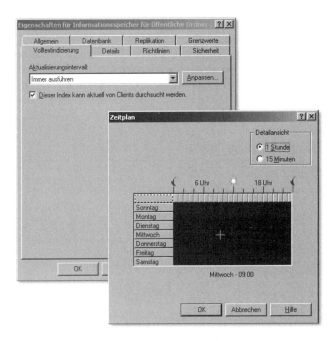

Abbildung 10.13 Die Indizierung kann in einem genau festgelegten Zeitraum erfolgen.

Optimierung

Die Optimierung der Volltextindizierung ist primär ein »Festplatten-Thema«. Grundsätzlich sollten die Dateien der Exchange-Volltextindizierung nicht gemeinsam mit Datenbanken oder Logfiles auf einem physikalischen RAID-Set liegen. Die Empfehlung ist, ein separates RAID-Set für die Dateien des Index zu erstellen. In stark belasteten Installationen sollten die unterschiedlichen Dateien sogar jeweils auf einem eigenen physikalischen RAID-Set liegen.

Zunächst aber ein wenig Hintergrundwissen: Die Exchange-Volltextindizierung verwendet diese Dateitypen:

- **Kataloge**: die Hauptindizes. Für jeden Postfachspeicher oder Informationsspeicher für Öffentliche Ordner in Exchange Server 2003 ist jeweils nur ein Katalog vorhanden.
- **Eigenschaftenspeicher**: eine Datenbank, die verschiedene Eigenschaften im Katalog indizierter Objekte enthält. Es ist pro Server nur ein einziger Informationsspeicher für Eigenschaften vorhanden.
- **Eigenschaftenspeicherprotokolle**: die der Eigenschaftenspeicherdatenbank zugeordneten Protokolldateien.
- **Temporäre Dateien**: Dateien, die temporäre Informationen enthalten, die vom Microsoft Search-Dienst verwendet werden.
- **Sammelprotokolle**: Protokolldateien, die Protokollinformationen für den Indexdienst enthalten. Für jeden Index ist ein Satz von Protokollen vorhanden.

Die folgende Tabelle beschreibt, wo der jeweilige Datentyp gespeichert werden soll:

Dateityp	Speicherort
Katalog	RAID-Array
Eigenschaftenspeicher	RAID-Array
Eigenschaftenspeicherprotokolle	Im RAID-Array an demselben Speicherort wie der Eigenschaftenspeicher
Temporäre Dateien	RAID-Array **Anmerkung:** Speichern Sie diese Dateien in einem Cluster auf einem Laufwerk ohne Failover, z.B. einem lokalen Laufwerk oder einem Laufwerk im RAID-Array oder SAN (Storage Area Network), das nur zur Ausführung auf einem bestimmten Computer konfiguriert ist.
Sammelprotokolle	Belassen Sie diese am Standardspeicherort, oder verschieben Sie sie an einen gewünschten Speicherort.

Die grafische Konfiguration im Exchange System-Manager gestattet leider kein Verschieben der Dateien des Volltextindex. Es stehen aber einige Werkzeuge zur Verfügung, die für diese Aufgabe verwendet werden können:

Dateityp	Werkzeug zum Verschieben
Katalog	Geben Sie einen Speicherort möglichst auf einem separaten RAID-Array an, wenn Sie den Katalog mit dem Exchange System-Manager erstellen. Wenn ein Katalog später verschoben werden muss, kann dies mit `catutil` erledigt werden.
Eigenschaftenspeicher	`Pstoreutl`
Eigenschaftenspeicherprotokolle	`Pstoreutl`
Temporäre Dateien	`SetTempPath`
Sammelprotokolle	Weisen Sie den Speicherort im Registrierungsschlüssel `StreamLogsDirectory` zu.

Die Werkzeuge sind bei einer Standardinstallation unter folgenden Pfaden zu finden:

- **Pstoreutl**: `c:\Programme\Gemeinsame Dateien\System\MSSearch\Bin`
- **SetTempPath**: `c:\Programme\Gemeinsame Dateien\System\MSSearch\Bin`
- **Catutil**: `c:\Programme\Gemeinsame Dateien\System\MSSearch\Bin`

Nähere Informationen zur Verwendung finden Sie in der Knowledge-Base. Verwenden Sie als Stichwort den Namen des jeweiligen Utilities.

Vollständiger Neuaufbau der Indices

Im Normalfall kann die Volltextindizierung mit inkrementellen Updates arbeiten, d.h., wenn einige Einträge hinzugekommen sind, muss nicht der komplette Informationsspeicher neu indiziert werden, sondern es werden lediglich die neuen Einträge in den bestehenden Index aufgenommen.

Nun gibt es allerdings einige Szenarien, in denen der Index zwingend komplett neu aufgebaut werden muss. Bevor Sie eine der nachfolgend genannten Aktionen ausführen, sollten Sie ggf. die Indexerstellung anhalten und zu einer »verkehrsarmen« Zeit, beispielsweise am Wochenende, wieder aktivieren – oder die die Neuerstellung auslösende Aktion am Wochenende ausführen.

Eine Neuerstellung der Indices wird in folgenden Fällen notwendig:

- Austausch des Wort-Trenn-Moduls
- Änderungen der »Noise-Words« (das sind beispielsweise bestimmte und unbestimmte Artikel)
- Neue Dokumentfilter, beispielsweise für PDF, wurden hinzugefügt.
- Änderung der Schema-Datei
- Änderungen der SMTP-Adresse des Informationsspeichers

Nähere Informationen zu »Spezialthemen« (wie Wort-Trenn-Module oder Noise-Words) finden Sie im Exchange SDK (Software Development Kit, Microsoft-Website).

Anwendung

Damit die Anwender beim Suchen auch die erstellten Indices verwenden, müssen sie die »Erweiterte Suche« nutzen. Sie ist in Outlook unter **Extras · Suchen** zu finden (Abbildung 10.14).

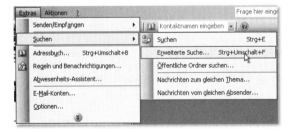

Abbildung 10.14 Damit die Volltextindices verwendet werden, müssen die Anwender die »Erweiterte Suche« nutzen.

10.1.7 Replikation und Verweise

Eine Stärke der Öffentlichen Ordner ist die Möglichkeit, deren Inhalte auf andere Exchange Server zu replizieren. In Abbildung 10.16 sind die unterschiedlichen Zugriffswege dargestellt:

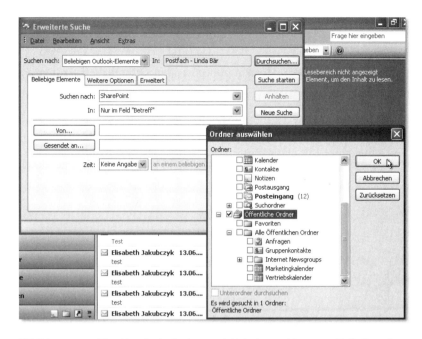

Abbildung 10.15 Die »Erweiterte Suche« gestattet eine recht genaue Definition der zu suchenden Elemente.

- Die Öffentlichen Ordner werden zwischen zwei Exchange Servern synchronisiert.
- Wenn ein Anwender auf einen Öffentlichen Ordner zugreifen möchte, versucht die Client-Software zunächst, diesen Ordner auf dem Server zu finden, auf dem auch das Postfach des Benutzers liegt. Ist dort ein Replikat des Öffentlichen Ordners vorhanden, erfolgt der Zugriff darauf.

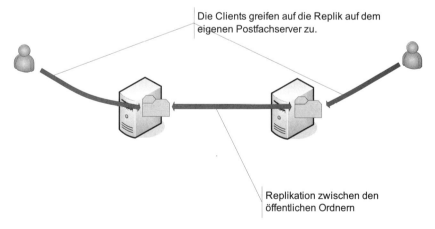

Abbildung 10.16 Die Client-Software versucht zunächst, einen Öffentlichen Ordner auf dem Postfachserver des Anwenders zu finden.

Grundlagen **283**

Was geschieht nun, wenn der Postfachserver des Anwenders nicht über ein Replikat des vom Anwender gewünschten Öffentlichen Ordners verfügt? Abbildung 10.17 stellt dieses Szenario dar:

- Die Client-Software des Anwenders versucht zunächst, den Öffentlichen Ordner auf dem Postfachserver zu finden.
- Gelingt dies nicht, wird auf einen anderen Exchange Server zugegriffen. Wenn in der Routinggruppe (im Allgemeinen: am Standort) des Postfachservers kein anderer Exchange Server eine Replik des Öffentlichen Ordners hält, wird über die definierten Routinggruppen-Connectoren auf einen entfernten Exchange Server zugegriffen.

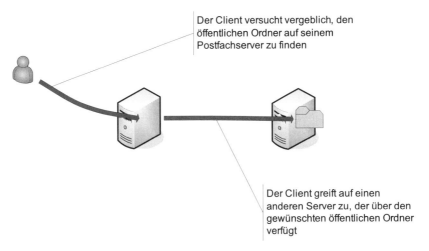

Abbildung 10.17 Wenn der Postfachserver des Anwenders nicht über eine Replik des Öffentlichen Ordners verfügt und auch kein anderer Exchange Server der Routinggruppe diesen Ordner bereitstellen kann, wird über die definierten Connectoren auf einen entfernten Server zugegriffen.

Die Betrachtung der beiden vorgestellten Szenarien führt zu einigen grundsätzlichen Erkenntnissen, wann man Repliken erstellt – und wann besser nicht:

Szenarien, in denen die Replikation Öffentlicher Ordner sinnvoll ist

Die folgende Aufzählung führt Vorteile der Replikation Öffentlicher Ordner auf:

- **Fehlertoleranz**: Fällt ein Server aus, kann auf die Daten weiterhin zugegriffen werden. Das Einspielen der Datensicherung ist nicht notwendig.
- **Minimierung der benötigten Bandbreite**: Wenn an einem entfernten Standort relativ viele Anwender mit Informationen eines Öffentlichen Ordners umgehen, ist eine lokale Replik sehr sinnvoll: Der Zugriff für die Benutzer ist sehr schnell, außerdem wird die WAN-Strecke nur einmal, nämlich bei der Replikation der Daten, belastet.
- **Der Replikationsverkehr kann beispielsweise auf die Nachtstunden beschränkt werden.** Dies ist interessant für Unternehmen, die eigentlich über ausreichende Bandbreiten verfügen, tagsüber aber mit einem sehr hohen Datenaufkommen umgehen müssen.

Szenarien, in denen die Replikation nicht sinnvoll ist

Natürlich gibt es nicht nur die Sonnenseite, die Replikation ist auch mit einigen Nachteilen behaftet:

- Wenn an einem Standort ein Öffentlicher Ordner nur sehr sporadisch benutzt wird, er aber gleichzeitig von anderen Niederlassungen sehr intensiv mit neuen Inhalten (evtl. mit großen Anhängen) befüllt wird, könnte es sinnvoll sein, die Anwender eben doch über die WAN-Strecke zugreifen zu lassen, anstatt den hohen Replikationsverkehr in Kauf zu nehmen – für Daten, die dann ohnehin nicht genutzt werden.
- Wenn Anwender darauf angewiesen sind, dass die Informationen im Öffentlichen Ordner 100%ig aktuell sind, ist eine Replikationslösung ungeeignet. Auch wenn Sie neue oder geänderte Einträge sofort replizieren lassen, läuft die Replikation dem »Original« stets nach. Terminkalender aller Art sind ein typisches Beispiel für diese Anforderung, unter anderem auch der Frei-/Gebucht-Ordner.

Konfiguration der Replikation

Die Replikation ist recht einfach zu konfigurieren. In den Eigenschaften eines Öffentlichen Ordners finden Sie die Karteikarte »Replikation«. Auf dieser wird insbesondere festgelegt, welche Informationsspeicher die Replikationsnachrichten erhalten sollen und welcher Zeitplan angewendet werden soll (Abbildung 10.18).

Einen groben Überblick über den aktuellen Replikationsstatus können Sie sich durch einen Klick auf den Schalter »Details« verschaffen.

Abbildung 10.18 Die Konfiguration der Replikation eines Öffentlichen Ordners ist recht einfach: Es müssen die Öffentlichen Informationsspeicher, die neue Nachrichten erhalten sollen, eingetragen werden.

Konfiguration von Verweisen auf Öffentliche Ordner

Wie Sie zuvor gelesen haben, wird, wenn ein bestimmter Öffentlicher Ordner in der lokalen Routinggruppe nicht vorhanden ist, über die Routinggruppen-Connectoren auf einen entfernten Server zugegriffen. Viel Konfigurationsarbeit ist hier in Hinblick auf Öffentliche

Ordner nicht zu leisten, sie müssen lediglich definieren, ob über einen Connector der Zugriff erlaubt sein soll.

Wenn Sie für einige Connectoren diese Zugriffsmöglichkeit sperren möchten, deaktivieren Sie die Checkbox »Keine Verweise auf Öffentliche Ordner zulassen« (Abbildung 10.19). Als möglichen Grund hierfür sehe ich vor allem die Reduzierung des Bandbreitenbedarfs. Standardmäßig sind die »Verweise auf Öffentliche Ordner« übrigens gestattet.

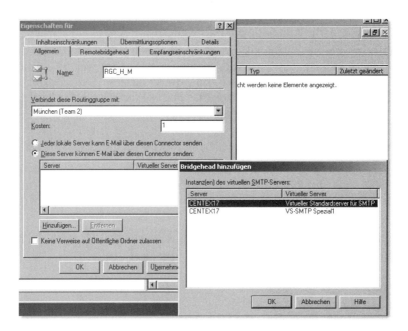

Abbildung 10.19 Wenn der Zugriff von Benutzern auf entfernte Öffentliche Ordner über einen Connector nicht möglich sein soll, muss die Checkbox »Keine Verweise auf Öffentliche Ordner...« aktiviert werden.

10.1.8 Email-Aktivierung

Öffentliche Ordner können eine eigene Email-Adresse erhalten, an die interne und externe Anwender Nachrichten senden können. Man könnte beispielsweise die obligatorischen Adressen `mail@domain.de`, `post@domain.de` oder `service@domain.de` auf Öffentliche Ordner legen, die dann von mehreren Personen bearbeitet werden können. Sinnvoll wäre es sicherlich auch, diverse Mailinglisten in Öffentliche Ordner laufen zu lassen, um dann von der Volltextindizierung zu profitieren.

Die Email-Aktivierung für einen Öffentlichen Ordner wird im Exchange System-Manager vorgenommen. Im Kontextmenü des Öffentlichen Ordners findet sich unter »Alle Tasks« der Menüpunkt »E-Mail aktivieren« (Abbildung 10.20).

Im Grunde genommen ist damit der Vorgang abgeschlossen. Die SMTP-Adresse wird anhand der Empfängerrichtlinien generiert (Abbildung 10.21). Unter Umständen findet sich der ein oder andere Punkt, den Sie noch anpassen könnten, letztendlich stehen die üblichen Konfigurationsmöglichkeiten für email-aktivierte Objekte zur Verfügung.

Abbildung 10.20 Im Kontextmenü des Öffentlichen Ordners findet sich der Menüpunkt zur E-Mail-Aktivierung.

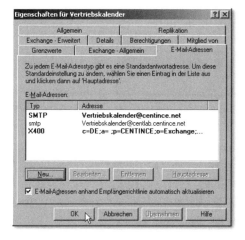

Abbildung 10.21 Die Email-Adressen des Öffentlichen Ordners werden anhand der Empfängerrichtlinie automatisch generiert.

10.2 Abgrenzung zu SharePoint

Wie ich bereits zu Anfang dieses Kapitels über Öffentliche Ordner angemerkt habe, stehen diese zumindest teilweise im Wettbewerb mit Microsoft SharePoint. SharePoint ist in zwei Varianten erhältlich:

- **Windows SharePoint Services 2.0**: Dieses Produkt ist als kostenlose Erweiterung zum Windows Server 2003 erhältlich und dient vor allem der Optimierung der Zusammenarbeit von Teams.

- **SharePoint Portal Server 2003**: Hierbei handelt es sich um einen kostenpflichtigen Server, der auf den zuvor genannten SharePoint Services aufsetzt und diese um Features für die unternehmensweite Zusammenarbeit erweitert.

Richtig ist, dass es zwischen SharePoint und Öffentlichen Ordnern Überschneidungen gibt. Beide Ansätze dienen zunächst der Informationsbereitstellung für Teams, gehen aber deutlich unterschiedliche Wege. Insgesamt bietet das Thema »SharePoint vs. Öffentliche Ordner« mindestens so viel Diskussionspotenzial für viele hitzige Stammtischrunden,

Podiumsdiskussionen und Leserbriefe wie die Frage, ob Linux oder Windows das »bessere« Serversystem ist, ob der Mac einfacher zu bedienen ist als Windows XP oder (speziell für die heute 35- bis 40-Jährigen) ob der Atari oder der Amiga der »coolere Computer« war.

Fakt ist, dass in der Microsoft Collaboration-Strategie SharePoint die primäre Plattform für die Zusammenarbeit jenseits von Mail und Messaging ist. Wenn Sie auf der Begleit-CD das SharePoint-Dokument gelesen haben, werden Sie mir sicherlich zustimmen, dass SharePoint dramatisch mehr Möglichkeiten als die Öffentlichen Ordner bietet.

SharePoint verfolgt einen wesentlich ganzheitlicheren Ansatz als die Öffentlichen Ordner. Während Öffentliche Ordner recht punktuelle Anforderungen bedienen, nämlich eine Aufgabenliste oder einen Gruppenkalender für ein Team bereitzustellen, ist die Idee hinter SharePoint, eine »integrierte Arbeitsumgebung« für einen Anwender zu realisieren, in der dieser gemeinsam mit seinen Kollegen an Dokumenten arbeitet, Listen (z.B. Kontaktliste, Terminliste, Aufgabenliste etc.) aller Art erzeugt und füllt und auch »externe« Informationen (z.B. aus dem zentralen ERP-System) in seiner Arbeitsumgebung bereitstellt.

In Öffentlichen Ordnern lassen sich teamübergreifend Kontakte, Termine, Aufgaben etc. verwalten – dies ist erfahrungsgemäß die Hauptanwendung für Öffentliche Ordner. Diese Art von Informationen werden in SharePoint als Listen dargestellt – und in der Tat stellt man beispielsweise eine Sammlung von Kontakten gemeinhin als Liste dar, eben die Kontaktliste. Generell ermöglicht SharePoint eine sehr flexible Listenverwaltung.

Ansonsten sind wesentliche Vorteile von SharePoint gegenüber Öffentlichen Ordnern:

- Dokumentverwaltung: nahtlose Integration in Office, Ein- und Auschecken von Dokumenten, Versionierung
- Leistungsfähiges Webinterface zum Zugriff auf die Daten (Das Webinterface zum Zugriff auf Öffentliche Ordner ist vergleichsweise eher »dürftig«.)
- Benachrichtigung bei Änderung des Inhalts von Listen oder Dokumentbibliotheken
- Einbindung von externen Daten, beispielsweise aus dem ERP-System
- Ablage sämtlicher Daten auf dem SQL-Server

Einige spezielle zusätzliche Vorteile des SharePoint Portal Servers sind:

- Unternehmensweite Informationsbereitstellung (Portal/Intranet)
- Sehr leistungsfähiger Such- und Indexdienst
- Single Sign On-Dienst zum Zugriff auf externe Informationen
- Zielgruppengerichtete Inhalte

Ein wesentlicher **Vorteil der Öffentlichen Ordner** ist die Möglichkeit der Replikation. Diese ist in der aktuellen SharePoint-Version nicht vorhanden. SharePoint ist als reines Online-System konzipiert, das von einem zentralen Server oder einer Serverfarm aus die Clients versorgt. Im Zeitalter, in dem die WAN-Bandbreiten genauso steigen wie sich die Kosten reduzieren, ist der Ansatz, ohne Replikate auszukommen, einerseits sicher zu begrüßen. Andererseits wird man in der Praxis hinreichend viele Fälle finden, in denen replizierte Daten eben doch notwendig sind.

Die schon im Grundlieferumfang deutlich umfangreichere Funktionalität und die wesentlich flexibleren Erweiterungsmöglichkeiten sprechen deutlich für SharePoint. Die drei in der Praxis am häufigsten genannten Hinderungsgründe, direkt von Öffentlichen Ordnern zu SharePoint zu migrieren, sind:

- Produktüberblick: Die Möglichkeiten von SharePoint sind den meisten IT-Verantwortlichen, Administratoren und erst recht Anwendern (noch) weitgehend unbekannt – zumindest in Deutschland.
- Viele Anwendungsszenarien basieren mehr oder weniger stark auf Replikation. Ob dies vor dem Hintergrund der veränderten Ausgangslage (fast überall kann man mehr oder weniger breitbandig Daten übertragen) überhaupt noch die beste Lösung ist, muss natürlich im Einzelfall geprüft werden. Fakt ist, dass Replikation von SharePoint-Daten heute (Spätherbst 2005) nur mit Zusatzprodukten möglich ist.
- Microsoft stellt momentan kein Werkzeug zur Verfügung, mit dem man einfach von Öffentlichen Ordnern zu SharePoint migrieren könnte.

Die Kernaussage eines bereits zuvor zitierten Dokuments, das von Microsoft bereitgestellt wird, ist:

Die Öffentlichen Ordner werden zwar nicht kurzfristig aus dem Exchange Server genommen. Wenn Sie heute beginnen, eine Lösung zu entwerfen, sollten Sie aber auf SharePoint und nicht auf Öffentliche Ordner setzen.

(http://www.microsoft.com/technet/prodtechnol/exchange/2003/pubfolders_faq.mspx).

Bevor es Missverständnisse gibt: Der Exchange Server an sich wird von SharePoint natürlich *keinesfalls* in Frage gestellt. SharePoint bedient nicht die klassischen Mail- und Messaging-Funktionen – und wird dies auch niemals tun.

Man kann es natürlich auch etwas anders formulieren: Exchange besinnt sich auf seine Kernkompetenzen. Alles, was nicht direkt mit Mail und Messaging zu tun hat, nämlich die Arbeit mit Dokumenten und Listen, die Integration von externen Daten und vieles andere mehr, wird in SharePoint ausgelagert. Diese Besinnung auf die Kernkompetenzen gibt es bei Exchange übrigens auch in einigen anderen Bereichen:

- Mit Exchange 2000 wurde ein Instant Messaging-Dienst eingeführt. Dieser ist mit Version 2003 wieder aus Exchange herausgenommen und in ein eigenständiges Produkt, den Live Communications Server, überführt worden.
- Die Verwaltung von Schlüsseln (zum Verschlüsseln und Signieren) ist eine Funktion des Betriebssystems geworden; Exchange 2000 hatte noch ein eigenes Key Management System.

Es gibt aber auch den umgekehrten Fall: Um den mobilen Zugriff auf Mails zu verbessern (Kernkompetenz!), wurde die Funktion des bis dato eigenständigen Mobile Information Server in Exchange überführt. Der »drahtlose« Zugriff auf Exchange ist somit ohne Zusatzprodukte möglich.

Sie sehen, dass mittelfristig die Überführung von Collaboration-Funktionen aus Exchange konsequent ist. Fairerweise werden auch Verfechter der Öffentlichen Ordner von Exchange zugeben müssen, dass es viele Anwendungsfälle gibt, bei denen diese sich eben doch nicht als optimal herausgestellt haben.

An dieser Stelle möchte ich Sie auf zwei Möglichkeiten der weiteren Beschäftigung mit SharePoint hinweisen:

- Mein Konzepte-Buch enthält eine recht ausführliche Einführung in die SharePoint-Technologien (http://www.galileocomputing.de/1030). Das entsprechende Kapitel findet sich übrigens als Leseprobe auf der Begleit-CD dieses Buchs.
- Wenn Sie noch tiefer in SharePoint einsteigen möchten, wird Sie mein ebenfalls bei Galileo Press erschienenes SharePoint-Buch interessieren (http://www.galileocomputing.de/936).

10.3 Internet News

Das Konzept der Öffentlichen Ordner eignet sich natürlich grundsätzlich für die Bereitstellung von Internet News. Das Prinzip ist ja in etwa gleich, denn auch bei den Internet News geht es darum, eine Information möglichst vielen anderen Teilnehmern zugänglich zu machen. Das Protokoll für die Übertragung von News im Internet ist NNTP (Network News Transfer Protocol), dieses wird von Exchange unterstützt. Exchange kann als vollwertiger News-Server verwendet werden, in diesem Buch werden wir allerdings lediglich den Teilbereich »Wie bekomme ich News in Öffentliche Ordner?« betrachten.

10.3.1 Push und Pull

Ursprünglich ist der Gedanke bei News-Systemen, dass diese neu empfangene Nachrichten an konfigurierte Kommunikationspartner (=> andere News-Server) übermitteln. Dies ist in Abbildung 10.22 schematisch dargestellt:

- Ein Anwender schreibt einen News-Beitrag, und dieser wird zum Server gesendet.
- Der News-Server verteilt den Beitrag und sendet ihn zu zwei anderen News-Servern.
- Lesende Anwender holen die Mail mit einem News-Reader ab (pull).

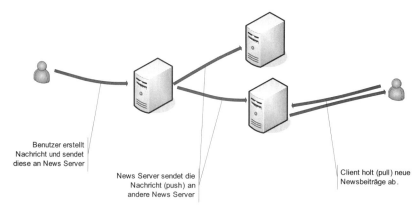

Abbildung 10.22 Im Normalfall übermittelt ein Server, der neue News-Beiträge empfangen hat diese an seine »Downlinks«. Die News werden also per Push transportiert.

Wenn einem News-Server neue Beiträge nicht automatisch von seinem »Uplink« zugestellt werden, hat er die Möglichkeit, mittels des NewNews-Kommandos neue Nachrichten anzufordern. In Abbildung 10.23 sehen Sie eine entsprechend erweiterte Skizze.

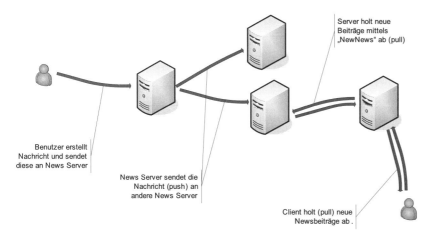

Abbildung 10.23 Erhält ein Server neue News-Beiträge nicht über »Push«, kann er diese über das New-News-Kommando anfordern.

Probleme beim Pull-Empfang (NewNews-Kommando)

Wenn Sie, wie im nächsten Abschnitt gezeigt, Nachrichten im Pull-Verfahren abholen möchten, ist die Wahrscheinlichkeit recht hoch, dass zwar die Newsgroups angelegt werden, aber keine News ankommen. Wenn Sie beispielsweise Microsoft-Newsgroups von msnews.microsoft.com abrufen möchten, werden Sie genau auf den beschriebenen Effekt stoßen.

Der Hintergrund ist, dass viele News-Server schlichtweg das NewNews-Kommando nicht unterstützen bzw. dass dieses deaktiviert ist; NewNews führt unter Umständen zu einer sehr hohen Belastung des Quellservers, was Provider natürlich tunlichst vermeiden möchten.

Lassen Sie sich nicht davon täuschen, dass Sie mit Ihrem News-Client, beispielsweise Outlook Express, sämtliche Beiträge vom News-Server des Providers abrufen können – der News-Client verwendet kein NewNews!

Es bieten sich nun prinzipiell zwei Lösungsmöglichkeiten:

▶ Sie bitten Ihren Provider, dass er seinen Server so konfiguriert, dass neue News-Beiträge an Ihren Server gesendet werden.
Hierbei müssen Sie sich natürlich Gedanken machen, wie Ihre Firewall-Konfiguration angepasst werden soll. Als Denkansatz: Man könnte mit dem ISA Server 2004 eine Richtlinie für die Veröffentlichung Ihres News-Servers konfigurieren.

▶ Sie suchen einen News-Provider, der NewNews unterstützt.

10.3.2 Konfiguration eines eingehenden Newsfeeds

Die Konfiguration eines eingehenden Newsfeeds ist recht einfach durchzuführen. Auf diese Aufgabe werden wir uns in diesem Buch beschränken; natürlich kann man hinreichend komplexe Strukturen für die News-Übermittlung auch mit Nicht-Exchange-Systemen entwerfen und implementieren – das ist aber für ein eher allgemeines Buch zu speziell.

- Zunächst muss der NNTP-Dienst gestartet werden. Dies wird in der Dienste-Konfiguration (**Verwaltung · Dienste**) vorgenommen. Sinnvollerweise setzen Sie den Starttyp auf »Automatisch«. Der Anzeigename des Dienstes ist übrigens Network News Transfer Protocol (NNTP).
- Wenn der NNTP-Dienst fehlerfrei gestartet ist, kann der »Virtuelle Standardserver für NNTP« aktiviert werden. Dieser Server wird als Knoten in der Protokollkonfiguration eines Exchange Servers angezeigt (Abbildung 10.24).

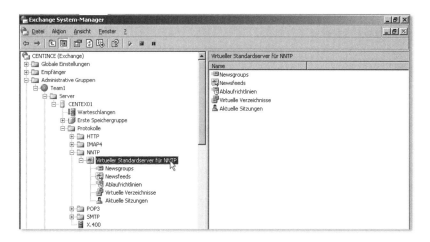

Abbildung 10.24 Wenn der NNTP-Dienst auf einem Exchange Server gestartet ist, kann der »Virtuelle Standardserver für NNTP« aktiviert werden.

- Nun wird zunächst ein neuer Newsfeed eingerichtet. Hierzu wird einfach im Kontextmenü des Eintrags »Newsfeeds« der Befehl neu ausgewählt. In dem nun ablaufenden Assistenten wählen Sie folgende Einstellungen:
- Die Funktion des Remoteservers ist »Peerserver«.
- Auf der nächsten Seite des Assistenten aktivieren Sie die Checkbox für einen »Eingehenden Feed«. Sie müssen auswählen, ob es sich um einen Push- (News werden Ihnen gesendet) oder Pull-Feed (Sie holen News per NewNews-Kommando) handelt. Beachten Sie hierzu die Erläuterungen in Abschnitt 10.3.1. Wenn Sie an diesen News-Server auch selbst erstellte Beiträge senden möchten, aktivieren Sie zusätzlich die Checkbox »Ausgehender Feed«.
- Falls Sie einen Pull-Feed konfiguriert haben, werden Sie auf der nächsten Seite des Assistenten gefragt, ab welchem Datum News bezogen werden sollen.
- Auf der letzten Seite des Assistenten wird konfiguriert, welche Newsgroups Sie von diesem Newsfeed beziehen möchten.

Anlegen von Newsgroups

Das Abonnieren von Newsgroups gestaltet sich bei weitem nicht so komfortabel, wie Sie es vielleicht aus Outlook Express kennen. Wenn Sie Newsgroups für einen eingehenden **Pull**-Feed einrichten möchten, müssen Sie diese auf der Karteikarte »Abonnements« der Eigenschaften des Feeds eintragen. Es ist übrigens nicht notwendig, dass Sie alle Newsgroups einzeln eintragen, es genügt beispielsweise, `microsoft.public.de.german.*` einzutragen, um alle deutschsprachigen Microsoft-Newsgroups zu beziehen (Abbildung 10.25).

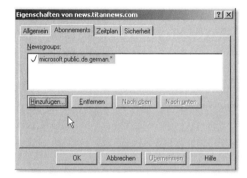

Abbildung 10.25 Das Abonnieren von Newsgroups von einem Pull-Feed ist bei weitem nicht so komfortabel wie mit Outlook Express. Sie können allerdings mit Wildcards arbeiten.

Die gute Nachricht ist, dass Exchange neu empfangene Newsgroups automatisch anlegt, vorausgesetzt, Sie haben auf der Karteikarte »Allgemein« der Eigenschaften des Feeds die Checkbox »Steuerungsmeldungen zulassen« aktiviert.

Nach kurzer Zeit müssen die Newsgroups angelegt und dementsprechend angezeigt werden (Abbildung 10.26); nun müssen Sie noch kontrollieren, ob tatsächlich Beiträge eingehen, also `NewsNews` funktioniert.

Abfrage-Intervall und Sicherheit

Bei einem Pull-Feed muss natürlich definiert werden, wie oft der übergeordnete News-Server abgefragt werden soll; das Abfrageintervall kann auf der Karteikarte »Zeitplan« der Eigenschaften des Newsfeeds eingestellt werden.

Falls eine Authentifizierung gefordert wird, können die notwendigen Credentials auf der Karteikarte »Sicherheit« konfiguriert werden.

Virtuelle Verzeichnisse

Nun muss natürlich definiert werden, wohin die empfangenen News-Beiträge kopiert werden sollen. Sinnvoll wäre natürlich, die Newsgroups in Öffentlichen Ordnern unterhalb des Containers »Internet Newsgroups« anzulegen. Dies ist die Standardeinstellung; alternativ können die News-Beiträge auch als einzelne Dateien im Filesystem des eigenen oder eines über das Netzwerk erreichbaren Servers geschrieben werden. Diese Einstellung wird unterhalb des Knotens »Virtuelle Verzeichnisse« vorgenommen (Abbildung 10.27).

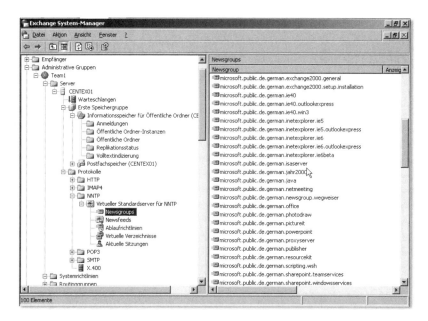

Abbildung 10.26 Nach kurzer Zeit sollten die via Pull-Feed abonnierten Newsgroups angelegt sein.

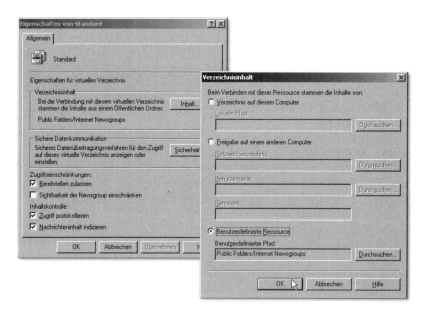

Abbildung 10.27 Mittels eines virtuellen Verzeichnisses wird definiert, wohin die empfangenen News-Beiträge geschrieben werden sollen. Standardmäßig wird man diese in den Öffentlichen Ordner schreiben.

10.3.3 News-Clients

Wenn Ihre Exchange-Organisation die benötigten Newsgroups erhält, ist das der erste Schritt; als Nächstes müssen Sie sich über die Clients Gedanken machen. Sie werden sehen, dass die Entscheidung hierbei nicht ganz so einfach wie sonst ist.

Outlook

Wenn Sie keinen Exchange Server verwenden, aber trotzdem mit Outlook arbeiten, wird Ihnen bereits bekannt sein, dass Outlook keinen News-Client beinhaltet; man verwendet Outlook Express oder einen der vielen anderen am Markt erhältlichen Newsreader.

Da in einer Exchange-Umgebung die Newsgroups in Öffentliche Ordner »umgesetzt« werden, kann Outlook auf diese zugreifen. Der Komfort hält sich allerdings sehr in Grenzen (Abbildung 10.28). Die Hauptgründe dafür sind:

- Outlook kann die News-Beiträge nicht als Baum in der korrekten Verkettung darstellen (vergleiche Outlook Express, Abbildung 10.29).
- Outlook ist nicht in der Lage, in News-Beiträge eingebettete Elemente wie Grafiken direkt im Vorschaufenster anzuzeigen. Diese müssen grundsätzlich als Anlage geöffnet werden. (Anmerkung: Ja, es gibt durchaus auch »seriöse« Newsgroups, die eingebettete Grafiken transportieren.)

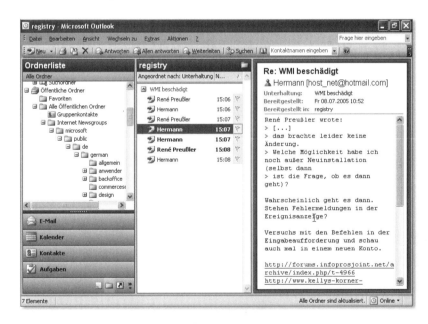

Abbildung 10.28 Outlook kann über Öffentliche Ordner auf News zugreifen, ansonsten sind die Qualitäten als Newsreader sehr bescheiden.

Outlook Express

Sucht man einen Newsreader von Microsoft, wird man bei Outlook Express landen. Dieses Produkt bietet letztendlich die für ein komfortables Arbeiten mit Newsgroups benötigten Funktionen, insbesondere die Baumdarstellung von Threads (Abbildung 10.29).

> **Anmerkung** Ich lese relativ viele Newsgroups und bin mit dem Arbeitskomfort von Outlook Express (OE) so weit zufrieden. Es gibt sicherlich noch wesentlich komfortablere Produkte am Markt, allerdings ist OE zumindest im Vergleich zu Outlook (mit Öffentlichen Ordnern) der wesentlich bessere Newsreader.

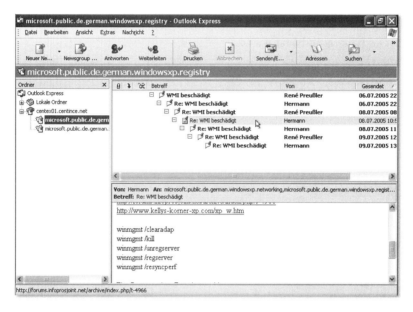

Abbildung 10.29 Outlook Express ist als Newsreader deutlich komfortabler als Outlook (News in Öffentlichen Ordnern). Allein die hierarchische Darstellung eines Threads ist für ernsthaftes Arbeiten mit News ein K.o.-Kritierium.

Wie realisiert man nun den Zugriff mit Outlook Express auf News, die in Öffentlichen Ordnern gespeichert sind?

Da der »Virtuelle Standardserver für NNTP« ein vollwertiger NNTP-Server ist, spricht nichts dagegen, mit einem NNTP-Client darauf zuzugreifen. Wie üblich ist der erste Schritt, am Server zu prüfen, welche Authentifizierungsmethode zugelassen ist (Abbildung 10.30):

▸ Wenn Sie anonyme Anmeldungen zulassen, muss mit dem Schalter »Anonym« festgelegt werden, unter welchem Windows-Benutzerkonto in diesem Fall auf Newsgroups zugegriffen werden soll. Da die Öffentlichen Ordner zugreifende Benutzer autorisieren (oder eben auch nicht), wird dieses Zugriffskonto benötigt.

▸ Ansonsten finden Sie die bereits aus anderen Konfigurationsschritten bekannten unterschiedlichen Authentifizierungsmethoden und die Möglichkeit, mit SSL-Verbindungen zu arbeiten.

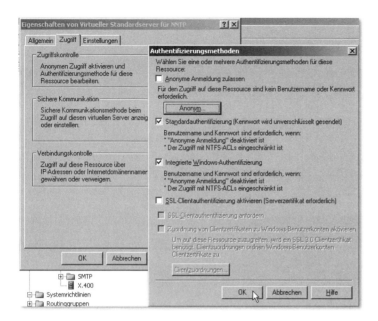

Abbildung 10.30 Bevor Clients via NNTP auf in Öffentlichen Ordnern gespeicherte Newsgroups zugreifen, sollten die gewünschten Authentifizierungs- und Verschlüsselungsparameter für den virtuellen NNTP-Server festgelegt werden.

Die Konfiguration in Outlook Express wird bei jedem anderen News-Server vorgenommen (Abbildung 10.31):

- Öffnen Sie zunächst die Konfiguration der »Internetkonten«, zu finden unter **Extras · Konten**.
- Legen Sie ein neues News-Konto an
- Benötigt weden der Servername, der Name des Benutzerkontos (Active Directory-Konto!) und das zugehörige Kennwort.
- Sinnvollerweise wird man die »gesicherte Kennwortauthentifizierung« aktivieren.
- Falls der Server eine verschlüsselte Verbindung fordert, findet sich auf der Karteikarte »Erweitert« die Konfigurationsmöglichkeit »Dieser Server fordert eine sichere Verbindung (SSL)«.

Nun stehen Ihnen die üblichen »Komfortfunktionen« von Outlook Express zur Verfügung. Unter **Extras · Newsgroups** kann die Software die auf dem Exchange Server verfügbaren Internet-Newsgroups auflisten, die per Mausklick abonniert werden können.

Zusatzfrage: Woran erkennt Exchange, welche Öffentlichen Ordner Newsgroups enthalten und demzufolge einem NNTP-Client präsentiert werden sollen?

Antwort: Der virtuelle NNTP-Server präsentiert diejenigen Öffentlichen Ordner als Newsgroup, die sich im oder unterhalb des definierten virtuellen Verzeichnisses befinden (siehe den Knoten »Virtuelle Verzeichnisse« unterhalb des virtuellen NNTP-Servers).

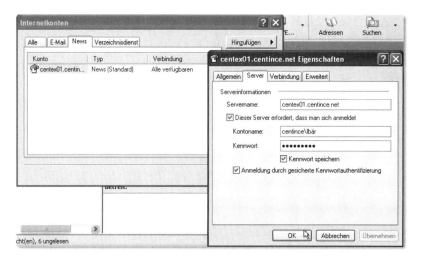

Abbildung 10.31 Um auf den Exchange-NNTP-Server zuzugreifen, wird ein Konto vom Typ »News« angelegt.

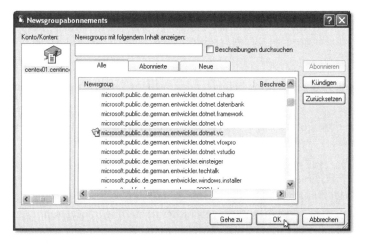

Abbildung 10.32 Outlook Express kann die auf dem

Outlook Web Access

Outlook Web Access (OWA) ist in diesem Buch mehrfach als mögliche Client-Alternative zu Outlook vorgestellt worden. Da das »normale« Outlook als Client für Newsbeiträge in Öffentlichen Ordnern nicht sonderlich gut abgeschnitten hat, stellt sich die Frage, ob OWA besser abschneidet.

Outlook Web Access verfügt über eine separate Applikation zum Zugriff auf Öffentliche Ordner, die direkt über `http://servername/public` aufgerufen werden kann. Alternativ wird im »normalen« OWA die Navigationsfläche »Öffentliche Ordner« ausgewählt, woraufhin ein weiteres Fenster geöffnet wird.

Abbildung 10.33 Der Zugriff auf Öffentliche Ordner erfolgt mittels einer separaten Webapplikation. Diese kann aus Outlook Web Access über die Schaltfläche »Öffentliche Ordner« aufgerufen werden.

Der Webzugriff auf Öffentliche Ordner ist für die intensive (!) Arbeit mit Newsgroups leider genauso ungeeignet wie Outlook. Hauptgrund ist auch hier die fehlende Möglichkeit, Diskussions-Threads in Baumform darzustellen (Abbildung 10.34).

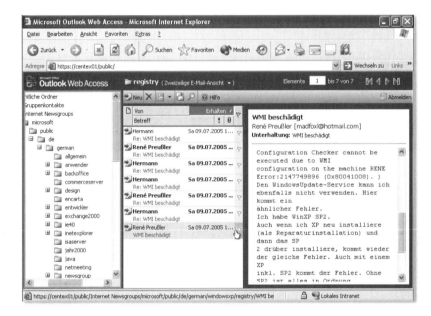

Abbildung 10.34 Auch mit Outlook Web Access ist der Zugriff auf Newsgroups nicht optimal – unter anderem wegen der fehlenden Baumdarstellung von Threads.

Sonstige Newsreader

Der Zugriff mit beliebigen Newsreadern (= NNTP-Clients) ist möglich. Dies entspricht technisch dem zuvor gezeigten Zugriff über Outlook Express.

10.3.4 Warum überhaupt Newsgroups über Exchange bereitstellen?

Sie haben nun gesehen, dass die Bereitstellung von Internet-Newsgroups über Exchange nicht ganz trivial ist, insbesondere fehlt die nahtlose und gleichzeitig gute (!) Integration in

Outlook und Outlook Web Access. Diese beiden Applikationen sind als Newsreader schlicht und ergreifend bescheiden (das richtige Wort lautet an dieser Stelle eigentlich »ungeeignet«).

Wenn die Anwender für die Arbeit mit News ohnehin auf Outlook Express oder einen anderen Newsreader zugreifen müssen, könnte man sie ja auch direkt auf externe NNTP-Server, beispielsweise den des Providers, zugreifen lassen. Mittels des Firewall-Clients des ISA Servers lässt sich ausgehender NNTP-Zugriff schließlich recht sicher realisieren.

Mehrere Gründe sprechen für den Zugriff über Exchange:

- Sie können genau festlegen, welche Newsgroups in Ihrem Unternehmen zu beziehen sind. Sie können auf Benutzerebene Newsgroups freigeben und sperren. Wenn ein Anwender direkt auf einen externen NNTP-Server zugreifen darf, kann er alle dort liegenden Newsgroups beziehen.
- Die News werden mit den Antiviren-Maßnahmen des Exchange Servers behandelt.
- Wenn mehrere Anwender auf News zugreifen möchten, bezieht die Firma die Daten nicht mehrfach aus dem Internet.
- Die Administration vereinfacht sich, wenn nicht für einzelne Clients zusätzlicher NNTP-Zugriff auf der Firewall freigeschaltet werden muss (oder der ISA-Firewallclient installiert werden muss).

Wenn lediglich ein einzelner Benutzer ausgewählte Newsgroups beziehen möchte, wird man dies aber wohl trotz allem ohne die Mitwirkung des Exchange Servers konfigurieren.

10.4 Systemordner – spezielle Öffentliche Ordner

Neben den für den Benutzerzugriff vorgesehenen Öffentlichen Ordnern gibt es einige, die von Exchange für »interne Aufgaben« verwendet werden. Die Rede ist von den Systemordnern.

Verschaffen Sie sich zunächst einen Überblick, welche Systemordner vorhanden sind. Wählen Sie hierzu im Kontextmenü des Knotens »Öffentliche Ordner« den Befehl »Systemordner anzeigen« (Abbildung 10.35). Hinweis: Falls Sie mehrere Öffentliche Ordner-Strukturen angelegt haben, führen Sie diesen Befehl in der MAPI-Struktur aus!

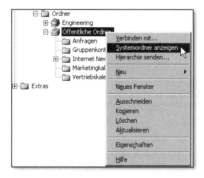

Abbildung 10.35 Zum Anzeigen der Systemordner wählen Sie im Kontextmenü des Knotens »Öffentliche Ordner« den entsprechenden Befehl.

Wenn Sie die nun angezeigten Systemordner betrachten, werden Sie einige »alte Bekannte« sehen, wie beispielsweise »SCHEDULE+ FREE BUSY« oder »OFFLINE ADDRESS BOOK« (Abbildung 10.36).

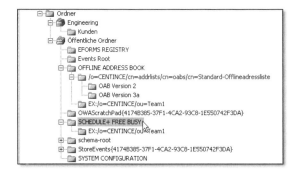

Abbildung 10.36 In der Struktur »Öffentliche Ordner« werden diverse Systemordner gespeichert. Diese werden beispielsweise für die Bereitstellung der Frei-/Gebucht-Informationen oder für die Offline-Adressbücher verwendet.

Ich möchte nun nicht jeden einzelnen Systemordner »durchkauen«, ich denke aber, dass ein Blick auf die Frei-/Gebucht-Informationen und die Offline-Adressbücher durchaus von allgemeinem Interesse sein wird.

10.4.1 Frei-/Gebucht-Informationen

Sowohl Outlook als auch Outlook Web Access unterstützen die Planung von Besprechungen durch einen Planungsdialog, mit dem man auf einen Blick freie und gebuchte Zeiten von Personen und Ressourcen sehen kann (Abbildung 10.37).

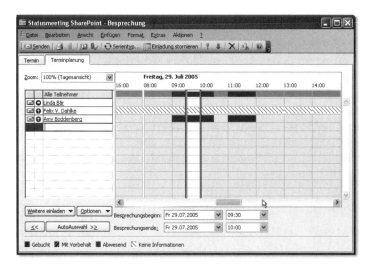

Abbildung 10.37 Outlook greift auf den Frei-/Gebucht-Systemordner zu, wenn die Verfügbarkeit von Personen oder Ressourcen gezeigt werden soll.

Wenn Sie in einer großen Organisation mit vielen Standorten, die bereits Exchange verwendet, beschäftigt sind, wird Ihnen vielleicht aufgefallen sein, dass die gebuchten Zeiten der unterschiedlichen Benutzer immer »gleich schnell« erscheinen – selbst wenn ein Anwender sein Postfach auf einem Exchange Server mit langsamer WAN-Anbindung hat. Diese Beobachtung lässt vermuten, dass die gebuchten Zeiten nicht aus den einzelnen Postfächern »gesammelt« werden, sondern an einem zentralen Ort abgelegt sind. Dieser zentrale Ort ist der Frei-/Gebucht-Ordner.

Das Verfahren aus 10.000 m Höhe

- Trägt ein Anwender einen Termin in seinen Kalender ein, wird diese Information in den Frei-/Gebucht-Ordner übertragen. In diesem Ordner sind keine weiteren »qualitativen« Informationen zu den gebuchten Zeiten vorhanden, lediglich die Zeiten werden vermerkt.
- Wenn ein anderer Anwender mit dem in Abbildung 10.37 gezeigten Dialog die freien Zeiten überprüft, wird diese Information aus dem Frei-/Gebucht-Ordner beschafft.

In einer größeren Organisation mit mehreren Exchange Servern an mehreren Standorten ergeben sich nun einige mögliche Szenarien:

- Ist der Frei-/Gebucht-Ordner in der Organisation nur einmal vorhanden, greifen sämtliche Benutzer auf diese eine Instanz zu:
  - **Vorteile**: Da der Frei-/Gebucht-Ordner nur einmal vorhanden ist, gibt es keine unterschiedlichen »Versionsstände«. Jeder Anwender greift auf die aktuelle Version der Daten zu, es gibt keine durch Replikationsverzögerungen hervorgerufenen unterschiedlichen Stände.
  - **Nachteile**: Befinden sich viele Anwender an Außenstandorten und nutzen den Frei-/Gebucht-Ordner intensiv, könnte dies negativen Einfluss auf die WAN-Verbindungen haben.
- Alternativ kann der Frei-/Gebucht-Ordner auf verschiedene Exchange Server repliziert werden. Prinzipiell könnte jeder Benutzer auf »seinem« Postfachserver eine Replik des Frei-/Gebucht-Ordners vorfinden.
  - **Vorteile**: Bei vielen Anwendern in den Außenstandorten wird das Antwortverhalten des Systems besser sein, weil die Daten nicht über die WAN-Verbindung abgefragt werden müssen.
  - **Nachteile**: Wie immer bei Replikationen werden die Datenbestände immer ein wenig unterschiedlich sein. Je nach Replikationsverzögerung ist es natürlich denkbar, dass ein Anwender längst einen Termin eingetragen, also Zeit gebucht, hat und trotzdem ein anderer Benutzer noch Stunden später glaubt, dass der Zeitraum nicht gebucht sei – die Folge ist Terminchaos.

10.4.2 Offline-Adressbuch

Das Offline-Adressbuch wird recht ausführlich in Abschnitt 12.2.4 erörtert. In diesem Abschnitt werden wir das Offline-Adressbuch vor dem Hintergrund der Replikation Öffentlicher Ordner betrachten.

Grundsätzlich sind zwei »Extrem-Varianten« denkbar:

- **Variante 1**: Es gibt nur einen einzigen Server, auf dem die Offline-Adressbücher gespeichert werden. Jeder Client, der ein Offline-Adressbuch benötigt, muss dieses von dem einen zentralen Server beziehen – im Zweifelsfall auch über schmalbandige WAN-Strecken.
- **Variante 2**: Auf jedem Server wird eine Replik der Offline-Adressbücher gespeichert. Der Vorteil ist, dass WAN-Strecken nur einmal, nämlich bei der Replikation belastet werden, ansonsten handelt es sich um lokale Übertragungen.

Beliebige Zwischenschritte, bei denen nur ausgewählte Server über eine Replik der Offline-Adressbücher verfügen, sind natürlich ebenfalls möglich.

Zu berücksichtigen ist, dass ein stark gestiegener »Bedarf« an Offline-Adressbüchern herrscht, wenn Sie Outlook 2003 im Cached Mode betreiben. In diesem Fall wird jeder Client ein Offline-Adressbuch anfordern. Dies geht mit täglichen Aktualisierungen einher!

Da das Offline-Adressbuch ohnehin nur einmal pro Tag generiert wird (Standardeinstellung), ist die Aktualität der Repliken kein Problem – im Gegensatz übrigens zu den Frei-/Gebucht-Ordnern. Die Replikationskonfiguration sollte allerdings schon auf den Zeitpunkt der Generierung der Offline-Adressbücher abgestimmt sein.

Sie haben an den Beispielen Frei-/Gebucht-Ordner und Offline-Adressbücher gesehen, dass man durch eine durchdachte Konfiguration der Replikation der Öffentlichen Ordner sehr zur Optimierung der Exchange-Umgebung beitragen kann. Dies bezieht sich auf die Aktualität der Daten, die Belastung der WAN-Verbindungen und das vom Benutzer wahrgenommene Antwortverhalten des Systems. Die Lösung wird allerdings immer ein Kompromiss sein; man wird nicht alle drei genannten Punkte auf »optimal« bringen können.

11 Administrative Gruppen

11.1	Verwendung von administrativen Gruppen	309
11.2	Anwendungsszenarien für administrative Gruppen	310
11.3	Implementation	314

1	Über dieses Buch
2	Der Aufbau des Buchs
3	Exchange 2003 – Service Pack 2
4	Einführung in das Thema Collaboration
5	Erster technischer Überblick
6	Solutions Design
7	Exchange und Active Directory
8	Routing
9	Storage
10	Öffentliche Ordner
11	Administrative Gruppen
12	Richtlinien, Vorlagen und Adresslisten
13	Front-End-/Back-End-Architektur
14	Clients
15	Sichere Anbindung an das Internet
16	Sicherheit
17	Installation
18	Migration/Upgrade auf Exchange 2003
19	Betrieb und Administration
20	Backup, Restore und Desaster Recovery
21	Verfügbarkeit
22	Live Communications Server 2005 – Ein Überblick
23	LCS – Installation und Konfiguration
24	LCS – »Externe« Clients und Föderationen
25	LCS – Administration
26	LCS – Sicherheit
27	Entwicklung
28	Programmieren mit CDO (CDOEX)
A	Problembehebung in Warteschlangen
B	Zu überwachende Parameter (Jetstress-Test)
C	Performance Monitoring, wichtige Datenquellen
D	Outlook Level 1 Dateianhänge

11 Administrative Gruppen

Bei einem komplexen auch für große und größte Organisation geeignetem System wie Exchange ist eine Aufteilung der Administration unabdingbar. In Exchange wird dieses durch administrative Gruppen ermöglicht. Hinter den administrativen Gruppen verbirgt sich wesentlich mehr als nur die einfache Vergabe von Admin-Rechten – dieses Kapitel stellt die Möglichkeiten vor.

Bei der Exchange-Administration sind grundsätzlich zwei Bereiche zu unterscheiden:

- **Benutzeradministration**: Die Verwaltung der Benutzer erfolgt in einem erweiterten »Active Directory-Benutzer und -Computer«-Applet. Dieses wird bei der Installation des Exchange System-Managers erzeugt (Abbildung 11.1). In dem ergänzten Administrationswerkzeug finden sich einige zusätzliche Karteikarten mit Exchange-Einstellungen, außerdem sind Kontextmenüs und Assistenten zum Teil erweitert worden.
- **Administration der Exchange-Organisation**: Alle anderen administrativen Aufgaben in Zusammenhang mit der Exchange-Organisation werden im Exchange System-Manager durchgeführt.

Abbildung 11.1 Die Benutzeradministration geschieht mit einem erweiterten »Active Directory-Benutzer und -Computer«-Applet.

So viel zu den Werkzeugen, schauen wir nun auf die notwendigen Berechtigungen:

- Jemand, der die Exchange-Organisation administrieren möchte, muss natürlich ein »Exchange-Administrator« sein – das ist so weit sicherlich kaum überraschend.

▶ Wenn das Anlegen von neuen Benutzern durch Administratoren oder »Hilfs-Administratoren« mit relativ eingeschränkten Rechten vorgenommen wird, werden diese auf das in Abbildung 11.2 gezeigte Problem stoßen: Der Assistent für das Anlegen neuer Benutzer ist um eine Dialogseite zum Erstellen des Exchange-Postfachs erweitert worden. Wenn der Active Directory-Administrator nun allerdings nicht gleichzeitig Exchange-Administrator ist, hat er nicht die Möglichkeit, einen Postfachspeicher für das neue Postfach auszuwählen und kann somit den neuen Benutzer nicht als Exchange-Benutzer anlegen.

Abbildung 11.2 Ein AD-Administrator, der nicht gleichzeitig Exchange-Administrator (mindestens: Nur Ansicht) ist, kann keine Exchange-Postfächer für neue Benutzer anlegen (Postfachspeicher kann nicht gewählt werden).

Das Fazit ist also, dass jemand, der **neue** Benutzerkonten im Active Directory anlegen möchte, auch Exchange-Administrator (Funktionsstufe »Nur Ansicht« genügt!) sein muss; schließlich wird vermutlich jeder neue Benutzer auch Exchange nutzen. Weiterhin zu beachten ist, dass es in einer größeren Organisation nicht mehr nur einen einzigen Exchange-Administrator geben wird, der sich um unter Umständen weltweit verteilte Serversysteme etc. kümmert. Die Anzahl der Personen, die administrative Rechte für Exchange benötigen, wird also in einem größeren Unternehmen relativ groß sein.

Bei der Vergabe von Administrator-Rechten ist es immer wünschenswert, dass jemand, der punktuell administrative Tätigkeiten erledigen soll, nicht automatisch sämtliche Rechte auf allen Systemen erhalten muss. Wenn Sie an NT4 zurückdenken, wissen Sie, was ich meine: Dort war man entweder Administrator mit allen Möglichkeiten oder man war es eben nicht – Grauzonen gab es schlicht und ergreifend nicht.

Bei Exchange sind nun nicht so fein abgestimmte Berechtigungsstufen möglich, wie sie sich im Active Directory (siehe Dialog »Objektverwaltung zuweisen«) finden, allerdings müssen Sie auch nicht einem Administrator, der einen Exchange Server in einer kleinen Außenstelle verwaltet, die kompletten administrativen Rechte auf die gesamte Exchange-Organisation geben.

Die Lösung für das Delegieren von partiellen Administrationsberechtigungen sind die administrativen Gruppen.

11.1 Verwendung von administrativen Gruppen

Wenn Sie eine »normale« Exchange-Installation durchgeführt haben, werden Sie zunächst in Ihrem System-Manager nichts von administrativen Gruppen sehen können. Um mit administrativen Gruppen arbeiten zu können, rufen Sie den Eigenschaften-Dialog der Exchange-Organisation auf (Abbildung 11.3). Dort müssen Sie das Anzeigen von administrativen Gruppen und Routinggruppen aktivieren, anschließend muss der System-Manager neu gestartet werden.

> **Anmerkung** Um mit administrativen Gruppen zu arbeiten, müssen natürlich nicht zwingend auch die Routinggruppen aktiviert werden. Erfahrungsgemäß wird jemand, der mit administrativen Gruppen arbeiten möchte, auch die Routinggruppen nutzen!

Abbildung 11.3 Im Eigenschaften-Dialog der Exchange-Organisation kann die Anzeige der administrativen Gruppen konfiguriert werden.

Nach dem Neustart des System-Managers wird die Darstellung in etwa wie in Abbildung 11.4 gezeigt aussehen: Der Exchange Server wird nun als Element der »Ersten administrativen Gruppe« angezeigt.

Im System-Manager können Sie nun nach Bedarf weitere administrative Gruppen anlegen.

Es ist übrigens möglich, die administrativen Gruppen bereits vor der Installation des ersten Exchange Servers anzulegen. Beachten Sie hierzu bitte die Ausführungen im Installationskapitel 17.1.5.

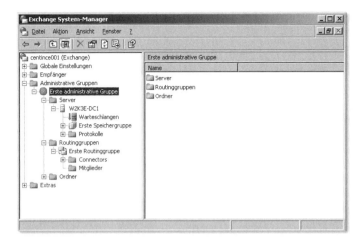

Abbildung 11.4 Exchange System-Manager mit aktivierter Anzeige für administrative Gruppen und Routinggruppen

11.2 Anwendungsszenarien für administrative Gruppen

Nachdem Sie nun wissen, wie administrative Gruppen angelegt werden, kommen wir nun zur Kernfrage, nämlich wann administrative Gruppen überhaupt Sinn machen und wie praxisgerechte Anwendungsszenarien aussehen. Wir unterscheiden zwischen drei Verwaltungsmodellen, nämlich:

- dem zentralen Verwaltungsmodell
- dem dezentralen Verwaltungsmodell
- dem kombinierten Verwaltungsmodell

11.2.1 Zentrales Verwaltungsmodell

Das zentrale Verwaltungsmodell kommt immer dann zum Einsatz, wenn ein einzelnes Team von Exchange-Administratoren (oder auch ein einzelner Administrator) für sämtliche Server und sonstige Objekte der Exchange-Organisation verantwortlich ist (Abbildung 11.5).

Wenn Sie das zentrale Verwaltungsmodell nutzen möchten, brauchen Sie sich über administrative Gruppen letztendlich keinerlei Gedanken zu machen: Diese bringen in dieser Konstellation keine Vorteile. Im Endeffekt verfügen Sie hier über eine einzige administrative Gruppe.

11.2.2 Dezentrales Verwaltungsmodell

Wenn Ihr Unternehmen aus mehreren größeren Standorten besteht, die jeweils über Exchange Server und zugehörige Administratoren verfügen, wird man sich für ein dezentrales Verwaltungsmodell entscheiden (Abbildung 11.6). Hiermit lässt sich beispielsweise realisieren, dass ein Münchener Administrator den dortigen Exchange Server, nicht aber die Systeme der anderen Standorte administrieren kann.

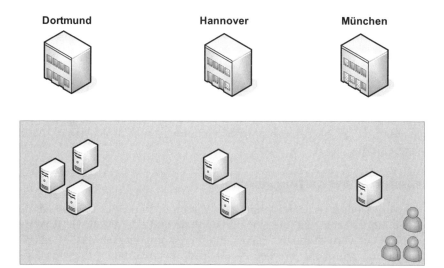

Abbildung 11.5 Beim zentralen Verwaltungsmodell ist eine Gruppe von Administratoren für sämtliche Objekte der Exchange-Organisation verantwortlich.

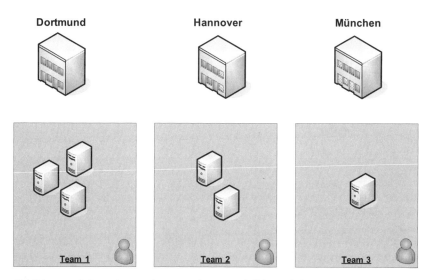

Abbildung 11.6 Beim dezentralen Verwaltungsmodell kann definiert werden, welche Administratoren welche Server (oder sonstigen Objekte) verwalten können.

Durch die administrativen Gruppen ist nicht eine so granulare Steuerung bzw. Delegierung der Rechte wie bei der Active Directory-Benutzerverwaltung möglich. Dies dürfte im Allgemeinen auch kein Problem darstellen.

Achten Sie aber darauf, dass Sie nicht zu viele administrative Gruppen planen. Wie immer gilt, dass Sie sich absolut keinen Gefallen tun, wenn Sie eine unnötig komplizierte Struktur erzeugen.

Administrative Gruppen müssen sich natürlich nicht an Standorten orientieren: Wenn sich an einem Standort mehrere Exchange Server, die einzelnen Abteilungen zugeordnet sind, befinden, können diese ebenfalls auf unterschiedliche administrative Gruppen aufgeteilt werden.

Im einheitlichen Modus (= keine Exchange 5.5-Server) können administrative Gruppen und Routinggruppen (siehe Abschnitt 8.5) unterschiedliche Grenzen haben. In Exchange 5.5 waren Routing (= physikalischer Standort) und Administration nicht voneinander zu trennen – das gilt aufgrund der Rückwärtskompatibilität übrigens auch für Exchange 2000/2003 im gemischten Modus.

11.2.3 Kombiniertes Verwaltungsmodell

Neben den beiden vorgestellten recht »serverlastigen« Varianten für die Planung der administrativen Gruppen gibt es Szenarien, die eine teils zentrale und teils dezentrale Verwaltung vorsehen. Neben der Verwaltung der Server und ihrer Komponenten (insbesondere die Speichergruppen und Protokolle) werden in administrativen Gruppen folgende Elemente administriert (Abbildung 11.7):

▶ Server
▶ Ordner (Öffentliche Ordner und Systemordner)
▶ Systemrichtlinien
▶ Routinggruppen

Abbildung 11.7 In einer administrativen Gruppe sind neben den Servern die Elemente Ordner, Systemrichtlinien und Routinggruppen zu finden.

In einer sehr großen Organisation könnte es nun durchaus sinnvoll sein, beispielsweise die Systemrichtlinien von einer separaten Person oder einem separaten Team verwalten zu lassen. Ebenso könnte die Verwaltung der Routinggruppen separiert und von dem für die WAN-Strecken verwortlichen Team übernommen werden.

Wie in Abbildung 11.8 gezeigt, könnte man neben einer teilweise dezentralen Verwaltung der Server eine zentrale organisationsübergreifende Administration von Systemrichtlinien, Ordnern (Öffentliche und Systemordner) und Routinggruppen etablieren. Im Klartext: Einige Administratoren kümmern sich um die Verwaltung der Server, einige sind speziell für die Routinggruppen und wieder andere für Ordner und Systemrichtlinien zuständig.

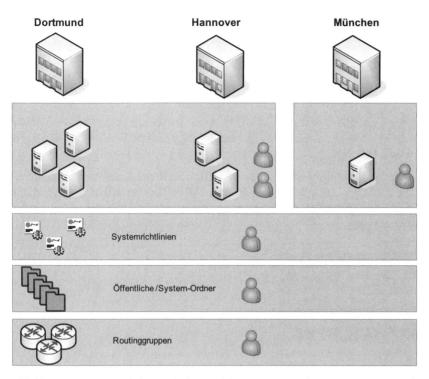

Abbildung 11.8 Systemrichtlinien, Ordner und Routinggruppen können in separaten administrativen Gruppen verwaltet werden.

11.2.4 Fazit

Sie sehen, dass man mit administrativen Gruppen beliebig komplexe Administrationsszenarien aufbauen kann. In einer eher mittelständischen Landschaft wird eine realistische Situation vermutlich so aussehen, dass die wesentlichen Administrationsarbeiten in der Zentrale erledigt werden und einige Server in größeren Außenstandorten von lokalen Administratoren betreut werden – Letztere werden für eine separate administrative Gruppe berechtigt, die die Ressourcen des jeweiligen Standorts beinhaltet. Den »Standort-Administratoren« kann so der Zugriff auf andere Teile der Exchange-Organisation verwehrt werden.

Betonen möchte ich an dieser Stelle, dass in Umgebungen, in denen ein oder einige wenige Exchange Server von einer Person (nebst Vertreter) verwaltet werden, nicht zwingend administrative Gruppen gebraucht werden.

Vergessen Sie bei der Planung nicht, dass ein Administrator, der neue Benutzer nebst Exchange-Postfach anlegen soll, ein Exchange-Administrator (die Funktion »Nur Ansicht« genügt!) des Servers sein muss, auf dem das Postfach angelegt werden soll (siehe auch Abbildung 11.2)!

11.3 Implementation

Nachdem Sie zuvor erfahren haben, wozu man die administrativen Gruppen verwenden kann, werden wir uns nun mit der Einrichtung befassen.

11.3.1 Anlegen

Erste Voraussetzung, um überhaupt mit administrativen Gruppen arbeiten zu können, ist die Aktivierung ihrer Anzeige im Exchange System-Manager (siehe den Beginn des Kapitels und Abbildung 11.3).

Ein vollständiger Exchange-Administrator auf Organisationssbene kann eine neue administrative Gruppe aus dem entsprechenden Kontext-Menü heraus anlegen (Abbildung 11.9). In dem dann erscheinenden Dialog muss zunächst lediglich der Name der neuen Gruppe angegeben werden.

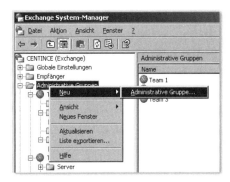

Abbildung 11.9 Das Anlegen einer neuen administrativen Gruppe im Exchange System-Manager

> **Anmerkung** Ein paar Zeilen zuvor haben Sie gelesen, dass die neue administrative Gruppe von einem »vollständigen« Exchange-Administrator angelegt werden müsse. Das stimmt streng genommen insofern nicht, als ein Administrator (ohne »vollständig«) die administrative Gruppe anlegen kann. Da er dann aber nicht das Recht hat, Benutzerrechte für die neue Gruppe festzulegen, kann er die Tätigkeit nicht sinnvoll zu Ende bringen. Demnach wird letztendlich ein vollständiger Administrator benötigt.

11.3.2 Berechtigungen setzen

Eine der wichtigsten Maßnahmen beim Anlegen administrativer Gruppen ist das Zuweisen von Benutzerrechten an die Mitarbeiter, die die entsprechenden Ressourcen administrieren sollen – schließlich werden die administrativen Gruppen nur deshalb angelegt.

Im Kontextmenü einer administrativen Gruppe findet sich der Punkt »Objektverwaltung zuweisen...«, den Sie anwählen (Abbildung 11.10).

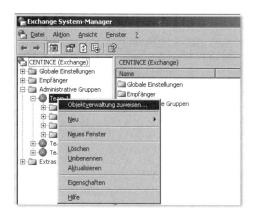

Abbildung 11.10 Das Zuweisen von Benutzerrechten geschieht mit dem Menüpunkt »Objektverwaltung zuweisen…«.

In dem daraufhin erscheinenden Dialog können Sie sehen, welchen Benutzern oder Gruppen bereits Rechte gewährt worden sind (Abbildung 11.11). Hinter einigen Einträgen wird sich der Kommentar »(Geerbt)« finden. Hierbei handelt es sich um die Benutzer, die Administratoren auf Ebene der Gesamtorganisation sind. Durch die Rechtevererbung haben diese auch Rechte in den administrativen Gruppen.

Beim Hinzufügen von neuen Administratoren zu dieser administrativen Gruppe stehen Ihnen drei Funktionen zur Verfügung:

- Exchange-Administrator
- Exchange-Administrator – Nur Ansicht
- Exchange-Administrator – Vollständig

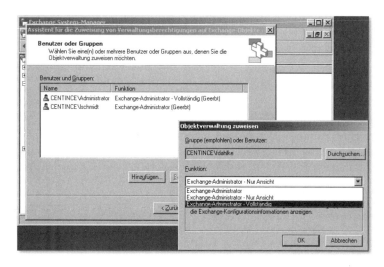

Abbildung 11.11 Im »Assistenten für die Zuweisung von Verwaltungsberechtigungen …« können Sie die bereits berechtigten Benutzer erkennen und neue definieren.

Implementation **315**

Schauen wir ein wenig hinter die Kulissen.

Wenn Sie im Exchange System-Manager die »Security Pages« anzeigen lassen (die Aktivierung wird im Installationskapitel beschrieben, Abschnitt 17.1.6), kann man die vorhandenen oder nicht vorhandenen Rechte eines Benutzers bzw. einer Gruppe viel genauer ansehen (Abbildung 11.12).

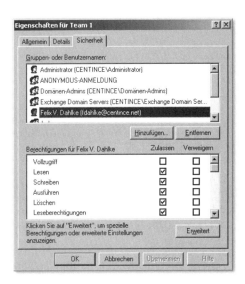

Abbildung 11.12 Die Karteikarte »Sicherheit« der administrativen Gruppe gestattet detailliertere Einblicke in das Sicherheitskonzept von Exchange.

Zum besseren Verständnis schauen wir kurz in das Active Directory: Exakt die in Abbildung 11.12 gezeigten Sicherheitseinstellungen finden Sie übrigens auch, wenn Sie mit ADSIedit direkt ins Active Directory schauen und die Berechtigungen für das entsprechende AD-Objekt für diese administrative Gruppe einsehen (Abbildung 11.13).

Theoretisch könnte man mit dem in Abbildung 11.13 gezeigten Dialog Benutzern oder Gruppen sehr fein abgestufte Rechte gewähren, indem man die gemäß den vordefinierten Funktionen vergebenen Rechte überschreibt und so die Installation individualisiert.

Ich kann an dieser Stelle allerdings nur davor warnen, die standardmäßigen Rollen (»Exchange-Administrator«, »Exchange-Administrator – Vollständig« und »Exchange-Administrator – Nur Ansicht«) zu modifizieren. Exchange ist ein sehr komplexes System, das nicht allzu gut darauf reagiert, wenn eigene, eventuell inkompatible Einstellungen ausprobiert werden. Im schlimmsten Fall bedeutet das Neuinstallation bzw. Einspielen des Backups.

11.3.3 Server installieren

Wenn Sie einer Exchange-Organisation mit mehreren administrativen Gruppen einen weiteren Server hinzufügen, müssen Sie während des Installationsvorgangs angeben, in welche der Gruppen der Server installiert werden soll (Abbildung 11.14).

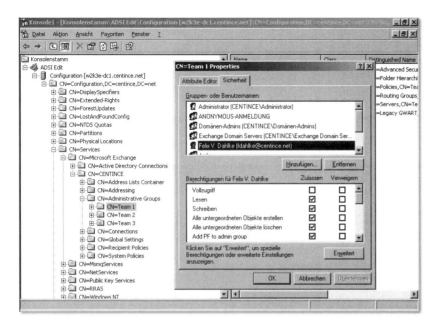

Abbildung 11.13 Die im Exchange System-Manager angezeigten Einstellungen sieht man auch, wenn man mit ADSIedit direkt das AD-Objekt betrachtet.

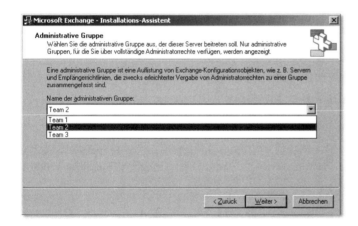

Abbildung 11.14 Bei der Installation wird ausgewählt, in welche administrative Gruppe der Server installiert werden soll.

Ein Blick in das Active Directory mittels ADSIedit (in den Support Tools enthalten) zeigt, was im Active Directory passiert (Abbildung 11.15): Das Serverobjekt (auf dem Screenshot CENTEX17) wird unterhalb des Eintrags der entsprechenden administrativen Gruppe abgelegt.

Implementation **317**

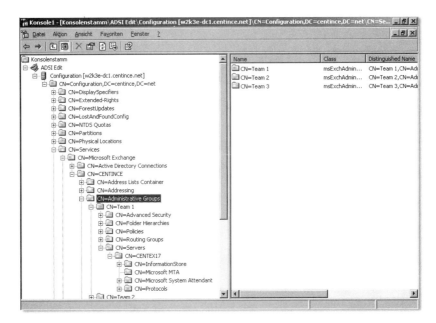

Abbildung 11.15 Ein Blick in das Active Directory: Die Serverobjekte (hier CENTEX17) werden unterhalb der jeweiligen administrativen Gruppe angelegt.

Wenn Sie eine neue Exchange-Organisation standardmäßig installieren, wird der erste Server in der »Ersten administrativen Gruppe« positioniert. Wenn Sie Ihre Organisation anders aufbauen möchten, können Sie vor der Installation des ersten Servers den Exchange System-Manager installieren und mit diesem alle benötigten administrativen Gruppen anlegen. Anschließend installieren Sie den ersten Server. Diese Vorgehensweise ist im Installationskapitel (Abschnitt 17.1.5) beschrieben.

11.3.4 Server zwischen administrativen Gruppen verschieben?

Der Titel dieses Abschnitts nährt natürlich Hoffnungen, dass man Server zwischen administrativen Gruppen verschieben kann – das ist definitiv nicht möglich! **Ein Server bleibt in der administrativen Gruppe, in die er installiert wurde.**

Abhilfe schafft nur eine Neuinstallation!

12 Richtlinien, Vorlagen und Adresslisten

12.1 Systemrichtlinien 321

12.2 Empfängerrichtlinien und -vorlagen 324

#	
1	Über dieses Buch
2	Der Aufbau des Buchs
3	Exchange 2003 – Service Pack 2
4	Einführung in das Thema Collaboration
5	Erster technischer Überblick
6	Solutions Design
7	Exchange und Active Directory
8	Routing
9	Storage
10	Öffentliche Ordner
11	Administrative Gruppen
12	Richtlinien, Vorlagen und Adresslisten
13	Front-End-/Back-End-Architektur
14	Clients
15	Sichere Anbindung an das Internet
16	Sicherheit
17	Installation
18	Migration/Upgrade auf Exchange 2003
19	Betrieb und Administration
20	Backup, Restore und Desaster Recovery
21	Verfügbarkeit
22	Live Communications Server 2005 – Ein Überblick
23	LCS – Installation und Konfiguration
24	LCS – »Externe« Clients und Föderationen
25	LCS – Administration
26	LCS – Sicherheit
27	Entwicklung
28	Programmieren mit CDO (CDOEX)
A	Problembehebung in Warteschlangen
B	Zu überwachende Parameter (Jetstress-Test)
C	Performance Monitoring, wichtige Datenquellen
D	Outlook Level 1 Dateianhänge

12 Richtlinien, Vorlagen und Adresslisten

Mit Richtlinien und Vorlagen können Sie Administrationsabläufe deutlich optimieren. Exchange zwingt Sie zwar nicht, diese Hilfsmittel einzusetzen – da Sie sich aber das Leben sicherlich möglichst einfach machen möchten, ist eine Beschäftigung mit diesem Thema durchaus nutzbringend.
Weiterhin behandelt dieses Kapitel das Erzeugen von Adresslisten und Offline-Adresslisten.

In Exchange existieren Richtlinien für unterschiedliche Objekte, beispielsweise für Server, Informationsspeicher oder zum Anlegen von Email-Adressen. Sie dienen primär zur Vereinfachung der Administration, da Einstellungen für gleichartige Objekte definiert werden können. Wenn in Ihrem Unternehmen beispielsweise zehn Postfachserver mit insgesamt 30 Postfachspeichern existieren, ist es natürlich sehr hilfreich, wenn Sie Einstellungen nicht 30-mal, sondern lediglich einmal anpassen müssen.

Auch in kleineren und mittleren Umgebungen mit nur einem Exchange Server profitieren Sie von den Richtlinien, denn das Generieren von Email-Adressen funktioniert bei Exchange richtliniengestützt.

12.1 Systemrichtlinien

Mit Systemrichtlinien werden die Einstellungen für die Exchange Server selbst sowie für öffentliche und private Postfachspeicher konfiguriert. Eine wichtige Information müssen Sie stets im Hinterkopf behalten:

> Systemrichtlinien beziehen sich immer auf *eine* administrative Gruppe, sie wirken nicht global.

Sie sollten die Systemrichtlinien übrigens nicht mit den Gruppenrichtlinien im Active Directory verwechseln: Mit den Gruppenrichtlinien werden Einstellungen für Benutzer und Gruppen verteilt, mit den Exchange-Systemrichtlinien konfigurieren Sie Exchange Server und Informationsspeicher.

Um mit Systemrichtlinien arbeiten zu können, muss in der jeweiligen administrativen Gruppe zunächst ein »Systemrichtliniencontainer« hinzugefügt werden, dieser ist standardmäßig nicht vorhanden. Im Kontextmenü der administrativen Gruppe findet sich der Eintrag **Neu · Systemrichtliniencontainer** (Abbildung 12.1).

Die Arbeit mit den Systemrichtlinien ist einfach und leicht verständlich:

▶ Zunächst fügen Sie eine neue Richtlinie hinzu (Kontextmenü des Systemrichtliniencontainers, Abbildung 12.2).

Abbildung 12.1 Sollen in einer administrativen Gruppe Systemrichtlinien genutzt werden, muss zunächst ein Systemrichtliniencontainer erstellt werden.

▶ Dabei entscheiden Sie, auf welches Exchange-Objekt die neue Richtlinie angewendet werden soll. Zur Verfügung stehen:
   ▸ Richtlinie für Öffentliche Informationsspeicher
   ▸ Richtlinie für Postfachspeicher
   ▸ Serverrichtlinie

Abbildung 12.2 Es gibt drei unterschiedliche Systemrichtlinien.

Wie wird mit den Systemrichtlinien konfiguriert? Stellen Sie sich den Konfigurationsdialog für Öffentliche Ordner vor: Dort gibt es mehrere Karteikarten, die jeweils eine Gruppe von Einstellmöglichkeiten beinhalten.

Wenn Sie eine neue Richtlinie anlegen, werden Sie zunächst gefragt, auf welche Einstellmöglichkeiten bzw. auf welche Karteikarte sich die neue Richtlinie beziehen soll. In diesem ersten Dialog sind die Karteikarten aufgeführt, die per Richtlinie konfiguriert werden können. Sie müssen nun auswählen, für welche die Richtlinie Gültigkeit haben soll. Abbildung 12.3 zeigt den Dialog für eine »Richtlinie für öffentliche Informationsspeicher«, bei den anderen Richtlinientypen funktioniert dies analog.

Der Eigenschaftsdialog der Richtlinie enthält Karteikarten für die zuvor ausgewählten Bestandteile der Richtlinie; diese Karteikarten entsprechen weitestgehend den Dialogen der Konfiguration des jeweiligen Objekts. Wie Sie in Abbildung 12.4 erkennen können, sind allerdings nicht alle Einstellmöglichkeiten über eine Richtlinie zu konfigurieren: Einstellmöglichkeiten, die für jedes Objekt individuell sind, so z.B. der Datenbankname für eine Exchange-Datenbankdatei, sind in der Richtlinienkonfiguration grau, können also nicht verändert werden.

Abbildung 12.3 Sie können auswählen, für welche Karteikarten (bzw. Gruppe von Einstellmöglichkeiten) die Richtlinie gelten soll. Dieses Beispiel zeigt das Anlegen einer Richtlinie für Öffentliche Informationsspeicher; bei den anderen Richtlinientypen funktioniert der Vorgang analog.

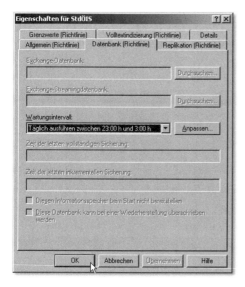

Abbildung 12.4 Die Konfigurationsdialoge des Richtlinienobjekts entsprechen weitestgehend denjenigen des »normalen« Eigenschaftsdialogs. Die grau dargestellten Einstellmöglichkeiten können nicht über Richtlinien zugewiesen werden.

Das Konfigurieren einer Richtlinie ist also definitiv nicht schwierig:

- Man erzeugt eine Richtlinie, die die zu konfigurierenden Karteikarten enthält.
- Auf diesen werden die Einstellungen vorgenommen,
- und damit ist die Richtlinie fertig!

Nun ergibt sich die Frage, was zu tun ist, damit die neue Richtlinie auch tatsächlich angewendet wird – die Systemrichtlinien sind nämlich nicht automatisch aktiv! Es muss konfiguriert werden, für welche Objekte, also beispielsweise für welche Öffentlichen Informationsspeicher der administrativen Gruppe, die Richtlinie gelten soll:

- Im Kontextmenü einer Richtlinie findet sich ein Eintrag namens »Öffentlichen Informationsspeicher hinzufügen« (dieser heißt bei den anderen Richtlinientypen natürlich entsprechend, siehe Abbildung 12.5).

- Anschließend werden Sie aufgefordert, den Namen des Objekts anzugeben, für das die Richtline gelten soll (Abbildung 12.6).

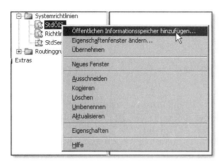

Abbildung 12.5 Die Systemrichtlinien sind nicht automatisch aktiv. Die Objekte der administrativen Gruppe, z.B. Öffentliche Informationsspeicher, für die die Richtlinie gelten soll, müssen hinzugefügt werden.

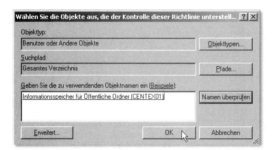

Abbildung 12.6 In diesem Dialog muss der Name des Objekts angegeben werden, das Sie dem Gültigkeitsbereich der Richtlinie hinzufügen wollen.

Wenn Sie wissen möchten, welche Richtlinien für einen Öffentlichen Ordner, einen Postfachspeicher oder einen Server aktiv sind, öffnen Sie den Eigenschaften-Dialog des Objekts und wählen die Karteikarte »Richtlinien« aus (Abbildung 12.7). Die Möglichkeit, aus dem Eigenschaften-Dialog des Ojekts heraus Richtlinien zu aktivieren, werden Sie vergebens suchen; Sie fügen einer Richtline Objekte hinzu, nicht andersherum.

12.2 Empfängerrichtlinien und -vorlagen

Die wichtigsten »Objekte« in einem Exchange-System sind natürlich die Benutzer bzw. deren Benutzerkonten. Benutzer benötigen Email-Adressen, diese müssen in Adresslisten aufgeführt werden und einiges andere mehr.

Bekanntlich wird die eigentliche Benutzeradministration, einschließlich Passwort ändern, Postfachspeicher auswählen etc., im Snap-In »Active Directory-Benutzer und -Computer« vorgenommen (siehe auch Abschnitt 19.7). Dennoch gibt es etliche »anwender-relevante« Themen, die im Exchange System-Manager konfiguriert werden. Dazu gehören das Erzeugen von Adresslisten und Offlineadresslisten, die automatische Erzeugung von Email-Adressen und das Anpassen einiger Outlook-Dialoge.

Abbildung 12.7 Auf der Karteikarte »Richtlinien« des Eigenschaften-Dialogs des Objekts (hier: Öffentlicher Informationsspeicher) kann man sofort die aktiven Richtlinien sehen.

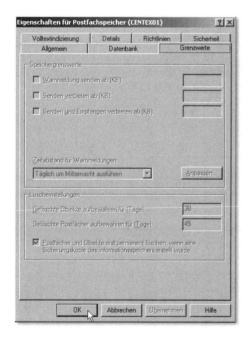

Abbildung 12.8 Ist eine Eigenschaftsseite ausgegraut, ist eine aktive Richtlinie vorhanden; hier am Beispiel des Eigenschaften-Dialogs des Postfachspeichers.

In Abbildung 12.9 können Sie erkennen, dass diese Konfigurationsdialoge direkt in der Organisation und nicht in einer administrativen Gruppe angesiedelt sind – die hier getroffenen Einstellungen gelten also global.

Abbildung 12.9 Rund um das Thema »Empfänger« finden sich diverse wichtige Konfigurationsmöglichkeiten. An der Anordnung im System-Manager können Sie erkennen, dass die hier getroffenen Einstellungen organisationsweit Gültigkeit haben.

12.2.1 Detailvorlagen

Bei der Arbeit mit Outlook stoßen die Anwender regelmäßig auf die Global Adress List (GAL). In dieser sind alle mail- oder postfach-aktivierten Elemente (Benutzer, Kontakte, Verteilergruppen, Öffentliche Ordner mit Email-Adressen) verzeichnet. Neben der Globalen Adressliste können weitere Listen generiert werden, die beispielsweise nur Benutzer, nur Kontakte oder nur Verteilergruppen enthalten. Diese Listen werden beispielsweise benötigt, um den Empfänger einer Nachricht auszuwählen.

Dialoge zum Zugriff auf Listen sind natürlich in Outlook vorhanden, allerdings könnte es für die Anwender hilfreich sein, wenn diese, zumindest teilweise, an die speziellen Gegebenheiten in Ihrem Unternehmen angepasst wären. Einige Anwendungsbeispiele:

- Die Globale Adressliste lässt sich hervorragend als Telefonverzeichnis verwenden. Wenn die Benutzerdaten im Active Directory gepflegt sind, können hier die wesentlichen Kontaktdaten einfach abgerufen werden. Es gibt aber immer Verbesserungspotenzial:
  - Nun wäre es durchaus denkbar, dass einige zusätzliche Eigenschaften im Verzeichnis gespeichert sind, die nicht in dem Standardformular aufgeführt sind (z.B. Personalnummer, Standortkürzel etc.), die aber in Ihrem Unternehmen essenziell wichtig sind; vielleicht haben Sie ja sogar eine entsprechende Schema-Erweiterung durchgeführt. Diese in den Standarddialogen nicht enthaltenen, aber im Active Directory gespeicherten Informationen müssten dort »irgendwie« hinzugefügt werden.
  - Es gibt aber auch genau den umgekehrten Fall: Gerade der Benutzerdialog (Abbildung 12.11) ist mit Informationen so überfrachtet, dass fünf Karteikarten notwendig sind. Wenn Ihre Anwender es aus Gründen der Übersichtlichkeit bevorzugen würden, weniger Informationen zu erhalten, diese aber auf einen Blick einsehen zu können, wäre eine individuelle Möglichkeit zur Anpassung ebenfalls sehr hilfreich.
- Als zweites Beispiel sei das Thema »Suchen« genannt. Standardmäßig können die Anwender die Adresslisten nach Eigenschaften wie Vorname, Name, Titel etc. durchsuchen. Vielleicht wäre es aber gerade in Ihrer Firma hilfreich, nach der Postleitzahl des Benutzers suchen zu können. Das ist nicht so unsinnig, wie es sich anhört: Wenn Sie viele Niederlassungen betreiben und die Postleitzahl sozusagen als Niederlassungskürzel verwendet wird, ist diese natürlich ein wichtiges Suchkriterium. Man könnte beispielsweise alle Empfänger (nebst Verteilergruppen etc.) eines kleineren Standorts anzeigen lassen.

Damit das funktioniert, müsste der Suchdialog natürlich entsprechend erweitert werden.

> **Hinweis** Wenn Sie zusätzliche Attribute (z.B. Personalnummer etc.) speichern möchten, empfiehlt sich die Speicherung unterhalb der »Exchange Custom Attributes«. Eine recht detaillierte Beschreibung finden Sie im Knowledge Base-Artikel 313962.

Die zuvor beschriebenen Szenarien kann man natürlich umsetzen. Hierzu werden die »Detailvorlagen« verwendet, die sich unterhalb des Knotens »Empfänger« befinden (siehe Abbildung 12.9). Sie sehen, dass Detailvorlagen für die unterschiedlichen Sprachversionen existieren. Diese werden in Abhängigkeit von der Lokalisierung des Benutzers verwendet. Wenn Sie den Container »German« auswählen, erkennt man, dass hier die Vorlagen für unterschiedliche Outlook-Dialoge hinterlegt sind, beispielsweise für die beiden in den zuvor skizzierten Beispielen genannten Dialoge (Benutzer und Suchen, Abbildung 12.10).

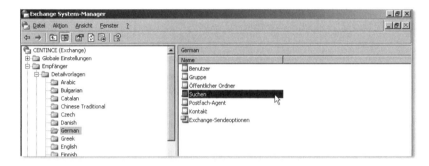

Abbildung 12.10 Die Detailvorlagen werden für jede Benutzersprache individuell konfiguriert.

Wenn Sie die Eigenschaften einer Detailvorlage aufrufen, finden Sie zwei Karteikarten, auf denen Folgendes konfiguriert werden kann:

- **Vorlagen**: Der aus der hier definierten Vorlage erzeugte Dialog wird von den 32-Bit-Outlook-Versionen verwendet.
- **MS-DOS-Vorlagen**: Für alte 16-Bit-MAPI-Clients würde eine hier defnierte Vorlage verwendet.

Der Blick auf die Karteikarte »Vorlagen« ist auf den ersten Blick weder besonders übersichtlich noch sonderlich intuitiv. Es wird in Listenform beschrieben, wo und wie groß ein Steuerelement (Eingabefeld, Combobox, Beschriftung etc.) gezeichnet werden soll. Ein Klick auf den Schalter »Test« zeigt direkt das Ergebnis (Abbildung 12.11).

Da zur Bearbeitung einer Vorlage mehrere Schritte notwendig sind, die, zumindest beim ersten Mal, nicht ganz selbsterschließend sind, werde ich Ihnen die Vorgehensweise an einem einfachen Beispiel vorführen.

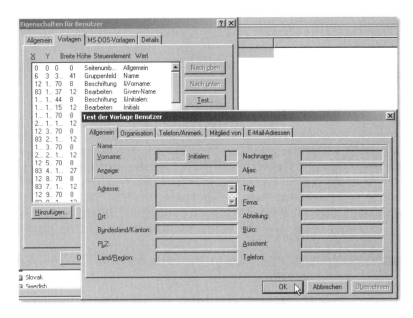

Abbildung 12.11 Der bekannte Dialog zur Anzeige der Eigenschaften eines Benutzers wird mit einer Detailvorlage konfiguriert. Hier wurde er mittels des Schalters »Test« in der Vorlagenkonfiguration aufgerufen.

Beispiel: Anpassen des Suchdialogs in Outlook

Das Szenario, das diesem Anwendungsbeispiel zugrunde liegt, habe ich zuvor bereits kurz skizziert:

Ein Unternehmen hat viele kleine Niederlassungen. Als Kürzel, um diese zu identifizieren, wird die jeweilige Postleitzahl verwendet, da diese (im Fall des Beispiels) einerseits eindeutig ist und andererseits ohnehin genutzt wird.

Das Problem »Ich weiß nicht, wem ich die Mail in der Niederlassung xy senden soll« ließe sich recht einfach lösen, wenn man schnell alle Mitarbeiter und Verteilergruppen des Standorts anzeigen und daraus auswählen könnte. Das Problem ist, dass dies in den Standard-Suchdialogen nicht unterstützt wird.

Das ist ein Fall für die Detailvorlagen! Betrachten wir zunächst kurz den Ist-Stand bzw. die Ausgangssituation:

- Zur Erinnerung: Bei der Auswahl der Empfänger in Outlook zeigt der in Abbildung 12.12 gezeigte Dialog alle Empfänger des aktuell ausgewählten Adressbuchs (siehe Combobox oben rechts) an. Um in diesen zu suchen, klickt man auf den Schalter »Erweitert« (links unten), der sich daraufhin in eine Liste verwandelt, die vier Optionen, darunter auch »Suchen« anbietet.
- Der standardmäßige Dialog ist in Abbildung 12.13 gezeigt. Die Suchkriterien sind zwar durchaus »brauchbar«, die in dem Beispiel benötigte Postleitzahl ist allerdings nicht darunter.

▶ Noch etwas zur Erinnerung: Die Postleitzahl ist in den Active Directory-Benutzereigenschaften hinterlegt. Zum Bearbeiten derselben verwendet man das Snap-In »Active Directory-Benutzer und -Computer« (Abbildung 12.14).

Abbildung 12.12 Die Eingabemaske zum Suchen von Benutzern rufen Sie beispielsweise im Outlook-Dialog zur Auswahl eines Nachrichtenempfängers auf.

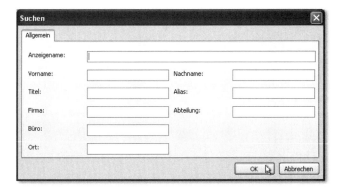

Abbildung 12.13 Standardmäßig verfügt der Suchen-Dialog über die hier gezeigten Eingabemöglichkeiten.

Die erste kleine »Herausforderung« ist, das benötigte Active Directory-Attribut zu identifizieren. Im Active Directory existieren häufig mehrere recht ähnliche Attribute, weshalb es sich meines Erachtens empfiehlt, nicht lange herumzutesten, sondern gezielt nachzusehen.

Mit dem MMC-Snap-In »ADSIedit« (zu installieren über die Support-Tools; dann MMC aufrufen und Snap-In hinzufügen), kann man recht einfach alle Attribute eines Benutzerobjekts nebst Werten einsehen.

Abbildung 12.14 Zu einem Benutzer im Active Directory gespeicherte Adressinformationen

Wenn Sie beispielsweise wissen, dass bei einem Benutzer die Postleitzahl »53125« eingetragen sein muss, lässt sich das entsprechende AD-Attribut sehr einfach zuverlässig finden (Abbildung 12.15).

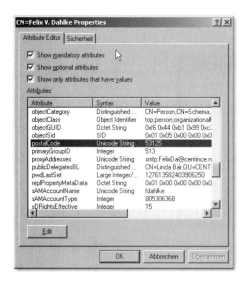

Abbildung 12.15 Mit ADSIedit kann man relativ einfach herausfinden, wie ein Active Directory-Attribut benannt ist – hier am Beispiel der Postleitzahl.

Nun öffnen Sie den Eigenschaften-Dialog der Detailvorlage »Suchen« in der Sprache Ihrer Wahl. Hinzugefügt werden müssen eine Beschriftung und ein Feld zur Dateneingabe:

- Zunächst wird die Beschriftung hinzugefügt. Nach dem Klick auf den entsprechenden Schalter erscheint der Dialog »Steuerelementtyp auswählen«. Hier wählen Sie »Beschriftung« (Abbildung 12.16).
- Bei der Definition der Beschriftung müssen Koordinaten, Größe und der Beschriftungstext angegeben werden (Abbildung 12.17). Geeignete Koordinaten und Werte für die Größe finden Sie letztendlich dadurch heraus, dass Sie die Werte der vorhandenen Objekte auslesen und entsprechend »hochrechnen«.
- Als Nächstes fügen Sie ein Steuerelement von Typ »Bearbeiten« hinzu. Wie in Abbildung 12.18 zu sehen ist, wird in diesem Fall das zu bearbeitende Active Directory-Attribut ausgewählt.
- Ob sich die neuen Elemente an einer sinnvollen Position befinden, können Sie mit dem Schalter »Test« überprüfen.

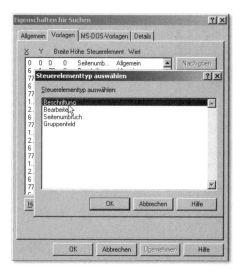

Abbildung 12.16 Zunächst wird eine Beschriftung erstellt.

Abbildung 12.17 Koordinaten und Größe des Elements sowie der Beschriftungstext werden eingegeben.

Damit Outlook das neue Formular verwendet, müssen die Outlook-Clients neu gestartet werden. Wenn Sie anschließend die Suchauswahl aufrufen, wird das von Ihnen erweiterte Suchformular angezeigt und verwendet. In der Ausgabe erscheinen nun alle Benutzer, bei denen das Active Directory-Attribut »Postleitzahl« den eingegebenen Wert hat (Abbildung 12.19).

Abbildung 12.18 In der Definition des Steuerelements »Bearbeiten« wird das zu bearbeitende Active Directory-Attribut ausgewählt.

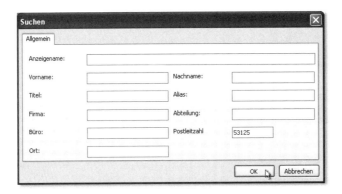

Abbildung 12.19 Der Outlook-Suchdialog ist nun um die Suchmöglichkeit der Postleitzahl erweitert!

12.2.2 Adressvorlagen

Die Adressvorlagen sind grundsätzlich mit den zuvor besprochenen Detailvorlagen vergleichbar. Während die Detailvorlagen im weitesten Sinne für die Darstellung von bzw. die Arbeit mit Objekten, die in der Global Address List vorhanden sind, verwendet werden, definiert man mit den Adressvorlagen die Darstellung von externen (= nicht-GAL) Adressen. Die auf den Adressvorlagen basierenden Dialoge unterstützen die Benutzer bei der Eingabe externer Mailadressen.

In Abbildung 12.20 können Sie bereits einige Fakten über Adressvorlagen erkennen:

▸ Adressvorlagen sind wie die Detailvorlagen sprachabhängig.

▸ Im »Grundlieferumfang« von Exchange finden sich Adressvorlagen für Internet-Adressen, X.400-Adressen und einige andere mehr.

▸ Adressvorlagen können nicht so problemlos angepasst werden, wie dies bei Detailvorlagen möglich ist (alle Schalter bis auf »Test« sind ausgegraut). Wenn Sie eigene Adressvorlagen benötigen, beispielsweise weil Sie einen eigenen Fax-Connector für Exchange geschrieben haben, finden Sie nähere Informationen über das Erzeugen von Adressvorlagen, wenn Sie in der MSDN nach »TEMPLATE.EXE« suchen.

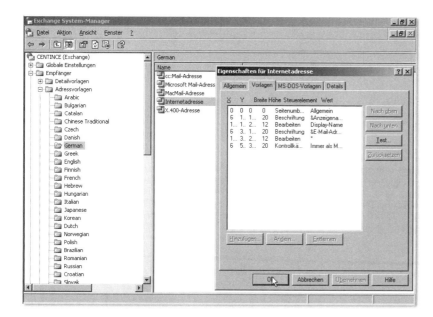

Abbildung 12.20 Adressvorlagen werden verwendet, um dem Benutzer die Eingabe von »fremden« (= nicht in der GAL vorhandenen) Benutzeradressen zu vereinfachen. Adressvorlagen können nur mit einem speziellen Werkzeug (template.exe) angepasst werden.

12.2.3 Adresslisten

Exchange verwendet Adresslisten, um den Benutzern Zugriff auf die möglichen internen Empfänger zu geben. Bei diesen »internen Empfängern« kann es sich um Benutzer mit Exchange-Postfach, Verteilergruppen, mail-aktivierte Kontakte oder mail-aktivierte Öffentliche Ordner handeln.

Adresslisten

Das Anlegen neuer Adresslisten geschieht am einfachsten durch einen Aufruf des entsprechenden Kontextmenüs.

Warum sollte man weitere Adresslisten anlegen? Mit Adresslisten lässt sich die Menge der möglichen Empfänger (Postfächer, Kontakte, Verteilerlisten, Öffentliche Ordner) segmentieren, beispielsweise ließe sich eine Liste anlegen, die nur die Empfänger einer Niederlassung oder alle Vertriebsmitarbeiter enthält. Sie können den Benutzern auf diese Weise Listen zur Verfügung stellen, die sich nicht »nur« zum Auffinden einzelner Personen, deren Namen ohnehin bekannt sind, sondern auch zum »eher interaktiven« Durchsuchen eignen. In größeren Organisationen ist dies durchaus sinnvoll.

In den Eigenschaften einer Adressliste lassen sich zwei wesentliche Dinge erkennen bzw. konfigurieren:

▶ Auf der Karteikarte »Allgemein« kann man erkennen, dass die Adressliste auf einer LDAP-Abfrage gegen das Active Directory basiert (Abbildung 12.22).

▶ Mit den Sicherheitseinstellungen (Karteikarte »Sicherheit«) lässt sich bestimmen, welche Benutzer überhaupt die Adressliste sehen und verwenden dürfen.

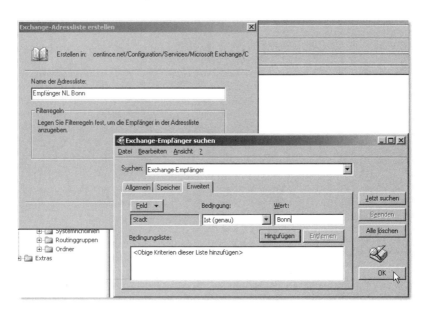

Abbildung 12.21 Beim Anlegen einer weiteren Adressliste können beliebige Filter gesetzt werden.

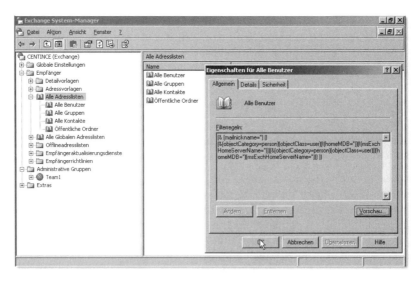

Abbildung 12.22 Man kann erkennen, dass eine Adressliste aus einer LDAP-Anfrage gegen das Verzeichnis gebildet wird. Auf der Karteikarte »Allgemein« kann die verwendete LDAP-Abfrage eingesehen werden.

Global Address List (GAL)

Ein Spezialfall der Adresslisten sind die Globalen Adresslisten. Deren Erstellung erfolgt parallel zu derjenigen der Adresslisten, es handelt sich also letztendlich um eine LDAP-Abfrage.

Auch wenn es im Exchange System-Manager möglich ist, sollten Sie nicht mit der GAL bzw. möglichen Einstellungen »herumexperimentieren«, da diese für einige Funktionen essenziell wichtig ist. Der Tipp ist also: Lassen Sie bezüglich der Global Address List alles beim Alten (= Ursprungszustand).

Selbstverständlich gibt es einige Szenarien, in denen mehrere GALs sinnvoll sein könnten: Wenn beispielsweise mehrere Domains, deren Benutzer sich nicht »sehen« können sollen, in Ihrer Exchange-Organisation vorhanden sind, könnte man mit mehreren gefilterten GALs arbeiten und über Berechtigungen steuern, welche Benutzer welche GAL nutzen können.

12.2.4 Offlineadressliste/Offlineadressbuch

Für mobile Anwender, die hin und wieder offline arbeiten, sind die Offlineadresslisten entwickelt worden. Hierbei handelt es sich letztendlich um eine Kopie der vom Exchange Server erzeugten und bereitgestellten Listen.

Bei der Definition einer Offlineadressliste gibt es drei wesentliche Konfigurationspunkte (Abbildung 12.23):

▶ Der Server, der die Offlineadressliste erzeugen soll, muss ausgewählt werden.
▶ Es muss definiert werden, welche Listen in der Offlineadressliste enthalten sein sollen.
▶ Das Aktualisierungsintervall muss festgelegt werden.

Abbildung 12.23 Die Konfiguration einer Offlineadressliste

Um die optimalen Konfigurationsmöglichkeiten zu finden, ist es wichtig, einige Hintergründe über Offlineadresslisten zu kennen:

- Die Offlineadresslisten bestehen letztendlich aus mehreren Dateien, die von Outlook im Filesystem gespeichert werden. Diese Dateien findet Outlook in einem Systemordner. Hierbei handelt es sich um einen speziellen Öffentlichen Ordner (Abbildung 12.24). In dem Öffentlichen Ordner liegen im Endeffekt Nachrichten, denen die erzeugten Dateien angehängt sind.
- Das Erzeugen der Offlineadressliste (OAL) verursacht unter Umständen eine erhebliche Last auf diesem Server. Dies ist natürlich davon abhängig, wie viele Benutzer vorhanden sind und wie viele Listen in die Offlineadressliste eingebunden werden. Die Empfehlung ist in jedem Fall, die Generierung der OAL nicht auf dem am stärksten belasteten Exchange Server durchzuführen und diesen Vorgang auf eine ohnehin verkehrsarme Zeit, vermutlich also auf die Nachtstunden, zu legen.
- Outlook 2003-Clients, die den Cached Mode nutzen, führen regelmäßig (einmal täglich) einen Download der Offlineadressliste durch. Sie nutzen im Allgemeinen die Möglichkeit, nur die Unterschiede zu der vorhandenen Liste zu laden, dennoch kann dies bei einer größeren Anzahl von Clients zu einer erheblichen Belastung führen. Hieraus ergeben sich folgende Empfehlungen:
    - Es empfiehlt sich, den Systemordner mit den Offlineadresslisten auch auf andere Exchange Server zu replizieren, dies gilt natürlich insbesondere für größere Außenstandorte mit eigenen Exchange Servern.
    - Das tägliche Erzeugen der Offlineadresslisten ist ein geeignetes Intervall. Da die Outlook-Clients ebenfalls einmal täglich Änderungen abrufen, würde ein häufigeres Erzeugen nur begrenzt sinnvoll sein. Letztendlich werden die Offlineadresslisten immer der »Realität« ein wenig hinterherhinken.

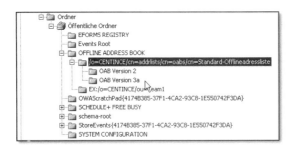

Abbildung 12.24 Die Offlineadresslisten werden in einem Systemordner gespeichert und für Outlook-Clients vorgehalten.

Noch mehr Hintergründe:

Wenn Sie Abbildung 12.24 genau anschauen, werden Sie feststellen, dass es zwei Varianten der Offlineadressliste, nämlich »OAB Version 2« und Version 3a gibt. Es gibt sogar drei Varianten:

- **OAB Version 1**: Für die alten Exchange 4.0- und 5.0-Clients (die noch nicht Outlook hießen) wird diese Version benötigt. Diese Listen werden nur erstellt, wenn im Konfigurationsdialog für die Offlineadressliste die Option »Exchange 4.0- und 5.0-Kompatibilität« aktiviert ist (Abbildung 12.23).

- **OAB Version 2**: Diese Version der Liste wird von allen Nicht-Unicode-Clients verwendet. Dies trifft auf sämtliche Outlook-Versionen zu.
- **OAB Version 3a**: Outlook 2003, ein Unicode-Client, kann diese Version der Offlineadressliste verwenden.

Das Offlineadressbuch aus Client-Sicht

Bei der Betrachtung der Verwendung des Offlineadressbuchs müssen zwei Fälle unterschieden werden:

- Outlook arbeitet direkt auf dem Exchange Server.
- Outlook nutzt den Cached Mode zum Zugriff auf Exchange Server.

Im ersten Fall müssen Sie das Adressbuch dediziert herunterladen. Unterhalb von **Extras · Senden/Empfangen** findet sich der Menüpunkt »Adressbuch downloaden« (Abbildung 12.25). Dieser Aufruf führt zu einem Dialog, in dem angegeben wird, ob eine detaillierte Darstellung des Offlineadressbuchs heruntergeladen werden soll. Außerdem können Sie festlegen, dass nicht das komplette Adressbuch, sondern nur die Änderungen übertragen werden sollen. Wenn Sie nicht hinter einer extrem schmalbandigen WAN-Verbindung sitzen, sollten Sie die detaillierte Liste verwenden. Bedenken Sie, dass nicht der Weg zum nächsten Exchange Server, sondern der Weg zu dem Exchange Server, der eine Replik des Offlineadressbuchs enthält, ausschlaggebend ist!

Die Aktualisierung der Liste erfolgt übrigens nicht automatisch, sondern muss regelmäßig manuell initiiert werden.

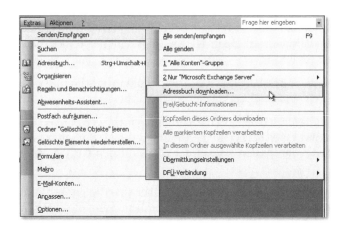

Abbildung 12.25 Wenn Sie Outlook nicht im Cached Mode verwenden, muss das Offlineadressbuch manuell heruntergeladen werden.

Abbildung 12.26 Beim Download des Offlineadressbuchs können Sie festlegen, ob Sie eine detaillierte Liste laden wollen und ob die bestehende Liste komplett ersetzt oder mit Updates auf den neuesten Stand gebracht werden soll.

Beim Outlook Cached Mode sieht die Situation anders aus:

- Outlook versucht, alle 24 Stunden Listenupdates zu erhalten. Outlook »gibt übrigens nicht auf«, d.h., er versucht weiter, auf den entsprechenden Systemordner zuzugreifen.
- Verfügt ein Client noch nicht über eine Kopie des Offlineadressbuchs, wird Outlook den Download initiieren.

Wichtig zu verstehen ist, dass Outlook im Cached Mode **nur noch mit dem Offlineadressbuch** arbeitet. Dieses Verhalten ist letztendlich natürlich sinnvoll, denn der Cache Mode soll ja Server- und Netzwerkressourcen schonen und den Clients einen schnelleren Zugriff bieten. Der Preis ist natürlich die Aktualität der Daten im Offlineadressbuch, denn das Offlineadressbuch synchronisiert sich nicht bei jeder Änderung mit dem Exchange Server, sondern einmal täglich. Wenn Sie im lokalen Netz zwar den Exchange Server durch den Cached Mode entlasten möchten, aber trotzdem auf aktuelle (= nicht aus dem Offlineadressbuch stammende) Adressinformationen zugreifen möchten, können Sie durch Änderungen in der Registry ein solches Verhalten erzeugen. Nähere Informationen finden Sie in den Knowledge Base-Artikeln 823580 und 841273.

Wenn Sie »außer der Reihe« einen Adressbuchdownload durchführen möchten, ist das über den in Abbildung 12.25 gezeigten Menüpunkt jederzeit möglich.

Auf dem Client stellt sich ein Offlineadressbuch als eine Sammlung mehrerer Dateien dar, die jeweils im Profil des Anwenders gespeichert werden (Abbildung 12.27). Im selben Verzeichnis werden in einer OST-Datei die lokalen Kopien der Mails für den Cached Mode gespeichert.

An dieser Stelle ist übrigens etwas Vorsicht angesagt: Wenn Sie über eine riesige OST-Datei (Offline-Betrieb) und über ein sehr großes Offlineadressbuch verfügen, kann dies bei Roaming-Profiles durchaus unangenehm sein!

Zu testen, ob die Offlineadresslisten verwendet werden, ist recht einfach. Wenn Sie Exchange im Cached Mode verwenden, setzen Sie es »Offline« und rufen das Adressbuch auf (z.B. über **Extras · Adressbuch**). Wenn beispielsweise in der Global Adress List keine Datensätze angezeigt werden oder ein Fehler angezeigt wird (Abbildung 12.28), ist vermutlich noch kein Offlineadressbuch auf diesem PC vorhanden. Ein Klick auf »Adressbuch downloaden« (Abbildung 12.25) löst das Problem.

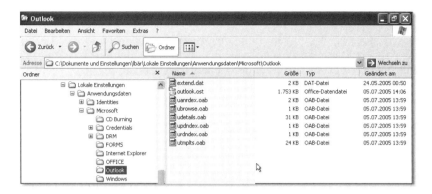

Abbildung 12.27 Outlook-seitig besteht das Offlineadressbuch aus mehreren *.oab-Dateien, die jeweils im Profil des Anwenders gespeichert werden.

Denken Sie aber daran, dass nur diejenigen Adresslisten zur Verfügung stehen, die in einer Offlineadressliste vorhanden sind (Abbildung 12.23). In Abbildung 12.28 sieht man im Hintergrund die GAL (diese wird in diesem Beispiel offensichtlich korrekt als Offlineadressliste verwendet), im Vordergrund schlägt der Zugriff auf eine Adressliste fehl. Der Grund ist, dass die gewählte Adressliste in keinem Offlineadressbuch vorhanden ist!

Abbildung 12.28 Wenn Sie im Offline-Betrieb eine Adressliste anzeigen wollen, die nicht Bestandteil des Offlineadressbuchs ist, wird eine Fehlermeldung erscheinen.

12.2.5 Empfängerrichtlinien/Email-Adressen generieren

In einer Exchange-Umgebung ist es nicht notwendig, dass Sie die Email-Adressen für Benutzer von Hand eintragen, dies wird durch Empfängerrichtlinien erledigt. Kurz gesagt lassen sich mit diesen Empfängerrichtlinien die Mailadressen regelbasiert aus den Benutzerdaten im Active Directory erzeugen.

Default Policy

Die Default Policy ist sozusagen die erste Empfängerrichtlinie. Sie wird standardmäßig mitinstalliert und aktiviert. Diese Policy hat für alle Benutzerkonten der Organisation Gültigkeit, diese »Allgemeingültigkeit« kann bei der Default Policy nicht angepasst werden. Wenn Sie für eine bestimmte Gruppe von Benutzern andere (zusätzliche) Empfängerrichtlinien erzeugen möchten, können weitere Richtlinien erzeugt werden.

Zusätzliche Richtlinien für Email-Adressen

Es ist möglich, spezielle weitere Richtlinien für das Erzeugen von Email-Adressen einzurichten. Wählen Sie hierzu im Kontextmenü des Knotens »Empfängerrichtlinien« das Erzeugen einer neuen Empfängerrichtlinie. In dem darauf folgenden Auswahldialog wählen Sie »E-Mail-Adressen« (Abbildung 12.29).

Abbildung 12.29 Mit einer zusätzlichen E-Mail-Adressen-Richtlinie können Mail-Adressen für bestimmte Benutzergruppen erzeugt werden.

In dem anschließend zu bearbeitenden Dialog erscheint der bekannte Filterdialog. Mit diesem kann ausgewählt werden, welchen Anwendern die in dieser Richtlinie definierten Adressen zugewiesen werden sollen (Abbildung 12.30):

- Karteikarte »Allgemein«: Man kann entscheiden, für welche Typen von Adressaten die Richtlinie Anwendung finden soll, z.B. für Postfächer, Kontakte, Verteilerlisten und Öffentliche Ordner. Man könnte also beispielsweise eine Richtlinie entwerfen, die Verteilerlisten generell eine Adresse der Syntax name@liste.centince.net zuweist.
- Karteikarte »Speicher«: Mit der nächsten Option können Server oder Postfachspeicher ausgewählt werden, für die die Richtlinie gelten soll. Die resultierenden Anwendungsszenarien liegen auf der Hand!
- Karteikarte »Erweitert«: Mit den Konfigurationsmöglichkeiten auf dieser Karteikarte können sehr individuelle Auswahlkriterien festgelegt werden; beispielsweise kann man allen Benutzern, deren Adresse auf den Standort »Bonn« lautet, per Richtlinie die Adresse @bonn.centince.net zuweisen.

Wenn anhand der Filter definiert ist, für welche Benutzer die Empfängerrichtlinie angewendet werden soll, muss die neue Bildungsregel für Email-Adressen eingegeben werden (Abbildung 12.31).

Eine Beschreibung der nutzbaren Variablen finden Sie in Abschnitt 19.7.1.

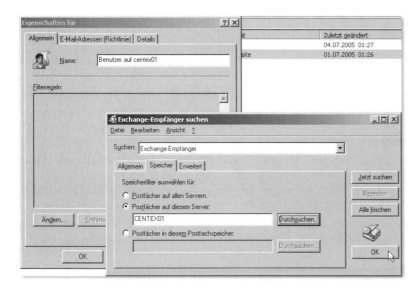

Abbildung 12.30 Mit diesem Dialog kann sehr flexibel ausgewählt werden, für welche Exchange-Empfänger die erstellte Richtlinie Gültigkeit haben soll.

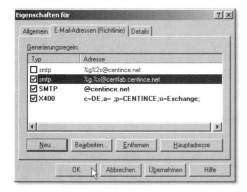

Abbildung 12.31 Zu einer Empfängerrichtlinie gehören die anzuwendenden Bildungsregeln.

12.2.6 Empfängeraktualisierungsdienste

Damit die Email-Adressen, die Sie mit den im vorherigen Abschnitt beschriebenen Richtlinien definiert haben, den Benutzerobjekten hinzugefügt werden, nutzt Exchange die Empfängeraktualisierungsdienste, die in englischsprachigen Dokumentationen als Recipient Update Service (RUS) bezeichnet werden.

Die Funktionsweise in vereinfachter Darstellung:

- Auf einem Exchange Server wird der Recipient Update Service für eine Domain ausgeführt.
- Dieser Recipient Update Service überwacht einen Domain Controller.

- Wenn eine neue Richtlinie angewendet werden oder ein neu erstelltes Benutzerobjekt mit Email-Adressen ausgestattet werden soll, wird der Recipient Update Service aktiv und bearbeitet die entsprechenden Benutzerobjekte.

Bei der Anwendung der Empfängeraktualisierungsdienste gelten folgende Grundsätze:

- Für eine Exchange-Organisation wird genau ein »Recipient Update Service (Enterprise Configuration)« benötigt. Dieses Objekt generiert die Email-Adressen für Objekte in der Active Directory-Konfigurationspartition, beispielsweise für die Informationsspeicher-Objekte, die Message Transfer Agents etc.
- Für jede Domain ist ein Recipient Update Service-Objekt notwendig. Ist dies nicht vorhanden, werden die Richtlinien auf die Benutzerobjekte dieser Domain nicht angewendet. In einer Multi-Domain-Umgebung sollten Sie unbedingt kontrollieren, ob wirklich für alle Domains ein RUS-Objekt angelegt ist.
- In einer Domain können mehrere Domain Controller durch RUS-Objekte aktualisiert werden. Ein einzelner DC kann aber nur durch ein RUS-Objekt versorgt werden.

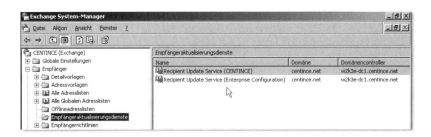

Abbildung 12.32 Die Empfängeraktualisierungsdienste bestehen aus einem Enterprise-RUS-Objekt und mindestens einem RUS pro Domain.

Vorhandene und neu angelegte RUS-Objekte können mit dem in Abbildung 12.33 gezeigten Dialog konfiguriert werden. Konfiguriert werden kann:

- der Exchange Server-Computer, auf dem das RUS-Objekt ausgeführt wird,
- der Domain Controller, auf dem die Empfängerobjekte aktualisiert werden,
- das Aktualisierungsintervall. Die Standard-Einstellung ist »Immer ausführen«, Sie können dies aber recht flexibel einschränken.

12.2.7 Empfängerrichtlinien/Postfach-Manager

Ein wenig versteckt ist der Postfach-Manager. Ein solches Objekt wird erstellt, indem Sie eine neue Empfängerrichtlinie anlegen und in dem ersten Dialog »Postfach-Managereinstellungen« auswählen (Abbildung 12.34).

Die Postfach-Manager-Richtlinie dient letztendlich dazu, einen mehr oder weniger sanften Druck auf die Benutzer auszuüben, um die Postfachgrößen im Griff zu behalten. Wie Sie in Abbildung 12.36 erkennen können, lässt sich beispielsweise definieren, dass Nachrichten, die älter als 30 Tage und größer als 1024 kB sind, gelöscht werden. Hierbei sind verschiedene Varianten möglich.

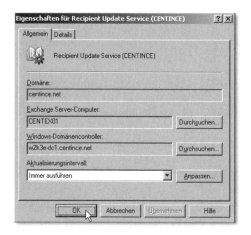

Abbildung 12.33 Mit diesem Dialog können Einstellungen für ein RUS-Objekt vorgenommen werden.

Abbildung 12.34 Ein Postfach-Managerobjekt wird als Empfänger-Richtlinie erstellt.

Letztendlich muss die Entscheidung, ob Postfach-Manager-Richtlinien eingesetzt werden sollen, vermutlich von der Geschäftsleitung getroffen werden. Eine Richtlinie, die unter Umständen Nachrichten in den Papierkorb verschiebt oder sogar endgültig löscht, sorgt vermutlich unter den Anwendern für »Sprengstoff«. Hier sind mehrere Aspekte zu berücksichtigen:

▶ Die Kernfrage bei allen Beschränkungen ist, ob höhere Kosten durch die Zeit, die die Anwender mit dem Sortieren und Löschen von Mails verbringen, oder durch die Beschaffung zusätzlichen Speicherplatzes entstehen. Man sollte übrigens nicht vergessen, dass zusätzlicher Speicherplatz ganz erhebliche Nebenkosten dadurch verursacht, dass dieser auch gesichert und zeitnah wiederhergestellt werden muss.

▶ Wenn die Anwender nicht wissen, wohin sie ihre Daten verschieben können, werden sie diese einfach nach der »Rasenmähermethode« löschen. Hierbei gehen garantiert nicht nur obsolete Informationen verloren.

▶ Die IT versteht sich in vielen Firmen als interner Dienstleister. Ich denke, dass es einem Dienstleister nicht gut ansteht, wenn er mit der Mission antritt, seine Kunden zu »erziehen«.

▶ Das radikale Löschen von Mails verstößt unter Umständen gegen die Archivierungspflicht. Die Formulierung »unter Umständen« habe ich gewählt, weil vielleicht an zentraler Stelle alle ein- und ausgehenden Nachrichten archiviert werden.

▶ Eine Größenbeschränkung des Postfachs bereitet vermutlich vielen Anwendern Probleme. Eine Postfach-Manager-Richtlinie, die Mails in den Papierkorb oder ins »System Cleanup« verschiebt oder sogar direkt ganz löscht, führt mit Sicherheit zu Informationsverlust – und »verbraucht« damit noch wesentlich mehr Benutzerzeit.

Sie merken, dass ich kein Freund des Postfach-Managers bin. Wenn Ihre Anwender mangels anderer Ablagemöglichkeiten große Postfächer haben, müssen Sie eine inhaltliche Lösung finden (z.B. Einführung und Bekanntmachung der Öffentlichen Ordner von Exchange oder besser: Einsatz von SharePoint), anstatt die Anwender mit Policies zu bedrohen!

Nichtsdestotrotz werde ich Ihnen die Konfiguration einer Postfach-Manager-Richtlinie kurz vorstellen:

Zunächst muss ausgewählt werden, auf welche Empfänger die Postfach-Manager-Richtlinie angewendet werden soll. Der Auswahldialog ist Ihnen bereits aus anderen Abschnitten bekannt. Sie können die Benutzer beispielsweise anhand von Servern oder Postfachspeichern auswählen (Abbildung 12.35).

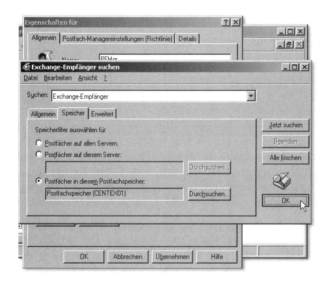

Abbildung 12.35 Es muss ausgewählt werden, für welche Benutzerobjekte die Postfach-Manager-Richtlinie angewendet werden soll.

Die Funktion der Richtlinie besteht darin, dass Sie für die Ordner des Benutzer-Postfachs das Alter und eine Größe vorgeben können. Sind beide Parameter erfüllt, wird eine dieser Aktionen durchgeführt:

▶ Nur Bericht erstellen
▶ **In Ordner ›Gelöschte Objekte‹ verschieben**: Der Benutzer kann seine Mails im Papierkorb-Ordner einsehen und ggf. wieder herausholen.

- **In Ordner ›System Cleanup‹ verschieben**: Wenn Nachrichten hier hinein verschoben werden, muss der Anwender wie in Abschnitt 20.1.1 beschrieben vorgehen, um seine Mails zu retten.
- **Sofort löschen**: Das ist die radikalste Einstellung. Ich kann mir nicht vorstellen, dass jemand ernsthaft diese Option für Benutzerpostfächer wählt.

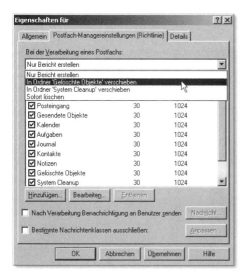

Abbildung 12.36 In den Einstellungen der Postfach-Manager-Richtlinie wird vorgegeben, wie Mails mit einem bestimmten Alter und einer bestimmten Größe behandelt werden sollen.

13 Front-End-/Back-End-Architektur

13.1 Typisches Szenario für eine Front-End-/Back-End-Architektur 349

13.2 Front-End-Server in der DMZ 350

13.3 Konfiguration eines Front-End-Servers 351

13.4 Front-End-Server und Zugriff von internen Clients 352

13.5 Exchange-Zugriff für SharePoint-Webparts 353

13.6 Wann Sie keinen Front-End-Server benötigen 354

13.7 Front-End-Server redundant auslegen 362

1. Über dieses Buch
2. Der Aufbau des Buchs
3. Exchange 2003 – Service Pack 2
4. Einführung in das Thema Collaboration
5. Erster technischer Überblick
6. Solutions Design
7. Exchange und Active Directory
8. Routing
9. Storage
10. Öffentliche Ordner
11. Administrative Gruppen
12. Richtlinien, Vorlagen und Adresslisten
13. **Front-End-/Back-End-Architektur**
14. Clients
15. Sichere Anbindung an das Internet
16. Sicherheit
17. Installation
18. Migration/Upgrade auf Exchange 2003
19. Betrieb und Administration
20. Backup, Restore und Desaster Recovery
21. Verfügbarkeit
22. Live Communications Server 2005 – Ein Überblick
23. LCS – Installation und Konfiguration
24. LCS – »Externe« Clients und Föderationen
25. LCS – Administration
26. LCS – Sicherheit
27. Entwicklung
28. Programmieren mit CDO (CDOEX)
A. Problembehebung in Warteschlangen
B. Zu überwachende Parameter (Jetstress-Test)
C. Performance Monitoring, wichtige Datenquellen
D. Outlook Level 1 Dateianhänge

13 Front-End-/Back-End-Architektur

Ein wichtiges Exchange-Merkmal ist die Möglichkeit, eine Front-End-/Back-End-Architektur aufzubauen. Diese Architektur ist nun allerdings kein Allheilmittel, es gibt durchaus Szenarien, in denen ein Front-End-Server schlicht und ergreifend keine Vorteile bringt.

In diesem Kapitel werden Sie erfahren, wann Sie einen oder mehrere Front-End-Server einsetzen können. Beginnen wir direkt mit einem typischen Anwendungsbeispiel:

13.1 Typisches Szenario für eine Front-End-/Back-End-Architektur

Ein typisches Nutzungsszenario für einen Front-End-Server sehen Sie in Abbildung 13.1:

- Clients möchten beispielsweise per Outlook Web Access (OWA) oder Outlook Mobile Access (OMA) auf Exchange zugreifen.
- Zunächst erfolgt der Zugriff auf den in der DMZ stehenden ISA Server, auf dem eine Veröffentlichungsregel konfiguriert ist.
- Der ISA Server ruft für den anfragenden Client die gewünschten Informationen vom Front-End-Server auf.
- Der Front-End-Server wiederum beschafft die Informationen von dem Exchange Server, auf dem das Postfach des Benutzers liegt (bitte merken Sie sich den letzten Teil des Satzes!).

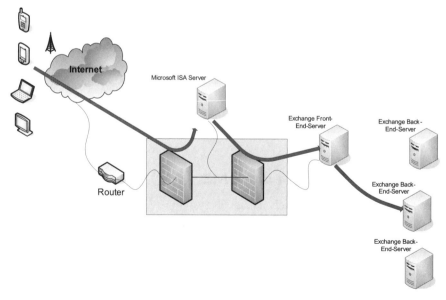

Abbildung 13.1 Typisches Szenario eines Client-Zugriffs über ISA- und Exchange-Front-End-Server

Welche Vorteile bringt der Front-End-Server in dieser Konstellation?

- Sie müssen auf Ihrer Firewall nur die Verbindung zum Front-End-Server öffnen, nicht zu den anderen Exchange Servern.
- Sie können den externen Benutzern einen einheitlichen Namensraum, beispielsweise `http://webmail.centince.net/exchange` zur Verfügung stellen. Zur Erklärung muss ich ein wenig ausholen:
  - Outlook-Benutzer im Inneren des Netzes müssen sich letztendlich keine Gedanken darum machen, auf welchem Exchange Server sich ein Postfach befindet.
  - Wenn Sie im Fall von Outlook Web Access oder Outlook Mobile Access nur einen einzigen Link zur Verfügung stellen möchten, müssen Sie sicherstellen, dass der Benutzer zum »richtigen« Exchange Server (= auf dem das Postfach liegt) geleitet wird. Der ISA Server kann dies nicht leisten, er weiß nicht, auf welchem Server das Benutzerpostfach liegt, und kann im Übrigen pro Veröffentlichungsregel ohnehin nur einen Server veröffentlichen. Bei vier Exchange-Postfach-Servern müssen Sie den Benutzern beibringen, dass sie auf `https://exch1.centince.net/exchange`, `https://exch2.centince.net/exchange` usw. zugreifen müssten. Wenn Sie so etwas implementieren, werden Sie eine deutliche Aktivität am Helpdesk bemerken.
  - Der Front-End-Server nimmt die Benutzeranfragen entgegen, die vom ISA Server »reverse-geproxied« werden. Es wird übrigens keine direkte Verbindung zwischen dem Benutzer und dem Postfachserver geben – der Front-End-Server übernimmt Proxy-Funktionalität.
- Sofern die Datenströme zwischen Clients und Exchange SSL-verschlüsselt übertragen werden, kann der (oder die) Front-End-Server die Ver- und Entschlüsselung übernehmen und somit die Postfachserver entlasten.

In dem Beispiel wurde Outlook Web Access (OWA) genannt. Weitere Zugriffsmöglichkeiten für externe Clients sind:

- Outlook Mobile Access (OMA)
- Outlook 2003 mit RPC over https
- Exchange ActiveSync

Bei diesen funktioniert der Zugriff wie bei dem soeben beschriebenen OWA-Szenario. Hintergründe zu den einzelnen Client-Versionen werden in Kapitel 14 besprochen.

Des Weiteren können POP3 und IMAP4 über einen Front-End-Server bereitgestellt werden.

13.2 Front-End-Server in der DMZ

Im vorherigen Abschnitt haben Sie gesehen, dass als System in der DMZ der Microsoft ISA Server zum Einsatz kommt. Auch wenn ich es **nicht empfehlen** würde, können Sie auf den ISA Server verzichten und den Exchange Front-End-Server in die DMZ stellen (Abbildung 13.2).

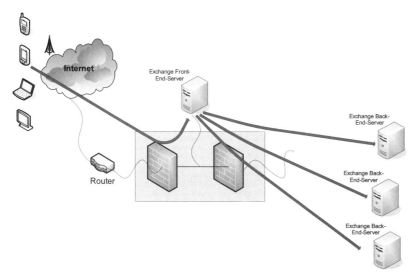

Abbildung 13.2 Es ist technisch möglich, den Front-End-Server in der DMZ zu platzieren – dies wird allerdings nicht empfohlen.

Dieses Verfahren spart Ihnen zwar einen Server, bringt aber ansonsten nur Nachteile:

- Der Exchange Front-End-Server steht vergleichsweise ungeschützt in der DMZ und hat direkten Internet-Kontakt. Die zusätzliche Sicherheitsstufe »ISA Server« fehlt.
- In der DMZ muss ein Domain-Member-Server stehen, was bedeutet, dass Active Directory-Informationen auf einer Maschine in der DMZ verfügbar sein müssen.
- Sie müssen zusätzliche Ports der Firewall öffnen, weil die Daten aus der DMZ auf mehrere innere Server geleitet werden.

13.3 Konfiguration eines Front-End-Servers

Aus einem »normalen« Exchange Server einen Front-End-Server zu machen, ist außerordentlich einfach, denn es ist nur ein einziger Mausklick notwendig. In den Eigenschaften des Servers findet sich die entsprechende Checkbox (Abbildung 13.3).

Nachdem die Checkbox aktiviert ist, muss der Server neu gestartet werden. Prinzipiell würde es genügen, den Internet Information Server und die Exchange-Dienste neu zu starten, ich denke aber, dass ein Serverneustart die wesentlich einfachere Möglichkeit ist.

Was passiert hinter den Kulissen? Wenn ein Front-End-Server startet, werden die Komponenten **Exprox.dll**, **IMAP4fe.dll** und **POP3fe.dll** geladen. Diese sorgen dafür, dass die Benutzerzugriffe »geproxied« werden.

13.3.1 Front-End-Server und Exchange Edition

Ein Front-End-Server kann sowohl mit der Exchange Standard- als auch mit der Enterprise Edition aufgebaut werden. Als Back-End-Server werden ebenfalls beide Editionen unterstützt.

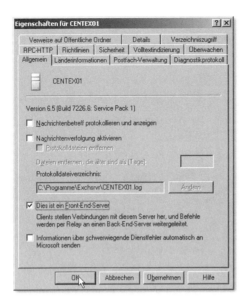

Abbildung 13.3 Einen Exchange Server zum Front-End-Server zu machen ist mit einem Mausklick erledigt.

Dies ist ein wichtiger Unterschied zu einer Exchange 2000-Installation. Dort musste ein Front-End-Server mit der Exchange Enterprise Edition angelegt werden.

13.3.2 Port-Nummern

Bei der Installation und Konfiguration muss beachtet werden, dass die Exchange Front-End-Server nur mit den Standard-Portnummern umgehen können, also 80 für unverschlüsselte und 443 für SSL-verschlüsselte Verbindungen.

13.4 Front-End-Server und Zugriff von internen Clients

Bisher haben wir in diesem Kapitel stets den Fall betrachtet, dass der Front-End-Server für den Zugriff von Clients, die über das Internet zugreifen, verwendet wird. Der Grund hierfür ist einfach: Wenn Ihre Benutzer intern Outlook verwenden, also über das MAPI-Protokoll auf Exchange zugreifen, hilft Ihnen der Front-End-Server nichts, da in diesem Fall der Zugriff direkt auf die Postfachserver erfolgt.

Wenn in Ihrem Unternehmen allerdings etliche Benutzer auch »intern« mit Outlook Web Access arbeiten und in Ihrer Zentrale mehrere Exchange Server stehen, würde ein Front-End-Server durchaus Sinn machen: Ich hatte ja bereits erläutert, dass Sie bei der Benutzung von OWA gezielt auf den »richtigen« Server, also explizit auf http://ex1.centince.net/exchange oder http://ex2.centince.net/exchange zugreifen. Der Front-End-Server ermöglicht es, auf beliebig viele Exchange-Postfach-Server mit nur einer URL zuzugreifen.

13.5 Exchange-Zugriff für SharePoint-Webparts

Ein ähnliches Szenario wie den zuvor beschriebenen Zugriff interner Clients finden Sie beispielsweise auch, wenn Sie die mit dem SharePoint Portal Server mitgelieferten Exchange-Webparts verwenden möchten. Als Parameter wird dort die URL des Exchange Servers angegeben, auf dem das Postfach des jeweiligen Benutzers liegt. Wenn Sie an einem Standort drei Exchange Server und 800 Benutzer haben, muss in der Konfiguration des Webparts für alle 800 Benutzer der korrekte Postfach-Server eingestellt sein (Abbildung 13.4). Umzüge von Postfächern bedeuten (im Gegensatz zur Verwendung von Outlook), dass die Zugriffs-URL angepasst werden muss.

Abbildung 13.4 In den Exchange-Webparts des SharePoint Portal Servers muss die URL des Postfach- oder Front-End-Exchange Servers angegeben werden.

Haben Sie einen Front-End-Server zur Verfügung, tragen Sie dessen URL ein, der Front-End-Server agiert als Proxy und holt die Daten von dem richtigen Exchange Server.

Vorsicht: Dieser Aufbau bietet aber durchaus Fallstricke, wie Abbildung 13.5 verdeutlicht:

- Der Benutzer in einer Außenstelle greift auf einen SharePoint Portal Server zu. Er nutzt eines der mitgelieferten Exchange Webparts, um von einer Portal-Seite auf sein Postfach, seinen Kalender etc. zuzugreifen.
- In dem Exchange Webpart ist aus den zuvor aufgeführten Gründen (einheitlicher Name) der Front-End-Server konfiguriert. Entsprechend greift der Anwender über das Webpart auf Exchange zu (das ist technisch nicht ganz exakt, aber als Gedankenmodell genügt diese Beschreibung).
- Der Front-End-Server fungiert als Proxy und holt die Postfach-Daten von dem Exchange Server mit dem Benutzerpostfach – in diesem Fall also aus der Lokation.

Erster Kommentar: Das beschriebene Szenario ist natürlich vermeidbar, allerdings nur mit relativ hohem Konfigurationsaufwand. Da die Datenströme von Outlook Web Access vergleichsweise schmalbandig sind, ist es vermutlich einfacher, den doppelten Datenverkehr in Kauf zu nehmen. Auf der Skizze sind die WAN-Leitungen mit »64k« beschriftet, in so einem Szenario zählt natürlich jedes Byte. Es wäre vielleicht der richtige Moment, über eine breitbandigere VPN-Anbindung nachzudenken, die dann vermutlich sogar billiger als eine 64k-Festverbindung ist.

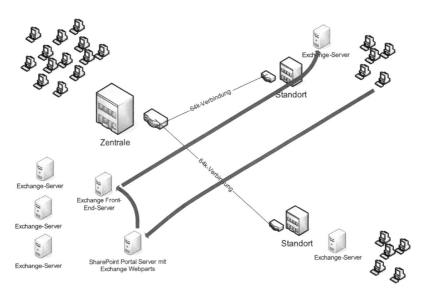

Abbildung 13.5 Ungünstig: Der Zugriff über einen zentralen Front-End-Server kann aus einer Niederlassung mit eigenem Exchange-Postfach-Server zu doppeltem Datenverkehr führen.

Zweiter Kommentar: Die erste Frage, die ich in dem o. g. Fall stellen würde, wäre die, ob es nicht denkbar ist, den Exchange Server in der Niederlassung abzubauen und die Postfächer auf Maschinen in der Zentrale zu legen. Durch den Outlook 2003 Cached Mode kann man so etwas sehr elegant realisieren. Vielleicht genügt den Benutzern in den Außenstandorten ja auch der Zugriff über Outlook Web Access.

Dieses Beispiel untermauert auf geradezu exemplarische Art zwei beim Design von IT-Lösungen zu beachtende Fakten:

- Viele Server, die letztendlich das Gleiche tun, erschweren die Administration. Will sagen: Sie könnten natürlich durch Konfiguration erzwingen, dass nicht über den Front-End-Server zugegriffen wird – das heißt aber, dass diese Konfiguration in jeder Außenstelle individuell gepflegt werden muss.
- Viele Server, die letztendlich das Gleiche tun, erschweren das Design eines Gesamtsystems. Je mehr Sonderfälle berücksichtigt werden müssen, desto aufwendiger wird die Planung.

13.6 Wann Sie keinen Front-End-Server benötigen

In diesem Abschnitt möchte ich nochmals explizit darstellen, in welchen Fällen der Einsatz eines Front-End-Servers nicht sinnvoll ist.

13.6.1 Einzelner Exchange Server

Wie Sie bereits gehört haben, stellt der Front-End-Server zugreifenden Clients einen einheitlichen Namensraum zur Verfügung: Ein Benutzer mit OWA, OMA oder EAS muss also nicht gezielt »seinen« Postfach-Server ansprechen, sondern verbindet sich mit dem Front-

End-Server. Der Front-End-Server ermittelt den Postfachserver und fordert die gewünschten Daten dort an.

Wenn Sie nur einen einzelnen Exchange Server einsetzen, ist das Argument mit dem einheitlichen Namensraum natürlich nicht stichhaltig – es existiert ja ohnehin nur ein einzelner Namensraum, weil eben nur ein Exchange Server vorhanden ist.

Der Front-End-Server ist natürlich eine zusätzliche Schicht, die sich zwischen dem Internet und dem Exchange Postfach-Server befindet. Insofern könnte man natürlich auch bei Nutzung eines einzelnen Exchange Servers in einem zusätzlichen Front-End-Server einen gewissen Nutzen ausmachen.

Ich sehe es natürlich ein, dass gerade in einem kleinen Unternehmen wenig Begeisterung herrschen wird, wenn ich Ihnen vorschlage, dass ein ISA Server und ein Front-End-Server beschafft und eingesetzt werden sollen. Ein tragfähiger Kompromiss ist in Abbildung 13.6 gezeigt: Der in der DMZ stehende ISA Server stellt via Reverse Proxying die Dienste des Exchange Servers im Internet zur Verfügung. Diese Architektur ist nicht perfekt, aber sie ist wesentlich sinnvoller als beispielsweise das Öffnen von Firewallports von außen nach innen. Keinesfalls zu empfehlen ist, anstatt des ISA Servers den Front-End-Server in die DMZ zu stellen.

Anmerkung Der ISA Server muss nicht in der DMZ stehen, er könnte auch »hinter« der normalen Firewall stehen.

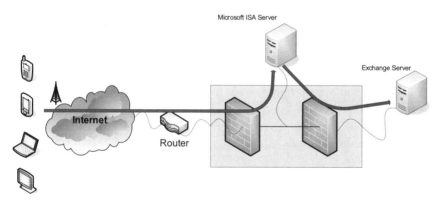

Abbildung 13.6 Eine Kompromisslösung: Exchange-Dienste werden über den ISA Server bereitgestellt, ein zusätzlicher Front-End-Server entfällt.

Hinweis Wenn Sie einen einzelnen Server einsetzen, auf den der sehr viele SSL-verschlüsselte Zugriffe erfolgen, sollten Sie sich überlegen, die rechenintensive Verschlüsselung auf einem separaten System zu erledigen: Dies könnte entweder der ISA Server oder ein Exchange Front-End-Server sein.

13.6.2 Zugriff nur über das MAPI-Protokoll

Wenn Sie zwar mehrere Exchange-Postfachserver einsetzen, aber die Clients nur via MAPI (nativ Outlook) zugreifen, bringt ein Front-End-Server keine Vorteile – es würden schlicht und ergreifend keine Daten über diesen laufen!

Bei einem MAPI-Client wird der Exchange Server konfiguriert, auf den zugegriffen werden soll. Sollte das Postfach dort nicht liegen, wird er zu dem »richtigen« Server weitergeleitet.

Wenn Ihre externen Outlook-Clients nicht über RPC over http, sondern über ein VPN angebunden sind, erfolgt der Zugriff über MAPI – dann wird kein Front-End-Server benötigt.

13.6.3 Verschlüsselter Datentransport

Der über das Internet laufende Datenverkehr zwischen dem externen Client und dem Unternehmen sollte natürlich verschlüsselt sein, hier verwendet man sinnvollerweise SSL. Zwischen Front-End- und Back-End-Server ist SSL nicht möglich. Wenn Sie zwischen diesen Systemen eine verschlüsselte Verbindung benötigen, müssen Sie dies mittels IPsec realisieren.

Die folgenden vier Szenarien sind die wesentlichen Möglichkeiten für verschlüsselte und unverschlüsselte Kommunikation (Abbildung 13.7):

▶ **Fall 1**: In diesem Fall kommuniziert der Front-End-Server (FE) direkt mit dem Client. Der FE müsste hierzu in der DMZ stehen, oder man müsste entsprechende Ports auf der Firewall von außen nach innen öffnen. Das sind beides nicht sympathische Lösungen! Die Kommunikation zwischen Front-End- und Back-End-Servern kann via IPsec gesichert werden.

▶ **Fall 2**: Entspricht weitgehend Fall 1. Lediglich die Kommunikation zwischen dem Front- und dem Back-End-System findet unverschlüsselt statt.

▶ **Fall 3**: Hier kommt der ISA Server hinzu. Zu entscheiden ist hier, ob der ISA Server die SSL-Verbindung des Clients terminieren und eine neue zum FE aufbauen soll (das ist SSL-Bridging) oder ob die Verbindung durchgeleitet werden soll SSL-Tunneling). Die erste Möglichkeit, nämlich SSL-Bridging, ist prinzipiell die bessere, weil ISA Server die Möglichkeit hat, die übertragenen Datenpakete zu untersuchen. Beim Tunneling besteht diese Möglichkeit nicht, die Pakete bleiben verschlüsselt – die Empfehlung lautet also, SSL-Bridging auf dem ISA Server zu fahren.
Die Kommunikation zwischen Front-End- und Back-End-Server könnte prinzipiell mit IPsec verschlüsselt werden.

▶ **Fall 4**: In diesem Fall wird die Übertragung zwischen ISA und Exchange Front-End-Server nicht verschlüsselt, der ISA Server terminiert den SSL-Tunnel. Hierbei handelt es sich um SSL-Offloading.

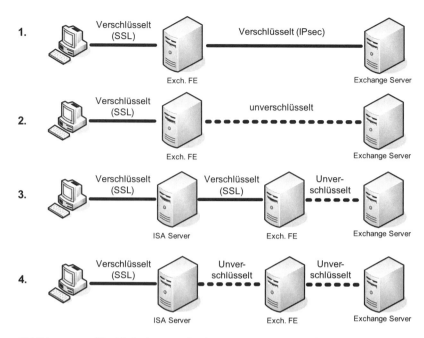

Abbildung 13.7 Überblick über verschiedene Konfigurationsmöglichkeiten

> **Empfehlung** Da es sinnvoll ist, zwischen dem Internet-Client und einem Exchange Server eine intelligente Firewall einzusetzen, empfehle ich Variante 3 oder 4.

13.6.4 SSL-Offloading

Die Idee hinter dem SSL-Offloading ist, dass man die SSL-Verbindung nicht erst auf dem Exchange Front-End-Server, sondern bereits auf dem ISA Server terminiert. Man muss sich darüber im Klaren sein, dass SSL-Verschlüsselung ein ziemlich rechenintensiver Vorgang ist. Wenn der Front-End-Server starkt belastet ist, könnte eine Verlagerung dieser Aufgabe deutlich von Vorteil sein. Hierbei gibt es grundsätzlich zwei Möglichkeiten:

- Einsatz eines Hardware-SSL-Beschleunigers. Hierbei handelt es sich im Allgemeinen um eine Karte, die in den Server eingebaut wird.
- Die SSL-Verschlüsselung wird auf einem gänzlich anderen System ausgeführt, beispielsweise auf dem ISA Server.

Anhand von Abbildung 13.8 möchte ich Ihnen das entstehende Problem erläutern:

- Der Client, der letztendlich mit dem ISA Server spricht, sieht eine https-Verbindung.
- Das Exchange-System (Front-End und Back-End) hingegen sieht einen Client, der via http (und eben *nicht* via https) zugreift. Das liegt daran, dass der ISA Server die SSL-Verbindung beendet und keine neue aufbaut.
- Die Konsequenz ist, dass Exchange Links auf http://-Seiten und eben nicht auf https://-Seiten zurückgibt.

- Das wiederum führt dazu, dass der Client ungewollt auf eine unsichere Verbindung wechselt (oder dies zumindest versucht).

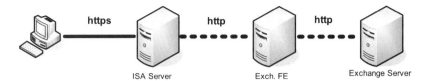

Abbildung 13.8 Beim SSL-Offloading wird die SSL-Verbindung auf dem ISA Server (oder einem vergleichbaren Produkt) terminiert. Der Exchange Front-End-Server muss sich nicht mit der SSL-Verschlüsselung aufhalten.

Lösung: Man muss Exchange dazu bringen, https://-Links zurückzugeben, obwohl es eigentlich eine ungesicherte Verbindung zu haben glaubt. Wenn der ISA Server (oder ein anderes SSL-terminierendes Gerät) den Anforderungen an Exchange einen bestimmten Header hinzufügt, wird Exchange richtig reagieren. Der Header heißt »Front-End-https: on«.

- Wenn Sie ISA Server 2004 verwenden, wird diese Einstellung automatisch vorgenommen, wenn Sie die Veröffentlichung des Mailservers mit dem entsprechenden ISA-Assistenten erstellen.
- Bei ISA Server 2000 musste ein Registry-Key gesetzt werden (»AddFrontEndHttpsHeader«).
- Wenn das SSL terminierende Gerät nicht in der Lage ist, diesen Header hinzuzufügen, kann ein ISAPI-Filter von Microsoft bezogen werden (Knowledge-Base-Artikel 32780).

Zwei Anmerkungen:

- Wenn möglich, würde ich den ISA Server 2004 empfehlen. Selbstverständlich können auch andere Geräte eingesetzt werden – mit dem ISA Server ist die Einrichtung aber konkurrenzlos einfach.
- Wenn Sie für Outlook Web Access formularbasierte Authentifizierung einsetzen, sind Anpassungen am Exchange-System notwendig (siehe Abschnitt 14.5.7).

13.6.5 Zugriff auf den Verzeichnisdienst

Der Front-End-Server benötigt Zugriff auf das Active Directory. Der Benutzer muss beispielsweise authentifiziert werden, außerdem muss der Front-End-Server feststellen, von welchem Back-End-Server die Daten dieses Benutzers angefordert werden können.

Zu beachten ist also Folgendes:

- Steht der Server in der DMZ oder in einem sonstigen abgeschotteten Segment, müssen die entsprechenden Ports geöffnet werden
- Achten Sie darauf, dass der Server einen zuverlässigen und schnellen Zugriff auf Domain Controller und Global Catalog-Server hat.

Ein wenig Hintergrundwissen Mit ADSIedit (in den Support-Tools enthalten) können Sie die Active Directory-Attribute eines Benutzers anschauen. Für den Front-End-Server ist vor allem `msExchHomeServerName` interessant – dort ist der Postfachserver des Benutzers gespeichert (Abbildung 13.9). Dieses Attribut wird übrigens in den Global Catalog repliziert (das kann man mit dem »Schema Management«-Snap-In überprüfen).

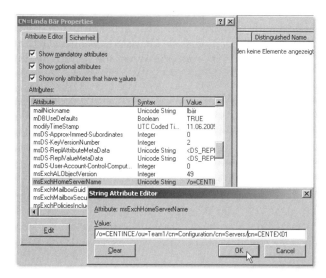

Abbildung 13.9 Der Front-End-Server identifiziert den Postfachserver des Anwenders anhand des AD-Attributs msExchHomeServerName.

13.6.6 Authentifizierung

Die Benutzerauthentifizierung ist natürlich auch in einem Front-End-/Back-End-Szenario ein wichtiges Thema. In der Tat gibt es für die Authentifizierung von Benutzern, die über http-Verbindungen zugreifen, zwei mögliche Varianten:

Dual Authentication

Die Dual Authentication ist sowohl die empfohlene als auch die Standard-Variante. Hierbei wird der Benutzer sowohl vom Front-End- als auch dem Back-End-Server authentifiziert. Der Anwender muss sich übrigens auch in einer Konfiguration mit einem Front-End-Server nicht zweimal anmelden, die Anmeldeinformationen werden zum Back-End-Server durchgeschleift.

Zu beachten ist, dass der Front-End-Server zum Zwecke der Authentifizierung eines Benutzers per RPCs (Remote Procedure Calls) auf das Active Directory zugreifen muss. Ist dies nicht möglich, beispielsweise weil der Front-End-Server in der DMZ der Firewall steht, muss die im folgenden Abschnitt verwendete Pass-Through-Authentication verwendet werden.

An dieser Stelle sei nochmals wiederholt, dass der empfohlene Weg darin besteht, den Front-End-Server in den Innenbereich des Netzes zu stellen und mit dem ISA Server zu veröffentlichen. Da der Front-End-Server in diesem Fall vollen Zugriff auf das Active Directory hat, kann die Dual Authentication problemlos verwendet werden.

Pass-Through Authentication

Bei Nutzung der Pass-Through Autentication wird der Benutzer nicht auf dem Front-End-, sondern erst auf dem Back-End-Server authentifiziert. Die durch den Front-End-Server gebildete »Sicherheitszwischenstufe«, die verhindert, dass unautorisierte Benutzer bis zu den Postfachservern kommen, entfällt also, weil der Front-End-Server die Benutzer eben nicht authentifizieren kann.

Pass-Through Authentication sollte nur verwendet werden, wenn es absolut nicht vermeidbar ist. Ein Szenario wäre beispielsweise, wenn der Front-End-Server in der DMZ steht und nur sehr eingeschränkten Zugriff in den Innenbereich, also zu AD und GC, hat.

Die Pass-Through Authentication ist darüber hinaus mit folgenden Nachteilen behaftet:

- Der Front-End-Server kann keine Lastverteilung für Zugriffe auf Öffentliche Ordner durchführen.
- Das implizite Logon funktioniert nicht, d.h., der Benutzer muss in der Login-URL seinen Benutzernamen angeben. Der Grund hierfür ist, dass der Front-End-Server den Anwender nicht authentifizieren kann, trotzdem aber ermitteln muss, an welchen Back-End-Server er geleitet werden soll.

Begriffserläuterung:

- **Implizites Logon:** Der Anwender gibt `https://servername/exchange` an.
- **Explizites Logon:** Der Anwender meldet sich mit `https://servername/exchange/username` an.

Methoden zur Authentifizierung

Wie bereits erwähnt, unterstützen die Front-End-Server nur Basic Authentication, bei der Benutzername und Passwort im Klartext übertragen werden. Um unbefugtes Mitlesen zu verhindern, sollten Sie die Clients unbedingt zwingen, eine SSL-Verbindung aufzubauen.

Die Authentifizierung von Front-End- zu Back-End-Server geschieht standardmäßig über die integrierte Authentifizierung.

13.6.7 Absichern von Front-End-Servern

Grundsätzlich sollte natürlich jeder Server gehärtet werden. Für Server, auf die vom Internet aus zugegriffen wird, gilt dies natürlich umso mehr – welche »Maßnahmen« sind also auf einem Exchange Front-End-Server zu treffen?

- **SSL-Verschlüsselung zu Clients:** Die Verbindung der Clients zu den Front-End-Servern sollte unbedingt SSL-verschlüsselt sein. Da http, POP3 und IMAP4 die Kennwörter unverschlüsselt übertragen, ist die Verschlüsselung bei der Übertragung durch das Internet absolut Pflicht!

Wichtig: Auf den virtuellen http-Servern der Back-End-Exchange Server darf keine verschlüsselte Übertragung erzwungen werden. Für die Verbindung zwischen Front-End- und Back-End-Server wird keine SSL-Verschlüsselung unterstützt.

- **Informationsspeicher deaktivieren**: Da die Front-End-Server keinerlei Daten speichern müssen, können die Informationsspeicher deaktiviert werden.
  Eine Ausnahme gibt es allerdings: Wenn der Front-End-Server als SMTP-Bridgehead fungieren soll, muss der private Informationsspeicher aktiviert sein.
- **Nicht benötigte Dienste deaktivieren**: Der Hinweis, dass nicht benötigte, aber dennoch aktive Dienste eine Quelle potenziellen Missbrauchs sein können, gilt natürlich auch für die Exchange Front-End-Server. Prüfen Sie also sehr kritisch, was eventuell sonst auf der Maschine installiert ist.
- Wie auch bereits an anderen Stellen dieses Buchs erwähnt, ist dringend zu empfehlen, die von Microsoft herausgegebenen **Sicherheits-Patches** auch tatsächlich zu installieren. Das klingt natürlich logisch, wird aber in der Praxis dennoch häufig unterlassen.
- Überprüfen Sie mit dem **Microsoft Baseline Security Analyzer** (Abschnitt 16.1.1) und dem **Exchange Best Practices Analyser** (Abschnitt 16.1.2) die Konfiguration, und nehmen Sie ggf. die vorgeschlagenen Veränderungen vor.
- Im Internet geistern jede Menge **Portscanner** herum und scannen systematisch alle erreichbaren IP-Adressen. Wenn Sie einen SMTP-, POP3- oder IMAP4-Server ansprechen, antwortet er mit einem so genannten Banner, das zum einen erkennen lässt, dass es sich beispielsweise um einen SMTP-Server handelt, zum anderen aber auch eine ziemlich detaillierte Angabe zu Typ und Versionsstand des Servers liefert (Abbildung 13.10). Diese Informationen ersparen einem potenziellen Übeltäter viel Arbeit. Wenn er genau weiß, welches System er angreift, kann er direkt im Internet nach einem bekannten Exploit suchen.
  Wie Sie diesen **Banner ändern** können, ist in den Knowledge Base-Artikeln 836564 und 303513 (das ist ein Exchange-2000-Artikel, er enthät aber wichtige Informationen zu POP3 und IMAP4) beschrieben.
  An dieser Stelle gibt es noch einen »Tool-Tipp«: Wenn Sie die Konfigurationseinstellungen nicht mittels Kommandozeile, sondern mit einem grafischen Werkzeug eingeben möchten, können Sie den IIS Metabase Explorer, der im IIS 6.0-Resource Kit enthalten ist, verwenden (Abbildung 13.11).

Abbildung 13.10 SMTP-, POP3- und IMAP4-Server gehen recht freigiebig mit Typbezeichnung und Versionsstand um. Machen Sie es »Skript-Kiddies« nicht allzu einfach, und verschleiern Sie diese Informationen.

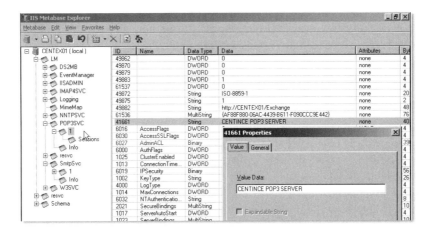

Abbildung 13.11 Die Banner für POP3, IMAP4 und SMTP können auch mit dem IIS Metabase Explorer geändert werden. Standardmäßig ist kein Eintrag vorhanden, d.h., es werden Default-Werte verwendet.

13.6.8 Konfiguration der Clients

Hinweise zur Konfiguration für die Front-End-/Back-End-Konfiguration der einzelnen Clients erhalten Sie in den jeweiligen Abschnitten des Client-Kapitels (Kapitel 14):

- Outlook mit RPC über http (Abschnitt 14.4)
- Outlook Web Access (Abschnitt 14.5)
- Outlook Mobile Access (Abschnitt 14.6)
- Exchange ActiveSync (Abschnitt 14.7)

13.6.9 Service Packs in Front-End-/Back-End-Umgebungen

In einer Umgebung mit einem oder mehreren Front-End-Servern ist zu beachten, dass zuerst die Front-End-Server mit Service Packs versehen werden sollten. Der Hintergrund ist folgender:

Der Back-End-Server sendet bei Nutzung von Outlook Web Access Templates, die vom Front-End-Server mit Controls (d.h. Objekten wie Eingabefeld, Combobox etc.) gefüllt werden. Wenn eine neuere Version des Back-End-Server-Templates auf ein Control verweist, das in der älteren Front-End-Server-Version noch nicht vorhanden ist, gibt es einen Darstellungsfehler. Wenn die Front-End-Server immer die aktuellsten Systeme sind, kann das beschriebene Problem nicht auftreten.

13.7 Front-End-Server redundant auslegen

Erste Ansage in diesem Abschnitt: **Front-End-Server werden nicht geclustert**. Zumindest nicht im Sinne des klassischen Cluster-Aufbaus mit einem Shared Storage.

Stattdessen wird zur Verbesserung der Performance und Erhöhung der Verfügbarkeit ein Network Load Balacing-Cluster (NLB-Cluster) eingesetzt. In den deutschen Versionen von

Windows Server 2003 finden Sie das zugehörige Konfigurationswerkzeug unter dem schönen Namen »Netzwerklastenausgleich-Manager«.

Wie man in Abbildung 13.12 erkennt, steht nach außen eine IP-Adresse zur Verfügung, die eingehenden Anfragen werden dynamisch auf die im NLB-Cluster verfügbaren Server verteilt.

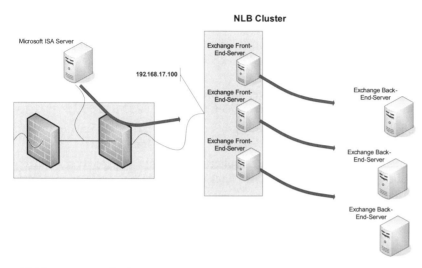

Abbildung 13.12 Load Balancing und Verfügbarkeit von Front-End-Servern

Der Microsoft NLB-Cluster stellt recht hohe Anforderungen an die Überwachung der Systeme, denn das System ist in erster Linie ein System für den **Netzwerklastenausgleich**. Fällt einer der Knoten aus, muss dieser schnellstmöglich aus dem NLB-Cluster entfernt werden, da das System kein automatisches Failover bietet.

Bisher war immer von der Microsoft-Variante des Netzwerklastenausgleichs die Rede. Alternativ können hardware-basierte Lösungen eingesetzt werden.

13.7.1 Troubleshooting

Dieser Abschnitt enthält einige allgemeine Hinweise zum Troubleshooting einer Front-End-/Back-End-Architektur.

Zu verwendende Werkzeuge sind:

- **Ereignisanzeige**: Etliche Fehler sind ganz simpel in der Ereignisanzeige zu finden,
- **Telnet**: Mit Telnet lässt sich recht einfach überprüfen, ob Dienste auf einem bestimmten Port reagieren,
- **RPC Ping**: Ein großer Teil der Kommunikation zwischen Front-End- und Back-End-Server sowie zwischen Front-End- und Global Catalog-Server läuft über Remote Procedure Calls (RPCs). Um beispielsweise zu prüfen, ob die RPCs durch eine Firewall übertragen werden, kann das Werkzeug rpings.exe genutzt werden; dieses findet sich im Support-Verzeichnis der Exchange-CD.

- **Netzwerkmonitor**: In »schweren Fällen« könnte man den Netzwerkmonitor verwenden, der sich im Lieferumfang der Windows-Server befindet. Um auf diese Weise zu einem Ergebnis zu kommen, ist aber sehr (!) viel Fachwissen erforderlich.

Die folgende Auflistung enthält einige grundlegende Aspekte, die Sie im Problemfall überprüfen können:

- Kontrollieren Sie, ob alle Exchange- und IIS-Dienste auf Front-End- und Back-End-Servern korrekt gestartet sind.
- Falls Sie entgegen den Empfehlungen den Front-End-Server in der DMZ platziert haben, überprüfen Sie, ob die benötigten Ports geöffnet sind. Der nächste Abschnitt listet die Portnummern auf.
- Überprüfen Sie, ob der Front-End-Server auf die Global Catalog- und DNS-Server zugreifen kann. Testen Sie dies mit Telnet auf den Ports 380, 3289 und 53.
- Die Namensauflösung ist immer eine Quelle großer Probleme. Überprüfen Sie auf dem Front-End-Server, ob alle Namen korrekt aufgelöst werden können.
- Falls Sie die zu verwendenden Domain Controller und Global Catalog-Server dediziert vorgegeben haben, prüfen Sie, ob diese tatsächlich exakt so, wie angegeben, erreichbar sind.
- Verifizieren Sie, dass die virtuellen Server jeweils eindeutige IP-Adressen und Host-Header haben. In einer Front-End-/Back-End-Architektur kann nicht mit Portnummern gearbeitet werden. Die Host-Header müssen ebenfalls eindeutig (unique) sein.
- Wenn Sie Network Load Balancing verwenden, muss geprüft werden, ob die virtuelle IP-Adresse zuverlässig erreichbar ist.

Bei Login-Problemen:

- Verwendet der Anwender die korrekte Namensform, also `domain\benutzername` oder `benutzername@domain.ext`?
- Die Host-Header auf den virtuellen Servern der Front-End- und Back-End-Systeme müssen identisch sein und dem Namen entsprechen, den der Client-Browser angesprochen hat.

Zu öffnende Ports für Front-End-Systeme in der DMZ

Zu öffnende Ports zwischen Internet und Front-End-Server (hier sind nur die Ports für »sichere« Verbindungen aufgeführt):

TCP 443	https
TCP 993	IMAP4 SSL
TCP 995	POP3 SSL
TCP 24	SMTP (incl. TLS)

Zu öffnende Ports zwischen Front-End-Server und dem »Innenbereich« des Netzes:

Nachrichtenübertragung	
TCP 80	http
TCP 143	IMAP4
TCP 110	POP3
TCP 25	SMTP (incl. TLS)
TCP 691	Link State Algorithm routing protocol
Active Directory-Kommunikation	
TCP 389	LDAP-Kommunikation mit Active Directory
UDP 389	LDAP-Kommunikation mit Active Directory
TCP 3286	LDAP-Kommunikation Global Catalog Server
TCP 88	Kerberos-Authentifizierung
UDP 88	Kerberos-Authentifizierung
Zugriff auf DNS-Server	
TCP 53	Zugriff auf DNS-Server
UDP 53	Zugriff auf DNS-Server
RPC-Kommunikation (Remote Procedure Calls)	
TCP 135	RPC endpoint mapper
TPC 1024 und darüber	Zufällig ausgewählte Ports für die RPC-Kommunikation (Durch eine Änderung in der Registry kann ein statischer Port festgelegt werden, siehe z.B. KB-Artikel 224196.)
Ipsec zwischen FE und BE	
UDP 500	IKE
IP 51	AH (Authentication Header Protocol)
IP 50	ESP (Encapsulation Security Payload Protocol)
TCP 88	Kerberos-Authentifizierung
UDP 88	Kerberos-Authentifizierung

Anmerkung Entweder wird AH oder ESP verwendet.

Teil 4
Connectivity & Security

14 Clients   371

15 Sichere Anbindung an das Internet   485

16 Sicherheit   503

14 Clients

14.1 Endgeräte 372

14.2 Einwahl vs. VPN vs. Internet ohne VPN.................. 379

14.3 Outlook 382

14.4 Outlook mit RPC over http 400

14.5 Outlook Web Access 418

14.6 Outlook Mobile Access (OMA).............................. 463

14.7 Exchange ActiveSync 470

1	Über dieses Buch
2	Der Aufbau des Buchs
3	Exchange 2003 – Service Pack 2
4	Einführung in das Thema Collaboration
5	Erster technischer Überblick
6	Solutions Design
7	Exchange und Active Directory
8	Routing
9	Storage
10	Öffentliche Ordner
11	Administrative Gruppen
12	Richtlinien, Vorlagen und Adresslisten
13	Front-End-/Back-End-Architektur
14	**Clients**
15	Sichere Anbindung an das Internet
16	Sicherheit
17	Installation
18	Migration/Upgrade auf Exchange 2003
19	Betrieb und Administration
20	Backup, Restore und Desaster Recovery
21	Verfügbarkeit
22	Live Communications Server 2005 – Ein Überblick
23	LCS – Installation und Konfiguration
24	LCS – »Externe« Clients und Föderationen
25	LCS – Administration
26	LCS – Sicherheit
27	Entwicklung
28	Programmieren mit CDO (CDOEX)
A	Problembehebung in Warteschlangen
B	Zu überwachende Parameter (Jetstress-Test)
C	Performance Monitoring, wichtige Datenquellen
D	Outlook Level 1 Dateianhänge

14 Clients

Ein leistungsfähiger Server ist natürlich eine tragende Säule eines Client-Server-Systems. Ebenso wichtig ist aber auch die zweite Säule, nämlich die Clients.

Die Zeiten, in denen Outlook der einzige Client für den Exchange Server war, sind schon seit geraumer Zeit vorbei. Dies resultiert natürlich auch aus dem veränderten Umgang mit Mails bzw. Informationen im Allgemeinen. Früher war es absolut in Ordnung, wenn man hin und wieder den Posteingang kontrolliert hat. Wenn der Anwender auf einer Dienstreise gewesen ist, wurden die Mails eben erst einige Tage später beim nächsten Büroaufenthalt gelesen.

Mittlerweile haben sich durch die sehr intensive Nutzung des »Mediums Mail« und aufgrund der immer schneller werdenden Geschäftsprozesse die Anforderungen geändert. Eigentlich muss heute fast jeder an jedem Ort und zu jedem Zeitpunkt in der Lage sein, Nachrichten empfangen und versenden zu können. An einem Produkt wird dies ganz besonders deutlich: Ich spreche hier von den BlackBerry-Geräten des Herstellers Research in Motion (RIM): Das wesentliche Argument für den Einsatz dieser Geräte ist »Push Email«. Dies bedeutet, dass man nicht mehr auf einen Knopf drücken muss, damit das Gerät neue Mails abholt, sondern der Provider sendet die Mail auf das Mobilgerät, das dann den Anwender benachrichtigt. Um diese Möglichkeit zu nutzen, müssen neue Endgeräte und eine relativ teure Serverkomponente beschafft sowie vergleichsweise teure Spezialtarife bei den Mobilfunkanbietern gebucht werden.

Ich würde zwar in den allermeisten Fällen bezweifeln, dass Push-Email tatsächlich auch nur einen kleinen Vorteil bringt. Trotzdem sehen Sie, dass zumindest der dringende Wunsch der Anwender, jederzeit per Mail erreichbar zu sein, vorhanden ist und dass auch entsprechend investiert wird.

Ganz klar ist aber auch, dass es nicht mehr ausreicht, wenn ein Außendienstmitarbeiter abends im Hotelzimmer in seine Mail schaut. Ein »Mal-eben-schnell-in-die-Mail-schauen« muss möglich sein. Da dies mit einem Notebook, das mehr oder weniger aufgebaut werden muss und drei Minuten braucht, bis es hochgefahren ist, nur begrenzt möglich ist, bekommen die kleinen PDAs und PocketPCs eine neue Aufgabe: Vom elektronischen Visitenkartenspeicher haben sie sich zu einer leistungsfähigen Kommunikationszentrale entwickelt – und die Entwicklung ist noch längst nicht abgeschlossen.

Auch das gute alte Telefon (zumindest das Mobiltelefon) erlebt eine Änderung seines Aufgabenbereichs: Zwar ist die Sprachkommunikation sicherlich die primäre Anwendung, die Datendienste werden auf modernen SmartPhones aber zunehmend wichtiger. Ich halte es für durchaus wahrscheinlich, dass in etlichen Fällen die Datendienste auch auf dem Handy die Primäranwendung werden – wir sehen also das Handy als Kleinst-PDA.

Exchange als Rückgrat der Unternehmenskommunikation hat sich im Laufe der Zeit auch darauf einstellen müssen, die gespeicherten Informationen (Mail, Kontakte, Termine etc.) sehr flexibel bereitzustellen. So ist Outlook Web Access (OWA), das den Zugriff von jedem beliebigen Browser aus gestattet, seit dem ersten Erscheinen in Exchange 5.5 immer weiter perfektioniert worden, so dass man auf den ersten Blick kaum noch erkennt, ob auf dem Bildschirm Outlook oder OWA angezeigt wird. Outlook Mobile Access (OMA) und Exchange ActiveSync gestatten den Zugriff mit Handy und PocketPC.

14.1 Endgeräte

In diesem Abschnitt werden wir die unterschiedlichen Endgeräte, die im Unternehmenssalltag eingesetzt werden, betrachten und prüfen, wie diese mit Exchange zusammenarbeiten können.

14.1.1 Windows PC

Der einfachste Fall ist natürlich der Windows PC bzw. das Windows Notebook. Hier steht grundsätzlich Outlook zur Verfügung, das durch den Cached Mode und die Anbindungsmethode »RPC over http« auch sehr gut für den Einsatz durch Außendienstmitarbeiter geeignet ist, die über das Internet zugreifen – doch dazu später mehr.

Auf Windows PCs mit einem aktuellen Browser ist Outlook Web Access durchaus eine interessante Alternative, die wir auch in diesem Kapitel untersuchen werden.

Die folgende Tabelle vergleicht die Möglichkeiten von Outlook und Outlook Web Access bezüglich unterschiedlicher Anforderungen.

Anwendungsfall bzw. Anforderung	Outlook	Outlook via RPC over HTTP	Oulook Web Access
Kein Installationsaufwand			***
Nutzung im lokalen Netz	***		***
Nutzung über ein WAN (ohne VPN)		***	***
Zugriff von »fremden« Geräten aus			***
Nutzung von Formularen, Applikationen	***	***	
Nutzung über langsame WAN-Strecken		*** (OL2003 Cached Mode)	*
Offline-Betrieb	***	***	
Voller Funktionsumfang für »Power-User«	***	***	
Ausreichender Funktionsumfang für »normale« Anwender	***	***	***
Zugriff auf Öffentliche Ordner	***	***	***

Neben dem Zugriff mit Outlook und Outlook Web Access steht für Windows-Anwender natürlich auch die Möglichkeit des Zugriffs mit einem POP3/IMAP4-Client zur Verfügung. Mir fällt aber kein wirklich guter Grund ein, warum ein Unternehmen, das Exchange verwendet, POP3/IMAP4-Clients ausrollen sollte. Da Exchange diese Protokolle unterstützt, ist dies natürlich technisch machbar.

14.1.2 Linux PC und Mac

Für Mac-Anwender gibt es ebenso wie für Windows-Anwender drei Möglichkeiten, um auf Exchange zuzugreifen:

- **Entourage 2004**: Dies ist vereinfacht gesagt das »Outlook für den Mac«. Sie müssen sich aber darüber im Klaren sein, dass Entourage weniger Funktionen und Möglichkeiten als Outlook bietet.
- **Outlook Web Access**: Hierbei ist zu beachten, dass bei den Mac-Browsern lediglich der Basic-Modus von OWA unterstützt wird.
- **POP3/IMAP4-Client**: Diese Möglichkeit steht natürlich grundsätzlich zur Verfügung; da aber die Unterstützung von Funktionalitäten wie Kontakten, Terminen, Kalender etc. nur sehr rudimentär oder gar nicht vorhanden ist, ist dies sicherlich die ungünstigste Alternative.

Für Anwender von Linux-PCs oder auch Unix-Workstations gibt es zwei Möglichkeiten:

- **Outlook Web Access**: Es gibt allerdings keinen Linux- oder Unix-Browser, auf dem der Premium-Mode unterstützt wird.
- **POP3/IMAP4-Client**: Wenn der Browser-Zugriff nicht genügt, sondern Mails auch offline zur Verfügung stehen müssen, wird man auf einen POP3-/IMAP4-Client zurückgreifen.

Sie sehen an diesem (sehr) kurzen Überblick, dass Exchange grundsätzlich die Konnektivität zu anderen Betriebssystemwelten mitbringt. Die umfangreichsten Möglichkeiten stehen definitiv Windows-Clients zur Verfügung.

14.1.3 Windows Mobile

In den vergangenen Jahren hat Microsoft sehr intensiv an Betriebssystemen für mobile Geräte gearbeitet. Die bekanntesten Vertreter dieser Produktlinien sind der PocketPC oder das Windows Powered SmartPhone. Allerdings gibt es auch diverse Industriegeräte, beispielsweise zur mobilen Datenerfassung, auf Basis von mobilen Microsoft-Betriebssystemen.

Die Basis der mobilen Geräte PocketPC und SmartPhone, von denen in diesem Buch die Rede ist, ist Windows CE. Zu dem Zeitpunkt, als ich dieses Buch schrieb, waren PocketPC 2003 und SmartPhone 2003 die Softwareversionen der momentan verfügbaren Geräte: Diese Systeme basieren auf Windows CE 4.20.

Windows Mobile 5.0 für den PocketPC und das SmartPhone ist seit Ende Mai 2005 verfügbar, allerdings nur in Form des Software Development Kits: Entsprechende Geräte sind seit Spätherbst 2005 erhältlich.

Pocket PC und PocketPC Phone Edition

Der PocketPC ist sozusagen der klassische Windows PDA. Für einen mobilen Information-Worker sind die PocketPC Phone Edition-Geräte besonders interessant. Hierbei handelt es sich sozusagen um einen PocketPC mit eingebautem Telefon. Mit diesen Geräten kann man telefonieren und mittels des eigenbauten Radio Stacks direkt auf Datendienste zugreifen, ohne umständlich ein zusätzlich mitgeführtes Handy als Funkmodem zu nutzen.

Ein PocketPC kann auf folgende Arten mit einem Exchange Server kommunizieren:

- **Outlook Mobile Access (OMA):** Hierbei handelt es sich sozusagen um das Outlook Web Access für Mobilgeräte. OMA ermöglicht den Zugriff auf den Posteingang, Kalender, Kontakte und Aufgaben in einer stark vereinfachten Oberfläche. Bei Nutzung von OMA wird, da es sich letztendlich um eine Webapplikation handelt, eine ständige Online-Verbindung benötigt.
- **Exchange ActiveSync (EAS):** Im Gegensatz zu OMA werden bei EAS die Daten auf das Mobilgerät synchronisiert, stehen also auch im Offline-Betrieb zur Verfügung. Wenn Sie bereits mit einem PocketPC gearbeitet haben, werden Sie das »normale« ActiveSync kennen, das das Mobilgerät mit dem Desktop-PC verbindet und mit Outlook synchronisiert. EAS kommuniziert über eine http-Verbindung direkt mit dem Exchange Server, funktioniert also ohne einen zwischengeschalteten Desktop.

OMA und EAS werden wir im Laufe dieses Kapitels ausführlicher betrachten.

Abbildung 14.1 Dies ist der »klassische« PocketPC Phone Edition. Das Gerät wird über einen Touchscreen mit einem Stift bedient.

Windows Powered SmartPhone

Für das Windows Powered SmartPhone gilt letztendlich das für den PocketPC Gesagte: Der Zugriff auf Exchange kann über Outlook Mobile Access oder Exchange ActiveSync erfolgen.

Das SmartPhone hat gegenüber dem PocketPC eine weniger umfangreiche Softwareausstattung, was unter anderem schlicht an den Bedienmöglichkeiten liegt: Ohne die Möglichkeit zur Stifteingabe sind beispielsweise Pocket Word oder Pocket Excel nicht wirklich sinnvoll nutzbar.

Abbildung 14.2 Mittlerweile sind diverse PocketPC Phone Edition verfügbar, die neben der Stiftbedienung auch mit einer kleinen Tastatur bedient werden können.

Abbildung 14.3 Ein Windows Powered SmartPhone eignet sich gut für den mobilen Zugriff auf Exchange (hier das SDA von T-Mobile).

Management von Windows Mobile-Geräten

Wenn Sie mehrere Dutzend oder vielleicht sogar einige hundert Mobilgeräte haben, wird die zentrale Verwaltung eine wichtige Anforderung. Ebenso wie im PC-Umfeld fallen diese Aufgaben an:

- Inventarisierung der Geräte
- Verteilung von Software
- Anpassung von Konfigurationseinstellungen

Darüber hinaus muss man sich natürlich Gedanken über den Umgang mit gestohlenen oder verlorenen Geräten machen. **Beachtenswert sind auch die Möglichkeiten des Exchange Service Packs 2** (siehe Kapitel 3).

Microsoft bietet zwei Lösungen an:

- SMS 2003 Device Management Feature Pack
- Messaging and Security Feature Pack for Windows Mobile 5.0 (in Verbindung mit Exchange 2003 SP2)

Das **SMS 2003 Device Management Feature Pack** ist eine kostenlos erhältliche Erweiterung für den Microsoft Systems Management Server 2003. Das Feature Pack erweitert SMS dahingehend, dass die klassischen SMS-Aufgaben (Inventarisierung und Software-Verteilung) auf Mobilgeräten durchgeführt werden können. Obwohl das Feature Pack an sich kostenlos ist, fallen für jedes verwaltete Mobilgerät Lizenzkosten an; eine CML (Configuration Management License) muss pro Gerät beschafft werden.

Das **Messaging and Security Feature Pack for Windows Mobile 5.0** steht, wie der Name ja bereits erkennen lässt, nur auf der neuen Mobil-Betriebssystemplattform zur Verfügung. Des Weiteren wird das Service Pack 2 von Exchange 2003 benötigt.

Bezüglich des Managements von Mobilgeräten ist insbesondere die Funktion »Remote Wipe« interessant: Stellen Sie sich vor, dass ein Anwender, der wichtige Daten auf seinem Mobilgerät hat, selbiges verliert, im Taxi liegen lässt oder dass es gestohlen wird. Abgesehen von dem Verlust der Daten an sich, sind unter Umständen auf dem Gerät Kennwörter gespeichert, so dass mit diesem Gerät auf in der Firma stehende Server zugegriffen werden kann.

Die Remote Wipe-Funktion bietet die Möglichkeit, das Gerät aus der Ferne komplett zu löschen – natürlich funktioniert das nur, wenn das Gerät eine Online-Verbindung hat. Dies ist beim SmartPhone per Definition gegeben, aber auch im PocketPC-Umfeld setzen sich Geräte mit eingebauter GSM/GPRS/UMTS-Fähigkeit immer mehr durch.

Wenn dem Anwender das Gerät abhanden gekommen ist, kann er dies beim Administrator seiner Firma melden. Dieser veranlasst über eine Webapplikation das »Remote Wipe«. Beim nächsten Kontakt zwischen dem Mobilgerät und dem Exchange Server erhält es den entsprechenden Befehl – und befindet sich im Auslieferungszustand.

Wenn Sie nicht nur einige wenige Geräte im Einsatz haben, werden die integrierten Management-Funktionen von Windows Mobile-Geräten für das Operating eine wichtige Rolle spielen. In diesem Exchange-Buch sind die Möglichkeiten lediglich kurz zur Orientierung erwähnt. Ich denke aber, dass die Management-Fähigkeiten bei der Entscheidung über eine Einführung von Mobilgeräten zum Zugriff auf Exchange eine wichtige Rolle spielen wird.

Geschäftsanwendungen mit Windows Mobile-Geräten

Die Mobilgeräte werden längst nicht mehr »nur« als mobile Poststelle oder für die Verwaltung von Terminen und Kontakten genutzt. Mittlerweile sind viele branchenorientierte Lösungen vor allem für PocketPCs, aber auch für SmartPhones entwickelt worden. Die Anzahl von kunden-individuellen Applikationen, die auf diesen Geräten eingesetzt werden, ist in den letzten Jahren ebenfalls rasant gestiegen.

Ein Grund dafür ist sicherlich die Integration in das .NET-Konzept. Dank des .NET Compact Frameworks steht eine leistungsfähige Bibliothek zur Verfügung, die die Entwicklung auch komplexer Software für diese Geräte deutlich erleichtert. Das Compact Framework ist gegenüber dem »normalen« .NET Framework für Desktops, Notebooks und Server teilweise recht deutlich eingeschränkt, dennoch ist die Vielzahl und Leistungsfähigkeit der hier zur Verfügung gestellten Funktionen für mobile Geräte einzigartig.

Als Entwicklungsumgebung für die PocketPC-Systeme kommt Visual Studio .NET in Frage; es kann mit den Sprachen C# und VB.net gearbeitet werden.

Für PocketPC existiert sogar eine spezielle Version des SQL Servers. Aktuell ist momentan SQL Server 2000 Windows CE Edition, und im Zuge des SQL Servers 2005 wird es SQL Server 2005 Mobile Edition geben.

Ein SQL-Server auf einem PocketPC oder gar SmartPhone? Das erscheint zunächst etwas merkwürdig, aber bedenken Sie, dass für viele Anwendungen Daten auf dem mobilen Gerät abrufbar und veränderbar sein müssen. Neben der Möglichkeit des Datenzugriffs sind diverse Ansätze für die Replikation mit »normalen« SQL Servern vorhanden.

Keine andere Familie von Mobilgeräten bietet zurzeit diese umfangreichen Möglichkeiten.

Windows Mobile vs. BlackBerry

Wenn man einen IT-Menschen nachts wecken und fragen würde, was ihm als Erstes beim Stichwort BlackBerry einfällt, würde er vermutlich »Push-Email« antworten. Kein Wunder, denn diese Funktion wird sowohl vom Hersteller Research in Motion als auch von den Mobilfunkprovidern, die BlackBerry vertreiben, als wesentliches Alleinstellungsmerkmal herausgestellt.

Was ist nun die Idee hinter Push-Email? Wenn Sie das Mobilgerät manuell oder nur in größeren zeitlichen Intervallen mit dem Exchange Server abgleichen lassen, kann es unter Umständen natürlich passieren, dass Sie eine wichtige Mail erst nach einigen Stunden erhalten. Das ist bei der SMS anders, denn diese wird mehr oder weniger sofort vom Provider zum Mobilgerät geschickt (push). Beim Push-Verfahren wird eine Mail also analog einer SMS provider-initiiert zugestellt.

Das BlackBerry-System benötigt zusätzliche Komponenten. Dies ist zum einen der BlackBerry-Enterprise Server und zum anderen ein spezieller Tarif beim Mobilfunkprovider – das BlackBerry Push-Verfahren funktioniert nicht ohne dessen »Mithilfe«.

Mit Exchange 2003 und Windows Mobile 2003 war, offensichtlich weitgehend unbemerkt vom Markt, bereits eine Art Push-Verfahren möglich. Mittels der AUTD-Funktion (Always Up To Date) konnte der Exchange Server eine SMS Control Message an ein Mobilgerät senden, das dann die Synchronisation begonnen hat (das Verfahren ist genauer in Abschnitt 14.7.4 beschrieben). Da der SMS-Versand im Allgemeinen kostenpflichtig ist, ist Push-Email mit diesem Verfahren genauso wenig kostenneutral wie das BlackBerry-Verfahren.

Für die neuen Windows Mobile 5.0-Geräte steht, nach Installation des Messaging & Security Feature Packs und Exchange 2003 SP2, ein neues Push-Verfahren zur Verfügung, das weder zusätzliche Komponenten und Providerdienstleistungen benötigt noch Kosten durch den Versand irgendwelcher Kontroll-SMS erzeugt. Mehr dazu folgt in Abschnitt 14.7.4.

Ich werde mich sicherlich hüten, in diesem Buch die Aussage »Windows Mobile ist besser als BlackBerry« zu treffen. Windows Mobile ist insgesamt betrachtet sicherlich das flexiblere und ausbaubarere System, insbesondere wenn es darum geht, die Mobilgeräte in die Geschäftsprozesse einzubinden.

In Gesprächen mit IT-Leitern habe ich immer wieder die Aussage »Wir machen BlackBerry wegen der Push-Email« gehört. Abgesehen davon, dass ich Push-Email bei nüchterner Betrachtung keinesfalls für die »totale Killer-Applikation« halte, ist diese Argumentationslinie schlicht und ergreifend nicht sonderlich belastbar: Mit dem SMS-Control-Message-Verfahren gibt es seit einiger Zeit eine Art Push-Mechanismus für Windows Mobile 2003-Geräte; mit WM5.0 und Exchange SP2 bringt Microsoft ein Verfahren auf den Markt, das ein insgesamt kostenneutrales Push-Verfahren etabliert.

14.1.4 Sonstige PDAs und SmartPhones

Die mobile Welt besteht natürlich nicht nur aus Windows Mobile und BlackBerry. Sehr viele PDAs laufen mit dem Palm-Betriebssystem, bei Mobiltelefonen ist das Symbian-System mit weitem Abstand die Plattform für die meisten Geräte.

Zugriff über Outlook Mobile Access

Wenn Sie nicht nur zehn, sondern vielleicht hundert oder gar tausend Mitarbeitern Zugriff auf Mails, Kontakte und Termine geben möchten, müssen Sie über zwei Themen nachdenken:

- Sie werden zu den bestehenden Mobilfunkverträgen Datentarife zubuchen müssen.
- Eventuell (!) müssen Sie die Endgeräte tauschen.

Der letztgenannte Punkt lässt sich in vielen Fällen vermeiden, wenn die Benutzer über Outlook Mobile Access (OMA) auf ihr Exchange-Postfach zugreifen. OMA ist eine auf den ASP.NET Mobile Controls basierende Webapplikation. Es ist für schmalbandige Verbindungen gut geeignet und generiert für die unterschiedlichen Micro-Browser geeignete Ausgaben. Eine Liste der unterstützen Endgeräte finden Sie unter `http://www.asp.net/mobile/testeddevices.aspx?tabindex=6`. Sie werden feststellen, dass sehr viele »gängige« Geräte unterstützt werden.

Der Nachteil von OMA ist sicherlich, dass eine Online-Verbindung erforderlich ist – man kann darüber diskutieren, ob das in heutiger Zeit wirklich ein Problem ist …

Da OMA aber mit den meisten Handys und PDAs funktioniert, können Benutzer sofort damit arbeiten, ohne dass Investitionen in neue Endgeräte notwendig wären. Das halte ich, wenn es sich nicht lediglich um einige wenige Benutzer handelt, für einen sehr gewichtigen Vorteil!

In Abbildung 14.4 sehen Sie OMA in einem Openwave-Browser-Emulator. Dieser Browser wird beispielsweise von Motorola, Alcatel und LG verwendet.

Mehr technische Details zu Outlook Mobile Access finden Sie in Abschnitt 14.6.

Zugriff über Exchange ActiveSync

Die Alternative zum OMA-Zugriff ist die Replikation der in Exchange gespeicherten Informationen auf das mobile Gerät. In einer Umgebung mit Windows Mobile-Geräten ist dies kein Problem, da dort Exchange ActiveSync (EAS) zur Verfügung steht, das Pocket Outlook mit Daten versorgt.

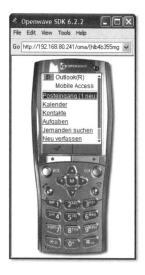

Abbildung 14.4 Diese Abbildung zeigt die Ausführung von Outlook Mobile Access in einem Openwave-Browser.

Das EAS-Protokoll ist mittlerweile auch an einige andere Hersteller lizenziert worden, so dass auch deren Geräte, soweit implementiert, direkt auf einen Exchange Server 2003 zugreifen können.

Folgende Hersteller haben momentan Exchange ActiveSync lizenziert:

- palmOne
- Motorola
- Nokia
- Symbian
- DataViz

> **Wichtig** Dass ein Hersteller die Verwendung des Exchange ActiveSync-Protokolls lizenziert hat, bedeutet keinesfalls, dass nun plötzlich sämtliche seiner Geräte via EAS mit Exchange replizieren könnten. Im Fall von palmOne ist derzeit (Spätherbst 2005) beispielsweise lediglich das SmartPhone Treo 650 mit dieser Möglichkeit ausgerüstet. Man kann sicherlich davon ausgehen, dass die Anzahl der dementsprechend ausgerüsteten Geräte sukzessive steigen wird – nicht mit EAS-Protokoll ausgerüstete Geräte können über Outlook Mobile Access (OMA) auf die Exchange-Daten zugreifen.

14.2 Einwahl vs. VPN vs. Internet ohne VPN

Für den mobilen Zugriff auf Ihren Exchange Server gibt es drei Varianten:

- Einwahl auf einen RAS-Server
- Verbindung durch das Internet über ein VPN
- Verbindung durch das Internet mit einer SSL-Verbindung

In diesem Abschnitt werden wir diese Verfahren einem funktionalen Vergleich unterziehen. Da außerdem die Einwahl von Mobilgeräten eine zunehmende Bedeutung erhält, finden Sie in einem weiteren Abschnitt einige Erläuterungen hierzu.

14.2.1 Funktionsvergleich der Verfahren

In der folgenden Tabelle sind die einzelnen Möglichkeiten in knapper Form bewertet.

Kriterium	Einwahl	VPN	SSL
Anschaffungskosten	*	*	***
Betriebskosten		**	***
Einrichtungsaufwand	*	*	***
Handhabbarkeit für Anwender	*	*	***
Geschwindigkeit		***	***
Sicherheit	1	*** 2	**2
Nutzbare Dienste	***	***	*
Zugriff auf Exchange	***	***	***

1. Bei einer Einwahlverbindung wird zwar nicht das Internet als Übertragungsweg verwendet, dennoch kann eine Wählverbindung abgehört werden. Eine Wählverbindung ist nur dann sicher, wenn die Daten verschlüsselt über sie übertragen werden.
2. Ein VPN ist nicht notwendigerweise sicherer als eine SSL-Verbindung. In der Praxis werden bei VPNs eher fortgeschrittene Methoden verwendet, z. B. SmartCards, Clientzertifikate etc. Grundsätzlich ist dies aber weitgehend auch mit SSL-basierten Verfahren zu erreichen.

Fazit ist, dass die Einwahlverbindung bis auf einige spezielle Szenarien absolut nicht mehr Stand der Technik ist. Wenn Sie von einem entfernten Remote- oder Mobilarbeitsplatz Zugriff auf alle Ressourcen benötigen, werden Sie sich für ein VPN entscheiden. Dies trifft beispielsweise zu, wenn Anwender Zugriff auf Datei- und Druckdienste benötigen oder einen ERP-Client verwenden möchten.

Wenn ein Remote-Anwender »nur« auf Exchange zugreift und vielleicht zusätzlich auf in SharePoint liegende Daten zugreifen möchte, benötigt er keinen VPN-Zugriff. Hier genügt es, wenn Sie den Aufbau von SSL-Verbindungen ermöglichen.

14.2.2 Einwahltarife für Mobilgeräte (GSM/GPRS/UMTS)

Die technischen Voraussetzungen für einen Remote-Zugriff auf den Exchange Server zu schaffen ist die eine Seite der Medaille, die Kommunikationskosten sind die andere.

In der Anfangszeit der Mobilkommunikation konnte man das Handy als Modem verwenden und ein spezielles RAS-System (RAS = Remote Access Server) anrufen. Abgerechnet wurde nach genutzter Übertragungszeit. Ärgerlicherweise stand lediglich eine Übertragungsrate von 9.600 Bit/s zur Verfügung – im besten Fall.

Mittlerweile hat sich die mobile Datenkommunikation entscheidend gewandelt:

- Mit GPRS und UMTS baut man keine Verbindung zu einem eigenen RAS-Server auf und kommuniziert mit der Firmenzentrale über das Internet. Zur Sicherung der Verbindung wird ein VPN verwendet, alternativ wird die Kommunikation mittels SSL geschützt.
- Im Allgemeinen wird man sich für eine volumen- und nicht für ein zeitabhängiges Berechnungsmodell entscheiden. In Zeiten von »Always on« ist eine Abrechnung nach Zeit schlicht und ergreifend nicht mehr sinnvoll anwendbar.

Die geschilderten Überlegungen beziehen sich übrigens nicht nur auf PocketPC Phone Edition und SmartPhone, sondern gelten auch für Notebooks mit UMTS-/GPRS-Karten:

- Wenn Sie einen PocketPC/ein SmartPhone, mit dem auch telefoniert wird, einsetzen, wird man der Rufnummer einen Datentarif hinzubuchen.
- Wird ein separates Gerät, beispielsweise eine UMTS-/GPRS-Karte für das Notebook verwendet, erhält man eine SIM-Karte, die nur zur Datenübertragung genutzt werden kann.

Damit Sie einen Überblick bekommen, was die mobile Datenübertragung tatsächlich kostet, finden Sie nachfolgend eine Tabelle zur Orientierung (Quelle: Website von Vodafone, Stand August 2005).

Volumen	Preis (zzgl. MwSt)
30 MB	EUR 8,50
20 MB	EUR 30,00
500 MB	EUR 60,00
1000 MB	EUR 90,00

Das Volumen des kleinsten Pakets (30 MB) hört sich zunächst gering an. Andererseits müssen Sie bedenken, dass beispielsweise die Kommunikation mit Outlook Mobile Access sehr schmalbandig ist. Auch im Fall der Nutzung von Exchange ActiveSync wird das Übertragungsvolumen vergleichsweise gering sein, zumindest wenn Sie nicht sämtliche Anlagen in voller Größe übertragen lassen.

Ob das kleinste Volumenpaket für einen Anwender genügt, ist natürlich aus der Ferne schwer pauschal zu beantworten. Letztendlich ist der sicherste Weg, einige Pilotbenutzer auszuwählen und über einige Wochen deren tatsächliches Übertragungsvolumen zu betrachten. Anhand der dabei gewonnenen Erkenntnisse können dann die übrigen Datentarife ausgewählt werden.

Teilweise bieten die Provider auch Zeittarife an, d.h., für einen monatlichen Festbetrag erhalten Sie 2, 10, 30 oder 100 Stunden Onlinezeit, innerhalb derer Sie beliebige Datenmengen übertragen können. Für einen mobilen Email-Client, der letztendlich eigentlich nicht große Datenmengen überträgt, aber ständig online sein soll und auf eine neue Mail wartet (bzw. regelmäßig synchronisiert), macht ein Zeittarif keinen Sinn. Hier ist ein Volumentarif definitiv die bessere Wahl.

14.3 Outlook

Der Client zum Zugriff auf Exchange ist natürlich Outlook, das mittlerweile in Version 2003 vorliegt. Zu Outlook könnte man natürlich beliebig viel schreiben, letztendlich ein ziemlich dickes Buch, daher habe ich für dieses Buch eine gewisse »Themenauslese« getroffen. Jeder Exchange-Administrator wird in der Lage sein, Outlook und Exchange zur Zusammenarbeit zu bewegen; das ist also ein Thema, das ich Ihnen in diesem Buch sicherlich nicht ausführlich erläutern muss. Ich werde stattdessen mit einigen Hinweisen zum Cached Mode beginnen und dann schwerpunktmäßig Sicherheitsthemen behandeln. Der sehr interessanten Thematik des Zugriffs mittels RPC über http habe ich einen eigenen Abschnitt gewidmet, der sich diesem anschließt (Abschnitt 14.4).

14.3.1 Der Exchange Cached Mode

Eine Änderung an einer Client-Applikation hat selten Einfluss auf die Architektur und das Design einer Serverlösung. Der Cached Mode von Outlook 2003 ist einer dieser seltenen Fälle! Worum geht es?

- Klassischerweise (bis einschließlich Version 2002/XP) ist Outlook mit dem Exchange Server verbunden und liest die Daten bei jedem Zugriff von dort. Eine lokale Speicherung der Postfachdaten findet nicht statt, es sei denn, sie ist explizit konfiguriert worden, beispielsweise für Notebook-Anwender.
- Im Cached Mode hingegen legt Outlook eine Kopie der Exchange-Datenbank des Anwenders auf dessen lokaler Festplatte ab. Der Anwender arbeitet mit der lokalen Kopie, und Outlook synchronisiert im Hintergrund ständig die lokale Kopie mit dem Exchange Server.

Aus dem Cached Mode ergeben sich folgende Vorteile:

- Die Anwender können auch über sehr langsame und unzuverlässige Strecken arbeiten.
- Die Handhabung für die Benutzer ist dabei sehr einfach: Outlook baut im Hintergrund eine Verbindung zum Exchange Server auf. Sollte das nicht möglich sein, werden neu erstellte Nachrichten, Termine, Kontakte etc. zwischengespeichert und bei der nächsten Verbindung übertragen. Der Benutzer merkt nicht, ob er gerade online oder offline ist – insbesondere muss er nichts einstellen! Outlook zeigt am rechten unteren Rand den aktuellen Status an (Abbildung 14.5).
- Ein im Cached Mode betriebener Outlook-Client »verbraucht« weniger Bandbreite zum Exchange Server, weil die Benutzer auf der lokalen Kopie arbeiten und eben nicht jede zu lesende Mail (oder jedem Kontakt, Termin, Aufgabe) neu vom Server anfordern müssen.

Abbildung 14.5 Am rechten unteren Rand ist zu erkennen, ob Outlook mit dem Exchange Server verbunden ist.

Aus den genannten Vorteilen ergibt sich, dass sich der Cached Mode insbesondere für die problemlose Anbindung von mobilen und Homeoffice-Arbeitsplätzen eignet. Weiterhin bietet sich auch die Möglichkeit, die Exchange-Infrastruktur zu konsolidieren, also Exchange Server in kleineren Standorten abzuschalten und die Anwender mit einem zentralen System zu versorgen – beachten Sie zu diesem Aspekt auch das Kapitel 6, *Solutions Design*, dort sind zudem einige Grenzen des Cached Mode beschrieben.

Für »stationäre« Anwender, die am selben Standort wie der Exchange Server arbeiten, bringt der Cached Mode natürlich vergleichsweise wenig Vorteile. Aus einer administrativen Perspektive wären hier die geringere Anzahl von Zugriffen auf die Exchange Server zu nennen. Grundsätzlich »schadet« es nicht, den Cached Mode auch für lokale Anwender zu aktivieren, beachten Sie aber den übernächsten Abschnitt *Was geht nicht im Cached Mode? / Mögliche Probleme*.

Konfiguration

Die Konfiguration des Cached Mode ist mit einem Mausklick erledigt. Bei der Einrichtung eines neuen Email-Kontos kann die entsprechende Checkbox direkt im Assistenten gesetzt werden (Abbildung 14.6).

Wenn Sie nachträglich Änderungen vornehmen möchten, gelangen Sie über **Extras** · **E-Mail-Konten** zu dieser Einstellmöglichkeit.

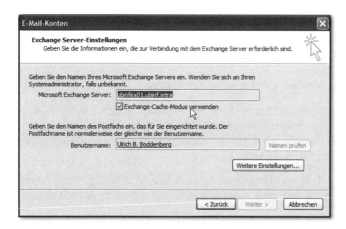

Abbildung 14.6 Der Cached Mode wird mit einem Mausklick an- oder abgeschaltet.

Einge zusätzliche Einstellmöglichkeiten für den Cached Mode finden sich in den »Weiteren Einstellungen« für die Kommunikation mit dem Exchange Server (Abbildung 14.7):

▶ Öffentliche Ordner stehen auch im Cached Mode nicht offline zur Verfügung. Es besteht allerdings die Möglichkeit, die Inhalte der als »Favoriten« einsortierten Öffentlichen Ordner herunterzuladen. Um diese Möglichkeit zu nutzen, müssen Sie zunächst die entsprechende Checkbox aktivieren. In der Outlook-Ordnerliste finden Sie unterhalb des Knotens »Öffentliche Ordner« den Folder »Favoriten«, in dem Sie durch Ziehen mit der Maus Verknüpfungen auf Ihre wichtigsten Öffentlichen Ordner anlegen können.

Outlook **383**

▶ Der Button »Einstellungen Offlineordnerdatei« führt Sie zu einem Dialog, in dem Sie beispielsweise den Speicherort der OST-Datei einsehen können; sie liegt übrigens standardmäßig in Ihrem Profil. Wenn diese Datei an einem anderen Ort abgelegt werden soll, geht dies übrigens nur über die Neuanlage des Outlook-Profils (**Systemsteuerung · Mail**).

Abbildung 14.7 Einige (wenige) zusätzliche Einstellmöglichkeiten für den Cached Mode finden sich in den »Weiteren Einstellungen« für die Verbindung zum Exchange Server.

Was geht nicht im Cached Mode? – Mögliche Probleme

Ein Outlook im Cached Mode vermittelt dem Anwender zunächst den Eindruck, dass jederzeit ein problemloses Arbeiten möglich ist. Dem ist sicherlich auch so, allerdings gibt es einige Einschränkungen; diese liegen zwar auf der Hand, ich führe diese dennoch auf, damit Sie ggf. Ihre Benutzer darauf hinweisen können:

▶ Beim Offline-Betrieb stehen keine Öffentlichen Ordner zur Verfügung; Ausnahmen sind diejenigen Ordner, die (vom Anwender) explizit in die Gruppe der »Favoriten« aufgenommen worden sind.

▶ Beim Offline-Betrieb stehen keine Frei-/Gebucht-Informationen zur Verfügung. Diese Informationen sind in einem Systemordner (ein spezieller Öffentlicher Ordner) vorhanden, der offline nicht zur Verfügung steht.

▶ Ordner anderer Benutzer, beispielsweise deren Kalender, stehen ebenfalls offline nicht zur Verfügung.

▶ Einstellungen, wie der Abwesenheitsassistent oder das Vergeben von Zugriffsrechten auf das eigene Postfach, sind offline nicht möglich.

Unter Umständen ist das Thema »Adressbuch« nicht unproblematisch: Standardmäßig arbeitet Outlook im Cached Mode mit einer lokalen Kopie der Adresslisten. Hierbei ergeben sich insbesondere zwei Aspekte:

- Standardmäßig erstellt der Exchange Server einmal täglich eine neue Version des Offline Adressbuchs (OAB), das dann von den Clients heruntergeladen wird. Da das Adressbuch normalerweise nachts erstellt wird, werden den im Cached Mode betriebenen Clients die Änderungen erst am nächsten Tag zugänglich sein.
- Wenn Sie eine räumlich verteilte Organisation betreiben, müssen Sie bei der Planung berücksichtigen, dass die Clients täglich Update-Dateien zum OAB abrufen. Unter gewissen Umständen ist es möglich, dass die Clients ein komplettes Adressbuch und nicht nur die Differenzdateien anfordern. Beide Fälle müssen in den Planungen der Exchange-Infrastruktur berücksichtigt werden!

Einige weitere für den Cached Mode relevante Details zum Thema »Offline Adressbücher« habe ich im nächsten Abschnitt zusammengetragen.

Offline-Adressbücher (OAB)

Zunächst stichwortartig einige Fakten (an dieser Stelle sei auch auf die Abschnitte 10.4.2 und 12.2.4) verwiesen:

- Offline Address Books werden in einem Systemordner (= spezieller Öffentlicher Ordner) gespeichert. Wie Sie in Abbildung 14.8 sehen können, gibt es einen Ordner mit OABs für neue Outlook-Versionen (».OAB Version 3a«) und einen für ältere Outlooks (»OAB Version 2«).
- Ein großer Standort mit eigenem Exchange Server kann die OABs über den Weg der Replikation erhalten. Die dortigen Clients finden das OAB dann auf dem lokalen Server (und belasten nicht die WAN-Verbindungen).
- Das OAB wird von einem Exchange Server erstellt. Dieser wird in den Eigenschaften des jeweiligen Adressbuchs angegeben (Abbildung 14.9). In demselben Dialog wird definiert, wann der Erstellungsvorgang stattfinden soll.

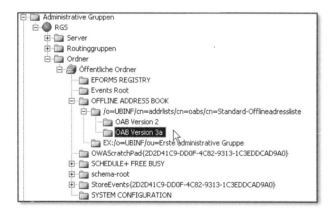

Abbildung 14.8 Das Offline Adressbuch wird in einem Systemordner (ein spezieller Öffentlicher Ordner) abgelegt. Eine Replikation auf andere Server ist natürlich möglich.

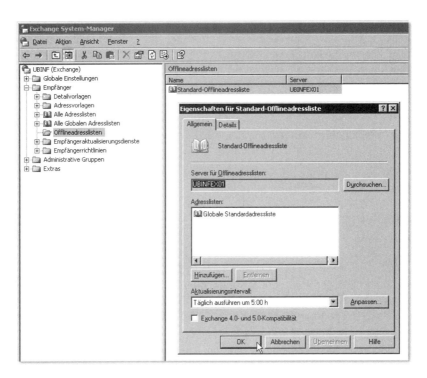

Abbildung 14.9 Für jede Adressliste kann konfiguriert werden, welcher Server die Erstellung übernehmen soll und zu welchen Zeiten dies geschehen soll.

Nach diesem groben Kurzüberblick über Offline Adressbücher gibt es nun einige spezifische Hinweise zum Thema OAB und Cached Mode.

Verwendung der Global Address List (online)

Wie bereits angedeutet, sind die Offline Adressbücher (fast) nie so aktuell wie die Globale Adressliste – schließlich werden die OABs im Normalfall nur einmal täglich erstellt.

Die nächste Einschränkung der OABs ist die Auflösung der eingegebenen Empfängeradressen: Wenn Sie nicht dediziert eine Email-Adresse, wie ulrich@boddenberg.de, eingeben, wird Outlook versuchen, Ihre Eingabe einer Adresse zuzuordnen: Wenn Sie beispielsweise »Ulrich B. Boddenberg« schreiben, wird Outlook diesen Namen der korrekten Mailadresse zuweisen können. Diese Fähigkeit nennt sich übrigens »Ambiguous Name Resolution«, kurz ANR.

Wie Sie in der folgenden Tabelle sehen können, enthält das OAB weniger Felder zum Durchführen der ANR als die GAL.

Offline Adressbuch	Globale Adressliste
▶ mailNickname	▶ displayName
▶ displayName	▶ mail
▶ physicalDeliveryOfficeName	▶ givenName
▶ sn	▶ legacyExchangeDN
	▶ mailNickname
	▶ physicalDeliveryOfficeName
	▶ proxyAddresses
	▶ name
	▶ sAMAccountName
	▶ sn

Wenn Sie nun das volle Spektrum der ANR-Möglichkeiten nutzen möchten, besteht der einzige mögliche Weg darin, die Clients statt auf das OAB auf die (Online-)GAL zugreifen zu lassen. Wie wird das gemacht?

▶ Öffnen Sie den Registry-Editor, und navigieren Sie zu diesem Zweig: `HKEY_CURRENT_USER\Software\Microsoft\Office\11.0\Outlook\Cached Mode`

▶ Fügen Sie den DWORD-Wert `ANR Include Online GAL` hinzu.

▶ Weisen Sie dem neuen Schlüssel den Wert »1« zu (0=OAB, 1=GAL).

Die Namensauflösung erfolgt nun für »Ambiguous Names« mittels der GAL und nicht mehr mittels OAB. Seien Sie sich aber über die Konsequenzen im Klaren:

▶ Die Abfragen laufen nun wieder online über die Netzwerkverbindung, d.h., sie belasten die WAN-Strecken.

▶ Beim Zugriff über langsame oder stark benutzte WAN-Strecken wird das Antwortverhalten aus Benutzersicht schlecht (oder zumindest »schlechter«) sein.

Sie können übrigens den Download des OABs unterbinden, was Outlook ebenfalls dazu zwingt, online auf die GAL zuzugreifen. Hierzu nehmen Sie diesen Registry-Eintrag vor: Im Zweig `HKEY_CURRENT_USER\Software\Microsoft\Office\11.0\Outlook\Cached Mode` wird der DWORD-Wert `DownloadOAB` auf `0` gesetzt.

Download des vollständigen Adressbuchs

Natürlich wird bei der Neuinstallation eines Clients oder bei der Aktivierung des Cached Mode das komplette Offline Adressbuch heruntergeladen. Für die täglichen Aktualisierungen gibt es aber ein optimiertes Verfahren: Normalerweise lädt ein Outlook im Cached Mode lediglich die Änderungen herunter, die sich im Offline Adressbuch ergeben. Technisch wird dies so realisiert, dass Exchange Differenz-Dateien (.diff) bereitstellt, die die Änderungen der letzten 24 Stunden enthalten. Ein Outlook-Client, der täglich Verbindung zu Exchange hat und somit jeden Tag die Differenz-Datei erhält, lädt jeweils nur ein File herunter. Ein System, das eine ganze Woche ausgeschaltet war, bekommt sieben Diff-Dateien.

Da die Differenz-Dateien im Allgemeinen recht klein sind, führt dieser tägliche Download weder für den einzelnen Client noch für das »Exchange-Gesamtsystem« zu Problemen. Kritisch wird es allerdings, wenn ein Download des kompletten OABs notwendig wird:

- Ist das Offline-Adressbuch einer größeren Organisation beispielsweise 50 MB groß (das OAB kann übrigens auch schnell recht groß werden, wenn mehrere Adresslisten darin enthalten sind), wird es für einen einzelnen über GPRS/UMTS angebundenen Client sehr unangenehm, wenn diese Datenmenge übertragen werden soll.
- Wenn 1000 Clients ein 50 MB großes OAB herunterladen möchten, führt dies zu der erheblichen Datenmenge von knapp 50 GB. Je nach Performance des Exchange Servers und den Möglichkeiten des Netzwerks (Switches!) werden Sie die Auswirkungen mehrere Stunden lang spüren.
- Durch die Möglichkeiten des Cached Mode wird man einen kleineren Standort mit 25 Clients nicht mit einem eigenen Exchange Server ausstatten, sondern die Systeme über einen zentralen Exchange Server versorgen – das ist grundsätzlich auch gut!
Problematisch ist es allerdings, wenn 25 Clients das 50 MB große OAB vollständig herunterladen, immerhin ein Volumen von 1250 MB. Über eine 2,3-Mbit-SDSL-Anbindung, was für einen solchen Standort eine übliche Konnektivität ist, würde dieser Vorgang, wenn keine andere Datenübertragung stattfindet, immerhin ca. 90 Minuten dauern. Da die Verbindung sicherlich zu einem nicht unwesentlichen Teil für die produktive Arbeit genutzt werden soll, kann man davon ausgehen, dass der OAB-Komplett-Download die Leitung mehrere Stunden lang »stören« wird.

Ich erwähne diese Szenarien nicht, weil ich Ihnen von der Verwendung des Cached Mode abraten möchte – ganz im Gegenteil. Es ist aber wichtig, sich über die speziellen »Risiken« des Offline Adressbuchs im Klaren zu sein. Welche Konsequenzen ergeben sich hieraus?

- Zunächst sollte das Offline Adressbuch so klein wie möglich sein. Integrieren Sie nicht mehrere Adresslisten in das OAB, sondern beschränken Sie sich auf die Globale Standardadressliste.
- Falls Sie mehrere Standorte mit Exchange Servern betreiben, sorgen Sie dafür, dass der Systemordner »OFFLINE ADDRESS BOOK« dorthin repliziert wird – zumindest wenn die Server der Standorte Postfachserver für »Cached Mode-Anwender« sind.
- Sorgen Sie dafür, dass keine Übertragungen des vollen Offline Adressbuchs notwendig werden, sondern dass stets mit den Diff-Dateien gearbeitet werden kann.

Der letzte Punkt der vorhergehenden Aufzählung ist natürlich ein typischer Fall von »leichter gesagt als getan«. Die erste Frage ist, wann ein voller Download des Offline Adressbuchs ausgelöst wird; es gibt zwei Ursachen:

- **Zu viele Änderungen**: Wenn das Volumen der Differenz-Dateien ein Achtel (1/8) der Größe des Offline Adressbuchs überschreitet, wird der Outlook-Client das komplette OAB herunterladen:
  - Wenn ein Anwender mit seinem Notebook ein halbes Jahr auf Weltreise war und demzufolge 183 Differenz-Dateien »verpasst« hat, könnte deren Gesamtvolumen größer als ein Achtel der Gesamtgröße des OABs sein. In diesem Fall wird dieser Client den Download des kompletten OABs beginnen. Für das Gesamtsystem bleibt dies ohne weitere Auswirkungen.

- Wenn Sie im Rahmen der Pflege des Active Directorys bei allen Benutzern den Namen der Abteilung sowie Gebäude- und Raumnummer des Arbeitsplatzes eintragen, wird das nächste OAB-Update für alle Benutzer so groß werden, dass ein Komplett-Download notwendig wird (Differenz größer als ein Achtel der Gesamtgröße). **Seien Sie also sehr vorsichtig mit Massendatenpflege im Active Directory!**
- Wenn Sie dem Offline Adressbuch weitere Adresslisten hinzufügen, könnte das »kritische Achtel« auch schnell erreicht sein.

▶ **Wechsel des Index des OAB**: Durch eine Art »Strukturänderung« kann ebenfalls ein Komplett-Download erforderlich werden, weil hierdurch der Index des OABs geändert werden muss.
Mehr Technik und mehr Details: Im OAB existiert eine Tabelle, in der sämtliche Parent Distinguished Names (PDN) gespeichert sind. Der PDN des Objekts `/o=org/ou=site/cn=Recipients/cn=bob` ist **`/o=org/ou=site/cn=Recipients`** (org bezeichnet hier übrigens die Exchange-Organisation). Die PDN-Tabelle enthält alle in der Exchange-Organisation vorhandenen Parent Distinguished Names.
Sie möchten jetzt sicherlich ein Beispiel hören, wann eine Änderung in dieser PDN-Tabelle auftreten kann. Der Knowledge-Base-Artikel 839826 nennt sieben Möglichkeiten, die aber zum Teil recht speziell (z.B. als Konsequenz von manuellen Anpassungen im Verzeichnis mit ADSIedit) sind; allerdings gibt es auch ein sehr einfaches und einleuchtendes Szenario:

- Wenn Sie eine neue administrative Gruppe anlegen, wird beim Anlegen der ersten Mailbox auf einem Server dieser Gruppe ein neuer PDN erscheinen. Dies ist auch einleuchtend, denn die administrative Gruppe erscheint im PDN `/o=org/`**`ou=site`**`/cn=Recipients` als »Site«.

Nun kennen Sie also die Ursachen, die einen vollständigen Download des Offline Adressbuchs auf allen Cached Mode-Clients auslösen. Auch wenn Sie stets sehr überlegt und besonnen arbeiten, lässt es sich nicht ausschließen, dass ein solcher Download notwendig werden könnte. (Beispiel: Wenn eine neue administrative Gruppe benötigt wird, können Sie dies nicht dauerhaft blockieren, »nur« weil es dann ein Problem mit den OABs gibt.)

Mit Exchange 2003 Service Pack 1 ist eine Problemlösung möglich. Sie ist nicht sonderlich elegant, verhindert aber, dass das ganze Netz durch OAB-Downloads blockiert wird:

▶ Öffnen Sie auf dem Exchange Server (ab 2003 SP1) den Registry Editor, und navigieren zu diesem Zweig: `HKEY_LOCAL_MACHINE\System\CurrentControlSet\Services\MSExchangeIS\ParametersSystem`

▶ Fügen Sie einen DWORD-Wert mit der Bezeichnung `OAB Bandwidth Threshold (KBps)` hinzu (exakte Schreibweise inklusive Klammern beachten!)

▶ Weisen Sie dem neu angelegten Schlüssel die gewünschte Bandbreite zu. Wenn Sie beispielsweise nicht mehr als 2 MB/s für OAB-Downloads bereitstellen möchten, wählen Sie den Wert 2000 (2000 Kilobyte pro Sekunde entspricht in etwa 2 Megabyte/s.)

Wenn ein Outlook-Client mit dem Download des kompletten OABs beginnen möchte, wird der Exchange Server ermitteln, welches OAB-Volumen in den vergangenen zehn Sekunden übertragen worden ist. Wenn der Wert unterhalb des eingestellten Grenzwerts ist, kann der Client das Offline Adressbuch laden; liegt der Wert darüber, wird die Anforderung abgelehnt. Outlook gibt nicht auf und wird stündlich versuchen, das OAB zu bekommen – bis er es bekommen hat.

Auf diese Weise wird die insgesamt übertragene Bandbreite zwar nicht verringert, immerhin wird aber bei einem »Massen-OAB-Download« nicht der Exchange Server »lahm gelegt«.

Manueller Download des OABs

Grundsätzlich wird Outlook den Download des Offline Adressbuchs bzw. der Differenz-Dateien automatisch vornehmen. Eine Möglichkeit, auf den Zeitplan Einfluss zu nehmen, besteht nicht (jedenfalls nicht ohne größere »Trickserei«), Outlook fordert die neuen OAB-Daten einmal täglich an. Der Zeitpunkt hierfür ist 24 Stunden nach dem letzten erfolgreichen Download. Auf diese Weise ist eine zeitliche Entzerrung der Übertragung gegeben.

Sie haben die Möglichkeit, einen Adressbuchdownload manuell auszulösen. Wenn Sie in Outlook auf den kleinen Pfeil im Button »Senden/Empfangen« klicken, öffnet sich ein Menü, in dem der Befehl »Adressbuch downloaden« ausgewählt werden kann (alternativ: **Extras · Senden/Empfangen**). Im Allgemeinen ist ein manueller Download des Adressbuchs nicht notwendig. Da der Exchange Server nur einmal täglich (standardmäßig um 4:00 nachts) das OAB aktualisiert, hat es auch keinen Sinn, pro Tag mehrmals den manuellen Download zu starten.

Abbildung 14.10 Das Downloaden des Offline Adressbuchs kann manuell ausgelöst werden; im Allgemeinen ist dies aber nicht notwendig, da ein Outlook im Cached Mode einmal täglich einen Download durchführt.

Wie bereits weiter oben erwähnt wurde, lässt sich der automatische Download deaktivieren. Hierzu müssen Sie im Zweig `HKEY_CURRENT_USER\Software\Microsoft\Office\11.0\Outlook\Cached Mode` den DWORD-Wert `DownloadOAB` auf 0 setzen – und regelmäßig die Übertragung manuell einleiten. Ich kann mir allerdings nur sehr wenige Fälle vorstellen, in denen das wirklich Sinn macht; vielleicht wenn es wirklich auf jedes übertragene Byte ankommt, beispielsweise bei der Nutzung eines Satellitentelefons zur Datenübertragung...

Interessantes in der Knowledge Base

Sie haben gesehen, dass der Cached Mode zwar zunächst sehr einfach einzustellen ist, dennoch sind einige Aspekte speziell im Bereich des Offline Adressbuchs bei Planung und

Administration zu berücksichtigen. Eine recht ausführliche Darstellung der Thematik »Offline Adressbuch« finden Sie in dem Knowledge Base-Artikel 841273.

14.3.2 Einstellungen für Outlook modifizieren und verteilen

Eines der Hauptprobleme für einen Administrator, der eine größere Umgebung mit installiertem Office nebst Outlook hat, ist die Konfiguration und Funktionseinschränkung der Komponenten; in diesem Buch geht es natürlich speziell um Outlook.

Die einfachste Lösung ist die Verteilung der Einstellungen über Gruppenrichtlinien (siehe auch Abschnitt 7.1.6). Auf der Microsoft-Website ist eine Datei namens `Office-2003-SP1-ADMs-OPAs-and-Explain-Text.exe` erhältlich, die diverse administrative Vorlagen für die Office-Produkte enthält. Installiert man eine administrative Vorlage, stehen diverse darin enthaltene Einstellmöglichkeiten im Gruppenrichtlinienobjekt-Editor zur Verfügung.

Wie installiert man die administrative Vorlage für Outlook?

- Beschaffen Sie die oben genannte Datei von der Microsoft-Website, und entpacken Sie diese in ein Verzeichnis.
- Die ADM-Dateien kopieren Sie in das Verzeichnis **\Windows\inf** der Maschine, an der Sie die Gruppenrichtlinien konfigurieren.
- Im Konfigurationswerkzeug »Active Directory-Benutzer und -Computer« rufen Sie die Eigenschaften der Organisationseinheit (OU) auf, für die Sie eine Richtlinie erstellen möchten.
- Wechseln Sie auf die Karteikarte »Gruppenrichtlinie«, und legen Sie ein neues Gruppenrichtlinienobjekt an. Es empfiehlt sich aus Gründen der Übersichtlichkeit, mehrere thematisch begrenzte Gruppenrichtlinienobjekte zu erstellen und nicht unterschiedliche Einstellungen in einem Objekt zu speichern. Legen Sie also ein Gruppenrichtlinienobjekt »Outlook Richtlinien« an (Abbildung 14.11).

Abbildung 14.11 Um Outlook-Einstellungen für alle Benutzer einer OU bereitzustellen, legen Sie ein Gruppenrichtlinienobjekt an.

- Klicken Sie auf »Bearbeiten«, um das neue Gruppenrichtlinienobjekt zu konfigurieren.
- In dem sich nun öffnenden Gruppenrichtlinienobjekt-Editor werden Sie keine Möglichkeit zur Konfiguration von Outlook finden. Um hier Abhilfe zu schaffen, haben Sie in einem der vorigen Schritte die ADM-Dateien heruntergeladen und in das **\Windows\Inf**-Verzeichnis kopiert.
  Öffnen Sie unterhalb der Benutzerkonfiguration das Kontextmenü des Knotens »Administrative Vorlagen«. Dort wählen Sie die Option »Vorlagen hinzufügen/entfernen« (Abbildung 14.12).

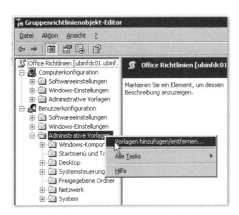

Abbildung 14.12 Über die hier gezeigte Funktion können neue administrative Vorlagen hinzugefügt werden.

- Der sich nun öffnende Dialog zeigt die bereits installierten Vorlagen. Klicken Sie auf »Hinzufügen«, um die Vorlage `outlk11.adm` hinzuzufügen.
- Nun stehen Ihnen einige hundert Einstellmöglichkeiten zur Verfügung. Unter »Exchange settings« lässt sich beispielsweise einstellen, bis zu welchem Wert Outlook eine »geringe Bandbreite« annehmen soll (Abbildung 14.13).
  Schauen Sie sich die Einstellmöglichkeiten in Ruhe an. Neben Exchange-spezifischen Konfigurationsmöglichkeiten finden sich auch etliche nützliche Optionen, um den Benutzern ein zu intensives »Herumbasteln« mit Outlook zu verwehren.
- Die neu konfigurierten Einstellungen werden angewendet, wenn der Benutzer sich das nächste Mal anmeldet!

14.3.3 Erweiterte Sicherheitskonfiguration für Outlook

In der Vergangenheit (zu Zeiten von Outlook 98 und 2000) stellte sich heraus, dass Viren und Trojaner sich bestens über Mails verteilen lassen. Ein Grund dafür war, dass die meisten Anwender mit großer Begeisterung jeden ihnen zugesendeten Dateianhang direkt geöffnet haben, was für die Verteilung von Viren und Trojanern natürlich sehr förderlich ist.

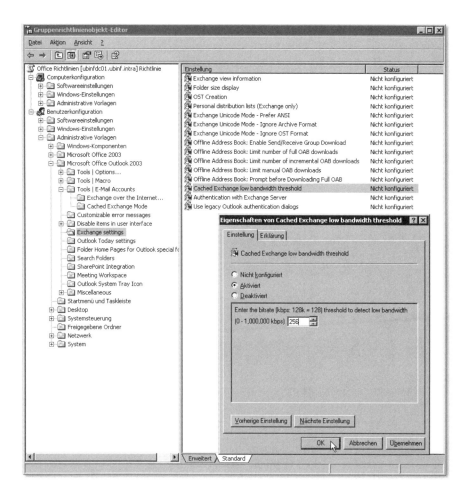

Abbildung 14.13 Die Richtlinienvorlage outlk11.adm bietet mehrere hundert Einstellmöglichkeiten, die über diesen Weg sehr leicht ausgerollt werden können.

Microsoft hat damals ein Security-Pack veröffentlicht, mit dem viele dieser Lücken gestopft wurden. Die Funktionen dieses Security-Packs sind in den aktuellen Outlook-Versionen längst im Grundauslieferungszustand enthalten; es gibt für diese einen Konfigurationsmechanismus in Form einer Konfigurationsdatei in einem Öffentlichen Ordner, der deutlich von der sonst üblichen Nutzung der Gruppenrichtlinien abweicht.

Zu der Gruppe dieser Sicherheitseinstellungen zählt:

▶ Allgemeine Einstellungen wie die Behandlung von Attachments.
  Sicherlich ist Ihnen aufgefallen, dass Outlook eine ganze Reihe von Anhängen schlicht und ergreifend blockiert und dem Anwender keine Chance bietet, darauf zuzugreifen. Die Anhänge sind zwar im Exchange-Informationsspeicher und bei Verwendung des Cache-Modus in der lokalen Datei gespeichert, sie werden aber nicht angezeigt. Betroffen hiervon sind beispielsweise Dateien mit den Endungen EXE, COM, BAT, PIF, aber auch MDB. Die vollständige Liste der blockierten Anhänge finden Sie im Anhang.

- Steuerung des Zugriffs auf das Outlook-Objektmodell für externe Applikationen (es gab Trojaner, die komplette Adressbücher ausgelesen und versendet haben).
- Definition, welche COM-Add-Ins in Outlook zulässig sind.

Diese Einstellungen werden nicht über Gruppenrichtlinien, sondern über einen separaten Mechanismus vorgenommen.

Wir werden uns in diesem Kapitel exemplarisch die Behandlung von Attachments in Outlook ansehen. Man kann sicherlich kontrovers diskutieren, ob man wirklich die von Outlook aus gutem (Sicherheits-)Grund blockierten Attachments wieder einblenden möchte (Abbildung 14.14) – ich zeige Ihnen (lediglich) als Beispiel, wie man dies für alle Outlook-Anwender mit wenigen Mausklicks realisiert. Dieses Beispiel ist leicht auf andere Einstellmöglichkeiten übertragbar.

Abbildung 14.14 Etliche Attachments, wie beispielsweise EXE-Dateien, werden von Outlook zwar angezeigt, können vom Anwender aber nicht geöffnet werden.

Konfiguration und Verteilung der Sicherheitseinstellungen

Wie bereits erwähnt, werden die Einstellungen dieses »Sicherheitspakets« über eine Konfigurationsdatei in einem Öffentlichen Ordner gesteuert. Um diese Konfigurationsdatei zu erstellen, gibt es ein Outlook-Formular, das zunächst beschafft und installiert werden muss:

- Beschaffen Sie sich das Office Resource Kit 2003 (ork.exe) von der Microsoft-Website, und installieren Sie dieses auf Ihrem Administrator-PC (nicht bei den Benutzern, nicht auf einem Server).
- Ein Bestandteil des Resource Kits ist eine Datei namens **ADMPACK.EXE**, die in Ihrem Dateisystem liegen wird. Wenn Sie diese starten, können Sie ein Verzeichnis angeben, in das diese Datei entpackt wird.
- Die Datei **hashctl.dll** kopieren Sie nach **\windows\system32** und registrieren diese mittels des Kommandozeilenaufrufs regsvr32 hashctl.dll. Bei erfolgreicher Registrierung wird ein entsprechendes Meldungsfenster erscheinen.
- Den gleichen Vorgang führen Sie mit der Datei **comdlg32.ocx** durch (erst kopieren, dann registrieren).

Nach diesen ersten »Vorarbeiten« muss der Öffentliche Ordner angelegt werden, in dem die Einstellungen gespeichert werden sollen:

- Starten Sie den Exchange System-Manager.

- Legen Sie auf der obersten Ebene einen neuen Öffentlichen Ordner an, und nennen Sie diesen `Outlook 10 Security Settings` (Abbildung 14.15, auf den exakten Namen kommt es an!).

Abbildung 14.15 Ein neuer Öffentlicher Ordner »Outlook 10 Security Settings« auf der obersten Ebene der Öffentlichen Ordnerstruktur speichert die Datei mit der Konfiguration.

- Öffnen Sie die Eigenschaften des neu angelegten Ordners, und setzen Sie die Zugriffsrechte so, dass alle Benutzer lesend auf den Ordner zugreifen können. Alle Administratoren, die die Konfiguration der Sicherheitseinstellungen anpassen sollen, müssen Schreibrechte bekommen (Abbildung 14.16).

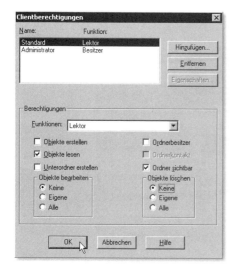

Abbildung 14.16 Alle Anwender müssen Leseberechtigung auf diesen Öffentlichen Ordner haben.

Nun folgt die Installation des Konfigurationsformulars:

- Stellen Sie sicher, dass Outlook geöffnet ist, und suchen Sie die Datei **OutlookSecurity.oft**. Sie liegt in dem Verzeichnis, in das der Inhalt von **ADMPACK.EXE** extrahiert wurde.
- Doppelklicken Sie im Explorer auf die Datei **OutlookSecurity.oft**.
- Sie werden aufgefordert, einen Ordner auszuwählen. Wählen Sie den neu angelegten Öffentlichen Ordner `Outlook 10 Security Settings` (Abbildung 14.17).

Abbildung 14.17 Als Speicherort für das Formular wird der neu angelegte Ordner »Outlook 10 Security Settings« ausgewählt.

- Das Konfigurationsformular wird nun geöffnet. Nehmen Sie zunächst keine Einstellungen vor, sondern klicken Sie auf »Bereitstellen« (links oben im Formular).
- Wenn Sie nun in Outlook den neu angelegten Öffentlichen Ordner öffnen, werden Sie einen Eintrag mit den Sicherheitseinstellungen sehen (Abbildung 14.18). Öffnen Sie diesen Eintrag.

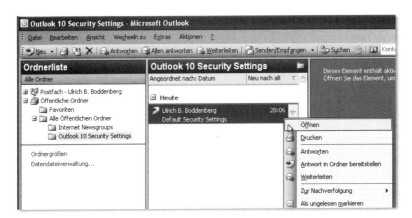

Abbildung 14.18 Der Eintrag kann einfach geöffnet werden. Es wird sich das in Abbildung 14.19 gezeigte Formular öffnen.

- Nun können Sie die gewünschten Einstellungen vornehmen. Auf der ersten, in Abbildung 14.19 gezeigten Karteikarte können Sie diverse allgemeine Sicherheitseinstellungen vornehmen, insbesondere auch den Umgang mit Dateianhängen festlegen. Die beiden anderen Karteikarten »Programmatic Settings« und »Trusted Code« legen das Verhalten beim Zugriff auf das Outlook Objektmodell von anderen Applikationen aus fest bzw. bestimmen, welche COM-Addins in Outlook ausgeführt werden dürfen.

Anmerkung zu Level 1- und Level 2-Attachments:

- **Level 1-Attachments** sind Dateitypen wie beispielsweise COM, EXE, BAT. Die vollständige Liste finden Sie im Anhang. Standardmäßig können Level 1-Dateien in Outlook nicht geöffnet werden. Es wird lediglich angezeigt, dass ein solcher Dateianhang vorhanden ist – der Benutzer kommt aber nicht an diesen heran.

- **Level 2-Attachments** können auf Platte gespeichert, aber nicht direkt aus Outlook gestartet werden. Beim Doppelklick auf ein solches Attachment verhält Outlook sich so, wie in Abbildung 14.21 gezeigt. Standardmäßig sind keine Level 2-Attachments definiert, Sie können mit der hier vorgestellten Konfigurationsvorlage leicht eigene definieren.

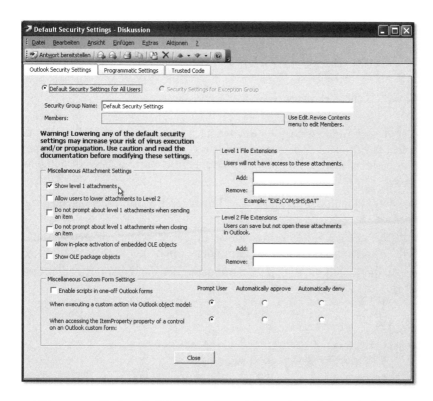

Abbildung 14.19 Die Security Settings werden auf diesem Outlook-Formular konfiguriert. Klicken Sie nach Abschluss der Arbeiten nicht auf »Antwort bereitstellen, sondern speichern Sie das Formular in dem bestehenden Element (Funktion »Schließen« wählen und bei Nachfrage »Speichern«).

- Wenn Sie Ihre Änderungen vorgenommen haben, klicken Sie **nicht** auf den Schalter »Antwort bereitstellen«, sondern schließen Sie das Formular, z.B. über das rote Kreuz (oben rechts). Outlook wird Sie fragen, ob Sie die Änderungen speichern möchten, hier antworten Sie mit »Ja«.

Nachdem nun die gewünschten Sicherheitseinstellungen festgelegt worden sind, muss Outlook dazu gebracht werden, diese zu importieren. Wie so häufig kann dieses Verhalten durch einen Registry-Key konfiguriert werden:

HKEY_CURRENT_USER\SOFTWARE\Policies\Microsoft\Security\CheckAdminSettings

Für diesen Key sind folgende Werte denkbar:

Nicht vorhanden	Standardeinstellungen werden verwendet.
0	Standardeinstellungen werden verwendet.
1	Einstellungen im Öffentlichen Ordner Outlook Security Settings werden ausgewertet. Dieser Ordner wird eigentlich für ältere Outlook-Versionen (98 und 2000) verwendet.
2	Einstellungen im Öffentlichen Ordner Outlook 10 Security Settings werden ausgewertet.
Jeder andere Wert	Standardeinstellungen werden verwendet.

Der Registry-Key »CheckAdminSettings« muss demnach auf »2« gesetzt werden – für jeden Benutzer in jedem Profil! Es ist vollkommen eindeutig, dass hier Automatisierungsbedarf vorhanden ist. Am einfachsten ist dies mit einer Gruppenrichtlinie zu bewerkstelligen. Sie können eine eigene Richtliniendatei anlegen:

▶ Erstellen Sie eine Datei mit der Endung *.adm. Importieren Sie die nachfolgend gezeigte Richtliniendefinition.

▶ Kopieren Sie diese in das Verzeichnis **\windows\inf** der Maschine, auf der Sie mit dem Snap-In »Active Directory-Benutzer und -Computer« arbeiten.

▶ Importieren Sie die Richtlinie, und weisen Sie dem oder den entsprechenden Containern (= OU) zu.

```
CLASS USER
CATEGORY "OUTLOOK"
KEYNAME "Software\Policies\Microsoft\Security"
POLICY "Outlook 10 Security Settings auswerten"
    PART "Aktivieren, um Security Settings einzulesen" CHECKBOX
    VALUENAME CheckAdminSettings
    VALUEON NUMERIC 2
    VALUEOFF NUMERIC 0
    END PART
    END POLICY
END CATEGORY
```

Wenn Sie ohnehin die Richtlinienvorlagen auf dem Office Resource Kit verwenden, lässt sich in diesen ebenfalls dieser Registry-Key setzen – die entsprechende Option ist aber sehr gut versteckt und getarnt (Abbildung 14.20): Sie finden sie im Gruppenrichtlinienobjekt-Editor unter **Benutzerkonfiguration|Administrative Vorlagen|Microsoft Office Outlook 2003| Tools Options|Security|Outlook virus security settings**. Den Wert der Richtlinie setzen Sie auf »Look in the Outlook 10 Security Settings«.

Wenn Sie Outlook neu starten und alles korrekt funktioniert, wird in dem Beispiel eine EXE-Datei nicht mehr verborgen, sondern kann angeklickt werden. Outlook wird sie als Level 2-Datei behandeln und zwar öffnen, aber nicht direkt ausführen (Abbildung 14.21).

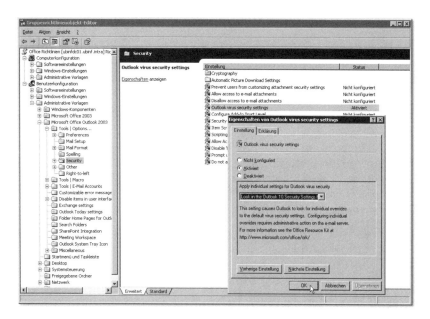

Abbildung 14.20 Mit dieser Richtlinie, importiert aus dem Office Resource Kit, kann Outlook angewiesen werden, die im Öffentlichen Ordner befindliche Richtliniendatei auszuwerten.

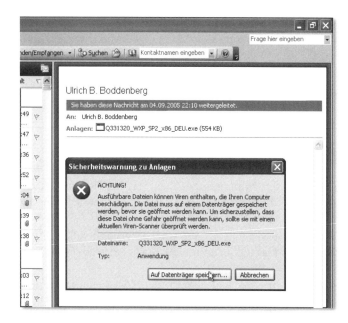

Abbildung 14.21 Die Sicherheitseinstellungen werden korrekt ausgewertet! Die EXE-Datei kann nun angeklickt werden, allerdings kann sie nicht direkt aus Outlook gestartet werden. Outlook stuft sie nun als Level 2- und nicht mehr als Level 1-Datei ein.

14.4 Outlook mit RPC over http

Wie bereits die Tabelle in Abschnitt 14.1.1 verdeutlicht, wird ein PowerUser sich eher Outlook als Outlook Web Access wünschen. Darüber hinaus gibt es diverse weitere Anwendungsfälle, in denen das »normale« Outlook Voraussetzung ist und die Webversion eben nicht genügt.

Bei einem mobilen oder HomeOffice-Benutzer stellt sich zusätzlich die Frage, wie er auf die Daten des zentralen Exchange Servers zugreifen kann. Die Tabelle in Abschnitt 14.2.1 vergleicht die klassische Einwahl auf einen lokalen Router mit einem VPN oder einer SSL-geschützten Verbindung. Die Einwahlverbindung scheidet in heutigen Zeiten im Allgemeinen sicher aus. Ein »volles« VPN ist eine relativ teure Angelegenheit. Wenn der Remote-Benutzer »nur« Dienste verwendet, die auf dem http-Protokoll aufsetzen, könnte eine SSL-Verbindung zur Firmenzentrale absolut ausreichend sein:

- Wenn SharePoint eingesetzt wird, kann ein großer Teil der Informationsbeschaffung und -bereitstellung sowie die Arbeit mit Office-Dokumenten über eine https-Verbindung erfolgen.
- Viele Applikationen haben mittlerweile ein Web-Front-End.
- Auch für den Zugriff auf via Terminal-Server oder Citrix bereitgestellte Applikationen ist grundsätzlich kein volles VPN notwendig, weil die Clients von sich aus den Datenverkehr verschlüsseln können.
- Virenscanner werden zumeist über das http-Protokoll mit neuen Signaturen versorgt.
- Bleibt also die Frage nach Outlook.

Outlook verwendet für die Kommunikation mit dem Exchange-Postfachserver RPCs (Remote Procedure Calls). Die RPCs lassen sich aus verschiedenen Gründen nur schlecht für eine Kommunikation über das Internet verwenden.

Mit Exchange 2003 und Outlook 2003 ist die Lösung für den Betrieb von Outlook über das Internet in Form von RPC over http auf den Markt gebracht worden. Vereinfacht gesagt überträgt Outlook die Anfragen an den Exchange Server selbst sowie an den Global Catalog-Server eingekapselt in https.

Die beiden empfohlenen Szenarien sind in den Abbildungen 14.22 und 14.23 dargestellt:

- Wenn Sie mehrere Exchange Postfachserver im Einsatz haben, werden Sie einen Front-End-Server einsetzen. Dieser wird von einem ISA Server 2004 veröffentlicht (Abbildung 14.22).
- Nicht empfohlen ist, den Front-End-Server in die DMZ einer Firewall zu stellen. Auch wenn dies technisch möglich ist, wird dies nicht empfohlen; es gilt generell: Front-End-Server gehören nicht in die DMZ (nicht abgebildet).
- Wenn Sie nur einen Exchange Postfachserver betreiben, haben Sie vermutlich keinen Front-End-Server im Einsatz. Das Bereitstellungsszenario stellt sich dann wie in Abbildung 14.23 gezeigt dar.

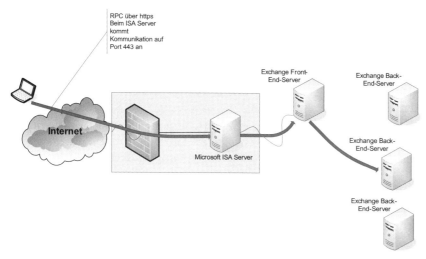

Abbildung 14.22 Wenn Sie mehrere Postfachserver und einen Front-End-Server betreiben, kann für die Nutzung von RPC über https der ISA Server als Bindeglied zum Internet verwendet werden.

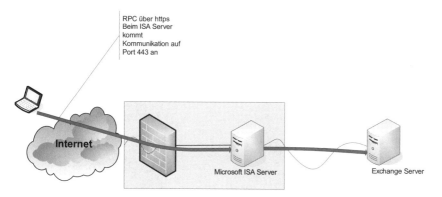

Abbildung 14.23 Wenn Sie lediglich einen Exchange Server betreiben, kann dieser mittels ISA Server 2004 so veröffentlicht werden, dass die RPC over http-Funktionalität genutzt werden kann.

14.4.1 Funktionsweise im Detail

Bevor ich Ihnen eine Beispielkonfiguration zeige, halte ich es zunächst für wichtig, etwas tiefer hinter die Kulissen der Funktionsweise von RPC über https zu schauen (Abbildung 14.24). Für diese Erläuterung wähle ich eine einfache Konfiguration ohne Front-End- und ISA Server.

▶ Wenn ein Outlook 2003-Client die Verbindung mittels RCP über http aufbauen soll, initiiert er zunächst http-Verbindungen zu dem RPC Proxy-Server. Der RPC Proxy wird in Ihrem Netzwerk installiert und kann auf dem Exchange Server laufen, muss dies aber nicht. Der Client initiiert übrigens immer zwei Sessions, nämlich eine zum Senden von Anforderungen und eine zum Empfangen. Dies werden Sie später sehen, wenn wir die aufgebauten Verbindungen von Outlook anzeigen lassen (Abbildung 14.42).

- Der RPC Proxy verarbeitet die eingehende Anforderung und leitet diese an den Port 6002 des Exchange Servers weiter. Zunächst wird es eine Verzeichnisdienstanfrage geben. Im Gegensatz zu einer »normalen« RPC-Verbindung wird der Exchange Server nicht auf einen Global Catalog-Server verweisen, sondern gibt sich selbst als Ziel für entsprechende Anfragen an. Bei der Verwendung von RPC über http kommuniziert der Client also nicht direkt mit dem Global Catalog-Server, sondern »spricht« über den DSProxy-Dienst von Exchange mit diesem.
- Der Client baut nun zwei (senden, empfangen) https-Sessions zum DSProxy-Dienst des Exchange Servers auf, um Verzeichnisdienstabfragen durchzuführen. Diese beiden Sessions kann man in der Auflistung der Verbindungen übrigens auch erkennen (Abbildung 14.42).
- Diese Verzeichnisabfragen werden vom RPC Proxy zum Exchange Server geleitet, dieser wiederum befragt einen der Global Catalog-Server, mit denen Exchange zusammenarbeitet. Über den RPC Proxy übermittelt Exchange die gewünschten Informationen an den Client.
- Der Client baut nun zwei http-Sessions zum Exchange Information Store-Dienst auf, um auf die eigentlichen Daten zuzugreifen.

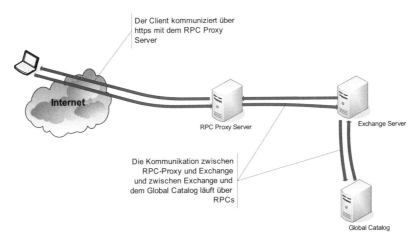

Abbildung 14.24 Vereinfache Darstellung des Zugriffs auf Exchange und Global Catalog über RPC über http

14.4.2 Voraussetzungen

Damit RPC over https funktioniert, sind einige Voraussetzungen zu erfüllen:

- Auf folgenden Systemen wird Windows Server 2003 benötigt:
  - auf allen Exchange Postfach-Servern, auf die mittels RPC over https zugegriffen wird
  - auf allen Exchange Front-End-Servern
  - auf allen Global Catalog-Servern, die von Outlook 2003-Clients genutzt werden
- Die Exchange-Systeme müssen mindestens auf dem Versionsstand 2003 SP1 sein. Exchange 2003 ohne Service Pack ist prinzipiell möglich, aber nicht zu empfehlen.

▶ Die Clientsysteme müssen Outlook 2003 auf Windows XP SP2 oder SP1 mit Patch 331320 verwenden. Als Betriebssystem ist alternativ Windows 2003-Server möglich.

14.4.3 Installationsbeispiel

In diesem Beispiel werden wir das in Abbildung 14.25 gezeigte Szenario – also einen Exchange Server, der von ISA Server 2004 für die Nutzung von RPC über https veröffentlicht wird – implementieren. Außerdem wird SSL-Offloading mittels des ISA Servers betrieben. Natürlich kann man weit komplexere Szenarien überlegen, ich denke, dass diese Konstellation für viele Leser praxisrelevant ist!

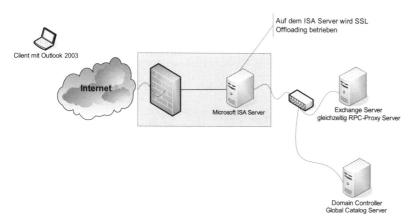

Abbildung 14.25 Die Implementation dieses Beispielszenarios für die Nutzung von RPC über http wird in diesem Buch gezeigt.

RPC-over-http-Proxy-Server

Der erste Schritt ist die Installation des RPC-über-http-Proxy-Servers. Dies geschieht über die Installationsroutine für Windows-Komponenten (**Systemsteuerung · Software**). In den Unterkomponenten der Netzwerkdienste findet sich der entsprechende Eintrag (Abbildung 14.26).

In unserem Beispiel wird der RPC-über-http-Proxy auf dem Exchange Server installiert, eine Installation auf einer anderen Maschine ist natürlich denkbar. Falls Sie das System in die DMZ einer Firewall stellen möchten, ist dies natürlich ebenfalls möglich, Sie sollten den Dienst aber trotzdem durch eine intelligente Firewall, wie beispielsweise den ISA Server, schützen und nicht einfach Port 443 zum Internet hin öffnen.

Nach dem Abschluss der eigentlichen Installation öffnen Sie den Internetinformationsdienste-Manager. Dort finden sich zwei neue virtuelle Verzeichnisse (Abbildung 14.27):

▶ **Rpc**: In diesem virtuellen Verzeichnis liegt die **RpcProxy.dll**, die die benötigten Funktionen bereitstellt.

▶ **RpcWithCert**: Dieses virtuelle Verzeichnis wird angelegt, wenn Ihr Windows Server 2003 auf dem Stand SP1 ist. Es hat momentan keine Funktion, sondern wird für zukünftige Erweiterungen verwendet werden.

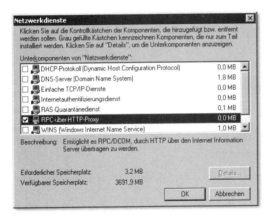

Abbildung 14.26 Die Installation des RPC-über-http-Proxy wird über **Systemsteuerung • Software • Windows Komponenten • Netzwerkdienste** vorgenommen.

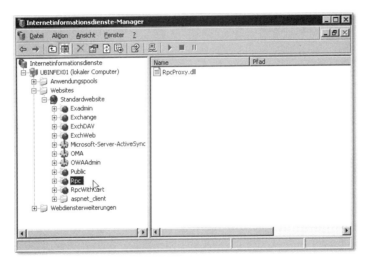

Abbildung 14.27 Nach der Installation des RPC-über-http-Proxys finden sich zwei neue Verzeichnisse unterhalb der Standardwebsite: Rpc und RpcWithCert.

Der nächste Konfigurationsschritt ist die Anpassung der Eigenschaften des virtuellen Verzeichnisses »Rpc«. Rufen Sie dazu dessen Eigenschaften auf, und selektieren Sie die Karteikarte »Verzeichnissicherheit«:

▶ Rufen Sie zunächst den Dialog »Authentifizierung und Zugriffssteuerung« auf.

▶ Dort wird zunächst der »Anonyme Zugriff« deaktiviert,

▶ Anschließend lassen Sie die »Standardauthentifizierung« zu (Häkchen setzen). Eine Warnmeldung wird erscheinen, dass Kennwörter im Klartext gesendet werden. Da über das Internet allerdings ausschließlich SSL-verschlüsselte Verbindungen verwendet werden, besteht kein Risiko.

RPC über http funktioniert mit Standard- und integrierter (NTLM) Authentifizierung. Da die NTLM-Authentifizierung unter Umständen nicht über Firewalls funktioniert, ist für RPC über http die Standardauthentifizierung zur meistverwendeten Methode geworden.

Der Dialog sollte nun wie in Abbildung 14.28 gezeigt aussehen.

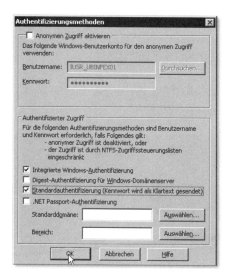

Abbildung 14.28 Die »Authentifizierungsmethoden« müssen für das virtuelle Verzeichnis Rpc so konfiguriert werden.

Grundsätzlich sind noch weitere Schritte notwendig:

- Prüfen, ob ein SSL-Zertifikat installiert ist und ggf. Installation (siehe Abschnitt 16.2)
- Festlegen, dass nur SSL-verschlüsselte Verbindungen entgegengenommen werden (Karteikarte **Verzeichnissicherheit · Sichere Kommunikation · Sicheren Kanal voraussetzen**)

Das Erzwingen einer verschlüsselten Verbindung unterbleibt aber in diesem Konfigurationsbeispiel, weil wir SSL-Offloading konfigurieren wollen. Wenn Sie anderswo Anleitungen zur Einrichtung von RPC-über-http lesen, wird dort das Erzwingen einer sicheren Verbindung eingestellt werden – das ist grundsätzlich auch richtig, nur eben nicht beim SSL-Offloading.

Um zu prüfen, ob der RPC-über-http-Proxy grundsätzlich funktioniert, gibt es einen recht einfachen Test:

- Rufen Sie im Internet Explorer folgende URL auf: `https://servername/rpc`.
- Es wird ein Dialog erscheinen, der Ihre Zugriffsdaten abfragt. Auch wenn Sie diese korrekt eingegeben haben, wird dieser Dialog noch zweimal erscheinen. Geben Sie beide Male Ihre Zugriffsdaten korrekt ein.
- Als Nächstes wird im Browser eine Fehlermeldung erscheinen. Bei Windows Server 2003 SP1 wird der Fehlercode 401.3 angezeigt werden (Abbildung 14.29).

- Diese Fehlermeldung ist erwartet und korrekt! Wenn eine andere Meldung erscheint, ist Ihre Konfiguration nicht in Ordnung.
Hinweis: Windows Server 2003 ohne Service Pack verhält sich etwas anders und gibt den Fehler 403.2 zurück.
- Falls Sie bei diesem Test eine Zertifikatswarnung erhalten (z.B. nicht vertraute Stammzertifizierungsstelle, nicht übereinstimmende Namen), beheben Sie dieses Problem! RPC über http wird sonst nicht funktionieren!

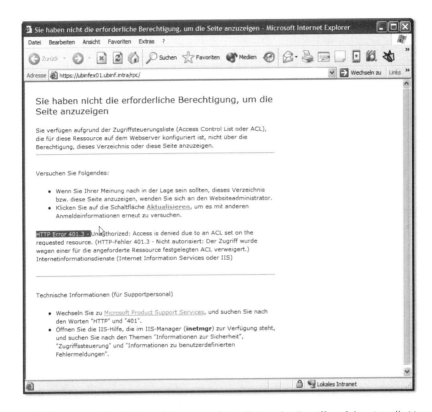

Abbildung 14.29 Die Fehlermeldung 401.3 beim Testen des Zugriffs auf das virtuelle Verzeichnis ist korrekt und wird so erwartet.

Nachdem der RPC-über-http-Proxy grundsätzlich funktioniert, sind noch einige Einstellungen zu treffen. Leider gibt es für den Proxy keine grafische Konfigurationsoberfläche, stattdessen müssen Registry-Werte mit `regedit` verändert werden.

Zunächst muss dem RPC-über-http-Proxy mitgeteilt werden, wie der Exchange Server heißt und welche Ports verwendet werden.

Starten Sie Regedit, und navigieren Sie zu diesem Zweig:

`HKEY_LOCAL_MACHINE\SOFTWARE\Microsoft\Rpc\RpcProxy`

Dort findet sich der Registrierungsschlüssel `ValidPorts`. Mit diesem wird dem RPC-über-http-Proxy mitgeteilt, an welchen Server und auf welchen Port die eingehenden Anfragen weitergeleitet werden sollen.

Der Eintrag folgt folgender Syntax (wird komplett in eine Zeile eingetragen):

```
ServerNETBIOSName:6001-6002;ServerFQDN:6001-6002;
ServerNetBIOSName:6004;ServerFQDN:6004
```

In dem hier aufzubauenden Szenario, bei dem der Exchange Server nicht gleichzeitig Global Catalog ist, wird an allen vier Positionen der Exchange Server eingetragen!

Ich betone das deshalb, weil teilweise in Newsgroups und Blogs das Gerücht auftaucht, dass der Name des Global Catalogs eingetragen werden müsste – das ist falsch, es wird hier auf den DSProxy-Dienst referenziert, der eine Komponente des Exchange Servers ist.

Da der RPC-über-http-Proxy nicht selbst aus dem Netbios-Namen den FQDN bilden kann, werden beide Namen eingetragen.

Konkretes Beispiel: Netbios-Name ist `ubinfex01`, FQDN ist `ubinfex01.ubinf.intra`. Der Wert von `ValidPorts` lautet demnach (wird natürlich alles in einer Zeile eingetragen):

```
ubinfex01:6001-6002;ubinfex01.ubinf.intra.:6001-6002;
ubinfex01:6004;ubinfex01.ubinf.intra:6004
```

Ich würde Ihnen empfehlen, den Server neuzustarten und einen Blick in das Anwendungsprotokoll der Ereignisanzeige zu riskieren. Dort wird entweder vermerkt sein, dass der RPC-über-http-Proxy gestartet worden ist oder eben auch nicht.

Ein beliebter Fehler ist ein ungültiger Wert für `ValidPorts`, beispielsweise aufgrund eines überzähligen Punkts (Abbildung 14.30). Ein solches Problem kann einen schier zu Verzweiflung treiben: Wenn der weiter oben beschriebene Zugriffstest problemlos funktioniert, aber trotzdem von einem Outlook-Client keine RPC-über-http-Verbindung aufgebaut werden kann, ist in vielen Fällen ein fehlerhafter Eintrag bei `ValidPorts` die Ursache – die einzige konkrete Fehlermeldung, dass der RPC-Proxy nicht startet, findet sich in der Ereignisanzeige.

Prinzipiell wäre die Konfiguration abgeschlossen. Da wir allerdings SSL-Offloading betreiben wollen, ist noch ein weiterer Registrierungsschlüssel anzulegen und mit einem Wert zu versehen:

▶ Navigieren Sie zu `HKEY_LOCAL_MACHINE\Software\Microsoft\Rpc\RpcProxy`.
▶ Legen Sie den DWORD-Wert `AllowAnonymous` an, und weisen Sie den Wert 1 zu.

Hinweis Dieser Eintrag ist *nicht* identisch mit der Checkbox »Anonymen Zugriff aktivieren« in der Konfiguration im Internetinformationsdienste-Manager (Abbildung 14.28); diese Checkbox muss unbedingt **deaktiviert** sein.

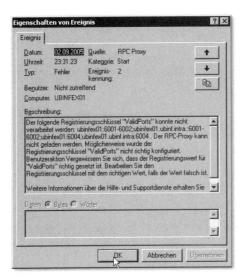

Abbildung 14.30 Falls der Wert für ValidPorts ungültig ist, erhalten Sie eine Fehlermeldung im Anwendungsprotokoll der Ereignisanzeige.

Exchange Server konfigurieren

Die Konfiguration des Exchange Servers gestaltet sich sehr einfach, zumindest wenn Sie Service Pack 1 für Exchange installiert haben.

In den Eigenschaften des Servers im Exchange System-Manager findet sich eine Karteikarte »RPC-HTTP« (Abbildung 14.31):

- Dort wählen Sie die Option »RPC-HTTP-Back-End-Server«.
- Die sich öffnende Warnmeldung klicken Sie einfach weg: »Ja, uns ist klar, dass kein RPC-HTTP-Front-End-Server vorhanden ist. Unsere Konfiguration funktioniert aber trotzdem«.
- Fertig!

> **Anmerkung** Falls die Karteikarte fehlt, haben Sie kein Service Pack 1 für Exchange installiert!

Konfiguration der Global Catalog-Server

Leider ist die Konfiguration noch nicht abgeschlossen, es muss noch an sämtlichen von Exchange verwendeten Global Catalog-Servern ein Registrierungsschlüssel hinzugefügt werden.

Falls in Ihrer Organisation mehr als ein Global Catalog-Server im Einsatz ist und Sie sich nicht sicher sind, welche GCs von Exchange genutzt werden, hilft ein Blick auf die Karteikarte »Verzeichniszugriff« in den Servereigenschaften im Exchange System-Manager (Abbildung 14.32).

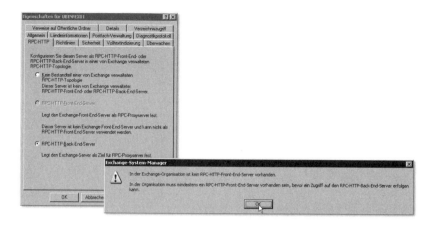

Abbildung 14.31 Die Konfiguration von RPC über http auf dem Exchange Server ist mit wenigen Mausklicks erledigt.

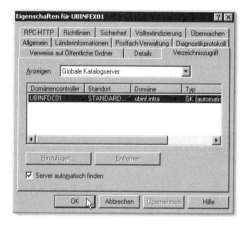

Abbildung 14.32 In den Eigenschaften des Servers im Exchange System-Manager können Sie kontrollieren, welche Global Catalog-Server von diesem Exchange Server verwendet werden.

Bei jedem der Global Catalog-Server nehmen Sie folgende Schritte vor:

▶ Regedit öffnen und zu dieser Position navigieren: `HKEY_LOCAL_MACHINE\SYSTEM\CurrentControlSet\Services\NTDS\Parameters`

▶ Legen Sie einen neuen Schlüssel vom Typ »Multi-String Value« an, in der deutschen Übersetzung heißt es »Wert der mehrteiligen Zeichenfolge«.

▶ Dem neu angelegten Schlüssel geben Sie diesen Namen: `NSPI interface protocol sequences` (Bitte achten Sie auf die exakte Schreibweise!)

▶ Nun tragen Sie einen Wert ein, und zwar: `ncacn_http:6004` (Abbildung 14.33).

▶ Anschließend starten Sie den Server neu.

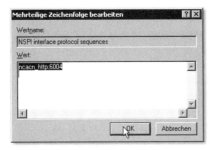

Abbildung 14.33 Dieser Registry-Eintrag ist auf allen Global Catalog-Servern notwendig, auf die Exchange zugreift.

ISA Server anpassen/allgemeine Anmerkungen

Grundsätzlich wäre die Konfiguration von RPC über http nun abgeschlossen, allerdings wollen wir ja den Zugriff über ISA Server 2004 realisieren, der RPC-über-http-Proxy muss also veröffentlicht werden. Zudem ist dieser in diesem Beispiel bereits für das SSL-Offloading konfiguriert (Registry-Schlüssel AllowAnonymous).

Zunächst möchte ich Sie auf eine Falle hinweisen. Wenn Sie in der ISA Server-Verwaltung den Assistenten »Mailserver-Veröffentlichungsregel« starten, wird bei der Option »Clientzugriff« der Begriff RPC genannt. Diese Option eignet sich *nicht* für RPC-über-http, sondern gestattet den »normalen« RPC-Zugriff, der aus diversen Gründen über das Internet ungünstig ist.

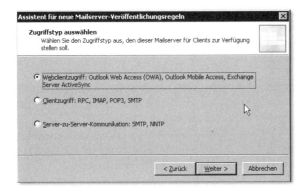

Abbildung 14.34 Vorsicht Falle! Der »Assistent für neue Mailserver-Veröffentlichungsregeln« bietet zwar eine Clientzugriffs-Option »RPC« an, dies hat aber mit RPC-über-http nichts zu tun!

Der »richtige Weg« ist die Erstellung einer »Sicheren Webveröffentlichungsregel«. Dort wird das virtuelle Verzeichnis /rpc/* auf Port 443 (https) veröffentlicht. Damit das SSL-Offloading funktioniert, müssen im Assistenten diese Einstellungen vorgenommen werden:

▶ Wählen Sie »SSL-Bridging« (Abbildung 14.35). Dies führt dazu, dass die SSL-Verbindungen auf dem ISA Server terminiert werden.
Wichtig: Es wird ein SSL-Zertifikat auf dem ISA Server benötigt.

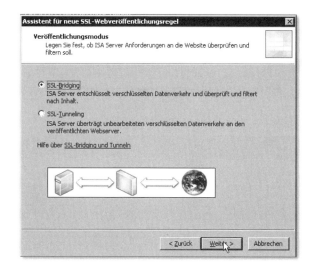

Abbildung 14.35 Die Option SSL-Bridging sorgt dafür, dass die SSL-Verbindungen auf dem ISA Server terminiert werden.

▶ Wählen Sie »Sichere Verbindung mit Clients« (Abbildung 14.36).

Abbildung 14.36 Um SSL-Offloading zu verwenden, wird eine sichere Verbindung zu den Clients, nicht aber zum Webserver konfiguriert.

Für den RPC über http-Zugriff wird im Allgemeinen die Standardauthentifizierung verwendet. Hierbei werden Benutzername und Kennwort zwar im Klartext übertragen, bei einer verschlüsselten Verbindung ist dies allerdings unkritisch.

Achten Sie also darauf, dass im Listener der Veröffentlichungsregel die Standardauthentifizierung aktiviert ist. Wenn Sie sich die Möglichkeit, am Outlook-Client für die Authentifizierung die integrierte Authentifizierung (NTLM) zu wählen, offen halten möchten, können Sie diese dort aktiviert lassen (Abbildung 14.37).

Abbildung 14.37 Für RPC über http wird im Allgemeinen die Standardauthentifizierung verwendet. Aktivieren Sie diese im Listener!

ISA Server anpassen/Anwendung mit anderen Exchange-Diensten

Ich habe im vorherigen Abschnitt die Veröffentlichung des RPC-über-http-Proxys mittels des ISA Servers nur sehr grob beschrieben. Dies hängt in erster Linie damit zusammen, dass ich davon ausgehe, dass RPC über http nicht die einzige Zugriffsvariante ist, die Sie verwenden möchten, sondern dass Sie ebenso Outlook Web Access (OWA), Outlook Mobile Access (OMA) und Exchange ActiveSync verwenden möchten; diese Verfahren werden übrigens in den nächsten Abschnitten beschrieben.

Man kann nun wie folgt vorgehen:

▶ Es wird eine Mailserver-Veröffentlichungsregel erstellt. Hierbei wird die Option Webclientzugriff gewählt. Je nach Bedarf aktivieren Sie OWA, OMA und/oder EAS).

▶ Achten Sie darauf, SSL-Offloading zu konfigurieren.

▶ In den Eigenschaften der durch den Mailserver-Veröffentlichungsassistenten erstellten Regel sind auf der Karteikarte »Pfade« die für OWA, OMA und EAS benötigten virtuellen Verzeichnisse eingetragen. Fügen Sie hier /RPC/* hinzu (Abbildung 14.38).

▶ Auf der Karteikarte »Listener« aktivieren Sie in dessen Eigenschaften die Standardauthentifizierung. Wenn Sie ohnehin über das Internet nur SSL-verschlüsselte Verbindungen zulassen, stellt die Aktivierung der Standardauthentifizierung kein Problem dar.

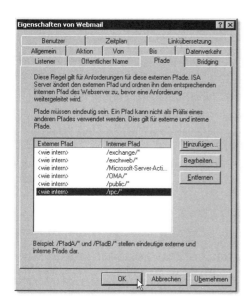

Abbildung 14.38 Sie können den Pfad »/rpc/*« einer bereits bestehenden Regel für den Webclientzugriff hinzufügen.

> **Hinweis** Wenn Sie in der Regel zur Veröffentlichung der webbasierten Exchange-Dienste auf dem ISA Server (!) zur Authentifizierung »OWA Forms-Based« wählen, funktioniert die hier vorgestellte Vorgehensweise nicht. Es werden dann aber auch OMA und EAS nicht funktionieren, so dass es mir sinnvoller erscheint, die formularbasierte Authentifizierung auf dem Exchange Server durchzuführen (siehe auch die Abschnitte 14.5, 14.6 und 14.7).

Client konfigurieren

Nach Abschluss der Serverkonfiguration müssen nun natürlich noch die Clients über die Möglichkeit des RPC-über-http-Zugriffs informiert werden. Wie bereits erwähnt, müssen folgende Voraussetzungen erfüllt sein:

- Windows XP SP2 oder Windows XP SP1 mit Patch 331320 (prinzipiell würde sich auch Windows Server 2003 als Betriebssystem eignen)
- Outlook 2003

Eine weitere Voraussetzung ist, dass die Clients dem Zertifikat, das auf dem ISA Server installiert ist, vertrauen, sprich: dass das Zertifikat der Stammzertifizierungsstelle im Zertifikatsspeicher für vertraute Stammzertifizierungsstellen vorhanden ist. Sie können dies mit dem zuvor bereits genannten Test prüfen: Rufen Sie `https://servername/rpc` auf. Wenn eine Zertifikatswarnung erscheint, besteht Handlungsbedarf:

- Entweder installieren Sie das Zertifikat der Stammzertifizierungsstelle, die das SSL-Zertifikat herausgegeben hat.

- Sie installieren auf dem ISA Server ein SSL-Zertifikat, dessen Stammzertifizierungsstelle bereits »im Lieferumfang« von Windows XP vertraut wird (z.B. Thawte, Verisign).

Sie müssen nun überlegen, wie Outlook auf den Exchange Server zugreifen soll. Hier bieten sich mehrere Varianten an:

- Sie richten zwei Profile ein. Eines wird für den »normalen« Zugriff über RPCs verwendet, ein zweites für RPC über http. Der Benutzer entscheidet beim Starten von Outlook, welches Profil er verwenden will. Im Klartext: Erstgenanntes wird im Büro verwendet, das andere für den mobilen oder den Homeoffice-Zugriff.
- Sie arbeiten mit nur einem Profil und lassen Outlook zunächst testen, ob eine Verbindung über http aufgebaut werden kann. Schlägt dies fehl, verwendet Outlook den normalen Zugriff über RPCs.

Das erste Szenario bedarf keiner weiteren Erläuterungen, beim zweiten sind folgende Punkte anzumerken:

- Wenn Clients beim Exchange-Zugriff im Büro trotz der zuvor genannten Nachteile über RPC über http auf Exchange zugreifen sollen, müssen Sie sich über die Namensauflösung Gedanken machen: Beim externen Zugriff wird beispielsweise auf `https://mail.centince.net` zugegriffen. Dieser Name verweist auf einen externen Port des ISA Servers. Es wäre nun natürlich außerordentlich ungünstig, wenn ein Client aus dem Inneren des Netzes zunächst auf einen externen Port zugreifen würde, um seine Mail abzuholen. Abbildung 14.39 visualisiert dieses Problem.
Abhilfe kann man schaffen, indem man die Namensauflösung im Innenbereich des Netzes dahingehend anpasst, dass beim Aufruf von `https://mail.centince.net` direkt auf den RPC-Proxy verwiesen wird.
- Unabhängig von dem Thema »Namensauflösung« sollten Sie nicht auch Ihren gesamten internen Outlook-Traffic über RPC über https ausführen: Einerseits zwängen Sie dadurch sämtliche Zugriffe über den RPC-Proxy, andererseits werden die Global Catalog-Zugriffe über Exchange (Komponente »DSProxy«) abgewickelt, anstatt direkt zu einem Global Catalog-Server zu gehen.
- Outlook bietet die Möglichkeit, zunächst den Zugriff über http zu versuchen und, falls dieser fehlschlägt, anschließend TCP/IP zu verwenden. Wenn Sie in dem in Abbildung 14.39 gezeigten Szenario verhindern, dass Outlook überhaupt eine Verbindung zu dem externen Port aufbauen kann, wird eine »normale« Verbindung mit direktem Zugriff auf den Exchange Server gewählt.
- Der umgekehrte Fall, nämlich zunächst eine »normale« und erst im Fehlerfall eine http-Verbindung aufzubauen, ist nicht implementiert.
- Sie können abhängig von der Netzwerkgeschwindigkeit festlegen, ob Outlook zunächst eine http-Verbindung versuchen soll (siehe auch Abbildung 14.41).
- Grundsätzlich zuerst eine http-Verbindung zu probieren, hat neben dem etwas längeren Startvorgang und dem zusätzlichen Netzwerkverkehr (der im LAN sicherlich zu vernachlässigen ist), den Nachteil, dass der Benutzer beim Start von Outlook nach seinem Passwort gefragt wird.

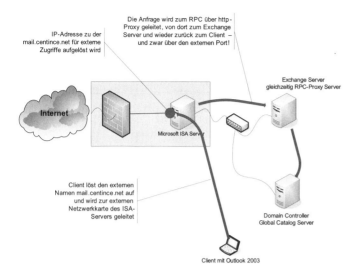

Abbildung 14.39 Wenn ein Client mit RPC-über-http im Innenbereich gestartet wird, erfolgt der Zugriff unter Umständen über den externen Port des ISA Servers. Dies hängt mit der Namensauflösung zusammen.

> **Anmerkung** Wenn Sie für die RPC-über-http-Verbindung die integrierte (NTLM) Authentifizierung wählen, entfällt diese Passwortabfrage. Die NTLM-Authentifizierung funktioniert aber unter Umständen nicht über alle Firewalls, Proxies und Reverse Proxies hinweg, so dass die Verwendung der Standardauthentifizierung zuverlässiger ist.

Kurz gesagt können Sie die Benutzer vor die Wahl stellen:

- Es wird ein zweites Profil eingerichtet, das beim mobilen Zugriff verwendet wird.
- Bei jedem Start von Outlook, egal ob im Büro oder unterwegs, erscheint eine Passwortabfrage.

Die Konfiguration selbst ist recht einfach:

- Sofern ein weiteres Profil angelegt werden soll, starten Sie mit **Systemsteuerung · Mail**. Wenn Sie im aktuellen Profil Veränderungen vornehmen möchten, kann die Konfiguration auch in Outlook über **Extras · E-Mail-Konten** aufgerufen werden.
- Bei der Konfiguration des Email-Kontos sehen Sie zunächst den Dialog »Exchange Server-Einstellungen«. Dort klicken Sie auf den Schalter »Weitere Einstellungen«.
- In dem Konfigurationsdialog für den Zugriff auf den Exchange Server können Sie auf der Karteikarte »Verbindung« die Nutzung von RPC-über-http aktivieren (»Exchange-Verbindung mit HTTP herstellen«, Abbildung 14.40).
- Mit dem Konfigurationsdialog »Exchange Proxyeinstellungen« nehmen Sie die Feinkonfiguration vor. Eingetragen werden insbesondere die externe URL des RPC-Proxys (= externe Adresse des ISA Servers) und der zu verwendene Authentifizierungstyp. Außerdem können Sie einstellen, bei welcher Netzwerkgeschwindigkeit Outlook zunächst einen Zugriffsversuch per http vornehmen soll (Abbildung 14.41).

Abbildung 14.40 Im Eigenschaften-Dialog der Verbindung zum Exchange Server findet sich sozusagen der »Hauptschalter« für den RPC-über-http-Zugriff.

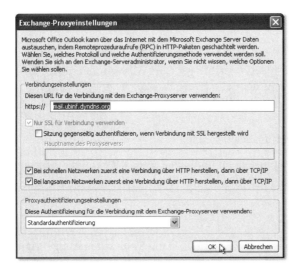

Abbildung 14.41 In diesem Dialog wird der Zugriff auf den RPC-über-http-Proxy konfiguriert.

Bei Nutzung von RPC über http gilt die dringende Empfehlung, den Cached Mode zu verwenden:

- Der Zugriff auf Exchange mittels RPC über http wird in (fast) allen Fällen über WAN-Strecken stattfinden. Insbesondere beim Arbeiten über langsame und eventuell instabile Verbindungen spielt der Cache-Modus seine Vorteile aus.
- Durch die verringerte Zugriffszahl bei Nutzung des Cached Modes wird der RPC-Proxy entlastet. Das Argument ist natürlich bei 5 Anwendern noch nicht stichhaltig, wenn

aber fünfhundert Außendienst- und Homeoffice-Mitarbeiter zugreifen, ist der Vorteil deutlich zu erkennen.

> **Hinweis** Es ist möglich, dass die Konfigurationsoption für »Exchange via Internet« nicht erscheint. Spielen Sie in diesem Fall auf dem Client den im Knowledge Base-Artikel 331320 genannten Patch ein.

Client-Konfiguration testen

Beim Testen der Outlook-Konfiguration wäre es natürlich interessant, wenn man die tatsächlichen Verbindungen zwischen Outlook und Exchange bzw. dem RPC-Proxy sehen könnte.

Dies ist möglich, wenn Sie Outlook mit dem Kommandozeilenparameter /rpcdiag aufrufen, also outlook.exe /rpcdiag.

Zusätzlich zu Outlook wird durch diesen Aufruf das Fenster aus Abbildung 14.42 gezeigt. Der angezeigte Verbindungstyp wird entweder HTTPS oder TCP/IP sein.

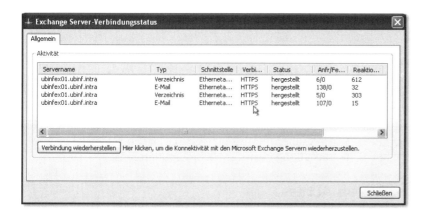

Abbildung 14.42 Dieser Dialog zeigt die aktuell von Outlook aufgebauten Verbindungen. In diesem Fall ist Outlook über RPC über http verbunden, was an der Anzeige HTTPS zu erkennen ist.

Sie können übrigens jederzeit die geöffneten Verbindungen kontrollieren, indem Sie im Tray (neben der Uhr) **bei gedrückter** [Strg]**-Taste** mit der linken Maustaste auf das kleine Outlook-Symbol klicken (Abbildung 14.43). In dem Menü wählen Sie die Option »Verbindungsstatus« aus, worauf sich der in Abbildung 14.42 gezeigte Diagnosedialog öffnet.

Troubleshooting

Der Zugriff funktioniert nicht? Vielleicht helfen diese Troubleshooting-Tipps (ausführliche Erläuterungen zu den einzelnen Szenarien finden Sie weiter oben in diesem Kapitel):

▶ Geben Sie auf dem Client im Browser die URL https://servername/rpc ein. Das System soll Sie dreimal nach Benutzername und Kennwort fragen und dann die Fehlermeldung

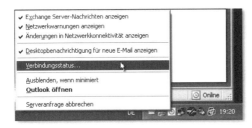

Abbildung 14.43 Die aktuellen Verbindungen können durch Aufruf des Verbindungsstatus überprüft werden. Dieses Menü öffnet sich, wenn man bei gedrückter STRG-Taste mit der linken Maustaste auf das kleine Outlook-Symbol im Tray (neben der Uhr) klickt.

401.3 ausgeben (siehe Abbildung 14.29). Wenn Sie dieses Verhalten nicht feststellen können, prüfen Sie nochmal sämtliche Konfigurationsschritte.

- Wenn Sie bei dem zuvor genannten Test eine Zertifikatswarnung erhalten, installieren Sie das Zertifikat der Stammzertifizierungsstelle auf dem Client, oder beschaffen Sie ein SSL-Zertifikat einer kommerziellen Zertifizierungsstelle (Verisign, Thawte & Co).
- Überprüfen Sie im Anwendungsprotokoll des Servers, auf dem der RPC-über-http-Proxy läuft, ob dieser Dienst korrekt gestartet worden ist oder auf einen Fehler gestoßen ist.
- Wenn Sie beim Start von Outlook immer wieder nach Benutzername und Kennwort gefragt werden, könnte es sein, dass das SSL-Offloading nur auf dem ISA Server, nicht aber auf dem RPC-over-http-Proxy konfiguriert ist. Prüfen Sie, ob der Registrierungsschlüssel `AllowAnonymous` gesetzt ist.
- Letzter Hinweis: Gehen Sie nochmals akribisch die Konfigurationsdialoge und die Registry-Einträge durch. Für RPC-über-http ist zugegebenermaßen recht viel zu konfigurieren – und eine falsche Einstellung kann zur Nicht-Funktion führen.

14.5 Outlook Web Access

Sie müssen nicht unbedingt Outlook verwenden, um Zugriff auf die von Exchange bereitgestellten Informationen zu haben. Mit Outlook Web Access steht Ihnen eine leistungsfähige Web-Applikation zur Verfügung, die in vielen Fällen die Outlook-Applikation überflüssig machen könnte.

Die Vorteile der Web-Applikation liegen auf der Hand:

- Auf den Clients muss nichts installiert werden – zumindest, wenn ein moderner Browser vorhanden ist.
- Da nichts installiert werden muss, muss auch nichts gepflegt werden. Sie haben keine Last mit Patches, Updates etc.
- Die Benutzer können sowohl von beliebigen PCs in der Firma, mobilen Notebooks, öffentlichen Internet-Terminals in Flughäfen oder von einem PC des Geschäftspartners auf die Exchange-Informationen zugreifen. Der Benutzer wird also unabhängig von einem bestimmten (= seinem) PC.

Wenn Sie Outlook Web Access noch nicht im Einsatz gesehen haben, achten Sie auf die Screenshots in Abbilundg 14.44 und Abbildung 14.45. Auf den ersten Blick sind die Darstellungen vom »normalen« Outlook kaum zu unterscheiden.

Abbildung 14.44 Outlook Web Access: Ansicht auf den Posteingang

Natürlich gibt es auch einige Nachteile bzw. Aspekte, die bei der »normalen« Outlook-Applikation besser gelöst sind:

- Ein »Power-User«, der mit sehr großen Informationsmengen arbeitet, wird sich Outlook wünschen. Dies gilt letztendlich nicht nur für OWA vs. Outlook: Eine Rich-Client-Applikation bietet im Vergleich zu einer Webanwendung immer das leistungsfähigere Benutzerinterface.
- Wenn die Benutzer auf Outlook-Formulare oder sonstige Programmierung angewiesen sind, genügt Outlook Web Access nicht, weil diese Funktionen dort nicht zur Verfügung stehen.
- Das zuvor Gesagte gilt natürlich auch für auf Outlook aufsetzende Applikationen wie den Business Contact Manager: OWA ist nicht Outlook, bzw. eine Outlook-Applikation läuft nicht auf einem OWA-System.
- Eine Web-Applikation setzt immer eine Online-Verbindung voraus: Wenn der Benutzer auch offline mit seinen Mails und Messaging-Daten arbeiten möchte, ist OWA definitiv ungeeignet.
- Wenn die Online-Anbindung des Benutzers (an das Internet) nur sehr schmalbandig ist, wird er mit der Web-Applikation nicht sonderlich glücklich werden. In diesem Fall wäre Outlook 2003 im Cached Mode die beste Variante.

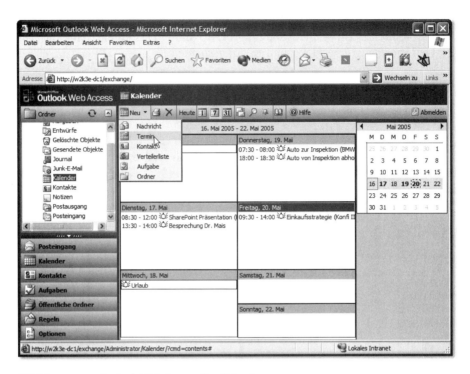

Abbildung 14.45 Outlook Web Access: Der Kalender

In jedem Fall bietet Outlook Web Access eine sehr leistungsfähige Oberfläche, mit der man die grundsätzlichen Arbeiten des Mail- und Messaging-Alltags erledigen kann. Aus Outlook Web Access lassen sich übrigens auch grundlegende Einstellungen wie beispielsweise die Aktivierung des Abwesenheitsassistenten konfigurieren.

14.5.1 Versionen

Outlook Web Access wird in zwei Versionen dargestellt:

▶ **Premium**: Wenn ein Browser ab Internet Explorer 5.01 verwendet wird
▶ **Basis**: Bei Verwendung von sonstigen Browsern

Normalerweise entscheidet das System selbstständig, welche OWA-Version verwendet wird. Falls Sie formularbasierte Authentifizierung verwenden, können Sie manuell den Modus wählen – vorausgesetzt, Sie verfügen über einen Internet Explorer 5.01 oder höher.

Die folgende Tabelle enthält einen Vergleich zwischen den Möglichkeiten der Basis- und der Premium-Version:

Feature	Beschreibung	Premium	Basis
An- und Abmelden			
Anmeldeseite	Neues, angepasstes Formular zum Anmelden bei Outlook Web Access – einschließlich der Gültigkeitsprüfung mit Cookies, wobei das Outlook Web Access-Cookie nach dem Abmelden des Benutzers oder nach einem zuvor festgelegten Zeitraum der Inaktivität ungültig wird.	Ja, mit Auswahlmöglichkeit zur Verwendung von Outlook Web Access Basic	Ja, jedoch nur Verwendung von Outlook Web Access Basic möglich
Löschen des Cache für die Anmeldeinformationen nach dem Abmelden	Nach dem Abmelden werden alle Anmeldeinformationen im Cache von Internet Explorer 6 Service Pack 1 (SP1) automatisch gelöscht.	Ja, in Internet Explorer 6 SP1	Nein
Benutzeroberfläche			
Aktualisierungen der Benutzer-oberfläche	Neues Farbschema, neu angeordnete Symbolleisten	Ja; außerdem das neue Menü **Ansicht**, eine Standardschriftart für die Benutzeroberfläche und Unterstützung für bidirektionale Schrift	Ja, doch nur ein Farbschema verfügbar
Variable Objektfenstergröße	Während einer Outlook Web Access-Sitzung werden Objektfenster mit der letzten vom Benutzer festgelegten Fenstergröße und nicht mehr stets als Fenster mit 500 x 700 Bildpunkten geöffnet.	Ja	Nein
Statusleiste für Objektfenster	Objektfenster verfügen nun über eine Statusleiste. Dort werden die URLs von Hyperlinks in E-Mail-Nachrichten angezeigt. Verschieben Sie zum Anzeigen des URL den Mauszeiger über den Hyperlink.	Ja	Nein, Objekte werden nicht in einem eigenen Fenster geöffnet (die Statusleiste ist jedoch verfügbar).
Anzeige			
Zweizeilige Ansicht der E-Mail-Nachrichten	In der neuen Ansicht wird die Nachrichtenliste nicht mehr waagerecht, sondern senkrecht angeordnet. Dies erleichtert die Verwendung des Lesefensters.	Ja	Nein

Feature	Beschreibung	Premium	Basis
Lesefenster (in früheren Versionen von Outlook Web Access als Vorschaufenster bezeichnet)	Das in der Größe veränderbare Lesefenster wird nun standardmäßig rechts neben der Nachrichtenliste angezeigt. E-Mail-Anlagen können direkt in diesem Fenster geöffnet werden. Außerdem können Benutzer festlegen, ob die im Lesefenster angezeigten Objekte als gelesen gekennzeichnet werden.	Ja	Nein
Als gelesen/ungelesen markieren	Mit dieser Option können Benutzer ungelesene Nachrichten als gelesen kennzeichnen und umgekehrt.	Ja	Nein
Schnellkennzeichnung	Mit dieser Option können Benutzer Nachrichten eine Nachverfolgungskennzeichnung zuweisen.	Ja	Nein
Kontextmenü	In der E-Mail-Ansicht ist ein Kontextmenü verfügbar. Auch bei der Schnellkennzeichnung steht ein spezielles Kontextmenü zur Verfügung.	Ja	Nein
Tastenkombinationen	Wenn sich der Eingabefokus auf der Nachrichtenliste befindet, sind häufig verwendete Vorgänge wie das Erstellen neuer Nachrichten, das Beantworten und Weiterleiten von Nachrichten sowie das Kennzeichen als gelesen bzw. ungelesen verfügbar.	Ja	Nein
Verzögerte Aktualisierung der Anzeige	Die Anzeige wird nicht nach jedem einzelnen Löschvorgang aktualisiert, sondern nur, wenn 20 Prozent der Nachrichten einer Seite verschoben oder gelöscht wurden. Auf diese Weise wird die Leistung gesteigert.	Ja	Nein
Navigation			
Neuer Navigationsbereich	Die vereinheitlichte Benutzeroberfläche enthält Modulverknüpfungen, eine vollständige Ordnerstruktur und eine Schaltfläche zum Aktualisieren der Objektanzahl.	Ja	Nur Verknüpfungen

Feature	Beschreibung	Premium	Basis
	Außerdem ist die Breite des Fensterbereichs einstellbar.		
Suchordner	In der Ordnerstruktur werden mit Outlook erstellte Suchordner angezeigt. Diese müssen im Onlinemodus von Outlook erstellt werden.	Ja	Nein
Benachrichtigungen	Im Navigationsbereich werden neue E-Mail- und Erinnerungsbenach-richtigungen angezeigt.	Ja	Nein
Öffentliche Ordner	Öffentliche Ordner werden in einem neuen Fenster angezeigt.	Ja	Nein
Abmeldeoption auf der Symbolleiste	Die Abmeldeoption befindet sich nun auf der Symbolleiste »Ansicht« und nicht mehr im Navigationsbereich.	Ja	Nein
Email-Verarbeitung			
Rechtschreibprüfung	Für E-Mail-Nachrichten steht eine Rechtschreibprüfung zur Verfügung.	Ja	Nein
Neue Adressierungsfunktionen	Neue integrierte Darstellung, vereinfachtes Löschen von Empfängern	Ja	Nein
Eigenschaftenseiten für die globale Adressliste	Auf den Eigenschaftenseiten wird nun für Benutzer, deren Adresse in der globalen Adressliste (GAL) aufgelöst werden konnte, der Name, die Adresse und die Telefonnummer angezeigt.	Ja, verfügbar in empfangenen Nachrichtenobjekten, Entwurfsobjekten, im Dialogfeld »Namen überprüfen« und im Dialogfeld »Namen suchen«	Ja, nur verfügbar in empfangenen Nachrichten-objekten und Entwurfsobjekten
Hinzufügen zu den Kontakten	Benutzer können aufgelöste Empfänger aus empfangenen Nachrichten oder Entwürfen dem Hauptordner »Kontakte« hinzufügen.	Ja, Feature auf Eigenschaftenseiten oder im Kontextmenü zu aufgelösten Namen	Nein

Feature	Beschreibung	Premium	Basis
Senden von E-Mail aus Namen suchen	Benutzer können neue Nachrichten an Empfänger senden, die im Dialogfeld »Namen suchen« angezeigt werden, wenn dieses aus einer E-Mail-Ansicht geöffnet wird.	Ja	Nein
Kontakte in Namen suchen	Benutzer können im Dialogfeld »Namen suchen« den Hauptordner »Kontakte« durchsuchen.	Ja	Nein
Automatische Signatur	Benutzer können eine Signatur erstellen, die automatisch in E-Mail-Nachrichten eingefügt wird.	Ja, mit Formatierung in HTML; Signatur kann bei Bedarf auch manuell eingefügt werden.	Ja, nur Text, keine Formatierung; Signatur kann nicht manuell eingefügt werden
Standardschriftart für den E-Mail-Editor	Für den E-Mail-Editor ist eine benutzerdefinierbare Standardschriftart verfügbar.	Ja	Nein
Navigieren nach dem Löschen	Benutzer können nach dem Löschen eines Nachrichtenobjekts das nächste oder vorherige Objekt öffnen.	Ja	Nein
Lesebestätigungen	Benutzer können Anforderungen für Lesebestätigungen verwenden oder ignorieren.	Ja, Benutzer können Lesebestätigungen auch dann versenden, wenn das Ignorieren von Lesebestätigungen eingestellt ist.	Ja, Benutzer können keine Lesebestätigungen versenden, wenn das Ignorieren von Lesebestätigungen eingestellt ist.
Verschlüsselte/ signierte E-Mail	Das Senden und Empfangen von verschlüsselten und/oder signierten E-Mails wird unterstützt.	Ja, ab Internet Explorer 6 unter Microsoft Windows 2000	Nein
Nachrichtenregeln			
Regeln	Benutzer können server-basierte Nachrichtenregeln für E-Mail-Nachrichten erstellen und verwalten.	Ja	Nein

Feature	Beschreibung	Premium	Basis
Aufgabenverwaltung			
Persönliche Aufgaben	Benutzer können persönliche Aufgaben erstellen und verwalten sowie entsprechende Erinnerungen erhalten.	Ja	Ja, jedoch keine Erinnerungen
Kalender			
Teilnehmererinnerung	Teilnehmer können für empfangene Besprechungsanfragen eigene Erinnerungszeiten festlegen.	Ja	Nein
Anzeige von Kalender aus einer Besprechungsanfrage	Teilnehmer können Kalender aus einer Besprechungsanfrage öffnen.	Ja	Nein
Teilnehmerer-innerung	Teilnehmer einer Besprechung können für Besprechungsanfragen eigene Erinnerungszeiten festlegen.	Ja	Nein

Mit dem Basis-Modus von OWA ist ein sinnvolles Arbeiten durchaus möglich, Sie sehen aber an der Auflistung, dass der Premium-Mode deutlich leistungsstärker ist. Der Basic-Modus hat natürlich auch Vorteile, hier wäre sicherlich insbesondere der geringere Bandbreitenbedarf zu nennen.

In Abbildung 14.46 ist OWA im Basis-Modus gezeigt. Sie sehen, dass ein Zugriff auf die in Exchange gespeicherten Informationen möglich ist. Die wesentlich leistungsfähigere Oberfläche im Premium-Modus bietet natürlich einen deutlich höheren Bedienkomfort.

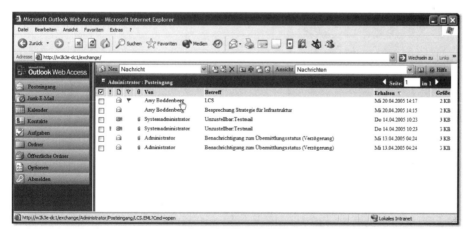

Abbildung 14.46 Auch im Basis-Modus bietet Outlook Web Access Zugriff auf die in Exchange gespeicherten Informationen, die Oberfläche ist aber bei weitem nicht so leistungsfähig wie im Premium-Modus.

Noch ein Hinweis Outlook Web Access ist nicht geeignet, um den Zugriff mit Mobilgeräten (PocketPC, SmartPhone) zu realisieren. Dies hat zwei Gründe: Einerseits läuft OWA nicht mit allen Microbrowsern, denn es werden beispielsweise Frames benötigt. Der zweite Grund ist, dass OWA für sehr kleine Bildschirme schlicht und ergreifend ungeeignet ist, was man sich mit einem Blick in Abbildung 14.47 leicht erklären kann: Man kann zwar die Basis-Ansicht von OWA erkennen, sinnvoll arbeiten kann man so sicherlich nicht. Auf einem SmartPhone, das einen noch kleineren Bildschirm verwendet, sieht das natürlich noch »schlimmer« aus.

Für den Webzugriff mit mobilen Geräten aller Art eignet sich Outlook Mobile Access (OMA), das in Abschnitt 14.6 ausführlich besprochen wird.

Abbildung 14.47 Outlook Web Access ist für Browser von PocketPCs oder SmartPhones nur sehr bedingt geeignet.

Betriebssysteme und Browser

Im Normalfall ermittelt Outlook Web Access selbst, welcher Modus beim zugreifenden Browser verwendet werden soll. Die folgende Tabelle zeigt eine von Microsoft veröffentlichte Kompatibilitätsliste für Browser nebst Betriebssystem: B bedeutet, dass der OWA-Basismodus unterstützt wird, P weist auf den Premium-Modus hin.

	Windows 98 Zweite Ausgabe	Windows ME	Windows 2000	Windows XP	Windows Server 2003
Internet Explorer 5.1	B, P	Keine	B, P	Keine	Keine
Internet Explorer 5.5; SP2	B, P	B, P	B, P	Keine	Keine
Internet Explorer 6	B, P	B, P	B, P	B, P	Keine
Internet Explorer 6 SP1	B, P	B, P	B, P	B, P	B, P
MSN® ab Version 8	Keine	Keine	Keine	B, P	B, P
Netscape Navigator 4.8	B	B	B	B	B
Netscape Navigator 7	B	B	B	B	B

Neben den hier aufgeführten Browsern funktionieren prinzipiell alle Browser, die zumindest Frames unterstützen – Microsoft unterstützt diese aber nicht.

Für andere als die hier aufgeführten Betriebssysteme und Browser wird Outlook Web Access lediglich im Basis-Modus ausgeführt. Das gilt übrigens auch für den IE5 für Macintosh.

14.5.2 Topologie (Front-End-/Web-End-Architekturen)

Die Anbindung an das Internet, die Veröffentlichung von Serverfunktionen mittels des ISA Servers und die Front-End-/Back-End-Architektur werden ausführlich in Kapitel 13 und Abschnitt 15.3 besprochen. In diesem Abschnitt erläutere ich daher nur das Wichtigste im Telegrammstil:

Wenn Sie einen einzelnen Exchange Server betreiben, nutzen Sie den ISA Server 2004, um OWA (und auch OMA und EAS) für Internet-Clients zugänglich zu machen. Der ISA Server wird in die DMZ Ihrer Unternehmensfirewall gestellt und führt mit »Webserver Publishing« ein Reverse Proxying durch. Das Szenario ist in Abbildung 14.48 dargestellt. Alternativ kann der ISA Server auch »hinter« einer vorhandenen Unternehmensfirewall angeordnet werden.

Wenn Sie mehrere Exchange Server mit Postfächern (= Back-End-Server) betreiben, sollten Sie einen Front-End-Server in Ihre Landschaft integrieren. Die genauen Erklärungen zu der Funktion eines Front-End-Servers finden Sie in Kapitel 13. Empfohlen wird auch in diesem Fall der Einsatz des ISA Servers mit Webserver Publishing.

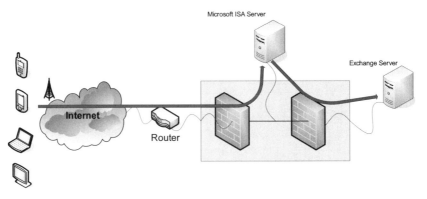

Abbildung 14.48 Wenn Sie einen einzelnen Exchange Server einsetzen, können Sie Outlook Web Access mittels der Webserver Publishing-Funktion des ISA Servers bereitstellen.

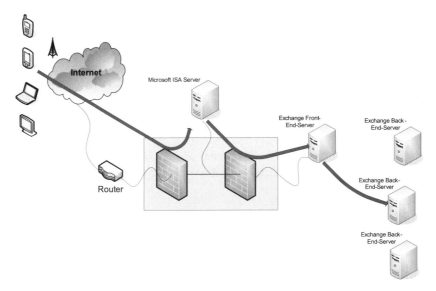

Abbildung 14.49 Wenn in Ihrem Unternehmen mehrere Exchange Back-End-Server eingesetzt werden, ist der Einsatz eines Front-End-Servers zu empfehlen.

14.5.3 Konfiguration

Die OWA-Anwender finden auf der Seite »Optionen« diverse Möglichkeiten, mit denen sie ihre eigenen Einstellungen anpassen können. Um administrative Einstellungen zu ändern, können Sie entweder manuell Werte in der Registry anpassen oder verwenden das Werkzeug »Outlook Web Access Web Administration«, das Sie als Datei **OWAAdmin.EXE** von der Microsoft-Website beziehen können. Sie können es ohne weitere Konfigurationsarbeiten auf einem Exchange Server installieren und es mit `https://servername/owaadmin` aufrufen (Abbildung 14.50).

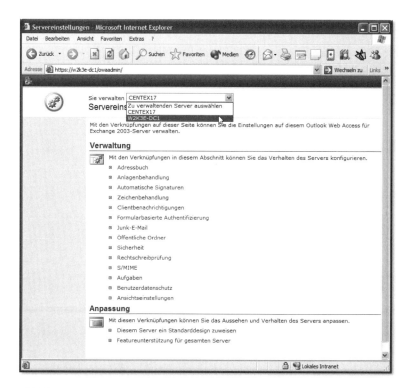

Abbildung 14.50 Eine bequeme Administration der doch recht vielfältigen Einstellungen für Outlook Web Access ist mit OWAAdmin möglich.

Wir werden nun nicht sämtliche Einstelloptionen dieses Werkzeugs durcharbeiten. Neben den einzelnen Konfigurationsoptionen finden sich recht ausführliche Beschreibungen, so dass sich der Sinn recht einfach erschließt. Nichtsdestotrotz werde ich in den nächsten Abschnitten einige Optionen im größeren Zusammenhang erläutern.

14.5.4 Sichern der Kommunikation

Damit Outlook Web Access kein Sicherheitsrisiko wird, sind primär zwei Aspekte zu beachten:

▶ Sie müssen für eine vernünftige Sicherung an das Internet sorgen. Ich habe im »wahren Leben« viele wirklich erschreckende Konfigurationen gesehen, bei der ganze Exchange-Postfachserver in die DMZ gestellt wurden, weil die Administratoren sich nicht anders zu helfen wussten, als die Anforderung »Mail von unterwegs abrufen« an sie herangetragen wurde. Wie Sie Ihr Exchange-System sicher an das Internet anbinden, erfahren Sie detailliert in Kapitel 15.

▶ Selbstverständlich müssen Informationen, die über das Internet transportiert werden, verschlüsselt werden. Da die Informationen, die im Exchange-System gespeichert sind, häufig zu den sensibelsten des ganzen Unternehmens gehören (=> z.B. vertrauliche Mails), sollte es selbstverständlich sein, dass dieser Datenverkehr verschlüsselt wird. Mehr dazu folgt in Abschnitt 16.2.

14.5.5 »Featureunterstützung« und Segmentierung

Wenn Sie im OWA Webadmin-Werkzeug den Punkt »Featureunterstützung für gesamten Server« wählen, erhalten Sie die in Abbildung 14.51 gezeigte Konfigurationsmöglichkeit zur Anpassung der Features auf Serverebene. Hiermit können sehr einfach Features für den kompletten Server aus- und natürlich auch eingeschaltet werden. In der Literatur wird übrigens von Segmentierung gesprochen.

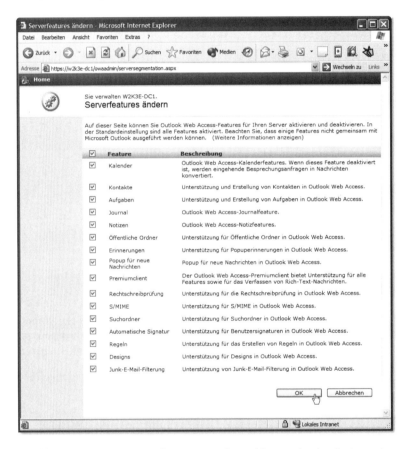

Abbildung 14.51 Im OWA-Konfigurationswerkzeug können einzelne Features ein- und ausgeschaltet werden – diese Einstellungen gelten für den kompletten Server.

In bestimmten Situationen kann es wünschenswert sein, bestimmte Features gezielt für einen Anwender auszuschalten. Wenn beispielsweise ein Benutzer keine Premium-Darstellung von OWA erhalten soll, können Sie diese Option gezielt ausschalten.

Im Endeffekt wird hierzu ein Wert im Active Directory geändert. Bei der Errechnung dieses Werts hilft die folgende Tabelle.

In der Tabelle sind alle OWA-Features mit jeweils einer Zahl aufgeführt. Wenn beispielsweise die ersten sechs Optionen für einen Benutzer aktiviert werden sollen, addieren Sie jeweils den Zahlenwert, also 1+2+4+8+16+32=63.

OWA Feature	Dezimal	Hex.
Mailzugriff	1	1
Kalender	2	2
Kontakte	4	4
Aufgaben	8	8
Journal	16	10
Notizen	32	20
Öffentliche Ordner	64	40
Erinnerungsfunktion	128	80
Anzeige neuer Nachrichten	256	100
Premium-Client	512	200
Rechtschreibprüfung	1024	400
S/MIME	2048	800
Suchfunktion	4096	1000
Signatur	8192	2000
Regeln	16384	4000
Themes	32768	8000
Junk-Email	65536	10000
Alle Möglichkeiten	4294967295	FFFFFFFF

Den ermittelten Wert können Sie mit ADSIedit ins Active Directory schreiben. Öffnen Sie hierzu die Eigenschaften des entsprechenden Benutzerobjekts und tragen Sie für das Attribut `msExchMailboxFolderSet` den mit der Tabelle ermittelten Wert ein – wichtig: Es wird der Dezimal-, nicht der Hexwert eingetragen.

Die geänderte Darstellung wird unter Umständen übrigens nicht direkt zur Verfügung stehen, sondern einige Minuten auf sich warten lassen. Dies hängt mit dem Cacheverhalten von DSAccess zusammen.

14.5.6 Passwort mit OWA ändern

Bekanntlich wird für den Zugang zu Outlook Web Access dasselbe Passwort verwendet wie für das »normale« Login am Domain Controller. Demzufolge unterliegt es natürlich auch eventuellen Passwortrichtlinien, insbesondere bezüglich des regelmäßigen Wechsels des Kennworts. Wenn Benutzer überwiegend im Außendienst sind und lediglich über Outlook Web Access mit dem Unternehmen kommunizieren, wäre eine Möglichkeit zum Wechseln des Passworts aus OWA heraus sinnvoll. Diese Möglichkeit besteht, Sie müssen allerdings einige Konfigurationsschritte vornehmen.

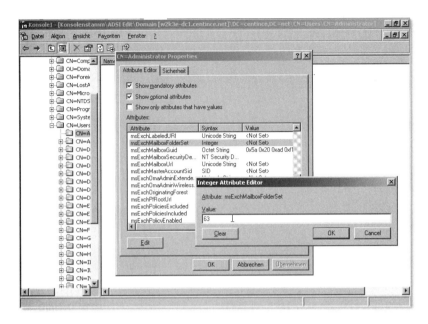

Abbildung 14.52 Mit ADSIedit können gezielt Werte von Attributen des AD-Objekts geändert werden.

Aktivieren der Funktion

Das Wechseln des Passworts ist an sich keine Outlook Web Access-Funktion, sondern ist im Standardumfang des Internet Information Servers vorhanden. Allerdings muss diese kleine Applikation konfiguriert und in OWA eingebunden werden. Hierzu wird wie folgt vorgegangen:

- Starten Sie den Internetinformationsdienste-Manager.
- Wählen Sie im Kontextmenü der Standardwebsite die Erstellung eines neuen virtuellen Verzeichnisses (Abbildung 14.53). Es öffnet sich ein Assistent.
- Als Alias für das virtuelle Verzeichnis geben Sie IISADMPWD an (der Name ist *nicht* beliebig).
- Das »Verzeichnis für den Websiteinhalt« ist bei einer Standardinstallation **C:\WINDOWS\system32\inetsrv\iisadmpwd**. Dieser Pfad muss auf Ihrem System bereits existieren, kontrollieren Sie dies bitte!
- Nun müssen noch die Zugriffsberechtigungen gesetzt werden. Es darf nur »Lesen« und »Skripts ausführen« angekreuzt sein (Abbildung 14.54).

Diese Warnung gilt für den folgenden Abschnitt: **Achtung! Bearbeiten der Registry kann zum Tod Ihres Systems führen.**

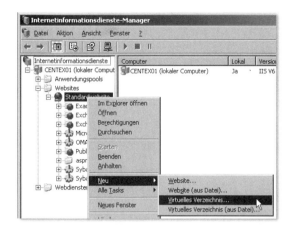

Abbildung 14.53 Um das Wechseln des Passworts in OWA zu ermöglichen, wird zunächst ein neues virtuelles Verzeichnis im IIS angelegt.

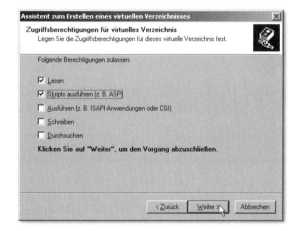

Abbildung 14.54 Als Berechtigungen für das virtuelle Verzeichnis IISADMPWD genügen »Lesen« und »Skripts ausführen«.

Wenn das virtuelle Verzeichnis mit den Dateien für die Passwort-Wechseln-Applikation eingerichtet ist, müssen Sie noch Outlook Web Access so konfigurieren, dass der Benutzer den Vorgang über einen Schalter initiieren kann. Hierzu muss auf allen Front-End-Servern der Wert eines Registry-Key modifiziert werden. Starten Sie also regedit, und navigieren Sie zu `HKEY_LOCAL_MACHINE\SYSTEM\CurrentControlSet\Services\MSExchangeWeb\OWA`.

Falls der Key `OWA` nicht vorhanden ist, legen Sie ihn mit **Neu · Schlüssel** an. Falls der Wert `DisablePassword` nicht vorhanden ist, legen Sie ihn an, und zwar mit **Neu · DWORD-Wert**. Damit der Passwort-Wechsel möglich ist, muss für `DisablePassword` der Wert »0« eingetragen werden (Abbildung 14.55).

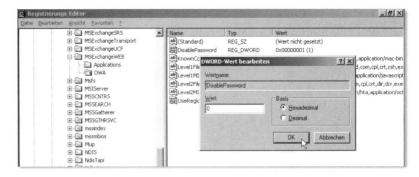

Abbildung 14.55 Damit die Option zum Wechseln des Passworts in Outlook Web Access angezeigt wird, muss ein Registry-Key gesetzt werden.

Wenn der Registry-Wert eingetragen ist, müssen die Dienste »Microsoft-Exchange-Informationsspeicher« und »IIS Verwaltungsdienst« neu gestartet werden.

Wenn Outlook Web Access-Clients nun die Dialogseite »Optionen« öffnen, steht im unteren Bereich der Schalter »Kennwort ändern« zur Verfügung (Abbildung 14.56).

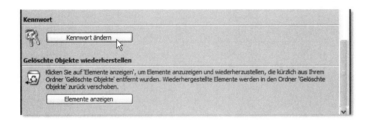

Abbildung 14.56 Zum Wechseln des Passworts findet der Benutzer auf der Dialogseite »Optionen« den Schalter »Kennwort ändern«.

Als Reaktion auf einen Klick auf den »Kennwort ändern«-Schalter öffnet sich ein kleines Fenster, in dem der Anwender sein Kennwort wechseln kann (Abbildung 14.57).

Es ist nicht zu leugnen, dass dieser Dialog nicht unbedingt der intuitivste und bedienerfreundlichste der Computergeschichte ist. Im Allgemeinen werden Sie Ihren Benutzern eine kleine Anleitung zur Verfügung stellen müssen, in der erklärt wird, was beispielsweise bei »Domäne« einzutragen ist; diese Eingabezeile ist für die meisten Anwender ein unüberwindliches Hindernis!

Wenn Sie eine Struktur mit Front-End- und Back-End-Servern verwenden, muss die zuvor beschriebene Installation auf sämtlichen Front-End-Servern durchgeführt werden.

Verschlüsselung des Datenverkehrs

Aus Sicherheitsgründen kann die Applikation zum Wechseln des Passworts nur aufgerufen werden, wenn der Client eine SSL-gesicherte Verbindung zum Server aufgebaut hat. Das ist ja auch absolut sinnvoll, denn sensible Daten wie Benutzernamen und Kennwörter sollten nicht unverschlüsselt durch das Internet übertragen werden.

Abbildung 14.57 Das Utility zum Wechseln des Passworts ist recht spartanisch – es funktioniert aber.

Nun ist es natürlich denkbar, dass die SSL-Übertragung nicht auf dem Exchange Server, auf dem die Passwort-wechseln-Applikation läuft, terminiert wird, sondern auf einem vorgeschalteten System. Dies könnte beispielsweise der Microsoft ISA Server 2004 sein (siehe Abbildung 14.58). Die Terminierung auf einem anderen System bringt folgende Vorteile:

- Die Durchführung der SSL-Verschlüsselung ist relativ leistungsintensiv. Bei sehr stark belasteten Exchange-Systemen ist es durchaus sinnvoll, das Verschlüsseln auf einem anderen System, das ggf. über eine SSL-Beschleunigerkarte verfügt, auszuführen.

- Intelligente Systeme wie der ISA Server sorgen dafür, dass suspekte Datenströme nicht bis zu den Exchange Servern vordringen (entschuldigen Sie die etwas nebulöse Formulierung, aber die Beschreibung von Angriffsszenarien auf Exchange Server sprengt den Rahmen dieses Buchs). Der ISA Server hat aber keine Chance, diese Aufgabe durchzuführen, wenn er nur verschlüsselte Datenpakete durchleitet, in die er nicht »hineinschauen« kann. Aus diesem Grund terminiert in Abbildung 14.58 der ISA Server die SSL-Verbindung und leitet nur geprüfte Datenpakete weiter.

- Wenn Sie Outlook Web Access (OWA, mit formularbasierter Authentifizierung), Outlook Mobile Access (OMA) und Exchange ActiveSync (EAS) betreiben (ansatzweise beschrieben im Knowledge Base-Artikel 817379), sind etliche Anstrengungen notwendig, wenn Sie eine SSL-Verbindung bis zu dem Exchange Server führen. Wenn Sie bereits auf dem ISA Server (oder einem anderen System) die SSL-Verbindung terminieren, ist die Exchange-seitige Konfiguration deutlich einfacher.

Wenn also die SSL-Übertragung bereits auf dem ISA Server terminiert wird, besteht aus Sicht des Exchange Servers keine sichere Verbindung zum Client, und demzufolge wird die Applikation zum Wechseln des Passworts nicht funktionieren.

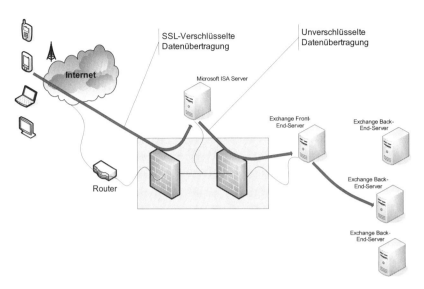

Abbildung 14.58 Die hier gezeigte Konfiguration hat einige Vorteile: Hier wird die SSL-Verbindung vom ISA Server terminiert.

Das Problem ist durch einen Eintrag in der IIS-Metabase zu beheben. Die Werte für die dortigen »PasswordChangeFlags« sind:

- 0: Das Wechseln eines Passworts ist nur mit einer SSL-Verbindung zulässig.
- 1: Das Wechseln eines Passworts ist auch über unsichere Verbindungen möglich.
- 2: Passwörter können nicht gewechselt werden.

Zum Ändern dieser Werte verwenden Sie ein Skript, das auf einer »normalen« Installation im Verzeichnis **c:\inetpub\adminSkripts** liegt. Wechseln Sie also in dieses Verzeichnis, und führen Sie, um das Wechseln von Passwörtern über eine unsichere Verbindung zu ermöglichen, folgende Befehlszeile aus:

```
adsutil.vbs set w3svc/passwordchangeflags 1
```

Missbrauchen Sie diese Möglichkeit *keinesfalls*, um das Wechseln von Passwörtern über eine komplett ungesicherte Verbindung zu ermöglichen!

> **Hinweis** In Abschnitt 16.2 ist ausführlich erläutert, wie Sie ein Zertifikat für einen virtuellen Webserver installieren.

14.5.7 Formularbasierte Authentifizierung

Standardmäßig wird bei der Anmeldung an Outlook Web Access die Windows-integrierte Anmeldung verwendet, was zu dem in Abbildung 14.59 gezeigten Anmeldedialog führt.

Da bei den Unternehmen der Wunsch nach einer anderen Anmeldemöglichkeit aufgekommen ist, hat Microsoft die formularbasierte Authentifizierung für Outlook Web Access eingeführt.

Abbildung 14.59 Bei nicht-formularbasierter Anmeldung erscheint der Anmeldedialog für die Windows-integrierte Authentifizierung.

Der wesentliche Vorteil der formularbasierten Authentifizierung ist, dass keinerlei Anmeldeinformationen gespeichert werden. Dies ist natürlich insbesondere dann interessant, wenn sich Ihre Benutzer von öffentlichen Internet-Terminals oder von PCs Ihrer Geschäftspartner aus anmelden. Die Vorteile, die sich hierdurch ergeben, sind:

- Die Credentials werden nicht zwischengespeichert.
- Das Cookie, das auf dem Browser des Anwenders gesetzt wird, läuft nach einer einstellbaren (kurzen) Zeit aus.

Die formularbasierte Authentifizierung kann mit einem Mausklick aktiviert werden. Eine wichtige Voraussetzung ist allerdings, dass diese nur bei einer Verwendung einer SSL-verschlüsselten Verbindung verwendet werden kann. Der Hintergrund ist, dass bei der formularbasierten Authentifizierung ansonsten die Übertragung des Passworts über eine ungesicherte Verbindung vorgenommen würde – das gilt es natürlich unbedingt zu vermeiden.

Wie Sie ein Zertifikat auf einem virtuellen Webserver installieren, können Sie recht ausführlich im Abschnitt 16.2 nachlesen! Das Zertifikat wird dort benötigt, um die Anforderung von SSL-Verbindungen durch Clients annehmen zu können.

Das Aktivieren der formularbasierten Authentifizierung ist mit einem Mausklick erledigt:

- Im Exchange System-Manager findet sich unterhalb des Serverobjekts das Protokoll »http«. Dort rufen Sie die Eigenschaften des virtuellen Exchange Servers auf, für den die formularbasierte Authentifizierung aktiviert werden soll.
- Im Eigenschaften-Dialog muss lediglich eine Checkbox aktiviert werden (Abbildung 14.60).

Falls die Checkbox zum Aktivieren der formularbasierten Authentifizierung deaktiviert ist, liegt das vermutlich daran, dass es sich bei dem System um einen Exchange-Cluster handelt: Die formularbasierte Authentifizierung ist auf Clustern nicht unterstützt!

Der Lösungsweg für dieses Problem ist relativ einfach: Sie müssen einen vorgeschalteten Front-End-Server hinzunehmen.

Abbildung 14.60 Um formularbasierte Authentifizierung zu aktivieren, wird im Eigenschaften-Dialog des virtuellen Exchange Servers die entsprechende Checkbox aktiviert.

Die in dem Dialog ebenfalls einstellbare Kompression funktioniert übrigens nur, wenn der Browser des Anwenders explizit mitteilt, dass er diese Methode unterstützt; dies ist nur bei aktuellen Browsern der Fall.

Sie sollten sich gut überlegen, ob Sie die Kompression wirklich verwenden möchten, da dies mit relativ hoher Prozessorbelastung verbunden ist. Die Kompression macht sicherlich Sinn, wenn sich Clients über sehr schmalbandige Wählleitungen verbinden. Für im LAN oder über DSL angebundene PCs bringt dies wenig Vorteile – eher im Gegenteil.

Der Anmeldedialog

Der Anmeldedialog von Outlook Web Access bei Nutzung formularbasierter Authentifizierung ist in Abbildung 14.61 zu sehen. Interessant ist übrigens, dass der Benutzer hier auswählen kann, ob er den Premium- oder den Basic-Client verwenden möchte. Wenn Sie nicht die formularbasierte Authentifizierung verwenden, können Sie Benutzern mit einem modernen Internet Explorer nicht so ohne weiteres den Basic-Client anbieten – OWA entscheidet selbst anhand der Browserversion, welche Client-Version verwendet wird.

Zur Erinnerung: Die Basic-Version ist deutlich funktionseingeschränkt, konsumiert aber eine geringere Bandbreite – optimal für Benutzer, die mit wirklich schmaler Bandbreite, beispielsweise über eine »schlechte« GPRS-Verbindung, angebunden sind.

Ein solcher Anmeldedialog verlangt geradezu nach einer Anpassung an das Corporate Design Ihrer Firma oder Organisation. Dies ist auch möglich, erfordert aber einige grundlegende Kenntnisse in der Programmierung von ASP-Seiten. In diesem Buch werde ich Ihnen die grundlegende Funktionsweise des Anmeldedialogs erläutern. Sie sind dann sicherlich schnell selbst in der Lage, die gewünschten Anpassungen im ASP-Skript vorzunehmen (eigentlich überflüssig zu erwähnen, aber sichern Sie zunächst den Originalzustand …).

Wenn ein Benutzer Outlook Web Access mit aktiver formularbasierter Authentifizierung startet, wird zunächst die Datei **owalogon.asp** im Verzeichnis **C:\Programme\Exchsrvr\ exchweb\bin\auth** aufgerufen.

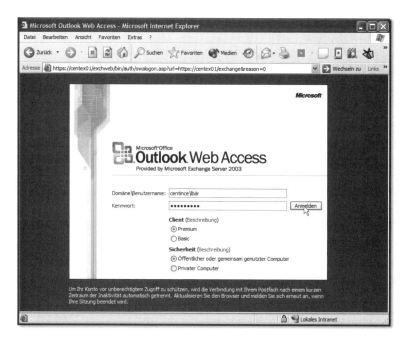

Abbildung 14.61 Der Anmeldedialog von Outlook Web Access mit formularbasierter Authentifizierung ermöglicht dem Benutzer die gezielte Auswahl der Client-Version.

In dieser ASP-Datei wird die vom Client-Browser unterstützte Sprache ermittelt und die entsprechende Version des Anmeldedialogs zugeordnet (Abbildung 14.62). Wenn der Browser zurückgibt, dass der Anwender als primäre Sprache Deutsch (»DE-DE«) verwendet, wird er zu der **logon.asp**-Datei im Verzeichnis GER umgeleitet.

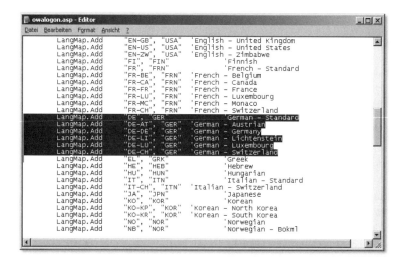

Abbildung 14.62 Bei formularbasierter Authentifizierung wird zunächst die Sprache des Anwenders ermittelt. Dann wird der entsprechende Anmeldedialog aufgerufen.

Unterhalb des Verzeichnisses, in dem **owalogon.asp** liegt, existieren ungefähr zwei Dutzend Ordner mit Sprachkürzeln, beispielsweise `ger`, `frn`, `jpn` etc. In diesen Verzeichnissen liegt jeweils eine einzelne Datei namens **logon.asp**. Diese Datei enthält den eigentlichen Anmeldedialog in der jeweiligen Sprache.

Mit ASP-Kenntnissen können Sie die Datei grafisch so modifizieren, dass der Anmeldedialog dem Corporate Design Ihres Unternehmens entspricht.

In Abschnitt 14.5.11 erfahren Sie, wie man das sonstige Erscheinungsbild von Outlook Web Access anpassen kann.

SSL-Offloading

Wie bereits erwähnt, ist es eine bewährte Vorgehensweise, Outlook Web Access mittels des ISA Servers zu veröffentlichen.

Es ergeben sich grundsätzlich drei Möglichkeiten für die Anbindung an das Internet (Abbildung 14.63):

- Der Datenverkehr Client/ISA und ISA/Exchange wird verschlüsselt.
- Der Datenverkehr Client/ISA wird verschlüsselt, der Datenverkehr ISA/Exchange wird nicht verschlüsselt (zumindest nicht mit SSL).
- Weder der Datenverkehr zwischen Client/ISA noch der zwischen ISA/Exchange wird verschlüsselt.

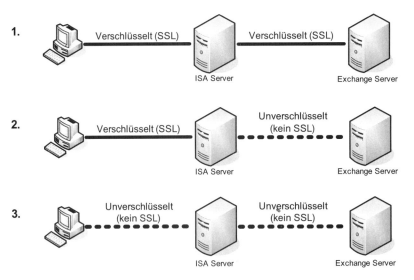

Abbildung 14.63 Bei der Kommunikation zwischen dem Client und dem Exchange Server (Outlook Web Access) sind drei Fälle zu untersuchen.

Bei den Überlegungen zu formularbasierter Authentifizierung sind bezüglich dieser drei Varianten der Anbindung einige Eigenheiten zu beachten. Diese resultieren insbesondere daraus, dass bei formularbasierter Authentifizierung grundsätzlich nur verschlüsselte Verbindungen zulässig sind.

Fall 1 ist schnell abgehandelt. Sie terminieren die SSL-Verbindung des Clients auf dem ISA Server, prüfen die Daten und leiten sie in einer neuen SSL-Verbindung zum Exchange Server weiter. Das ist grundsätzlich unproblematisch.

Fall 3 ist ebenfalls schnell besprochen, denn eine unverschlüsselte Kommunikation über das Internet ist schlicht und ergreifend nicht akzeptabel. Ich habe mir, um niemanden in Versuchung zu führen, vorgenommen, in dieses Buch nicht hineinzuschreiben, dass man zur Realisierung dieses Szenarios auf dem Exchange Server (bzw. den Front-End-Exchange Servern) in der Registry den DWORD-Wert `AllowRetailHTTPAuth` auf 1 setzen müsste.

Kommen wir zu **Fall 2**: Dieses Szenario ist aus den folgenden Gründen durchaus sinnvoll:

- Die Durchführung der SSL-Verschlüsselung ist relativ leistungsintensiv. Bei sehr stark belasteten Exchange-Systemen ist es durchaus sinnvoll, dieses auf einem anderen System, das ggf. über eine SSL-Beschleunigerkarte verfügt, auszuführen.
- Intelligente Systeme wie der ISA Server sorgen dafür, dass suspekte Datenströme nicht bis zu den Exchange Servern vordringen (sorry für die etwas nebulöse Formulierung, aber die Beschreibung von Angriffsszenarien auf Exchange Server sprengt den Rahmen dieses Buchs). Der ISA Server hat aber keine Chance, diese Aufgabe durchzuführen, wenn er nur verschlüsselte Datenpakete durchleitet, in die er nicht »hineinschauen« kann. Aus diesem Grunde terminiert in Abbildung 14.63 der ISA Server die SSL-Verbindung und leitet nur geprüfte Datenpakete weiter.

Die Umsetzung dieses Aufbaus scheitert allerdings an zwei Problemen:

- Outlook Web Access akzeptiert keine formularbasierte Authentifizierung über eine ungesicherte Verbindung.
- Selbst wenn man es dazu überreden würde (siehe `AllowRetailHTTPAuth`), würde diese Konstellation nicht funktionieren, weil Outlook Web Access dann mit »http://« beginnende Links zurückgibt, obwohl der Client https-Links erwartet.

Fall 2 kann trotz dieser Probleme implementiert werden. Wenn Sie ein wenig in der OWA-Admin-Webapplikation gestöbert haben und dabei auch auf die Einstellmöglichkeiten für formularbasierte Authentifizierung gestoßen sind, werden Sie bestimmt die Option »SSL-Verschiebung zulassen« gefunden haben (Abbildung 14.64). Hinter der in der deutschen Übersetzung sehr »sperrigen« (ich will in diesem Buch ja nicht schreiben, dass die deutsche Übersetzung an dieser Stelle einfach Mist ist) Beschreibung verbirgt sich die Lösung des Problems: Ist diese Option aktiviert, akzeptiert OWA (trotz formularbasierter Authentifizierung) eine ungesicherte Verbindung und gibt zusätzliche Headerinformationen zurück. Dem ISA Server wird so ermöglicht, dem Client funktionierende https-Links zu senden.

Die Aktivierung der »SSL-Verschiebung« im OWA-Admin bewirkt, dass der DWORD-Wert `SSLOffloaded` in der Registry auf 1 gesetzt wird (genaue Position ist `HKEY_LOCAL_MACHINE\SYSTEM\CurrentControlSet\Services\MSExchangeWEB\OWA`. Nach der Änderung ist, egal ob Sie mit OWA-Admin oder regedit arbeiten, ein Neustart des Servers notwendig.

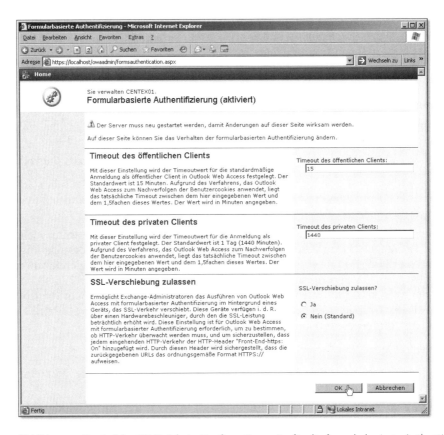

Abbildung 14.64 Auf der OWA-Admin-Konfigurationsseite für die formularbasierte Authentifizierung findet sich eine Option, um SSL Offloading zu ermöglichen (»SSL-Verschiebung...«).

14.5.8 S/MIME

Benutzer, die mit Outlook Web Access arbeiten, können ebenso wie Anwender mit dem »normalen« Outlook-Client Mails verschlüsseln und signieren. Voraussetzung ist, dass ein Zertifikatswesen installiert ist.

Kapitel 16 setzt sich mit diesen Themen sehr ausführlich auseinander. Der Abschnitt 16.4 beschäftigt sich mit dem Verschlüsseln und Signieren, Abschnitt 16.4.7 geht auf die spezielle Situation unter Outlook Web Access ein.

Abbildung 14.65 Wenn die S/MIME-Erweiterung installiert ist, können Mails signiert und verschlüsselt werden.

Im OWA-Admin finden Sie unter dem Punkt »S/MIME« ca. 20 Konfigurationsmöglichkeiten. Keine der Konfigurationsmöglichkeiten ist im Normalbetrieb so essenziell, dass hier unbedingt eine ausführliche Anpassung notwendig wäre. Aus diesem Grund verweise ich Sie an dieser Stelle auf die recht ausführlichen Beschreibungen im OWA-Admin.

14.5.9 Automatische Umleitung von http auf https

Wenn Sie ein Zertifikat für den SSL-Zugriff auf Outlook Web Access installiert haben (siehe Abschnitt 16.2), können die Anwender über eine sichere Verbindung zugreifen, indem Sie der URL `https://` anstatt `http://` voranstellen. Das Kernproblem ist nun, wie Sie den Benutzern freundlich, aber dennoch wirksam vermitteln, dass diese Möglichkeit nun bitte schön auch genutzt werden soll.

Zu verhindern, dass überhaupt eine ungesicherte Verbindung zu OWA aufgebaut werden kann, ist recht einfach:

- Navigieren Sie im Internetinformationsdienste-Manager zu dem virtuellen Verzeichnis `/exchange`. Dieses findet sich unterhalb der Standardwebsite.
- Auf der Karteikarte »Verzeichnissicherheit« klicken Sie im Bereich »Sichere Kommunikation« auf den Schalter »Bearbeiten«. Es erscheint der in Abbildung 14.66 gezeigte Dialog.
- In diesem Dialog wählen Sie die Checkbox »Sicheren Kanal voraussetzen (SSL)«. Optional können Sie eine 128-Bit-Verschlüsselung fordern. Kleiner Hinweis: Diese Verschlüsselungsstärke sollten Sie nicht wählen, wenn aus irgendwelchen Gründen Systeme auf OWA zugreifen sollen, die aus Zeiten stammen, als die 128-Bit-Verschlüsselung noch den strengen amerikanischen Exportbeschränkungen unterlag und nur eine 56-Bit-Verschlüsselung möglich war – solche Systeme sollten aber ohnein auf dem schnellsten Wege ein Update bekommen.

Abbildung 14.66 In diesem Dialog kann für ein virtuelles Verzeichnis konfiguriert werden, dass nur SSL-verschlüsselte Verbindungen zulässig sind.

Outlook Web Access verwendet für den Zugriff auf Öffentliche Ordner die Webapplikation im virtuellen Verzeichnis `/public`. Konsequenterweise sollten Sie bei diesem ebenfalls SSL-gesicherte Verbindungen vorschreiben.

Eben dies gilt für die virtuellen Verzeichnisse, in denen Outlook Mobile Access (/OMA) und Exchange ActiveSync (/Microsoft-Server-ActiveSync) liegen.

Sie sollten nicht für die komplette Standardwebsite SSL-Verschlüsselung fordern. Dies würde dazu führen, dass die automatische Umleitung, die ich Ihnen anschließend vorstelle, nicht funktioniert!

Versucht nun ein Benutzer über eine unsichere Verbindung (http://) auf OWA zuzugreifen, erhält er eine Fehlermeldung, die ihn darüber informiert, dass er der Anforderung doch bitte schön https:// voranstellen möge (Abbildung 14.67).

An dieser Stelle gilt die alte Weisheit »Wer lesen kann, ist klar im Vorteil«. Obwohl vermutlich alle Anwender sogar ziemlich gut lesen können, werden die wenigsten diese Fähigkeit beim Erscheinen dieser dieser Fehlermeldung zum Einsatz bringen und stattdessen lieber den Helpdesk anrufen (»Mail geht nicht«).

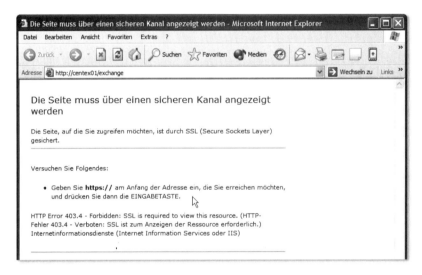

Abbildung 14.67 Wenn ein Anwender über einen ungesicherten Kanal auf OWA zugreifen möchte, erhält er diese Fehlermeldung.

Es wäre nun schön, wenn die Anwender automatisch auf eine SSL-Verbindung umgeleitet würden. Dies ist an sich recht einfach zu realisieren, die notwendigen Schritte finden Sie in knapper Form in den nächsten Zeilen. Ich orientiere mich übrigens am Knowledge Base-(KB-)Artikel 555126. Da dieser an einer Stelle etwas irreführend ist, führe ich die Schritte hier auf, anstatt Sie nur auf die KB zu verweisen. Diese Schritte müssen, sofern Sie eine Front-End-/Back-End-Architektur betreiben, auf sämtlichen Front-End-Servern ausgeführt werden.

▶ Legen Sie unterhalb des Verzeichnisses **c:\inetpub\wwwroot** ein Verzeichnis mit Namen OWAasp an (der Name ist übrigens egal, ich orientiere mich bei der Benennung an dem genannten KB-Artikel).

▶ In dem neuen Ordner legen Sie eine Datei namens OWAhttps.asp an. In dieser Datei wird das in Abbildung 14.68 gezeigte ASP-Skript angelegt. Wenn Sie es nicht abschreiben möchten, können Sie es aus dem KB-Artikel 55126 herauskopieren. Ändern Sie nicht die Einträge »SERVER_PORT« und »SERVER_NAME«. Es handelt sich hierbei um Variablen!

- Nun starten Sie den Internetinformationsdienste-Manager und legen ein neues virtuelles Verzeichnis unterhalb der Standardwebsite an. Ein Assistent wird starten und Sie durch die weitere Konfiguration führen.
- Zunächst werden Sie nach dem Alias-Namen gefragt. Geben Sie hier `OWA_Redirect` ein.
- Auf der nächsten Seite des Assistenten geben Sie den Pfad des zuvor angelegten Verzeichnisses ein, also `c:\inetpub\wwwroot\OWAasp`.
- Als Nächstes werden Sie nach den »Zugriffsberechtigungen für virtuelles Verzeichnis« gefragt – an dieser Stelle ist der Knowledge Base-Artikel nicht ganz exakt. In diesem Dialog müssen die Berechtigungen »Lesen« und »Skripts ausführen (z. B. ASP)« gesetzt sein (Abbildung 14.69).
- Nun wählen Sie das virtuelle Verzeichnis »Exchange« unterhalb der Standardwebsite aus und rufen dessen Eigenschaften-Dialog auf. Auf der Karteikarte »Benutzerdefinierte Fehler« suchen Sie den Eintrag für den http-Fehler `403;4` und wählen »Bearbeiten«.
- Tragen Sie, wie in Abbildung 14.70 gezeigt, als Nachrichtentyp URL und als Wert für URL `/OWA_Redirect/OWAhttps.asp` ein.
- Rufen Sie nun die Eigenschaften des virtuellen Verzeichnisses `OWA_Redirect` auf. Am unteren Rand der Karteikarte »Virtuelles Verzeichnis« findet sich eine Combobox zum Einstellen des Anwendungspools. Wählen Sie hier »ExchangeApplicationPool«, speichern Sie die Einstellungen, und schließen Sie den Dialog.
- Zum Schluss wird der »IIS Verwaltungsdienst« neu gestartet. Dies geschieht unter **Verwaltung · Dienste**. Beachten Sie, dass es bei dem Neustart dieses Dienstes zu einer Funktionsunterbrechung sämtlicher auf den Internetinformationsdiensten basierender Protokolle kommt (http, SMTP, POP3, NNTP, IMAP4).

Abbildung 14.68 Dieses Skript wird anstelle der Ausgabe der Fehlermeldung (Abbildung 14.67) ausgeführt. Es leitet den Browser auf die URL mit gesicherter Übertragung um.

Nach der Durchführung dieser Konfigurationsschritte kann der Benutzer `http://servername/exchange` eingeben und wird automatisch auf `https://servername/exchange` umgeleitet.

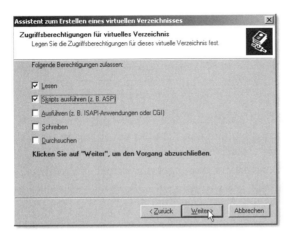

Abbildung 14.69 Für das virtuelle Verzeichnis OWA_Redirect müssen die hier gezeigten Berechtigungen gesetzt werden.

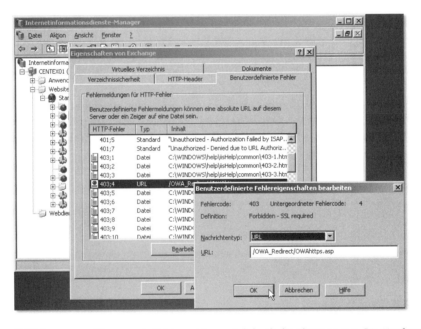

Abbildung 14.70 Die normale Fehlermeldung wird durch das Skript ersetzt. Die Konfiguration wird im Internetinformationsdienste-Manager vorgenommen.

14.5.10 Dateianhänge

Intensive Gedanken müssen Sie sich bei der Nutzung von Outlook Web Access über die Dateianhänge machen. Ein Problem sind diese in OWA zumindest dann, wenn die Benutzer tatsächlich von fremden PCs (Geschäftspartner, öffentliche Internet-Terminals) Mails einsehen und dabei Anlagen öffnen. Die Wahrscheinlichkeit, dass in diesem Fall »verwertbare Rückstände« auf diesen Systemen zurückbleiben, ist vergleichsweise hoch, zumal den meisten Benutzern die Sensibilität für den Umgang mit Dateianhängen mit OWA auf fremden Systemen fehlen wird. Die Anlagen gänzlich zu sperren, ist sicherlich nicht der richtige Weg, weil dies den Informationsgehalt vieler Mails auf null zurückfahren würde.

Der OWA-Admin bietet im Bereich »Anlagenbehandlung« diverse Einstellmöglichkeiten, die ich kurz erläutern werde (Abb. 14.71):

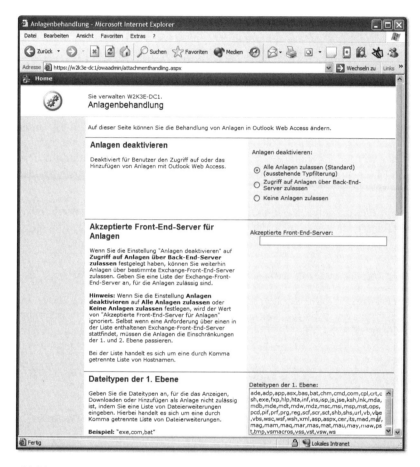

Abbildung 14.71 OWA-Admin bietet diverse Einstellmöglichkeiten für den Umgang mit Dateianhängen.

▶ Zunächst können Sie entscheiden, ob Sie generell Anlagen deaktivieren möchten. Es gibt in Form der Konfigurationsoption »Akzeptierte Front-End-Server für Anlagen« eine gewisse Grauzone zwischen »Ganz an« und »Ganz aus«. Wenn Sie im Bereich »Anlagen deaktivieren« die Option »Zugriff auf Anlagen über Back-End-Server zulassen« auswählen, können Sie in dem Eingabefeld »Akzeptierte Front-End-Server« Systeme eintragen, über die dann eben doch Anlagen erhältlich sind. In einer größeren Organisation könnte man einen Front-End-Server für Benutzer, die im LAN mit OWA arbeiten, bereitstellen und einen weiteren für solche Benutzer einrichten, die aus dem Internet zugreifen. Über den erstgenannten Server würde man Anlagen zulassen, über den anderen nicht. Auf diese Weise kann man sicherstellen, dass Anlagen nicht auf unbekannten Maschinen (Internetcafe etc.) landen, ohne die OWA-Anwender im LAN zu behindern.

- Ansonsten lassen sich die Anlagen in drei Gruppen untergliedern. Die Dateitypen werden entweder an der Extension oder am MIME-Typ erkannt:
  - Dateitypen, die niemals von OWA-Benutzern geöffnet werden können. Diese Dateien können auch beim Senden nicht an eine Mail angehängt werden.
  - Die zweite Gruppe von Dateitypen ist zwar grundsätzlich in OWA zulässig, kann allerdings nicht direkt in OWA geöffnet werden. Im Klartext bedeutet das, dass eine Datei zunächst auf der lokalen Festplatte gespeichert werden muss und von dort geöffnet wird.
  - Die letzte Gruppe sind Dateien, die direkt mit einem Mausklick geöffnet werden. Die Anzeige-Applikation wird im Browserfenster gestartet.

Bezüglich des Umgangs mit Dateianhängen unter Outlook Web Access müssen Sie unter Abwägung aller Risiken entscheiden, ob Sie es riskieren können, dass Anlagen auf unbekannten PCs geöffnet werden – genau dies kann passieren, wenn ein Anwender auf dem Internet-Terminal im Flughafen, in einem Internet-Cafe oder bei einem Geschäftspartner oder Freund einen Dateianhang herunterlädt und anzeigt.

Für SharePoint ist ein HTML-Viewer verfügbar, der zumindest Office-Dokumente konvertieren kann, für Exchange ist ein vergleichbares Add-On zumindest von Microsoft selbst nicht verfügbar.

Lösung für das Anlagenproblem mit AttachView von Messageware

Wie so häufig bieten Dritthersteller intelligente Lösungen. Das Produkt »AttachView« der Firma Messageware konvertiert die meisten gängigen Dateianhänge in nicht zwischengespeicherten (gecachten) HTML-Code: Der Benutzer kann so auf Dateianhänge zugreifen, ohne dass diese als Original-Datei auf der Festplatte des anzeigenden Systems gespeichert werden müssten (Abb. 14.72).

Eine Demoversion der Software erhalten Sie auf http://www.messageware.com.

14.5.11 Optische Anpassung (Erzeugen und Modifizieren von Themes)

Bei webbasierten Oberflächen wird regelmäßig die Frage gestellt, ob man diese seinen eigenen Bedürfnissen entsprechend anpassen kann. Grundsätzlich ist dies möglich, allerdings können Sie OWA nicht komplett umkrempeln, sondern folgende Veränderungen vornehmen:

- Austausch des Logos (links oben, im Normalfall ist dort das Office-Logo mit dem Schriftzug Outlook Web Access)
- Änderung der Farbgebung. Hier eröffnet sich eine sehr weite Spielwiese, denn jede Farbe kann angepasst werden.
- Einfügen eines Hintergrundbilds

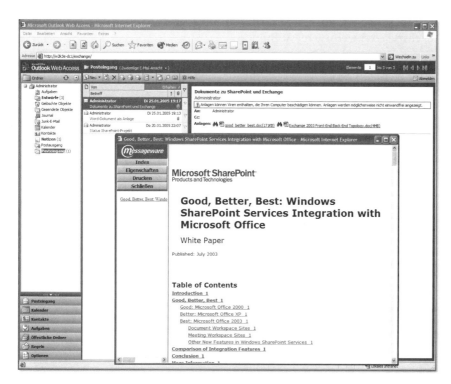

Abbildung 14.72 AttachView von Messageware konvertiert sehr viele Anlagentypen in HTML-Code.

In der englischen Dokumentation ist in diesen Zusammenhang von »Themes« die Rede – ich werde im weiteren Verlauf diesen Ausdruck verwenden. Wir werden in diesem Abschnitt also ein neues Theme für Outlook Web Access erzeugen und die drei zuvor genannten Anpassungen (Farbe, Logo, Hintergrundbild) durchführen.

Erzeugen eines neuen Themes

Bevor wir richtig loslegen können, ist ein erster Blick hinter die Kulissen erforderlich (Abbildung 14.73):

▶ Im Filesystem existiert ein Unterordner, in dem standardmäßig fünf Themes vorhanden sind. In einer Standardinstallation findet sich dieses Verzeichnis in **C:\Programme\ Exchsrvr\exchweb\themes**. Die darunter liegenden Verzeichnisse 0, 1, 2, 3 und 4 enthalten jeweils ein Theme, und in der Tat sind im Grundlieferumfang auch vier Themes enthalten, die auf einem deutschen Server die Namen Blau (Standard), Olivgrün, Silber, Burgunderrot und Dunkelblau tragen.

▶ In den Theme-Ordnern befinden sich diverse Gif-Dateien und eine CSS-Datei (CSS = Cascading Style Sheet).

Beim Anlegen eines neuen Themes geht man sinnvollerweise wie folgt vor:

▶ Zunächst kopiert man die Inhalte des Ordners eines vorhandenen Themes, also beispielsweise **C:\Programme\Exchsrvr\exchweb\themes\0** in einen neu angelegten Ordner, der allerdings auch im themes-Verzeichnis liegen muss, also beispielsweise **C:\Programme\Exchsrvr\exchweb\themes\centince**.

▶ Im zweiten Schritt muss das neue Theme in der Registry des Servers eingerichtet werden. (Wichtig: Beachten Sie ggf. den Abschnitt »Themes in einem Front-End-/Back-End-Szenario«!)

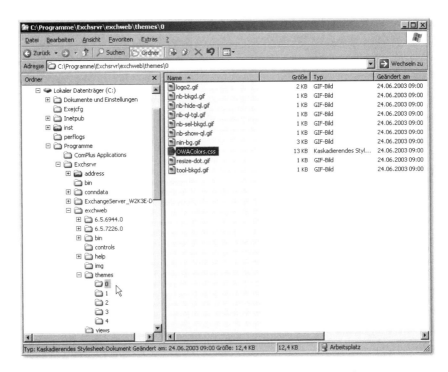

Abbildung 14.73 Die OWA-Themes liegen jeweils in einem Verzeichnis des Dateisystems; sie bestehen aus diversen Bilddateien und einem Cascading Style Sheet.

Zur Einrichtung eines Themes in der Registry öffnen Sie den altbekannten Registrierungs-Editor – an dieser Stelle dürfen die üblichen Warnungen, nämlich dass Sie mit dem Registry-Editor Ihr System völlig unbrauchbar machen können, nicht fehlen (Abbildung 14.74):

▶ Navigieren Sie zu `HKEY_LOCAL_MACHINE\SYSTEM\CurrenControlSet\Services\MSExchangeWEB\OWA`.

▶ Wenn unterhalb dieses Zweigs der Schlüssel »Themes« noch nicht vorhanden ist, legen Sie ihn mit **Neu · Schlüssel** (Kontextmenü!) an.

▶ Unterhalb von »Themes« wird nun das neue Theme angelegt. Wählen Sie **Neu-Zeichenfolge**, und geben Sie einen Wert in folgender Syntax an: `id=[ID-Wert];path=[Verzeichnisname];title=[Titel];bgcolor=[Farbwert]`. Die einzelnen Parameter haben diese Bedeutung:

  ▶ **Id**: Jedes Theme braucht einen eindeutigen Zahlenwert zur Indentifizierung. Dieser Wert muss kleiner als 0x80000000 sein.

- **Path**: Mit diesem Parameter wird der Pfad im Dateisystem unterhalb von **exchweb\themes** angegeben. Wenn Sie beispielsweise als Verzeichnis für das neue Theme **C:\Programme\Exchsrvr\exchweb\themes\centince** gewählt haben, ist der hier einzutragende Wert `centince`.
- **Title**: Hier wird der Titel des Themes definiert. Dieser Wert wird bei der Auswahl durch den Administrator oder Benutzer angezeigt.
- **Bgcolor**: Mit diesem Parameter wird der Standard-Hintergrund des Framesets gewählt. Da der Wert für den Frameset-Hintergrund nicht in der CSS-Datei festgelegt werden kann, wird er in der Registry definiert. Das zu verwendende Format ist `#RRGGBB`.

Auf Abbildung 14.74 sehen Sie das Eintragen des Themes im Registrierungs-Editor. Das neue Theme wird nach ungefähr einer Minute auswählbar sein.

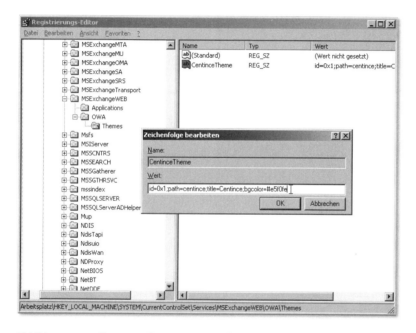

Abbildung 14.74 Ein neues Theme muss mit dem Registrierungs-Editor angelegt werden.

Wie wird das Theme den Benutzern zugewiesen?

Am einfachsten ist es, wenn Sie das Outlook Web Access Administration-Tool nutzen, das ich Ihnen bereits im Abschnitt 14.5.3 vorgestellt habe. Im Dialog »Diesem Server ein Standarddesign zuweisen« können Sie den Benutzern entweder die Auswahl überlassen oder eines der Themes vorgeben. Letzteres führt dazu, dass die Benutzer nicht selbst wählen können (Abbildung 14.75).

Ein wie zuvor beschrieben angelegtes Theme wird in der Auswahlliste dieses Dialogs erscheinen.

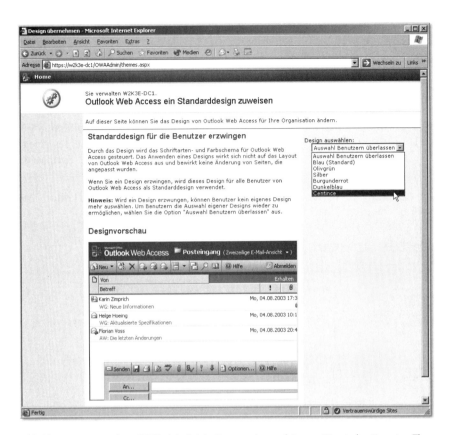

Abbildung 14.75 In dem OWA-Administrationswerkzeug können Sie ein bestimmtes Theme erzwingen oder die Benutzer selbst auswählen lassen.

Neben der Zuweisung eines Standard-Themes mit dem OWA-Admin-Werkzeug gibt es die Möglichkeit, einen Registry-Key zu setzen, um ein Standard-Theme zu erzwingen. Hierzu muss in `\HKEY_LOCAL_MACHINE\SYSTEM\CurrentControlSet\Services\MSExchangeWeb\OWA\Themes` ein DWORD-Wert mit Namen `DefaultTheme` angelegt werden. Als Wert geben Sie den ID-Wert des Themes an. Bitte beachten Sie, dass die Benutzer keine Auswahlmöglichkeit haben, wenn dieses Default-Theme eingestellt ist. Wenn das Default-Theme nicht mehr angewendet werden soll, löschen Sie den hier vorgestellten Registry-Key.

Sofern Sie den Benutzern gestatten, selbst ein Theme auszuwählen, finden diese eine entsprechende Konfigurationsmöglichkeit auf der Seite »Optionen« des Outlook Web Access-Clients (Abbildung 14.76).

Änderung des Logos und anderer Elemente

Das Austauschen des Logos ist eine sehr einfache Aufgabe, da lediglich die Datei **Logo2.gif** in dem Ordner des Themes ausgetauscht werden muss. Achten Sie aber darauf, dass die neue Datei ebenfalls 179 × 36 Pixel groß ist.

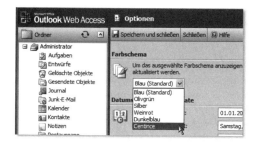

Abbildung 14.76 Sofern die Auswahl den Benutzern überlassen wird, können diese im Bereich »Optionen« von Outlook Web Access das gewünschte Theme wählen.

Wenn Sie die Farbgestaltung von Outlook Web Access ändern möchten (siehe auch den nächsten Abschnitt), werden Sie feststellen, dass Sie etliche Farben nicht durch Anpassungen in der CSS-Datei umstellen können. Dies betrifft insbesondere die Schaltflächen, die mit einem Hell-Dunkel-Verlauf gezeichnet werden. Wenn diese farblich geändert werden sollen, müssen einige 1 Pixel breite Bilddateien modifiziert werden, die sich ebenso wie das Logo im Verzeichnis des jeweiligen Themes befinden. Eine Auflistung nebst Erläuterung der Dateien finden Sie in der folgenden Tabelle.

Dateiname	Bedeutung
Logo2.gif	Diese Datei enthält das 179 × 36 Pixel große Logo, das am linken oberen Rand der OWA-Seite angezeigt wird (standardmäßig ist dies das Office-Logo und der Schriftzug »Outlook Web Access« auf blauem Grund). In diese Datei kann das von Ihnen gewünschte Logo eingesetzt werden, es sollte allerdings exakt dieser Größe entsprechen.
Nb-bkgd.gif	Diese Datei enthält den Hintergrund für die Navigationsleiste. Die Datei ist 1 × 26 Pixel groß und wird bei der Darstellung mehrfach nebeneinander gezeichnet.
Nb-sel-bkgd.gif	Diese 1 × 26 Pixel hohe Datei ist die Ergänzung zu **Nb-bkgd.gif**. Sie wird verwendet, um eine ausgewählten Navigationsleiste anzuzeigen.
Nb-hide-ql.gif	Diese 50 × 8 Pixel große Datei enthält das Symbol zum Ausblenden der Schaltflächenleiste (8 Punkte mit Pfeil nach unten in der Mitte). Dies ist das Gegenstück zu **Nb-show-ql.gif**.
Nb-show-ql.gif	Diese 50 × 8 Pixel große Datei enthält das Symbol zum Einblenden der Schaltflächenleiste (8 Punkte mit Pfeil nach oben in der Mitte). Dies ist das Gegenstück zu **Nb-hide-ql.gif**.
Nb-ql-tgl.gif	Diese Datei wird als Hintergrund für **Nb-show-ql.gif** und **Nb-hide-ql.gif** verwendet.
Nin-bg.gif	Der Inhalt dieser Datei wird als Hintergrund für Pop-Up-Meldungen von Outlook Web Access verwendet. Die Datei ist 130 × 126 Pixel groß. Achten Sie darauf, dass die Farbe nicht zu kräftig ist, damit darüber liegende Schrift lesbar bleibt.
Tool-bkgd.gif	Diese Datei (1 × 32 Pixel) wird als Hintergrund für die Werkzeugleiste (Toolbar) am oberen Rand von OWA verwendet.

Dateiname	Bedeutung
Resize-dot.gif	Diese 1 × 1 Pixel große Datei wird von OWA für interne Zwecke verwendet.

Eine Anmerkung zu den diversen 1 Pixel breiten Dateien: Wenn Sie beispielsweise den Navigationsbereich in OWA durch Verschieben des Frames schmaler oder breiter machen, ändern die Schalter (z. B. »Posteingang«) ebenfalls ihre Größe und werden stets in der Breite des linken Frames gezeichnet. Dies realisiert OWA dadurch, dass diese 1 Pixel breiten Farbverläufe entsprechend oft nebeneinander gezeichnet werden.

Wenn Sie also Outlook Web Access beispielsweise komplett rosa einfärben möchten, müssen Sie die Farbverläufe in etlichen Dateien anpassen. Schauen Sie die Dateien einmal mit einem Bildbearbeitungswerkzeug, beispielsweise mit PaintShop Pro, an. Dann wird schnell klar, was zu tun ist.

Änderung der Farben

Bei der Anpassung des Erscheinungsbilds von Outlook Web Access spielen die Farben eine sehr wesentliche Rolle.

Zunächst sieht das Anpassen der Farben einfach aus, denn es müssen lediglich die Farbcodes in der Cascading Style Sheets-Datei **OWAColors.css** angepasst werden (Abbildung 14.78). Problematisch ist, dass die CSS-Datei ca. 900 Zeilen lang ist und sehr viele Elemente vorhanden sind, die relativ schwer zu identifizieren sind. Leider gibt es keine Dokumentation, in der zu jedem einzelnen OWA-Element die genaue CSS-Bezeichnung aufgeführt ist (ich kenne jedenfalls keine – falls irgendjemand eine solche hat, bitte per Mail an **ulrich@boddenberg.de**).

Eine mögliche Vorgehensweise zur Vereinfachung könnte folgendermaßen aussehen:

- Zunächst machen Sie mit einem Werkzeug (wie beispielsweise PaintShop Pro) einen Snapshot der OWA-Oberfläche.
- Anschließend ermitteln Sie den jeweiligen Farbcode des Bereichs, dessen Farbe Sie anpassen möchten (Abbildung 14.77).
- Konfigurieren Sie das Programm so, dass es die Farbcodes in hexadezimaler Schreibweise ausgibt. Aus den hexadezimalen RGB-Farbcodes lässt sich dann die in HTML-Seiten verwendete Schreibweise bilden: `#RRGGBB`.
- Mit dem aktuellen Farbcode können Sie sich die Arbeit vereinfachen. Suchen Sie in der **OWAColors.css**-Datei nach dem Farbcode. Es wird natürlich mehrere Übereinstimmungen geben, es sind aber deutlich weniger CSS-Elemente, die Sie bewerten müssen.

Einige Hinweise zur Verwendung von Paint Shop Pro:

- Öffnen Sie die Palette »Materials«. Dies geschieht in dem Menü **View · Palettes**, dort findet sich dann der Eintrag »Materials«.
- Klicken Sie in dieser Palette auf die große Farbfläche am rechten oberen Rand.
- PSP aktiviert dann den Color Picker. Wenn Sie damit über eine Farbe »fahren«, wird der jeweilige Farbcode angezeigt (zu erkennen in Abbildung 14.77).

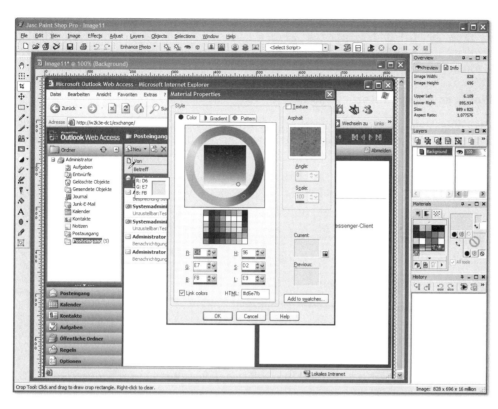

Abbildung 14.77 Die Ermittlung der Farbcodes kann beispielsweise mit PaintShop Pro vorgenommen werden.

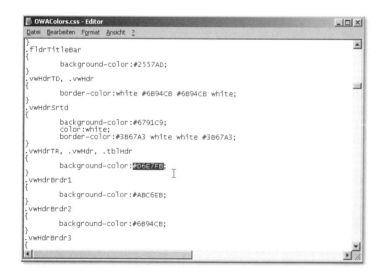

Abbildung 14.78 Die Farbcodes für die einzelnen Elemente werden in der CSS-Datei OWAColors.css eingetragen.

Achten Sie darauf, dass etliche Elemente nicht über diesen Weg geändert werden können, da diese über GIF-Bilder dargestellt werden – Faustregel: Alle Flächen mit Farbverläufen werden auf diese Weise erzeugt, beispielsweise die Schalter der Navigationsleiste wie etwa »Posteingang«.

Einfügen eines Hintergrundbilds

Cascading Style Sheets ermöglichen das Hinzufügen eines Hintergrundbilds, beispielsweise mit dem Firmenlogo. Dies könnte unter anderem bei folgenden Elementen sinnvoll sein:

Element	Bedeutung
.notebody	Sämtliche Elemente, beispielsweise Nachricht, Termin, Kontakt etc.
.treefolder, .nbTreeProgress	Baumdarstellung der Exchange-Ordner
.dlgBody	Diverse Dialoge, wie beispielweise »Verschieben«, »Kopieren« etc.
.previewBody, .vwPrvwTD	Vorschauelement
.bdyOptions	Dialogseite »Optionen« von OWA
.bdySpell	Dialogseite für die Rechtschreibprüfung
.bdyRules	Bearbeitungsdialog für die Definition von Regeln
.msgViewer, .msgViewerCont, .msgViewerGroupCont	Nachrichtenansicht von Outlook Web Access

Um der Nachrichtenansicht bzw. dem Messageviewer ein Hintergrundbild hinzuzufügen, wird das Style Sheet .msgViewer erweitert:

```
.msgViewer
{
   background-color:white;
   background-image:url(/exchweb/themes/centince/bigwolf.gif);
}
```

Die Modifikation führt zu dem in Abbildung 14.79 gezeigten Ergebnis. Wie bereits beim Thema »Farben« angemerkt, ist es häufig nicht ganz trivial, die »richtigen« Elemente zu finden, um zu dem gewünschten Ergebnis zu kommen. Anders gesagt, wird man einige Zeit experimentieren müssen.

Falls Sie nicht fließend CSS sprechen, hier einige Hinweise, die im Zusammenhang mit dem Hintergrund interessant sind:

	Werte	Beschreibung
Background-attachment	Scroll, fixed	Legt fest, ob der Hintergrund mitscrollen soll,

	Werte	Beschreibung
Background-position	V: Top, center, bottom H: left, center, right	Gibt an, an welcher Stelle das Hintergrundbild positioniert wird. Wichtig: Es muss immer ein Schlüsselwort für die horizontale und eines für die vertikale Ausrichtung angegeben werden. Alternativ sind Prozentwerte möglich.
Background-repeat	Repeat, no-repeat, repeat-x, repeat-y	Diese Einstellung bewirkt, dass das Hintergrundbild horizontal und vertikal und nicht nur in horizontaler oder nur in vertikaler Richtung wiederholt wird.

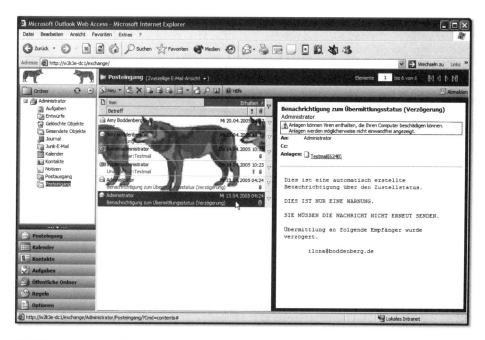

Abbildung 14.79 Mittels Cascading Style Sheets kann bei beliebigen Bereichen ein Hintergrundbild eingeblendet werden.

Die Hintergrundbilder für die Darstellung von Farbverläufen, beispielsweise bei den Schaltflächen, sind lediglich 1 Pixel breit und werden mit `repeat-x` wiederholt.

Themes im Front-End-/Back-End-Szenario

Wenn Sie eine Struktur mit Front-End- und Back-End-Servern aufgebaut haben, müssen Sie beim Hinzufügen von neuen Themes Folgendes beachten:

- Das Verzeichnis mit den Dateien des Themes muss auf sämtlichen Front-End-Servern vorhanden sein.
- Neue Themes müssen in den Registrierungen sämtlicher Back-End-Server eingetragen werden.

Denken Sie daran, dass die Einstellung für das Default-Theme bzw. die Auswahlmöglichkeit für die Benutzer ebenfalls auf allen Exchange Servern vorgenommen werden muss.

14.5.12 Problembehebung

Grundsätzlich ist der Betrieb von Outlook Web Access problemlos möglich. In diesem Kapitel werde ich Ihnen zwei »Fallen« vorstellen, in die man relativ einfach hineintappen kann.

UrlScan

Das erste hier beschriebene Problem bezieht sich auf die Verwendung des Werkzeugs UrlScan. UrlScan schränkt die Zugriffe auf einen Internet Information Server so ein, dass nur noch bestimmte Anforderungen zugelassen werden. Der Einsatz von UrlScan ist unter IIS5 (Windows 2000 Server) in jedem Fall sinnvoll. Wenn Sie IIS6 (Windows Server 2003) einsetzen, sollten Sie prüfen, ob es konkret in Ihrem Fall überhaupt Vorteile bringt, da in IIS6 bereits sehr viele Sicherheitsmaßnahmen integriert sind. Einen Vergleich der Sicherungsmaßnahmen von UrlScan und IIS6 finden Sie unter diesem Link: **http://www.microsoft.com/technet/security/tools/urlscan.mspx?#EDAA**

Zurück zum Problem: Wenn Sie auf einem Exchange Server UrlScan installieren und keine weiteren Konfigurationsmaßnahmen vornehmen, wird Ihr Outlook Web Access schlicht und ergreifend nicht mehr funktionieren; die Oberfläche wird nicht mehr vollständig geladen, und sobald Sie auf einen Schalter klicken, wird ein Laufzeitfehler angezeigt (Abbildung 14.80).

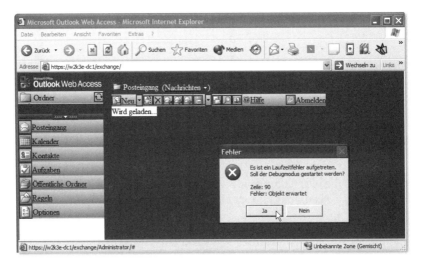

Abbildung 14.80 Wenn Outlook Web Access nicht mehr funktioniert und Sie nur noch die hier gezeigte Darstellung sehen, könnte es an UrlScan liegen.

Das Problem ist vergleichsweise einfach zu beheben. Die Steuerung von UrlScan erfolgt textbasiert mittels der Datei **urlscan.ini**, die Sie im Verzeichnis **C:\WINDOWS\system32\inetsrv\urlscan** finden (Abbildung 14.81).

Die **urlscan.ini** muss nun so angepasst werden, dass alle notwendigen Operationen für Outlook Web Access zugelassen sind. Dies gilt übrigens auch für die sonstigen auf dem IIS basierenden Exchange-Zugriffsmethoden: Auch für Outlook Mobile Access (OMA), Exchange ActiveSync (EAS) und RPC over http (Outlook) muss die **urlscan.ini** angepasst werden.

Ich möchte an dieser Stelle nicht zu ausführlich die einzelnen Möglichkeiten von UrlScan diskutieren und verweise Sie daher auf den Knowledge Base-Artikel 823175, »Fine-tuning and known issues when you use the Urlscan utility in an Exchange 2003 environment« (http://support.microsoft.com/default.aspx?scid=kb;en-us;823175). Dort ist eine Beispielkonfiguration für UrlScan zu finden, die Sie einfach in die **urlscan.ini** Ihres Systems hineinkopieren können.

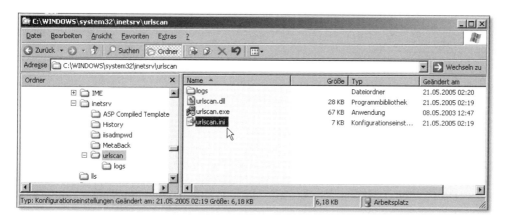

Abbildung 14.81 Die Konfiguration von UrlScan erfolgt textbasiert in der Datei urlscan.ini.

Damit die aktuelle Konfiguration gelesen und angewendet wird, benötigt der IIS einen Neustart. Verwenden Sie hierzu den Kommandozeilenbefehl `iisreset`.

Koexistenz mit SharePoint

Das in diesem Abschnitt geschilderte Problem wird vor allem in kleineren Umgebungen auftreten. Man könnte auf den Gedanken kommen, einen »Collaboration-Server« einzurichten, auf dem Exchange und SharePoint laufen. Grundsätzlich ist zu empfehlen, »große« Applikationsserver wie Exchange und SharePoint auf separaten Maschinen auszuführen; mir ist aber auch klar, dass man in einer Umgebung mit 20 Benutzern nicht allzu gern acht Server aufstellen wird.

Wenn Sie auf Ihrem Exchange Server SharePoint installieren, werden Sie eine wirklich böse Überraschung erleben, denn Outlook Web Access funktioniert überhaupt nicht mehr. Wenn Sie `http://servername/exchange` aufrufen, erhalten Sie die lapidare Fehlermeldung, dass eine Datei nicht gefunden wurde (Abbildung 14.82).

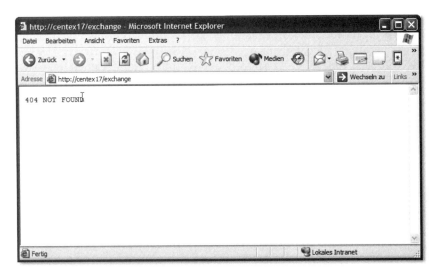

Abbildung 14.82 Diese Fehlermeldung tritt auf, wenn auf dem Exchange Server auch die SharePoint Services installiert, aber noch keine dementsprechenden Konfigurationsanpassungen vorgenommen worden sind.

Der Grund hierfür ist, dass ein auf einem virtuellen Server installiertes SharePoint einen ISAPI-Filter verwendet, der sämtliche Zugriffe abfängt und an das SharePoint-System weiterleitet. SharePoint versucht, in seiner Datenbank eine Site namens http://servername/exchange zu finden. Da eine solche natürlich nicht existiert, wird eine Fehlermeldung ausgegeben.

Angenehmerweise gibt es für das Problem eine recht einfache Lösung, die aus zwei Schritten besteht:

- Aktivierung von Kerberos-Authentifizierung für SharePoint
- Konfigurationsänderung in SharePoint, so dass Zugriffe auf die für Exchange benötigten Verzeichnisse (das sind: **/exchange**, **/public**, **/exadmin**, **/oma**, **/Microsoft-Server-ActiveSync** und **/ExchWeb**) nicht von SharePoint abgefangen und behandelt werden.

Kerberos-Authentifizierung für SharePoint aktivieren: Diesen Schritt nehmen Sie durch die Änderung einer Konfigurationsdatei vor (benutzen Sie beispielsweise den Editor, sprich Notepad).

- Öffnen Sie die Eingabeaufforderung.
- Navigieren Sie in das Verzeichnis **c:\inetpub\adminSkripts**.
- Führen Sie folgende Befehlszeile aus: cSkript adsutil.vbs set w3svc/1/ NTAuthenticationProviders "Negotiate,NTLM" (beachten Sie die exakte Schreibweise!). Hierzu ist anzumerken, dass in diesem Fall »1« auf den ersten virtuellen Server verweist. Sollen die Einstellungen für einen anderen virtuellen Server modifiziert werden, wird dessen ID anstatt der »1« angegeben.
- Anschließend starten Sie den IIS neu. Geben Sie hierzu auf der Kommandozeile iisreset ein.

Sie können testen, ob die Einstellungen richtig übernommen worden sind. Der Befehl `cSkript adsutil.vbs get w3svc/1/NTAuthenticationProviders` sollte zu dem in Abbildung 14.83 gezeigten Ergebnis führen. Wenn Sie nicht den ersten virtuellen Server überprüfen wollen, wird statt der »1« die ID des entsprechenden virtuellen Servers eingegeben.

> **Anmerkung** Wenn SharePoint in Ihrer Umgebung nicht unter dem Netzwerkdienste-Konto läuft, müssen Sie zur Aktivierung von Kerberos einige weitere Schritte ausführen. Lesen Sie bitte hierzu den Knowledge Base-Artikel 832769 (http://support.microsoft.com/kb/832769/).

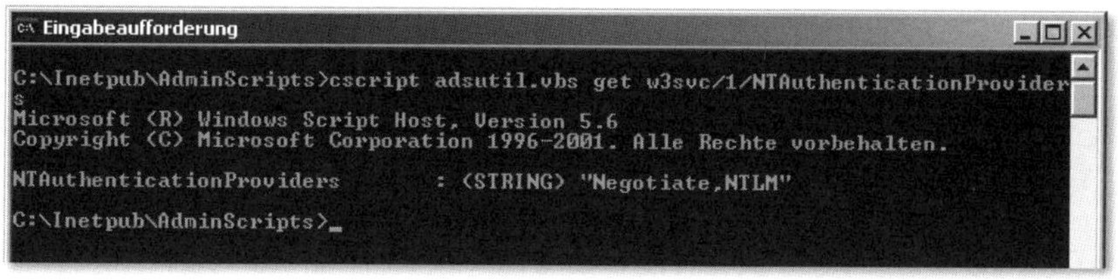

Abbildung 14.83 Mit einem Skript kann überprüft werden, ob nur NTLM oder auch Kerberos aktiv ist.

- Jetzt müssen noch einige Einstellungen in SharePoint durchgeführt werden. Hierzu öffnen Sie die SharePoint-Zentraladministration (sie befindet sich unter **Programme · Verwaltung**).
- Wählen Sie in der ersten Gruppe »Einstellungen virtueller Server konfigurieren«.
- Auf der dann erscheinenden Seite können Sie den virtuellen Server auswählen, für den die Anpassungen durchgeführt werden sollen. Bei einer weiter nicht veränderten Standardinstallation wird »Standardwebsite« zur Auswahl stehen.
- Die nun erscheinende Seite sollte mit »Einstellungen virtueller Server« überschrieben sein. In der dritten Gruppe (»Verwaltung virtueller Server«) findet sich der Eintrag »Verwaltete Pfade definieren«. Diesen wählen Sie aus.
- Tragen Sie die von Exchange benötigten Pfade (also /exchange, /public, /exadmin, /oma, /Microsoft-Server-ActiveSync und /ExchWeb) in der Sektion »Neuen Pfad hinzufügen« ein, und definieren Sie als Typ einen »ausgeschlossenen Pfad«.
- Wenn alle Pfade eingetragen worden sind, starten Sie den IIS durch Eingabe von `iisreset` in der Eingabeaufforderung neu.

Das Ergebnis sollte in etwa wie in Abbildung 14.84 gezeigt aussehen: Alle von Exchange benötigten Pfade sind in der Liste der »ausgeschlossenen Pfade« aufgeführt.

> **Anmerkung** Falls Sie Outlook Mobile Access (OMA) einsetzen, beachten Sie bitte den Knowlege Base-Artikel 823265; für OMA müssen noch einige zusätzliche Einstellungen vorgenommen werden.

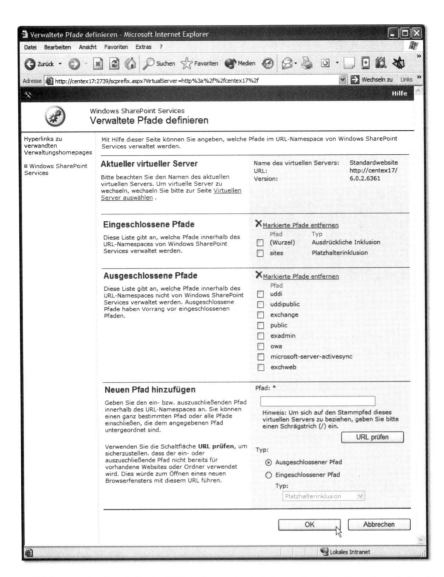

Abbildung 14.84 Damit Outlook Web Access (und einige andere Funktionen) verfügbar ist, müssen die entsprechenden Pfade für die Verarbeitung in SharePoint ausgeschlossen werden.

14.5.13 Zugriff auf Kalender anderer Anwender

In vielen Unternehmen ist es üblich, dass die Anwender gegenseitig ihre Termine einsehen können. Im »normalen« Outlook können fremde Kalender mittels eines Links geöffnet werden, aber in Outlook Web Access existiert kein entsprechender Dialog. Beim Anlegen von Terminen können Sie zwar feststellen, ob sich in den Kalendern anderer Anwender zu einem bestimmten Zeitpunkt bereits Einträge befinden. Hierbei wird allerdings auf die Daten im Frei-/Gebucht-Ordner zugegriffen, es gibt also keine Details zu dem jeweiligen Termin.

Auch wenn es keinen speziellen »Knopf« gibt, um den Kalender eines Kollegen einzusehen, ist dies mit Outlook Web Access möglich: Sie müssen hierzu manuell eine URL im Browser eingeben, die auf den Kalender der entsprechenden Person verweist: `https://[servername]/exchange/[benutzername]/Kalender`

Hierzu noch einige Anmerkungen:

▶ Selbstverständlich muss der Anwender, in dessen Kalender Einblick genommen werden soll, diesen freigegeben haben. Es greifen die normalen Exchange-Einschränkungen!

▶ Der einzugebende Benutzername wird von Exchange aus dem eingegebenen Vor- und Nachnamen gebildet.

▶ Wenn es sich bei dem Zielpostfach nicht um ein deutschsprachiges Postfach handelt, wenn also der entsprechende Ordner nicht »Kalender«, sondern beispielsweise »Calendar« heißt, muss die Zugriffs-URL entsprechend angepasst werden.

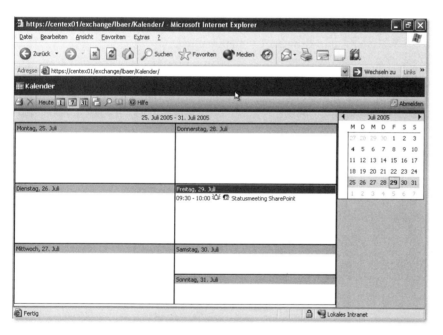

Abbildung 14.85 Sofern Sie die Berechtigung besitzen, kann ein »fremder« Kalender mit OWA über die Eingabe der entsprechenden URL geöffnet werden.

14.6 Outlook Mobile Access (OMA)

In vielen Unternehmen wächst das Bedürfnis, auch von unterwegs auf die in Exchange gespeicherten Informationen zugreifen zu können, insbesondere auf den Posteingang, auf Termine und Kontakte. Als Devices für den mobilen Zugriff kommen zwei Gerätefamilien in Frage, und zwar Handys und PDAs/PocketPCs/Palms.

Beim mobilen Zugriff auf Exchange von diesen Geräten aus gibt es drei Herausforderungen:

- Die Displays der Geräte sind sehr klein. Auch wenn ein modernes SmartPhone über eine vergleichsweise große Anzeige und einen Internet-Browser verfügt, ist es viel zu winzig, um sinnvoll mit Outlook Web Access arbeiten zu können.
- Die Bandbreite, mit der mobiler Zugriff realisiert wird, ist recht gering. Auch wenn mit Technologien wie GPRS oder UMTS eine recht flotte Datenübertragung möglich ist, werden auch unter optimalen Bedingungen niemals Übertragungsraten im DSL-Bereich erreicht – und da es selten optimale Bedingungen gibt, müssen wir uns also auf eher geringe Bandbreiten einstellen und mit diesem umgehen können.
- Falls Sie als Entwickler oder als Systemarchitekt in der Vergangenheit versucht haben, unterschiedliche mobile Geräte (Handys und PDAs/PocketPCs) einzubinden, werden Sie die Erfahrung gemacht haben, dass es kaum Kompatibilität zwischen den Geräten gibt – sie sind einfach zu unterschiedlich. Wenn Sie über eine Web-Applikation nachgedacht haben, werden Sie auch nicht zu einem viel positiveren Ergebnis gekommen sein, denn auch die Welt der Micro-Browser ist uneinheitlich.

Da jedes einigermaßen moderne Mobiltelefon und jeder PDA über einen Browser verfügt, liegt es nahe, einen geräteunabhängigen mobilen Zugriff auf Browserbasis zu realisieren. Wie bereits angedeutet, ist dieses Unterfangen nicht ganz trivial, weil die Microbrowser *sehr* unterschiedliche Fähigkeiten mitbringen und die Geräte beispielsweise unterschiedlichste Display-Größen aufweisen.

Um eine möglichst einfache Entwicklung von Web-Applikationen für mobile Geräte zu ermöglichen, hat Microsoft die **ASP.NET Mobile Controls** entwickelt. Mit diesen lassen sich Applikationen entwickeln, die sich sowohl an den Browser (HTML 3.2, WML 1.1, cHTML. XHTML) als auch an die Möglichkeiten des Geräts (Displaygröße, Displayformat etc.) anpassen. Mehr dazu finden Sie auf www.asp.net; wählen Sie dort »Mobile« aus. Einen Überblick der unterstützen Geräte gibt es unter diesem Link: **http://www.asp.net/mobile/testeddevices.aspx?tabindex=6**.

Outlook Mobile Access (OMA) ist eine Web-Applikation, die auf den ASP.NET Mobile Controls basiert. OMA war zu Zeiten von Exchange 2000 im Mobile Information Server enthalten, musste also separat erworben werden. Mit Exchange 2003 ist Outlook Mobile Access kostenloser Bestandteil.

Der entscheidende Vorteil von OMA ist, dass mehr oder weniger jedes vorhandene Endgerät auf die Exchange-Daten zugreifen kann. Wenn in Ihrer Firma beispielsweise 100 Außendienstmitarbeiter mobilen Zugriff auf Mail, Kontakte und Termine erhalten sollen, müssen nicht neue Geräte angeschafft werden, sondern die vorhandenen Handys können weitergenutzt werden – vorausgesetzt natürlich, dass diese von den ASP.NET Mobile Controls unterstützt werden.

Es gibt ohne Zweifel komfortablere Wege als den Zugriff mit OMA; andererseits kann ein mobiler Exchange-Zugriff kaum preiswerter realisiert werden. Stellen Sie sich vor, dass Sie 100 neue Geräte zum Stückpreis von EUR 500 beschaffen müssten: Bereits dafür wären EUR 50.000 fällig, während OMA die Nutzung der vorhandenen Mobilgeräte ermöglicht.

14.6.1 OMA konfigurieren

Wenn Sie Outlook Mobile Access einsetzen möchten, muss dieses zunächst aktiviert werden, im Gegensatz zu Outlook Web Access (OWA) ist es nämlich standardmäßig ausgeschaltet.

Der erste Konfigurationsschritt führt Sie in die globalen Einstellungen im Exchange System-Manager. Im Eigenschaften-Dialog des Knotens »Mobile Dienste« wird Outlook Mobile Access aktiviert (Abbildung 14.86).

Neben dem eigentlichen »Ein-/Ausschalter« gibt es eine Checkbox »Nicht unterstützte Geräte aktivieren«: Obwohl die ASP.NET Mobile Controls recht viele Endgeräte unterstützen, wird man immer wieder auf solche treffen, die eben nicht (bzw. noch nicht) dediziert freigegeben sind. Wenn diese Checkbox aktiviert ist, wird für solche Geräte eine allgemeine (= nicht speziell angepasste) Version von OMA gezeigt, die auf vielen Geräten zu einem ordentlichen Ergebnis führt.

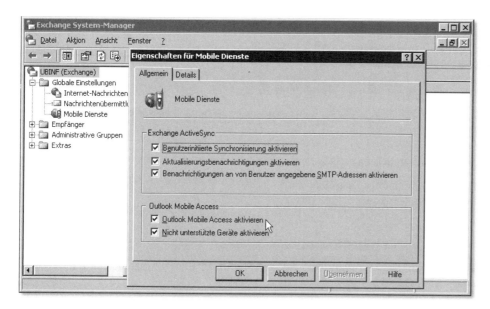

Abbildung 14.86 Zunächst muss Outlook Mobile Access in den globalen Einstellungen aktiviert werden.

Neben dem »Hauptschalter«, mit dem OMA generell an- oder abgeschaltet werden kann, können Sie jeden Benutzer individuell für OMA zulassen. In den Benutzereigenschaften (Snap-In: Active Directory-Benutzer und -Computer) findet sich auf der Karteikarte »Exchange-Features« eine diesbezügliche Einstellmöglichkeit (Abbildung 14.87).

SSL-Verschlüsselung

Grundsätzlich sollten Daten natürlich verschlüsselt übertragen werden. Dies ist für Exchange (bzw. den Internet Information Server) auch recht problemlos zu realisieren (siehe Abschnitt 16.2).

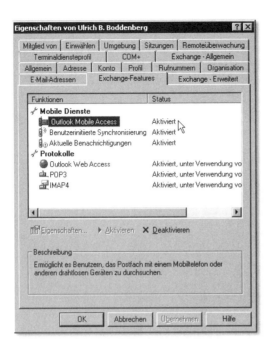

Abbildung 14.87 Für jeden Anwender kann die Nutzung von Outlook Mobile Access separat gestattet werden.

Nun sind grundsätzlich zwei Fälle denkbar:

- Sie nutzen ein eigenes Zertifikat.
- Sie nutzen ein Zertifikat einer kommerziellen Stelle, beispielsweise Verisign oder Thawte.

Im ersten Fall könnte Folgendes passieren:

- Sie installieren das Zertifikat Ihrer eigenen Stammzertifizierungsstelle auf dem mobilen Gerät – alles Okay!
- Es wäre denkbar, dass die Installation von eigenen Zertifikaten nicht möglich oder nicht erlaubt ist (häufig ist bei über einen Mobilfunkanbieter bezogenen Geräten diese Möglichkeit abgeschaltet). Es ergeben sich dann zwei Varianten:
  - Im günstigen Fall gibt das Gerät eine Warnmeldung aus, dass der Webserver ein Zertifikat präsentiert, das von einer nicht vertrauten Stelle ausgegeben worden ist. Wenn es die Auswahloption »Ignorieren« gibt, haben Sie zwar eine verschlüsselte Verbindung, die Echtheit des Webservers ist aber nicht bestätigt.
  - Im ungünstigen Fall lehnt das Gerät die Kommunikation mit einem Server, dessen Zertifikat nicht in allen Punkten bestätigt wurde, ab – und es findet keine Kommunikation statt.

Wenn auf Ihrem Webserver ein Zertifikat einer der »großen« Zertifizierungsstellen installiert ist, sollte das mobile Endgerät das entsprechende Zertifikat bereits installiert haben. Wenn nicht, gilt das für eigene Zertifikate Gesagte.

Formularbasierte Authentifizierung

Wenn Sie die, eigentlich sehr empfehlenswerte, formularbasierte Authentifizierung einsetzen (siehe Abschnitt 14.5.7), werden Sie feststellen, dass OMA nicht mehr funktioniert: Der Zugriffsversuch scheitert mit einer recht allgemeinen Fehlermeldung (Abbildung 14.88).

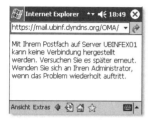

Abbildung 14.88 Diese oder eine ähnliche Fehlermeldung tritt auf, wenn die formularbasierte Authentifizierung aktiviert ist.

Eben dieses Verhalten tritt übrigens auch auf, wenn das virtuelle Verzeichnis **/Exchange** auf dem Internet Information Server so konfiguriert ist, dass ausschließlich SSL-verschlüsselte Verbindungen entgegengenommen werden.

> **Anmerkung** Um SSL-verschlüsselte Verbindungen zu erzwingen, gibt es zwei Alternativen: Sie könnten entweder alle Nicht-SSL-Verbindungen umleiten (siehe Abschnitt 14.5.9), oder Sie veröffentlichen Exchange mittels des ISA Servers so, dass dieser nur verschlüsselte Verbindungen weiterleitet.

Um Missverständnisse zu vermeiden: Es ist durchaus nicht so, dass OMA (oder auch Exchange ActiveSync) keine Übertragung mit SSL-Verschlüsselung ermöglichen würden. Vielmehr ist es so, dass die Web-Applikation **/OMA** auf das virtuelle Verzeichnis **/Exchange** zugreifen muss. Dies ist nicht über eine SSL-Verbindung, sondern nur über eine normale http-Port-80-Verbindung möglich. Kann diese nicht aufgebaut werden, scheitert der Zugriff. Abbildung 14.89 zeigt den Ablauf in vereinfachter Form.

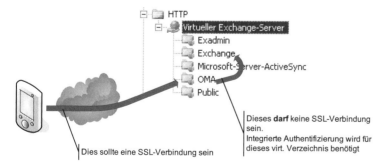

Abbildung 14.89 Die OMA-Web-Applikation muss auf das virtuelle Exchange-Verzeichnis ohne SSL zugreifen können.

Was ist nun, wenn Sie unbedingt formularbasierte Authentifizierung nutzen möchten? Keine Sorge, wie fast immer gibt es eine, in diesem Fall sogar zwei Lösungen:

- Das Problem erledigt sich von selbst, wenn ein Front-End-Server vorgeschaltet ist. Grund: Front-End- und Back-End-Server kommunizieren immer unverschlüsselt miteinander.
- Da anzunehmen ist, dass Sie nicht extra einen Front-End-Server installieren möchten, gibt es auch eine »Konfigurationslösung«, die Schritt für Schritt im Knowledge Base-Artikel 817379 beschrieben ist. Ich werde die Klickanleitung hier nicht wiederholen, zeige Ihnen in Abbildung 14.90 aber die hervorgerufene Veränderung: /OMA greift nun nicht mehr auf das virtuelle Verzeichnis /Exchange, sondern auf das inhaltsgleiche /ExchDAV zu.

Diese Vorgehensweise funktioniert übrigens auch bei Verwendung von SSL-Offloading in Zusammenhang mit der formularbasierten Authentifizierung (siehe Abschnitt 14.5.7).

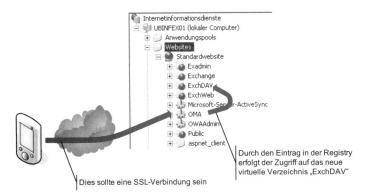

Abbildung 14.90 Durch die im KB-Artikel 817379 beschriebene Vorgehensweise wird der Ablauf wie dargestellt verändert.

14.6.2 Zugriff auf OMA in der Praxis

Der Zugriff vom jeweiligen mobilen Endgerät ist einfach. Im Browser wird `https://[servername]/oma` eingegeben – fertig!

Falls Sie bisher nicht OMA im Einsatz gesehen haben, sehen Sie nachfolgend einige Screenshots:

- Die Home-Seite von OMA auf einem Openwave-Emulator (Abbildung 14.91). Der Openwave-Browser wird beispielsweise in einigen Modellen von Motorola, Siemens oder Samsung eingesetzt.
- Der Posteingang auf einem Openwave-Browser (Abbildung 14.92)
- Die Home-Seite auf einem PocketPC 2003 (Abbildung 14.93).
  Die Abbildung ist übrigens ein »echter« Screenshot. Aufgenommen wurde er mit Hilfe der Fernsteuerung aus den »Windows Mobile Developer Power Toys«.
- Eine Nachricht auf dem PocketPC 2003 (Abbildung 14.94)

Abbildung 14.91 Die Home-Seite von Outlook Mobile Access im Openwave-Simulator

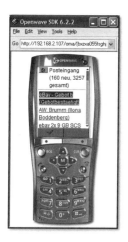

Abbildung 14.92 Der Posteingang. Durch einen Klick auf die Mail wird diese geöffnet.

Abbildung 14.93 Die OMA Home-Page auf einem PocketPC 2003 – hier angezeigt mit der Fernsteuerung aus den Mobile Developer Power Toys

Abbildung 14.94 Lesen einer Nachricht auf einem PocketPC 2003

14.6.3 Front-End-Server und ISA Server

Wie bereits an diversen anderen Stellen dieses Buchs beschrieben wurde, eignet sich der ISA Server 2004 hervorragend dazu, Exchange-Dienste von außen zugänglich zu machen. Dies gilt natürlich auch für Outlook Mobile Access.

Ebenso wie bei Nutzung von Outlook Web Access empfiehlt sich dringend der Einsatz eines Exchange Front-End-Servers (FES), wenn Sie mehr als einen Postfachserver (= Back-End-Server) betreiben. Zum einen sorgt der FES dafür, dass ein einheitlicher Namensraum entsteht, zum anderen wird die Konfiguration der externen Zugriffe, auch vor dem Hintergrund der Sicherheit, deutlich übersichtlicher.

14.6.4 Übertragungskosten

Bei aller Euphorie über die Möglichkeit von OMA, nämlich mit beliebigen mobilen Geräten auf Exchange zuzugreifen, bleibt natürlich noch die Frage der Kommunikationskosten zu beantworten.

Aufgrund der recht spartanischen (positiv gesprochen: optimierten) Oberfläche hält sich das Datenvolumen auch bei intensiver Nutzung deutlich in Grenzen. Mittlerweile (Spätsommer 2005) ist ein monatliches Datenvolumen von 30 MB für EUR 9,86 (Preis von der Vodafone-Website) zu haben. Dies düfte in den meisten Fällen genügen und dürfte sich jeden Monat leicht amortisieren.

Zwei Hinweise:

- Wählen Sie auf jeden Fall einen Volumentarif, *keinen* Zeittarif.
- Buchen Sie einen Datentarif hinzu. Die Kosten für die Nutzung des Internets ohne gebuchten Datentarif sind i.A. unverhältnismäßig teuer.

14.7 Exchange ActiveSync

Outlook Mobile Access ist bereits eine recht attraktive Lösung, insbesondere durch die große Zahl der unterstützten Geräte. Trotzdem hat OMA einige Schwachpunkte:

- Grundsätzlich ist immer eine Online-Verbindung notwendig. Dies ist weniger ein Problem des Übertragungsvolumens, sondern vielmehr ein Performanceproblem – auch GPRS-Verbindungen sind vom Gesamtvorgang (Verbindung aufbauen, Daten abrufen etc.) her nicht so sonderlich flott.
- Das OMA-Benutzerinterface ist recht spartanisch. Das ist grundsätzlich auch nicht schlecht, dennoch werden sich Anwender, die sehr intensiv mobil arbeiten, etwas mehr Komfort wünschen.

Wenn Sie ein Windows Mobile-Gerät, also einen PocketPC, PocketPC Phone Edition oder ein Windows Powered SmartPhone, besitzen, kennen Sie natürlich ActiveSync, das zum Synchronisieren von Aufgaben, Kontakten etc. dient. Das »Desktop ActiveSync« hat sozusagen einen Bruder, nämlich Exchange ActiveSync (EAS), mit dem mobile Geräte direkt mit dem Exchange Server synchronisiert werden können.

Was Sie über Exchange ActiveSync wissen müssen, in Kurzform:

- **Clientseitig** ist Unterstützung für EAS in allen Windows Mobile-Geräten eingebaut. Einige andere Hersteller (palmOne, Motorola, Nokia, Symbian, DataViz) haben das EAS-Protokoll ebenfalls lizenziert. Dies bedeutet allerdings nicht, dass sämtliche Telefone dieser Hersteller direkt EAS-fähig werden. Momentan (Spätsommer 2005) sind es nur wenige Geräte – aber immerhin ein Anfang!
- **Serverseitig** war EAS zu Zeiten von Exchange 2000 in dem Zusatzprodukt Mobile Information Server (MIS) enthalten. Mit Exchange 2003 ist der MIS obsolet geworden, da dessen Funktionen in Exchange selbst integriert worden sind.
- **Protokollmäßig** nutzt EAS http bzw. eine SSL-geschützte https-Verbindung. Dies macht die Implementation in der Gesamtumgebung vergleichsweise einfach.

14.7.1 Serverseitige Konfiguration

Zunächst muss EAS auf Organisationsebene aktiviert werden. Ebenso wie bei Outlook Mobile Access geschieht dies in den globalen Einstellungen. Öffnen Sie die Eigenschaften des Knotens »Mobile Dienste« (Abbildung 14.86). Die Exchange ActiveSync betreffenden Checkboxes sind schnell erklärt:

- **»Benutzerinitiierte Synchronisierung aktivieren«** gestattet dem Anwender, manuell die Synchronisierung auf seinem Mobilgerät zu starten.
- **»Aktualisierungsbenachrichtigungen aktivieren«** bedeutet, dass die Push-Funktion über die AUTD-Funktion (Always Up To Date) genutzt wird – mehr dazu später in diesem Abschnitt.
- **»Benachrichtigungen an von Benutzer...«** ermöglicht es dem Benutzer, beim Einrichten des Mobilgeräts mit ActiveSync eine individuelle Benachrichtigungsadresse zu hinterlegen.

Damit Exchange ActiveSync verwendet werden kann, muss zumindest die oberste Checkbox markiert sein.

Ebenso wie bei OMA kann für jeden Benutzer individuell konfiguriert werden, ob er EAS nutzen darf (Abbildung 14.87).

SSL-Verschlüsselung

Selbstverständlich sollten die Daten bei Nutzung von Exchange ActiveSync verschlüsselt werden. Hierzu ist es natürlich notwendig, dass auf dem virtuellen Server (IIS) ein Zertifikat hinterlegt ist. Beachten Sie hierzu auch Abschnitt 16.2, *Allgemeines zu Zertifikaten*, Abschnitt 14.6.1, *SSL-Nutzung mit OMA*, und Abschnitt 14.7.2, *EAS-Clientkonfiguration*.

Formularbasierte Authentifizierung

Wie bereits im Abschnitt über Outlook Mobile Access beschrieben, führt das Aktivieren der formularbasierten Authentifizierung dazu, dass EAS nicht mehr funktioniert. Wenn Sie auf dem mobilen Gerät eine Fehlermeldung, wie in Abbildung 14.95 gezeigt, erhalten, müssen Sie entweder einen Exchange Front-End-Server vorschalten oder die in Abschnitt 14.6.1 (Unterabschnitt *Formularbasierte Authentifizierung*) beschriebenen Konfigurationsschritte durchführen.

Abbildung 14.95 Erscheint diese Fehlermeldung, könnte das an der formularbasierten Authentifizierung liegen. Die möglichen »Gegenmaßnahmen« sind im Abschnitt über Outlook Mobile Access beschrieben.

14.7.2 Clientseitige Konfiguration

Wird ein PocketPC, PocketPC Phone Edition oder ein Windows Powered SmartPhone das erste Mal an ein Desktop-Gerät mit installiertem ActiveSync angeschlossen, erscheint ein Assistent zum Einrichten der Partnerschaft.

Auf der zweiten Seite des Assistenten werden Sie gefragt, ob Sie nur mit dem Desktop oder auch direkt mit einem Exchange Server synchronisieren möchten (Abbildung 14.96; Hinweis: Mobile Information Server ist bei Verwendung von Exchange 2003 obsolet, da die MIS-Funktionen nun in Exchange integriert sind).

Als Nächstes wird der Assistent die Verbindungsinformationen von Ihnen wissen wollen (Abbildung 14.97). Benutzername, Kennwort und Domäne sind selbsterklärend. Zum Servernamen gibt es hingegen eine kleine Anmerkung: Denken Sie daran, dass der angegebene Servername bei Verwendung von SSL exakt dem im Zertifikat gespeicherten Namen entspricht. EAS ist sehr empfindlich und bricht den Synchronisationsvorgang ohne weitere Nachfrage ab, wenn es bei den Zertifikaten »Ungereimtheiten« gibt.

Im weiteren Verlauf der Einrichtung können Sie festlegen, welche Ordner synchronisiert werden sollen. Wie Sie Abbildung 14.98 entnehmen können, stehen nur Kalender, Kontakte und Posteingang zur Verfügung; Aufgaben und Notizen können nicht über EAS synchronisiert werden. Zu den einzelnen Ordnern können weitere Einstellungen vorgenommen werden, beispielsweise der zu synchronisierende Zeitraum (Kalender) oder die maximale Downloadgröße für Nachrichten.

Abbildung 14.96 Auf der zweiten Seite des Assistenten zum Einrichten einer Partnerschaft legen Sie fest, dass das mobile Gerät auch direkt mit einem Exchange Server synchronisieren soll.

Abbildung 14.97 Die Verbindungsinformationen für die Synchronisation werden erfasst. Achten Sie bei SSL-Verbindungen darauf, dass der angegebene Servername dem im Zertifikat gespeicherten entspricht.

Der nächste Einstellbereich umfasst die Häufigkeit der Synchronisation. Die Windows Mobile-Geräte kennen für den »Drahtloszeitplan« zwei Zeitbereiche, nämlich Spitzenzeit und Normalzeit. Der Gedanke dahinter ist, dass die Arbeitszeit als Spitzenzeit definiert wird und in dieser häufiger synchronisiert wird (Abbildung 14.99).

Wenn Sie die Push-Funktion (AUTD, siehe weiter unten) verwenden, können Sie bedarfsgerecht synchronisieren lassen.

Die Einstellungen für Exchange ActiveSync können Sie jederzeit mit der (Desktop-) ActiveSync-Applikation verändern. Darüber hinaus gibt es auf den mobilen Geräten entsprechende Einstellmöglichkeiten.

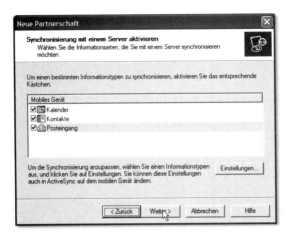

Abbildung 14.98 Mit Exchange ActiveSync können Kalender, Kontakte und der Posteingang synchronisiert werden.

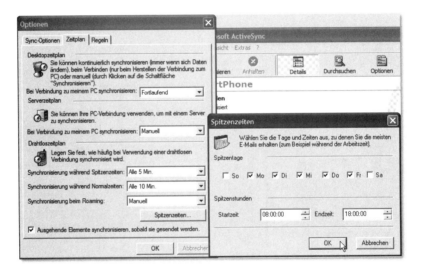

Abbildung 14.99 Mit dem Drahtloszeitplan wird konfiguriert, wie häufig ein Abgleich mit dem Exchange Server stattfinden soll.

Überprüfung der Zertifikate

Wenn Sie mit Exchange ActiveSync arbeiten, sollten Sie natürlich die Datenströme via SSL verschlüsseln. Im Unterpunkt »SSL-Verschlüsselung« des Abschnitts 14.6.1 über OMA sind bereits die Möglichkeiten der Nutzung eines selbst erzeugten Zertifikats und einer der »großen« Stammzertifizierungsstellen diskutiert worden. Wenn Sie mit selbst erzeugten Zertifikaten arbeiten, muss bei den Mobilgeräten das Zertifikat der Stammzertifizierungsstelle installiert werden, um den Server validieren zu können. Wie man solche Zertifikate auf PocketPC und SmartPhone installiert, habe ich in Abschnitt 16.4.9 ausführlich beschrieben.

Nun ist es leider denkbar, dass die Installation eines Zertifikats auf einem Gerät nicht möglich ist. In Abbildung 14.100 sehen Sie die Meldung eines SmartPhones, auf dem mit SPAddCert ein weiteres Zertifikat installiert werden sollte – das ist auf dem Telefon nicht möglich, weil der Netzbetreiber, der dieses Gerät verkauft hat, das Hinzufügen weiterer Zertifikate gesperrt hat.

Abbildung 14.100 Es ist möglich, dass Mobilfunkbetreiber die von ihnen vertriebenen Geräte sperren, so dass weitere Stammzertifikate nicht hinzugefügt werden können.

In einem solchen Fall haben Sie drei Möglichkeiten:

- Sie synchronisieren ohne SSL-Verschlüsselung (Checkbox »Dieser Server verwendet eine SSL-Verbindung« ausschalten). Dies ist sicherlich keine sonderlich gute Idee!
- Sie installieren auf dem Webserver ein Zertifikat, das von einer Zertifizierungsstelle ausgestellt worden ist, über deren Zertifikat das Gerät verfügt.
- Wenn Sie ein eigenes Zertifikat verwenden und nicht auf die SSL-Verschlüsselung verzichten möchten, kann auf dem mobilen Gerät die Überprüfung des Zertifikats abgeschaltet werden. Als Resultat bricht der ActiveSync-Vorgang nicht wegen des Zertifikats einer nicht-vertrauten Stammzertifizierungsstelle ab. Nachteilig ist allerdings, dass der Server nicht validiert werden kann – zumindest erfolgt die Übertragung der Daten verschlüsselt!

Obgleich die dritte Variante nicht optimal ist, wird sie in etlichen Fällen zum Einsatz kommen, in denen mit selbst erstellten Zertifikaten gearbeitet werden soll, aber beispielsweise auf einem SmartPhone keine eigenen Zertifikate hinzugefügt werden können.

Da es keinen Schalter zum Abschalten der Zertifikatsüberprüfung für Exchange ActiveSync gibt, muss dies mit einem kleinen externen Utility vorgenommen werden (Abb. 14.101):

- Downloaden Sie die Datei **DisableCertChk.exe** von der Microsoft-Website, und entpacken Sie diese.
- Stellen Sie eine ActiveSync-(Desktop!-)Verbindung mit dem Mobilgerät her.
- Führen Sie `Certchk.exe off` aus.
- Schalten Sie das Mobilgerät aus und wieder ein.
- Optional: Überprüfen Sie mit `Certchk query`, ob die Einstellung übernommen worden ist.

Abbildung 14.101 Mit dem Kommandozeilenwerkzeug Certchk kann die Überprüfung von SSL-Zertifikaten abgeschaltet werden.

14.7.3 Pocket Outlook und Exchange ActiveSync im Einsatz

Falls Sie bislang Exchange ActiveSync nicht »in Aktion« gesehen haben, finden Sie im Folgenden einige Abbildungen der Nutzung auf PocketPC und SmartPhone:

- Posteingang auf einem PocketPC (Abbildung 14.102)
- Schreiben einer Mail auf dem PocketPC (Abbildung 14.103)
- Posteingang auf dem SmartPhone (Abbildung 14.104)
- Anzeige eines Kontakts auf dem SmartPhone (Abbildung 14.105)

Abbildung 14.102 Der Posteingang auf einem PocketPC 2003

Abbildung 14.103 Verfassen einer Mail auf dem PocketPC 2003

Abbildung 14.104 Das SmartPhone auf Basis von Windows Mobile 2003 verfügt über ein deutlich kleineres Display als ein PocketPC, trotzdem kann man sinnvoll auf die Mails im Posteingang zugreifen

Abbildung 14.105 Die Anzeige eines Kontakts auf dem SmartPhone

14.7.4 Push-Verfahren

Push-Email ist seit dem Erfolg der BlackBerry-Geräte ein »Hype« geworden – Unmengen von Geschäftsführern, Abteilungs- und Bereichsleitern sind plötzlich der Meinung, dass sie sonst kaum überlebensfähig sind.

Die Idee hinter Push-Email ist einfach: Anstatt zeitgesteuert (z.B. alle fünf Minuten) oder auf Tastendruck neue Mails vom Exchange Server abzuholen, wird beim Eintreffen einer neuen Mail diese ähnlich einer SMS direkt an das Gerät gesendet.

Bei genauer Überlegung ist der Nutzen einer Push-Email-Funktionalität durchaus begrenzt:

▶ Sie können das Mobilgerät alle fünf Minuten (häufiger geht nicht!) mit dem Exchange Server synchronisieren lassen. Es fällt mir schwer zu glauben, dass es Emails gibt, die noch eiliger sind.
Durch die häufige Synchronisation entsteht natürlich ein gewisser »Daten-Overhead«, andererseits sind die von Providern angebotenen Datenübertragungsvolumen-Pakete auch nicht so knapp, dass dies wirklich zum Problem wird.

> **Achtung Falle!** Momentan (Herbst 2005) bieten die deutschen Mobilfunkprovider die Volumentarife mit einer Taktung von 100 kB an. Durch diese Tarifierung werden bei häufigem Abfragen trotz eines tatsächlich kleinen Übertragungsvolumens große Datenmengen abgerechnet.

▶ Genauso wie man beispielsweise im Meeting nicht telefoniert, werden zumindest die höflichen Meeting-Teilnehmer nicht über die ganze Dauer die Finger auf der Smart-Phone-Tastatur haben und Mails schreiben – oder?
Selbst wenn man nur in freien Momenten manuell synchronisieren würde, wäre das vermutlich völlig ausreichend.

Sie (oder Ihr Geschäftsführer) wollen trotzdem Push-Email? Kein Problem, Windows Mobile und Exchange 2003 beherrschen dies (bzw. eine vergleichbare Funktionalität) seit langem!

Wenn Sie das Service Pack 2 für Exchange installiert haben und ein Windows Mobile 2005-Gerät verwenden, steht ein noch weiter optimiertes Push-Verfahren zur Verfügung.

Die nächsten beiden Abschnitte zeigen Ihnen, wie Sie Push-Email mit Exchange (und ohne BlackBerry) konfigurieren.

Verfahren mit SMS Control Message (AUTD)

Mit Exchange 2003 (SP1) und Windows Mobile 2003-Geräten (PocketPC, PocketPC PhoneEdition oder SmartPhone) kann in Zusammenhang mit Exchange ActiveSync die **Always Up To Date**-(AUTD-)Funktion verwendet werden.

Der Ablauf ist vereinfacht in Abbildung 14.106 dargestellt:

▶ 1: Eine neue Nachricht geht auf dem Exchange Server ein.
▶ 2 und 3: Der Exchange Server schickt eine SMS an das Mobilgerät. Das setzt voraus, dass ein Mobilfunk-Provider ein SMTP-nach-SMS-Gateway zur Verfügung gestellt hat. Im Grunde genommen wird eine Nachricht an `01722495355@providername.de` gesendet.
▶ 4: Das Mobilgerät wertet diese SMS aus und beginnt die Synchronisierung mit dem Exchange Server.

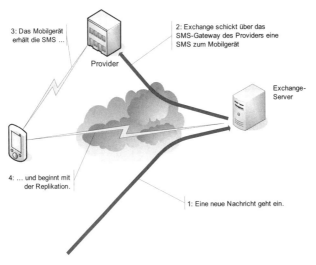

Abbildung 14.106 Funktionsweise der »Push-Email« mit der Always Up To Date-Funktion (AUTD): funktioniert mit Exchange 2003 (SP1) und Windows Mobile 2003-Geräten.

Die Implementation von AUTD ist weder sonderlich schwierig noch sonderlich spannend. Ob letztendlich alles problemlos funktioniert, ist davon abhängig, ob die Mobilfunkgesellschaft ein funktionierendes SMS-Gateway bereitstellt.

Mir ist momentan kein Kunde bekannt, der tatsächlich das SMS-basierte AUTD verwendet. Hierfür gibt es verschiedene Gründe:

- Der Empfang einer Email-SMS ist nicht kostenlos. Beispielsweise belastet Vodafone dem empfangenden Handy EUR 0,198 (Stand Spätsommer 2005). Wenn jemand z.B. 50 Emails pro Tag erhält, was sicherlich kein unrealistischer Wert ist, kostet AUTD im Monat immerhin 50*22*0,198 = EUR 217,80 (bei 22 Arbeitstagen).
- Bei einer »normalen« Synchronisation ohne AUTD ist das kleinstmögliche Intervall 5 Minuten. Selbst wenn die Benachrichtigungs-SMS sofort ankäme, ist der zeitliche Vorsprung von AUTD mit maximal 5 Minuten relativ gering. Er ist keinesfalls so groß, dass sich die zuvor genannten Kosten auch nur ansatzweise amortisieren würden.
- Zum dem vorgenannten Punkt wäre zu ergänzen, dass eine SMS keinesfalls verzögerungslos ankommt. Die Provider garantieren im Allgemeinen nicht die sofortige Auslieferung einer SMS; bei hoher Netzlast kann dies durchaus einige wenige Minuten dauern. Und damit wäre auch der ohnehin geringe Zeitvorteil von SMS-basiertem AUTD hinfällig.
  Falle: Taktung der Volumentarife!
- Nun könnte man natürlich vermuten, dass die Synchronisation im Fünf-Minuten-Takt das Übertragungsvolumen enorm aufbläht. Rechnen wir nach:
  - Im Extremfall wird 12-mal pro Stunde, also 288-mal pro Tag, also 8.640-mal pro Monat synchronisiert (wenn das Gerät rund um die Uhr an 30 Tagen eingeschaltet ist).
  - Das Übertragungsvolumen einer »leeren« Synchronisation beträgt ca. 0,8 kB, also insgesamt knapp 7 MB.
  - Beispiel Vodafone: Ein Datentarif für knapp EUR 10 enthält ein Volumen von 30 MB (Spätsommer 2005). Knapp ein Viertel des Volumens würde also für den »Synchronisations-Overhead« verwendet, es bleibt aber noch immer genügend nutzbare Kapazität übrig!
  - **Achtung Falle:** Momentan (Herbst 2005) bieten die deutschen Mobilfunkprovider die Volumentarife mit einer Taktung von 100 kB an.
    Durch diese Tarifierung werden bei häufigem Abfragen trotz eines tatsächlich kleinen Übertragungsvolumens große Datenmengen abgerechnet (ca. 850 MB im Monat).
    Wenn Sie in einem größeren Unternehmen tätig sind, ist diesbezüglich vielleicht eine »Verhandlungslösung« möglich!
    Der Hintergrund ist, dass die meisten Geräte die GPRS-Verbindung nach der Übertragung wieder abbauen.
- Befindet sich der Anwender mit seinem Mobilgerät in einem ausländischen Netz, ist es gut möglich, dass die Benachrichtigungs-SMS nicht ankommen wird oder dass für den SMS-Empfang horrende Roaming-Kosten anfallen.

Da ich davon ausgehe, dass nicht allzu viele Leser dieses AUTD-Verfahren implementieren werden, möchte in diesem Buch nicht die komplette Einrichtung erläutern, sondern verweise auf folgende Links:

- http://www.microsoft.com/technet/prodtechnol/exchange/2003/autd.mspx
- http://www.mobiljoe.de/joeforums/showthread.php?t=8673

Der erste Link ist eine Microsoft-Dokumentation, der zweite Link ein deutschsprachiges Blog der (wirklich guten) Mobiljoe-Website; hier wird die Einrichtung im deutschen Vodafone-Netz beschrieben.

Exchange SP2 und Messaging & Security Feature Pack für Windows Mobile 5

Das SMS-basierte Verfahren funktionierte zwar, war aber, wie Sie im vorherigen Abschnitt gesehen haben, nicht wirklich optimal. Es ist daher ein deutlich eleganteres Verfahren entwickelt worden, das allerdings folgende Voraussetzungen hat:

- Exchange 2003 SP 2
- Windows Mobile 5-Gerät mit Messaging & Security Feature Pack für Windows Mobile 5

Die »normale« Synchronisation funktioniert prinzipiell wie folgt:

- Das mobile Gerät stellt die Verbindung zum Exchange Server her und prüft, ob neue Nachrichten abzuholen sind.
- Der Server antwortet *sofort*.
- Die Verbindung wird beendet.

Das neue Verfahren ist stark vereinfacht so aufgebaut:

- Das mobile Gerät stellt die Verbindung zum Exchange Server her.
- Der Server antwortet *nicht* sofort, eine offene http- (besser natürlich: https-)Verbindung bleibt bestehen.
- Sobald eine Nachricht eingegangen ist, sendet der Server eine Antwort und der Client synchronisiert.
- Geht keine Nachricht ein, wird nach ca. 20 Minuten die Verbindung abgebrochen bzw. läuft in einen Time-Out. Das Gerät baut dann die Verbindung sofort wieder auf.

Anders gesprochen existiert ständig eine offene Verbindung zwischen Mobilgerät und Exchange Server. Geht eine Nachricht ein, kann der Exchange Server das Gerät sofort benachrichtigen.

Gegenüber anderen Verfahren ergeben sich mehrere Vorteile:

- Die Benachrichtigung des Mobilgeräts ist extrem schnell: Schneller als das statische Replikationsintervall, schneller als das zuvor beschriebene SMS-basierte Verfahren und übrigens auch schneller als BlackBerry.
Der Business-Nutzen, ob eine Mail innerhalb von wenigen Sekunden oder wenigen Minuten ankommt, ist zwar durchaus diskutierbar; in Zeiten, in denen »Push-Email« *das* Marketing-Argument ist, scheint es ihn wohl zu geben.

- Das Verfahren ist sehr kostengünstig:
  - Im Vergleich zur Synchronisation im Fünf-Minuten-Takt werden weniger Vorgänge benötigt, daraus resultiert ein geringeres Übertragungsvolumen.
  - Dass das Versenden von einer SMS beim Empfang einer Email sehr teuer ist, habe ich im vorigen Abschnitt errechnet.
  - Ein (teurer) Spezialtarif wie bei BlackBerry ist ebenfalls nicht notwendig.
- Es wird keine zusätzliche Software oder Hardware benötigt. Wenn Exchange 2003 SP2 und ein Windows Mobile 5-Gerät vorhanden sind, können Sie direkt loslegen.

An dieser Stelle kann ich noch keine Screenshots und Konfigurationsanleitung zeigen, da Windows Mobile 5-Geräte noch nicht auf dem Markt waren, während ich dieses Buch schrieb. Die Anleitung wird auf der Website von Galileo Press nachgereicht, sobald die Geräte verfügbar sind.

14.7.5 PocketPC vs. PocketPC Phone Edition

Bereits zu Beginn des Kapitels habe ich den Hauptunterschied zwischen einem PocketPC und einem PocketPC Phone Edition erläutert: Letztgenannter verfügt über die »Funk-Komponenten«, um mit einem GSM-Mobilfunknetz zu kommunizieren. Er kann also Daten übertragen und als Telefon genutzt werden.

Ein PocketPC (ohne Phone Edition) benötigt für die Synchronisation stets ein Handy, das ihm als Modem dienen kann. Ein via Bluetooth kommunizierendes PocketPC-Handy-Pärchen ist zwar verwendbar, wird aber für jemanden, der nicht nur einmal pro Woche seine Mails abrufen will, eine eher unbefriedigende Lösung darstellen – zumal man mit zwei Geräten herumlaufen muss.

Wenn die mobile Verfügbarkeit von Mails, Kontakten und Terminen bei der Beschaffung eines neuen PocketPCs bereits eine Grundanforderung ist, sollten Sie direkt zur Phone Edition greifen – alles andere ist schlicht und ergreifend nicht komfortabel genug.

Die PocketPC Phone Edition ist übrigens bei den Providern zu subventionierten Preisen zu haben, bei T-Mobile heißen die Geräte MDA, bei Vodafone VPA.

Der PocketPC Phone Edition ist auch als Handy verwendbar – wo liegt nun die Abgrenzung zum Windows Powererd SmartPhone?

- Ein SmartPhone ist deutlich kleiner und hat demzufolge natürlich ein kleineres Display.
- Ein SmartPhone hat keinen TouchScreen. Die Steuerung erfolgt ausschließlich über die Telefontastatur, die beiden Menütasten und den »Joystick«. Mit einem PocketPC kann man mit dem Stift durchaus längere Texte verfassen, während dies mit dem SmartPhone wirklich zur Qual wird. Mittlerweile sind übrigens auch PocketPCs mit integrierter ausklappbarer Mini-Tastatur erhältlich.
- Der PocketPC hat eine reichhaltigere Software-Ausstattung. PocketWord und PocketExcel sind im SmartPhone nicht enthalten.
- Momentan (Spätsommer 2005) ist kein SmartPhone verfügbar, das über WLAN-Funktionalität verfügt.

Zusammenfassend ergibt sich also folgende »Mobilgeräte-Einkaufsempfehlungsliste«:

- Für den Poweruser, der häufig oder ausschließlich mobil arbeitet und dabei sowohl Mails liest als auch schreibt: Dieser Benutzertyp greift von seinem Mobilgerät auf Internet und Intranet zu und nutzt unter Umständen weitere mobile Applikationen.
  Empfehlung: PocketPC Phone Edition, Synchronisation mit Exchange ActiveSync.

- Für den Anwender, der häufig unterwegs ist, aber i.A. nur lesend auf Mails und Kontakte zugreift und hin und wieder einen Termin eintragen möchte: Dieser Benutzertyp nutzt keine sonstigen mobilen Applikationen und greift nicht oder nur selten auf Internet oder Intranet zu.
  Empfehlung: Windows Powered SmartPhone, Synchronisation mit Exchange ActiveSync.

- Für den Anwender, der manchmal unterwegs ist und dabei fallweise Mails, Termine oder Kontakte benötigt: Er kann ein vorhandenes Handy weiterverwenden und mittels Outlook Mobile Access (OMA) auf das Exchange-Postfach zugreifen.

15 Sichere Anbindung an das Internet

15.1 Mail Relay 486

15.2 Client-Zugriff aus dem Internet 490

15.3 Der ISA Server 492

1. Über dieses Buch
2. Der Aufbau des Buchs
3. Exchange 2003 – Service Pack 2
4. Einführung in das Thema Collaboration
5. Erster technischer Überblick
6. Solutions Design
7. Exchange und Active Directory
8. Routing
9. Storage
10. Öffentliche Ordner
11. Administrative Gruppen
12. Richtlinien, Vorlagen und Adresslisten
13. Front-End-/Back-End-Architektur
14. Clients
15. Sichere Anbindung an das Internet
16. Sicherheit
17. Installation
18. Migration/Upgrade auf Exchange 2003
19. Betrieb und Administration
20. Backup, Restore und Desaster Recovery
21. Verfügbarkeit
22. Live Communications Server 2005 – Ein Überblick
23. LCS – Installation und Konfiguration
24. LCS – »Externe« Clients und Föderationen
25. LCS – Administration
26. LCS – Sicherheit
27. Entwicklung
28. Programmieren mit CDO (CDOEX)
A. Problembehebung in Warteschlangen
B. Zu überwachende Parameter (Jetstress-Test)
C. Performance Monitoring, wichtige Datenquellen
D. Outlook Level 1 Dateianhänge

15 Sichere Anbindung an das Internet

Da Sie ja aller Voraussicht nach nicht nur innerhalb Ihres Unternehmens oder Ihrer Organisation mit Exchange kommunizieren wollen, sondern sicherlich mindestens genauso dringend mit externen Kommunikationspartnern Mails austauschen wollen, müssen Sie sich Gedanken über eine Anbindung an das Internet machen. Wenn Sie bereits Exchange verwenden, haben Sie dieses Problem natürlich schon einmal gelöst, ein kleines Review kann aber sicherlich nicht schaden.

Da man für die Anbindung mobiler Mitarbeiter heute im Allgemeinen keine Remote Access-Installation mit eigenen Routern etc. aufbauen wird, sondern auch hierfür das Internet nutzt, wird das Thema der Internetanbindung komplexer – ein weiterer Grund, den Ist-Zustand zu durchleuchten ...

Beginnen wir mit einem »Anti-Beispiel« (das man übrigens immer wieder sieht, wodurch es aber auch nicht richtiger wird). Ich gehe davon aus, dass Ihr Unternehmen eine Firewall zum Internet hat, was man heutzutage wohl voraussetzen kann. Diese Firewall wird über eine DMZ (= Demilitarized Zone) verfügen.

Man könnte nun auf die Idee kommen, dass erstens der Exchange Server mit dem Internet kommunizieren muss und dass zweitens die Clients nicht direkt mit dem Internet verbunden werden sollen, und daraus folgern, dass der Exchange Server in die DMZ gestellt wird (Abbildung 15.1): **TODSÜNDE!**

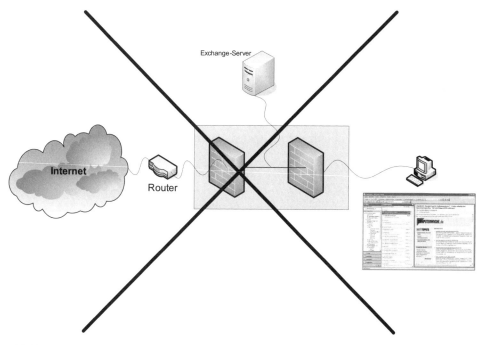

Abbildung 15.1 So nicht: Ein Exchange Server gehört NIEMALS in die DMZ!

Aus folgenden Gründen gehört Exchange nicht in die DMZ:

- Ein System, das Daten trägt, sollte niemals direkt mit dem Internet in Kontakt treten. Ein Exchange Server ist nun ganz eindeutig ein datentragendes System, denn schließlich sind zum einen Ihre gesamten Mails, Kalendereinträge etc. auf diesem vorhanden, zum anderen benötigt ein Exchange Server Zugriff auf das Active Directory, das ja ebenfalls wertvolle Informationen enthält.
- Wird Ihr Exchange Server durch einen Angriff von außen, beispielsweise eine Denial-of-Service-Attacke lahm gelegt (immerhin ist er ja in der DMZ direkt mit dem Internet verbunden und eventuell verweist ein MX-Record auf ihn), haben Sie keinen Zugriff mehr auf Mails, Kalenderinformationen, Kontakte etc. Im Übrigen ist Email in etwas größeren Unternehmen ja auch ein wichtiges internes Kommunikationsmedium geworden.
- Steht der Exchange Server in der DMZ, müssten alle Clients Zugriff auf dieselbe haben. Sie müssten dann entscheiden, ob Sie die Clients an der Firewall authentifizieren möchten oder »einfach pauschal« den Zugriff erlauben. In jedem Fall muss die Firewall ein ganzes Stück geöffnet werden – und das ist sicherlich nicht wirklich gewollt.

Man kann noch einige weitere Gründe finden, warum Exchange nicht in die DMZ gehört, aber ich denke, dass es schon deutlich genug geworden ist … Halten Sie sich immer vor Augen, dass in vielen Unternehmen die Bedeutung von Mail und Messaging nicht weit hinter dem ERP-System rangiert – und das würde man ja auch nicht weitgehend ungeschützt dem Internet aussetzen.

Im Übrigen ist es ein weit verbreiteter Irrtum, dass ein Exchange Front-End-Server in die DMZ gehört. **Auch ein Front-End-Server gehört nicht in die DMZ!** Bei diesen ist es zwar nicht solch eine Riesenkatastrophe, wenn sie in die DMZ gestellt werden, Sie sollten es aber dennoch vermeiden. Mehr dazu später.

15.1 Mail Relay

Wie wird es nun richtig gemacht?

In Abbildung 15.2 ist eine »belastbare« Architektur gezeigt:

- Die aus dem Internet empfangene Mail wird an ein in der DMZ stehendes Mail Relay übermittelt.
- Auf dem Mail Relay können bereits grundlegende Sicherheitsmaßnahmen wie ein Virenscan durchgeführt werden.
- Das Mail Relay leitet die Mails dann ebenfalls via SMTP weiter zum Exchange Server.
- Die Clients greifen auf den im Innenbereich stehenden Exchange Server zu, ohne dass die Firewall für die Client-Systeme geöffnet werden müsste.

Das Versenden von Mails funktioniert analog:

Der Exchange Server übermittelt die Mail via SMTP an das Relay in der DMZ, und von dort aus wird dieselbe ins Internet übermittelt.

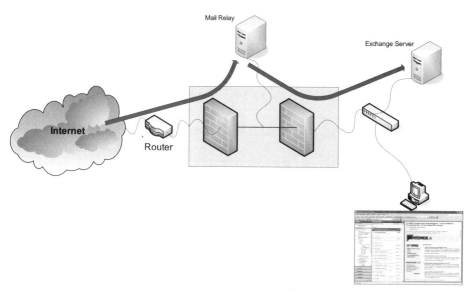

Abbildung 15.2 So ist es richtig! In der DMZ steht ein Mail Relay, und der Exchange Server steht im »Innenbereich«.

Die Vorteile dieser Vorgehensweise sind (eigentlich brauchen Sie nur die Nachteile aus dem vorherigen Abschnitt »umzudrehen«):

- Kein System, das Produktivdaten trägt, hat direkten Kontakt mit dem Internet. Falls das Mail Relay auf einem Windows-Server installiert ist, ist dieser natürlich kein Domain-Mitglied, sondern ein Standalone-System.
- Wenn das Relay durch eine »Attacke« (z.B. Denial of Service, DoS) lahm gelegt wird, haben Sie zumindest weiterhin Zugriff auf Ihre Daten; außerdem funktioniert die interne Kommunikation.
- Sie brauchen keine Clientzugriffe auf die DMZ zuzulassen.
- Je nach Typ und Funktionsumfang des Mail Relays können bereits hier erweiterte Funktionen wie Virenscan, Spamfilterung etc. durchgeführt werden.

Für das Mail Relay brauchen Sie letztendlich keine Hochleistungs-Hardware zu planen. Für eine kleinere Organisation (bis 100 Benutzer) genügt prinzipiell moderne PC-Hardware – wenn ich Ihnen auch nahe legen würde, einen kleinen »echten« Server zu verwenden.

Beispiel für ein Mail Relay

Für das Mail Relay gibt es verschiedenste Lösungen, angefangen von einer Linux-Maschine mit einem Sendmail-basierten Relay bis zu komplexen Hochleistungslösungen wie der Trend Micro Messaging Security Suite oder MIMEsweeper von Clearswift. Neben diesen Softwarelösungen gibt es diverse Hardware-Appliances, die letztendlich aus einem kleinen Server mit vorkonfigurierter Software bestehen.

Damit Sie einen kurzen Eindruck davon bekommen, was ein Mail Relay leisten kann, zeige ich Ihnen einige Screenshots der Messaging Security Suite von Trend Micro.

In den heutigen Spam-Zeiten besteht eine der wichtigsten Konfigurationsmaßnahmen darin zu verhindern, dass Ihr Mail Relay von Spammern missbraucht werden kann. Wenn Sie einfach jede Mail, die Sie bekommen, weiterleiten, könnte man beispielsweise 100.000 Spams bei Ihnen abladen, die Ihr Relay dann in alle Welt versendet. Um dies zu verhindern, kann man definieren, für welche Domains überhaupt Mails weitergeleitet werden sollen (Abbildung 15.3). Hier tragen Sie Ihre eigenen Domains ein.

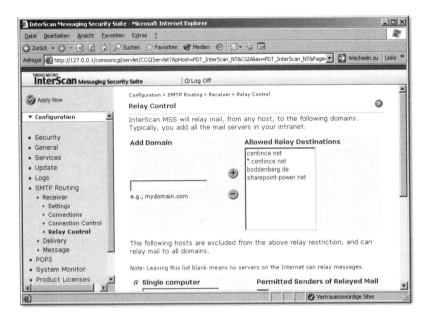

Abbildung 15.3 Verhindern, dass das Mail Relay von Spammern missbraucht wird.

Als Nächstes muss man dem Mail Relay klar machen, dass es die Mails für Ihre Domains an den im Innenbereich stehenden Exchange Server weiterleiten soll. Diese SMTP-Verbindung muss natürlich auf der Firewall geöffnet sein (Abbildung 15.4)!

Die grundlegenden Relay-Funktionen, nämlich das Empfangen und anschließende Weiterleiten von Mails, sind damit konfiguriert.

Nun kommt die Kür: Die Messaging Security Suite bietet, wie andere Produkte auch, diverse Filterfunktionen an, um unerwünschte Mails bereits vor der Weiterleitung abzufangen.

In Abbildung 15.5 sehen Sie die Konfiguration der Filter für eingehende Mails. Mit Filtern kann man Funktionen wie den Virenscan, die Suche nach Spam-Mails, das Blockieren bestimmter Anlagen und vieles andere mehr konfigurieren.

Neben den vorgefertigten Filtern können eigene Definitionen angelegt werden. Sie könnten beispielsweise ausgehenden Mails Disclaimer hinzufügen, verhindern, dass Mails, die größer als 5 MB sind, oder Word-Dokumente verschickt werden (Abbildung 15.6).

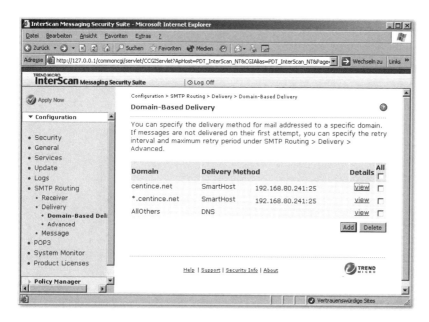

Abbildung 15.4 Die Weiterleitungsziele eintragen. Hier wird der im Innenbereich stehende Exchange Server eingetragen.

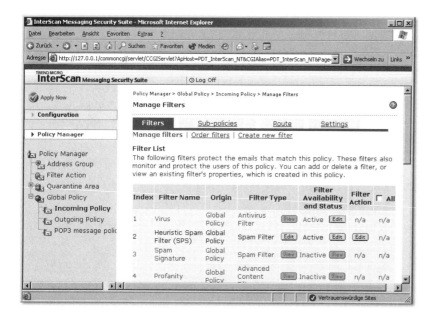

Abbildung 15.5 Funktionen wie Virenscan, Spam-Filter, Blockieren von Anlagen u.v.a.m. werden über Filter gesteuert.

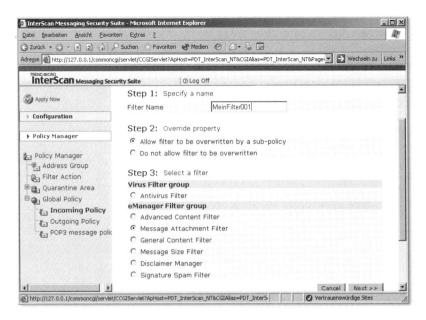

Abbildung 15.6 Mit eigenen Filtern können viele zusätzliche Funktionen ausgeführt werden.

Die Definition der Anforderung an das Mail Relay und die Umsetzung derselben ist durchaus komplex: Sie müssen sich beispielsweise darüber Gedanken machen, wie Sie mit als Spam erkannten Mails umgehen wollen: Sollen diese kommentarlos gelöscht werden oder soll der Benutzer die Möglichkeit haben, diese anzuschauen (Spam-Erkennung unterliegt einer gewissen Fehlerquote)?

Es empfiehlt sich unbedingt, die Filterregeln und die zugrunde liegenden Überlegungen zu dokumentieren! Das hört sich trivial an, wird aber in der Praxis häufig nicht gemacht. Das führt fast notwendigerweise dazu, dass bei einem Review oder bei Anpassungen die früheren Überlegungen aufwändig nachvollzogen werden müssen – im Zweifelsfall wird das Rad jedes Mal neu erfunden.

15.2 Client-Zugriff aus dem Internet

Wenn Sie mobile Benutzer haben (und welche Firma hat sie heutzutage nicht?), müssen Sie sich überlegen, wie diese an die Mails und sonstige in Exchange gespeicherte Informationen kommen.

Der Fall ist schnell abgehakt, wenn folgende Voraussetzungen bei Ihnen gegeben sind:

- Die Benutzer wählen sich per ISDN oder Modem in ein RAS-System (= Router oder RAS-Server) ein. Nachteil: Diese Lösung ist im Endeffekt sehr teuer. Die RAS-Infrastruktur kostet Geld, zudem fallen eventuell immense Fern- oder Auslandstelefon-Gebühren an.
- Die Benutzer verbinden sich mittels VPN-Technologie über das Internet mit dem Unternehmensnetzwerk. Der Ansatz, über ein VPN zu gehen, ist zwar generell gut, wenn die Benutzer aber »nur« auf Exchange und nicht auf sonstige Server zugreifen sollen, ist das

recht nah an dem berühmten »Mit-Kanonen-auf-Spatzen-Schießen«. Zudem werden Sie sich zunehmend damit auseinander setzen müssen, dass Benutzer auch von Handys, PocketPCs oder vielleicht auch öffentlichen Internet-Terminals in Hotels oder Flughäfen auf Mails zugreifen möchten. Dabei hilft Ihnen die teure VPN-Infrastruktur vergleichsweise wenig (im Klartext: gar nicht).

Einen Überblick über die geforderte Konnektivität sehen Sie in Abbildung 15.7:

- Notebook-Benutzer mit installiertem Outlook 2003 möchten Mails und sonstige Informationen abrufen. Es ist aber kein VPN-Client installiert.
- Benutzer möchten von einem öffentlichen Internet-Terminal oder dem PC des Geschäftspartners aus »mal eben schnell« auf wichtige Informationen zugreifen.
- Der Zugriff von Geräten wie PocketPC oder SmartPhone wird ebenfalls zunehmend wichtiger.

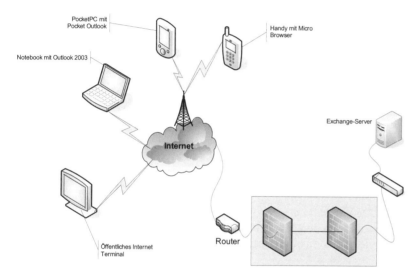

Abbildung 15.7 Diese Zugriffswege werden Sie entweder direkt oder zumindest mittelfristig ermöglichen müssen.

Allen Geräten ist gemeinsam, dass sie über das Internet auf den Exchange Server zugreifen möchten. Es fragt sich nur, wie man eine Verbindung zu diesem aufbaut – der Server steht **nicht** in der DMZ!

Die Lösung für das Problem ist ein Reverse-Proxy. Von Microsoft sind sehr ausführlich diverse Konfigurationen mit dem ISA Server dokumentiert, der mit der Web Server Publishing-Funktion genau die Anforderung, auf sichere Art und Weise aus dem Internet auf den Exchange Server zuzugreifen, abdeckt (Abbildung 15.8). Alternativ kann der ISA Server »hinter« eine vorhandene Firewall statt in die DMZ gestellt werden.

Die Veröffentlichung eines Outlook Web Access-Servers mit dem ISA Server kann mit einem Assistenten konfiguriert werden. Genauere Details über die genannten Clients und deren Zugriffsmethodik erfahren Sie im Kapitel über die Exchange-Clients (Kapitel 14). Den ISA Server besprechen wir im folgenden Abschnitt 15.3 ausführlicher!

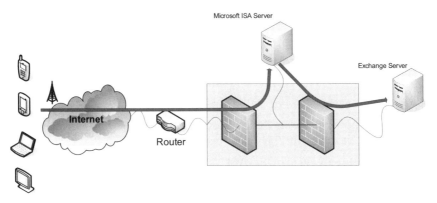

Abbildung 15.8 Sicherer Zugriff auf einen Exchange Server über Microsoft ISA Server

Da man es nicht oft genug wiederholen kann: Stellen Sie keinesfalls einen Exchange Server in die DMZ! Der ISA Server löst auf intelligente Weise das Problem des Zugriffs, ohne dass Sie das Sicherheitsniveau absenken müssten!

Es versteht sich übrigens von selbst, dass zwischen Client und ISA Server eine gesicherte Verbindung Pflicht ist. Um eine SSL-Verschlüsselung zu realisieren, benötigen Sie ein entsprechendes Zertifikat, das Sie entweder bei einem kommerziellen Anbieter kaufen oder selbst erzeugen können. Dies erläutere ich in Abschnitt 16.2 sehr detailliert.

15.3 Der ISA Server

Microsoft vertreibt als Produkt für die Unterstützung des Internetzugriffs den ISA Server; der »Langname« lautet Internet Security and Acceleration Server. Das Produkt liegt mittlerweile in der Version 2004 vor und hat sich zu einer leistungsfähigen »Advanced Firewall« gemausert. Als Urahn kann man den Microsoft Proxy Server 2.0 ansehen – mit diesem hat der ISA Server so gut wie nichts mehr zu tun, sowohl vom Funktionsumfang als auch von der Architektur her.

15.3.1 Grundlegende Konfiguration des ISA Servers

Wenn Sie den ISA Server installiert haben und die ISA Server-Verwaltung starten, wird Ihnen das System einige Szenarien anbieten, in denen der ISA Server betrieben werden kann (Abbildung 15.9):

- **Edgefirewall**: In dieser Konfiguration steht der ISA Server zwischen dem Internet und dem internen Netz. Er arbeitet hier zum einen als Paketfilter, der eingehende Anfragen blockiert, stellt aber auch Funktionen wie Webproxy, Serververöffentlichung und VPN-Zugriff zur Verfügung.
- **3-Abschnitt-Umkreisnetzwerk**: Diese Konfiguration würde ich als Firewall mit DMZ bezeichnen.
- **Frontfirewall, Backfirewall**: Diese beiden Konfigurationsvarianten sind für den Einsatz in kaskadierten Umgebungen gedacht. In einer solchen Umgebung werden aus Sicherheitsgründen mehrere Firewalls hintereinander eingesetzt.

▶ **Einzelner Netzwerkadapter**: Die letzte Möglichkeit ist die Verwendung des ISA Servers mit nur einer Netzwerkkarte. Dies widerspricht natürlich dem Firewall-Gedanken, bei dem es stets darum geht, das innere Netz physikalisch vom Internet zu trennen, was natürlich zwei Netzwerksegmente erforderlich macht. Viele Aufgabenstellungen wie Webproxy, Webveröffentlichung oder OWA-Veröffentlichung lassen sich aber mit einem System mit nur einer Netzwerkkarte gut lösen. Es wird dann in der DMZ einer anderen Firewall platziert.

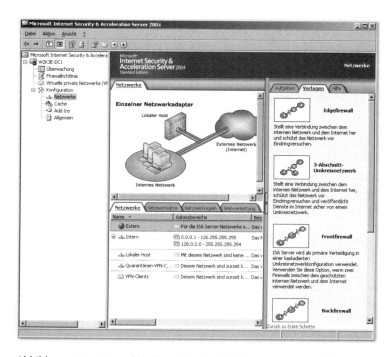

Abbildung 15.9 Netzwerkkonfiguration des ISA Servers mit auswählbaren Vorlagen

Die Aufgabenstellungen, die vom ISA Server übernommen werden können, sind:

▶ Firewall
▶ Webproxydienst mit Authentifizierung und Autorisierung der Benutzer und Zwischenspeicherung
▶ Proxydienst für Winsock-Anwendungen
▶ Veröffentlichung von Webservern und Outlook Web Access
▶ Veröffentlichung von anderen (= nicht Web-)Servern
▶ VPN-Gateway

In allen größeren Unternehmen sind heute selbstverständlich Firewalls im Einsatz. Dies werden im Allgemeinen so mächtige Systeme wie Cisco PIX oder CheckPoint Firewall-1 sein. Klar ist, dass man diese nicht zugunsten des ISA Servers ablösen wird. Es sind allerdings etliche Anwendungsfälle denkbar, in denen der ISA Server eine bereits vorhandene Firewall um interessante Möglichkeiten ergänzt. Ich denke hier beispielsweise an die Veröffentlichung eines Outlook Web Access-Servers oder eine intelligente Architektur zur Autorisierung von Client-Systemen für den Webzugriff. In Szenarien, in denen ISA Server eine vorhandene Firewall ergänzt, wird man übrigens häufig die zuvor genannte Konfiguration mit nur einer Netzwerkkarte finden.

Wenn Sie einen ISA Server installiert haben, werden Sie, je nach konfiguriertem Betriebsmodus, feststellen, dass keinerlei Kommunikation mehr mit diesem System möglich ist, auch nicht mit der Netzwerkkarte, die im internen Netz steht; der Server ist faktisch im Netz nicht mehr sichtbar. Der Grund hierfür ist, dass der ISA Server standardmäßig eine Firewallrichtlinie einrichtet, die sämtlichen Netzwerkverkehr unterbindet. Sie ergänzen dieses Regelwerk dann Schritt für Schritt um die zugelassene Kommunikation (Abbildung 15.10).

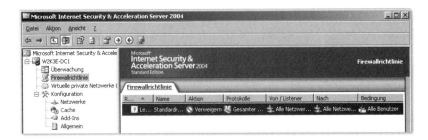

Abbildung 15.10 Die standardmäßige Firewallrichtlinie blockiert sämtlichen Netzwerkverkehr.

Es empfiehlt sich natürlich, den ISA Server auf einer separaten Maschine aufzusetzen, auf der keine anderen Applikationen ausgeführt werden. Zum einen ist es natürlich unter Sicherheitsaspekten undenkbar, dass auf der Firewall der Server mit allen Unternehmensdaten ausgeführt wird. Zum anderen haben Sie zuvor gesehen, dass nach der Installation des ISA Servers sämtliche Kommunikation blockiert ist. Wenn Sie eine Applikation mit recht komplexem Netzwerkzugriffsverhalten einsetzen, ist es unter Umständen sehr aufwändig, alle benötigten Ports freizuschalten.

Dass ein kleines Unternehmen mit 20 Mitarbeitern nicht noch einen weiteren Server anschaffen möchte, ist verständlich, trotzdem würde ich dringend empfehlen, für den ISA Server separate Hardware zu beschaffen – im Zweifelsfall genügt natürlich auch Desktop-Hardware mit zwei Netzwerkkarten (Abbildung 15.11).

Abbildung 15.11 Konfiguration für ein kleines Unternehmen. Der ISA Server sollte auf einer separaten Maschine installiert werden.

Anmerkung Der Small Business Server Premium Edition enthält den ISA Server. Leider müssen die Komponenten des Small Business Servers auf einem einzelnen Server installiert werden. Optimal ist das zumindest nicht.

15.3.2 Grundlagen: Veröffentlichen von Webservern

Das Bereitstellen von webbasierten Informationen für aus dem Internet zugreifende Benutzer gewinnt zunehmend an Bedeutung. Es geht hier **nicht** um den öffentlichen Webserver des Unternehmens. Dieser wird vermutlich ohnehin beim Provider stehen oder kann isoliert in der DMZ betrieben werden.

Es dreht sich vielmehr um Webserver, die spezielle, zumeist datenbank-gestützte Informationen bereitstellen, auf deren Informationen externe Benutzer zugreifen können sollen. Externe Benutzer könnten eigene Mitarbeiter sein, die auf Exchange oder sonstige Intranet-Informationen zugreifen sollen, oder Benutzer von Partner-Unternehmen, die beispielsweise Bestellinformationen einsehen können.

Die klassische Vorgehensweise wäre, den betreffenden Webserver in die DMZ zu stellen. Das ist allerdings nicht optimal, denn:

- Der Webserver ist von der Firewall zwar durch einen Paketfilter (oder fortschrittlichere Technologien wie Stateful Inspection) geschützt, dennoch kommuniziert er direkt mit Internet-Hosts. Es tauchen immer wieder Hacks auf, die einen Webserver (egal ob IIS, Apache oder andere) korrumpieren. Dies ist bei einer direkten Kommunikationsmöglichkeit mit dem Webserver grundsätzlich einfacher, als wenn über eine zusätzliche Sicherungsschicht (nämlich den Reverse-Proxy) zugegriffen wird.
- Bei nicht-statischen Inhalten muss der Webserver vermutlich auf eine Datenbank im Innenbereich zugreifen können. Das bedeutet wieder, dass weitere Ports geöffnet werden müssen etc.
- Wenn dieser Server auch von internen Benutzern verwendet werden soll, müssen diese auf einen Server in der DMZ zugreifen. Dies könnte man zwar durch einen »Innen-Proxy« vermeiden, das macht das ganze Szenario aber wirklich unübersichtlich (die Benutzer greifen über einen Proxy auf einen Server in der DMZ zu, der seine Daten wiederum von einer Datenbank im Innenbereich holen muss).

Ein Lösungsansatz ist das »Veröffentlichen des Webservers« mit dem ISA Server. Die Vorgehensweise ist auch als Reverse Proxying bekannt (Abbildung 15.12):

- Der zugreifende Client kommuniziert mit dem in der DMZ stehenden ISA Server.
- Der ISA Server fungiert als Reverse Proxy und leitet die Anfrage an den im Innenbereich stehenden Webserver weiter.
- Der Webserver beschafft ggf. Informationen von der Datenbank und transportiert die HTML-Ausgabe zum ISA Server, der wiederum die Antwort an den Client schickt.

Das Veröffentlichen eines Webservers ist in der Administrationsoberfläche des ISA Servers recht einfach mit einem Assistenten einzurichten. Sie sehen nachfolgend einige Screenshots, die das Konzept erkennen lassen. Das Ziel ist es, eine SSL-gesicherte Verbindung zwischen aufrufendem Client und Firmennetz zu realisieren.

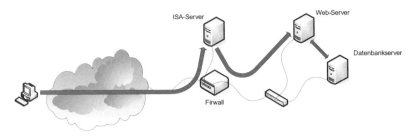

Abbildung 15.12 Das Prinzip des Webserver-Publishings

Die erste Seite des Assistenten (Abbildung 15.13) fragt nach dem »Veröffentlichungsmodus«. Zur Auswahl stehen:

- **SSL-Bridging**: Hierbei terminiert der ISA Server die SSL-Sitzung und überprüft den Datenverkehr. Dies ist die empfohlene Methode.
- **SSL-Tunneling**: Bei dieser Methode wird der verschlüsselte Datenverkehr zu dem Server durchgeleitet. Der ISA Server hat dann aber keine Chance, den Datenverkehr zu überprüfen und ggf. zu blockieren.

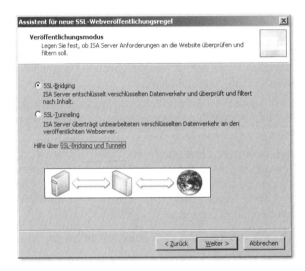

Abbildung 15.13 Zunächst wird gewählt, ob SSL-Bridging oder SSL-Tunneling gefahren werden soll.

Wenn Sie SSL-Bridging gewählt haben, müssen Sie sich über den Bridingmodus Gedanken machen. Hier stehen drei Varianten zur Verfügung (Abbildung 15.14):

- **Sichere Verbindung mit Clients**: Die Verbindung Client zu ISA Server ist verschlüsselt (HTTPS), die Verbindung zwischen dem ISA Server und dem veröffentlichten Webserver ist nicht gesichert.
- **Sichere Verbindung mit Webserver**: Genau umgekehrt, nämlich verschlüsselte Verbindung zwischen ISA Server und Webserver, nicht verschlüsselte Verbindung zu den Clients.

▶ **Sichere Verbindung mit Clients und Webserver**: In diesem Fall sind beide Verbindungen verschlüsselt.

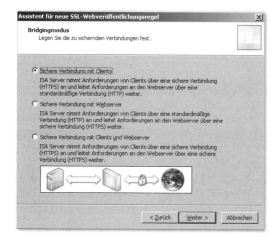

Abbildung 15.14 Der Bridgingmodus legt fest, welche Verbindungen verschlüsselt werden sollen.

Wenn der ISA Server SSL-Verbindungen terminiert und neu aufbaut, setzt dies natürlich voraus, dass er über ein installiertes Zertifikat verfügt!

Wesentlicher Bestandteil der Serververöffentlichung ist natürlich, den öffentlichen Namen und den internen Namen des Servers zuzuordnen (Abbildung 15.15). Hierzu ein Beispiel: Sie können den öffentlichen Namen `https://intra.centince.net` mit dem im Innenbereich stehenden Server `intranet01.centince.intra` verknüpfen. Genauer gesagt: Wenn ein Benutzer den öffentlichen Namen anspricht, leitet der ISA Server die Anfrage an den internen Server weiter. Sowohl für den öffentlichen Namen als auch für das »Verknüpfungsziel« (den veröffentlichten Server) können Pfade angegeben werden.

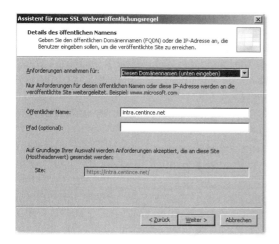

Abbildung 15.15 Der öffentliche Name für den veröffentlichten Server wird konfiguriert.

> **Anmerkung** Web Server Publishing funktioniert mit einer ISA Server-Konfiguration mit nur einer Netzwerkkarte. Die in Skizze 15.12 gezeigte Konfiguration, bei der der ISA Server in der DMZ steht, ist gültig.

Web Server Publishing funktioniert natürlich ebenso in einer Konfiguration, in der der ISA Server die einzige Firewall ist.

15.3.3 Outlook Web Access, Outlook Mobile Access und EAS

Ein Spezialfall des Web Server Publishings sind die Exchange-Dienste Outlook Web Access (OWA), Outlook Mobile Access (OMA) und Exchange ActiveSync (EAS). Im ISA Server existiert ein Assistent namens »Mailserver veröffentlichen«. Dieser Assistent bietet Ihnen zunächst die Auswahl, ob Sie einen Webclientzugriff (OWA, OMA, Exchange ActiveSync), einen Clientzugriff (RPC over http, IMAP, POP3, SMTP) oder eine Server-Server-Kommunikation (SMTP, NNTP) konfigurieren möchten (Abbildung 15.16). Wenn Sie sich für den Webclientzugriff entscheiden, wird der Assistent die zuvor besprochenen Optionen anbieten.

Abbildung 15.16 Der Assistent für die Mailserver-Veröffentlichung

Einige Anmerkungen zu der Veröffentlichung von Mailservern:

- Der »Webclientzugriff« ist letztendlich ein Spezialfall des Web Server Publishings. Demzufolge funktioniert dies auch mit einem ISA Server mit einer Netzwerkkarte, der beispielsweise in der DMZ einer Unternehmensfirewall steht.
- Wenn Sie mehrere Exchange Server im Unternehmen haben, sollten Sie unbedingt die Anmerkungen über Front-End-/Back-End-Architekturen (Kapitel 13) beachten.
- Beim »Clientzugriff« ist insbesondere »RPC over http« interessant (siehe Abschnitt 14.4). Diese Veröffentlichung müssen Sie allerdings manuell machen, dies geht nicht mit dem Assistenten!
- Für die »Server-zu-Sever-Kommunikation« gilt auch, dass Sie eine ISA-Konfiguration mit zwei Netzwerkkarten einplanen müssen, wenn Sie einen SMTP- oder NNTP-Server veröffentlichen möchten. Ich würde an dieser Stelle aber ohnehin den Weg über ein Mail Relay in der DMZ (siehe Abschnitt 15.1) wählen.

Abbildung 15.17 Es kann ausgewählt werden, welche Web-Email-Dienste veröffentlicht werden sollen.

16 Sicherheit

16.1 Grundlagen zur Exchange-Sicherheit 503

16.2 Kommunikation mit Zertifikaten absichern 523

16.3 Aufbau und Nutzung einer eigenen PKI................. 535

16.4 Verschlüsseln und Signieren von Mails................. 548

16.5 Transport Layer Security (TLS) 580

16.6 Überblick Information Rights Management/
Windows Rights Management Services................. 588

16.7 Virenschutz 603

16.8 Spam/Intelligent Message Filter........................... 607

1. Über dieses Buch
2. Der Aufbau des Buchs
3. Exchange 2003 – Service Pack 2
4. Einführung in das Thema Collaboration
5. Erster technischer Überblick
6. Solutions Design
7. Exchange und Active Directory
8. Routing
9. Storage
10. Öffentliche Ordner
11. Administrative Gruppen
12. Richtlinien, Vorlagen und Adresslisten
13. Front-End-/Back-End-Architektur
14. Clients
15. Sichere Anbindung an das Internet
16. Sicherheit
17. Installation
18. Migration/Upgrade auf Exchange 2003
19. Betrieb und Administration
20. Backup, Restore und Desaster Recovery
21. Verfügbarkeit
22. Live Communications Server 2005 – Ein Überblick
23. LCS – Installation und Konfiguration
24. LCS – »Externe« Clients und Föderationen
25. LCS – Administration
26. LCS – Sicherheit
27. Entwicklung
28. Programmieren mit CDO (CDOEX)
A. Problembehebung in Warteschlangen
B. Zu überwachende Parameter (Jetstress-Test)
C. Performance Monitoring, wichtige Datenquellen
D. Outlook Level 1 Dateianhänge

16 Sicherheit

Unbestreitbar ist Sicherheit (neudeutsch: Security) einer der wichtigsten Aspekte eines IT-Systems – egal, ob es sich um eine ganz kleine oder eine ganz große Firma handelt. Bei einem Kommunikationsserver ist das Thema Sicherheit noch hervorstechender als bei den übrigen Systemen, denn schließlich kommuniziert er mit der unter Umständen »gefährlichen« Außenwelt, transportiert sensible und vertrauliche Daten und speichert diese. Viele Gründe, um den Aspekt »Sicherheit« recht ausführlich zu betrachten.

Das Thema Sicherheit ist eines der umfangreichsten in diesem Buch. Das liegt weniger daran, dass Exchange bezüglich der Sicherheit nun so besonders problematisch wäre; der Grund ist viel mehr, dass verschiedenste Bereiche des Messagingsystems unter Sicherheitsaspekten betrachtet werden müssen. Darüber hinaus hat die viel zitierte Aussage, dass Sicherheit nicht einfach irgendwann da, sondern ein kontinuierlicher Prozess ist, natürlich auch im Exchange-Umfeld ihre Gültigkeit.

In diesem Kapitel werden Sie demnach nicht auf drei Checkboxes hingewiesen, deren Aktivierung zu einem »sicheren System« führt, sondern Sie erfahren einiges über das Zertifikatswesen, das Signieren und Verschlüsseln von Mail und natürlich auch über die Bekämpfung von Viren und Spam.

16.1 Grundlagen zur Exchange-Sicherheit

Bei diesem Abschnitt werden Sie vielleicht streckenweise den direkten Bezug zu Exchange vermissen. Auch wenn dies natürlich ein Exchange-Buch ist, macht es meines Erachtens Sinn, zumindest im Sicherheitskapitel das Gesamtsystem im Fokus zu haben: Stellen Sie sich eine wirklich perfekt konfigurierte Exchange-Organisation vor: Jede Einstellung ist »gehärtet«, wo irgendmöglich werden Daten verschlüsselt übertragen – also alles perfekt.

Wenn nun aber der darunter liegende Server eklatante Sicherheitsprobleme aufweist, beispielsweise weil das Betriebssystem noch nie einen Patch gesehen hat oder die Clients voll mit Spyware sind, stellt der Zustand des Gesamtsystems die Arbeit des Härtens und Optimierens von Exchange schlicht und ergreifend in Frage. Aus diesem Grund wird dieser Abschnitt sich bewusst etwas übergreifender mit einigen Aufgaben und zugehörigen Lösungsmöglichkeiten auseinander setzen.

16.1.1 Patches und Service Packs

Es ist nun wirklich keine neue Erkenntnis, dass sich ein System, das nie gepatcht wird, unter Sicherheitsgesichtspunkten in einem grauenvollen Zustand befindet. Ein großer Teil der Patches und Service Packs dient zur Behebung von Sicherheitsproblemen – das funktioniert natürlich nur, wenn diese Patches und Service Packs auch tatsächlich eingespielt werden.

Mir sind Rechnernetze bekannt, die auf einer NT-Domain basieren. Das allein wäre auch nicht weiter schlimm, eine Katastrophe ist es aber, wenn das System mit der »NT4 Server mit Service Pack 1«-CD aufgesetzt worden ist und niemals ein Service Pack gesehen hat. Man braucht sich natürlich nicht zu wundern, wenn dieses System eine heimelige Brutstätte für Würmer und sonstiges Ungetier ist und außerdem ein dankbares Ziel für jeden, der Schwachstellen in Ihrem System sucht. Gut, dieses Beispiel ist schon extrem, kommt aber trotzdem häufiger vor, als man denkt: Die Serversysteme haben die Administratoren meistens recht gut im Blick, allerdings sind Clients, auf denen sich Betriebssystem oder Office-Paket im CD-Auslieferungszustand (= ohne Patches und Servicepacks) befinden, ebenfalls eine ernstzunehmende Gefahr für das Netz. Lassen Sie es mich einmal so formulieren: Wenn ich irgendwo Daten klauen oder manipulieren wollte (natürlich nur für den guten Zweck!), wüsste ich, wonach ich zuerst suchen und wo ich dann ggf. ansetzen würde!

Es kommt nun übrigens nicht nur darauf an, dass Sie »irgendwann mal« ein Service Pack einspielen, sondern dass kritische Patches sehr zeitnah eingespielt werden. Häufig werden erkannte Schwachstellen von Microsoft recht schnell geschlossen, indem Patches bereitgestellt werden. Wenn aggressive Würmer unterwegs sind, ist der die Schwachstelle schließende Patch die beste Gegenmaßnahme! Viele wirklich schlimme Viren- und Wurmattacken der vergangenen Zeit wären deutlich glimpflicher ausgegangen, wenn nicht so viele gänzlich »ungepflegte« Rechner in den Büros dieser Welt stehen würden!

Es ist übrigens fatal zu hoffen, dass die Virenscanner auf dem Mail Relay, den Servern und den Clients »das Netz schon sauber halten« werden: Die Virenscanner verteidigen Sie im Allgemeinen recht gut gegen »klassische« Viren, allerdings ist heutzutage dermaßen viel Malware, Spyware etc. unterwegs, dass die Virenscanner häufig auch *bei weitem* nicht jeden Schädling erwischen.

Ich bin übrigens weit davon entfernt zu behaupten, dass das regelmäßige Patchen die Wunderwaffe gegen Unrat aller Art wäre. Ich denke, dass Sie mir aber zustimmen werden, dass es eine wichtige Komponente beim Härten des Systems ist.

Ich reite auf diesem Thema deshalb so penetrant herum, weil das regelmäßige Aufbringen von Patches auf *alle Maschinen* zum einen sehr wichtig ist und zum anderen häufig schlicht und ergreifend unterlassen wird. Gute Gründe, warum man Patches nicht einspielt, gibt es immer, sie reichen von »Keine Zeit« über »Keine Ahnung« bis zu »Kein Geld«, trotzdem würde ich in diesem Zusammenhang von »aktiver Gefährdung« des IT-Systems sprechen – und das ist kurz gesagt nicht akzeptabel!

Nach dieser Vorrede stelle ich Ihnen zwei kostenlose (!) Werkzeuge vor, die Ihnen helfen, das Thema Sicherheit aktiv anzugehen und kontinuierlich voranzutreiben. In den beiden nächsten Abschnitten werden Sie den Microsoft Baseline Security Analyser (MBSA) und den Windows Software Update Service (WSUS) kennen lernen.

Microsoft Baseline Security Analyzer (MBSA)

Der Microsoft Baseline Security Analyzer (MBSA) ist ein kostenlos erhältliches Werkzeug, das die grundlegende Konfiguration und den Patchlevel für diverse Produke prüft, unter anderem auch für Windows 2000 Server, Windows Server 2003, den Internet Information Server (4/5/6) und Exchange 2003. Nähere Informationen über andere vom MBSA untersuchte Produkte finden Sie auf der MBSA-Homepage: **http://www.microsoft.com/technet/security/tools/mbsahome.mspx**

Der MBSA eignet sich übrigens nicht nur zum Untersuchen von Servern, er kann auch zur Überprüfung von Windows 2000 Workstation, Windows XP und Office ab Version 2000 verwendet werden.

Auf der vorgenannten MBSA-Homepage können Sie das Produkt kostenlos downloaden und anschließend auf einer Maschine installieren. Da die meisten Überprüfungen remote vorgenommen werden können, ist es nicht erforderlich, dass Sie MBSA auf Ihre Server ausrollen, stattdessen können Sie ihn auf einer Workstation installieren.

> **Anmerkung** MBSA kann insbesondere das Office-Paket nicht remote untersuchen. Best Practices für die Verwendung von MBSA zur Untersuchung von Client-Systemen entnehmen Sie bitte der o.g. MBSA-Homepage.

Die Bedienung von MBSA bedarf eigentlich keiner ausführlichen Erläuterung: Wenn Sie MBSA starten, können Sie entscheiden, ob Sie dediziert einen einzelnen Computer oder direkt mehrere Systeme überprüfen möchten. Wenn Sie mehrere Maschinen überprüfen, können Sie MBSA einen Domainnamen oder einen IP-Adressbereich vorgeben (Abbildung 16.1).

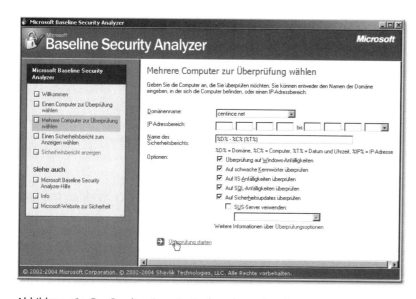

Abbildung 16.1 Der Baseline Security Analyzer kann eine Gruppe von Computern, die über Domainnamen oder IP-Adressbereich definiert werden, oder einzelne Systeme überprüfen.

Das System, auf dem der MBSA installiert ist, sollte Zugang zum Internet haben, da sich das Produkt Informationen über aktuelle Patchstände beschaffen muss. MBSA lädt »nur« die Informationen über verfügbare Patches herunter, nicht die Patches selbst!

Falls in Ihrer Umgebung für MBSA kein direkter Zugriff auf das Internet möglich ist, können die Informationen über verfügbare Patches und Service Packs auch offline bereitgestellt werden. Unterhalb der MBSA-Homepage findet sich eine Datei, die heruntergeladen und anschließend auf die MBSA-Maschine kopiert werden kann.

Der Baseline Security Analyzer speichert die erzeugten Berichte in XML-Dateien ab, diese werden aber in der grafischen Bedienoberfläche aufbereitet. Abbildung 16.2 zeigt ein ziemlich niederschmetterndes Bild: Von zwei untersuchten Maschinen werden beide als schwer wiegendes Risiko bezeichnet. Auf diesen Maschinen ist übrigens nicht etwa NT4-SP1 installiert, sondern ein »unbehandelter« Windows Server 2003. Sie sehen also, dass auch das zum Zeitpunkt der Entstehung dieses Buches modernste verfügbare Betriebssystem nicht ohne Patches/Service Packs auskommt.

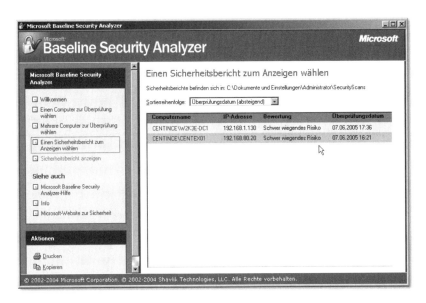

Abbildung 16.2 MBSA gibt Ihnen einen schnellen Überblick über die Ergebnisse aller Scans – hier herrscht dringender Handlungsbedarf!

Die Detailbetrachtung der Ergebnisse einer Analyse sehen Sie in Abbildung 16.3: Diesem System (ein ungepatchter 2003-Server) fehlen allein in der Rubrik »Windows-Sicherheitsupdates« 30 (!) kritische Sicherheitsupdates!

Bei den meisten Rubriken werden Links zu »Ergebnisdetails« und eine »Vorgehensweise zur Behebung« angezeigt. Wenn man in dem zuvor gezeigten Fall in die Ergebnisdetails der Rubrik »Exchange Sicherheitsupdates« navigiert, gelangt man zu dem in Abbildung 16.4 gezeigten Dialog: Hier gibt es neben einer detaillierten Fehlerbeschreibung auch einen Link zu dem notwendigen Patch.

> **Kleiner Hinweis** Bevor tatsächlich jemand auf die Idee kommt, dreißig Sicherheitspatches manuell nachzuinstallieren, möchte ich ihm dringend **http://windowsupdate.microsoft.com** ans Herz legen. Bei dessen Verwendung werden zwar alle verfügbaren Patches mehr oder weniger nach der Rasenmähermethode installiert, beim initialen Aufsetzen eines Systems ist das aber im Allgemeinen kein Problem.

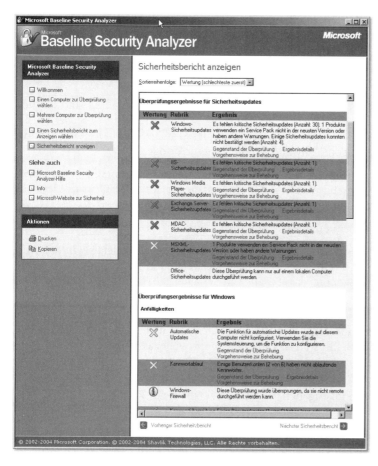

Abbildung 16.3 Wenn das Ergebnis des MBSA so aussieht, ist das eine ziemliche Katastrophe! Fazit: Es gibt dringenden Handlungsbedarf!

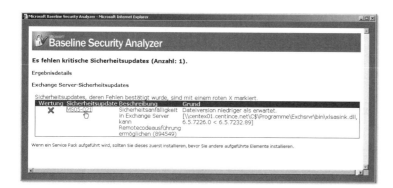

Abbildung 16.4 In den »Ergebnisdetails« werden die gefundenen Probleme detailliert dargestellt, inklusive eines Download-Links zum Patch oder einer Konfigurationsanweisung.

Ansonsten kann ich mit der Fragestellung »Wie installiere ich am effektivsten Patches auf einer größeren Menge von Maschinen?« ungemein elegant zum nächsten Abschnitt überleiten …

Windows Server Update Service (WSUS)

Die Software, die am häufigsten verteilt wird (oder verteilt werden sollte), sind Patches. Microsoft veröffentlicht angenehmerweise recht zügig Patches, die erkannte Sicherheitslücken schließen. Es stellt sich nun die Frage, wie man diese Patches einerseits schnell, andererseits mit möglichst geringem Aufwand auf die Systeme bringt.

Ein bewährter Weg ist die Verwendung des Software Update Services (SUS); eine erweiterte Nachfolgeversion namens Windows Server Update Service (WSUS) ist mittlerweile erhältlich (http://www.microsoft.com/wsus).

Die Kernfunktionalität ist schnell erklärt:

- Das System bezieht über das Internet alle neu herausgebrachten Patches von den Microsoft-Servern. Sie können einstellen, welche Sprachversionen Sie herunterladen möchten. Es ist also nicht notwendig, dass Sie alle Patches auch in »Traditional Chinese« übertragen.
- Als Administrator können Sie entscheiden, welche Patches Sie für die Verwendung in Ihrem Netz freigeben möchten. Über WSUS werden also nicht unkontrolliert alle Patches auf alle Maschinen Ihres Netzes installiert. Sinnvollerweise wird man auf einer Testmaschine die Kompatibilität eines Patches mit Ihrer Systemumgebung prüfen und erst dann freigeben.
- Die Clients prüfen regelmäßig den WSUS-Server auf neue Patches und installieren diese.

Stichwort Clients: Ein SUS- bzw. WUS-Client kann natürlich auch ein Serversystem sein. Gerade für diese ist es natürlich wichtig, auf möglichst aktuellem Patchlevel zu sein, um Sicherheitsprobleme zu vermeiden.

> **Anmerkung** Neben den Microsoft-Werkzeugen für die Patch-Verwaltung existieren einige andere Produkte von Drittherstellern, die nicht nur die Patch-Aufbringung für Microsoft-Produkte unterstützen, sondern auch Applikationen anderer Hersteller mit Patches versorgen. Da der größte Teil des Patch-Aufkommens Microsoft-Produkte betreffen wird, sehe ich den Mehrwert, den ein Produkt bietet, das auch Applikationen anderer Hersteller patchen kann, als eher begrenzt an.

Der Software Update Service (SUS), also der »erste Versuch«, ist zwar prinzipiell kein schlechtes Produkt, hat aber durchaus etliche Wünsche offen gelassen. Der Nachfolger WSUS, den wir uns im Folgenden ein wenig genauer anschauen werden, bietet etliche zusätzliche Verteiloptionen.

Ebenso wie der alte SUS wird WSUS mittels einer Weboberfläche verwaltet und administriert (Abbildungen 16.5 und 16.6). Die Administration beinhaltet vor allem die Entscheidung, welche Patches und sonstigen Softwareprodukte im Netz verteilt werden sollen; alternativ können Sie auch automatisch jeden Patch, den WSUS erhalten hat, ohne eine manuelle Genehmigung bereitstellen lassen.

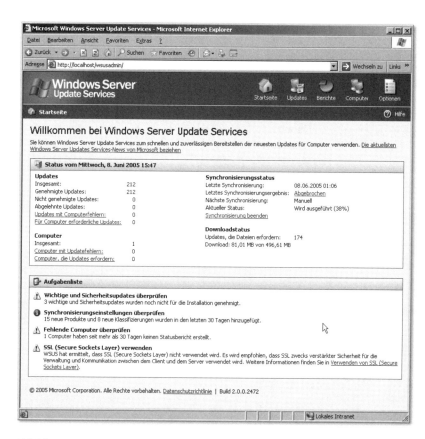

Abbildung 16.5 Der Windows Server Update Service wird über eine Weboberfläche administriert.

Gegenüber dem Vorgänger SUS wurde die Palette der Produkte, die WSUS »betreuen« kann, deutlich erweitert. SUS konnte lediglich Patches für die Betriebssysteme bereitstellen – in WSUS neu hinzugekommen ist die Unterstützung für Office (XP und 2003), Exchange (2000 und 2003) und SQL-Server.

Sie können übrigens dediziert auswählen, für welche Produkte WSUS Updates und Patches beschaffen und bereitstellen soll (Abbildung 16.7). Sowohl SUS als auch WSUS können nur Betriebssysteme ab Windows 2000 mit Patches versorgen, also kein NT4 oder Win95/98/ME.

Mittelfristig wird WSUS für die meisten Microsoft-Produkte Updates bereitstellen können, dies wird aber Schritt für Schritt geschehen. Aber bereits mit den zurzeit unterstützten Produkten ist WSUS eine große Hilfe, da insbesondere das Massengeschäft mit Betriebssystemen und Office im Client-Bereich automatisiert werden kann. Auch im Serverbereich ist das Aufbringen von Betriebssystempatches mittels einer automatischen Installation natürlich dramatisch einfacher, als jeden einzelnen Patch von Hand einzuspielen.

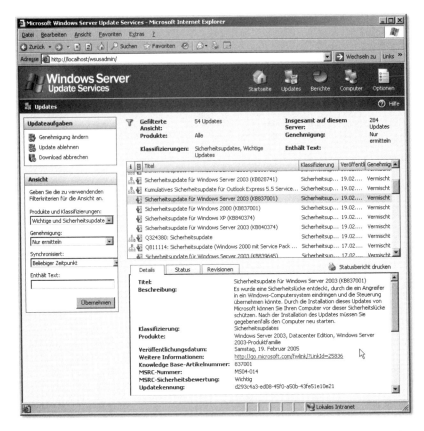

Abbildung 16.6 Zu den empfangenen Updates werden jeweils recht ausführliche Informationen gezeigt. In diesem Dialog kann auch die Verteilung an die Computer freigegebenen werden, und zwar in Abhängigkeit von Gruppenmitgliedschaften.

SUS konnte lediglich kritische Updates, Sicherheitsupdates und Service Packs herunterladen und den Clients zur Verfügung stellen. Mit WUS ist die Palette deutlich erweitert worden, unterstützt werden nun (siehe auch Abbildung 16.8):

- Kritische Updates
- Software Development Kits
- Treiber
- Feature Packs
- Anleitungen und Beispiele
- Service Packs
- Tools
- Update Rollups (Sammlungen von mehreren Updates)
- Updates (umfasst nicht-kritische und nicht-sicherheitsrelevante Updates)
- Konnektoren

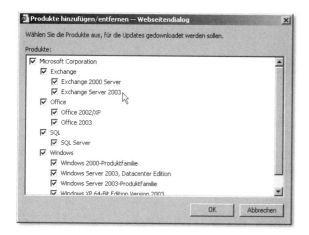

Abbildung 16.7 WSUS kann die Betriebssysteme ab Windows 2000, für Exchange, SQL Server und Office mit Patches und Updates versorgen (nicht auf der Abbildung zu sehen, aber trotzdem unterstützt, ist Windows XP).

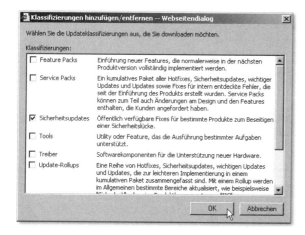

Abbildung 16.8 Die Palette der installierbaren Updates ist stark erweitert worden und erfasst nun auch Service Packs, Feature Packs und vieles andere mehr. Sie können dediziert auswählen, welche Typen beschafft und verteilt werden sollen.

Ich persönlich finde, dass es bei einigen Elementen, die mit WSUS verteilt werden können, durchaus fraglich ist, ob diese ausgerechnet durch ein automatisiertes System bereitgestellt werden müssen. Insbesondere die Software Development Kits, die Anleitungen und Beispiele wird man sich im Allgemeinen eher bei Bedarf herunterladen. Nichtsdestotrotz ist es ein gewaltiger Fortschritt gegenüber SUS, dass nun sämtliche Update-Typen verarbeitet werden können.

Sie müssen sich darüber im Klaren sein, dass das Aktivieren sämtlicher Optionen zu erheblichen Datenmengen führen kann. Zum einen betrifft das natürlich Ihre Verbindung zum Internet, zum anderen müssen die Daten natürlich auch gespeichert werden. Hier wird aber sicherlich kein hochverfügbarer Plattenspeicher benötigt. Wenn beispielsweise 1000 Clients auf einen einzigen WSUS-Server zugreifen, sollten Sie sich aber über die Performance Gedanken machen.

WSUS-Server können kaskadiert werden, d.h., Sie können an jedem größeren Standort einen eigenen WSUS-Server aufstellen, der von einem zentralen WSUS-System versorgt wird.

Eine wichtige Möglichkeit ist die Aufteilung der PCs und Server in verschiedene Gruppen. So ist es möglich, auf Computern der Gruppe »Clients« automatisch alle neu eingegangenen Patches und Updates zu installieren (Abbildung 16.9), während Server lediglich nach expliziter Freigabe neue Softwarestände bekommen.

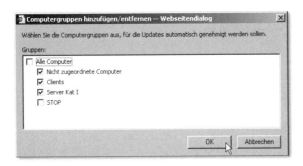

Abbildung 16.9 Die automatische Genehmigung von Updates kann für die definierten Gruppen individuell festgelegt werden.

Die Installation von WSUS ist recht einfach durchzuführen, auf der WSUS-Homepage http://www.microsoft.com/windowsserversystem/updateservices/default.mspx erhalten Sie einerseits die Software, andererseits natürlich auch weiterführende Informationen.

Die Voraussetzungen für den WSUS-Server sind:

- Windows Server 2003 oder Windows 2000 Server SP4
- .NET FrameWork 1.1, SP1
- BITS2.0 und WinHTTP 5.1 (steht auch auf der WSUS-Homepage zum Download bereit; in Windows Server 2003 SP1 ist es schon enthalten)
- Internet Explorer 6 SP1
- Internet Information Server
- SQL Server 2000 SP4, MSDE 2000 SP4 oder Nutzung der im WSUS-Paket enthaltenen WMSDE (nur mit Windows Server 2003)

Die Installation an sich ist nicht kompliziert, weshalb wir sie in diesem Exchange-Buch auch nicht detailliert betrachten werden. Interessanter ist schon die Fragestellung, wie man die WSUS-Clients (das können natürlich auch Serversysteme sein), dazu bringt, Updates vom WSUS-Server zu beziehen und zu installieren.

Der Weg der Wahl ist die Nutzung von Gruppenrichtlinien (eine kurze Einführung zu Gruppenrichtlinien finden Sie in Abschnitt 7.1.6), mit denen der Update-Client auf den Maschinen gesteuert werden kann.

Zunächst muss die Entscheidung getroffen werden, wo das Gruppenrichtlinienobjekt angelegt werden soll, also beispielsweise für eine ganze Domain, für einen Standort oder für eine einzelne OU. Da in den Gruppenrichtlinien definiert wird, von welchem WSUS-Server die Updates bezogen werden sollen, sollte das Gruppenrichtlinienobjekt an einem diesbezüglich geeigneten Platz angesiedelt werden. Dies kann der Standort sein, könnte aber auch eine Domain sein, wenn die Domaingrenzen gleichzeitig die Grenzen des Standorts sind. Genauso gut könnte man das Software-Update aber auch für einzelne OUs definieren. Die beste Lösung hängt von Ihrer Landschaft ab.

Es ist aus Gründen der Übersichtlichkeit sinnvoll, nicht sämtliche Änderungen in einem Gruppenrichtlinienobjekt (GRO) vorzunehmen – mit anderen Worten sollten Sie nicht ein einziges GRO verwenden, um die Verschlüsselung des Datenverkehrs, den WSUS-Client, das Autoenrollment für Zertifikate und die Office-Einschränkungen zu konfigurieren. Legen Sie stattdessen für jeden Bereich ein separates Gruppenrichtlinienobjekt an, in dem nur die diesbezüglichen Einstellungen vorgenommen werden (Abbildung 16.10).

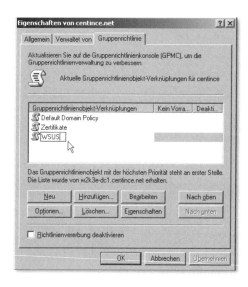

Abbildung 16.10 Tragen Sie nicht sämtliche Einstellungen in einem Gruppenrichtlinienobjekt (GRO) ein. Nutzen Sie stattdessen für jeden »Themenbereich« ein eigenes GRO; so gestalten Sie die Arbeit mit den Richtlinien übersichtlicher!

Die eigentlichen Richtlinien für den Windows Server Update Service finden Sie unterhalb von **Computerkonfiguration · Administrative Vorlagen · Windows-Komponenten · Windows Update** (Abbildung 16.11).

Die Bezeichnung der Richtlinien ist im Allgemeinen einigermaßen »sprechend«, so dass wir an dieser Stelle nicht jede einzelne Richtlinie diskutieren werden – zumal sich im Konfigurationsdialog der Richtlinie recht ausführliche Erklärungen finden.

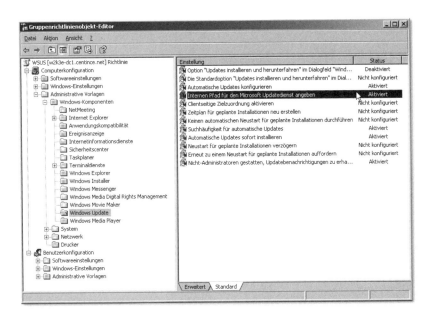

Abbildung 16.11 Im Gruppenrichtlinienobjekt-Editor werden die einzelnen für den WSUS-Client relevanten Richtlinien konfiguriert.

So weise ich Sie nur auf eine Richtlinie hin (Abbildung 16.12): In der Richtlinie »Internen Pfad...« wird der WSUS-Server angegeben, den die Clients verwenden sollen. Achten Sie darauf, dass Sie nicht durch eine ungünstige Einstellung Ihre WAN-Strecken belasten. Im Zweifelsfall müssen Sie mehrere Gruppenrichtlinien an unterschiedlichen Stellen (Standort, Domain, OU) anlegen.

Natürlich bietet Ihnen die Administrationsoberfläche von WSUS die Möglichkeit zu kontrollieren, welche WSUS-Clients überhaupt vorhanden sind und wann diese den letzten Kontakt mit dem Server hatten (Abbildung 16.13). Da man nach »Letzter Statusbericht« sortieren kann, sind mögliche »Sorgen-Clients« leicht auszumachen: Wenn sich ein Client seit zwei Wochen nicht mehr beim WSUS-Server gemeldet hat, gibt es drei Möglichkeiten:

- Der Anwender ist im Urlaub.
- Der Anwender ist befördert worden und braucht nun keinen PC mehr.
- Der WSUS-Client auf dieser Maschine hat ein Problem.

Wir hoffen für den Anwender natürlich, dass sich der Client aus dem ersten oder zweiten Grund nicht mehr beim WSUS-Server meldet – prüfen Sie aber trotzdem, ob Sie Grund Nr. 3 definitiv ausschließen können.

In diesem Abschnitt haben Sie natürlich nur einen ersten Überblick über WSUS erhalten. Eine Installation dieses sicherlich interessanten Produkts in einer großen verteilten Umgebung ist durchaus nicht ganz trivial – sprengt aber sicherlich den Rahmen eines Exchange-Buchs. In diesem Zusammenhang ist es mir wichtig, dass Sie sehen, dass das Installieren von Patches erstens wichtig und zweitens auch realistisch zu leisten ist – mit dem richtigen Werkzeug.

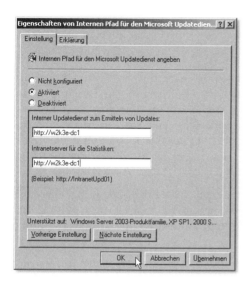

Abbildung 16.12 In dieser Richtlinie wird eingetragen, von welchem Server der Client seine Updates beziehen soll. Achten Sie darauf, nicht Ihre WAN-Strecken zu blockieren!

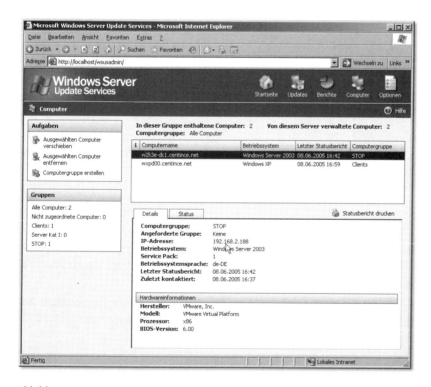

Abbildung 16.13 Die Administrationsoberfläche von WSUS zeigt Ihnen, welche Clients verwaltet werden und wann diese das letzte Mal mit dem WSUS-Server kommuniziert haben.

Grundlagen zur Exchange-Sicherheit

Deutlich ausführlicher wird mein Windows Server-Buch das Thema WSUS behandeln. Es erscheint ebenfalls bei Galileo und wird voraussichtlich im Frühjahr 2006 verfügbar sein.

16.1.2 Best Practices Analyzer

Der Best Practices Analyzer ist ein Werkzeug, das schwer einzusortieren ist – unter anderem ist es aber auch gut für eine grundlegende Sicherheitsüberprüfung des Exchange-Systems geeignet. Während der im vorherigen Abschnitt vorgestellte Baseline-Analyzer in erster Linie prüft, ob alle notwendigen Updates und Patches installiert sind, und sich nur sehr rudimentär mit der Konfiguration auseinander setzt, ist der Exchange Best Practices Analyzer ein Werkzeug zur Konfigurationsprüfung.

Wie ich bereits erwähnt habe, ist der BPA ist kein reines Sicherheitswerkzeug, allerdings entdeckt er eben **auch** sicherheitsrelevante Konfigurationsfehler – ist aber nicht im Endeffekt alles irgendwie sicherheitsrelevant? Das kommt natürlich »nur« auf die Definition an ...

Der Best Practices Analyzer kann von der Microsoft-Website heruntergeladen werden, der »schnellste« Einsprungpunkt ist **http://www.microsoft.com/exchange/downloads/2003/default.mspx**. Der BPA ist regelmäßig einer der Top-Downloads, also gut zu finden.

Über die Installation des Produkts brauchen wir in einem Fachbuch keine weiteren Worte zu verlieren als: »`setup|enter`«. Es ist übrigens sinnvoll, wenn das System, auf dem Sie den BPA installieren, Zugriff auf das Internet hat. Das erste, was ein installierter BPA tut, ist nach Updates zu suchen. Ähnlich wie der Microsoft Security Baseline Analyzer arbeitet auch der Best Practices Analyzer mit einer Art »Signatur«, also den Virenscannern nicht ganz unähnlich. Und Signaturen wollen natürlich regelmäßig aktualisiert werden.

Der BPA kann auf einem Exchange Server installiert werden, die Empfehlung lautet aber, eine Workstation zu nehmen – einfach um nicht zu viel unterschiedliche Software auf dem Exchange Server zu fahren.

Die eigentliche Überprüfung beginnen Sie, indem Sie zum einen auswählen, was Sie prüfen möchten (= welche Exchange Server?), und zum anderen festlegen, welchem Test diese Server unterzogen werden sollen (Abbildung 16.15). Beginnen Sie mit der »Zustandsüberprüfung«!

Zwei Hinweise:

- Sie können natürlich mehrere Server gleichzeitig überprüfen!
- Der Best Practice Analyzer kann zeitgesteuert eine Überprüfung beginnen (»Überprüfung planen«).

Nach Abschluss der Überprüfung werden Sie zu den Berichten geführt, von denen folgende besonders interessant sind:

- Liste schwerwiegender Probleme (Abbildung 16.16)
- Vollständige Liste der Probleme (Abbildung 16.17)
- Zusammenfassungsansicht
- Best Practices

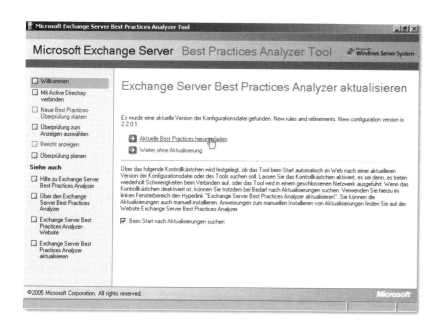

Abbildung 16.14 Der Best Practices Analyzer prüft beim Start, ob er über die aktuellste Konfigurationsdatei verfügt – wenn nicht, kann er diese bei Microsoft downloaden. Die Maschine sollte also möglichst über Internet-Zugriff verfügen!

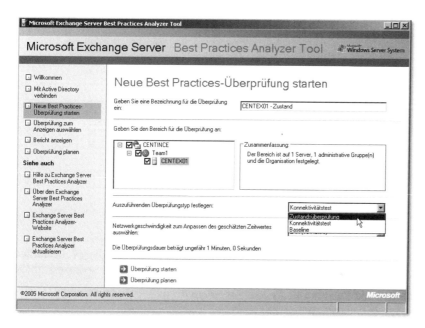

Abbildung 16.15 Sie wählen aus, welche Server Sie überprüfen möchten und welchem Test diese unterzogen werden sollen. Beginnen Sie mit der Zustandsüberprüfung!

Wenn wir nun diese vier Berichte am Beispiel betrachten, werden Sie feststellen, dass man über das, was nun als schwerwiegendes Problem angesehen wird und was nicht, durchaus geteilter Meinung sein kann: Ich persönlich halte ein offenes Mail Relay für ein schwerwiegendes Problem, der BPA bezeichnet es nicht als »schwerwiegend« – Hauptsache ist aber, dass es angezeigt wird und vom Verantwortlichen behoben wird!

Wenn Sie die Berichte aufrufen, wird der Best Practices Analyzer Sie zunächt zum Bericht »Liste schwerwiegender Probleme« führen (Abbildung 16.16). Wenn Sie auf die Fehlermeldungen klicken, erweitert sich die Zeile und Sie erhalten nähere Informationen zum gefundenen Fehler und zu möglichen Lösungs- und Fehlervermeidungsstrategien. Zudem haben Sie die Möglichkeit, den Fehler für diesen oder alle Server auszublenden (»Dieses Element nur für diese Instanz nicht mehr anzeigen« und »Dieses Element für alle Instanzen nicht mehr anzeigen«). Wenn Sie also den Betrieb unter VMware nicht für ein schwerwiegendes Problem halten, können Sie diesen Fehler für alle untersuchten Server ausblenden lassen. In dem hier gezeigten Beispiel sind die beiden anderen simulierten Fehler übrigens absolut kritisch:

- Der Exchange Server hat noch nie ein Backup seines Öffentlichen Ordners durchgeführt. Das ist zwar kein Sicherheitsproblem aus dem Blickwinkel »Hackerangriff«, aber sehr wohl ein schwerwiegendes Problem der Daten**sicherheit**.
- Das aus Exchange 2000 bekannte Laufwerk M:, das die Postfächer als Dateisystem darstellt, ist bei diesem Exchange 2003-Server eingeblendet worden. Solange kein Zugriff darauf stattfindet, ist das kein zunächst kein Problem, die Gefahr besteht aber immer, dass ein Filesystem-Virenscanner sich dieses Laufwerk vornimmt – und das ist häufig ein ernsthaftes Problem der Betriebs**sicherheit**.

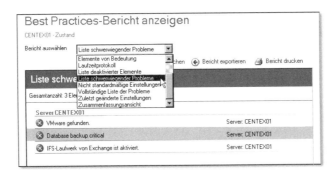

Abbildung 16.16 Schwerwiegende Probleme werden in dem gleichnamigen Bericht des Best Practices Analyzer angezeigt.

Deutlich ausführlicher als die Liste der schwerwiegenden Probleme ist die »Vollständige Liste der Probleme«, zu der ein Beispiel in Abbildung 16.17 gezeigt ist. Diese Liste enthält:

- Schwerwiegende Fehler (gekennzeichnet mit weißem Kreuz auf rotem Grund)
- Warnungen (gelbes Dreieck mit Ausrufezeichen)
- Empfehlungen (blauer Kreis mit Ausrufezeichen)

Ich empfehle Ihnen, insbesondere diese Liste akribisch abzuarbeiten – diese vom Best Practices Analyzer ermittelte Ergebnisliste macht das Härten Ihrer Exchange Server zu einer vergleichsweise übersichtlichen Aufgabe. Ansonsten ist jetzt vermutlich der richtige Moment zu sagen, dass Sie auch einem Best Practices Analyzer nicht blind vertrauen sollten. Er ist aber ohne Zweifel schon eine große Unterstützung!

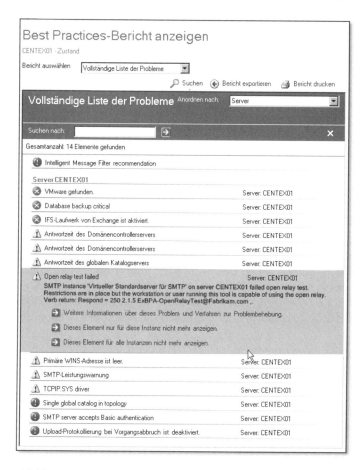

Abbildung 16.17 Die komplette Liste mit Warnungen und Empfehlungen sehen Sie in diesem Bericht. Sie sollten alle genannten Punkte akribisch abarbeiten!

An dieser Stelle sei darauf hingewiesen, dass der Exchange Best Practices Analyzer nicht den Security Baseline Analyzer ersetzt; Sie sollten beide Werkzeuge regelmäßig einsetzen, am besten in Verbindung mit dem Microsoft Operations Manager (siehe Abschnitt 19.5).

16.1.3 Benutzerrechte und Gruppenrichtlinien

Ihnen als IT-Profi brauche ich natürlich in diesem Exchange-Buch keinen Vortrag darüber zu halten, wie wichtig es ist, dass die Berechtigungsstrukturen sauber geplant und durchgesetzt sind. An dieser Stelle lediglich eine Erinnerung, dass auch prinzipiell gute Konzepte leicht »ausfransen«, weil hier und da »mal eben schnell« Berechtigungen gesetzt worden sind.

Lokale Administratorrechte als Sicherheitsrisiko

In vielen Unternehmen haben Benutzer lokale Administratorrechte für ihren jeweiligen PC. Das hört sich zunächst auch nicht weiter problematisch an, denn selbst, wenn der PC durch »Herumfummeln« des Benutzers unbrauchbar wird, kann er im besten Fall einfach durch ein Image wiederhergestellt werden. Man sollte aber nicht vergessen, dass lokale Administratorrechte der erste Schritt sind, um an lebenswichtigere Dinge wie das Domain-Admin-Passwort heranzukommen. Stellen Sie sich folgenden *konstruierten* Fall vor:

- Ein Benutzer mit lokalen Adminrechten installiert auf seinem PC einen der vielen im Internet erhältlichen Keystroke-Logger (hierzu gibt es bei Google 158.000 Fundstellen).
- Im nächsten Schritt bringt er einen Benutzer mit höherwertigen Benutzerrechten, am besten gleich einen Domain-Administrator, dazu, sich an seinem PC anzumelden. Einen Grund dafür zu finden, dürfte nicht allzu schwierig sein (z.B.: »Ich kann den Drucker mit meinem Account nicht ansprechen« etc.).
- Der Keystroke-Logger schneidet den Anmeldevorgang mit, und der Account des Administrators ist korrumpiert. Es muss sich hierbei ja nicht zwingend um den Account `domain\Administrator` handeln. Wenn das Konto `domain\boddenberg` die entsprechenden Rechte durch Gruppenmitgliedschaft erhalten hat, ist das völlig ausreichend.

Das beschriebene Beispiel sollte übrigens auch in einer Firma, bei der die Benutzer lokale Adminrechte haben, nicht vorkommen. Auch der wichtigste Admin im Unternehmen sollte grundsätzlich nicht mit einem Account mit Domain-Admin-Rechten arbeiten. Dies ist nun eine wirklich altbekannte Erkenntnis, trotzdem würde ich vermuten, dass in 80 % der Unternehmen der persönliche Account des Administrators Mitglied der Gruppe der Domain-Admins ist.

Im Übrigen haben unsere Anwender noch immer die Tendenz, jeden einigermaßen interessant aussehenden Dateianhang auszuführen. Je mehr Rechte der Benutzer auf seinem lokalen PC hat, desto mehr Schaden kann angerichtet werden.

Ohne jetzt weiter ins Detail gehen zu wollen, ist das Risiko, das in lokalen Adminrechten für Benutzer liegt, nicht ganz gering.

Gruppenrichtlinien

Falls Sie sich nicht ohnehin schon intensiv mit Gruppenrichtlinien beschäftigt haben, wäre dies eine der nächsten Aufgaben, die Sie sich vornehmen sollten. Neben den allgemeinen »Der Benutzer darf die Netzwerkumgebung nicht durchsuchen«-Einstellungen, lassen sich über Gruppenrichtlinien beispielsweise diverse sicherheitsrelevante Details von Outlook steuern.

Man muss den Benutzern sicherlich nicht sämtliche Möglichkeiten entziehen; Sie sollten allerdings sehr gründlich prüfen, welche Funktionen sinnvoll eingeschränkt werden können. Ich kann mich nur wiederholen: Wenn die Exchange Server perfekt gehärtet sind, aber um Exchange herum mehr oder weniger eine Anarchiezone entstanden ist, ist es nur eine Frage der Zeit, bis auch das Messagingsystem in der einen oder anderen Form in Mitleidenschaft gezogen wird.

Mit den Richtlinien werden übrigens auch die Länge, Komplexität und Gültigkeitsdauer von Passwörtern vorgegeben – auch Themen, die im Rahmen einer ganzheitlichen Sicherheitsarchitektur zu definieren sind.

Auch Gruppenrichtlinien an sich können nicht zaubern (im Endeffekt modifiziert man mit ihnen Registry-Werte), bieten aber viele Möglichkeiten, wie Sie von zentraler Stelle ein Sicherheitskonzept durchsetzen können.

Eine kurze Einführung in die Thematik finden Sie in Abschnitt 7.1.6.

16.1.4 Sonstige Sicherheitsmaßnahmen

In einem Kapitel über Sicherheit darf man natürlich nicht unerwähnt lassen, dass diverse technische und organisatorische Maßnahmen zu treffen sind, um die IT-Landschaft möglichst sicher zu gestalten. Eine sehr vollständige Betrachtung liefert das »IT-Grundschutzhandbuch« des Bundesamts für Sicherheit in der Informationstechnik (**www.bsi.de**). Dies ist allerdings kein Werk, das man einmal durchliest und in der Folge mit ein paar Klicks zum »sicheren System« kommt. Vielmehr beschreibt das Grundschutzhandbuch auf knapp 3000 Seiten Prozesse und Verfahren, die ein Unternehmen oder eine Organisation etablieren muss, um die Grundlage für einen sicheren IT-Betrieb zu schaffen.

Ich nenne Ihnen im Folgenden ohne Anspruch auf Vollständigkeit einige Probleme, die mir in der Praxis häufig auffallen.

Zutrittsbeschränkung

Es muss natürlich sichergestellt sein, dass das Gerät »Exchange Server« nicht für jeden erreichbar ist, dies gilt natürlich für jeden Server! Ich halte aber einen Exchange Server für durchaus besonders schützenswert, denn Mails enthalten häufig sensibelste Informationen. Wenn die Mails nicht verschlüsselt werden (siehe auch Abschnitt 16.4), liegen die Mails unverschlüsselt in den Datenbanken und können problemlos mit einem Hex-Editor gelesen werden. Dass dies problemlos funktioniert, sehen Sie in Abbildung 16.18!

- Ein »Datendieb« könnte sich als Putzmann oder -frau verkleidet Zutritt zu Ihren Räumen verschaffen (haben Sie den Film »Wie klaut man eine Million« mit Audrey Hepburn und Peter O'Toole gesehen? Sehr lehrreich!). Wenn die Daten hinreichend interessant sind, wäre natürlich auch ein »normaler« Einbruch denkbar.
- Der Exchange Server wird von einer CD gebootet, die ein vollständig funktionierendes XP/W2k3 enthält. Solche Live-Systeme kann man nicht nur mit Knoppix & Co. realisieren, mittlerweile geht das auch mit Windows-Betriebssystemen (googlen Sie einmal nach »BartPE«). Gut, Exchange ist während dieser Zeit nicht verfügbar, wenn Sie aber keinen Rund-um-die-Uhr-Betrieb haben, wird dies nicht auffallen.
- Die Datenbankdateien werden auf eine USB-Festplatte, die es ja in fast beliebigen Größen gibt, kopiert – und schon verlassen Ihre Maildatenbanken das Haus.

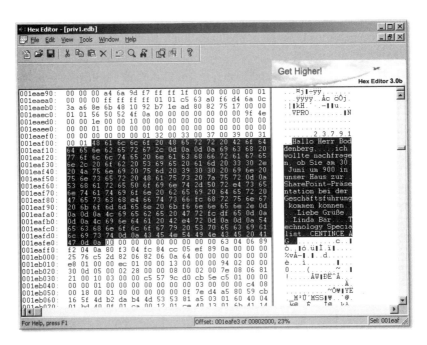

Abbildung 16.18 Nicht verschlüsselte Mailinhalte können in der Exchange-Datenbank mit einem Hex-Editor im Klartext gelesen werden.

Umgang mit Sicherungsbändern

Beim Umgang mit Sicherungsbändern gibt es zwei wichtige Aspekte:

- Sicherungsbänder müssen an einem externen Ort gelagert werden. Ein Band, das auf dem Server liegt, wird, wenn der Serverraum durch Feuer, Wasser oder ein ähnliches »Problem« vernichtet wird, ebenfalls nicht mehr zur Verfügung stehen.
- Das Band enthält alle Daten des Unternehmens, ist also hochgradig schützenswert. Ein einfacher Holzschreibtisch hält im Zweifelsfall einen Einbrecher nicht ab!

Schutz der Netzwerkanschlüsse

Beim Datendiebstahl denkt man zunächst über »Hacker« nach, die sich durch die Firewall Zugriff zu Ihren Systemen verschaffen. Dies ist im Allgemeinen ein sehr mühsamer Weg, zumindest dann, wenn das Firewallsystem von einem Profi geplant und implementiert worden ist.

Stellen Sie sich vor, dass in einer Ecke eines Großraumbüros, in der ohnehin Kabelchaos herrscht, ein kleiner zusätzlicher WLAN-AccessPoint liegt. Jemand, der sich unter einem beliebigen Vorwand (Heizungsableser, Putzdienst etc.) Zutritt zu Ihren Räumlichkeiten verschafft, könnte so einen AccessPoint innerhalb von Sekunden platzieren. Da diese Geräte häufig über kleine integrierte Switches verfügen, muss nicht mal eine freie Netzwerkdose gefunden werden, ein solches Gerät kann einfach sozusagen »vor« einen PC geschaltet werden.

Nun kann man in Ruhe vor Ihrem Firmengebäude im Auto oder Lieferwagen sitzen und aus dem Innenbereich des Netzes nach möglichen Schwachstellen suchen: Ungesicherte PC Anywhere-Installationen sind so mit einem Portscan wesentlich einfacher auszumachen, als wenn eine gut geplante Firewall überwunden werden muss.

Unautorisierte Einwahlmöglichkeiten

Ein weiteres schwerwiegendes Problem sind Modems und ISDN-Karten, die teils zu Wartungszwecken, teils aber auch von den Benutzern von zu Hause mitgebracht und selbst installiert worden sind. Ich habe es in der Tat schon des Öfteren gesehen, dass Modems und PC Anywhere vom Anwender mitgebracht und installiert worden sind – er wollte eben von zu Hause aus arbeiten.

Mit einem War Dialer (in zig Varianten im Internet erhältlich) ist das Suchen nach Modems oder ISDN-Geräten sehr einfach. Wenn die Absicherung schwach ist, also beispielsweise ein Default-Passwort verwendet wird, ist es vermutlich nur eine Frage der Zeit, bis jemand diese Sicherheitslücke zu nutzen beginnt.

Überprüfen Sie also sämtliche Ports Ihrer Telefonanlage, ob irgendwo Einwahlgeräte angeschlossen sind.

Sonstige Maßnahmen

Zu den Sicherheitsmaßnahmen gehören natürlich auch Aspekte wie der Virenschutz und die Verschlüsselung von Mails. Diese Themen werden wir in den folgenden Abschnitten ausführlich behandeln.

Das Thema »Sicherheit« füllt bei einer ganzheitlichen Betrachtung problemlos mehrere Bände und nicht nur ein Kapitel. Dass Benutzerrechte akkurat gesetzt werden müssen, braucht sicherlich nicht nochmals ausführlich diskutiert zu werden, einige der anderen vorgenannten Punkte regen Sie aber vielleicht zum Nachdenken an.

Denken Sie stets daran, dass es beim Thema »Sicherheit« keine Insellösungen gibt: Es genügt nicht, Exchange abzusichern wie Fort Knox, aber zig sonstige Einfallstore offen zu lassen!

16.2 Kommunikation mit Zertifikaten absichern

Der sichere Zugriff auf Daten über das Internet gewinnt zunehmend an Bedeutung, Sie erkennen es unter anderem daran, wie viele unterschiedliche Möglichkeiten hierfür von Exchange bereits standardmäßig zur Verfügung gestellt werden: Denken Sie an Outlook Web Access, Outlook Mobile Access und Exchange ActiveSync.

Bei der Übertragung über das Internet ist eine Verschlüsselung der Daten absolut notwendig. Falls vorhanden, können Sie natürlich auf ein VPN aufsetzen, die einfachere und im Allgemeinen kostengünstigere Möglichkeit ist aber die Nutzung der SSL-Verschlüsselung.

16.2.1 Kurzüberblick: http über SSL

Bevor es mit der eigentlichen Installation losgeht, zeige ich Ihnen kurz die Funktionsweise von http über SSL (Abbildung 16.19):

- 1: Zunächst baut der Client eine Verbindung zum Webserver auf. Da er eine sichere Verbindung aufbauen möchte, greift er auf den Port für http über SSL zu. Dies ist im Allgemeinen Port 443.
- 2: Der Server »antwortet« mit einer Kopie seines öffentlichen Zertifikatsschlüssels.
- 3: Im nächsten Schritt überprüft der Client, ob dieser Zertifikatsschlüssel von einem Herausgeber (= Stammzertifizierungsstelle) stammt, dem er vertraut. Diese Prüfung endet nur dann positiv, wenn das Zertifikat der Stammzertifizierungsstelle im Zertifikatsspeicher für »Vertauenswürdige Stammzertifizierungsstellen« des Clients hinterlegt ist.
  Die Logik dahinter ist also wie folgt: »Ich vertraue der Stammzertifizierungsstelle, also traue ich auch allen Zertifikaten, die diese nachweisbar herausgegeben hat«. Der Nachweis, dass ein Zertifikat wirklich von einer Stammzertifizierungsstelle kommt, funktioniert über kryptographische Methoden.
- 4: Nun handeln Client und Server einen Sitzungsschlüssel aus. Da der Client über den öffentlichen Schlüssel des Servers verfügt, kann er den Sitzungsschlüssel so verschlüsseln, dass dieser nur vom Server mit dessen privatem Schlüssel decodiert werden kann.
- Mit dem (übrigens symmetrischen) Sitzungsschlüssel können nun die auszutauschenden Daten verschlüsselt werden.

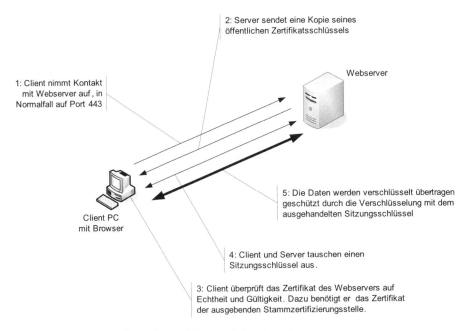

Abbildung 16.19 Darstellung der Funktion von http-über-SSL

16.2.2 Erwerb eines Zertifikats von einer öffentlichen Stammzertifizierungsstelle

Damit ein Webserver mit den Clients über eine sichere SSL-Verbindung kommunizieren kann, benötigen Sie ein Zertifikat für diesen Webserver. Der einfachste Weg ist der Erwerb eines solchen Zertifikats bei einer der zahlreichen (kommerziellen) Stammzertifizierungsstellen. Sie brauchen in diesem Fall keine eigene Public-Key-Infrastruktur (PKI) aufzubauen, zudem sind in den Windows-Betriebssystemen bereits die Stammzertifikate dieser Anbieter installiert, so dass auch organisationsfremde Clients (die sich nicht in Ihrem Active Directory befinden) direkt die Echtheit des Zertifikats Ihres Webservers bestätigen können.

Kommerzielle Stammzertifizierungsstellen sind beispielsweise:

- http://www.verisign.com
- http://www.thawte.com (das ist übrigens eine Verisign-Tocher)
- http://www.tumbleweed.com

… und viele andere mehr. Um zu sehen, welche Stammzertifizierungsstellen bereits in das Windows-Betriebssystem integriert sind, können Sie die Zertifikatsverwaltung aufrufen (Abbildung 16.24). Sinnvollerweise sollten Sie einen dieser Anbieter auswählen. Für die Zertifikate entstehen jährlich Kosten zwischen $100 und $300.

Wenn Sie zunächst »nur« testen und kein Geld ausgeben möchten, können Sie von vielen Zertifizierungsstellen ein Testzertifikat erhalten. Die Einbindung eines solchen Testzertifikats verläuft genauso wie die eines »richtigen«. In diesem Abschnitt führe ich Ihnen den kompletten Vorgang von der Zertifikatsanforderung bis zur Einbindung in den Internet Information Server vor. Dies ist zwar grundsätzlich nicht schwierig, da ich aber davon ausgehe, dass viele Exchange-Administratoren dies bisher noch nicht gemacht haben, gibt es ein wenig mehr Screenshots als sonst in diesem Buch.

Für dieses Beispiel verwenden wir ein Testzertifikat von **http://www.thawte.com**. Diese Zertifizierungsstelle ist grundsätzlich weder schlechter noch besser als andere. Thawte bietet SSL-Zertifikate zu einem recht attraktiven Preis an, hat allerdings nicht so viele unterschiedliche Zertifikatstypen wie die Konzernmutter Verisign im Angebot – das sollte uns hier aber nicht stören.

Zum Nachvollziehen des Beispiels rufen Sie also **http://www.thawte.com** auf und beginnen unter »trials« mit der Anforderung eines »free trial certificate« (Abbildung 16.20).

Abbildung 16.20 Bei der Zertifizierungsstelle Thawte kann ein kostenloses »Trial Certificate« angefordert werden.

Schritt 1: Root-Zertifikat installieren

Ein Nachteil eines Thawte-Testzertifikats ist, dass dieses nicht von der »normalen« Stammzertifizierungsstelle ausgestellt ist, sondern auf dem Zertifikat einer Testzertifizierungsstelle beruht. Die Test-Stammzertifizierungsstelle ist nicht als »vertrauenswürdige Stammzertifizierungsstelle« in den Windows-Betriebssystemen vorinstalliert, demzufolge muss dies auf allen Clients, die mit dem Testzertifikat auf Ihren Webserver zugreifen sollen, nachgeholt werden.

Sie müssen diesen Schritt natürlich nicht direkt auf allen Clients, die eventuell auf den Webserver zugreifen werden, ausführen – dies kann jederzeit bei Bedarf nachgeholt werden. Sie sollten diesen ersten Installationsschritt aber zumindest auf einem Testsystem durchführen, weil Sie sonst nicht verifizieren können, ob die Installation des Zertifikats auf Ihrem Server erfolgreich war.

Sie benötigen zunächst das Zertifikat (= Root Certificate) der Stammzertifizierungsstelle (= Root CA, CA= Certificate Authority). Alle Root-Zertifikate von Thawte können Sie unter **http://www.thawte.com/roots** downloaden. Das ZIP-Archiv enthält unter anderem ein Verzeichnis »Thawte Test Roots«, in dem eine Datei **Thawte Test Root.cer** liegt (Abbildung 16.21).

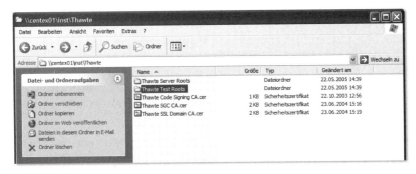

Abbildung 16.21 Das ZIP-Archiv mit den Zertifikaten der Thawte-Stammzertifizierungsstellen enthält auch das Zertifikat für die Test-Stammzertifizierungsstelle.

Extrahieren Sie nun die Datei **Thawte Test Root.cer** aus dem ZIP-Archiv, und doppelklicken Sie auf diese. Als Ergebnis wird sich der in Abbildung 16.22 gezeigte Dialog öffnen. Damit dieses Root-Zertifikat (= Zertifikat der Stammzertifizierungsstelle) wie gewünscht funktioniert, muss es an der richtigen Stelle im Zertifikatsspeicher des PCs installiert werden, der auf den Webserver zugreift. Um dies durchzuführen, klicken Sie einfach auf »Zertifikat installieren...«.

Nun übernimmt der »Zertifikatimport-Assistent«: Sie müssen angeben, in welchen Zertifikatsspeicher das zu importierende Zertifikat eingefügt werden soll. Da es sich um das Zertifikat einer Stammzertifizierungsstelle (= Root CA) handelt, muss es in den Speicher für »Vertrauenswürdige Stammzertifizierungsstellen« geschrieben werden.

Der Assistent kann entweder den Zertifikatsspeicher selbst auswählen, oder Sie geben diesen vor (Abbildung 16.23). Speziell bei Root-Zertifikaten wird die automatische Auswahl funktionieren.

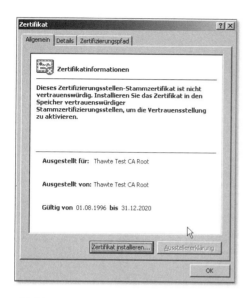

Abbildung 16.22 Ein Doppelklick auf das Zertifikat der Test-Stammzertifizierungsstelle führt zu einer Problemmeldung – das Zertifikat muss zunächst installiert werden.

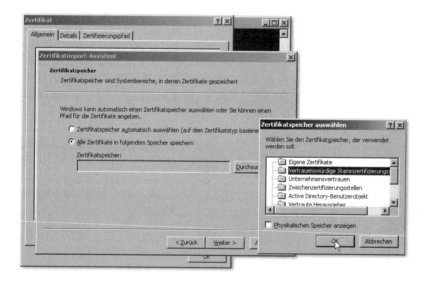

Abbildung 16.23 Das Zertifikat der Stammzertifizierungsstelle muss dem Zertifikatsspeicher für »Vertrauenswürdige Stammzertifizierungsstellen« hinzugefügt werden.

»Vertrauen ist gut, Kontrolle ist bessser«: Gemäß diesem Motto können Sie kontrollieren, ob das Zertifikat korrekt installiert wurde. Rufen Sie die Microsoft Management Console auf (**Start · Ausführen** und dann mmc eingeben), und fügen Sie das Snap-In »Zertifikate« hinzu. Unter dem Knoten »Vertrauenswürdige Stammzertifizierungsstellen« wird nun »Thawte Test CA Root« installiert sein (Abbildung 16.24).

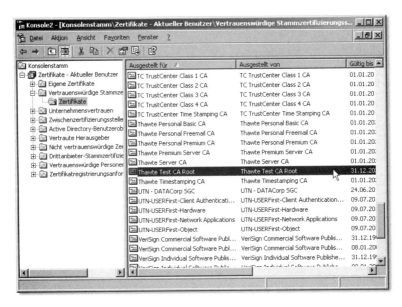

Abbildung 16.24 Wenn der Import des Root-Zertifikats funktioniert hat, finden Sie es im MMC-Snap-In »Zertifikate« in der Liste der »Vertrauenswürdigen Stammzertifizierungsstellen«.

Wie bereits zu Beginn des Abschnitts erwähnt, müssen Sie den gezeigten Import-Vorgang auf allen Clients durchführen, die auf den Webserver mit dem Testzertifikat zugreifen sollen. Wenn Sie mit einem PC zugreifen, bei dem dieses Zertifikat der Stammzertifizierungsstelle nicht installiert ist, werden Sie die in Abbildung 16.25 gezeigte Fehlermeldung erhalten.

Abbildung 16.25 Wenn das Zertifikat der Stammzertifizierungsstelle nicht in der Liste der »Vertrauenswürdigen Stammzertifizierungsstellen« vorhanden ist, wird der Browser diese Fehlermeldung zeigen.

Schritt 2: Zertifikatsanforderung vorbereiten

Die Beschaffung und Installation eines Zertifikats für einen Webserver geschieht immer in zwei Schritten: Zunächst wird das Zertifikat bei der Stammzertifizierungsstelle angefordert, dann wird es installiert.

Zur Anforderung des Zertifikats öffnen Sie den Internetdienste-Manager und rufen die Eigenschaften des virtuellen Servers auf, auf dem das Zertifikat installiert werden soll. In den meisten Fällen wird dies die »Standardwebsite« sein. Auf der Karteikarte »Verzeichnissicherheit« können Sie mit einem Blick erkennen, ob ein Zertifikat installiert ist: Ist die Schaltfläche »Zertifikat anzeigen« grau dargestellt, ist kein Zertifikat vorhanden (Abbildung 16.26).

Um den Anforderungsprozess zu beginnen, klicken Sie auf »Serverzertifikat«.

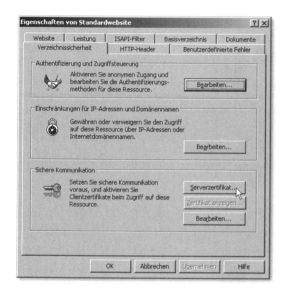

Abbildung 16.26 Die Konfiguration der Zertifikate auf dem IIS beginnt auf der Karteikarte »Verzeichnissicherheit« im Eigenschaften-Dialog des virtuellen Servers.

Es öffnet sich der obligatorische Assistent, der Ihnen verschiedene Optionen anbietet. Da Sie noch nicht über ein Zertifikat verfügen, wählen Sie hier »Neues Zertifikat erstellen« (Abbildung 16.27).

Im nächsten Schritt können Sie auswählen, ob Sie die Zertifikatsanforderung nur vorbereiten oder direkt an eine Onlinezertifizierungsstelle senden möchten. Wenn Sie nicht über eine Zertifizierungsstelle im Active Directory verfügen, wird die zweite Option ohnehin grau dargestellt sein. Da wir in diesem Beispiel ein Zertifikat von Thawte anfordern werden, ist die erste Auswahlmöglichkeit richtig (Abbildung 16.28).

Nun werden der Name des Zertifikats und die Schlüssellänge abgefragt (Abbildung 16.29). Den Namen können Sie frei wählen. Als Schlüssellänge für ein Serverzertifikat ist 2048 Bit ein sowohl sinnvoller als auch üblicher Wert.

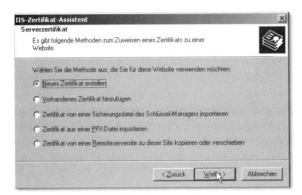

Abbildung 16.27 Die erste Auswahl im IIS-Zertifikat-Assistent: Da Sie noch nicht über ein Zertifikat verfügen, wählen Sie »Neues Zertifikat erstellen«.

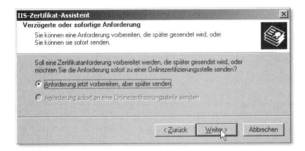

Abbildung 16.28 Für die Anforderung des Zertifikats bei Thawte muss die erste Option gewählt werden.

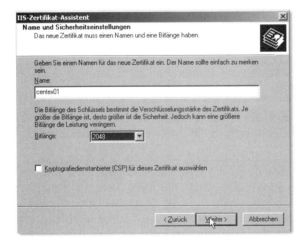

Abbildung 16.29 Der Name des Zertifikats kann frei bestimmt werden. Als Schlüssellänge für ein Serverzertifikat ist 2048 Bit ein üblicher Wert.

Die folgende Seite des Assistenten (ohne Abbildung) fragt Sie nach dem Namen Ihrer Organisation (Firmenname) und der Organisationseinheit (Abteilung). Diese Werte tragen Sie wahrheitsgemäß als Text ein.

Wichtig ist der im nächsten Schritt einzugebende »Gemeinsamer Name (CN) der Site« (Abbildung 16.30). Dieser Name **muss** dem Namen entsprechen, mit dem die Clients auf diesen Webserver (bzw. virtuellen Webserver) zugreifen. Die Möglichkeiten:

- Wird der Server nicht mit dem FQDN, also nur mit dem Servernamen (z.B. centex01) aufgerufen, tragen Sie dies im Assistenten ein.
- Steht das System hingegen im Internet und wird demzufolge mit dem FQDN (z.B. centex01.centince.net) aufgerufen, muss dieser volle DNS-Name im Zertifikat eingetragen werden.
- Die dritte Möglichkeit ist natürlich, den Server direkt über seine IP-Adresse anzusprechen. In diesem Fall muss die IP-Adresse als gemeinsamer Name eingetragen werden.

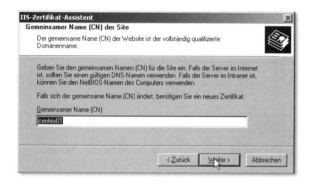

Abbildung 16.30 Der hier eingetragene Name muss exakt (!) dem Namen entsprechen, mit dem die Clients den Server ansprechen

Die in Abbildung 16.31 gezeigte Fehlermeldung ist Ihnen sicherlich schon des Öfteren begegnet: Sie wird immer dann angezeigt, wenn der im Browser beim Aufruf der Website eingegebene Name mit exakt dem im Zertifikat gespeicherten Namen entspricht. Beim interaktiven Arbeiten mit dem Browser kann man eine solche Fehlermeldung notfalls wegklicken (obwohl das eigentlich nicht der Sinn der Sache ist), viele Anwendungen wie RPC over http oder Exchange ActiveSync brechen ab, wenn das Zertifikat nicht zur Site passt.

- Auf der nächsten Dialogseite des Assistenten (ohne Abbildung) können »geografische Informationen« (Land, Bundesland, Ort) eingetragen werden. Auf der letzten Seite des Assistenten (ebenfalls ohne Abbildung) muss der Name der Zertifikatsanforderungsdatei angegeben werden. Der Inhalt dieser Datei wird gleich zu Thawte gesendet.
- Öffnen Sie nun die eben erzeugte Zertifikatsanforderungsdatei mit dem Editor/Notepad. Wie Sie in Abbildung 16.32 sehen können, ist die erzeugte Zertifikatsanforderung letztendlich eine längere Zeichenfolge.

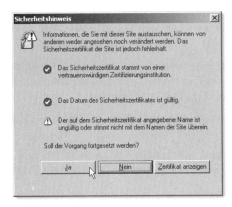

Abbildung 16.31 Wenn der im Zertifikat gespeicherte Name nicht exakt dem Namen entspricht, mit dem der Client den Server anspricht, wird diese Fehlermeldung angezeigt.

Abbildung 16.32 Dies ist die soeben mit dem Assistenten erzeugte Zertifikatsanforderungsdatei.

▶ Auf der Thawte-Website werden Sie durch den Vorgang der Zertifikatsanforderung geführt. Einer der Schritte ist das Übermitteln des Inhalts der soeben erzeugten Zertifikatsanforderungsdatei (Abbildung 16.33).

▶ Markieren Sie im Editor/Notepad alle Zeichen der Zertifikatsanforderung – einschließlich der Start- und Endmarkierung (erste und letzte Zeile, siehe Abbildung 16.33). Kopieren Sie die markierten Zeichen in die Zwischenablage.

▶ Fügen Sie den Inhalt der Zwischenablage in das entsprechende Feld der Thawte-Website ein.

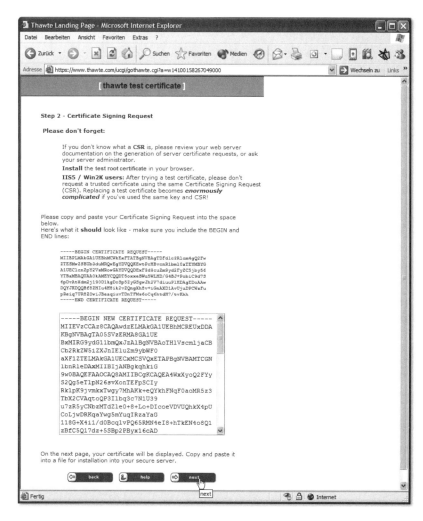

Abbildung 16.33 Die zuvor erzeugte Zertifikationsanforderung wird im Browser an Thawte übertragen.

Nach einigen Sekunden erscheint im Browser das Zertifikat für Ihren Webserver (Abbildung 16.34). Markieren Sie *alle* Zeichen (inklusive der ersten und letzten Zeile), kopieren Sie diese in die Zwischenablage, und fügen Sie diese in den Editor/Notepad ein. Nun müssen Sie das Zertifikat nur noch in einer Datei (Endung .cer) speichern. Fertig!

Schritt 3: Einbinden des Zertifikats

Nachdem Sie nun das Zertifikat in den Händen (bzw. auf der Festplatte) haben, muss es noch auf dem Webserver installiert werden. Klicken Sie hierzu wieder im Eigenschaften-Dialog des virtuellen Servers auf der Karteikarte »Verzeichnissicherheit« auf den Schalter »Serverzertifikat...«.

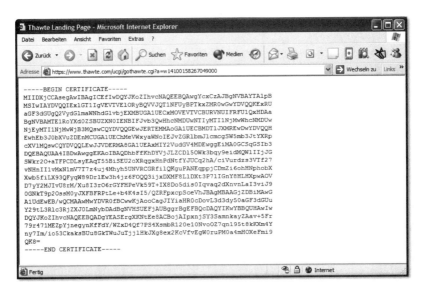

Abbildung 16.34 Dies ist das für Ihren Webserver erzeugte Zertifikat. Kopieren Sie es komplett (inklusive der ersten und letzten Zeile) in die Zwischenablage, und speichern Sie es in einer Datei.

Auf der ersten Seite des nun startenden Assistenten wählen Sie den ersten Punkt »Ausstehende Anforderung verarbeiten und Zertifikat installieren« (Abbildung 16.35).

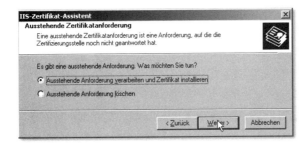

Abbildung 16.35 Mit diesem Assistenten wird das von der Zertifizierungsstelle empfangene Zertifikat installiert.

Die nächsten Schritte im Assistenten sind:

▶ Eingabe des Pfads zu der Zertifikatsdatei, die das von der Zertifizierungsstelle empfangene Zertifikat enthält.

▶ Festlegen des SSL-Ports. Der Port für http über SSL ist normalerweise 443. Da die Browser bei einer mit `https://` beginnenden Anforderung standardmäßig diesen Port ansprechen, würde ich diesen Wert nicht ohne Not ändern.

Der Assistent wird die obligatorische Zusammenfassung anzeigen, anschließend ist das Zertifikat installiert.

Nun können Sie die korrekte Funktion überprüfen. Rufen Sie Outlook Web Access mit `https://servername/exchange` über eine gesicherte Verbindung auf. Dies sollte ohne Warnmeldung des Browsers (vergleiche Abbildung 16.31) funktionieren. In der Statusleiste des Browsers wird die gesicherte Verbindung durch ein kleines Vorhängeschloss symbolisiert (Abbildung 16.36).

Abbildung 16.36 Das kleine Vorhängeschloss symbolisiert eine gesicherte Verbindung. Ein Doppelklick darauf zeigt Informationen zum verwendeten Zertifikat an.

Wenn Sie auf das kleine Vorhängeschloss doppelkicken, erscheint ein Dialog mit Informationen über das Zertifikat. Sie können beispielsweise den Zertifizierungspfad einsehen. An dessen Spitze wird das Zertifikat der Stammzertifizierungsstelle stehen (Abbildung 16.37).

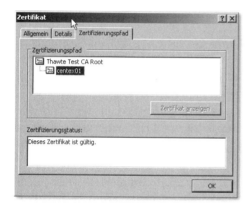

Abbildung 16.37 Dieser Dialog mit Informationen über das gerade verwendete Zertifikat kann aus dem Browser durch Doppelklick auf das kleine Vorhängeschloss aufgerufen werden. Beispielsweise kann der Zertifizierungspfad eingesehen werden.

16.3 Aufbau und Nutzung einer eigenen PKI

Anstatt Zertifikate von einer kommerziellen Zertifizierungsstelle zu beziehen (und zu bezahlen!), können Sie eine eigene Zertifizierungsstelle aufbauen. Prinzipiell ist dies in einer Active Directory-Umgebung nicht sonderlich schwierig, allerdings gibt es viele »Nebenthemen«, die zu beachten sind: Das beginnt bei der Struktur (werden mehrere Zertifizierungsstellen benötigt?), geht über die Berechtigung von Operatoren und den Schutz des Root-Zertifikats und endet bei der Entwicklung von Sicherungs- und Recovery-Mechanismen.

Ich werde Ihnen in den folgenden Abschnitten zeigen, wie eine Zertifizierungsstelle im Active Directory-Umfeld aufgebaut wird (ohne Berücksichtigung der »Nebenthemen«) und wie in einer solchen Umgebung ein Zertifikat für einen Webserver installiert wird.

Schauen wir auf die wesentlichen Vor- und Nachteile im Vergleich zu Zertifikaten von Thawte, Verisign & Co.

Nachteile:

- Das Zertifikat Ihrer eigenen Stammzertifizierungsstelle ist natürlich nicht im Windows-Betriebssystem enthalten. Das bedeutet, dass auf PCs, die nicht in Ihrem Active Directory enthalten sind, das Root-Zertifikat Ihrer Zertifizierungsstelle nachinstalliert werden muss. Wenn Sie einen öffentlichen Webserver betreiben, wäre das ein Ding der Unmöglichkeit. Im Zusammenhang mit Exchange würde ich das nicht als schweren Nachteil ansehen, denn auf dieses System greifen ja vermutlich ohnehin nur Clients Ihrer Organisation zu. Vergessen Sie aber nicht, dass Sie unter Umständen die Zertifikate auch auf Handys, PocketPCs etc. nachinstallieren müssen!

- Wenn Sie ein eigenes Zertifikatswesen aufbauen, muss dieses natürlich auch administriert, überwacht, gesichert und eventuell auch wiederhergestellt werden. In einer kleineren Umgebung ist das zwar weder riesig komplex noch muss man sich täglich damit auseinander setzen – es ist aber eine weitere Komponente, mit der sich jemand zumindest grundsätzlich auskennen muss.

Vorteile:

- Sie haben keine regelmäßigen Kosten (dabei stellt sich die Frage, wie man Administrationsaufwand bewertet, aber es muss zumindest kein regelmäßiges Geld an eine Zertifizierungsstelle gezahlt werden).

- Es können beliebig viele Server mit Zertifikaten ausgestattet werden.

- Neben http-über-SSL gibt es viele andere Aufgabenbereiche, bei denen eine PKI (Public Key Infrastructure) benötigt wird. Dies sind beispielsweise die Signatur und Verschlüsselung von Mails, IPSec, WLAN-Verschlüsselung und vieles andere mehr. Mit einem eigenen Zertifikatswesen können Sie all diese Aufgabenstellungen abdecken.

Prinzipiell besteht natürlich die Möglichkeit, eine eigene Zertifizierungsstelle aufzubauen, die auf einem Zertifikat eines der kommerziellen Anbieter basiert. Dies ist allerdings momentan eher ein echtes »Enterprise-Thema«.

> **Hinweis** Ich zeige Ihnen in diesem Buch, wie eine PKI grundsätzlich aufgebaut wird. Da dies ein Exchange- und kein PKI-Buch ist, werden wir das Thema nur so weit behandeln können, dass Ihre Zertifizierungsstelle in einer Testumgebung funktioniert. Für den Einsatz in einer Produktivumgebung ist deutlich mehr an Planung (Struktur, Zertifizierungshierarchie, Sicherung der Zertifikate, Backup/Restore etc.) erforderlich.

16.3.1 Installation einer Stammzertifizierungsstelle

Um ein eigenes Zertifikatswesen aufzubauen, benötigen Sie zunächst eine Zertifizierungsstelle. Kein Problem, denn diese ist in den Microsoft Zertifikatsdiensten enthalten.

Die Installation erfolgt über **Systemsteuerung · Software · Windows Komponenten hinzufügen/entfernen**. Dort wählen Sie die Zertifikatsdienste aus und starten die Installation (Abbildung 16.38).

Abbildung 16.38 Die Zertifizierungsstelle für Zertifikatsdienste wird über **Systemsteuerung** • **Software** installiert.

> **Anmerkung** Der »Webregistrierungssupport für Zertifikatsdienste« setzt einen installierten IIS auf der entsprechenden Maschine voraus. Dies sollte unbedingt installiert werden, weil die Benutzer über das Webinterface Zertifikate anfordern und erneuern können.

Durch die weitere Installation werden Sie von einem Assistenten geleitet. Da dieses ein Exchange-Buch ist, werde ich nicht detailliert alle Optionen beim Aufbau eines Zertifikatswesens beschreiben. Entscheiden Sie sich an dieser Stelle für die Erstellung einer »Stammzertifizierungsstelle des Unternehmens« (Enterprise CA), und lassen Sie »Schlüsselpaar und ein Zertifizierungsstellenzertifikat« erzeugen (Abbildung 16.39).

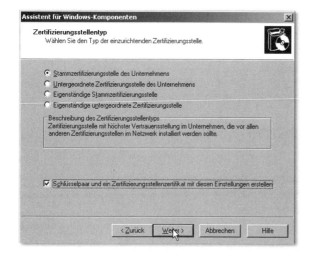

Abbildung 16.39 Im ersten Dialog des Assistenten wird der Typ der Zertifizierungsstelle ausgewählt.

Aufbau und Nutzung einer eigenen PKI **537**

Wenn Sie ein Schlüsselpaar und ein Zertifizierungsstellenzertifikat erzeugen lassen (siehe Checkbox auf der ersten Seite des Assistenten), werden Sie nach dem zu verwendenden Kryptographiedienstanbieter (letztendlich die Applikation, die für die Verschlüsselung eingesetzt wird), dem Hash-Algorithmus (das zu verwendende Verfahren) und der Schlüssellänge gefragt (Abbildung 16.40).

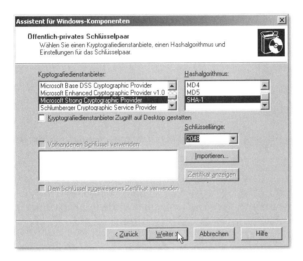

Abbildung 16.40 Der Assistent ermöglicht die Auswahl des zu verwendenden Verschlüsselungsverfahrens.

Der nächste Schritt besteht darin, den Namen der Zertifizierungsstelle festzulegen (Abbildung 16.41).

Abbildung 16.41 Der Name der Zertifizierungsstelle

Der letzte Dialog des Assistenten dient zur Eingabe des Speicherorts der Zertifikatsdatenbank (Abbildung 16.42): Die Berechtigungen für das vorgegebene Verzeichnis sind standardmäßig so gesetzt, dass Administratoren, der SYSTEM-Account und die Gruppe der Sicherungsoperatoren darauf Zugriff haben. Stellen Sie sicher, dass nicht durch »NTFS-Experimente« der Schutz dieses Verzeichnisses abgesenkt wird. Die Zertifikatsdatenbank ist absolut sicherheitskritisch!

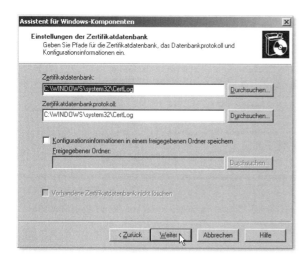

Abbildung 16.42 In diesem Dialog des Assistenten wird der Speicherort für die Zertifikatsdatenbank angegeben.

Nach der Installation der Zertifizierungsstelle können Sie überprüfen, ob das erstellte Zertifikat der Zertifizierungsstelle dem Zertifikatsspeicher korrekt hinzugefügt worden ist; damit alles korrekt funktioniert, muss es in den Speicher für »Vertrauenswürdige Stammzertifizierungsstellen« eingestellt werden – es ist dort in guter Gesellschaft mit den Root-Zertifikaten von Verisign, Thawte & Co. (Abbildung 16.43; MMC öffnen, Snap-In »Zertifikate« hinzufügen).

Wichtig ist, dass alle Client- und Serversysteme der eigenen Zertifizierungsstelle vertrauen müssen, das Zertifikat muss also verteilt werden. In einer Active Directory-Umgebung geschieht dies automatisch, wenn Sie eine Unternehmenszertifizierungsstelle (Enterprise CA) eingerichtet haben. Wenn Sie auf einem beliebigen Clientsystem das »Zertifikate«-Snap-In öffnen, sollte das Zertifikat dort im korrekten Zertifikatsspeicher vorhanden sein.

Export des öffentlichen Schlüssels

Es ist natürlich denkbar, dass Clients, die nicht in Ihr Active Directory integriert sind, auf ein Outlook Web Access (oder allgemein auf eine Website) zugreifen sollen, das mit einem Zertifikat Ihrer eigenen Zertifizierungsstelle ausgestattet ist. Da diese Clients zwar über die »Standardzertifikate« (Verisign & Co.), nicht aber über das Zertifikat der selbst erstellten Zertifizierungsstelle verfügen werden, zeigt ein Browser beim Zugriff eine Warnmeldung (Abbildung 16.44).

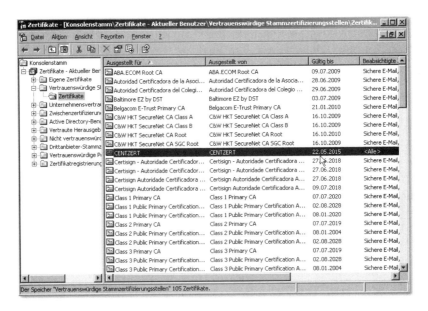

Abbildung 16.43 Das Zertifikat der eigenen Stammzertifizierungsstelle muss auf allen Clients und Servern der Organisation im Zertifikatsspeicher für »Vertrauenswürdige Stammzertifizierungsstellen« vorhanden sein.

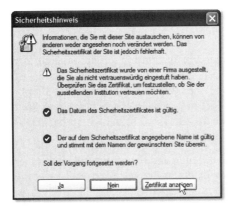

Abbildung 16.44 Verfügt ein Client nicht über das Zertifikat der Zertifizierungsstelle, die das SSL-Zertifikat ausgestellt hat, zeigt der Browser eine Warnmeldung an.

Das Problem ist relativ einfach zu lösen:

▶ Zunächst exportieren Sie den öffentlichen Schlüssel des Zertifikats Ihrer Stammzertifizierungsstelle. Dies können Sie beispielsweise im Konfigurations-Snap-In »Zertifizierungsstelle« durchführen (Abbildung 16.45). Beim Export (»In Datei kopieren...«) wird ein Exportformat abgefragt. Wählen Sie dabei die oberste Option.

▶ Die Zertifikatsdatei wird auf dem Client wie in Abschnitt 16.2.2 (»Schritt 1: Installieren eines Root-Zertifikats«) gezeigt installiert.

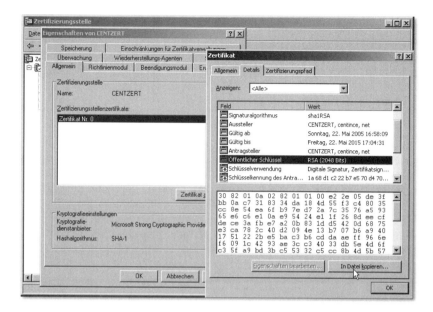

Abbildung 16.45 Der öffentliche Schüssel Ihrer Stammzertifizierungsstelle kann exportiert und in eine Datei geschrieben werden.

Der Zugriff auf diesen mit dem selbst erzeugten Zertifikat gesicherten Webserver wird nun auch von einem organisationsfremden (= nicht im Active Directory befindlichen) Client aus möglich sein.

16.3.2 Anfordern eines Zertifikats für den IIS

Das Anfordern und Installieren eines Zertifikats für einen Webserver, beispielsweise mit Outlook Web Access, ist in einer Umgebung mit eigener Zertifizierungsstelle wesentlich schneller erledigt als bei Nutzung eines externen Anbieters wie Thawte oder Verisign (vergleiche Abschnitt 16.2.2, Schritt 2 und 3):

- Starten Sie den Internetdienste-Manager, und rufen Sie die Karteikarte »Verzeichnissicherheit« im Eigenschaften-Dialog des virtuellen Servers auf, für den das Zertifikat angefordert werden soll.
- Dort klicken Sie auf den Schalter »Serverzertifikat...«.
- Da ein neues Zertifikat angefordert werden soll, wählen Sie in der ersten Dialogseite des Assistenten die Option »Neues Zertifikat erstellen« (Abbildung 16.46).
- Auf der nächsten Dialogseite teilen Sie dem System mit, dass Sie das Zertifikat von der Zertifizierungsstelle Ihres Unternehmens erhalten wollen. Dementsprechend wählen Sie hier »Anforderung sofort an eine Onlinezertifizierungsstelle senden« (Abbildung 16.47).

Hinweis Wenn in Ihrem Active Directory keine Stammzertifizierungsstelle vorhanden ist, ist diese Option nicht anwählbar. Wenn Sie gerade eine neue Zertifizierungsstelle installiert haben, kann es je nach Größe und Komplexität Ihrer Organisation einige Zeit dauern, bis diese auf allen Domain Controllern bekannt ist.

- Auf der nächsten Seite legen Sie den Zertifikatsnamen und die Schlüssellänge fest. 2048 Bit ist für ein Webserverzertifikat ein sinnvoller Wert (Abbildung 16.48).
- Einer der folgenden Dialoge bezieht sich auf den im Zertifikat gespeicherten gemeinsamen Namen (CN, Common Name, Abbildung 16.49). In Abschnitt 16.2.2 ist dieses Thema bereits recht ausführlich behandelt worden, daher hier nur die Kurzfassung: Wichtig ist, dass der hier vorgegebene Name *exakt* dem Namen entspricht, mit dem die Clients diesen Server aufrufen. Dies kann ein FQDN (centex01.centince.net), der Net-Bios-Rechnername (centex01) oder die IP-Adresse sein. Wenn ein Client den Webserver mit einem anderen als im Zertifikat hinterlegten Namen anspricht, erscheint die in Abbildung 16.44 gezeigte Warnmeldung.
- Der letzte Dialog des Assistenten ist die Auswahl der Zertifizierungsstelle, an die die Zertifikatsanforderung gesendet werden soll (Abbildung 16.50). Hier werden alle im Active Directory veröffentlichten Zertifizierungsstellen Ihrer Organisation aufgeführt.

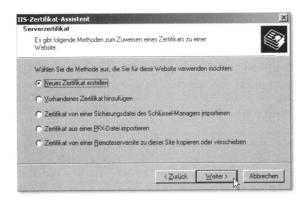

Abbildung 16.46 Auch bei Verwendung einer eigenen Zertifizierungsstelle wird auf der ersten Dialogseite die Option »Neues Zertifikat erstellen« angefordert.

Wenn die Zertifizierungsstelle Anforderungen automatisch verarbeitet, sind Sie jetzt bereits mit der Installation des Webserverzertifikats fertig:

- Der Internetdienste-Manager sendet die Anforderung zu der Zertifizierungsstelle.
- Diese erstellt das Zertifikat und sendet es direkt zurück.
- Anschließend wird das Zertifikat automatisch installiert.

Interessant ist, den Zertifizierungspfad des neu erzeugten Zertifikats zu kontrollieren (Abbildung 16.51): In einem einstufigen Zertifikatswesen steht die Stammzertifizierungsstelle an oberster Stelle, und darunter findet sich das Zertifikat des Webservers.

Abbildung 16.47 Wenn eine eigene Zertifizierungsstelle im Active Directory veröffentlicht ist, kann im Assistenten die Nutzung einer Onlinezertifizierungsstelle gewählt werden.

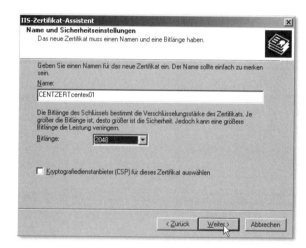

Abbildung 16.48 Auf dieser Dialogseite werden ein Zertifikatsname (sprechende Namen wählen!) und die Schlüssellänge festgelegt. 2048 Bit ist für ein Webserverzertifikat ein sinnvoller Wert.

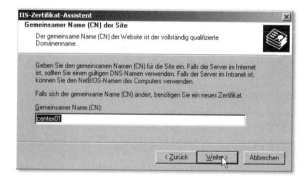

Abbildung 16.49 Der im Zertifikat gespeicherte gemeinsame Name muss exakt dem Namen entsprechen, den die Clients zum Zugriff auf den virtuellen Webserver verwenden.

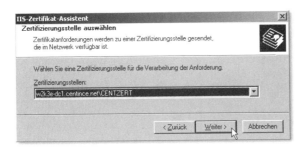

Abbildung 16.50 Einer der letzten Schritte ist festzulegen, an welche Zertifizierungsstelle die Anforderung gesendet werden soll.

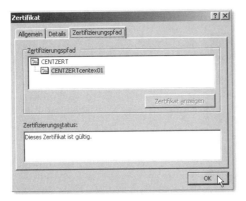

Abbildung 16.51 Im Zertifizierungspfad des Webserverzertifikats steht die selbst erzeugte Stammzertifizierungsstelle an oberster Position.

Sie können die ausgegebenen Zertifikate im MMC-Snap-In »Zertifizierungsstelle« einsehen. Dieses wird im Menü »Verwaltung« installiert und kann natürlich auch aus der MMC aufgerufen werden. Unterhalb des Knotens »Ausgestellte Zertifikate« findet sich das zuvor erzeugte Zertifikat (Abbildung 16.52).

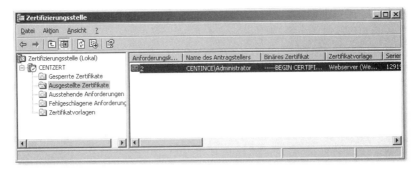

Abbildung 16.52 Einen Überblick über die ausgestellten Zertifikate erhält man im Konfigurationswerkzeug »Zertifizierungsstelle«.

16.3.3 Zugriff auf die Sperrliste

Grundsätzlich ist in dem Konzept von Public-Key-Infrastrukturen vorgesehen, dass Zertifikate auch vor dem zeitlichen Ablauf ungültig werden können. Wenn beispielsweise durch einen Hacker-Angriff der private Schlüssel eines Zertifikats entwendet worden ist, muss es *dringendst* gesperrt werden, um Missbrauch zu verhindern.

Das Gesamtbild muss also folgendermaßen ergänzt werden:

- Auf den Clients wird das Zertifikat der Zertifizierungsstelle installiert. Die Clients können so die Echtheit eines beispielsweise von einem Webserver verwendeten Zertifikats überprüfen.
- Die »zeitliche« Gültigkeit zu prüfen, ist sehr einfach, weil das Verfallsdatum des Zertifikats in diesem gespeichert ist.
- In regelmäßigen Abständen muss der Client prüfen, ob das Zertifikat von der Zertifizierungsstelle für ungültig erklärt worden ist.

Wie erhält nun der Client die Sperrliste?

In den Zertifikaten der Zertifizierungsstellen ist ein »Sperrlisten-Verteilungspunkt« angegeben (Abbildung 16.53). Von diesem Verteilungspunkt (in der Abbildung ist dies: `http://w2k3e-dc1.centince.net/CertEnroll/CENTZERT.crl`) kann die Sperrliste abgerufen werden.

Abbildung 16.53 In den Zertifikaten der Zertifizierungsstelle ist im Allgemeinen ein Hinweis auf Sperrlisten-Verteilungspunkte enthalten.

Die URL des Sperrlisten-Verteilungspunkts können Sie in Ihrem Browser eingeben. Die resultierende Download-Datei ist die Sperrliste der Zertifizierungsstelle. Die Sperrliste enthält allgemeine Informationen wie den Aussteller und das Datum der nächsten Aktualisierung (Abbildung 16.54).

Des Weiteren sind natürlich die gesperrten Zertifikate angegeben; eingetragen sind die Seriennummer des Zertifikats, das Sperrdatum und der Grund der Sperrung (Abbildung 16.55). Letztgenannter wird, sofern denn überhaupt ein Sperrungsgrund vermerkt ist, nur sehr allgemein angegeben – letztendlich ist der Grund der Sperrung auch unerheblich, wichtig ist, dass überhaupt die Sperrung des Zertifikats bekannt ist.

Abbildung 16.54 Die Sperrliste einer Zertifizierungsstelle enthält allgemeine Daten wie das Erscheinungsdatum der nächsten Sperrliste.

Abbildung 16.55 In der Sperrliste sind die Seriennummern der gesperrten Zertifikate aufgeführt.

Bedeutung für Ihre Zertifizierungsstelle

Für Ihre eigene Zertifizierungsstelle bedeutet das zuvor über die Sperrung von Zertifikaten Gesagte, dass der im Zertifikat angegebene Sperrlisten-Verteilungspunkt für alle Clients erreichbar sein muss, die mit von Ihnen ausgegebenen Zertifikaten in Berührung kommen.

Angenommen, Sie lassen Ihre Außendienst-Mitarbeiter über das Internet auf Outlook Web Access zugreifen. Der virtuelle Webserver, auf dem OWA ausgeführt wird, hat für die SSL-Verschlüsselung ein Zertifikat Ihrer Zertifizierungsstelle. Wenn der Sperrlisten-Verteilungspunkt nicht über das Internet erreichbar ist, werden die Mitarbeiter den Warnhinweis erhalten, dass die Sperrliste nicht abgerufen werden kann. Das beeinträchtigt die Funktion der SSL-Verschlüsselung zwar zunächst nicht, sollte aber trotzdem aus folgenden Gründen vermieden werden:

- Zunächst ein »politischer« Grund: In allen Organisationen versuchen die IT-Verantwortlichen die Benutzer für die möglichen Gefahren (Viren, Trojaner, Würmer etc.) zu sensibilisieren. Das sieht natürlich nicht so gut aus, wenn Sie den Anwendern auf Nachfrage mitteilen, dass zwar eine Sicherheitswarnung kommt, diese aber getrost ignoriert werden kann.
- Der Hauptgrund ist aber sicherlich, dass die Möglichkeit, korrumpierte Zertifikate sperren zu können, sehr wertvoll ist.

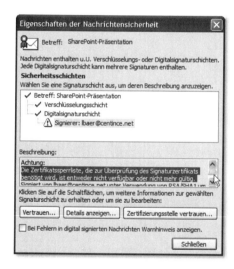

Abbildung 16.56 Ist der Sperrlisten-Verteilungspunkt für einen Client nicht erreichbar, wird eine Warnmeldung gezeigt: Das Zertifikat könnte mittlerweile schon zurückgezogen worden sein!

Lassen Sie mich die Notwendigkeit der Erreichbarkeit des Sperrlisten-Verteilungspunkts mit einem weiteren Beispiel verdeutlichen: Wenn Ihr Unternehmen Emails mit einer Signatur versieht, können die Empfänger davon ausgehen, dass die Mail »echt« ist; zumindest dann, wenn die Überprüfung der Signatur keine Manipulation meldet. Auch wenn Sie eine eigene interne Zertifizierungsstelle verwenden, können Geschäftspartner die Echtheit der Mails überprüfen, indem diese Ihrer Stammzertifizierungsstelle vertrauen (= Installation des Zertifikats).

Wenn Ihr Geschäftsführer nun sein Notebook verloren hat, könnte jemand relativ problemlos an den privaten Schlüssel Ihres Chefs kommen – und somit Nachrichten verschicken, die bei der Signaturprüfung als »echt« gekennzeichnet werden. Und das ist nun der Moment, in dem es notwendig ist, dass der Sperrlisten-Verteilungspunkt auch aus dem Internet erreichbar ist!

Da Sie ein Buch in der Hand halten, das in erster Linie ein Buch über Exchange ist, werde ich jetzt nicht bis ins letzte Detail den Aufbau eines eigenen Zertifikatswesens erläutern können – hier aber ein paar Hinweise:

▶ In den Eigenschaften der Zertifizierungsstelle können die Sperrlisten-Verteilungspunkte konfiguriert werden (Abbildung 16.57). Insbesondere interessant ist in diesem Zusammenhang die Checkbox »In CDP-Erweiterung des ausgestellten Zertifikats einbeziehen«.

▶ Sie können die Sperrliste beispielsweise an eine beliebige Stelle des Dateisystems schreiben lassen und anschließend skriptgesteuert auf Ihren allgemein zugänglichen Webserver kopieren. Wichtig ist, dass Sie zusätzlich die URL der Sperrliste auf dem Webserver in den Zertifikaten speichern. Denken Sie auch daran, dass die Sperrliste nicht nur »von außen«, sondern auch für Ihre Anwender im LAN erreichbar sein muss.

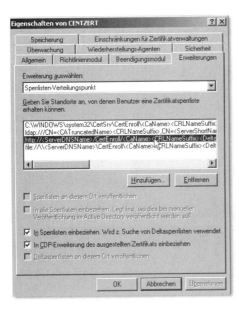

Abbildung 16.57 Sowohl die physikalischen Speicherorte für die Sperrlisten als auch die in Zertifikate einzutragenden Pfade werden in den Eigenschaften der Zertifizierungsstelle konfiguriert.

16.4 Verschlüsseln und Signieren von Mails

Es ist nun kein Geheimnis mehr, dass Mails unverschlüsselt durch das Internet reisen, was insbesondere diese beiden Probleme nach sich zieht: Jemand, der sich an irgendeiner Stelle des Transportwegs Zugriff auf die Mails verschaffen kann, ist in der Lage ...

- ... die Mails zu lesen und/oder
- ... die Mails zu manipulieren.

Natürlich ist dieses »Sich-Zugriff-Verschaffen« nicht ganz trivial, es gibt aber genügend Ansatzpunkte:

- Die Mails liegen auf dem Mailserver der Firma der sendenden Person. Eventuell könnte sich hier jemand Zugang verschaffen.
- Wenn die Mail das sendende Unternehmen verlässt, wird sie per SMTP übertragen. Es ist eine recht einfache Übung, mit einem Netzwerkmonitor (Sniffer, Ethereal etc.) die Daten mitzulesen und zu speichern. Intelligente Software kann die einzelnen mitgeschnittenen Frames zusammensetzen, so dass die Mails problemlos gelesen werden können.
- Ohne jemandem etwas unterstellen zu wollen: Dass es bei Providern den ein oder anderen Mitarbeiter gibt, der es nach Zahlung des nötigen Kleingelds nicht so genau mit der Vertraulichkeit der transportierten Daten nimmt, ist zumindest nicht ausgeschlossen.
- In dem Unternehmen des Empfängers können natürlich dieselben »Indiskretionen« wie in dem des Senders geschehen (Einblick in Daten auf Festplattensystemen oder Mitschneiden von Netzwerkverkehr).

In Abbildung 16.58 sehen Sie eine Mail im Rohzustand, also ohne dass sie von Outlook oder einem anderen Mailreader in Form gebracht worden wäre. Am Anfang der Mail sehen Sie die Header-Informationen, im unteren Drittel der Abbildung erkennt man den Inhalt der Mail im Klartext.

Abbildung 16.58 Eine unverschlüsselte und unsignierte Mail.

Für die Abbildung habe ich mich mit dem Microsoft-Telnet-Client per POP3 auf dem Server des Providers eingeloggt. In dieser Form reisen die Mails durch das Internet.

16.4.1 Verschlüsseln

Für die Verschlüsselung von Mails wird ein PKI-basiertes Verfahren verwendet. PKI ist die Abkürzung für Public Key Infrastructure, d. h., es wird ein Verfahren verwendet, bei dem jeder Benutzer über ein Schlüsselpaar verfügt, das aus einem privaten und einem öffentlichen Schlüssel besteht. In einer Exchange-Umgebung werden die Schlüssel im Active Directory gespeichert.

Das Verfahren ist stark vereinfacht in Abbildung 16.59 gezeigt:

- Der Sender fordert den öffentlichen Schlüssel des Empfängers an. Diesen erhält er beispielsweise aus dem Active Directory. Im Active Directory wird der Schlüssel übrigens in den Global Catalog repliziert, so dass auch in sehr großen Organisationen ein schneller Zugriff gewährleistet ist.
- Der Sender verschlüsselt die Mail mit dem öffentlichen Schlüssel des Empfängers.
- Die verschlüsselte Mail wird übertragen.
- Der Empfänger kann mit seinem privaten Schlüssel die mit dem zugehörigen öffentlichen Schlüssel verschlüsselte Mail entschlüsseln.

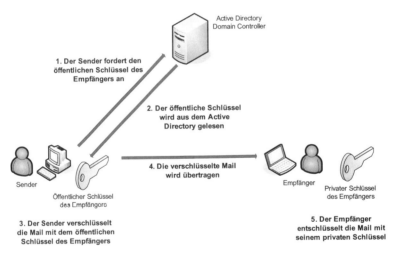

Abbildung 16.59 Verschlüsselung von Mails

Einige weiterführende Anmerkungen:

- Das Verfahren mit öffentlichen Schlüsseln ist außerordentlich interessant, weil es nicht notwendig ist, dass die Benutzer Schlüssel für ihre Kommunikation austauschen. Man könnte natürlich versuchen, für alle Kommunikationsmöglichkeiten innerhalb Ihrer Organisation, also A mit B, B mit C, A mit C etc., Schlüssel zu hinterlegen. Für 100 Benutzer würde man 4950 Schlüssel benötigen, für 1000 Benutzer 499.500 und für einen kleinen Konzern mit 5000 Mitarbeitern müssten fast 12,5 Millionen Schlüssel erzeugt und verteilt werden – das ist kaum sinnvoll zu realisieren. Hinzu kommt natürlich, dass Sie eventuell auch mit Benutzern außerhalb Ihrer Organisation kommunizieren möchten – wie sollte da der Austausch von Schlüsseln realisiert werden?

- Leider ist die asymmetrische Verschlüsselung kein besonders performantes Verfahren. Aus diesem Grund wird das oben beschriebene Verfahren in der Praxis leicht abgewandelt: Der Sender erzeugt einen Schlüssel für eine symmetrische Verschlüsselung, mit dem dann Mailinhalt und gegebenenfalls Anhänge codiert werden. Dieser symmetrische Schlüssel wird mit dem öffentlichen Schlüssel des Empfängers asymmetrisch verschlüsselt und ebenfalls in der Mail mitgesendet. Der Empfänger decodiert nun zunächst den vom Sender erzeugten symmetrischen Schlüssel mit seinem privaten Schlüssel. Daraufhin entschlüsselt er mit dem symmetrischen Schlüssel den Mailinhalt und die Anhänge. (Das ist eigentlich ganz einfach, man muss es aber vermutlich zweimal lesen.)

- Das beschriebene Verfahren setzt natürlich voraus, dass eine Public Key Infrastructure (PKI) vorhanden ist, die die öffentlichen Schlüssel bereitstellt. Innerhalb eines Unternehmens oder einer Organisation ist das letztendlich kein Problem, weil Windows 2003-Server und das Active Directory alle notwendigen Bestandteile zum Aufbau eines solchen Systems mitbringen. Wenn zwischen den Benutzern mehrerer Unternehmen, die sich nicht in einem gemeinsamen AD befinden, verschlüsselte Mails ausgetauscht werden sollen, müssen entweder die Partnerunternehmen gegenseitig Ihre Zertifikate einbinden oder es muss auf Zertifikate unabhängiger Zertifizierungsstellen wie beispielsweise VeriSign zurückgegriffen werden.

In Abbildung 16.60 sehen Sie eine verschlüsselte Mail im »Rohzustand« (während der Übermittlung). Die kompletten Header-Informationen einschließlich Absender, Empfänger und Betreffzeile sind im Klartext zu lesen, die eigentliche Nachricht hingegen ist verschüsselt.

Sie sehen also, dass die Betreffzeile auch bei einer ansonsten verschlüsselten Mail im Klartext übertragen wird. Diese Tatsache müsste man letztendlich an die Benutzer kommunizieren – wenn eine Mail abgefangen wird, bei der schon die Betreffzeile ein schützenswertes Geheimnis (das dann irgendwo veröffentlicht wird) preisgibt, hat das »Projekt Verschlüsselung« sein Ziel in den Augen der Geschäftsführung sicherlich nicht erreicht.

Ein Beweis für alle »Ungläubigen«: Verschlüsselte Mails werden im Postfachspeicher des Exchange Servers auch tatsächlich codiert gespeichert (Beweisfoto in Abbildung 16.61; »Beamer« war der Betreff der Mail, der Rest ist nicht mehr lesbar!). Die Ver- und Entschlüsselung ist in der Tat ein Vorgang, der auf dem Clientsystem stattfindet. Auch bei Nutzung von Outlook Web Access übernimmt *nicht* der Webserver die kryptographischen Aufgaben, sondern es muss die S/MIME-Erweiterung installiert werden.

16.4.2 Signieren

Das im vorherigen Abschnitt besprochene Verfahren bezog sich auf die Verschlüsselung der auszutauschenden Informationen. In vielen Fällen ist es ebenfalls wichtig, dass die Echtheit einer Mail überprüft werden kann. Auch diese Aufgabenstellung kann mit einer Public Key Infrastructure realisiert werden.

Abbildung 16.60 Bei einer verschlüsselten Mail sind zwar die Header-Informationen und die Betreff-Zeile lesbar, der eigentliche Text der Mail ist aber codiert.

Die Vorgehensweise ist in Abbildung 16.62 vereinfacht dargestellt:

- Der Sender ermittelt einen Hash-Wert über die Mailinhalte nebst eventuellen Anlagen. Das resultierende »Datenpaket« wird übrigens als Digest bezeichnet. Dieser Digest wird mit der Mail übermittelt.
- Wenn der Empfänger die Echtheit der Mail überprüfen will, um sicherzustellen, dass diese nicht unautorisiert verändert worden ist, fordert er den öffentlichen Schlüssel des Senders an. Diesen erhält er beispielsweise aus dem Active Directory.
- Mit dem öffentlichen Schlüssel kann er testen, ob der übermittelte Digest zu dem Mailinhalt (ggf. nebst Anlagen) passt. Passt der Inhalt nicht, ist entweder an der Mail oder am Digest manipuliert worden.

Das Unterzeichnen (Signieren) von Mails ist im Geschäftsverkehr eine sehr wichtige und dringend benötigte Funktionalität: Wenn Sie von einem Lieferanten eine Mail mit einem Angebot erhalten, in dem ein Laserdrucker für EUR 1.500 angeboten worden ist, möchten Sie ja sicher sein, dass die Mail erstens wirklich von Ihrem Lieferanten stammt und dass er zweitens auch tatsächlich bei vollem Bewusstsein den Preis anbietet.

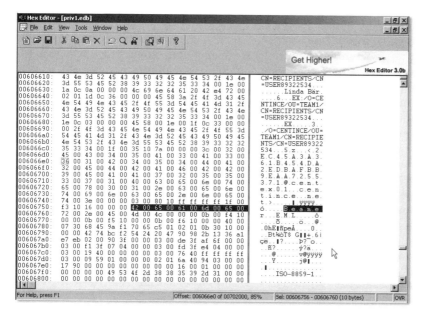

Abbildung 16.61 Verschlüsselte Mails werden auch im Exchange-Informationsspeicher codiert abgelegt. Man erkennt den Header und die markierte Betreffzeile (das Wort »Beamer« steht bei dieser Mail im Betreff); der eigentliche Mailtext ist nicht lesbar, da er verschlüsselt wurde (unterhalb des markierten Worts).

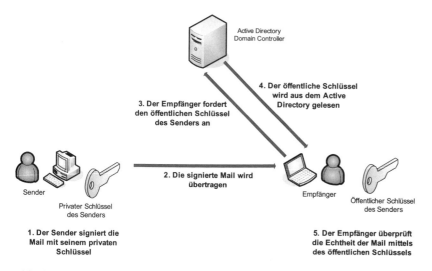

Abbildung 16.62 Signieren von Mails

Ist die Mail nicht signiert, könnte er ja entweder behaupten, dass die Mail gar nicht von ihm stamme oder dass der richtige Preis eigentlich EUR 1.900 betrage und die Mail »irgendwo« manipuliert worden sei. Diese Probleme lassen sich durch die digitale Signatur lösen: Herkunft und inhaltliche Unversehrtheit lassen sich damit problemlos prüfen.

Noch ein paar Fakten:

- Das digitale Signieren von Mails setzt eine Public Key Infrastructure voraus. Wenn die Signatur nur innerhalb Ihres Unternehmens benötigt wird, können Sie selbst eine PKI aufbauen. Wenn Sie mit fremden Teilnehmern Informationen austauschen wollen, müssen diese entweder Ihre Zertifikate einbinden oder es müssen Zertifikate einer kommerziellen Zertifizierungsstelle wie VeriSign genutzt werden.
- Mails können natürlich signiert **und** verschlüsselt werden.
- Komplexe Systeme, bei denen zum Signieren jeweils eine SmartCard eingeschoben und eine PIN eingegeben werden muss, können natürlich ebenfalls realisiert werden.
- Es ist durchaus empfehlenswert, für die Signatur und die Verschlüsselung zwei unterschiedliche Schlüsselpaare zu erzeugen.

Eine signierte Mail im Rohzustand sehen Sie in Abbildung 16.63: Sie sehen, dass die eigentliche Mail im Klartext zu sehen ist. Im Anschluss an den Nachrichtentext folgt die Signatur, die mit einem mathematischen Verfahren gebildet wird.

Wenn ein Zeichen im Nachrichtentext geändert wird, wird dies auffallen, weil die Signatur nicht mehr zum Text passt! Der Mailclient wird eine entsprechende Fehlermeldung ausgeben.

Damit Sie einmal sehen können, wie Outlook und Outlook Web Access auf eine fehlerhafte Signatur reagieren, habe ich eine signierte Mail abgefangen, ein Zeichen darin verändert und an das Empfängerpostfach weitergeleitet. In Outlook wird die Mail in der Vorschau mit einem unübersehbaren roten Querstreifen unter dem Nachrichtenkopf gekennzeichnet. Ein Klick auf das Ausrufezeichen (ganz rechts unterhalb des Nachrichtenkopfs) öffnet weitere Dialoge, die zeigen, welche Probleme bei der Überprüfung der Signatur aufgetreten sind. In diesem Beispiel (Abbildung 16.64) wird als Fehlerbeschreibung angegeben, dass der Nachrichteninhalt möglicherweise verändert wurde – richtig!

Viele mobile Anwender in Unternehmen nutzen Outlook Web Access. Auch hier gibt es eine Unterstützung für die Überprüfung der Signatur (Abbildung 16.65).

Die Überprüfung der Signatur findet übrigens nicht auf dem Webserver, sondern auf dem Client statt! Nur so lässt sich sicherstellen, dass der Inhalt der Mail nicht zwischen Webserver und Browser noch verändert werden kann – immerhin kann dazwischen das ganze Internet liegen. Damit diese Überprüfung funktioniert, muss allerdings eine Komponente, eine S/MIME-Erweiterung, auf dem Client installiert sein; diese Installation kann nur mit Administrator-Rechten durchgeführt werden. Falls die S/MIME-Erweiterung nicht installiert ist, wird OWA melden, dass die Mail signiert ist, die Signatur aber nicht überprüft werden kann.

Implementation der Prüfung der Signatur in der Praxis

Die Überprüfung der Signatur wird in der Praxis etwas anders vorgenommen, als zuvor beschrieben. Zur Überprüfung von Mailsignaturen benötigen Sie nicht den öffentlichen Schlüssel des Absenders. Es genügt, wenn Sie der ausgebenden Zertifizierungsstelle vertrauen – und dementsprechend deren Zertifikat installiert haben.

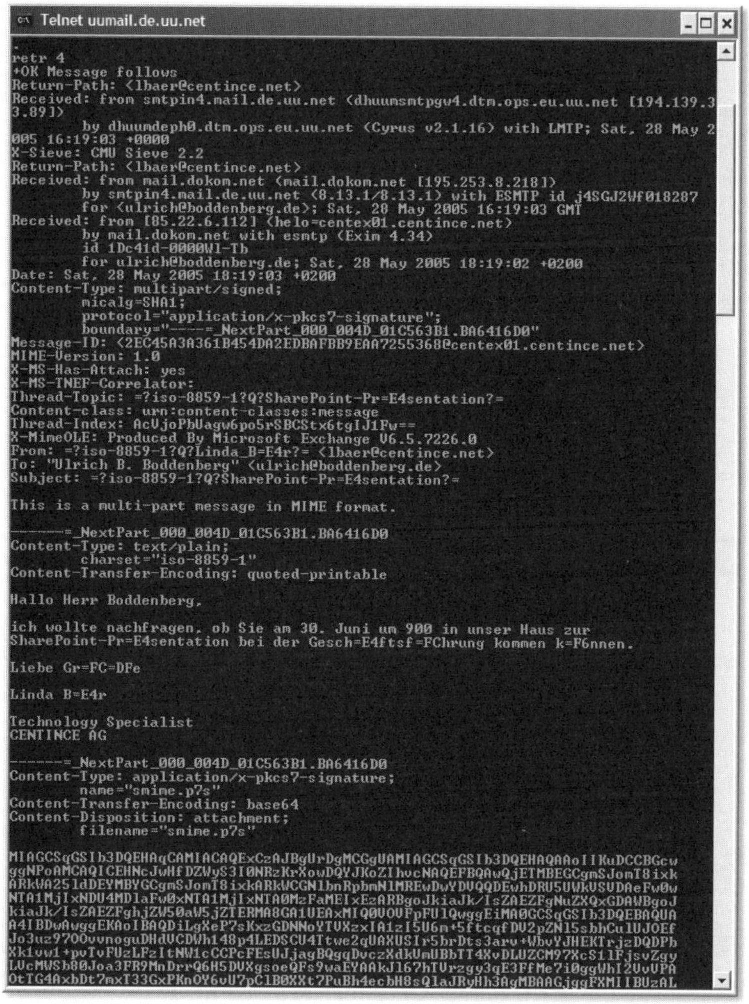

Abbildung 16.63 Eine signierte Mail. Der Nachrichtentext ist im Klartext lesbar, anschließend folgt die nach einem mathematischen Verfahren gebildete Signatur.

Zwei Beispiele aus der Praxis:

- Wenn Sie eine private Zertifizierungsstelle betreiben, genügt es, wenn Ihre Geschäftspartner dieser Zertifizierungsstelle vertrauen; sie können dann die Mailsignaturen Ihrer sämtlichen Mitarbeiter verifizieren.

- Ein Nicht-Exchange-Beispiel: Für meine Mailadresse **ulrich@boddenberg.de** habe ich bei Verisign ein Zertifikat erworben (Kosten: ca $20 pro Jahr). Wenn ich Ihnen eine signierte Mail sende, werden Sie deren Echtheit überprüfen können, obwohl Sie meinen öffentlichen Schlüssel vermutlich nicht installiert haben. Der Grund ist, dass mit Windows XP bereits diverse Verisign-Zertifikate ausgeliefert werden, unter anderem auch diejenigen der Zertifizierungsstelle, die mein Mail-Zertifikat herausgegeben hat.

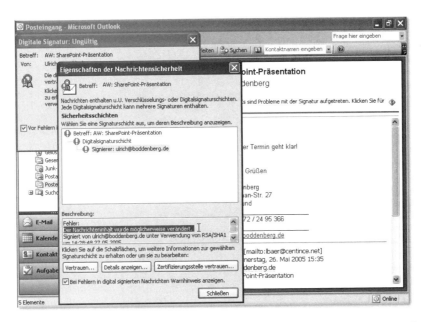

Abbildung 16.64 Outlook warnt, wenn die Nachricht nicht der Signatur entspricht und demzufolge vermutlich verändert wurde.

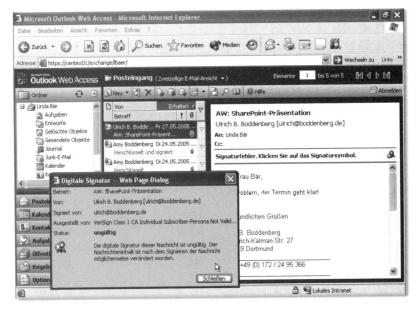

Abbildung 16.65 Auch mit Outlook Web Access können Signaturen überprüft werden. Hierzu muss auf dem Client-System allerdings eine Erweiterung installiert werden.

16.4.3 Größenvergleich

Wenn Sie sich dafür entscheiden, grundsätzlich sämtliche Mails zu signieren und sofern möglich (= wenn ein Zertifikat des Empfängers vorhanden ist) auch zu verschlüsseln, ist dies aus Gründen der Sicherheit und Nachprüfbarkeit sicherlich zu begrüßen. Welche Nachteile entstehen dadurch?

- **Performance**: Kryptographische Verfahren erfordern generell Rechenleistung, da einigermaßen aufwendige mathematische Operationen durchlaufen werden müssen. Wenn Sie nicht unbedingt mit 486/66-PCs arbeiten, sollte dies aber dennoch zu vernachlässigen sein. Unter Umständen *könnte* eine intensive Nutzung der kryptographischen Verfahren Einfluss auf die Dimensionierung von Terminalservern haben. Pauschalangaben sind hierzu nur schwer möglich; da das Sizing von diesen Systemen ohnehin anhand einer Pilotinstallation durchgeführt werden sollte, sind Pauschalwerte auch nicht notwendig.

- **Client-Software**: Man muss sich dessen bewusst sein, dass alte oder »primitive« Client-Software mit signierten und verschlüsselten Nachrichten eventuell nicht zurechtkommen wird. Allerdings wird man sich in diesem Fall sicherlich Gedanken machen müssen, ob ein Upgrade auf Outlook 2003 nicht sinnvoll wäre ...

- **Größe der Mails**: Das Signieren und Verschlüsseln von Mails vergrößert die Größe der Mail deutlich. Die folgende Tabelle zeigt die Größen von Mails mit identischem Inhalt.

Nachrichtentext (ohne Header)	203 Byte
Gesamte Mail, unverschlüsselt und ohne Signatur	1605 Byte
Gesamte Mail, verschlüsselt, aber ohne Signatur	2796 Byte
Gesamte Mail, unverschlüsselt, signiert (mit eingebettetem öffentlichen Schlüssel)	6755 Byte
Gesamte Mail, verschlüsselt, signiert (mit eingebettetem öffentlichen Schlüssel)	9710 Byte

An sich sieht der zusätzliche Kapazitätsbedarf in Zeiten von rapide steigenden Plattengrößen nicht nach einem schwerwiegenden Problem aus. Denken Sie aber an die folgenden Aspekte:

- Die Exchange-Datenbanken müssen schnell gesichert und insbesondere wiederhergestellt werden können. Eine Verdopplung der zu verarbeitenden Kapazität kann da durchaus bestehende Konzepte ins Wanken bringen (Bandkapazität und Zeitfenster/Service-Level).

- Wenn Sie die Standard-Edition des Exchange Servers einsetzen, müssen Sie an die maximale Datenbankgröße von 16 GB denken (**75 GB seit Exchange SP2**)! Wenn Sie diese Grenze nur mit Mühe und Not einhalten können, wird Ihnen der zusätzliche Kapazitätsbedarf aufgrund von Verschlüsselung und Signierung heftige Kopfschmerzen bereiten.

Beide Probleme sind natürlich lösbar, und ich bin fest überzeugt, dass die Vorteile von Verschlüsselung und Signierung deutlich höher zu bewerten sind als die durch den höheren Bedarf an Speicherkapazität entstehenden Nachteile. Wichtig ist, dass man sich über diese Auswirkungen im Klaren ist!

16.4.4 Anfordern eines Zertifikats durch den Benutzer

In der kurzen Beschreibung des Verschlüsselns und Signierens von Mails haben Sie die wesentliche Voraussetzungen kennen gelernt:

▶ Es muss eine Public-Key-Infrastruktur (PKI) vorhanden sein, die Zertifikate für die Benutzer erzeugt.

▶ Jeder Benutzer muss über ein eigenes Zertifikat verfügen (darin sind der private und der öffentliche Schlüssel enthalten).

Der erste Punkt, nämlich der Aufbau einer PKI (also Zertifizierungsstelle & Co.) ist vergleichsweise einfach zu realisieren. Ich habe Ihnen ja bereits grob gezeigt, wie eine ganz einfache Zertifizierungsstelle aufgebaut wird. Die Zertifizierungstelle allein ist allerdings nicht viel wert, solange die Benutzer nicht über Zertifikate verfügen. In diesem und dem folgenden Abschnitt werden Sie Methoden kennen lernen, wie die Zertifikate zu den Benutzern kommen.

Die Microsoft Zertifikatsdienste stellen den Anwendern eine vergleichsweise einfache Möglichkeit zum Anfordern eines Zertifikats zur Verfügung. Durch den Aufruf von `http://servername/certsrv` gelangt der Benutzer zu einer Web-Applikation, mit der er einige grundlegende Interaktionen mit der Zertifizierungsstelle durchführen kann, unter anderem auch das Anfordern eines Zertifikats (Abbildung 16.66).

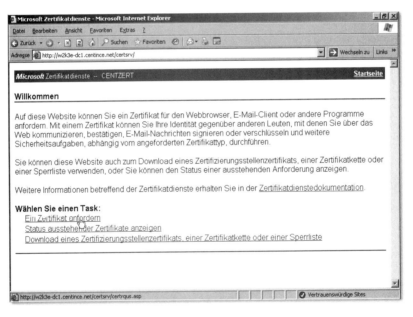

Abbildung 16.66 Die Zertifizierungsstelle stellt dem Anwender für die Erledigung einiger grundlegender Aufgaben ein Webinterface zur Verfügung.

> Eine häufige **Frage** in diesem Zusammenhang ist diese: »Wie kann man das Webinterface aktivieren, wenn man die Zertifizierungsstelle **vor** dem Internet Information Server installiert hat?«.
> **Antwort**: Geben Sie auf der Kommandozeile `certutil -vroot` ein!

Wir werden nun die Schritte betrachten, die der Benutzer bei der Anforderung eines Zertifikats durchführen muss (ich gehe davon aus, dass er an einer XP-Maschine sitzt):

- Auf der Startseite der Webapplikation der Zertifizierungsstelle wählt der Benutzer natürlich den Punkt »Ein Zertifikat anfordern« (Abbildung 16.67).
- Auf der nun folgenden Dialogseite wählt er einfach »Benutzerzertifikat«. Der Dialog bietet außerdem die Möglichkeit, eine erweiterte Zertifikatanforderung zu erstellen, dies ist aber für den »normalen Anwender« nicht relevant (Abbildung 16.68).
  Die Grundkonfiguration der erstellten Zertifikate wird übrigens aus den Zertifikatsvorlagen der Zertifizierungsstelle gelesen.
- Klickt der Benutzer auf »Weiter«, wird er auf der nächsten Dialogseite informiert, dass alle Informationen vorhanden sind und die Zertifikatsanforderung nun an die Zertifizierungsstelle gesendet werden kann. Die Eingabe von »weiteren Optionen« ist im Allgemeinen, zumindest bei der standardmäßigen Zertifikatsvorlage, nicht notwendig.
- Wenn die Zertifizierungsstelle eingehende Zertifikatsanforderungen automatisch bearbeitet, erhält der Benutzer direkt auf der nächsten Dialogseite die Bestätigung über die Ausstellung seines neuen Zertifikats. Durch Mausklick kann er dieses installieren (Abbildung 16.69).

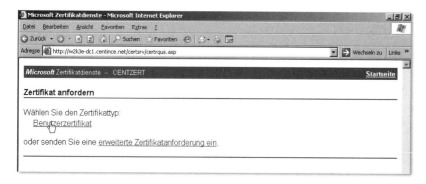

Abbildung 16.67 Wenn ein Benutzerzertifikat angefordert werden soll, genügt ein Mausklick. Für die Anforderung von auf anderen Vorlagen basierenden Zertifikaten muss eine »erweiterte Zertifikatsanforderung« erstellt werden.

Sie sehen, dass die Anforderung eines Benutzerzertifikats absolut nicht kompliziert oder gar für den berühmten Normal-Benutzer nicht lösbar wäre. Dennoch schlage ich jeden IT-Verantwortlichen, der es in einem mittelständischen Unternehmen (mehr als 100 Benutzer) schafft, jeden Benutzer zum Anfordern des Zertifikats zu bringen, für die Ehrenmedaille vor! Erschwerend kommt übrigens hinzu, dass die Zertifikate regelmäßig erneuert werden müssen, da diese ein Verfallsdatum haben.

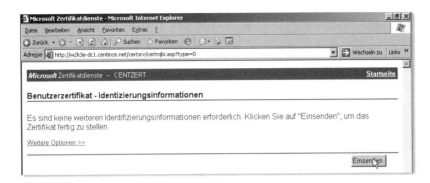

Abbildung 16.68 Um ein Benutzerzertifikat anzufordern, muss lediglich auf »Einsenden« geklickt werden. Weitere Einstellungen müssen im Allgemeinen nicht vorgenommen werden.

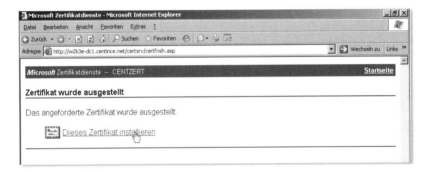

Abbildung 16.69 Wenn die Zertifizierungsstelle die Anforderungen automatisch verarbeitet, erscheint wenige Augenblicke nach dem Einsenden der Zertifikatsanforderung eine Bestätigungsseite mit dem neuen Zertifikat. Auf XP-Maschinen kann dieses direkt durch Mausklick installiert werden.

Bevor jemand auf den Gedanken kommt: Es ist aus Sicherheitsgründen nicht empfehlenswert, die Gültigkeitsdauer der Benutzerzertifikate auf 500 Jahre zu setzen!

Leider kann man mit Bordmitteln das passende Zertifikat nicht automatisch beim Anlegen des Benutzers erzeugen, Sie können aber die Möglichkeit des Autoenrollments verwenden – und das besprechen wir im nun folgenden Abschnitt!

16.4.5 Autoenrollment von Zertifikaten

Die Wunschvorstellung ist sicherlich, dass alle Anwender ohne Zutun des Administrators ein Zertifikat erhalten. Diese Forderung gilt sowohl für bereits vorhandene als auch für zukünftig angelegte Benutzerkonten. Des Weiteren sollen abgelaufene bzw. in Kürze ablaufende Zertifikate automatisch erneuert werden.

Für diese Aufgabenstellung gibt es eine Lösung, und zwar das Autoenrollment für Zertifikate. Dieses Verfahren eignet sich übrigens nicht nur, um Zertifikate für die Mailverschlüsselung und -signierung zu verteilen, sondern kommt beispielsweise auch zur Anwendung, wenn Sie SmartCards mit Zertifikaten für die Benutzeranmeldung betanken müssen. Man kann sicherlich davon ausgehen, dass im Laufe der Zeit deutlich mehr Anwendungen spezielle Benutzerzertifikate benötigen, die natürlich immer nach Möglichkeit automatisch verteilt und erneuert werden sollen.

Die Nutzung des Autoenrollments erfordert die Einhaltung einer ziemlich engen Kompatibilitätsliste:

- Active Directory mit Windows 2003-Schema und Gruppenrichtlinien
- Domain Controller (DCs) mit dem Betriebssystem Windows 2003 Server. Windows 2000 DCs mit aktuellem Service Pack (ab SP3) können ebenfalls verwendet werden.
- Stammzertifizierungsstelle (Enterprise CA) auf einem Windows 2003 Server **Enterprise Edition** (Autoenrollment kann in der Tat nicht mit einer auf einem Standard Edition-Server laufenden Zertifizierungsstelle konfiguriert werden.)
- Clientbetriebssystem Windows XPpro oder Windows 2003 Server

Konfiguration des Autoenrollments

In diesem Abschnitt werde ich Ihnen die Konfiguration des Autoenrollments für Benutzerzertifikate vorführen. Wie bei allen anderen Themen rund um Zertifikate gilt auch hier: Ich zeige Ihnen in diesem Buch das Zertifikatswesen nur so weit, wie es unmittelbar für die Exchange-Umgebung relevant ist. Der Aufbau eines eigenen Zertifikatswesens umfasst wesentlich mehr Aufgabenstellungen, als »nur« Zertifikate bereitzustellen (Architektur, Sicherung etc.) – denken Sie bitte daran, wenn Sie die Einführung des Zertifikatswesens in Ihre Produktivumgebung planen.

Zunächst eine Anmerkung zum besseren »Zurechtfinden«: Auf einem Windows Server 2003 mit installierter Zertifizierungsstelle finden sich drei MMC-Snap-Ins:

- **Zertifizierungsstelle**: Dieses Snap-In dient (wenig überraschend) zum Verwalten der Zertifizierungsstelle. Es umfasst allerdings nicht sämtliche Konfigurationsmöglichkeiten im Umfeld des Zertifikatswesens, weshalb zum Teil auf andere Snap-Ins zugegriffen werden muss.
- **Zertifikatvorlagen**: Die ausgegebenen Zertifikate basieren grundsätzlich auf Vorlagen. Die von einer Zertifizierungsstelle verwendeten Vorlagen sehen Sie in deren Konfigurations-Snap-In. Wenn Sie alle verfügbaren Zertifikatsvorlagen verwalten und modifizieren möchten, müssen Sie das Snap-In »Zertifikatsvorlagen« nutzen.
- **Zertifikate**: Mit diesem Snap-In wird der Zertifikatsspeicher des Systems verwaltet. Es begegnet Ihnen übrigens nicht nur auf einem Server mit installierter Zertifizierungsstelle, sondern findet sich auf jedem modernen Windows-System.

Um das Autoenrollment zu konfigurieren, öffnen Sie zunächst das Snap-In »Zertifikatsvorlagen«. Suchen Sie die Zertifikatsvorlage »Benutzer«, und erstellen Sie eine Kopie mittels des Befehls »Doppelte Vorlage« (Abbildung 16.70, der Sinn der Übersetzung erschließt sich für mich nicht).

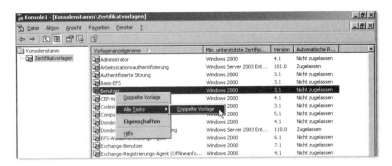

Abbildung 16.70 Der erste Schritt bei der Konfiguration des Autoenrollments ist die Erstellung einer Kopie der Zertifikatsvorlage »Benutzer«.

Die neu erzeugte Zertifikatsvorlage muss nun konfiguriert werden. Die wichtigsten Anpassungen sind die beiden im Folgenden genannten:

▶ Auf der Karteikarte »Allgemein« müssen der »Vorlagenanzeigename« und der »Vorlagenname« vorgegeben werden. Die Gültigkeitsdauer sollte aus Sicherheitsgründen nicht länger als ein Jahr betragen. Da mit dem Autoenrollment vor Ablauf eines Zertifikats die Anforderung eines neuen bearbeitet werden kann, ist ein regelmäßiger Zertifikatstausch kein großes Problem.
Achten Sie darauf, dass die Checkbox »Zertifikat in Active Directory veröffentlichen« aktiviert ist (Abbildung 16.71).

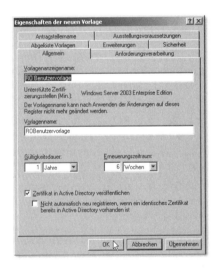

Abbildung 16.71 Auf der Karteikarte »Allgemein« werden unter anderem die Gültigkeitsdauer und die Veröffentlichung im Active Directory konfiguriert.

▶ Wichtig ist, dass Sie die Berechtigungen korrekt setzen: Für die Benutzer, an die das Zertifikat verteilt werden soll (im Allgemeinen werden das »Authentifizierte Benutzer« sein), müssen die Berechtigungen »Lesen«, »Registrieren« und »Automatisch Registrieren« gesetzt sein (Abbildung 16.72).

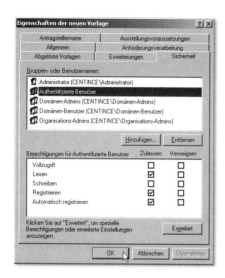

Abbildung 16.72 Damit das Autoenrollment funktioniert, müssen für die Benutzer die Berechtigungen »Lesen«, »Registrieren« und »Automatisch registrieren« gesetzt sein.

Natürlich gibt es noch viele andere konfigurierbare Optionen für die Zertifikatsvorlage; wenn Sie die zuvor genannten setzen, genügt es für die grundlegende Funktion!

Die nächsten Konfigurationsschritte werden im Snap-In »Zertifizierungsstelle« ausgeführt. Beachten Sie, dass die neu erstellte Zertifikatsvorlage momentan noch nicht in der Zertifizierungsstelle sichtbar ist.

▶ Im Kontextmenü des Knotens »Zertifikatvorlagen« wählen Sie den Befehl »Auszustellende Zertifikatvorlage« (Abbildung 16.73). Dieser Befehl dient dazu, der Zertifizierungsstelle eine weitere Vorlage hinzuzufügen.

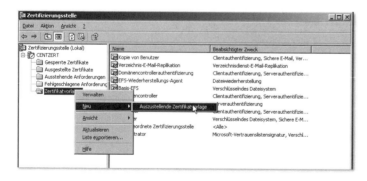

Abbildung 16.73 Der Zertifizierungsstelle wird die neu erzeugte Vorlage hinzugefügt

▶ Es erscheint nun eine Liste mit allen vorhandenen Zertifikatvorlagen; in dieser Liste sollte auch die zuvor neu erzeugte Vorlage aufgeführt sein. Diese Vorlage wählen Sie nun aus. Sie sollte nun im Vorlagenverzeichnis der Zertifizierungsstelle aufgeführt sein (Abbildung 16.74).

Verschlüsseln und Signieren von Mails **563**

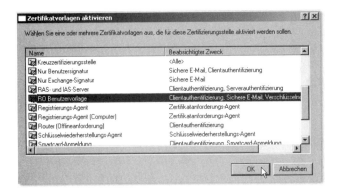

Abbildung 16.74 Aus der Gesamtliste wählen Sie die neu erstellte Zertifikatvorlage aus.

Die letzte Aufgabe ist nun, die Clients dazu zu bringen, ein auf der neuen Vorlage basierendes Zertifikat anzufordern. Dies lässt sich mit Hilfe von Gruppenrichtlinien recht einfach erledigen (mehr Informationen zu Gruppenrichtlinien finden Sie in Abschnitt 7.1.6):

- Um die Zertifikate an alle Anwender der Domain zu verteilen, erstellen Sie im Snap-In »Active Directory-Benutzer und -Computer« ein neues Gruppenrichtlinienobjekt (Abbildung 16.75).
  Sie könnten natürlich auch ein bereits vorhandenes Gruppenrichtlinienobjekt erweitern. Aus Gründen der Übersichtlichkeit würde ich aber empfehlen, für jedes »Thema« ein separates Objekt zu erstellen.

Abbildung 16.75 Erstellen Sie ein neues Gruppenrichtlinienobjekt, um Zertifikate an Benutzer und Computer zu verteilen.

- Im »Gruppenrichtlinienobjekt-Editor« suchen Sie sowohl in der Benutzer- als auch in der Computerkonfiguration den Knoten »Richtlinien öffentlicher Schlüssel«. Dort findet sich das Objekt »Einstellung für die automatische Registrierung«, in dem Sie die Option »Zertifikate automatisch registrieren« wählen. Die beiden Optionen (Checkboxen!) werden Sie sicherlich auch aktivieren (Abbildung 16.76).

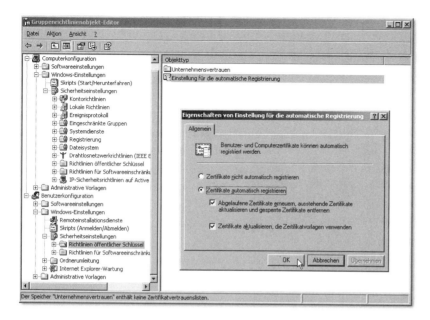

Abbildung 16.76 In den »Richtlinien öffentlicher Schlüssel« aktivieren Sie die automatische Registrierung der Zertifikate. Nehmen Sie diese Anpassung in der Benutzer- und der Computerkonfiguration vor.

Wenn alles korrekt konfiguriert ist, wird einige Sekunden, nachdem sich ein Benutzer angemeldet hat, ein Zertifikat erzeugt und installiert sein. Dies funktioniert natürlich nur, wenn die Zertifizierungsstelle für die Ausgabe des Zertifikats nicht noch eine manuelle Bestätigung erfordert (das wird in den Eigenschaften der Zertifizierungsstelle konfiguriert).

Die Gruppenrichtlinien werden wie folgt angewendet:

- Die Gruppenrichtlinien für Benutzer werden beim Anmeldevorgang des Benutzers angewendet.
- Die Gruppenrichtlinien für Computer werden beim Neustart der Maschine angewendet.

16.4.6 Verschlüsseln und Signieren mit Outlook

Nach vielen vorbereitenden Maßnahmen können nun die Verschlüsselung und Signatur von Nachrichten angewendet werden.

Konfiguration von Outlook

Zunächst gibt es noch einige Konfigurationseinstellungen in Outlook, die betrachtet werden sollten. Wenn Nachrichten grundsätzlich signiert oder verschlüsselt werden sollen, kann dies in den Eigenschaften von Outlook festgelegt werden (Abbildung 16.77). Einige Anmerkungen zu den zur Verfügung stehenden Konfigurationsmöglichkeiten:

- Wenn Sie grundsätzlich die Verschlüsselung von Nachrichten und Anlagen vorgeben, wird es immer wieder vorkommen, dass Sie Kommunikationspartnern, über deren öffentlichen Schlüssel Sie nicht verfügen, eine Nachricht senden möchten. In diesem Fall erscheint eine Warnmeldung und Sie können die Mail ggf. unverschlüsselt senden.

- Das Hinzufügen einer digitalen Signatur ist grundsätzlich immer möglich, sofern der sendende Benutzer über ein Zertifikat verfügt. Im ungünstigsten Fall vertraut ein externer Kommunikationspartner Ihrer Zertifizierungsstelle nicht; er wird dann die Echtheit der Mails aus Ihrer Organisation nicht überprüfen können.

- Sie sollten darauf achten, dass Sie die Checkbox »Signierte Nachrichten als Klartext senden« aktivieren. Diese Option sorgt dafür, dass Clients, die nicht mit kryptographisch behandelten Mails umgehen können, zumindest den Inhalt anschauen können.

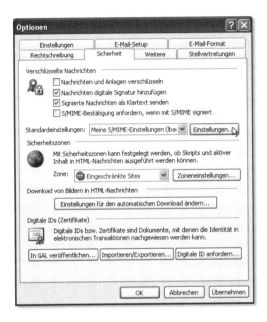

Abbildung 16.77 In den Eigenschaften von Outlook können grundlegende Verschlüsselungseigenschaften für Nachrichten definiert werden.

Werfen wir noch einen Blick auf den Einstellungen-Dialog (Abbildung 16.78):

- Als Kryptographieformat sollten Sie S/MIME wählen. Dies stellt sicher, dass auch Anwender mit Mailsystemen aus anderen Betriebssystem-Welten die von Ihnen verschlüsselten und signierten Mails verarbeiten können.

- Die Checkbox »Signierten Nachrichten diese Zertifikate hinzufügen« bewirkt, dass jeder kryptographisch behandelten Mail Ihr öffentlicher Schlüssel angehängt wird. Dies sorgt zwar für ein etwas höheres Datenvolumen, hat aber den Vorteil, dass externe Empfänger problemlos Ihren öffentlichen Schlüssel installieren können. Andere Anwender benötigen Ihren öffentlichen Schlüssel, um für Sie verschlüsselte Nachrichten zu generieren. Interne Benutzer erhalten Ihren öffentlichen Schlüssel aus dem Active Directory, für externe Kommunikationspartner ist es hilfreich, wenn diese Ihren öffentlichen Schlüssel aus einer signierten Mail extrahieren können.

▶ Ansonsten sehen Sie, dass ein Signatur- und ein Verschlüsselungszertifikat auswählbar ist. Sie können für beide Aufgaben dasselbe Zertifikat verwenden, alternativ können Sie zwei unterschiedliche Zertifikate an die Benutzer verteilen und eines zum Signieren und das andere zum Verschlüsseln verwenden.

Abbildung 16.78 In diesem Dialog können Detailkonfigurationen für die kryptographischen Verfahren in Outlook vorgenommen werden.

Verschlüsseln und Signieren

Aus Anwendersicht ist das Verschlüsseln und Signieren sehr einfach (Abbildung 16.79): In Outlook werden in der Symbolleiste zwei Icons angezeigt. Mit diesen werden diese beiden Funktionen ein- oder ausgeschaltet. Die Einstellungen in dem in Abbildung 16.80 gezeigten Dialog führen zu einer Vorbelegung dieser Schalter mit den entsprechenden Werten (Ein oder Aus).

Abbildung 16.79 Signieren und Verschlüsseln wird in Outlook entweder mit den beiden Symbolen in der Symbolleiste aktiviert oder ...

Wenn Sie beim Bearbeiten der Mail die »Optionen« anwählen und dann die Sicherheitseinstellungen aufrufen, gelangen Sie zu einem Dialog, der zusätzliche Einstellmöglichkeiten für die kryptografische Behandlung der Nachricht anbietet (Abbildung 16.80). Die Anwender werden im Allgemeinen mit den beiden Schaltern in der Symbolleiste arbeiten – die zusätzlichen Einstelloptionen werden nur in den seltensten Fällen für einzelne Mails überschrieben werden.

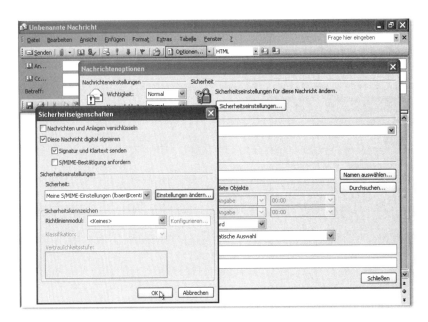

Abbildung 16.80 ... Sie können alternativ die »Optionen« der Mail aufrufen und dort die »Sicherheitseinstellungen« gezielt anpassen.

Wie bereits mehrfach erwähnt, können Sie eine Mail für einen Empfänger nur verschlüsseln, wenn Ihnen dessen öffentlicher Schlüssel vorliegt. Wenn ein Benutzer das Verschlüsseln einer Nachricht für einen Empfänger anfordert, ohne dass Outlook auf dessen Zertifikat zugreifen kann, wird der in Abbildung 16.81 gezeigte Dialog eingeblendet. Vielleicht ist es zur Sensibilisierung der Benutzer für das Thema »Sicherheit« gar nicht schlecht, grundsätzlich die Verschlüsselung zu probieren – durch diese Warnmeldungen werden die Anwender regelmäßig daran erinnert, dass der größte Teil der externen Mails unverschlüsselt übertragen wird.

Abbildung 16.81 Wenn Sie nicht über den öffentlichen Schlüssel eines Kommunikationspartners verfügen, können Sie diesem keine verschlüsselte Nachricht senden.

Signaturen überprüfen

Wenn Sie eine signierte Mail erhalten, ist am rechten Rand des Vorschaufensters bzw. des Anzeigedialogs ein kleines Symbol für die Signatur zu sehen (Abbildung 16.82). Dieses Symbol kann folgende Farben und Formen annehmen:

▶ Ein rotes Siegel deutet auf eine positive Prüfung der Signatur hin.

▶ Ein graues Siegel ist im Allgemeinen nur kurz zu sehen. Es erscheint, bevor eine vorhandene Signatur validiert wurde. Das eigentliche kryptographische Verfahren der Prüfung dauert auf modernen PCs nur Bruchteile von Sekunden. Wenn das graue Siegel teilweise mehrere Sekunden zu sehen ist, liegt das daran, dass Outlook versucht, auf die zugehörigen Sperrlisten zuzugreifen.

▶ Wenn ein rotes Ausrufezeichen gezeigt wird, ist die Signatur ungültig oder kann nicht überprüft werden. Gründe hierfür sind im Allgemeinen:

▷ Die Zertifizierungsstelle, die das für die Signatur verwendete Zertifikat herausgegeben hat, ist nicht als vertrauenswürdig eingestuft.

▷ Der Inhalt der Mail und die Signatur passen tatsächlich nicht zusammen. Dies ist der Fall, wenn die Mail korrumpiert wurde.

Abbildung 16.82 Wenn Sie eine signierte Nachricht empfangen, wird am rechten Rand ein kleines Symbol angezeigt. Je nach Ergebnis der Prüfung der Signatur nimmt es verschiedene Farben und Formen an.

Ein Mausklick auf das Symbol führt zu einem Dialog, der nähere Informationen zu der Signatur und den verwendeten Zertifikaten anzeigt.

Verschlüsselte Nachrichten empfangen

Dass eine empfangene Nachricht verschlüsselt ist, erkennen Sie zunächst daran, dass sie im Vorschaubereich nicht angezeigt wird. Zugriff auf die Mail erhalten Sie erst, wenn Sie sie durch Doppelklick öffnen (Abbildung 16.83). Auch an dieser Stelle kann man erkennen, worauf ich Sie bereits weiter vorn hingewiesen habe: Der eigentlich Mailtext wird zwar verschlüsselt, aber nicht die Betreffzeile, die ja nun eindeutig angezeigt wird! Weisen Sie also die Benutzer darauf hin, dass keine vertraulichen Informationen in die Betreffzeile gehören!

In der Ansicht der Mail wird am rechten Rand als Symbol für die Verschlüsselung ein kleines Schloss angezeigt (Abbildung 16.84). Nochmals zum Verständnis: Die Benutzer müssen zum Entschlüsseln der Mail kein Passwort angeben, die Entschlüsselung erfolgt mit dem privaten Schlüssel des Anwenders, der sich in dem für ihn erzeugten Benutzerzertifikat befindet.

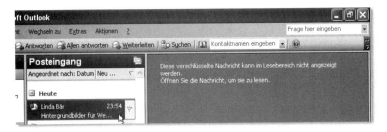

Abbildung 16.83 Im Vorschaufenster wird der Inhalt einer verschlüsselten Mail nicht angezeigt. Achten Sie darauf, dass die Betreffzeile nicht verschlüsselt ist.

Es ist möglich zu konfigurieren, dass der Zugriff auf besonders schützenswerte Bereiche des PCs, beispielsweise auf den Zertifikatsspeicher, durch eine zusätzliche Passwortabfrage geschützt wird. Diese dient aber zur Absicherung des Zugriffs auf den privaten Schlüssel und nicht zum Entschlüsseln der Mail!

Abbildung 16.84 Das Symbol »Vorhängeschloss« zeigt, dass eine Mail verschlüsselt ist. In diesem Fall ist die Mail verschlüsselt und signiert.

16.4.7 Verschlüsseln und Signieren mit Outlook Web Access

Grundsätzlich ist das Verschlüsseln und Signieren mit Outlook Web Access ebenso möglich wie mit Outlook. Es kann aber durchaus passieren, dass OWA-Anwender eine Fehlermeldung wie in Abbildung 16.85 gezeigt erhalten. Auch bei OWA geschieht die Ver- und Entschlüsselung sowie die Signatur und Signaturprüfung auf dem Clientsystem und nicht auf dem Server. Für diese kryptographischen Verfahren wird auf dem Client-System zusätzlicher Programmcode gebraucht, der in einer speziellen Erweiterung, dem S/MIME-Steuerelement, enthalten ist. Wenn diese nicht installiert ist, reagiert OWA, wenn es auf eine verschlüsselte oder signierte Mail trifft, mit der dargestellten Fehlermeldung.

Das Installieren des S/MIME-Steuerelements ist prinzipiell aus der »Optionen-Seite« von OWA möglich (Abbildung 16.86). Das Wort »prinzipiell« ist im vorherigen Satz enthalten, weil dieses Steuerelement nur mit Administrator-Rechten installiert werden kann. Sofern Ihre Benutzer also keine lokalen Admins sind (so sollte es sein!), müssen Sie das Steuerelement entweder direkt bei der Erstinstallation auf den PC aufbringen oder per Softwareverteilung (z.B. mit SMS) oder Gruppenrichtlinien nachinstallieren.

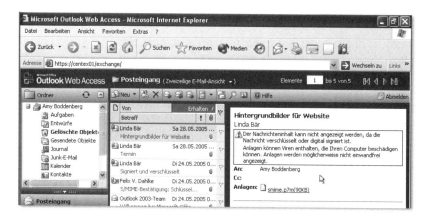

Abbildung 16.85 Diese Fehler- bzw. Warnmeldung erhalten Outlook Web Access-Anwender, wenn die S/MIME-Erweiterung nicht installiert ist.

Abbildung 16.86 Die Installation des S/MIME-Steuerelements kann auf der Optionen-Seite von OWA aufgerufen werden.

Ist das S/MIME-Steuerelement installiert, stehen die aus dem »normalen« Outlook bekannten Schalter für das Signieren und Verschlüsseln zur Verfügung (Abbildung 16.87). Auch das Überprüfen von Signaturen und Entschlüsseln von Nachrichten ist in OWA sehr komfortabel möglich!

Abbildung 16.87 Die Schalter für Verschlüsseln und Signieren stehen in OWA zur Verfügung, wenn auf der Maschine das S/MIME-Steuerelement installiert ist.

16.4.8 Austausch von Mails mit »externen« Benutzern

In den vorherigen Abschnitten haben Sie gesehen, dass der Austausch von signierten und/oder verschlüsselten Mails absolut unproblematisch und für die Benutzer leicht zu handhaben ist – zumindest, wenn alle Voraussetzungen erfüllt sind! In diesem Nachsatz liegt natürlich das Problem: Wenn die miteinander kommunizierenden Benutzer alle Ihrer Organisation angehören, ist alles sehr unproblematisch, denn hier hilft, um nur ein Beispiel zu nennen, Active Directory bei der Verteilung und Bereitstellung der Zertifikate. Da aber die Kommunikation mit Anwendern außerhalb Ihrer Organisation natürlich auch »sicher« funktionieren soll, werden wir in den folgenden Abschnitten beleuchten, wie das zu bewerkstelligen ist.

Externer Client bestätigt die Echtheit der Mail

Wenn Sie einem externen (= nicht in Ihrem Active Directory befindlichen) Client eine mit einem Zertifikat Ihrer privaten Zertifizierungsstelle signierte Nachricht senden, wird der Empfänger eine Warnmeldung erhalten (Abbildung 16.88). Diese besagt, dass die Signatur ungültig ist, da der Zertifizierungsstelle nicht vertraut wird. Dass diese Meldung erscheint, ist auch völlig klar: Microsoft liefert moderne Betriebssysteme bereits mit diversen Zertifikaten großer Zertifizierungsstellen aus – da das Zertifikat Ihrer privaten Zertifizierungsstelle mit Sicherheit nicht dazu gehört, ist es nicht im entsprechenden Bereich des Zertifikatsspeichers enthalten, und somit kann die Signatur nicht bestätigt werden.

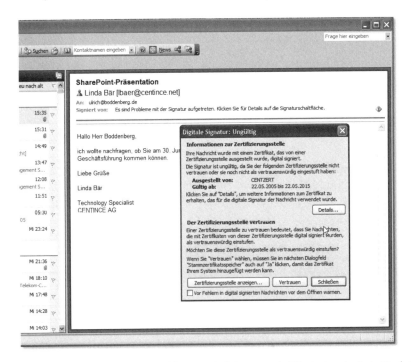

Abbildung 16.88 Diese Warnmeldung erscheint, wenn ein Client eine signierte Nachricht empfängt und die Zertifizierungsstelle, die das zum Signieren verwendete Zertifikat herausgegeben hat, nicht als vertrauenswürdig eingestuft ist.

Wenn dieser Empfänger häufig mit Mitarbeitern Ihrer Organisation kommuniziert, wird es für ihn durchaus Sinn machen, Ihrer Stammzertifizierungsstelle zu vertrauen, damit er die Echtheit der von Mitarbeitern Ihrer Firma gesendeten Nachrichten überprüfen kann. Der Benutzer vertraut einem Zertifikat, indem er in dem in Abbildung 16.88 gezeigten Dialog den Schalter »Vertrauen« anklickt.

> **Anmerkung** So einfach funktioniert das aber nur, wenn Sie Outlook anweisen, den ausgehenden Mails die entsprechenden Zertifikate hinzuzufügen (siehe den Konfigurationsdialog in Abbildung 16.68). Ist dies nicht der Fall, muss der Anwender das Zertifikat Ihrer Zertifizierungsstelle auf anderem Wege beschaffen, beispielsweise durch Download von Ihrer Website.

Das System wird mit einer Sicherheitsabfrage reagieren, ob dieses Zertifikat wirklich dem Zertifikatsspeicher hinzugefügt werden soll (Abbildung 16.89).

Damit das Zertifikatswesen in puncto Sicherheit nicht ausgehebelt wird, ist es natürlich wichtig, dass der externe Anwender nicht jedes beliebige Zertifikat installiert, das vorgibt, von der Stammzertifizierungsstelle Ihrer Organisation zu stammen. Wenn ihm nämlich ein »trojanisches Zertifikat« untergeschoben wird, wären die Folgen fatal, denn Nachrichten, die nicht von Ihrer Organisation stammen, würden als authentisch anerkannt.

Der Abfragedialog, ob das Zertifikat wirklich als vertrauenswürdig dem Zertifikatsspeicher hinzugefügt werden soll, gibt den »Fingerabdruck« des Zertifikats aus (Abbildung 16.89). Dieser Fingerabdruck ist ein Hash-Wert über das Zertifikat, anhand dessen die Echtheit geprüft werden kann. Das kann natürlich nur funktionieren, wenn der Benutzer in der Lage ist, den »echten« Fingerabdruck des Zertifikats abzufragen und mit dem hier gezeigten Wert zu vergleichen. Best Practice ist es, den Fingerabdruck des Zertifikats Ihrer Stammzertifizierungsstelle auf Ihrer Website zu veröffentlichen. Somit kann jeder, der einem Zertifikat vertrauen will, das von Ihrer Stammzertifizierungsstelle zu sein vorgibt, dessen Echtheit anhand des Fingerabdrucks überprüfen.

Abbildung 16.89 Fügt ein Anwender ein Zertifikat dem Zertifikatsspeicher hinzu, sollte er die Authentizität des Zertifikats anhand des Fingerabdrucks überprüfen.

Den Fingerabdruck des Zertifikats Ihrer Stammzertifizierungsstelle finden Sie sehr einfach heraus: Sie öffnen das MMC-Snap-In »Zertifizierungsstelle« und rufen den Eigenschaften-Dialog auf. Dort findet sich auf der Karteikarte »Allgemein« ein Schalter zum Anzeigen des Zertifikats. Auf der Seite »Details« der Zertifikatsanzeige findet sich der Fingerabdruck (Abbildung 16.90).

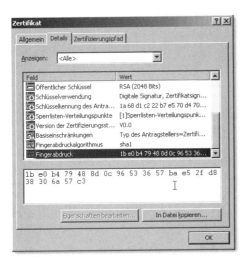

Abbildung 16.90 Den Fingerabdruck des Zertifikats Ihrer Stammzertifizierungsstelle können Sie in deren Eigenschaften-Dialog einsehen.

Nach dem Hinzufügen des Zertifikats Ihrer Stammzertifizierungsstelle wird der externe Benutzer die Echtheit signierter Nachrichten aus Ihrem Hause bestätigen können.

Achten Sie darauf, dass der in dem Zertifikat angegebene Sperrlisten-Verteilungspunkt für externe Benutzer erreichbar sein muss (siehe auch Abschnitt 16.3.3). Ist dies nicht der Fall, erhalten die Benutzer einerseits eine Warnmeldung, andererseits ist es natürlich unter Sicherheitsaspekten nicht zu tolerieren, dass Sie keine ausgegebenen Zertifikate zurückziehen können, weil keine Sperrlisten-Verteilungspunkte zur Verfügung stehen.

Echtheit der Mail eines externen Clients bestätigen

Wenn Ihre Anwender signierte Mail, deren Echtheit zu bestätigen ist, von externen Clients erhalten, muss zwischen zwei Fällen unterschieden werden:

- Im einfachsten Fall verwendet der externe Benutzer ein Zertifikat, das von einer Zertifizierungsstelle herausgegeben worden ist, die bereits im Grundlieferumfang von Windows als vertrauenswürdig eingestuft ist.
  In diesem Fall brauchen Sie gar nichts zu unternehmen; die Bestätigung der Signatur kann sofort vorgenommen werden. Achten Sie aber darauf, dass die Clients die Möglichkeit haben, auf die Sperrlisten-Verteilungspunkte der Zertifizierungsstellen zuzugreifen – wenn im Zertifikat ein solcher Sperrlisten-Verteilungspunkt angegeben ist.
- Ansonsten müssen Sie der Stammzertifizierungsstelle des Zertifikats vertrauen, mit dem die Mail signiert ist.

Mail für externen Client verschlüsseln

Wie bereits in Abschnitt 16.4.1 erläutert wurde, ist zum Verschlüsseln einer Mail der öffentliche Schlüssel des Empfängers notwendig. Bei internen Empfängern, deren Zertifikate im Active Directory gespeichert sind, ist die Beschaffung des Schlüssels kein Problem.

Bei der Kommunikation mit externen Benutzern ist die Beschaffung der jeweiligen öffentlichen Schlüssel komplizierter, schließlich gibt es keine öffentliche »Zentralstelle für die Aufbewahrung von öffentlichen Schlüsseln«.

Die einfachste Möglichkeit, den öffentlichen Schlüssel eines externen Benutzers zu erhalten, ist, eine signierte Mail von ihm zu empfangen – vorausgesetzt, der Mail ist das Zertifikat des Benutzers angehängt (siehe Abbildung 16.78, Konfiguration in Outlook). Ist in einer empfangenen signierten Mail also das Zertifikat enthalten, kann in Outlook mit wenigen Mausklicks ein Kontakt nebst passendem Zertifikat angelegt werden.

Klicken Sie in der Ansicht der Nachricht mit der rechten Maustaste auf den Absendernamen, und wählen Sie im Kontextmenü »Zu Outlook-Kontakten hinzufügen...« (Abbildung 16.91).

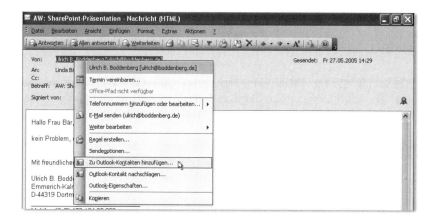

Abbildung 16.91 Einen Absender kann man leicht der Kontaktliste hinzufügen. Sofern eine signierte Mail das Zertifikat enthält, wird es dem Kontakt hinzugefügt.

Neben der soeben beschriebenen automatischen Variante, das Zertifikat eines externen Benutzers dessen Kontakteintrag hinzuzufügen, können Sie natürlich auch ein auf beliebigem Weg erhaltenes Zertifikat »manuell« einfügen: Ein Kontakt in Outlook verfügt über eine Karteikarte »Zertifikate«, auf der die zugehörigen Zertifikate verwaltet werden können (Abbildung 16.92).

Nun werden in der Praxis Kontakte häufig in einem öffentlichen Kontaktordner hinterlegt, auf den alle Anwender eines Teams Zugriff haben. Es ist kein Problem, auch in diesem die Zertifikate der externen Benutzer zu hinterlegen und für die Verschlüsselung von Mails zu verwenden. Damit dies funktioniert, sind zwei Schritte auszuführen:

▶ Zunächst muss der Öffentliche Ordner in dessen Eigenschaften zur Anzeige als Email-Adressbuch konfiguriert werden (Abbildung 16.93).

▶ Anschließend können in den Eigenschaften des Adressbuchs einige Einstellungen zur Verwendung von Kontaktordnern vorgenommen werden, beispielsweise die Reihenfolge, in der diese Adresslisten durchsucht werden oder welcher Ordner zur Verwaltung eigener Kontakte verwendet werden soll (Abbildung 16.94, findet sich in Outlook unter **Extras · Adressbuch** und dort **Extras · Optionen**).

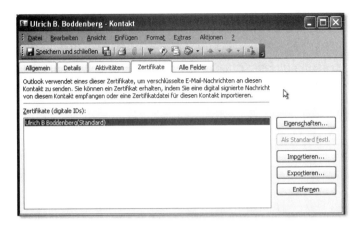

Abbildung 16.92 Auf der Karteikarte »Zertifikate« eines Kontakts können dessen Zertifikate für die Mailverschlüsselung hinterlegt werden.

Wenn Sie Verschlüsselung für eine Mail anfordern, wird Outlook alle im Adressbuch genannten Kontaktordner durchsuchen und darin auch das Zertifikat des Empfängers finden.

Abbildung 16.93 Wenn ein Kontaktordner im Adressbuch verwendet werden soll, muss dies in dessen Eigenschaften konfiguriert werden.

Verschlüsselte Mail von externem Client empfangen

Für den Empfang von verschlüsselter Mail eines externen Benutzers sind keine weiteren Vorbereitungen zu treffen. Schließlich ist die Mail mit Ihrem öffentlichen Schlüssel codiert, Ihr Mailclient kann nun mit Ihrem privaten Schlüssel die Decodierung vornehmen.

In Outlook erkennen Sie eine verschlüsselte Mail daran, dass sie im Vorschaufenster nicht angezeigt wird, außerdem wird in der Nachrichtenanzeige ein kleines Schlosssymbol angezeigt.

Abbildung 16.94 Bei Verwendung mehrerer Adresslisten können die Verwendung und das Durchsuchen in diesem Dialog konfiguriert werden.

Beachten Sie, dass für die Verarbeitung von verschlüsselter Mail mit Outlook Web Access die Installation der S/MIME-Erweiterung auf den PCs notwendig ist (siehe auch Abschnitt 16.4.7).

16.4.9 Installieren von Stammzertifikaten auf PocketPC und SmartPhone

Wenn Sie von einem PocketPC oder SmartPhone auf Ihr Exchange zugreifen, soll die Datenübertragung natürlich ebenfalls verschlüsselt vorgenommen werden. Dies betrifft Outlook Mobile Access (siehe Abschnitt 14.6) und Exchange ActiveSync (siehe Abbildung 16.7).

Wenn Sie die virtuellen Server, auf die die Mobilgeräte zugreifen, mit einem Zertifikat von einer der »großen« Zertifizierungsstellen ausgestattet haben, gibt es keinen weiteren Handlungsbedarf: Die Zertifikate etlicher Stammzertifizierungsstellen sind sowohl auf PocketPCs als auch auf SmartPhones vorinstalliert.

Wenn Sie hingegen eine eigene Stammzertifizierungsstelle verwenden, müssen Sie deren Zertifikat auf den Mobilgeräten installieren. In den folgenden beiden Abschnitten führe ich Ihnen dies für die beiden Windows Mobile-Gerätetypen PocketPC 2003 und SmartPhone 2003 vor.

Grundsätzlich ist die Installation von weiteren Stammzertifikaten auch auf Geräten anderer Hersteller möglich – vorausgesetzt, das Gerät stammt nicht aus den Anfangszeiten der Mobiltelefonie.

Installation eines Stammzertifikats auf einem PocketPC 2003

Das Installieren eines weiteren Stammzertifikats auf einem PocketPC 2003 ist recht einfach. Trotzdem gibt es in den Newsgroups diesbezüglich regelmäßig Nachfragen, weshalb ich die notwendigen Schritte kurz erläutern werde.

Hinweis Die folgende Beschreibung gilt für PocketPC 2003. Wenn Sie einen PocketPC 2002 einsetzen, ist die Installation ein wenig komplizierter: Googlen Sie mit dem Suchwort ADDROOTCERT.EXE.

- Der erste Schritt ist das Verbinden des PocketPCs mit einem Desktop über ActiveSync. Sie haben dann mit dem Explorer Zugriff auf das Dateisystem des Mobilgeräts (Abbildung 16.95).
- In das Dateisystem des PocketPCs kopieren Sie mit dem Explorer das Zertifikat Ihrer Stammzertifizierungsstelle (beachten Sie auch den Unterabschnitt »Export des öffentlichen Schlüssels« in Abschnitt 16.3.1).
- Nun wechseln Sie zum PocketPC und öffnen dort den »Datei Explorer«; Sie finden ihn unter »Programme«. Suchen Sie die Zertifikatsdatei, und klicken Sie sie mit dem Stift an. Der PocketPC wird Sie nun fragen, ob Sie das Zertifikat installieren möchten (Abbildung 16.96).

Das Zertifikat ist nun installiert!

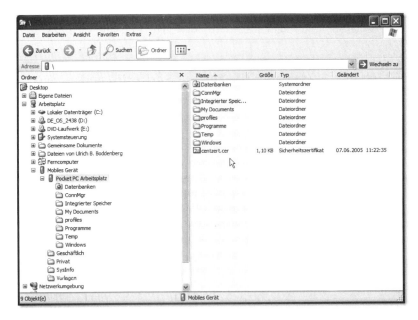

Abbildung 16.95 Wenn der PocketPC mittels ActiveSync verbunden ist, hat man problemlos Zugriff auf dessen Dateisystem.

Das Überprüfen, welche Zertifikate installiert sind, ist ebenfalls sehr einfach:

- Rufen Sie die »Einstellungen« des PocketPCs auf, und suchen Sie unter »System« nach dem Applet »Zertifikate« (Abbildung 16.97).
- Das aufgerufene Applet zeigt auf der Seite »Stamm« die Stammzertifizierungsstellen, denen Sie vertrauen. Dort müsste nach Durchführung der Installation auch die eigene Stammzertifizierungsstelle zu sehen sein (Abbildung 16.98).

Abbildung 16.96 Das Installieren des Zertifikats geschieht durch Mausklick auf die Datei. Anschließend muss die Sicherheitsabfrage bestätigt werden.

Ein Klick auf ein Zertifikat zeigt einige Details. Leider sind dies aber nur Aussteller und Gültigkeitsdaten; der »Fingerabdruck«, mit dem man die Echtheit des Zertifikats überprüfen kann, wird leider nicht gezeigt.

Abbildung 16.97 Unter **Einstellungen** • **System** findet sich das Applet »Zertifikate«, mit dem die installierten Zertifikate angezeigt und ggf. gelöscht werden können.

Abbildung 16.98 Nach der Installation des Zertifikats der eigenen Stammzertifizierungsstelle wird es in der Zertifikatsverwaltung des PocketPCs angezeigt.

Installation eines Stammzertifikats auf einem Windows Powered SmartPhone 2003

Die Installation von Stammzertifikaten auf dem Windows Powered SmartPhone 2003 ist nicht ganz so einfach wie auf dem PocketPC 2003 – dennoch besteht kein Grund zur Sorge, auch diese Aufgabe ist mit wenigen Handgriffen erledigt.

- Zunächst müssen Sie ein kleines Werkzeug beschaffen. Suchen Sie auf der Microsoft-Website nach einer **SmartPhoneAddCert.exe** und laden Sie die Datei auf Ihren Desktop herunter.
  Extrahieren Sie das Archiv. Neben etlichen Dateien mit Sourcecode ist dort die Datei **SpAddCert.exe** enthalten.
- Verbinden Sie das SmartPhone über ActiveSync mit dem Desktop-PC. Greifen Sie auf das Dateisystem des SmartPhones zu (analog zur Vorgehensweise beim PocketPC), und kopieren Sie die **SPAdd-Cert.exe**-Datei in dieses Verzeichnis des SmartPhones: **Storage\Windows\Start Menu\Accesories**.
- Kopieren Sie auf die gleiche Weise das Zertifikat in das Verzeichnis **\Storage** des SmartPhones.
- Rufen Sie auf dem SmartPhone das SPAddCert-Utility auf, und fügen Sie das Zertifikat hinzu.
- Sie können natürlich überprüfen, ob Ihr Zertifikat hinzugefügt worden ist. Rufen Sie dazu auf dem SmartPhone **Start · Einstellungen · Weitere · Zertifikate** auf, und überprüfen Sie dort die installierten Stamm-Zertifikate.

Hinweis Auf einem über einen Netzbetreiber bezogenen Windows Powered SmartPhone *könnte* das Ausführen des Utilitys unmöglich sein. Das ist dann der Fall, wenn der Netzbetreiber das Ausführen von nicht-signiertem Code über eine Sicherheitsrichtlinie untersagt hat. Weitergehende Informationen finden Sie im Knowledge Base-Artikel 841060.

16.5 Transport Layer Security (TLS)

Transport Layer Security sorgt für die verschlüsselte Übertragung von Nachrichten zwischen zwei Systemen. Wie in Abbildung 16.99 zu erkennen ist, kann die Übertragung zwischen zwei Servern oder zwischen einem Client (z.B. mit Outlook Express) und einem Server mittels TLS gesichert werden.

Die Absicherung einer Übertragung mittels TLS unterscheidet sich grundlegend von der Mailverschlüsselung, die Sie in einem der vorherigen Abschnitte kennen gelernt haben: Bei der Mailverschlüsselung erfolgt die Codierung auf dem Clientsystem des Senders und die Decodierung auf dem PC des Empfängers. Die Mail wird also jeweils verschlüsselt zwischen Client und Mailserver und natürlich auch zwischen den Mailservern übertragen und auch verschlüsselt gespeichert.

Die Transport Layer Security bedient lediglich die Verschlüsselung des Verbindungswegs, beispielsweise zwischen den beiden Mailservern. Wenn man davon ausgeht, dass die Übertragung durch das Internet der »riskanteste« Teil des Wegs der Mail ist, ist TLS eine gute Methode zur Minimierung dieses Risikos. TLS dient nicht zum Aufbau eines komplett sicheren Übertragungswegs zwischen zwei Clients – dies würde man durch die Verschlüsselung der Mail erreichen.

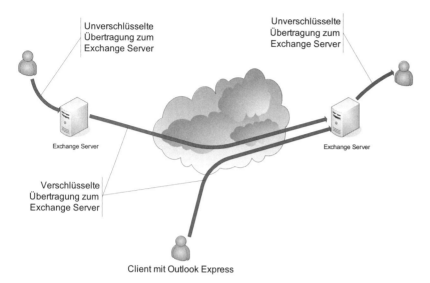

Abbildung 16.99 Transport Layer Security (TLS) dient zur verschlüsselten Übertragung zwischen zwei Servern oder zwischen einem Client (z. B. Outlook Express) und einem Server.

16.5.1 Sicherung des SMTP-Datenverkehrs

Das wichtigste mittels Transport Layer Security zu schützende Protokoll ist SMTP. Die Implementation für die Initiierung einer gesicherten Übertragung unterscheidet sich bei diesem Protokoll von anderen, beispielsweise http: Um eine http-Übertragung zu einem Server aufzubauen, spricht ein Client Port 80 des Servers an, und wenn eine SSL-verschlüsselte Übertragung initiiert werden soll, beginnt der Client eine Übertragung zu Port 443. Ähnlich wird beispielsweise beim POP3-Protokoll verfahren.

Bei SMTP hingegen steht kein separater Port für die Initiierung einer gesicherten Übertragung zur Verfügung, es wird grundsätzlich Port 25 angesprochen. Zunächst baut der Client eine »normale« Verbindung zum SMTP-Server auf. Die Initiierung einer TLS-geschützten SMTP-Übertragung erfolgt dann durch das Kommando STARTTLS.

Konfiguration des virtuellen Servers (Empfänger)

In Abschnitt 16.2 habe ich Ihnen gezeigt, wie man Zertifikate auf einem Webserver installiert, um eine https-Sitzung aufzubauen. Da zum Aufbau einer verschlüsselten SMTP-Verbindung zu einem Server ebenfalls ein Zertifikat auf demselben installiert sein muss, ist der erste Schritt die Zertifikatsinstallation auf dem virtuellen SMTP-Server.

In den Eigenschaften des virtuellen SMTP-Servers finden Sie auf der Karteikarte »Zugriff« die Sektion »Sichere Kommunikation«. Dass kein Zertifikat installiert ist, erkennen Sie daran, dass der Schalter »Kommunikation« nicht anwählbar ist (Abbildung 16.100).

Den Vorgang des Anforderns und Installierens eines neuen Zertifikats beginnen Sie durch einen Klick auf den Schalter »Zertifikat...«. Die Vorgang läuft analog der Installation eines Zertifikats für einen Webserver ab, dies ist ausführlich in Abschnitt 16.2 beschrieben.

> An dieser Stelle sei angemerkt, dass ein eigenes Zertifikatswesen (siehe Abschnitt 16.3) das Anfordern und Installieren von Zertifikaten sehr deutlich vereinfacht. Der Nachteil eines komplett eigenständigen Zertifikatswesens ist, dass das Zertifikat Ihrer Stammzertifizierungsstelle eben nicht bereits auf jedem Windows-PC vorinstalliert ist, wie dies beispielsweise bei Verisign der Fall ist. Inwieweit dies für Sie nachteilig ist, muss individuell geprüft werden.

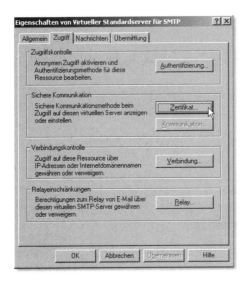

Abbildung 16.100 In den Eigenschaften des virtuellen SMTP-Servers kann das für die verschlüsselte Übertragung benötigte Zertifikat angefordert und installiert werden.

Nachdem ein Zertifikat für den virtuellen SMTP-Server installiert worden ist, steht die zuvor deaktivierte Schaltfläche »Kommunikation...« zur Verfügung. Diese führt Sie zu einem Dialog, mit dem Sie auf Wunsch vorgeben können, dass der virtuelle SMTP-Server ausschließlich gesicherte Verbindungen akzeptiert (»Sicherer Channel erforderlich«, Abbildung 16.101).

Bevor Sie den virtuellen SMTP-Server so konfigurieren, dass ausschließlich sichere Verbindungen akzeptiert werden, sollten Sie genau prüfen, welche Systeme bei Ihnen Mails einliefern. Wenn eines dieser Systeme entweder technisch nicht in der Lage ist, eine TLS-gesicherte Übertragung aufzubauen, oder dessen Administrator nicht willens oder in der Lage ist, es entsprechend zu konfigurieren, wird der entsprechende Server Ihnen schlicht und ergreifend keine Mails zustellen können. Realistischerweise sollten Sie davon ausgehen, dass nur ein relativ kleiner Teil der Mailserver dieser Welt damit zurechtkommen wird, wenn Sie eine verschlüsselte Übertragung erzwingen wollen. Die Verwendung selbst signierter Zertifikate wird diese Situation eher noch verschlimmern.

TLS für die SMTP-Übertragung zu etablieren wird aber wunderbar zwischen zwei »befreundeten« Firmen funktionieren. Wenn sich die Administratoren verständigen, ggf. Zertifikate austauschen und die Übertragung testen, steht einer erfolgreichen Nutzung nichts im Wege.

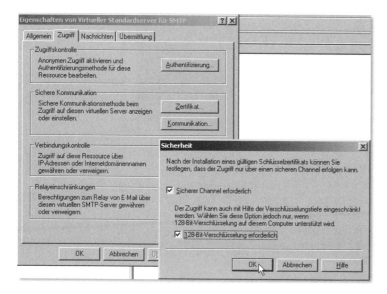

Abbildung 16.101 Ist auf dem virtuellen SMTP-Server ein Zertifikat installiert, können Sie den Aufbau einer sicheren Verbindung erzwingen. Sie sollten mit dieser Einstellung allerdings vorsichtig sein, weil ein System, das dazu nicht in der Lage ist, keine Mails mehr bei Ihnen einliefern kann!

Da Sie auf einem Exchange Server mehrere virtuelle SMTP-Server einrichten können, wäre es natürlich möglich, einen, der nur verschlüsste SMTP-Sessions entgegennimmt, und einen, der auch unverschlüssele Sitzungen zulässt, einzurichten. Ob dies tatsächlich sinnvoll ist, hängt natürlich von Ihren individuellen Anforderungen ab.

Ob ein virtueller SMTP-Server korrekt eingerichtet ist und auch das STARTTLS-Schlüsselwort akzeptiert, können Sie einfach mit Telnet überprüfen. Bauen Sie auf der Kommandozeile eine Telnet-Session zu dem virtuellen Server auf. Dies geschieht durch den Befehl `telnet servername 25`. Wenn sich der Server meldet, tippen Sie `ehlo` ein und schließen die Eingabe durch Return ab. Das System wird die unterstützten Schlüsselwörter zurückgeben, darunter ist bei richtiger Konfiguration auch STARTTLS (Abbildung 16.102).

Konfiguration eines SMTP-Connectors

Die im vorherigen Abschnitt durchgeführte Konfiguration des virtuellen SMTP-Servers diente dazu, den Empfang TLS-gesicherter SMTP-Übertragungen zu ermöglichen. Wenn Sie selbst gesicherte ausgehende SMTP-Sessions initiieren möchten, müssen (bzw. sollten) Sie dies mit Connectoren konfigurieren.

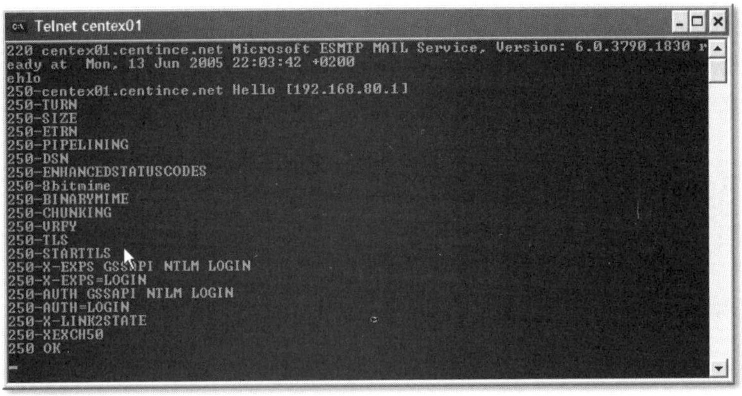

Abbildung 16.102 Wenn ein SMTP-Server den Aufbau einer TLS-gesicherten Verbindung unterstützt, wird das Schlüsselwort STARTTLS unterstützt.

Wie Sie zuvor gehört haben, muss ein Mailserver zum Empfang von eingehenden TLS-SMTP-Übertragungen entsprechend vorbereitet sein, beispielsweise muss ein Zertifikat installiert sein. Leider ist dies bei den wenigsten Mail Relays der Fall. Sie können leicht selbst überprüfen, wie die Situation bei Ihren wichtigsten Geschäftspartnern ist. Hierzu sind zwei Schritte notwendig:

- Zunächst muss festgestellt werden, welches der Name des Mailservers der Domain des Geschäftspartners ist. Dies kann recht einfach mit dem Kommandozeilenwerkzeug nslookup erledigt werden (Abbildung 16.103).
- Anschließend bauen Sie mit telnet server.domain.de 25 eine Sitzung mit dem Mailserver auf und geben ehlo ein. Viele Server fordern als Parameter noch den Host- oder Domainnamen des anfragenden Systems an, dann muss die Eingabe beispielsweise ehlo boddenberg.de lauten.
Ist in der Rückgabe der Schlüsselwörter STARTTLS aufgeführt, unterstützt das System TLS – wenn nicht, dann nicht (Abbildung 16.104) …

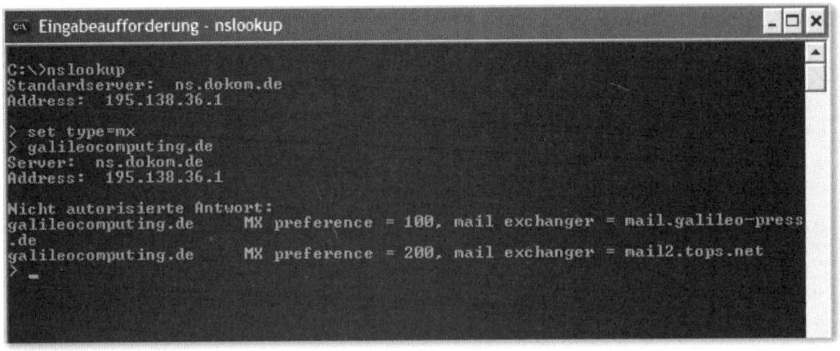

Abbildung 16.103 Mit nslookup können Sie feststellen, welches die für eine Domain zuständigen Mail Relays sind.

Abbildung 16.104 Um zu überprüfen, ob ein Mail Relay eine TLS-verschlüsselte SMTP-Übertragung akzeptiert, können Sie mit Telnet eine Verbindung aufbauen und die Liste der unterstützten Schlüsselwörter anzeigen lassen. Ist STARTTLS nicht dabei (wie auf dieser Abbildung), wird eine verschlüsselte Übertragung nicht akzeptiert.

Wenn Sie an bestimmte Systeme Mail verschlüsselt übertragen können (diese Systeme also Transport Layer Security unterstützen), richten Sie für den Versand an diese einen separaten Connector ein. Damit die Mails für die entsprechenden Domains über diesen Connector fließen, müssen im Connector die Adressräume eingetragen werden (Abbildung 16.105).

Beachten Sie, dass bei Ausfall dieses Connectors die Mails für die hier eingetragenen Domains *nicht* automatisch über einen Connector mit dem Adressraum »*« übertragen werden. Mit anderen Worten findet kein Failover zu dem Connector mit dem nächstallgemeineren Adressraum statt.

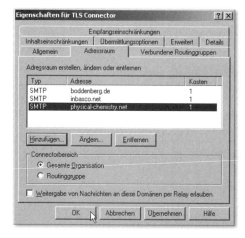

Abbildung 16.105 Wenn Mails für bestimmte Systeme verschlüsselt übertragen werden sollen, wird für diese ein separater Connector mit dem entsprechenden Adressraum eingerichtet.

Nun müssen Sie diesen Connector natürlich noch anweisen, die TLS-Verschlüsselung zu verwenden. In den Eigenschaften des Connectors findet sich auf der Karteikarte »Erweitert« der Schalter »Ausgehende Sicherheit...«. Dieser öffnet einen Dialog, in dem die Checkbox »TLS-Verschlüsselung« aktiviert werden muss – fertig (Abbildung 16.106)!

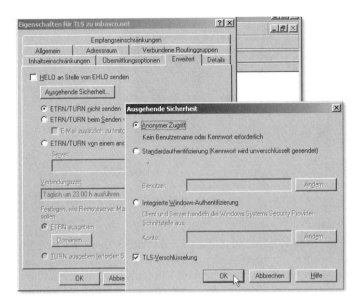

Abbildung 16.106 Die Aktivierung der TLS-Verschlüsselung wird mit der entsprechenden Checkbox in dem hier gezeigten Dialog vorgenommen.

Wenn Sie diese Konfiguration vorgenommen haben, sollten Sie regelmäßig die Warteschlangen für ausgehende Mails überprüfen, um sicherzustellen, dass tatsächlich alle Mails übertragen werden. Wenn Sie für einen Connector TLS-Verschlüsselung aktivieren und das empfangende System dies dann doch nicht unterstützt, bleiben die Mails liegen!

Konfiguration in Outlook Express

Die Transport Layer Security für den Versand von Nachrichten per SMTP kann nicht nur bei der Kommunikation zwischen zwei Servern zum Einsatz kommen, sondern lässt sich auch für die Verschlüsselung des ausgehenen Datenverkehrs eines Mailclients wie Outlook Express verwenden.

Wenn Outlook Express versucht, Mails an einen Server zu versenden, der eine verschlüsselte Verbindung fordert, erhalten Sie eine Fehlermeldung, dass zunächst der STARTTLS-Befehl vom Client abgesetzt werden muss (Abbildung 16.107).

Die Aktivierung des verschlüsselten SMTP-Versands ist sehr einfach: In den Eigenschaften des Kontos wird die Checkbox »Dieser Server erfordert eine sichere Verbindung (SSL)« aktiviert. Der nächste Versuch der SMTP-Übertragung wird erfolgreich sein!

16.5.2 Sicherung des POP3-Datenverkehrs

Wenn Sie mit POP3-Clients arbeiten, wird eine Verschlüsselung des Datenverkehrs natürlich wünschenswert sein. Die Konfigurationsschritte am Server entsprechen denjenigen der im vorherigen Abschnitt gezeigten SMTP-Konfiguration:

- Für den virtuellen POP3-Server wird ein Zertifikat angefordert und installiert. Dies wird, wie beim SMTP-Server, im Eigenschaften-Dialog auf der Karteikarte »Zugriff« erledigt.
- Anschließend kann eingestellt werden, dass eine verschlüsselte Verbindung erforderlich ist: Navigieren Sie im Eigenschaften-Dialog des virtuellen POP3-Servers zu **Zugriff · Kommunikation**, und aktivieren Sie dort die Checkbox »Sicherer Channel erforderlich«.

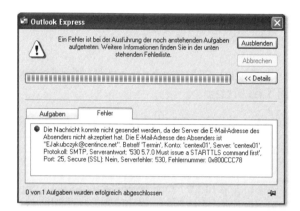

Abbildung 16.107 Wenn Outlook Express versucht, unverschlüsselt per SMTP an einen Server zu senden, der verschlüsselte Übertragung fordert, erhält man die Fehlermeldung, dass der Client zunächst den Befehl STARTTLS absetzen müsse.

Abbildung 16.108 Um in Outlook Express die Verschlüsselung der SMTP-Übertragung zu aktivieren, wird die Checkbox »Dieser Server erfordert…« aktiviert.

Bei den Client-Systemen muss nun die sichere POP3-Übertragung konfiguriert werden. Bei Outlook Express muss lediglich eine Checkbox aktiviert werden (Abbildung 16.108).

Beachten Sie, dass im Gegensatz zu SMTP bei POP3 die verschlüsselte Übertragung über eine andere Portnummer als die unverschlüsselte initiiert wird.

16.5.3 Sicherung der Kommunikation mit IPsec

Als Alternative zur Sicherung der Übertragung mittels Transport Layer Security könnte man über eine verschlüsselte Kommunikation mit IPsec nachdenken. IPsec ist ein komplexes Thema, das letztendlich wenig Exchange-spezifisch ist. Aus diesem Grund werde ich es in diesem Buch nicht weiter behandeln, sondern verweise Sie gern auf mein im Frühjahr 2006 bei Galileo Press erscheinendes Windows Server-Buch.

16.6 Überblick Information Rights Management/Windows Rights Management Services

Sie haben in diesem Sicherheits-Kapitel bereits einiges über die Verschlüsselung und Signierung von Mail und die Sicherung der Übertragungswege mittels Transport Layer Security erfahren. Diese Verfahren dienen letztendlich der Gewährleistung eines sicheren Transportwegs:

- Die Mailverschlüsselung schützt die Mails End-to-End (also vom Sender-Client zum Empfänger-Client) vor unberechtigtem Zugriff. Inbegriffen ist hierbei auch die verschlüsselte Speicherung im Informationsspeicher.
- Die Signierung von Mail schützt vor Fälschung.
- TLS-gesichertes SMTP gewährleistet eine sichere Übertragung der Mail zwischen den Servern. Mit der Transport Layser Security wird man insbesondere den Weg durch das Internet absichern.

Stellen Sie sich nun folgendes Szenario vor:

- Sie verfassen ein streng vertrauliches Essay und senden es einem Geschäftspartner oder einem Kollegen. Die Mail werden Sie verschlüsseln, so dass der Inhalt weder bei der Übertragung noch bei der Speicherung im Exchange-Informationsspeicher unautorisierten Personen in die Hände fallen kann.
- Wenn nun aber Ihr Kollege/Geschäftspartner nicht so vertrauenswürdig ist, wie Sie gedacht haben und das Dokument weitergibt, fällt es in falsche Hände und kann dort beliebig gelesen, gedruckt und weiterverteilt werden.
- Es soll, um es mal vorsichtig auszudrücken, auch schon vorgekommen sein, dass vertrauliche Dokumente schlichtweg durch Schlamperei in falsche Hände gefallen sind: Wie leicht klickt man auf »Weiterleiten« und meinte eigentlich eine andere Mail.

Kurz gesagt schützen S/MIME, TLS & Co. zwar den Transportweg, nicht aber das Dokument selbst!

Dies ist übrigens nicht nur ein Problem der Mailsysteme: NTFS-Rechte und EFS-Verschlüsselung schützen zwar das Dokument an seinem Speicherort im Filesystem. Außerhalb des Filesystems ist es aber nicht mehr geschützt. Wenn Ihr Geschäftsführer das Dokument auf einer CD mit sich herumträgt und diese verliert, gibt es keinen Schutz für das Dokument!

Die Fragestellung ist also, wie man das Dokument an sich schützen kann. Die Antwort auf diese Frage geben die Windows Rights Management Services (RMS, **http://www.microsoft.com/rms**).

Vielleicht haben Sie in den Office 2003-Applikationen bereits das Icon »Berechtigung« in der Symbolleiste entdeckt und sich gefragt, wozu dieses dient. Die Office 2003-Applikationen Word, Excel, PowerPoint und Outlook sind von Haus aus für die Rights Management Services vorbereitet, und dieses Icon führt zu einem Dialog zum Setzen der Dokumentberechtigungen (Abbildung 16.109).

Vom »Status« her sind die Windows Rights Management Services (WRMS) ein separat zu lizenzierendes Feature Pack für den Windows Server 2003.

Abbildung 16.109 Word, Excel, PowerPoint und Outlook sind in den 2003er Versionen für die Zusammenarbeit mit den Windows Rights Management Services vorbereitet.

Achtung Windows Rights Management wird *nicht* von der Standard-Edition (und »kleineren« Editionen) des Office-Pakets unterstützt. Es ist nur in der Professional Edition enthalten.

Die Rights Management Services sind natürlich vordergründig kein Exchange-Thema. Ich denke aber, dass es wichtig ist, dieses Thema zu diskutieren, denn ich stelle in Gesprächen mit Kunden immer wieder fest, dass diese eigentlich weniger Mail- oder Filesystemverschlüsselung wollen, sondern als zu erreichendes Ziel eigentlich genau die Rights Management Services beschreiben – WRMS ist aus Sicht von Exchange letztendlich ein wichtiges Integrationsthema.

Funktionsweise

In Abbildung 16.110 ist eine vereinfachte Darstellung der Funktion der Rights Management Services gezeigt:

- 1: Ein Anwender, der Dokumente schützen möchte, benötigt ein Licensor Certificate. Dies wird vom RMS-Server ausgestellt. Dieses Zertifikat wird einmal erzeugt, es muss nicht für jedes zu schützende Dokument neu ausgestellt werden.
- 2: Die Applikation des Anwenders verschlüsselt die Datei mit einem erzeugten symmetrischen Schlüssel. Dieser symmetrische Schlüssel wird mit dem öffentlichen Schlüssel des RMS-Servers codiert, er kann also nur vom RMS-Server entschlüsselt werden. Die von der Applikation erzeugte Publishing License erhält diesen verschlüsselten symmetrischen Schlüssel und die Informationen über die Zugriffsrechte, die Sie anderen Benutzern gewähren möchten. Die Publishing License wird an das verschlüsselte Dokument gebunden.

Ab jetzt geht es um den Ablauf der Entschlüsselung des Dokuments für einen anderen Benutzer, der – wie auch immer – in den Besitz des verschlüsselten Dokuments gekommen ist.

- 3: Erste Voraussetzung ist, dass der Benutzer im Besitz eines RMS-Zertifikats ist und seine Identität festgestellt ist, dass er also im Active Directory authentifiziert ist. Alternativ kann die Authentifizierung im Testbetrieb über Microsoft Passport erfolgen (siehe folgender Abschnitt).
- 4: Wenn der Anwender ein RMS-geschütztes Dokument öffnen möchte, wird die Applikation (wenn diese mit RMS umgehen kann) eine Use License beim RMS-Server anfordern. Diese Anforderung erhält den öffentlichen Schlüssel des Zertifikats des Anwenders und die an das Dokument angefügte Publishing License.
- 5: Der RMS-Server prüft, ob der Anwender zum Öffnen des Dokuments autorisiert ist; diese Information ist verschlüsselt in der Publishing License hinterlegt, die dem Dokument angefügt ist. Sie erinnern sich: Die Publishing License ist mit dem öffentlichen Schlüssel des RMS-Servers verschlüsselt worden, demzufolge kann der RMS-Server die Publishing License mit seinem privaten Schlüssel decodieren. Ist der Anwender zum Zugriff auf das Dokument berechtigt, verschlüsselt der RMS-Server den symmetrischen Schlüssel mit dem öffentlichen Schlüssel des Anwenders und fügt weitere Anweisungen (z. B. Dokument darf nicht gedruckt werden etc.) hinzu.
- 6: Die erzeugte Use License wird an den Benutzer gesendet. Da diese mit dem öffentlichen Schlüssel des Anwenders verschlüsselt ist, kann die Use License, selbst wenn sie abgefangen wird, nicht missbraucht werden.
- 7: Die RMS-fähige Applikation (Word, Excel, PowerPoint) kann nun das Dokument anzeigen. Je nach gewährten Rechten kann der Anwender es auch drucken, verändern und abspeichern etc.

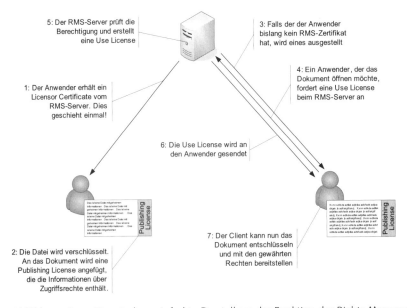

Abbildung 16.110 Eine stark vereinfachte Darstellung der Funktion der Rights Management Services

Testumgebung für Windows Rights Management Services

Die Installation der Windows Rights Management Services ist natürlich kein unüberwindliches Hindernis, andererseits ist sie auch nicht so trivial, als dass man einen RMS-Server »mal eben schnell« aufsetzen würde.

Microsoft bietet die Möglichkeit eines Tests von RMS, wobei als Server ein im Internet stehendes System verwendet wird, das die Benutzer über den Passport-Dienst authentifiziert. Wenn Sie RMS in Ihrem Unternehmen verwenden, erfolgt die Authentifizierung der Benutzer im Active Directory.

Mit diesem von Microsoft bereitgestellten Testsystem haben Sie die Möglichkeit, RMS ohne weitere Installationsarbeiten zu nutzen – es handelt sich aber um ein Testsystem, das nicht für die produktive Anwendung gedacht ist.

Auf den folgenden Seiten zeige ich Ihnen die Nutzung der Windows Rights Management Services aus Benutzersicht. Detaillierte Informationen zu Architektur, Planung und Installation der RMS wären in einem Exchange-Buch nicht richtig aufgehoben – diesbezüglich möchte ich auf mein im Frühjahr 2006 bei Galileo Press erscheinendes Buch zu Windows Server 2003 verweisen.

Wenn Sie ein Dokument oder eine Mail vor dem Zugriff durch andere Benutzer schützen möchten, klicken Sie auf das entsprechende Symbol in der Symbolleiste der jeweiligen Applikation (Abbildung 16.111). Wenn Sie das erste Mal die RMS aufrufen, wird das System Sie darauf hinweisen, dass der »Client für die Windows-Rechteverwaltung« installiert werden muss. Hierzu einige Anmerkungen:

- Die Client-Software kann bei Microsoft.com heruntergeladen werden, beachten Sie aber, dass RMS lizenzpflichtig ist (siehe einen der folgenden Abschnitte).
- Die Software muss mit Administrator-Rechten installiert werden.
- Die Software liegt als MSI-Paket vor. Wenn Sie eine flächendeckende Verteilung planen, kann der Rollout über eine Gruppenrichtlinie zur Softwarebereitstellung erfolgen.

Abbildung 16.111 Beim ersten Aufruf der Rechteverwaltung werden Sie benachrichtigt, dass zunächst die Client-Software installiert werden muss. Diese kann als MSI-Paket bei microsoft.com heruntergeladen werden.

Falls der Benutzer noch über kein RMS-Zertifikat verfügt (und in Ihrer Umgebung kein eigener RMS-Server installiert ist), wird er gefragt, ob die von Microsoft bereitgestellte Testumgebung verwendet werden soll (Abbildung 16.112).

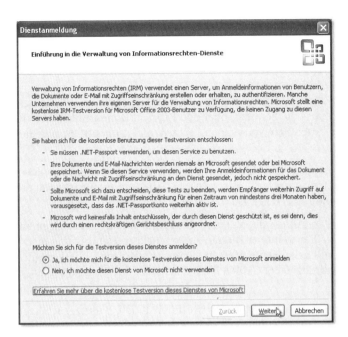

Abbildung 16.112 Ist für einen Benutzer kein RMS-Zertifikat vorhanden, wird er beim Start der Client-Komponente gefragt, ob er das kostenfrei nutzbare Testsystem von Microsoft verwenden möchte.

Wie bereits erwähnt, werden die Benutzer in einer »normalen« Installation der Windows Rights Management Services im Active Directory authentifiziert (Abbildung 16.113). In der Testumgebung erfolgt die Authentifizierung mittels .NET-Passport-Dienst. Wenn Sie nicht über einen .NET-Passport-Account verfügen (was ich mir nicht vorstellen kann), können Sie diesen kostenlos anlegen.

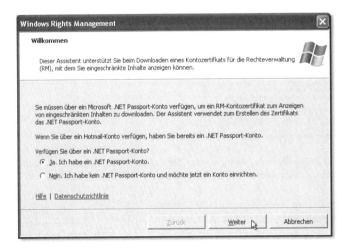

Abbildung 16.113 Für die Nutzung des RMS-Testservers wird ein .NET-Passport-Account benötigt.

Wie Sie wissen, ist Passport an Ihre Mailadresse gebunden (Abbildung 16.114). Wenn ein Anwender Ihnen in der Testumgebung Zugriff auf ein Dokument gewähren möchte, gibt er Ihre Email-Adresse an. Diese ist gleichzeitig der Name Ihres .NET-Passport-Accounts.

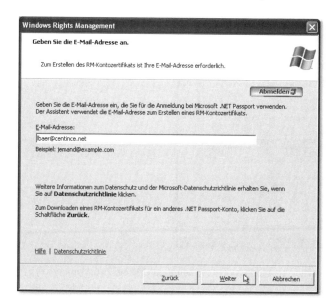

Abbildung 16.114 Bei Benutzung von .NET-Passport ist Ihre Email-Adresse Ihr Kontoname bei diesem Dienst. Für dieses Konto wird ein RMS-Zertifikat erstellt.

Im weiteren Verlauf des Assistenten werden Sie gefragt, ob Sie ein Zertifikat vom Typ »Standard« oder »Temporär« erzeugen möchten. Für einen Test, während dessen Sie »aktiv« mit dem System arbeiten möchten, müssen Sie ein Standard-Zertifikat erzeugen lassen (Abbildung 16.115).

Schutz von Office-Dokumenten

Wenn PC und Benutzerkonto für die Verwendung der Windows Rights Management Services vorbereitet sind, kann ein geöffnetes Dokument in Word, Excel und PowerPoint geschützt werden. Hierzu klicken Sie auf den Button »Berechtigung« in der Symbolleiste (siehe Abbildung 16.109).

Es öffnet sich ein Dialog, in dem Sie zunächst angeben können, welche Benutzer (Email-Adressen) auf das Dokument Lese- oder Änderungszugriff haben:

- **Lesezugriff**: Die Benutzer können das Dokument lesen, aber nicht drucken, kopieren oder ändern.
- **Änderungszugriff**: Die Benutzer können das Dokument lesen und Änderungen speichern, es aber nicht drucken.

Wenn die Checkbox »Berechtigung für diese(s) Dokument einschränken« aktiviert ist, haben andere Benutzer als die aufgeführten definitiv keinen Zugriff mehr auf das Dokument!

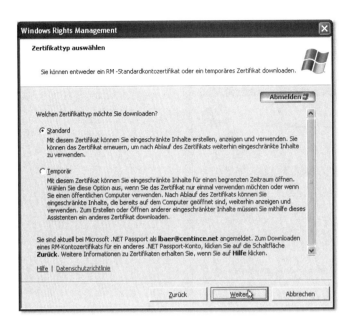

Abbildung 16.115 Wenn Sie die RMS »aktiv« erproben möchten, benötigen Sie ein Zertifikat vom Typ »Standard«.

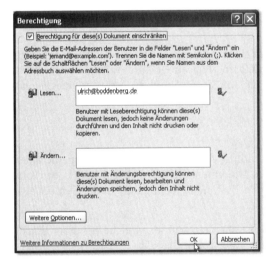

Abbildung 16.116 Sie können definieren, welche Rechte Benutzer auf dieses Dokument haben sollen. Für eine feinere Berechtigungsstruktur folgen Sie dem Schalter »Weitere Optionen«.

Wenn Sie eine feinere Berechtigungsstruktur für das Dokument implementieren möchten, klicken Sie in dem Dialog auf »Weitere Optionen...«, woraufhin sich ein Dialog öffnet, der weitere Konfigurationsmöglichkeiten bietet, beispielsweise:

- Das Ablaufdatum, nach dem das Dokument nicht mehr geöffnet werden kann
- Eine Art »Kompatibilitätsmodus«, mit dem man Benutzern ermöglichen kann, die Dokumente im Browser darzustellen (Hintergründe erfahren Sie im Abschnitt »Kompatibilität«).

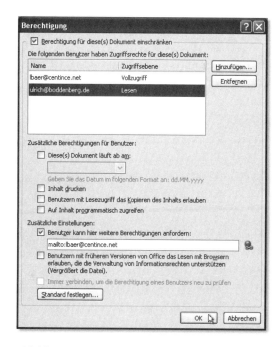

Abbildung 16.117 In diesem Dialog können die Einstellungen für die Dokumentberechtigungen deutlich feiner definiert werden.

Wenn Sie die Berechtigungen konfiguriert haben, wird Word (oder Excel oder PowerPoint) beim nächsten Speichervorgang verschlüsselt speichern und die Publishing License anfügen. An den RMS-Server wird übrigens zu diesem Zeitpunkt nichts übertragen.

Ein anderer Anwender, der dieses Dokument erhält, wird beim Versuch, es zu öffnen, die in Abbildung 16.118 gezeigte Mitteilung erhalten: Das Dokument wurde als verschlüsselt erkannt, daher muss Office zunächst vom RMS-Server (während dieses Tests ist das das System von Microsoft, ansonsten Ihr eigener RMS-Server) die »Berechtigung« herunterladen. Etwas technischer betrachtet, wird eine »Use License« angefordert. Hierzu sendet der Client seinen öffentlichen RMS-Schlüssel und die Publishing License des Dokuments an den RMS-Server. Wenn die Berechtigung gewährt wird, sendet der RMS-Server einen Schlüssel zum Entschlüsseln des Dokuments.

Wenn der Anwender zum Zugriff auf das Dokument berechtigt ist und vom RMS-Server den notwendigen Schlüssel erhalten hat, wird das Dokument »normal« angezeigt. Der Anwender wird allerdings feststellen, dass je nach ihm gewährter Berechtigung etliche Funktionen von Word ausgeblendet sind, beispielsweise »Speichern« oder »Drucken« (Abbildung 16.119). Wenn es dem Benutzer nicht explizit gestattet wurde, ist übrigens auch das Kontextmenü, mit dem man markierte Textpassagen kopieren kann, deaktiviert.

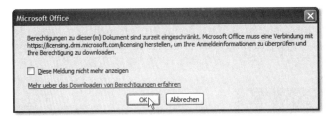

Abbildung 16.118 Beim Öffnen eines geschützten Dokuments versucht die Applikation (derzeit Word, Excel, PowerPoint) zunächst die Berechtigungen vom RMS-Server anzufordern.

Abbildung 16.119 Ist ein geschütztes Dokument geöffnet, stehen nicht gewährte Berechtigungen wie beispielsweise »Speichern« oder »Drucken« nicht zur Verfügung.

Der Anwender kann sich durch Auswahl des Menüpunkts »Berechtigungen« oder durch einen Klick auf das entsprechende Icon auf der Symbolleiste die ihm aktuell gewährten Berechtigungen anzeigen lassen (Abbildung 16.120).

Abbildung 16.120 Der Benutzer kann die ihm für dieses Dokument gewährten Berechtigungen ansehen.

Wenn der RMS-Server anhand der durchgeführten kryptographischen Prüfung feststellt, dass der Anwender nicht zum Zugriff auf das Dokument berechtigt ist, geben Word & Co. eine entsprechende Fehlermeldung aus (Abbildung 16.121). Das in der Fehlermeldung angebotene Anfordern einer aktualisierten Berechtigung funktioniert wie folgt:

- Das Anfordern einer »aktualisierten Berechtigung« führt dazu, dass der Dialog für das Erstellen einer neuen Email geöffnet wird.
- Wenn der Ersteller des Dokuments in der Tat weitere Berechtigungen gewähren will, muss er das Dokument öffnen, die Berechtigungen ändern und das Dokument wieder speichern. Dem Dokument ist nun eine entsprechend geänderte Publishing License angehängt.
- Das Dokument sendet der Ersteller dem Anwender, der gern mehr Berechtigungen hätte, zu.
- Wenn der Anwender nun das Dokument öffnet, wird der RMS-Server den Zugriff (oder erweiterten Zugriff) bestätigen und einen entsprechenden Schlüssel versenden.

An diesem Ablauf wird nochmals klar, dass die Zugriffsmöglichkeiten in der dem Dokument angefügten Publishing License gespeichert sind und durch ein kryptographisches Verfahren geschützt sind. Der RMS-Server kann mit seinem privaten Schlüssel die Publishing License lesen und prüfen, ob dort für den anfordernden Benutzer Zugriffsrechte eingetragen sind.

Um einem Benutzer weitere Rechte zu gewähren, muss das Dokument also mit einer neuen Publishing License versehen werden.

Es ist *nicht* so, dass der RMS-Server über eine große Datenbank verfügt, in der sämtliche Dokumentberechtigungen aller geschützten Dokumente der Organisation enthalten wären. Der Benutzer, der Berechtigungen für ein Dokument ändert, muss hierzu nicht mit dem RMS-Server kommunizieren.

Abbildung 16.121 Ist in der Publishing License des Dokuments keine Berechtigung für den anfordernden Benutzer eingetragen, erhält er keinen Schlüssel vom RMS-Server und kann nicht auf das Dokument zugreifen.

Testszenario für Emails

Im vorherigen Abschnitt haben wir den Schutz für Dokumente betrachtet. Viele höchst vertrauliche Informationen werden »direkt« in einer Email und nicht in einem Dokument übermittelt. Die Verschlüsselung mit S/MIME schützt die Email zwar auf dem Übertragungsweg, nicht aber beispielsweise gegen gewolltes oder ungewolltes Weiterleiten, Drucken oder Kopieren.

Wenn Sie eine Mail mit Outlook 2003 verfassen, werden Sie in der Symbolleiste ein »Berechtigung«-Symbol finden (Abbildung 16.122, verwechseln Sie es nicht mit den Symbolen für Signatur und Verschlüsselung). Das Aktivieren dieses Schalters führt dazu, dass die Empfänger die Mail nicht mehr weiterleiten, drucken oder kopieren können.

Eine detailliertere Rechtevergabe wie bei Word-, Excel- und PowerPoint-Dokumenten ist beim Schützen von Mails nicht möglich: Wird eine Mail via RMS geschützt, können die eingetragenen Empfänger die Mail öffnen, aber nicht weiterleiten, drucken oder kopieren – andere Einstellungen sind nicht möglich.

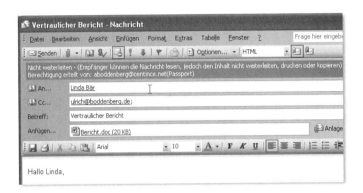

Abbildung 16.122 Mit den Windows Rights Management Services können auch Mails geschützt werden. Der Empfänger kann die Nachricht nicht weiterleiten, drucken oder kopieren.

Wenn Sie einer Mail, die mit RMS geschützt wird, Anhänge hinzufügen, gibt es diese Varianten:

▶ Ist der Dateianhang ein Word-, Excel- oder PowerPoint-Dokument, wird es automatisch mittels RMS geschützt. Der Empfänger kann es dann nicht mehr kopieren, drucken oder verändern. Es kann natürlich von der Mail gelöst und auf der Festplatte gespeichert werden, bleibt aber ein geschütztes Dokument. Wenn Sie einer RMS-geschützten Mail einen Office-Dateianhang hinzufügen, erscheint eine Meldung, die Sie genau auf diese Sachverhalte hinweist (Abbildung 16.123).

▶ Alle anderen Dateitypen (PDF, TXT, Grafiken etc.) sind geschützt, solange sie als Dateianhang in der Mail eingebettet sind. Ist die Mail aber geöffnet und der Dateianhang in die entsprechende Applikation, also beispielsweise Acrobat Reader, geladen, kann der Anwender nach Belieben mit der Datei umgehen. Sie ist dann nicht mehr geschützt, weil sie sich dann gewissermaßen außerhalb des RMS-Systems befindet.

Beim Empfänger stellt sich das Verfahren der Entschlüsselung so wie bei den Office-Dokumenten dar: Der Outlook-Client des Empfängers fordert die Zugriffsberechtigungen beim RMS-Server an. Sofern der Empfänger tatsächlich berechtigt ist, erhält er den passenden Schlüssel und kann die Mail anzeigen. Eine Mail mittels der Rights Management Services zu schützen, bedeutet, dass der Empfänger die Mail nicht weiterleiten, drucken oder kopieren kann. Das Outlook des Empfängers weist ihn zum einen auf diese Einschränkungen hin, zudem sind die entsprechenden Buttons und Menüfunktionen deaktiviert (Abbildung 16.124).

Abbildung 16.123 Word-, Excel- und PowerPoint-Dokumente, die in eine RMS-geschützte Mail eingefügt werden, werden separat mit RMS-Berechtigungen ausgestattet.

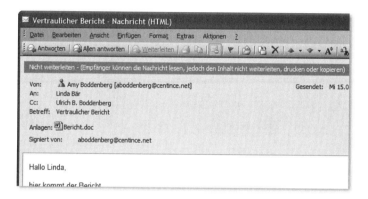

Abbildung 16.124 Im Outlook-Client des Empfängers stehen beim Anzeigen einer geschützten Mail einige Funktionen, beispielsweise das Weiterleiten, nicht zur Verfügung.

Kompatibilität

Sie haben zuvor bereits erfahren, dass die Windows Rights Management Services zurzeit »nur« mit den Office 2003-Applikationen Word, Excel, PowerPoint und Outlook funktionieren. Somit ergeben sich insbesondere diese beiden Fragen zur Kompatibilität und Interoperabilität:

- Was geschieht, wenn ein Benutzer mit einer älteren Office-Version (älter als 2003) auf ein geschütztes Dokument zugreifen möchte?
- Was passiert, wenn ein Anwender, der nicht Outlook 2003 verwendet, eine mit RMS geschützte Mail erhält?

Die Antwort auf beide Fragen kann sehr einfach gegeben werden: Es geht schlicht und ergreifend nicht.

Öffnet ein Anwender mit einer älteren Office-Version ein RMS-geschütztes Dokument, erhält er einen Hinweis, dass dieses nur mit der entsprechenden Office 2003-Applikation geöffnet werden kann (Abbildung 16.125).

Interessant ist, dass auf ein »Rights Management Add-on« für Internet Explorer verwiesen wird. Ich werde Ihnen zeigen, was sich dahinter verbirgt.

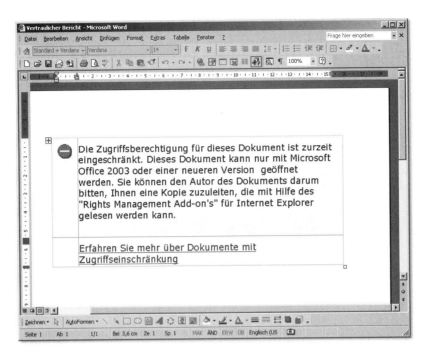

Abbildung 16.125 Öffnet ein Anwender mit einer älteren Office-Version ein RMS-geschütztes Dokument, wird er informiert, dass das Dokument nur mit Office 2003 oder einer neueren Version geöffnet werden kann.

Damit ein Anwender einer älteren Office-Version ein Dokument mit dem Rights Management Add-On für Internet Explorer lesen kann, muss das Dokument mit einer speziellen Einstellung geschützt werden. In Abbildung 16.117 sehen Sie den RMS-Dialog, bei dem eine entsprechende Einstellmöglichkeit vorhanden ist (»Benutzern mit früheren Versionen von Office...«). Ich möchte Sie eindringlich auf den Hinweis, dass die Dateigröße zunimmt, aufmerksam machen.

Um das Internet Explorer-Add-On zu verwenden, muss zunächst der »normale« RMS-Client installiert werden, anschließend wird das Installationspaket mit dem Add-On ausgeführt.

Ein Doppelklick auf das geschützte Dokument wird den Internet Explorer öffnen. Beim ersten Öffnen eines geschützten Dokuments werden Sie in einen Assistenten geführt, der unter anderem abfragt, welches Konto Sie zum Zugriff auf RMS verwenden möchten (Abbildung 16.126): Wenn Sie einen eigenen RMS-Server betreiben, werden Sie sich für das »Netzwerkbenutzerkonto« entscheiden. Wenn Sie die Testversion mit dem im Internet stehenden Server benutzen, wählen Sie ».NET Passport-Konto«.

Wenn Sie von dem Internet Explorer-Add-On eine Darstellung wie im »Originalprogramm« erwartet haben, werden Sie enttäuscht sein; es handelt sich um eine eher rudimentäre Darstellung, die aber zumindest ein Lesen von Texten gestattet (Abbildung 16.127). Das Add-On ist aber dennoch sinnvoll, denn es hat ja auch nicht zum Ziel, eine perfekte »Word-2-HTML-Engine« zu sein.

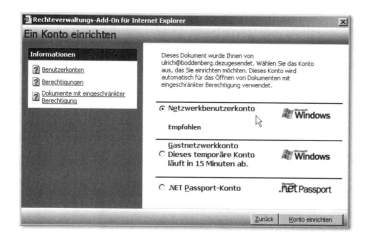

Abbildung 16.126 Beim ersten Start des Rights Management Add-Ons für den IE müssen Sie ein zu verwendendes Konto vorgeben.

In der Übergangszeit, bis alle Benutzer auf dem aktuellen Stand des Office-Pakets sind, ist auf diese Weise zumindest ein grundlegender Blick in geschützte Dokumente möglich (beachten Sie, dass im Dokument die entsprechende Option gesetzt sein muss, also »Benutzern mit früheren Versionen von Office…«, siehe Abbildung 16.117).

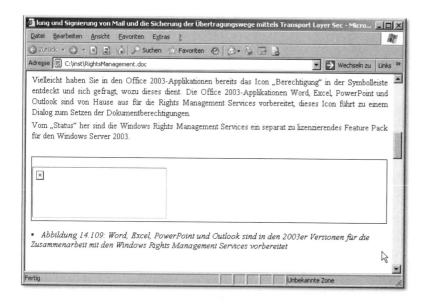

Abbildung 16.127 Die Darstellung des geschützten Dokuments im Explorer genügt nicht »höheren grafischen Ansprüchen«, genügt aber für die grundsätzliche Einsichtnahme in die Inhalte.

Beim Versand von RMS-geschützten Mails stellt sich die Lage ähnlich dar. Wenn der Empfänger Outlook 2003 verwendet, funktioniert alles wunderbar – bei Verwendung einer anderen Software erhält er keinen Zugriff. In Abbildung 16.128 sehen Sie, wie sich eine RMS-verschlüsselte Mail in Outlook Web Access darstellt: Der Empfänger kann zwar den Hinweis sehen, dass es sich um eine mit den RMS geschützte Mail handelt; auf die eigentliche Nachricht, die als Anhang dargestellt wird, hat er keinen Zugriff. Grundsätzlich ist auch in diesem Fall der Zugriff mit Hilfe des bereits beschriebenen Add-Ons für den Internet Explorer möglich. Wenn Ihre Benutzer aktiv mit geschützten Mails arbeiten wollen, ist Outlook 2003 letztendlich Pflicht – zumal das Add-On nur zum Anzeigen und nicht zum Erstellen verwendet werden kann.

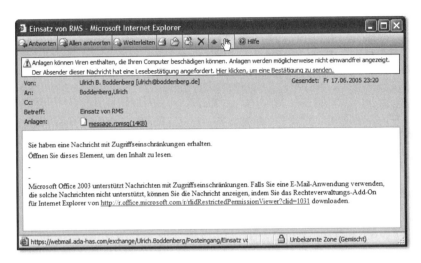

Abbildung 16.128 Eine mit RMS geschützte Mail kann mit einem anderen Client als Outlook 2003 nicht direkt eingesehen werden – der Umweg über das Internet Explorer-Add-On ist möglich.

Lizenzmodell

Die Windows Rights Management Services sind ein kostenpflichtiges Add-On zu Windows Server 2003. Der eigentliche RMS-Server ist nicht separat zu lizenzieren, allerdings benötigt der Zugriff auf diesen spezielle RMS-CALs.

Um RMS zu nutzen, werden also folgende Lizenzen benötigt:

- Windows Server 2003-Lizenz
- Windows Server 2003 Client Access Licenses (Windows Server CAL)
- Windows Rights Management Services Client Access Licenses (RMS CALs)
- SQL Server-Lizenzen und CALs, falls die RMS-Datenbank nicht auf der MSDE, sondern dem SQL Server-Vollprodukt installiert wird.

Anders ausgedrückt: Neben der Lizenz für Windows Server 2003 (und eventuell SQL-Server) wird für jeden Anwender, der geschützte Dokumente erstellt oder liest, eine Windows Server CAL und eine RMS CAL benötigt. Es sind sowohl Device- als auch User-CALs verfügbar, demzufolge können Sie statt »Pro Anwender« auch »Pro Device« lizenzieren (gilt für Windows Server CAL und RMS CAL).

Für *externe* Benutzer kann eine RMS External Connector License erworben werden, die beliebig vielen externen Anwendern Zugriff auf Ihren RMS-Server ermöglicht. Da auch der Zugriff auf den Windows Server lizenziert werden muss, benötigen Sie zusätzlich die Windows Server 2003 External Connector License!

> **Anmerkung** Laut Microsoft-Definition sind folgende Personen *nicht* externe Nutzer:
> - Eigene Voll- oder Teilzeitbeschäftige
> - Mitarbeiter von Fremdfirmen, die aber von Ihren Büroräumen aus arbeiten
> - Mitarbeiter von Unternehmen, für die Ihre Firma RMS-Dienste hostet

Bei der Nutzung der auf .NET Passport basierenden Testumgebung, die in diesem Buch vorgestellt wurde, fallen keine Lizenzkosten an!

16.7 Virenschutz

Das Thema »Virenschutz« ist einerseits natürlich unbestritten wichtig. Auf den ersten Blick sieht es nicht weiter kompliziert aus, denn es gibt ja hinreichend viele Virenscanner für Exchange zu kaufen. Aber auch hier gilt, dass nichts im Leben so einfach ist, wie es scheint – und so schauen wir uns das Thema Virenbekämpfung genauer an.

16.7.1 Wo müssen Viren bekämpft werden?

In den meisten Firmen, zumindest ab mittlerer Größe, werden sich drei Komponenten finden, auf denen nach Viren gesucht werden kann (Abbildung 16.129):

- Mail Relay (siehe auch Abschnitt 15.1)
- Exchange Server
- Clients

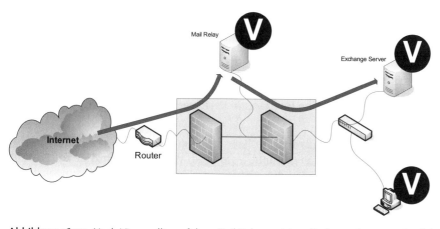

Abbildung 16.129 Nach Viren sollte auf dem Mail Relay, auf dem Exchange Server und auf den Clients gesucht werden.

Wenn ich diese Skizze zeige, führt das manchmal zu einer dieser Reaktionen:

- »Wenn wir auf dem Mail Relay nach Viren scannen, brauchen wir doch keinen Virenscanner für den Exchange Server.«
- »Warum sollen wir auf den Clients nach Viren scannen, wenn wir schon auf dem Exchange Server Maßnahmen getroffen haben?«

Bei der Antwort muss man sich folgende Aspekte vor Augen halten:

- Es ist denkbar, dass ein Virus am Dienstag um 18:37 Uhr Ihr Gateway überquert, während der Antivirensoftware-Hersteller erst am Mittwoch um 08:29 Uhr ein Update der Signaturen veröffentlicht. Ohne Virenscanner auf dem Exchange Server und den Clients könnte der Virus sich ungestört in Ihrem System aufhalten.
- Da es auch andere Verbreitungswege für Viren als Mail gibt, kommt ein Virus nicht zwingend über den Exchange Server zum Client. Ein Virenschutz auf den Clients ist also absolut Pflicht!

16.7.2 Virenscanmethoden auf Exchange Servern

Für den Virenscan von Nachrichten in Exchange stehen drei Verfahren zur Verfügung:

- MAPI-Scanner
- VSAPI-Scanner
- ESE-basierte Scanner

MAPI-Scanner

Die ersten Virenscanner für Exchange nutzten das MAPI-Interface, das auch von Outlook verwendet wird. Der Virenscanner verbindet sich einzeln mit allen Postfächern und scannt jeweils die darin enthaltenen Mails. Das Problem hierbei ist, dass die Anwender eine noch nicht gescannte Mail öffnen könnten; es ist bei diesem Verfahren nicht möglich, dass Exchange eine Mail, die vom Anwender geöffnet wird, zunächst zum Scannen »herausreicht«. Falls Sie noch einen alten MAPI-Scanner im Einsatz haben, sollten Sie diesen als eine der ersten Maßnahmen updaten!

VSAPI-Scanner

Mit Exchange Server 5.5 SP3 wurde VSAPI 1.0 eingeführt. Die Buchstaben stehen für **V**irus **S**canning **A**pplication **P**rogramming **I**nterface. In Exchange 2003 findet sich VSAPI-Version 2.5.

Grundsätzlich wird bei jeder Mail, die ein Client öffnen möchte, geprüft, ob diese bereits mit den aktuellen Viren-Signaturen gescannt worden ist. Wenn nicht, wird sie zur Prüfung an den Virenscanner übergeben. Auf diese Weise wird sichergestellt, dass keine virenbehaftete Mail an einen Client übergeben wird.

VSAPI legt eine Queue an, in die zu scannende Objekte eingestellt werden. Damit aktuell von Clients angeforderte Nachrichten möglichst schnell und ohne nennenswerte Wartezeiten für die Anwender gescannt werden können, ist VSAPI wie folgt implementiert:

- Die Queue wird von mehreren Prozessen bedient (2 * Anz. Prozessoren + 1).

- Von Clients aktuell angeforderte Nachrichten werden mit hoher Priorität eingestellt, sonstige zu scannende Objekte werden erst bearbeitet, wenn keine Benutzeranforderungen vorliegen.

Eine wesentliche Neuerung von VSAPI 2.5 gegenüber den älteren Versionen ist die Möglichkeit, Virenscanner auf Exchange Servern aufzusetzen, die nicht über Postfächer verfügen. Dies betrifft dedizierte Bridgehead- oder Gateway-Server.

Die Leistung von VSAPI kann (und sollte) durch entsprechende Performancemonitor-Datenquellen überwacht werden. Das Leistungsobjekt MSExchangeIS bietet 18 Indikatoren an; klicken Sie auf den Schalter »Erklärung«, um eine kurze Beschreibung zu dem jeweiligen Leistungsindikator zu erhalten.

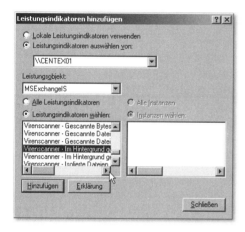

Abbildung 16.130 Im Performancemonitor finden Sie 18 Leistungsindikatoren zur Überwachung des Scannens nach Viren.

Die Empfehlung ist ganz eindeutig, einen VSAPI-basierten Virenscanner einzusetzen. Achten Sie bei der Auswahl darauf, dass VSAPI 2.5 unterstützt wird.

ESE-basierte Virenscanner (auch ESE-API)

Einige Virenscanner fügen zwischen dem Exchange-Informationsspeicher und der ESE (Extensible Storage Engine) eine weitere Interfaceschicht ein. Jede Nachricht, die zwischen ESE und Informationsspeicher transportiert wird, wird gescannt.

Zu empfehlen ist also grundsätzlich die Verwendung eines VSAPI-basierten Virenscanners.

Achtung Sybari Antigen-Anwender Wenn Sie das Produkt installieren, wird eine der ersten Fragen sein, welchen Modus Sie verwenden möchten. Angeboten werden »Extensible Storage API« und »Virus Scanning API«. Gemeinerweise ist die ESE-API vorselektiert. Stellen Sie trotzdem auf die kompatiblere und von Microsoft unterstützte VSAPI um (Abbildung 16.131).

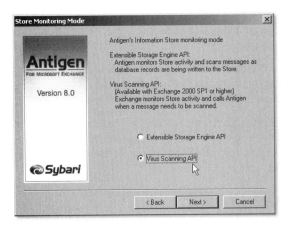

Abbildung 16.131 Sybari Antigen-Anwender sollten als Arbeitsmethode die VSAPI vorgeben. Die Nutzung der ESE-API wird von Microsoft nicht unterstützt.

Diese Vorgehensweise hört sich grundsätzlich nicht schlecht an, der Haken ist allerdings, dass sie nicht von Microsoft unterstützt wird! Das liegt primär daran, dass vom Virenscanner die originale ESE.DLL ausgetauscht wird.

16.7.3 Filescanner auf Exchange Servern

Es ist durchaus denkbar, auf dem Exchange Server einen Datei-Virenscanner laufen zu lassen, der zum einen die im Filesystem liegenden Dateien regelmäßig untersucht und zudem mit einem residenten Modul sämtliche Dateien, die geöffnet werden, scannt. Diese Scanner können durchaus zu massiven Fehlfunktionen von Exchange führen: Wenn der Scanner beispielsweise verhindert, dass Exchange ein neues Logfile anlegt, auf die *.CHK-Datei zugreift oder die Datenbankdatei sperrt, führt das schlicht und ergreifend zu einem Exchange-Problem. Im besten Fall wird der Informationsspeicherdienst nicht bereitgestellt, im ungünstigsten Fall wird der Informationsspeicher beschädigt (z.B. »1018-Fehler«).

Konfigurieren Sie einen Datei-Virenscanner so, dass er die folgenden Objekte nicht scannt:

- Alle Verzeichnisse mit Exchange-Datenbanken und -Logfiles. Vorsicht, wenn diese auf unterschiedliche Platten verteilt worden sind.
- Die Dateien in **Exchsrvr\Mtadata**
- Die Dateien in **Exchsrvr\servername.log**
- Die Dateien in **Exchsrvr\Mailroot** (nebst Unterverzeichnissen)
- Das Arbeitsverzeichnis, das bei der Konvertierung von Nachrichten (Streaming => MDB) verwendet wird. Standardmäßig ist dies **Exchsrvr\Mdbdata**, es kann aber verschoben werden (siehe Knowledge Base-Artikel 822936).
- Das Arbeitsverzeichnis, in dem **Eseutil.exe** arbeitet
- SRS-Dateien im Verzeichnis **Exchsrvr\Srsdata**
- Dateien des IIS im Verzeichnis **%SystemRoot%\System32\Inetsrv**

Wirklich problematisch in Exchange 2000 war das M:-Laufwerk. Über dieses konnte man via Filesystem auf den Exchange-Informationsspeicher zugreifen, und zwar bis auf jede einzelne Nachricht, die als EML-Datei angezeigt wird. Wenn Datei-Virenscanner sich auf dieses M:-Laufwerk gestürzt haben, hat dies häufig zu schweren Schäden am Informationsspeicher geführt.

Falls Sie aus Kompatibilitätsgründen (zu alten Anwendungen) den Informationsspeicher als ein Laufwerk darstellen, müssen Sie unbedingt darauf achten, dass kein Dateivirenscanner darauf angewendet wird.

16.7.4 Praxistest des Virenscanners

Um Virenscanner zu testen, kann man das EICAR.COM-Virus verwenden. Hierbei handelt es sich um eine Testdatei, die von allen wesentlichen Scannern als Virus erkannt wird. Diese Datei finden Sie problemlos, wenn Sie nach dem Namen googlen.

Wenn Sie eine Mail mit diesem Testvirus an Ihre Organisation senden möchten, ist das oft ein wenig problematisch, weil zum einen die diversen öffentlichen Webmaildienste Viren bereits beim Senden herausfiltern, außerdem wird der Virenscanner auf Ihrem Desktop reagieren, wenn Sie mit EICAR.COM hantieren.

Natürlich ist das Problem lösbar – damit das Testen ein wenig einfacher wird, können Sie auf **http://www.boddenberg-projects.net/mailtest** zugreifen. Diese kleine Web-Applikation kann folgende Dateianhänge versenden:

- Testvirus **EICAR.COM**. Damit es für den Virenscanner ein wenig schwieriger wird, ist die Datei in **vtest.lst** umbenannt worden.
- Word-Dokumente (um Gateways zu testen, die *.doc-Anhänge nicht zulassen)
- Word-Dokumente mit VBA-Makro (viele Firmen wollen keine Office-Dokumente mit Makros zulassen)
- JPG-Bilder (um Gateways zu testen, die *.jpg-Anhänge nicht zulassen)

16.8 Spam/Intelligent Message Filter

Eine ernst zu nehmende Plage ist die tägliche Spam-Flut. Zwar gibt es in dem ein oder anderen Land Gesetzesinitiativen, wie viel diese in der Praxis wert sind, sehen Sie jeden Tag in Ihrem Posteingang …

In der englischsprachigen Literatur finden Sie häufig die Abkürzungen UCE und UBE:

- Unsolicited Commercial E-mail (unaufgeforderte kommerzielle Mail)
- Unsolicited Bulk E-mail (unaufgeforderte Massen-Mail, hierunter fallen auch Sendungen mit angehängten Viren, Trojanern etc.)

In diesem Buch werde ich den mittlerweile »weltsprachlichen« Ausdruck Spam verwenden – damit kann heute jeder etwas anfangen.

Abbildung 16.132 Wenn Sie sich einen harmlosen (!) Testvirus senden möchten, können Sie auf die Website http://www.boddenberg-projects.net/mailtest zugreifen.

Widmen wir uns zunächst der Frage, was jemanden antreibt, ein Spammer zu sein. Die schockierende Wahrheit ist, dass der Spam-Versand ein sehr lukratives Geschäft ist:

- Nehmen wir an, jemand versendet 15 Millionen Spam-Mails mit irgendwelchen dubiosen Angeboten, beispielsweise gefälschtem Viagra, gefälschter Software etc. Der größte Teil (vermutlich alle) der über diesen Weg angebotenen Produkte ist gefälscht, sonst könnten auch nicht die erschreckend günstigen Preise zustande kommen.
- Nehmen wir weiterhin an, dass 0,25 Promille (ein Viertausendstel) der Empfänger auf diese Werbung hereinfällt und bestellt (das wären bei 15 Millionen Empfängern 3750 Personen).
- Wenn der Spammer auch nur $10 pro Besteller verdient, hat eine Spam-Aussendung $37.500 gebracht – und er hatte nicht viel Arbeit damit.

Diese simple Rechnung zeigt, dass die Spammer die Tätigkeit mit Sicherheit nicht einstellen werden, weil es einfach ein absolut lukratives Geschäft ist. Mir fallen wenige Tätigkeiten ein, bei denen man mit wenigen Mausklicks knapp $ 40.000 einnehmen kann – die anderen mir einfallenden Tätigkeiten, bei denen das klappt, sind ebenfalls kriminell, allerdings mit einem größeren Risiko behaftet, erwischt zu werden.

Die Hoffnung, dass Spam sich irgendwann erledigt, weil potenzielle »Reagierer« (Empfänger) dazugelernt haben, wird sich nicht erfüllen, zwei Gründe sprechen dagegen: Erstens gibt es auch nach vierzig Jahren immer noch genügend Leute, die auf Kaffeefahrten überteuerte und minderwertige Rheumadecken, Magnetmatratzen und Murmeltiersalbe kaufen. Zweitens kommen jeden Tag Hunderttausende neue Internetbenutzer hinzu, die keine Ahnung haben, dass Angebote von Spammern eben nicht seriös sind (»guck mal, wie billig bei xyz.com das Viagra angeboten wird«).

Kommen wir wieder zurück zu der Wirkung von Spam im Unternehmen: Selbst wenn die empfangenen Spam-Mails keine Viren oder Trojaner enthalten, sind sie außerordentlich lästig, weil die Benutzer sich mit der Verarbeitung, also dem Löschen, beschäftigen müssen. Den täglichen Schaden für ein Unternehmen mit 500 PC-Arbeitsplätzen kann man leicht abschätzen: Wenn jeder Benutzer sich täglich 10 Minuten mit der Spam-Flut in seinem Posteingang beschäftigt, verliert das Unternehmen 5000 Arbeitsminuten bzw. ca. 83 Stunden bzw. 10 Personentage! Nun ist zwar noch nicht jedes Postfach im Unternehmen verseucht (= auf den Adresslisten der Spammer), aber glauben Sie mir, das kommt schon noch!

Die Kernfrage ist natürlich, wie man mit dem Problem umgeht. An erster Stelle steht natürlich jeweils der vorsichtige Umgang mit der eigenen Mailadresse, zum Beispiel: nicht in Newsgroups als Absender angeben, keine Mailadressen auf Websites veröffentlichen, nicht in dubiose Mailinglisten eintragen etc. Das »Geheimhalten« der Mailadresse steht nun allerdings im Widerspruch zu den Kommunikationsinteressen des Benutzers. Im Zweifelsfall müssen Sie aber ohnehin damit rechnen, dass ein Spammer, wie auch immer, mit der Zeit auch an die Email-Adresse des letzten Benutzers Ihrer Firma kommt.

Leider ist es nicht ganz trivial, eingehenden Spam wirklich zuverlässig zu filtern. Grundsätzlich kann man zwischen drei Lösungswegen unterscheiden:

- Organisatorische Lösung
- Filterung mit Blacklists
- Technisches Erkennen von Spams

Die organisatorische Lösung (die Bezeichnung ist nicht ganz exakt) basiert darauf, dass jeder Benutzer, der Ihrer Organisation Mails sendet, authentifiziert wird. Dies wird beispielsweise so realisiert, dass einem Benutzer, der das erste Mal eine Nachricht an einen Anwender Ihrer Organisation sendet, eine Mail zugesendet wird. Diese enthält einen Link, den er anklicken muss, um seine Identität zu bestätigen.

Dieses Verfahren funktioniert prinzipiell, allerdings kann man absolut nicht davon ausgehen, dass jeder Absender auch bereit ist, seine Identität durch Klick auf den gesendeten Link zu bestätigen. Es könnte sein, dass er die entsprechende Mail Ihres Systems übersieht oder auch schlicht und ergreifend nicht dazu bereit ist.

Im geschäftlichen Bereich, in dem Sie definitiv darauf angewiesen sind, jede Mail eines bestehenden oder potenziellen Kunden zuverlässig zu erhalten, dürfte diese organisatorische Lösung daher entfallen. Die Wahrscheinlichkeit, dass Geschäftspartner über diese »Hürde« im Email-Verkehr entweder verärgert sind oder sie einfach nicht überspringen (sprich: ihre Authentizität nicht bestätigen) ist einfach zu groß.

Ich könnte mir vorstellen, dass mit zunehmender Verbreitung der digitalen Signatur in den nächsten Jahren eine weitere Möglichkeit entsteht: Man könnte sämtliche Mails, die nicht mit einem Schlüssel einer anerkannten Zertifizierungsstelle signiert sind, abweisen. Aber auch hier bleibt natürlich die Grauzone der Mails von Absendern, die technisch eben nicht so weit sind, dass sie Mails signieren können oder wollen. Es wird sicherlich kompliziert sein, einem Kunden, der seine ausgehenden Mails nicht entsprechend signieren kann oder will, klar zu machen, dass man mit ihm nicht kommunizieren kann – er wird sich vermutlich einen anderen Lieferanten, der seine Mails akzeptiert, suchen.

Da die eher organisatorischen Lösungsansätze in der Praxis wenig tauglich sind, werden wir in den nächsten Abschnitten einige technische Möglichkeiten anschauen. Zunächst lernen Sie Blacklists kennen, dann beschäftigen wir uns mit diversen in Exchange 2003 bereits integrierten Möglichkeiten, um dann als Beispiel für einen Spam-Scanner den Intelligent Message Filter (IMF) von Microsoft anzuschauen.

Ein weiterer Ansatz ist übrigens die »Sender ID«. Dieses Verfahren wird in Abschnitt 3.2.2 vorgestellt.

16.8.1 Blacklists

Die Vermeidung von Spam mittels Blacklists wird bereits seit mehreren Jahren praktiziert. Seit in Exchange 2003 nun eine Einbindung von Blacklist-Providern ohne Zusatzprodukte möglich ist, wird dieses Hilfsmittel auch für Exchange-Administratoren zunehmend interessant.

Die Idee hinter den diversen Blacklists ist so einfach wie einleuchtend (Abbildung 16.133):

- Zentrale Anbieter speichern die IP-Adressen aller Server, die (freiwillig oder unfreiwillig) Spam verteilen, in Blacklists.
- Wenn ein Mailserver einem anderen Mails zustellen möchte, prüft das empfangende System zunächst, ob die IP-Adresse des sendenden Systems in der Blacklist steht.
- Steht die IP-Adresse des Senders in einer Blacklist, nimmt der Empfänger an, dass es sich um eine Übermittlung von Spam handelt, und lehnt die Mails ab.

Probleme für Firmen, die Blacklists verwenden

Das System wäre absolut perfekt, wenn man sich sicher sein könnte, dass wirklich nur die Systeme der Spammer blockiert werden – das ist aber nicht der Fall. Wo liegen also die Schwachpunkte des Systems?

Ist ein Mailserver schlampig konfiguriert und arbeitet er als »offenes Relay« (siehe Abschnitt 8.2.2), kann das in Abbildung 16.134 gezeigte Szenario entstehen:

- Ein Spammer stellt fest, dass das Mail Relay der Firma abc »offen« ist. Weltweit offene Relays herauszufinden, ist absolut kein Problem: Eine Applikation, die sämtliche IP-Adressen der Welt durchscannt und auf ein offenes Relay prüft, kann jeder Programmierer innerhalb von 30 Minuten erstellen!
- Der Spammer lädt nun seine »Fracht« bei diesem offenen Relay ab. Im Zweifelsfall sind das mehrere zehntausend Mails.
- Das Relay der Firma abc wird, da es schlecht konfiguriert ist, den Spam an die Empfänger zustellen.

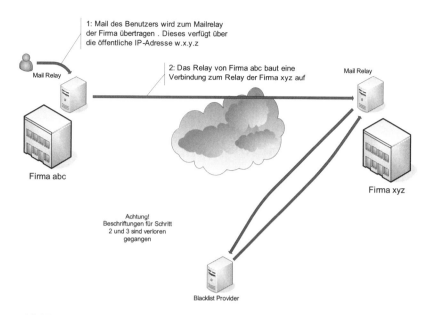

Abbildung 16.133 Funktionsweise der Spam-Vermeidung mit Unterstützung eines Blacklist-Providers: Bevor Mail angenommen wird, überprüft das empfangende System, ob die IP-Adresse des Senders als Spam-Verursacher bekannt ist.

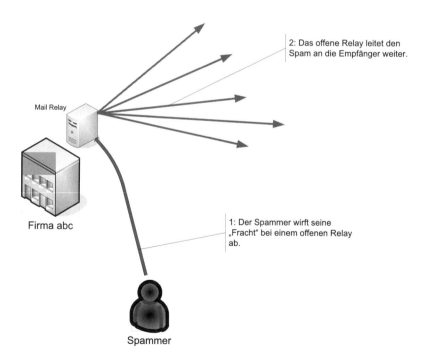

Abbildung 16.134 Das Mail Relay in einer Firma kann unfreiwillig zur Spamverteilung verwendet werden, wenn es schlecht konfiguriert ist.

Fakt ist, dass die Firma abc ungewollt Spam verteilt. Die Wahrscheinlichkeit ist relativ hoch, dass dieses System recht bald in den Listen der diversen Blacklist-Provider aufgeführt wird. An Unternehmen, die mit Blacklists arbeiten, kann Firma abc nun keine Mails mehr versenden, weil diese schlicht und ergreifend nicht entgegengenommen werden. Die Anwender in der Firma abc werden sich vermutlich wundern, warum sie einerseits jede Menge NDRs (non delivery report) und andererseits keine Antworten von den Korrespondenzpartnern mehr erhalten ...

Hierzu eine wahre Geschichte, die ich vor einigen Jahren erlebt habe: Eine Firma hatte schon vor Jahren Mails von Sendern abgelehnt, die in einer Blacklist aufgeführt waren. Einer der Kunden dieser Firma hatte seinen Exchange 5.5-Server nicht richtig im Griff, so dass dieser als offenes Relay konfiguriert war; schlimmer noch, das System war auch tatsächlich von Spammern missbraucht worden und in diversen Blacklists als Spamverteiler aufgeführt. Die Moral von der Geschicht: Die Mails des Kunden wurden von dem Server der Firma abgelehnt, schließlich war das System als Spamverteiler gelistet.

Sie können sich sicher Folgendes vorstellen:

- Der Kunde ist sauer, dass seine Mails nicht angenommen werden.
- Der Vertrieb kann einem wenig technisch bewanderten Entscheider kaum erklären, warum dessen Mails blockiert werden; der Kunde droht den Abbruch der Geschäftsverbindung an.
- Da die IT-Abteilung der Firma sich weigert, Mails von diesem Kunden dennoch zu akzeptieren und die Geschäftsleitung nicht schnell genug entschieden hat (Eskalationswege in großen Firmen sind lang), macht der Kunde seine Drohung wahr und bricht die Geschäftsbeziehung ab (»Wenn Sie unsere Mails nicht annehmen, bekommen Sie keine Aufträge von uns ...«).

Wenn Sie ernsthaft über den Einsatz von Blacklists nachdenken, sollten Sie sich also über folgende Konsequenzen im Klaren sein:

- Es kann sein, dass einer Ihrer Geschäftspartner (bzw. dessen Mailserver) ungewollt auf die Blacklists gerutscht ist.
- Können Sie, wenn der zuvor genannte Fall tatsächlich eintritt, Ihrem Geschäftspartner plausibel erklären, warum Sie dessen Mails ablehnen? Auch wenn die technische Argumentation einwandfrei ist, stößt das Ablehnen von Mails häufig nicht auf allzu große Gegenliebe!
- Je mehr Geschäftspartner Sie haben, desto wahrscheinlicher ist der Fall, dass einige von diesen auf Blacklists auftauchen. Insbesondere wenn Sie mit Firmen mit unerfahreneren Administratoren zu tun haben, könnten diese ein offenes Relay übersehen.

Grundsätzlich müssen Sie entscheiden, ob Sie es riskieren möchten, Mails eines auf die Blacklist gerutschten Geschäftspartners abzulehnen.

Bei der Spambekämpfung werden Sie immer wieder abwägen müssen, wie »scharf« die Antispam-Systeme vorgehen sollen. Im Gegensatz zur Virenbekämpfung führt eine »niedrigere Toleranzschwelle« zu einer höheren Anzahl an False Positives, also Mails, die fälschlich als Spam erkannt worden sind.

Technische Hintergründe

Damit Sie Ihre Entscheidung, ob Sie Blacklists einsetzen möchten, fundiert treffen können, werde ich Ihnen in diesem Abschnitt ein wenig Hintergrundwissen zu Spam und Blacklists präsentieren.

Zunächst untersuchen wir den Message Header einer Spammail. Ich habe in meine reichhaltige Sammlung von Spam gegriffen und eine Mail als Beispiel herausgezogen. Die Kopfzeilen kann man sehr einfach durch den Aufruf der »Optionen« einer Mail anschauen (Abbildung 16.135).

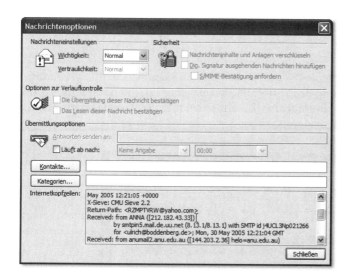

Abbildung 16.135 Den Message Header einer Mail können Sie im Dialog »Optionen« einsehen (»Internetkopfzeilen«).

Kopiert man die Kopfzeilen aus dem Optionen-Dialog (Abbildung 16.135) in einen Texteditor, kann man die Informationen wesentlich besser interpretieren (Abbildung 16.136):

- Die ersten beiden fettgedruckten Zeilen (2, 3) sind von dem Mailserver des Providers UUNET, von dem diese Mail per POP3 empfangen wurde, eingefügt worden. Für die Spam-Untersuchung sind diese nicht weiter relevant.

- Die sechste und siebte Zeile sind spannend: Hier kann man herauslesen, dass das UUNET Mail-Relay die Spammail von einem Server mit der IP-Adresse 212.182.43.33 empfangen hat.

- Die Wahrscheinlichkeit, dass die übrigen Kopfzeilen, in diesem Fall die dritte »Received: from«-Zeile, gefälscht sind, dürfte in etwa bei 100 % liegen. Die einzige Zeile, auf die Sie sich verlassen können, ist die »Received: from«-Zeile, die von Ihren Systemen eingefügt worden ist.

- Beachten Sie die Betreffzeile »Via-ggra« statt »Viagra«: Da viele Spamfilter auf das Stichwort »Viagra« (in korrekter Schreibweise) reagieren, versuchen Spammer diese mit leichten Verfremdungen zu täuschen.

```
Return-Path: <RZMPTVRW@yahoo.com>
Received: from smtpin5.mail.de.uu.net (dhuumsmtpgw5.dtm.ops.eu.uu.net [194.139.33.93])
          by dhuumdeph0.dtm.ops.eu.uu.net (Cyrus v2.1.16) with LMTP; Mon, 30 May 2005 12:21:05 +0000
X-Sieve: CMU Sieve 2.2
Return-Path: <RZMPTVRW@yahoo.com>
Received: from ANNA ([212.182.43.33])
          by smtpin5.mail.de.uu.net (8.13.1/8.13.1) with SMTP id j4UCL3Np021266
          for <ulrich@boddenberg.de>; Mon, 30 May 2005 12:21:04 GMT
Received: from anumail2.anu.edu.au ([144.203.2.36] helo=anu.edu.au)
          by smtp7.sepck.nl with esmtp ( 3.35 #1 ())
          id 6A0nEM-0008Er-00
Date: Mon, 30 May 2005 18:18:36 +0500
Message-ID: <NCBBK152ALMIN508IOENFKEPFE135..Hampson@.Com>
From: "Odell Ritchie" <RZMPTVRW@yahoo.com>
To: ulrich@boddenberg.de
Subject: Via-ggra is Lousy ivQ6
```

Abbildung 16.136 Im Message Header kann man nachvollziehen, wer die Spammail an Ihr System übermittelt hat.

Interessant ist nun zu prüfen, ob die IP-Adresse, von der die Spammail an Ihr System übermittelt wurde, bei den diversen Blacklist-Providern bekannt ist. In Abbildung 16.137 sehen Sie das Ergebnis der Überprüfung der IP-Adresse bei **http://www.spamhaus.org**: Sie sehen, dass dieses System als Spamverursacher oder -verteiler bekannt ist!

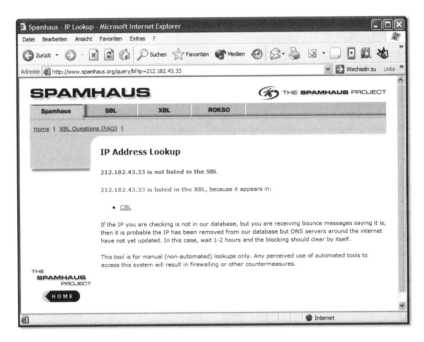

Abbildung 16.137 Die Überprüfung der IP-Adresse bei einem Blacklist-Provider zeigt, dass das fragliche System als Spamverursacher oder -verteiler bekannt ist.

Nun wäre es natürlich sehr unpraktisch, wenn man die Blacklist nur mit dem Webinterface abrufen könnte. Für die automatisierte Abfrage bieten die meisten Blacklist-Anbieter eine Abfrage über DNS an.

Um den »Spamstatus« der IP-Adresse w.x.y.z abzufragen, wird bei Spamhaus.org eine DNS-Abfrage nach folgendem Namen abgesetzt: z.y.x.w.sbl-xbl.spamhaus.org

Wenn die IP-Adresse als Spamverursacher bekannt ist, wird eine IP-Adresse zurückgegeben, ansonsten (d. h., wenn die IP-Adresse nicht als Spamverursacher aufgefallen ist) wird zurückgemeldet, dass der Host nicht bekannt ist.

Eine Liste von möglichen Rückgabewerten sehen Sie in Abbildung 16.138. Bei Spamhaus.org können Sie aus dem Rückgabewert auf die Datenbank schließen, in der der Spamverursacher gespeichert wurde. Andere Blacklist-Provider übermitteln mit den Rückgabewerten einen näheren Status zu dem Eintrag, beispielsweise Spamverursacher, offenes Relay etc. Grundsätzlich gilt bei allen Blacklist-Providern, dass ein Rückgabewert bedeutet, dass die IP-Adresse auf irgendeine Art ein Spammer ist.

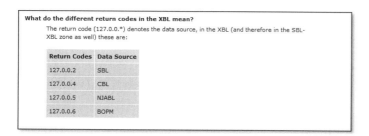

Abbildung 16.138 Die Rückgabewerte bei Spamhaus.org verweisen auf die Datenbank, in der der Eintrag gefunden wurde. Andere Blacklist Provider übermitteln mit den Rückgabewerten andere Informationen.

Mit nslookup kann man sehr einfach die Abfrage der Blacklist-Provider durchführen. In Abbildung 16.139 sehen Sie die Überprüfung der Spam-Absenderadresse bei Spamhaus.org und Spamcop.net. Bei beiden wird eine IP-Adresse zurückgegeben, die IP-Adresse ist also als Spammer bekannt.

Diese hier manuell durchgeführte DNS-Abfrage lässt sich bei Exchange 2003 automatisiert abfragen. Die entsprechenden Einstellmöglichkeiten finden Sie unter »Verbindungsfilterung« (genauer erläutert in einem der nächsten Abschnitte).

Abbildung 16.139 Mit DNS-Abfragen kann der Status einer IP-Adresse bei Blacklist-Providern geprüft werden.

16.8.2 Exchange-»Bordmittel«

Exchange 2003 bringt bereits einige Bordmittel mit, die zur Vermeidung oder zumindest Minimierung von Spam eingesetzt werden können. Die entsprechenden Konfigurationsdialoge finden Sie unterhalb der »Globalen Einstellungen«. Rufen Sie den Eigenschaften-Dialog des Knotens »Nachrichtenübermittlung« auf.

Abbildung 16.140 In den Eigenschaften des Knotens »Nachrichtenübermittlung« finden sich etliche Möglichkeiten zur Minimierung von Spam.

Bevor Sie über weitere Antispam-Schritte entscheiden, sollten Sie sicherstellen, dass Ihr Server nicht als offenes Relay konfiguriert ist (Abschnitt 8.2.2) – das wäre nämlich fatal: Denken Sie an den Abschnitt über die Blacklists.

Standard/Größenbeschränkungen

Die Einstellmöglichkeiten auf der Karteikarte »Standard« haben nun prinzipiell wenig mit Spambekämpfung zu tun, sind so gesehen in diesem Abschnitt eigentlich falsch. Da dieser Dialog an keiner anderen Stelle des Buchs gezeigt wird, möchte ich Sie hier dennoch auf diese für die komplette Exchange-Organisation geltenden Beschränkungen für die Nachrichtengröße hinweisen. Behalten Sie es im Hinterkopf: Die unter den globalen Einstellungen angesiedelten Konfigurationsmöglichkeiten werden von vielen Administratoren an so ziemlich jeder Stelle im Exchange-Verwaltungswerkzeug gesucht – nur nicht unter den globalen Einstellungen.

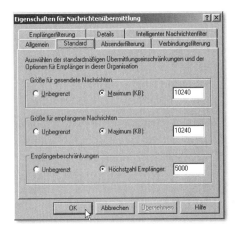

Abbildung 16.141 Die globalen Einstellungen für die Nachrichtengröße und die maximale Anzahl der Empfänger einer Mail finden Sie in diesem Dialog.

Absenderfilterung

Auf der Karteikarte »Absenderfilterung« können Absendernamen vorgegeben werden, deren Nachrichten von Exchange blockiert werden sollen. Im Allgemeinen ist diese Option zur Spambekämpfung eher nur begrenzt geeignet, da Spammer in der Regel für jede Aussendung andere (gefälschte) Absenderadressen verwenden. Um Mails einer kompletten Domain zu blockieren, können Wildcards verwendet werden, also beispielsweise `*@spamhammel.net`.

Die auf der Abbildung ausgeblendete Checkbox »Nachrichten annehmen, ohne Absender von der Filterung in Kenntnis zu setzen« wird anwählbar, wenn Sie die darüber liegende Checkbox deaktivieren. Ist sie aktiviert, wird der Exchange Server nicht zusätzlich damit belastet, Fehlermeldungen an die Absender zu übermitteln. Auf stark belasteten Systemen kann das durchaus Sinn machen; wenn Sie davon ausgehen, dass auch versehentlich als Spam geblockte Mails von Geschäftspartnern darunter sein könnten, sollten Sie Unzustellbarkeitsnachrichten erstellen lassen. Zumindest werden die Absender dann informiert, dass ihre Mails den Empfänger nie erreichen.

Abbildung 16.142 Mails von hier angegebenen Absendern werden von Exchange blockiert.

Verbindungsfilterung

Auf der Karteikarte »Verbindungsfilterung« können Blacklist-Provider eingetragen werden. Recht ausführliche Hintergrundinformationen zu dieser Thematik finden Sie in Abschnitt 16.8.1. Mit dem dort vermittelten Wissen werden Sie problemlos in der Lage sein, die Prüfung anhand einer Blacklist zu konfigurieren.

Alternativ zu der Prüfung mit Blacklists können Sie auch manuell Annahme- oder Verweigerungslisten konfigurieren.

Beachten Sie bitte, dass diese Regeln nur bei nicht-authentifizierten (= anonymen) Verbindungen angewendet werden.

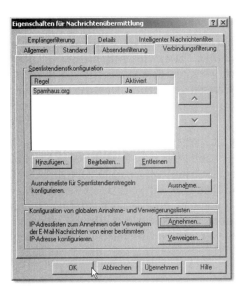

Abbildung 16.143 Auf der Karteikarte »Verbindungsfilterung« kann die Prüfung der IP-Adressen von sendenden Mailsystemen durch Blacklists konfiguriert werden.

Empfängerfilterung

Die dritte Karteikarte dient zum Blockieren von Nachrichten, die an bestimmte Empfänger gesendet werden. Wenn die Benutzer Ihrer Firma beispielsweise als Absender für Postings in Newsgroups eine Adresse wie spam@centince.de verwenden, können Sie diese hier eintragen und Nachrichten an diese blockieren lassen. Beachten Sie bitte folgende Punkte:

- Die Filterung wird nur bei anonym übermittelten Nachrichten angewendet.
- Es können nur Empfänger blockiert werden, die sich in Domains befinden, für die der Exchange Server autorisiert (= »zuständig«) ist.
- Wildcards (*@centince.net) können verwendet werden.

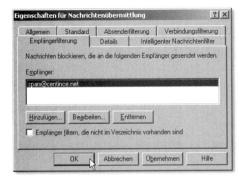

Abbildung 16.144 Mails an bestimmte Empfänger (definierbar mit Wildcards) können blockiert werden.

Aktivieren der Filter beim virtuellen SMTP-Server

Wenn Sie Änderungen an den Filtereinstellungen vornehmen, wird Exchange Sie beim Speichern darauf hinweisen, dass die Filter für die virtuellen SMTP-Server manuell aktiviert werden müssen (Abbildung 16.145).

Abbildung 16.145 Nach dem Anpassen von Filtern wird Exchange Sie darauf hinweisen, dass die Filter bei den virtuellen SMTP-Servern manuell aktiviert werden müssen.

Bei jedem einzelnen virtuellen SMTP-Server kann die Nutzung der Filtereinstellungen, die im Dialog »Nachrichtenübermittlung« (in den globalen Einstellungen) vorgegeben werden, pro Filter individuell aktiviert werden. Mehr noch, wenn ein virtueller SMTP-Server auf mehrere IP-Adressen oder Portnummern (= Identitäten) reagiert, kann auch für diese die Anwendung der Filter individuell konfiguriert werden (Abbildung 16.146).

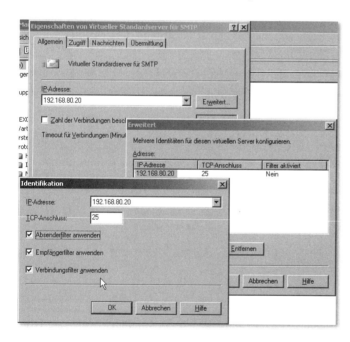

Abbildung 16.146 Bei den einzelnen virtuellen SMTP-Servern kann die Anwendung der Filter individuell aktiviert werden. Dies gilt auch für die unterschiedlichen Identitäten der virtuellen SMTP-Server.

16.8.3 Intelligent Message Filter

Die im vorherigen Abschnitt vorgestellten »Bordmittel« reichen natürlich für die erfolgreiche Spam-Bekämpfung nicht ansatzweise aus. Es gibt mittlerweile Spamfilter von vielen unterschiedlichen Herstellern. Die meisten Hersteller von Antiviren-Produkten haben mittlerweile auch Spamfilter im Angebot, zudem sind diverse Spezialhersteller mit ihren Produkten im Markt aktiv.

Microsoft selbst hat ein interessantes Antispam-Produkt im Einsatz, das zudem auch kostenfrei erhältlich ist. Die Rede ist hier von dem Intelligent Message Filter, der für Exchange 2003 erhältlich ist.

Intelligent Message Filter basiert auf der von Microsoft Research entwickelten Smart-Screen-Technologie.

Im Exchange Service Pack 2 ist der Intelligent Message Filter bereits enthalten (siehe Abschnitt 3.2.1).

Spam Confidence Level

Bevor ich Ihnen die Architektur des Intelligent Message Filters vorstelle, erläutere ich Ihnen den Begriff »Spam Confidence Level« (SCL). Der SCL ist der Dreh- und Angelpunkt im Intelligent Message Filter (IMF), er bezeichnet die Wahrscheinlichkeit, dass eine Mail tatsächlich Spam ist. Wenn die Mail vom IMF untersucht wird, erhält sie einen SCL, der ein Wert zwischen 0 und 9 ist. Die Mail behält diesen SCL während der gesamten Lebensdauer in Ihrer Exchange-Organisation.

Die »0« bedeutet, dass die Mail keinesfalls Spam ist, »1« heißt, dass die Mail vielleicht Spam sein könnte, und bei einem Wert von »9« ist sich IMF absolut sicher, dass es sich bei der untersuchten Mail um Spam handelt.

SCL	Beschreibung
–1	Dieser Wert wird zur Kennzeichnung interner Mails (= die über eine authentifizierte Verbindung eingeliefert worden sind) verwendet. Er dient zur Vermeidung von »False Positives«, d.h. eine Mail aus dem internen Bereich kann per Definition kein Spam sein.
0	Mit »0« werden Nachrichten gekennzeichnet, die kein Spam sind.
1–9	Mit dem Wert »1« gekennzeichnete Nachrichten sind eventuell Spam; Nachrichten mit »9« sind mit größter Sicherheit Spam.

Architektur und Anwendung

Beginnen wir diesen Abschnitt mit der Fragestellung, wo der Intelligent Message Filter installiert werden muss. Die Antwort ist schnell gegeben, nämlich auf den Exchange Servern, deren virtuelle SMTP-Server Mail aus dem Internet entgegennehmen, im Klartext also auf Ihren Gateway- und Bridgehead-Servern.

Wenn Sie nur einen einzigen Exchange Server betreiben, wird auf diesem IMF installiert – schließlich nimmt ja auch dort ein virtueller SMTP-Server Nachrichten aus dem Internet entgegen.

In Abbildung 16.147 ist die Struktur nochmals abgebildet: Man erkennt, dass »typische« Postfach-Server, die mit der Nachrichtenübermittlung nach außen nichts zu tun haben, kein installiertes IMF benötigen!

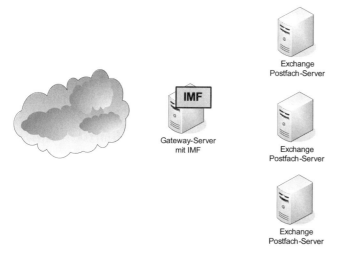

Abbildung 16.147 Nur auf Exchange Servern, deren virtuelle SMTP-Server Mails aus dem Internet entgegennehmen, wird der Intelligent Message Filter installiert – nicht auf reinen Postfachservern!

In Abbildung 16.148 sehen Sie ein Flowchart mit der Darstellung des Ablaufs vom Empfang der Mail bis zur Einsortierung in das Postfach des Benutzers:

- Wenn die Mail angekommen ist, wird sie vom Intelligent Message Filter untersucht, und ein Spam Confidence Level (SCL) wird zugewiesen.
- Auf dem Gateway (sprich auf dem Server des virtuellen SMTP-Servers, der die Mail angenommen hat) ist ein Threshold definiert:
  - Liegt der SCL der Mail über diesem Gateway-Threshold, wird sie je nach Einstellung archiviert (in das Archiv-Verzeichnis kopiert), gelöscht oder abgelehnt. In der Testphase kann sie auch einfach weitergesendet werden (»Keine Aktion«).
  - Liegt der SCL der Mail unter dem Gateway-Threshold, wird sie »ganz normal« zu dem Postfachserver des Benutzers transportiert.
- Für die Postfachserver existiert ebenfalls ein Threshold.
  - Liegt der SCL der Mail über dem Informationsspeicher-Threshold, wird die Mail in den Junk-E-Mail-Ordner des Benutzers kopiert.
  - Liegt der SCL der Mail unterhalb des Informationsspeicher-Threshold, kommt sie in den Posteingang.

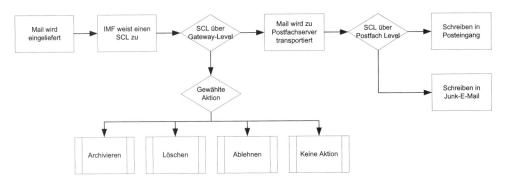

Abbildung 16.148 Der Ablauf der Verarbeitung einer Mail mit dem Intelligent Message Filter

Weil Workflow-Diagramme immer ein wenig abstrakt sind, gibt es noch ein konkreteres Beispiel (Abbildung 16.149):

- Eine Mail wird aus dem Internet an den Exchange Server mit dem SMTP-Gateway gesendet. Auf diesem ist der Intelligent Message Filter installiert, der Gateway-Threshold ist mit »7« definiert.
- Der IMF ermittelt für diese Mail einen SCL von 4 und liegt damit deutlich unter dem Gateway-Threshold von »7«. Die Mail wird also zum Postfachspeicher gesendet.
- Bevor auf dem Postfachserver die Mail in das Postfach des Benutzers einsortiert wird, wird nochmals der SCL geprüft. Für den Informationsspeicher ist ein Threshold von »2« eingestellt worden.
- Die Mail liegt also über dem Informationsspeicher-Threshold und wird demzufolge in den Junk-E-Mail-Folder des Benutzers einsortiert.

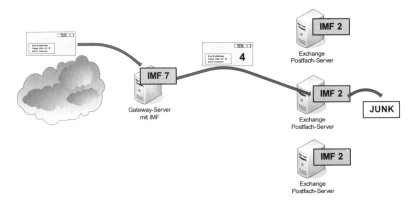

Abbildung 16.149 Konkretes Beispiel für eine Mail, für die ein SCL von »4« ermittelt worden ist.

Überlegung zu den Thresholds

Bevor wir zur eigentlichen Installation schreiten, möchte ich Sie noch mit einigen Überlegungen konfrontieren:

- Das Hauptproblem bei der Spambekämpfung ist, dass eine Software nicht so eindeutig wie im Virenumfeld ermitteln kann, ob eine Mail tatsächlich Spam ist. Moderne Verfahren zur Spamerkennung, wie sie beispielsweise auch im Intelligent Message Filter verwendet werden, sind zwar recht zuverlässig, liegen aber nicht notwendigerweise zu 100 % richtig.
- Aus der Vorbemerkung ergibt sich mehr oder weniger das Hauptproblem aus Anwendersicht: Mails, die eigentlich kein Spam sind, könnten als Spam erkannt und entsprechend behandelt werden. Das Stichwort lautet hier übrigens »False Positives« (fälschlicherweise als positiv/Spam gekennzeichnet).
- Es wäre also durchaus wünschenswert, dass der Benutzer auf »seine« Spammails zugreifen kann. Er kann diese entweder regelmäßig durchsehen oder zumindest suchen, wenn er tatsächlich eine Mail vermisst.

Eine wenig sinnvolle Konfiguration wäre, wenn Sie den Gateway-Threshold auf »1« stellen und als Spam erkannte Nachrichten direkt löschen würden. Ein SCL von »1« bedeutet, dass sich der IMF nicht sehr sicher ist, aber die grobe Vermutung hat, dass es sich um Spam handeln könnte. Anders gesagt, ist die Wahrscheinlichkeit, dass die Mail eben doch kein Spam ist, vergleichsweise groß.

Sie sollten den Threshold des Gateways zumindest in der Anfangsphase auf einen hohen Wert setzen (»8« oder »9«), so dass wirklich nur Mails direkt auf dem Gateway »abgefangen« werden, bei denen der IMF absolut sicher ist, dass es sich um Spam handelt.

Den Threshold für den Informationsspeicher können Sie etwas offensiver wählen, also einen geringeren Wert angeben, beispielsweise »3« oder »4«. Die Mails werden in den Junk-E-Mail-Folder kopiert und können dort vom Benutzer eingesehen werden. Vergessen Sie nicht, Ihre Benutzer darauf hinzuweisen, dass es denkbar wäre, dass »gewollte Mail« im Junk-E-Mail-Folder landen *könnte*.

Die Thresholds sind nun sicherlich eine Konfigurationsmöglichkeit, die regelmäßiger Überprüfung bedarf. Hierzu möchte ich Sie auf einen der späteren Abschnitte (»Leistungsmessung«) verweisen.

Installation und Konfiguration

> **Hinweis** Exchange 2003 Service Pack 2 enthält bereits den Intelligent Message Filter.

Die Installation und Konfiguration des Intelligent Message Filters gestaltet sich sehr einfach:

- Navigieren Sie zu **http://www.microsoft.com/exchange/imf**. Dort können Sie das Installationspaket und eventuell Filterupdates herunterladen.
- Installieren Sie auf allen Servern, die direkt Mails aus dem Internet annehmen, IMF und das Filterupdate. Die Installation ist absolut unkritisch und besteht im Wesentlichen aus der Bestätigung der Lizenzbedingungen.

Der erste Konfigurationsschritt ist die Einstellung der Thresholds. Dies geschieht im Exchange System-Manager in den »Eigenschaften für Nachrichtenübermittlung«. Diesen

Dialog finden Sie in den globalen Einstellungen. Der Dialog verfügt nach der Installation des IMF über die Karteikarte »Intelligenter Nachrichtenfilter« (Abbildung 16.150).

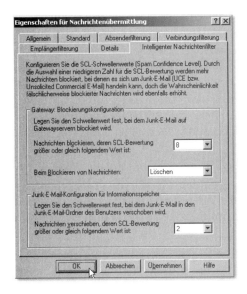

Abbildung 16.150 Der erste Konfigurationsschritt ist die Einstellung der Thresholds für Gateway und Informationsspeicher.

Der Intelligent Message Filter wird jetzt allerdings noch nicht funktionieren, denn für die virtuellen SMTP-Server, die Internet-Mail annehmen, muss IMF separat aktiviert werden:

▶ Navigieren Sie im Exchange System-Manager zu den Protokollen des Gateway-Servers und dort zu »SMTP«. Unterhalb des Knotens »SMTP« sollte nun der Eintrag »Intelligente Nachrichtenfilterung« zu sehen sein (Abbildung 16.151). Wählen Sie im Kontextmenü des Eintrags die »Eigenschaften«.

▶ In dem nun erscheinenden Dialog müssen nur noch die virtuellen SMTP-Server, auf denen IMF arbeiten soll, ausgewählt werden (Abbildung 16.152).

Ab sofort ist der IMF in Betrieb.

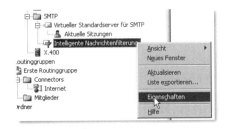

Abbildung 16.151 Unterhalb von **Protokolle · SMTP** findet sich der Knoten »Intelligente Nachrichtenfilterung«; dessen Eigenschaften werden konfiguriert.

Abbildung 16.152 In diesem Dialog wählen Sie alle virtuellen SMTP-Server aus, die Nachrichten aus dem Internet entgegennehmen.

> **Hinweis** Der Postfach-Threshold kann nur von Exchange 2003-Servern ausgewertet und verarbeitet werden!

Leistungsmessung

Um die optimale Konfiguration des Intelligent Message Filters zu finden, ist es natürlich wichtig, einen Überblick darüber zu haben, wie viele Nachrichten überhaupt mit welchem Spam Confidence Level bewertet werden.

Ein Beispiel: Wenn sehr viele Nachrichten mit »5« bewertet werden, würde eine Reduzierung des Informationsspeicher-Threshold von »6« auf »5« überdenkenswert sein. Hier müssen die Benutzer natürlich beobachten, ob die Anzahl der falsch erkannten Spams (»false positives«) dadurch bedenklich ansteigt (wenn Sie mit dem Informationsspeicher-Threshold arbeiten, können die Anwender ja in den Junk-E-Mail-Folder schauen).

Es empfiehlt sich, einige »Pilot-Benutzer« zu haben, die zum einen besonders »spam-verseuchte« Postfächer haben und zum anderen bereit sind, die IT-Abteilung zu unterstützen. Man kann die Wirkung des IMF leider nicht auf bestimmte Postfächer beschränken, allerdings hilft es ja bereits weiter, wenn Sie bei einem Verschärfen (Absenken) der Threshold von Ihren Pilotanwendern die Rückmeldung erhalten, dass die Anzahl der »False Posivitives« nicht angestiegen ist.

Grundsätzliche Informationen wie beispielsweise die Quote der Spams (SCL größer 0) am Gesamtvolumen der eingegangenen Mails wären natürlich ebenfalls nicht uninteressant.

Alle angesprochenen Informationen erhalten Sie im Performance-Monitor. In diesem wird ein zusätzliches Leistungsobjekt »MSExchange Intelligent Message Filter« installiert, das 16 Leistungsindikatoren mitbringt. Die Indikatoren sind weitgehend selbsterklärend, weshalb ich auf die Bedeutung im Einzelnen nicht weiter eingehe (Abbildung 16.153).

Zu erwähnen ist, dass es für den Intelligent Message Filter ein Management Pack für den Microsoft Operations Manager gibt (siehe Abschnitt 19.5).

Abbildung 16.153 Die wesentlichen Parameter des Intelligent Message Filters können im Leistungsmonitor überwacht werden.

Gefilterte Spam-Mails einsehen

Beim Thema »Spam« ist es natürlich grundsätzlich wünschenswert, die als Spam erkannten Mails ggf. einsehen zu können. Insbesondere in der Einführungsphase muss man sich ein Bild davon verschaffen, ob das Anti-Spam-System nicht viel zu viel herausfiltert. Zudem besteht natürlich immer das Risiko, dass »erwünschte« Mails fehlerhaft als Spam eingestuft worden sind.

Mails, die bis zum Informationsspeicher gelangt sind, weil deren SCL unterhalb des Gateway-Threshold liegt, sind hierbei vergleichsweise unproblematisch: Die Mails werden in den Junk-E-Mail-Folder verschoben, in den der Benutzer ja selbst jederzeit schauen kann (vergessen Sie nicht, die Benutzer immer wieder darauf hinzuweisen). Ich mache mir über den Durchschnittsbenutzer keine Illusionen; die wenigsten Benutzer werden nach 10 Minuten noch wissen, worum es in der Mail der IT-Abteilung über »irgendwelchen Junk-Kram« ging – wenn ein Benutzer aber beim Support anruft, weil eine Mail nicht ankommt, kann man ihn relativ leicht in seinem Outlook zu dem entsprechenden Folder führen.

Auch wenn Sie den Informationsspeicher-Threshold zu scharf (= zu niedrig) eingestellt haben, ist das noch kein totaler Beinbruch, denn es gehen ja zunächst keine Mails verloren – trotzdem sollte das natürlich nicht vorkommen, denken Sie an den Helpdesk ...

Kritischer sieht die Lage bei Mails aus, die direkt auf dem Gateway gefiltert werden. IMF kennt für Mails, deren SCL über dem Gateway-Threshold liegt, vier Maßnahmen:

- Löschen
- Ablehnen
- Archivieren
- Keine Aktion

Sie könnten natürlich auf die Idee kommen, auf dem Gateway gar nichts zu unternehmen, sondern sämtliche als Spam erkannten Mails in den Junk-E-Mail-Foldern der jeweiligen

Benutzer auflaufen zu lassen. Ich denke aber, dass das bei Mails, die mit über 99%iger Sicherheit Spam sind, keine so optimale Vorgehensweise ist.

Wenn man also von »Keine Aktion« absieht, ist »Archivieren« die Methode, die Ihnen noch das ein oder andere Hintertürchen lässt. Ein wenig Grundwissen:

▶ Archivierte Mails werden im Verzeichnis des virtuellen SMTP-Servers im Ordner `UceArchive` gespeichert. Das Verzeichnis des virtuellen SMTP-Servers ist standardmäßig **C:\Programme\Exchsrvr\Mailroot\vsi 1**, wobei die auf der Maschine konfigurierten virtuellen SMTP-Server hochgezählt werden.

▶ Das Archiv-Verzeichnis kann unter Umständen sehr schnell sehr groß werden. Es muss regelmäßig per Hand »ausgemistet« werden (Abbildung 16.154).

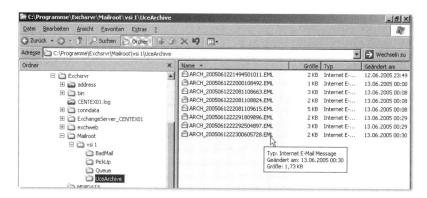

Abbildung 16.154 Archivierte Spams werden im Verzeichnis des jeweiligen virtuellen SMTP-Servers, also im Dateisystem, gespeichert.

Die archivierten Spams können Sie zwar von Hand öffnen, dass es aber nicht die reine Freude ist, mit Notepad Spams anzuschauen, dürfte jedem klar sein.

Es gibt mittlerweile einige Projekte, um etwas bequemer die archivierten Spams kontrollieren zu können: Eines der resultierenden Produkte ist der IMF Archive Manager von James Webster. Dieses Produkt finden Sie bei **http://www.gotdotnet.com**.

Wenn Sie das ZIP-Archiv auspacken, finden sich darin ein .NET-Executable, das Sie einfach durch Mausklick starten können. Beim ersten Start werden Sie nach dem Archive Folder (Standard: **C:\Programme\Exchsrvr\Mailroot\vsi 1\UceArchive**) und dem Pickup Folder (Standard: **C:\Programme\Exchsrvr\Mailroot\vsi 1\PickUp**) gefragt.

Das Programm ist selbsterklärend: Sie können sich die Mails im Archivordner nebst der Message Header anschauen, löschen und dem Benutzer erneut senden, wenn doch ein »False Positive« aufgetaucht ist (Abbildung 16.155; lassen Sie sich bitte nicht irritieren, dass alle aufgeführten Spams von Ulrich B. Boddenberg gesendet worden sind. Ich bin kein Spammer, aber wenn ich aus meiner experimentellen Spam-Sammlung Mails sende, steht eben mein Name drüber).

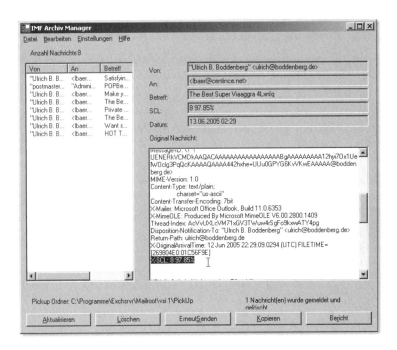

Abbildung 16.155 Mit dem IMF Archive Manager kann das Spam-Archiv recht einfach verwaltet werden.

Sehr interessant ist natürlich zu erfahren, welchen Spam Confidence Level (SCL) der Intelligent Message Filter einer Mail zugewiesen hat. Der IMF Archiv Manager bietet sogar eine Zeile »SCL« an. Diese wird bei Ihnen im Gegensatz zu Abbildung 16.155 vermutlich leer sein. Hintergrund ist, dass IMF die SCL-Information nicht mitarchiviert. Durch das Anlegen eines Werts in der Registry kann man ihn aber dazu bringen, den SCL einer Mail beim Archivieren zu schreiben:

- Starten Sie regedit, und navigieren Sie zu diesem Zweig: `HKEY_LOCAL_MACHINE\Software\Microsoft\Exchange\ContentFilter`
- Legen Sie dort einen neuen DWORD-Wert an, und nennen Sie diesen `ArchiveSCL`.
- Weisen Sie dem neuen DWORD-Wert den Wert »1« zu.
- Damit werden die SCL-Werte archiviert! Zum Vergleich: Im Registrierungs-Editor sollte es wie in Abbildung 16.156 aussehen.

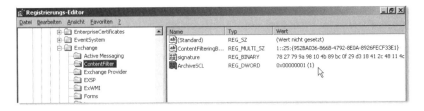

Abbildung 16.156 Damit bei Spams die SCL-Werte archiviert werden, muss ein Registry-Wert eingetragen werden.

Beachten Sie bitte, dass der SCL-Wert erst bei Spams erscheinen wird, die nach dieser Änderung eintreffen!

Spezielle Konfigurationen

Eine Konfiguration, bei der nicht ein Exchange Server die aus dem Internet kommenden Mails annimmt, sondern ein separates Mail Relay diese Aufgabe übernimmt, ist nicht unüblich (Abbildung 16.157).

> **Hinweis** Als Relay könnte beispielsweise eine Trend Micro Messaging Security Suite oder der Mimesweeper von Clearswift eingesetzt werden (siehe Abschnitt 15.1).

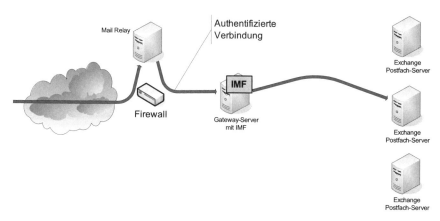

Abbildung 16.157 Wenn ein Mail Relay (nicht Exchange) die Mails annimmt und über eine authentifizierte Verbindung an den Exchange Bridgehead-/Gateway-Server mit IMF weiterleitet, ist bei Letztgenanntem ein zusätzlicher Konfigurationsschritt erforderlich.

Wenn die Verbindung zwischen dem Mail Relay in der DMZ und dem Gateway-/Bridgehead-Exchange Server authentifiziert ist, wird der Intelligent Message Filter keine einzige Mail als Spam erkennen. Das liegt daran, dass Nachrichten, die über eine authentifizierte Verbindung hereinkommen, nicht vom IMF behandelt werden.

Sie brauchen nun allerdings nicht aus der authentifizierten eine anonyme Verbindung zu machen, es gibt einen anderen Weg. Sie können IMF durch eine Anpassung in der Registry anweisen, sämtlichen eingehenden Mailverkehr zu behandeln:

- Starten Sie regedit, und navigieren zu diesem Zweig: `HKEY_LOCAL_MACHINE\Software\Microsoft\Exchange\ContentFilter`.
- Legen Sie dort einen neuen DWORD-Wert an, und nennen Sie diesen `CheckAuthSession`.
- Weisen Sie dem neuen DWORD-Wert den Wert »1« zu.
- Damit werden auch Mails, die über authentifizierte Verbindungen gesendet werden, auf Spam geprüft.

Ich muss Sie allerdings auf die Konsequenzen hinweisen:

- IMF behandelt eigentlich aus gutem Grund keine Mail, die über authentifizierte Verbindungen gesendet wird: Kommt eine Mail über eine solche Verbindung, kann normalerweise davon ausgegangen werden, dass ein interne Verbindung (z. B. zwischen zwei Exchange Servern der Organisation) vorliegt. Wenn Sie sämtliche, also auch die internen Mails prüfen, ist natürlich das Risiko von »False Positives« gegeben.
- Wenn bei Ihnen ein Szenario, wie das hier beschriebene vorliegt, würde ich die Einrichtung eines zusätzlichen virtuellen Servers (also keine weitere Hardware ...) empfehlen:
  - Ein virtueller Server nimmt über die authentifizierte Verbindung die Internet-Nachrichten vom Mail Relay entgegen. Auf diesem virtuellen Server wird natürlich IMF aktiviert.
  - Ein zweiter virtueller Server wickelt die interne Kommunikation ab – ohne Prüfung durch den IMF.

Teil 5
Installation und Upgrade

17 Installation   635

18 Migration/Upgrade auf Exchange 2003   673

17 Installation

17.1　Erstinstallation 635

17.2　Installation zusätzlicher Server 655

17.3　Installation im Cluster 655

1. Über dieses Buch
2. Der Aufbau des Buchs
3. Exchange 2003 – Service Pack 2
4. Einführung in das Thema Collaboration
5. Erster technischer Überblick
6. Solutions Design
7. Exchange und Active Directory
8. Routing
9. Storage
10. Öffentliche Ordner
11. Administrative Gruppen
12. Richtlinien, Vorlagen und Adresslisten
13. Front-End-/Back-End-Architektur
14. Clients
15. Sichere Anbindung an das Internet
16. Sicherheit
17. **Installation**
18. Migration/Upgrade auf Exchange 2003
19. Betrieb und Administration
20. Backup, Restore und Desaster Recovery
21. Verfügbarkeit
22. Live Communications Server 2005 – Ein Überblick
23. LCS – Installation und Konfiguration
24. LCS – »Externe« Clients und Föderationen
25. LCS – Administration
26. LCS – Sicherheit
27. Entwicklung
28. Programmieren mit CDO (CDOEX)
A. Problembehebung in Warteschlangen
B. Zu überwachende Parameter (Jetstress-Test)
C. Performance Monitoring, wichtige Datenquellen
D. Outlook Level 1 Dateianhänge

17 Installation

Nachdem sich die bisherigen Kapitel eher mit Strategie und Konzepten beschäftigt haben, wird es nun Zeit, Exchange zu installieren. Dieses Kapitel zeigt die Installation auf einem »normalen« Server und auf einem Clustersystem. Außerdem wird die Migration von einer Exchange 5.5- oder einer Exchange 2000-Umgebung besprochen.

Wenn die genauen Planungen abgeschlossen sind, kann mit der Installation von Exchange begonnen werden. Die Installation an sich ist nicht schwierig, daher ist es sicherlich nicht notwendig, jeden einzelnen Schritt ausführlich und mit Screenshots hinterlegt zu besprechen. Dieses Kapitel soll Ihnen vielmehr als Checkliste dienen und so helfen, dass die Installation möglichst störungsfrei verläuft.

Die eher »strategischen« Überlegungen, die letztendlich natürlich auch die Installation von Exchange tangieren, sind in den vorangegangenen Kapiteln dieses Buchs recht ausführlich besprochen worden und werden hier nicht nochmals wiederholt.

17.1 Erstinstallation

Der erste betrachtete Fall ist die Installation eines neuen Exchange-Systems. Anders gesagt besprechen wir zunächst den »Grüne-Wiese-Fall« – zumindest aus Exchange-Sicht.

17.1.1 Voraussetzungen

Bevor die eigentliche Exchange-Installation beginnen kann, müssen einige Voraussetzungen erfüllt sein. Dies betrifft einerseits die installierten Softwarekomponenten, andererseits einige unmittelbar mit Exchange verbundene vorbereitende Maßnahmen wie die Schema-Erweiterung.

Systemweite Voraussetzungen

Folgende systemweite Voraussetzungen müssen für Installation und Betrieb einer Exchange-2003-Umgebung erfüllt sein:

- Auf den Domain Controllern wird Windows 2000 Server mit Service Pack 3 oder Windows Server 2003 ausgeführt.
- In jeder Domain, in der Exchange installiert wird, sollte mindestens ein Global Catalog-Server vorhanden sein. Das Betriebssystem muss Windows 2000 Server mit SP3 oder Windows Server 2003 sein.
- DNS und WINS müssen korrekt und zuverlässig funktionieren.

Betriebssystem für den Exchange Server

Ein Server, auf dem Exchange installiert werden soll, muss mit einem dieser Betriebssysteme installiert sein:

- Windows 2000 Server mit Service Pack 3
- Windows Server 2003 (32-Bit-Variante)

Wenn Sie frei entscheiden können, sollten Sie sich für den moderneren Windows Server 2003 entscheiden. Zum einen macht es sicherlich keinen Sinn, ein Betriebssystem neu zu installieren, dessen Nachfolger sich bereits seit einiger Zeit auf dem Markt bewährt hat, zum anderen existieren für eine Exchange-2003-Installation auf Windows 2000 Server folgende Einschränkungen:

- Geringere Anzahl von Knoten in einer Cluster-Konfiguration
- Keine Laufwerksbuchstaben-Beschränkung bei Mount Points
- Keine Unterstützung von auf Volume Shadow Copy Services basierenden Backups der Exchange-Datenbank
- Keine IPSec-Unterstützung für Front-End-/Back-End-Systeme
- Keine Unterstützung von Cross-Forest-Organisationen mit Synchronisation der Kontodaten (Hintergrund: Microsoft Identity Integration Server läuft nur auf Windows Server 2003.)
- Keine IIS 6 Sicherheitsfunktionen (Hintergrund: IIS6 läuft nur auf Windows Server 2003.)
- Kein RPC-over-http-Zugriff für Outlook 2003

Eine ausführliche Liste finden Sie übrigens unter **http://www.microsoft.com/exchange/evaluation/features/win_compare.mspx**.

Sie sehen an den Negativmerkmalen, dass ein Betrieb von Exchange 2003 auf Windows 2000 durchaus sinnvoll möglich ist, mir fällt aber kein wirklich guter technischer Grund ein, weshalb man sich nicht für den 2003-Server als Plattform entscheiden sollte.

Ein plausibler nichttechnischer Grund könnte der Lizenzbedarf sein: Bedenken Sie, dass Sie für den Zugriff auf den Windows Server 2003 auch die entsprechenden CALs (= Client Access Licenses) benötigen.

Wenn Sie bis dato nur über CALs für Windows Server 2000 verfügen, müssen Sie die entsprechende 2003-CALs beschaffen (Listenpreis in der ungünstigsten Volumen-Lizenz-Staffel: ca. EUR 34).

Dateisystem für Exchange Server

Der Exchange Server muss über NTFS-Partitionen verfügen, kein FAT!

Das dürfte zwar heute selbstverständlich sein, vorsichtshalber erwähne ich an dieser Stelle, dass folgende Partitionen zwingend NTFS-Partitionen sein müssen:

- Systempartition
- Partition mit Exchange-Binärdateien

- Partitionen mit Exchange-Datenbanken
- Partitionen mit Exchange-Logfiles
- Partitionen mit sonstigen Exchange-Dateien

Kurz gesagt: Jeder Festplattenbereich, der irgendwie mit Exchange in Berührung kommt, muss NTFS-formatiert sein.

Komponenten und Dienste für Exchange Server

Folgende Softwarekomponenten müssen auf dem Exchange Server installiert und aktiviert sein:

- .NET Framework
- ASP.NET
- Internetinformationsdienste
- WWW-Publishing-Dienst
- SMTP-Dienst
- NNTP-Dienst

Zur Erinnerung Die Installation dieser Komponenten erfolgt mit dem Software-Applet der Systemsteuerung (»Windows-Komponenten hinzufügen/entfernen«).

Es gibt eine kleine Falle Aktivieren Sie *nicht* die Komponente »E-Mail-Dienste«. SMTP und NNTP finden sich unter »Anwendungsserver«!

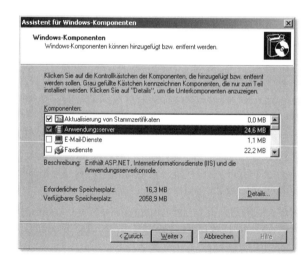

Abbildung 17.1 Die notwendigen Komponenten werden mit dem Software-Applet der Systemsteuerung installiert.

17.1.2 Die Bereitstellungstools

Wenn Sie bei aktivierter Autostart-Option die Exchange-CD einlegen, erscheint ein Dialog, in dem Sie unter anderem die »Bereitstellung von Exchange« auswählen können. Die Auswahl dieser Option führt Sie zu den »Bereitstellungstools« (Abbildung 17.2).

Die Bereitstellungstools unterstützen die Installation mit Checklisten, Links und Dokumenten, letztendlich wird stets auf Werkzeuge verwiesen, die auch »konventionell« gestartet werden könnten. Da eine erfolgreiche Exchange-Installation aus mehreren Schritten besteht, die in der richtigen Reihenfolge abgearbeitet werden müssen, empfiehlt Microsoft (und auch ich), dass Sie sich von den Bereitstellungstools »helfen« lassen.

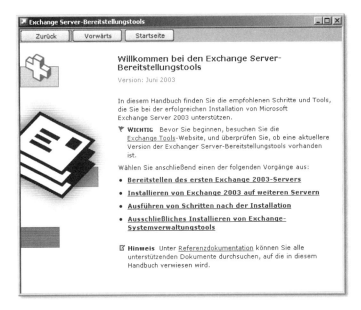

Abbildung 17.2 Die Bereitstellungstools unterstützen die Exchange-Installation durch Checklisten, Informationen und Verweise auf Applikationen.

Wenn Sie nicht von einer ältern Version migrieren, sondern quasi auf der grünen Wiese mit Exchange beginnen, entscheiden Sie sich für das »Bereitstellen des ersten Exchange 2003-Servers«. Daraufhin erscheint eine Art Installations-Checkliste, auf der Sie die einzelnen Punkte nach deren Abarbeitung abhaken können (Abbildung 17.3).

In diesem Buch werden wir die einzelnen Schritte ohne die Nutzung der Bereitstellungstools durchführen und erläutern – jeder Leser wird in der Lage sein, diese Schritte alternativ mit den Bereitstellungstools durchzuführen.

> Sie sollten die Installation grundsätzlich mit den Bereitstellungstools durchführen – es kann aber nicht schaden, für den »Bedarfsfall« auch ohne diese agieren zu können.

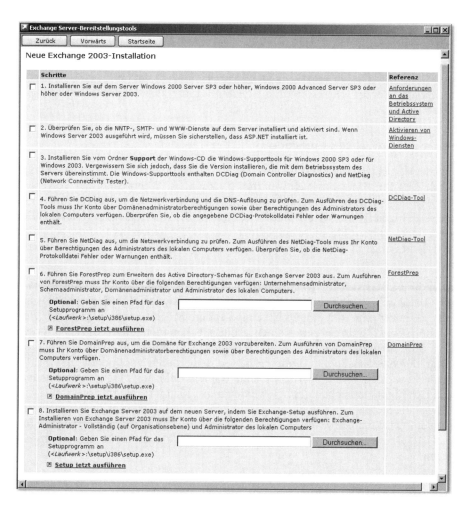

Abbildung 17.3 Die Checkliste hilft bei der Installation von Exchange.

Es wäre übrigens durchaus möglich, das Setupprogramm (**z:\setup\i386\setup.exe**) direkt aufzurufen, woraufhin die notwendigen Schritte, also Vorbereitung des Schemas, Anpassung der Domain und natürlich die eigentliche Softwareinstallation in einem Arbeitsschritt durchgeführt werden. Zumindest in einer größeren Organisation, in der beispielsweise die Replikationsvorgänge zwischen den Domain Controllern abgewartet werden müssen, ist es eine sehr gute Idee, die in der Checkliste der Bereitstellungstools vorgegebene Reihenfolge einzuhalten.

17.1.3 Vorbereitung (manuelle Installation)

Vor dem Start der Exchange-Installation müssen einige vorbereitende Maßnahmen durchgeführt werden. Zuvor haben Sie gesehen, welche Komponenten des Betriebssystems installiert sein müssen. Mit den Werkzeugen **ForestPrep** und **DomainPrep** werden die notwendigen Anpassungen am Active Directory und in der Domain durchgeführt.

> **Hinweis** Es ist möglich, die Installation von Exchange nebst aller Vorbereitungen (ForestPrep/DomainPrep) in einem Installationsschritt durchführen zu lassen. In größeren Umgebungen mit mehreren Standorten und mehreren Domain Controllern empfiehlt es sich, die Installationsschritte manuell durchzuführen, um beispielsweise nach der Schema-Erweiterung (ForestPrep) die Durchführung des Replikationsvorgangs abzuwarten.

Überprüfen der korrekten Funktion

Bevor Sie mit der eigentlichen Exchange-Installation beginnen, sollten Sie unbedingt sicherstellen, dass Ihre Umgebung einwandfrei funktioniert. Wenn es an der korrekten Funktion die geringsten Zweifel gibt, sollten Sie sich zunächst mit der Behebung möglicher Probleme beschäftigen. Wenn Sie beispielsweise »leichte Anomalien bei der Namensauflösung« beobachten, *müssen* Sie diese unbedingt vor der Exchange-Installation beheben: Exchange reagiert einigermaßen empfindlich auf eine nicht 100 %ig einwandfreie Konfigurationen.

Beachten Sie bitte, dass sich die Microsoft Client-Betriebssysteme an sich recht tolerant gegenüber Konfigurationsfehlern verhalten. Wenn beispielsweise eine Namensauflösung nicht direkt gelingt, probiert Windows XP einige andere Möglichkeiten heraus, um vielleicht doch noch eine IP-Adresse zum Namen herauszubekommen (dies lässt sich mit dem Netzwerkmonitor mehr oder weniger leicht nachvollziehen). Einerseits ist diese »Fehlertoleranz« zwar durchaus angenehm, andererseits wird hierdurch verhindert, dass Fehler schnell entdeckt werden. Wenn überhaupt keine Namensauflösung möglich ist, ist jedem klar, dass ein Konfigurationsfehler gesucht werden muss. Klappt sie allerdings erst mit Verzögerung (weil die Systeme erst einige Möglichkeiten durchprobieren), fällt dies vielleicht irgendwann auf, wird dann aber auf irgendwelche »mystischen Ursachen« geschoben (im Zweifelsfall auf »Netzwerküberlastung«), anstatt nach einem konkreten Konfigurationsfehler zu suchen.

Was im Client-Bereich vielleicht noch funktioniert, ist beim Betrieb eines Exchange Servers eine ziemliche Katastrophe, denn Exchange wird schlicht und ergreifend nicht (oder nur unzureichend) funktionieren. Ich habe eine mittlere Exchange-Organisation (5 Server verteilt auf 4 Standorte) gesehen, die nur sehr »unregelmäßig« funktionierte, insbesondere das Nachrichten-Routing zwischen den Exchange Servern klappte nur fallweise. Die Ursache war, dass die Namensauflösung nicht zuverlässig funktionierte. Diese Probleme bei der Namensauflösung waren im Client-Umfeld nie aufgefallen.

Beachten Sie bitte auch die Hinweise bezüglich der Abhängigkeiten von Exchange und Active Directory in Abschnitt 7.2. Exchange ist beispielsweise sehr auf einem performanten Zugriff auf einen Global Catalog-Server angewiesen. Hier gibt es zwei mögliche Problemszenarien:

- Ist der Global Catalog-Server gar nicht erreichbar, können sich die Clients nicht am Exchange Server anmelden. Darüber hinaus wird Exchange ohne Zugriff auf einen GC ohnehin nicht korrekt funktionieren.
- Ist der Global Catalog-Server nur über eine langsame WAN-Strecke zu erreichen, wird das Exchange-System durch eine miserable Performance auffallen.

Solche Global Catalog-Probleme fallen im Allgemeinen in einer Umgebung nicht dramatisch ins Auge, für eine Exchange-Installation ist das ein wirklich ernsthaftes Problem!

Zum Überprüfen der korrekten Funktion der Umgebung stellt Microsoft einige Werkzeuge (»Support Tools«) zur Verfügung, die sich auf der Windows Server 2003-CD befinden. Zur Installation muss lediglich die Datei **SUPTOOLS.MSI** im Verzeichnis **\support\tools** der Betriebssystem-CD aufgerufen werden.

Die beiden nachfolgend beschriebenen Tests werden übrigens auch auf der Checkliste der »Bereitstellungstools« beschrieben:

Der erste Test überprüft die Funktion von Domain Controllern, beispielsweise ob diese korrekt in die Gesamtstruktur eingebunden sind etc.

Das Testwerkzeug wird durch folgende Kommandozeile aufgerufen:

```
dcdiag /f:c:\test.log /s:w2k3e-dc1
```

Die verwendeten Parameter definieren das Logfile für die Testergebnisse (/f) und den Domain Controller, auf dem die Tests durchgeführt werden sollen (/s). Kontrollieren Sie im Logfile, ob alle Tests erfolgreich durchgeführt worden sind. Das Logfile ist eine einfache Textdatei (Abbildung 17.4).

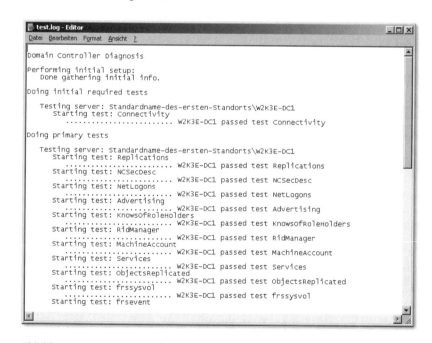

Abbildung 17.4 Das Ergebnis des DCDIAG-Tests

Der zweite auch in den Bereitstellungstools vorgeschlagene Test ist NETDIAG. Mit diesem Werkzeug wird die Netzwerk-Konnektivität des Servers getestet. Es wird über diesen Kommandozeilenaufruf gestartet:

```
netdiag
```

Weitere Kommandozeilenschalter sind möglich, meistens aber nicht notwendig. Im aktuellen Verzeichnis wird eine Datei **Netdiag.log** geschrieben, die Sie manuell auswerten müssen (Abbildung 17.5).

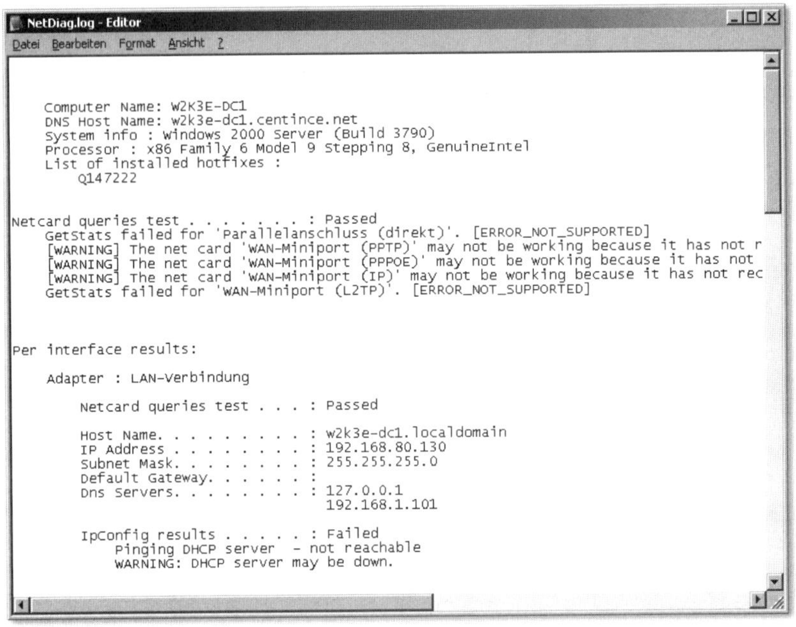


```
    Computer Name: W2K3E-DC1
    DNS Host Name: w2k3e-dc1.centince.net
    System info : Windows 2000 Server (Build 3790)
    Processor : x86 Family 6 Model 9 Stepping 8, GenuineIntel
    List of installed hotfixes :
        Q147222

Netcard queries test . . . . . . . : Passed
    GetStats failed for 'Parallelanschluss (direkt)'. [ERROR_NOT_SUPPORTED]
    [WARNING] The net card 'WAN-Miniport (PPTP)' may not be working because it has not r
    [WARNING] The net card 'WAN-Miniport (PPPOE)' may not be working because it has not
    [WARNING] The net card 'WAN-Miniport (IP)' may not be working because it has not rec
    GetStats failed for 'WAN-Miniport (L2TP)'. [ERROR_NOT_SUPPORTED]


Per interface results:

    Adapter : LAN-Verbindung

        Netcard queries test . . . : Passed

        Host Name. . . . . . . . . : w2k3e-dc1.localdomain
        IP Address . . . . . . . . : 192.168.80.130
        Subnet Mask. . . . . . . . : 255.255.255.0
        Default Gateway. . . . . . :
        Dns Servers. . . . . . . . : 127.0.0.1
                                     192.168.1.101

        IpConfig results . . . . . : Failed
            Pinging DHCP server  - not reachable
            WARNING: DHCP server may be down.
```

Abbildung 17.5 Die Ergebnisse des Netdiag-Tests (Prüfen der Netzwerkfunktionen)

Weitergehende Prüfungsmöglichkeiten

Diverse leistungsfähige Möglichkeiten zur Überprüfung der Active Directory-Umgebung finden sich in dem Produkt »Spotlight on Active Directory« von Quest (**www.quest.com**). Dieses Werkzeug wird man zwar sicherlich nicht einsetzen, »nur« weil die korrekte Funktion der Umgebung für Exchange geprüft werden soll, es leistet auch ansonsten zur Beobachtung eines größeren ADs gute Dienste (Abbildung 17.6).

»Spotlight on Active Directory« bietet eine grafische Darstellung der Organisation, überwacht die wichtigsten Performancewerte, stellt diese dar und ermöglicht die Durchführung von diversen Tests. Letztere können zeitgesteuert ausgeführt werden.

Sie sollten, übrigens nicht nur wegen Exchange, regelmäßig sowohl Ihre Eventlogs lesen als auch die von Microsoft mitgelieferten Monitoring-Werkzeuge verwenden. Jeder Administrator mit einer Active Directory-Umgebung sollte eigentlich als erste Anwendung den Replication Monitor (Abbildung 17.7) starten: Zum einen ist eine korrekte Replikation für das AD (und übrigens auch für Exchange) absolut lebensnotwendig. Zum anderen sind Replikationsfehler sichere Hinweise dafür, dass Ihr System nicht einwandfrei konfiguriert ist.

Meiner Erfahrung nach sind übrigens mindestens 50 % der Replikationsfehler auf Probleme bei der Namensauflösung zurückzuführen!

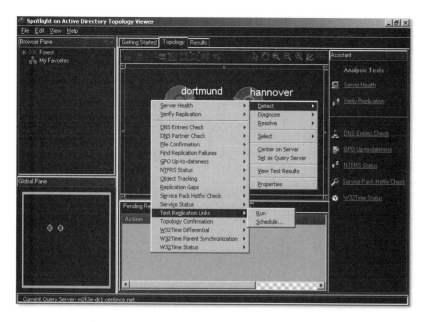

Abbildung 17.6 Überprüfung von Active Directory-Funktionen mit Spotlight on Active Directory von Quest

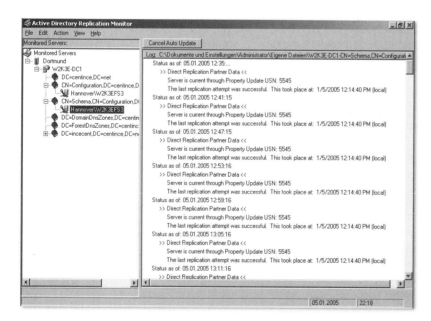

Abbildung 17.7 Die Replikation sollte regelmäßig überprüft werden – beispielsweise mit dem Replication Monitor.

ForestPrep

Exchange verwendet für das Speichern von Konfigurations- und Benutzerinformationen das Active Directory. Um dieses zu ermöglichen, muss das Schema erweitert werden.

Zur Erinnerung: Das Schema beschreibt die Datenstruktur des Active Directory. Es ist beispielsweise hinterlegt, dass es ein Objekt »Benutzer« gibt, dem die Attribute »Name« und »Telefonnummer« zugeordnet sind.

ForestPrep erweitert das Schema um diverse Klassen und Attribute, die von Exchange zum Speichern von Informationen im Active Directory benötigt werden, zudem wird ein Containerobjekt für die Exchange-Organisation erstellt.

Um ForestPrep auszuführen, rufen Sie auf der Exchange-CD folgende Applikation auf:

```
SETUP\I386\SETUP.EXE /ForestPrep
```

Es wird ein Konfigurationsdialog erscheinen, in dem Sie kontrollieren sollten, ob als auszuführende Aktion »ForestPrep« angezeigt wird (analog Abbildung 17.9).

In diesem Zusammenhang sind folgende Aspekte zu beachten:

- Beachten Sie, dass eine **Schema-Erweiterung für den gesamten Forest** gilt! Die Schema-Erweiterung kann nicht rückgängig gemacht werden. In einem auf Windows Server 2003 basierenden Active Directory können die Erweiterungen zwar deaktiviert werden – vollständig »weg« sind sie niemals! Nutzen Sie also niemals die Produktivumgebung für eine Testinstallation von Exchange.

- Die Schema-Erweiterung kann zu einem erhöhten Replikationsverkehr führen. Im lokalen Netz wird dies kein Problem darstellen; wenn Sie stark belastete WAN-Strecken betreiben, sollte der Vorgang in einer verkehrsarmen Zeit (Wochenende) durchgeführt werden.

- Es gibt in der gesamten Active Directory-Organisation nur einen Domain Controller, der die FSMO-Rolle (= Flexible Single Master Operations) »Schema-Master« ausführt. ForestPrep muss in der Domain ausgeführt werden, in der sich dieser Schema-Master befindet (standardmäßig ist das die zuerst installierte Domain der Gesamtstruktur).

- Das Benutzerkonto, unter dem ForestPrep ausgeführt wird, muss Mitglied der Gruppen Schema-Admins und Organisations-Admins sein.

- Wenn Sie in der Vergangenheit das ForestPrep von Exchange 2000 ausgeführt haben, müssen Sie dennoch ForestPrep von Exchange 2003 ausführen.

Während der Ausführung von ForestPrep werden Sie nach einem Konto gefragt, das sozusagen der erste Exchange-Administrator mit vollständiger Admin-Berechtigung für die gesamte Exchange-Organisation wird. Dieses Konto hat die Möglichkeit, weitere Exchange-Administratoren zu berechtigen (Abbildung 17.8). Hier kann ein einzelner Account oder alternativ eine AD-Gruppe angegeben werden.

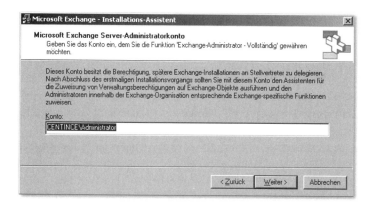

Abbildung 17.8 Während der Ausführung von ForestPrep wird der erste Exchange-Administrator berechtigt.

ForestPrep kann je nach Landschaft und Hardware durchaus eine relativ lange Ausführungszeit benötigen. Wenn Sie Exchange in mehreren Domains mit mehreren Standorten installieren möchten, sollten Sie zunächst abwarten, bis die soeben durchgeführten Schemaänderungen dorthin repliziert worden sind. Den Zeitraum, den die Replikation in Ihrer konkreten Umgebung brauchen wird, kann man nicht pauschal angeben, dieser sollte bei der Planung Ihres Active Directorys ermittelt worden sein. Es ist aber in größeren Umgebungen nicht unüblich, dass es die ganze Nacht oder auch noch länger dauern kann, bis alle Replikationsvorgänge durchgeführt worden sind.

DomainPrep

In jeder Domain, in der Exchange Server installiert werden sollen, muss DomainPrep ausgeführt werden.

DomainPrep wird auf der Exchange-CD mit folgendem Aufruf gestartet:

SETUP\I386\SETUP.EXE /DomainPrep

Anschließend erscheint ein Konfigurationsdialog, in dem Sie überprüfen sollten, ob wirklich die Aktion »DomainPrep« ausgeführt wird (Abbildung 17.9).

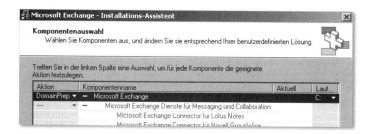

Abbildung 17.9 Überprüfen Sie, ob wirklich die gewünschte Aktion, hier DomainPrep, ausgeführt wird.

DomainPrep nimmt folgende Anpassungen vor:

- Erstellen der Gruppen »Exchange Domain Servers« und »Exchange Enterprise Servers«
- Die Gruppe »Exchange Domain Servers« (globale Gruppe) wird Mitglied der Gruppe »Exchange Enterprise Servers« (lokale Gruppe).
- Der Container »Exchange System Objects« wird erstellt.
- Die Gruppe »Exchange Enterprise Servers« erhält einige zusätzliche Berechtigungen in der Domain.
- Die Gruppe »Exchange Enterprise Servers erhält Berechtigungen auf das Objekt AdminSDHolder.
- Die Gruppe »Exchange Domain Servers« wird Mitglied der Gruppe »Prä-Windows 2000 kompatibler Zugriff«.
- Einige Prüfungen zur Installationsvorbereitung werden durchgeführt.

Hinweis Wenn Sie die Änderungen nachvollziehen möchten, müssen Sie im MMC-Snap-In »Active Directory-Benutzer und -Computer« die Anzeige der »Erweiterten Funktionen« aktivieren (Abbildung 17.10), da einige Objekte sonst nicht angezeigt werden.

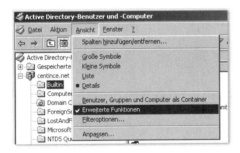

Abbildung 17.10 Um die vorgenommenen Änderungen nachvollziehen zu können, muss die Anzeige der »Erweiterten Funktionen« aktiviert werden.

DomainPrep muss in folgenden Domains ausgeführt werden:

- Rootdomain (= Stammdomain) der Organisation
- Allen Domains mit Exchange 2003-Servern
- Allen Domains mit postfachaktivierten Objekten (z.B. Benutzern und Gruppen). DomainPrep muss in diesen Domains auch ausgeführt werden, wenn dort keine Exchange Server installiert werden.
- Allen Domains mit Global Catalog-Servern, auf die von Exchange-Komponenten eventuell zugegriffen werden könnte
- Allen Domains mit Benutzern und Gruppen, die die Exchange-Organisation verwalten.

Das Konto, unter dem DomainPrep ausgeführt wird, muss Domain-Administrator der entsprechenden Domain sein.

Im Vergleich zu ForestPrep ist die Ausführung von DomainPrep relativ schnell abgeschlossen.

17.1.4 Installation

Wenn ForestPrep und DomainPrep ausgeführt sind (Bitte warten Sie die Replikationsvorgänge ab!), kann die eigentliche Installation von Exchange erfolgen.

Rufen Sie hierzu von der Exchange-CD **SETUP\I386\SETUP.EXE** auf. Es öffnet sich der Installationsassistent, mit dem Sie bestimmen können, welche Komponenten installiert werden sollen (Abbildung 17.11). In den meisten Fällen dürfte die Standard-Konfiguration die richtige Wahl sein.

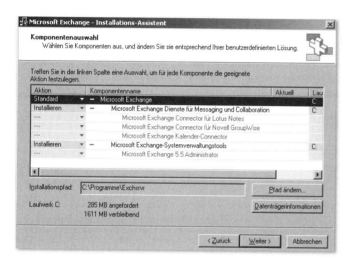

Abbildung 17.11 Im Installationsassistenten werden die zu installierenden Komponenten ausgewählt.

Neben den üblichen Fragen (»Akzeptieren Sie die Lizenzbedingungen?« etc.) wird der Setup-Assistent im Laufe der Installation von Ihnen wissen wollen, ob Sie eine »Neue Exchange-Organisation erstellen« möchten oder ob Sie einer bestehenden Exchange 5.5-Organisation beitreten wollen (Abbildung 17.12). Bei einer Neuinstallation von Exchange wählen Sie natürlich erstgenannte Möglichkeit. Sie werden nun nach einem Namen für Ihre Exchange-Organisation gefragt. Dieser Name kann bis zu 64 Zeichen lang sein und sollte keine Sonderzeichen enthalten. Dieser Organisationsname ist nicht ganz unwichtig, wählen Sie also einen möglichst kurzen sinnvollen Namen.

Man sieht in der Praxis durchaus größere Produktivinstallationen, die »Test«, »Captain Kirk« oder »Zulu« heißen. Technisch funktioniert das natürlich, es ist aber unübersichtlich und teilweise später auch wirklich peinlich. Das Umbenennen einer Exchange-Installation ist nicht ganz trivial, demnach sollte die Namenskonvention vor der Exchange-Installation verabschiedet sein.

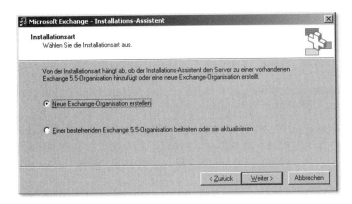

Abbildung 17.12 Angeben, ob eine neue Exchange-Organisation erstellt werden soll.

Die Exchange-Installation läuft ansonsten ohne weitere Benutzereingaben. Nach der Erstinstallation wird dann im Exchange-Manager die Konfiguration vorgenommen (siehe Kapitel 17.1.6, *Die nächsten Schritte*).

Kommandozeilenparameter

Wie fast jedes Setup-Programm kann auch die Installationsroutine von Exchange mit diversen Kommandozeilenparametern gesteuert werden (Abbildung 17.13). Die wichtigsten im Überblick:

- **/ForestPrep** und **/DomainPrep**: Diese Optionen haben Sie bereits zuvor kennen gelernt. Sie dienen zum Vorbereiten der Gesamtstruktur und der einzelnen Domains.
- **/ChooseDC**: Wenn Sie innerhalb kurzer Zeit mehrere Exchange Server installieren möchten, sollten Sie bei den Installationen jeweils einen Domain Controller bestimmen, mit dem Exchange kommuniziert. Ohne diesen Kommandozeilenschalter wird ein (mehr oder weniger) beliebiger Domain Controller ausgewählt, wobei es durch Zeitverzögerungen bei der Replikation Probleme geben könnte.
- **/DisasterRecovery**: Dieser Schalter unterstützt die Notfallwiederherstellung eines Exchange Servers.
- Die übrigen Kommandozeilenparameter beziehen sich auf die automatische skriptgesteuerte Installation von Exchange.

17.1.5 Installation für mehrere administrative Gruppen

Wenn Sie die Installation wie zuvor gezeigt durchführen, findet sich der frisch installierte Server in der »ersten administrativen Gruppe«. Wenn Sie gemäß Ihren Planungen für Ihre Organisation ohnehin mehrere administrative Gruppen benötigen, können Sie diese vor der eigentlichen Installation des ersten Exchange Servers anlegen.

Abbildung 17.13 Kommandozeilenparameter für die Exchange-Installation

Folgende Vorgehensweise führt hierbei zum Ziel:

- Systemvoraussetzungen überprüfen und schaffen (insbesondere Nachinstallieren von Software-Komponenten)
- ForestPrep durchführen
- DomainPrep durchführen
- Exchange-Setup starten, aber nur das »Exchange Systemverwaltungs-Tools« installieren, nicht die eigentlichen Exchange Server-Dienste

Sie können nun den Exchange System-Manager starten, wobei sich die in Abbildung 17.14 gezeigte Darstellung ergeben wird. Im Kontextmenü des Knotens »Administrative Gruppen« befindet sich ein Eintrag zum Anlegen neuer Gruppen.

Abbildung 17.14 Anlegen der administrativen Gruppen vor der Installation des ersten Exchange Servers

Bei Betrachtung der Abbildung 17.14 werden Sie feststellen, dass kein »richtiger« Name für die Exchange-Organisation angegeben ist, stattdessen findet sich nur eine GUID. Der Grund hierfür ist, dass der Name der Exchange-Organisation erst bei der Installation des ersten Servers festgelegt wird und noch nicht bei der Durchführung von ForestPrep.

Nach dem Anlegen der administrativen Gruppen sollte sich in etwa ein Konfigurationsstand wie in Abbildung 17.15 gezeigt ergeben – die benötigten administrativen Gruppen sind angelegt, allerdings befinden sich in ihnen noch keine weiteren Objekte.

Abbildung 17.15 Die administrativen Gruppen sind angelegt, obwohl noch kein Exchange Server installiert ist.

Schauen wir ein wenig hinter die Kulissen: Auch wenn noch kein Exchange Server installiert ist, ist die Exchange-Organisation im Active Directory bereits angelegt. Konfigurationsinformationen wie eben auch die administrativen Gruppen werden im AD hinterlegt, was natürlich auch ohne installierten Exchange Server möglich ist. Abbildung 17.16 zeigt mit Hilfe von ADSIedit (MMC-Snap-In, in den W2k3-Server Supporttools enthalten) das Active Directory: Hier wurde ForestPrep bereits ausgeführt, aber noch kein Exchange Server installiert. Die administrativen Gruppen wurden wie zuvor gezeigt angelegt; sie sind wie erwartet im AD eingetragen.

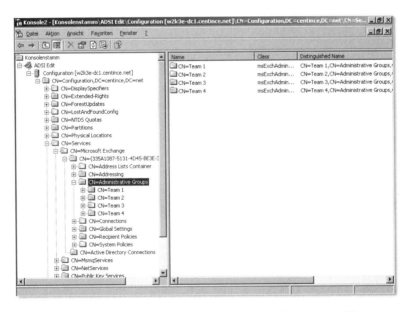

Abbildung 17.16 Die neuen administrativen Gruppen werden im Active Directory gespeichert – auch ohne dass bereits ein Exchange Server installiert sein muss.

Der nächste Schritt ist nun die Installation des eigentlichen Exchange Servers. Starten Sie hierzu wieder das Setup (**z:\setup\i386\setup.exe**), und führen Sie die Installation der Exchange Server-Dienste (»Microsoft Exchange Dienste für Messaging und Collaboration«) durch.

Die Installation wird wie bereits im vorherigen Kapitel vorgestellt ablaufen: Sie werden also unter anderem nach dem Namen für die Exchange-Organisation gefragt. In einem weiteren Dialog können Sie nun allerdings auswählen, in welcher administrativen Gruppe der neue Server installiert werden soll (Abbildung 17.17). An dieser Stelle nochmals zur Erinnerung: Server können nicht zwischen administrativen Gruppen verschoben werden!

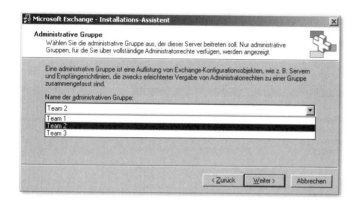

Abbildung 17.17 Wenn bereits mehrere administrative Gruppen vorhanden sind, können Sie bei der Installation auswählen, in welche der Server installiert werden soll.

Abbildung 17.18 zeigt das Ergebnis dieser Installationsvariante: Der Server ist in der gewählten administrativen Gruppe angelegt worden, diese Gruppe enthält nun auch weitere Container, beispielsweise für Konnektoren.

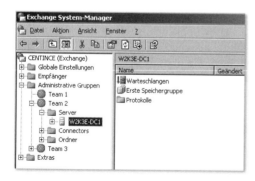

Abbildung 17.18 Nach der Installation befindet sich der neu installierte Exchange Server in der gewählten administrativen Gruppe.

17.1.6 Die nächsten Schritte

Zunächst gilt es zu prüfen, ob die Installation erfolgreich abgelaufen ist. Neben der Meldung des Setup-Programms kann dies anhand folgender Indikatoren geprüft werden:

- Im »Dienste«-Applet in der Serververwaltung sind diverse neue Dienste installiert worden. Prüfen Sie, ob alle Dienste mit Starttyp »Automatisch« auch laufen (Abbildung 17.19).
- Die Ereignisprotokolle geben ebenfalls über mögliche Probleme Auskunft.
- Im Root-Verzeichnis der Boot-Partition wird eine Datei namens »Exchange Server Setup Progress.log« angelegt.

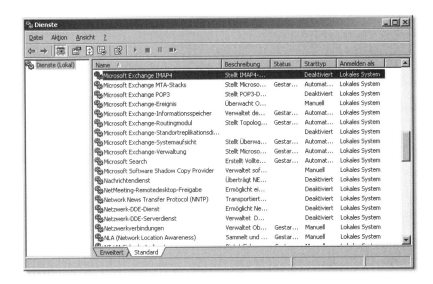

Abbildung 17.19 Bei der Exchange-Installation werden etliche neue Dienste angelegt.

Bevor Sie mit den eigentlichen Konfigurationsarbeiten beginnen, sollten Sie das aktuellste verfügbare Service Pack für den Exchange Server einspielen. Während ich diese Zeilen schreibe, ist dies Service Pack 1, das Service Pack 2 wird zum Ende des Jahres 2005 erscheinen (siehe auch Kapitel 3). Prüfen Sie im Download-Bereich von Microsoft, ob eventuell weitere wichtige Patches, die noch nicht im Service Pack enthalten sind, eingespielt werden müssen.

Nachdem nun die Installation von Exchange fertig gestellt ist, können Sie mit den Konfigurationsarbeiten starten.

Erweitere Anzeige im Exchange System-Manager

Im Exchange System-Manager sind bei etlichen Objekten die Karteikarten mit Sicherheitseinstellungen ausgeblendet. Durch das Hinzufügen eines Eintrags in der Registry können diese im System-Manager angezeigt werden.

Navigieren Sie im Registry-Editor (regedit starten) in folgenden Zweig:

HKEY_CURRENT_USER\Software\Microsoft\Exchange\EXAdmin

Dort fügen Sie den DWORD-Wert ShowSecurityPage hinzu (neu anlegen!), dem Sie den Wert »1« zuweisen (Abbildung 17.20). Die Änderung wird sofort angewendet.

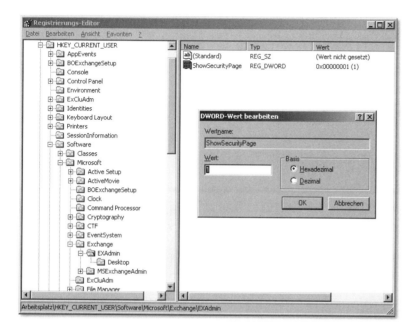

Abbildung 17.20 Durch Hinzufügen eines Wertes in der Registry können die Sicherheitseinstellungen bei diversen Objekten sichtbar gemacht werden.

Wichtig Da der Wert im Benutzer-Zweig der Registry eingetragen wird, muss er für jeden Benutzer, der mit dem Exchange System-Manager arbeiten soll, angelegt werden.

Wechsel in den einheitlichen Modus

Wenn sich in Ihrer Exchange-Organisation keine Exchange 5.5-Server mehr befinden, was bei einer Neuinstallation grundsätzlich der Fall sein wird, können und sollten Sie in den einheitlichen Modus wechseln.

Der einheitliche Modus bringt folgende Vorteile:

- Abfragebasierte Verteilergruppen sind verfügbar.
- Beim Routing zwischen Bridgehead-Servern von Routinggruppen-Konnektoren spart die 8-Bit-MIME-Datenübertragung Bandbreite.
- Routinggruppen können Server unterschiedlicher administrativer Gruppen beinhalten.
- Exchange 2003-Server können zwischen Routinggruppen verschoben werden.

- Postfächer können zwischen administrativen Gruppen verschoben werden.
- SMTP ist das Standard-Routingprotokoll.

Das Wechseln in den einheitlichen Modus ist mit einem Mausklick erledigt. Den entsprechenden Dialog erreichen Sie über das »Eigenschaften«-Kontextmenü des Eintrags der Exchange-Organisation (Abbildung 17.21).

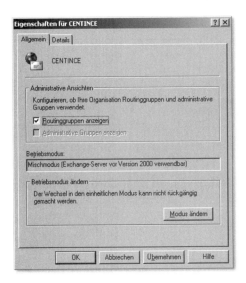

Abbildung 17.21 Der Wechsel in den einheitlichen Modus wird in diesem Dialog durchgeführt.

Beachten Sie bitte folgende Aspekte:

- Der Wechsel in den einheitlichen Modus kann nicht rückgängig gemacht werden.
- Auf allen Exchange Servern der Organisation muss der Dienst »Microsoft Exchange-Informationsspeicher« neu gestartet werden (Applet »Dienste« in der Verwaltung).

17.1.7 Nutzung des Hauptspeichers

Wenn eine Maschine, auf der Exchange als Postfachserver läuft, mehr als 1 GB Hauptspeicher enthält, sollte ihre BOOT.INI-Datei angepasst werden, um die Speichernutzung des Exchange-Informationsspeicherdiensts zu optimieren.

Bei dieser Optimierung handelt es sich übrigens um den mehr oder weniger berühmten »3-GB-Switch«.

Folgende Anpassung muss in der BOOT.INI vorgenommen werden:

```
Boot Loader]
Timeout=30
Default=multi(0)disk(0)rdisk(0)partition(2)\WINNT

[Operating Systems]
```

```
multi(0)disk(0)rdisk(0)partition(2)\WINNT="Microsoft Windows Server 2003" /
fastdetect /3GB /USERVA=3030
```

Falls Ihr Exchange Server gleichzeitig Domain Controller ist, sollten Sie diese Einstellung *nicht* vornehmen, dies gilt auch für den Small Business Server (siehe Knowledge Base-Artikel 823440).

Nach der Änderung der BOOT.INI ist ein Neustart erforderlich.

Weiterführende Tipps und Konfigurationshinweise zur Hauptspeichernutzung finden Sie im Knowledge Base-Artikel 815372.

17.2 Installation zusätzlicher Server

Das Hinzufügen zusätzlicher Exchange Server zu der bestehenden Organisation ist relativ einfach: Der Server muss wie zuvor beschrieben vorbereitet werden (IIS, SMTP, NNTP etc. installieren), anschließend kann das Setup-Programm ausgeführt werden, bzw. über die Bereitstellungstools das Hinzufügen eines weiteren Servers zu einer bestehenden Organisation aufgerufen werden.

Falls in Ihrer Exchange-Organisation mehrere administrative Gruppen angelegt sind, müssen Sie angeben, in welcher Gruppe der neue Server angelegt werden soll (siehe auch Abbildung 17.17).

Der installierende Benutzer benötigt volle Exchange-Administrationsrechte in der administrativen Gruppe, der der neue Server hinzugefügt wird. Vergessen Sie nicht, dass eine Domain, in der bisher keine Exchange-Objekte vorhanden sind, mit DomainPrep vorbereitet werden muss.

17.3 Installation im Cluster

»Cluster« hört sich zunächst kompliziert an, Sie werden aber sehen, dass die Installation an sich wirklich nicht schwierig ist. Einige Besonderheiten sind in geclusterten Umgebungen allerdings zu beachten, weil nicht alle Exchange-Dienste und -Funktionen auf einem Cluster unterstützt werden. So ist beispielsweise der Standortreplikationsdienst nicht clusterfähig, was in Migrationsszenarien von Exchange 5.5 zur Version 2003 natürlich einigermaßen kritisch ist; im Klartext bedeutet das, dass in einer zu migrierenden Umgebung der Exchange-Cluster nicht das einzige Exchange 2003-System sein kann.

Dieser Abschnitt beschäftigt sich »nur« mit der Installation, weiteres Grundlagenwissen zu Exchange-Clustern finden Sie in Abschnitt 21.5.

Diese Installationsanleitung geht davon aus, dass Ihr Exchange-Cluster auf Windows Server 2003 beruht. Eine Installation auf Windows 2000 Server ist möglich, mir fällt aber außer Lizenzkosten kein vernünftiger Grund ein, warum man nicht auf die aktuelle Version des Serverbetriebssystems gehen sollte.

Sie wollen eine Testumgebung aufbauen? Clustersysteme mit Exchange verfügen über gewisse »Eigenheiten«, beispielsweise bei der Nutzung von Webzugriffen (OWA, OMA, EAS, RPC over http) – es ist also durchaus sehr sinnvoll, mögliche Konfigurationsänderungen zunächst in einer Testumgebung auszuprobieren. Die meisten Administratoren verwenden mittlerweile für diesen Zweck virtuelle Maschinen, mit denen sich angenehmerweise auch ein komplettes Clustersystem auf einer Maschine nachbilden lässt. Es wird also keine teure Clusterhardware für die Testumgebung benötigt. Ich werde das in diesem Buch nicht weiter vertiefen, möchte Sie aber auf weiterführende Quellen verweisen:

- Buch: Von Galileo Press ist das Buch »VMware und Microsoft Virtual Server« von Dennis Zimmer erhältlich. Der Autor beschreibt den Aufbau von Clustern mit den beiden im Titel genannten Produkten.
- Wenn Sie einen »Cluster in a box« mit Microsoft Virtual Server 2005 aufbauen möchten, sollten Sie sich diesen Link ansehen: http://www.microsoft.com/technet/prodtechnol/virtualserver/deploy/cvs2005.mspx
- Falls Sie mit der VMware Workstation testen, suchen Sie bei Google nach `vmware workstation cluster` – und Sie werden hinreichend viele Beschreibungen des Installationsverfahrens finden.

Die nachfolgenden Beschreibungen funktionieren sowohl auf »echter« Cluster-Hardware als auch auf virtuellen Maschinen.

17.3.1 Microsoft Cluster installieren

Die Installation des Microsoft Clusters werde ich nicht allzu detailliert schildern; gern mache ich Sie auf mein 2006 erscheinendes Buch zum »Windows Server« aufmerksam.

Voraussetzungen schaffen

Damit eine Cluster-Installation überhaupt möglich ist, benötigen Sie folgende Produkte:

- Betriebssystem: Windows Server 2003 Enterprise Edition
- Exchange Edition: Exchange 2003 Enterprise Edition
- Zwei oder mehr Server als Clusterknoten. Diese benötigen mindestens zwei Netzwerkanschlüsse.
- Shared Storage-System für die gemeinsamen Datenbestände. Jeder Clusterknoten muss Zugriff auf die hier liegenden Datenbestände haben. Die Kommunikation kann über SCSI, FibreChannel oder iSCSI erfolgen.

Grundsätzlich gilt, dass Sie einen Server nach Möglichkeit nur einen Dienst ausführen lassen sollten. Im Klartext: Der Exchange Server sollte nicht auch noch Domain Controller, Datenbank-, Softwareverteilungs- und Printserver sein; Argumente sind Stabilität, Performance und Wiederherstellbarkeit.

Die »Ein-Dienst-ein-Server«-Empfehlung gilt umso mehr für Cluster!

Bevor Sie mit der Installation beginnen:

- Alle Clusterknoten müssen mit Windows Server 2003 Enterprise Edition installiert und Domain-Mitglied sein.
- Richten Sie auf dem Shared Storage System Festplattenbereiche ein, formatieren Sie diese (natürlich mit NFTS), und stellen Sie sicher, dass alle Knoten sie »sehen« können. Die Empfehlung ist, separate physikalische RAID-Sets für Quorum sowie für jeweils das Datenbank- und Logvolume der virtuellen Server einzurichten.

- Stellen Sie sicher, dass die IP-Kommunikation ins normale Netz (über das die Clients zugreifen) und für das private Clusternetz zwischen allen Clusterknoten funktioniert.

Installieren Sie keinesfalls Exchange, bevor der Cluster aufgebaut ist. Ebenso können Sie aus einem vorhandenen Exchange Server nicht ohne Neuinstallation einen Exchange Clusterknoten machen.

Ersten Knoten installieren

Wenn Sie Windows Server 2003 Enterprise Edition installieren, ist der Clusterdienst implizit bereits vorhanden, es muss »nur noch« ein Cluster erstellt werden.

- In der Verwaltung findet sich die »Clusterverwaltung«. Diese Konfigurationapplikation öffnen Sie.
- Die Clusterverwaltung wird Sie als Erstes auffordern eine »Clusterverbindung« zu öffnen. Da noch kein Cluster vorhanden ist, wählen Sie »Neuen Cluster erstellen« (Abbildung 17.22).

Abbildung 17.22 Der erste Schritt ist, das Erstellen eines neuen Clusters aufzurufen.

Ab jetzt werden Sie vom obligatorischen Assistenten geführt:

- Auf der ersten Dialogseite wählen Sie die Domain aus und geben den Clusternamen ein – nicht den Namen eines der Knoten, sondern den »Verwaltungsnamen« des Clusters.
- Im nächsten Schritt ist der Name des Servers anzugeben, der der erste Knoten im neuen Cluster werden soll.
- Nun wird der Assistent die Konfiguration, also speziell die Hardware und die Netzwerkumgebung analysieren. Falls Fehler angezeigt werden, beheben Sie diese zunächst und starten den Konfigurationsvorgang erneut.
- Nun werden Sie aufgefordert, eine IP-Adresse für den Cluster einzutragen. Dies muss eine neue, bislang nicht belegte IP-Adresse sein, *keinesfalls* die eines der Knoten.
- Die folgende Dialogseite erfragt das »Clusterdienstkonto«. Dieses Konto muss ein Account in der Domain sein, kein lokales Konto. Sie können einfach ein neues Domain-Konto anlegen und dieses beispielsweise »Cluster-Service« nennen. Der Assistent zum Aufbau des Clusters wird dem Konto die notwendigen Rechte zuweisen.

Verwenden Sie *nicht* das Administrator-Konto oder Vergleichbares als Clusterdienstkonto!

- Als Nächstes wird der Assistent Ihnen eine »Vorgeschlagene Clusterkonfiguration« präsentieren (Abbildung 17.23). Gehen Sie über diese Dialogseite nicht hinweg, ohne sie wirklich zu lesen. Der Assistent »baut« zwar im Allgemeinen eine recht ordentliche Konfiguration, nichtsdestotrotz ist nicht unbedingt alles bestens. Beispielsweise könnte es sein, dass als Quorumressource nicht das von Ihnen dafür vorgesehene Laufwerk/RAID-Set angezeigt wird. Ändern Sie dieses entsprechend!

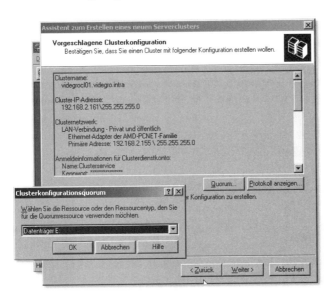

Abbildung 17.23 Überprüfen Sie die vorgeschlagene Clusterkonfiguration. Unter Umständen müssen Sie die physikalische Platte für die Quorumressource anpassen!

Der Cluster wird nun erstellt. Eine Fortschrittsanzeige wird Sie über den Stand der Dinge informieren. In der Applikation zur Clusterverwaltung werden Sie nun den Cluster administrieren können – er hat bislang aber nur einen Knoten!

Zweiten (und weitere) Clusterknoten installieren

Das Hinzufügen weiterer Clusterknoten ist, sofern die Server und die Umgebung in Ordnung sind, absolut problemlos:

- Sie starten die Clusterverwaltung und wählen natürlich »Knoten zum Cluster hinzufügen«. Als Clustername wird der bei der Installation des ersten Knoten vorgegebene Name verwendet – dies ist *nicht* der Name des ersten Knotens (Abbildung 17.24).
- Im Assistenten geben Sie den Namen des Computers ein, der dem Cluster hinzugefügt werden soll. Sie können auch mehrere zukünftige Clusterknoten angeben.
- Der nächste Schritt ist eine Analyse der Konfiguration. Ist alles in Ordnung, können Sie fortfahren – ansonsten erst reparieren!

Abbildung 17.24 Einem bestehenden Cluster werden weitere Knoten über die Clusterverwaltung hinzugefügt.

▶ Nun wird das Passwort für das Clusterdienstkonto abgefragt. Im Gegensatz zur Installation des ersten Knotens können Sie hier keinen Account auswählen, da alle Clusterdienste unter demselben Konto ausgeführt werden – und dieses haben Sie bereits bei der Installation des ersten Knotens festgelegt.

Nun wird der Knoten zum Cluster hinzugefügt. Nach kurzer Zeit ist der Vorgang abgeschlossen, und Sie können das Ergebnis in der Clusterverwaltung prüfen.

Konfiguration

In der Clusterverwaltung wird eine ähnliche Konfiguration wie die in Abbildung 17.25 gezeigte zu sehen sein. Sie sollten nun noch die folgenden Konfigurationsschritte vornehmen.

Abbildung 17.25 Die Clusterverwaltung nach der Grundinstallation

▶ »Überflüssige« Gruppen: Wenn neben der Quorum-Festplatte zum Zeitpunkt der Clusterinstallation bereits weitere Laufwerke auf dem Shared Storage-Bereich verfügbar waren, legt der Installationsassistent pro Laufwerk eine Gruppe an, die mit Gruppe 0, Gruppe 1 etc. bezeichnet werden (siehe Abbildung 17.25). In diesen Gruppen befindet sich jeweils eine Festplattenressource. Löschen Sie diese Gruppen, in dem Sie zuerst die darin enthaltene Ressource, dann die Gruppe löschen. Löschen Sie aber auf keinen Fall die mit **Clustergruppe** bezeichnete Gruppe.
Wenn Sie Gruppe 0, Gruppe 1 etc. nicht löschen, können Sie diese Datenträger später nicht einem virtuellen Exchange Server zuweisen.

▶ **Netzwerke**: Ein Clusterknoten verfügt über eine (oder auch mehrere) Netzwerkkarte(n) für den Zugriff durch die Clients und über eine Netzwerkkarte für die interne Kommunikation mit den anderen Clusterknoten (»Heartbeat«). In Abbildung 17.25 erkennt man, dass zwei Netzwerke vorhanden sind. Damit die Clusterknoten »wissen«, für welchen Kommunikationstyp welches Netz verwendet werden soll, rufen Sie jeweils den Eigenschaften-Dialog der Netze auf (Abbildung 17.26): Hier wird für ein Netz die Einstellung »öffentliches Netzwerk«, für das andere »privates Netzwerk« gewählt (das private Netzwerk dient der internen Kommunikation der Clusterknoten).

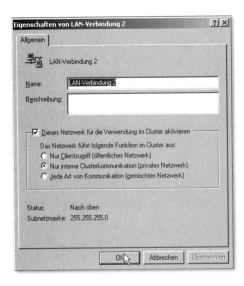

Abbildung 17.26 Passen Sie die Konfiguration der Netzwerkverbindungen an. Ein Netzwerk soll ausschließlich für den Zugriff durch die Clients verwendet werden, ein anderes ausschließlich für die interne Clusterkommunikation.

17.3.2 Distributed Transaction Coordinator (MSDTC) installieren

Bevor die eigentliche Installation beginnen kann, muss eine weitere Voraussetzung geschaffen werden, nämlich die Installation des Distributed Transaction Coordinators (MSDTC). Für diejenigen, die das erste Mal eine Clusterressource installieren, zeige ich die Dialoge etwas ausführlicher als üblich.

▶ Öffnen Sie in der Clusterverwaltung das Kontextmenü der »Clustergruppe«, und rufen Sie das Hinzufügen einer neuen Ressource auf (Abbildung 17.27). Wie erwartet wird ein Assistent erscheinen.

▶ Der erste Schritt in dem Assistenten ist die Definition der hinzuzufügenden Ressource. Sie können einen frei definierbaren Namen angeben – es hat aber durchaus Vorteile, wenn dieser Name Rückschlüsse auf die Ressource zulässt … In der Combobox »Ressourcentyp« wählen Sie den »Distributed Transaction Coordinator«. Vorsichtshalber sollten Sie noch überprüfen, ob als »Gruppe« wirklich die `Clustergruppe` angegeben ist (Abbildung 17.28).

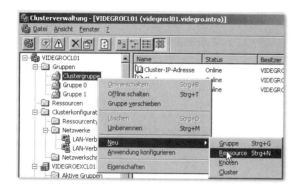

Abbildung 17.27 Das Hinzufügen einer Ressource wird im Kontextmenü der Clustergruppe aufgerufen. Es wird sich daraufhin ein Assistent öffnen und Sie durch den weiteren Vorgang führen.

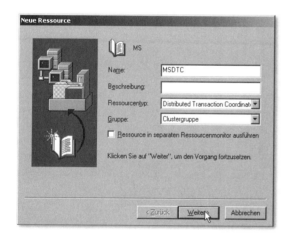

Abbildung 17.28 Den Anzeigenamen der Clusterressource können Sie frei wählen. Als Ressourcentyp wird »Distributed Transaction Coordinator« gewählt. Verifizieren Sie, dass als Gruppe die »Clustergruppe« angegeben ist.

- Im nächsten Schritt wird nach möglichen Besitzern gefragt. Gemeint sind die Clusterknoten, auf denen diese Ressource ausgeführt werden kann. Die Ausführung soll auf sämtlichen Knoten möglich sein, dementsprechend wird die Konfiguration vorgenommen (Abbildung 17.29).
- Nun geht es um Abhängigkeiten. In diesem Dialog wird definiert, welche Clusterressoucen online geschaltet werden müssen, bevor der Cluster die gerade in der Konfiguration befindliche Ressource aktivieren kann. Im Fall von MSDTC müssen zuerst IP-Adresse, Clustername und Quorumdisk aktiv sein (Abbildung 17.30).
- Wenn MSDTC in der Clustergruppe angelegt ist, rufen Sie den Eigenschaften-Dialog der neuen Ressource auf und deaktivieren auf der Karteikarte »Erweitert« die Checkbox »Die Gruppe beeinflussen« (Abbildung 17.31).

Abbildung 17.29 MSDTC soll auf allen Knoten ausgeführt werden können; schieben Sie alle angezeigten Knoten in die Liste möglicher Besitzer.

Abbildung 17.30 Da MSDTC von anderen Clusterressourcen abhängig ist, werden diese in die Liste »Ressourcenabhängigkeiten« verschoben.

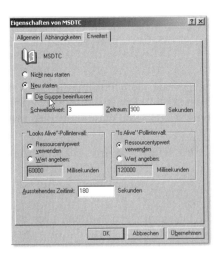

Abbildung 17.31 In den Eigenschaften der bereits angelegten Ressource wird die Checkbox »Die Gruppe beeinflussen« deaktiviert.

▶ Der letzte Schritt ist das »Online-Schalten« der neuen Ressource. Dies geschieht in deren Kontextmenü (Abbildung 17.32). Sind alle Ressourcen der Clustergruppe gestartet, wird auch das Ausrufezeichen in der Baumdarstellung verschwinden.

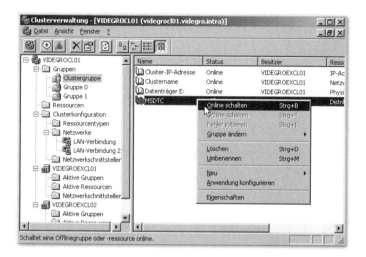

Abbildung 17.32 Die Ressource MSDTC kann nun online geschaltet werden.

17.3.3 Exchange installieren

Als nächster Schritt erfolgt die Installation des Exchange Servers auf allen Clusterknoten. Die Exchange-Installation an sich verläuft ähnlich wie auf einem einzelnen Server:

▶ Sie starten die Bereitstellungstools.

▶ Wenn es sich um den ersten Exchange Server handelt, sind die Vorbereitung des Forests und der Domain durchzuführen.

▶ Die Exchange-Dateien werden kopiert und installiert.

▶ Wenn die Installation auf dem ersten Knoten abgeschlossen ist, starten Sie die Installation auf dem nächsten Clusterknoten.

Einige Anmerkungen:

▶ Obwohl das Installationsprogramm nicht einen »Cluster-Installations-Modus« oder Ähnliches meldet, hat es erkannt, dass eine Installation auf einem Clusterknoten durchgeführt wird. Etliche Einstellungen wie das Beitreten zu einer administrativen Gruppe werden übrigens nicht abgefragt, dies erfolgt erst bei der Erstellung von virtuellen Exchange Servern.

▶ Es ist wichtig, dass Sie die **Installation von Exchange auf den Knoten nicht gleichzeitig, sondern nacheinander durchführen.**

▶ Der Installationspfad (im Allgemeinen **c:\programme\exchsrvr**) muss auf allen Clusterknoten identisch sein.

17.3.4 Virtuellen Exchange Server installieren

Wenn auf allen Knoten Exchange Server installiert worden ist, können die virtuellen Exchange Server installiert werden. Hierbei handelt es sich um die Systeme, die gegenüber den Anwendern dann tatsächlich in Erscheinung treten. Eine direkte Kommunikation mit den Clusterknoten erfolgt nicht, zumindest bei Betrachtung der logischen Abläufe (beachten Sie bitte auch Abschnitt 21.5.3).

Clustergruppe einrichten

Alle Konfigurationsschritte zur Einrichtung von virtuellen Exchange Servern werden in der Clusterverwaltung durchgeführt. Der erste Schritt ist die Einrichtung einer Gruppe. Jeder virtuelle Exchange Server wird in einer eigenen Gruppe ausgeführt:

▶ Rufen Sie das Kontextmenü des Knotens »Gruppen« auf, und wählen Sie die Erstellung einer neuen Gruppe (Abbildung 17.33).

Abbildung 17.33 Für jeden virtuellen Exchange Server wird eine Gruppe angelegt.

▶ Der erste Dialog des Assistenten wird einen prägnanten Namen für diese Gruppe anfordern. Auch hier gilt wieder, dass Sie sprechende Gruppennamen wählen sollten, also beispielsweise »ExchVS01«.

▶ Die Dialogseite zur Eingabe »Bevorzugter Besitzer«, also der Knoten, auf denen dieser virtuelle Server ausgeführt werden kann, kennen Sie bereits aus der Konfiguration der MSDTC-Ressource. Anders ist in diesem Fall aber, dass Sie die Server in der rechten Liste nach Prioritäten sortieren können. Der Clusterknoten, der diesen virtuellen Server (= Gruppe) im Normalfall ausführen soll, muss an erster Stelle aufgeführt werden (Abbildung 17.34).

Ressourcen zuweisen

Der virtuelle Exchange Server benötigt natürlich einige grundlegende Ressourcen wie IP-Adresse, Rechnername und Datenträger. Diese müssen nun konfiguriert werden. Sie fügen der Gruppe neue Ressourcen über einen Funktionsaufruf in deren Kontextmenü hinzu (Abbildung 17.35).

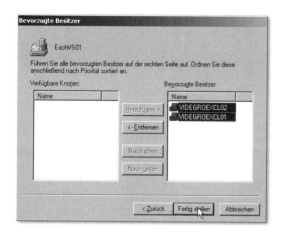

Abbildung 17.34 Die Clusterknoten, auf denen der virtuelle Exchange Server ausgeführt werden kann, werden in die Liste »Bevorzugte Besitzer« geschoben. Wichtig: Die Reihenfolge entscheidet darüber, welcher Knoten im Normalfall den virtuellen Server betreibt!

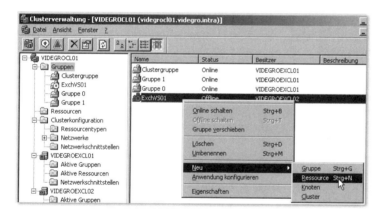

Abbildung 17.35 Im Kontextmenü der Gruppe für den virtuellen Exchange Server können Ressourcen hinzugefügt werden.

Das Zuweisen der Ressourcen geschieht mit dem Assistenten, der bei der Installation der MSDTC-Ressource bereits ausführlich vorgestellt worden ist. Ich werde mich daher auf die Konfiguration der Eigenschaften der Ressourcen beschränken. Alle Ressourcen müssen jeweils allen Knoten, auf denen sie potenziell ausgeführt werden sollen, zugewiesen werden.

Folgende Ressourcen werden benötigt:

▶ **IP-Adresse** (Abbildung 17.36):

  ▶ Bei dieser Ressource muss eine neue, d.h. bislang nicht verwendete, IP-Adresse angegeben werden.

  ▶ Achten Sie darauf, dass sie im richtigen Netzwerk liegt; sie muss natürlich im öffentlichen und nicht im privaten Clusternetz liegen.

▶ Wenn Sie die Netzwerke richtig konfiguriert haben (s.o.), kann es aber keine Verwechslung geben. Aktivieren Sie NetBIOS für die Adresse.

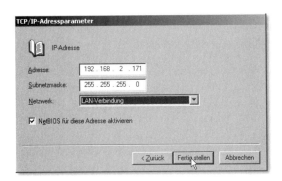

Abbildung 17.36 Die für die Gruppe eingetragene IP-Adresse darf nicht an anderer Stelle in Verwendung sein. Achten Sie darauf, dass das »richtige« Netzwerk ausgewählt ist.

▶ **Netzwerkname** (Abbildungen 17.37 und 17.38):
  ▶ Unter diesem Namen ist der virtuelle Exchange Server für die Clients erreichbar.
  ▶ Er ist abhängig von der IP-Adresse, dies wird in dem dafür vorgesehenen Dialog konfiguriert (Abbildung 17.37).

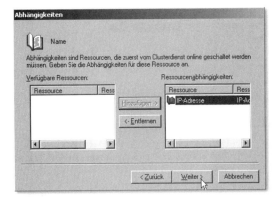

Abbildung 17.37 Die Namensressource der Gruppe und damit des virtuellen Exchange Servers ist von der IP-Adresse abhängig.

  ▶ Aktivieren Sie die Checkboxes »Erfordert DNS-Registierung« und »Kerberos Authentifizierung aktivieren« (Abbildung 17.38).
▶ **Physikalische Datenträger** (Abbildung 17.39): Jeder physikalische Datenträger, der von diesem virtuellen Exchange Server verwendet werden soll, muss als Ressource eingetragen werden. Falls der einzutragende Datenträger in der Combobox nicht angezeigt wird, wird er bereits in einer anderen Gruppe verwendet, eventuell von einer vom Assistenten angelegten Gruppe (Gruppe 0, Gruppe 1 etc.). In diesem Fall müssen Sie die Ressource aus der anderen Gruppe entfernen.

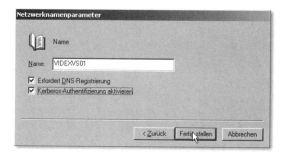

Abbildung 17.38 Der Name soll im DNS registriert werden. Des Weiteren sollten Sie die Kerberos-Authentifizierung aktivieren.

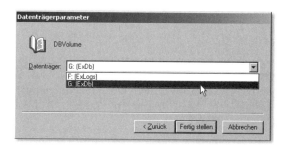

Abbildung 17.39 Alle vom virtuellen Exchange Server zu verwendenden Datenträger müssen als Ressourcen angelegt werden.

▶ Der letzte Schritt ist das »Online-Schalten« der neuen Gruppe. Die Grundlagen für den virtuellen Exchange Server sind nun geschaffen.

Exchange-Systemaufsicht installieren

Nun wird es ernst. Nach den vielen Vorbereitungen wird nun der virtuelle Exchange Server erstellt. Obwohl Exchange 2003 mehr als ein halbes Dutzend Clusterressourcen mitbringt, muss nur eine einzige aktiv von Ihnen installiert werden – und zwar die Systemaufsicht.

Rufen Sie aus dem Kontextmenü der Gruppe (siehe Abbildung 17.35) das Hinzufügen einer weiteren Ressource auf. Im Assistenten nehmen Sie folgende Einstellungen vor (ich erwähne nur die wesentlichen Konfigurationseinstellungen, alle anderen Dialoge kennen Sie aus den vorherigen Beispielen).

▶ Wählen Sie als Ressourcentyp die »Microsoft Exchange-Systemaufsicht«. Geben Sie der Ressource einen sprechenden Namen.
▶ Die Ressource ist abhängig vom Namen und den physikalischen Festplatten (Abbildung 17.40).

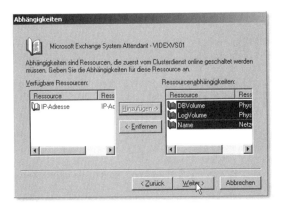

Abbildung 17.40 Die Exchange-Systemaufsicht ist von der Namensressource und den physikalischen Datenträgern abhängig.

▶ Der virtuelle Exchange Server muss zunächst einer administrativen und anschließend einer Routinggruppe hinzugefügt werden. Die verfügbaren administrativen bzw. Routinggruppen werden in einer Combobox angezeigt. Im Endeffekt treffen Sie hier dieselben Entscheidungen wie bei der Installation eines »normalen« Servers (Abbildung 17.41).

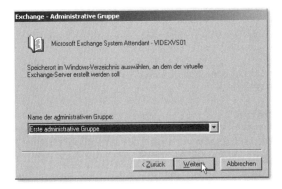

Abbildung 17.41 Die administrative Gruppe (hier im Bild) und die Routinggruppe, in der der virtuelle Exchange Server erstellt werden soll, werden per Combobox ausgewählt.

▶ Einer der letzten Dialoge des Assistenten möchte von Ihnen wissen, in welchem Volume die Daten angelegt werden sollen (Abbildung 17.42). Dies muss natürlich ein als Clusterressource angelegter physikalischer Datenträger sein.
Sie werden vermutlich (hoffentlich!) ein Volume für die Datenbanken und eines für die Logs angelegt haben; geben Sie in diesem Dialog das Datenbank-Volume an. Eine der ersten Handlungen mit dem Exchange System Manager wird darin bestehen, die Logs auf das Logvolume zu verschieben!

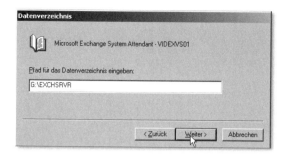

Abbildung 17.42 Hier wird der Pfad zu der Clusterressource angegeben, auf der Exchange die Datenbanken und Logs speichern wird. Eine der ersten Handlungen mit dem System-Manager sollte das Verschieben der Logs auf ein separates RAID-Set sein.

Der virtuelle Exchange Server wird nun angelegt. Wenn Sie danach die Ressourcen der Gruppe in der Clusterverwaltung ansehen, werden Sie sehen, dass implizit diverse weitere Exchange Clusterressourcen installiert worden sind (Abbildung 17.43).

Den virtuellen Exchange Server aktivieren Sie nun durch den Befehl »Online schalten« im Kontextmenü der Gruppe (schalten Sie nicht die Ressourcen einzeln online!).

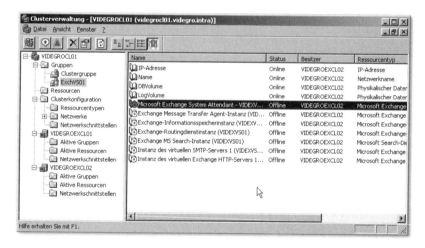

Abbildung 17.43 Nachdem alle Exchange Clusterressourcen angelegt worden sind, kann die Gruppe (= der virtuelle Exchange Server) online geschaltet werden.

Wenn der virtuelle Exchange Server gestartet ist, können Sie den Exchange System-Manager starten und werden dort den virtuellen Server wie einen »ganz normalen« Exchange Server finden. Er wird dort mit dem in der Gruppe definierten Namen angezeigt werden. Die physikalischen Clusterknoten treten nicht in Erscheinung (Abbildung 17.44).

Bevor Sie sich ins Konfigurieren stürzen, sollten Sie beachten, dass ein virtueller Exchange Server gegenüber einem »normalen« etwas eingeschränkt ist (siehe hierzu Abschnitt 21.5.4).

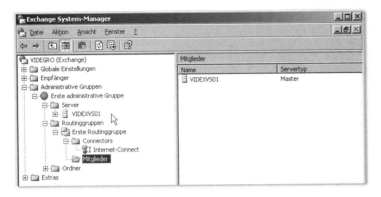

Abbildung 17.44 Bei der Administration im Exchange System-Manager arbeiten Sie »nur« mit dem virtuellen Exchange Server. Die physikalischen Clusterknoten bleiben unsichtbar.

18 Migration/Upgrade auf Exchange 2003

18.1	Exchange 5.5	673
18.2	Exchange 2000	723
18.3	Migration zwischen Exchange-Organisationen	726
18.4	ExMerge	726
18.5	Die Umlaufprotokollierung bei Verschiebe- und Importvorgängen	732

1	**Über dieses Buch**
2	**Der Aufbau des Buchs**
3	**Exchange 2003 – Service Pack 2**
4	**Einführung in das Thema Collaboration**
5	**Erster technischer Überblick**
6	**Solutions Design**
7	**Exchange und Active Directory**
8	**Routing**
9	**Storage**
10	**Öffentliche Ordner**
11	**Administrative Gruppen**
12	**Richtlinien, Vorlagen und Adresslisten**
13	**Front-End-/Back-End-Architektur**
14	**Clients**
15	**Sichere Anbindung an das Internet**
16	**Sicherheit**
17	**Installation**
18	**Migration/Upgrade auf Exchange 2003**
19	**Betrieb und Administration**
20	**Backup, Restore und Desaster Recovery**
21	**Verfügbarkeit**
22	**Live Communications Server 2005 – Ein Überblick**
23	**LCS – Installation und Konfiguration**
24	**LCS – »Externe« Clients und Föderationen**
25	**LCS – Administration**
26	**LCS – Sicherheit**
27	**Entwicklung**
28	**Programmieren mit CDO (CDOEX)**
A	**Problembehebung in Warteschlangen**
B	**Zu überwachende Parameter (Jetstress-Test)**
C	**Performance Monitoring, wichtige Datenquellen**
D	**Outlook Level 1 Dateianhänge**

18 Migration/Upgrade auf Exchange 2003

Dieses Buch richtet sich an drei Gruppen von Lesern. Zum einen gibt es natürlich diejenigen, die bereits Exchange 2003 einsetzen und die Installation optimieren möchten. Dann gibt es die Gruppe deren, die bisher kein Exchange verwendet haben und sozusagen neu auf der berühmten grünen Wiese anfängt. Zum Schluss gibt es diejenigen unter Ihnen, die eine ältere Exchange-Version einsetzen und upgraden möchten. Dieses Kapitel ist für die letztgenannte Gruppe geschrieben.

Migrationen und Upgrades ohne Datenverlust durchzuführen, ist erfahrungsgemäß eine nicht ganz simple Aufgabe, zumal man natürlich eine Betriebsunterbrechung möglichst vermeiden sollte.

Für einen Autor ist ein Migrationskapitel durchaus eine Herausforderung; insbesondere deshalb, weil die Ist- und die Sollsituation bei jedem Leser anders sein werden, so dass es schwierig ist, ein für alle interessantes Kapitel zu verfassen. Sicherlich wäre es ein Leichtes, ein 800 Seiten starkes Buch nur zum Thema Migration des Serverbetriebssystems nebst Exchange zu schreiben, in dem ich dann wirklich sehr detailliert alle möglichen Szenarien durcharbeiten könnte – vermutlich würden 800 Seiten dafür gar nicht reichen.

Prinzipiell existieren zwei Upgrade-Szenarien:

- Exchange 5.5 auf Exchange 2003
- Exchange 2000 auf Exchange 2003

Eine Migration von Version 2000 auf 2003 ist vergleichsweise unkompliziert. Der Weg von Exchange 5.5 auf die aktuelle Version ist deutlich komplizierter, zumal dies häufig mit einer Betriebssystem-Migration verbunden sein wird.

18.1 Exchange 5.5

In diesem Buch werde ich einen Fall diskutieren, der zum einen in der Praxis recht häufig vorkommt, zum anderen lassen sich die verwendeten Verfahren vergleichsweise einfach auf andere Situationen übertragen.

Die Ausgangslage der Migration ist:

- NT4 Domain
- Exchange 5.5 Server
- Windows XP-Clients mit aktuellem Outlook

Unser Ziel ist die Migration auf Exchange 2003, einhergehend mit einer Umstellung auf ein Windows 2003-basiertes Active Directory.

Im Groben stellt sich die Vorgehensweise wie folgt dar:

- Eine Active Directory-Domain auf Basis von Windows Server 2003 wird eingerichtet.
- Eine Vertrauensstellung zu der bestehenden NT4-Domain wird geschaffen.
- Die Benutzer- und Computerkonten (der Desktops) werden in die neue Umgebung migriert. Die Benutzer melden sich an der neuen Domain an.
- Durch die Vertrauensstellung ist der Zugriff auf die Ressourcen (z.B. Fileshares, Drucker, Exchange) der alten Domain weiterhin gegeben.
- Die Ressourcen der NT4-Domain werden Schritt für Schritt in die neue Umgebung migriert, speziell natürlich Exchange!
- Wenn alle Postfächer migriert sind, wird der alte Exchange Server abgeschaltet.
- Sind alle Ressourcen migriert, kann die NT4-Domain abgeschaltet werden.

Die folgenden Abschnitte werden den Migrationsweg Schritt für Schritt vorstellen. Da dieses Buch in erster Linie ein Exchange-Buch ist, werde ich die Betriebssystem-Migration nur sehr knapp erläutern und verweise auf mein 2006 bei Galileo Press erscheinendes Buch zu Windows Server 2003.

> Grundsätzlich berücksichtigen Sie bitte die folgenden Hinweise:
>
> - Migrationsarbeiten können den Produktivbetrieb deutlich behindern.
> - Sie sollten stets einen »Fallback-Plan« in der Tasche haben, falls eine Migration fehlschlägt.
> - Beginnen Sie *niemals* Migrationsarbeiten, ohne vorher eine *getestete* Datensicherung angefertigt zu haben.

18.1.1 Voraussetzungen schaffen

Bevor mit der Migration in die neue Umgebung begonnen werden kann, müssen einige Voraussetzungen geschaffen werden.

Da wir eine Migration in eine neue Domain durchführen, muss diese natürlich zunächst installiert werden, sprich: Ein neuer Windows Server 2003, eingerichtet als Domain Contoller ist die Grundvoraussetzung für alle folgenden Schritte. Zwischen der NT4- und der Active Directory-Domain besteht noch keine Vertrauensstellung, einzig eine IP-Verbindung zwischen dem PDC der alten Domain und dem neuen Domain Controller muss existieren.

WINS-Eintrag erstellen

Zunächst muss sichergestellt sein, dass die Namensauflösung zwischen der neuen und der alten Domain funktioniert. Es ist davon auszugehen, dass in der NT4-Domain ein WINS-Server vorhanden ist, diesen sollten Sie in der IP-Konfiguration des neuen DCs eintragen (Abbildung 18.1).

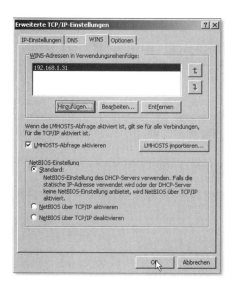

Abbildung 18.1 Der WINS-Server der NT4-Domain wird in der IP-Konfiguration des neuen Domain Controllers eingetragen.

> **Eine Anmerkung zu WINS** Exchange 2003 benötigt für einige Operationen die NetBIOS-Namensauflösung, es sollte also ein WINS-Server vorhanden sein. In etlichen Publikationen wird behauptet, dass Exchange 2003 kein WINS braucht – falsch!
>
> Schriftliche Informationen und einige Details gibt es in diesem Knowledge Base-Artikel: 837391

DNS-Eintrag erstellen

Damit der Windows Server 2003 jederzeit problemlos den NT4-PDC finden kann, wird er als neuer Host im DNS eingetragen (Abb. 18.2).

Abbildung 18.2 Tragen Sie den NT4-PDC im DNS ein, damit er jederzeit gefunden wird.

Vertrauensstellung einrichten

Eine wesentliche Voraussetzung für den Parallelbetrieb ist die Einrichtung einer Vertrauensstellung zwischen alter und neuer Domain. Die Vertrauensstellung muss auf beiden Domain Controllern konfiguriert werden:

- Richten Sie die Vertrauensstellung zunächst auf dem NT4-PDC ein. Starten Sie hierzu den »Benutzer-Manager für Domänen«, und wählen Sie im Menü »Richtlinien« den Menüpunkt »Vertrauensstellungen« aus. Dort legen Sie die Vertrauensstellung zur neuen Domain (NetBIOS-Namen angeben) für *beide* Richtungen an (Abbildung 18.3). Kleiner Tipp: Für Vertrauensstellungen wird ein neu zu vergebendes Kennwort benötigt. Wenn Sie in der Active Directory-Domain komplexe Kennwörter fordern, sollten Sie ein solches auch beim Anlegen der Vertrauensstellungen in NT4 wählen (z.B. $Gehe4i4m$ie8).

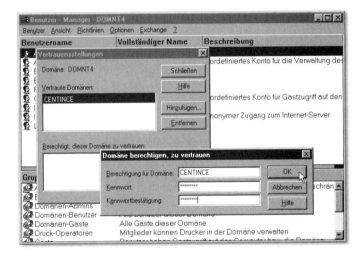

Abbildung 18.3 Richten Sie zunächst die Vertrauensstellung im Benutzer-Manager für Domänen ein. Wählen Sie bereits hier ein kompexes Kennwort!

- Der nächste Schritt ist die Einrichtung der Vertrauensstellung auf dem Active Directory-Domain Controller. Rufen Sie die Applikation »Active Directory-Domänen und – Vertrauensstellungen« auf. Im Kontextmenü der Domain finden Sie den entsprechenden Menüpunkt.
Wie gewohnt werden Sie von einem Assistenten geführt, die diversen Schritte sind selbsterklärend. Achten Sie nur unbedingt darauf, eine bidirektionale Vertrauensstellung einzurichten (Abbildung 18.4).

- Der Assistent wird Ihnen anbieten, die Vertrauensstellung zu testen! Führen Sie diese Überprüfung unbedingt durch. Funktioniert die Vertrauensstellung nicht 100%ig, werden alle folgenden Schritte mit relativ großer Wahrscheinlichkeit nicht oder nicht vollständig funktionieren!

- Probleme beim Einrichten von Vertrauensstellungen resultieren häufig aus Problemen bei der Namensauflösung.

Sie sind erst fertig, wenn der Assistent bestätigt, dass die Vertrauensstellung hergestellt und bestätigt ist (Abbildung 18.5)!

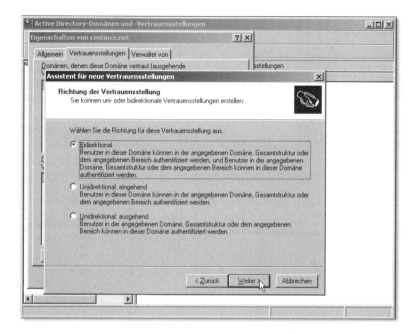

Abbildung 18.4 Auf dem 2003-Server wird die Vertrauensstellung mit einem Assistenten eingerichtet. Achten Sie darauf, eine bidirektionale Vertrauensstellung einzurichten!

Abbildung 18.5 Die Einrichtung der Vertrauensstellung ist erst beendet, wenn der Assistent bestätigt, dass die Vertrauensstellung erfolgreich geprüft worden ist.

18.1.2 Migration der Benutzerkonten

Nachdem nun die Vertrauensstellung eingerichtet ist, können die Benutzerobjekte migriert werden.

Grundsätzlich gibt es zwei wichtige Forderungen:

- Der Zugriff auf die Ressourcen der alten Domain muss auch mit dem migrierten Benutzerkonto noch problemlos möglich sein.
- Die Kennwörter sollen übernommen werden.

Zum ersten Aspekt: Der Zugriff auf eine Ressource wird anhand der SID des Benutzers gesteuert. Diese ist ein eindeutiger »Code«. Wird ein Benutzer mit demselben Namen neu angelegt, wird das neue Benutzerobjekt definitiv eine andere SID erhalten. Das Resultat wird sein, dass der Benutzer mit dem neuen Benutzerkonto nicht mehr auf Daten und Ressourcen zugreifen kann, die er mit dem alten Benutzerkonto problemlos erreichen konnte. In diesem Migrationsszenario ist dieser »Mechanismus« von großer Wichtigkeit, da in der neuen Domain auch ein neues Benutzerkonto angelegt wird. Damit der Zugriff auf die Ressourcen der NT4-Domain weiterhin möglich ist, muss die bisherige SID übernommen werden. ADMT, das Active Directory Migration Tool, ist hierzu in der Lage!

Die Übernahme der Kennwörter kann ebenfalls mit ADMT realisiert werden; damit dies funktioniert, sind allerdings einige zusätzliche Konfigurationsschritte notwendig, die ich Ihnen vorführen werde.

> **Anmerkung** Die Übernahme der Kennwörter war mit ADMT 1.0, das mit Windows 2000 Server mitgeliefert wurde, nicht möglich. ADMT 2.0 beherrscht diese wichtige Funktion!

Vorbereitungen auf dem Windows 2003 DC

Für die Migration der Benutzerkonten sind sowohl auf dem NT4-PDC als auch auf dem Active Directory-Domain Controller einige Vorbereitungen zu treffen.

- **ADMT installieren**: Zunächst muss das Active Directory Migration Tool installiert werden. Die Installationsdatei findet sich auf der Windows Server 2003-CD im Verzeichnis I386\ADMT
  Sie müssen ADMT nicht unbedingt auf dem Active Directory-DC installieren – ich wüsste aber nichts, was dagegen spräche!
- Der nächste notwendige Schritt besteht darin, die **Überwachung der Kontoverwaltung zu aktivieren**. Dies wird über eine Gruppenrichtlinie vorgenommen:
  - Öffnen Sie den Konfigurationsdialog »Active Directory-Benutzer und -Computer«. Rufen Sie den Eigenschaften-Dialog des Containers »Domain Controllers« auf (Kontext-Menü!). Wählen Sie auf der Karteikarte »Gruppenrichtlinie« das Bearbeiten der »Default Domain Controllers Policy« (Abbildung 18.6).
  - Im Gruppenrichtlinienobjekt-Editor navigieren Sie zu **Computerkonfiguration · Windows-Einstellungen · Sicherheitseinstellungen · Lokale Richtlinien · Überwachungsrichtlinie** und aktivieren die Richtlinie »Kontenverwaltung überwachen« (Abbildung 18.7).
- In der »Default Domain Controllers Policy« muss noch ein weiterer Eintrag angepasst werden. Navigieren Sie zu **Computerkonfiguration · Windows-Einstellungen · Sicherheitseinstellungen · Lokale Richtlinien · Sicherheitsoptionen**, und aktivieren Sie die

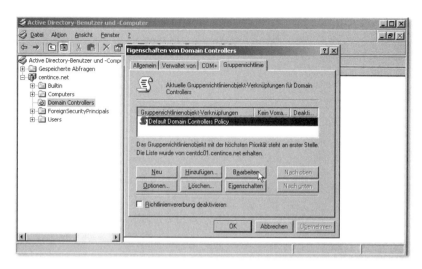

Abbildung 18.6 Zur Vorbereitung der Migration müssen Sie die Standard-Gruppenrichtlinie für Domain Controller ändern.

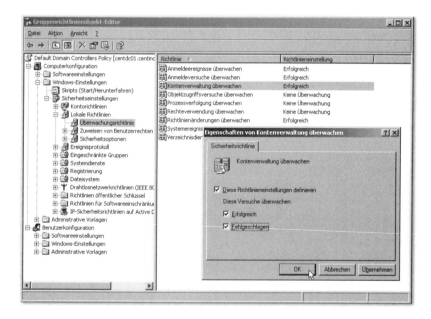

Abbildung 18.7 Die Überwachung der Kontenverwaltung wird aktiviert.

Sicherheitsrichtlinie »Netzwerkzugriff: Die Verwendung von ›Jeder‹-Berechtigungen für anonyme Benutzer ermöglichen« (Abbildung 18.8).

▶ Der nun folgende Schritt ist für die **Übertragung der Passwörter** nötig, es muss ein Kennwortexportserver-Verschlüsselungsschlüssel erstellt werden (für diese Wortschöpfung ist eigentlich der Literatur-Nobelpreis fällig, oder?). Trotz des komplizierten Worts

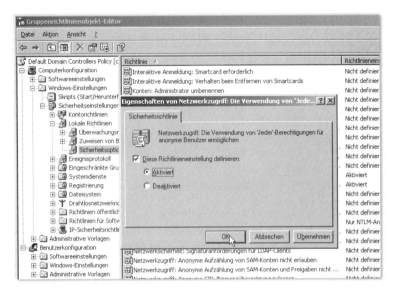

Abbildung 18.8 Diese Sicherheitsrichtlinie wird ebenfalls in der Standard-Gruppenrichtlinie für Domain Controller aktiviert.

ist die auszuführende Eingabe einfach: Als Parameter für den Aufruf werden der Name der NT4-Domain, der Pfad, an den die Datei geschrieben werden soll, und ein Kennwort angegeben.
Das angegebene Zielverzeichnis muss existieren! Alternativ zu einem Kennwort kann ein Sternchen (*) angegeben werden; Sie werden dann nach einem Kennwort gefragt.

▶ Nachdem die Datei mit dem Kennwortexportserver-Verschlüsselungsschlüssel erzeugt worden ist, muss sie auf den NT4-PDC gebracht werden (Netzwerkshare, Diskette etc.).

Abbildung 18.9 Auf der Kommandozeile wird der Kennwortexportserver-Verschlüsselungsschlüssel erzeugt. Die erzeugte Datei wird im Anschluss auf den NT4-PDC kopiert.

▶ ADMT setzt voraus, dass die Zieldomain in der Domänenfunktionsebene »Windows Server 2003« ausgeführt wird. Um dies zu erreichen, öffnen Sie das Verwaltungswerkzeug »Active Directory-Domänen und -Vertrauensstellungen« und wählen im Kontextmenü der Domain die entsprechende Funktion (Abbildung 18.10).

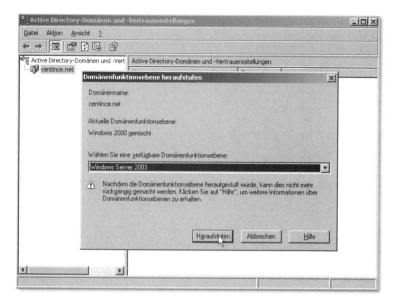

Abbildung 18.10 Damit mit ADMT gearbeitet werden kann, muss die Domänenfunktionsebene heraufgesetzt werden.

Vorbereitungen auf dem NT4-PDC

Die nächsten Vorbereitungsschritte sind auf dem NT4-PDC durchzuführen.

▶ Wenn Sie die Passwortmigration verwenden möchten, muss NT4 High Encryption, also die 128-Bit-Verschlüsselung unterstützen. Wenn Sie im Download-Bereich von Microsoft suchen, findet sich auch eine High Encryption-Variante des Service Pack 6a – allerdings nur in englischer Sprache. Die Lösung ist die Installation eines aktuellen Internet Explorers, dabei werden die entscheidenden DLLs ausgetauscht.
Die Folge wird allerdings sein, dass das NT SP6a nicht mehr installiert werden kann. Die Lösung für dieses Problem findet sich im Knowledge Base-Artikel 250867.

> **Wichtig** Die Installation des Internet Explorers benötigt Neustarts!
> Wenn Sie auf dem PDC weitere Applikationsserver installiert haben, ist es eventuell zu riskant oder zumindest nicht erwünscht, den Internet Explorer zu installieren. In diesem Fall könnte man einen weiteren BDC, im Zweifelsfall auf Desktop-Hardware, aufsetzen. Anschließend wird dieser zum PDC heraufgestuft und kann mit dem IE betankt werden, ohne dass ein Risiko für die sonstige Produktivumgebung bestünde.

▶ Als Nächstes wird auf dem NT4-PDC eine lokale Gruppe namens `sourcedomain$$$` angelegt. Der Platzhalter `sourcedomain` steht für den Namen der Quelldomain, die in meinem Fall **domnt4** heißt; demzufolge muss die neue lokale Gruppe `domnt4$$$` heißen (Abbildung 18.11).

> **Anmerkung** Die Gruppe wird mit dem Benutzermanager für Domänen angelegt.

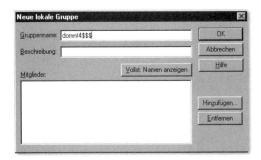

Abbildung 18.11 Im Benutzermanager für Domänen wird eine neue lokale Gruppe angelegt. Der Name setzt sich aus dem NetBios-Namen der Domain, gefolgt von drei $-Zeichen, zusammen.

▶ Ebenso wie im Active Directory-Umfeld wird auch für den NT-Domain-Controller die Überwachung der Kontoverwaltung aktiviert. Dieser Konfigurationsschritt wird im Dialog »Überwachungsrichtlinien« des Benutzermanagers für Domänen ausgeführt. Aktivieren Sie, wie auf Abbild 18.12 gezeigt, die Überwachung von »Erfolg« und »Fehler«.

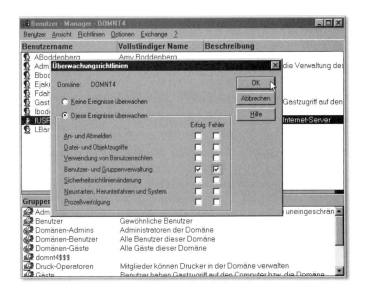

Abbildung 18.12 Auch auf dem NT4-PDC wird die Überwachung der Kontoverwaltung aktiviert.

▶ Wenn Sie ADMT auf dem Windows 2003-Server ausführen, muss das von Ihnen verwendete Active Directory-Konto bzw. eine AD-Gruppe in der Gruppe »Administratoren« des NT4-Domain Controllers eingetragen werden (Abbildung 18.13).

▶ Der nun folgende Schritt besteht in der Modifikation der Registry. Im Zweig `HKEY_LOCAL_MACHINE\SYSTEM\CurrentControlSet\Control\Lsa` muss ein neuer DWORD-Wert `TcpipClientSupport` angelegt werden.
Der Wert muss auf »1« gesetzt werden.
Im Registry-Editor sollte sich in etwa das in Abbildung 18.14 gezeigte Bild bieten.

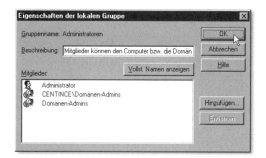

Abbildung 18.13 Das Administrator-Konto aus dem Active Directory (bzw. dessen Gruppe) muss Administrator des NT-PDCs sein.

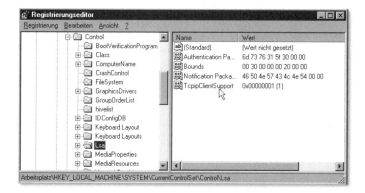

Abbildung 18.14 Für ADMT muss in der Registry der DWORD-Wert TcpipClientSupport hinzugefügt werden.

- Dieser Schritt ist für die Kennwort-Migration wichtig. Auf der Quelldomain muss eine Software installiert werden: Auf der Windows Server 2003-CD findet sich im Verzeichnis **I386\ADMT\PWDMIG** die ausführbare Datei **PWDMIG.EXE**. Diese wird auf dem Quelldomain-PDC (also NT4) gestartet. Auf zwei Aspekte möchte ich Sie hinweisen:
  - Der Installationsassistent fragt Sie nach der zuvor auf dem W2003-DC erstellten Datei mit dem Kennwortexportserver-Verschlüsselungsschlüssel (mein neues Lieblingswort!). Falls Sie die Datei noch nicht kopiert haben, sollten Sie dies vor dem Start der Installation erledigt haben.
  - Falls keine 128-Bit-Verschlüsselung installiert ist, kann das PWDMIG-Utility nicht installiert werden.
- Als erfahrender NT-Administrator sind Sie sicherlich überrascht, wie viele Konfigurationsschritte ohne Neustart durchgeführt werden konnten. Jetzt ist die Schonzeit aber vorbei, denn nun ist ein **Neustart erforderlich**.
- Bevor Sie mit der eigentlichen Migration beginnen können, muss ein weiterer Registry-Wert angelegt bzw. modifiziert werden. Es handelt sich um den DWORD-Wert `AllowPasswordExport` in `HKEY_LOCAL_MACHINE\SYSTEM\CurrentControlSet\Control\Lsa`.

Der Wert muss angelegt werden – zumindest, wenn Sie das erste Mal eine Migration mit ADMT durchführen.
Der Wert muss auf »1« gesetzt werden.

▶ NT setzt den Wert für `AllowPasswordExport` nach erfolgtem Export zurück auf »0«. Vor einem Export sollten Sie kontrollieren, ob dieser Wert wirklich auf »1« steht und ihn ggf. anpassen.
Steht der Wert auf »0«, reagiert das System mit recht »mystischen« Fehlermeldungen.

Die Vorbereitungen sind somit abgeschlossen, die neue Domain kann mit Daten befüllt werden!

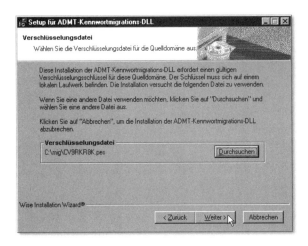

Abbildung 18.15 Bei der Installation von PWDMIG.EXE muss die zuvor (hoffentlich) kopierte Datei mit dem Kennwortexportserver-Verschlüsselungsschlüssel angegeben werden.

Durchführung

Sind alle Vorbereitungen getroffen, gestaltet sich die eigentliche Durchführung der Migration recht unproblematisch. Rufen Sie ADMT auf, und öffnen Sie das Kontextmenü des obersten Knotens des Baums auf der linken Seite (Abbildung 18.16).

In dem Kontextmenü finden sich Assistenten zum Migrieren unterschiedlicher Objekte, beispielsweise auch zum Migrieren von Benutzerkonten. In diesem Exchange-Buch werde ich Ihnen keine komplette Betriebssystem-Migration vorführen – die unmittelbar in Zusammenhang mit Exchange stehende Migration der Benutzerkonten ist hier aber ein Thema! Starten Sie also den »Assistent zum Migrieren von Benutzerkonten«.

Zunächst wird der Assistent Sie fragen, ob Sie zunächst einen Test durchführen möchten (»Migrationseinstellungen testen...«) oder ob direkt migriert werden soll (Abbildung 18.17). Selbstverständlich wird zunächst der Test durchlaufen! Bei dem Testdurchlauf wird der komplette Migrationsvorgang simuliert, einschließlich der Prüfung aller Berechtigungen. Beim Test werden sämtliche Vorgänge durchgeführt, inklusive Details wie die Funktionsprüfung der Kennwortmigration etc. Beim Test werden natürlich keine Benutzerkonten im Active Directory angelegt.

Abbildung 18.16 ADMT bietet eine Vielzahl von Migrationsmöglichkeiten. In diesem Beispiel werden Benutzerkonten migriert.

Abbildung 18.17 Die Migration kann zunächst getestet werden, ohne tatsächlich Benutzerkonten zu verschieben.

Im nun folgenden Dialog möchte der Assistent von Ihnen wissen, welches die Quell- und welches die Zieldomain für die Migration der Benutzerkonten sein wird. Obwohl Sie in die Eingabefelder prinzipiell die Domainnamen manuell eintragen können, ist es ein »Alarmzeichen«, wenn ADMT die Domains nicht selbstständig erkennt. Vermutlich ist die domainübergreifende Namensauflösung nicht in Ordnung!

Der nächste wichtige Schritt ist die Auswahl der zu migrierenden Benutzerkonten. Kleiner Tipp für diejenigen Leser, die mit den 2003-Dialogen zur Benutzerauswahl (noch) nicht vertraut sind: Klicken Sie im ersten Auswahldialog auf den Schalter »Erweitert«; in dem dann erscheinenden Formular können Sie mit »Jetzt suchen« alle Domainbenutzer anzeigen lassen. Alternativ können natürlich Filter angewendet werden (Abbildung 18.19).

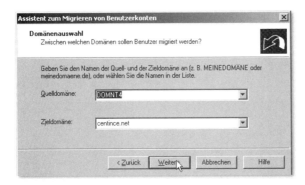

Abbildung 18.18 Mit diesem Dialog werden Quell- und Zieldomain ausgewählt. ADMT sollte die vorhandenen Domains selbst erkennen – wenn nicht, sollten Sie zunächst die korrekte Funktion von WINS überprüfen.

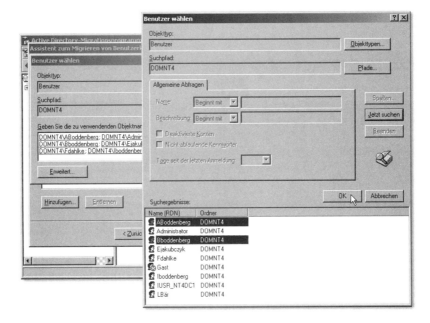

Abbildung 18.19 Die zu migrierenden Benutzerkonten können einzeln ausgewählt werden. Der »Erweitert«-Dialog unterstützt bei der Auswahl.

Nachdem die Benutzer ausgewählt sind, muss festgelegt werden, wo, also in welcher Organisationseinheit (OU), die Konten in der neuen Active Directory-Domain angelegt werden sollen. Im Grunde genommen gibt es zwei Vorgehensweisen:

- Sie schieben sämtliche Benutzerkonten zunächst in den Container »Users« und »verteilen« sie anschließend auf die endgültigen OUs.
- Sie führen mehrere ADMT-Durchgänge aus, in denen jeweils die Benutzerkonten für einen Zielcontainer verschoben werden.

Abbildung 18.20 Im nächsten Schritt wird die OU selektiert, in die die Benutzerobjekte verschoben werden sollen.

Einer der nächsten Dialoge des Assistenten dient zum Festlegen der Kennwörter, die für die Benutzerkonten der neuen Domain verwendet werden sollen. ADMT kann entweder neue Kennwörter generieren (es können neue per Zufallsgenerator gebildet oder identisch zu dem Benutzernamen angelegt werden) oder die bestehenden übernehmen. Vermutlich werden Sie sich für das Übernehmen der bestehenden Kennwörter entscheiden. Die Voraussetzungen für die Kennwortübernahme sind zuvor beschrieben:

- Zunächst ist eine Softwarekomponente auf dem NT4-PDC zu installieren.
- Der Registry-Wert für `AllowPasswordExport` muss auf »1« gesetzt sein. Da dieser von NT mitunter zurückgesetzt wird, sollten Sie diese Einstellung nochmals kontrollieren. Wenn Sie in diesem Dialog die Einstellung »Kennwörter migrieren« gewählt haben und Sie Fehlermeldungen erhalten, könnte es sein, dass dieser Wert eben nicht auf »1« steht.

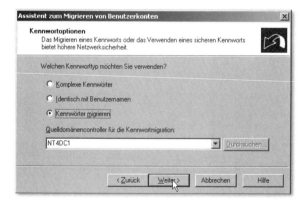

Abbildung 18.21 Wenn die Kennwörter migriert werden sollen, muss der entsprechend vorbereitete Domain Controller der Quelldomain ausgewählt werden.

Zum Schluss präsentiert Ihnen der Assistent mehrere Dialoge mit Einstellmöglichkeiten. Die Abbildungen 18.22 und 18.23 zeigen die wichtigsten Einstellungen:

- Die Zielkonten sollten aktiviert werden. Schließlich sollen die Benutzer sich in der neuen Domain anmelden können (Abbildung 18.22).
- Der wichtigste Schalter ist »Benuter-SIDs zur Zieldomäne migrieren«. Ist diese Checkbox nicht aktiviert, können die Active Directory-Benutzerkonten nicht auf Ressourcen der NT4-Domain zugreifen (Abbildung 18.22).
- Die Einstellung »Zugeordnete Benutzergruppen migrieren« ist durchaus sinnvoll. Sie sorgt dafür, dass die Gruppen, in denen die NT4-Benutzeraccounts Mitglied sind, auch im Active Directory nebst Mitgliedschaften angelegt werden (Abbildung 18.23).

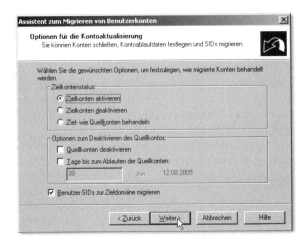

Abbildung 18.22 Eine der wichtigsten Einstellungen ist die Aktivierung der Migration der Benutzer-SIDs.

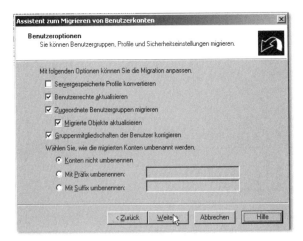

Abbildung 18.23 Der ADMT-Assistent bietet diverse Einstellmöglichkeiten für die Benutzermigration.

Sind alle Einstellungen getroffen worden, kann die Migration gestartet werden. Ein Dialog informiert Sie über den momentanen Fortschritt der Migration. Am Ende der Migration kann ein Logfile aufgerufen werden, mit dessen Hilfe recht detailliert nachvollzogen werden kann, welche Schritte erfolgreich ausgeführt werden konnten.

18.1.3 Weitere Schritte und Überprüfung

Einer der nächsten Schritte bei der Migration der NT4-Objekte in das Active Directory wäre die Migration der Computer. Hierbei ist insbesondere zu beachten, dass nicht »nur« ein Konto verschoben werden muss, sondern, dass es erforderlich ist, auf dem Client die Domain-Einstellungen zu ändern. ADMT ist in der Lage, diese Anpassungen auf den Client-Systemen durchzuführen. Im Zweifelsfall kann man natürlich die Client-PCs von Hand migrieren, was bei vielen Systemen natürlich eine recht unerfreuliche (weil langwierige) Arbeit ist.

Ein unter Umständen komplexes Thema ist übrigens auch die Migration der Benutzerprofile. Eine detaillierte Beschreibung des sonstigen Migrationsvorgangs wäre in diesem Buch zu umfangreich, zum Aspekt der Windows-Migration ist auf dem Markt einiges an Literatur erhältlich. An dieser Stelle verweise ich natürlich gern auf mein »Windows Server-Buch«, das 2006 ebenfalls bei Galileo Press erscheinen wird.

Nach Abschluss der Migrationsarbeiten können Sie einen Test durchführen, ob alles wie gewünscht funktioniert hat:

- Ein Benutzer meldet sich mit seinem Active Directory-Konto auf einem im AD befindlichen PC an.
- Zunächst muss der Anmeldevorgang mit dem bisherigen Passwort funktionieren – ansonsten war die Kennwort-Migration nicht erfolgreich.
- Nun sollten Sie testen, ob ein migrierter Anwender noch auf seine Ressourcen wie beispielsweise Fileshares oder Drucker zugreifen kann. Da diese noch in der alten Domain liegen werden, wird die SID-History greifen. Sollte der Zugriff nicht möglich sein, sollten Sie zunächst folgende Punkte überprüfen:
  - **Namensauflösung**: Kann der migrierte Client (der nun Mitglied einer Active Directory Domain ist) überhaupt die Namen der alten Ressourcen auflösen? Die Netzwerkkonfiguration des Clients könnte sich geändert haben!
  - **SID-History**: Eine mögliche Erklärung für den nicht funktionierenden Zugriff wäre, dass die alte SID nicht übernommen worden ist. Die SID-Übernahme muss bei der Durchführung der Migration im ADMT-Assistenten aktiviert gewesen sein. Ob die alte SID bei den migrierten Konten wirklich vorhanden ist, lässt sich am einfachsten kontrollieren, wenn Sie die Eigenschaften eines solchen Kontos mit ADSIedit betrachten. Das Attribut `sIDHistory` muss dort mit einem Wert vorhanden sein (Abbildung 18.24). Wird für dieses Attribut nur `<Not Set>` angezeigt, hat die Migration nicht korrekt funktioniert – und der Zugriff auf die Ressourcen der NT4-Domain kann nicht funktionieren.
- Wenn der Zugriff auf Fileshares möglich ist, wird der Zugriff auf Exchange vermutlich ebenfalls funktionieren. Der Anwender muss lediglich sein Outlook starten und sollte direkt Zugriff auf sein Postfach auf dem Exchange 5.5-Server haben.

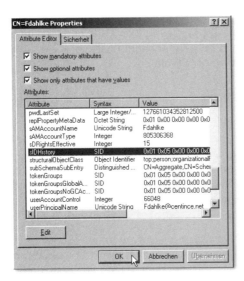

Abbildung 18.24 Bei einem migrierten Benutzeraccount sollte in ADSIedit das Attribut sIDHistory einen Wert haben.

Wenn diese Tests erfolgreich durchgeführt werden konnten, können Sie die Migration fortsetzen.

18.1.4 Konsistenzprüfung für Exchange 5.5

Angenehmerweise werden die meisten Schritte, die für die Installation des Active Directory Connectors notwendig sind, mit den Exchange-Bereitstellungstools aufgerufen. Das heißt, Sie können mit einer Art Checkliste arbeiten. Die Konsistenzprüfung des NT4-Verzeichnisses und -Informationsspeichers muss allerdings separat aufgerufen werden. Speziell geht es darum, nicht mehr existierende Konten aus den Berechtigungssätzen für Postfächer und Öffentliche Ordner zu entfernen.

In der Literatur wird dieser Schritt häufig als Entfernen von »Zombie-Einträgen« bezeichnet.

Die Prüfung wird mit dem Exchange 5.5-Administrator-Programm initiiert. In den Eigenschaften des Servers findet sich die Karteikarte »Weitere Optionen«, auf der der Button »Konsistenzanpassung« geklickt werden muss. Daraufhin öffnet sich der in Abbildung 18.25 gezeigte Dialog.

18.1.5 Active Directory-Account zum Exchange 5.5-Administrator machen

Vor der Installation des Active Directory Connectors muss der Benutzeraccount, unter dem mit dem ADC gearbeitet wird, Administratorrechte für die Exchange 5.5-Organisation enthalten.

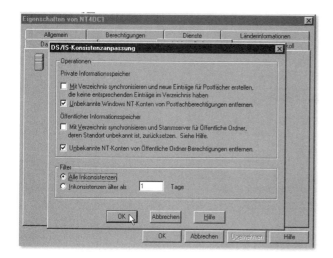

Abbildung 18.25 Vor dem Beginn der Migration der Postfächer sollte die Konsistenz des Exchange-5.5-Postfachspeichers geprüft und sollten Fehler korrigiert werden.

Der ADC-Anwender muss auf Active Directory-Seite übrigens Domain-, Schema- und Organisationsadministrator sein.

In Exchange 5.5 muss der Benutzer an folgenden Stellen mit Adminstrator-Rechten versehen werden:

- Organisationsebene
- Standortebene
- Container »Konfiguration«

Gewähren Sie dem Active Directory-Benutzer jeweils das Recht »Admin des Dienstkontos« (Abbildung 18.26).

Sie müssen das Recht an mehreren Stellen gewähren, weil Exchange 5.5 nicht über eine durchgängige Vererbung verfügt!

18.1.6 Schema erweitern und Active Directory Connector (ADC) installieren

Nun wird es ernst: Die Installation des Active Directory Connectors beginnt. Der erste Hinweis ist, dass Sie unbedingt und zwingend den Active Directory Connector von der Exchange 2003-CD verwenden *müssen*.

Zunächst ergibt sich natürlich die Frage, auf welchem Server der Active Directory Connector installiert werden sollte. Wie Sie wissen, empfehle ich grundsätzlich nicht, Exchange auf einem Domain Controller zu installieren; für den ADC gilt dieser Grundsatz allerdings *nicht*.

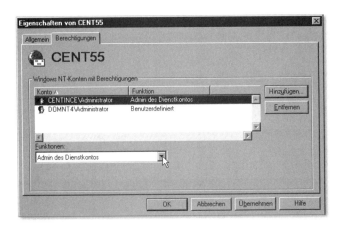

Abbildung 18.26 Der Active Directory-Benutzer, den Sie für die Arbeit mit dem ADC verwenden, muss Rechte in der Exchange 5.5-Organisation erhalten.

Starten Sie die Exchange Server-Bereitstellungstools. Wählen Sie die Option »Bereitstellen des ersten Exchange 2003-Servers«, und entscheiden Sie sich dann für den Bereitstellungsvorgang »Koexistenz mit Exchange 5.5« (Abbildung 18.27).

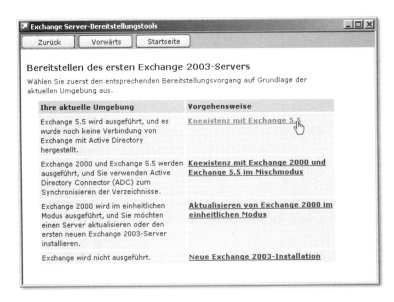

Abbildung 18.27 Die Exchange 2003-Bereitstellungstools unterstützen die Migration einer Exchange 5.5- zu einer Exchange-2003-Umgebung. Wählen Sie hierzu die Option »Koexistenz mit Exchange 5.5«.

Es erscheint die für die Bereitstellungstools übliche Checkliste, die Sie akribisch abarbeiten sollten (Abbildung 18.28).

Wenn Sie Active Directory Connector auf einem Domain Controller installieren, der später kein Exchange Server werden wird, ist Schritt 2 (NNTP, SMTP, WWW installieren) auf dem Server nicht notwendig.

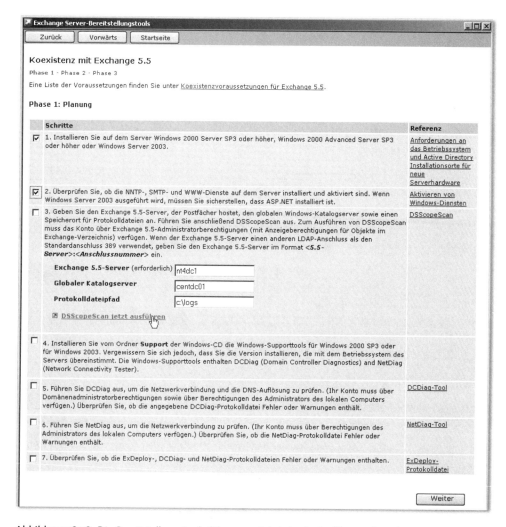

Abbildung 18.28 Die Bereitstellungstools führen zunächst durch die Überprüfung der Voraussetzungen.

Die zweite Seite der Bereitstellungstools beginnt mit der Vorbereitung des Forests und der Domain (ForestPrep und DomainPrep) und endet mit der eigentlichen Installation des Active Directory Connectors (Abbildung 18.29).

Sind alle bisherigen Schritte problemlos gelaufen, kommen Sie schließlich zur Installation des ADC. Installieren Sie sowohl den Dienst als auch die Verwaltungswerkzeuge (Abbildung 18.30). Der obligatorische Assistent wird Sie durch den Installationsvorgang führen, die erforderlichen Eingaben sind selbsterklärend.

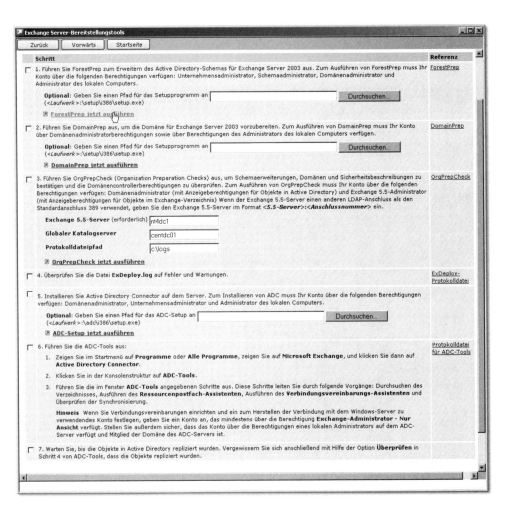

Abbildung 18.29 Mit der zweiten Checkliste der Bereitstellungstools werden Forest und Domain vorbereitet, anschließend wird der Active Directory Connector (ADC) installiert.

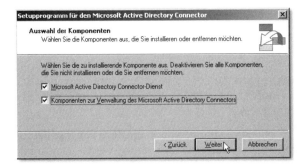

Abbildung 18.30 Installieren Sie sowohl den Active Directory Connector-Dienst als auch das Verwaltungswerkzeug.

18.1.7 Active Directory Connector konfigurieren

Nach Abschluss der Installation erreichen Sie den Active Directory Connector über **Start · Programme · Microsoft Exchange**. Wenn das Verwaltungsprogramm Active Directory Connector-Dienst gestartet ist, klicken Sie auf den Knoten »ADC-Tools«. Sie werden in dem erscheinenden Dialog durch die notwendigen Schritte der ADC-Konfiguration geführt (Abbildung 18.31).

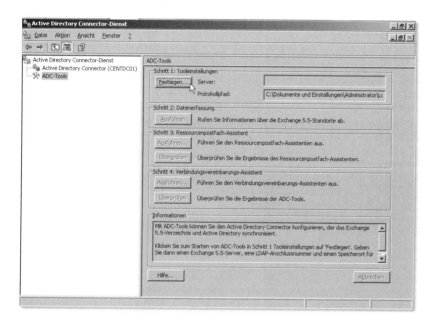

Abbildung 18.31 Bei der Einrichtung des Active Directory Connectors sollten Sie die »ADC-Tools« verwenden.

Sie werden sehen, dass die Einrichtung des ADC vergleichsweise einfach ist, Sie brauchen »nur« die ADC-Tools von oben nach unten durchzuarbeiten.

Schritt 1: Tooleinstellungen

Der erste Schritt bei der ADC-Konfiguration ist das Eintragen des Exchange 5.5-Servers, von dem migriert werden soll (Abbildung 18.32).

Wenn Ihr Exchange 5.5-Server auf einem NT4-System installiert ist, kann der Port 389 beibehalten werden. Handelt es sich um einen Windows 2000-Server, müssen Sie im Exchange 5.5-Administrationsprogramm die LDAP-Portnummer ändern und können diese dann in der in Abbildung 18.32 gezeigten Dialogbox eintragen.

Schritt 2: Datenerfassung

Schritt 2 ist die Durchführung der Datenerfassung. Das ADC-Verwaltungswerkzeug überprüft den Exchange 5.5-Server nebst Exchange-Organisation und erstellt einen kurzen Bericht, der in dem »Informationen«-Feld am Fuße der ADC-Tools angezeigt wird.

Abbildung 18.32 Zunächst muss der Exchange Server, mit dem ADC arbeiten soll, angegeben werden. WICHTIG! Wenn Exchange 5.5 auf einem Windows 2000-Server ausgeführt wird, kann Port 389 nicht verwendet werden!

Sie sollten die Ergebnisse dieses Berichts übrigens tatsächlich lesen. Auf Abbildung 18.33 ist eine Problemmeldung zu sehen: In diesem Fall ist versäumt worden, den aktiven Active Directory-Benutzer mit Berechtigungen in der Exchange 5.5-Organisation auszustatten. Lesen Sie bitte diesbezüglich in Abschnitt 18.1.5 nach!

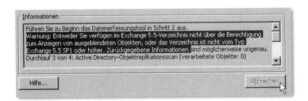

Abbildung 18.33 Wenn Sie diese Fehlermeldung erhalten, verfügt das Konto, unter dem der ADC ausgeführt wird, nicht über ausreichende Berechtigungen auf das Exchange-5.5-Verzeichnis.

Ein Beispiel für ein typisches Ergebnis für diesen Schritt der ADC-Konfiguration ist das nachfolgend gezeigte Ergebnis:

```
Wenn Sie Postfächer als Ressourcenpostfächer kennzeichnen möchten, müssen Sie den
Ressourcenpostfach-Assistenten in Schritt 3 ausführen. Klicken Sie in Schritt 3 auf
'Prüfen', um zu überprüfen, ob die Ressourcenpostfächer ordnungsgemäß gekennzeichnet
sind.
Durchlauf 1 von 4: Ressourcenpostfachüberprüfung (verarbeitete Objekte: 11)
Warnung: Das Datenerfassungstool hat Objekte gefunden, die vor der Replikation in
Active Directory als Ressourcenpostfächer gekennzeichnet werden müssen. Führen Sie den
Ressourcenpostfach-Assistenten in Schritt 3 aus, um dieses Problem zu beheben.
Durchlauf 2 von 4: Active Directory Connector-Objektreplikationsprüfung (verarbeitete
Objekte: 20)
Warnung: Das Datenerfassungstool hat Objekte gefunden, die nicht aus dem Exchange 5.5-
Verzeichnis in Active Directory repliziert wurden. Führen Sie den
Verbindungsvereinbarungs-Assistenten in Schritt 4 aus, um dieses Problem zu beheben.
Durchlauf 3 von 4: Active Directory-Objektreplikationsscan (verarbeitete Objekte: 0)
Active Directory-Objektreplikationsscan abgeschlossen. Keine nicht replizierten Objekte
gefunden.
Durchlauf 4 von 4: Überprüfung auf nicht gekennzeichnete Active Directory-
Ressourcenpostfächer (verarbeitete Objekte: 0)
```

```
Überprüfung auf nicht gekennzeichnete Active Directory-Ressourcenpostfächer
abgeschlossen. Keine Probleme gefunden.
Das Datenerfassungstool hat Objekte gefunden, die vor der Replikation in Active
Directory als Ressourcenpostfächer gekennzeichnet werden müssen. Führen Sie den
Ressourcenpostfach-Assistenten in Schritt 3 aus, um dieses Problem zu beheben.
Die Datenerfassung wurde beendet.
```

Die vielen Hinweise brauchen Sie nicht zu beeindrucken, mit dem Problem der Ressourcenpostfächer befassen wir uns im nächsten Schritt. Die Meldungen bezüglich der Replikation werden verschwinden, wenn die Verbindung zwischen dem Exchange-Verzeichnis und Active Directory konfiguriert ist.

Schritt 3: Ressourcenpostfach-Assistent (Ressourcenpostfächer bereinigen)

Zum Thema »Ressourcenpostfächer in Exchange 5.5« gibt es zunächst einige einführende Anmerkungen:

- Bei der Verwaltung von Besprechungsterminen planen viele Unternehmen nicht »nur« die zeitlichen Ressourcen der menschlichen Teilnehmer, sondern auch die Verfügbarkeit von Geräten und Räumen.
- In Exchange 5.5 hat man diese Ressourcenpostfächer im Exchange Administrator angelegt und einem vorhandenen NT-Benutzerkonto zugeordnet, beispielsweise der zuständigen Sekretärin. Diese hat dann volle Zugriffsrechte auf die Ressourcenpostfächer. Technisch gesprochen gibt es also einige NT-Benutzeraccounts, denen mehrere Postfächer zugeordnet sind.
- Jetzt kommt das Problem: Die zuvor beschriebene Vorgehensweise wird von Active Directory und Exchange 2003 nicht unterstützt.

Angenehmerweise gibt es eine Lösung für das »Problem Ressourcenpostfächer«, im dritten Schritt der ADC-Tools geht es um die Anpassung der Ressourcenpostfächer:

- Der Klick auf »Ausführen« in der Sektion »Ressourcenpostfach-Assistent« startet den obligatorischen Wizard.
- Auf der ersten Dialogseite des Assistenten werden die in Ihrer Organisation enthaltenen Konten mit mehreren Postfächern angezeigt.
- In dem Dialog legen Sie fest, bei welchem der aufgeführten Postfächer es sich um die Hauptadresse oder Ressourcenpostfächer handelt (Abbildung 18.34).

Wenn Sie sämtliche Benutzerkonten mit Ressourcenpostfächern kontrolliert und ggf. angepasst haben, kann der Assistent fortgesetzt werden:

- Der Assistent wird Sie zunächst nach den Anmeldeinformationen für den Exchange-Standort, an dem die Postfächer vorhanden sind, fragen (Abbildung 18.35). Geben Sie hier das Active Directory(!)-Konto an, das sowohl Domain-, Schema und Organisations-Admin ist und das Sie zuvor (Abschnitt 18.1.5) zum Exchange 5.5-Administrator gemacht haben.
Dieser Dialog verführt dazu, ein Exchange 5.5-Administratorkonto anzugeben. Da dieses keinen Zugriff auf das Active Directory hat, wird der Vorgang scheitern!

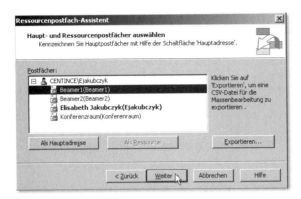

Abbildung 18.34 NT-Benutzerkonten, denen mehrere Postfächer zugeordnet sind, werden in diesem Dialog angezeigt und müssen bearbeitet werden.

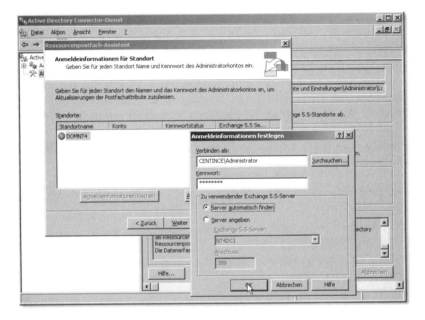

Abbildung 18.35 Im Assistenten zur Bereinigung der Ressourcenpostfächer muss ein Kennwort zum Zugriff auf Exchange 5.5 angegeben werden. Dies muss ein Konto sein, das sowohl auf Exchange als auch auf das Active Directory entsprechende Zugriffsrechte hat.

Abgesehen von der Meldung, dass der Ressourcenpostfach-Assistent seine Arbeit erfolgreich abgeschlossen hat, kann man recht einfach die ausgeführten Arbeiten überprüfen:

▶ Zunächst sollten Sie auf den Schalter »Überprüfen« der Sektion »Schritt 3: ...« klicken.

▶ Rufen Sie dann im Exchange 5.5-Administrationsprogramm eines der Ressourcenpostfächer auf. Dort wird auf der Karteikarte »Benutzerdefinierte Eigenschaften« für das 10. benutzerdefinierte Attribut die Zeichenkette »NTDSNoMatch« eingetragen sein (Abbildung 18.36).

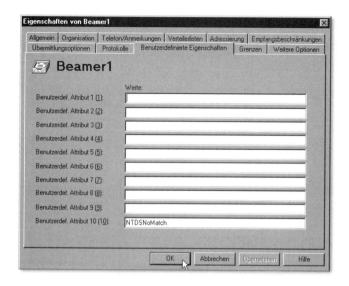

Abbildung 18.36 Ressourcenpostfächer werden im zehnten benutzerdefinierten Attribut mit der Zeichenkette »NTDSNoMatch« gekennzeichnet.

Sie sehen also, was der eigentliche »Job« des Assistenten ist, nämlich die Kennzeichnung der Ressourcenpostfächer. Wenn eine Verbindungsvereinbarung angelegt worden ist (im nächsten Schritt) und der Abgleich zwischen Exchange 5.5 und dem Active Directory durchgeführt wird, werden für die Ressourcenpostfächer im AD deaktivierte Konten angelegt. Dem vormaligen Besitzer des Ressourcenpostfachs werden volle Zugriffsrechte eingeräumt. Dies wird in einem späteren Abschnitt nochmals genauer beleuchtet.

Schritt 4: Verbindungsvereinbarungs-Assistent

Der vierte und letzte Schritt der ADC-Tools ist das Ausführen des Verbindungsvereinbarungs-Assistenten. Eine Verbindungsvereinbarung ist eine Konfiguration, in der festgelegt wird, welche Objekte wann und wie zwischen Echange 5.5 und dem Active Directory repliziert werden sollen.

Auch bei diesem Arbeitsschritt werden Sie von einem Assistenten geführt, so dass die Aufgabe gut zu bewältigen ist:

- Der erste Dialog des Assistenten fragt nach dem Active Directory-Container (= OU), in dem neue Objekte erstellt werden – falls dies überhaupt notwendig ist (Abbildung 18.37).
- Der nächste Dialog zeigt die vom ADC angelegten Verbindungen. Hier werden mehrere Verbindungen sichtbar sein, wenn mehrere Exchange 5.5-Standorte existieren. Sie können durch Verschieben der Einträge entscheiden, ob Verbindungen bi- oder unidirektional angelegt werden. Im Allgemeinen sollten Sie bidirektionale Verbindungen nutzen (Abbildung 18.38).

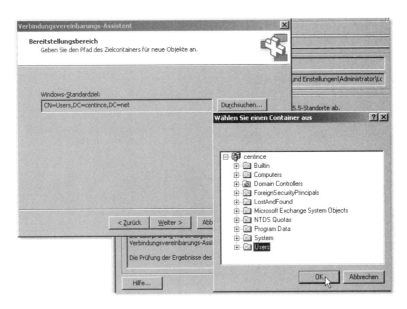

Abbildung 18.37 Es muss festgelegt werden, in welcher Active Directory-OU der Active Directory Connector neue Objekte anlegen soll.

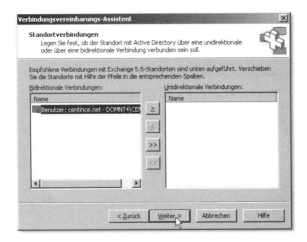

Abbildung 18.38 Mögliche Verbindungen zwischen Exchange-Standorten und dem Active Directory werden hier angezeigt. Sie entscheiden, ob eine Verbindung bi- oder unidirektional sein soll.

- Der Assistent wird Ihnen nun Verbindungsvereinbarungen vorschlagen, die Sie zur endgültigen Erstellung markieren müssen. Im Allgemeinen wird ebenfalls eine Verbindungsvereinbarung für Öffentliche Ordner existieren. Diese sollten Sie ebenfalls erstellen lassen (Abbildung 18.39).

Abbildung 18.39 In diesem Dialog wird das Anlegen von Verbindungsvereinbarungen bestätigt.

Fertig! Die Verbindungsvereinbarungen sind erstellt, und der Active Directory Connector wird seine Arbeit verrichten. Ob alles korrekt ist, können Sie durch einen Klick auf den Schalter »Überprüfen« verifizieren. Sie sollten dem System allerdings einige Minuten Zeit lassen, um die Replikationen wirklich durchzuführen. Die Ausgabe sollte der nachfolgend gezeigten ähneln:

```
Durchlauf 1 von 2: Auswertung der Active Directory Connector-Objektreplikationsprüfung
(verarbeitete Objekte: 19)
Active Directory Connector-Objektreplikationsprüfung abgeschlossen. Keine nicht
replizierten Objekte gefunden.
Durchlauf 2 von 2: Auswertung des Active Directory-Objektreplikationsscans
(verarbeitete Objekte: 19)
Active Directory-Objektreplikationsscan abgeschlossen. Keine nicht replizierten Objekte
gefunden.
Die ADC-Tools sind vollständig vorhanden, und der Active Directory-Connector wurde
erfolgreich konfiguriert. Wechseln Sie zurück zu den Bereitstellungstools, um die
Exchange-Bereitstellung fortzusetzen.
Die Prüfung der Ergebnisse der ADC-Tools wurde beendet.
```

Die ADC-Tools nutzen bei weitem nicht alle Konfigurationsmöglichkeiten aus, die für Verbindungsvereinbarungen möglich sind. Wenn Sie auf den Knoten oberhalb der ADC-Tools klicken, werden die mittlerweile aktiven Verbindungsvereinbarungen angezeigt; konfiguriert wird jeweils im Eigenschaftenmenü.

Verbindungsvereinbarungen können natürlich auch ohne Hilfe der ADC-Tools konfiguriert werden – hierzu ist dann aber bereits fundiertes Fachwissen erforderlich.

Ressourcenpostfächer im Active Directory

Wie bereits erwähnt, kann das Exchange-5.5-Modell für die Nutzung von Ressourcen-Postfächern in einer Exchange 2003-/Active Directory-Umgebung nicht übernommen werden. Sie erinnern sich: Bei Exchange 5.5 konnten einem NT-Benutzerkonto mehrere Postfächer zugeordnet werden.

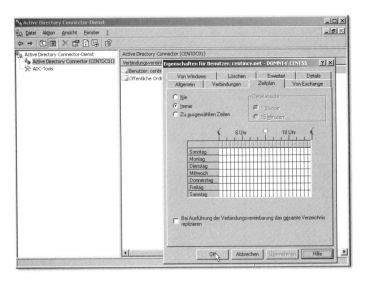

Abbildung 18.40 Das Ergebnis der ADC-Tools sind Verbindungsvereinbarungen. Diese sind recht umfangreich parametrisierbar. Beispielsweise kann ein Zeitplan für die Replikation zwischen Exchange 5.5 und dem Active Directory erstellt werden.

Wie man in Abbildung 18.41 erkennen kann, legt der Active Directory Connector für die Ressourcenpostfächer ein deaktiviertes Benutzerkonto im Active Directory an. Der Benutzer, der in Exchange 5.5 »Besitzer« des Ressourcenpostfachs war (= dessen NT-Account das Ressourcenpostfach zugeordnet war), erhält Vollzugriff auf das Ressourcenpostfach-Objekt unter Exchange 2003 (ebenfalls in Abbildung 18.41 zu erkennen).

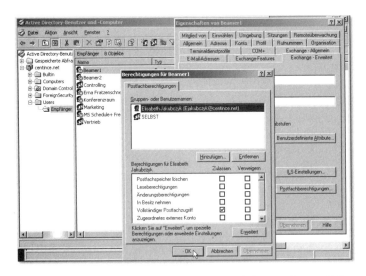

Abbildung 18.41 Die »früheren« Ressourcenpostfächer werden in AD/E2003 als separates, allerdings deaktiviertes Benutzerobjekt angelegt. Der ursprüngliche Besitzer des Ressourcenpostfachs unter Exchange 5.5 erhält Vollzugriff.

18.1.8 Exchange 2003 installieren

Wenn der Active Directory Connector korrekt installiert ist, kann der erste Exchange 2003-Server installiert werden.

Beachten Sie zuvor die folgenden Anmerkungen:

▶ Wenn Sie mehrere Domain Controller verwenden und diese eventuell auf verschiedene Standorte verteilt sind, wird es unter Umständen dauern, bis alle DCs über die neuesten Schema-Erweiterungen und Daten verfügen. Dies sollten Sie bei Ihren Planungen berücksichtigen!

▶ Wenn Sie sich entschieden haben, dass Ihr einziges Exchange 2003-System ein Cluster sein soll, haben Sie insofern ein Problem, als dass sich dieser nicht als erstes Exchange 2003-System zu einer Exchange 5.5-Organisation hinzufügen lässt.

Der Grund ist, dass der Standortreplikationsdienst (SRS), der für die Verbindung zu den Exchange 5.5-Servern verwendet wird, nicht auf einem Cluster unterstützt wird. Sie müssen hier eine Alternativ-Strategie entwickeln (z. B. ein zusätzlicher nicht geclusterter Server für die Dauer der Migration)!

Die Installation des Exchange 2003-Servers wird am besten mit den Exchange Server-Bereitstellungstools durchgeführt. Wählen Sie die Installationsoption »Koexistenz mit Exchange 2000 und Exchange 5.5 im Mischmodus« (Abbildung 18.42).

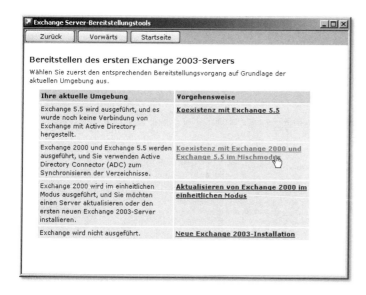

Abbildung 18.42 Bei der Installation des ersten Exchange 2003-Servers in eine Umgebung mit Active Directory wählen Sie in den Bereitstellungstools die Option »Koexistenz mit Exchange 2000 und Exchange 5.5 im Mischmodus«.

Die Bereitstellungstools zeigen nun eine Checkliste an, anhand derer die Voraussetzungen geprüft und die eigentliche Exchange-Installation gestartet werden kann (Abbildung 18.43).

Bezüglich der Prüfung der Voraussetzungen finden Sie einige Hinweise im Installationskapitel dieses Buchs (Abschnitt 17.1.1). Sie sollten die vorgeschlagenen Diagnosewerkzeuge **DCDiag** und **NetDiag** auch tatsächlich verwenden! Die Bereitstellungstools erzwingen diese Tests zwar nicht, was nicht bedeutet, dass diese nicht zum Pflichtprogramm gehören würden: Wenn Sie stunden- oder gar tagelang Exchange-Troubleshooting betreiben, weil Sie im Vorfeld Probleme, beispielsweise mit der Namensauflösung, nicht erkannt haben, ist das in der Summe definitiv keine Zeitersparnis!

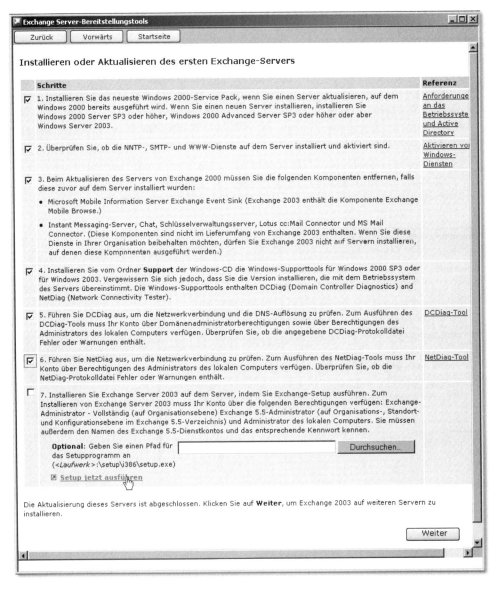

Abbildung 18.43 Die Bereitstellungstools führen Sie anhand einer Checkliste durch die Installation.

Die eigentliche Exchange-Installation ist bei der gesamten Migration der einfachste Vorgang:

- Wichtig ist, dass als Installationsart der Beitritt zu einer bestehenden Exchange 5.5-Organisation gewählt wird (Abbildung 18.44).
- Als Nächstes wird der Assistent den Namen eines Exchange 5.5-Servers an dem Standort erfragen, dem Sie beitreten. Beachten Sie, dass Sie grundsätzlich einem bestehenden Standort beitreten – der neue Server kann in der Organisation schließlich nicht »in der Luft hängen« (Abbildung 18.45).
- Nun müssen Sie noch das Kennwort des Installationsdienst-Kontos des ausgewählten Exchange 5.5 Servers angeben (Abbildung 18.46).
- Nach einer weiteren »Wollen-Sie-wirklich-Frage« beginnt die Exchange-Installation. Diese wird ohne weitere Benutzerinteraktion ablaufen. Im Rahmen dieser Installation wird der Installations-Assistent die Verbindung zu der Exchange 5.5-Organisation herstellen und hierfür den Standortreplikationsdienst (SRS) einrichten.

Abbildung 18.44 Wichtig ist die Auswahl der Installationsart. In diesem Fall treten Sie einer bestehenden Exchange 5.5-Organisation bei.

Abbildung 18.45 In diesem Dialog geben Sie den Namen eines beliebigen Exchange Servers an, der sich an dem Standort befindet, an dem der neue Exchange 2003-Server erstellt werden soll.

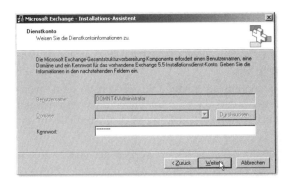

Abbildung 18.46 Der Assistent fragt das Kennwort des Installationsdienst-Kontos des zuvor angegebenen Exchange 5.5-Servers ab.

Ob die Installation (und hierbei speziell die Integration in die Exchange 5.5-Organisation) erfolgreich gewesen ist, können Sie recht einfach in den Verwaltungswerkzeugen überprüfen:

- Im Exchange System-Manger (Exchange 2003) wird der alte Exchange Server angezeigt (Abbildung 18.47). Sie können beispielsweise prüfen, welche Postfächer im Postfachspeicher vorhanden sind.
- Im Exchange Administrator (Exchange 5.5) wird der neue Server ebenfalls angezeigt – ohne allerdings speziell gekennzeichnet zu sein (Abbildung 18.48). Beachten Sie, dass es nicht möglich ist, aus dem Exchange-5.5-Administrationswerkzeug heraus Einstellungen auf dem Exchange 2003-Server vorzunehmen.

Wenn die Server nicht wechselseitig in den Administrationsprogrammen erscheinen, ist dies mit Sicherheit ein Zeichen dafür, dass die Installation und Integration nicht so problemlos funktioniert hat, wie es eigentlich sein soll.

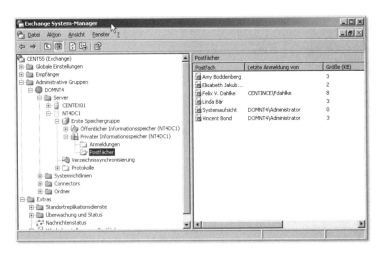

Abbildung 18.47 Der Exchange System-Manager von Exchange 2003 zeigt auch den Exchange 5.5-Server an. Sie sollten diesen aber nicht mit dem 2003-Werkzeug administrieren.

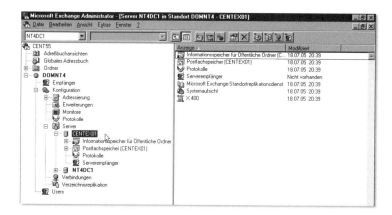

Abbildung 18.48 Überprüfen Sie, ob im Verwaltungswerkzeug von Exchange 5.5 der neu installierte Exchange 2003-Server sichtbar ist – ist er das nicht, ist der Installationsvorgang nicht korrekt gelaufen. Der neue Server kann mit dem 5.5-Werkzeug nicht administriert werden!

Name der Exchange-Organisation

Wenn Sie den Exchange System-Manager, also das Verwaltungswerkzeug von Exchange 2003 anschauen, werden Sie feststellen, dass der alte Organisationsname erhalten geblieben ist. Das ist grundsätzlich auch einleuchtend, denn schließlich ist Exchange 2003 der Exchange 5.5-Organisation beigetreten. Wenn die alte Organisation einen Namen mit »NT« oder »5.5« hatte, ist das vermutlich nicht unbedingt wünschenswert. Sie haben nun, *bevor* Sie tatsächlich mit der Exchange-Migration beginnen, folgende Möglichkeit:

- Sie ändern den Anzeigenamen der Exchange 5.5-Organisation. Dies geschieht wenig überraschenderweise in den Eigenschaften der Organisation im Exchange Administrator (Abbildung 18.49).
- Auf die Funktion Exchange 5.5-Organisation hat diese Änderung zunächst keinen Einfluss. Der neue Organisationsname wird verwendet, wenn der letzte Exchange 5.5-Server abgeschaltet und die Organisation in den nativen Modus versetzt worden ist.

Abbildung 18.49 Der Name der zukünftigen Exchange-Organisation kann im Exchange 5.5-Admin-Werkzeug vorgegeben werden (Anzeigename).

18.1.9 Postfächer migrieren

Nachdem sich nun der Exchange 5.5- und der 2003-Server in einer gemeinsamen Organisation befinden, können Sie beginnen, die Postfächer zu migrieren. Technisch ist das kein Problem, allerdings sollten Sie folgende organisatorische Aspekte berücksichtigen:

- Das Verschieben von Postfächern erzeugt natürlich Last auf dem Quell- und dem Zielserver. Wenn Sie also mehrere Dutzend Gigabyte Postfachspeicher verschieben, sollten Sie dies in verkehrsarmer Zeit durchführen.
- Während des Verschiebens eines Postfachs wird ein angemeldetes Outlook die Verbindung verlieren. Der Anwender muss dann Outlook beenden und neu starten (bitte beachten Sie auch den nächsten Aufzählungspunkt) – ein weiterer Grund, die Postfachmigration außerhalb der Arbeitszeiten durchzuführen ...
- Ein grundsätzliches Problem bei dem Verschieben von Postfächern ist, dass der Name des Exchange Servers in Outlook gespeichert wird. Dies kann zu diesen beiden »Effekten« führen:
  - **Fall 1:** Wenn beim ersten Start von Outlook nach dem Verschieben des Postfachs der neue und der bisherige Postfachserver verfügbar sind, ergibt sich folgendes Verhalten: Outlook verbindet sich mit dem bisherigen Postfachserver, der ja dort noch konfiguriert ist. Da sich das Postfach nicht mehr auf diesem Server befindet, wird Outlook an den neuen Server weitergeleitet. Outlook ändert die Konfiguration entsprechend, so dass beim nächsten Start direkt auf den richtigen Postfachserver zugegriffen wird.
  - **Fall 2:** Wenn der alte Postfachserver sofort nach dem Verschieben des Postfachs und somit vor dem Start von Outlook abgeschaltet wird, wird Outlook vergeblich den konfigurierten Postfachserver suchen. Da dieser nicht mehr auffindbar ist, wird Outlook eine Fehlermeldung zeigen und den Benutzer zur Eingabe der Exchange-Konfiguration auffordern.
  Hieraus ergibt sich, dass der alte Exchange Server möglichst so lange eingeschaltet bleiben sollte, bis ein Großteil der Anwender Outlook gestartet hat. Je nach Größe der Organisation kann diese Zeit zwischen einigen Tagen und einigen Wochen variieren. Letztendlich »stört« der alte Server nicht, er verhindert allerdings, dass die Exchange-Organisation in den einheitlichen Modus geschaltet werden kann.

Verschieben mit dem Exchange System-Manager

Das Verschieben der Postfächer kann entweder mit dem Exchange System-Manager oder mit dem »Active Directory-Benutzer und -Computer«-Snap-In durchgeführt werden.

Bei Nutzung des Exchange System-Managers wird wie folgt vorgegangen:

- Navigieren Sie zum Quellserver, und klicken Sie auf den Knoten »Postfächer« im privaten Informationsspeicher. In der rechten Fensterhälfte werden nun die dort vorhandenen Postfächer aufgelistet (Abbildung 18.50).
- Im Kontextmenü des Postfachs findet sich der Eintrag »Exchange-Aufgaben«, den Sie auswählen.
- Es öffnet sich der obligatorische Assistent, in dem Sie als auszuführende Aufgabe natürlich »Postfach verschieben« auswählen (Abbildung 18.51).

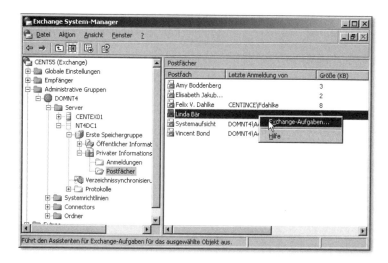

Abbildung 18.50 Das Verschieben von Postfächern kann mit dem Exchange System-Manager durchgeführt werden. Im Postfachspeicher des Quellservers werden die vorhandenen Postfächer angezeigt, und aus dem Kontextmenü werden die »Exchange-Aufgaben« aufgerufen.

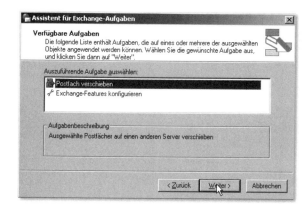

Abbildung 18.51 In dem Assistenten wird die Funktion »Postfach verschieben« gewählt.

- Der nächste Schritt ist die Auswahl des Servers und des Postfachspeichers, in den das Postfach verschoben werden soll (Abbildung 18.52).
- Nun müssen Sie eine Entscheidung bezüglich der Fehlerbehandlung treffen: Sie können definieren, dass beim Auftauchen einer fehlerhaften und somit nicht verschiebbaren Nachricht der Vorgang für das entsprechende Postfach abgebrochen wird. Alternativ können Sie eine Anzahl von zu tolerierenden fehlerhaften Nachrichten vorgeben (ohne Abbildung).
- In dem Dialog »Aufgabenplan« können Sie festlegen, wann der Verschiebevorgang durchgeführt werden soll. Es besteht die Möglichkeit, am Donnerstagvormittag die Jobs zu definieren und diese erst Samstagabend ausführen zu lassen.

Dies ist eine sehr sinnvolle Möglichkeit, weil Sie auf diese Weise die Migration außerhalb der Arbeitszeit durchführen können – ohne selbst eine Nachtschicht einlegen zu müssen ...

Die zweite Einstellmöglichkeit betrifft die »Endzeit« des aktiven Jobs, alle noch nicht abgeschlossenen Aufgaben werden dann terminiert. Mit dieser Option kann man verhindern, dass unerwartet umfangreiche Jobs zu »normalen« Arbeitszeiten laufen und so den Produktivbetrieb stören (Abbildung 18.53).

Sind alle Einstellungen getroffen, wird das Postfach zwischen den Servern verschoben.

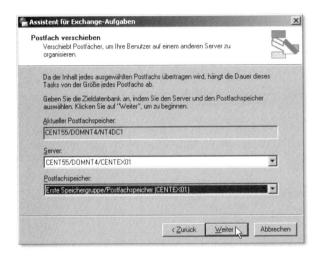

Abbildung 18.52 Der Zielserver und der Postfachspeicher werden ausgewählt.

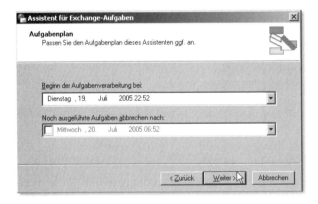

Abbildung 18.53 Mit diesem Dialog kann bestimmt werden, wann der Verschiebevorgang durchgeführt werden soll. Auf diese Weise ist es sehr einfach, die Durchführung der Postfachmigration außerhalb der Arbeitszeiten durchführen zu lassen.

Verschieben mit »Active Directory-Benutzer und -Computer«

Statt mit dem Exchange System-Manager können Postfächer mit dem Snap-In »Active Directory-Benutzer und -Computer« verschoben werden. Dies funktioniert, wie übrigens alle anderen Exchange-Administrationsaufgaben auch, natürlich nur mit der Snap-In-Version, die bei der Installation der Exchange-Verwaltungswerkzeuge auf das System kopiert wird.

Wenn im Kontextmenü des Benutzerobjekts der Assistent »Exchange-Aufgaben« aufgerufen worden ist, läuft der Vorgang so ab, wie im vorherigen Abschnitt beschrieben.

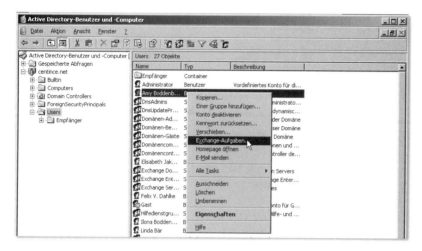

Abbildung 18.54 In dem beim Exchange-Setup installierten Snap-In »Active Directory-Benutzer und -Computer« enthält das Kontextmenü eines Benutzerobjekts den Eintrag »Exchange-Aufgaben«. Hier findet sich auch das Verschieben des Postfachs.

Gleichzeitiges Verschieben von mehreren Postfächern

Sofern Sie viele Postfächer verschieben möchten, besteht die Möglichkeit, mehrere Postfächer zu selektieren und dann den Assistenten »Exchange-Aufgaben« aufzurufen (rechte Maustaste!). Wie Sie in Abbildung 18.55 sehen, können mehrere Postfächer in einem Zuge verschoben werden.

18.1.10 Öffentliche Ordner migrieren

Neben den Postfächern sind Informationen in Öffentlichen Ordnern oder Systemordnern vorhanden. Bei Letzteren handelt es sich um spezielle Öffentliche Ordner, in denen beispielsweise die Frei-/Gebucht-Informationen oder Adressbücher abgelegt werden.

Die Migration sieht prinzipiell folgendermaßen aus:

- Auf dem neuen Server wird ein Replikat des zu migrierenden Öffentlichen Ordners angelegt.
- Die Migration wird durchgeführt.
- Das Replikat auf dem alten Server wird entfernt.

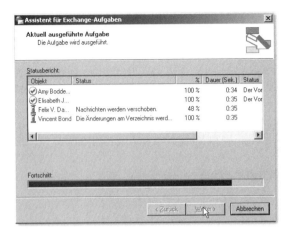

Abbildung 18.55 Es ist natürlich möglich, mehrere Postfächer in einem Arbeitsgang zu verschieben.

Diese Schritte können Sie natürlich von Hand ausführen, oder Sie lassen sich von Werkzeugen wie PFmigrate (hierbei handelt es sich übrigens um ein Skript) helfen. Grundsätzlich ändert sich auch durch den Einsatz von PFmigrate nichts an der beschriebenen Vorgehensweise der Replikation. Wenn Sie sehr viele Öffentliche Ordner nutzen, vereinfacht ein solches Werkzeug die Vorgehensweise spürbar.

Manuelles Migrieren von Öffentlichen Ordnern

Falls Sie nur wenige Öffentliche Ordner verwenden, können diese per Hand verschoben werden. Die prinzipielle Vorgehensweise habe ich zuvor beschrieben. Im Detail wird wie folgt vorgegangen:

- Im Exchange System-Manager öffnen Sie den Knoten »Ordner«, unterhalb dessen die Öffentlichen Ordner aufgeführt sind.
- In den Eigenschaften des Ordners findet sich die Karteikarte »Replikation«. Auf dieser wird zunächst jeweils nur der Öffentliche Informationsspeicher des Exchange 5.5-Servers aufgeführt sein. Fügen Sie den Informationsspeicher des neuen Exchange 2003-Servers hinzu.
- Die Replikation der Inhalte des Öffentlichen Ordners wird je nach Größe einige Zeit in Anspruch nehmen. Leider ist es nicht ohne Weiteres zu erkennen, ob die Replikation abgeschlossen ist. Es empfiehlt sich daher, die Replikation eine Weile (z.B. über Nacht) laufen zu lassen.
- Zum Schluss löschen Sie das Replikat des Öffentlichen Ordners auf dem Exchange 5.5-Server.

Neben den »normalen« Öffentlichen Ordnern müssen (bzw. sollten) folgende Systemordner repliziert werden:

- EFORMS REGISTRY
- OFFLINE ADDRESS BOOK
- SCHEDULE+ FREE BUSY

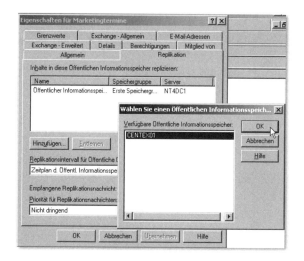

Abbildung 18.56 Der Öffentliche Informationsspeicher des neuen Exchange Servers erhält ein Replikat eines Öffentlichen Ordners.

Bitte beachten Sie, dass im Allgemeinen Unterordner der hier aufgeführten Öffentlichen Ordner repliziert werden. Die Vorgehensweise entspricht exakt dem zuvor dargestellten Ablauf für Öffentliche Ordner.

Die Systemordner werden durch einen Aufruf im Kontextmenü des Knotens »Öffentliche Ordner« angezeigt.

Der Einsatz von PFMIGRATE.WSF

Wenn in Ihrer Organisation einige Dutzend, einige Hundert oder gar einige Tausend Öffentliche Ordner vorhanden sind, wäre es sehr lästig, bei jedem Ordner manuell zunächst einen zusätzlichen Informationsspeicher hinzuzufügen und später den bisherigen zu löschen. Auf der Exchange 2003-CD befindet sich im Ordner **\SUPPORT\EXDEPLOY** das Skript PFMIGRATE.WSF, das die Migration der Öffentlichen Ordner unterstützt.

Letztendlich nimmt das Skript die im vorigen Abschnitt beschriebenen Konfigurationsänderungen vor – das »bringt die Berge zwar nicht in die Gründe«, vereinfacht aber den Umgang mit den Öffentlichen Ordnern recht deutlich.

Da in vielen Migrationen PFMIGRATE zum Einsatz kommen wird, werde ich Ihnen die Arbeit mit diesem Werkzeug in diesem Abschnitt vorstellen.

> **Hinweis** Einen vollständigen Überblick über das PFMIGRATE-Werkzeug finden Sie im Knowledge-Base-Artikel 822895.

Am simpelsten ist es, das Skript in ein neues Verzeichnis auf dem Exchange 2003-Server zu kopieren. Die Gründe:

- Wenn Sie das Skript von der CD starten, müssen Sie einen Pfad für das Logfile angeben. Ansonsten wird das Logfile in den Pfad geschrieben, in dem die Skriptdatei liegt.

- Die benötigten WMI-Services werden von einem Exchange 2003-Server bereitestellt. Wenn das Skript auf einem solchen Server ausgeführt wird, kann die Angabe des Parameters entfallen.

Bei allen Aufrufen des PFMIGRATE-Skripts werden der Quellserver (s = Source) und der Zielserver (t = Target) angegeben. Der Skriptaufruf beginnt also immer folgendermaßen:

cSkript PFMIGRATE.WSF /s:quellserver /t:zielserver

Überblick verschaffen

Zunächst sollten Sie sich einen Überblick darüber verschaffen, wie viele Öffentliche Ordner überhaupt zu migrieren sind (Abbildung 18.57). Geben Sie hierzu folgenden Befehl auf der Kommandozeile des Exchange 2003-Servers ein:

cSkript PFMIGRATE.WSF /s:quellserver /t:zielserver /R

Das Skript zeigt Ihnen, wie viele Ordner ohne Replik auf dem Zielserver existieren (folders without replica on 'zielserver').

Abbildung 18.57 Verschaffen Sie sich zunächst einen Überblick, wie viele Öffentliche Ordner zu migrieren sind.

Replikas auf Zielserver hinzufügen

Im zweiten Schritt werden zunächst Replikas der Öffentlichen Ordner auf dem Zielserver angelegt. Hierzu wird dieser Befehl ausgeführt:

cSkript PFMIGRATE.WSF /s:quellserver /t:zielserver /A /N:50

Kurze Erklärung der Kommandozeilenschalter:

- /A: Fügt Öffentliche Ordner auf dem Zielserver hinzu.
- /N:50: Mit diesem Parameter wird festgelegt, wie viele Ordner in einem Durchgang bearbeitet werden. Es macht durchaus Sinn, die Replikation der Öffentlichen Ordner in mehreren Schritten auszuführen – mit zeitlichem Abstand. Wenn die Replikation sehr vieler Ordner gleichzeitig startet, wird das zu einer deutlichen Belastung der Server und der Netzwerkstrecken führen. Wird hingegen mehrmals die Replikation einer kleineren Anzahl von Ordnern initiiert, führt das zu einer Lastbegrenzung.

Das Skript modifiziert übrigens »nur« die Replikationskonfiguration der Öffentlichen Ordner. Im Endeffekt könnte man diese Anpassungen natürlich auch manuell vornehmen – mit dem Skript geht es aber einfacher und schneller.

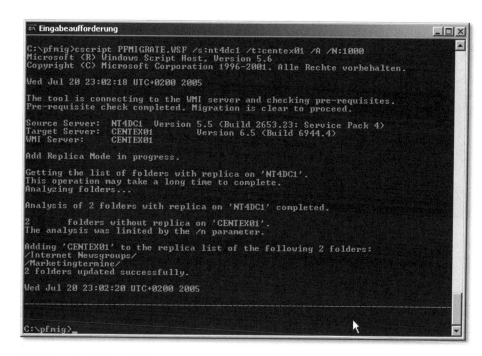

Abbildung 18.58 Eine solche Ausgabe liefert das Skript beim Anlegen der Replikate auf dem Exchange 2003-Servers.

Neben den »normalen« Öffentlichen Ordnern müssen auch die Systemordner migriert werden, dies sind EFORMS REGISTRY, OFFLINE ADDRESS BOOK, SCHEDULE+ FREE BUSY. Hierzu geben Sie diesen Befehl ein:

cSkript PFMIGRATE.WSF /s:quellserver /t:zielserver /A /N:50 /SF

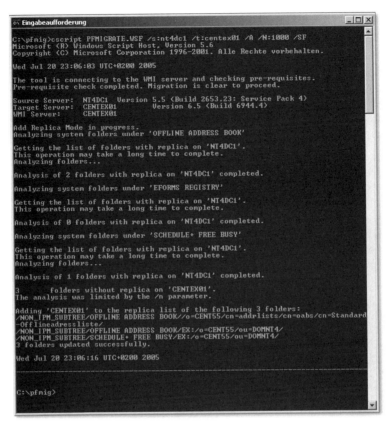

Abbildung 18.59 Das Anlegen der Replikate der Systemordner mit dem Kommandozeilenschalter /SF sollte in etwa zu dieser Ausgabe führen.

Kontrollieren

Wenn das Skript seine Arbeit getan hat, sollten Sie kontrollieren, ob die Replikation der Öffentlichen Ordner auf den neuen Server korrekt angelegt worden ist. Hierzu stehen zwei Überprüfungsmöglichkeiten zur Verfügung:

- In den Eigenschaften jedes einzelnen Öffentlichen Ordners muss auf der Karteikarte »Replikation« der neue Exchange Server eingetragen sein (Abbildung 18.60).
- Neben der Detailprüfung in den Eigenschaften des Öffentlichen Ordners können Sie die Überprüfungsfunktion des PFMIGRATE-Skripts verwenden. Rufen Sie diesen Befehl auf:
  `cScript PFMIGRATE.WSF /s:quellserver /t:zielserver /R`
  Die Ausgabe sollte in etwa wie in Abbildung 18.61 aussehen. Wichtig ist, dass keine Öffentlichen Ordner ohne Replikat auf dem Exchange 2003-Server vorhanden sind (`0 folders without replica on 'zielserver'`).

Abbildung 18.60 In den Eigenschaften jedes einzelnen zu migrierenden Öffentlichen Ordners muss der neue Exchange Server als Replikationsziel eingetragen sein.

Abbildung 18.61 Mit dem PFMIGRATE-Skript kann geprüft werden, ob es noch Öffentliche Ordner ohne Replikat auf dem neuen Server gibt.

Replikas vom Quellserver entfernen

Das Ziel ist natürlich die Abschaltung des Exchange 5.5-Servers. Damit das Gesamtsystem in einem »sauberen« und homogenen Zustand ist, müssen die Replikate von dem abzuschaltenden Server entfernt werden.

Bevor Sie mit dem Entfernen der Replikate beginnen, sollten Sie sich diese Punkte vor Augen führen:

- Die Replikation von Öffentlichen Ordnern kann durchaus eine längere Zeit in Anspruch nehmen. Ja, die Aussage »längere Zeit« ist erschreckend ungenau, eine präzise Zeitangabe kann ich hier allerdings nicht treffen. Leider gibt Exchange an keiner Stelle Auskunft darüber, ob die Replikation eines Ordners vollständig abgelaufen ist.
Einen groben Überblick über die Größe eines Öffentlichen Ordners in einem Exchange 2003-Informationsspeicher findet sich unter »Öffentliche Ordner-Instanzen« (unterhalb des Knotens »Informationsspeicher für Öffentliche Ordner« des jeweiligen Servers).

- Die positive Nachricht in diesem Zusammenhang ist, dass Exchange kein Replikat eines Öffentlichen Ordners löscht, ohne dass die Replikation abgeschlossen ist. Exchange stellt Ihnen die Information, ob ein Ordner vollständig repliziert ist, nicht zur Verfügung, allerdings verhindert das System, dass es zu Datenverlust kommt.

Das Entfernen der Replikate von dem abzuschaltenden Exchange 5.5-Server kann natürlich auch mit dem PFMIGRATE-Skript erfolgen. Geben Sie hierzu folgenden Befehl ein:

`cSkript PFMIGRATE.WSF /s:quellserver /t:zielserver /D`

PFMIGRATE wird zunächst mit einer Sicherheitsabfrage reagieren, um sich zu versichern, dass die Replikate wirklich vom ursprünglichen Server entfernt werden sollen (Abbildung 18.62). Diese Abfrage ließe sich übrigens mit dem Schalter /Y unterdrücken.

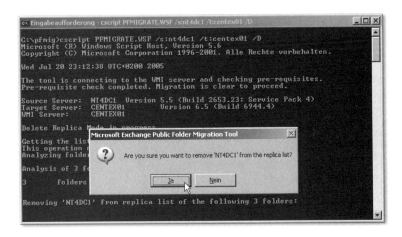

Abbildung 18.62 Das PFMIGRATE-Skript wird nach dem Aufruf der Funktion zum Entfernen der Replikate vom Ursprungsserver zunächst eine Sicherheitsabfrage anzeigen.

Auch in diesem Fall passt das Skript »nur« die Konfiguration an. Sie können dies nachvollziehen, wenn Sie auf die Karteikarte »Replikation« in den Eigenschaften der einzelnen Öffentlichen Ordner schauen – der Exchange 5.5-Server wird dort nicht mehr angezeigt werden.

Die zweite Möglichkeit zur Überprüfung ist folgender Aufruf:

`cSkript PFMIGRATE.WSF /s:quellserver /t:zielserver /R`

Die resultierende Ausgabe sehen Sie sinngemäß in Abbildung 18.61, die letzten Zeilen müssen dann allerdings lauten:

```
0 folders without replica on 'zielserver'
0 folders with replicas on both servers
```

18.1.11 Sonstige Funktionen verschieben

Leider stehen Ihnen nun einige Arbeiten bevor, die sich nicht automatisieren lassen. Die Rede ist insbesondere von der Migration von Connectoren, beispielsweise desjenigen, der für die Kommunikation mit dem Internet zuständig ist.

Eine erprobte Vorgehensweise ist die Folgende:

- Setzen Sie zunächst die Kosten des Connectors auf dem Exchange 5.5-Server hoch – und zwar auf einen möglichst hohen Wert.
- Installieren Sie nun den entsprechenden Connector auf dem neuen Server. Achten Sie darauf, dass er auf jeden Fall niedrigere Kosten als der entsprechende Connector auf dem 5.5-Server hat!

Dieses Verfahren hat insbesondere den Vorteil, dass der alte Connector relativ einfach reaktiviert werden kann, sollte es mit dem neuen Probleme geben.

Bei der Planung der Migration müssen Sie bedenken, dass es etliche Connectoren gibt, die zwar auf Exchange 5.5, nicht aber auf der aktuellen Version zur Verfügung stehen. Beispiele sind die Connectoren für MS Mail, SNADS oder PROFS. Es wird vermutlich nur wenige Fälle geben, in denen diese noch benötigt werden. Sollten Sie einen der in Exchange 2003 nicht mehr vorhandenen Connectoren benötigen, betreiben Sie Exchange 5.5-Server weiter. Er dient dann ausschließlich als Connector-Server. Sie müssen sich allerdings darüber im Klaren sein, dass Sie die Exchange-Organisation nicht in den Native Mode versetzen können, wenn noch 5.5-Server vorhanden sind.

Berücksichtigen Sie bei der Planung auch, ob Connectoren für den Faxversand und -empfang, die Kopplung mit der Telefonanlage oder sonstige Funktionen vorhanden sind. Fragen Sie die jeweiligen Hersteller nach Versionen, die für Exchange 2003 geeignet und zertifiziert sind. Zudem sollte eine Richtlinie für die Migration bzw. Neuinstallation ausgehändigt werden.

Kleiner Hinweis am Rande: Vergessen Sie vor Beginn der Migration ebenfalls nicht, aktuelle Versionen der Backup- und Antivirensoftware zu beschaffen und zu testen!

18.1.12 Exchange 5.5 abschalten

Bevor Sie den alten Exchange 5.5-Server abschalten, sollten Sie die Organisation einige Tage mit beiden Servern betreiben. Dies ist eine reine Vorsichtsmaßnahme, die ein vergleichsweise schnelles und einfaches Fallback benötigt, falls es mit Exchange 2003 unlösbare Probleme gibt. Denken Sie auch an Outlook und das Auffinden des Postfachservers (Abschnitt 18.1.9)!

Wenn das Exchange 2003-System also einige Zeit stabil und zuverlässig gelaufen ist und definitiv keinerlei Ressourcen des 5.5-Servers verwendet werden, können Sie den 5.5-Server aus der Organisation entfernen.

Der »normale« Weg ist die Deinstallation des Exchange 5.5-Servers mit dessen Setup-Programm. Diese Methode bietet erstens den Vorteil, dass der Server sehr »nachhaltig« aus der Exchange-Organisation entfernt wird und dass zweitens die Betriebssysteminstallation auf dieser Maschine weiterverwendet werden kann – das ist insbesondere dann interessant, wenn weiterhin benötigte Dienste, wie beispielsweise Domain Controller, auf diesem System ausgeführt werden.

Wählen Sie bei der Deinstallation »Alles entfernen«. Lassen Sie sich von der Sicherheitsabfrage nicht beirren, die Exchange-Organisation verschwindet nicht – sofern Sie bei der Migration auf den neuen Server alles richtig gemacht haben (Abbildung 18.63).

Abbildung 18.63 Bei der Deinstallation des Exchange 5.5-Servers wählen Sie »Alles entfernen«.

Nach der Deinstallation wird je nach Größe und Komplexität Ihres Systems eine mehr oder weniger lange Zeit benötigt, um die Änderungen zu replizieren. Es ist aber durchaus möglich, dass der Exchange 5.5-Server noch immer im System-Manager sichtbar ist. Dies muss geändert werden, denn wenn ein »Geister-5.5-Server« existiert, werden Sie nicht in den nativen Modus wechseln können. Folgende Schritte können durchgeführt werden:

▶ Der Exchange 5.5-Server kann mit einem Administrationswerkzeug aus der Organisation gelöscht werden. Leider geht das nicht mit dem System-Manager von Exchange 2003, stattdessen muss der Exchange Administrator von Version 5.5 verwendet werden. Dieser lässt sich von der 2003-CD nachinstallieren. Starten Sie das Setup-Programm (**\setup\i386\setup.exe**), und installieren den »Microsoft Exchange 5.5 Administrator« nach. Das Festlegen der Aktion in der Komponentenauswahl ist etwas »fisselig«, daher sehen Sie die korrekten Einstellungen in Abbildung 18.64.
Mit diesem Werkzeug verbinden Sie sich nun mit dem 2003 (!) Exchange Server und können dann den alten 5.5-Server löschen.

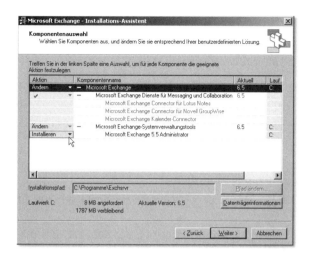

Abbildung 18.64 Die Exchange 5.5-Administrationsapplikation wird benötigt, um einen 5.5-Server aus der Organisation zu entfernen. Sie lässt sich von der Exchange 2003-CD nachinstallieren.

Sollte nach einer Zeitverzögerung für die Replikation der 5.5-Server noch immer nicht aus dem System-Manager verschwunden sein, müssen Sie ein wenig mit ADSIedit nachhelfen:

- Verbinden Sie sich mit der »Configuration«-Partition (rechte Maustaste auf den Knoten ADSI Edit).
- Navigieren Sie zu der adminstrativen Gruppe, in der sich der Exchange 5.5-Server befindet. Dieser wird dort im Container »Servers« liegen (beachten Sie zur Orientierung die Abbildung 18.65).
- Nun können Sie den kompletten Container mit dem alten Server löschen.

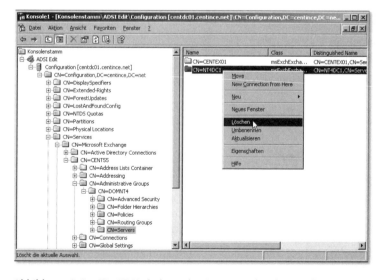

Abbildung 18.65 Mit ADSIedit kann der Container des alten Exchange 5.5-Servers gelöscht werden.

18.1.13 Den nativen Modus für die Exchange-Organisation aktivieren

Die erste Voraussetzung zur Aktivierung des nativen Modus für die Exchange-Organisation ist, dass sämtliche Exchange 5.5-Server entfernt worden sind.

Wichtig ist übrigens nicht nur, dass die Exchange 5.5-Server deinstalliert sind, vielmehr dürfen diese im Exchange System-Manager nicht mehr sichtbar sein.

Sind in der Organisation 5.5-Server weder vorhanden noch als »Geister-Einträge« sichtbar, können folgende Schritte unternommen werden:

- Entfernen Sie alle Standortreplikationsdienste. Diese Dienste finden sich im Exchange System-Manager unter **Extras · Standortreplikationsdienste**.
- Deinstallieren Sie den Active Directory Connector (ADC). Dieser Dienst wird nicht mehr benötigt.
- Im Eigenschaften-Dialog der Exchange-Organisation findet sich der Schalter, um den Betriebsmodus zu ändern (Abbildung 18.66).

Abbildung 18.66 Wenn alle Exchange 5.5-Server entfernt sind, kann die Organisation in den einheitlichen bzw. nativen Modus versetzt werden. Bedenken Sie, dass es keinen Weg zurück gibt!

18.1.14 NT4-Domain abschalten

Wenn Sie nicht nur Exchange sondern auch sämtliche anderen Dienste aus der NT- in die Windows 2003-Domain überführt haben, können Sie sich von NT4 verabschieden. Auch wenn dieses Buch (als Exchange-Buch) die eigentliche Betriebssystemmigration nur am Rande streift, möchte ich Ihnen ein paar Vorgehensweisen mitgeben:

- Achten Sie darauf, dass alle Dienste verschoben worden sind. Vergessen Sie beispielsweise nicht WINS! Wenn Sie auf NT4-WINS-Server verweisen, die irgendwann nicht mehr da sind, führt das zu sowohl unangenehmen als auch merkwürdigen Effekten!

- Als Nächstes löschen Sie die Vertrauensstellung zwischen den Domains.
- Nun können Sie den letzten NT4-Domain Controller herunterfahren – und nie wieder anschalten.

18.2 Exchange 2000

Im Gegensatz zu der Migration von Exchange 5.5 ist der Weg von Exchange 2000 auf die aktuelle Version vergleichsweise einfach. Das liegt einerseits daran, dass sich diese beiden Versionen grundsätzlich recht ähnlich sind, zum anderen arbeitet Exchange 2000 bekanntermaßen bereits mit dem Active Directory.

Bei der Migration von Exchange 2000 auf 2003 gibt es zwei mögliche Vorgehensweisen:

- **Inplace-Migration**: Bei dieser Migrationsart wird Exchange 2003 über den vorhandenen 2000-Server »drüberinstalliert«. Prinzipiell ist das Verfahren einfach. Ein möglicher Fallstrick ist, dass etliche Funktionen von Exchange 2000 in der 2003er-Version nicht mehr vorhanden sind. Alle von Exchange 2003 nicht unterstützten Dienste müssen vor dem Upgrade entfernt werden. Durch den eigentlichen Upgrade-Vorgang werden Sie von den Bereitstellungstools geführt. Es muss beispielsweise eine Schema-Erweiterung vorgenommen werden. Hierauf werden Sie aber in den Checklisten der Bereitstellungstools hingewiesen, so dass wir den Vorgang in diesem Buch nicht weiter besprechen werden.
- **Move Mailbox**: Dieses Migrationsverfahren entspricht dem bei der 5.5-Migration vorgestellten: Ein neuer Exchange Server wird in die Organisation gebracht, und auf diesen werden die Postfächer, Öffentlichen Ordner etc. verschoben. Grundsätzlich können Sie die Vorgehensweise aus dem Abschnitt über 5.5-Migration »abgucken«. Auch hier helfen bei der eigentlichen Installation die Bereitstellungstools, die dafür sorgen, dass die richtigen Reihenfolgen eingehalten werden.

Das Aufsetzen eines neuen Servers nebst Migration hat gegenüber dem Inplace-Update einige Vorteile:

- Das Upgrade eines bestehenden Systems ist grundsätzlich immer mit einer gewissen Skepsis zu betrachten. Eine »altlasten-freie« Neuinstallation ist sicherlich für die Stabilität vorteilhaft.
- Prinzipiell wäre es sinnvoll, nicht nur Exchange, sondern auch das darunter liegende Betriebssystem zu erneuern. Wenn Sie inplace sowohl das Betriebssystem als auch das darauf laufende Exchange migrieren wollen, gibt es sicherlich Probleme!
- In vielen Fällen wird mit der Migration des Anwendungsservers auch die Hardware ausgetauscht. In diesem Fall kommt logischerweise keine Inplace-Migration in Frage – einleuchtend!

Egal für welche Methode Sie sich entscheiden, speziell in einem Front-End-/Back-End-Szenario ist zu beachten, dass unbedingt **zuerst der Front-End-Server** auf Exchange 2003 gebracht wird. Ansonsten gibt es eine Fehlermeldung!

18.2.1 Von Exchange 2003 nicht mehr unterstützte Dienste

Exchange 2000 unterstützte etliche Features, die in der aktuellen Version des Produkts nicht mehr vorhanden sind. Die Gründe hierfür sind, dass Funktionen in separate Produkte ausgelagert worden sind oder bereits vom Windows-Betriebssystem zur Verfügung gestellt werden.

Im Folgenden finden Sie eine Auflistung der nicht mehr in Exchange 2003 vorhandenen Funktionen. Vor der Durchführung eines Inplace-Upgrade müssen diese Funktionen vollständig deinstalliert werden, sie sind nicht mit Exchange 2003 kompatibel.

- **Microsoft Mobile Infomation Server Event Source**: Der Mobile Information Server war ein Zusatzprodukt, das den Exchange-Zugriff mit drahtlosen Mobilgeräten ermöglichte. Dieses Produkt ist obsolet geworden, weil diese Funktion in Exchange 2003 integriert worden ist.
- **Instant Messaging Server, Chat Service, Conferencing Server**: Die vormals in Exchange integrierten Instant Messaging-Funktionen sind in das neue Produkt Life Communications Server verschoben worden.
- **Key Management Service**: Die Verwaltung von Schlüsseln zum Verschlüsseln und Signieren ist ebenfalls keine Exchange-Aufgabe mehr. Exchange setzt auf die Möglichkeiten des Betriebssystems auf.
- **Connector für Lotus cc:Mail und MS Mail**: Die Connectoren zu diesen wirklich alten Mailsystemen werden in Exchange 2003 nicht mehr weitergepflegt.
- **Erweiterungen von Drittherstellern**: Wenn Sie Erweiterungen von Drittherstellern nutzen, beispielsweise Faxconnectoren, muss überprüft werden, ob diese von Exchange Server 2003 unterstützt werden. Die jeweiligen Hersteller sollten Ihnen Anweisungen zur Durchführung eines Upgrades übergeben.

18.2.2 Bereinigung von Exchange 2000 Tuning-Einstellungen (Inplace-Upgrade)

Bei der Durchführung eines Inplace-Updates könnten Sie auf das Problem stoßen, dass Exchange Tuning-Parameter, die Sie unter Umständen konfiguriert haben, zu Problemen oder zumindest zu merkwürdigem Verhalten führen. Die hier genannten Parameter waren Tuning-Empfehlungen für Exchange Server 2000, die in diesem Dokument empfohlen wurden: http://www.microsoft.com/technet/prodtechnol/exchange/2000/maintain/exchtune.mspx

Folgende Einstellungen müssen aus der Registry entfernt werden (Anmerkung: Wenn Sie zuvor diese Parameter nicht gezielt gesetzt haben, werden diese nicht vorhanden sein):

- **Initial Memory Percentage**: Entfernen Sie diesen Parameter mit Regedit aus der Registry. Er findet sich an dieser Position: `HKEY_LOCAL_MACHINE\SYSTEM\CurrentControlSet\Services\MSExchangeIS\ParaemtersSystem`
- **MPHeap parallelism**: Entfernen Sie diesen Parameter mit Regedit aus der Registry. Er findet sich an dieser Position: `HKEY_LOCAL_MACHINE\SOFTWARE\Microsoft\ESE98\Global\OS\Memory`

- **MaxMemoryUser**: Entfernen Sie diesen Parameter mit Regedit aus der Registry. Er findet sich an dieser Position: `HKEY_LOCAL_MACHINE\SYSTEM\CurrentControlSet\Services\MSExchangeDSAccess\Instance0`
- **MaxPercentPoolThreads**: Entfernen Sie diesen Parameter mit Regedit aus der Registry. Er findet sich an dieser Position: `HKEY_LOCAL_MACHINE\SYSTEM\CurrentControlSet\Services\SMTPSVC\Queuing`
- **AdditionalPoolThreadsPerProc**: Entfernen Sie diesen Parameter mit Regedit aus der Registry. Er findet sich an dieser Position: `HKEY_LOCAL_MACHINE\SYSTEM\CurrentControlSet\Services\SMTPSVC\Queuing`

Einige Exchange 2000-Tuning-Parameter wurden im Active Directory gesetzt. Um diese zu »neutralisieren«, verwenden Sie ADSIedit, navigieren zu dem entsprechenden Attribut und löschen (Schalter »Clear« klicken) dessen Wert, so dass <Not Set> angezeigt wird (Abbildung 18.67). Exchange 2003 verwendet dann seine Default-Werte.

- **msExchESEParamLogBuffers**: Navigieren Sie in ADSIedit zu **Configuration / Services / Microsoft Exchange / [organisationsname] / Administrative Groups / [gruppenname] / Servers / [servername] / InformationStore / [name der speichergruppe]**.
  Abbildung 18.67 zeigt den entsprechenden Baum in ADSIedit nebst Eigenschaften-Dialog und Attributeditor.
- **msExchESEParamMaxOpenTables**: Navigieren Sie in ADSIedit zu **Configuration / Services / Microsoft Exchange / [organisationsname] / Administrative Groups / [gruppenname] / Servers / [servername] / InformationStore / [name der speichergruppe]**.

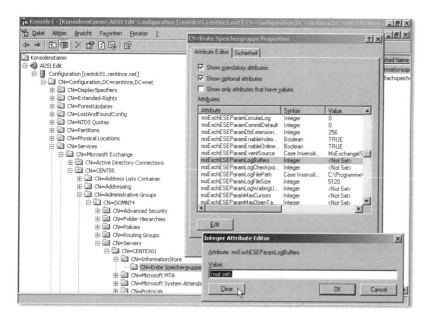

Abbildung 18.67 Einige Exchange 2000-Tuningparameter müssen vor einer Inplace-Migration zur Version 2003 mit ADSIedit zurückgesetzt werden.

18.3 Migration zwischen Exchange-Organisationen

Bei den bisher in diesem Buch vorgestellten Migrationen blieb die Exchange-Organisation erhalten. Anders gesagt, bauten neu hinzugekommene Server auf einer bereits vorhandenen Organisation auf.

Nun lässt sich leicht ein Fall konstruieren, in dem die Anforderungen anders liegen: Wenn beispielsweise zwei Unternehmen fusionieren und ein einheitliches Active Directory und eine einheitliche Exchange-Organisation aufgebaut werden sollen, werden Sie feststellen, dass eine Exchange-Organisation nicht einer anderen »beitreten« kann – das ist unabhängig von Exchange Versionsnummern!

Wenn Postfächer zwischen Exchange-Organisationen verschoben werden sollen, geht das nur über den Weg, dass in der einen Organisation die Postfächer in Dateien exportiert und in der anderen Organisation in neu angelegte Postfächer importiert werden.

Unterstützt werden Sie bei diesem Vorhaben durch das Werkzeug **ExMerge**, das auf der Microsoft-Website heruntergeladen werden kann. Das Utility wird im nächsten Abschnitt vorgestellt!

ExMerge lässt sich für das Verschieben von Postfächern verwenden, es lässt sich aber auch verwenden, um Sicherungen einzelner Mailboxen anzufertigen.

ExMerge funktioniert nur für Postfächer, nicht für Öffentliche Ordner. Deren Inhalte müssen mit einem Outlook-Client in eine PST-Datei kopiert und später wieder von dieser in den Informationsspeicher gebracht werden.

18.4 ExMerge

Eigentlich ist ExMerge recht einfach zu bedienen; man kann problemlos Postfächer in PST-Dateien exportieren und umgekehrt. Vor dem Einsatz von ExMerge sind allerdings einige Konfigurationsschritte durchzuführen. Diese werde ich Ihnen in diesem Unterkapitel vorstellen.

18.4.1 Installation

Das Installationspaket zu ExMerge erhalten Sie auf der Microsoft-Website. Ein Klick auf die ausführbare Datei extrahiert unter anderem die Dateien **ExMerge.exe** und **ExMerge.ini**. Diese Dateien kopieren Sie in das Verzeichnis **\Programme\ExchSrvr\bin** – fertig ist die Installation!

18.4.2 Konfiguration

Obwohl die Installation bestechend simpel ist, sind einige Konfigurationsschritte notwendig. Hierbei geht es einerseits um die Anpassung der Sicherheitseinstellungen, andererseits muss die INI-Datei modifiziert werden.

Sicherheitsgruppe anlegen

Zunächst ein kurzer Blick auf die Sicherheitseinstellungen für ein Postfach (Abbildung 18.68): Der Zugriff auf das Postfach ist den diversen Admin-Gruppen explizit verweigert.

Das ist auch gut so, denn es muss natürlich verhindert werden, dass Administratoren ist der Lage sind, sich »einfach so« Zugriff zu den Postfächern der Anwender zu verschaffen.

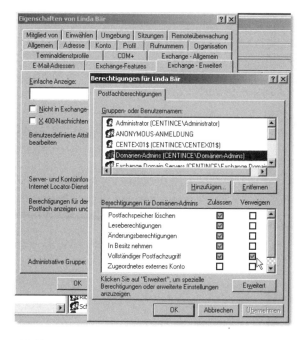

Abbildung 18.68 Der Zugriff auf Postfächer ist den diversen Admin-Gruppen explizit verweigert.

ExMerge ist ein Werkzeug, das dem Export und Import von Benutzerpostfächern dient, demzufolge benötigt der Account, unter dem es ausgeführt ist, entsprechende Rechte.

Um mit dem Administrator-Account ExMerge-Zugriff auf die Postfächer zu haben, gibt es zwei Verfahren:

▶ Sie können die Vererbung der Berechtigungen aufbrechen und die »Verweigert«-Einträge entfernen.

▶ Sie legen eine zusätzliche Sicherheitsgruppe an, die die notwendigen Rechte gewährt. Sie machen dann von der Tatsache Gebrauch, dass die explizite Gewährung eines Rechts die vererbte Verweigerung überschreibt.

Ich brauche kaum zu erwähnen, dass natürlich die zweite Möglichkeit die bessere ist. Grundsätzlich sollten Sie *nie* an den Rechtevererbungen »herumschrauben«! Das Aufbrechen der Vererbungen führt eventuell zu Funktionsstörungen, wenn notwendige Rechte nicht mehr vererbt werden. Zudem sollten sehr weitgehende Rechte wie die Zugriffsmöglichkeit auf alle Postfächer möglichst schnell wieder entzogen werden. Das ist einfach, wenn Sie lediglich eine Sicherheitsgruppe löschen bzw. deren Mitgliedschaft anpassen müssen; hingegen ist es recht kompliziert, wenn Sie die komplette Rechtestruktur wieder »zurückbauen« müssen.

Eine Anmerkung Auch wenn ich in diesem Beispiel mit dem Administrator-Account arbeite, ist das natürlich nicht Best Practice. Dieser Account sollte prinzipiell nicht produktiv genutzt werden. In einem Buch ist es natürlich einfacher, den Administrator-Account zu nutzen, als ständig darauf hinzuweisen, dass ein Account mit anderem Namen über Administrator-Rechte verfügt.

Um eine zusätzliche Sicherheitsgruppe einzurichten, die dem Administrator die Nutzung von ExMerge gestattet, gehen Sie folgendermaßen vor:

- Im Konfigurationswerkzeug »Active Directory-Benutzer und -Computer« legen Sie eine neue Gruppe, beispielsweise mit dem Namen `ExMerge-User` an. Diese Gruppe soll eine globale Sicherheitsgruppe sein.
  Klicken Sie zweimal auf »Weiter« und dann auf »Fertig stellen«.
- Fügen Sie den Administrator-Account zu den Mitgliedern dieser Gruppe hinzu.
- Im Exchange System-Manager fügen Sie dem Postfachspeicher, auf dessen Postfächer mit ExMerge zugegriffen (Import und Export) werden soll, Rechte für die neue Gruppe `ExMerge-User` hinzu (Abbildung 18.69).
  Gewähren Sie sämtliche Rechte – besonders wichtig sind übrigens »Receive as« und »Send as«.

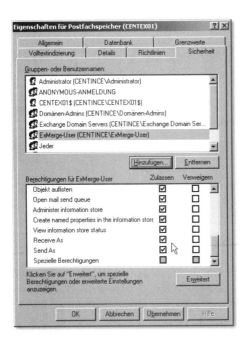

Abbildung 18.69 Der neuen Gruppe werden Rechte auf die Postfachspeicher gewährt, auf die mit ExMerge zugegriffen werden soll.

Die Modifikation der Rechte ist nun abgeschlossen. Beachten Sie bitte die folgenden Anmerkungen:

▶ Wie wichtig eine funktionierende Vererbung ist, kann mit diesem Beispiel leicht vorgeführt werden: Würde die Vererbung nicht existieren, müssten Sie jeden Benutzeraccount »anfassen« und der neuen ExMerge-Gruppe die notwendigen Rechte gewähren. Dank der Vererbung ist die Gruppe bereits vorhanden und mit allen benötigten Rechten versehen (Abbildung 18.70).
Dieses Beispiel zeigt sehr eindrucksvoll, dass Sie *niemals* (Ausnahme: höhere Gewalt) die Vererbung aufbrechen sollten!

▶ Nach der Arbeit mit ExMerge sollten Sie auf keinen Fall vergessen, dem Benutzeraccount wieder die Zugriffsrechte auf die Postfächer zu entziehen. Am einfachsten ist es, die Mitgliedschaft in der Gruppe zu löschen, die Gruppe selbst aber zu erhalten. So können die Rechte für zukünftige Arbeiten schnell gewährt werden.

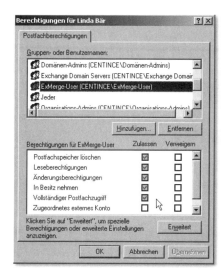

Abbildung 18.70 Dank der Vererbung ist bei den Postfächern das Recht für die ExMerge-Gruppe automatisch vorhanden.

INI-Datei modifizieren

Wenn Sie die im vorigen Abschnitt gezeigten Sicherheitsanpassungen vorgenommen haben und nun ExMerge starten, wird das Programm einen Fehler melden – zumindest dann, wenn Sie ein deutschsprachiges Exchange-System mit deutschsprachigen Clients einsetzen.

Vermutlich werden Sie zunächst davon ausgehen, dass etwas mit den Sicherheitseinstellungen nicht in Ordnung ist – überprüfen schadet nicht. Zum weitergehenden Troubleshooting öffnen Sie die Datei **ExMerge.log**, die im selben Verzeichnis wie die **EXE**-Datei zu finden ist. Wenn ansonsten alles richtig konfiguriert ist, werden Sie im Logfile von ExMerge in etwa die in Abbildung 18.71 gezeigten Einträge vorfinden. Die Fehlermeldung lautet: `Store 'MSPST MS' was not opened`.

```
[22:49:37] Initializing worker thread (Thread0)
[22:49:37] Copying data from mailbox 'Amy Boddenberg' ('ABODDENBERG') on Server 'CENTEX01' to fil
[22:49:37] Store 'MSPST MS' was not opened.
[22:49:37] Errors encountered. Copy process aborted for mailbox 'Amy Boddenberg' ('ABODDENBERG').
[22:49:37] Number of items copied from the source store for all mailboxes processed: 0
[22:49:37] Total number of folders processed in the source store: 0
[22:49:37] 0 mailboxes successfully processed. 1 mailboxes were not successfully processed. 0 non
[22:49:37] Process completion time: 00:00:00
```

Abbildung 18.71 Wenn im ExMerge-Logfile dieser Eintrag zu finden ist, handelt es sich meistens um ein »Sprachproblem«.

Höchstwahrscheinlich wird diese Fehlermeldung aus einem Sprachproblem resultieren: Die Ordner des Postfachs, also »Posteingang«, »Postausgang« etc. heißen in einer deutschen Umgebung eben anders als in einer englischsprachigen.

Bei aktuellen ExMerge-Versionen ist das Problem durch einfaches Anpassen zweier Zeilen in der **ExMerge.ini** (findet sich im selben Verzeichnis wie die **ExMerge.exe**) zu beheben. Entfernen Sie einfach die Semikola in folgenden Zeilen (Abbildung 18.72):

- ▶ LocalisedPersonalFoldersServiceName=Persönliche Ordner
- ▶ LocalisedExchangeServerServiceName=Microsoft Exchange-Nachrichtenspeicher

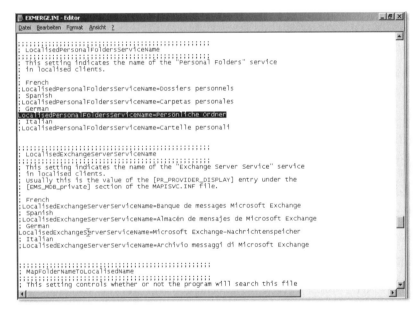

Abbildung 18.72 Damit ExMerge in einer deutschsprachigen Umgebung funktioniert, müssen bei zwei Zeilen die Semikola entfernt werden.

18.4.3 Anwendung

Die Bedienung von ExMerge ist selbsterklärend, daher folgen hier lediglich einige kleine Hinweise:

▶ ExMerge beherrscht zwei Betriebsarten: Die erste Version kann eine Mailbox in einem Schritt zwischen Quell- und Zielserver kopieren. Die zweite Betriebsart ermöglicht zunächst einen manuellen Export in ein PST-File und später einen Import in ein Exchange-Postfach.

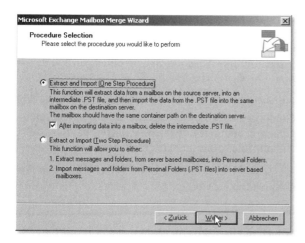

Abbildung 18.73 ExMerge beherrscht zwei Betriebsarten: Entweder können Mailboxen in einem ExMerge-Schritt zwischen Servern kopiert werden. Alternativ können der Export- und der Importvorgang manuell aufgerufen werden.

▶ Neben dem »Assistentenmodus« kann ExMerge auch über die Kommandozeile aufgerufen werden. Eignet sich also auch für vollautomatischen Batchbetrieb. Konsultieren Sie diesbezüglich die in dem Download-File befindliche Dokumentation

18.4.4 Einsatzszenarien

ExMerge kann natürlich, wie zu Beginn des Abschnitts 18.4 angesprochen, zum Migrieren von Postfächern zwischen unterschiedlichen Exchange-Organisationen verwendet werden. Natürlich sind auch weitere Anwendungsfälle denkbar:

▶ Wenn Sie neben der eigentlichen Datenbanksicherung einige »VIP-Postfächer« (z.B. Geschäftsführer, Vorstand etc.) separat sichern möchten, können Sie dies mit ExMerge im Batchbetrieb erledigen. Bedenken Sie aber, dass die PST-Dateien nicht separat geschützt sind. Stellen Sie also sicher, dass die Dateien mit NTFS-Rechten geschützt und am besten zusätzlich mit EFS verschlüsselt sind.

▶ Wenn Sie in einer kleinen Organisation die Exchange-Migration nicht nach dem vorgeführten Verfahren (Exchange 5.5 mit dem AD verbunden, Exchange 2003-Server tritt der Organisation bei etc.) durchführen möchten, können Sie natürlich auch alle Postfächer mit ExMerge exportieren und in einem neu aufgebauten Exchange-System importieren. Bedenken Sie aber, dass ExMerge nicht mit Öffentlichen Ordnern umgehen kann, diese müssten mit Outlook in PST-Files kopiert werden.

18.5 Die Umlaufprotokollierung bei Verschiebe- und Importvorgängen

Grundsätzlich ist von der Aktivierung der Umlaufprotokollierung deutlich abzuraten (das ist noch milde ausgedrückt). Sie erinnern sich: Exchange schreibt alle Änderungen, die an den Datenbanken vorgenommen werden, in ein Logfile (bei mehreren Speichergruppen entsprechend mehrere Logfiles). Die Logfiles können recht groß werden, und alte Logs werden beim Backup-Vorgang gelöscht. Die Aktivierung der Umlaufprotokollierung bewirkt, dass Exchange nach einer bestimmten Anzahl von Log-Einträgen wieder »von vorn« anfängt, d.h. die jeweils ältesten Einträge überschreibt.

Die Umlaufprotokollierung spart natürlich ganz erheblich Plattenplatz. Andererseits sind Sie nicht mehr in der Lage, eine Wiederherstellung der Datenbanken vorzunehmen. Da Datensicherheit und Wiederherstellbarkeit deutlich höher zu bewerten sind als das Einsparen von Plattenplatz, wird die Umlaufprotokollierung ausgeschaltet!

Von dieser strikten Regel gibt es eine Ausnahme, und zwar beim Verschieben von Postfächern zwischen Servern oder beim Import mit ExMerge.

Die Details:

- Wenn Sie ein 500 MB großes Postfach in einen Informationsspeicher importieren, egal ob dies per Verschieben oder ExMerge geschieht, wird das Logfile ebenfalls um 500 MB anwachsen. Machen wir es spektakulärer: Wenn Sie die Inhalte einen 250-GB-Informationsspeichers verschieben wollen, müssen Sie auch mit 250 GB Logs auf dem Zielserver rechnen – und das dürfte die Größe des Logvolumes sprengen!

- Nun ließe sich das Verschieben oder Importieren, wenn es denn Probleme gibt, recht einfach wiederholen. Wenn beispielsweise kurz nach dem Ende des Verschiebevorgangs das Volume mit der Exchange-Datenbank auf dem neuen Server verloren wird, sind Sie nicht darauf angewiesen, die Datenbank aus Datensicherung und Logs wiederherzustellen – Sie importieren die Daten einfach ein zweites Mal!
  Im Klartext: Während des Importvorgangs, bei dem sämtliche Postfächer noch auf dem Ursprungsserver vorhanden sind, können Sie ausnahmsweise (!) das Sicherheitsniveau auf dem Zielserver etwas reduzieren.

- Die beiden vorigen Aufzählungspunkte haben schon deutlichst darauf hingearbeitet: Während des Importvorgangs könnte man die Umlaufprotokollierung aktivieren. Auf diese Weise verhindern Sie, dass das Log der Datenbank der Größe der importierten Daten entspricht und in Folge dessen »überläuft«.

- Wenn der Importvorgang beendet ist, führen Sie folgende Schritte durch:
  - **Deaktivieren der Umlaufprotokollierung** (in allen Speichergruppen)
  - **Anfertigen einer Vollsicherung**: Dieser Schritt sorgt dafür, dass Sie im Bedarfsfall über eine Vollsicherung und die kompletten Logs (von der Vollsicherung bis zum aktuellen Zeitpunkt) verfügen.

Die Umlaufprotokollierung wird in den Eigenschaften der Speichergruppe aktiviert (Abbildung 18.74). Wenn Sie mehrere Speichergruppen eingerichtet haben, muss die Einstellung für jede einzeln vorgenommen werden.

Abbildung 18.74 Die Umlaufprotokollierung wird jeweils im Eigenschaften-Dialog der Speichergruppe aktiviert. VERGESSEN SIE KEINESFALLS, DIE UMLAUFPROTOKOLLIERUNG NACH DEM IMPORT-VORGANG WIEDER ABZUSCHALTEN!

Teil 6
Betrieb

19 Betrieb und Administration   739

20 Backup, Restore und Desaster Recovery   811

21 Verfügbarkeit   869

19 Betrieb und Administration

19.1	Das Microsoft Operations Framework	739
19.2	Operating: Tägliche, wöchentliche und monatliche Aufgaben	742
19.3	Status-Monitoring und Benachrichtigung (Standard-Umfang)	755
19.4	Performance-Monitoring	759
19.5	Microsoft Operations Manager	772
19.6	Sicherung und Wiederherstellung	787
19.7	Benutzeradministration und -konfiguration	788
19.8	Verteilergruppen	801
19.9	Kontakte	806
19.10	Zum Schluss: Welche Exchange-Edition habe ich überhaupt?	807

1	Über dieses Buch
2	Der Aufbau des Buchs
3	Exchange 2003 – Service Pack 2
4	Einführung in das Thema Collaboration
5	Erster technischer Überblick
6	Solutions Design
7	Exchange und Active Directory
8	Routing
9	Storage
10	Öffentliche Ordner
11	Administrative Gruppen
12	Richtlinien, Vorlagen und Adresslisten
13	Front-End-/Back-End-Architektur
14	Clients
15	Sichere Anbindung an das Internet
16	Sicherheit
17	Installation
18	Migration/Upgrade auf Exchange 2003
19	Betrieb und Administration
20	Backup, Restore und Desaster Recovery
21	Verfügbarkeit
22	Live Communications Server 2005 – Ein Überblick
23	LCS – Installation und Konfiguration
24	LCS – »Externe« Clients und Föderationen
25	LCS – Administration
26	LCS – Sicherheit
27	Entwicklung
28	Programmieren mit CDO (CDOEX)
A	Problembehebung in Warteschlangen
B	Zu überwachende Parameter (Jetstress-Test)
C	Performance Monitoring, wichtige Datenquellen
D	Outlook Level 1 Dateianhänge

19 Betrieb und Administration

Betrieb und Administration von Exchange beinhalten natürlich deutlich mehr als das gelegentliche Anlegen von Benutzern. Als eine wesentliche Aufgabe sehe ich die Überwachung des Exchange-Systems an. Dies umfasst nicht »nur« die Prüfung, ob der Dienst generell noch läuft, sondern auch die laufende Überwachung der Performance.

19.1 Das Microsoft Operations Framework

Bei Microsoft hat man sich bereits vor einiger Zeit Gedanken über die Optimierung des Betriebs komplexer Lösungen gemacht. Ergebnis ist das Microsoft Operations Framework (MOF), das vom Grundsatz her übrigens auf ITIL basiert. Letzteres dürfte insbesondere in großen Unternehmen tätigen Lesern ein Begriff sein.

MOF ist letztendlich kein Produkt, sondern die Dokumentation von Vorgehensweisen und Prozessen. Auch wenn man, beispielsweise in einem kleineren Unternehmen, nicht allzu tief in das doch teilweise recht theoretische Framework einsteigen möchte, bietet es doch gute Anhaltspunkte, um den Betrieb des Exchange Servers und natürlich auch des gesamten Systems zu planen.

Wenn Sie sich näher mit der Thematik MOF auseinander setzen möchten, können Sie mit diesen Links beginnen:

- www.microsoft.com/mof (englisch)
- http://www.microsoft.com/germany/technet/datenbank/articles/495298.mspx (deutschsprachiges Whitepaper)

Das Microsoft Operations Framework besteht aus vier Kernelementen:

- **Prozessmodell**: Das Prozessmodell für den Betrieb ist ein Funktionsmodell der Prozesse, die die Betriebsteams für die Verwaltung und Wartung von IT-Diensten ausführen. Daher bietet es eine Möglichkeit, sich komplexe IT-Umgebungen vereinfacht und verallgemeinert vorzustellen.
- **Teammodell**: Für die Ausführung dieser Aktivitäten und Prozesse müssen die Mitarbeiter im Betriebsteam gut organisiert und koordiniert sein. Zur Optimierung dieser Aufgaben beschreibt das Teammodell Rollen und Rollencluster, anhand derer den einzelnen Mitarbeitern oder Teams Aufgaben zugewiesen werden.
- **Risikomodell**: Das Risikomodell beschreibt und untersucht die Risiken, mit denen Sie sich beim Betrieb Ihrer IT-Landschaft konfrontiert sehen werden. Es wendet bewährte Techniken des Risikomanagements auf die Probleme an, mit denen sich das IT-Personal täglich konfrontiert sieht.
- **Service Management-Funktionen**: MOF beschreibt 21 Prozesse, die in den meisten IT-Umgebungen Anwendung finden. Diese Prozesse beschreiben Rollen und Aufgaben für die IT-Mitarbeiter/Teams. Jede SMF bietet konsistente Richtlinien, Verfahren, Standards und optimale Vorgehensweisen, die auf die gesamte Reihe von IT-Lösungen in den heutigen IT-Umgebungen angewendet werden können. Beispiele für SMFs sind Capacity Management, Change Management, Service Desk und Sicherheitsverwaltung.

Ich möchte Ihnen empfehlen, sich mit dem Microsoft Operations Framework näher zu beschäftigen. Auch wenn es Ihnen nicht technisch-konkret zeigt, wie Sie beispielsweise einen Desaster Recovery-Plan für Exchange entwickeln, liefert es wertvolle Anhaltspunkte, welche Aspekte zu berücksichtigen sind und wie man die notwendigen Prozesse implementieren und beschreiben könnte

Für sehr wichtig halte ich auch die Bewertung der Risiken: Abgesehen davon, dass die Einführung eines vernünftigen Risikomanagements letztendlich eine wichtige Pflicht des IT-Verantwortlichen ist, fordern beispielsweise auch Banken im Rahmen von Basel II entsprechende Konzepte nebst Nachweis der Implementierung.

Dieses Exchange-Buch wird sich aber weniger mit den eher theoretischen Überlegungen des IT-Betriebs gemäß MOF und ITIL beschäftigen, sondern die konkreten Maßnahmen im Exchange-Umfeld beschreiben. Das Prozessmodell des Operations Framework bietet wertvolle Anhaltspunkte für die zu planenden Aktivitäten, die wir im nächsten Abschnitt betrachten werden.

19.1.1 Das Prozessmodell

Das Prozessmodell des Microsoft Operations Frameworks enthält vier Quadranten (Abbildung 19.1 – ich tendiere zur Verwendung der englischen Bezeichnungen):

▶ **Changing** (Änderung): Einführung neuer IT-Lösungen, Technologien, Systeme, Anwendungen, Hardware und Prozesse.
▶ **Operating** (Betrieb): Effektive und effiziente Ausführung täglich anfallender Aufgaben.
▶ **Supporting**: Schnelle Bearbeitung und Auflösung von Zwischenfällen, Problemen und Anfragen.
▶ **Optimizing**: Durchführung von Änderungen zum Optimieren von Kosten, Leistung, Kapazität und Verfügbarkeit bei der Bereitstellung von IT-Diensten.

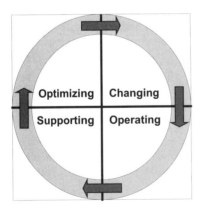

Abbildung 19.1 Die vier Quadranten des Prozessmodells des Microsoft Operations Frameworks

Die Unteraspekte der vier Quadranten sind in den nächsten Abschnitten beschrieben. Sicherlich werden Ihnen schon diese Stichworte helfen, um einen allgemeinen Blick auf die Anforderungen des Betriebs zu erhalten.

Auf der Abbildung ist zu erkennen, dass die vier Aspekte in einem letztendlich nie enden-
den Kreislauf zusammengefasst werden können: Zuerst wird eine neue Lösung eingeführt,
für die ein Betriebskonzept erstellt und durchgeführt werden muss. Unvermeidlich wird
das Leisten von Support sein. Im Rahmen der Überprüfung der IT-Landschaft oder eines
bestimmten Systems wird man vermutlich Optimierungsbedarf finden. Die Erkenntnisse
führen zu der Veränderung des bestehenden oder zur Einführung eines neuen Systems –
damit wären wir wieder im Quadranten »Change« angekommen. Für das neue oder veränderte System muss wiederum ein Betriebskonzept … usw. usw. usw.

Changing

- **Change Management**: Identifiziert alle betroffenen Systeme und Prozesse vor einer Implementierung der Änderung, um eventuelle negative Folgen zu verringern oder auszuschalten.
- **Configuration Management**: Identifiziert, protokolliert und verfolgt wichtige IT-Komponenten oder -Ressourcen und berichtet darüber.
- **Release Management**: Erleichtert die Einführung von Software- und Hardwareversionen und stellt sicher, dass diese geplant, getestet und implementiert werden. Arbeitet mit den Prozessen Change Management und Configuration Management eng zusammen, um sicherzustellen, dass die gemeinsam genutzte Configuration Management Database (CMDB) auf dem neuesten Stand ist.

Operating

- **Security Administration**: Verantwortlich für die Verwaltung einer sicheren Datenverarbeitungsumgebung durch das Entwickeln, Implementieren und Verwalten von Sicherheitskontrollen.
- **System Administration**: Verantwortlich für die täglichen Aufgaben, mit denen die Ausführung der Unternehmenssysteme aufrecht erhalten wird, sowie für die Bewertung der Auswirkung geplanter Versionen.
- **Network Administration**: Verantwortlich für den Entwurf und die Wartung der physischen Komponenten, aus denen das Netzwerk der Organisation besteht, wie beispielsweise Server, Router, Switches und Firewalls.
- **Service Monitoring and Control**: Beobachtet den Zustand eines IT-Dienstes und wird bei Bedarf tätig, um die Kompatibilität beizubehalten.
- **Directory Services Administration**: Verantwortlich für täglich anfallende Prozesse, Wartung und Support des Unternehmensverzeichnisses.
- **Storage Management**: Befasst sich mit lokaler und externer Datenspeicherung zum Zweck der Datenwiederherstellung und Verlaufsarchivierung. Stellt außerdem die physische Sicherheit von Sicherungskopien und Archiven sicher.
- **Job Scheduling**: Weist Batchverarbeitungsaufgaben zu unterschiedlichen Zeitpunkten zu, um die Nutzung der Systemressourcen ohne Gefährdung der Unternehmens- und Systemfunktionen zu maximieren.
- **Print/Output Management**: Verwaltet die mit den Unternehmensergebnissen verbundenen Kosten und Ressourcen und gewährleistet die Sicherheit der vertraulichen Ergebnisse.

Supporting

- Service Desk: Bietet ersten Support für die Benutzercommunity bei Problemen, die mit der Nutzung von IT-Diensten verbunden sind.
- Incident Management: Verwaltet den gesamten Verlauf der Problemlösung bei allen eintretenden Zwischenfällen.
- Problem Management: Untersucht und löst die Ursachen von Fehlern und Störungen, die sich auf viele Kunden auswirken.

Optimizing

- Service Level Management: Verwaltet die Qualität von IT-Diensten durch das Aushandeln, Überwachen und Warten von Service Level Vereinbarungen zwischen dem IT-Dienstanbieter und seinen Kunden.
- Capacity Management: Plant, ändert die Größe und steuert die Kapazität der IT-Lösung, um die Kundenanforderungen innerhalb der Leistungs-Levels zu erfüllen, die in der Service Level-Vereinbarung festgelegt wurden.
- Availability Management: Beschreibt, verwaltet, leitet und wartet proaktiv die Verfügbarkeit von Informationen und Diensten zu angemessenen Kosten und in Übereinstimmung mit den vereinbarten Qualitätsstufen.
- Financial Management: Verwaltet monetäre Ressourcen zur Unterstützung von Organisationszielen. Das Financial Management kann Buchhaltung, Finanzplanung, Bewertungen von Projektinvestitionen und – in einigen Organisationen – Kostenabschreibung umfassen.
- Workforce Management: Empfiehlt optimale Vorgehensweisen zum Anwerben, Weiterbeschäftigen, Verwalten und Motivieren der IT-Mitarbeiter.
- Service Continuity Management: Diese früher als »Notfallplanung« bekannte SMF plant die Bewältigung eines IT-Notfalls und die Wiederherstellung nach einem IT-Notfall.

19.2 Operating: Tägliche, wöchentliche und monatliche Aufgaben

Dieser Abschnitt konkretisiert den vorherigen Abschnitt »Operating« und stellt die durchzuführenden Maßnahmen für Ihre Exchange-Umgebung vor.

19.2.1 Täglich durchzuführende Maßnahmen

Die Maßnahmen gliedern sich in folgende Hauptgruppen:

- Überprüfung der Umgebung
- Überwachung der Bandsicherung
- Überprüfung der Plattensysteme
- Überprüfen von Prozessor und Speicher
- Überprüfen des Antwortverhaltens des Systems

- Überprüfen der Routingwege für Nachrichten
- Überprüfen des Logs
- Überprüfen der Anti-Viren-Maßnahmen

Überprüfung der Umgebung

Grundlage für einen sicheren IT-Betrieb ist eine vernünftige Unterbringung der Server. Dies beinhaltet beispielsweise, dass nur autorisierte Personen Zutritt zum Serverraum haben, dieser also abgeschlossen ist und die Aufbewahrungsorte aller ausgegebenen Schlüssel bekannt sind.

Im Kapitel »Sicherheit« ist ansatzweise beschrieben, wie jemand, der physikalischen Zugriff auf einen Exchange Server hat, den gesamten Mailverkehr des Unternehmens einsehen kann. Daraus folgt, dass das Absichern des Aufstellungsorts des Servers absolut notwendig ist.

Zur täglichen Kontrolle gehört die Prüfung, ob Spuren eines Einbruchs (oder sonstigen unautorisierten Zutritts) zu erkennen sind.

Ständig (also mindestens täglich) sollten Temparatur und Luftfeuchtigkeit überprüft werden. Eine perfekte Exchange-Installation ist nicht viel wert, wenn der Serverraum sich auf 60° aufheizt und sich die Server für eine Notabschaltung entscheiden!

Eine Software zur zentralen Überprüfung der Hardware gehört zum **Pflichtumfang** des modernen IT-Betriebs. Diese Forderung nach Überprüfung betrifft einerseits die Serverhardware aber auch Netzwerkkomponenten (Switches, Router etc.), die unterbrechungsfreie Stromversorgung und sogar die eingesetzten Kabel.

Wenn Sie Serverhardware von Markenherstellern (z.B. Dell, HP, IBM etc.) einsetzen, ist die Hardwareüberwachung recht einfach zu realisieren, denn Managementsoftware wird bei diesen Systemen im Allgemeinen mitgeliefert (Dell OpenManage, HP Insight Manager etc.).

Bei der Auswahl von Switches sollten Sie ebenfalls darauf achten, managementfähige Komponenten einzusetzen.

Neben den Monitoring-Produkten der Hersteller gibt es preisgünstige und angenehmerweise gleichzeitig leistungsfähige Produkte, die Sie für eine grundsätzliche Überwachung des Netzwerks einsetzen können. Ein Beispiel für eine solche Software ist »What's Up« von Ipswitch (Testversion unter **www.ipswitch.com**). Dieses Produkt kann zwar nicht detailliert in einen Server oder Switch hineinschauen, kann aber herausfinden, dass beispielsweise ein Server nicht mehr erreichbar ist (woran das auch liegen mag) oder ein Dienst nicht mehr antwortet.

Sie können alternativ jeden Morgen durch den Serverraum gehen und per Sichtkontrolle prüfen, ob Ihr Exchange Server rot blinkt. Es ist aber sicherlich der professionellere Weg, wenn Sie Software für sich arbeiten lassen.

Anschließend als Zusammenfassung eine Liste der zu überprüfenden Punkte:

Einbruchsversuch zu erkennen?

Temperatur und Luftfeuchtigkeit im Serverraum?

Hardwareausfälle (Server, Switches, Router etc.)

Überprüfung der Bandsicherung

Über die vitale Bedeutung einer Sicherung braucht man in einem Fachbuch sicherlich keine weiteren Worte zu verlieren.

- Erstens ist täglich zu prüfen, ob die Bandsicherung fehlerfrei gelaufen ist.
- Zweitens sollte das Band mit der Sicherung beschriftet und ausgelagert werden.

Beim letztgenannten Punkt gibt es sicherlich Diskussionsbedarf. Ich kenne Firmen, die sich eine kleine Library oder einen Autoloader gekauft haben. Dieses Gerät steht im Serverraum. Da man mit einer LTO-2-Library mit 30 Slots durchaus den ganzen Monat hinkommt, wird auch nur ein Monatsband (bzw. Monatsbänder) an einem externen Ort ausgelagert (ich kenne Firmen, die überhaupt nie auslagern, aber daran will ich gar nicht denken).

Der Worst Case stellt sich dahingehend dar, dass Sie den Serverraum verlieren, sei es durch Brand, Hochwasser oder Einbruch. Dabei verlieren Sie nicht nur den Server, sondern genauso die Library mit der Bandsicherung. Wenn Ihre letzte extern ausgelagerte Sicherung nun einen Monat alt ist, haben Sie eine Datenverlustzeit von ca. 30 Tagen produziert – meine Segenswünsche begleiten Sie, wenn Sie das Ihrem Chef beichten.

Denken Sie daran, dass die in Exchange gespeicherten Daten so gut wie nicht reproduzierbar sind. Im Gegensatz zu Eingangsrechnungen liegen die Inhalte nicht in Papierform vor und können im Zweifelsfall nicht nochmals erfasst werden.

Steht Ihre Library in einem anderen Brandabschnitt, sieht die Situation natürlich viel freundlicher aus. In diesem Fall ist es sicherlich vertretbar, die Bänder länger in der Library zu lassen – eine dahingehende Entscheidung setzt aber eine genaue Risikoprüfung voraus.

Anschließend als Zusammenfassung eine Liste der zu überprüfenden Punkte:

Bandsicherung fehlerfrei gelaufen?

Band beschriften und auslagern

Überprüfung der Plattensysteme

Im Bereich des Festplattensystems gibt es drei Parameter, die kontrolliert werden müssen:

- **Fehlerfreier Betrieb**: Wenn beispielsweise Fehler beim Schreiben auftreten, wird dies in der Ereignisanzeige protokolliert.
- **Kapazität**: Es ist völlig einleuchtend, dass die freie Kapazität eines Datenträger-Volumes kontinuierlich überprüft werden muss. Exchange funktioniert nicht besonders gut,

wenn auf dem Datenbanklaufwerk kein Speicherplatz mehr vorhanden ist (der Information Store wird dann beendet; Exchange funktioniert also gar nicht mehr).

- **Performance**: Die Geschwindigkeit und Leistungsfähigkeit des Festplattensystems ist ein wesentlicher, wenn nicht sogar **der** wesentliche Faktor für die Gesamtperformance. Es sollte also täglich kontrolliert werden, ob die Leistungsdaten im viel zitierten grünen Bereich liegen.

Die Performanceüberwachung kann beispielsweise mit dem Windows Performancemonitor erfolgen. Dort finden sich zwei Datenobjekte:

- **Physikalischer Datenträger**: Dort betrachten Sie insbesondere die Zeit (%) und die aktuelle Warteschlangenlänge. Die Vergleichswerte:
  - **Zeit (%)**: Dieser Wert sollte dauerhaft nicht größer als 50 % sein.
  - **Aktuelle Warteschlangenlänge**: Dieser Wert sollte dauerhaft nicht über 2 liegen.
- **Logischer Datenträger**: Messen Sie hier `Lesevorgänge/s` und `Schreibvorgänge/s`. Diese Werte sollten gegenüber dem Vergleichswert (siehe Abschnitt 19.4.2, *Baselining*) nicht allzu hoch sein. Parallel sollten Sie aber stets die Warteschlangenlängen im Blick halten.

Anschließend als Zusammenfassung eine Liste der zu überprüfenden Punkte:

Prüfung auf freie Plattenkapazität
Prüfung der Performancemonitor-Indikatoren »Physikalischer Datenträger« und Logische Datenträger«

Überprüfung von Prozessor und Speicher

Prozessor und Speicher sind in der Realität weniger die Performance-Bremser, als es die Plattensysteme sind. Dennoch sind Sie natürlich nicht davon befreit, Ihr Exchange-System bezüglich der Leistung von Prozessor und Speicher regelmäßig zu überprüfen. Die Leistungsüberprüfung wird standardmäßig mit dem Performancemonitor vorgenommen, die zu überprüfenden Leistungsindikatoren sind in der nun folgenden Liste enthalten:

- Datenobjekt: **Speicher**
  - **Zugesicherte Bytes**: Zugesicherter virtueller Speicher in Bytes. Zugesicherter Speicher ist physikalischer Speicher, für den in Auslagerungsdateien Speicherplatz reserviert wurde. Es können eine oder mehrere Auslagerungsdateien auf jedem physikalischen Laufwerk vorhanden sein. Dieser Indikator zeigt nur den letzten Wert an, keinen Durchschnittswert. Dieser Wert ist insbesondere dann aussagekräftig, wenn Sie aufgrund eines regelmäßigen Baselinings Vergleichs- bzw. Richtwerte zur Verfügung haben.
  - **Seiten/s**: Dies ist die Rate, zu der Seiten aus dem Speicher vom Datenträger gelesen bzw. auf den Datenträger geschrieben werden. Ein hoher Wert bedeutet fast notwendigerweise eine systemweite Performancebeeinträchtigung. Vergleichswerte erhalten Sie durch das Baselining.
  - **Seiteneingabe/sec**: Dieser Wert misst die Anzahl der aus dem Pagefile gelesenen Seiten. Dieser Wert sollte unter 100 liegen. Ist dieser Wert längere Zeit sehr hoch, ist das System vermutlich mit Swappen beschäftigt und benötigt demnach wahrscheinlich mehr Arbeitsspeicher (RAM).

- **Geänderte Seiten/sec**: Hier gilt das für den vorherigen Punkt Gesagte analog.
- **Zugesicherte verwendete Bytes (%)**: Dieser Leistungsindikator zeigt prozentual den freien Speicher in Bezug auf den insgesamt bereitgestellten (physikalischer Speicher und **Pagefile.sys**). Ist dieser Prozentwert über längere Zeit größer als 80 %, besteht mit Sicherheit Handlungsbedarf.
- **Verfügbare MB**: Dieser Leistungsindikator zeigt den freien Speicher, den eine Applikation anfordern könnte. Vergleichswerte erhalten Sie durch Baselining.

▶ Datenobjekt: **Auslagerungsdatei**
- **Belegung (%)**: Dieser Wert gibt an, wie stark die Auslagerungsdatei, also die **Pagefile.sys**, genutzt wird. Dieser Wert sollte nicht oberhalb von 70 % liegen.

▶ Datenobjekt: **Prozesse**:
- **Seitenfehler/s**: Die Rate, mit der Seitenfehler in den Threads auftreten, die in diesem Prozess ausgeführt werden. Ein Seitenfehler tritt auf, wenn ein Thread auf eine virtuelle Speicherseite verweist, die nicht in den Arbeitsseiten des Threads im Hauptspeicher vorhanden ist. Einen Vergleichswert erhalten Sie durch Baselining.

Anschließend als Zusammenfassung eine Liste der zu überprüfenden Punkte:

Performancewerte für das Leistungsobjekt »Speicher« prüfen.

Performancewerte für das Leistungsobjekt »Auslagerungsdatei« prüfen.

Performancewerte für das Leistungsobjekt »Prozesse« prüfen.

Überprüfen des Antwortverhaltens des Systems

Aus Sicht der Benutzer werden zwei Aspekte wichtig sein:

▶ Das System läuft zuverlässig, der Benutzer kann sich jederzeit anmelden, und Nachrichten kommen zuverlässig an.

▶ Mails an andere Anwender kommen zeitnah an. Es wäre beispielsweise sehr unangenehm, wenn Mails innerhalb der Organisation mehrere Stunden lang unterwegs wären.

Eventuell erscheint es Ihnen zu trivial zu überwachen, ob die Benutzeranmeldungen funktionieren; wenn Outlook nicht startet, rufen die Anwender ja schließlich den Helpdesk an. Wenn Sie Outlook 2003 im Cached Mode verwenden, merken die Anwender aber nicht mehr so deutlich, ob sie mit dem Exchange Server verbunden sind oder eben nicht. Im Cached Mode arbeitet Outlook auf der lokalen Platte und verbindet sich nur zur Synchronisation mit Exchange. Hin und wieder wird zwar eine »Ballon-Info« erscheinen und darauf aufmerksam machen, dass Outlook den Kontakt zum Exchange Server nicht herstellen kann, aber der berühmte Durchschnittsbenutzer wird dies ignorieren. Es ist also durchaus möglich, dass ein Benutzer fleißig Mails schreibt und diese stundenlang im lokalen Speicher liegen, weil Outlook nur im Ausnahmefall eine Verbindung zum Exchange Server aufbauen kann.

Man könnte natürlich beliebig komplexe Überwachungsmethoden aufbauen, allerdings geht es auch vergleichsweise einfach und pragmatisch:

- Sie können Testaccounts anlegen (wenn Sie mehrere Exchange Server betreiben, werden auf jedem Postfachserver Testaccounts benötigt) und zwischen diesen Mails hin- und hersenden.
- Wenn Sie sich an den unterschiedlichen Postfächern anmelden, müssten die Testnachrichten jeweils schon längst angekommen sein. Wenn nicht, ist eine genauere Untersuchung mit dem Message Tracking Center notwendig.
- Bei dieser Gelegenheit können Sie auch leicht feststellen, ob Outlook problemlos den Kontakt mit Exchange aufbauen kann. Der Rückschluss auf die anderen Clients ist sicherlich nicht möglich, aber eklatante Anmeldeprobleme, beispielsweise durch einen völlig überlasteten ExchangeIS-Dienst, würden auffallen.

Natürlich lassen sich Probleme auch durch Messen erkennen. Im Performancemonitor können folgende Datenquellen überwacht werden:

- **Durchschnittl. RPC-Wartezeit**: Dieser Wert dokumentiert die RPC-Wartezeit in Millisekunden, gemittelt über die letzten 1024 Pakete. Dieser Wert sollte unterhalb von 50 ms liegen.
- **RPC-Anfragen**: Mit diesem Leistungsindikator wird die Anzahl der RPC-Anfragen von Clients ausgewiesen, die aktuell vom Informationsspeicher verarbeitet werden. Hierzu muss man wissen, dass ein Informationsspeicher nicht mehr als 100 gleichzeitige Requests bearbeitet; darüber hinausgehende Anfragen werden abgewiesen. Eine Richtgröße ist, dass dieser Wert nicht über 30 liegen sollte.
- **Client: RPC-Wartezeit**: Es gibt verschiedene Leistungsindikatoren, die die Wartezeit der Clientsysteme auf Antwort vom Server darstellen. Diese Werte sollten einen Wert von null oder höchstens sehr geringe Werte aufweisen.

Relativ leicht sind Probleme zu erkennen, wenn Mails in den Queues liegen bleiben. Die Warteschlangen eines Servers lassen sich einfach im Systemmonitor überprüfen (Abbildung 19.2). Ist die Zustellung nicht möglich, bleiben Mails in der Warteschlange liegen. Je nach Konfiguration wird Exchange in festgelegten Zeitabständen versuchen, die Mails zuzustellen. Wenn ein Server nur schlecht erreichbar ist und das interne Routing zum Glücksspiel wird, kommen die Mails zwar in vielen Fällen irgendwann an – diese »Betriebsmethode« wird für die Benutzer kaum zufrieden stellend sein.

Anschließend als Zusammenfassung eine Liste der zu überprüfenden Punkte:

Transport und Zustellung von Testmails prüfen
Messergebnisse für MAPI-Performance prüfen
Queues prüfen

Überprüfen der Routingwege für Nachrichten

Dieser Punkt ist letztendlich eine Fortsetzung des zuvor genannten, nämlich der Überprüfung, ob Nachrichten zuverlässig zwischen Servern Ihrer Organisation transportiert werden. In einer größeren Exchange-Organisation mit mehreren Servern werden die Routingwege im Optimalfall redundant ausgelegt sein, d.h., wenn eine Route nicht mehr zur Verfügung steht, sucht Exchange einen anderen Pfad zum Transport der Mails.

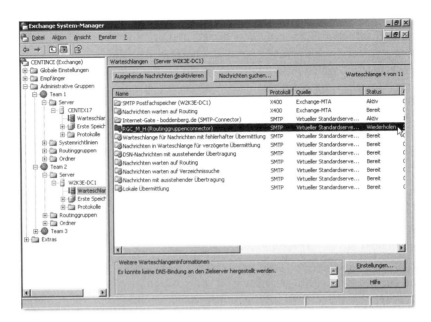

Abbildung 19.2 Bleiben Mails in der Warteschlange liegen, kommt es auf jeden Fall zu Verzögerungen bei der Zustellung. Die Queues eines Servers lassen sich im Systemmonitor einsehen. Der Status »Wiederholen« bedeutet Analysearbeit für den Administrator!

In der Praxis bedeutet das, dass Ihre Benutzer es im günstigsten Fall nicht merken werden, dass ein Routingweg ausgefallen ist – zumindest so lange, wie Exchange diese »Problemstelle« umgehen kann.

Um Störungen in diesem Bereich zu erkennen, stellt Exchange Ihnen die Status-Monitore zur Verfügung – in Abbildung 19.3 sehen Sie die Status der Connectoren und Serversysteme. Sie können sich übrigens auch per Mail benachrichtigen lassen, wenn einer dieser Connectoren ausfällt.

Ansonsten besteht eine sehr pragmatische und gleichzeitig aussagekräftige Methode darin, eine Testmail zu senden und mittels der Nachrichtenverfolgung zu kontrollieren, welchen Weg diese Mail gelaufen ist (mehr zur Verwendung der Nachrichtenverfolgung finden Sie in Abschnitt 8.10.11).

Mir ist klar, dass man nicht jeden Tag alle möglichen Kombinationen des Mailversands durchtesten kann. Vielleicht könnten Sie nach einem Testplan jeden Tag einen Test durchführen, so dass im Laufe einer Woche die wesentlichen Routingwege verifiziert und getestet sind. Der Versand und die Verfolgung von Testmails macht durchaus Sinn: Den Ausfall einer kompletten Route erkennen Sie über die Status-Monitore. Wenn aus irgendwelchen Gründen eine Strecke zwar nicht ausgefallen ist, aber trotzdem nicht verwendet wird, sollte das ebenfalls erkannt und behandelt werden.

Da in der Anzeige des Nachrichtenverlaufs auch die jeweiligen »Ankunftszeiten« der Mails dokumentiert werden, kann recht einfach erkannt werden, an welcher Stelle eventuell Mails überflüssigerweise liegen bleiben.

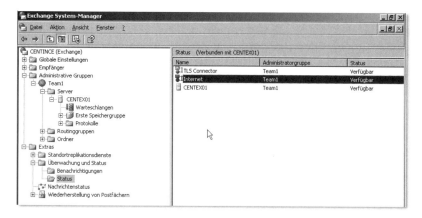

Abbildung 19.3 Die Status von Connectoren und Servern können Sie im Exchange System-Manager auf einen Blick einsehen.

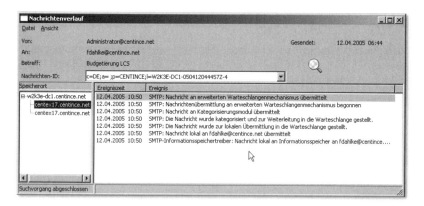

Abbildung 19.4 Der Verlauf einer Nachricht kann im »Nachrichtenstatus« des Exchange System-Managers kontrolliert werden. Im Bild sehen Sie den konkreten Übermittlungsverlauf einer Nachricht.

Anschließend als Zusammenfassung eine Liste der zu überprüfenden Punkte:

Status der Connectoren überprüfen

Übermittlungsverlauf von Testnachrichten untersuchen

Überprüfen des Logs

Die Überprüfung der Logs ist so selbstverständlich, dass man es eigentlich gar nicht zu erwähnen bräuchte. Trotzdem zwei Anmerkungen:

▶ Auch wenn dies ein Exchange-Buch ist: Sie sollten sämtliche Einträge und nicht nur die direkt von Exchange erzeugten prüfen. Letztendlich ist Exchange vom Zustand des Gesamtsystems abhängig. Im Übrigen ist es wichtig, nicht nur die »roten Einträge« zu prüfen, sondern auch gelbe und sogar blaue zu analysieren.

- Neben der Ereignisanzeige des Exchange Servers selbst gibt es natürlich noch diverse andere zu prüfende Logfiles. Ich nenne als Beispiele das Log der Firewall, das des Mail-Relays oder das des firmenweiten Signatur-Updateservers für Virenpattern. Probleme auf diesen Maschinen haben direkten oder indirekten Einfluss auf die Sicherheit des Exchange Servers oder auf die Verfügbarkeit einiger von Exchange bereitgestellter Dienste.

Anschließend als Zusammenfassung eine Liste der zu überprüfenden Punkte:

Überprüfen der Windows Server-Ereignisanzeige
Überprüfung von Logfiles anderer Systeme, z.B. der Firewall

Überprüfen der Anti-Viren-Maßnahmen

Bei der Prüfung der Anti-Viren-Maßnahmen sind folgende Punkte wichtig:

- Kontrollieren Sie, ob der Virenscanner wirklich in Betrieb ist. Einleuchtenderweise bringt der Virenscanner nichts, wenn der Dienst »abgestürzt« ist und vom System nicht automatisch wieder gestartet werden konnte.
- Selbstverständlich muss sichergestellt sein, dass Signatur-Updates sehr zeitnah eingepflegt werden. Auch hier gilt: Ein Virenscanner hat nur einen sehr geringen Wert, wenn er zwei Monate keine Signatur-Updates bekommen hat.
- Wichtig ist übrigens, ein Gefühl dafür zu haben, wie häufig Viren auftreten und über welche Wege diese zu Ihnen gelangen. Dass Viren von Personen, die sich außerhalb Ihrer Organisation befinden, eingehen, ist leider in heutiger Zeit normal – wenn Sie feststellen, dass Viren von PCs Ihres Unternehmens verschickt werden, ist das durchaus beunruhigend!

Anschließend als Zusammenfassung eine Liste der zu überprüfenden Punkte:

Funktion des Virenscanners prüfen
Virensignatur-Updates prüfen
Logs des Virenscanners prüfen (wie häufig treten Viren auf; von wem werden diese gesendet?)

Entwurf einer einfachen Checkliste

Die folgende Liste fasst die zuvor genannten Punkte zu einem Dokument zusammen. Wenn Sie mögen, können Sie diese Seite aus dem Buch herauskopieren und als Arbeitsgrundlage verwenden.

Sicherlich könnte man problemlos noch viele weitere zu überprüfende Punkte finden, allerdings kann sich kaum ein Administrator die erste Hälfte des Tages mit dem Abarbeiten einer Checkliste beschäftigen.

Einbruchsversuch zu erkennen?

Temperatur und Luftfeuchtigkeit im Serverraum?

Hardwareausfälle (Server, Switches, Router etc.)

Bandsicherung fehlerfrei gelaufen?

Band beschriften und auslagern

Prüfung auf freie Plattenkapazität

Prüfung der Performancemonitor-Indikatoren »Physikalischer Datenträger« und »Logische Datenträger«

Performancewerte für das Leistungsobjekt »Speicher« prüfen

Performancewerte für das Leistungsobjekt »Auslagerungsdatei« prüfen

Performancewerte für das Leistungsobjekt »Prozesse« prüfen

Transport und Zustellung von Testmails prüfen

Messergebnisse für die MAPI-Performance prüfen

Queues prüfen

Status der Connectoren überprüfen

Übermittlungsverlauf von Testnachrichten untersuchen

Überprüfen der Windows Server-Ereignisanzeige

Überprüfung von Logfiles anderer Systeme, z.B. Firewall

Funktion des Virenscanners prüfen

Virensignatur-Updates prüfen

Logs des Virenscanners prüfen (Wie häufig treten Viren auf; von wem werden diese gesendet?)

19.2.2 Wöchentliche und monatliche Aufgaben

Neben den zuvor beschriebenen täglichen Aufgaben gibt es natürlich diverse weitere, die im wöchentlichen, monatlichen oder auch quartalsweisen Turnus zu erledigen sind.

Sie sehen, dass der Betrieb der Systeme durchaus arbeitsintensiv ist.

Zusammenfassung der Ergebnisse der täglichen Überprüfungen

Aus den täglichen Überprüfungen lassen sich neben akut zu behebenden Fehlern natürlich Trends und Optimierungsmöglichkeiten erkennen. Dies ist neben der eigentlichen Fehlererkennung auch ein klares Ziel der kontinuierlichen Überwachung. Einige Beispiele:

- Wenn Sie anhand von Messergebnissen erkennen, dass die Belastung des Servers kontinuierlich steigt, kann man abschätzen, wann dieser in den »roten Bereich« kommen wird. Aufgrund dieser Daten kann man notwendige Beschaffungen mit dem notwendigen Vorlauf planen.
- Wenn Sie feststellen, dass aus einer oder mehreren Auslandsniederlassungen verstärkt virenverseuchte Nachrichten gesendet werden, zeigt dies, dass dort offenkundig Handlungsbedarf besteht.
- Wenn es auf einer WAN-Strecke regelmäßig zu Ausfällen kommt, dürfte ein Gespräch mit dem Provider notwendig werden. Gut, wenn alle Ausfälle dokumentiert sind.

Gespräche mit Kollegen, Partnern und Chefs sind im Allgemeinen dann erfolgreich, wenn Sie sich auf dokumentierte Fakten berufen können. Das hört sich trivial an, aber ich kenne in der Tat nur sehr wenige Unternehmen, in denen konsequentes Monitoring und Ergebnis-Dokumentation betrieben wird. Dies ist natürlich ein Zeitproblem – wenn Sie mühsam Fehlersituationen beheben, die bei proaktiver Herangehensweise vermeidbar gewesen wären, spart das im Endeffekt bestimmt auch keine Zeit!

Patches einspielen

Das Einspielen von Patches ist recht ausführlich in Abschnitt 16.1.1 behandelt worden. Es ist klar, dass das Einspielen von Patches und Service Packs absolut sicherheitsrelevant ist. Planen Sie auf wöchentlicher Basis ein Zeitfenster ein, in dem Sie sich Zeit für das Prüfen und Einspielen von Patches nehmen!

Ein Vorteil bei Microsoft ist, dass diese Firma recht offen mit Sicherheitsproblemen umgeht und auch relativ zeitnah Lösungen bereitstellt. Wenn Sie keinen Gebrauch davon machen, sind Sie unnötigerweise vielen Sicherheitslücken schutzlos ausgeliefert.

Ich spreche hier übrigens nicht nur über Patches für den Exchange Server selbst, sondern auch über solche für im Umfeld von Exchange verwendete Software:

- Windows Server 2003
- Internet Information Server
- Windows XP
- Internet Explorer
- Outlook

Werkzeuge zur Überprüfung nutzen (MBSA und ESBPAT)

Microsoft stellt zwei Werkzeuge zur Verfügung, die in diesem Buch besprochen werden (Abschnitt 16.1.1):

- **Microsoft Baseline Security Analyzer**: Dieses Werkzeug prüft primär, ob die notwendigen Patches und Service Packs eingespielt worden sind.

- **Exchange Server Best Practices Analyzer Tool:** Dieses Werkzeug ergänzt MBSA. Es untersucht die Konfiguration des Exchange Servers und weist auf Schwachstellen und Ungereimtheiten hin.

Nutzen Sie diese Werkzeuge regelmäßig. Viel einfacher kann die Überprüfung von Systemen nicht mehr gestaltet werden.

Datensicherung zurückspielen und prüfen

Eine wichtige Regel im Umgang mit der Datensicherung ist, dass es durchaus nicht schaden kann, hin und wieder Daten vom Band zurückzusichern. Sie vermeiden so einige immer wieder auftretende Highlights (oder sollte ich besser Low-Lights sagen?):

- Auf den Datensicherungsbändern ist nichts Verwertbares vorhanden, obwohl die Software immer »OK« gemeldet hat. Eine gute Idee ist übrigens auch, mit einem anderen Bandgerät zu testen!
- Es wurde zwar etwas gesichert, aber leider nicht das, was Sie eigentlich brauchen.
- Im Laufe der Zeit sind Verzeichnisse, Datenbanken etc. hinzugekommen, die die Software eben nicht automatisch mitsichert.

Auch hierbei gilt, dass die Vermeidung der genannten Punkte eigentlich selbstverständlich ist – wenn Sie nicht regelmäßig überprüfen, befinden Sie sich erfahrungsgemäß auf dünnem Eis. Glauben Sie mir, ich erlebe solche Fälle immer wieder. Mir fallen zu diesem Themenbereich zwei dumme Sprüche ein:

- »Vorsicht ist besser als Nachsicht.«
- »Wer Sicherungen überprüft, ist feige – und behält seinen Job.«

DR-Konzept überarbeiten und testen

Die Erweiterung des zuvor genannten Punkts ist das Desaster Recovery-(DR-)Konzept. Das DR-Konzept befasst sich mit diesen Themen:

- Totalverlust eines Exchange Servers
- Totalverlust der IT-Umgebung
- Totalverlust des Firmengebäudes

Ohne an dieser Stelle detailliert auf das sehr große Thema »Notfallplanung« eingehen zu wollen, hier einige Stichpunkte:

- Sie sollten für die drei genannten Fälle mit der Geschäftsleitung Service-Level vereinbaren:
  - »Wie lange dürften die Systeme down sein?« (Wiederherstellzeit)
  - »Wie viele Daten dürfen verloren werden?« (Datenverlustzeit). Zu diesem Punkt ist zu sagen, dass speziell im Exchange-Umfeld die Daten im Allgemeinen nicht reproduzierbar sind – wer weiß schon, von wem er in letzter Zeit Mails bekommen hat, und kann diese nochmals anfordern?
- Das DR-Konzept sollte für die drei genannten Fälle technische Lösungen erarbeiten und dokumentieren.

Erfahrungsgemäß sind DR-Konzepte ziemlich empfindlich gegenüber Änderungen. Beispielsweise kann ein ausgetauschter RAID-Controller dazu führen, dass die DR-Verfahren der Bandsicherung nicht mehr funktionieren oder ein Image unbrauchbar ist. Beliebig viele weitere Szenarien, in denen ein DR-Konzept nicht funktioniert, können natürlich konstruiert werden.

Ich halte es für den besten Weg, hin und wieder eine »Feuerwehrübung« (Fire Drill) durchzuführen, um zu verifizieren, dass im Desaster-Fall wirklich jeder Handgriff sitzt und letztendlich zum Erfolg führt.

Wenn Sie sich zum ersten Mal mit einer Komplettwiederherstellung beschäftigen, wenn Ihr bisheriger Exchange Server nur noch ein Haufen Computerschrott ist oder in einem See von Löschwasser steht, ist das ein viel zu später Zeitpunkt. Und zwar aus zwei Gründen:

- Exchange-Recovery ist nicht ganz trivial. Wenn Sie die auftretenden Probleme unter Zeitdruck lösen müssen, ist das zumindest unangenehm.
- Wenn Ihr DR-Konzept oder die Bandsicherung entweder einige Aspekte nicht berücksichtigt oder sich schlicht und ergreifend als unzureichend herausstellt, kommt diese Erkenntnis zu spät. Die Vorgänge »Servercrash«, »Brand« und »Wasserschaden« sind nicht reversibel.

Eine kurze Einführung in das Thema »Notfallvorsorge« finden Sie übrigens auch in meinem Konzepte-Buch (Galileo Press, ISBN 3-89842-663-7).

19.2.3 Automatisierung der Überprüfung

Ich kenne recht viele Administratoren, insbesondere auch von kleineren und mittleren Unternehmen und Organisationen. Ich kann deren Empörung voraussahnen und auch verstehen: »Glaubt der Boddenberg eigentlich, dass wir nichts zu tun haben, und will uns mit Checklisten beschäftigen?«

An dieser Stelle muss erschwerend angemerkt werden, dass sich diese Checkliste bislang »nur« auf Exchange bezog. Für das Active Directory und viele andere Netzwerkdienste müsste man eigentlich ebenfalls entsprechende Checklisten anfertigen.

Ich kann das Misstrauen gegenüber einer solchen Checkliste durchaus verstehen – mir ist der Arbeitsablauf eines IT-Mitarbeiters durchaus bekannt. Nichtsdestotrotz muss man feststellen, dass die regelmäßige Überwachung eines Systems Grundlage für eine gute Verfügbarkeit ist. Was also tun?

Die Lösung liegt auf der Hand – man sollte Computer für sich arbeiten lassen. Mittlerweile gibt es einen relativ großen Markt von Werkzeugen, die sich mit der Überwachung der IT-Landschaft beschäftigen. Deren Kosten und Implementationsaufwand muss nicht hoch sein, schließlich gibt es auch unterhalb von Unicenter, Patrol und Tivoli leistungsfähige Werkzeuge. Zwei davon, nämlich **Quest Spotlight on Exchange** (Abschnitt 8.10.6) und den **Microsoft Operations Manager** (Abschnitt 19.5), werde ich Ihnen in diesem Buch vorstellen.

19.3 Status-Monitoring und Benachrichtigung (Standard-Umfang)

Exchange bietet bereits im Grundlieferumfang die Möglichkeit, sich beim Ausfall eines Connectors oder bei bestimmten Betriebszuständen eines Exchange Servers benachrichtigen zu lassen oder eine Aktion durch ein Skript auszulösen.

19.3.1 Statusmonitore

Exchange 2003 kennt zwei Typen von Status, die mit »Bordmitteln« erfasst und gemeldet werden können.

Link-Status

Dieser Abschnitt über den Link Status wird recht kurz. Im Exchge System-Manager findet sich der Knoten »Extras«, und in diesem findet sich der Eintrag »Status«. Wenn Sie diesen anwählen, erhalten Sie einen Überblick über die vorhandenen Connectoren und Server sowie natürlich über deren Status.

Sind alle Connectoren aktiv und funktionieren, wird – korrekte Konfiguration vorausgesetzt – der Nachrichtenfluss in Ihrem Unternehmen funktionieren. Sind ein oder mehrere Links ausgefallen, werden die Server versuchen, alternative Routing-Wege zu finden. Gelingt dies nicht, bleiben Nachrichten hängen. Da man über solche Probleme natürlich schnell und einfach informiert sein möchte, kann Exchange den Status dieser Connectoren überwachen.

Da es natürlich nicht sonderlich effektiv wäre, den ganzen Tag vor dieser Anzeige zu sitzen, können Sie sich natürlich bei mehr oder weniger dramatischen Ereignissen per Mail benachrichtigen lassen – mehr dazu folgt in Abschnitt 19.3.2.

Server-Status

Bei der Konfiguration der Überwachung von Exchange Server gibt es, je nach Sichtweise, entweder mehr Möglichkeiten oder einen höheren Konfigurationsaufwand; ich sehe es positiv und stelle Ihnen die Überwachungsmöglichkeiten von Exchange vor.

Wenn Sie in der Status-Anzeige (im Exchange System-Manager unter **Extras · Überwachung und Status**) den Eigenschaften-Dialog eines Servers aufrufen, werden Sie feststellen, dass ein Überwachungsauftrag »Microsoft Exchange-Standarddienste« angelegt ist. Ein Klick auf den Schalter »Details« zeigt, was hinter diesem Eintrag steckt (Abbildung 19.5): Die für den Betrieb von Exchange wesentlichen Dienste werden überwacht. Sollte ein Dienst nicht mehr ausgeführt werden, beispielsweise weil er »hängt«, wird der Zustand auf »Kritisch« gesetzt. Weitere zu überwachende Dienste können hinzugefügt werden.

Im Eigenschaften-Dialog des Servers können Sie weitere Ressourcen des Servers überwachen lassen (Abbildung 19.6):

- **CPU-Verwendung**: Überwacht, ob die CPU für eine bestimmte Zeit eine höhere prozentuale Auslastung als ein Vergleichswert hat. Konkretes Beispiel: Wenn die CPU Ihres Exchange Servers 15 Minuten zu 95 % ausgelastet ist, sollten Sie sich sehr schnell um das System kümmern.

Diese hohe Auslastung kann natürlich zig Ursachen haben, darunter auch harmlose, Sie müssen einem solchen Verhalten aber definitiv nachgehen und es beheben.

- **SMTP-Warteschlangenwachstum**: Diese sehr interessante Überwachungsfunktion benachrichtigt Sie, wenn die SMTP-Warteschlange seit einer bestimmten Zeit (angegeben in Minuten) kontinuierlich ansteigt (Abbildung 19.7). Für dieses Ansteigen der Warteschlangenlänge kann es drei Ursachen geben:
  - Ein Connector ist ausgefallen. Klar, wenn keine Mail übermittelt werden kann, hängen die zu übermittelnden Nachrichten zunächst in der Warteschlange fest.
  - Zu Stoßzeiten produzieren Ihre Benuter so viele Nachrichten, dass diese nicht schnell genug übertragen werden können – vielleicht hängen auf dem Übermittlungsweg noch ältere ISDN-Leitungen etc.
  - Wenn sich in Ihrem Netz irgendwelche Trojaner eingenistet haben und diese anfangen, Spam zu versenden, werden Sie ebenfalls eine deutliche Zunahme des Mailverkehrs feststellen.
- **Verfügbarer Speicherplatz auf der Festplatte**: Sie können sich benachrichtigen lassen, wenn auf einem bestimmten Laufwerk der freie Speicherplatz unter einen Grenzwert fällt.
- **Verfügbarer virtueller Speicher**: Wenn der verfügbare virtuelle Speicher für einen bestimmten Zeitraum unter einen prozentual anzugebenden Grenzwert fällt, wird der Administrator benachrichtigt.
- **Windows 2000-Dienst**: Falls ein beliebiger Dienst gestoppt ist, kann eine Benachrichtigung abgesetzt werden.

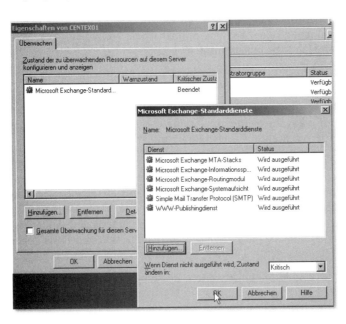

Abbildung 19.5 Standardmäßig überwacht Exchange, ob bei einem Server die grundlegenden Dienste aktiv sind.

Abbildung 19.6 Einige Betriebszustände eines Exchange Servers können mit Bordmitteln überwacht werden.

Abbildung 19.7 Sie können sich benachrichtigen lassen, wenn die SMTP-Warteschlange für einen Zeitraum kontinuierlich ansteigt.

19.3.2 Benachrichtigung

Dass Exchange feststellen kann, dass sich eine Komponente in einem kritischen Systemzustand befindet, ist zwar schon sehr gut, allerdings ist das allein nicht viel wert: Ein Administrator muss benachrichtigt werden, eventuell wäre auch die Ausführung von Utilities denkbar, beispielsweise um einen SNMP-Trap zu erzeugen.

Exchange bietet zwei Möglichkeiten:

▶ Eine Email kann an einen oder mehrere Administratoren abgesetzt werden.
▶ Ein beliebiges Skript kann aufgerufen werden, es wird auf dem überwachenden (bitte lesen Sie hier genau: nicht »überwachten«) Server ausgeführt.

Die Benachrichtigungen werden im Exchange System-Manager angelegt. Beachten Sie bitte Abbildung 19.8.

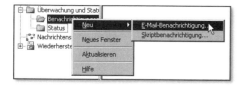

Abbildung 19.8 Bei aufgetretenen Problemen kann Exchange mit einer Email-Benachrichtigung reagieren oder ein Skript starten. Mehrere Benachrichtigungseinträge können angelegt werden.

In Abbildung 19.9 sehen Sie den Dialog zum Anlegen einer Email-Benachrichtigung – er ist letztendlich selbsterklärend. Bei der Konfiguration in einer Umgebung mit mehreren Exchange Servern müssen Sie sich überlegen, welcher Server die Überwachung übernehmen soll (überwachender Server) und welche Systeme er überwachen soll.

Wenn Sie sich nicht nur bei kritischen Fehlern, sondern auch bei Warnungen benachrichtigen lassen möchten, müssen Sie zwei Benachrichtigungskonfigurationen anlegen.

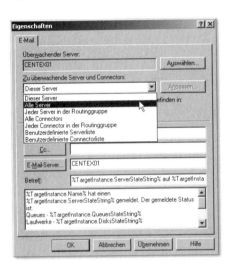

Abbildung 19.9 Die Benachrichtigungen können individuell konfiguriert werden.

Alternativ zur Benachrichtigung per Mail können Sie beim Auftreten eines kritischen Zustands oder einer Warnung ein Skript ausführen lassen. In Abbildung 19.10 sehen Sie die Konfigurationsmöglichkeiten. Das Skript kann beispielsweise einen SNMP-Trap absetzen, eine SMS senden oder eine Sirene aktivieren (der letzte Vorschlag ist nicht ganz ernst gemeint). Das Skript wird auf dem überwachenden Server ausgeführt.

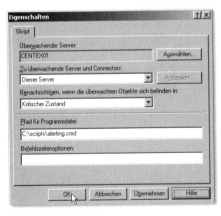

Abbildung 19.10 Statt einer Email-Benachrichtigung kann ein beliebiges Skript gestartet werden.

19.4 Performance-Monitoring

In den vorherigen Abschnitten dieses Kapitels habe ich mehrfach auf die Notwendigkeit der Performance-Messung hingewiesen. Darüber hinaus sind auch Stichworte wie »Baselining« gefallen. Dieser Abschnitt wird für das Performance-Monitoring grundlegendes Wissen vermitteln.

An dieser Stelle möchte ich auf den Anhang verweisen. Dort sind für den Exchange-Betrieb wesentliche Leistungsindikatoren nebst Richtwerten aufgeführt.

19.4.1 Performancemonitor

Beim Thema »Performance« denkt man natürlich zunächst an den eingebauten Performance-Monitor. Dieser dürfte sicherlich jedem bekannt sein, der sich mit den Windows-Betriebssystemen beschäftigt. Exchange installiert eine ganze Reihe von Leistungsobjekten – allerdings benötigen Sie zur Analyse nicht nur diese speziellen Exchange-Indikatoren, sondern müssen ebenso auf die Standard-Leistungsobjekte des Betriebssystems zurückgreifen, beispielsweise zur Überwachung der Datenträgerperformance oder Speichernutzung.

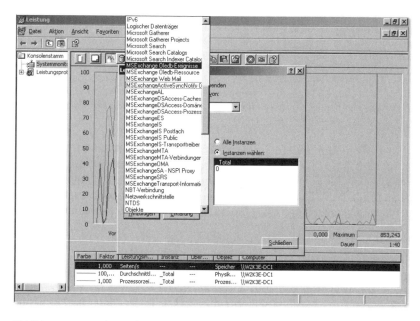

Abbildung 19.11 Exchange bringt sehr viele Indikatoren für den Performance-Monitor mit – Sie benötigen zur Analyse aber ebenso die Standardindikatoren des Betriebssystems.

In der Praxis erfahre ich immer wieder, dass Administratoren natürlich wissen, wie man die aktuelle Aktivität überwachen kann, aber weniger erfahren sind, wenn es um die Erstellung eines länger laufenden Protokolls geht. Ein solches Protokoll ist für eine fundierte Analyse allerdings wichtig, daher werde ich Ihnen die notwendigen Handgriffe zeigen.

Begriffserläuterung: Objekte und Indikatoren

In der Literatur werden Sie, genauso wie auch in diesem Buch, Leistungsindikatoren und -objekte finden.

- **Leistungsindikator** bezeichnet eine einzelne Performance-Datenquelle wie beispielsweise `MSExchangeIS\Anzahl aktiver Benutzer`.
- Ein **Leistungsobjekt** enthält mehrere Leistungsindikatoren. Beispiele sind MSExchangeIS, physikalischer Datenträger etc.

Die Erfassung eines Leistungsindikatorenprotokolls konfigurieren

Die Erfassung eines Protokolls beginnt im Kontextmenü des Knotens »Leistungsindikatorenprotokolle«. Wählen Sie dort »Neue Protokolleinstellungen...« (Abbildung 19.12).

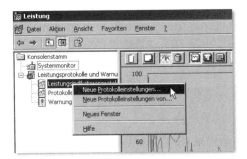

Abbildung 19.12 Mit diesem Eintrag des Kontextmenüs beginnen Sie die Erstellung eines Leistungsindikatorenprotokolls.

Nach dem Aufruf des Menüpunkts werden Sie zunächst nach einem Namen für das neue Protokoll gefragt. Im nächsten Schritt können Sie die Leistungsindikatoren hinzufügen, die protokolliert werden sollen. Sie können entweder komplette Objekte mit sämtlichen darin enthaltenen Indikatoren (z.B. MSExchangeIS) oder einzelne Leistungsindikatoren (z.B. die durchschnittliche Warteschlangenlänge eines Datenträgers) auswählen (Abbildung 19.13).

Weitere zu konfigurierende Punkte sind:

- Intervall zur Datenerfassung: Hier geben Sie an, wie häufig die ausgewählten Leistungsindikatoren gemessen und protokolliert werden. Es gilt, einen guten Kompromiss zu finden: Wenn Sie zu häufig protokollieren, sorgt bereits die Messung für eine spürbare Belastung der Ressourcen. Sie sollten außerdem berücksichtigen, dass die Protokolle eine erhebliche Größe erreichen können, wenn Sie hinreichend viele Leistungsobjekte in kurzen Intervallen erfassen. Andererseits werden die Ergebnisse bei einem zu großen Intervall eventuell nicht aussagekräftig genug.
  Im Abschnitt über das Baselining (Abschnitt 19.4.2) gebe ich Ihnen Richtwerte für das Messintervall.
- Auf der Karteikarte »Protokolldateien« können Sie den Protokolldatentyp (Binärdatei, Textdatei oder SQL-Datenbank) und den Pfad für die Speicherung auswählen.

▶ Auf der dritten Karteikarte kann der Zeitplan konfiguriert werden. Sie können einerseits die Protokollierung manuell starten und stoppen. Wenn Sie einen Vorgang protokollieren wollen, der zwischen zwei und sechs Uhr nachts läuft, ist das manuelle Starten sicher eher ungünstig, weshalb Uhrzeiten für Start und Ende der Protokollierung festgelegt werden können (Abbildung 19.14).

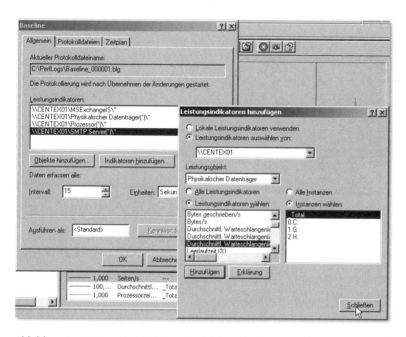

Abbildung 19.13 Dem Protokoll werden Leistungsindikatoren oder komplette Objekte hinzugefügt.

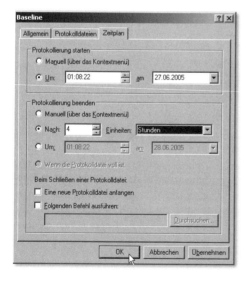

Abbildung 19.14 Das Starten und Beenden der Protokollierung kann automatisch erfolgen.

> **Hinweis** Damit die Protokollierung wirklich zum gewünschten Zeitpunkt startet, muss die Performancemonitor-Applikation laufen!

Eine Übersicht über die angelegten Leistungsindikatorenprotokolle erhalten Sie in der in Abbildung 19.15 gezeigten Übersicht. Im Kontextmenü der jeweiligen Einträge kann die Ausführung kontrolliert werden.

Auch wenn es technisch möglich ist, sollten Sie nicht mehrere Protokolle mit vielen in kurzen Intervallen zu messenden Objekten gleichzeitig erstellen lassen – man erreicht schnell den Punkt, an dem die Messdaten durch den Einfluss der Messungen verfälscht werden.

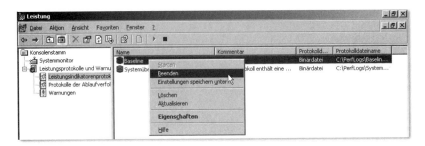

Abbildung 19.15 In dieser Übersicht sehen Sie alle angelegten Protokolle und können diese starten und stoppen.

Analysieren eines gespeicherten Protokolls

Ein gespeichertes Protokoll kann jederzeit in Ruhe analysiert werden. Hierzu wählen Sie in der Symbolleiste des Performance-Monitors den Button »Protokolldaten anzeigen« (Abbildung 19.16).

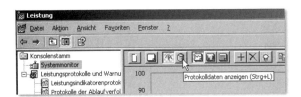

Abbildung 19.16 Gespeicherte Protokolldateien werden im Systemmonitor angezeigt. Den entsprechenden Dialog ruft man mit dem Button »Protokolldaten anzeigen« auf.

Es öffnet sich ein Dialog, in dem Sie die anzuzeigenden Protokolldateien auswählen können (Abbildung 19.17). Interessant ist übrigens, dass der anzuzeigende Zeitraum eingeschränkt werden kann. Der Performancemonitor protokolliert in den Logs die Uhrzeit und ermöglicht mit dem Schieberegler im unteren Teil des Dialogs das Festlegen des angezeigten Bereichs.

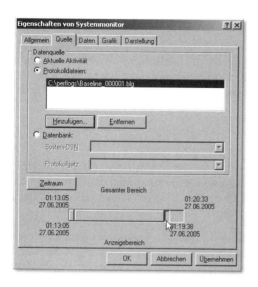

Abbildung 19.17 In diesem Dialog wird ausgewählt, welche Protokolldateien angezeigt werden sollen. In der Praxis sehr interessant ist übrigens die Möglichkeit, den anzuzeigenden Bereich zeitlich einzuschränken.

Wenn die gewünschten Protokolldateien geladen sind, können Sie die anzuzeigenden Leistungsindikatoren hinzufügen – zumindest diejenigen, die protokolliert worden sind. Es werden also nicht notwendigerweise sämtliche Indikatoren angezeigt, was unter Umständen außerordentlich unübersichtlich wird.

Sie können zur Erfassungszeit problemlos alle eventuell zur Analyse benötigten Indikatoren oder auch die kompletten Leistungsobjekte erfassen: Nichts ist lästiger, als wenn man bei der Analyse feststellt, dass einige Leistungsindikatoren nun eigentlich doch benötigt würden.

Die Medaille hat aber auch eine Kehrseite: Wenn Sie zu exzessiv Performance-Daten protokollieren lassen, werden Sie sich mit sehr großen Datenmengen konfrontiert sehen; unter Umständen führt dies sogar zu einer Verfälschung der Messergebnisse. Neben der Anzahl der erfassten Leistungsindikatoren hat natürlich auch das Erfassungsintervall einen Einfluss auf die Messdatenmenge.

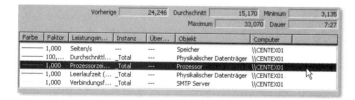

Abbildung 19.18 Neben der grafischen Darstellung zeigt Ihnen der Performancemonitor zu den einzelnen Leistungsindikatoren auch gemessene Zahlenwerte.

Ausführung auf einem Remote-PC

Sie müssen übrigens den Performance-Monitor nicht auf dem Server ausführen, dessen Werte Sie messen möchten. Es besteht ebenso die Möglichkeit, beispielsweise von Ihrem Administrator-Arbeitsplatz aus die Leistungsdaten eines Servers zu erfassen. In Abbildung 19.13 kann man erkennen, dass Sie bei der Auswahl der Leistungsindikatoren den Quellserver angeben können.

19.4.2 Baselining

In vielen Fällen sind die absoluten Messdaten gar nicht sonderlich aussagekräftig. Vereinfacht gesagt: Wenn ein System »gefühlsmäßig« langsam ist, kommt man der Lösung schon ein wenig näher, wenn man weiß, wie die Messwerte ausgesehen haben, als das System noch schnell war.

Wenn Sie beispielsweise feststellen, dass Sie 20.000 Mails pro Tag verarbeiten, ist dieser Wert an sich nicht weiter aussagekräftig. Wenn Sie aber in den drei vorherigen Monaten lediglich 4.000, 5.000 und 5.200 Mails verarbeitet haben, kann man sicherlich sagen, dass die Ursache für die Performance-Probleme die viermal so hohe Menge an Mails, bezogen auf die früheren Durchschnittswerte, ist. Die Untersuchung geht jetzt natürlich erst richtig los, denn für diesen rapiden Anstieg des Mailverkehrs könnte es ja verschiedene Gründe geben:

- Alle Benutzer schreiben plötzlich mehr Mails; in diesen Dimensionen ist das aber sicherlich unwahrscheinlich.
- Es arbeiten viermal mehr Benutzer auf dem Exchange Server. Auch das ist unwahrscheinlich; kaum eine Firma hat ein solches Wachstum.
- Ein System Ihrer Organisation versendet Spam – entweder gibt es einen Anwender mit Nebengeschäften, oder ein Trojaner hat heimeliges Plätzchen auf einem PC gefunden.

Was auch immer das Untersuchungsergebnis des kleinen Beispiels letztendlich sein mag: Wenn Sie keine Daten über das »Normalverhalten« des Systems hätten, hätten Sie vielleicht in eine andere Richtung gesucht und weiteren Speicher oder einen zweiten Prozessor gekauft. Das hätte das Problem aber vermutlich nicht gelöst.

Das regelmäßige Baselining liefert aber nicht nur wertvolle Daten für das Troubleshooting, sondern ermöglicht auch eine fundierte Trendanalyse. Diese ist einerseits entscheidend für das Erkennen von möglichen zukünftigen Engpässen, andererseits geben die gewonnenen Messwerte wichtige Hinweise beim Sizing von neuen Systemen.

Einige Fragestellungen beim Baselining sind:

- Wie viele Nachrichten gehen pro Tag ein?
- Wie viele Nachrichten werden täglich geöffnet/geschrieben/gelöscht?
- Wann ist Exchange am stärksten belastet (Tageszeit, Tag der Woche)? Um wie viel höher sind dann die Werte?
- Wie hoch sind die Steigerungsraten beim Speicherbedarf/Performancebedarf?
- Ist unser Server performant genug? Ist er auch mittelfristig ausreichend?

- Genügt die Kapazität unserer Internet-Anbindung?
- Wie viele weitere Benutzer kann der Server verarbeiten?

Leistungsindikatoren für das Baselining

Eine Auswahl sinnvoller Leistungsindikatoren für das Baselining finden Sie in der folgenden Liste. Anzumerken wäre, dass es nicht **die** Zusammenstellung von Baselining-Indikatoren gibt. Die individuellen Anforderungen in Ihrer Systemlandschaft müssen natürlich in Ihre Messung eingepflegt werden. Wenn Sie beispielsweise relativ viel Internet-News beziehen und verteilen, werden Sie einige Indikatoren des NNTP-Leistungsobjekts erfassen. Die nun folgende Liste ist somit als Grundlage und Anregung für die Entwicklung einer eigenen Baseline zu verstehen.

Eine kurze Beschreibung der Leistungsindikatoren erhalten Sie übrigens, wenn Sie im Auswahldialog des Performancemonitors auf »Erklärung« klicken.

- MSExchangeIS
  - User Count
  - Active User Count
  - RPC Requests
  - RPC Operations/sec
  - RPC Averaged Latencey
- MSExchangeIS Mailbox
  - Message Opens/sec
  - Folder Opens/sec
  - Local Delivery Rate
- SMTP Server
  - Message Delivered/sec
  - Message Received/sec
  - Messages Sent/sec
- Processor
  - %Processor Time
- Process
  - (Store.exe)\%Processor Time
- Physical Disk
  - Disk Transfers/sec
  - \Avg Disk/sec Read
  - \Avg Disk/sec Write
- Database
  - Log Record Stalls/sec
- Netzwerkschnittstelle
  - Bytes Total/sec

- Packets Outbound Errors
- Output Queue Length
▶ Prozessor
  - %Processor Time
  - Processor Queue Length
▶ Speicher
  - Available Mbytes
  - Pages/sec
  - Pool Nonpaged Btes
  - Pool Paged Bytes
  - Free system Page Table Entries

Erfassungszeitraum

Wenn Sie die Leistungsindikatoren für Ihr Baselining ausgewählt und die Datenerfassung mit dem Performance-Monitor konfiguriert haben, wird sich die Frage stellen, wie häufig Sie Messdaten erfassen möchten. Richtwerte für die Erfassungshäufigkeit in Abhängigkeit von der Gesamtdauer des Monitorings finden Sie nachfolgend:

▶ Alle 900 Sekunden bei einer 24-h-Betrachtung
▶ Alle 50 Sekunden bei einer Erfassungszeit von 1 bis zwei Stunden
▶ Alle 10 Sekunden bei einer kurzen Betrachtung

Verfälschung des Messergebnisses

Bedenken Sie, dass die Menge der erfassten Daten und damit die Dateigröße durchaus erheblich sein kann. Auf der Festplatte sollte demnach genügend Speicher vorhanden sein: Zudem müssen Sie sich darüber im Klaren sein, dass eine exzessive Messdatenerfassung Auswirkungen auf das Ergebnis haben kann: Wenn Sie sekündlich 1,5 MB Messdaten schreiben, wird diese Schreibaktivität definitiv Auswirkungen auf das Messergebnis haben! Entsprechend fallen diese Tipps aus:

▶ Protokollieren Sie nicht unnötig viele Daten. Wählen Sie die benötigten Leistungsindikatoren aus, anstatt das komplette Leistungsobjekt zu speichern.
▶ Wählen Sie kein zu geringes Intervall. Wenn Sie eine 24-h-Messung durchführen, macht es in den meisten Fällen keinen Sinn, sekündlich Daten zu erfassen.
▶ Die Erfassung und Protokollierung der Messdaten kann auf einer entfernten Maschine erfolgen, beispielsweise einem speziellen Mess-PC. Die Messdaten werden dann zwar nicht auf Platte geschrieben, aber über das Netz versendet. Gewisse Auswirkungen auf das Messergebnis sind also auch in diesem Fall möglich.

19.4.3 Interpretation der Messdaten

Die gemessenen Daten lassen sich natürlich nicht »nur« für die Baseline verwenden, sondern können direkt zur Überprüfung des Systems genutzt werden. Im Anhang finden Sie eine Aufstellung wichtiger Exchange-Leistungsindikatoren nebst Richtwert.

An zwei Beispielen möchte ich Ihnen die Vorgehensweise bei der Interpretation von Performance-Daten vorführen.

Warteschlangenlänge des Datenträgers

Das Paradebeispiel für das Troubleshooting von Performance-Problemen mit dem Performance-Monitor ist die »Warteschlangenlänge des Datenträgers«.

Worum geht es bei diesem Messwert? Zugriffe auf eine Ressource wie das Festplattensystem, den Speicher oder den Prozessor werden in eine Warteschlange gestellt. Das jeweilige Subsystem holt die Anforderungen nach dem FIFO-Prinzip (First in – First out) aus der Warteschlange und verarbeitet diese. Verarbeitet beispielsweise das Festplattensystem die Anforderungen langsamer als eigentlich erforderlich, wächst die Länge der Warteschlange an. Ist es ausreichend schnell, sollte die Warteschlangenlänge bei »0« liegen (= keine Anforderungen warten auf Verarbeitung) oder zumindest sehr gering sein. Der »Literaturwert« besagt, dass die Warteschlangenlänge nicht länger als `Anz.paralleler Platten +2` sein soll; z.B. sollte für ein RAID-Set mit 4 Platten die Warteschlange nicht länger als 6 sein.

Wenn Ihre Messungen ergeben, dass die Warteschlange eine Länge von 20 und zu Spitzenzeiten von 40 hat, liegt hier ein Problem vor, das Sie lösen müssen, bevor Sie überhaupt weitere Schritte unternehmen. Was also ist zu tun? Zunächst muss festgestellt werden, warum die Datenträger-Ressource überhaupt Performanceprobleme hat. Grundsätzlich gibt es zwei Möglichkeiten:

- Der Datenträger wird von den Benutzern so intensiv genutzt, dass die Performance schlicht und ergreifend nicht ausreicht. Dies kann beispielsweise passieren, wenn ein von 1000 Benutzern stark frequentierter Postfachspeicher auf einem RAID5-Set aus drei Platten liegt.
- Möglicherweise hat Ihr Server auch zu wenig RAM.

Der als Zweites genannte Fall ist häufig die Ursache für Performanceprobleme des Plattensystems. Daher sollten Sie Folgendes prüfen:

- Liegt das Pagefile (**Pagefile.sys**, zu konfigurieren in **Arbeitsplatz** · **Eigenschaften** · **Erweitert** · **Systemleistung** · **Virtueller Arbeitsspeicher**) auf dem fraglichen Datenträger?
- Messen Sie, wie groß auf Ihrem System der Wert des Leistungsindikators `Speicher\Seiten/s` ist. Dieser Wert sollte im Durchschnitt nicht über 20 liegen und niemals größer als 1000 sein.

Wenn das Pagefile auf dem untersuchten Datenträger liegt und der Wert des Seiten/s-Leistungsindikators sich oberhalb der genannten Grenzwerte eingependelt hat, hat Ihr System zu wenig Hauptspeicher! Es ist natürlich nicht ausgeschlossen, dass Sie auch nach der Behebung des Speichermangels ein Performanceproblem mit Ihrem Festplattensystem haben – solange der Server aber Speichermangel durch Swappen ausgleicht, sind alle anderen Maßnahmen zwecklos.

Global Catalog-Problem?

Exchange ist für verschiedene Operationen darauf angewiesen, schnell auf den globalen Katalog zugreifen zu können, beispielsweise beim Kategorisieren von Nachrichten (dabei wird beispielsweise festgestellt, ob ein Empfänger im AD bekannt ist und zu welchem Server die Nachricht zu senden ist).

Der Leistungsindikator `SMTP Server\Cat:Ausstehende LDAP-Suchvorgänge` ist ein Indikator dafür, ob Exchange dadurch gebremst wird, dass es auf die Antworten des Global Catalog Servers warten muss. Je geringer der hier ermittelte Wert ist, desto besser. Die Tabelle im Anhang gibt an, dass der Maximalwert dieses Leistungsindikators unterhalb von 10 liegen sollte.

Fällt dieser Wert schlecht (d.h. groß) aus, liegt ein Problem vor. Ein möglicher Ansatz wäre, den Zugriff auf den Global Catalog-Server zu prüfen, vielleicht liegt hier ein Flaschenhals vor.

Man kann nun das Ausführen einer Anfrage an den Global Catalog-Server prüfen, die geeigneten Leistungsindikatoren sind:

- `MSExchangeDSAccess Prozess\LDAP-Lesedauer`
- `MSExchangeDSAccess Proess\LDAP-Suchdauer`

Ein Blick in die Tabelle im Anhang zeigt, dass die Werte für diese Leistungsindikatoren im Schnitt unterhalb von 50 ms liegen sollten. Wenn die tatsächlichen Werte für diese Leistungsindikatoren deutlich abweichen, gibt es prinzipiell zwei Möglichkeiten:

- Der Global Catalog ist nur über eine langsame WAN-Strecke (mit einem ungünstigen Latenzzeitverhalten) erreichbar.
- Der GC-Server an sich ist völlig überlastet.

Zum Nachweis, ob eine dieser möglichen Ursachen der tatsächliche Problemverursacher ist, muss durch weitere Messungen geführt werden.

19.4.4 Performance Wizard PerfWiz

Im Anhang dieses Buchs sind diverse Leistungsindikatoren aufgeführt, die man im Exchange-Umfeld sinnvollerweise überwachen sollte. Um Ihnen das Leben ein wenig einfacher zu machen, stellt Microsoft einen Assistenten zur Verfügung, der Protokolleinstellungen für die wichtigsten Datenquellen erstellt.

Der Assistent ist im Microsoft-Downloadcenter unter dem Suchbegriff `PerfWiz` zu finden. Entpacken Sie die Datei, und starten Sie die darin befindliche Applikation `PerfWiz.exe`.

Der Assistent wird Ihnen einige Fragen stellen – unter anderem zu dem gewünschten Intervall für die Datenerfassung. Dieses Utility ist im Exchange-Umfeld sinnvoll einsetzbar, da es über eine Checkbox verfügt, die das Hinzufügen der Exchange-Leistungsindikatoren bewirkt (Abbildung 19.19).

Einer der ersten Dialoge des Assistenten möchte von Ihnen wissen, ob Sie ein »Standard Perfmon«-Profil oder eine »Advanced Configuration« erstellen möchten. Der Unterschied ist, dass Sie bei letztgenannter Option die Möglichkeit haben, Einfluss auf die zu verwendenden Leistungsobjekte zu nehmen.

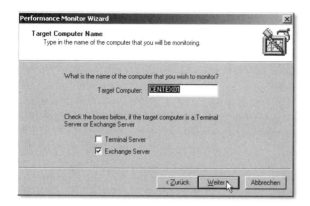

Abbildung 19.19 Wenn Sie Server mit Exchange-Diensten überwachen möchten, aktivieren Sie die untere Checkbox. Das Resultat ist, dass der Performance-Protokollkonfiguration die Exchange-Dienste hinzugefügt werden.

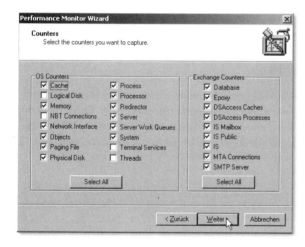

Abbildung 19.20 In der »Advanced Configuration« können Sie individuell die zu erfassenden Leistungsobjekte auswählen.

PerfWiz erstellt die Definition für ein Leistungsindikatorenprotokoll. Dieses erscheint genauso wie die manuell erstellten Einträge unter dem gleichnamigen Knoten im Performance Monitor. Sie können es hier starten und stoppen und natürlich auch seine Eigenschaften verändern. Wenn Sie den Eigenschaften-Dialog aufrufen, werden Sie feststellen, dass PerfWiz keine einzelnen Indikatoren, sondern die Objekte hinzufügt (Abbildung 19.21).

Letztendlich bringt PerfWiz die sprichwörtlichen Berge nicht in die Gründe, dennoch ist das Tool gerade für mit dem Performance Monitor unerfahrene Administratoren eine gute Hilfe, um zunächst die wichtigsten Performanceinformationen zu erfassen. Bei der Analyse derselben hilft PerfWiz freilich nicht.

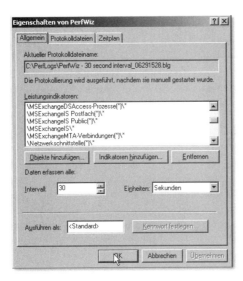

Abbildung 19.21 Die vom PerfWiz erzeugten Protokolleinstellungen können im Performance Monitor kontrolliert und manuell geändert werden.

19.4.5 Quest Spotlight on Exchange

Zugegebenerweise ist der Performance-Monitor nicht unbedingt sonderlich intuitiv zu bedienen. Wenn es Ihnen darum geht, auf einen Blick einen grundlegenden Einblick in den Zustand des Systems zu erhalten, ist er sicherlich nicht die optimale Software. Wie so häufig sind Dritthersteller in diese Bresche gesprungen; in diesem Fall ist dies Quest (http://www.quest.com) mit der Applikation Spotlight on Exchange.

Spotlight on Exchange bietet zwei Anwendungsmöglichkeiten:

- **Echtzeitsicht auf das System**: In Abbildung 19.22 sehen Sie die Echtzeitsicht auf das System. Spotlight zeigt Ihnen die wesentlichen Elemente Ihres Exchange Servers in einer grafischen Aufbereitung. Sie erkennen beispielsweise Queues, den Information Store und ausgehende Verbindungen. Überlastete Ressourcen werden rot angezeigt. Neben der auf der Abbildung gezeigten Übersichtsfunktion gibt es diverse aufrufbare Detailansichten.
- **Diagnose-Funktionen**: Spotlight on Exchange bietet recht umfangreiche Diagnostik-Funktionen (Abbildung 19.23). Zunächst kann die Applikation Ihre Exchange-Infrastruktur analysieren und grafisch darstellen. Weiterhin können verschiedene Tests durchlaufen werden, um beispielsweise den Nachrichtenfluss zu überprüfen. Die Tests können interaktiv oder auch zeitgesteuert ausgeführt werden.

Letztendlich könnte man natürlich auch ohne Zusatzprodukte einen stabilen und sorgfältig überwachten Betrieb der Exchange-Umgebung realisieren. Meiner Erfahrung nach lohnen sich Zusatzprodukte immer dann, wenn sie entweder die Administration deutlich vereinfachen und/oder zur Qualitätssteigerung des IT-Betriebs beitragen.

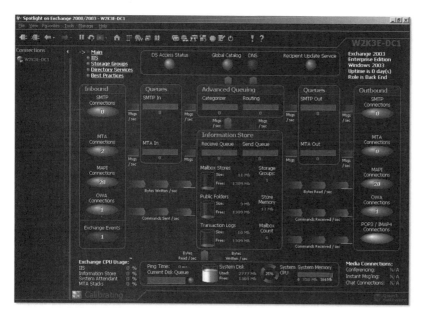

Abbildung 19.22 Quest Spotlight on Exchange bietet einerseits einen schnellen Überblick über den aktuellen Zustand des Systems. Darüber hinaus enthält das Produkt recht umfangreiche Diagnosefunktionen.

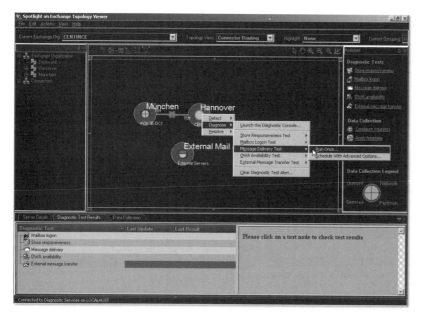

Abbildung 19.23 Spotlight on Exchange kann die komplette Exchange-Organisation analysieren und grafisch darstellen. Diagnosefunktionen werden aus dieser Ansicht heraus aufgerufen.

Performance-Monitoring **771**

Bei einem Werkzeug, das das Erkennen von in Hinblick auf die Performance problematischen Betriebszuständen deutlich vereinfacht, sind beide Aspekte, nämlich Vereinfachung und Qualitätssteigerung, gegeben: Die Administratoren können deutlich einfacher »Missstände« erkennen (Vereinfachung der Administration), was notwendigerweise zu einer Qualitätssteigerung beim Betrieb des Exchange Servers führt.

Neben der kommerziellen Version ist Spotlight on Exchange in einer Freeware-Version erhältlich.

19.5 Microsoft Operations Manager

Im bisherigen Verlauf dieses Buchs habe ich immer wieder darauf hingewiesen, wie wichtig es ist, die Exchange Server kontinuierlich zu überwachen. Dies bedeutet, dass die Server bezüglich Hardwarefehlern – genauso aber auch bezüglich Fehlermeldungen des Betriebssystems und Exchange – überwacht werden müssen. Selbstverständlich ist auch eine kontinuierliche Überwachung des Performance-Verhaltens notwendig, um sich eventuell abzeichnende Engpässe frühzeitig zu erkennen.

Es ist einleuchtend, dass ein Administrator weder die Zeit haben wird, manuell die Einträge in den Ereignisprotokollen (auch mit dem Status Information und Warnung) durchzusehen, noch kontinuierlich auf jedem Server (oder zumindest auf den wichtigen) Performanceanalysen vornehmen und diese interpretieren kann. Exchange-Systeme gehören mit Sicherheit zu den wichtigsten Servern, sollten also immer sorgfältig überwacht werden.

Ein weiterer Aspekt, nämlich das Monitoring bezüglich Hardware-Fehlern, ist vergleichsweise noch die einfachste Aufgabe, denn hier gibt es von allen großen Herstellern entsprechende Applikationen und Agenten, die in die Installationsverfahren integriert sind.

An eine Lösung, die für die Überwachung auf Betriebssystem- und Applikationsserver-Ebene eingesetzt werden kann, werden folgende Anforderungen gestellt:

- Zentralisierte Lösung, d.h. von einer Konsole aus können sämtliche Systeme überwacht werden.
- »Einsammeln« der Event-Logs der Server. Eine regelbasierte Interpretation der Einträge ist notwendig, d.h., es hilft dem Administrator nichts, wenn er jeden Tag 400 Zeilen Event-Logs an der zentralen Konsole sehen kann; er muss benachrichtigt werden, wenn tatsächlich ein Problem erkannt worden ist.
- Eine Dokumentation der Behandlung der aufgetretenen Probleme ist notwendig, um nachvollziehen zu können, wer es bearbeitet hat.
- Die Performance sollte kontinuierlich überwacht werden. Beim Überschreiten definierter Grenzwerte muss ein Administrator benachrichtigt werden.

Sie haben im Verlauf dieses Kapitels gesehen, dass in einer Exchange-Organisation durchaus ein erheblicher Überwachungsaufwand besteht – zumindest wenn man es gut machen möchte! Dies gilt übrigens auch für sämtliche anderen Applikationsserver dieser Welt.

Im Microsoft-Produktportfolio findet sich mit dem Microsoft Operations Manager 2005 (MOM) ein entsprechendes Produkt, das wir in diesem Abschnitt genauer betrachten werden.

Microsoft Operations Manager kann Ihnen helfen, die Überwachung der Server (neben Exchange ist ja beispielsweise auch Active Directory zu überwachen) deutlich zu vereinfachen.

19.5.1 Konzept und Architektur

Die Hauptkomponenten des Microsoft Operations Managers sind:

- MOM Verwaltungsserver
- Datenbank, SQL Server 2000
- Berichtsserver
- Konsolen

Agenten für verwaltete Server:

MOM Verwaltungsserver, Datenbank und Berichtsserver bilden gemeinsam mit den verwalteten Servern eine MOM Verwaltungsgruppe. Je nach Größe und Verteilung des Unternehmens sowie der Organisation der Administrationsaufgabe können mehrere Verwaltungsgruppen eingesetzt werden (Abbildung 19.24).

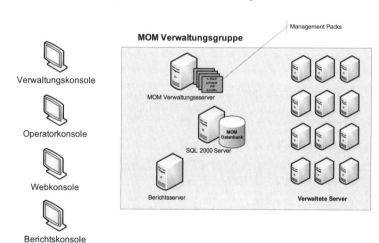

Abbildung 19.24 Die Architektur des Microsoft Operations Managers

Einige zusätzliche Informationen:

- SQL Server 2000 muss separat beschafft und installiert werden.
- Wenn der Berichtsserver eingesetzt werden soll, müssen die SQL Reporting Services installiert werden. SQL Reporting Services sind ein kostenloses Zusatzprodukt zum SQL Server (*nicht* zu MSDE).
- Die MOM-Komponenten können bei kleineren Installationen auf einer einzelnen Maschine installiert werden.
- Ein wesentlicher Bestandteil sind die Management Packs. Diese werden auf dem Verwaltungsserver installiert und sorgen für eine regelbasierte Überwachung von Betriebs-

systemen und Applikationsservern. Von Microsoft sind Management Packs für die hauseigenen Serverprodukte erhältlich; von Drittherstellern sind kostenpflichtige Management Packs für Softwareprodukte, beispielsweise von IBM/Lotus oder Oracle erhältlich (beispielsweise netIQ stellt solche Produkte her). Von einigen Serverherstellern sind übrigens auch Management Packs für die Überwachung von Hardwarekomponenten erhältlich (z.B. von Dell).

- Es ist nicht unbedingt notwendig, Agenten auf dem verwalteten Server zu installieren. Das »agentless« Management eines Servers hat aber folgende Nachteile:
  - Agentless Management funktioniert nicht über eine Firewall hinweg. Zudem muss der MOM-Server mit Administrator-Privilegien auf die Server zugreifen.
  - Der Zugriff auf Server ohne Agents ist für den MOM Verwaltungsserver sehr performancebelastend. Für jeden Server muss eine Art »Ersatzagent« (surrogate agent) ausgeführt werden, so dass ein Server maximal 10 Agentless-Server verwalten kann. Wenn Sie mehr Agentless-Server verwalten möchten, müssen weitere Server eingesetzt werden.
  - Nicht alle Datenquellen eines Servers können remote abgerufen werden.
- Ein weiterer Bestandteil des Microsoft Operations Managers (nicht aber der Workgroup Edition) ist das MOM Connector Framework. Dieses stellt als Webservices implementierte Funktionen für die Verbindung zwischen MOM-Servern und für die Anbindung an andere Software-Werkzeuge zum Servermanagement bereit.

19.5.2 Editionen

Microsoft Operations Manager 2005 ist in zwei Editionen erhältlich: Neben dem Microsoft Operations Manager 2005 ist eine Workgroup-Edition erhältlich. Die Workgroup-Edition ist wie folgt eingeschränkt:

- Es können maximal 10 Server verwaltet werden.
- Die Berichtskonsole steht nicht zur Verfügung, da die MOM Reporting Server-Komponenten in der Workgroup-Edition nicht enthalten sind.
- Das MOM Connector Framework ist nicht enthalten.
- Die Workgroup-Edition kann nur auf Windows 2003-Servern ausgeführt werden.

Auch wenn mittlere IT-Umgebungen deutlich mehr als zehn Server umfassen, könnte die Workgroup-Edition in vielen Fällen absolut ausreichend sein: Im Allgemeinen wird man, einfach aus Kostengründen, nur für den Geschäftsbetrieb wichtige Server mit MOM überwachen. In den meisten mir bekannten Umgebungen wird beispielsweise ein alter Gateway-Server, der einmal im Monat zum Datenabgleich mit einer externen Quelle verwendet wird, nicht mit MOM verwaltet.

Sie sollten aber nicht am falschen Ende sparen: Wenn Sie etwa die Domain Controller nicht mit MOM verwalten, verlieren Sie natürlich die Überwachungsfunktionen, die das Active Directory Management Pack zur Verfügung stellt.

Im Gegensatz zur großen Version kann die Workgroup Edition auch mit der kostenlosen MSDE eingesetzt werden.

Wirklich bemerkenswert ist, dass die Workgroup-Edition des Microsoft Operations Managers sehr preisgünstig erhältlich ist – die Lizenz kostet ca. EUR 500, hinzu kommen die Serverhardware und das Betriebssystem (Windows Server 2003). Trotzdem ist dies für ein System mit dem Leistungsumfang von MOM 2005 ein außerordentlich günstiger Preis!

19.5.3 Voraussetzungen

Sie sollten den Microsoft Operations Manager auf einer separaten Hardwareplattform installieren – alternativ auf einer separaten virtuellen Maschine (VM). MOM ist ein komplexes System, das aus Gründen der Stabilität und guten Wartbarkeit nicht auf einer gemeinsamen Betriebssystem-Instanz mit anderen Applikationsservern (und schon gar nicht mit Exchange!) betrieben werden sollte.

Fazit MOM und auch die MOM Workgroup-Edition benötigen einen eigenen Server, dieser braucht allerdings keine Hochleistungshardware zu sein (die Datenblattangaben sind: 550-MHz-Pentium mit 512 MB RAM und 5 GB freiem Plattenplatz).

MOM kann auf den Plattformen Windows 2000 Server und Windows Server 2003 installiert werden. **MOM Workgroup Edition funktioniert nur auf einem Windows Server 2003 (Standard, Enterprise oder Datacenter).**

MOM nutzt eine SQL 2000-Datenbank, die separat zu lizenzieren ist. **MOM Workgroup Edition kann auch mit der kostenlosen MSDE (Download auf der Microsoft-Website).**

19.5.4 Installation

Die MOM-Installation, insbesondere die der Workgroup Edition, ist unproblematisch. Wenn Sie die Produkt-CD einlegen, wird die obligatorische assistenten-gestützte Installation starten.

Sie sollten zunächst die Systemvoraussetzungen prüfen lassen – hierbei wird das Installationsprogramm der Workgroup-Edition beispielsweise ein Problem melden, wenn kein SQL-Server oder MSDE auf der Maschine installiert ist.

Wenn alle Systemvoraussetzungen gegeben sind, steht einer unproblematischen Installation eigentlich nichts entgegen.

19.5.5 Die Administrationswerkzeuge

In diesem Abschnitt gebe ich Ihnen einen kurzen Einblick in die Bedienung und Administration des Microsoft Operations Managers.

Wie Sie in Abbildung 19.24 gesehen haben, sind vier Administrationswerkzeuge für MOM verfügbar, und zwar:

- Verwaltungskonsole
- Operatorkonsole

- Webkonsole
- Berichtskonsole

Verwaltungskonsole

Mit der Verwaltungskonsole wird MOM konfiguriert. Neben der Konfiguration des Verwaltungsservers können aus der Verwaltungskonsole beispielsweise

- Agenten auf zu verwaltenden Servern installiert werden,
- Management Packs eingespielt werden,
- eigene Überwachungsregeln konfiguriert werden oder
- Operatoren und Benachrichtigungsgruppen konfiguriert werden.

Kurz gesagt werden alle Einrichtungsarbeiten mit der Verwaltungskonsole vorgenommen (Abbildung 19.25).

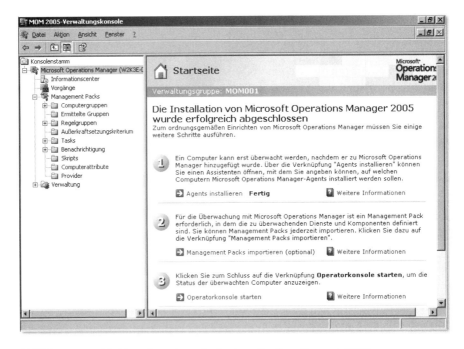

Abbildung 19.25 Die Verwaltungskonsole dient zur Konfiguration von MOM.

Operatorkonsole

In größeren Organisationen wird es diverse »Operatoren« geben, die sich nicht mit der Konfiguration von Serversystemen und Applikationen, sondern mit deren Überwachung beschäftigen. Diese benötigen natürlich nicht die Konfigurationsmöglichkeiten der Verwaltungskonsole, sondern finden eine angepasste Arbeitsumgebung in der Operatorkonsole (Abbildung 19.26).

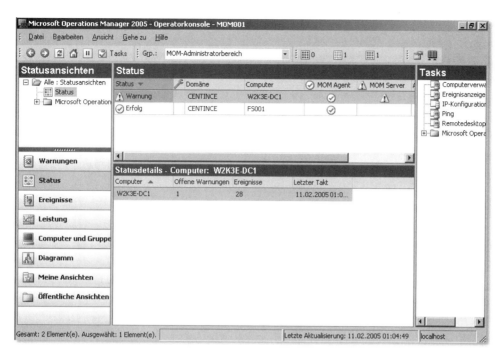

Abbildung 19.26 Die Operatorkonsole ermöglicht einen schnellen Überblick über den aktuellen Zustand der Serversysteme.

Die Operatorkonsole zeigt beispielsweise eine konsolidierte Ansicht der aufgetretenen Warnungen. Eine MOM-Warnung entspricht übrigens nicht notwendigerweise einem Eintrag im Ereignisprotokoll eines Servers, sondern wird durch MOM-Regeln generiert. Eine MOM-Warnung kann letztendlich einen Fehler im Ereignisprotokoll zur Ursache haben, kann aber beispielsweise auch durch die Überschreitung eines Schwellenwerts der Performanceüberwachung ausgelöst werden.

Zusätzlich haben die Operatoren die Möglichkeit, aus der Operatorkonsole die Ereignisprotokolle der Server einzusehen.

In der Operatorkonsole können individuell gefilterte Ansichten definiert werden. Diese kann jeder Operator individuell für seinen Aufgabenbereich erstellen, zudem können öffentliche Ansichten definiert werden, die allen Operatoren zugänglich sind.

Die Ausgabemöglichkeiten der Operatorkonsole beschränken sich nicht auf regelbasierte Warnungen oder Ereignisprotokolleinträge. Die vom MOM-Verwaltungsserver erfassten Performancewerte können in individuell zusammenstellbaren Diagrammen grafisch ausgegeben werden. Die Operatorkonsole eignet sich also nicht nur für die Verwendung beim klassischen Operating, das »nur« auf zu behandelnde Fehler- oder Problemsituationen reagieren muss, sondern kann auch von Applikationsspezialisten und Systemarchitekten zur System- und Performanceanalyse verwendet werden (Abbildung 19.27).

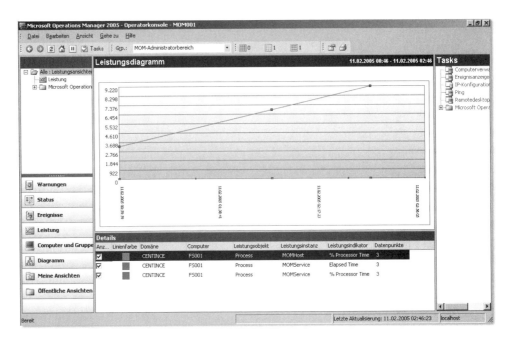

Abbildung 19.27 In der MOM Operatorkonsole können individuell Performancediagramme aus den erfassten Messwerten generiert werden.

Webkonsole

Die dritte Konsole ist die Webkonsole. Hierbei handelt es sich letztendlich um eine abgemagerte Operatorkonsole.

Die Webkonsole eignet sich für ein einfaches Operating, bei dem lediglich der Serverstatus abgefragt und Probleme erkannt werden müssen. Wie in Abbildung 19.28 zu erkennen ist, werden die Warnungen dargestellt und kurz beschrieben, und der Benutzer kann einen Auflösungsstatus eintragen. Der Auflösungsstatus kann natürlich auch in der »normalen« Operatorkonsole eingetragen werden: Bei Warnungen muss natürlich nachgehalten werden, ob Aktivitäten zur Behebung der Ursache aufgenommen worden sind – es bringt nichts, wenn zwar Probleme erkannt werden, diese aber nicht bearbeitet werden, weil jeder glaubt, dass sich schon einer der Kollegen darum kümmern wird.

Sowohl die Operator- als auch die Webkonsole bieten eine »Produktwissensquelle« an. Zu den meisten Warnungen und Fehlermeldungen gibt es eine Art Knowledge Base-Artikel, der Hinweise zu möglichen Ursachen und Gegenmaßnahmen gibt. Interessant ist auch der Reiter »Firmeninternes Wissen«: Hier können eigene Lösungsmöglichkeiten hinterlegt werden, die beim nächsten Auftreten des Problems direkt eingesehen werden können (Abbildung 19.29).

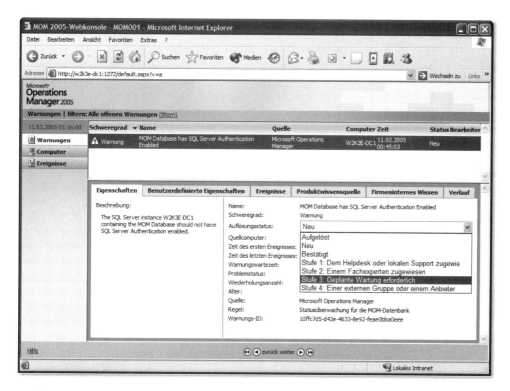

Abbildung 19.28 Die Webkonsole bietet für das Operating ausreichende Informationen über aufgetretene Probleme.

Berichtskonsole

Die Berichtskonsole setzt installierte SQL Reporting Services voraus. Dieses für lizenzierte SQL Server (nicht MSDE) kostenlose Zusatzprodukt ist ein sehr leistungsfähiger Reportserver, der »on demand« oder zeitgesteuert im Batchbetrieb Reports erstellen, zwischenspeichern und Clients in diversen Formaten (z.B. HTML, PDF, XLS, TIFF) bereitstellen kann.

Die MOM-Berichtskonsole ist letztendlich sehr unspektakulär, denn es wird unverändert der Berichtsmanager der SQL Reporting Services verwendet.

Die Installation der MOM-Berichterstattung installiert im Endeffekt diverse Reports in die SQL Reporting Services. Beim Start der Berichtskonsole wird zunächst ein zu erstellender Report ausgewählt (Abbildung 19.30).

Wenn Sie einen Bericht ausgewählt haben, können Sie ihn ggf. noch parametrisieren und ihn dann zur Ausführung geben. Wenig später wird er zunächst in einer HTML-Ausgabe angezeigt. Sie haben die Möglichkeit, direkt aus der Weboberfläche beispielsweise einen PDF-Export auszulösen (Abbildung 19.31). Dieser wird on-the-fly erstellt und an Ihren Browser gesendet.

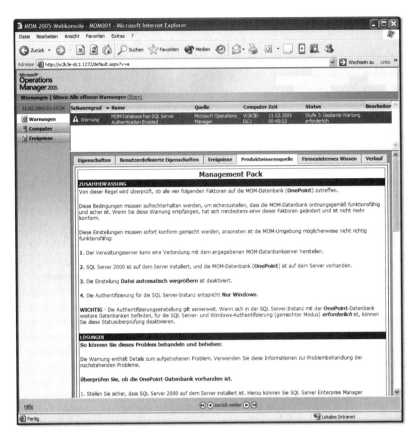

Abbildung 19.29 Zu den meisten Warnungen oder Fehlermeldungen gibt es detaillierte Erläuterungen zu Ursachen und Lösungsmöglichkeiten. Zudem können Sie eigene Lösungswege hinterlegen.

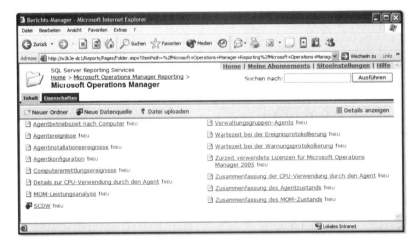

Abbildung 19.30 Die MOM-Berichtskonsole ist der Berichtsmanager der SQL Reporting Services.

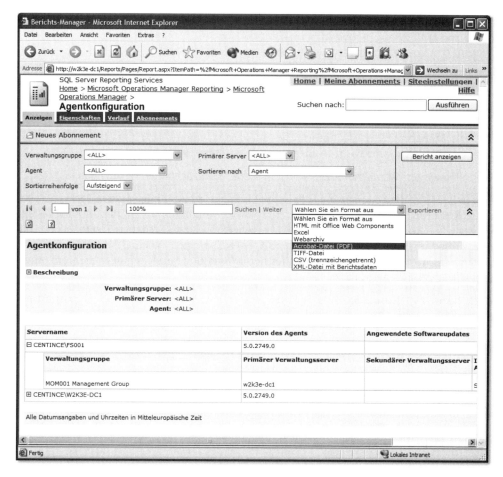

Abbildung 19.31 Berichte werden zunächst in einer HTML-Ansicht ausgegeben. Exporte in andere gängige Formate können durch Mausklick erzeugt werden.

19.5.6 Management Packs

Die »Intelligenz« des Microsoft Operations Managers liegt in den Management Packs. MOM beschränkt sich bekanntlich nicht nur darauf, Ereignisprotokolle zu zentralisieren, sondern wertet diese regelbasiert aus. Genau diese Regeln finden sich in den Management Packs.

MOM 2005 enthält standardmäßig Management Packs für folgende Systeme:

- Microsoft Baseline Security Analyzer
- Microsoft Exchange 2000 Server
- **Microsoft Exchange Server 2003**
- **Microsoft Operations Manager 2005**
- Microsoft SMS 2003

- Microsoft SQL Server 2000
- Microsoft Windows Active Directory
- Microsoft Windows Base Operating System
- Microsoft Windows DNS
- Microsoft Windows IIS
- Microsoft Windows Server Clusters

Weitere Management Packs finden Sie im »Management Pack Catalog« unter dieser Adresse http://www.microsoft.com/management/mma/catalog.aspx.

Wenn Sie weitere Management Packs suchen, hilft natürlich auch die Suche bei Google.

Neben dem Standard-Management-Pack für Exchange gibt es einige andere Packs, die spezielle Aspekte von Exchange betreffen. Beispielsweise können die in diesem Buch bereits vorgestellten Komponenten »Intelligent Message Filter« und »Exchange Best Practices Analyzer« integriert werden. Auch für »Grundlagentechnologien« wie das Windows-Betriebssystem, das Active Directory oder die Internet Information Services gibt es mehrere unterschiedliche Management Packs.

Auch für den Microsoft Baseline Security Analyzer (siehe Abschnitt 16.1.1) existiert ein Management Pack.

Product	Description	Company	Applies To	RTM
Exchange 5.5	Monitors the health of various Exchange 5.5 components, including the directory service, database, Internet mail connection, information store, message transfer agent, and POP3 interface.	Microsoft	MOM 2005/2000	12/05/2002
Exchange Intelligent Message Filter	Ensures proper operation and reduces the likelihood of service problems and outages in Exchange Intelligent Message Filter by detecting critical events.	Microsoft	MOM 2005/2000	05/25/2004
Troubleshooting Management Pack for Exchange	Graphically displays the components of the messaging and collaboration architecture to quickly pinpoint the source of problems.	Quest	MOM 2005/2000	01/30/2004
Exchange Server 2000 and 2003	Monitors Exchange Server 2000 and Exchange Server 2003 and includes rules and scripts to track performance, availability, and reliability of Exchange components, such as Internet-related services, Extensible Storage Engine, System Attendant, Microsoft Exchange Information Store service, and SMTP (MP version: 06.5.7385.0000).	Microsoft	MOM 2005	08/25/2004
Exchange Server Best Practices Analyzer	Writes any identified performance, scalability, and availability issues to the Windows NT Event Log. Interprets these events and generates alerts on the MOM Management Console.	Microsoft	MOM 2005	03/16/2005

Abbildung 19.32 Der Katalog auf der Microsoft-Website weist unterschiedliche Management Packs für Exchange aus.

Abbildung 19.33 zeigt den Knoten »Management Packs« in der Verwaltungskonsole. Sie sehen diverse Unterknoten, beispielsweise für Computergruppen, Regelgruppen und viele andere mehr. Wir werden nun zwar nicht die Konfiguration bis ins letzte Detail besprechen, ich möchte Sie aber gern mit den dahinter stehenden Konzepten vertraut machen.

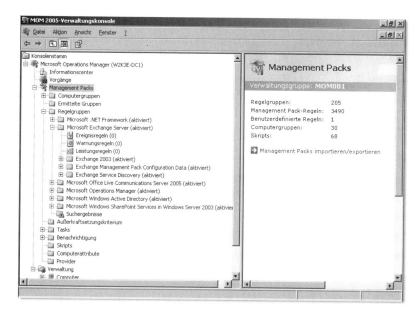

Abbildung 19.33 Unterhalb des Knotens »Management Packs« finden sich viele weitere Konfigurationsmöglichkeiten. Sie sehen auf der Abbildung, dass ständig 3490 Regeln angewendet werden.

Computergruppen

Wenn Sie ein Management Pack installieren, werden jeweils Computergruppen angelegt. In Abbildung 19.34 sehen Sie im Hintergrund einige Computergruppen, beispielsweise für Maschinen mit installiertem .NET Framework, für Exchange Server, LCS-Systeme und einige andere mehr.

Die Notwendigkeit der Computergruppen ist schnell erklärt: In MOM könnten beispielsweise 15 Server eingetragen sein und verwaltet werden. Nicht alle Server sind nun Exchange Server, und nicht alle Exchange Server sind Front-End-Server. Damit MOM nun weiß, welche Regelsätze er auf welche Maschinen anwenden soll, macht es absolut Sinn, beispielsweise alle Exchange 2003 Front-End-Server in einer Computergruppe zusammenzufassen und die speziellen Regeln für Exchange Front-End-Server nur auf diese anzuwenden.

Da es recht aufwändig wäre, die Server von Hand den Computergruppen zuzusortieren, kann MOM dies für Sie erledigen. In den Eigenschaften der Computergruppen findet sich jeweils eine »Formel«, mit der die Zugehörigkeiten der Server zu Computergruppen ermittelt werden können (Abbildung 19.34).

Es besteht übrigens die Möglichkeit, die automatische Ermittlung zu überstimmen, da »eingeschlossene Computer« und »ausgeschlossene Computer« definiert werden können.

Nun können die Computergruppen den Regelgruppen zugewiesen werden. Eine Computergruppe kann mehreren Regelgruppen zugewiesen werden, ebenso kann eine Regelgruppe für mehrere Computergruppen bereitgestellt werden (Abbildung 19.35).

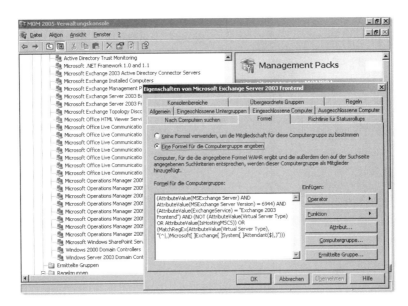

Abbildung 19.34 Die Zugehörigkeiten der verwalteten Server zu Computergruppen kann automatisch ermittelt werden.

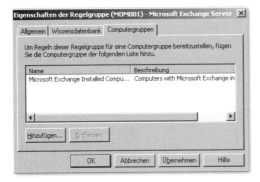

Abbildung 19.35 Computergruppen werden Regelgruppen zugewiesen – die hier definierten Regeln werden nun für die hier enthaltenen Computer verwendet.

Regelgruppen

In Abbildung 19.36 sehen Sie einen Auszug der Regelgruppen des Exchange 2003 Management Packs. Zu erkennen ist, dass die Regelgruppen hierarchisch in Untergruppen angelegt werden können, wobei n-stufige Bäume möglich sind. Des Weiteren sehen Sie, dass es drei Kategorien von Regeln gibt:

▶ Ereignisregeln

▶ Warnungsregeln

▶ Leistungsregeln

Wenn Sie selbst MOM installieren und sich ein wenig in den Regeln der Management Packs umsehen, werden Sie feststellen, dass nicht in jeder Regelgruppe (bzw. Untergruppe) auch alle Regel-Kategorien gefüllt sind. Viele Regelgruppen enthalten keine Leistungsregeln. Wenn Sie die Beschreibung der Management-Packs lesen, werden Sie generell feststellen, dass bei vielen Packs in der Tat nur die Ereignisregeln (Fehlerbehandlung) vorhanden sind.

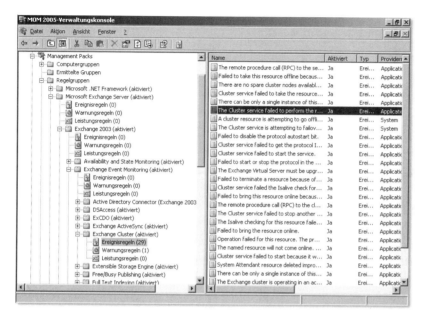

Abbildung 19.36 Überblick über Regelgruppen, Untergruppen und Regeln

In den Regelgruppen sind jeweils verschiedene Typen vorhanden, die unterschiedliche Konfigurations- und Reaktionsmöglichkeiten bieten. Allgemein gilt, dass ein »Datenprovider« angegeben wird, also die Quelle, von der der MOM-Agent ein Ereignis oder Performancedaten erhält. Im Anschluss werden »Kriterien« festgelegt, mit denen beispielsweise das auftretende Ereignis genau identifiziert werden kann – das kann beispielsweise eine Ereignis-ID in der Ereignisanzeige sein.

Neben diversen anderen Parametern kann eine Warnung konfiguriert werden – diese wird später in der Verwaltungs- oder Webkonsole angezeigt (Abbildung 19.37).

Warnungsregel

Die von der Regel erzeugte Warnung muss natürlich entweder dem Benutzer zur Kenntnis gebracht werden oder eine automatische Reaktion auslösen. Viele Management Packs gehen bei der Konfiguration der Benachrichtigung wie folgt vor:

▶ Bei der eigentlichen Regel (egal ob Ereignis- oder Leistungsregel) wird keine Benachrichtigung konfiguriert.

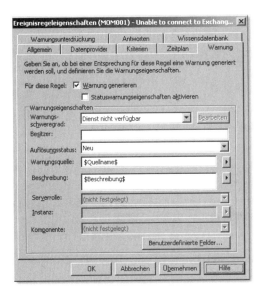

Abbildung 19.37 Konfiguration einer Ereignisregel

- Es wird eine Warnungsregel erstellt, die den Benutzer nur benachrichtigt, wenn der Schweregrad der erzeugten Warnung »Fehler« oder höher ist. Vergleichen Sie das mit Abbildung 19.37: Bei der Definition der Regel wird auf der Karteikarte »Warnung« ein »Warnungsschweregrad« definiert. Die Warnungsregel gilt für alle Warnungen, die von Regeln der eigenen Regelgruppe erzeugt werden.
- Die durchzuführenden Aktionen werden in der Warnungsregel eingetragen, beispielsweise das Benachrichtigen der Mail-Administratoren (solche Gruppen werden »Benachrichtigungsgruppe« genannt; Abbildung 19.38).

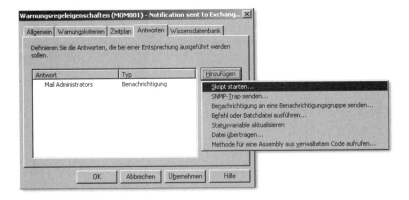

Abbildung 19.38 Als Reaktion auf ein Ereignis können mehrere Maßnahmen durchgeführt werden, beispielsweise kann eine Benachrichtigung versandt werden.

Die beschriebene Vorgehensweise hat einige Vorteile: Die Ereignisregeln generieren eventuell jede Menge von Meldungen, die zwar bei einer Fehlersuche nicht unwichtig sein können, für das tägliche Operating (= Sicherstellen des Serverbetriebs) aber hinreichend uninteressant sind.

Mit einer Warnungsregel können Sie zentral für die ganze Regelgruppe festlegen, ab welchem Warnungsschweregrad Sie informiert werden möchten bzw. welche andere Aktion durchgeführt werden soll. Wenn Sie dies individuell an jeder einzelnen Regel konfigurieren würden, müssten Sie zig Regeln ändern, nur weil Sie für ein paar Tage alle Ereignisse sehen möchten – und dies dann natürlich irgendwann wieder auf einen weniger ausführlichen Level zurückführen.

Leistungsregel

Außerordentlich interessant sind die Leistungsregeln, von denen es zwei Typen gibt:

- Schwellenwerte: Sie dienen insbesondere dazu, die Überschreitung bestimmter Grenzwerte zu erkennen und zu melden.
- Messen: Sammelt Messdaten, ohne eine Warnung auszulösen.

Man könnte beispielsweise folgende Regel definieren:

- Alle 15 Minuten wird die Warteschlange des physikalischen Datenträgers eines Systems gemessen.
- Ist diese bei 10 aufeinander folgenden Messungen länger als 15, wird eine Warnung an den Administrator geschickt. Man kann dann von einer kontinuierlichen zu hohen Belastung des Datenträgers ausgehen – da besteht Handlungsbedarf.

Ein weiteres Beispiel und die Konsequenzen: Wenn Sie dauerhaft eine sehr große Warteschlangenlänge für ausgehende Mails beobachten (bzw. das System das für Sie beobachtet und eine Warnung generiert), könnte dies zwei Ursachen haben: Entweder erzeugen Ihre Benutzer wirklich signifikant mehr ausgehende Mails – oder Ihr System wird von einem Spammer missbraucht. Letzteres ist durch eine Leistungsregel recht einfach zu entdecken – ohne diese Möglichkeiten können Sie Ihre Systeme gar nicht so genau beobachten, als dass man solche Signale direkt erkennen könnte.

In Abbildung 19.39 sehen Sie die Definition einer Schwellenwertregel, die eine Warnung des Schweregrads »Fehler« erzeugt, wenn eine Exchange-Queue bei 10 Erfassungsvorgängen immer länger als 25 ist.

19.6 Sicherung und Wiederherstellung

Die Sicherung und Wiederherstellung des Exchange-Systems gehört natürlich zum Themenbereich »Betrieb«, wird aber wegen des Umfangs und der Bedeutung des Themas in einem eigenen Kapitel (Kapitel 20) behandelt.

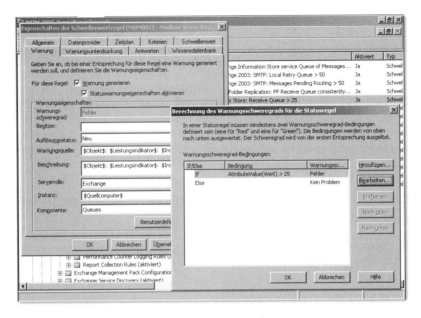

Abbildung 19.39 Definition einer Schwellenwertregel

19.7 Benutzeradministration und -konfiguration

Die Standardaufgabe, die den meisten IT-Mitarbeitern beim Thema »Administration« in den Sinn kommt, ist die Benutzeradministration. Wie Sie bereits wissen, speichert Exchange die Benutzerdaten im Active Directory. Insofern ist es nur konsequent, die Benutzerkonfiguration im Werkzeug für die AD-Administration vorzunehmen.

Wenn Sie den Exchange System-Manager auf einer Maschine installieren, was ja auch auf einem Arbeitsplatz-PC möglich ist, stellt Ihnen Exchange ein erweitertes »Active-Directory-Benutzer- und -Computer«-Snap-In zur Verfügung – verwenden Sie es! Wenn Sie das »normale« Konfigurationswerkzeug, das aus der Verwaltung heraus aufgerufen wird, anwenden, haben Sie zwar Zugriff auf die Benutzer, sehen aber nicht die Exchange-Attribute.

Wenn Sie prüfen möchten, ob die von Ihnen gestartete Version von »Active-Directory-Benutzer und -Computer« Exchange unterstützt, können Sie einfach das Kontextmenü eines Benutzers aufrufen und sehen im Kontextmenü einen Eintrag »Exchange-Aufgaben« – oder eben auch nicht (Abbildung 19.40).

Um Benutzer anlegen und ändern zu dürfen, benötigen Sie einerseits die entsprechenden Active Directory-Rechte, andererseits muss Ihr Konto über die Exchange-Berechtigung »Exchange-Administrator – Nur Ansicht« für die administrative Gruppe des Postfachservers verfügen (siehe Abschnitt 7.2.2).

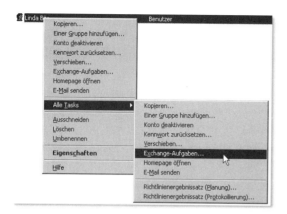

Abbildung 19.40 Wenn »Exchange-Aufgaben« im Kontextmenü eines Benutzers vorhanden sind, setzen Sie eine Exchange-geeignete Version von »Active-Directory-Benutzer und -Computer« ein.

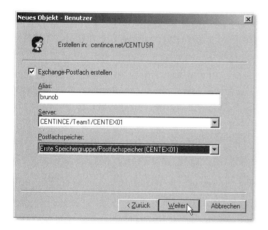

Abbildung 19.41 Beim Neuanlegen eines Postfachs wird angegeben, auf welchem Server und in welchem Informationsspeicher das Postfach des Benutzers angelegt werden soll.

19.7.1 Empfängeraktualisierungsdienst (RUS – Recipient Update Service) oder: Wie der Benutzer zur Email-Adresse kommt

Wenn ein neuer Exchange-Benutzer (= ein »normaler« Active Directory-Benutzer mit Exchange-Postfach) angelegt worden ist, müssen eine oder mehrere Email-Adressen konfiguriert werden.

Warum sollte der Benutzer mehrere Email-Adressen bekommen? Zum einen könnte es sein, dass Sie früher eine andere Bildungsregel für die Email-Adressen verwendet haben als heute und »Rückwärtskompatibilität« gewahrt werden muss. Zum anderen wäre es denkbar, dass die Benutzer aufgrund einer Firmenfusion unter Email-Adressen in mehreren Domains erreichbar sein sollen – und dabei natürlich nur ein einziges Email-Konto haben. Vielleicht möchten Sie ja vorsichtshalber unter allen gängigen Extensionen (.de, .com, .net, .org) erreichbar sein.

Auch aus Gründen der »Fehlertoleranz« (gegen Fehler des Absenders) könnte man den Benutzern jeweils mehrere Email-Adressen zuordnen, die den häufigsten Bildungsregeln für Email-Adressen folgen.

Mögliche Bildungsregeln wären:

▶ Ulrich.Boddenberg@centince.net
▶ U.Boddenberg@centince.net
▶ UBoddenberg@centince.net
▶ BoddenbergU@centince.net
▶ UlrBodde@centince.net

... völlig problemlos ließen sich noch mehrere hundert weitere Kombinationen finden.

In der Praxis ergeben sich nun diese Fragestellungen:

▶ Beim Anlegen des Benutzers wäre es schön, wenn die Bildungsregel hinterlegt werden könnte und die Email-Adresse automatisch erzeugt würde.
▶ Dies gilt umso mehr, wenn die Benutzer über mehrere Email-Adressen verfügen, was aus mehreren anzuwendenden Bildungsregeln und/oder mehreren Email-Domains resultieren könnte.
▶ Bei der Benutzerneuanlage wäre das manuelle Pflegen von Email-Adressen bereits lästig. Richtig unangenehm würde es, wenn beispielsweise sämtliche Benutzer, beispielsweise nach einer Fusion, eine weitere Email-Adresse erhalten sollen. Wenn Sie nun im AD-Benutzer-Snap-In mehrere Dutzend, hundert oder gar tausend Benutzerkonten aufrufen und ergänzen müssen, ist das sicherlich sehr unangenehm.

Nach dieser langen Vorrede kommt die gute Nachricht: Es gibt eine einfache Lösung für das Problem, nämlich die »Empfängerrichtlinien«. Beliebig viele Empfängerrichtlinien können Sie im Exchange System-Manager unter dem gleichnamigen Knoten in den organisationsweiten Einstellungen erstellen (Abbildung 19.42).

Abbildung 19.42 Die Empfängerrichtlinien werden organisationsweit vorgegeben.

Das Prinzip hinter den Empfängerrichtlinien ist, dass Sie Bildungsregeln vorgeben und der Empfängeraktualisierungsdienst (Recipient Update Service, RUS) diese in den Eigenschaften des Benutzerobjekts einträgt. Einige weitere technische Hintergründe finden Sie in Abschnitt 12.2.6.

Zur Definition der Bildung von Email-Adressen in den Empfängerrichtlinien stehen einige Variablen zur Verfügung. Die folgende Tabelle zeigt die Möglichkeiten:

Variable	Bedeutung
%g	Vorname
%i	Mittelinitial (Ulrich **B**. Boddenberg)
%s	Nachname
%d	Anzeigename
%m	Exchange-Alias
%xs	Die x ersten Buchstaben des Nachnamens. %5s bewirkt bei mir (Boddenberg): Bodde
%xg	Die x ersten Buchstaben des Vornamen. %3g bewirkt bei mir (Ulrich): Ulr

Die Bildung von Adressen ist sehr einfach:

- %g.%s@centince.net **ergibt** ulrich.boddenberg@centince.net.
- %1g%s@centince.net **ergibt** uboddenberg@centince.net.

In Abbildung 19.43 sehen Sie, wie eine weitere Email-Adresse definiert wird.

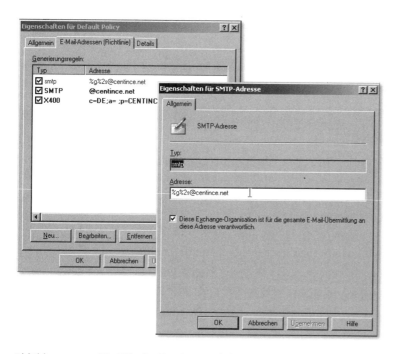

Abbildung 19.43 Mit Hilfe der Empfängerrichtlinien lassen sich für alle Benutzer individuelle Adressen erzeugen. Mit den Variablen können die meisten Email-Adressvarianten abgedeckt werden.

Die Email-Adressen eines Benutzers können auf der Karteikarte »E-Mail-Adressen« des Benutzerobjekts eingesehen werden – Sie müssen dem Empfängeraktualisierungsdienst allerdings ein wenig Zeit geben, um die Adressen zu erzeugen (Abbildung 19.44). Voraussetzung ist natürlich, dass die Checkbox »E-Mail-Adressen anhand Empfängerrichtlinie...« aktiviert ist.

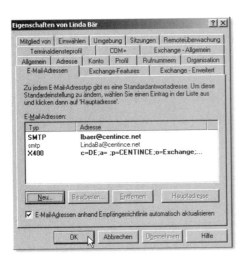

Abbildung 19.44 Diese Email-Adressen wurden automatisch mittels Empfängerrichtlinien erzeugt.

Wichtig ist zu wissen, dass das Löschen einer Empfängerrichtline bzw. einer ihrer Adressvorlagen *nicht* dazu führt, dass die entsprechenden Adressen aus den Benutzerobjekten entfernt werden. Dies müssten Sie im Bedarfsfall manuell oder mittels eines Skripts erledigen.

19.7.2 Berechtigungen

Eigentlich sieht man es als selbstverständlich an, dass auf ein Postfach nur der Besitzer zugreifen kann. Das »wahre Leben« ist allerdings um einiges komplexer – einige Aspekte:

▶ Eine Applikation zur Datensicherung muss unter Umständen in der Lage sein, auf das Postfach des Benutzers zuzugreifen.

▶ Wenn ein Benutzer beispielsweise das Unternehmen verlassen hat, sollte ein Administrator in der Lage sein, den Besitz dieses Postfachs zu übernehmen.

▶ Eventuell möchte ein Anwender einem Kollegen Zugriff auf sein Postfach gewähren.

In den beschriebenen Szenarien müssen also zusätzliche Berechtigungen gesetzt sein bzw. vorhandene modifiziert werden. In einer Exchange-Umgebung gibt es zwei Stellen, an denen Postfachberechtigungen gesetzt werden können:

▶ Im Active Directory-Snap-In kann ein Administrator Berechtigungen vergeben und anpassen (Abbildung 19.45). Diese Einstellmöglichkeit wird man insbesondere dazu verwenden, den Zugriff für Dienste oder Administratoren zu konfigurieren. An diesen Berechtigungen müssen Sie nur im Ausnahmefall Änderungen vornehmen!

- In Outlook kann ein Benutzer selbst bestimmen, welchen anderen Anwendern er Zugriff auf bestimmte Ordner seines Postfachs gewähren möchte (Abbildung 19.46).

Wenn Sie den in Abbildung 19.45 gezeigten Dialog ansehen, werden Sie feststellen, dass beispielsweise die Gruppe »Domänen-Admins« mit Berechtigungen zu einem Benutzerpostfach ausgestattet sind. Wenn Sie die Abbildung genau ansehen, werden Sie allerdings auch feststellen, dass der Vollzugriff auf das Postfach verweigert wird. Da ein »Verweigern« stärker als ein »Zulassen« wirkt, können die Domänen-Administratoren eben nicht die Mails der Benutzer lesen!

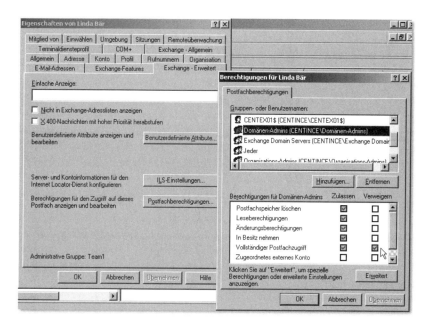

Abbildung 19.45 In diesem Dialog kann der Administrator definieren, wer auf ein Postfach zugreifen darf. Hier sollten Sie allerdings nur im Ausnahmefall Änderungen vornehmen.

Wenn ein Benutzer selbst entscheiden möchte, dass ein Kollege bestimmte Aufgaben in seinem Postfach erledigen können soll, konfiguriert er das natürlich nicht im Exchange System-Manager. Stattdessen stehen entsprechende Funktionen in Outlook zur Verfügung. Im Kontextmenü »Eigenschaften« eines Ordners (in der Ordnerliste) können die Berechtigungen für Benuter und Benutzergruppen zugewiesen werden (Abbildung 19.46).

Wichtig ist, dass die Berechtigung für das gesamte Postfach **und** jeden einzelnen Ordner, auf den zugegriffen werden soll, gesetzt werden muss!

Damit der Benutzer, für den die Berechtigung eingetragen worden ist, nun tatsächlich auf das Postfach seines Kollegen zugreifen kann, muss er dessen Konto in seinem Outlook-Profil eintragen. Hierzu sind folgende Schritte notwendig:

- Rufen Sie **Extras · E-Mail-Konten** auf.
- Wählen Sie die Option »Vorhandene E-Mail-Konten anzeigen oder bearbeiten«.
- Markieren Sie das Konto für den Exchange-Zugriff, und klicken Sie auf »Ändern«.

- In dem nun erscheinenden Dialog wählen Sie »Weitere Einstellungen«.
- Dort wählen Sie auf der Karteikarte »Erweitert« die Postfächer aus, die zusätzlich geöffnet werden sollen (Abbildung 19.47).

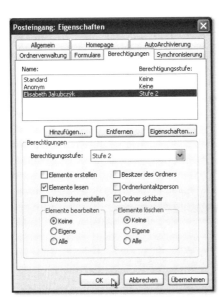

Abbildung 19.46 In Outlook kann der Benutzer selbst andere Anwender oder Gruppen zum Zugriff auf bestimmte Ordner seines Postfachs berechtigen.

Abbildung 19.47 Um auf ein fremdes Postfach zuzugreifen, fügen Sie es der Liste »Zusätzlich diese Postfächer öffnen« hinzu. Voraussetzung ist natürlich, dass der Besitzer des Postfachs Ihnen Zugriffsberechtigungen erteilt hat.

Gewissermaßen eine »Sonderrolle« bei der Freigabe eigener Ressourcen spielt der Kalender. Seit Outlook 2003 befinden sich in der Kalenderansicht die Menüpunkte »Freigegebenen Kalender öffnen...« und »Kalender freigeben...« (Abbildung 19.48). Offensichtlich hat Microsoft die Anwenderwünsche erhört, denn die gegenseitige Abfrage der Terminkalender gehört bekanntlich zu den häufigsten Fällen »angewandter Collaboration«.

Abbildung 19.48 Die Freigabe des eigenen und der Zugriff auf fremde Kalender ist mit Outlook 2003 durch zwei Links zu erledigen.

▶ Beim Freigeben des eigenen Kalenders führt ein Klick auf den Link »Kalender freigeben...« (siehe Abbildung 19.48) zu einem Dialog, in dem die berechtigten Anwender eingetragen werden können.
Bei der Freigabe des Kalenders ist es übrigens *nicht* notwendig, zusätzlich auf Postfach-Ebene eine Freigabe einzurichten. (Der Grund ist, dass das »fremde« Outlook direkt auf den Kalender zugreift und nicht erst durch die Ordnerstruktur des Postfachs navigieren möchte.)

▶ Das Öffnen eines fremden Kalenders ist auch wesentlich einfacher gestaltet als der Zugriff auf ein komplettes Postfach. Lediglich ein Klick auf »Freigegebenen Kalender öffnen...« ist erforderlich, woraufhin eine Dialogbox nach dem Namen des Postfachbesitzers fragt.
An dieser Stelle möchte ich auf die wirklich gelungene Ansicht mehrerer Kalender hinweisen: Sie können mehrere fremde Kalender öffnen und sehen diese in einer gemeinsamen Ansicht (Abbildung 19.49).

19.7.3 Quotas

Wenn Sie den von den Benutzern verwendbaren Speicherplatz beschränken möchten, stehen Ihnen die »Speichergrenzwerte« zur Verfügung (Abbildung 19.50). Es stehen drei Einstellmöglichkeiten zur Verfügung:

▶ Warnmeldung senden
▶ Senden verbieten
▶ Senden/Empfangen verbieten

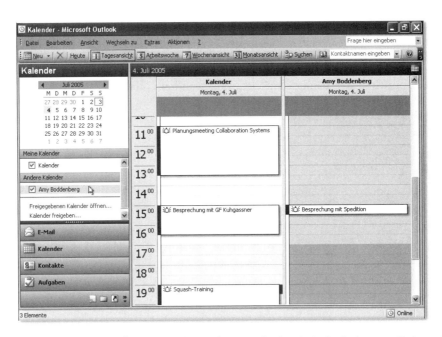

Abbildung 19.49 Das Öffnen eines freigegebenen Kalenders ist in Outlook 2003 mit einem Mausklick (»Freigegebenen Kalender öffnen«) zu erledigen. Sehr zweckmäßig ist die gleichzeitige Darstellung mehrerer Kalender.

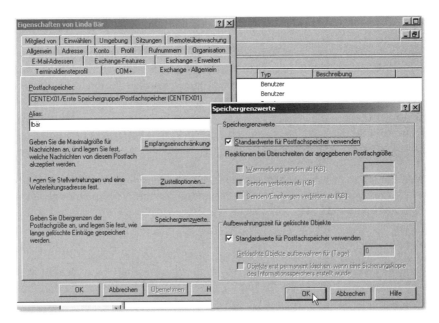

Abbildung 19.50 Für jeden Benutzer können individuelle Begrenzungen für die Größe des Postfachspeichers hinterlegt werden. Im Allgemeinen (= mit Ausnahme der VIP-Benutzer) wird man sich aber für eine Richtlinie entscheiden.

Ich halte ohnehin nicht viel von Postfachquotas, da diese häufig zum Verlust von Informationen führen, weil die Benutzer irgendwann anfangen, alte Mails mit der Rasenmäher-Methode zu löschen. Wenn Sie der Meinung sind, dass Sie ohne Postfachbeschränkungen nicht auskommen können, sollten Sie aber die dritte Option ungenutzt lassen: Nichts ist peinlicher, als wenn Nachrichten eines Geschäftspartners mit dem Kommentar »Postfach voll« abgewiesen werden!

Bei der Konfiguration der Speichergrenzwerte stehen Sie im Übrigen vor der Entscheidung, ob Sie diese für jeden Benutzer individuell eintragen oder eine Richtlinie für den Postfachspeicher erstellen möchten. Sicherlich werden Sie sich aus Gründen der Vereinfachung der Administration für die Richtlinie entscheiden und für Ihre VIP-Benutzer (Geschäftsführer, Vorstand) manuell andere Werte definieren bzw. die Quotierung ganz ausschalten. Der Umgang mit Richtlinien ist in Kapitel 12 genau erläutert. Abbildung 19.51 zeigt den Richtliniendialog für die Definition von Speichergrenzwerten für einen Postfachspeicher.

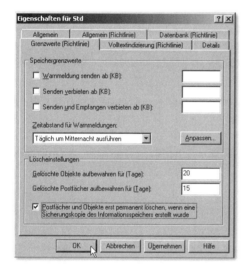

Abbildung 19.51 Dieses ist der Dialog, mit dem Sie die Speichergrenzwerte-Richtlinie für einen Postfachspeicher definieren. Sie finden hier dieselben Einstellmöglichkeiten wie in den Eigenschaften des Benutzers.

An dieser Stelle darf eine kurze Anmerkung zu der »Aufbewahrungszeit für gelöschte Objekte« nicht fehlen: Es handelt sich hierbei nicht um die Objekte im Papierkorb des Benutzers (der in Outlook in der Ordnerliste angezeigt wird), sondern um die als endgültig gelöscht markierten Nachrichten (nach dem Leeren des Ordners »Gelöschte Objekte«). Nähere Informationen zu diesem Thema finden Sie in Abschnitt 20.1.

19.7.4 Zustelloptionen

Wenn Sie allgemeine Mailadressen wie `info@centince.de` oder `mail@centince.de` nicht über eine Verteilergruppe, sondern mit einem separaten Postfach realisieren, ist der Dialog »Zustelloptionen« interessant. Ein weiteres Anwendungsszenario ergibt sich übrigens auch, wenn Sie irgendwann im Eifer des Gefechts das Administrator-Konto mail-enabled haben und nun diverse Applikationen genau dorthin ihre Fehler- und Statusmeldungen senden; der Haken daran ist, dass sich normalerweise (hoffentlich!) der Administrator-Account nicht anmelden sollte, um den Status des Backup-Jobs abzufragen.

Die konfigurierbaren Zustelloptionen sind:

- **Im Auftrag senden**: Ein hier angelegter Anwender kann im Auftrag des in Bearbeitung befindlichen Benutzerkontos senden. Ein praktisches Szenario sieht wie folgt aus: Ein Anwender kümmert sich um Eingangspost im Konto mail@centince.net. Wenn er unter dieser Mail-Adresse antworten soll, wird die hier zu konfigurierende Berechtigung »Im Auftrag senden« benötigt.
- **Weiterleitungsadresse**: Wenn auf diesem Account eingehende Mail automatisch zu einem anderen Postfach (oder mehreren) weitergeleitet werden soll, kann dies hier konfiguriert werden (Abbildung 19.52).

Abbildung 19.52 Die Zustelloptionen bieten in einigen Spezialfällen interessante Möglichkeiten. Sie werden hier mit Sicherheit nicht für jedes Postfach Einstellungen vornehmen.

Details zu »Im Auftrag senden«

Falls Ihnen die zuvor angesprochene Funktion »Im Auftrag senden« noch nicht bekannt ist, erhalten Sie einen kurzen Überblick.

- Das Szenario: Es existiert eine allgemeine Email-Adresse wie mail@centince.net, an die Kunden und Interessenten schreiben können, die keinen dedizierten Ansprechpartner kennen. Diese Email-Adresse ist nicht als Verteilergruppe implementiert, es handelt sich um ein separates Postfach. Auf dieses können einige der Anwender zugreifen, außerdem ist das Recht »Im Auftrag senden« gewährt.
- Wenn einer der Benutzer mit Berechtigung zu diesem Postfach eine Mail liest und auf »Antworten« klickt, zeigt Outlook im Dialog zur Nachrichtenerstellung zusätzlich die Zeile »Von…« an, in der der Name des Postfachs, in diesem Fall mail@centince.net, angezeigt wird (Abbildung 19.53).

- Wenn die Mail gesendet wird, ist der Absender der Nachricht das Postfach `mail@centince.net`; es wurde als »Im Auftrag von…« gesendet. Alternativ könnte der Anwender in der Von-Zeile seinen eigenen Benutzernamen angeben.

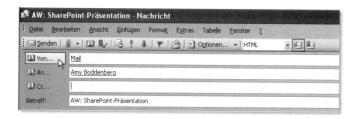

Abbildung 19.53 Klickt man in der Ansicht eines fremden Postfachs auf »Antworten«, blendet Outlook zusätzlich eine »Von-Zeile« ein.

Das Senden im Auftrag eines anderen Benutzers ist übrigens für den Empfänger sichtbar. Exchange setzt als Absender zwar den Namen des Postfachs (hier: `mail@centince.net`) ein, fügt aber zusätzlich die Zeile »a im Auftrag von b« hinzu (Abbildung 19.54). Der Empfänger kann also sehen, wer die Nachricht wirklich gesendet hat.

Abbildung 19.54 Eine »Im Auftrag von…« gesendete Mail enthält zusätzlich eine Information über den wirklichen Absender.

Stichwort »Urlaubsvertretung«

Wenn Sie auf Abbildung 19.52 die »Weiterleitungsadresse« gesehen haben, haben Sie vielleicht an das Thema »Urlaubsvertretung« gedacht. Häufig möchte ein Anwender, dass während seiner urlaubsbedingten Abwesenheit seine eingehenden Nachrichten an einen oder mehrere Kollegen weitergeleitet werden. Nun wäre es natürlich sehr unpraktisch, wenn jedes Mal der Administrator im Exchange System-Manager eine Konfigurationsänderung vornehmen müsste. Damit die Benutzer diese Weiterleitung in Eigenregie durchführen können, existiert in Outlook der Dialog »Abwesenheits-Assistent«, der sich im Menü »Extras« befindet.

Neben der obligatorischen »Ich bin nicht im Hause«-Antwort kann eine Regel eingerichtet werden, die die neu eingegangenen Nachrichten während der Abwesenheit an einen Kollegen sendet. Wie der Anwender diese Funktion konfiguriert, ist in Abbildung 19.55 gezeigt.

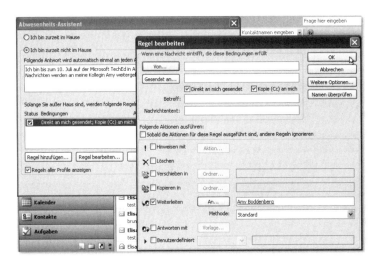

Abbildung 19.55 Im Abwesenheits-Assistenten kann auch eine Regel zur Weiterleitung eingehender Nachrichten an einen Kollegen konfiguriert werden.

19.7.5 Zugriffsmethoden

Wichtig ist natürlich die Definition, welche Methoden Sie dem Benutzer für den Zugriff auf sein Postfach gestatten möchten. Über Outlook kann der Benutzer immer zugreifen – zumindest was das Berechtigungsmodell von Exchange betrifft (ab Exchange 2003 SP2 kann mit einigen Klimmzügen der MAPI-Zugriff deaktiviert werden, siehe Abschnitt 3.3.4). Konfigurieren können Sie den Zugriff über folgende Verfahren (Abbildung 19.56):

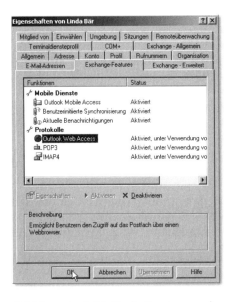

Abbildung 19.56 Die für die Benutzer zugelassenen Zugriffsmethoden können individuell freigeschaltet werden.

- **Outlook Mobile Access**: Hierbei handelt es sich um den Zugriff mit Micro-Browsern (siehe Abschnitt 14.6).
- **Benutzerinitiierte Synchronisierung**: Hinter dieser Übersetzung verbirgt sich Exchange ActiveSync, mit dem ein PocketPC oder Handy synchronisiert werden kann (siehe Abschnitt 14.7).
- **Aktuelle Benachrichtigungen**: Dahinter verbirgt sich die AUTD-Funktion (= Always Up To Date), mit der ein Mobilgerät über neue zu synchronisierende Nachrichten informiert wird. Dies führt in letzter Konsequenz zu einem Push-Email-ähnlichen Szenario. Mit Exchange SP2 wird sich die Vorgehensweise für Push-Email auf mobile Geräte allerdings ändern!
- Ansonsten kann der Zugriff über die Protokolle http (Outlook Web Access), POP3 und IMAP4 erlaubt oder verboten werden.

An dieser Stelle ein kleiner Tipp zur Vermeidung eines häufig auftretenden Fehlers/Missverständnisses: Wenn Sie für die Benutzer die Verwendung von mobilen Diensten (OMA, EAS) freigeben, wird dies so lange nicht funktionieren, wie Sie die entsprechenden Dienste nicht freigeschaltet haben – nach der Installation sind diese zunächst deaktiviert.

Im Exchange System-Manager findet sich unter »Globale Einstellungen« der Dialog »Mobile Dienste« (Abbildung 19.57).

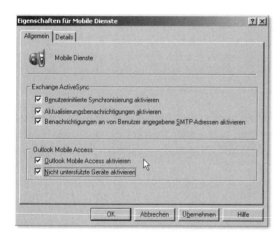

Abbildung 19.57 Mobile Dienste müssen auf Organisationsebene freigeschaltet werden – ansonsten sind die diesbezüglichen Einstellungen in der Benutzerkonfiguration obsolet.

Aktivieren Sie die Dienste, die Sie verwenden möchten – diese Einstellung gilt organisationsweit (=> »Globale Einstellungen«).

19.8 Verteilergruppen

Im vorigen Abschnitt haben wir die Verwaltung einzelner Benutzerkonten angesehen. Ein weiterer Objekttyp, an den Mails versendet werden können, sind Verteilergruppen. Eine Verteilergruppe verfügt über eine »normale« Email-Adresse. Dahinter steckt aber kein Postfach, sondern mehrere Postfächer, die sozusagen Mitglied dieser Verteilergruppe sind.

Eine andere gebräuchliche Bezeichnung ist »Sammeladressen«. Seit Exchange 2003 gibt es zwei Typen, nämlich statische und abfragebasierte Verteilergruppen.

Beide Verteilergruppentypen werden mit dem »Active Directory-Benutzer und -Computer«-Snap-In verwaltet.

19.8.1 Statische Verteilergruppen

Im Active Directory existieren zwei Gruppentypen, nämlich »Sicherheit« und »Verteilung« (Abbildung 19.58).

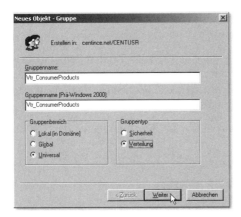

Abbildung 19.58 Beim Anlegen einer Gruppe müssen Sie entscheiden, ob eine Sicherheits- oder Verteilungsgruppe erzeugt werden soll.

Mit Sicherheitsgruppen hatten Sie alle bereits zu tun, denn mit diesen steuert man beispielsweise die Zugriffe auf Ressourcen wie Filesystem oder Drucker. Da auch eine bestehende Sicherheitsgruppe erweitert und als Verteilergruppe verwendet werden kann, macht es häufig Sinn, genau diese Vorgehensweise zu wählen. Konkret: Wenn ohnehin eine Gruppe »Vertrieb« existiert, weil damit die Berechtigung für das Gruppenverzeichnis gesteuert wird, können Sie diese auch als Verteilergruppe verwenden, um alle Vertriebsmitarbeiter anzuschreiben.

Wenn Sie eine Gruppe anlegen möchten, die wirklich nur für Verteilungszwecke verwendet wird, sollten Sie eine Gruppe vom Typ »Verteilung« anlegen. Hierbei geht es primär um die Übersichtlichkeit. Die meisten Organisationen haben ohnehin Gruppenstrukturen bis an die Grenze der Unübersichtlichkeit. Die reinen Verteilergruppen werden in den AD-Werkzeugen entsprechend gekennzeichnet und können demnach klar erkannt werden.

Zur Erinnerung Wenn Sie Gruppen oder Benutzer anlegen, muss das mit Exchange gelieferte »Active Directory-Benutzer und -Computer«-Snap-In verwendet werden!

Wenn eine Gruppe angelegt wird, wird der Assistent nach der Eingabe des Gruppennamens etc. fragen, ob eine Exchange-E-Mail-Adresse erzeugt werden soll. Das eigentliche Anlegen der Gruppe ist also unspektakulär, Sie sollten allerdings einen Blick in die Eigenschaften der neu erstellten Gruppe werfen. Gegenüber der normalen Gruppe sind diverse Exchange-Eigenschaften hinzugekommen. Die meisten Optionen sind selbsterklärend, interessant ist die Einstellung »Server für die Aufgliederung der Verteilerlisten«: Wenn ein interner oder externer Anwender an eine Verteilerliste schreibt, muss diese notwendigerweise aufgegliedert werden, d.h., die Nachricht muss an die Postfächer, die Mitglied dieser Verteilerliste sind, zugestellt werden. Hier gibt es nun zwei Möglichkeiten:

- Grundsätzlich ist jeder Exchange Server der Organisation in der Lage, die Verteilergruppe aufzugliedern. Wenn Sie so konfigurieren möchten, wählen Sie die Option »Alle Server in der Organisation«.
- In einer sehr großen Exchange-Organisation, in der intensiver Gebrauch von Verteilerlisten gemacht wird, könnte es sinnvoll sein, einen dedizierten Server für die Aufgliederung der Verteilerlisten einzurichten. Dieser wird relativ stark belastet sein und sollte an einer »günstigen« (= i.A. zentralen) Stelle im Netzwerk postiert sein. Beim Aufgliedern der Verteilerlisten ist eine schnelle Verbindung zu einem Global Catalog-Server erforderlich.

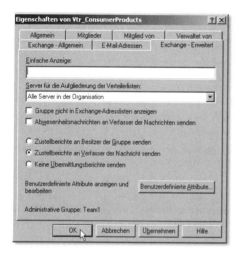

Abbildung 19.59 Eine Exchange-aktivierte Gruppe hat einige zusätzliche Konfigurationsmöglichkeiten, beispielsweise kann ausgewählt werden, wo die Verteilerliste aufgegliedert werden soll.

19.8.2 Abfragebasierte Verteilergruppen

Mit Exchange Server 2003 sind die abfragebasierten Verteilergruppen hinzugekommen. Das Konzept ist einfach: Die Benutzer, die letztendlich eine Mail erhalten, werden nicht anhand statischer Mitgliedschaften in einer Gruppe ermittelt, sondern durch eine zur »Aufgliederungszeit« abgesetzte Anfrage an das Active Directory. Für die Administration bringt das den Vorteil, dass keine statischen Gruppenmitgliedschaften zu pflegen sind.

Eine abfragebasierte Verteilergruppe wird ebenso wie eine »normale« Gruppe mit dem »Active Directory-Benutzer und -Computer«-Snap-In angelegt. Bei der Erstellung ist das erste Kriterium, aus welcher Active Directory-Domain oder OU die Benutzer, die die neue Verteilergruppe umfasst, kommen sollen. In Abbildung 19.60 sehen Sie den entsprechenden Dialog, die genaue Bezeichnung für diesen wichtigen Parameter lautet »Filter auf Empfänger anwenden in und unter«.

Wenn der Container, aus dem die potenziellen Adressaten der Verteilergruppe gelesen werden, definiert ist, werden die Filter definiert. Hier sind unterschiedliche Empfängergruppen anhand technischer Kriterien auszuwählen, beispielsweise »Benutzer mit Exchange-Postfach« oder »Kontakte mit externen E-Mail-Adressen« etc.

In der auf Abbildung 19.60 gezeigten Verteilerliste sind alle Benutzer mit Exchange-Postfach (also »normale« Exchange-Anwender Ihrer Organisation), deren Konto sich in der Active Directory-OU centince.net/CENTUSER befindet, enthalten.

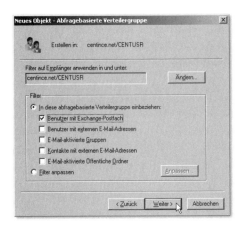

Abbildung 19.60 Beim Anlegen von abfragebasierten Verteilergruppen ist ein wichtiger Parameter die OU, aus der die Objekte gelesen werden. Ansonsten können diverse Filter, auch frei definierte, gesetzt werden.

Es ist natürlich durchaus möglich, dass die OU und ein technisches Kriterium (Benutzer, Kontakt etc.) nicht genügen, um bestimmte Verteilerlisten zu erzeugen. Stellen Sie sich vor, dass Sie eine OU-Struktur abgebildet haben, in der die Benutzerkonten ohne Rücksicht auf den Standort in abteilungsbezogenen OUs (z.B. Vertrieb, Entwicklung, Produktion etc.) angelegt sind. Nun soll eine Verteilergruppe für alle Vertriebsmitarbeiter der Niederlassung Bonn angelegt werden. Gäbe es innerhalb der OU »Vertrieb« eine Unter-OU »Bonn«, wäre das natürlich kein Problem – aber die gibt es eben nicht!

Es gibt aber trotzdem eine einfache Lösung: Wenn Sie in den Benutzerobjekten im Active Directory jeweils die Postadresse gepflegt haben, können Sie z.B. einfach nach der Postleitzahl suchen. Das Kriterium lautet also: Der Benutzer muss in der OU Vertrieb sein und die Postleitzahl 53125 haben – und schon haben Sie eine abfragebasierte Verteilergruppe angelegt, die ohne administrativen Aufwand stets alle Vertriebsmitarbeiter in Bonn beinhaltet.

Wie wird dies konfiguriert? Sie wählen die Erstellung eines individuellen Filters: In dem in Abbildung 19.60 gezeigten Dialog wählen Sie »Filter anpassen« und klicken auf die Schaltfläche »Anpassen...«. Es öffnet sich der in Abbildung 19.61 gezeigte Dialog, in dem Sie beliebig viele Parameter hinterlegen können.

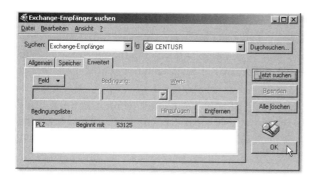

Abbildung 19.61 Natürlich ist es möglich, sehr individuelle Filter für abfragebasierte Verteilergruppen zu konfigurieren, beispielsweise könnte man nach der Postleitzahl des Benutzerobjekts filtern.

Bei der Arbeit mit Abfragen ist es natürlich immer wichtig, das Abfrageergebnis kontrollieren zu können. Insbesondere bei komplexeren Abfragen mit vielen Kriterien sind die Ergebnisse nicht unbedingt zuverlässig vorhersehbar. In den Eigenschaften einer abfragebasierten Verteilergruppe existiert eine Karteikarte »Vorschau«, die genau diesem Wunsch Rechnung trägt (Abbildung 19.62). Sehr interessant ist auf dieser Karteikarte übrigens das Feld »LDAP-Filter«: Hier kann man ein wenig hinter die Kulissen schauen, weil der verwendete LDAP-Filter gezeigt wird – leider kann man diesen hier nicht manuell editieren.

Abbildung 19.62 Auf der Karteikarte »Vorschau« kann man prüfen, welche Benutzerobjekte in dieser abfragebasierten Verteilergruppe enthalten wären. Außerdem wird der verwendete LDAP-Filter angezeigt.

Vor- und Nachteile

Wenn Sie in Ihrem Unternehmen bzw. Ihrer Organisation viele Verteilergruppen mit häufig wechselnden Mitgliedern haben, könnten die abfragebasierten Verteilergruppen eine große Hilfe sein, vorausgesetzt natürlich, dass man die benötigten Abfragen konstruieren kann.

Als Nachteile gegenüber statischen Gruppen sind diese zu nennen:

- Abfragebasierte Verteilergruppen verursachen bei der Aufgliederung eine höhere CPU-Last. In sehr großen Organisationen mit sehr vielen intensiv genutzten Verteilergruppen ist ein separater Server für diese Aufgabe unter Umständen notwendig – hier helfen Messungen!
- Damit abfragebasierte Verteilergruppen überhaupt verwendet werden können, muss die Active Directory-Domain auf Windows 2003 basieren und mit dem Functional Level »Windows Server 2003« gefahren werden. Das ist eventuell nicht in allen Unternehmen und Organisationen der Fall.

19.9 Kontakte

Neben mail-aktivierten Benutzerkonten sind im Active Directory mit Exchange auch mail-aktivierte Kontakte möglich.

Wenn Sie das mit Exchange gelieferte »Active Directory-Benutzer und -Computer«-Snap-In verwenden, wird beim Anlegen eines neuen Kontakts abgefragt, ob Sie eine Exchange-E-Mail-Adresse erstellen möchten. Neben dem Alias kann die externe Mail-Adresse des Kontakts angegeben werden (Abbildung 19.63).

Abbildung 19.63 Auch Kontakte können eine Exchange-E-Mail-Adresse erhalten.

Was kann man überhaupt mit Kontakten anfangen? Über Kontakte können beliebige externe Benutzer in das Verzeichnis, also das Active Directory, eingebunden werden. In Abbildung 19.64 sehen Sie, dass zu Kontakten recht umfangreiche Daten erfasst werden können – interessant für bestimmte abfragebasierte Verteilergruppen. Generell können Kontakte natürlich auch in Verteilergruppen enthalten sein.

Kontakte ermöglichen es, externe Mitarbeiter relativ nahtlos in Ihre von Exchange unterstützten Prozesse einzubinden. In der heutigen Zeit, in der firmenübergreifende elektronische Kommunikation zunehmend an Bedeutung gewinnt, sind die Kontakte eine interessante Möglichkeit. Sie müssen sich aber darüber im Klaren sein, dass mit Kontakten nicht all das möglich ist, was mit »normalen« Postfächern realisierbar ist.

Abbildung 19.64 Zu Kontakten können umfangreiche Informationen hinzugefügt werden.

> **Anmerkung** Wenn Sie in Ihrem Unternehmen, beispielsweise wegen einer Fusion oder Firmenübernahme, mehrere Exchange-Organisationen in mehreren AD-Forests betreiben, ist der Weg zu einer gemeinsamen globalen Adressliste das »Über-Kreuz-Anlegen« von Kontakten mit dem Identity Integration Server: Die Postfächer aus Forest A werden als Kontakte in Forest B angelegt und umgekehrt.

19.10 Zum Schluss: Welche Exchange-Edition habe ich überhaupt?

Eine der beliebtesten Fragen in Newsgroups lautet: »Wie erkenne ich, ob mein Server Standard- oder Enterprise Edition ist?«

Vielleicht haben Sie auch schon gesucht? In der Tat sehen Sie im Eigenschaften-Dialog des Servers zwar die Build-Nummer, nicht aber die Edition. Die Lösung ist einfach: Klicken Sie im Organisationsbaum auf »Server«. Die resultierende Liste zeigt Ihnen auch die Edition! Wenn Sie relativ viele Server verwalten, ist diese Liste übrigens auch sehr praktisch, weil man auf einen Blick erkennen kann, ob nicht auf einer Maschine das Service Pack vergessen wurde ...

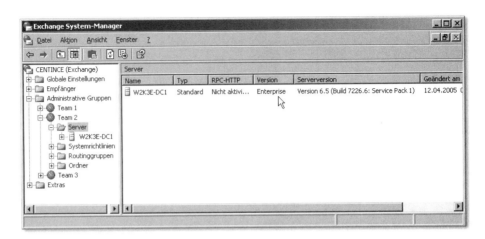

Abbildung 19.65 In dieser Ansicht kann man unter anderem erkennen, welche Exchange-Edition installiert ist – trivial, aber trotzdem oft gesucht.

20 Backup, Restore und Desaster Recovery

20.1	Über Papierkörbe	811
20.2	Wiederherstellung von Postfächern/Mailbox Recovery Center	815
20.3	Sicherung	818
20.4	Rücksicherung – Einführung	832
20.5	Restorevarianten	834
20.6	Arbeiten mit der Recovery Storage Group	845
20.7	Recovery bei Verlust der kompletten Datenbank oder Storage Group	862
20.8	Recovery des kompletten Servers	863

1	Über dieses Buch
2	Der Aufbau des Buchs
3	Exchange 2003 – Service Pack 2
4	Einführung in das Thema Collaboration
5	Erster technischer Überblick
6	Solutions Design
7	Exchange und Active Directory
8	Routing
9	Storage
10	Öffentliche Ordner
11	Administrative Gruppen
12	Richtlinien, Vorlagen und Adresslisten
13	Front-End-/Back-End-Architektur
14	Clients
15	Sichere Anbindung an das Internet
16	Sicherheit
17	Installation
18	Migration/Upgrade auf Exchange 2003
19	Betrieb und Administration
20	Backup, Restore und Desaster Recovery
21	Verfügbarkeit
22	Live Communications Server 2005 – Ein Überblick
23	LCS – Installation und Konfiguration
24	LCS – »Externe« Clients und Föderationen
25	LCS – Administration
26	LCS – Sicherheit
27	Entwicklung
28	Programmieren mit CDO (CDOEX)
A	Problembehebung in Warteschlangen
B	Zu überwachende Parameter (Jetstress-Test)
C	Performance Monitoring, wichtige Datenquellen
D	Outlook Level 1 Dateianhänge

20 Backup, Restore und Desaster Recovery

Über die Bedeutung der Datensicherung braucht man sicherlich keine weiteren Worte zu verlieren! Die Sicherung und insbesondere die Rücksicherung von Exchange ist natürlich nicht so einfach wie beim Dateisystem, weshalb dieses Kapitel eines der wichtigsten in diesem Buch ist!

Sie haben ein Kapitel über Datensicherung aufgeblättert – vermutlich erwarten Sie eine Abhandlung über die Möglichkeiten, Exchange mit einer Datensicherungssoftware zu sichern und wiederherzustellen. Dieses Kapitel wird Ihre Erwartungshaltung erfüllen. Bevor wir mit dem Backup und Restore richtig anfangen, sollten wir uns allerdings Gedanken über einige grundsätzliche Aspekte machen:

Das Primärziel einer Datensicherung ist, dass es jederzeit möglich sein muss, die Daten wiederherzustellen und den Zugriff darauf zu ermöglichen – egal von welchem Schicksalsschlag Ihr Unternehmen auch heimgesucht worden ist.

Ein zweites Ziel ist, dass der Rücksicherungsvorgang möglichst selten stattfinden sollte. Klar, wenn der Exchange Server verloren ist, lässt es sich nicht vermeiden, den Restore-Vorgang zu durchlaufen. Meistens wird die Rücksicherung aus viel weniger spektakulären Gründen durchgeführt. Die »Klassiker« unter Exchange sind:

- »Hilfe, ich habe die wichtigste Mail aller Zeiten gelöscht!«
- Das Löschen des Benutzerkontos und Postfachs eines Mitarbeiters, der das Unternehmen verlassen hat – und zwei Tage fällt dessen Kollegen ein, dass in dem Postfach noch etliche für das Unternehmen wichtige Nachrichten sind.

Wenn für diese relativ einfachen Fälle nicht sofort die Bandsicherung genutzt werden müsste, wäre schon viel gewonnen. In der Tat bietet Exchange Lösungen für die beiden genannten Szenarien, und diese werden Sie in den beiden nächsten Abschnitten kennen lernen.

Sicherung und Wiederherstellung von Exchange sind eine »besondere Herausforderung«, weil neben dem eigentlichen Exchange-System ein belastbares Backup- und Restorekonzept für das Active Directory vorhanden sein muss. Dieses Buch beschäftigt sich nicht weiter mit Sicherung und Wiederherstellung, grundsätzlich gilt aber auch hier, dass es im Optimalfall niemals zum Restore kommt. Im AD-Umfeld ist dieses Ziel durch redundante Domain Controller vergleichsweise einfach zu erreichen!

Bedenken Sie auch, dass Exchange extrem abhängig von Netzwerkdiensten wie DNS und teilweise WINS ist. Des Weiteren ist die gute Erreichbarkeit eines Global Catalog-Servers extrem wichtig!

20.1 Über Papierkörbe

Wenn Sie eine Nachricht löschen, wird diese von Outlook oder auch Outlook Web Access in den Papierkorb (= Ordner »Gelöschte Objekte«) verschoben. Die hierhin verschobenen Elemente können vom Benutzer leicht selbst wiederhergestellt werden, in dem er das Element einfach wieder in den ursprünglichen Ordner verschiebt. Solange Sie nicht eine Empfängerrichtlinie vom Typ »Postfach-Managereinstellungen« (siehe Kapitel 12, *Richtlinien, Vorlagen und Adresslisten*) definieren und auf das Postfach anwenden, bleiben die Mails bis zum jüngsten Tag im Papierkorb liegen.

Die Probleme fangen nun an, wenn der Benutzer entweder die Mails aus dem Papierkorb löscht oder mittels »Shift-Delete« unter Umgehung des Papierkorbs entfernt. Outlook reagiert in diesem Fall mit der Frage, ob die Elemente wirklich *endgültig* gelöscht werden sollen (Abbildung 20.1). In den folgenden Abschnitten werde ich Ihnen zeigen, dass das Löschen trotz des Texts im Dialog nicht endgültig ist.

Abbildung 20.1 Diese Frage gaukelt falsche Tatsachen vor – »endgültig« ist das Löschen der Mails nicht.

Eigentlich riecht das zuvor beschriebene Szenario nach Einspielen des Backups – sehr unangenehm! Der Fall, dass auf diese Weise gelöschte Mails wiederhergestellt werden müssen, ist ein relativ häufiges Szenario im täglichen Exchange-Betrieb. Und nun kommt der serverseitige Papierkorb zum Einsatz. In Outlook werden Sie im Menü »Extras« den Eintrag »Gelöschte Elemente wiederherstellen...« finden (Abbildung 20.2).

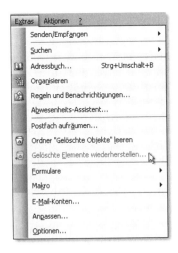

Abbildung 20.2 Der hier noch ausgegraute Menüpunkt »Gelöschte Elemente wiederherstellen...« greift auf den serverseitigen Papierkorb zu.

Damit der serverseitige Papierkorb funktioniert, muss in den Löscheinstellungen des Postfachspeichers als Tagesanzahl für »Gelöschte Objekte aufbewahren...« ein anderer Wert als null eingetragen werden. Ist dort null eingetragen, werden die Nachrichten direkt gelöscht, ansonsten sind sie für die entsprechende Anzahl von Tagen wiederherstellbar.

20.1.1 Aus dem Papierkorb gelöschte Mails wiederherstellen

Hat ein Benutzer versehentlich eine Mail aus dem »Gelöschte Objekte«-Ordner gelöscht oder mit »Shift-Delete« entfernt, kann er diese über den Menüpunkt »Gelöschte Objekte wiederherstellen…« zurückholen – ohne dass der Administrator eine Rücksicherung durchführen muss. In Abbildung 20.2 ist dieser Eintrag ausgegraut; das ist ein Zeichen dafür, dass sich im serverseitigen Papierkorb derzeit keine wiederstellbaren Einträge befinden.

Der Aufruf der Funktion führt zu dem in Abbildung 20.3 gezeigten Dialog. Eine Mail kann entweder wiederhergestellt oder endgültig gelöscht werden. Beim Wiederherstellen wird die Nachricht in den Ordner »Gelöschte Objekte« gelegt und kann von dort zum endgültigen Ziel verschoben werden. Wenn Sie in diesem Dialog eine Mail löschen, ist diese wirklich endgültig weg – dann hilft nur noch das Einspielen des Backups!

Abbildung 20.3 Dieser Dialog zeigt den Inhalt des serverseitigen Papierkorbs. Sie können Mails wiederherstellen oder endgültig löschen.

20.1.2 Mit Shift-Delete gelöschte Mails wiederherstellen

Die zuvor gezeigte Methode funktioniert gut, wenn die Mails aus dem Ordner »Gelöschte Objekte« entfernt worden sind. Werden Nachrichten mittels »Shift-Delete«, sozusagen unter Umgehung des Papierkorbs, gelöscht, sind diese in dem serverseitigen Papierkorb zunächst nicht sichtbar. Für folgende Ordner gibt es allerdings eine Lösung:

- Posteingang
- Postausgang
- Gesendete Objekte
- Entwürfe

Damit Nachrichten, die mittels Shift-Delete aus den vorgenannten Ordnern entfernt worden sind, wiederhergestellt werden können, muss auf den Client-Systemen ein Registry-Wert hinzugefügt werden.

An dieser Stelle darf natürlich der Hinweis nicht fehlen, dass Modifikationen in der Registry nur mit größter Vorsicht durchgeführt werden dürfen!

Starten Sie also regedit, und navigieren Sie zu diesem Zweig:

```
HKEY_LOCAL_MACHINE\SOFTWARE\Microsoft\Exchange\Client\Options
```

Dort fügen Sie einen DWORD-Wert hinzu. Dieser muss `DumpsterAlwaysOn` heißen. Durch Doppelklick auf dieses neue Attribut öffnet sich ein Dialog, in dem Sie den Wert 1 eingeben können (Abbildung 20.4).

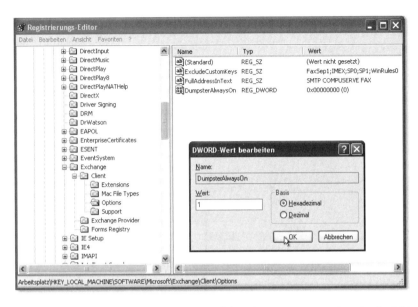

Abbildung 20.4 Dieser Registry-Key muss auf den Clients gesetzt werden, damit nicht nur die aus dem Papierkorb gelöschten Mails wiederhergestellt werden können.

Nach dieser Änderung können die Benutzer mit Shift-Delete gelöschte Mails über den in Abschnitt 20.1.1 gezeigten Weg wiederherstellen – ohne dass ein Administrator aufwändig eine Sicherung einspielen muss.

Die Methode funktioniert übrigens auch bei anderen »Unfällen«: Problematisch ist beispielsweise, wenn ein Benutzer mit Outlook Express »herumexperimentiert« und sein komplettes Postfach via POP3 einliest – POP3-Clients löschen im Allgemeinen die Mails auf dem Server. Auch diese Mails können aus dem serverseitigen Papierkorb wiederhergestellt werden.

Noch zwei Hinweise:

▶ Die Wiederherstellung funktioniert auch für Nachrichten, die vor dem Setzen dieses Registry-Keys mit Shift-Delete gelöscht worden sind. Der Registry-Key verändert also nur die Anzeige.

▶ Damit alle Benutzer Shift-Delete-gelöschte Mails wiederherstellen können, muss dieser Registry-Key notwendigerweise auf allen Clientsystemen gesetzt werden. Es bietet sich an, dies über eine Gruppenrichtlinie zu erledigen.

20.2 Wiederherstellung von Postfächern/Mailbox Recovery Center

Verlässt ein Benutzer das Unternehmen, wird man natürlich seinen Benutzeraccount löschen. Das »Active-Directory-Benutzer und – Computer«-Snap-In wird Sie fragen, ob Sie auch zugeordnete Objekte, speziell das Exchange-Postfach löschen möchten – und schon sind Benutzeraccount nebst Mailbox weg (Abbildung 20.5).

Abbildung 20.5 Bei der Nutzung eines Benutzerkontos kann direkt das Exchange-Postfach gelöscht werden.

Regelmäßig fällt nun einige Tage nach der Löschung einem Anwender siedend heiß ein, dass er eigentlich unbedingt noch einige Daten aus der Mailbox des Ex-Kollegen benötigt. Klassischerweise müssten Sie sich über zwei Dinge Gedanken machen: Es wird die Bandsicherung von Exchange benötigt, gleichzeitig muss aber auch der AD-Account wiederhergestellt werden. Angenehmerweise gibt es eine Alternative, nämlich die Nutzung der Funktion »Wiederherstellung von Postfächern«, auch als Mailbox Recovery Center bekannt.

Das **Mailbox Recovery Center** (MRC) findet sich im Exchange System-Manager unterhalb des Knotens »Extras«. Der erste Schritt ist das Hinzufügen eines Postfachspeichers zum MRC (Abbildung 20.6). Auf einem Exchange Server mit mehreren Postfachspeichern müssen Sie also zumindest wissen, in welchem sich das gelöschte Postfach befand – im Notfall hilft Ausprobieren …

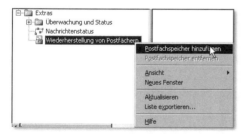

Abbildung 20.6 Zunächst muss der Postfachspeicher, in dem sich das gelöschte Postfach befand, dem Mailbox Recovery Center hinzugefügt werden.

Ist das Postfach dem MBR hinzugefügt worden, werden die dort enthaltenen wiederherstellbaren Postfächer angezeigt (Abbildung 20.7). Auf der Abbildung ist zu erkennen, dass den Postfächern kein Benutzer zugeordnet ist (Spalte »Benutzername« ist leer). Da ein Postfach in Exchange 2003 stets einem AD-Benutzeraccount zugeordnet ist, muss zunächst ein passendes Konto identifiziert werden. Hierzu wählen Sie im Kontextmenü des Postfacheintrags die Funktion »Übereinstimmung suchen«.

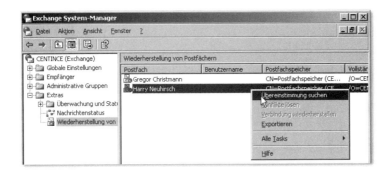

Abbildung 20.7 Ein Postfach muss einem Active Directory-Benutzeraccount zugeordnet sein. Zunächst wird mit »Übereinstimmung suchen« ein passendes Konto gesucht.

Nach Beendigung des Suchvorgangs gibt es zwei Möglichkeiten:

▶ Wenn tatsächlich »nur« das Postfach, nicht aber das Konto im Active Directory gelöscht worden ist (das kann beispielsweise vorkommen, wenn man im »Active Directory-Benutzer und -Computer«-Snap-In das Postfach des Benutzers entfernt), wird bei der Suche voraussichtlich das passende Benutzerkonto gefunden werden. Wird also der richtige Benutzername angezeigt, kann im Kontextmenü mit »Verbindung wiederherstellen« der Ursprungszustand restauriert werden (Abbildung 20.8).

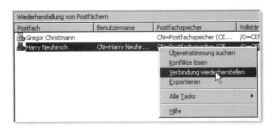

Abbildung 20.8 Ist das ursprüngliche Benutzerkonto noch vorhanden, kann nach erfolgreichem Suchvorgang die Verbindung zwischen Postfach und Konto wiederhergestellt werden.

▶ Ein wenig komplizierter ist der Fall, wenn der Benutzeraccount nicht mehr existiert. Der Vorgang »Übereinstimmung suchen« wird zu keinem Ergebnis führen; in Abbildung 20.9 wird bei dem oberen Postfach <Keine Übereinstimmung gefunden> angezeigt. In diesem Fall wählen Sie im Kontextmenü des Postfachs die Funktion »Konflike lösen«. Daraufhin öffnet sich ein Dialog, in dem das Benutzerobjekt, dem das Postfach zugeordnet werden soll, ausgewählt werden kann (Abbildung 20.10).

Zu beachten ist, dass Sie nur Benutzer auswählen können, die bislang über kein Exchange-Postfach verfügen; einem Benutzer können nicht mehrere Postfächer zugeordnet werden (im Gegensatz zu Exchange 5.5).

Unter Umständen muss also ein neuer temporärer Account angelegt werden, auf dessen Postfach dann die Personen berechtigt werden, die auf die Mails des ehemaligen (und nun gelöschten) Kollegen zugreifen sollen.

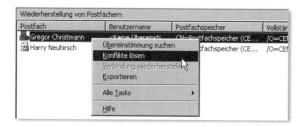

Abbildung 20.9 Wenn kein passendes Benutzerkonto gefunden werden konnte, wird mit der Funktion »Konflikte lösen« ein Auswahldialog geöffnet.

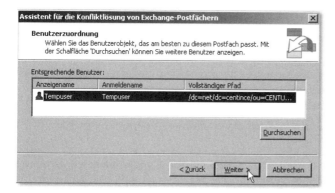

Abbildung 20.10 In diesem Dialog kann ein AD-Konto für das wiederherzustellende Postfach ausgewählt werden. Es werden allerdings nur Benutzerkonten angezeigt, die bislang über kein zugeordnetes Postfach verfügen.

20.2.1 Grundsätzliches zur Wiederherstellbarkeit von Postfächern

Es ergibt sich natürlich die Frage, wie lange Exchange ein gelöschtes Postfach »aufhebt«, schließlich können diese Daten nicht ewig vorgehalten werden. Die entsprechende Konfigurationsmöglichkeit findet sich in den Eigenschaften des Postfachspeichers auf der Karteikarte »Grenzwerte«. Dort gibt es eine Einstellung »Gelöschte Postfächer aufbewahren für (Tage)« (Abbildung 20.11). Diese Einstellung lässt sich natürlich auch über eine Richtlinie vornehmen (siehe Kapitel 12).

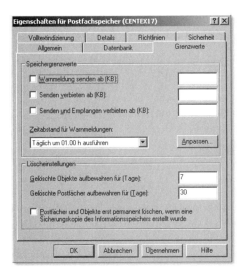

Abbildung 20.11 Wie lange gelöschte Postfächer aufbewahrt werden sollen, wird in den Eigenschaften des Postfachspeichers festgelegt.

20.3 Sicherung

Grundsätzlich ist die Durchführung einer Sicherung immer einfacher als die Wiederherstellung. Damit eine Wiederherstellung aber gelingen kann, sind bei der Sicherung verschiedene Aspekte zu berücksichtigen.

20.3.1 Sicherungsverfahren

Bevor mit der Exchange-Sicherung begonnen werden kann, muss man sich darüber klar werden, welches Sicherungsverfahren zur Anwendung kommen soll. Hier gibt es drei Varianten:

- **Datenbankbasierte Sicherung**: Dies ist das Standardverfahren für die Exchange-Sicherung. Hierbei werden über die serverseitig implementierten Backupschnittstellen die komplette Datenbank und/oder die Logfiles gesichert. Dieses Verfahren ist stabil und performant, ermöglicht aber keine direkte Wiederherstellung einzelner Postfächer oder Mails.

- **Brick-Level-Backup**: Beim so genannten Brick-Level-Backup verbindet sich die Backup-Software als MAPI-Client (sie verhält sich also wie Outlook) mit den einzelnen Postfächern und sichert die darin enthaltenen Nachrichten, Kontakte und Kalendereinträge. Der Vorteil des Verfahrens ist, dass Sie später einzelne Postfächer und Mails wiederherstellen können. Leider ist beim Brick-Level-Backup die Performance dermaßen indiskutabel, dass man dieses Verfahren höchstens in einer kleinen Umgebung mit wenigen Postfächern anwenden kann.

- **Offline-Sicherung**: Man kann natürlich den Exchange Informationsspeicherdienst anhalten und die Daten kopieren. Das ist aus diversen Gründen nicht wirklich empfehlenswert – aber möglich.

Wenn Sie mit dem integrierten Backup-Programm von Windows Server 2003 arbeiten, steht Ihnen nur die datenbankbasierte Sicherung zur Verfügung. Microsoft selbst kennt in seinen Produkten kein Brick-Level-Backup.

Bei der Planung von Exchange-Systemen wird häufig großer Wert auf die Möglichkeit gelegt, einzelne Postfächer oder Mails wiederherstellen zu können. Diese Forderung führt aber nicht dazu, dass Sie nun unbedingt das langsame Brick-Level-Backup nutzen müssen:

- Wie bereits zu Anfang des Kapitels erläutert wurde, muss das Designziel sein, dass das Einspielen einer Sicherung möglichst nie notwendig ist. Das Thema »Ich habe gestern eine wichtige Mail gelöscht« lässt sich meistens über den serverseitigen Papierkorb in den Griff bekommen. Beim versehentlichen Löschen einer Mailbox durch den Administrator hilft der Mailbox Recovery Agent.
- Durch die mit Exchange Server 2003 eingeführte Recovery Storage Group wird das Wiederherstellen einzelner Postfächer oder Mails sehr deutlich vereinfacht (Sie brauchen keinen zweiten Exchange Server). Sie werden später sehen, dass das Verfahren recht einfach durchzuführen ist. Gleichwohl ist es in großen Umgebungen mit stark belasteten Servern und riesigen Datenbanken nicht optimal, weil die komplette Sicherung des Informationsspeichers eingelesen werden muss.
- Wenn Sie regelmäßig bis häufig einzelne Postfächer/Mails zurücksichern müssen und der serverseitige Papierkorb nicht hilft, sollten Sie über Zusatzprodukte wie den Quest Recovery Manager für Exchange oder die On-Track PowerControls nachdenken.

Sicherungstypen beim Exchange-Backup

Beim »richtigen« Backup der Exchange-Datenbank (also nicht dem Brick-Level-Verfahren) stehen Ihnen vier Sicherungstypen zur Verfügung – ich orientiere mich hier an dem für Exchange erweiterten Windows-Backup, andere Backupprodukte etablieren eventuell zusätzliche Verfahren.

- **Normal**: Hierbei wird die komplette Datenbank nebst notwendigen Logfiles gesichert. Nach Abschluss der Sicherung werden die vor dem Checkpoint liegenden Logfiles gelöscht. Diese werden nicht mehr benötigt, da die Datenbank bis zum Checkpoint gesichert ist.
- **Kopie**: Bei diesem Sicherungstyp wird ebenfalls die komplette Datenbank gesichert, allerdings werden die alten Logfiles nicht gelöscht.
- **Differenziell**: Dieser Sicherungstyp sichert nur die Logfiles. Die Logs werden nach der Sicherung nicht gelöscht.
- **Inkrementell**: Hierbei werden die Logfiles gesichert und nach der Sicherung gelöscht.

Es ist sicherlich sinnvoll, die inkrementelle und die differenzielle Sicherung im Anwendungskontext zu vergleichen. Wir betrachten ein Szenario, bei dem jeden Sonntag eine Vollsicherung durchgeführt wird; an den Wochentagen sollen jeweils Änderungsdaten gesichert werden:

- **Das inkrementelle Verfahren** ist in Abbildung 20.12 dargestellt: Am Montag werden die Änderungen seit der Vollsicherung gespeichert, am Dienstag die Änderungen seit Montag, am Mittwoch die Änderungen seit Dienstag …

Dieser Rhythmus kommt technisch dadurch zustande, dass die alten Logs jeweils nach der Sicherung gelöscht werden.

- Der Vorteil von diesem Verfahren ist, dass hierbei die kleinste zu sichernde Datenmenge entsteht.
- Nachteilig ist, dass bei der Wiederherstellung unter Umständen recht viele Bänder benötigt werden: Wenn Sie das Restore am Freitag durchführen müssen, benötigen Sie die Vollsicherung von Sonntag und die Incrementals von Montag bis Donnerstag; insgesamt also fünf Bänder.

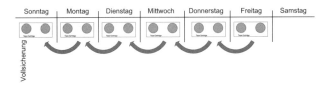

Abbildung 20.12 Prinzip der inkrementellen Sicherung: Jede Sicherung baut auf der jeweils vorhergehenden auf.

▶ **Das differenzielle Backup-Verfahren** (Abbildung 20.13) unterscheidet sich technisch vom inkrementellen Backup dadurch, dass die Logs nach Abschluss der Sicherung nicht gelöscht werden. Wenn man davon ausgeht, dass bei der letzten Vollsicherung (Normal-Backup) die Logs abgeschnitten worden sind, werden nun am Montag die Logs seit Sonntag, am Dienstag die Logs seit Sonntag, am Mittwoch die Logs seit Sonntag ... gesichert.

- Der Vorteil dieses Verfahrens ist, dass Sie zur Wiederherstellung nur zwei Bänder einlesen müssen, nämlich die Vollsicherung und die letzte Differentialsicherung.
- Der Nachteil ist, dass insbesondere zum Ende der Woche deutlich mehr Daten als bei der inkrementellen Sicherung geschrieben werden – eben nicht nur die Änderungen seit dem Vortag, sondern die Änderungen seit der vergangenen Vollsicherung (Sonntag).

In einem großen Unternehmen mit mehreren tausend Postfächern auf dem Server ist das schon ein merkliches Mehrvolumen im Vergleich zur rein inkrementellen Sicherung. Andererseits ist das Primärziel, schnelle Restores fahren zu können – dabei hat die differenzielle Sicherungsmethode deutliche Vorteile.

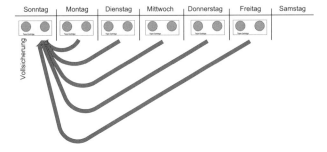

Abbildung 20.13 Bei der differenziellen Sicherung basieren alle »Differentials« auf der letzten Vollsicherung.

Verfahren in der Praxis

Aus den Erläuterungen ergeben sich nun zwar diverse unterschiedliche Möglichkeiten, in der Praxis findet man am häufigsten die nachfolgend beschriebenen Variationen:

- Täglich Normalsicherung: Prinzipiell der einfachste Weg ist die tägliche Durchführung einer Normal-Sicherung (komplette Datenbank sichern, alte Logs löschen). Wenn Sie in Ihrer Umgebung keine Probleme mit der Dauer des Backups und der pro Vorgang benötigten Kapazität haben, spricht absolut nichts gegen tägliche Vollsicherungen.
- Wöchentliche Normal- und tägliche Diffenzialsicherungen: Wenn Sie nicht tägliche Normalsicherungen durchführen möchten oder können, ist dieses Verfahren ein guter Kompromiss, weil die Differenzialsicherung prinzipiell »restore-optimierter« ist.
- Wöchentliche Normal- und tägliche inkrementelle Sicherungen: Wenn es auf die geringstmöglichen Backupzeiten während der Woche ankommt, wäre die inkrementelle Sicherung erste Wahl – berücksichtigen Sie aber, dass ein Restore am Freitag (siehe Erläuterungen weiter oben) viele Bandwechsel benötigt!

20.3.2 Volume Shadow Copy Services (VSS)

Ist Exchange 2003 auf einem Windows 2003-Server installiert, kann bei der Sicherung auf die Möglichkeit der Volume Shadow Copies zurückgegriffen werden. Sie müssen dafür keine weiteren Konfigurationsschritte vornehmen, lediglich Ihre Backupsoftware muss dieses Verfahren unterstützen. Bei einer modernen Software, wie beispielsweise BackupExec von Veritas/Symantec ist die Unterstützung der VSS selbstverständlich.

> Exchange 2003 unterstützt ab Service Pack 1 das Backup mit Volume Shadow Copies für Normal-, Copy, Incremental- und Differential-Backup.

Letztendlich können Sie die VSS mit Exchange nutzen, ohne überhaupt etwas davon zu merken. Ich denke aber, dass es auch für Exchange-Planer und -Administratoren nicht schaden kann, ein wenig Grundlagenwissen über Basistechnologien zu haben.

Welche Vorteile bietet nun ein Backup mit Nutzung der Volume Shadow Copy Services?

Bei der Sicherung von Datenbanken (Exchange ist letztendlich auch eine Datenbank, die Mailprotokolle beherrscht) ergibt sich immer das Problem, dass die Dateien prinzipiell niemals geschlossen sind. Damit trotzdem eine Sicherung im laufenden Betrieb möglich ist, implementieren die Hersteller mehr oder minder komplexe Verfahren, um eben doch ein Backup im laufenden Betrieb realisieren zu können. »Klassische« Verfahren funktionieren so, dass in die eigentliche Datenbank während des Backups nicht mehr geschrieben wird, sondern dass alle anfallenden Änderungen nur im Log geschrieben werden. Nach Beendigung des Backups werden die aufgelaufenen Änderungen in die eigentliche Datenbank geschrieben.

Je kürzer der für das Backup benötigte Zeitraum ist, desto besser – das ist so weit einleuchtend. Um das Backup von Datenbanken, die unter Umständen mehrere hundert Gigabyte groß sind, zu optimieren, lässt sich das Snapshot-Verfahren einsetzen: Da das Erzeugen eines Snapshots nur wenige Sekunden benötigt, ist es ein äußerst attraktives Verfahren. Ein paar »Fallstricke« sind allerdings zu berücksichtigen:

- Ein Snapshot kann nur dann durchgeführt werden, wenn die Daten, die mit diesem Verfahren gesichert werden sollen, konsistent sind. Die Datenbank muss also in den Read-Only-Mode gesetzt oder heruntergefahren werden, und die Cache Buffer des Filesystems müssen geleert sein. Dies alles könnte man über Skripts realisieren.
- Bei Exchange genügt es nicht, einfach einen Snapshot der EDB-Datei zu erstellen. Ein Sicherungsvorgang muss darüber hinaus beispielsweise die nicht mehr benötigten Logdateien löschen etc.
- Viele Applikationen (darunter auch Exchange) speichern den Zeitpunkt der letzten Sicherung. Dies ist natürlich nur möglich, wenn die Datensicherung über die entsprechenden Verfahren der Serversoftware durchgeführt wird. Wenn Sie »einfach« einen Snapshot anfertigen, ohne dass der Applikationsserver »aktiv mitarbeitet«, hebeln Sie letztendlich dessen Sicherungskonzept aus.
- In der Vergangenheit war das Erstellen von Snapshots primär eine Option von großen FibreChannel-Storage-Systemen mit Kosten im deutlich sechsstelligen Bereich – das ist in mittelständischen Szenarien eine eher wenig realistische Größenordnung.

Das Konzept der Volume Shadow Copies ist ein Snapshot-Verfahren, das allerdings durch die sehr nahe Integration und die »Mitwirkung« von Dateisystem und Applikationsserver die zuvor genannten Nachteile eliminiert.

Eine genauere Beschreibung des VSS-Verfahrens finden Sie im übernächsten Abschnitt, zunächst stelle ich Ihnen die Grundlagen eines Snapshots vor.

Das Prinzip des Copy-on-Write-Snapshots

Letztendlich handelt es sich bei den VSS um eine spezielle Implementierung eines Copy-on-Write-Snapshots. Dieser Abschnitt stellt Ihnen das Verfahren des Copy-on-Write-Snapshots vor. **Bedenken Sie jedoch, dass die VSS nicht exakt dieses Verfahren implementieren** (beispielsweise wird kein aus dem Snapshot resultierendes Volume bereitgestellt), zum grundlegenden Verständnis sind diese Erläuterungen aber durchaus wertvoll.

Bei einem Copy-on-Write-Snapshot wird zunächst ein »virtuelles Volume« erzeugt, das selbst keine Daten enthält, sondern auf die Blöcke des Original-Volumes verweist. Dies ist vereinfacht in Abbildung 20.14 dargestellt: Das Snapshot-Volume sieht für eine Anwendung genau so aus wie ein »normales« Volume, man kann ihm natürlich auch einen Laufwerksbuchstaben zuweisen. Greift man beispielsweise auf den dritten Block des Snapshot-Volumes zu, liest man tatsächlich den dritten Block des Original-Volumes.

Direkt nach dem Erzeugen wird also für den Snapshot kaum Plattenplatz benötigt, da beim Zugriff auf das Snapshot-Volume die Daten vom Original-Plattenbereich gelesen werden. Natürlich wird für die Verwaltung des Snapshots (z.B. Zuweisung zu Blöcken auf dem Original-Volume) Plattenplatz benötigt, dieser ist im Vergleich zu den eigentlichen Produktionsdaten aber sehr gering.

Interessant ist nun das Verhalten des Systems, wenn sich auf dem Original-Volume Blöcke ändern. Dies ist in Abbildung 20.15 schematisch gezeigt:

- Ändert sich auf dem Originalvolume ein Block (in Abbildung wird aus dem C ein X), wird dessen ursprünglicher Inhalt in einen »Deltabereich« geschrieben.

▶ In dem Snapshot-Volume wird nun die »Verpointerung« geändert, so dass der Snapshot noch immer den ursprünglichen Block enthält, der nun allerdings im Deltabereich liegt.

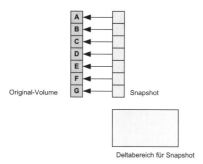

Abbildung 20.14 Copy-on-Write-Snapshot direkt nach dem Erzeugen

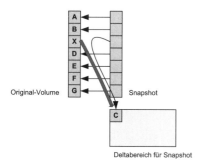

Abbildung 20.15 Copy-on-Write-Snapshot bei Datenänderung

Nun wird auch klar, warum dieses Verfahren »Copy-on-Write« genannt wird: Wird auf dem Originalvolume ein Block überschrieben, wird dessen Inhalt in einen Deltabereich kopiert.

Bezogen auf das Backup ergibt sich diese Vorgehensweise:

▶ Daten werden in einen konsistenten Zustand gebracht, beispielsweise Datenbanken anhalten bzw. in den Backup-Modus setzen.
▶ Der Snapshot wird ausgeführt, d.h., das Snapshot-Volume wird erzeugt.
▶ Die Datenbank wird wieder gestartet.
▶ Der Snapshot wird gesichert.
▶ Nach Abschluss der Sicherung wird der Snapshot aufgelöst.

Die systemseitige Architektur ist in Abbildung 20.16 nochmals dargestellt. Datenbank-Server und Backup-Server sind hier als Dienste zu verstehen, die auf einem Server betrieben werden. Der Datenbankserver schreibt auf das Original-Volume, der Backupserver liest von dem virtuellen Snapshot-Volume. Das Snapshot-Volume wird aus dem Original-Volume und dem Deltabereich gebildet.

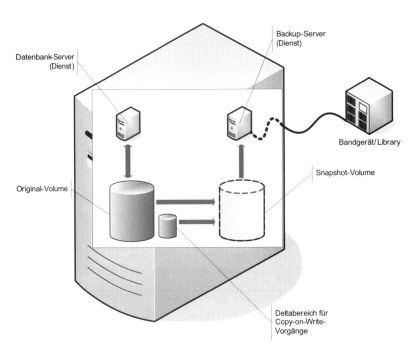

Abbildung 20.16 Funktionsweise des Backups mit Snapshots

Bei der konkreten Realisierung des Snapshottings gibt es einerseits den Ansatz, den Snapshot mittels des RAID-Controllers eines Storage-Systems zu erzeugen, andererseits existieren Softwareprodukte, die auf einem »normalen« lokalen Plattenbereich einen Snapshot erzeugen können. Die Skizze in Abbildung 20.16 stellt die Plattenbereiche zwar als server-intern dar, das Prinzip ändert sich aber nicht, wenn die Plattenbereiche sich in einem zentralen Storage-System befinden.

Unabhängig davon, mit welcher Technologie gearbeitet wird, gibt es einige Aspekte zu beachten:

- Das Erstellen von Snapshots wird generell auf Blocklevel-Basis durchgeführt – nicht auf Datei-Basis.
- Da ein Backup-Vorgang zu einem erheblichen Teil auf den »Originaldaten« läuft, muss natürlich mit Performance-Einflüssen gerechnet werden.

Das durch das Erstellen von Snapshots entstandene Laufwerk kann entweder auf ein lokal angeschlossenes Bandlaufwerk oder mittels Remote-Agent über das LAN gesichert werden.

Darüber hinaus besteht die Möglichkeit, ein Off-Host-Backup zu fahren. Dieses zeichnet sich dadurch aus, dass der Server selbst in den Backup-Vorgang nicht mehr eingebunden ist.

Ein spezialisiertes und gleichzeitig perfektioniertes Verfahren des Copy-on-Write-Snapshots stellen die Volume Shadow Copy Services dar, die im nächsten Abschnitt beschrieben werden.

Volume Shadow Copy Services – Technische Hintergründe

Wer sich mit dem Windows Server 2003 beschäftigt hat, wird bereits auf die »Schattenkopien für Öffentliche Ordner« getroffen sein und sich damit beschäftigt haben.

Blitzeinführung in »Schattenkopien für Öffentliche Ordner«:

- Wenn die Volumen-Schattenkopien aktiviert sind (in der Computerverwaltung eines 2003-Servers), können ad hoc oder im Rahmen eines Zeitplans Schattenkopien erstellt werden. Schattenkopien sind letztendlich Snapshots, die in Sekunden den Stand des Filesystems zum Zeitpunkt des Auslösens »einfrieren«.
- Der Anwender (oder natürlich auch ein Administrator) kann mit dem Explorer im Kontextmenü einer Datei die durch Schattenkopien gespeicherten älteren Versionen anschauen, an einen anderen Speicherort kopieren oder wiederherstellen.

Die Volume Shadow Copy Services bieten wesentlich mehr als nur die Möglichkeit, Snapshots von freigegebenen Ordnern anzufertigen. Es handelt sich vielmehr um eine Technologie, die von Backup-Systemen und Applikationsservern, insbesondere eben auch Exchange, genutzt werden kann. Ebenso kann Storage-Hardware eingebunden werden. Dies alles funktioniert aber nicht ohne das Zutun der entsprechenden Hersteller.

Die Architektur der Volume Shadow Copy Services ist in Abbildung 20.17 dargestellt: Neben dem eigentlichen Dienst besteht das System aus Writer, Requestor und Provider.

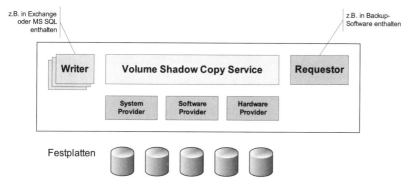

Abbildung 20.17 Schematische Darstellung der Volume Shadow Copy Services

- **Requestor**: Diese Komponente initiiert einen VSS-gestützten Backup-Vorgang. Im Normalfall wird dies eine Backupsoftware sein, die VSS unterstützt. Die meisten »gängigen« Backup-Produkte können als VSS-Requestor arbeiten, beispielsweise das mit dem Betriebssystem mitgelieferte NTBackup oder Veritas BackupExec.
- **Writer**: Ein Writer ist eine Funktionalität, die in der zu sichernden Applikation integriert ist, beispielsweise in Exchange oder SQL Server. Die Writer-Komponente sorgt beispielsweise dafür, dass eine Datenbank in einen konsistenten »sicherbaren« Zustand gebracht wird. Bei dem zuvor vorgestellten Verfahren über Nicht-VSS-Snapshots hatten wir die Datenbank angehalten bzw. in einen Backup-Mode versetzt. Beim VSS-Verfahren wird der Writer beauftragt, die Applikation entsprechend »vorzubereiten«. Darüber hinaus liefert der Writer beispielsweise Informationen, welche Dateien tatsächlich gesi-

chert werden müssen etc. Mit dem Betriebssystem werden einige Writer mitgeliefert, einige Applikationen bringen ebenfalls Writer mit. Beispiele für VSS-vorbereitete Applikationen sind Exchange 2003 und SQL-Server 2000.

- **Provider**: Der Provider übernimmt die eigentliche Arbeit der Erstellung des Snapshots, initiiert also je nach Provider einen Copy-on-Write- oder Split-Mirror-Snapshot. VSS sieht drei Provider-Typen vor: System-, Software- und Hardwareprovider. Letzterer löst die Bildung eines Snapshots auf einem RAID-Controller aus, beispielsweise in einem zentralen Storage-System. Der Systemprovider wird mit Windows 2003 mitgeliefert und erstellt einen Snapshot auf Softwarebasis. Die dritte Gruppe sind Softwareprovider: Ein Beispiel wäre die Ihnen bereits bekannte Veritas Storage Foundation mit FlashSnap-Option. Dieses Sofwareprodukt kann ebenfalls als VSS-Provider arbeiten und beherrscht die Erstellung von Split-Mirror-Snapshots. Der mit Windows 2003 mitgelieferte Systemprovider kann nur Copy-on-Write-Snapshots erstellen.

Der Ablauf eines Backup-Vorgangs mit VSS-Unterstützung sieht wie auf Diagramm 20.18 gezeigt aus:

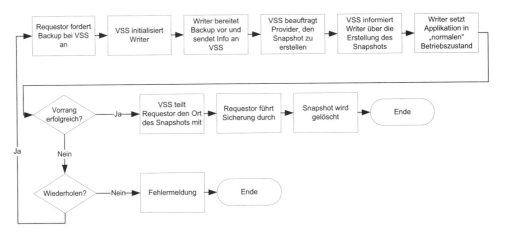

Abbildung 20.18 Ablauf eines Backup-Vorgangs mit VSS-Unterstützung

Schauen wir uns kurz ein reales System an. Hierzu verwenden wir das Kommandozeilenwerkzeug `vssadmin.exe`, das im Windows 2003 Server enthalten ist. Der Aufruf `vssadmin.exe list writers` zeigt die im System vorhandenen VSS-Writer. Das Ergebnis ist in Abbildung 20.19 gezeigt.

Sie sehen mit dem Betriebssystem mitgelieferte Writer, beispielsweise für ActiveDirectory (NTDS) oder die Registry, außerdem einen MSDEWriter (auf dem Demosystem ist die MSDE-Version des SQL2000-Servers installiert, die von BackupExec genutzt wird).

Das Backup-Programm, das ja die Rolle des Requestors erfüllt, muss nun in der Lage sein, die Sicherung über Volume Shadow Copy Services zu initiieren. Werfen wir einen Blick in die Auswahllistendefinition von Veritas BackupExec (Abbildung 20.20): Sie finden dort unter »Shadow Copy-Komponenten« genau die acht Writer-Objekte, die auch die Kommandozeilenanfrage mit `vssadmin.exe` gefunden hat.

Abbildung 20.19 Liste der VSS-Writer, ausgegeben mit vssadmin. Der Exchange Writer ist an zweiter Stelle (Pfeil) zu sehen.

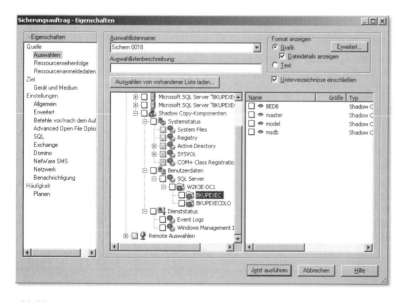

Abbildung 20.20 Auswahl von VSS-Datenquellen in BackupExec

Interessant ist vielleicht noch, einen Blick auf die installierten Provider zu werfen. Hierzu bemühen wir wieder vssadmin und zwar mit folgendem Aufruf: `vssadmin.exe list writers`. Das Ergebnis sehen Sie in Abbildung 20.21.

Abbildung 20.21 Auflistung der installierten VSS-Provider

Auf dem Demo-Server ist neben dem Systemprovider »Microsoft Software Shadow Copy provider 1.0« ein weiterer Softwareprovider installiert. Dieser Provider wird von Veritas Storage Foundation mit FlashSnap-Option bereitgestellt. Generell gilt, dass der Volume Shadow Copy Service die vorhandenen Provider in dieser Reihenfolge verwenden wird:

- Hardwareprovider
- Softwareprovider
- Systemprovider

Ein Requestor kann diese Reihenfolge übrigens überschreiben.

Der Volume Shadow Copy Service bietet noch einige weiterführende Möglichkeiten, von denen ich insbesondere **Shadow Copy Transport** nennen möchte. Hierbei geht es um die Realisierung eines Off-Host-Backups. Für Shadow Copy Transport gelten folgende Voraussetzungen:

- Serverbetriebssystem Windows 2003 Enterprise oder Datacenter
- Hardwareprovider muss genutzt werden, es wird also ein externes Storagesystem mit Snapshotting und VSS-Unterstützung benötigt.

20.3.3 Sicherung mit Windows Server-Bordmitteln

Die Sicherung mit der Windows Sicherungsapplikation (NTBackup) ist recht einfach durchzuführen und einzurichten. Vielleicht rümpfen Sie nun die Nase wegen der Verwendung von NTBackup, immerhin wird diese Applikation bei der Installation der Exchange Verwaltungswerkezuge so erweitert, dass sie in der Lage ist, Online-Backups des Exchange Servers durchzuführen.

Ich kenne übrigens durchaus Kunden, die ihre Exchange-Datenbanken mit NTBackup in ein Ziel im Dateisystem sichern und das entstandene Backup-To-Disk-File mit der »normalen« Datensicherung auf Band schreiben. Grund für diese Vorgehensweise ist im Allgemeinen die mangelnde Qualität oder Verfügbarkeit von passenden Exchange-Agents für die eingesetzte Backup-Software:

- Wenn eine ältere Backup-Software eingesetzt wird, unterstützt diese eventuell noch kein Exchange 2003.
- Von etlichen Administratoren hört man übrigens, dass sie mit der Exchange-Unterstützung in NTBackup besser zurechtkommen als mit derjenigen ihrer »normalen« Backup-Software. In diesem Fall würde ich mir natürlich über die Sicherungssoftware (bzw. deren Qualität und Handhabbarkeit) einige Gedanken machen. Nichtsdestotrotz ist die Entscheidung insofern richtig, als es in jedem Fall wichtig ist, eine Sicherung zu haben, die Sie im Ernstfall auch leicht wieder einspielen können!

Wenn Sie das Sicherungsprogramm starten und auf die Karteikarte »Sichern« wechseln, finden Sie dort einen Knoten »Microsoft Exchange Server«. Unterhalb dieses Knotens können Sie nun festlegen, welche Server und welche Datenbanken (Informationsspeicher, Postfachspeicher) gesichert werden sollen. Darüber hinaus muss natürlich das zu verwendende Sicherungsmedium angegeben werden. Hierbei kann es sich um ein Bandgerät oder Festplattenspeicher handeln.

Wenn Sie den Schalter »Sicherung starten« anklicken, können Sie prinzipiell direkt den Sicherungsvorgang starten.

In den Abbildungen 20.22 bis 20.24 ist gezeigt, wie ein Sicherungsjob mit NTBackup erstellt wird:

- Die Auswahl der zu sichernden Objekte wird erstellt und gespeichert (Abbildung 20.22)
- Ein Zeitplan für die Ausführung wird erstellt (Abbildung 20.23).
- Die Sicherungsart wird für den Job definiert (Abbildung 20.24).

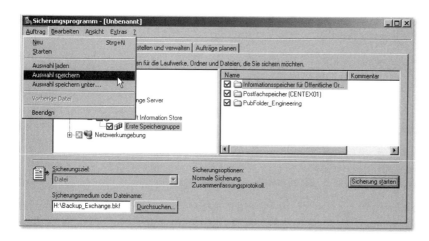

Abbildung 20.22 Zunächst werden die zu sichernden Daten ausgewählt. Die Auswahl kann gespeichert werden.

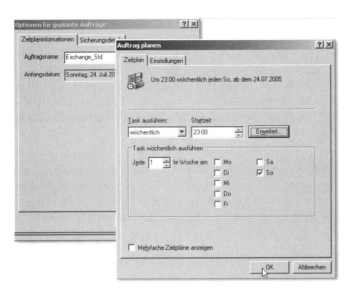

Abbildung 20.23 Ein Zeitplan kann definiert werden, beispielsweise jeden Sonntag um 23 Uhr für das Normal-Backup.

Abbildung 20.24 Wichtig ist das Festlegen der Sicherungsart.

20.3.4 ... was sonst noch gesichert werden muss

Wenn Datenbanken und Logs zuverlässig gesichert werden, ist das natürlich ein wichtiger Schritt, allerdings müssen im Sicherungskonzept diverse weitere Komponenten berücksichtigt werden.

System State

Alle für Windows Server 2003 zertifizierten Sicherungsprogramme sind in der Lage, den System State zu sichern. Der System State besteht aus folgenden Komponenten:

- Registry
- Boot-Dateien

- COM+-Registrierungsdatenbank
- Systemdateien
- IIS Metabase
- Active Directory, nur auf Domain Controllern
- SYSVOL-Verzeichnis
- Cluster Quorum Resource, nur bei Clusterknoten
- Zertifikatsdienste, nur bei Maschinen, auf denen die Zertifikatsdienste installiert sind

Der System State enthält alle Daten, um einen Server wiederherzustellen – abgesehen von den Betriebssystemdateien natürlich.

Beachten Sie, dass der System State ein »abgeschlossenes Paket« ist. Wenn Sie beispielsweise die Möglichkeit haben wollen, die IIS Metabase separat zurückzusichern, genügt es nicht, eine Sicherung des System State zu haben; Sie müssen hierzu eine separate Sicherung anlegen!

IIS Metabase

In der IIS Metabase sind die Konfigurationsinformationen für die Internetdienste enthalten. Dies betrifft die Webdienste, darüber hinaus auch die Internet-Protokolle, also SMTP, NNTP, POP3 und IMAP4.

Die IIS Metabase ist zwar Bestandteil der Sicherung des System State, allerdings können Sie im Fall von Problemen nicht so einfach die Konfiguration aus der System State-Sicherung auslesen. Es empfiehlt sich daher, nach Konfigurationsänderungen eine Sicherung der IIS Metabase durchzuführen. Die gesicherten Daten werden in die Datei **\WINDOWS\system32\inetsrv\MetaBase.xml** geschrieben.

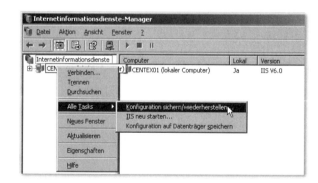

Abbildung 20.25 Die Sicherung der IIS Metabase wird im Kontextmenü des Internetinformationsdienste-Managers initiiert.

Active Directory

Das Active Directory ist die Basis des Gesamtsystems, also auch die Grundlage für Exchange. Umso wichtiger ist ein belastbares Sicherungskonzept für den Verzeichnisdienst. Grundsätzlich wird die AD-Datenbank eines Domain Controllers zwar mit dessen

System State gesichert, allerdings gibt es durchaus einige darüber hinausgehende Überlegungen:

- Die zuverlässigste Möglichkeit zur zuverlässigen Bereitstellung des Active Directory ist die Installation eines redundanten Domain Controllers. Sie sollten allerdings nicht Ihren Exchange Server zum DC machen. Dies funktioniert zwar, ist aber trotzdem nicht zu empfehlen!
- Wenn Sie ein wirklich intelligentes und flexibles Verfahren zur Sicherung und insbesondere für die Wiederherstellung des Active Directory suchen, wird man zu Spezialwerkzeugen wie Quest Recovery Manager für Active Directory greifen.

20.4 Rücksicherung – Einführung

Weshalb führen wir überhaupt eine Sicherung durch? Klarer Fall, damit man im Zweifelsfall in der Lage ist, eine Rücksicherung durchzuführen. Die Durchführung einer Rücksicherung ist in Exchange leider nicht so einfach, wie es beispielsweise bei einem Dateisystem ist, trotzdem ist es natürlich kein unlösbares Problem.

Im Zusammenhang mit dem Themenkomplex »Restore« gibt es drei wichtige Hinweise:

- Sorgen Sie dafür, dass Sie auf den Platten des Exchange Servers immer viel freien Speicher zur Verfügung haben. Dies ermöglicht Ihnen einerseits ein problemloses Restore in die Recovery Storage Group, andererseits können Sie eine komplette Datenbank in ein anderes Verzeichnis kopieren, bevor Sie einen Restore-Vorgang »versuchen«.
Best Practice ist, den Füllstand der Platten niemals über 50 % steigen zu lassen. Das gilt für das Datenbank-Volume und den Speicherbereich, in dem die Logs liegen.

- Bauen Sie sich ein Testsystem auf, mit dem Sie die grundlegenden Restore-Vorgänge ausprobieren können. Nehmen Sie dieses Ausprobieren ernst! Mir ist klar, dass Sie im Tagesgeschäft eigentlich nicht die Zeit haben werden, regelmäßig ins »Restore-Trainingslager« zu gehen. Sie können aber davon ausgehen, dass die Vorgänge im wirklichen Fehlerfall Ihnen nur dann souverän von der Hand gehen, wenn Sie es immer wieder geübt haben.
Ein Pilot geht immer wieder die Verhaltensweisen im Ernstfall, beispielsweise bei einem Triebwerksbrand, durch. Wenn dieses Szenario dann tatsächlich eintritt, wird er aufgrund der erworbenen Routine richtig handeln. Wenn Ihr Exchange Server nicht oder nur mit großer zeitlicher Verzögerung wiederhergestellt werden kann, sterben vermutlich nicht direkt Hunderte von Menschen, trotzdem könnte es sehr unangenehm sein, wenn Sie Ihrem Chef nach drei Tagen beichten müssen, dass mit einem völlig leeren Exchange Server gestartet werden muss, weil das Recovery partout nicht geklappt hat.
Ich reite auf diesem Thema deshalb so penetrant herum, weil ich genügend Administratoren kenne, die noch nie in Ihrem Leben ein Exchange-Restore durchgeführt haben – das kann im Ernstfall nicht klappen!

- Überprüfen Sie täglich (!) Ihre Sicherungsverfahren. Es bedarf keiner weiteren Erläuterungen, dass ein Restore nicht möglich ist, wenn Sie entweder überhaupt kein Backup haben, weil der Job seit drei Jahren nicht gelaufen ist, oder aber auf den Bändern nur unbrauchbarer Datensalat steht. Kann nicht passieren? Hier zwei Beispiele, die ich mit eigenen Augen gesehen habe:

- Bei einem Unternehmen war die Exchange-Datenbank korrupt (der klassische Fehler −1018). Aufgrund der Inkonsistenz der Datenbank wurde kein Backup mehr durchgeführt, niemand hat es gemerkt. Exchange funktioniert bekanntlich auch trotz kleiner Fehler in der Datenbank, aber ein Sicherungsjob bricht ab (siehe auch Abschnitt 9.5.3). Das Ergebnis war, dass die letzte Sicherung vor zwei Jahren durchgeführt worden war.

- In einem anderen Fall wurde die Sicherung zwar ausgeführt, aber seit Einrichtung des Backup-Systems vor eineinhalb Jahren wurden immer nur inkrementelle Sicherungen angefertigt. Für den Restore-Fall bedeutet das, dass man die Vollsicherung (Alter: 1,5 Jahre) und sämtliche seitdem vorgenommenen inkrementellen Sicherungen hätte einspielen müssen. Selbst wenn man noch alle Sicherungsjobs gehabt hätte, wäre für die Rücksicherung vermutlich ein Zeitbedarf von einer Woche entstanden.

Fakt ist, dass Sie natürlich Zeit und Material sparen können, wenn Sie die vorgenannten Hinweise nicht oder nur sehr begrenzt beherzigen. Wenn Sie Ihrem Chef nach einem einwöchigen Ausfall des Exchange-Systems, aus dem dann der Totalverlust der Daten resultiert, erzählen, dass Sie aus Zeitmangel nicht die notwendigen Überprüfungen und Vorsorgemaßnahmen durchgeführt haben, wird er dafür nur wenig Verständnis haben – sondern Ihnen den Kopf oder sonstige Körperteile abreißen!

Ich weiß, dass eher kaufmännisch orientierte Vorgesetzte in den wenigsten Fällen allzu großes Verständnis für die Belange der IT haben – zumal, wenn diese mit Investitionen verbunden sind. Es ist allerdings der Job eines IT-Verantwortlichen, seinem Vorgesetzten die Notwendigkeit der Investitionen klar zu machen und dafür zu sorgen, dass sich das System stets in einem restore-fähigen Zustand befindet.

Zurück zur Technik: Es gibt drei grundlegende Szenarien, in denen ein Restore-Vorgang zur Anwendung kommt:

- **Einzelne Mails oder Postfächer müssen wiederhergestellt werden.** Ein typischer Anwendungsfall ist, dass ein Benutzer, vorzugsweise ein Geschäftsführer, aus Versehen eine, mehrere oder alle Mails gelöscht hat.
Wie in Abschnitt 20.1 erläutert wurde, ist dies eigentlich kein Fall für einen vollen Restore-Vorgang, ich werde Ihnen die Vorgehensweise natürlich trotzdem vorführen.

- **Eine Exchange-Datenbank oder eine Speichergruppe muss zurückgesichert werden.** Dies wird dann notwendig, wenn die Datenbank korrupt geworden oder beispielsweise durch Festplattenfehler verloren gegangen ist.

- **Der komplette Exchange Server muss wiederhergestellt werden.** Dieser Schritt wird nach einem Serverausfall notwendig, bei dem neben den Exchange-Datenbanken auch die Installation an sich (also das C:-Laufwerk mit Betriebssystem und Applikationen) vernichtet worden ist. Voraussetzung ist, dass das Active Directory noch intakt ist.

Prinzipiell gibt es noch einen vierten Fall, bei dem auch das Active Directory nicht mehr verfügbar ist. In einem solchen Szenario muss, bevor Sie überhaupt an die Wiederherstellung von Exchange denken können, das Active Directory reanimiert werden (dies ist allerdings kein Bestandteil dieses Buchs).

20.5 Restorevarianten

Wie Sie ja wissen, besteht eine Exchange-Datenbank aus zwei Komponenten: den eigentlichen Datenbank-Dateien (EDB und STM) und den Logfiles. Ein kurzes Repetitorium:

- Jede Veränderung, die in der Datenbank durchgeführt wird, wird in den Logfiles protokolliert.
- Die Logfiles sind jeweils ca. 5 MB groß und heißen **E*.log**. Das aktuelle File heißt **E00.log**, und wenn es »voll« ist, wird es mit einem hochzählenden Dateinamen versehen und ein neues **E00.log** wird geschrieben.
- Bei einer differenziellen oder inkrementellen Sicherung werden nur die Logfiles gesichert.

Das Resultat aus den zuvor dargelegten Fakten ist, dass sich auf dem Exchange Server, der am Sonntag mittels Vollbackup und an den übrigen Tagen mittels differenziellem Backup gesichert wird, die in Abbildung 20.26 gezeigte Sicherungskonstellation finden wird. Um nun bei einem am Freitag stattfindenden Restore den aktuellen Stand wiederherstellen zu können, müssen zunächst die Datenbank von der sonntäglichen Vollsicherung restauriert und anschließend die Logfiles nachgefahren werden.

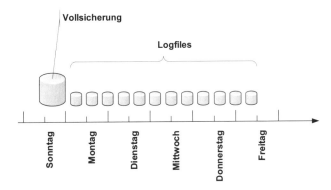

Abbildung 20.26 Um am Freitag den aktuellen Stand wiederherzustellen, muss zunächst die Vollsicherung zurückgespielt und dann müssen sämtliche Logs nachgefahren werden.

Die gute Nachricht ist, dass Exchange Ihnen viel Arbeit abnehmen kann. Die schlechte ist, dass Sie sich zum einen mit der Theorie, zum anderen mit dem Erlernen einiger »Handgriffe« befassen müssen.

20.5.1 Soft Recovery

Das Soft Recovery ist ein Vorgang, den Sie zwar kennen müssen, mit dem Sie aber im Allgemeinen nicht »steuernderweise« zu tun haben werden. Ein Soft Recovery wird beispielsweise durchgeführt, wenn die Datenbank nach einem Absturz neu gemountet wird. Sofern Datenbank und Logfiles an ihrem Speicherort vorhanden (also nicht komplett gelöscht) und intakt sind, werden die Logfiles ab dem im Checkpoint-File verzeichneten Zeitpunkt nachgefahren. Ist keine Checkpoint-Datei vorhanden, werden alle vorhandenen Logs angewendet.

Folgende Einschränkungen gelten für das Soft Recovery:

- Logfiles können nicht auf eine andere als die ursprüngliche Datenbank angewendet werden. Gewissermaßen eine Falle ist, dass eine Datenbank, die repariert oder defragmentiert worden ist, im Sinne des Soft Recoverys nicht mehr »ursprünglich« ist. Daraus folgt, dass Sie nach einem Absturz des Systems nicht prophylaktisch eine Reparatur oder Defragmentierung laufen lassen sollten!
- Soft Recovery funktioniert nicht, wenn nicht alle benötigten Logfiles, beginnend mit dem Datum des letzten Checkpoints, vorhanden sind.
Daraus folgt: Löschen Sie *niemals* manuell Logfiles – es sei denn, Sie sind sich absolut sicher, was Sie tun.
- Automatisches Soft Recovery funktioniert nicht, wenn die Datenbank in einen anderen Pfad verschoben worden ist. Der Hintergrund ist, dass der physikalische Pfad der Datenbank in den Logfiles eingetragen ist. Das Werkzeug Eseutil bringt an diesem Punkt zwar Rettung, trotzdem gilt: Verschieben Sie niemals manuell eine Datenbank, bevor nicht das Soft Recovery durchgeführt worden ist.
- Soft Recovery funktioniert nicht, wenn die Checkpoint-Datei auf eine falsche Position verweist. Dies könnte passieren, wenn vor der Durchführung des Soft Recoverys eine ältere Version der Datenbank in das Verzeichnis kopiert wird.
- Soft Recovery funktioniert nicht, wenn eine Datenbank der Storage Group fehlt.

Aus diesen Einschränkungen lassen sich zwei Schlussfolgerungen ziehen:

- Versuchen Sie nach einem Absturz (oder sonstigen Störungen) die Datenbanken (= Informationsspeicher) zu mounten (= bereitzustellen). Wenn die Datenbank erfolgreich gemountet werden kann, ist das Soft Recovery erfolgreich durchgeführt worden.
- Führen Sie keine Veränderungen an den Datenbanken (oder im »umliegenden Filesystem« durch, bevor Sie nicht sicher sind, dass alle Datenbanken ein eventuell notwendiges Soft Recovery erfolgreich abgeschlossen haben. Wenn Sie die Datenbanken nicht mounten möchten, können Sie mit Eseutil prüfen, ob sie sich in einem »Clean Shutdown-State« befinden.
Dies wird mit dem Befehl `eseutil /mh [Datenbankpfad+Name]` vorgenommen. In Abbildung 20.27 sehen Sie die entsprechende Ausgabe; suchen Sie nach dem `State` der Datenbank (siehe den Pfeil auf der Abbildung).

Unter Umständen könnte es notwendig sein, ein manuelles Soft Recovery auszulösen. Folgende Beispiele fallen mir dazu ein:

- Ein Soft Recovery soll durchgeführt werden, obwohl eine Datenbank der Storage Group fehlt. Ursache könnte beispielsweise sein, dass diese Datenbank unrettbar beschädigt ist.
- Eine einzelne Datenbank soll sozusagen außerhalb des Exchange Systems wiederhergestellt werden (kopieren Sie vor der Durchführung die Datenbank und die Logs am besten auf einen anderen Server; die Logs enthalten physikalische Pfade zur Datenbank, da kann schnell ein »Unfall« passieren).

Der Vorgang kann mittels Eseutil ausgelöst werden, nähere Informationen zur Syntax erhalten Sie nach Eingabe von `Eseutil`, gefolgt von einem »r« (Abbildung 20.28).

```
C:\Programme\Exchsrvr\bin>eseutil /mh c:\Programme\Exchsrvr\MDBDATA\priv1.edb
Microsoft(R) Exchange Server Database Utilities
Version 6.5
Copyright (C) Microsoft Corporation. All Rights Reserved.

Initiating FILE DUMP mode...
      Database: c:\Programme\Exchsrvr\MDBDATA\priv1.edb

        File Type: Database
   Format ulMagic: 0x89abcdef
   Engine ulMagic: 0x89abcdef
 Format ulVersion: 0x620,11
 Engine ulVersion: 0x620,11
Created ulVersion: 0x620,9
     DB Signature: Create time:05/22/2005 14:42:22 Rand:2550245 Computer:
         cbDbPage: 4096
           dbtime: 102006 (0x18e76)
            State: Clean Shutdown
     Log Required: 0-0 (0x0-0x0)
    Streaming File: Yes
         Shadowed: Yes
        Last Objid: 1061
       Scrub Dbtime: 0 (0x0)
        Scrub Date: 00/00/1900 00:00:00
      Repair Count: 0
```

Abbildung 20.27 Mit Eseutil kann geprüft werden, ob eine Datenbank sauber heruntergefahren ist, sich also im »Clean Shutdown State« befindet. Ist dies der Fall, ist kein Soft Recovery notwendig.

```
RECOVERY:
 DESCRIPTION:  Performs recovery, bringing all databases to a
               clean-shutdown state.
       SYNTAX: ESEUTIL.EXE /r <3-character logfile base name> [options]
      OPTIONS: zero or more of the following switches, separated by a space:
               /l<path>  - location of log files
                           (default: current directory)
               /s<path>  - location of system files (eg. checkpoint file)
                           (default: current directory)
               /i        - ignore mismatched/missing database attachments
               /d[path]  - location of database files, or current directory
                           if [path] not specified (default: directory
                           originally logged in log files)
               /8        - set 8k database page size (default: 4k)
               /o        - suppress logo
```

Abbildung 20.28 Ein Soft Recovery kann mit Eseutil ausgelöst werden. Hier sind die Parameter gezeigt.

Ein Soft Recovery trotz Fehlen einer (anderen) Datenbank der Speichergruppe starten Sie wie folgt:

`Eseutil /r /Enn /l[Logfilepfad] /s[Systempfad] /i`

> **Hinweis** Der Systempfad ist derjenige, in dem sich beispielsweise die Chk-Datei befindet. Enn bezeichnet das aktuelle Logfile. Bei der ersten Datenbank einer Speichergruppe heißt es E00.

20.5.2 Hard Recovery

Ein Hard Recovery ist dem zuvor beschriebenen Soft Recovery sehr ähnlich. Auch hier besteht die Aufgabe darin, die Informationen der Logfiles auf die Datenbankdatei anzuwenden. Wenn Sie Abbildung 20.29 anschauen, können Sie sich recht einfach veranschaulichen, worum es bei der Wiederherstellung geht:

- Zunächst wird die Datenbank aus der Vollsicherung (in diesem Beispiel von Sonntag) wiederhergestellt.
- Dann müssen alle Logfiles, die sich im Zweifelsfall über mehrere Sicherungsmedien verteilen, zurückgespielt werden.

▶ Zuletzt werden die in den Logfiles aufgezeichneten Veränderungen seit dem letzten Backup durch das Hard Recovery in die Datenbank geschrieben.

Um Ihnen die Anwendung des Hard Recoverys vorzuführen, habe ich einen kleinen Testfall aufgebaut, den Sie auf einem Testsystem leicht nachvollziehen können:

▶ Zunächst wird von einer Datenbank eine Komplettsicherung angefertigt.
▶ Nun wird in einem Postfach, das in dieser Datenbank liegt, eine weitere Mail erzeugt.
▶ Anschließend wird eine differenzielle oder inkrementelle Sicherung durchgeführt.
▶ Im Windows-Sicherungsprogramm ergibt sich nun das in Abbildung 20.29 gezeigte Szenario (der erste Eintrag ist die Vollsicherung, der zweite die differenzielle).

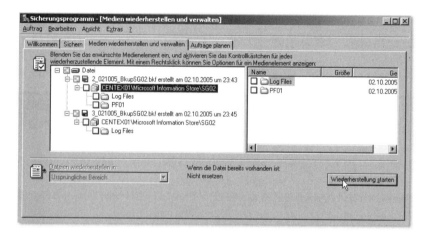

Abbildung 20.29 Im Windows-Sicherungsprogramm ist eine volle (erste Zeile) und eine differenzielle Sicherung (zweite Zeile) zu sehen.

Für die Vorbereitung des Tests wird zunächst die Bereitstellung des Postfachspeichers aufgehoben, und anschließend werden alle Dateien der Speichergruppe (Datenbanken, Logs, Checkpoint-File) gelöscht. Probieren Sie das nicht auf einem produktiven Exchange Server aus!

Automatisches Hard Recovery

Im ersten Anwendungsfall führen wir ein automatisches Hard Recovery durch, was bedeutet, dass das Sicherungsprogramm nach Wiederherstellung aller Dateien den Vorgang auslöst.

Im ersten Schritt wird die letzte Vollsicherung ausgewählt und zurückgespielt. Entscheidend wichtig ist, dass die Checkbox »Letzter Wiederherstellungssatz ...« deaktiviert bleibt (Abbildung 20.30). Ist die Checkbox aktiviert, wird nach Abschluss der Rücksicherung das Hard Recovery ausgeführt. Ist dies geschehen, haben Sie keine Chance mehr, die zusätzlichen Logs aus der nachfolgenden Differenzialsicherung einzuspielen – es sei denn natürlich, Sie fangen nochmals von vorn an.

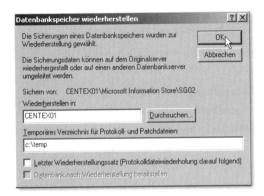

Abbildung 20.30 Im ersten Schritt wird die Vollsicherung zurückgespielt. Die Checkbox »Letzter Wiederherstellungssatz« BLEIBT AUS!

Im zweiten Schritt werden die seit dem letzten Backup erzeugten Differenzial- und inkrementellen Sicherungen zurückgespielt. Diese können prinzipiell auf beliebig vielen Bändern lagern, im Zweifelsfall müssen Sie fünf (oder auch noch mehr) Rücksicherungsvorgänge durchführen. Angenommen, Sie müssen wirklich vier Incrementals (Mo, Di, Mi, Do) zurückspielen:

▶ Bei den ersten drei Rücksicherungsvorgängen bleibt die Checkbox wie bei dem Einspielen der Vollsicherung AUS.

▶ Erst bei der letzten Rücksicherung aktivieren Sie die Checkbox »Letzter Wiederherstellungssatz«. Wenn Sie möchten, können Sie den Informationsspeicher auch direkt bereitstellen lassen (Abbildung 20.31).

Hinweis Lassen Sie sich nicht vom Exchange System-Manager (ESM) irritieren: Wenn Sie die automatische Bereitstellung aktiviert haben, müssen Sie die Anzeige im ESM aktualisieren. Er würde auch nach vielen Stunden noch nicht anzeigen, dass der Informationsspeicher längst wieder aktiv ist.

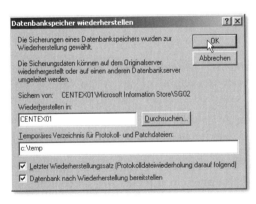

Abbildung 20.31 Letzter Schritt: Erst beim Einspielen des letzten Differentials/Incrementals wird die Checkbox »Letzter Wiederherstellungssatz« aktiviert.

Nach erfolgreichem Abschluss des Vorgangs zeigt ein Blick in das Anwendungsprotokoll der Ereignisanzeige, was alles passiert ist. Interessant ist vor allem, anhand der Einträge nachzuverfolgen, wie Exchange die Logs nachfährt (Abbildung 20.32).

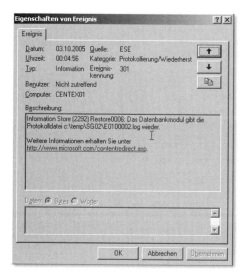

Abbildung 20.32 Im Anwendungsprotokoll der Ereignisanzeige kann man nachvollziehen, wie Exchange die Logs nachfährt – das Hard Recovery!

Manuelles Hard Recovery

Wenn Sie beim Einspielen des letzten Sicherungssatzes, also des letzten Differential/Incremental, *nicht* das Hard Recovery ausgelöst haben, also die Checkbox nicht gesetzt war, werden Sie Folgendes feststellen können:

- Im Datenbankverzeichnis werden sich die EDB- und die STM-Datei befinden.
- Im Temp-Verzeichnis, das Sie bei den Rücksicherungsvorgängen immer angeben mussten, liegen alle zurückgesicherten Log-Dateien, zuzüglich einer Datei namens **restore.env**. Letztgenannte ist sozusagen die Steuerdatei für den Wiederherstellungsvorgang (Abbildung 20.33).

Wenn Sie nun, ohne dass ein Hard Recovery gelaufen ist, versuchen würden, den Informationsspeicher bereitzustellen, erhalten Sie die (Vorsicht Ironie!) unheimlich aussagekräftige Fehlermeldung aus Abbildung 20.34. Ein Blick in die Ereignisanzeige, Rubrik »Anwendung«, hilft immer: Dort findet sich die Klartextmeldung, dass dieser Rücksicherung das Hard Recovery fehlt (Abbildung 20.35).

Die Durchführung des Hard Recoverys wird mit dem Werkzeug Eseutil angestoßen, der Aufruf lautet `eseutil /cc`. Damit Sie möglichst wenig Pfade angeben müssen, empfiehlt sich folgende Vorgehensweise:

- Navigieren Sie auf der Kommandozeile in das Verzeichnis, in dem sich die **restore.env** befindet. Das ist ein Unterverzeichnis des Temp-Verzeichnisses, das Sie beim Rücksichern angegeben haben.

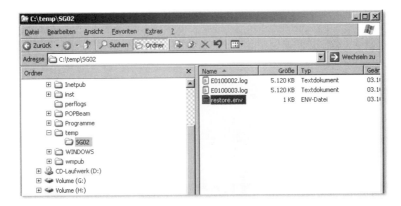

Abbildung 20.33 Wenn alle Sicherungen eingespielt sind, aber noch kein Hard Recovery durchgeführt worden ist, liegen alle Log-Dateien im Temp-Verzeichnis.

Abbildung 20.34 Wenn Sie Datenbank und Logs ohne Hard Recovery eingespielt haben und versuchen, den Informationsspeicher bereitzustellen, erhalten Sie diese Meldung.

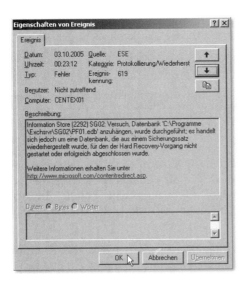

Abbildung 20.35 Im Ereignisprotokoll, Rubrik »Anwendung«, findet sich die genaue Fehlerbeschreibung – es fehlt das Hard Recovery.

- Rufen Sie dort einfach `eseutil /cc` auf (Abbildung 20.36).
- Wenn der Vorgang erfolgreich war, können Sie den Informationsspeicher im Exchange System-Manager bereitstellen. Alle Logfiles sind nun eingepflegt!

```
C:\temp\SG02>c:\Programme\Exchsrvr\bin\eseutil.exe /cc
Microsoft(R) Exchange Server Database Utilities
Version 6.5
Copyright (C) Microsoft Corporation. All Rights Reserved.
Using restore environment
    Restore log file: C:\temp\SG02

              Restore Path: C:\temp\SG02
                Annotation: Microsoft Information Store
                    Server: CENTEX01
           Backup Instance: SG02
           Target Instance:
Restore Instance System Path:
   Restore Instance Log Path:

                 Databases: 1 database(s)
             Database Name: PF01
                      GUID: 10146D4C-2D41-4A16-A4934A16B2DFAB02
              Source Files: C:\Programme\Exchsrvr\SG02\PF01.edb C:\Pr
ogramme\Exchsrvr\SG02\PF01.stm
         Destination Files: C:\Programme\Exchsrvr\SG02\PF01.edb C:\Pr
ogramme\Exchsrvr\SG02\PF01.stm

           Log files range: E0100002.log - E0100003.log
         Last Restore Time: Thu Jan 01 01:00:00 1970

            Recover Status: recoverNotStarted
             Recover Error: 0x00000000
              Recover Time: Mon Oct 03 00:21:05 2005

Restoring ....
    Restore to server: CENTEX01
    Target Instance: SG02
Operation completed successfully in 11.907 seconds.

C:\temp\SG02>
```

Abbildung 20.36 Das manuelle Auslösen des Hard Recoverys erfolgt mit dem Eseutil-Werkzeug.

Ein Missverständnis beim Testen

Dieser Abschnitt handelt von einem Missverständnis, das vor allem beim Testen zuschlägt. Ein funktionierender Restore-Vorgang ist natürlich etwas, was man seinem Chef gern vorführt. Also wird folgendes »verkürztes Testszenario« durchlaufen:

- Sie führen mit dem Windows-Sicherungsprogramm ein Online-Backup des Exchange-Postfachspeichers durch, in dem die Mailbox Ihres Chefs liegt.
- Sie bitten ihn, sämtliche Mails (insbesondere die unternehmenskritischen zu löschen).
- Sie sprühen vor Selbstbewusstsein und führen ein Backup der Datenbank durch, der Schalter für das Hard Recovery ist gesetzt.
- Der Vorgang wird erfolgreich abgeschlossen.
- Sie bitten Ihren Chef Outlook zu öffnen ...
- ... und es ist keine einzige Mail da! Oh!

Wenn Sie es jetzt schaffen, Ihrem Chef zu erklären, dass das daran liegt, dass Exchange ziemlich intelligent ist, sind Sie wirklich gut!

Was ist passiert?

- In dem Szenario, so wie ich es beschrieben habe, sind die bestehenden Logfiles nicht gelöscht worden. Das kann daran liegen, dass Sie es nicht für nötig gehalten haben oder dass in der Speichergruppe noch andere Datenbanken laufen, die Sie durch die kleine

Vorführung nicht beeinträchtigen wollten. (Zur Erinnerung: Alle Datenbanken in einer Speichergruppe nutzen dieselben Logfiles!)

- Das Sicherungsprogramm hat wie geplant die Datenbank aus der Vollsicherung eingespielt und dann das Hard Recovery gestartet.
- Da aber sämtliche Logfiles verfügbar sind, fährt das Hard Recovery diese nach. Und die im Logfile gespeicherten und nun nachgefahrenden Aktionen sind: das Löschen sämtlicher Mails! Dies kann man im Anwendungsprotokoll auch nachvollziehen. In Abbildung 20.37 sieht man, dass die Original-Logfiles (und eben nicht nur die aus dem Temp-Verzeichnis) nachgefahren werden.
- Klartext: Die testweise gelöschten Mails waren ein paar Sekunden vorhanden, wurden aber beim Nachfahren der Logs direkt wieder gelöscht.

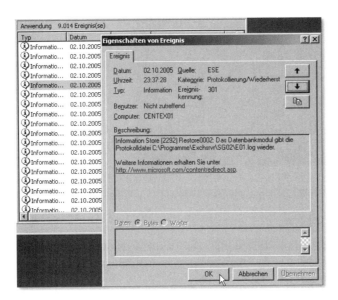

Abbildung 20.37 Sofern vorhanden, fährt Exchange auch die »Original-Logfiles« nach; nicht nur die aus dem Temp-Verzeichnis.

Falls Ihnen wirklich so etwas passiert ist, gibt es zwei Lösungsansätze:

- **Ansatz 1**: Heben Sie die Bereitstellung auf, löschen Sie manuell die Logs, und führen Sie die Rücksicherung nebst automatischem Hard Recovery nochmals durch. Das ist natürlich problematisch, wenn ein anderer Informationsspeicher derselben Speichergruppe davon betroffen ist.
- **Ansatz 2**: Arbeiten Sie mit der Recovery Storage Group. Das ist der bessere Weg!

20.5.3 Einspielen von Offline-Backups

Die vorherigen Restore-Verfahren gingen davon aus, dass Sie mit Online-Backups arbeiten. Grundsätzlich ist natürlich auch eine Offline-Sicherung möglich, obgleich dieses Verfahren deutlich nicht zu empfehlen ist, weshalb ich es zuvor nicht als Sicherungsmethode vorgestellt habe. Eine Offline-Sicherung entsteht dadurch, dass man den Exchange-Informationsspeicher anhält und die Dateien kopiert bzw. direkt auf Band sichert (**edb** und **stm**).

> **Wichtiger Hinweis** Falls Sie trotz meines dringenden Abratens auf diese Weise sichern möchten: Prüfen Sie vor der Durchführung die Integrität der Datenbanken (`eseutil / mh`), damit Sie nicht monatelang eine korrupte Datenbank sichern.

Point-in-Time Restore

Der einfachere Fall der Wiederherstellung einer Offline-Sicherung ist der Point-in-Time Restore. Nach Abschluss dieses Verfahrens befindet sich die Datenbank exakt in dem Zustand wie bei der Sicherung – alle seitdem vorgenommenen Änderungen (sprich Mails, Kalendereinträge etc.) sind verloren.

Voraussetzung für das Einspielen eines Offline-Backups ist, dass sämtliche Parameter übereinstimmen, das betrifft sowohl die Namen von Exchange-Organisation, administrativer Gruppe, Server und Datenbank als auch den Speicherort der Dateien.

Hier die Vorgehensweise:

- Falls die Datenbank noch läuft, beenden Sie sie, sprich »Bereitstellung des Informationsspeichers aufheben«. Andere Datenbanken der Speichergruppe können weiterlaufen.
- Kopieren Sie die EDB- und die STM-Datei aus der Offline-Sicherung in das Datenbankverzeichnis. An dieser Stelle möchte ich Ihnen noch einige Warnungen mit auf den Weg geben:
  - Falls in dem Verzeichnis noch eine defekte Versionen der Datenbankdatei liegt, kopieren Sie diese! Es besteht ja durchaus die Möglichkeit, dass sie sich zu einem späteren Zeitpunkt noch reparieren lässt.
  - Überschreiben Sie *keinesfalls* andere Dateien als die EDB- und die STM-Datei der wiederherzustellenden Datenbank. Wenn Sie beispielsweise Logs oder die Checkpoint-Datei überschreiben, reißen Sie die anderen Datenbanken der Speichergruppe mit in den Tod!
  - Falls sich andere Datenbanken in der Speichergruppe befinden, die *sämtlich* nicht ausgeführt werden, müssen Sie überprüfen, ob ein gültiger Checkpoint für vorhanden ist (siehe Knowledge Base-Artikel 296788). Wenn mindestens eine Datenbank der Speichergruppe aktiv ist, ist ein gültiger Checkpoint vorhanden!
- Nach Abschluss des Kopiervorgangs können Sie die Datenbank im Exchange System-Manager wieder bereitstellen. Ist die Bereitstellung erfolgt, haben Sie keine Chance mehr, die eventuell noch vorhandenen Logfiles nachzufahren!
- Im Anwendungsprotokoll wird sich ein Eintrag finden, dass die Datenbank wiederhergestellt worden ist (Abbildung 20.38).

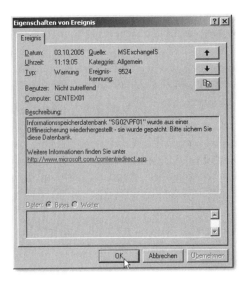

Abbildung 20.38 Nach dem erfolgreichen Bereitstellen der aus der Offline-Sicherung wiederhergestellten Datenbank wird sich dieser Eintrag im Anwendungsprotokoll finden.

Roll-Forward Restore

Wie Sie zuvor gesehen haben, ist ein Point-in-Time Restore zwar einfach durchzuführen, allerdings verlieren Sie sämtliche Änderungen, die seit dem Backup erfolgt sind. Wenn Sie noch über die Logs verfügen, wäre ein Nachfahren derselben möglich, so dass die Datenverluste sich minimieren, letztendlich sogar bis auf »null« reduzieren lassen. Im Abschnitt über Hard Recovery (Abschnitt 20.5.2) haben Sie gesehen, wie einfach dieser Vorgang beim Vorliegen eines Online-Backups ist. Falls Sie lediglich ein Offline-Backup zur Verfügung haben, ist die gute Nachricht, dass das Nachfahren der Logs grundsätzlich möglich ist – die schlechte Nachricht ist, dass dieser Vorgang recht umständlich zu initiieren ist.

Da die Durchführung einer Roll-Forward-Sicherung vermutlich nur für einen sehr kleinen Teil der Leser interessant sein wird, werde ich nun nicht die nächsten acht Seiten mit der Beschreibung des Verfahrens verbringen, sondern verweise Sie auf diesen Knowledge-Base-Artikel: 296788.

Falls Sie bewusst Offline-Backups durchführen, indem Sie beispielsweise an den Volume Shadow Copy Services vorbei controllerbasierte Snapshots mit einem SAN-Storage-System anfertigen, sollten Sie das Roll-Forward Restore unbedingt ausprobieren – am besten regelmäßig. Der Vorgang ist nicht trivial!

Zudem sollten Sie dann sicherstellen, dass in der Speichergruppe keine anderen Datenbanken vorhanden sind:

▶ Zur Durchführung eines Roll-Foward Restores von einem Offline-Backup müssen alle Datenbanken der Speichergruppe offline gesetzt werden (im Gegensatz zum Point-in-Time Restore von der Offline-Sicherung).

- Ich persönlich hätte viel zu viel Angst, dass durch die Maßnahmen an der wiederherzustellenden Datenbank die anderen Datenbanken in Mitleidenschaft gezogen werden könnten. Prinzipiell kann das zwar nicht passieren, wenn unter Zeitdruck aber jemand etwas unachtsam ist ...

Fazit Offline-Backup

Sie haben gesehen, dass ein Restore einer Offline-Sicherung durchaus möglich ist. Trotzdem ist die Online-Sicherung der deutlich bessere, bequemere und auch »konformere« Weg.

Falls Sie bislang, warum auch immer, eine Offline-Sicherung durchführen, kann ich Ihnen nur dringend ans Herz legen, auf das Online-Verfahren umzustellen.

20.5.4 Rücksichern von Brick-Level-Backups

Falls Sie Brick-Level-Backups durchführen, bewegen Sie sich außerhalb des von Microsoft vorgesehenen Rahmens. Die meisten Backup-Lösungen von Drittherstellern bieten zwar entsprechende Lösungen an, mir fallen aber zu dem Verfahren ad hoc diese Nachteile ein:

- Brick-Level-Backups sind langsam (richtiger wäre: extrem langsam).
- Es handelt sich dabei nicht um ein von Microsoft in irgendeiner Form »vorgesehenes« oder standardisiertes Verfahren.
- Wenn Sie wirklich häufig einzelne Objekte zurückholen müssen, sollten Sie einen Blick auf diese Themen werfen:
  - Vermutlich können Sie das Restore einzelner Objekte ohnehin vermeiden. Lesen Sie dazu die Abschnitte 20.1 und 20.2.
  - Der Recovery-Vorgang ist aufgrund der Recovery Storage Groups von Exchange 2003 ohnehin deutlich einfacher und schneller geworden.
  - Es gibt Drittherstellern, die den Restore einzelner Objekte auf »normalen« Sicherungen unterstützen. Zu nennen wären hier Quest Recovery Manager for Exchange und PowerControls von Ontrack.

Da die Rücksicherung von Brick-Level-Backups zu individuell ist, wird dieses Buch darauf nicht näher eingehen.

20.6 Arbeiten mit der Recovery Storage Group

Das Zurücksichern einzelner Objekte (= Mails etc.) ist »traditionell« der Horror für einen Exchange-Administrator. Der Grund hierfür ist, dass ältere Versionen sich diesbezüglich nie sonderlich um Komfort bemüht haben. Hier ist durch die Recovery Storage Group eine deutliche Vereinfachung eingetreten. Es wäre sicherlich übertrieben zu sagen, dass das Restore einzelner Objekte nun plötzlich einfach und intuitiv geworden wäre, letztendlich muss man bei der Verwendung der neuen Möglichkeiten ziemlich genau wissen, was man tun möchte – oder eben auch nicht. Dafür sind interessante neue Möglichkeiten und Vorgehensweisen entstanden, insbesondere wäre hier das Dial-Tone-Recovery (siehe Abschnitt 20.6.3) zu nennen!

20.6.1 Grundlagen

Im Exchange 2003-Umfeld spielt die Recovery Storage Group (RSG) bei einigen Restore-Operationen und den damit verbundenen Vorgehensweisen eine wesentliche Rolle. Die RSG ist eine zusätzliche Speichergruppe, die sowohl auf einem Standard- als auch auf einem Enterprise-Server genau einmal vorhanden sein kann.

Falls Sie bereits Erfahrung mit Exchange 5.5 oder 2000 haben, erinnern Sie sich sicherlich noch an die doch eher umständliche Vorgehensweise, die für das Zurückholen einer Mail gewählt werden musste, die der Geschäftsführer versehentlich gelöscht hatte:

- Neuen Server aufsetzen
- *Neues* Active Directory installieren – wohlgemerkt: einen neuen Forest. Alles muss exakt namensgleich sein.
- Exchange installieren (Namensgleichheit für alle Bestandteile, also Server, administrative Gruppe, Speichergruppe, Datenbank etc.)
- Postfach mit Outlook öffnen, Mails in ein PST-File kopieren
- PST-File in Produktionsumgebung kopieren und Inhalte in das Zielpostfach importieren

Dank der Recovery Storage Group (RSG) vereinfacht sich dieser Vorgang dramatisch, weil keine separate Umgebung mit Hardware und installierter Software benötigt wird. Sie werden im Laufe dieses Kapitels sehen, dass sich darüber hinaus durchaus einige weitere Vorteile bezüglich der Prozesse beim Wiederherstellen ergeben; Sie werden zwar nicht täglich ein Dialtone-Recovery fahren müssen, letztendlich kann es aber im Fall der Fälle deutliche Vorteile bringen.

Die RSG ist keineswegs das Allheilmittel für alle Vorgänge rund ums Restore. Folgende Einschränkungen für die Verwendung von Recovery Storage Groups existieren:

- Nicht möglich ist die Wiederherstellung von Informationsspeichern für Öffentliche Ordner mit Hilfe der RSG.
- Wenn sich die Exchange-Konfiguration seit dem Backup geändert hat, ist die Verwendung von RSGs nicht möglich. Beispielsweise darf die Datenbank nicht mittlerweile gelöscht worden sein (d.h. keine Konfigurationsinformationen im Active Directory). Eine Wiederherstellung von zwischenzeitlich zwischen Postfachspeichern verschobenen Mailboxen ist ebenfalls nicht über die RSG möglich.
- Die Originaldatenbank (in der Sicherung) muss mindestens von einem Exchange 2000 Server mit SP3 stammen.
- Die Datenbank kann zwar auf einem anderen Server als dem Originalsystem wiederhergestellt werden, allerdings müssen beide Systeme in derselben administrativen Gruppe aufgehängt sein.
- **Die RSG sind nicht dafür gedacht, komplette Datenbanken wiederherzustellen.** Im Falle einer korrupten oder in irgendeiner Weise »verlorenen« Datenbank wird ohne Mithilfe der Recovery Storage Group zurückgesichert – es sei denn, Sie nutzen das Dial-Tone-Verfahren.

Die Fehlermeldung 0xC7FE1F42

Wenn Sie mit Recovery Storage Groups arbeiten, kann man m.E. leicht in eine Falle tappen, die einen Administrator, insbesondere wenn er »unter Druck« ein Restore durchführen muss, schier zur Verzweiflung bringen kann.

Wenn auf einem Exchange Server eine Recovery Storage Group angelegt ist, werden alle Restore-Vorgänge auf diese umgeleitet. Im weiteren Verlauf dieses Kapitels werden Sie sehen, dass eine in die RSG zurückzusichernde Datenbank dort angelegt werden muss. Wenn eine Datenbank nicht in der RSG angelegt ist und Sie eine Wiederherstellung versuchen, bricht die Sicherung ab und im Anwendungsprotokoll finden sich die ziemlich nichts sagenden Einträge, die in den Abbildungen 20.39 und 20.40 gezeigt sind.

Wenn Sie diese Fehlermeldung erhalten, können Sie einen dieser Schritte zur Problemlösung gehen:

- Wenn Sie die Datenbank in die RSG zurücksichern wollen, legen Sie diese dort an (siehe nächster Abschnitt).
- Wenn Sie nicht in die Recovery Storage Group, sondern »direkt« zurücksichern möchten, löschen Sie die RSG auf dem Exchange Server!
- Wenn Sie, aus welchen Gründen auch immer, eine Datenbank »direkt« zurücksichern, aber die vorhandene RSG nicht löschen möchten, können Sie einen Registry Key setzen. Der Key `Recovery SG Override` sorgt dafür, dass trotz vorhandener RSG eine Rücksicherung nicht auf diese umgeleitet wird. **Vergessen Sie nicht, diese Einstellung nach Abschluss des Restore-Vorgangs wieder zu entfernen!** Hier die Details:
    - Navigieren Sie zu diesem Key: `HKEY_LOCAL_MACHINE \System \CurrentControlSet \ Services \MSExchangeIS \ParametersSystem`
    - Legen Sie einen DWORD-Wert namens `Recovery SG Override` an.
    - Weisen Sie den Wert 1 zu.

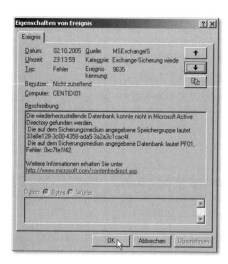

Abbildung 20.39 Diese Fehlermeldung tritt auch dann auf, wenn eine Recovery Storage Group existiert, die Datenbank, die Sie zurücksichern möchten, dort aber nicht gemountet ist.

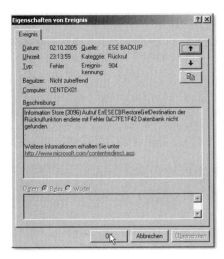

Abbildung 20.40 Dieser Eintrag erscheint ebenfalls im Ereignisprotokoll, wenn die zurückzusichernde Datenbank in einer vorhandenen RSG nicht gemountet ist.

20.6.2 Wiederherstellen einzelner Mails

In den vorangegangenen Abschnitten haben Sie die wesentlichen Grundlagen zur Wiederherstellung von Datenbanken kennen gelernt. In diesem Abschnitt zeige ich Ihnen, wie man mit Hilfe der Recovery Storage Group einzelne Objekte wie Mails, Kalendereinträge, Kontakte etc. wiederherstellen kann.

Falls Sie die vorherigen Abschnitte nicht gelesen haben und sich nicht wirklich sicher sind, wie man in Exchange Datenbanken zurücksichert und was ein Hard Recovery ist, sollten Sie zunächst dort nachlesen und etwas Grundlagenwissen aufbauen.

Das Szenario, das wir hier behandeln, ist so einfach wie unvermeidbar:

- Jemand löscht eine »absolut unwiederbringliche Mail«.
- Sie können ihm nicht die kalte Schulter zeigen, weil er der Vorstandsvorsitzende Ihres Unternehmens ist – oder ein ähnlich einflussreicher Zeitgenosse.
- ... und aus irgendwelchen Gründen funktioniert der serverseitige Papierkorb nicht, beispielsweise, weil irgendein Super-Stratege die Funktion deaktiviert hat (siehe Abschnitt 20.1).

Anlegen der Recovery Storage Group

Der erste Schritt ist natürlich das Anlegen der Recovery Storage Group. Jeder Server, egal ob Standard- oder Enterprise Edition, kann eine RSG enthalten, diese zählt bei der sonstigen zahlenmäßigen Begrenzung der Speichergruppen nicht mit.

Die »Speichergruppe für die Wiederherstellung« wird mit der gleichnamigen Funktion im Kontextmenü des Servers, auf dem sie angelegt werden soll, eingerichtet (Abbildung 20.41).

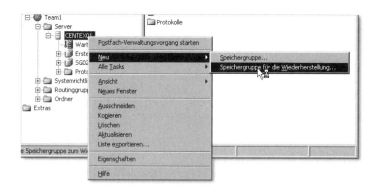

Abbildung 20.41 Die Funktion zum Anlegen der »Speichergruppe für die Wiederherstellung« wird im Kontextmenü des Servers aufgerufen.

Nach dem Aufruf der Funktion erscheint ein Dialog, in dem einige Pfade für die Speichergruppe einzustellen sind (Abbildung 20.42). Wichtig ist, dass auf dem ausgewählten Volume hinreichend viel freie Kapazität vorhanden ist. An dieser Stelle sei der Hinweis wiederholt, dass Sie sich keinen Gefallen tun, wenn Sie zwar Geld für Festplatten sparen, aber die Volumes Ihres Exchange Servers zu 80 % belegt sind: Sie werden sich dann nämlich damit beschäftigen müssen, wo Sie den Platz für die RSG-Daten hernehmen, wohin Sie die defekte Datenbank kopieren etc. In dem Pfad, den Sie angeben, sollten keine alten Dateien von früheren Wiederherstellungsvorgängen liegen!

Abbildung 20.42 Achten Sie beim Eintragen der Pfade darauf, dass das Zielvolume ausreichend freien Speicherplatz hat.

Damit Sie eine Datenbank in der Recovery Storage Group wiederherstellen können, muss die Datenbank zunächst der RSG hinzugefügt werden. Dies geschieht durch einen Mausklick im Kontextmenü (Abbildung 20.43).

Abbildung 20.43 Damit eine Datenbank in der Recovery Storage Group wiederhergestellt werden kann, muss sie zu dieser hinzugefügt werden.

Im Auswahldialog für die zur Wiederherstellung hinzuzufügende Datenbank sehen Sie nur die Datenbanken mit Mailboxspeichern; Informationsspeicher für Öffentliche Ordner können nicht in einer RSG wiederhergestellt werden (Abbildung 20.44).

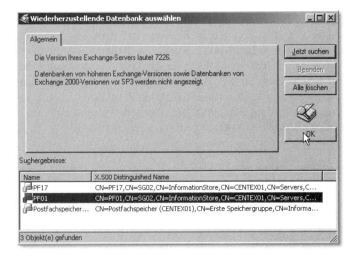

Abbildung 20.44 Wählen Sie eine Datenbank zur Wiederherstellung in der Recovery Storage Group aus.

Wie Sie es von »normalen« Datenbanken kennen, kann ein von den Logfiles unabhängiger Speicherort für EDB- und STM-Dateien ausgewählt werden (Abbildung 20.45). Achten Sie auf genügend freien Speicherplatz auf dem Volume. In dem Pfad, den Sie angeben, sollten keine alten Dateien von früheren Wiederherstellungsvorgängen liegen!

Rücksichern in die Recovery Storage Group

Wenn eine Recovery Storage Group angelegt ist, werden alle Wiederherstellungsvorgänge automatisch in diese umgeleitet (siehe auch den Abschnitt »Die Fehlermeldung 0xC7FE1F42« weiter oben). Sie brauchen sich also beim Wiederherstellungsvorgang keine Gedanken über die Recovery Storage Group zu machen.

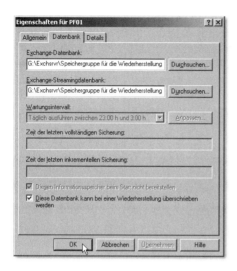

Abbildung 20.45 Für die in der RSG angelegte Datenbank können Pfade für EDB- und STM-Dateien angelegt werden. Achten Sie auf genügend freien Speicherplatz.

Wählen Sie einfach die wiederherzustellende Datenbank aus, und starten Sie den Wiederherstellungsvorgang. Einige Anmerkungen hierzu:

- Thema »Letzter Wiederherstellungssatz«: Wenn Sie Logfiles nachfahren möchten, beispielsweise aus Differentials oder Incrementals, sollten Sie sich über diese Checkbox Gedanken machen. Dem Thema »Hard Recovery« ist ein eigener ausführlicher Abschnitt gewidmet (Abschnitt 20.5.2), lesen Sie dort bitte im Zweifelsfall nochmals nach!
- Die Datenbank muss für die weiteren Schritte in der RSG bereitgestellt werden, Sie können also die entsprechende Checkbox aktivieren.
- Für das Temp-Verzeichnis gilt, dass Sie es zwar frei wählen können, es sollte aber leer sein, um Interferenzen mit älteren Wiederherstellvorgängen zu vermeiden.

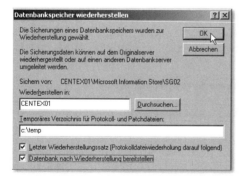

Abbildung 20.46 Der Wiederherstellungsvorgang verläuft so, wie von »normalen« Wiederherstellvorgängen bekannt. Falls Sie Logfiles einspielen und nachfahren möchten, achten Sie auf die Checkbox »Letzter Wiederherstellungssatz«.

Eine Anmerkung für die Zweifler unter Ihnen: Wenn Sie die Abschlussmeldung des Sicherungsprogramms anschauen, deutet nichts darauf hin, dass das Restore in die Recovery Storage Group gelaufen ist. Als Ziel (»Laufwerk«) wird der »normale« Pfad zum Informationsspeicher angegeben – von der RSG ist keine Rede (Abbildung 20.47). Hier hilft nur eins: »Cool bleiben und Vertrauen haben«: Ist eine Recovery Storage Group auf einem Server vorhanden, werden sämtliche Restore-Vorgänge dorthin umgeleitet!

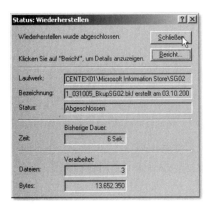

Abbildung 20.47 Die Abschlussmeldung der Sicherungssoftware gibt zwar keinen Hinweis darauf, dass das Restore in die RSG gelaufen ist. Wenn eine RSG vorhanden ist, wird aber trotzdem dorthin geschrieben!

Ist der Restore-Vorgang erfolgreich abgeschlossen worden, steht die Datenbank in der Recovery Storage Group zur Verfügung. Das Ziel war natürlich nicht, eine Datenbank in die RSG zu bekommen, sondern eine versehentlich gelöschte Mail zurückzuholen. Wie kommt nun die Mail aus der Datenbank in der RSG in den produktiven Informationsspeicher? Hier gibt es zwei Wege, die ich Ihnen in den nächsten beiden Abschnitten vorstellen werde.

Wichtiger Hinweis Auch wenn das Zurücksichern in eine Recovery Storage Group zunächst keinen direkten Einfluss auf die anderen Datenbanken hat, wird es einen deutlichen Performance-Einfluss auf das System geben. Wenn Sie einen 250 GB großen Postfachspeicher mit einem schnellen Bandlaufwerk (z. B. LTO oder S-DLT) zurücksichern, wird das System ungefähr drei Stunden stark belastet sein.

Verschieben der Objekte mit dem Exchange System-Manager

Wenn die Datenbank in der Recovery Storage Group bereitgestellt ist, werden Sie dort die Unterpunkte »Anmeldungen« und »Postfächer« finden (ggf. müssen Sie einmal im Kontextmenü »Aktualisieren« auswählen, Abbildung 20.48).

- Lassen Sie sich also die in der RSG-Datenbank vorhandenen Postfächer anzeigen.
- Suchen Sie das Postfach aus, aus dem die gelöschte Mail wiederhergestellt werden soll, und rufen Sie dessen Kontextmenü auf.

- In dem Kontextmenü gibt es nur einen Eintrag, nämlich die »Exchange-Aufgaben«. Rufen Sie diesen auf!

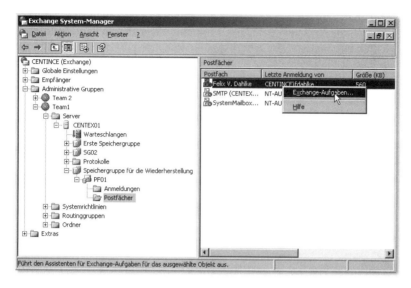

Abbildung 20.48 Die Postfächer, die in der Datenbank enthalten sind, die in die Recovery Storage Group zurückgesichert wurde, können im Exchange System-Manager angezeigt werden.

Der weitere Vorgang wird mit dem obligatorischen Assistenten ausgeführt:

- Auf der ersten Seite findet sich die Auswahl der Aufgaben. Die einzige verfügbare Aufgabe ist »Postfachdaten wiederherstellen« – aber genau das wollen wir ja! (Abbildung 20.49)
- Die nächste Seite des Assistenten informiert Sie darüber, in welchen Postfachspeicher zurückgesichert werden soll. Einstellungen können Sie nicht vornehmen (ohne Abbildung).
- Nun wird es ernst: Der Assistent möchte von Ihnen wissen, ob die Daten aus der Sicherung mit den aktuellen Daten zusammengeführt werden sollen oder ob die Sicherung in einen zusätzlichen Ordner im Postfach geschoben werden soll (Abbildung 20.50):
  - Wenn die gelöschte Mail »einfach wieder auftauchen soll«, wählen Sie die erste Option. Allerdings werden dort unter Umständen auch einige weitere Mails auftauchen, die seit dem letzten Backup gelöscht worden sind.
  - Mit der zweiten Option kann ein Anwender aus einem separaten Ordner die benötigte Mail herausziehen und danach den Sicherungsordner entfernen. Wenn Sie mit einem erfahrenen Benutzer zu tun haben, ist das vermutlich der bessere, weil etwas »granularere« Weg. Einem unerfahrenen Benutzer erst stundenlang zu erklären, wie er seine Mail aus dem Backup-Ordner fischt, würde ich mir wahrscheinlich nicht freiwillig antun. Abbildung 20.51 zeigt die Ordnerstruktur des Benutzerpostfachs nach dem Restore-Vorgang.

- Die letzte Seite im Assistenten gestattet das Auswählen eines Zeitpunkts für die Durchführung. Auf stark belasteten Systemen könnte es durchaus sinnvoll sein, große Postfächer nicht in der Zeit höchster Benutzeraktivität zurückzuholen.
  In diesem Zusammenhang sei nochmals darauf hingewiesen, dass auch das Zurücksichern der Datenbank in die Recovery Storage Group einen *sehr* deutlichen Einfluss auf das Leistungsverhalten des Systems hat. Überlegen Sie sich also gut, ob Sie wirklich zur »besten Sendezeit« mit der Rücksicherung beginnen wollen.

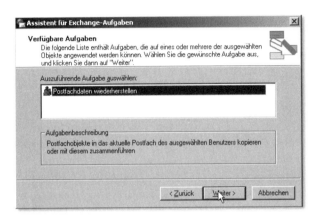

Abbildung 20.49 Der Assistent bietet zwar nur eine Auswahlmöglichkeit an, diese ist allerdings die gesuchte: »Postfachdaten wiederherstellen«.

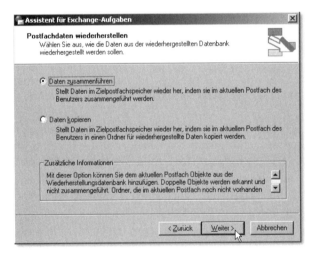

Abbildung 20.50 Beim Verschieben der Postfachdaten aus der Datenbank in der Recovery Storage Group in die produktiven Informationsspeicher sind zwei Varianten möglich.

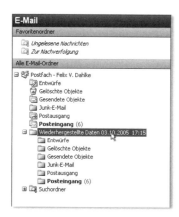

Abbildung 20.51 Wenn Sie die Restore-Daten in einen separaten Ordner des Benutzerpostfachs legen, ergibt sich dieses Bild.

Verschieben mit ExMerge

Alternativ zum im vorherigen Abschnitt gezeigten Verschieben der Postfachdaten mit dem Exchange System-Manager können Sie diese Aufgabe mit dem Utlility ExMerge erledigen. Der Vorteil ist, dass es deutlich mehr Parametrisierungsmöglichkeiten für den Kopiervorgang gibt.

ExMerge wird sehr ausführlich in Abschnitt 18.4 besprochen, insbesondere die zu lösenden Konfigurationsprobleme. Wenn ExMerge nicht läuft, liegt dies mit hoher Wahrscheinlichkeit an einem dieser beiden Aspekte:

- Der Account, unter dem ExMerge läuft, muss auf sämtliche Postfächer zugreifen können, deren Daten er transportieren soll. Hierzu sind Rechteeinstellungen notwendig.
- ExMerge ist mit deutschsprachigen Postfächern etwas problematisch. Das »Rezept« zur Lösung des Problems finden Sie ebenfalls in diesem Buch (Abschnitt 18.4.2)!

Wie bei vielen anderen Aspekten des Administratorlebens gilt natürlich auch bei ExMerge, dass es eine gute Idee ist, das Werkzeug zu konfigurieren, *bevor* Sie es irgendwann bei einem tatsächlichen Restore-Vorgang benötigen.

Wenn ExMerge funktioniert, kommt es als Assistent daher und ist demzufolge recht einfach zu handhaben (die Bedienung per Kommandozeile ist aber auch möglich):

- Zunächst wählen Sie aus, ob Sie eine »One Step Procedure« oder eine »Two Step Procedure« durchführen möchten. In diesem Fall bietet sich erstgenannte Möglichkeit an (Abbildung 20.52).
- Der zweite Schritt ist die Auswahl des Quellservers. Im Allgemeinen genügt die Angabe des Servernamens. Domain Controller und Global Catalog-Server müssen nur in Ausnahmefällen angegeben werden (Abbildung 20.53).
- Wichtig ist der Schalter »Options« auf der Dialogseite zur Angabe des Quellservers (Abbildung 20.53). Hier verbergen sich zahlreiche Einstellmöglichkeiten – diese machen ExMerge zur sinnvollen Alternative zum Kopieren der Postfachdaten mit dem Exchange System-Manager (Abbildung 20.54).

- Die nachfolgende Dialogseite wird Sie nach dem Zielserver fragen. Auch hier genügt die Angabe des Servernamens. DC und GC müssen im Allgemeinen nicht dediziert angegeben werden (ohne Abbildung).
- Nun wird es spannend: Der nächste Dialog zeigt alle Datenbanken des Quellservers. In dieser Liste ist die Datenbank in der »Speichergruppe für die Wiederherstellung« enthalten. Diese wählen Sie natürlich aus (Abbildung 20.55).
- Im nächsten Schritt werden die in der gewählten Datenbank enthaltenen Postfächer angezeigt (Abbildung 20.56). Wählen Sie einfach die Postfächer mit den zu kopierenden Inhalten aus, und klicken Sie wie gewohnt auf »Weiter«.
- Zum Schluss wird der Assistent von Ihnen wissen wollen, welche Sprache das Postfach verwendet (im Allgemeinen sicher »German«) und wo die temporären PST-Dateien gespeichert werden sollen.
- Anschließend beginnt der Kopiervorgang.

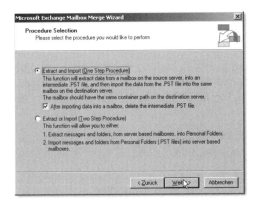

Abbildung 20.52 ExMerge beherrscht zwei Verfahren, nämlich die Durchführung des Vorgangs in einem oder in zwei Schritten. Für das Kopieren der Postfachdaten von der Recovery Storage Group in die Produktivdatenbank empfiehlt sich die »On Step Procedure«.

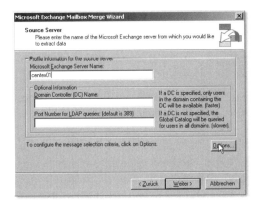

Abbildung 20.53 Bei der Definition von Quell- und Zielserver wird im Allgemeinen nur der Servername benötigt. Die optionalen Angaben für den DC und die Portnummer werden normalerweise nicht gebraucht. Beachten Sie den Schalter »Options«: Hier finden sich etliche wichtige Einstellmöglichkeiten.

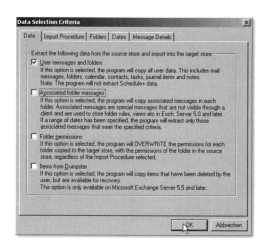

Abbildung 20.54 Auf fünf Dialogseiten kann im Optionendialog festgelegt werden, welche Objekte kopiert werden sollen und wie der Importvorgang ablaufen wird.

Abbildung 20.55 Als Quell-Datenbank wird natürlich die in der Recovery Storage Group gemountete Datenbank ausgewählt.

20.6.3 Dial Tone Recovery

Die Möglichkeiten, die die Recovery Storage Groups bieten, werden beim so genannten Dial Tone Recovery ausgenutzt. Zunächst zu dem Begriff: Der Dial Tone ist beim Telefon das Tuuuuuuuuuuuut-Signal, das anzeigt, dass die Leitung verfügbar ist und nun gewählt werden kann.

Hinter dem Verfahren steckt folgende Idee:

Wenn Sie eine große Datenbank verlieren, wird der Restore-Vorgang entsprechend lange dauern. Der Restore einer 700 GB großen Exchange-Datenbank, die Sie mit einer Geschwindigkeit von 20 MB/s zurückschreiben, dauert ungefähr 10 Stunden. Wenn man davon ausgeht, dass auch noch eine Differenzial- oder inkrementelle Sicherungen einzuspielen sind und entsprechend Hard Recovery-Vorgänge durchgeführt werden müssen, summiert sich die Ausfallzeit schnell auf 24 Stunden.

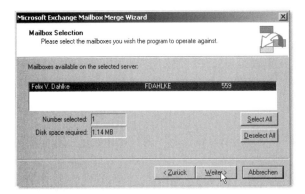

Abbildung 20.56 Die in der RSG-Datenbank vorhandenen Postfächer werden angezeigt. Das zu kopierende Postfach wird durch Selektieren des Eintrags ausgewählt.

Das Dial Tone Recovery kann natürlich nicht zaubern und die Datenbanken irgendwie »herbeihexen«, bietet aber folgende Vorteile:

- Zunächst wird eine leere Datenbank zur Verfügung gestellt. Die Benutzer haben zwar keine alten Mails, Kalender- und Kontaktinformationen, können aber zumindest neue Mails empfangen und schreiben, Termine und Kontakte eintragen etc.
Ihre Benutzer sind also kommunikationsfähig. Das Anlegen und Bereitstellen einer Datenbank dauert wenige Sekunden. Wenn der verantwortliche Exchange-Administrator genau weiß, was zu tun ist und die Handgriffe hin und wieder geübt werden, ist die Firma nur eine kurze Zeit von der Außenwelt abgeschnitten.
- In der Zwischenzeit wird die defekte Datenbank in der Recovery Storage Group wiederhergestellt – inklusive Nachfahren der Logs etc. Dieser Vorgang wird unter Umständen recht lange dauern, immerhin sind die Benutzer aber wieder kommunikationsfähig.
- Wenn die Datenbank in der Recovery Storage Group wiederhergestellt ist, beginnen Sie mit dem Verschieben der wiederhergestellten Daten in die Postfächer der Benutzer. Diese werden merken, dass sich die Postfächer nach und nach füllen – und plötzlich sind wieder sämtliche Daten da, sowohl die alten als auch die in den vergangenen Stunden angefallenen.

Hier nun die genaue Vorgehensweise:

- Die defekte Datenbanken (edb, stm) werden in ein anderes Verzeichnis verschoben. Verschieben innerhalb eines Volumes geht bekanntlich sehr schnell. Falls die Datenbank die einzige der Speichergruppe ist, könnten Sie auch die Logfiles verschieben. Die defekten Dateien zu haben, ermöglicht es, später ein Recovery zu versuchen.
- Wenn die Datenbankdateien (edb und stm) nicht mehr vorhanden sind und Sie die Datenbank bereitstellen möchten, wird Exchange Sie fragen, ob Sie eine leere Datenbank erzeugen möchten (Abbildung 20.57). Ja, das wollen Sie!
- Wenn Sie mit dem Exchange System-Manager kurz nach dem Anlegen in die Datenbank schauen, werden Sie feststellen, dass absolut keine Benutzerpostfächer in derselben vorhanden sind (Abbildung 20.58).

Abbildung 20.57 Wenn die Datenbankdateien nicht mehr vorhanden sind, wird Exchange beim Versuch, den Postfachspeicher zu mounten, das Anlegen einer neuen leeren Datenbank vorschlagen.

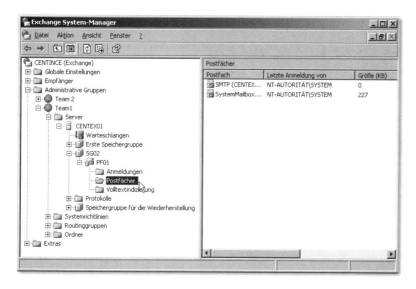

Abbildung 20.58 In der neuen Datenbank sind zunächst keine Postfächer vorhanden, obwohl sie nominell der Speicherort für unter Umständen mehrere tausend Postfächer ist.

- Wenn ein Benutzer nun in sein Outlook schaut, wird er die »totale Leere« vor sich sehen. Allerdings hat er eine Verbindung zum Exchange Server und kann beispielsweise eine Mail schreiben (Abbildung 20.59).
- Sobald ein Objekt in das Postfach gespeichert wird, zum Beispiel beim Senden oder Empfangen einer Mail, wird es angelegt. Wenn Sie im Exchange System-Manager die in der Datenbank enthaltenen Postfächer anzeigen lassen, werden Sie sehen, dass diese nach und nach angelegt werden (Abbildung 20.60).
- Dieses automatische Anlegen geschieht auch, wenn später die Inhalte aus der in der RSG wiederhergestellten Datenbank kopiert werden.

Das Zurücksichern der Daten in eine Datenbank in der Recovery Storage Group und das anschließende Kopieren, am besten mit ExMerge, in die produktive Datenbank haben Sie in dem vorherigen Abschnitt ausführlich gesehen. Die Dial Tone-Methode bringt letztendlich keine neuen technischen Aspekte, sondern ist ein Verfahren, das die Fähigkeiten von Exchange recht gut ausnutzt.

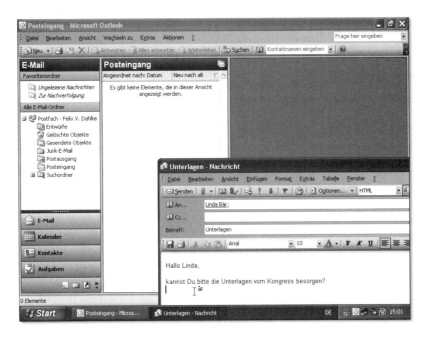

Abbildung 20.59 Wenn eine Datenbank des Exchange Servers im Dial Tone-Verfahren wiederhergestellt wird, wird der Anwender zunächst vor einem leeren Outlook sitzen – er kann aber neue Mails versenden und empfangen, Termine eintragen u.v.a.m.

Abbildung 20.60 Wenn Daten in ein Postfach geschrieben werden (z. B. Benutzer versendet oder empfängt eine Mail), wird es automatisch in der zuvor leeren Datenbank angelegt.

Nun wird auch klar, warum dieses Verfahren »Dial Tone Recovery« genannt wird: Bereits kurze Zeit nach dem Ausfall kann Exchange mit einer leeren Datenbank wieder aktiv werden. Der Benutzer hört also wieder den Dial Tone und kann arbeiten – wenn auch ohne Zugriff auf Altdaten.

Welche Voraussetzungen sind zu erfüllen:

- Technisch ist die Dial Tone-Methode primär eine Frage des verfügbaren Plattenplatzes. Wenn die Inhalte der Recovery Storage Group komplett in die produktive Datenbank verschoben worden sind, liegen die Daten doppelt auf der Platte!
  Darüber hinaus würde ich die defekte Datenbank aufheben, um mir die Möglichkeit offen zu halten, später damit zu arbeiten (Problemanalyse, Restore etc.).
- Ansonsten ist das Funktionieren vor allem ein Organisations- und Trainingsproblem: Es ist wichtig, dass der verantwortliche Administrator im »Fall X« einen kühlen Kopf behält und nicht sowohl verzweifelt als auch stundenlang versucht, die defekte Daten-

bank doch noch zum Laufen zu bringen. Erstens vernichtet er mit einer gewissen Wahrscheinlichkeit bei diesem hektischen Herumgebastel restore-fähige Daten. Zweitens ist es deutlich besser, den Benutzern nach wenigen Minuten ein leeres Outlook zu geben, anstatt sie stundenlang und mit ungewissem Ausgang komplett ohne Mailanbindung im Regen stehen zu lassen.

Es muss ein präziser Störfallplan mit definierten Entscheidungen und Handlungsweisen definiert werden. Ein möglicher Ablauf ist in Abbildung 20.61 gezeigt. Der Grundgedanke ist, dass im Fall eines nicht sofort behebbaren Problems mit einer Datenbank direkt das »Dial Tone-Verfahren« angewendet wird, so dass die Anwender nach einer absehbaren Zeit (z.B. 30 Minuten) wieder arbeitsfähig sind.

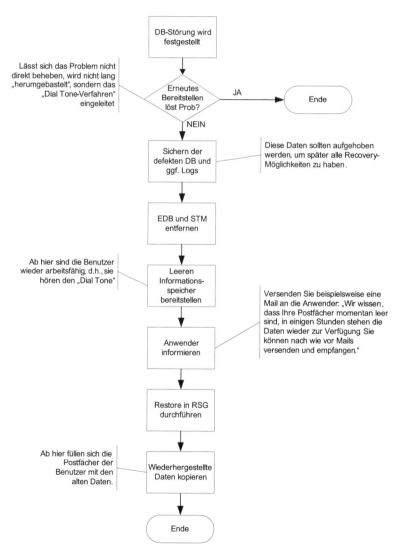

Abbildung 20.61 Ein möglicher Ablauf im Fall von Problemen mit der Exchange-Datenbank

> **Wichtig** Da Recovery Storage Groups nur mit Postfachspeichern und nicht mit Informationsspeichern für Öffentliche Ordner funktionieren, funktioniert das Verfahren nur mit erstgenannten!

20.7 Recovery bei Verlust der kompletten Datenbank oder Storage Group

Zu Beginn des Restore-Kapitels habe ich drei Arten von Restore-Fällen aufgeführt:

- Zurücksichern einzelner Objekte
- Zurücksichern kompletter Datenbanken oder Storage Groups
- Recovery des kompletten Servers

In diesem Abschnitt kümmern wir uns um den zweiten Punkt, das Rücksichern einer kompletten Datenbank oder Storage Group. Die Notwendigkeit, dieses zu tun, resultiert im Allgemeinen aus einem Hardwarefehler (Plattenfehler) oder aus einer sonstwie entstandenen Inkonsistenz der Datenbank oder der kompletten Speichergruppe (genauer: aller Datenbanken der Speichergruppe). Anzumerken wäre, dass eine Datenbank-Inkonsistenz so gut wie immer auf ein Hardwareproblem zurückzuführen ist; es ist also sicherlich eine gute Idee, das Serversystem nach einem solchen »Unfall« einer sehr genauen Hardwareüberprüfung zu unterziehen.

Um es einmal ganz deutlich zu sagen: Lassen Sie sich von Ihrem Hardwarelieferanten nichts vormachen: Die Wahrscheinlichkeit, dass eine Exchange-Datenbank aus einem anderen als einem Hardwareproblem inkonsistent wird, ist außerordentlich gering!

20.7.1 Zurücksichern einer Datenbank

Das Restore für eine einzelne Datenbank habe ich in Abschnitt 20.5.2, *Hard Recovery*, sehr ausführlich vorgeführt und beschrieben. Denken Sie daran, vor einem »direkten« Wiederherstellvorgang die Recovery Storage Group zu entfernen.

20.7.2 Zurücksichern einer Storage Group (d.h. alle DBs einer SG)

Wenn eine komplette Speichergruppe, also alle in einer Speichergruppe enthaltenen Datenbanken verloren sind, müssen Sie diese nacheinander zurücksichern:

- Sie sichern erst Datenbank 1 und alle Logs zurück und führen ein Hard Recovery durch. Datenbank 1 kann dann bereitgestellt werden.
- Dann sichern Sie Datenbank 2 und alle Logs zurück (obwohl es sich hier prinzipiell um die Logs handelt, die bereits einmal gesichert worden sind) und führen ein Hard Recovery durch. Datenbank 2 kann bereitgestellt werden.
- usw.

Der Grund für diese sequenzielle Bearbeitung ist, dass ein Hard Recovery nicht gleichzeitig für mehrere Datenbanken durchgeführt werden kann.

20.7.3 Dial Tone Recovery

Grundsätzlich empfiehlt sich natürlich beim Ausfall einer oder mehrerer Datenbanken die Anwendung der Dial Tone-Methode. Diese ist in Abschnitt 20.6.3 ausführlich erläutert worden.

20.8 Recovery des kompletten Servers

Der schlimmste anzunehmende Unfall ist natürlich der Ausfall des kompletten Exchange Servers. Dies kann beispielsweise durch einen Kabelbrand, einen Ausfall der Systemplatten oder den Verlust des Rechenzentrums hervorgerufen sein.

Da Exchange einen Großteil seiner Konfigurationsinformationen und alle Daten der Benutzerkonfiguration im Active Directory speichert, hat dessen Wiederherstellung erste Priorität: kein laufendes Active Directory => kein Exchange. So einfach ist das!

Wenn Sie tatsächlich den kompletten Server verlieren, haben Sie grundsätzlich zwei Möglichkeiten:

- Restore des Servers
- Rebuild des Servers

Die Wahl haben Sie allerdings nur, solange Sie in der Planungsphase sind. Wenn die Störung erst da ist, die Würfel sozusagen gefallen sind, müssen Sie mit der Methode arbeiten, die durch Ihre Planung vorgegeben ist.

20.8.1 Restore des Exchange Servers

Ein Restore des Exchange Servers setzt voraus, dass Sie mindestens über folgende »Objekte« verfügen:

- Komplettsicherung des Servers
- Sicherungen der Exchange-Datenbanken

Optional könnte ein Disaster Recovery-Medium, wie es von etlichen Backupsoftware-Herstellern verwendet wird, hilfreich sein. An dieser Stelle sei auch auf das Windows-eigene ASR-Verfahren verwiesen.

Im Grundsatz basiert das Restore auf folgendem Verfahren:

- Durch Einspielen eines Backups wird der komplette Server mit Ausnahme der Exchange-Datenbanken wiederhergestellt.
- Anschließend werden alle Exchange-Datenbanken zurückgesichert, unter Umständen unter Nutzung des Dial Tone-Verfahrens.

Wie Sie einen kompletten Windows Server aus dem Backup wiederherstellen, ist sicherlich kein natives Thema für ein Exchange-Buch. Gern verweise ich auf mein im Frühjahr 2006 erscheinendes Buch zum Thema Windows Server.

Das Zurücksichern der Datenbanken haben Sie in den vorhergehenden Abschnitten ausführlich kennen gelernt. Dies dürfte grundsätzlich kein Problem mehr für Sie sein!

Vorteile:

- Das Verfahren ist insgesamt vergleichsweise schnell.
- Alle lokal vorgenommenen Konfigurationen und Erweiterungen werden aus der Sicherung wiederhergestellt, im besten Fall müssen Sie nichts mehr neu installieren – keine Patches, keine Zusatzkomponenten.

Nachteile:

- Voraussetzung ist natürlich, dass Sie die Systeminstallationen sorgfältig sichern.
- Falls geänderte Hardware zum Einsatz kommt, könnte es Probleme geben.
- Eventuelle Fehler oder Altlasten der Installation werden sich auch im Backup finden.

Obwohl es durchaus Nachteile gibt, ist das Restore einer Maschine aus dem Backup sehr deutlich die präferierte Methode.

20.8.2 Rebuild des Exchange Servers

Wenn Sie kein Backup vom Server selbst haben, müssen Sie sich für ein Rebuild des Servers entscheiden. Hierbei ist die Vorgehensweise wie folgt:

- Installation des Betriebssystems, beitreten zur Domain. Wichtig ist, dass der Server mit dem bisherigen Rechnernamen installiert wird.
- Installation von Exchange mit der Setup-Option `/disasterrecovery`
- Einspielen aller Service Packs und Zusatzprodukte
- Konfigurationen vornehmen
- Exchange-Datenbanken zurücksichern

Vorteile:

- Dieses Verfahren funktioniert auch dann, wenn Sie keine funktionsfähige Sicherung des Systems haben.
- Sie haben eine »frische« Installation ohne Altlasten.

Nachteile:

- Das Verfahren ist vergleichsweise umständlich, weil Sie alle Installationen und Konfigurationen manuell durchführen müssen.
- Wenn Sie nicht über eine sehr gute Dokumentation des Systems und der einzelnen Zusatzapplikationen verfügen, wird es schwierig werden, das System wieder so zu installieren, wie es vor dem »Unfall« gewesen ist.

20.8.3 Allgemeines

Unabhängig davon, ob Sie regelmäßig Backups des eigentlichen Servers anfertigen, um im Fehlerfall ein Restore durchführen zu können, oder ob Sie vielleicht ganz bewusst die Durchführung eines Rebuilds planen und hierfür noch weitere Informationen speichern, gilt:

- Es ist absolut notwendig, dass Sie auf einen Totalausfall des Exchange Servers vorbereitet sind.
- Probieren Sie im Labor, ob es Ihnen tatsächlich gelingt, den Exchange Server wiederherzustellen; erzeugen Sie eine abgekoppelte Kopie der Domain, und versuchen Sie, mit den vorhandenen Sicherungsbändern den Exchange Server auf einer anderen Hardware zum Laufen zu bringen.
  Falls dies bereits im Labor nicht funktioniert, wird es niemals in der Produktivumgebung funktionieren!
- Führen Sie regelmäßig eine »Feuerwehrübung« durch. Nur dann haben Sie eine realistische Chance, dass die Wiederherstellvorgänge auch im Fehlerfall problemlos funktionieren und alle involvierten Mitarbeiter richtig reagieren.
- Dokumentieren Sie, welche Schritte im Fehlerfall zu unternehmen sind. Zeichnen Sie die Vorgänge als Flussdiagramm, damit schnell die richtigen Entscheidungen getroffen und Maßnahmen eingeleitet werden.
- Verabschieden Sie mit der Geschäftsleitung Service-Level, in denen festgehalten wird, wie lange Exchange unter welchen Bedingungen ausfallen darf und ob ein Datenverlust tragbar ist.
  Machen Sie Ihre Geschäftsleitung auf die möglichen Risiken aufmerksam, und benennen Sie mögliche Lösungswege nebst Kosten.
- Machen Sie sich generell über die Themen Verfügbarkeit und Notfallvorsorge Gedanken – und erarbeiten Sie Lösungsansätze.

21 Verfügbarkeit

21.1	Die Facetten des Themas »Verfügbarkeit«	870
21.2	Konkrete Aspekte der Verfügbarkeit	875
21.3	Datenhaltung	879
21.4	Erhöhung der Verfügbarkeit durch virtuelle Server	882
21.5	Cluster	885
21.6	Front-End-Server	892
21.7	Active Directory und Netzwerkdienste	893
21.8	Störfall und Notfall	894

1 **Über dieses Buch**

2 **Der Aufbau des Buchs**

3 **Exchange 2003 – Service Pack 2**

4 **Einführung in das Thema Collaboration**

5 **Erster technischer Überblick**

6 **Solutions Design**

7 **Exchange und Active Directory**

8 **Routing**

9 **Storage**

10 **Öffentliche Ordner**

11 **Administrative Gruppen**

12 **Richtlinien, Vorlagen und Adresslisten**

13 **Front-End-/Back-End-Architektur**

14 **Clients**

15 **Sichere Anbindung an das Internet**

16 **Sicherheit**

17 **Installation**

18 **Migration/Upgrade auf Exchange 2003**

19 **Betrieb und Administration**

20 **Backup, Restore und Desaster Recovery**

21 **Verfügbarkeit**

22 **Live Communications Server 2005 – Ein Überblick**

23 **LCS – Installation und Konfiguration**

24 **LCS – »Externe« Clients und Föderationen**

25 **LCS – Administration**

26 **LCS – Sicherheit**

27 **Entwicklung**

28 **Programmieren mit CDO (CDOEX)**

A **Problembehebung in Warteschlangen**

B **Zu überwachende Parameter (Jetstress-Test)**

C **Performance Monitoring, wichtige Datenquellen**

D **Outlook Level 1 Dateianhänge**

21 Verfügbarkeit

Exchange ist zunehmend geschäftskritisch geworden. Vor einigen Jahren war der Ausfall des »Mailservers« noch verschmerzbar, selbst wenn die Wiederherstellung einige Tage dauerte. Heute ist all das, was Exchange den Anwendern bietet, ein so integraler Bestandteil der täglichen Arbeit geworden, so dass ein Ausfall schlichtweg nicht mehr tolerierbar ist.
Es ist also dringend notwendig, sich über das Thema »Verfügbarkeit« Gedanken zu machen.

Wenn das Gespräch auf das Thema »Verfügbarkeit« kommt, sind viele Gesprächspartner schnell beim Clustering. Der Eindruck, der sich in vielen Köpfen festgesetzt hat, ist vereinfacht gesagt: »Verfügbarkeit ist Clustering«.

Ohne Zweifel kann der Aufbau eines Clusters zur Erhöhung der Verfügbarkeit beitragen. Dennoch gilt:

▶ Eine hohe Verfügbarkeit lässt sich auch ohne den Aufbau eines Clusters erreichen.
▶ Auch nach der Implementierung eines Clusters muss ein System nicht unbedingt besonders »verfügbar« sein.

Betrachten Sie bitte Abbildung 21.1. Zu sehen ist hier der »Klassiker« unter den Cluster-Systemen: zwei Knoten, die auf einen Shared Storage-Bereich zugreifen. Ist dieses System besonders verfügbar? Nein! Es kann zwar durchaus ein Clusterknoten ausfallen, wenn aber der Shared Storage-Bereich verloren geht, hilft Ihnen das Clustering gar nichts.

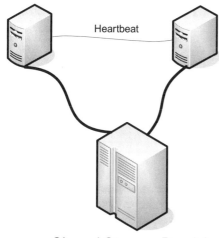

Abbildung 21.1 Wie weit steigert dieser einfache Cluster die Verfügbarkeit?

Um näher in das Thema »Verfügbarkeit« einzusteigen, wird Ihnen der nächste Abschnitt zunächst eine kurzen Überblick über die verschiedenen Facetten des Themas geben.

21.1 Die Facetten des Themas »Verfügbarkeit«

Eine wesentliche Anforderung an eine moderne IT-Umgebung ist die Verfügbarkeit derselben. Zunächst muss man sich allerdings darüber klar werden, was nun genau unter »Verfügbarkeit« zu verstehen ist.

ITIL subsumiert unter »Availability« diese Aspekte:

- Zuverlässigkeit
- Wartbarkeit
- Servicefähigkeit
- IT-Sicherheit

Betrachtet man diese Anforderungen von einem etwas technischeren und serverbezogenen Standpunkt, kann man diese Punkte nennen:

- Die Systeme müssen stabil laufen.
- Im Fall eines eventuellen Ausfalls muss eine möglichst schnelle Wiederherstellung gewährleistet sein.
- Geplante Ausfälle durch Wartungsarbeiten müssen so kurz wie möglich sein.
- Es dürfen keine Daten verloren werden.

Die Anforderungen erscheinen zunächst so trivial wie selbstverständlich. An den folgend beschriebenen Szenarien werden Sie allerdings erkennen, dass die Realisierung alles andere als einfach ist.

21.1.1 Der Worst Case-Fall

Bei den Betrachtungen zur Verfügbarkeit müssen wir stets vom schlimmsten Störfall, also dem Worst Case, ausgehen. Ein Konzept, das nicht diesen ungünstigen Fall zu Grunde legt, hat letztendlich keinen Wert.

Der Worst Case ist nun nicht notwendigerweise die Landung einer Boeing 747 im Serverraum – vermutlich hätte ein Unternehmen dann ohnehin andere Probleme. Der Worst Case ist im Fall eines Servers beispielsweise ein Ausfall des RAID-Controllers, was zu einem Verlust der gespeicherten Daten führt, sprich: die Daten liegen zwar noch auf den Platten, können aber nicht gelesen werden.

21.1.2 Wiederherstellzeit

Zunächst betrachten wir das Szenario der Wiederherstellung eines Servers, dessen lokale Plattensysteme so ausgefallen sind, dass ein Restore der Daten notwendig wird. Dies könnte beispielsweise im Falle eines RAID-Controller-Defekts vorkommen. Wir gehen von einem Fileserver mit einer Nutzkapazität von 300 GB aus.

Auf dem Zeitstrahl ist der Vorgang dargestellt (Abbildung 21.2):

- Um 10:00 Uhr fällt das System aus.
- Kurz danach werden die ersten Störmeldungen eingehen. Bis die Ursache des Problems »Ich kann keine Dokumente mehr speichern« erkannt worden ist und die notwendigen

Schritte eingeleitet worden sind, vergeht mit Sicherheit eine Stunde. Schließlich ist nicht ständig ein IT-Mitarbeiter in Wartestellung, wahrscheinlich wird zunächst eine Behebung des Fehlers versucht werden etc.
Ausfallzeit bis hierhin: 1 Stunde

- Sofern ein Service-Vertrag für die Instandsetzung der Hardware (!) vorliegt, wird diese nach sechs Stunden wieder funktionsbereit sein. Eine Wiederherstellungszeit von sechs Stunden ist der schnellste »Standard-Service-Level«, der gemeinhin von Herstellern und Systemhäusern angeboten wird. (Ein Service-Vertrag, der eine Reaktionszeit von vier Stunden garantiert, ist niederwertiger als einer mit 6 Stunden Wiederherstellungszeit.)
Ausfallzeit bis hierhin: 7 Stunden

- Ist die Hardware wieder funktionsbereit, wird ein gewisser Zeitraum, sagen wir eine Stunde, vergehen, bis tatsächlich mit der Rücksicherung begonnen werden kann. Schließlich muss die Backup-Software betriebsbereit gemacht werden, wahrscheinlich müssen Bänder herausgesucht, kurzum einige Vorbereitungen getroffen werden.
Ausfallzeit bis hierhin: 8 Stunden

- Nun beginnt die eigentliche Rücksicherung. Eine Restore-Geschwindigkeit von 300 MB/Minute ist eine realistische Annahme, woraus sich ergibt:
(300 GB * 1024) / 300 MB = 1.024 Min = 17,07 Stunden
Es muss also von einer Restore-Zeit von ungefähr 17 Stunden ausgegangen werden.
Ausfallzeit bis hierhin: 25 Stunden

- Nach Abschluss des Restore-Vorgangs müssen sicherlich noch einige »Nacharbeiten« vorgenommen werden. Dies wird bei einem Fileserver nicht sehr umfangreich sein (ganz im Gegensatz zu einem Exchange Server!), daher ist eine Stunde ein realistischer Schätzwert.
Ausfallzeit bis hierhin: 26 Stunden

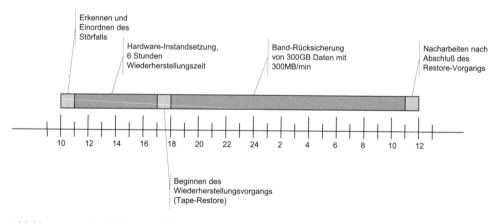

Abbildung 21.2 Die Wiederherstellung des Systems auf dem Zeitstrahl

Dieses einfache Beispiel zeigt recht eindrucksvoll, welche enormen Risiken in den IT-Systemen stecken: Ein Ausfall eines kritischen Systems von mehr als 24 Stunden kann für viele Firmen akut existenzbedrohend sein, zumindest dürfte er als massive Störung angesehen werden.

Letztendlich ist der zuvor geschilderte Ablauf noch recht optimistisch gewesen. Wenn während des Vorgangs, bei welchem Arbeitsschritt auch immer, Probleme auftreten, verlängert das die Restore-Zeiten eventuell deutlich.

Wenn Sie Optimierungspotenzial suchen, finden sich zwei Ansätze:

- Die Beschleunigung der Hardware-Wiederherstellung
- Die Beschleunigung der Rücksicherung

Ersteres lässt sich eventuell mit im Unternehmen gelagerter Ersatzhardware erreichen, es stellt sich hierbei allerdings die Frage, ob jederzeit ein Mitarbeiter, der Hardwareprobleme eines Servers erkennen und beheben kann, zur Verfügung steht.

Die Beschleunigung der Rücksicherung ist natürlich ebenfalls möglich. Schnellere Backup-Hardware und sehr performante Serversysteme ermöglichen zwar höhere Restore-Geschwindigkeiten, dennoch bleibt eine Rücksicherung größerer Datenmengen eine zeitaufwendige Angelegenheit.

Folgende Schlussfolgerung ergibt sich aus dieser Betrachtung für den Worst Case-Fall:

- Sofern ein Server bzw. dessen Applikationen nicht länger als beispielsweise vier oder sechs Stunden ausfallen dürfen, ist dies mit einem »normalen« Backup/Restore-Szenario nicht zu schaffen.
- Vielleicht wird, entweder aus finanziellen Gründen oder weil die Verfügbarkeit für bestimmte Systeme lediglich eine untergeordnete Rolle spielt, entschieden, keine erweiterten Maßnahmen zu ergreifen. In diesem Fall sollte unbedingt schriftlich festgestellt und kommuniziert werden, dass es im Worst Case-Fall zu längeren Ausfällen kommen kann.

Um das Szenario eines längeren Ausfalls ein wenig anschaulicher zu gestalten, hier ein Beispiel: Ich habe, sozusagen als externer Beobachter, einen zweitägigen Ausfall eines Exchange-Systems in einem Unternehmen gesehen. Dies führte nicht nur dazu, dass ca. 1500 Benutzer keine Mails mehr schreiben und empfangen konnten. Viel wesentlicher war, dass die Kalenderinformationen nicht mehr zur Verfügung standen. Zu internen Meetings oder Kundenterminen erschienen nur noch diejenigen Mitarbeiter, die ihre Daten regelmäßig auf einen PocketPC/PDA repliziert hatten.

21.1.3 Datenverlustzeit

In vielen mittelständischen Unternehmen wird die Wiederherstellung der Systeme nicht mit so hoher Wichtigkeit belegt. Viel entscheidender ist es häufig sicherzustellen, dass keine Daten verloren werden.

Betrachten wir ein Szenario auf dem Zeitstrahl (Abbildung 21.3):

- In diesem Beispiel läuft nachts die Datensicherung, diese ist um 6 Uhr abgeschlossen.
- Um 8 Uhr nehmen die Benutzer die Arbeit auf und verändern die Daten.
- Am Nachmittag um 16 Uhr tritt ein Störfall auf. Dieser fällt in die Kategorie »Worst Case«, es werden also beispielsweise die Festplattensysteme »verloren« (d.h., die Daten sind zumindest nicht mehr zu lesen).

▶ Wenn keine zusätzlichen Sicherungsmaßnahmen getroffen werden, bedeutet dies, dass die in diesen acht Stunden produzierten Daten verloren werden (von acht bis sechzehn Uhr).

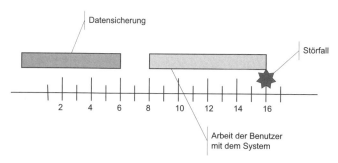

Abbildung 21.3 Die Datenverlustzeit

Bei der Betrachtung des Datenverlusts sind zwei Fälle zu beachten:

▶ Reproduzierbare Daten
▶ Nicht reproduzierbare Daten

Ein Beispiel für reproduzierbare Daten wären Buchungen von Eingangsrechnungen (die Papierrechnungen liegen ja noch vor und werden nochmals eingebucht) oder eine CAD-Zeichnung, die natürlich auch ein zweites Mal angefertigt werden kann.

Nicht reproduzierbar sind beispielsweise empfangene Mails (wenn man nicht zufällig kurz vor dem Ausfall des Systems seinen Posteingang eingesehen hat, weiß man ja nicht, wer geschrieben hat, und kann nicht nachfragen) oder die Auftragseingangsdaten eines Webshops.

Wenn die Anforderung an die IT-Abteilung herangetragen wird, dass ein Verlust von Daten auf einigen oder sogar allen Systemen nicht tragbar ist, müssen weitergehende Maßnahmen ergriffen werden; ein normales Backup/Restore-Konzept ist eindeutig nicht ausreichend.

Man sollte sich nicht über die scheinbare Sicherheit, die redundant ausgelegte Server oder mit RAID-Leveln konfigurierte Plattensysteme vorspiegeln, täuschen: Wir sprechen bei den Überlegungen zur Verfügbarkeit grundsätzlich vom Worst Case, und dieser könnte so aussehen, dass das gesamte Festplattensystem irreparabel beschädigt wird.

21.1.4 Probleme durch logische Fehler

Die zuvor beschriebenen Szenarien basierten jeweils auf einem Hardwareausfall. Natürlich ist auch ein Ausfall wegen eines Problems des Softwaresystems denkbar, beispielsweise ein Konsistenzproblem der Datenbank. Für diesen Fall müssen natürlich ebenfalls planerische Vorkehrungen getroffen werden.

Letztendlich gelten hier dieselben Fragen, nämlich innerhalb welchen Zeitraums die Funktion des Systems wiederhergestellt werden muss und ob ein Verlust von Daten tolerierbar ist.

Bei der Besprechung logischer Fehler denkt man zunächst an Inkonsistenzen in der Datenbank, fehlerbehaftete Software oder versehentlich durch den Benutzer gelöschte Dateien. Zu berücksichtigen ist natürlich auch der Fall eines Vireneinbruchs, bei dem ein komplettes Filesystem innerhalb von wenigen Minuten irreparabel »verseucht« werden kann.

Sie sehen, dass es vielerlei »Gefahren« für die Verfügbarkeit eines IT-Systems gibt, die berücksichtigt werden müssen.

21.1.5 Bewertung der Systeme

Zumeist werden die höchsten Verfügbarkeitsanforderungen nicht an alle Serversysteme gestellt werden. Um die IT-Kosten zumindest einigermaßen im Griff zu halten, wird man die Systeme unterschiedlichen Kategorien zuordnen, innerhalb derer eine bestimmte Verfügbarkeitsstufe definiert ist:

- Die »beste« Stufe könnte beispielsweise sowohl eine Wiederherstellungs- als auch eine Datenverlustzeit von maximal zwei Stunden definieren. Hier würde man beispielsweise Server für das ERP-System, die Lagerverwaltung und die Kommunikation (Exchange) definieren. Letzteres, weil die Collaborationsysteme in einem modernen Unternehmen zunehmend in die Prozesse integriert sind und diese darüber hinaus ein wesentliches Werkzeug für die Kommunikation mit Kunden geworden sind.

- Eine mittlere Verfügbarkeitsstufe, beispielsweise Wiederherstellungs- und Datenverlustzeit von maximal acht Stunden, käme für ein SharePoint-System, einen Fileserver oder diverse Datenbankanwendungen wie ein Angebotssystem in Betracht. Ein Ausfall dieser Systeme ist zwar für ein Unternehmen unangenehm, nicht aber direkt existenzgefährdend.

- Eine vergleichsweise geringe Verfügbarkeit könnte man für Systeme wie den Zeiterfassungsserver oder ein Softwareverteilungssystem ansetzen. Ersteres, weil moderne Zeiterfassungssysteme (= Terminals) für eine gewisse Zeit die erfassten Daten zwischenspeichern können. Das letztgenannte System ist unkritisch, weil im ungünstigen Fall ein oder zwei Tage keine neuen Softwarepakete verteilt werden können, was zumeist kein Problem darstellen sollte. Die Wiederherstellungs- und Datenverlustzeit könnte man mit 24 bis 48 Stunden beziffern.

Je nach Anforderungen Ihres Unternehmens werden Sie die Verfügbarkeiten der genannten Dienste vielleicht anders bewerten. Die Beispiele zeigen aber in jedem Fall, wie differenziert unterschiedliche Systeme bewertet werden müssen.

21.1.6 Störfall vs. Notfall

Wenn Sie individuell für Ihr Unternehmen planen, welche Verfügbarkeit für welche von Servern bereitgestellte Funktion benötigt wird, werden Sie auf den Unterschied zwischen »Störfall« und »Notfall« stoßen:

- Ein »Störfall« ist ein begrenztes, auf einen Server bezogenes Problem. Der Ausfall eines Netzteils, des gesamten Plattensubsystems oder auch des ganzen Servers mit unbekanntem Grund ist ein Störfall.

- Unter »Notfall« verstehen wir ein wesentlich umfangreicheres Problem, wie einen Brand oder Hochwasser am Hauptsitz der Firma, an dem auch die IT-Systeme untergebracht sind. Für ein Unternehmen mit mehreren Niederlassungen wird es von Interesse sein, zusätzlich zu dem »Problem« mit der Zentrale nicht auch noch die eventuell deutschland-, europa- oder gar weltweit verteilten Niederlassungen vollkommen lahm zu legen, weil die EDV nicht mehr arbeitet. Ein Notfallkonzept, das möglichst schnell die wesentlichen Dienste wieder bereitstellt, ist also dringend notwendig, allerdings wird man hier vermutlich Wiederherstellungs- und Datenverlustzeit anders definieren als bei einem Störfall, bei dem nur ein einzelnes System betroffen ist.

Wenn Sie bei einem kleinen Unternehmen tätig sind, bei dem alle Mitarbeiter an einem Standort sitzen, werden Sie sicherlich nun denken, dass Sie ganz andere Sorgen als die Verfügbarkeit der Daten haben, wenn Ihr Büro durch ein Feuer eliminiert wird. Auf den ersten Blick mag diese Einschätzung richtig sein, auf den zweiten Blick werden Sie feststellen, dass zumindest einige grundlegende Vorkehrungen für den Notfall getroffen werden müssen: Irgendwann wird die Firma wieder arbeitsfähig sein. Wenn dann überhaupt keine Daten mehr zur Verfügung stehen, weil auch sämtliche Datensicherungen ein Raub der Flammen geworden sind, wird es für die Firma unter Umständen unmöglich sein, den Geschäftsbetrieb wieder aufzunehmen. Auch die Hausbank wird sich beispielsweise bei der Vergabe eines Kredits dafür interessieren, ob Vorkehrungen für den Notfall getroffen worden sind: Wenn die Versicherung zwar die Sachwerte ersetzt, der Geschäftsbetrieb aber mangels Unternehmensdaten nicht mehr aufgenommen werden kann, wird die Firma auch nicht mehr in der Lage sein, die Kredite zu bedienen.

Im mittelständischen Bereich werden die Anforderungen für den Notfall sicherlich niemals die Qualität der Service-Level erreichen, die für den Störfall definiert sind. Ein Szenario für eine Firma mit mehreren Außenstandorten könnte definieren, dass grundlegende IT-Funktionen nach drei oder vier Tagen wieder zur Verfügung stehen sollen; wichtigster Punkt ist, dass eine möglichst aktuelle ausgelagerte Datensicherung existiert. Die Datenverlustzeit wird letztendlich darüber definiert, wie oft diese ausgelagerte Datensicherung aktualisiert wird.

Auch für einen Kleinbetrieb ist es von entscheidender Notwendigkeit, dass die Datenbestände regelmäßig auf extern aufbewahrte Medien geschrieben werden. Das »kleinste Notfallkonzept der Welt« könnte so aussehen, dass der Geschäftsführer täglich das Band mit der Datensicherung nach Hause mitnimmt; auf diese Weise kann zumindest innerhalb weniger Tage auf einem relativ aktuellen Informationsstand weitergearbeitet werden.

21.2 Konkrete Aspekte der Verfügbarkeit

Wenn man »Verfügbarkeit« also etwas ganzheitlicher betrachtet, kommt man zu den im Anschluss genannten Aspekten. Sie können die Aufzählung als Checkliste verwenden und prüfen, ob in Ihrem Unternehmen die grundlegenden Voraussetzungen erfüllt sind.

- Allgemein
  - Definieren Sie Service-Level: Überlegen Sie gemeinsam mit Ihrer Geschäftsleitung, wie schnell Systeme wiederhergestellt und funktionsfähig sein müssen. Häufig ist die erste Antwort, dass es »natürlich nie« einen Ausfall geben darf – bringt man dann die Kosten ins Spiel, ergibt sich meistens ein recht differenziertes Bild.
  - Analysieren Sie die möglichen Schwachstellen in Ihrem System, und erarbeiten Sie Lösungswege

▶ Hardware

▶ Überwachung der Hardware: Häufig lassen sich aufkommende Störungen bereits frühzeitig erkennen. Ein Beispiel: Moderne Festplatten können einem Management-System mitteilen, dass in absehbarer Zeit ein Ausfall zu erwarten ist (Abbildung 21.4). Wer solche Meldungen nicht auswertet, handelt grob fahrlässig!

▶ Halten Sie Ersatzhardware vor: Wenn Sie bei einem Hardwareausfall einfach keine Ersatzhardware haben oder kurzfristig bekommen können ... das brauche ich wohl nicht weiter auszuführen, oder?

▶ Sorgen Sie für ein optimales Sizing der Server: Systeme, die ständig am Rand des Performance-Abgrunds stehen, sind erfahrungsgemäß nicht sonderlich stabil.
Da neben der Stabilität auch das Antwortverhalten und generell die Geschwindigkeit (aus Sicht der Benutzer) in die Bewertung eingeht, sollten Sie derlei Aspekte ebenfalls bedenken – und kontrollieren!

▶ Trennen Sie die Dienste: Es ist wirklich keine neue Erkenntnis, aber man kann es nicht oft genug wiederholen: Die Systeme werden nicht stabiler, wenn Sie einen Praxistest durchführen, wie viele unterschiedliche Applikationsserver auf einer Betriebssysteminstallation ausgeführt werden können. Neben dem Aspekt »Stabilität« sind bei solchen Systemen auch Administration, Pflege und Wiederherstellung vergleichsweise kompliziert!

Abbildung 21.4 Eine Serverplatte meldet einen vermutlich bald auftretenden Fehler. Wer solche Meldungen ignoriert, handelt grob fahrlässig und gefährdet die Verfügbarkeit des Systems!

▶ Software allgemein

▶ Überwachung der Betriebssysteme und Applikationsserver: Sie überwachen die Hardware. Gut! Sie sollten allerdings auch die darauf laufenden Betriebssysteme und Applikationsserver überwachen. Wenn diese unbemerkt in einen »unglücklichen Betriebszustand« laufen, steuern Sie recht zielsicher den nächsten Ausfall an – und der ist sicherlich nicht nur für die weiße Weste Ihrer Serververfügbarkeitsstatistik ungünstig.

Systeme wie der in diesem Buch vorgestellte Microsoft Operations Manager können hier wertvolle Hilfe leisten (Abbildung 21.5).

▸ Halten Sie Datenträger, Seriennummern und Patchdateien griffbereit: Wenn Sie trotz aller Vorsorgemaßnahmen einen Ausfall haben und mit der Wiederherstellung beginnen möchten, wäre das ein sehr unpassender Moment, um mit dem Aufräumen des »Gerümpelschranks« zu beginnen – und in Wahrheit sind der Open-Datenträger nebst Seriennummern gar nicht im Haus, weil der Praktikant vor zwei Monaten zu Hause etwas installieren wollte.
Auch aus dem Internet bezogene Patches sollten lokal verfügbar sein, um schnell und ohne großartig zu suchen mit der Wiederherstellung starten zu können.

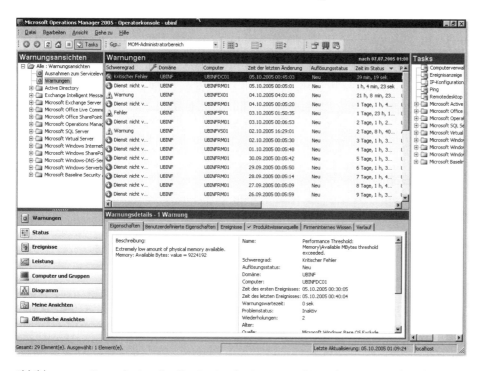

Abbildung 21.5 Ein professionelles Monitoring der Systeme auf Betriebssystem- und Applikationsserver-Level ist ohne ein entsprechendes Werkzeug nicht möglich. Das Bild zeigt die Operatorkonsole des Microsoft Operations Managers.

▸ **Datensicherung allgemein**

  ▸ Überprüfen Sie die Backups: Dieser Punkt hört sich natürlich trivial an; eigentlich kaum erwähnenswert in einem Fachbuch. Da ich befürchte, dass die Dunkelziffer der nicht korrekt funktionierenden Exchange-Backups erschreckend hoch ist, erwähne ich es vorsichtshalber nochmal. Ein Ausfall ist schlimm genug. Keine aktuellen Backup-Daten zu haben ist einfach nur noch grob fahrlässig.

  ▸ Entwickeln und dokumentieren Sie Ihr Recovery-Konzept. Testen Sie es! Ein Recovery-Konzept, das nie erprobt worden ist, wird mit recht großer Wahrscheinlichkeit nicht funktionieren!

- Sicherheit allgemein. Bezüglich der Sicherheitsaspekte sind grundsätzlich »Datenklau« und Sabotage zu berücksichtigen. Sabotage hat natürlich unmittelbare Auswirkungen auf die Verfügbarkeit der Systeme. Entwendete oder verfälschte Daten können im schlimmsten Fall die wirtschaftliche Existenz der Firma gefährden.
    - Eine mangelhafte Verfügbarkeit resultiert nicht nur aus dem Ausfall von Hardware, sondern ebenso aus Sicherheitsproblemen. Hier wären beispielsweise Viren, Trojaner etc. zu nennen. Auch wenn nicht unbedingt der Exchange Server in seiner Funktion eingeschränkt ist, können Viren sich wunderbar über Mail verbreiten – zumindest, wenn man keinen Riegel vorschiebt.
    - Die Anbindung an das Internet ist sicherlich immer »kritisch«. Stellen Sie Exchange *niemals* in die DMZ. Verwenden Sie ein richtig konfiguriertes Relay. Öffnen Sie für den Zugriff für mobile Geräte oder Homeoffices nicht einfach Ports auf der Firewall, sondern nutzen Sie die Möglichkeiten, die intelligente Systeme wie der ISA Server bieten.
    - Neben der Firewall gilt es natürlich auch diverse andere Zugriffsmöglichkeiten zu kontrollieren: Sind alle WLAN-AccessPoints geschützt? Haben Sie kontrolliert, ob es nicht irgendwelche ungesicherten Wartungszugänge gibt? Gibt es Netzwerkports in (weitgehend) unbeaufsichtigten Bereichen, an die unautorisiert Geräte angesteckt werden können?
    Falls VPN-Benutzer auf das Netz zugreifen, gelten alle in diesem Aufzählungspunkt genannten Aspekte auch für die VPN-Standorte. Eine bewährte Vorgehensweise ist, VPN-Benutzern nur die unbedingt notwendigen Ports freizuschalten.
    - Einspielen von Patches: Die von Microsoft herausgebrachten Patches beheben zumeist Sicherheitslücken. Die Patches helfen natürlich nicht, wenn sie nicht installiert werden. Bei einer Messaging-Lösung sind recht viele Komponenten betroffen: das Serverbetriebssystem nebst Komponenten wie dem IIS, der Exchange Server selbst, die Client-Betriebssysteme der Benutzer und Outlook. Denken Sie über ein Patch-Managementsystem wie WSUS nach.
    - Grundsätzlich gilt, dass ein Großteil der Angriffe »von innen« kommt. Ein interner Mitarbeiter hat natürlich ganz andere Möglichkeiten zur Sabotage (und zum »Datenklau«) als jemand, der zunächst die Firewall überwinden oder sich sonstwie Zugriff verschaffen muss.
- Exchange
    - Überprüfen Sie die Exchange-Konfiguration mit dem Best Practices Analyzer. Zur Gewährleistung einer optimalen Verfügbarkeit ist natürlich ein optimal konfiguriertes Exchange-System notwendig. Der in Abschnitt 16.1.2 vorgestellte Best Practices Analyzer ersetzt zwar nicht in allen Aspekten den Exchange-Fachmann, gibt aber sehr gute Anhaltspunkte über ungünstige Einstellungen.
    - Legen Sie »sensible« Benutzerkonten in eine separate Datenbank. Wenn Sie die Enterprise Edition von Exchange verwenden, sollten Sie die Möglichkeit nutzen, besonders »sensible Postfächer« (z.B. Vorstand, Geschäftsführer, *-Leiter) in einer separaten Datenbank, besser noch in einer separaten Storage Group abzulegen. Eine kleine Speichergruppe kann einerseits schnell, andererseits natürlich auch bevorzugt wiederhergestellt werden.

- Entwickeln Sie ein leistungsfähiges *spezielles* Exchange-Restore-Konzept. Den Aspekt »Restore-Konzept« habe ich bereits weiter oben genannt. Es erscheint mir aber wichtig, darauf hinzuweisen, dass ein Exchange-Restore deutlich anders ablaufen kann als ein »normaler« Datenbank-Restore. Grundlegende Funktionalität können Sie mittels der in Abschnitt 20.6.3 vorgestellten Dial Tone-Methode innerhalb sehr kurzer Zeit herstellen. Diese Vorteile sollten Sie nutzen!

21.3 Datenhaltung

Ein wesentlicher Aspekt bei den Verfügbarkeitsüberlegungen ist die Datenhaltung. Klassischerweise gibt es einen Server, in dem Platten eingebaut sind, die wiederum regelmäßig gesichert werden. Die Wiederherstellungsszenarien habe ich im vorherigen Abschnitt diskutiert. Für die Datenhaltung gilt:

- **Datenverlustzeit**: Wenn Sie unter keinen Umständen Daten verlieren dürfen, müssen die Daten doppelt gespeichert werden. Ansonsten verlieren Sie im Worst Case die Daten seit der letzten Sicherung.
- **Wiederherstellzeit**: Wenn die Wiederherstellung mit vollständigen Datenbeständen so schnell erfolgen muss, dass innerhalb dieser ein »klassisches« Restore nicht möglich ist, hilft nur eine doppelte Datenhaltung. Konkret: Wenn Sie eine 250 GB große Exchange-Datenbank haben und diese niemals länger als zwei Stunden ausfallen darf, haben Sie ohne eine doppelte Datenhaltung keine Chance – Sie würden in der vorgegebenen Zeit nicht mal das Restore schaffen, ganz zu schweigen von eventueller Fehlerbehebung etc.

Es ergeben sich prinzipiell drei Methoden, um eine doppelte Datenhaltung zu realisieren:

- Controller-basierte Spiegelung in einem SAN (= Storage Area Network))
- Host-basierte Spiegelung in einem SAN
- Host-basierte Replikation mit oder ohne SAN

Alle drei Möglichkeiten sind mit Exchange umsetzbar. Die Realisierung ist in erster Linie ein Infrastruktur- und weniger ein Exchange-Problem, weshalb Sie zu den einzelnen Varianten jeweils nur eine Skizze und eine knappe Erläuterung finden (eine sehr ausführliche Betrachtung der Szenarien finden Sie in meinem bei Galileo Press erschienenen »Konzepte-Buch«).

21.3.1 Controller-basierte Spiegelung in einem SAN

Die controller-basierte Spiegelung in einem SAN ist die teuerste Möglichkeit. Exchange speichert die Exchange-Daten (Datenbanken und Logs) auf einem Storage-System, das sämtliche Änderungen blockweise-inkrementell auf ein entferntes (zumindest in einem anderen Brandabschnitt des Gebäudes gelegenes) System spiegelt.

Clusterfunktionalität oder eine Virtualisierungsschicht kann dem Gesamtkonzept hinzugefügt werden (Abbildung 21.6).

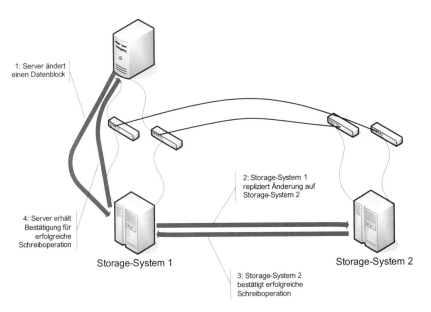

Abbildung 21.6 Eine doppelte Datenhaltung kann durch Storage-Systeme mit controller-basierter Spiegelung realisiert werden. Clusterfunktionalität kann hinzugefügt werden.

21.3.2 Host-basierte Spiegelung in einem SAN

Bei dieser Variante sind ebenfalls zwei räumlich getrennte Storage-Systeme in einem SAN vorhanden. In diesem Fall wird die Spiegelung der Daten aber nicht durch die Controller der Storage-Systeme realisiert, sondern durch die Server, die schlicht und ergreifend die Daten auf beide Storage-Systeme gleichzeitig schreiben.

Diese Methode der doppelten Datenhaltung kann signifikant günstiger als die controllerbasierte Spiegelung realisiert werden, da zum einen weniger aufwändige Storage-Systeme benötigt werden (in »großen« Umgebungen werden natürlich trotzdem adäquate Systeme benötigt), zum anderen die immensen Kosten für die Lizenzen für die controller-basierte Spiegelung entfallen.

Clustering ist in diesem Szenario natürlich möglich (Abbildung 21.7).

Bei der host-basierten Spiegelung handelt es sich prinzipiell um ein »Software-RAID-1«, bei dem die beiden Platten allerdings nicht in einem Gehäuse stecken, sondern LUNs (= Logical Unit Number) unterschiedlicher Storage-Systeme sind.

Obgleich die benötigte Funktionalität (Software-RAID1) grunsätzlich in der Datenträgerverwaltung der Windows-Systeme enthalten ist, sind Handhabung und Leistungsmerkmale mit dem Zusatzprodukt Storage Foundation von Veritas/Symantec durchaus zu steigern.

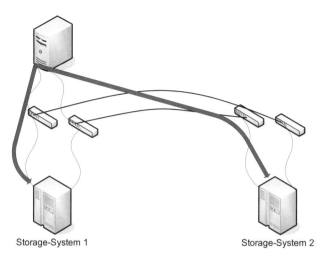

Abbildung 21.7 Bei der host-basierten Spiegelung schreibt der Server auf zwei Storage-Systeme. Auch dieses Szenario funktioniert gut für Exchange-Umgebungen.

21.3.3 Host-basierte Replikation mit oder ohne SAN

Wenn Sie host-basiert arbeiten möchten, Sie aber entweder kein SAN haben oder aber zwischen dem Haupt- und dem Backup-SAN keine schnelle FibreChannel-Verbindung existiert, funktioniert die zuvor beschriebene host-basierte Spiegelung nicht.

Eine host-basierte Replikation über beliebige LAN- oder WAN-Verbindungen ist mit folgenden Produkten möglich (Auszug):

- Veritas/Symantec Storage Foundation mit Volume Replicator Option in Verbindung mit dem Veritas Cluster
- Sunbelt Software Double Take
- Legato RepliStor

Das Funktionsprinzip ist in Abbildung 21.8 für einzelne Server ohne SAN dargestellt, für Server im SAN in Abbildung 21.9.

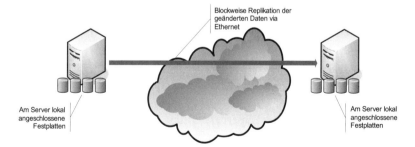

Abbildung 21.8 Einzelne Server mit lokalen Festplatten können mit zusätzlichen Softwareprodukten repliziert werden – grundsätzlich auch über WAN-Strecken. Wie die Integration mit Exchange funktioniert, hängt von der gewählten Lösung ab.

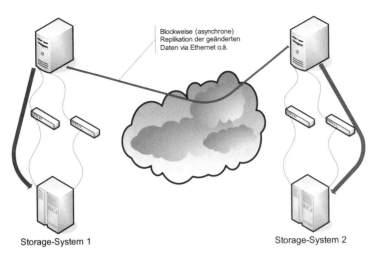

Abbildung 21.9 Wenn zwei SANs in räumlich weiter auseinander stehenden Lokationen verbunden werden sollen, kann eine host-basierte Replikation verwendet werden. Wie die Integration mit Exchange funktioniert, hängt von der gewählten Lösung ab.

Ein »klassischer« Microsoft-Cluster kann mit diesen Replikationslösungen nicht aufgebaut werden, eine redundante Datenhaltung und schnelle Verfügbarkeit der Exchange-Dienste ist aber trotzdem realisierbar.

21.4 Erhöhung der Verfügbarkeit durch virtuelle Server

Der erste Gedanke bezüglich des Themas »Virtuelle Server« ist im Allgemeinen »Konsolidierung«. Diese Assoziation ist durchaus richtig, allerdings lässt sich mit diesen Systemen auch eine Verbesserung der Verfügbarkeit erreichen, da eine sehr einfache und schnelle Wiederanlaufprozedur implementiert werden kann. Doch fangen wir von vorne an:

In Abbildung 21.10 sehen Sie eine Infrastruktur mit zwei virtuellen Servern; jeder virtuelle Server betreibt vier virtuelle Maschinen. Die (physikalischen) Server sind über FibreChannel an ein zentrales Storage-System angeschlossen, auf dem die Konfigurations- und Festplattendateien der VMs liegen. In der Abbildung sind die Extensionen des Microsoft Virtual Servers genannt, ebenso könnten dies *.vmx- und *.vmdk- bzw. *.dsk-Dateien von VMware-Systemen sein.

Wie sich durch die virtualisierte Umgebung die Wiederanlaufzeit deutlich verbessern lässt, ist in Abbildung 21.11 dargestellt:

- **Zustand 1**: Zunächst greift eine auf dem linken Server befindliche virtuelle Maschine auf einen Speicherbereich des Shared Storage zu. In diesem Speicherbereich liegen Konfigurations- und Festplattendateien der virtuellen Maschine.
- **Zustand 2**: Der linke Server fällt aus. Die Fehlerbehandlung sieht wie folgt aus:
  - Die zuvor auf dem linken (nun ausgefallenen) Server betriebene virtuelle Maschine wird auf dem rechten Server gestartet.

- Da auf die identischen Konfigurations- und Festplattendateien zugegriffen wird, wird die Ausführung der virtuellen Maschine im Endeffekt da fortgesetzt, wo die Verarbeitung durch den Ausfall des linken Servers abgebrochen ist (im RAM gespeicherte Daten gehen natürlich verloren!). Natürlich müssen Filesystem und Datenbanken ggf. wiederhergestellt werden – so wie nach einem harten Ausfall üblich.

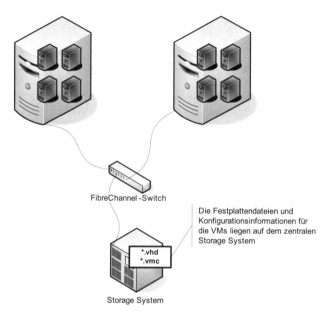

Abbildung 21.10 Beispiel einer Umgebung mit zwei virtuellen Servern, die auf ein Storage-System zugreifen. In der Praxis würde man die Pfade zwischen den Servern und dem Storage-System redundant auslegen!

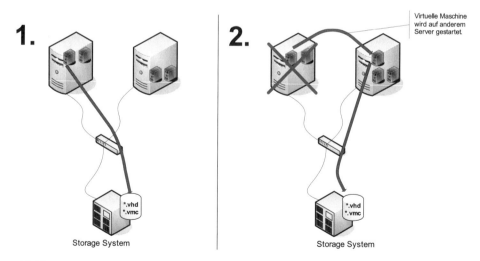

Abbildung 21.11 In einer »virtualisierten« Umgebung kann der Ausfall eines physikalischen Servers schnell abgefedert werden. Die entsprechenden VMs werden auf anderen Maschinen ausgeführt.

Erhöhung der Verfügbarkeit durch virtuelle Server **883**

Was diesen Ansatz äußerst interessant macht ist, dass die Wiederanlaufzeit auf wenige Minuten reduziert wird – vorausgesetzt natürlich, es ist ein Administrator zugegen, der einige Handgriffe vornehmen kann.

Da sowohl die VMware-Produkte als auch der Virtual Server von Microsoft geskriptet werden können, lässt sich das Wiederanlaufen der VMs nach dem Verlust eines physikalischen Servers weiter optimieren.

Wenn Sie Abbildung 21.11 betrachten, werden Sie sehr schnell die Schwachstelle entdecken. Der Ausfall eines Server kann leicht abgefangen werden, der GAU (= größter anzunehmender Unfall) wäre der Ausfall des Storage-Systems. Die heute erhältlichen Storage-Systeme sind zwar in puncto Ausfallsicherheit optimiert, aber eine 100%ige Sicherheit gibt es natürlich nicht. Aus diesem Grund müsste man konsequenterweise die Storage-Systeme redundant auslegen und die Daten der virtuellen Maschinen spiegeln (Abbildung 21.12).

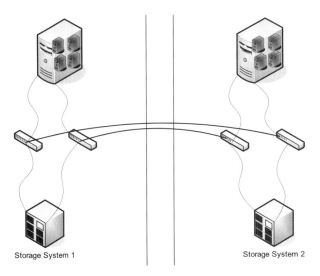

Abbildung 21.12 Wenn das Storage-System, auf dem die Daten der virtuellen Maschinen (Konfiguration, Festplattendateien) liegen, gespiegelt wird, erhält man eine voll-redundante virtuelle Umgebung.

21.4.1 Abgrenzung zum Microsoft Cluster

Es stellt sich nun natürlich die Frage, ob es empfehlenswerter ist, Exchange in einer virtuellen Maschine zu installieren und Datenverlustzeit und Wiederanlaufzeit auf diese Weise zu optimieren oder ob man zum »klassischen« Microsoft Cluster greift.

Ehrlicherweise muss man sagen, dass diese Frage »aus einem Buch heraus« nicht seriös zu beantworten ist. Grundsätzlich gilt:

▶ Eine virtualisierte Umgebung wird kostengünstiger sein als eine nicht-virtualisierte. Das gilt umso mehr, wenn auf den virtuellen Servern mehrere Applikationsserver ausgeführt werden, die sonst jeweils einzeln auf minimale Datenverlustzeit und kurze Wiederherstellungszeit getrimmt werden müssten.

Überlegen Sie beispielsweise, was allein die Enterprise Editions der Microsoft-Betriebssysteme an Geld verschlingen. Wenn der Microsoft Cluster-Dienst nicht benutzt wird, reicht die Standard Edition.

- Eine Umgebung mit geclustertem Exchange ist teilweise etwas kompliziert zu handhaben. Das liegt weniger an der Cluster-Funktionalität an sich, sondern hat folgende Gründe: Von einem Cluster werden nicht alle Exchange-Dienste unterstützt, so dass Sie unter Umständen neben dem Cluster auch »normale« (also nicht geclusterte) Exchange Server benötigen (siehe Abschnitt 21.5.4). Des Weiteren sind einige Konfigurationsaufgaben im Cluster deutlich schwieriger.
Gerade für kleine und mittlere Umgebungen ist ein Exchange-Cluster aufgrund seiner Eigenheiten sicher nicht unbedingt das Optimum.

- Der Failover-Vorgang ist bei einem Cluster sicherlich schneller und leichter zu automatisieren (weil er ohnehin automatisch funktioniert). Im mittelständischen Bereich dürfte aber ein Exchange-Ausfall zwischen 30 und 60 Minuten zu verschmerzen sein – und in diesem Zeitraum ist es auch problemlos möglich, eine virtuelle Maschine auf einem anderen physikalischen Server zu aktivieren.

Ich könnte mir vorstellen, dass die Virtualisierung der Umgebung in den meisten Fällen der günstigste Weg ist, um die Anforderungen zu erfüllen, die bezüglich Wiederherstellungszeit und Datenverlustzeit gestellt werden.

Da dies ein Exchange-Buch ist, kann das Thema »Servervirtualisierung« natürlich nur am Rande gestreift werden. Falls Sie tiefer einsteigen wollen, gibt es zwei Buchtipps:

- »Konzepte und Lösungen für Microsoft Netzwerke« von Ulrich B. Boddenberg, Galileo Press
- »VMware und Microsoft Virtual Server« von Dennis Zimmer, Galileo Press

21.5 Cluster

Das klassische Mittel zur Verbesserung der Verfügbarkeit ist der Cluster. In den vorherigen Abschnitten dieses Kapitels haben Sie zwar bereits einige kritische Töne gehört, nun werden wir uns intensiver mit dieser spannenden Technologie auseinander setzen.

> **Hinweis** Die Installation eines geclusterten Exchange Servers wird ausführlich in Abschnitt 17.3 beschrieben.

21.5.1 Allgemeines zum Microsoft Cluster

Ende 1997, also zur besten NT4-Zeit, veröffentlichte Microsoft einen Cluster-Dienst, der zur Entwicklungszeit Wolfpack genannt wurde – ein Rudel von Wölfen sorgt also für eine bessere Verfügbarkeit.

Der Microsoft-Cluster ist recht einfach zu verstehen:

- Der Cluster besteht aus mindestens zwei Knoten, die über einen gemeinsamen Festplattenbereich (Shared Storage) verfügen. Dieses Shared Storage-System kann über SCSI, FibreChannel oder iSCSI angeschlossen sein.

- Die Benutzer greifen, zumindest gedanklich, nicht direkt auf einen der Clusterknoten zu, sondern kommunizieren mit einem »virtuellen Server«, der gewissermaßen vor dem physikalischen Clusterknoten angesiedelt ist. In Abbildung 21.13 ist dies zu sehen: Der Benutzer glaubt, dass er mit clust01.videgro.intra kommuniziert. Da dieses System aber momentan auf clnode01 ausgeführt wird, greift der Benutzer in Wahrheit auf diese Maschine zu. Der physikalische Server greift auf den Datenbereich auf dem Shared Storage-System zu. Wenn clnode01 ausfällt oder die Dienste gezielt auf clnode02 geschwenkt werden, wird der Client auf diesen physikalischen Server zugreifen, der aber dieselbe Speicherressource und dort dieselben Daten nutzt.

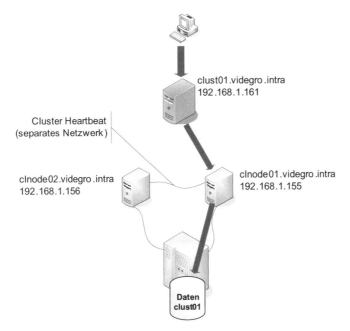

Abbildung 21.13 Das Prinzip des Clusters

- Der »virtuelle« Server, auf den die Clients zugreifen, besteht aus mehreren Clusterressourcen, die zu einer Gruppe zusammengefasst werden. Die Gruppe enthält mehrere Ressourcen, wie eine IP-Adresse, einen Rechnernamen, einen Festplattenbereich oder Exchange-Ressourcen.
- Clusterressourcen können nicht beliebige Dienste oder Programme sein, sondern müssen vom Softwarehersteller speziell auf den Betrieb im Cluster vorbereitet sein. Es ist insbesondere beim Einsatz von Zusatzprodukten zu prüfen, ob diese im Cluster laufen können oder zumindest »Cluster aware« sind. Erstes bedeutet, dass das Produkt als Clusterressource ausgeführt werden kann. »Cluster aware« bedeutet, dass die Software zwar keine Clusterressource zur Verfügung stellt, aber stabil auf einem Clusterknoten läuft.
- Im Fehlerfall werden die Clusterressourcen des ausgefallenen Knotens auf dem anderen System gestartet. Dies kann durchaus einige Minuten dauern! Der Cluster sorgt also nicht für »Zero-Donwtime«, sondern für eine »Only-a-few-minutes-Downtime«.

21.5.2 Aktiv/Aktiv, Aktiv/Passiv und n+1

Im Zusammenhang mit Clustersystemen ist von Aktiv-Aktiv oder Aktiv-Passiv die Rede. Ich werde in diesem Abschnitt diskutieren, welche Variante zur Nutzung mit Exchange die geeignetere ist.

Aktiv/Passiv und n+1

Der Aktiv/Passiv-Cluster ist die empfohlene Konfiguration für Exchange-Cluster. Im einfachsten Fall, dem Zwei-Knoten-Cluster, ist ein Knoten aktiv, der andere passiv. Fällt der ursprünglich aktive Knoten aus, übernimmt der zweite dessen Aufgaben.

Mit der Kombination Exchange 2003 und Windows 2003 können Aktiv/Passiv-Cluster mit bis zu acht Knoten angelegt werden – vorausgesetzt natürlich, dass beide Softwareprodukte in der Enterprise Edition vorliegen (Windows 2003 Server Datacenter Edition ist ebenfalls möglich).

Wird Exchange 2003 aus welchen Gründen auch immer auf Windows 2000 Advanced-Servern installiert, können bis zu zwei Knoten im Cluster betrieben werden (Windows 2000 Datacenter: vier).

In Abbildung 21.14 sehen Sie die schematische Darstellung eines Cluster-Systems:

- Vier Knoten sind vorhanden, von denen drei aktiv und einer Standby ist (n+1).
- VES bedeutet »Virtueller Exchange Server«, mehr dazu später.
- Die Exchange Server greifen auf einen gemeinsamen über FibreChannel oder iSCSI angeschlossenen Shared Storage-Bereich zu.
- Für die Clients ist es unerheblich, ob sie auf ein geclustertes System zugreifen oder nicht – es macht keinen Unterschied!
- Es ist eigentlich überflüssig, darauf hinzuweisen: Schön, wenn Sie Ihr System für viel Geld geclustert haben – und dann fällt der einzig vorhandene Global Catalog Server aus (kein Global Catalog = kein Zugriff auf Exchange): Wichtig ist natürlich, dass alle anderen Voraussetzungen wie Active Directory, Global Catalog, DNS, WINS ebenfalls entsprechend redundant ausgelegt sind.
- Fällt das zentrale Storage-System aus, gibt es kein Exchange mehr. Machen Sie sich also Gedanken darüber, ob es nicht sehr sinnvoll wäre, das Storage-System redundant auszulegen!
- Selbstverständlich sollten die Server in einer Produktivumgebung redundant an das Storage-System und an das LAN angebunden werden. Das ist in Abbildung 21.14 aus Gründen der Übersichtlichkeit (zu viele Kabel) nicht eingezeichnet, aber trotzdem eine elementare Design-Regel.

Generell gilt, dass man in Aktiv/Passiv-Konstellationen einen Knoten als Standby-Knoten vorhält. Man spricht auch von n+1-Clustern. Prinzipiell sind natürlich auch n+2-Konfigurationen denkbar.

Welche Szenarien könnten also den Einsatz von Aktiv/Passiv-Clustern sinnvoll erscheinen lassen?

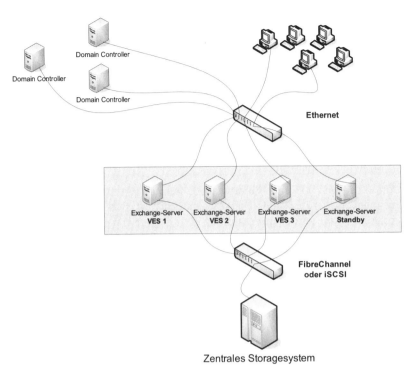

Abbildung 21.14 Schematische Darstellung eines Clusters mit vier Knoten

- **Zwei-Knoten-Cluster**: Der einfachste Fall, nämlich ein aktiver und ein passiver Clusterknoten, kommt zum Einsatz, wenn schlicht und ergreifend der Ausfall eines Servers abgefangen werden soll. Sinnvoll wäre natürlich auch, die beiden Knoten in zwei unterschiedlichen Rechenzentren aufzustellen. Vergessen Sie dabei nicht, dass konsequenterweise auch die Storage-Systeme redundant auf zwei Rechenzentren verteilt werden müssten.
- **Mehrknoten-Cluster**: Wenn Sie beispielsweise 3000 Exchange-Benutzer haben, könnte man einen Vier-Knoten-Cluster aufbauen: Auf drei Knoten werden jeweils 1000 Postfächer gespeichert, der vierte Server läuft als Failover-Knoten mit und übernimmt bei Ausfall eines Systems dessen Postfächer (und sonstige Funktionen).
- **Zur Vertiefung**: In einem Mehrknoten-Cluster, in dem **ein** Standby-Server vorhanden ist, führt der Ausfall des ersten Servers zu einem Failover auf den Standby-Server. Falls noch ein weiterer Server ausfällt, kann auf dessen Postfächer und sonstigen Dienste nicht mehr zurückgegriffen werden, da Failover-Vorgänge immer nur auf einem Standby-Server durchgeführt werden – ist kein »freier« Standby-Server vorhanden, gibt es auch kein Failover.

Diese Szenarien sind übrigens ein gutes Argument für eine Zentralisierung der Exchange-Dienste: Wenn Sie die Verfügbarkeit der Mail-Systeme als wichtig für Ihr Unternehmen definiert haben, ist es sicherlich finanzierbar und administrierbar, ein großes Cluster-System in der Zentrale aufzubauen. In den Außenstellen wird sich der Aufbau dezentraler Exchange-Cluster vermutlich nicht lohnen.

Die Mehrknoten-Cluster sind übrigens recht einfach skalierbar. Ich habe durchaus Fälle erlebt, wo ein größerer Mittelständler dreißig dezentrale Exchange Server abgebaut und die 750 weiteren Benutzer auf den zentralen Exchange-Cluster gehängt hat. Für die vormals dezentralen Postfächer wurde ein weiterer Clusterknoten angeschafft, zudem mussten der zentrale Plattenspeicher erweitert werden und teilweise die Leitungskapazitäten ausgebaut werden. Voraussetzung für ein bandbreitenschonendes Arbeiten ist natürlich Outlook 2003 im Cached Mode oder eine Anbindung der Clients via Terminalserver bzw. Citrix Metaframe.

Die Vorteile eines zentralen verfügbaren Systems liegen auf der Hand:

- Es dürfte völlig illusorisch sein, in jedem Außenstandort einen Exchange-Cluster mit redundantem Storage aufzubauen.
- Zentrale Systeme sind grundsätzlich einfacher zu administrieren als dezentrale Systeme, zumal die Anzahl natürlich deutlich geringer ist. In dem Beispiel wäre das ein weiterer Clusterknoten gegenüber dreißig dezentralen kleinen Servern. »Administrieren« bedeutet natürlich nicht nur Fehlerbehebung und das Anlegen von Benutzern etc., sondern beispielsweise auch das Aufbringen von Patches.
- Die höheren Kosten für einen Vertrag mit schnellen Instandsetzungszeiten für die WAN-Verbindungen dürften trotzdem geringer sein als allein die Wartungskosten für die dezentralen Server.
- Sie sparen unter Umständen erhebliche Geldmengen für Server, Lizenzen und Wartung.

Aktiv/Aktiv-Cluster

Die zweite Cluster-Variante ist ein Aktiv/Aktiv-Cluster. Es ist einleuchtend, was hierunter zu verstehen ist: Beide Clusterknoten sind aktiv und stellen Exchange-Dienste zur Verfügung. Fällt ein Knoten aus, übernimmt der übrig gebliebene Knoten die Funktion beider Exchange Server.

Aktiv/Aktiv-Cluster können nur aus zwei Exchange-Knoten bestehen.

Folgende Einschränkungen sind bei einem Aktiv/Aktiv-Cluster zu beachten:

- Die Summe der gleichzeitigen MAPI-Benutzerverbindungen darf pro Knoten 40 % nicht überschreiten.
- Die durchschnittliche Prozessorauslastung pro Maschine darf 40 % nicht überschreiten.

Wenn Sie diese Einschränkungen überschreiten, wird im Failover-Fall die Leistung des Systems sehr bescheiden sein. Außerdem besteht die Gefahr, dass die Funktion des ausgefallenen Systems nicht übernommen wird, dass also der Failover-Vorgang nicht gelingt.

Wenn Sie Aktiv/Aktiv-Cluster implementieren, sollten Sie in regelmäßigen Abständen die Leistungswerte des Systems überwachen. Gut, eigentlich sollte die Leistungsüberwachung von Servern grundsätzlich durchgeführt werden. Bei Aktiv/Aktiv-Clustern ist dies noch lebenswichtiger, denn eine sehr hohe Auslastung auf einem oder beiden Knoten könnte dazu führen, dass der Failover-Vorgang fehlschlägt. Die zu überwachenden Parameter sind:

- `Performance/%Processor time/_Total counter`. Dieser Wert sollte nicht über einen längeren Zeitraum (10 Minuten) 40 % überschreiten. Es geht hier wohlgemerkt nicht um einen einzelnen Prozessor, sondern um die Gesamtprozessorleistung.

- `MSExchangeIS/Active Connection Count` oder `MSExchangeIS Mailbox(_Total)/Active Client Logons`. Diese Werte sollten nicht für eine längere Zeit (10 Minuten) 1900 überschreiten.

Ein weiterer Fallstrick in einer Aktiv/Aktiv-Konfiguration ist Folgendes:

Exchange 2003 Enterprise Edition kann bis zu vier Speichergruppen verwalten. Wenn in einer Aktiv/Aktiv-Konfiguration ein Knoten drei Speichergruppen und der andere zwei Speichergruppen verwaltet, würden bei einem Failover fünf Speichergruppen auf einem Server liegen. Das geht schlicht und ergreifend nicht, der Failover-Vorgang würde fehlschlagen, der Cluster ist also wirkungslos. **Im gesamten Aktiv/Aktiv-Cluster dürfen also maximal vier Speichergruppen vorhanden sein.**

21.5.3 Virtuelle Exchange Server

Wie Sie bereits in Abbildung 21.14 gesehen haben, kommunizieren die Clients in einer geclusterten Umgebung nicht mit dem physikalischen Exchange Server, sondern mit einem virtuellen Exchange Server, der in der Literatur im Allgemeinen »VES« abgekürzt wird.

Ein virtueller Exchange Server verhält sich im Prinzip so wie ein »normaler« Server. Schaut man in den Exchange System-Manager, kann man auf den ersten Blick einen virtuellen nicht von einem physikalischen Exchange Server unterscheiden. Wie Sie im nächsten Abschnitt erfahren werden, gibt es für einen virtuellen Exchange Server allerdings einige Einschränkungen.

> Alle virtuellen Exchange Server eines Clusters müssen sich in derselben Routinggruppe befinden.

21.5.4 Einschränkungen

In einem Exchange-Cluster, genauer auf virtuellen Exchange Servern, können einige Exchange-Komponenten *nicht* ausgeführt werden. Dabei handelt es sich um folgende:

- Active Directory Connector
- Exchange Calendar Connector: Dieser Connector wird benötigt, um Nicht-Exchange-Systemen Frei-/Gebucht-Informationen zur Verfügung zu stellen.
- Exchange Connector for Lotus Notes
- Exchange Connector for Novell Groupwise
- Microsoft Exchange Event Service: Diese Komponente wird benötigt, um für Exchange 5.5 entwickelte serverseitige Skripts auszuführen.
- Site Replication Service (SRS): Der Standortreplikationsdienst wird benötigt, wenn Sie mit in der Organisation vorhandenen Exchange 5.5-Servern Daten austauschen müssen.
- Network News Transfer Protocol: Wird benötigt, um News von einem Newsfeed zu empfangen (Push oder Pull) und um Newsclients zu versorgen.
- Intelligent Message Filter (IMF): Hierbei handelt es sich um einen Spam-Filter.

Wenn Sie eine dieser Komponenten zwingend benötigen, können Sie sich damit behelfen, dass Sie sie auf einem separaten, also nicht-geclusterten Exchange Server ausführen.

21.5.5 Besonderheiten bei der Konfiguration

Ich gehe davon aus, dass die Feinheiten der Exchange Cluster-Konfiguration nur für einen relativ geringen Teil der Leser interessant sein wird. Aus diesem Grunde belasse ich es bei dem Hinweis, dass Sie vor einer Änderung in einer geclusterten Umgebung in den »üblichen Quellen« (Microsoft-Dokumentation, Knowledge Base, Newsgroups, Google) nachlesen sollten, ob die von Ihnen geplante Änderung so wie gedacht durchzuführen ist.

Ansonsten sollte man nicht verschweigen, dass ein Exchange-Cluster mit »Basisfunktionalität« zwar schnell aufgesetzt ist; das wird Ihnen der entsprechende Teil des Installationskapitels (Abschnitt 17.3) bestätigen. Einige Konfigurationen werden im Cluster allerdings so speziell, das man sie entweder ohnehin auf einem zusätzlichen nicht-geclusterten System vornehmen sollte oder muss – und sich vielleicht grundsätzlich Gedanken machen sollte, ob man seine Ziele auch ohne Clustering erreichen kann (siehe nächster Abschnitt).

Ich bitte es nicht falsch zu verstehen, dass ich gegenüber Clustern ein wenig zurückhaltend bin. Diese Systeme haben definitiv ihre Daseinsberechtigung, ich habe aber mittlerweile viele Situationen gesehen, in denen aufgrund fundamentaler Design- und Beratungsfehler der verkaufte Cluster sehr teuer war, viel Arbeit macht – und trotzdem das eigentlich zu erreichende Ziel bei genauerem Hinterfragen nicht erreicht wird.

21.5.6 Cluster vs. Servervirtualisierung

Ich empfehle Ihnen zu prüfen, ob Sie die gesteckten Ziele an Datenverlustzeit und Wiederherstellungszeit auch erreichen, wenn Sie keinen Cluster aufbauen, sondern Ihre Umgebung virtualisieren – zumindest teilweise. Dies dürfte deutlich preiswerter sein und bringt zudem weitere Mehrwerte.

Eine kleine Abgrenzung zwischen den Technologien finden Sie in Abschnitt 21.4.1.

21.5.7 Sicherungs- und Wiederherstellungsverfahren

Wenn Sie geclusterte Systeme einsetzen, muss dies natürlich in Ihren Wiederherstellungsszenarien berücksichtigt werden. Diese Fälle müssen bedacht werden:

- Ausfall und Wiederherstellung eines einzelnen Clusterknotens
- Ausfall und Wiederherstellung der Shared Storage-Ressource
- Ausfall und Wiederherstellung des Quorums
- Ausfall und Wiederherstellung des kompletten Clusters (Desaster-Fall)

Da es sich hierbei überwiegend um recht spezielle Cluster-Themen handelt, verweise ich auf die Microsoft Knowledge-Base und die Dokumentation.

Nehmen Sie das Erstellen des Backup-Konzepts und der Restore-Szenarien ernst! Auch redundante Hardware befreit Sie nicht davon, auf den Fehlerfall oder gar ein Desaster vorbereitet zu sein.

Im Backup- und Restore-Kapitel (Kapitel 20) habe ich mehrfach darauf hingewiesen, dass Sie regelmäßig testen sollten, ob Sie wirklich in der Lage sind, innerhalb kurzer (oder sagen wir »akzeptabler«) Zeit die wichtigsten Systeme aufzusetzen. Damit dies wirklich auch im Ernstfall funktioniert, sind regelmäßige »Feuerwehrübungen« unerlässlich. Das gilt speziell auch für geclusterte Umgebungen, da hier die Wiederherstellung definitiv kompliziert ist. Wer dies nie probiert hat, wird es im echten Fehlerfall, also unter Druck, mit Sicherheit nicht hinbekommen!

21.5.8 Testumgebung

Clustersysteme mit Exchange verfügen über gewisse »Eigenheiten«, beispielsweise bei der Nutzung des Zugriffs auf Webressourcen (OWA, OMA etc.) – es ist also durchaus sehr sinnvoll, mögliche Konfigurationsänderungen zunächst in einer Testumgebung auszuprobieren. Dies gilt natürlich ebenso wie für das Testen der Wiederherstellung nach dem Ausfall von Clusterknoten oder des ganzen Servers.

Die meisten Administratoren verwenden mittlerweile für diesen Zweck virtuelle Maschinen, mit denen sich angenehmerweise auch ein komplettes Clustersystem auf einer Maschine nachbilden lässt. Es wird also keine teure Clusterhardware für die Testumgebung benötigt. Ich werde das in diesem Buch nicht weiter vertiefen, möchte Sie aber auf weiterführende Quellen verweisen:

- Buch: Von Galileo Press ist das Buch »VMware und Microsoft Virtual Server« von Dennis Zimmer erhältlich. Der Autor beschreibt den Aufbau von Clustern mit den beiden im Titel genannten Produkten.
- Wenn Sie einen »Cluster in a box« mit Microsoft Virtual Server 2005 aufbauen möchten, sollten Sie sich diesen Link ansehen: http://www.microsoft.com/technet/prodtechnol/virtualserver/deploy/cvs2005.mspx
- Falls Sie mit der VMware Workstation testen, suchen Sie bei Google nach vmware workstation cluster – und Sie werden hinreichend viele Beschreibungen des Installationsverfahrens finden.

21.6 Front-End-Server

Erste Nachricht: **Front-End-Server werden nicht geclustert.** Zumindest nicht im Sinne des zuvor geschilderten Cluster-Aufbaus.

Stattdessen wird zur Verbesserung der Performance und Erhöhung der Verfügbarkeit ein Network Load Balancing-Cluster (NLB-Cluster) eingesetzt. In den deutschen Versionen von Windows Server 2003 finden Sie das zugehörige Konfigurationswerkzeug unter dem schönen Namen »Netzwerklastausgleich-Manager«.

Wie man in Abbildung 21.15 erkennt, steht nach außen eine IP-Adresse zur Verfügung, die eingehenden Anfragen werden dynamisch auf die im NLB-Cluster verfügbaren Server verteilt.

Der Microsoft NLB-Cluster stellt recht hohe Anforderungen an die Überwachung der Systeme, denn das System ist in erster Linie ein System für den **Netzwerklastenausgleich**. Fällt einer der Knoten aus, muss dieser schnellstmöglich aus dem NLB-Cluster entfernt werden, da das System kein automatisches Failover bietet.

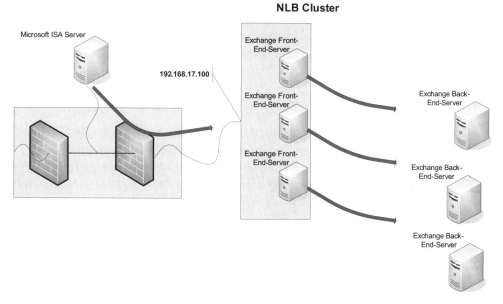

Abbildung 21.15 Load Balancing und Verfügbarkeit von Front-End-Servern

Bisher war immer von der Microsoft-Variante des Netzwerklastenausgleichs die Rede. Alternativ können hardware-basierte Lösungen eingesetzt werden.

21.7 Active Directory und Netzwerkdienste

Exchange ist auf ein funktionierendes Active Directory dringend angewiesen. Hier werden allerdings nicht nur Domain Controller (DCs), sondern Global Catalog Server benötigt. Der Global Catalog (GC) ist eine Komponente, die auf einem Domain Controller aktiviert werden kann.

Stellen Sie also sicher, dass für den Exchange Server redundante Global Catalog Server erreichbar sind – und dass er diese auch tatsächlich nutzt. Weche DCs und GCs ein Exchange Server verwendet, können Sie im Exchange System-Manager in den Eigenschaften des Servers einsehen (siehe Abbildung 21.16).

Des Weiteren müssen die Netzwerkdienste ausfallsicher ausgelegt sein:

- **DNS** ist vergleichsweise einfach ausfallsicher zu gestalten, indem Sie weitere DNS-Server einrichten, auf die die Clients bei Bedarf zugreifen können. Die Synchronisierung der DNS-Server ist durch die Nutzung Active Directory-integrierter Zonen einfach einzustellen – also wesentlich unproblematischer als die Einrichtung von Zonen-Transfers unter BIND.
- Damit der **DHCP**-Service ausfallsicher zur Verfügung steht, muss dieser auf zwei Maschinen installiert werden. Redundanz für DHCP-Server ist auf zweierlei Arten herzustellen:
  - **80/20-Regel**: Man kann nicht zwei DHCP-Server mit überlappenden IP-Bereichen installieren, demzufolge kann man nicht einfach beide Server mit dem vollen Adress-

bereich konfigurieren. Ein gängiger Weg ist, zwei DHCP-Server einzurichten, von denen der eine 80 % der Adresse, der andere die restlichen 20 % verwaltet. Da nicht alle Clients gleichzeitig neue IP-Leases anfordern werden, können für die Zeit des Ausfalls des »größeren« Servers die Anfragen aus dem kleineren Bereich bedient werden.

- **Clustering**: Falls Sie die 80/20-Regel nicht anwenden möchten oder können, können Sie den DHCP-Dienst clustern. Das Lästige bei Cluster-Konfigurationen ist, dass diese relativ teuer sind.

▶ Für **WINS** kann die notwendige Redundanz erzeugt werden, indem Sie mehrere WINS-Server installieren und Replikationsbeziehungen einrichten.

Abbildung 21.16 Für die Verfügbarkeit des Gesamtsystems ist es wichtig, dass Exchange redundante Domain Controller und Global Catalog Server zur Verfügung hat. Dieser Dialog zeigt, welche DCs und GCs Exchange verwendet.

21.8 Störfall und Notfall

Zunächst müssen wir definieren, was unter einem Störfall und einem Notfall zu verstehen ist. In Abbildung 21.17 sind einige mögliche Szenarien von leicht (Ausfall eines redundanten Netzteils) bis sehr schwer (Brand in der Firmenzentrale) aufgetragen. Die Abgrenzung zwischen einem schweren Störfall und dem Notfall ist nicht nur ein sprachliches Problem, sondern berührt die Planung insoweit, als dass man normalerweise für einen Störfall kürzere Wiederherstellungs- und Datenverlustzeiten fordern wird als bei einem Notfall. Es ist natürlich durchaus denkbar, dass in Ihrer Firma/Organisation der Brand im EDV-Raum bereits als Notfall angesehen wird.

21.8.1 Störfall

Die Bandbreite eines Störfalls reicht von einem Ausfall eines Netzteils in einem Server bis hin zum Verlust eines kompletten Storage-Systems durch Kabelbrand. Im letztgenannten Fall werden sicherlich auch Server in Mitleidenschaft gezogen werden. Dies dürfte der schlimmste anzunehmende Störfall sein.

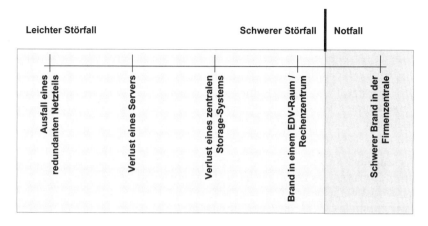

Abbildung 21.17 Wann endet der Störfall, wann beginnt der Notfall?

Ein Merkmal des Störfalls ist, dass es sich um ein mehr oder weniger auf die IT begrenztes Problem handelt und die übrige Firma normal weiterarbeiten kann – vorausgesetzt, die EDV steht zur Verfügung. Der berühmte Kabelbrand oder Wasserschaden im EDV-Raum ist hier ein klassisches Beispiel: Dass Server und Storage »weg« oder schwer in Mitleidenschaft gezogen sind, ist schlimm genug, wenn in der Konsequenz aber tagelang die Produktion angehalten werden muss und keine Kommunikation mit Kunden und Lieferanten mehr möglich ist, wird aus dem schweren EDV-Störfall ein Szenario, das unter Umständen existenzgefährdend für die ganze Firma ist.

21.8.2 Notfall

Man kann sich darüber streiten, ob der Kabelbrand im Rechenzentrum bereits in die Kategorie »Notfall« fällt oder ob es sich dabei noch um einen Störfall handelt. Natürlich ist es Definitionssache, ich würde mit dem Begriff »Notfall« sehr sparsam umgehen und die Situation, dass beispielsweise die Firmenzentrale von einem größeren Brand heimgesucht wird, als Notfall bezeichnen. Verwendet man die im vorherigen Kapitel beschriebene Abgrenzung, dass ein Notfall dann vorliegt, wenn nicht nur die IT-Systeme betroffen sind, sondern ein großer Teil der Firma nicht mehr arbeiten kann, ist der Brand in der Firmenzentrale der klassische Notfall: Kein Gebäude – keine Arbeitsmöglichkeit.

In einem solchen Notfall würde es nicht helfen, die EDV innerhalb von zwei Stunden wieder funktionsbereit zu haben, denn zumindest in der teilweise vernichteten Firmenzentrale wird zunächst niemand arbeiten können und bis Ausweichflächen gefunden sind, werden einige Tage vergehen.

Im Notfall liegt also ein Großteil der Firmenzentrale in Schutt und Asche. Vordergründig wird man sich dann zwar überlegen, ob man sich ausgerechnet über die IT Gedanken machen muss, aber:

▶ Auch wenn Sie die Zentrale verlieren, sollten die Außenstandorte und der mobile Außendienst nach einer angemessenen Zeit (und »angemessen« ist sicherlich nicht nach drei Monaten) weiterarbeiten können.

- Die Kommunikation mit Kunden und Lieferanten, letztendlich auch mit Banken, sollte natürlich nicht abreißen, also sind elektronische Kommunikationsmittel erforderlich. Kommunikation können Sie natürlich nur sinnvoll durchführen, wenn Sie über Informationen verfügen. Also brauchen Sie nach einer angemessenen Zeit »irgendwie« Zugriff auf möglichst aktuelle Daten.
- Vermutlich bedeutet der Brand in der Firmenzentrale nicht, dass der Geschäftsbetrieb nie wieder aufgenommen werden soll. Wenn die Firma aber keinerlei Daten mehr besitzt, weil mit dem Storage-System und den Servern auch alle Bandsicherungen verbrannt sind, dürfte es schwierig sein, überhaupt jemals wieder zu starten.

Wenn Sie mit diesem Buch in Ihrem Büro oder zu Hause auf dem Sofa sitzen, werden Ihnen diese »Horror-Szenarien« vielleicht reichlich übertrieben vorkommen. Bedenken Sie aber, dass ein Brand oder ein schwerer Wasserschaden durchaus nicht ganz unwahrscheinlich ist – sagen wir zumindest denkbar. Die Konsequenz aus den Überlegungen muss ja nicht notwendigerweise sein, dass Sie einen riesigen Geldbetrag ausgeben müssen. Sie sollten sich aber über das »Was-wäre-wenn« schon Gedanken machen: Ich kenne viele kleinere Firmen, die die Bänder der Bandsicherung im Serverraum aufbewahren. Bei meinem nächsten Besuch lagen die Bänder dann im Schreibtisch des Geschäftsführers. Das ist zwar schon ein Fortschritt, aber wenn das Gebäude ausbrennt, dürfte eben dieser Schreibtisch auch nicht mehr allzu gut aussehen. Das »einfachste Notfallkonzept der Welt« wäre, die Bänder wöchentlich (Datenverlustzeit: 1 Woche) oder täglich (Datenverlustzeit: 1 Tag) extern auszulagern. Im Notfall verfügen Sie dann zumindest über Daten, die Sie zurücksichern können.

21.8.3 Definition der Sevicelevel

Bei der Definition der Verfügbarkeit haben wir die Aspekte Wiederherstellzeit und Datenverlustzeit betrachtet. Zur Erinnerung:

- **Wiederherstellzeit**: Die Zeit, innerhalb derer die Funktion des Servers wiederhergestellt ist, also die Benutzer wieder mit dem ERP-System arbeiten können oder wieder per Mail mit der Außenwelt kommunizieren können.
- **Datenverlustzeit**: Der Ausfall eines Plattensystems führt im Allgemeinen zu Datenverlust, im Zweifelsfall müsste man bis zum jüngsten Backup zurück. Liegt dieses Backup bis zu zehn Stunden zurück, muss im ungünstigsten Fall eine Datenverlustzeit von zehn Stunden in Kauf genommen werden.

Mögliche Service-Level für den Störfall und den Notfall finden Sie in der folgenden Tabelle. Diese Service-Level sind für einen größeren Mittelständler realistisch.

	Wiederherstellzeit	Datenverlustzeit
Störfall	4 Stunden	1 Stunde
Notfall	5 Tage	2 Tage

Bei einem Notfall vom Kaliber eines größeren Brands in der Zentrale wird eine Wiederherstellzeit von fünf Tagen sicherlich akzeptabel sein.

Wenn es sich »nur« um einen Ausfall im Bereich der IT-Systeme handelt, wird es kaum akzeptabel sein, dass dreihundert Mitarbeiter in der Zentrale und weitere zweihundert an den Außenstandorten fünf Tage lang nicht arbeiten können.

Ähnliches gilt für die Datenverlustzeit: Nach einem Brand in der Firmenzentrale wird eine Datenverlustzeit von zwei Tagen tragbar sein, ein auf den Bereich der IT-Systeme begrenztes Problem wird eine solche Datenverlustzeit vermutlich nicht rechtfertigen.

Eine kleinere Firma mit 30 Mitarbeitern, die in einem weniger zeitkritischen Geschäftsfeld tätig ist, wird vielleicht diese Service-Level definieren:

	Wiederherstellzeit	**Datenverlustzeit**
Störfall	1 Tag	1 Tag
Notfall	10 Tage	5 Tage

21.8.4 Lösungsansätze

Nach der Betrachtung der Probleme sollten wir nun über Lösungsmöglichkeiten sprechen. Wie immer ist die Geldmenge, die Sie investieren können, nach oben weitgehend offen, und natürlich kann man auch einfache Konzepte, die fast gar keine Investitionen erfordern, verabschieden. Es kommt immer darauf an, was Sie erreichen möchten bzw. müssen.

Bevor Sie sinnvoll in die konkreten Planungen einsteigen können, sind einige Entscheidungen zu treffen – und zwar von der Geschäftsleitung in Absprache mit den Verantwortlichen der Fachabteilungen.

Die Fragen lauten:

- Für den Störfall (alle oder die meisten anderen Bereiche sind, abgesehen von der IT, arbeitsfähig)
    - Wie lange dürfen die IT-Systeme störfallbedingt ausfallen bzw. wie schnell müssen die Systeme nach einem Ausfall wieder zur Verfügung stehen? (differenziert nach Funktionen, also ERP, Exchange ...)
    - Wie viele Daten dürfen verloren werden? Die Daten des kompletten aktuellen Tages, die Daten der letzten Stunde etc.?
- Für den Notfall (ein großer Teil der Zentrale ist nicht mehr arbeitsfähig, Teilbereiche, Außenstandorte und mobile Mitarbeiter könnten nach wie vor arbeiten)
    - Wann müssen die Systeme nach einem Notfall wieder grundlegend (mit verminderter Performance) zur Verfügung stehen? Welche Systeme sind für den Notbetrieb am dringendsten notwendig?
    - Wie viele Daten dürfen verloren werden? Die Daten der aktuellen Woche, des aktuellen Tages ...

Es macht Sinn, die Systeme in mehrere, beispielsweise drei Kategorien zu teilen:

- **Kategorie I**: Systeme, die auch im Notbetrieb unverzichtbar sind, beispielsweise ERP, PPS, **Exchange**, Finanzwesen, SharePoint/Fileservices

- Kategorie II: Systeme, die für den Geschäftsbetrieb wichtig sind, auf die im Notfall jedoch mehrere Tage verzichtet werden kann, beispielsweise das Zeiterfassungssystem
- Kategorie III: Systeme, die für den Geschäftsbetrieb nicht benötigt werden, beispielsweise ein Softwareverteilungs-Server

Das Ergebnis der Entscheidung der Geschäftsführung müsste also eine Tabelle sein, die in etwa so aussieht wie die nachfolgend gezeigte:

	Wiederherstellzeit	Datenverlustzeit
Systeme der Kategorie I		
Störfall	4 Stunden	1 Stunde
Notfall	5 Tage	2 Tage
Systeme der Kategorie II		
Störfall	1 Tag	1 Tag
Notfall	10 Tage	5 Tage
Systeme der Kategorie III		
Störfall	3 Tag	1 Tag
Notfall	30 Tage	5 Tage

System bedeutet hier: Server nebst zugehörigem Storage. Ob die Platten in den Server eingebaut sind oder sich in einem zentralen Storage-System befinden, ist für diese Betrachtung irrelevant.

Wiederherstellzeit: 4 Stunden // Datenverlustzeit: 1 Stunde

Diese Vorgaben werden Sie nur erreichen können, wenn Sie ein gespiegeltes Rechenzentrum mit redundanten Servern und Storage-Systemen aufbauen.

Selbst wenn Sie einen weniger spektakulären Störfall betrachten, bei dem Sie »nur« einen RAID-Verband eines Servers oder im Storage-System verlieren, werden Sie mit »konventionellen« Mitteln das Ziel nicht erreichen:

Wenn das verlorene RAID-Set beispielsweise 500 GB groß ist, werden Sie allein für die Rücksicherung selbst bei recht hoher Restore-Leistung (z.B. 1000 MB/min) mehr als acht Stunden benötigen.

Wiederherstellzeit: 1 Tag // Datenverlustzeit: 1 Tag

Wiederherstellzeit und Datenverlustzeit von einem Tag hört sich nach »problemlos zu schaffen« an. Betrachten wir drei Szenarien:

- Fällt Ihnen der RAID-Controller Ihres Exchange Servers (Größe des Information Stores 100 GB) aus und zerstört die Daten auf Ihrem RAID-Set, kann dieser innerhalb eines Tages »wiederbelebt« werden: Voraussetzungen sind natürlich, dass Sie einen entsprechend schnellen Servicevertrag für Ihre Hardware haben und dass das Restore-Konzept auch tatsächlich funktioniert. Datenverlustzeit: Sie müssen auf die letzte Sicherung zurück, bei einer täglichen Sicherung ist die maximale Datenverlustzeit von einem Tag aber gewahrt.

- Wenn Sie ein Storage-System mit einem Datenbestand von 2 TB verlieren (= Daten müssen komplett zurückgesichert werden), wird die Wiederherstellzeit von einem Tag nicht zu schaffen sein. Bei einer Restore-Geschwindigkeit von 1000 MB/Min benötigt die Rücksicherung ungefähr 34 Stunden. Inklusive Reparatur der Hardware und »Nebenarbeiten« dürften eher 2 Tage für die Wiederherstellung realistisch sein.

- Wenn Sie, beispielsweise durch Kabelbrand, Ihren kompletten IT-Raum verlieren, werden Sie mit mehreren Problemen konfrontiert sein, die dafür sorgen, dass Sie die Service-Level nicht schaffen:

    - Im Rahmen von Wartungsverträgen werden normalerweise Ersatzteile vorgehalten. Wenn Sie beispielsweise zehn komplette Server benötigen, wird das kaum durch einen Wartungsvertrag abgedeckt sein. Gleiches gilt für komplette Storage-Systeme. Mit anderen Worten: Wenn Sie wegen eines schweren Störfalls größere Mengen an Hardware verlieren, werden Sie innerhalb von 24 Stunden keine Neusysteme in ausreichender Menge auftreiben können – ganz zu schweigen von Installation, Konfiguration und Datenrücksicherung.

    - Einen Server innerhalb eines Tages aufzusetzen und die Daten zurückzusichern ist normalerweise kein Problem, vorausgesetzt, das Wiederherstellungskonzept funktioniert und der Server hat nicht allzu große Plattenkapazitäten. Wenn Sie das aber für zehn Server erledigen müssten (vorausgesetzt, Sie haben überhaupt die Hardware), ist das kaum zu schaffen.

Sie sehen, dass ein schwerer Störfall, der mehrere Server betrifft, auch bei eher moderaten Anforderungen an die Wiederherstellungszeit zu einem mehrtägigen Problem werden kann. Prinzipiell bieten sich zwei Möglichkeiten: Entweder die Geschäftsleitung legt fest, dass im Falle eines schweren Störfalls ein mehrtätiger Ausfall der IT-Systeme tragbar ist, oder Sie entscheiden sich für das redundante Rechenzentrum.

Zur Datenverlustzeit

Eine maximale Datenverlustzeit von einem Tag bedeutet, dass Sie auf die letzte Bandsicherung zurückgreifen müssen (bei täglicher Sicherung). Befindet sich das Bandgerät im Serverraum, **müssen** die Bänder täglich ausgelagert werden.

Alternativ könnte das Bandgerät in einem separaten Raum in einem anderen Brandabschnitt des Gebäudes oder in einem anderen Gebäude auf dem Firmengelände untergebracht werden. Die Anbindung des Bandgeräts kann über FibreChannel oder iSCSI erfolgen; je nach Backup-Struktur wäre es übrigens eine sehr gute Idee, den Backup-Server ebenfalls in den entfernten Raum zu stellen.

Gehen wir einmal kurz die möglichen Fälle durch:

- Der erste Raum geht verloren: Backup-Gerät nebst Bändern befindet sich im zusätzlichen Raum, die Daten können also zurückgesichert werden.
- Der Raum mit dem Backup-Gerät geht verloren: Nun ist zwar kein Backup mehr da, aber die Server und Plattenbereiche im ersten Raum sind ja noch vorhanden. Ein Pro-

blem sind dann allerdings logische Fehler, insofern bleibt Ihnen das regelmäßige Auslagern von Bändern trotzdem nicht erspart, weil Backups eben nicht nur gegen physikalische Probleme helfen.

- ▶ **Extremfall:** Der Haupt-IT-Raum und derjenige mit dem Backup-Gerät gehen verloren: Ob dieser Fall überhaupt realistisch ist, ist individuell zu untersuchen. Befinden sich beide Räume innerhalb eines Gebäudes, wäre dieses Szenario sicherlich denkbar – dann handelt es sich aber mit Sicherheit um einen Notfall und nicht mehr um einen Störfall.

Wiederherstellzeit: 3 Tage // Datenverlustzeit: 1 Tag

Die Maßnahmen, um eine Datenverlustzeit von einem Tag zu gewährleisten, habe ich im vorherigen Abschnitt besprochen.

Eine Wiederherstellzeit von drei Tagen beim Ausfall eines einzelnen Servers sollte auch kein sonderlich schweres Problem sein – vorausgesetzt, dass die Ersatzteilversorgung gesichert ist.

Sofern Sie sehr zügig Ersatzmaschinen bekommen, dürfte auch die Wiederinbetriebnahme beim Verlust mehrerer kompletter Server in diesem Zeitraum möglich sein, allerdings nur unter der Voraussetzung, dass Sie für jeden Server ein wirklich funktionierendes, also getestetes Restore-Konzept entwickelt haben.

Allgemeines

Eigentlich hört es sich trivial an, muss aber trotzdem erwähnt werden: Ich habe schon einige Fälle erlebt, bei denen Systeme wiederhergestellt werden mussten: Die Hardware war instand gesetzt und bereit, die Bandsicherungen standen zur Verfügung, es war genügend Zeit da – aber keine Lizenzschlüssel, Freischalt-Codes, Originaldatenträger etc.

Sowohl zum Störfall- als auch zum Notfallkonzept gehört es, dass die Lizenzunterlagen und Datenträger zur Verfügung stehen. Leider sind diese teilweise gar nicht oder nur mit immensem zeitlichen Aufwand zu beschaffen.

Des Weiteren lässt sich aus den vorherigen Überlegungen erkennen, dass es nicht sonderlich sinnvoll ist, diese ausgerechnet im EDV-Raum aufzuheben …

Zu einer modernen IT-Umgebung gehören natürlich nicht nur Server, sondern auch Komponenten wie Switches, Router und letztendlich natürlich auch PCs und Drucker.

All diese Dinge dürfen natürlich ebenfalls nicht in Vergessenheit geraten.

Teil 7
Live Communications Server

22 Live Communications Server 2005 – Ein Überblick   905

23 LCS – Installation und Konfiguration   927

24 LCS – »Externe« Clients und Föderationen   941

25 LCS – Administration   957

26 LCS – Sicherheit   967

22 Live Communications Server 2005 – Ein Überblick

22.1	Technologie	905
22.2	Präsenzinformationen oder: Wer ist anwesend?....	907
22.3	Sofortnachrichten und Dateiübertragung	910
22.4	Voice..	913
22.5	Anwendungsfreigabe und Whiteboard	915
22.6	Videokonferenz..	920
22.7	Integration..	921
22.8	Editionen und Lizenzierung	922

1. Über dieses Buch
2. Der Aufbau des Buchs
3. Exchange 2003 – Service Pack 2
4. Einführung in das Thema Collaboration
5. Erster technischer Überblick
6. Solutions Design
7. Exchange und Active Directory
8. Routing
9. Storage
10. Öffentliche Ordner
11. Administrative Gruppen
12. Richtlinien, Vorlagen und Adresslisten
13. Front-End-/Back-End-Architektur
14. Clients
15. Sichere Anbindung an das Internet
16. Sicherheit
17. Installation
18. Migration/Upgrade auf Exchange 2003
19. Betrieb und Administration
20. Backup, Restore und Desaster Recovery
21. Verfügbarkeit
22. **Live Communications Server 2005 – Ein Überblick**
23. LCS – Installation und Konfiguration
24. LCS – »Externe« Clients und Föderationen
25. LCS – Administration
26. LCS – Sicherheit
27. Entwicklung
28. Programmieren mit CDO (CDOEX)
A. Problembehebung in Warteschlangen
B. Zu überwachende Parameter (Jetstress-Test)
C. Performance Monitoring, wichtige Datenquellen
D. Outlook Level 1 Dateianhänge

22 Live Communications Server 2005 – Ein Überblick

Dieses Buch ist in erster Linie ein Buch über Exchange, beschäftigt sich in den folgenden Kapiteln aber auch mit dem Live Communications Server 2005, der eine wichtige Säule im Collaboration-Bereich ist.
Dieses Kapitel wird Ihnen einen ersten Überblick über die Möglichkeiten von Instant Messaging geben.

Vielleicht haben Sie den wirklich netten Film »E-Mail für Dich« mit Tom Hanks und Meg Ryan gesehen. Kurze Inhaltsangabe (aus IT-Sicht): Die beiden haben sich in einem Chat-Room (»Wir über 30«) kennen gelernt und schreiben sich nun (übrigens mit AOL) Mails. In einer Szene begnügen sich die beiden nicht mit dem Mailaustausch, sondern chatten – eine Kommunikationsform im Bereich des Instant Messagings. Der Film zeigt also zwei interessante Möglichkeiten dieser Technologie:

- Man kann erkennen, wer momentan gerade online ist – oder auch nicht.
- Die Kommunikation ist schneller, direkter und interaktiver als über Mail.

Instant Messaging hat bei vielen deutschen IT-Verantwortlichen das Image, das der Nutzung dieser Kommunikationsform in dem Film entspricht; nämlich eine Spielerei, die sich eher für den Privatbereich eignet. Zu schade auch, dass Michael Douglas in »Wallstreet« nicht den Office Communicator 2005 verwendet und mit Charly Sheen und Daryl Hannah eine Videokonferenz abhält – die Vorteile dieser im Business-Bereich recht jungen Technologie liegen aber trotzdem deutlich auf der Hand; Sie werden sie in diesem Kapitel kennen lernen.

Der Live Communications Server besteht aus einer Server- und einer Clientkomponente. Die Serverkomponente ist natürlich der LCS selbst, die Anwender können entweder den Windows Messenger oder den im Sommer 2005 erschienenen Office Communicator 2005 verwenden. Letzterer wurde während des Betaprogramms »Istanbul« genannt. In diesem sehr anwendungsorientierten Kapitel zeige ich Ihnen die Möglichkeiten mit dem Communicator – die meisten Anwendungsszenarien sind allerdings auch mit dem Windows Messenger möglich. Falls Sie Letzteren verwenden, sollten Sie nicht die in Windows »eingebaute« Version nutzen, sondern die neueste Software aus dem Internet beschaffen und installieren.

22.1 Technologie

Die Kommunikation des Live Communications Server basiert auf dem von der IETF (Internet Engineering Task Force) entwickelten Session Initiation Protocol (SIP). SIP assoziiert man sicherlich primär mit Voice-over-IP-Technologie (VoIP), und in den Datenblättern vieler IP-Telefone wird man das Stichwort SIP finden. SIP ist allerdings nicht auf VoIP beschränkt, sondern kann generell genutzt werden, wenn eine Kommunikationssitzung in einem IP-Netzwerk initiiert, gesteuert und beendet werden soll.

SIP ist das Signalisierungsprotokoll, es transportiert keine Inhalte! Über SIP stimmen die Endgeräte allerdings ab, welches Protokoll für die weitere Kommunikation verwendet werden soll. Beispiele für weitere von Live Communications Server verwendete Protokolle sind:

- **SIMPLE** (SIP Instant Messaging and Presence Leveraging Extensions): Dieses Protokoll bietet Unterstützung für Instant Messaging und Anwesenheitsfunktionen.
- **RTC** (Real-Time Transport Protocol): Mit diesem Protokoll können verschiedenste Kommunikationsströme übertragen werden, beispielsweise ein Gespräch (= Voice).

Um einen Anwender zu identifizieren, erhält er eine SIP-Adresse, die letztendlich wie eine Email-Adresse gestaltet ist, also `sip:lbaer@ubinf.intra`. Diese SIP-Adresse wird von den Office Communicator-Clients verwendet, um die Verbindung zum Live Communications Server aufzubauen. Für jeden Anwender, dessen Account für Live Communications freigeschaltet ist, wird im Active Directory eine SIP-URI eingetragen (Abbildung 22.1).

Abbildung 22.1 Jeder Benutzer, der vom Live Communications Server bereitgestellte Dienste nutzen soll, erhält eine SIP-URI.

Die enge technische Verwandschaft zwischen der aktuellen VoIP-Technologie und dem Live Communications Server legt natürlich den Gedanken nahe, diese beiden Technologien zu verbinden. In der Tat kann das LCS-System sehr eng mit einer Telefonanlage zusammenarbeiten. So kann ein Gateway zum PSTN (= öffentliches Fernsprechnetz) eingetragen werden, so dass Sie Ihre LCS-Client-PCs zum Telefonieren mit externen »normalen Telefonen« verwenden könnten. Entsprechende Einstellungen für die Anwender werden ebenfalls im Active Directory hinterlegt und über das Snap-In »Active Directory-Benutzer und -Computer« administriert (Abbildung 22.2).

Beachten Sie, dass die Verbindung von »klassischer Telefonie« und Live Communications Server pro Benutzer mit einer LCS-Telefonie-CAL lizenziert werden muss.

Dieses Buch wird die Integration des Live Communications Server mit einem IP-Telefoniesystem nicht weiter behandeln. Ich denke, dass zum jetzigen Zeitpunkt die meisten deutschen Unternehmen (bzw. deutschsprachigen Unternehmen – viele Grüße an die Leser aus Österreich und der Schweiz) noch nicht so weit sein werden, sich ernsthaft und nachhaltig vom »normalen« Telefon, das eben »nur« telefonieren kann, zu verabschieden und auf integrierte Lösungen zu setzen, wie sie mit dem Live Communications Server in Verbindung mit IP-Telefonie-Systemen aufgebaut werden können. Daher konzentriert sich das Buch eher auf die autarke Nutzung der dann auch fantastischen Möglichkeiten des LCS. Wichtig ist, sich darüber im Klaren zu sein, welche Optionen sich in naher Zukunft ergeben werden, um bei zukünftigen Investitionsentscheidungen in die richtige Richtung zu steuern – und die heißt Integration.

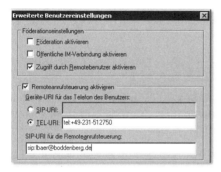

Abbildung 22.2 Für die Synergie von IP-Telefonanlage und Live Communications Server stehen die entsprechenden Konfigurationsmöglichkeiten zur Verfügung.

22.2 Präsenzinformationen oder: Wer ist anwesend?

Wenn Sie den Office Communicator (oder natürlich auch den Windows Messenger) öffnen, erhalten Sie zunächst einen Überblick über die »Verfügbarkeit« Ihrer Kollegen (Abbildung 22.3).

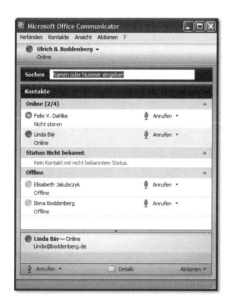

Abbildung 22.3 Wenn Sie den Communicator öffnen, können Sie mit einem Blick sehen, welche Kontakte am Platz und ansprechbar sind.

Diese Statusinformation ist natürlich nicht so sonderlich spannend, wenn es sich um den Kollegen am gegenüberliegenden Schreibtisch handelt. Werden die Entfernungen größer (anderer Raum, andere Etage, anderes Gebäude, andere Niederlassung, anderer Kontinent), ist es schon interessant zu wissen, ob derjenige, den Sie erreichen wollen, überhaupt im Hause ist oder eventuell nicht gestört werden möchte. Überlegen Sie einmal, wie lange Sie jeden Tag damit zubringen, erfolglos hinter Kollegen herzutelefonieren.

Mitarbeiter, die im Home Office arbeiten, sind natürlich auch deutlich »näher am Geschehen«, weil sie einerseits ihren eigenen Status mitteilen und auch die Verfügbarkeit ihrer Kollegen einsehen können.

Fakt ist, dass allein die Statusinformationen deutlich Zeit sparen können – erfolglos hinter Kollegen herzutelefonieren trägt sicherlich nicht zum Erfolg des Unternehmens bei.

Um den eigenen Status zu ändern, klicken Sie im Communicator auf den kleinen Pfeil neben Ihrem Namen. In der aufklappenden Liste kann der derzeitige Status festgelegt werden (Abbildung 22.4).

Communicator beherrscht auf Wunsch einige »Verhaltensweisen«, beispielsweise:

- Der Status wird auf »Abwesend« gesetzt, wenn sich der Computer länger als 5 Minuten (Zeit ist konfigurierbar) im Leerlauf befindet.
- Wenn Ihr Status auf »Beschäftigt« oder »Nicht stören« gesetzt ist, kann der Communicator so konfiguriert werden, dass keine Benachrichtigungen über eingehende »Kommunikationswünsche« angezeigt werden.
- Ist ein Termin im Outlook-Kalender eingetragen, wird der Benutzer als nicht verfügbar angezeigt.
- und einiges andere mehr ...

Abbildung 22.4 Der eigene Status kann durch einen Klick im Communicator festgelegt werden.

22.2.1 Kontakte eintragen

Die im Communicator angezeigten Kontakte müssen manuell eingetragen werden. Auf diese Weise kann jeder Benutzer die Liste der Personen, mit denen er zusammenarbeitet, individuell zusammenstellen. Das Hinzufügen eines Kontakts geschieht im Communicator mit der entsprechenden Funktion im Menü »Kontakte«.

Es besteht übrigens auch die Möglichkeit, einen Kontakt so zu sperren, dass er weder Ihre Anwesenheitsinformationen sehen noch mit Ihnen Kontakt aufnehmen kann. Diese Einstellungen nehmen Sie in den Eigenschaften des Kontakts oder auf der Karteikarte »Berechtigungen« des »Optionen«-Dialogs vor.

Sie müssen sich noch Gedanken darüber machen, was passieren soll, wenn jemand Sie als Kontakt hinzufügen möchte. Hier gibt es drei Möglichkeiten:

- Sie lassen sich »Benachrichtigen« und entscheiden, ob Ihr Status für diesen Kontakt sichtbar sein soll. Dies ist übrigens auch die Standardeinstellung. Fügt jemand Sie als Kontakt hinzu, reagiert Ihr Communicator mit dem in Abbildung 22.6 gezeigten Dialog. Neben dem Zulassen oder Verweigern der Übermittlung der Statusinformationen können Sie die entsprechende Person automatisch als Kontakt in Ihrem Communicator anlegen lassen. Dies ist mit den anderen beiden Auswahlmöglichkeiten nicht möglich.
- Sie lassen automatisch die Übermittlung von Statusinformationen zu (»Zulassen«).
- Sie blockieren automatisch die Übermittlung von Statusinformationen (»Blockieren«).

Die Einstellung wird für »Alle anderen Kontakte« auf der Karteikarte »Berechtigungen« des »Optionen«-Dialogs vorgenommen (Abbildung 22.5).

Abbildung 22.5 Auf dieser Karteikarte können Berechtigungen für andere Anwender vergeben werden. Hier wird auch festgelegt, wie Ihr System reagiert, wenn jemand anderes Sie zu seiner Kontaktliste hinzufügt.

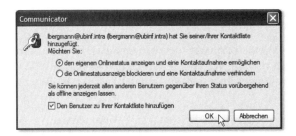

Abbildung 22.6 Mit diesem Dialog werden Sie benachrichtigt, wenn ein anderer Anwender Sie als Kontakt hinzufügt. Sie können diesen Benutzer direkt in Ihrer Kontaktliste eintragen lassen.

22.3 Sofortnachrichten und Dateiübertragung

Der »Klassiker« beim Instant Messaging sind natürlich die »Sofortnachrichten«. Hierbei handelt es sich letztendlich um eine Art »Chat«. Für Skeptiker stellt sich wahrscheinlich die Frage, ob es sich hierbei wirklich um eine Business-Anwendung handelt? Die Antwort lautet eindeutig »Ja«, ich liefere Ihnen einige Anwendungsszenarien:

- Häufig ruft man einen Kollegen, von dem man genau weiß, dass er eigentlich am Platz ist, nicht an, sondern schickt eine Email mit einem »Wunsch«. Letztendlich ist Email immer ein asynchrones Verfahren, das weder interaktiv noch besonders bequem ist.
  Betrachten Sie den Kommunikationsvorgang in Abbildung 22.9: Hier gab es eine Rückfrage, weil der Wunsch nicht eindeutig formuliert war. Wäre diese Kommunikation per Email abgewickelt worden, wäre der Vorgang mindestens dreimal hin- und hergelaufen. Dies kostet Zeit – und produziert letztendlich überflüssige Mails, die von Hand gelöscht werden müssen.
  Durch Instant Messaging konnte die Rückfrage schnell geklärt werden und die gewünschte Datei durch einfaches »Hineinschieben« in den Communicator übertragen werden.

- Das vorherige Beispiel wirft natürlich die Frage auf, warum die beiden Benutzer nicht kurz telefoniert haben. Überhaupt könnte man sich fragen, warum der moderne Büromensch eher mailt als zu telefonieren. Der Grund dürfte sein, dass Email in vielen Fällen als die »schnellere« Möglichkeit erscheint. Durch Rückfragen etc. ist sie es dann meist zwar nicht (siehe das vorherige Beispiel), trotzdem gehen viele Anwender diesen Weg.
  Instant Messaging im Büroalltag könnte hier der »goldene Mittelweg« sein – in vielen Fällen wird ein Vorgang, zumindest bei ganzheitlicher Betrachtung, schneller abzuschließen sein als per Telefon.

- Wenn in einem weltweit verteilten Unternehmen Mitarbeiter mit unterschiedlichen Muttersprachen arbeiten, gibt es einen weiteren Effekt. Diejenigen Personen, die in einer Fremdsprache (zumal am Telefon gesprochen) nicht sehr sicher sind, weichen lieber auf schriftliche Kommunikation per Email aus – mit allen beschriebenen Nachteilen. Instant Messaging kann hier für interaktive Kommunikation sorgen, ohne die »gesprochene Sprache« zu erfordern.

Man kann problemlos weitere Fälle finden, in denen Instant Messaging im geschäftlichen Einsatz gewinnbringend ist – ich denke, die Vorteile und Möglichkeiten sind aber sichtbar. Schauen wir uns nun das Instant Messaging in der Praxis an:

- Möchte man mit einem seiner Kontakte kommunizieren, ruft man das Kontextmenü der Kontaktliste auf und wählt »Sofortnachricht senden« (Abbildung 22.7).
- Es wird sich ein weiteres Dialogfenster (Abbildung 22.9, allerdings im leeren Zustand) öffnen, in dem man die erste Kurznachricht eingeben kann. Nach einem Klick auf »Senden« (bzw. Return-Taste) wird die Nachricht an den Kommunikationspartner gesendet.
- Nach dem Absenden der ersten Nachricht wird der Empfänger über den Kommunikationswunsch benachrichtigt (Abbildung 22.8). Die Benachrichtigung kann optisch oder akkustisch erfolgen. Im Communicator kann konfiguriert werden, ob bei bestimmten Status keine Benachrichtigung erfolgen soll (z. B. bei »Nicht stören« oder »Beschäftigt«).
- Ist die Kommunikation aufgebaut, arbeiten beide Anwender in dem in Abbildung 22.9 gezeigten Dialog.
- Durch einfaches Drag & Drop können auch Dateien übertragen werden. Ziehen Sie dazu die Datei aus dem Explorer mit der linken Maustaste in den Bereich zur Nachrichteneingabe.

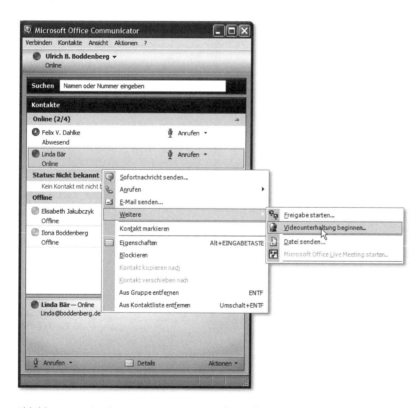

Abbildung 22.7 Im Kontextmenü eines Kontakts stehen diverse Kommunikationsmöglichkeiten zur Auswahl – auch das Senden von Sofortnachrichten.

Abbildung 22.8 Mit dieser Anzeige wird ein Empfänger über den Kommunikationswunsch eines anderen Mitarbeiters benachrichtigt.

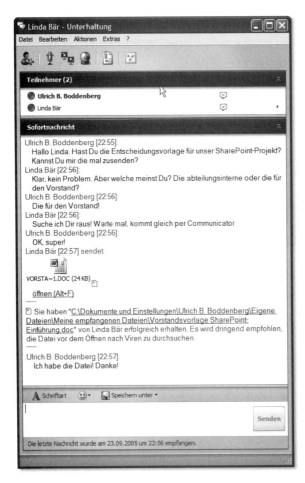

Abbildung 22.9 Dieser Dialog dient zur Instant Messaging-Kommunikation. Um eine Datei zu übertragen, wird diese einfach per Drag&Drop in das Texteingabefeld gezogen.

Einige weiterführende Informationen:

- An dieser Instant Messaging-Kommunikation können mehrere Anwender teilnehmen. Über einen Button im IM-Dialog (Abbildung 22.10) können weitere Benutzer zu der Unterhaltung eingeladen werden.
- Die Dateiübertragung ist grundsätzlich eine sehr praktische Möglichkeit. Die Übertragung kann sofort und interaktiv vorgenommen werden, zudem schonen Sie die Datenbank Ihres Exchange Servers. Bedenken Sie aber, dass auf diese Weise auch hervorragend Viren verteilt werden können. Die sich aus dieser Tatsache ergebende Konsequenz sollte nicht sein, dass Sie die Dateiübertragung auf diesem Weg unterbinden, sondern dass Ihre Virenschutzmaßnahmen auch lokale Clients und den Live Communications Server umfassen sollten. Klar, wenn Sie nur auf Ihrem Fileserver und dem Exchange Server Antiviren-Maßnahmen installiert haben, wird eine infizierte Datei, die über das Instant Messaging übertragen wird, nicht »erwischt«.
- Instant Messaging-Verkehr kann mittels der Archivierungsfunktion von Live Communications Server gespeichert werden (siehe Abschnitt 23.4). Dies könnte aus rechtlichen Gründen (Archivierung geschäftsrelevanter Kommunikation) von Interesse sein.

Abbildung 22.10 Über den linken Schalter können weitere Personen zu einer Instant-Messaging-Unterhaltung eingeladen werden.

22.4 Voice

Die direkteste Kommunikationsform ist natürlich das Gespräch »per Voice«. Jeder einigermaßen moderne Computer ist in der Lage, Sprachkommunikation abzuwickeln, somit liegt es nahe, diese Möglichkeit auch mit dem Office Communicator und dem Live Communications Server zu nutzen.

Hier tritt das System natürlich ganz klar in den Wettbewerb mit dem klassischen Telefon. Es gibt sogar die Möglichkeit, ein Gateway in die »herkömmliche Telefoniewelt« zu installieren. Damit möchte ich mich in diesem Buch allerdings nicht näher beschäftigen (suchen Sie bei Interesse bei **microsoft.com** nach dieser Datei: LCS_2005_PSTN.exe). Es gibt auch ohne die Nutzung des Gateways diverse interessante Anwendungsfälle für die Voice-Fähigkeiten des Live Communications Servers:

- **Kosten:** Wenn Sie viele eventuell weltweit verteilte Außenstellen unterhalten und zudem diverse Anwender in HomeOffices sitzen, wird Ihr Unternehmen keinen ganz unerheblichen Betrag für die Telefonate zwischen all diesen Lokationen ausgeben. Natürlich gibt es sowohl von der technischen als auch der Tarif-Seite diverse Möglichkeiten für ein Telefonie-Corporate-Network, aber unter Umständen ist dies organisatorisch nicht umsetzbar (Anbindung von HomeOffices, unterschiedliche Telefongesellschaften in den verschiedenen Ländern etc.) oder technisch einfach zu teuer (entsprechende Module für Telefonanlagen sind teuer und nicht für jedes Modell verfügbar). Durch die fast überall verfügbare und recht billige DSL-Technik ändert sich die Situation deutlich, da eine permanente, schnelle und kostengünstige Internetanbindung realisiert werden kann. Wenn Sie so Ihre internen Gespräche über Office Communicator/Live Communications Server abwickeln, könnte das deutlich zur Kostenreduktion beitragen.

- **Kombination**: Im weiteren Verlauf dieses Kapitels werden Sie die »Anwendungsfreigabe« und das »Whiteboard« kennen lernen. Wenn Sie bei einer solchen Verbindung auch das »gesprochene Wort« nutzen möchten, liegt es natürlich nahe, einfach auf den Button »Anruf« zu klicken und nicht erst zum Telefon greifen zu müssen.

- **Konferenzen**: Momentan ist Voice immer eine 1:1-Kommunikation, also zwei Personen sprechen miteinander. Es gibt Gerüchte, dass das nächste Release des Live Communications Server Voice- und Videokonferenzen mit bis zu 32 Teilnehmern unterstützen wird. Das Einleiten einer Konferenz ist mit dem Office Communicator deutlich einfacher als mit einem Systemtelefon (einfach Button drücken, siehe Abbildung 22.10) – momentan (September 2005) funktioniert dies im Bereich Voice aber noch nicht. Das einfache Abhalten von Telefonkonferenzen dürfte später ein sehr schlagendes Argument sein!

- **Arbeitsumgebung**: Wenn Benutzer ohnehin häufig mit dem Office Communicator-Client arbeiten, wird es für diese vermutlich bequemer sein, im Kontextmenü des Kontakts auf »Anrufen« zu klicken, anstatt den Telefonhörer in die Hand zu nehmen und zu wählen.

> **Hinweise** Wenn Sie wie beschrieben mit externen Clients Voice-Kommunikation durchführen möchten, beachten Sie die Ausführungen im Kapitel 24. Die Kernaussagen:
> - Die Standorte bzw. Clients müssen über ein VPN angebunden sein.
> - Voicekommunikation hat bestimmte Untergrenzen, was die Latenzzeit bei der Übertragung von Paketen durch das Internet betrifft. Insbesondere bei Anbindung von Auslands- oder gar Übersee-Standorten sollten Sie einen Praxistest durchführen, bevor Sie mit der konkreten Umsetzung beginnen!

Welches Equipment wird benötigt? Einigermaßen moderne PCs sind mit Soundkarten ausgerüstet, im Allgemeinen befinden sich diese bereits »on board«. An Hardware ist ein Headset zu empfehlen, das für einen Preis zwischen _10 und _50 zu haben ist.

Office Communicator wird Sie vor Ihrer ersten Voice-Kommunikation auffordern, Mikrofon und Lautsprecher/Kopfhörer zu kalibrieren. Über den Eintrag **Aktionen · Audio- und Videoabstimmungs-Assistent** kann dieser Vorgang auch manuell initiiert werden.

Eine Voice-Kommunikation wird über das Kontextmenü des gewünschten Gesprächspartners begonnen (Abbildung 22.7). Der Angerufene hört ein akustisches Signal und sieht ein kleines eingeblendetes Dialogfenster (Abbildung 22.11).

Abbildung 22.11 Der angerufene Gesprächspartner wird akustisch auf die Kommunikationsanforderung aufmerksam gemacht, zudem wird der hier gezeigte Dialog eingeblendet.

Ist die Voice-Kommunikation zustande gekommen, sehen beide Gesprächspartner den in Abbildung 22.12 gezeigten Dialog. Auf Wunsch können weitere Kommunikationswege »zugeschaltet« werden, beispielsweise Sofortnachrichten, eine Videokonferenz, eine Applikationsfreigabe oder das Whiteboard.

Abbildung 22.12 Während einer Voice-Kommunikation sehen beide Partner diesen Dialog. Weitere Kommunikationsformen können jederzeit zugeschaltet werden.

22.5 Anwendungsfreigabe und Whiteboard

Ein Telefonat stößt immer dann an seine Grenzen, wenn es darum geht, einen komplexen Sachverhalt zu beschreiben. Häufig würde eine Skizze ganz ungemein helfen, manchmal auch die Möglichkeit, gemeinsam eine Passage eines Dokuments anzuschauen. Ein »Klassiker« ist auch Anwendungssupport am Telefon: »Schildern Sie mir, was Sie nun auf dem Bildschirm sehen« oder »Klicken Sie bitte auf den siebten Knopf in der mittleren Menüleiste«.

Kurz gesagt: Hätte man die Möglichkeit, auf den PC seines Kommunikationspartners zu schauen oder auf eine »virtuelle Tafel«, auf der man während des Gesprächs zeichnen, markieren und zeigen könnte, wäre das in vielen Fällen durchaus hilfreich.

Wer bereits mit **Microsoft Netmeeting** gearbeitet hat, kennt die »Anwendungsfreigabe« und das »Whiteboard«. In der Tat wird für diese beiden Funktionen des Office Communicators auf Netmeeting-Technologie zurückgegriffen.

Der Start einer Kommunikation mit »Anwendungsfreigabe« oder »Whiteboard« kann auf zwei Arten geschehen:

- Um eine neue Kommunikation zu beginnen, klicken Sie im Kontextmenü des Kontakts auf »Freigabe starten«.
- Um einer bestehenden Kommunikation diese Kommunikationsform hinzuzufügen, können Sie entweder auf den Button mit den beiden blauen Pfeilen klicken (Abbildung 22.10, dritter Button von links) oder den Menüeintrag **Aktionen · Freigabe starten** wählen.

Der Kommunikationspartner wird gefragt, ob er eine »Sitzung mit Freigabe« akzeptieren möchte, woraufhin beide Office Communicators am unteren Rand ein Feld »Steuerelemente werden freigegeben« einblenden (Abbildung 22.13). Sie können dort die gewünschte Funktion starten.

Abbildung 22.13 Ist eine »Sitzung mit Freigabe« initiiert, zeigen die Office Communicator-Clients diese Zeile am unteren Rand an.

22.5.1 Anwendungsfreigabe

Die Anwendungsfreigabe bedient zwei wesentliche Aspekte:

- Gemeinsam an einem Dokument arbeiten – insofern, als mehrere Leute gleichzeitig das Dokument betrachten können
- Unterstützung leisten bei Anwendungs-/Bedienerproblemen

Stellen Sie sich beispielsweise das Szenario vor, dass Sie mit einem Kollegen oder einer Kollegin an Formulierungen in einem Dokument, sagen wir einer Entscheidungsvorlage für den Vorstand, arbeiten. Man spricht über Formulierung und Layout, ggf. über die Voice-Funktion von Office Communicator – ohne dass beide Gesprächspartner das Dokument tatsächlich sehen können, hat das Ganze ein wenig den Charakter von »Trockenschwimmen«. Schön wäre es also, wenn der Gesprächspartner das Dokument ebenfalls »in Echtzeit« auf seinem Bildschirm sehen könnte – kein Problem mit der Anwendungsfreigabe:

- Nach der Initiierung der Freigabe (»Freigabe starten«) wird der Dialog um die Auswahlmöglichkeiten »Anwendungsfreigabe« und »Whiteboard« erweitert (Abbildung 22.13).
- Nun klicken Sie auf »Anwendungsfreigabe«. Es erscheint der in Abbildung 22.14 gezeigte Dialog, der alle momentan aktiven Anwendungen auflistet: Sie können entweder den kompletten Desktop oder eine oder mehrere Anwendungen freigeben. Freigegebene Anwendungen werden mit einem kleinen Häkchen gekennzeichnet.
- Wenn eine oder mehrere Anwendungen freigegeben sind, können Sie festlegen, ob andere Benutzer die Steuerung übernehmen können, sprich ob sie diese Eingaben vornehmen dürfen etc.

Abbildung 22.14 Nach dem Klick auf »Anwendungsfreigabe« erscheint dieser Dialog. Es kann ausgewählt werden, welche Anwendung(en) freigegeben wird/werden.

Vermutlich werden Sie überrascht sein, wenn die Anzeige auf dem Computer, der die freigegebene Anwendung anzeigt (= fernsteuert) wie in Abbildung 22.15 gezeigt aussieht: Ein Quadrat überdeckt einen Teil der freigegebenen Anwendung, in diesem Fall Word. Die Erklärung für dieses Verhalten ist recht einfach, wenn man den Desktop des Original-PCs (= der ferngesteuert wird) anschaut: Das freigegebene Word ist teilweise von einer anderen Applikation überdeckt, die nicht freigegeben ist – und demzufolge natürlich auch nicht angezeigt wird. Word zeigt also die von nicht freigegebenen Programmen bedeckten Flächen einer Applikation nicht an.

Merke Wenn Sie nur eine einzelne Applikation und nicht den ganzen Desktop freigeben, müssen Sie darauf achten, dass die freigegebene Applikation nicht überdeckt wird!

Wenn der »Remote-Anwender« gern selbst Eingaben machen möchte, muss er zunächt die »Steuerung anfordern«; dies geschieht im Menü »Steuerung« der Fernsteuerungsapplikation. Ob die Steuerung möglich ist, hängt von den Eingaben des Benutzers am Quellrechner ab (Abbildung 22.14).

Helpdesk-Lösung

Mit der Anwendungsfreigabe und der Voice-Funktion lässt sich ein sehr eleganter Helpdesk realisieren:

- Hat ein Benutzer ein Problem, nimmt er über seinen Office Communicator Verbindung zu einem Helpdesk-Mitarbeiter auf. Dies kann natürlich per Voice geschehen.
- Wenn der Helpdesk-Mitarbeiter dem Anwender etwas zeigen möchte oder eine Einstellung überprüfen muss, kann er die Kommunikationsform »Freigabe« hinzufügen.

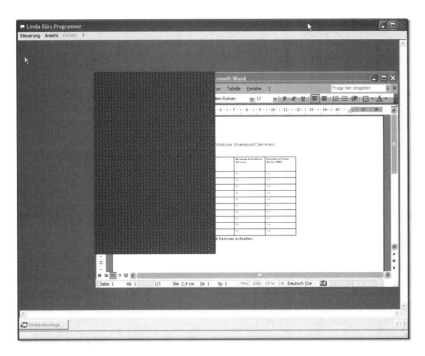

Abbildung 22.15 Wenn eine nicht freigegebene Applikation Teile des freigegebenen Programms überdeckt, werden diese Flächen grau angezeigt.

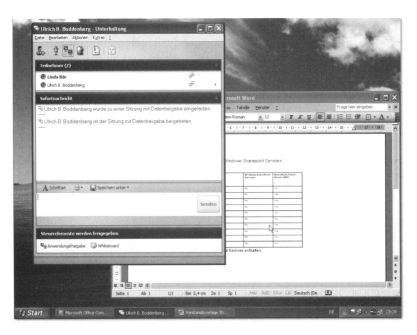

Abbildung 22.16 Hier zum Vergleich der Originaldesktop. Man sieht, dass das freigegebene Programm teilweise von einem nicht freigegebenen überdeckt wird.

- Der Benutzer muss nun lediglich auf »Anwendungsfreigabe« klicken und auswählen, was er freigeben möchte (Abbildungen 22.14 und 22.15) – entweder den ganzen Desktop oder eine einzelne Applikation.
- Der Support-Mitarbeiter kann mit dem Anwender sprechen (Voice-Funktion!) und gleichzeitig mit der Applikation arbeiten.

22.5.2 Whiteboard

Die zweite Funktion in diesem Umfeld ist das Whiteboard. Wenn Sie mit einem Kollegen an einem entfernten Standort über die Architektur der Remote-Client-Anbindung an Exchange diskutieren, wäre es natürlich sehr praktisch, wenn Sie beide auf eine Skizze schauen würden, auf der man während des Gesprächs »herummalen« kann. Genau hierzu dient das Whiteboard. Einer bestehenden Kommunikation, z. B. einer Voice-Session, kann ein Whiteboard hinzugefügt werden (Abbildung 22.17):

- In das Whiteboard können via Zwischenablage mehr oder weniger beliebige Inhalte kopiert werden. Die Abbildung zeigt eine Visio-Skizze, die dem Whiteboard hinzugefügt wurde.
- Auf dem Whiteboard kann man mit »Stiften« verschiedener Farbe und Strichbreite »malen«.
- Es gibt eine Zeigerfunktion (die hellbraune Hand neben dem unteren Exchange Back-End-Server), mit der man seinem Gesprächspartner bestimmte Details zeigen kann.

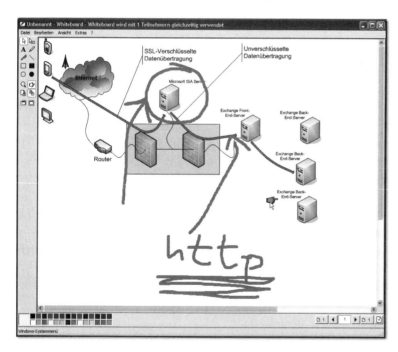

Abbildung 22.17 Dem Whiteboard können via Zwischenablage Skizzen hinzugefügt werden. Man kann mit verschiedenen »Stiften« auf dem Whiteboard malen, außerdem existiert eine »Hand«, mit der man seinen Kommunikationspartner auf wichtige Details aufmerksam machen kann.

Besonders interessant ist das Whiteboard natürlich in Zusammenhang mit einer Voice-Session, da man direkt über das auf dem Whiteboard Dargestellte sprechen kann. Das Whiteboard beherrscht Konferenzen mit mehr als zwei Teilnehmern, die Voice-Funktion derzeit (September 2005) leider nicht!

Technische Umsetzung

Wie bereits erwähnt, verwendet der Office Communicator die Netmeeting-Technologie, um Anwendungsfreigabe und Whiteboard zu realisieren. Demzufolge gibt es einige »Netmeeting-Themen«, wenn Whiteboard und Anwendungsfreigabe sich nicht starten lassen oder die Sessions nicht zustande kommen.

- Wenn die Schalter »Anwendungsfreigabe« und »Whiteboard« nach Aufruf von »Freitabe starten« zwar angezeigt werden, aber deaktiviert sind, sollten Sie auf dem PC einmal conf.exe aufrufen (über **Start · Ausführen**). Sie haben dann die Möglichkeit, Ihren Namen etc. für Netmeeting zu erfassen.
- Wenn die Schalter zwar zu sehen sind, aber die Kommunikation nicht zu Stande kommt, müssen Netmeeting-Einstellungen geprüft und modifiziert werden. Die Vorgehensweise ist im Knowledge Base-Artikel 899783 beschrieben.
- Bei Verwendung von Personal Firewalls darf keine zu restriktive Policy gewählt sein, da diese verhindern würde, dass eine Netmeeting-Session zu dem jeweiligen Computer aufgebaut werden kann.
- Bezüglich der Anbindung von externen Clients beachten Sie bitte die Anmerkungen in Kapitel 24.

22.6 Videokonferenz

Eine der beeindruckendsten Möglichkeiten ist die Initiierung einer Videokonferenz zwischen zwei Desktops (momentan, September 2005, funktioniert die Videokonferenz nur zwischen zwei Anwendern, man munkelt, dass in der nächsten LCS-Release die Zahl der Konferenzteilnehmer 32 betragen wird).

Klicken Sie einfach im Kontextmenü eines Kontakts auf »Videounterhaltng beginnen«. Wenn Ihr Kommunikationspartner die Einladung annimmt, befinden Sie sich wenige Augenblicke später in der Videokonferenz (Abbildung 22.18, das *kleine* Bild zeigt übrigens den Autor):

- In dem großen Fenster wird Ihr Kommunikationsparter gezeigt, im darunter angeordneten kleinen Fenster sehen Sie sich selbst.
- Die Videokonferenz kann einer »normalen« Unterhaltung jederzeit zugeschaltet werden – vorausgesetzt, es gibt nicht mehr als zwei Teilnehmer.
- Andere Dienste wie »Sofortnachrichten« oder das »Whiteboard« können parallel verwendet werden.

Um die Videokonferenz zu nutzen, benötigen Sie:

- Natürlich Office Communicator und Live Communications Server
- Eine Webcam; hier genügt ein Einstiegsmodell für EUR 20.
- Ein Headset oder Lautsprecher und Mikrofon

Abbildung 22.18 Eines der beeindruckendsten Features ist die Videokonferenz-Funktion.

Die Nutzung von Videokonferenzen am Arbeitsplatz ist sicherlich eine »Killer-Anwendung«. Überlegen Sie, wie zeitaufwändig und teuer solche Konferenzen mit den »fernseher-basierten« Systemen gewesen sind – hingegen wird hier nur eine einfache Webcam und ein Headset benötigt.

Bezüglich der Anbindung von externen Clients lesen Sie bitte Kapitel 24.

22.7 Integration

Office Communicator und Live Communications Server sind natürlich nicht allein auf der Welt – daher ist eine Integration in Office und SharePoint bereits »ab Werk« vorhanden.

Wenn Sie in Outlook mit der Maus über eine Adresse fahren, wird ein SmartTag eingeblendet. In diesem SmartTag werden Informationen zu dem Anwender gezeigt, beispielsweise der Präsenzstatus (Abbildung 22.19).

Ähnlich wie in Outlook funktioniert die Integration des Office Communicators in SharePoint (Abbildung 22.20): Bei einem Namen wird jeweils ein SmartTag angegeben, der einige Informationen über den Anwender zeigt und diverse Aktionen ermöglicht.

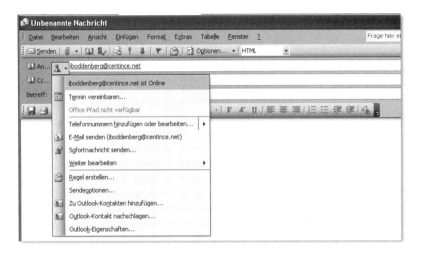

Abbildung 22.19 Integration in Outlook: Wenn die Maus über einen Namen bewegt wird, erscheint ein SmartTag, in dessen Menü beispielsweise die Präsenzinformationen des Anwenders stehen.

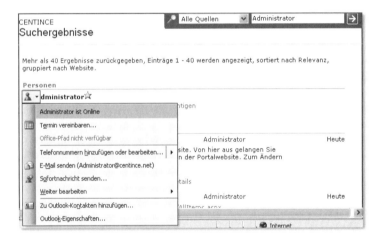

Abbildung 22.20 Auch SharePoint blendet bei »Mausberührung« eines Namens einen SmartTag ein.

Der Communicator ist in der Lage, die Kalender-Informationen eines Kontakts auszuwerten. Wie Sie in Abbildung 22.21 sehen können, wird neben dem Online-Status angezeigt, wann der Kontakt den nächsten Termin hat.

22.8 Editionen und Lizenzierung

Wenn die Möglichkeiten des Live Communications Servers Sie überzeugen, müssen Sie sich Gedanken über die richtige Edition (Standard oder Enterprise) und die Lizenzierung machen.

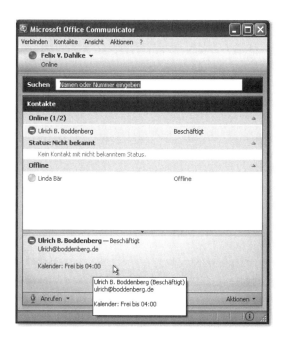

Abbildung 22.21 Die Exchange-Kalenderinformationen eines Kontakts können gelesen und angezeigt werden; so erfährt man direkt, wann ein Kollege in einem Termin (oder Urlaub) ist.

22.8.1 Editionen

Vom LCS 2005 gibt es zwei Varianten, nämlich Standard und Enterprise. Was kann die Enterprise Edition mehr als die Standard-Edition?

- Unterstützung von 100.000 Benutzern pro Server-Pool. Die Standard Edition unterstützt bis ca. 15.000 Anwender auf einem Server – was den meisten Lesern dieses Buchs sicherlich absolut genügen wird.
- Cluster-Fähigkeit
- Failover-Möglichkeiten für geplante und ungeplante Ausfälle

Im Klartext: Wenn Sie nicht extrem viele Anwender haben und die Anforderungen an die Verfügbarkeit eher moderat sind, so dass kein Clustering benötigt wird, kommen Sie sehr gut mit der Standard Edition hin.

22.8.2 Lizenzierung

Die Lizenzierung ist recht übersichtlich:

- Für jeden Live Communications Server ist eine Serverlizenz notwendig – entweder Standard oder Enterprise.
- Für jeden Client oder jedes Gerät ist eine CAL notwendig.
- Wenn Sie die Telephony Integration verwenden, ist für jeden Client oder jedes Gerät, das diese Möglichkeit nutzt, eine CAL fällig.

- Wenn Sie externe Benutzer anbinden möchten, können Sie entweder entsprechend viele CALs beschaffen oder die External Connector License erwerben, die einer unbegrenzten Zahl externer (!) Anwender Zugriff gewährt. Ein externer Anwender ist jemand, der *nicht* Angehöriger Ihrer Firma ist.
- Wenn Sie die Anbindung an öffentliche Instant Messaging-Dienste nutzen (MSN, Yahoo, AOL), sind für alle Benutzer, die diese Möglichkeit verwenden, monatliche Lizenzkosten zu entrichten.
- Darüber hinaus müssen die Betriebssysteme nebst CALs lizenziert sein.
- LCS Enterprise Edition benötigt einen lizenzierten SQL Server. Die Standard-Edition benötigt nur dann einen separaten SQL-Server, wenn die Archivierung genutzt werden soll.
- Office Communicator ist im Lizenzpreis einer CAL enthalten.

Die folgende Tabelle gibt einen ungefähren Überblick über die Kosten der LCS-Lizenzen:

Produkt	Listenpreis in US$
Live Communications Server 2005 Standard Edition	$787 pro Server
Live Communications Server 2005 Enterprise Edition	$3.154 pro Server
Live Communications Server 2005 Client Access License (CAL)	$31 pro Benutzer oder Device
Live Communications Server 2005 Telephony CAL	$31 pro Benutzer oder Device
Live Communications Server 2005 External Connector License	Zugriff für eine unlimitierte Anzahl externer (!) Benutzer. Extern bedeutet hier: nicht zur Firma gehörend.
Live Communications Server 2005 Public IM Connectivity Service	Die Verbindung zu öffentlichen IM-Diensten (wie MSDN) wird auf einer monatlichen Basis pro Benutzer verkauft.

Einige Anmerkungen zur Lizenzierung:

- Sprechen Sie die korrekte Lizenzierung unbedingt mit einem Lizenzexperten durch.
- Nicht alle LCS-Lizenzen sind als Box-Produkt verfügbar. Die »Public IM Connectivity« gibt es beispielsweise nur für Volumenlizenz-Kunden.
- Prüfen Sie, welches Volumenlizenz-Modell, also beispielsweise Open, Enterprise Agreement oder Select, für Sie am günstigsten ist.

23 LCS – Installation und Konfiguration

23.1 Voraussetzungen 927

23.2 Installation durchführen 928

23.3 Server »aktivieren« 929

23.4 Archivierungsdienst installieren und aktivieren 930

23.5 Office Communicator 2005 konfigurieren 934

23.6 Service Locator Records (SRV) eintragen 935

1. Über dieses Buch
2. Der Aufbau des Buchs
3. Exchange 2003 – Service Pack 2
4. Einführung in das Thema Collaboration
5. Erster technischer Überblick
6. Solutions Design
7. Exchange und Active Directory
8. Routing
9. Storage
10. Öffentliche Ordner
11. Administrative Gruppen
12. Richtlinien, Vorlagen und Adresslisten
13. Front-End-/Back-End-Architektur
14. Clients
15. Sichere Anbindung an das Internet
16. Sicherheit
17. Installation
18. Migration/Upgrade auf Exchange 2003
19. Betrieb und Administration
20. Backup, Restore und Desaster Recovery
21. Verfügbarkeit
22. Live Communications Server 2005 – Ein Überblick
23. **LCS – Installation und Konfiguration**
24. LCS – »Externe« Clients und Föderationen
25. LCS – Administration
26. LCS – Sicherheit
27. Entwicklung
28. Programmieren mit CDO (CDOEX)
A. Problembehebung in Warteschlangen
B. Zu überwachende Parameter (Jetstress-Test)
C. Performance Monitoring, wichtige Datenquellen
D. Outlook Level 1 Dateianhänge

23 LCS – Installation und Konfiguration

Die Installation des Live Communications Servers stellt grundsätzlich kein unüberwindliches Hindernis dar. Dieses Kapitel gibt Ihnen ein wenig grundsätzliche Hilfestellung, damit Sie möglichst schnell zu einem lauffähigen LCS-System kommen.

Bevor Sie mit der Installation beginnen, sollten Sie sich ins Gedächtnis rufen, dass bei der Installation des Live Communications Server 2005 eine Erweiterung des Active Directory-Schemas vorgenommen wird. Zur Erinnerung:

- Die Schema-Erweiterung kann nicht rückgängig gemacht werden.
- Die Schema-Erweiterung gilt organisationweit, also für den kompletten Forest.

Dieser Hinweis ist nicht so zu verstehen, dass grundsätzlich etwas gegen die Erweiterung des AD-Schemas einzuwenden wäre – ganz im Gegenteil! Falls Sie aber LCS »nur« zum Testen implementieren wollen, ist eine Installation in der Produktivumgebung nicht zu empfehlen, weil dies sozusagen »bleibende Spuren« hinterlässt.

Ein zweiter Hinweis: Wie Sie wissen, gibt es zwei Editionen des Live Communications Servers – Standard und Enterprise. Dieses Buch behandelt die Installation der Standard Edition. Die Installation von LCS Enterprise verläuft grundsätzlich ähnlich, beinhaltet allerdings einige zusätzliche Konfigurationsschritte.

23.1 Voraussetzungen

Die Anforderungen des Live Communications Server 2005 sind folgende:

Hardware (ausreichend auch für größere mittelständische Anwender)

- Aktuelles Serversystem (z.B. HP ProLiant DL 380 oder Dell PowerEdge 2850)
- 2 GB RAM
- RAID-Controller
- 2 Festplatten zu 36 GB im RAID 1 (Da 36-GB- kaum billiger als 72-GB- Platten sind, können natürlich auch die größeren HDs verwendet werden.)

Als Betriebssystem wird ein Windows Server 2003 benötigt (Standard oder Enterprise).

Zwingend notwendig ist Active Directory; die Domain Controller müssen unter Windows Server 2003 oder Windows 2000 Server mit Service Pack 3 oder später laufen.

> Wie immer gilt, dass der Live Communications Server auf einem separaten System installiert werden sollte. Wenn Sie Hardware sparen möchten, kommt die Verwendung von Virtualisierungssoftware wie VMware GSX oder ESX oder natürlich Microsoft Virtual Server 2005 in Frage.

Für die Standard Edition des LCS wird keine separate Datenbank benötigt, da zwingend eine lokal installierte MSDE-Instanz verwendet wird – übrigens im Unterschied zur Enterprise Edition, die einen separaten SQL Server 2000 voraussetzt.

23.2 Installation durchführen

Wenn das Setup-Programm entweder durch Autostart oder manuell aufgerufen wird, muss zunächst die Rolle des nun zu installierenden Servers ausgewählt werden (Abbildung 23.1). Bei der Installation des ersten LCS-Servers wählen Sie die erste Option, »Standard Edition-Server«.

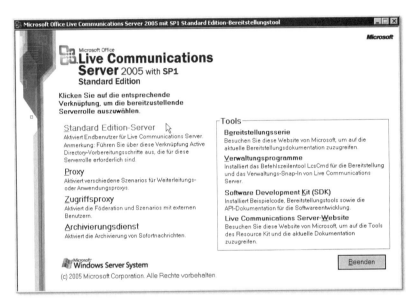

Abbildung 23.1 Beim Setup-Vorgang muss zunächst die Serverrolle ausgewählt werden. Installieren Sie den ersten Server als »Standard Edition-Server«.

Ähnlich wie bei der Installation von Exchange sind nun diverse Einzelschritte zu durchlaufen. Mit Hilfe des in Abbildung 23.2 gezeigten Dialogs ist diese Aufgabe einfach zu erledigen. Bei der Installation des ersten Live Communications Servers in Ihrer Organisation beginnen Sie mit der Erweiterung des Schemas und arbeiten sich bis vor, bis auch die eigentliche Installation (»Dateien für Standard Edition-Server installieren«) vorgenommen worden ist.

Beachten Sie, dass aufgrund der Schema-Erweiterung und weiterer Änderungen im Active Directory entsprechende Rechte im AD (z.B. Schemaadministrator, Organisationadmin etc.) erforderlich sind. Die für einen Installationsschritt notwendigen Rechte sind jeweils angegeben (Abbildung 23.2).

Nach erfolgreichem Abschluss der Installation werden Sie gefragt, ob Sie den »Server aktivieren« möchten (Abbildung 23.3). Dieser Aktivierungsvorgang hat nichts mit der Aktivierung zu tun, die Sie von Windows XP oder Windows Server 2003 kennen. Die treffendere Bezeichnung wäre in diesem Fall »Inbetriebnehmen«.

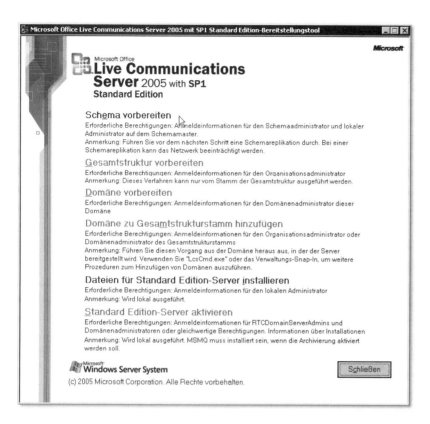

Abbildung 23.2 Bei der Installation des ersten Live Communications Servers müssen sämtliche Installationsschritte durchlaufen werden.

Abbildung 23.3 Nach erfolgreichem Abschluss der Installation können Sie den neu installierten Server in Betrieb nehmen (»aktivieren«).

23.3 Server »aktivieren«

Den frisch installierten Live Communications Server zu aktivieren bedeutet, ihn in Betrieb zu nehmen. Hierbei wird Sie der obligatorische Assistent begleiten und die notwendigen Einstellungen vornehmen.

Die vom Assistenten gestellten Fragen sind leicht zu beantworten. Beispielsweise geht es um ein Dienstkonto, unter dem das System ausgeführt werden soll. Der Assistent kann ein neues Konto anlegen und mit den notwendigen Rechten versehen – betreiben Sie LCS also bitte nicht unter dem Domain-Administrator-Account!

Die einzige Stelle, an der der LCS-Assistent Sie ins Grübeln bringen wird, wird die »Archivierung« sein. Hintergrund ist, dass Sie die LCS-Kommunikation auf einem Archivserver speichern können. Diese Archivierung des Instant Messaging-Verkehrs hat nichts mit Bespitzelung der Mitarbeiter zu tun. Die Gesetzgebung schreibt prinzipiell die Archivierung von geschäftsrelevanter Kommunikation vor; neben Papier-Briefpost und Emails könnte der über den Live Communications Server abgewickelte Kommunikationsverkehr ebenfalls relevant sein.

Falls Sie den LCS-Archivierungsdienst bisher nicht installiert haben, bleibt die Checkbox (siehe Abbildung 23.4) aus – ansonsten kann die entsprechende Message Queue angegeben werden. Die Archivierung kann jederzeit nachträglich aktiviert werden.

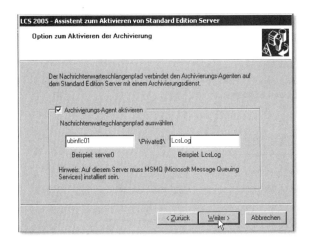

Abbildung 23.4 Ist bereits der Archivierungsdienst installiert, kann in diesem Dialog der Namen der Message Queue eingegeben werden.

Prinzipiell wäre der Live Communications Server einsatzbereit; so richtig geschafft haben Sie es aber noch nicht, da noch einige weitere Einstellungen vorzunehmen sind, um einen optimalen Betrieb zu gewährleisten.

23.4 Archivierungsdienst installieren und aktivieren

Wie bereits zuvor beschrieben, dient der Archivierungsdienst dem Speichern der über den Live Communications Server abgewickelten Instant Messaging-Kommunikation. Vor der Installation sind einige zusätzliche Voraussetzungen zu überprüfen und zu erfüllen:

▶ Archiviert wird in eine SQL Server 2000-Datenbank. Die lokal installierte MSDE der LCS Standard Edition kann *nicht* verwendet werden. Es wird empfohlen, den SQL und LCS nicht auf derselben Maschine zu installieren – ggf. kann Virtualisierungssoftware verwendet werden.

▶ Auf dem System, auf dem der Archivierungsserver läuft, muss Microsoft Message Queuing installiert sein. MSMQ ist Bestandteil des Betriebssystems und wird über **Systemsteuerung · Software · Windows Komponenten** installiert.

Die Installation wird über einen Eintrag im »Hauptinstallationsdialog« (Abbildung 23.5) aufgerufen. Es erscheint eine Installationscheckliste, die aber gegenüber der eigentlichen LCS-Installation deutlich kürzer ist. Beachten Sie die angegebenen Rechte-Voraussetzungen für die Installation.

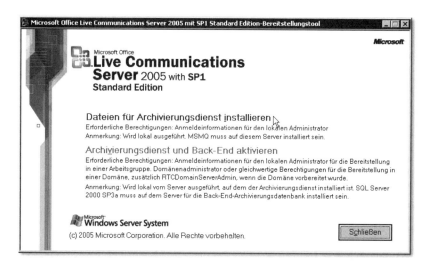

Abbildung 23.5 Die Installation des Archivierungsdiensts beinhaltet deutlich weniger Schritte als die eigentliche LCS-Installation.

Nach dem Kopieren der Dateien folgt die Aktivierung (= Inbetriebnahme und Konfiguration) des Systems, bei der der Assistent Sie fragen wird, welche Nachrichtenwarteschlange verwendet werden soll. Da ich annehme, dass viele Leser bisher noch keine Berührungspunkte mit MSMQ hatten, hier einige kurze Erläuterungen:

▶ Mittels Message Queuing wird vereinfacht gesagt sichergestellt, dass keinerlei zu speichernde Informationen auf dem Weg zum Speicher »verloren werden«. Die Informationen, in diesem Fall die Mitschnitte der Kommunikation werden zunächst in die Nachrichtenwarteschlange gestellt und von dort zum Datenbankserver übermittelt. Fällt der Datenbankserver aus oder kann er kurzzeitig nicht schnell genug die eingehenden Informationen speichern, werden diese in der Message Queue sozusagen »zwischengelagert«.

▶ Die Installation erfolgt über **Systemsteuerung · Software · Windows Komponenten**.

▶ Die Administration erfolgt in der »Computerverwaltung«. Unterhalb von »Dienste und Anwendungen« findet sich der Knoten »Message Queuing« (Abbildung 23.6).

▶ Legen Sie eine private Warteschlange an, und geben Sie dieser einen beliebigen Namen, beispielsweise LcsLog. Achten Sie darauf, dass Sie eine Transaktionswarteschlange anlegen (entsprechende Checkbox setzen!).

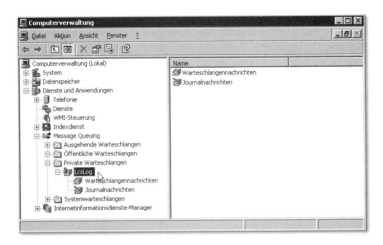

Abbildung 23.6 Eine Nachrichtenwarteschlange wird in der Computerverwaltung angelegt.

Wenn die Message Queue angelegt ist, können Sie mit der Aktivierung beginnen, durch die Sie wie gewohnt von einem Assistenten geführt werden. Dazu einige Hinweise:

- Am Anfang der Installation wird der Assistent Sie nach der Nachrichtenwarteschlange fragen, die Sie zuvor angelegt haben (Abbildung 23.7). Ist die Nachrichtenwarteschlange nicht vorhanden oder falsch angelegt (keine Transaktionswarteschlange), werden Sie mit einer Fehlermeldung darauf hingewiesen werden.
- Der Assistent wird vorschlagen, ein neues Dienstkonto anzulegen – eine gute Idee!

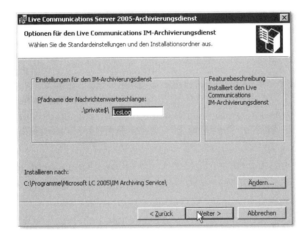

Abbildung 23.7 Geben Sie den Namen der zu verwendenden Nachrichtenwarteschlange an. Voraussetzung ist die Installation von Microsoft Message Queuing.

- Als Nächstes muss der SQL Server (ggf. mit Instanznamen) angegeben werden, auf dem die Archivierungsdaten gespeichert werden sollen (Abbildung 23.8). Die Datenbank muss nicht vorhanden sein, das Setup-Programm wird sie anlegen. Wichtig ist natürlich, dass der Installations-Account ausreichende Rechte hat, um eine neue Datenbank anzulegen. Wenn Sie als Domain-Administrator installieren, dürfte das im Allgemeinen gegeben sein.

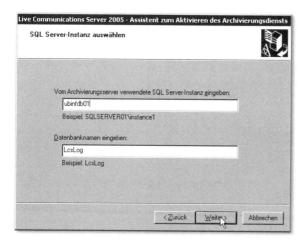

Abbildung 23.8 Eine Datenbank mit dem angegebenen Namen wird von der Installationsroutine auf dem ausgewählten SQL Server angelegt.

▶ Noch ein Hinweis zur Datenbank: Bekanntlich ist es eine gute Vorgehensweise, die eigentliche Datenbank und die Transaktions-Logs auf separate *physikalische* Volumes zu legen. Der Assistent gibt Ihnen die Möglichkeiten, Datenbank und Logs auf dem Datenbankserver entsprechend anzulegen (Abbildung 23.9). Nutzen Sie diese Möglichkeit!

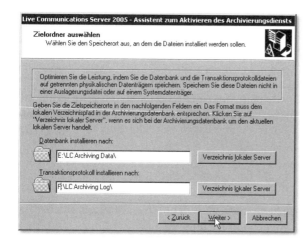

Abbildung 23.9 Lassen Sie die eigentliche Datenbank und das Transaktionsprotokoll auf unterschiedlichen phyiskalischen Volumes anlegen.

Es wird viele Fälle geben, in denen zunächst der Live Communications Server ohne Archivierung in Betrieb genommen wird, letztere aber zu einem späteren Zeitpunkt nachinstalliert werden soll. Die Installation der Archivierung funktioniert wie soeben beschrieben. Nach deren Abschluss muss lediglich noch eine Einstellung in den Eigenschaften des Live Communications Servers vorgenommen werden. Die zu verwendende Nachrichtenwarteschlange muss angegeben werden (Abbildung 23.10).

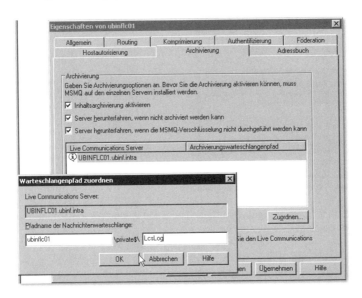

Abbildung 23.10 Wenn die Archivierung nach dem eigentlichen LCS installiert worden ist, muss die Nachrichtenwarteschlange nachgetragen werden.

23.5 Office Communicator 2005 konfigurieren

Dieses ist vermutlich der kürzeste Abschnitt dieses Buchs.

Wenn Sie Office Communicator das erste Mal öffnen, müssen Sie das Anmeldekonto eintragen, das ist der im Active Directory beim Benutzerkonto hinterlegte SIP-URI. Außerdem muss, wenn die automatische Konfiguration nicht funktioniert, der Name des Live Communications Servers und die Verbindungsart eingetragen werden (Abbildung 23.11).

Anmerkungen:

▶ Was eingestellt werden muss, damit die automatische Konfiguration funktioniert, erfahren Sie im nächsten Abschnitt.

▶ Falls die Domain des SIP-URI nicht dem Namen der Active Directory-Domain entspricht, lesen Sie bitte die Erläuterungen in Abschnitt 25.1.1.

Abbildung 23.11 Die Konfiguration des Office Communicators ist mit wenigen Mausklicks erledigt. Tragen Sie den SIP-URI (= Anmeldenamen) und ggf. Servernamen und Verbindungstyp ein. Fertig!

23.6 Service Locator Records (SRV) eintragen

Abbildung 23.12 zeigt den Dialog, mit dem im Office Communicator 2005 die Verbindung zum Live Communications Server konfiguriert wird. Natürlich könnte man den LCS manuell konfigurieren – aber da wäre ja auch noch die bequemere »Automatische Konfiguration« …

Wenn Office Communicator selbstständig den Live Communications Server finden soll, sucht er nach Service Locator Records (»Dienstidentifizierung«) im DNS. Da das LCS-Setup diese Einträge nicht automatisch erstellt, müssen sie per Hand angelegt werden:

▶ Öffnen Sie auf Ihrem DNS-Server das DNS-Verwaltungswerkzeug.
▶ Navigieren Sie zu den »Forward Lookupzonen« und darin zu Ihrer Domain.
▶ Im dortigen Kontextmenü wählen Sie das Anlegen »Weiterer neuer Einträge« (Abbildung 23.13).
▶ Im nächsten Dialog wählen Sie die Erstellung eines Eintrags zur »Dienstidentifizierung (SRV)« (Abbildung 23.14).

Abbildung 23.12 Im Office Communicator kann der LCS entweder manuell eingestellt oder automatisch gefunden werden.

Abbildung 23.13 Um die Server Locator Records anzulegen, wählen Sie zunächst in der Forward Lookupzone Ihrer Domain das Anlegen »Weiterer neuer Einträge«.

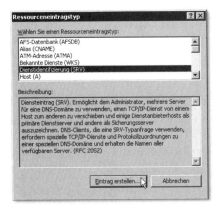

Abbildung 23.14 Im nächsten Schritt wählen Sie das Anlegen eines Server Locator Records/Diensteintrags.

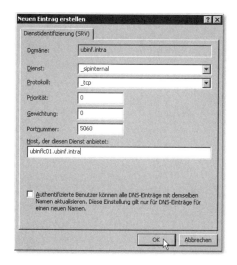

Abbildung 23.15 Mit diesem Dialog werden die Details für den Server Locator Record-Eintrag festgelegt. Beachten Sie, dass die Einträge für die unterschiedlichen Clients verschieden sind. Außerdem unterscheiden sich die Einträge für verschlüsselte und unverschlüsselte Verbindungen.

Die Eintragungen, die in dem in Abbildung 23.15 gezeigten Dialog vorgenommen werden, sind abhängig von den verwendeten Client-Systemen, in Frage kommen der Office Communicator 2005 oder Windows Messenger 5. Wenn Sie beide Clienttypen im Einsatz haben, können Sie beide Service Locator Records anlegen. In beiden Fällen wird der Hostname des LCS als FQDN angegeben. Die folgenden Einträge gelten übrigens für nicht verschlüsselte Verbindungen, die Service Locator Records für verschlüsselte (TLS-)Verbindungen finden Sie in Abschnitt 26.1.3.

- Bei Verwendung von Office Communicator werden folgende Einträge vorgenommen:
  Dienst: _sipinternal
  Protokoll: _tcp
  Portnummer: 5060

- Bei Verwendung von Windows Messenger 5 werden folgende Einträge vorgenommen:
  Dienst: _sip
  Protokoll: _tcp
  Portnummer: 5060

Nachdem Sie die Einträge vorgenommen haben, werden die Clients bei entsprechender Konfiguration (siehe Abbildung 23.12) den Live Communications Server selbstständig finden. Beachten Sie, dass dies natürlich nicht gilt, wenn der Zugriff über das (öffentliche) Internet geschieht, da dann vermutlich nicht Ihr interner DNS-Server für die Namensauflösung verwendet wird.

24 LCS – »Externe« Clients und Föderationen

24.1 Verwendung eines VPNs 941

24.2 Veröffentlichung mit ISA Server 2004 942

24.3 LCS-Zugriffsproxy einsetzen 944

24.4 Föderationen und öffentliche IM-Dienstanbieter .. 952

1. Über dieses Buch
2. Der Aufbau des Buchs
3. Exchange 2003 – Service Pack 2
4. Einführung in das Thema Collaboration
5. Erster technischer Überblick
6. Solutions Design
7. Exchange und Active Directory
8. Routing
9. Storage
10. Öffentliche Ordner
11. Administrative Gruppen
12. Richtlinien, Vorlagen und Adresslisten
13. Front-End-/Back-End-Architektur
14. Clients
15. Sichere Anbindung an das Internet
16. Sicherheit
17. Installation
18. Migration/Upgrade auf Exchange 2003
19. Betrieb und Administration
20. Backup, Restore und Desaster Recovery
21. Verfügbarkeit
22. Live Communications Server 2005 – Ein Überblick
23. LCS – Installation und Konfiguration
24. LCS – »Externe« Clients und Föderationen
25. LCS – Administration
26. LCS – Sicherheit
27. Entwicklung
28. Programmieren mit CDO (CDOEX)
A. Problembehebung in Warteschlangen
B. Zu überwachende Parameter (Jetstress-Test)
C. Performance Monitoring, wichtige Datenquellen
D. Outlook Level 1 Dateianhänge

24 LCS – »Externe« Clients und Föderationen

Wie Ihnen beim bisherigen Studium dieses Buches nicht entgangen sein wird, erachte ich die Möglichkeit des externen Zugriffs, beispielsweise für mobile Clients oder Homeoffices, als sehr wichtig. Dies gilt natürlich auch für den Live Communications Server – schließlich ist dieses Kommunikationssystem insbesondere dann wichtig und hilfreich, wenn man mit Kollegen zusammenarbeitet, die nicht im selben Raum sitzen.

Der Zugriff für externe Clients auf den Live Communications Server lässt sich in zwei Szenarien unterteilen:

- Clients, die den kompletten Funktionsumfang bis hin zum Videoconferencing nutzen möchten.
- Clients, die lediglich die Präsenzinformationen abrufen und bereitstellen möchten und die Instant Messaging-Funktionalität anwenden.

Während letztgenannter Fall recht einfach über eine TLS-gesicherte Verbindung zu realisieren ist, ist die Bereitstellung des kompletten Funktionsumfangs nur mit einem VPN möglich.

24.1 Verwendung eines VPNs

Die weitaus umfassendsten Nutzungsmöglichkeiten ergeben sich, wenn Sie Anwender in entfernten Niederlassungen oder Homeoffices mittels eines VPNs anbinden. Präsenzinformationen und Instant Messaging ist zwar relativ einfach ohne VPN zu transportieren, bei Filetransfer, Applikationsfreigabe, Whiteboard Voice und Videoconferencing ist gibt es zwei Schwierigkeiten:

- Diese Dienste basieren auf einer Peer-to-Peer-Übertragung, d.h., jeder PC müsste aus dem Internet »irgendwie« erreichbar sein.
- Für kommende Verbindungen (externe Clients = LCS) müssten alle UDP-Ports von 5004 bis 65535 für eingehende Verbindungen geöffnet werden.

Es mag sein, dass es irgendwann entsprechende Erweiterungen geben wird, die ein VPN für dieses Anwendungsszenario obsolet machen – wenn Sie heute den vollen Leistungsumfang des Live Communications Servers nutzen möchten, kommen Sie aber um ein VPN nicht herum.

Abbildung 24.1 zeigt das Prinzip: Sowohl die Benutzer in einer Niederlassung als auch Homeoffice-User bauen einen Tunnel zur Firmenzentrale auf und übertragen die LCS-Daten durch diesen. Sofern auf der Firewall keine Zugriffs-Einschränkungen für VPN-Benutzer konfiguriert sind, können sämtliche Funktionen verwendet werden.

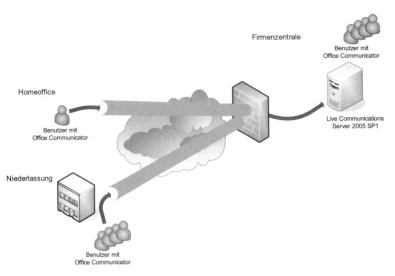

Abbildung 24.1 Wenn Anwender in Niederlassungen oder Homeoffices über ein VPN angebunden sind, können alle Funktionen des Live Communications Servers und des Office Communicators verwendet werden.

24.2 Veröffentlichung mit ISA Server 2004

Grundsätzlich eignet sich der ISA Server sehr gut, um im Innenbereich stehende Server sicher zu veröffentlichen – ohne Ports für eingehende Verbindungen zu öffnen. Es ergibt sich das in Abbildung 24.2 gezeigte Bild. Um eine verschlüsselte Übertragung zu realisieren, wird TLS (Transport Layer Security) verwendet.

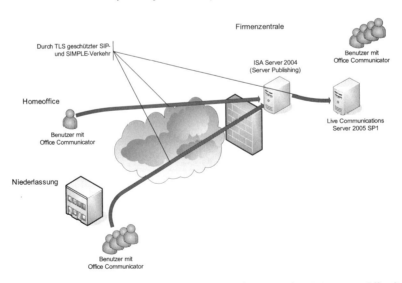

Abbildung 24.2 Der Live Communications Server kann mittels ISA Server veröffentlicht werden. Die Kommunikation wird mit TLS gesichert.

Der ISA Server veröffentlicht den Live Communications Server auf Port 5061. Die Vorgehensweise:

- In der ISA Server-Verwaltung wird im Kontextmenü »Firewallrichtlinien« das Erstellen einer neuen Serververöffentlichungsregel aufgerufen (Abbildung 24.3).
- Erstellen Sie eine Protokollverbindung für Port 5061 (SIP TLS).
- Vergessen Sie nach Abschluss des Assistenten nicht, auf »Übernehmen« zu klicken!

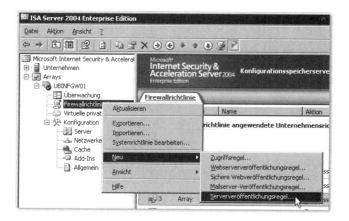

Abbildung 24.3 Erstellen Sie im ISA Server eine Firewallrichtlinie zur Serververöffentlichung.

Abbildung 24.4 ISA Server muss eingehende Anforderungen auf Port 5061 auffangen und an den Live Communications Server weiterleiten.

Der Weg über die Serververöffentlichung mit dem ISA Server ist einfach einzurichten und bietet eine gute Sicherheit, da keine direkte Verbindung zum Internet hergestellt wird, d.h., es werden keine »direkt durchgehenden« Ports geöffnet. Im Gegensatz zu der im vorherigen Abschnitt beschriebenen Anbindung über ein VPN ist aber der Funktionsumfang des Office Communicators deutlich eingeschränkt: Präsenzinformationen und Instant Messaging (= Chat) sind nutzbar, hingegen funktionieren Dateiübertragung, Voice, Videokonferenz, Anwendungsfreigabe und Whiteboard *nicht*. Ein Anwendungsfilter für den ISA Server (wie er beispielsweise für H.323 vorhanden ist) würde das Problem unter Umständen lösen – allerdings war er im September 2005, als dies geschrieben wurde, nicht vorhanden.

24.3 LCS-Zugriffsproxy einsetzen

Die »perfekte Option« für die Realisierung von externen Zugriffen ist das Aufsetzen eines weiteren Live Communications Servers in der Rolle »Zugriffsproxy«. Der Zugriffsproxy ist deutlich unterfordert, wenn Sie ihn »nur« für die Anbindung von einzelnen externen Clients einsetzen. Seine Stärke spielt er aus, wenn Niederlassungen über LCS-Proxies zugreifen, andere Unternehmen in Form von Föderationen angebunden sind oder die Verbindung zu öffentlichen IM-Systemen (MSN, AOL, Yahoo) genutzt wird. In dem hier vorgeführten Beispiel werden externe Benutzer angebunden; die anderen Fälle sind in Hinblick auf die Konfigurationsarbeiten bei der Realisierung vergleichbar.

In Abbildung 24.5 ist die Zugriffsarchitektur gezeigt: Der LCS-Zugriffsproxy wird hinter der Firewall platziert und muss über zwei Netzwerkkarten verfügen (eine Netzwerkkarte mit zwei gebundenen IP-Adressen ist prinzipiell möglich). Es ist natürlich denkbar, den LCS-Zugriffsproxy mittels ISA Server 2004 zu veröffentlichen.

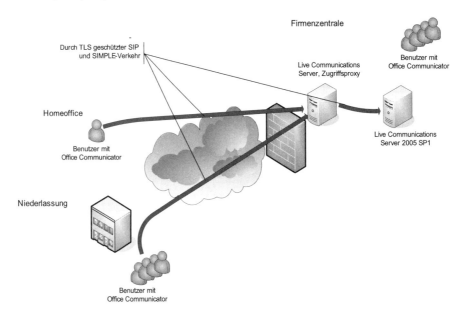

Abbildung 24.5 Zugriff von externen Anwendern über den Live Communications Server-Zugriffsproxy

24.3.1 Installation

Die Installation des Live Communications Server-Zugriffsproxys ist zunächst recht einfach durchzuführen. Als zu installierende Rolle wählen Sie »Zugriffsproxy«, und schon landen Sie im entsprechenden Dialog (Abbildung 24.6):

▶ Im Gegensatz zur Installation des ersten Live Communications Servers sind keine vorbereitenden Aufgaben auszuführen, Sie können direkt mit der eigentlichen Installation beginnen.

▶ Der Assistent wird Sie nach einem Dienstkonto fragen; lassen Sie ihn einen neuen Account erstellen.

- Nach Abschluss der Installation erfolgt die Aktivierung (= Konfiguration und Inbetriebnahme). Bevor Sie mit Aktivierung/Konfiguration beginnen, sollten Sie Zertifikate anfordern und auf dem Server installieren (siehe den nächsten Abschnitt).

Abbildung 24.6 Bei der eigentlichen Installation des Zugriffsproxys werden Sie durch die einzelnen Installationsschritte geführt.

24.3.2 Zertifikate anfordern

Zunächst müssen Sie sich darüber klar werden, wo überall Zertifikate benötigt werden (Abbildung 24.7):

- Für den externen Port des Zugriffsproxys wird ein Zertifikat benötigt. Wenn über diesen Zugriffsproxy Verbindungen zu öffentlichen IM-Netzwerken (MSN, AOL, Yahoo) oder zu Föderationsunternehmen aufgebaut werden, könnte die Verwendung eines Zertifikats, das von einem der großen kommerziellen Trust Center ausgestellt ist, sinnvoll oder notwendig sein – notwendig ist es immer dann, wenn potenziell zugreifende Systeme Ihrem eigenen Trust Center und somit den selbst herausgegebenen Zertifikaten nicht vertrauen. Die Verbindung zu öffentlichen IM-Systemen erfordert in jedem Fall ein Zertifikat von einem »der großen« Trust Center.
  Denken Sie daran, dass das Zertifikat für den FQDN, über den der Zugriff erfolgt, ausgestellt sein muss.
- Der interne Port des Zugriffsproxys und der Live Communications Server benötigen ebenfalls Zertifikate. Auch hier muss natürlich der FQDN, auf den das Zertifikat ausgestellt ist, mit dem Zugriffsnamen übereinstimmen, ansonsten kommt keine Verbindung zustande.

Wenn Sie die Zertifikate mit einer eigenen Online-Zertifizierungsstelle erstellen, können Sie die Computerzertifikate direkt aus dem Zertifikate-Snap-In heraus anfordern (Abbildung 24.8).

- Das Zertifikat muss für folgende Zwecke ausgestellt werden:
  - Clientauthentifizierung (1.3.6.1.5.5.7.3.2)
  - Serverauthentifizierung (1.3.6.1.5.5.7.3.1)

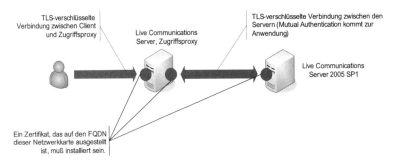

Abbildung 24.7 Jeder Netzwerkport benötigt ein Zertifikat. Achten Sie darauf, dass es auf den tatsächlichen FQDN ausgestellt ist.

Abbildung 24.8 Wenn Sie über eine eigene Online-CA verfügen, können Sie die benötigten Zertifikate direkt aus dem Zertifikate-Snap-In heraus anfordern.

- Das Zertifikat muss exakt für den Maschinennamen ausgestellt sein, mit dem Ihre Office Communicator-Clients auf den LCS zugreifen, muss also den FQDN des Servers enthalten. Ist dies nicht der Fall, kommt keine Verbindung zustande!
- Die Clients müssen der ausgebenden Stammzertifizierungsstelle vertrauen. Ist dies nicht der Fall, kommt keine Verbindung zustande!

24.3.3 Konfigurieren

Wenn der Dateiupload und die Installation der Zertifikate erfolgt sind, muss der LCS-Zugriffsproxy konfiguriert werden. Ein wichtiger Unterschied zu der Konfiguration des »normalen« Live Communications Servers ist, dass die Arbeiten im Snap-In »Computerverwaltung« erfolgen (Abbildung 24.9). Unterhalb des Knotens »Dienste und Anwendungen« findet sich ein Eintrag für den »Microsoft Office Live Communications Server«. Über das Kontextmenü dieses Eintrags rufen Sie die Eigenschaften des Zugriffsproxys auf.

Im Eigenschaften-Dialog sind diverse Einstellungen zu treffen:

- Karteikarte »Allgemein« (Abbildung 24.10): Zunächst wird eingestellt, dass der Proxy Remotebenutzer bedienen soll (Checkbox »Netzwerkzugriff durch Remotebenutzer zulassen«). Wenn Sie zudem eine Föderation konfigurieren, muss dies natürlich ebenfalls aktiviert werden.
- Karteikarte »Öffentlich« (Abbildung 24.11): Nun fügen Sie das Zertifikat für die öffentliche Netzwerkschnittstelle des Zugriffsservers hinzu (FQDN muss »passen«). Die zu überwachenden Ports müssen konfiguriert werden. Da zur Kommunikation eine TLS-Verbindung zum Einsatz kommt (kommen sollte), wird Port 5061 überwacht.

▶ **Karteikarte »Privat«** (Abbildung 24.12): Der internen Netzwerkkarte muss ebenfalls ein Zertifikat zugeordnet werden.
Nach dem Hinzufügen der Zertifikate muss der LCS-Dienst neu gestartet werden.

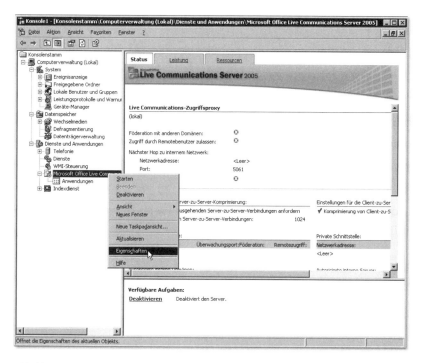

Abbildung 24.9 Der Zugriffsproxy wird im Snap-In »Computerverwaltung« administriert.

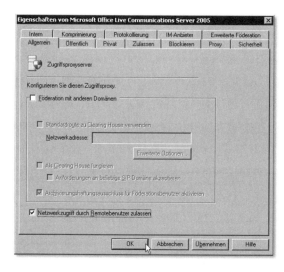

Abbildung 24.10 In den Eigenschaften des LCS-Zugriffsproxys konfigurieren Sie zunächst, dass Sie den »Netzwerkzugriff durch Remotebenutzer« zulassen möchten.

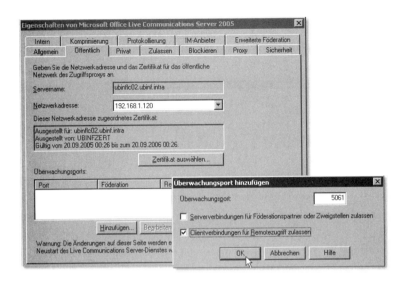

Abbildung 24.11 Für die externe (= öffentliche) Netzwerkkarte muss ein passendes

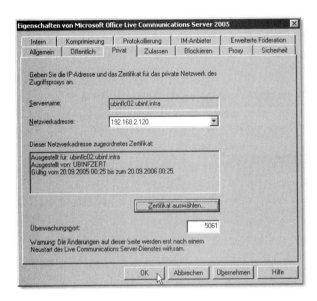

Abbildung 24.12 Auch für die interne (= private) Netzwerkkarte ist ein Zertifikat erforderlich.

- **Intern** (Abbildung 24.13): Die Einstellungen auf dieser Karteikarte sind extrem wichtig; durch diese Einträge wird sichergestellt, dass der Zugriffsproxy überhaupt die nachgelagerten Server findet und Benutzer dorthin weiterleiten kann:
    - **Netzwerkadresse des nächsten Hops:** In kleinen und mittleren Umgebungen mit einem Live Communications Server und einem Zugriffsproxy wird hier die Adresse des LCS eingetragen.

- **Interne SIP-Domänen**: Hier werden die Namen der SIP-Domains eingetragen, die Live Communications Server akzeptiert. Listen der verwendeten Domains finden Sie an zwei Stellen: Einerseits ergeben sich die Domains aus dem »Organisationsbaum« (Abbildung 24.14), entsprechen also den Active Directory-Domains. Darüber hinaus sind auch SIP-Domains ohne AD-Entsprechung denkbar, ein Anwendungsszenario ist in Abschnitt 25.1.1 beschrieben!
- **Autorisierte interne Server**: In der zweiten Liste dieses Dialogs werden die LCS-Server definiert, die mit diesem Zugriffsproxy zusammenarbeiten sollen. Falls Sie nicht nur einen Server verwenden, können Sie den »Organisationsbaum« des LCS-Konfigurationswerkzeugs zu Hilfe nehmen, um alle Server zu identifizieren.

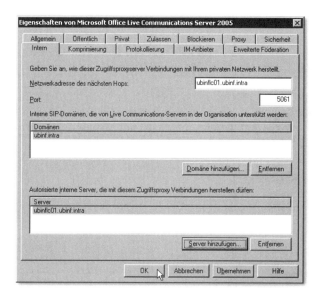

Abbildung 24.13 Auf dieser Karteikarte werden SIP-Domains und in Ihrer Organisation vorhandene Live Communications Server eingetragen.

Abbildung 24.14 In einer größeren Organisation können Sie genauen Namen der vorhandenen Server und Domains im »Organisationsbaum« des Konfigurationswerkzeugs erkennen.

- Der LCS-Zugriffsproxy wird *nicht* automatisch gestartet. Aus diesem Grunde müssen Sie ihn nach Abschluss der Installation manuell im Kontextmenü des entsprechenden Knotens der Computerverwaltung starten (Abbildung 24.15).

Abbildung 24.15 Der Zugriffsproxy wird nicht automatisch gestartet, sondern muss nach Abschluss der Installation manuell gestartet werden.

- Nach Abschluss der Arbeiten am Zugriffsproxy muss dieser nun noch in der LCS-Gesamtstruktur bekannt gemacht werden. In den Eigenschaften der Gesamtstruktur findet sich eine Karteikarte »Zugriffsproxy«, auf der alle entsprechenden Systeme mit dem FQDN eingetragen werden (Abbildung 24.16).

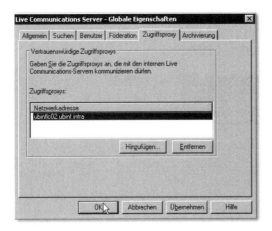

Abbildung 24.16 In den Eigenschaften der LCS-Gesamtstruktur werden die FQDNs der Zugriffsproxies konfiguriert.

- **Zur Benutzerkonfiguration**: Damit Benutzer überhaupt auf diesem Weg remote via Zugriffsproxy auf den Live Communications Server zugreifen können, muss dies in der Benutzerkonfiguration zugelassen sein (Abbildung 24.17). Die Benutzerkonfiguration erreichen Sie entweder über das Snap-In »Active Directory-Benutzer und -Computer« oder über die Benutzerverwaltung des LCS-Konfigurationswerkzeugs.
Falls Sie diese Änderung nicht nur für einige wenige Benutzer durchführen müssen, empfiehlt sich die Nutzung der Funktionen zur Massendatenpflege (Abschnitt 25.1).

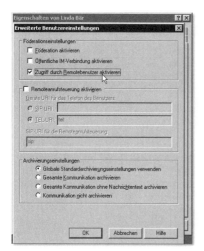

Abbildung 24.17 Damit ein Benutzer über den Zugriffsproxy arbeiten kann, muss er als Remotebenutzer freigeschaltet werden.

24.3.4 Zugriffsproxy oder Serverpublishing?

Sie haben nun die Zugriffsmethoden »Zugiffsproxy« und »Serverpublishing mit ISA Server« kennen gelernt. Was sind die Gemeinsamkeiten, was die Unterschiede?

Eine wichtige Gemeinsamkeit dieser beiden Varianten für den Zugriff durch externe Clients ist, dass nur Präsenzinformationen IM-Funktionalität (= Chat) zur Verfügung steht. **Wenn Sie die übrigen Möglichkeiten wie Übertragung von Dateien, Videoconferencing, Voice, Whiteboard etc. nutzen möchten, muss der Zugriff über ein VPN realisiert werden!**

Wenn Sie nur »eigene« (sprich zu Ihrer Domain gehörige) Clients zugreifen lassen möchten, ist die Durchführung über Serverpublishing mit dem ISA Server die deutlich einfachere Variante. Zu einem LCS-Zugriffsproxy greifen Sie in folgenden Situationen:

- Ihre Live Communications Server-Gesamtstruktur ist mit dem LCS-System eines anderen Unternehmens über eine Föderation verbunden.
- Sie nutzen die Anbindung an öffentliche Instant Messaging-Systeme.
- Aus einer Niederlassung Ihres Unternehmens greifen die Benutzer über einen LCS-Proxy (nicht Zugriffsproxy) auf den zentralen Live Communications Server zu.

24.3.5 LCS Proxy (Abgrenzung zum Zugriffsproxy)

Neben dem Live Communications Server-Zugriffsproxy existiert, zumindest in der Enterprise Version des LCS, die Serverrolle »Proxy«. Das Zusammenspiel von LCS-Proxy und LCS-Zugriffsproxy ist in Abbildung 24.18 gezeigt:

- Die Office Communicator-Clients der Benutzer in der Zweigstelle kommunizieren mit dem LCS-Proxy.
- Dieser leitet die Anfragen durch das Internet zum LCS-Zugriffsproxy in der Zentrale.

▶ Der Zugriffsproxy empfängt den vom LCS-Proxy (und sonstigen »remoten« Office Communicator-Clients) stammenden Datenverkehr aus dem Internet und leitet ihn an den Live Communications Server weiter.

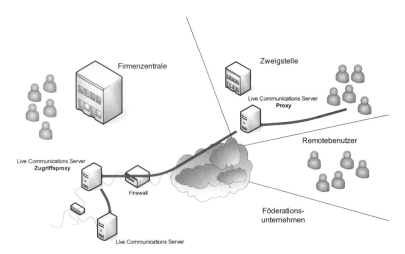

Abbildung 24.18 In einem Unternehmen mit größeren Niederlassungen kann in diesen ein LCS-Proxy eingesetzt werden. Dieser leitet die Anfragen über das Internet an die Zentrale weiter, in der die Kommunikation mit dem Live Communications Server über den Zugriffsproxy läuft.

Wenn man die Analogie zur Web-Technologie sucht, entspricht der LCS-Proxy einem »üblichen« Web-Proxy, der LCS-Zugriffsproxy ähnelt von seiner Funktion einem Reverse Proxy.

24.4 Föderationen und öffentliche IM-Dienstanbieter

Neben der Anbindung eigener Niederlassungen oder mobiler und Homeoffice-Mitarbeiter gibt es zwei weitere Szenarien bezüglich der Anbindung von Mitarbeitern:

▶ Föderationen
▶ Nutzer öffentlicher Instant Messaging-Dienste

24.4.1 Föderationen

Wenn Unternehmen sehr eng zusammenarbeiten und jeweils Live Communications Server einsetzen, können sie eine Föderation gründen. Sinn und Zweck einer Föderation ist, die Grenzen zwischen den Unternehmen zu eliminieren – zumindest bei den Präsenzinformationen und beim Instant Messaging. Etwas konkreter: Wenn Firma A und Firma B an gemeinsamen Projekten arbeiten, kann Herr Schmidt von Firma A die bei Firma B arbeitende Frau Berger seinen Kontakten hinzufügen. In Föderationen steht allerdings nicht das gesamte Spektrum von Kommunikationsmöglichkeiten zur Verfügung, sondern lediglich die Präsenzinformationen und das Instant Messaging.

Der prinzipielle Aufbau ist in Abbildung 24.19 gezeigt: Die beiden Unternehmen kommunizieren über das Internet, und an der Grenze zum Internet arbeitet jeweils ein LCS-Zugriffsproxy.

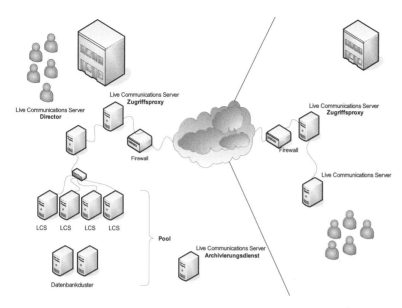

Abbildung 24.19 Die Benutzer zweier Unternehmen können, wenn sie eine Föderation gebildet haben, wechselseitig auf Präsenzinformationen zugreifen und das Instant Messaging nutzen.

Auf der Abbildung sind übrigens zwei Aspekte der Enterprise Edition des Live Communications Servers zu sehen:

- Wenn Sie eine höhere Benutzerzahl unterstützen oder eine höhere Redundanz erreichen möchten, setzen Sie nicht einen einzelnen Server, sondern einen Pool ein:
  - Der Pool besteht zunächst aus einem Datenbankserver im Back-End, der die Daten zu allen Benutzern speichert. Wenn »Verfügbarkeit« ein Thema ist, wird man hier ein geclustertes System einsetzen.
  - Die nächste Schicht stellen die Live Communications Server dar. Für dieses Szenario ist die Enterprise Edition des Produkts erforderlich.
  - Für eine gleichmäßige Verteilung der Benutzer auf die Systeme sorgt eine Load Balancing-Komponente. Hier kann entweder der NLB-Dienst (= Network Load Balancing) der Windows Server oder ein Hardware Load Balancer verwendet werden.
- **Director**: Ein Director ist im weitesten Sinne mit einem Exchange Front-End-Server vergleichbar. Ein Director authentifiziert die über den Zugriffsproxy hereinkommenden Benutzer und leitet sie an den jeweiligen Home-Server weiter.

Dieses Buch wird sich mit der Konfiguration von Föderationen nicht weiter beschäftigen; diverse von **microsoft.com** zu beziehende Dokumente beschreiben die Einrichtung, die letztendlich auch kein allzu großes Hindernis ist. Die firmenübergreifende Nutzung von Präsenzinformationen und des Instant Messaging ist sicherlich eine hochinteressante Perspektive, wird aber vermutlich viele Entscheider noch gedanklich ein wenig »überfordern«. Kommunikationssysteme wie Live Communications Server sind auch im firmeninternen Einsatz durchaus noch nicht alltäglich geworden – da liegen Föderationen zwischen Firmen sicherlich noch recht weit in der Zukunft.

Übrigens: Wenn sich unterschiedliche Konzerntöchter für die Verwendung des LCS interessieren, wird die gemeinsame Nutzung vermutlich nicht über Föderationen realisiert – schließlich dürfte es ein einheitliches Active Directory geben, an dem alle Firmen partizipieren. Es liegt daher eine einzige LCS-Gesamtstruktur vor, und damit ist keine Föderation notwendig.

24.4.2 Anbindung an öffentliche IM-Dienstanbieter

Der Gedanke oder auch Wunsch, öffentliche Instant Messaging-Dienste wie MSN, AOL oder Yahoo anzubinden und mit deren Nutzern kommunizieren zu können, ist sicherlich nahe liegend. Mit Live Communications Server SP2005 ist dies nun recht einfach möglich, Abbildung 24.20 zeigt den Konfigurationsdialog auf einem LCS-Zugriffsproxy. Folgende Aspekte sind zu berücksichtigen:

▶ Um eine Föderation mit einem öffentlichen IM-Dienstanbieter eingehen zu können, muss auf Ihrem Zugriffsproxy ein allgemein anerkanntes Zertifikat installiert sein (z.B. von Verisign, Thawte & Co.) – MSN wird nicht Ihrem selbst erzeugten Zertifikat trauen!

▶ Des Weiteren ist die Anbindung an die öffentlichen IM-Anbieter gesondert zu lizenzieren. Fällig wird monatlich eine Nutzungsgebühr – und zwar pro Benutzer, der öffentliche IM-Funktionalität verwendet.

▶ Anwender müssen explizit für die Verbindung mit Kontakten öffentlicher IM-Systeme berechtigt sein. Diese Einstellung wird in den Eigenschaften des Benutzers vorgenommen (Snap-In »Active Directory-Benutzer und -Computer« oder Konfigurationsdialog für LCS).

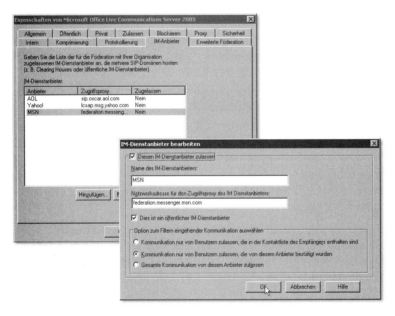

Abbildung 24.20 Die Konfiguration einer Föderation mit einem öffentlichen IM-Anbieter ist nicht sonderlich kompliziert – allerdings sind einige Voraussetzungen zu erfüllen, beispielsweise die Installation eines anerkannten Zertifikats und die Beschaffung weiterer Lizenzen.

25 LCS – Administration

25.1 Benutzerverwaltung 957

25.2 Überwachung des LCS 963

25.3 Backup des Live Communications Servers 963

1	Über dieses Buch
2	Der Aufbau des Buchs
3	Exchange 2003 – Service Pack 2
4	Einführung in das Thema Collaboration
5	Erster technischer Überblick
6	Solutions Design
7	Exchange und Active Directory
8	Routing
9	Storage
10	Öffentliche Ordner
11	Administrative Gruppen
12	Richtlinien, Vorlagen und Adresslisten
13	Front-End-/Back-End-Architektur
14	Clients
15	Sichere Anbindung an das Internet
16	Sicherheit
17	Installation
18	Migration/Upgrade auf Exchange 2003
19	Betrieb und Administration
20	Backup, Restore und Desaster Recovery
21	Verfügbarkeit
22	Live Communications Server 2005 – Ein Überblick
23	LCS – Installation und Konfiguration
24	LCS – »Externe« Clients und Föderationen
25	**LCS – Administration**
26	LCS – Sicherheit
27	Entwicklung
28	Programmieren mit CDO (CDOEX)
A	Problembehebung in Warteschlangen
B	Zu überwachende Parameter (Jetstress-Test)
C	Performance Monitoring, wichtige Datenquellen
D	Outlook Level 1 Dateianhänge

25 LCS – Administration

Ist der Live Communications Server installiert und somit in der Betriebsphase, müssen diverse Administrationsarbeiten erledigt werden. Hierzu zählen beispielsweise die Benutzerverwaltung, das Monitoring und das Backup.

Die Administration der Gesamtstruktur, Domains, Pools (mehrere »zusammengeschaltete« LCS-Server) und der Server geschieht über eine spezielle Konsole, die auf dem LCS-Server über die Verwaltung aufgerufen werden kann (Abbildung 25.1).

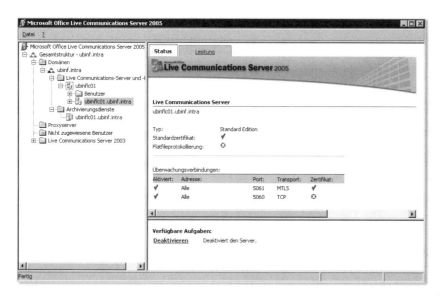

Abbildung 25.1 Die Administration der Live Communications Server-Umgebung erfolgt mit diesem Verwaltungswerkzeug. Es können Einstellungen für die Gesamtstruktur, für Domains und für die einzelnen Server vorgenommen werden.

Wir werden in diesem Kapitel nicht jede einzelne Einstellmöglichkeit besprechen, vielmehr wird bei den weiteren in diesem Buch besprochenen LCS-Konfigurationsarbeiten auf dieses Werkzeug Bezug genommen.

25.1 Benutzerverwaltung

Die Benutzerverwaltung im Live Communications Server ist nicht sonderlich komplex. Wichtig ist zu wissen, dass ein Benutzeraccount, der Zugriff auf den LCS bekommen soll, dediziert dafür freigeschaltet werden muss – vergleichbar mit Exchange.

Der erste Schritt bei der Installation des Live Communications Servers war die Erweiterung des Active Directorys, um die zusätzlichen Attribute für die Nutzung von LCS speichern zu können. Auf dem LCS-Server selbst ist eine Erweiterung für das Snap-In »Active Directory-Benutzer und -Computer« installiert worden.

Das Aktivieren eines Benutzers für die Nutzung des LCS ist mit wenigen Mausklicks erledigt. Im Snap-In wechseln Sie auf die Seite »Live Communications«, aktivieren die Checkbox, geben eine SIP-URI vor und suchen den LCS-Server aus, auf dem dieser Benutzer verwaltet wird (Abbildung 25.2). Einige Erläuterungen:

▶ Die SIP-URI sieht letztendlich wie eine Email-Adresse aus – ist es aber nicht. Beim Design des SIP-Protokolls hat man sich für dieses bewährte Adressierungsformat entschieden – es ist aber trotzdem keine Email-Adresse. Die SIP-URI darf aber mit der Email-Adresse identisch sein.

> **Wichtig** Falls der Domainname der SIP-Adressen nicht dem Active Directory-Domainnamen entspricht, beachten Sie bitte Abschnitt 25.1.1.

▶ Mit der Listbox »Server oder Pool« legen Sie den Home-Server des Anwenders fest. Sie können sich als Analogie das Festlegen des Exchange-Postfachservers vorstellen.

Abbildung 25.2 Die grundlegenden Live Communications-Benutzereinstellungen werden in diesem Dialog vorgenommen. Sie finden ihn entweder im Snap-In »Active Directory-Benutzer und -Computer« oder in der Benutzerverwaltung im LCS-Administrationswerkzeug.

Der Dialog »Erweiterte Benutzereinstellungen« ist in Abbildung 25.3 zu sehen:

▶ »Föderation aktivieren«: Wenn dieser Anwender mit Benutzern aus »befreundeten« LCS-Gesamtstrukturen, also beispielsweise einem Partnerunternehmen, kommunizieren darf, wird diese Checkbox aktiviert. Bei der Zusammenschaltung von LCS-Gesamtstrukturen spricht man von einer Föderation.

▶ Ab Live Communications Server 2005 SP1 können Föderationen mit öffentlichen IM-Netzwerken (IM = Instant Messaging) eingegangen werden. Sie können so mit IM-

Anwendern, die bei MSN, Yahoo und AOL angemeldet sind, kommunizieren (allerdings nur »Chat« und Präsenzinformationen, kein Voice, keine Videokonferenzen). Beachten Sie, dass die Kommunikation mit Benutzern der öffentlichen IM-Systeme separat zu lizenzieren ist! (Ein monatlicher Betrag pro Benutzer ist zu entrichten.)

▶ Wenn diesem Benutzer der Zugriff als Remotebenutzer über den Anwendungsproxy gestattet werden soll, muss diese Checkbox aktiviert werden.

▶ Die Konfigurationsmöglichkeiten für die Remoteanrufsteuerung dienen der Integration des Live Communications Servers mit einer VoIP-Telefonanlage. Diese Möglichkeiten werden in diesem Buch allerdings nicht weiter behandelt.

▶ LCS ist in der Lage, die Instant Messaging-Kommunikation auf einem SQL-Server zu archivieren. Mit dieser Auswahlmöglichkeit können Sie die globale Einstellung für die Archivierung überschreiben. Die globale Archivierungseinstellung finden Sie übrigens im LCS-Administrationswerkzeug im Eigenschaften-Dialog der Gesamtstruktur (Karteikarte: Archivierung).

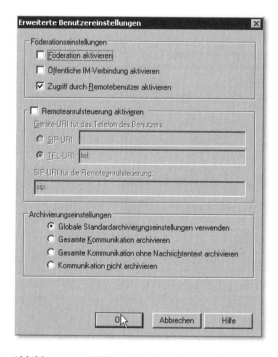

Abbildung 25.3 Etliche »Feineinstellungen« für die Live Communications-Benutzer finden sich auf dieser Karteikarte. Beachten Sie, dass die Optionen »Öffentliche IM-Verbindungen« und »Remoteanrufsteuerung« separat lizenzpflichtig sind!

Ein separater Button dient dem Aufruf der Zulassungs- und Blockierliste. In dieser Liste wird gespeichert, welche Benutzer auf die Präsenzdaten des Anwenders zugreifen und ihn zu einer Kommunikation einladen können (Abbildung 25.4).

Der Benutzer kann diese Liste selbst im Office Communicator verwalten (siehe Abbildung 22.5).

Abbildung 25.4 Die Inhalte der Zulassungs- und Blockierliste kann der Anwender selbst im Office Communicator verwalten. Der Administrator kann über diesen Dialog zugreifen.

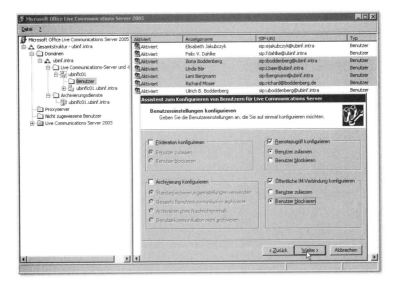

Abbildung 25.5 Das LCS-Administrationswerkzeug bietet Massendatenpflege der unter »erweiterte Benutzereinstellungen« zu konfigurierenden Optionen.

Massendatenpflege

Ein spezieller Fall bei der Benutzerverwaltung ist die Massendatenpflege. Wenn Sie bei einem Großteil der Benutzer den Remotezugriff aktivieren und die öffentlichen IM-Verbindungen deaktivieren möchten, wäre es natürlich sehr lästig, jedes einzelne Konto separat konfigurieren zu müssen. Das Administrationswerkzeug des Live Communications Servers bietet eine einfachere Möglichkeit (Abbildung 25.2):

▶ Markieren Sie die Benutzer, bei denen eine gleichlautende Änderung durchgeführt werden soll.

▶ Rufen Sie das Kontextmenü des Knotens »Benutzer« auf. Wählen Sie dort den Eintrag »Benutzer konfigurieren«.

▶ Es erscheint der in der Abbildung gezeigte Assistent, mit dem die erweiterten Einstellungen modifiziert werden können.

25.1.1 Unterschiedliche Email-Domains

Ich gehe davon aus, dass Sie nicht nur den Live Communications Server, sondern auch Exchange einsetzen. In vielen Fällen wird die in der primären Emailadresse (das ist die extern verwendete Adresse) verwendete Domain nicht mit dem internen Domainnamen übereinstimmen. Am Beispiel ist einfacher zu erkennen, was ich meine:

▶ Meine interne Active Directory-Domain heißt: ubinf.intra. Mein Konto heißt uboddenberg. Eine Adresse wäre demnach uboddenberg@ubinf.intra.

▶ Nichtsdestotrotz ist meine primäre Email-Adresse ulrich@boddenberg.de.

Zur Erinnerung: Die Exchange-Email-Adressen werden über Empfängerrichtlinien gebildet, als Hauptadresse wählt man i.A. die externe Adresse, in meinem Fall also ulrich@boddenberg.de.

Wenn Sie einen Exchange-Benutzer mit einer SIP-Adresse »ausrüsten«, wird Ihnen der Konfigurationsdialog die primäre Exchange-Email-Adresse vorschlagen. Das klingt zunächst auch sinnvoll! Wenn der Name der AD-Domain von der Email-Domain abweicht, wird der Communicator allerdings keine Verbindung zum LCS aufbauen können und mit einer nichts sagenden Fehlermeldung abbrechen.

Woran liegt das? Sie kommen dem Problem recht einfach selbst auf die Spur, wenn Sie nochmals genau in das Konfigurationswerkzeug des LCS schauen, genauer gesagt auf die Einträge unterhalb des Knotens »Domänen« (Abbildung 25.6). Dort wird zwar der Name der AD-Domain korrekt angegeben, allerdings ist von dem Namen der Email-Domain (in meinem Fall boddenberg.de) nichts zu sehen. Der LCS fühlt sich für die Verarbeitung dieser Domain vereinfacht gesagt schlicht und ergreifend nicht zuständig.

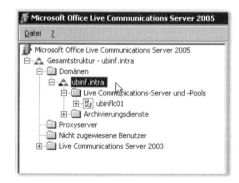

Abbildung 25.6 Live Communications Server kennt »nur« die Active Directory-Domain, nicht mögliche Email-Domains.

Der erste Schritt ist also, dem Live Communications Server »beizubringen«, dass er auch weitere Domainnamen akzeptiert. Der passende Konfigurationsdialog findet sich in den Eigenschaften der Gesamtstruktur. Auf der Karteikarte »Allgemein« können die Namen weiterer SIP-Domains hinzugefügt werden (Abbildung 25.7).

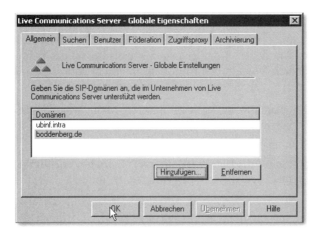

Abbildung 25.7 Die Namen weiterer SIP-Domains können mit diesem Dialog hinzugefügt werden, beispielsweise der Name der Email-Domain.

Jetzt kommt ein weiteres Problem: Wenn im Office Communicator der Name des Live Communiations Servers dediziert eingetragen ist, wird der Client die Verbindung aufbauen können. Wenn allerdings die »Automatische Konfiguration« ausgewählt ist, klappt es nicht! Hier kommt die Begründung für das Nicht-Funktionieren:

Wie Sie in Abschnitt 23.6 erfahren haben, basiert die automatische Konfiguration auf der Auswertung von Service Locator Records.

- Der Communicator fragt den DNS-Server der Domain des SIP-Namens nach `_sipinternaltls._tcp.domain.com` (TLS-Verbindung) oder `_sipinternal._tcp.domain.com` (unverschlüsselte Verbindung).

- Wenn die AD-Domain, für die Sie im DNS gemäß Abschnitt 23.6 Service Locator Records gesetzt haben, `ubinf.intra` heißt, der SIP-Name aber `ulrich@boddenberg.de` ist, läuft die Abfrage ins Leere: Communicator fragt nämlich nach `_sipinternaltls._tcp.boddenberg.de` – und dieser DNS-Eintrag ist nicht vorhanden.

Auch dieses Problem ist lösbar (Abbildung 25.8):

- Richten Sie im DNS-Server eine weitere Forward-Lookupzone mit dem Domainnamen Ihrer externen Email-Domain ein.

- Legen Sie die benötigten Service Locator Records an (die TLS-Einträge für verschlüsselte Verbindunge werden in Abschnitt 26.1.3) besprochen.

- Verweisen Sie in den Einträgen auf den »normalen« Namen (AD-Domain) des Live Communications Servers.

Vermeiden Sie folgende Falle: Wenn Sie eine neue Zone im DNS eintragen (in diesem Fall `boddenberg.de`), wird der DNS-Server Anfragen für diese Zone nicht mehr weiterleiten. Wenn `www.boddenberg.de` bisher über einen externen DNS-Server aufgelöst wurde, gibt es nun die lapidare Antwort »Host nicht gefunden«. Sie müssen also alle Hosts, deren Namen die internen Benutzer auflösen müssen, in dieser Zone eintragen!

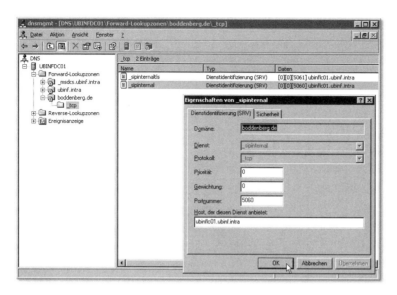

Abbildung 25.8 Die externe Email-Domain wird als weitere Forward-Lookupzone eingetragen. In dieser werden die Service Locator Records angelegt.

25.2 Überwachung des LCS

In diesem Buch wurde bereits der Microsoft Operations Manager 2005 als gutes Werkzeug für das kontinuierliche Monitoring von Microsoft-Servern erwähnt. MOM konsolidiert nicht nur unterschiedlichste Betriebsdaten, sondern sorgt durch eine regelbasierte Interpretation derselben für aussagekräftige Warn- und Fehlermeldungen. MOM ist auch ein für kleinere Firmen und Organisationen interessantes System:

- Auch ohne tiefe Kenntnisse der zu überwachenden Betriebssysteme und Applikationsserver kann man Fehlern und Trends auf die Spur kommen – häufig sogar, bevor diese zu einem wahrnehmbaren Problem werden.
- Die Workgroup Edition von MOM 2005 ist für ca. EUR 500 erhältlich. Ein besseres Preis-/Leistungsverhältnis ist kaum möglich. Schließlich enthalten die MOM Management Packs ein enormes Produktwissen.

Abbildung 25.9 zeigt die MOM-Verwaltungskonsole mit geöffnetem LCS Management Pack. Hunderte von Regeln sorgen für eine gründliche Überwachung und ein aussagekräftiges Alerting.

25.3 Backup des Live Communications Servers

Beim Backup des Live Communications Servers sind primär die Datenbanken interessant:

- LCS Standard Edition installiert eine lokale MSDE, die unter anderem die Konfigurationsdatenbank enthält.
- Falls Sie die Archivierung verwenden, wird ein SQL-Server mit der Archivdatenbank existieren.

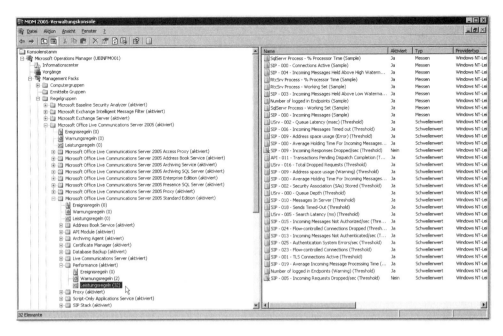

Abbildung 25.9 Live Communications Server kann sehr einfach mit dem Microsoft Operations Manager überwacht werden. Das Management Pack für LCS 2005 erhält Hunderte von Überwachungsregeln.

Die Datenbanken können/sollten mit dem Datenbank-Agent Ihrer Backup-Software gesichert werden. Führen Sie von der Konfigurationsdatenbank stets eine Vollsicherung durch.

Ansonsten sollten Sie regelmäßig Vollsicherungen des Servers durchführen, um diesen auch nach einem Totalausfall wiederherstellen zu können.

Da die Benutzerdaten im Active Directory gespeichert werden, ist es natürlich zwingend erforderlich, dass eine zuverlässige Sicherung des Active Directorys durchgeführt wird. Wenn Sie ein eigenes Zertifikatswesen einsetzen, ist dieses natürlich auch unbedingt schützenswert!

Hinweis für Anwender von Veritas BackupExec (jetzt Symantec) Es existiert ein recht ausführliches (60 Seiten!) Whitepaper über Sicherung und Wiederherstellung von Live Communications Server 2005 mit BackupExec 10. Der Originaltitel ist »PROTECTING LIVE COMMUNICATIONS SERVER 2005 WITH VERITAS BACKUP EXEC FOR WINDOWS SERVERS 10.0«.

26 LCS – Sicherheit

26.1 Verschlüsselung der Kommunikation 967

26.2 Virenschutz 970

26.3 Der intelligente Sofortnachrichtenfilter 971

1. Über dieses Buch
2. Der Aufbau des Buchs
3. Exchange 2003 – Service Pack 2
4. Einführung in das Thema Collaboration
5. Erster technischer Überblick
6. Solutions Design
7. Exchange und Active Directory
8. Routing
9. Storage
10. Öffentliche Ordner
11. Administrative Gruppen
12. Richtlinien, Vorlagen und Adresslisten
13. Front-End-/Back-End-Architektur
14. Clients
15. Sichere Anbindung an das Internet
16. Sicherheit
17. Installation
18. Migration/Upgrade auf Exchange 2003
19. Betrieb und Administration
20. Backup, Restore und Desaster Recovery
21. Verfügbarkeit
22. Live Communications Server 2005 – Ein Überblick
23. LCS – Installation und Konfiguration
24. LCS – »Externe« Clients und Föderationen
25. LCS – Administration
26. LCS – Sicherheit
27. Entwicklung
28. Programmieren mit CDO (CDOEX)
A. Problembehebung in Warteschlangen
B. Zu überwachende Parameter (Jetstress-Test)
C. Performance Monitoring, wichtige Datenquellen
D. Outlook Level 1 Dateianhänge

26 LCS – Sicherheit

Instant Messaging ist, wie (fast) jede andere IT-Anwendung auch, ein möglicher Verursacher von Sicherheitsproblemen. In diesem Kapitel wird es primär um die Verschlüsselung der Kommunikation und den Schutz vor Malicious Code (Viren, Trojaner etc.) gehen.

26.1 Verschlüsselung der Kommunikation

Grundsätzlich empfiehlt sich natürlich die Verschlüsselung der Kommunikation zwischen Client und Server. Zwischen einem Office Communicator Client und dem Live Communications Server ist eine TLS-gesicherte Verbindung möglich; TLS steht für Transport Layer Security.

26.1.1 Zertifikat anfordern und installieren

Der erste Schritt ist das Anfordern eines Zertifikats. Dies ist am einfachsten, wenn Sie über ein eigenes Zertifikatswesen verfügen; der Aufbau eines solchen ist recht ausführlich in Abschnitt 16.3 beschrieben.

Wenn eine eigene Certificate Authority vorhanden ist, öffnen Sie auf dem Live Communications Server die Microsoft Management Console (MMC), wählen das Snap-In »Zertifikate« und rufen die Verwaltung von Zertifikaten für das »Computerkonto« auf. Im Kontextmenü des Knotens »Eigene Zertifikate« wählen Sie »Neues Zertifikat anfordern«. Sie werden durch einen Assistenten geführt, der Sie durch die Zertifikatsanforderung führt. Am Ende wird das Zertifikat bei Ihrer Online-CA angefordert und direkt installiert.

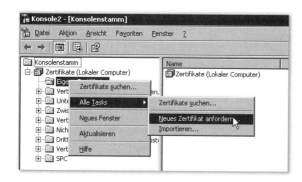

Abbildung 26.1 Wenn Sie eine eigene Certificate Authority betreiben, kann sehr einfach und schnell ein Maschinenzertifikat angefordert werden.

Falls Sie das Zertifikat nicht selbst erstellen, achten Sie auf Folgendes:

▶ Das Zertifikat muss für folgende Zwecke ausgestellt werden:
  ▷ Clientauthentifizierung (1.3.6.1.5.5.7.3.2)
  ▷ Serverauthentifizierung (1.3.6.1.5.5.7.3.1)

- Das Zertifikat muss exakt für den Maschinennamen ausgestellt sein, mit dem Ihre Office Communicator-Clients auf den LCS zugreifen, es muss also den FQDN des Servers enthalten. Ist dies nicht der Fall, kommt keine Verbindung zustande!
- Die Clients müssen der ausgebenden Stammzertifizierungsstelle vertrauen. Ist dies nicht der Fall, kommt keine Verbindung zustande!

26.1.2 Einstellungen für den LCS vornehmen

Nun muss der Live Communications Server dazu gebracht werden, das soeben erzeugte Zertifikat zu verwenden (Abbildung 26.2):

- Rufen Sie in der LCS-Konfigurationsapplikation den Eigenschaften-Dialog des Servers auf.
- Auf der Karteikarte »Allgemein« fügen Sie eine neue Verbindung hinzu.
- In dem nun erscheinenden Dialog können Sie die Einstellungen vornehmen:
  - Zunächst wählen Sie, auf welchen IP-Adressen der LCS reagieren soll.
  - Als Transporttyp wählen Sie TLS, schließlich soll eine verschlüsselte Verbindung aufgebaut werden.
  - Setzen Sie die Checkbox »Remoteserver authentifizieren«.
  - Überwachen Sie Port 5061 – dies ist der Standardport für SIP-TLS.
  - Nun muss noch ein Zertifikat ausgewählt werden. In der Dialogbox zur Zertifikatsauswahl sollte das soeben erzeugte Zertifikat zu sehen sein.
- Im Eigenschaften-Dialog können Sie auf Wunsch die unverschlüsselte Kommunikation auf Port 5060 deaktivieren.

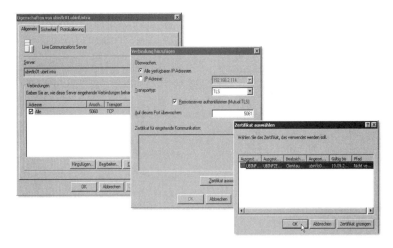

Abbildung 26.2 Um eine TLS-verschlüsselte Datenübertragung zu ermöglichen, muss eine Verbindung mit dem Transporttyp konfiguriert werden. Für diese Verbindung muss ein Zertifikat ausgewählt werden.

Wenn Sie schon in den Servereigenschaften sind, sollten Sie das Zertifikat auch für die zweite Karteikarte (»Sicherheit«) der Servereigenschaften festlegen (Abbildung 26.3). Dieses wird verwendet, wenn ein anderer Server Mutual TLS fordert, d.h.; beide Kommunikationspartner authentifizieren sich.

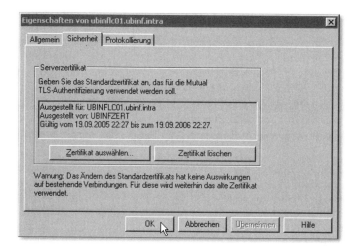

Abbildung 26.3 Damit Mutual TLS funktioniert, muss auf dieser Karteikarte des Eigenschaften-Dialogs ein Zertifikat ausgewählt sein.

26.1.3 Service Locator Records anpassen

Wie bereits in Abschnitt 23.6 erläutert, werden Service Locator Records benötigt, damit der Office Communicator automatisch den Live Communications Server finden kann. Für die verschlüsselte Kommunikation sind zusätzliche Einträge im DNS vorzunehmen.

Das Eintragen der Service Locator Records ist in Abschnitt 23.6 beschrieben; nun müssen dem DNS noch folgende Werte hinzugefügt werden:

Für **Office Communicator Clients**:

- Dienst: `_sipinternaltls`
- Protokoll: `_tcp`
- Portnummer: `5061`
- Name des Hosts (= Live Communications Server)

Für **Windows Messenger Clients**:

- Dienst: `_sip`
- Protokoll: `_tls`
- Portnummer: `5061`
- Name des Hosts (= Live Communications Server)

Falls die Domain des SIP-Namens nicht namensgleich mit der AD-Domain ist, müssen zusätzliche Einträge in der Forward-Lookupzone der SIP-Domain vorgenommen werden. Die genauen Hintergründe sind in Abschnitt 25.1.1 erläutert.

26.2 Virenschutz

Durch das Instant Messaging entsteht ein neuer Übertragungsweg für Viren, Trojaner und andere Schädlinge. Wie eingangs erläutert wurde, können die Anwender dank Instant Messaging ohne die Nutzung eines zentralen Fileservers oder des Exchange-Systems Dateien von PC zu PC transportieren. Ich kenne genügend Unternehmen, die sich auf den Standpunkt stellen, dass es ausreichend ist, wenn File- und Exchange Server über Virenscanner verfügen – »schließlich müssen ja alle Dateien über diese Systeme transportiert werden«. Diese Einstellung ist in jedem Fall absolut falsch, da etliche Schädlinge ohnehin andere Kommunikationswege nutzen, denken Sie beispielsweise an den SQL-Slammer. Mit Instant Messaging bieten Sie nun aber auch den »doofen« Viren&Co., die auf eine Fileshare oder eine Mail zur Verbreitung angewiesen sind, die Chance, sich ungehindert in Ihrem Netz auszudehnen.

Die Gegenmaßnahmen sind recht einfach:

- Da bei der Dateiübertragung per Instant Messaging ein Download auf die Empfänger-Maschine erfolgt, sollte jeder einigermaßen moderne Desktop-Scanner eine infizierte Datei erwischen (Abbildung 26.4).
- Mittlerweile sind spezielle Virenscanner für den Live Communications Server erhältlich. Hersteller sind beispielsweise Sybari (**www.sybari.de**) oder Trend Micro (**www.trendmicro.de**).

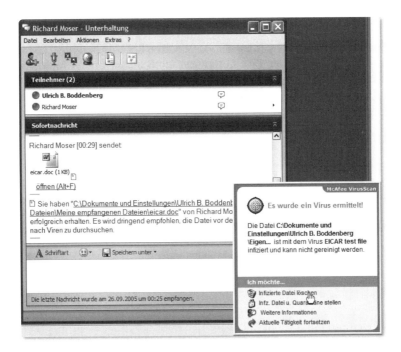

Abbildung 26.4 Ein Desktop-Virenscanner wird per Instant Messaging übertragene Dateien erkennen, wenn sie auf die Platte geschrieben worden sind.

26.3 Der intelligente Sofortnachrichtenfilter

Im englischen Original heißt die Software, über die in diesem Abschnitt berichtet wird, »Intelligent Instant Message Filter«, kurz IIMF – ich werde in diesem Abschnitt die englische Bezeichnung beibehalten!

Der IIMF kann kostenlos bei Microsoft heruntergeladen werden, er kann auf folgenden LCS-Editionen und -Rollen eingesetzt werden:

- Live Communication Server 2005 SP1, Standard Edition
- Live Communication Server 2005 SP1, Enterprise Edition
- Live Communication Server 2005 SP1, Access Proxy/Zugriffsproxy
- Live Communication Server 2005 SP1, Proxy

Nach der Installation öffnet sich direkt der Setup-Dialog. Wenn Sie das erste Mal die Konfiguration speichern, werden Sie aufgefordert, ein Dienstkonto einzugeben. Ich würde empfehlen, das Dienstkonto anzugeben, unter dem Ihr LCS läuft.

Wenn Sie den IIMF-Konfigurationsdialog zu einem späteren Zeitpunkt aufrufen möchten, finden Sie ihn in der Verwaltung.

Der Intelligent Instant Message Filter kontrolliert zwei Gefahrenquellen:

- **URL-Filter**: Hiermit kann verhindert werden, dass arglosen Anwendern URLs untergeschoben werden, die zu einem unsicheren Inhalt führen. Letztendlich weckt diese Formulierung zu hohe Erwartungen: Der URL-Filter blockiert alle Hyperlinks – also auch die, die zu unsicheren Inhalten führen.
- **Dateiübertragungsfilter**: Mit dieser Funktion können Dateien anhand ihrer Endung blockiert werden.

Der IIMF ersetzt weder einen Virenfilter noch ist er besonders intelligent – gerade im letzten Punkt kann er die Anforderungen sicherlich nicht erfüllen. Der IIMF ist aber trotzdem eine Empfehlung wert, weil er mit relativ einfachen Mitteln zwei wesentliche Gefahrenpunkte unterbindet.

26.3.1 URL-Filter

Ist der URL-Filter aktiv, können Sie zwischen drei Verhaltensmustern wählen (Abbildung 26.5):

- Sofortnachrichten mit Hyperlinks werden komplett blockiert, sprich gar nicht erst gesendet. Der Sender erhält eine Fehlermeldung.
- Die Sofortnachricht wird gesendet, allerdings wird der Hyperlink in »normalen« Text konvertiert. Eine Meldung kann der Textzeile vorangestellt werden (das Resultat ist in Abbildung 26.6 gezeigt).
  Natürlich kann der Benutzer sich die URL herauskopieren und in seinem Browser eingeben. Es wird aber das sehr gefährliche »Ich klicke erstmal auf alles drauf«-Verhalten unterbunden, da ein bewusstes Kopieren notwendig ist – hoffentlich merkt der Benutzer dabei, dass er im Begriff ist, Blödsinn zu machen.

- Die dritte Variante ist, dass der Hyperlink als solcher in der Message bleibt, allerdings wird eine Warnung vorangestellt. Kommentar dazu: Kennen Sie einen Anwender, der Warnungen liest und diese sogar beherzigt?

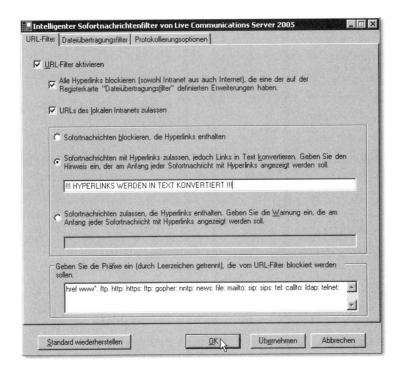

Abbildung 26.5 Mit diesem Dialog wird der URL-Filter für das Instant Messaging konfiguriert.

26.3.2 Dateiübertragungsfilter

Der Dateiübertragungsfilter lässt Dateien mit bestimmten Endungen schlicht und ergreifend nicht durch. Im Konfigurationsdialog können die Extensionen angegeben werden, und diverse potenziell kritische Endungen sind bereits definiert. Wenn ein Anwender versucht, eine Datei mit einer dieser Endungen zu verwenden, erhält er eine Nachricht, dass die Nachricht nicht übermittelt werden konnte. Die Fehlermeldung ist zwar recht vage, immerhin weiß der Benutzer, dass die Übermittlung nicht stattgefunden hat.

Deutlicher Hinweis: Der Dateiübertragungsfilter ersetzt keinen Virenscanner. Wenn eine Datei erlaubten Typs von Viren befallen ist, wird sie trotzdem übertragen.

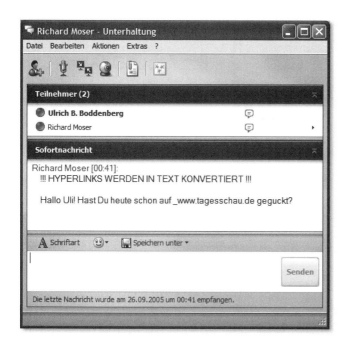

Abbildung 26.6 Diese Kommunikation wird vom IIMF überwacht. Der Hyperlink ist in normalen Text umgewandelt worden, eine Warnmeldung ist der Message vorangestellt worden.

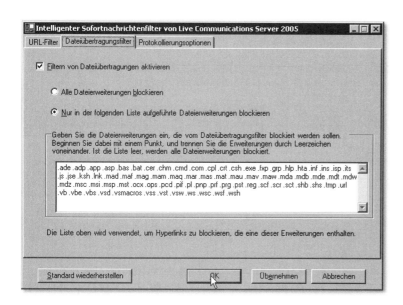

Abbildung 26.7 Im Dateiübertragungsfilter werden Extensionen definiert.

Der intelligente Sofortnachrichtenfilter **973**

Abbildung 26.8 Versucht ein Anwender, eine Datei mit verbotener Extension zu versenden, enthält er die Fehlermeldung, dass der Transport der Datei nicht möglich war.

Teil 8
Development

27 Entwicklung 979

28 Programmieren mit CDO (CDOEX) 989

27 Entwicklung

27.1 Exchange oder SharePoint oder 981

27.2 Exchange und Outlook 981

27.3 Integration von Anwendungen in Exchange 982

27.4 Technologien für die Exchange-Entwicklung 983

27.5 Exchange SDK.. 986

1	Über dieses Buch
2	Der Aufbau des Buchs
3	Exchange 2003 – Service Pack 2
4	Einführung in das Thema Collaboration
5	Erster technischer Überblick
6	Solutions Design
7	Exchange und Active Directory
8	Routing
9	Storage
10	Öffentliche Ordner
11	Administrative Gruppen
12	Richtlinien, Vorlagen und Adresslisten
13	Front-End-/Back-End-Architektur
14	Clients
15	Sichere Anbindung an das Internet
16	Sicherheit
17	Installation
18	Migration/Upgrade auf Exchange 2003
19	Betrieb und Administration
20	Backup, Restore und Desaster Recovery
21	Verfügbarkeit
22	Live Communications Server 2005 – Ein Überblick
23	LCS – Installation und Konfiguration
24	LCS – »Externe« Clients und Föderationen
25	LCS – Administration
26	LCS – Sicherheit
27	**Entwicklung**
28	Programmieren mit CDO (CDOEX)
A	Problembehebung in Warteschlangen
B	Zu überwachende Parameter (Jetstress-Test)
C	Performance Monitoring, wichtige Datenquellen
D	Outlook Level 1 Dateianhänge

27 Entwicklung

Eine »große Standardapplikation« wie Exchange, die in mehreren Millionen Unternehmen und Organisationen eingesetzt wird, kann natürlich nicht so individuell sein, wie es im Einzelfall wünschenswert wäre.
Hier schlägt nun die Stunde der Software-Entwickler, die die benötigten individuellen Erweiterungen erstellen können – und natürlich auch Standardprodukte, die die Exchange-Funktionalität erweitern.

Wenn Sie ein wenig im Entwickler-Bereich der Microsoft-Website (**http://msdn.microsoft.com**) herumstöbern, werden Sie zu allen wesentlichen Applikationen, Servern und Applikationsservern Software Development Kits (SDK) finden, die dokumentieren, wie man als Entwickler mit diesen Produkten »zusammenarbeitet«.

Weshalb ist es für Entwickler überhaupt interessant, sich mit dem Zugriff auf Applikationsserver oder Office-Anwendungen zu beschäftigen?

- Eine moderne Applikation muss beispielsweise kommunizieren können oder das Schreiben von Briefen beherrschen. Es ist sicherlich deutlich wirtschaftlicher, bereits vorhandene Produkte für diese Aufgaben zu integrieren, als zu versuchen, ein eigenes Mailsystem oder eine eigene Textverarbeitung zu entwickeln.

- Anwender erwarten, dass sie möglichst ohne »Medienbruch« arbeiten können. Nehmen wir ruhig ein recht plakatives Beispiel: Wenn Ihr Kunde ein Angebot per Email möchte, macht es nicht viel Sinn, wenn das Angebotsprogramm einen Ausdruck generiert und dieser dann eingescannt werden muss, um ihn versenden zu können. Gut, in der Praxis wird man anstatt eines Papierausdrucks ein PDF erzeugen und das mittels Outlook versenden – aber das ist vom Handling sicher auch nicht optimal (neue Mail öffnen, Adresse eingeben, Anhang hinzufügen etc.)!
  Auf der Wunschliste der Anwender ganz oben steht, dass alle Arbeitsschritte möglichst mit einem einzigen Mausklick zu erledigen sind. Das setzt voraus, dass alle Anwendungen und Applikationsserver sich möglichst nachhaltig in eine bestehende Umgebung integrieren – und deren Fähigkeiten nutzen!

- Letztendlich wird es jedem Entscheider darum gehen, dass er Funktionen nicht mehrfach aufbaut. Ich habe Unternehmen mittlerer Größe gesehen, die drei Mailsysteme im Einsatz hatten: Ein Teil des Unternehmens nutzte Exchange, ein Bereich verwendete die Mailfunktion einer Branchensoftware, und eine dritte Gruppe nutzte Notes, weil vor Jahren Informationen in Notes-Datenbanken abgelegt wurden.
  Für das Unternehmen ist diese Konstellation eine Katastrophe, eine effiziente Zusammenarbeit zwischen den Anwendern ist kaum möglich.
  Die einzige Möglichkeit, um solche Entwicklungen zu verhindern, ist, dass sich die Unternehmen für Softwareprodukte entscheiden, die sich in die bestehende Landschaft integrieren und nicht bereits vorhandene Funktionen zum wiederholten Male einführen.

- Denken Sie auch an die »Peripheriegeräte«: Viele Anwender synchronisieren Termine und Kontakte auf einen PocketPC oder ein SmartPhone. Für Standardplattformen wie Exchange sind solche Möglichkeiten problemlos verfügbar. Wenn Sie eine Applikation mit einer proprietären Terminverwaltung ausstatten, nehmen Sie den Anwendern die Chance, solche Funktionen zu nutzen – es sei denn, Sie haben so viele Entwicklerressourcen, dass Sie *alles* nachprogrammieren können.

Führt man die zuvor genannten Punkte zu einem Gesamtbild zusammen, ergibt sich das in Abbildung 27.1 gezeigte Szenario:

- Oben stehen die Client-Systeme; dies können PCs, Notebooks, Handys, PocketPCs oder TabletPCs sein – oder beliebige andere Clients, meinetwegen das Steuerungsterminal Ihrer Gebäudeleittechnik.
- Unten stehen die »großen Applikationsserver«, beispielsweise Exchange, SharePoint, Live Communications Server, SQL Server, BizTalk – und viele andere mehr.
- Die Entwickler erzeugen nun »Anwendungssysteme«, mit denen die Benutzer ihre tägliche Arbeit erledigen. Diese Anwendungssysteme nutzen die individuellen Fähigkeiten der Clients und die Funktionen der Server.

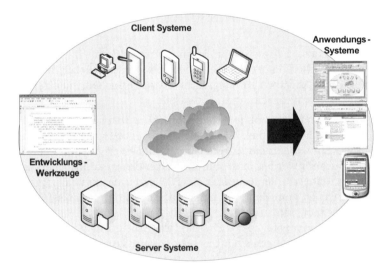

Abbildung 27.1 Anwendungssysteme nutzen einerseits die Fähigkeiten unterschiedlicher Clients und andererseits die Funktionen der Server.

Kurz gesagt:

- Kein vernünftiger Entwickler würde auf die Idee kommen, ein eigenes Datenbanksystem für seine Branchenlösung zu entwickeln.
- Es ist ebenfalls nicht sinnvoll, ein eigenes »Nachrichtentransportwesen« aufzubauen, wenn man die Möglichkeit hat, auf Exchange aufzusetzen.
  Denken Sie nicht nur an das Schreiben von Mails, sondern beispielsweise auch an die Terminverwaltung nebst Synchronisation.

Das Ziel wird also sein, Synergien zwischen Systemen zu schaffen, beispielsweise zwischen Ihrer Branchenlösung oder Individualentwicklung und Exchange. Achten Sie aber darauf, sich nicht zu verzetteln und anzufangen, ein komplettes Outlook nachzubauen – das wird niemandem nutzen, insbesondere nicht Ihrem Entwicklungsbudget!

27.1 Exchange oder SharePoint oder ...

Wenn eine bestimmte Funktion implementiert werden soll, müssen die Applikationsserver ausgewählt werden, auf die Sie aufsetzen können. Hierbei geht es natürlich einerseits um Ihre eigene Strategie, zum anderen auch um die Positionierung der Produkte durch die jeweiligen Hersteller. Darüber hinaus ist natürlich auch die »Einfachheit« der Realisierung zu bewerten.

Wie Sie bereits an verschiedenen anderen Stellen dieses Buchs gelesen haben (z.B. in Abschnitt 10.2), ist Exchange nicht das alleinige Collaboration-Produkt aus dem Hause Microsoft – SharePoint und den Live Communications Server haben Sie in diesem Buch kennen gelernt. Es ist nun Ihre Aufgabe zu entscheiden, auf welche Applikationsserver Sie sinnvollerweise aufsetzen:

- Wenn Sie Mails schreiben, empfangen oder verarbeiten müssen, setzen Sie natürlich auf Exchange auf.
- Geht es um die Integration eines Terminkalenders/Terminverwaltung, ist Exchange sicherlich ebenfalls erste Wahl.
- Wenn Informationen, welcher Art auch immer, abzulegen und für Benutzer bereitzustellen sind, würde ich eher in Richtung SharePoint tendieren. Die strukturierte Bereitstellung nebst vieler »Sonderfunktionen« ist eindeutig eine SharePoint-Kernkompetenz.
- Ein weiteres beliebtes Thema ist »Workflow«. Auch wenn für Exchange mit dem Workflow-Designer und den »CDO for Workflow« Mechanismen für diese Aufgaben vorhanden sind, ist die leistungsfähigere und letztendlich universellere und zukunftsfähigere Lösung ein Team aus SharePoint und BizTalk-Server: Mit SharePoint wird die Präsentationsschicht realisiert, in BizTalk werden die Prozesse und die Schnittstellen zu anderen daten-haltenden Systemen realisiert.

Beachten Sie, dass die Öffentlichen Ordner sicherlich nicht kurzfristig aus Exchange verschwinden werden, allerdings sind sie definitiv nicht mehr Microsofts bevorzugte Objekte zur Datenhaltung! Dies hat deutliche Auswirkungen auf die Integrationsentscheidung. In den Umfeldern, die über klassisches Messaging hinausgehen, wenn es also beispielsweise um den Umgang mit Dokumenten, eine Präsentationsschicht für Workflows oder Information- und Knowledge-Management etc. geht, ist **SharePoint die bevorzugte und zukunftssicherere Plattform**.

27.2 Exchange und Outlook

Wenn Sie sich im Exchange-Umfeld befinden, gibt es zwei Ansatzpunkte für die Entwicklung: Outlook und den Exchange Server selbst.

Outlook bietet bekanntermaßen die Möglichkeit, mehr oder wenige beliebige Formulare zu entwerfen und zu veröffentlichen. Mittels eines Formulars kann dem Benutzer eine strukturierte Möglichkeit zur Datenerfassung und natürlich -ausgabe zur Verfügung gestellt werden; außerdem kann man einiges an »Intelligenz« hineinprogrammieren (Abbildung 27.2).

Dadurch dass die im Formular (bzw. der Outlook-Applikation«) erfassten Daten im Exchange Server gespeichert werden, entsteht durch die Kombination Exchange und Outlook sowohl für den lesenden als auch den schreibenden Zugriff ein hoher Grad an Flexibilität und Individualisierbarkeit.

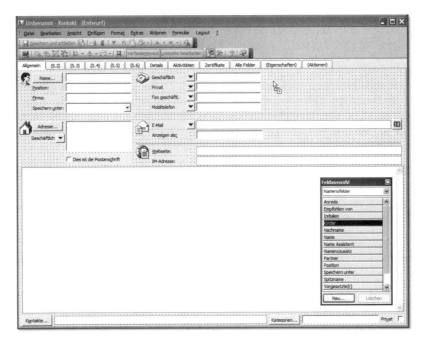

Abbildung 27.2 Mit Outlook können den Anwendern individuelle Formulare zur Verfügung gestellt werden.

Zur »Applikationsentwicklung mit Outlook« gibt es eine recht ansehnliche Zahl von Büchern. Ich werde mich daher mit diesem Aspekt weiter nicht beschäftigen. Auch wenn Exchange der Datenspeicher für Outlook-Applikationen ist, bleibt der Einfluss des Servers recht gering, da die »gesamte Intelligenz« von Outlook bereitgestellt wird.

Es sind durchaus professionelle auf Outlook basierende Produkte erhältlich, beispielsweise komplette CRM-Systeme; ein Beispiel ist der Microsoft Business Contact Manager – die Relevanz für das Thema »Exchange« ist aber eher gering.

27.3 Integration von Anwendungen in Exchange

Welchen Mehrwert bringt die Integration von Exchange in Anwendungen?

Die klassischen Aufgaben im Exchange-Umfeld sind beispielsweise:

- Senden von Mails via Exchange
- Abrufen und Eintragen von Terminen durch eine Applikation
- Reagieren auf neu eingetroffene Elemente; die Ankunft einer Bestell-Email könnte einen entsprechenden Verarbeitungsprozess auslösen.
- Synchronisation von Kontakten mit den Stammdaten des ERP-Systems

Man könnte natürlich beliebig viele weitere Integrationsfälle finden. Lassen Sie mich den Themenkomplex etwas anwendungsorientierter mit einem Beispiel schildern:

Die Benutzer haben mittlerweile die Basisfunktionalitäten des Messagings mit Outlook kennen gelernt, also primär: Mail, Termine, Kontakte. Viele Anwender nutzen diese drei Funktionen mittlerweile auch mobil durch Synchronisation auf PocketPCs, Outlook Mobile Access etc.

Es ist in der Informationstechnik niemals eine gute Idee, Daten über unterschiedliche Anwendungssysteme zu streuen – Ziel ist, dass jeder Benutzer **einen** Terminkalender, **einen** Kontaktspeicher und **einen** Posteingang hat. Da die Benutzer mit Outlook umgehen können (inkl. dessen Nebenaspekten wie der mobilen Nutzung) ist es am sinnvollsten, Outlook/Exchange für diese Anwendungen auch zu den führenden Systemen zu machen, also Termine und Kontakte dorthin zu synchronisieren bzw. dort zu führen.

Ein Vertriebsaußendienstler, der im Stau steht und seinen Kunden über die Verspätung informieren möchte, hat keinen Vorteil von dem Wissen, dass die Telefonnummer des Kunden im CRM-System gespeichert ist. Er benötigt die Telefonnummer in seinem Smart-Phone – jetzt! Wenn das CRM-System jedem Vertriebsaußendienstler die Kontaktdaten seiner Kunden in den Kontaktordner des Exchange-Postfachs schreiben würde, hätte er diese dank Exchange ActiveSync immer aktuell parat.

27.4 Technologien für die Exchange-Entwicklung

Im Laufe der Zeit haben sich mehr als ein Dutzend Technologien »angesammelt«, die zum Zugriff auf Exchange verwendet werden können. Sie haben also die Qual der Wahl bei der Entscheidung, welchen Weg Sie bevorzugen.

- **Active Directory Services Interface (ADSI)**: ADSI enthält eine Vielzahl von Schnittstellen zum Zugriff und zum Management von Verzeichnisdaten. Der Schwerpunkt liegt auf der Interaktion mit dem Verzeichnisdienst. ADSI ist grundsätzlich unabhängig von Exchange einsetzbar.
- **Collaboration Data Objects for Windows 2000 (CDOSYS).** Die CDO-Bibliothek ist eine COM-Komponente, die ein Bestandteil von Windows 2000 und nachfolgender Betriebssysteme ist. CDO ist eine Schnittstelle zur einfacheren Entwicklung von Messaging-Applikationen.
- **CDOSYS SMTP/NNTP Event Sinks**: Mittels CDOSYS ist es möglich, auf eingehende Nachrichten auf SMTP- oder NNTP-Servern zu reagieren.
- **Collaboration Data Objects for Exchange (CDOEX)**: Bei »CDO für Exchange« handelt es sich letztendlich um eine spezielle Variante der CDO für Windows 2000. CDOEX enthält eine Vielzahl von Funktionen zum Aufruf und Speichern von Informationen aus und in dem Exchange-Informationsspeicher.
- **Collaboration Data Objects for Exchange Management (CDOEXM)**: Bei dieser Bibliothek handelt es sich um eine COM-Komponente, die Funktionen zum Management eines Exchange-Umfelds enthält. Diese können beispielsweise Modifikationen an Datenbank oder Speichergruppen vornehmen.
- **Collaboration Data Objects for Exchange Workflow (CDOWF)**: Diese Bibliothek enthält Komponenten zum Aufbau von Workflow-Applikationen. Eine sehr deutliche Ein-

schränkung ist, dass CDOWF nicht mit Managed Code unterstützt wird, wie er von Visual Studio .NET erzeugt wird.

- **Exchange OLE DB Provider (ExOLEDB)**: Wie der Name schon vermuten lässt, handelt es sich um eine OLE DB-Schnittstelle zum Zugriff auf die Exchange-Datenbanken. Wer den Datenzugriff mit OLE DB und ADO (ActiveX Data Objects) beherrscht, kann über diese Bibliothek recht einfach auf den Informationsspeicher zugreifen.
- **Exchange Store Event Sinks**. Mittels der Store Event Sinks können Sie auf Veränderungen im Informationsspeicher reagieren. Sie können neu eingegangene Emails auswerten und beispielsweise im Fall einer eingegangenen Bestellung einen entsprechenden Prozess auslösen.
- **Exchange Web Forms**: Webforms können in Exchange registriert werden und ersetzen für ausgewählte Informationsarten die »normalen« Ausgaben von Outlook Web Access.
- **HTTP/Web Distributed Authoring and Versioning (WebDAV)**: Mit WebDAV kann auf Elemente des Exchange Informationsspeichers schreibend und lesend zugegriffen werden.
- **WebDAV Notifications**: Mit Hilfe der WebDAV Notifications können WebDAV-Clients über Veränderungen im Informationsspeicher benachrichtigt werden.
- **Incremental Change Synchronisation (ICS)**: Mittels eines ICS-Agenten können Veränderungen von Struktur und Inhalt in den Exchange-Datenbanken überwacht und synchronisiert werden.
- **Lightweight Directory Access Protocol (LDAP)**: Hierbei handelt es sich um das bekannte »Standardprotokoll« für den Zugriff auf Verzeichnisinformationen aller Art. Insbesondere für den Zugriff auf Informationen über Benutzer- und Gruppen wird man LDAP verwenden.
- **Messaging Application Programming Interface (MAPI)**: Dieses Protokoll wird von Outlook für den Zugriff auf Exchange verwendet. Es ist das vielseitigste Protokoll, leider aber schwer zu erlenen.
- **Outlook Object Model (OOM)**: Eine auf Outlook basierende Applikation kann das OOM verwenden, um auf Exchange-Daten zuzugreifen.
- **Outlook Web Access (OWA)**: Die Komponenten von Outlook Web Access können in anderen Applikationen angezeigt werden. Die mit SharePoint Portal Server ausgelieferten Exchange-Webparts machen beispielsweise von dieser Möglichkeit Gebrauch.
- **Exchange Rules**: Für Exchange-Regeln lassen sich diverse Aktionen, beispielsweise auch das Ausführen von selbst entwickeltem Code aufrufen. Es existieren server- und clientseitige Regeln.
- **SMTP Event Sinks**: Mit Hilfe von Event Sinks können auftretende Ereignisse behandelt werden. Sie können beispielsweise auf eingehende Nachrichten reagieren. Im Gegensatz zu den weiter oben genannten CDOSYS Event Sinks ist der hier genannte Typ universeller in der Anwendung, leider auch schwerer zu nutzen.
- **Windows Management Instrumentation (WMI)**: Status- und Management-Informationen zu Exchange können über WMI bereitgestellt und entsprechend von Applikationen abgerufen werden.
- **Exchange Backup and Restore API**: Für die Erstellung von Applikationen, die Exchange sichern und wiederherstellen, wird diese Schnittstelle verwendet.

▶ **Exchange writer for the Windows Volume Shadow Copy Service:** Wenn für Backup-Zwecke VSS genutzt werden soll, steht in Exchange die entsprechende Schnittstelle bereit.

27.4.1 XSO?

Falls Sie vor oder kurz nach dem Erscheinen von Exchange Server 2003 die Newsgroups und Ankündigungen verfolgt haben, ist Ihnen sicherlich das Stichwort XSO bekannt. XSO war die Abkürzung von »Exchange Server Objects«, hierbei sollte es sich um eine Managed-Code-API zum Zugriff auf Exchange handeln. Zur Erinnerung: .NET-Code, wie er von Visual Studio .NET beim Programmieren mit VB.net und C#.net erzeugt wird, ist Managed Code.

> Auf der Begleit-CD des Buchs finden Sie eine kurze Einführung in die .NET-Philosophie. Quelle ist mein bei GalileoPress erschienenes Konzepte-Buch.

XSO ist leider niemals erschienen, obwohl es sicher viele Programmierer sehr glücklich gemacht hätte. Man hört gerüchteweise, dass mit der nächsten Exchange-Version (Exchange 12) eine auf Webservices basierende Schnittstelle zu Exchange verfügbar sein wird.

Wer Erfahrung mit den .NET-Objektmodellen von SharePoint oder BizTalk hat, wird verstehen können, warum sich viele Entwickler etwas Vergleichbares auch für Exchange gewünscht haben ...

27.4.2 Fazit

Wie Sie zuvor gesehen haben, gibt es wirklich viele Schnittstellen zum Zugriff auf Exchange. Damit Sie sich leichter für einen Weg entscheiden können, möchte ich Ihnen einige weiterführende Informationen an die Hand geben.

MAPI

MAPI ist das universellste Protokoll zum Zugriff auf Exchange. Die Applikation muss nicht auf dem Exchange Server ausgeführt werden – das kennen Sie ja bereits von Outlook.

MAPI ist eine »unmanaged component«. Mit Visual Studio .NET kann auf MAPI unter Verwendung der COM-Interop-Funktionalität zugegriffen werden.

Der größte Nachteil von MAPI ist, dass es sehr schwer zu erlenen ist. Es dürfte auch nur wenige Entwickler geben, die die Erstellung von Anwendungen mit diesem Protokoll wirklich beherrschen.

Collaboration Data Objects (CDO)

Die Collaboration Data Objects gibt es in drei Ausführungen:

▶ Collaboration Data Objects for Exchange
▶ Collaboration Data Objects for Exchange Management
▶ Collaboration Data Objects for Workflow

(Darüber hinaus existiert eine in Windows enthaltene Exchange-unabhängige Variante.)

Allen drei Objekten ist gemeinsam, dass es sich um COM-Komponenten handelt.

- Die beiden erstgenannten können allerdings via COM Interop mit Managed Code, wie er von Visual Studio .NET generiert wird, eingesetzt werden.
- CDOWF, also die Workflow-Komponente, wird von Managed Code definitiv nicht unterstützt (bzw. umgekehrt).

Sie werden anhand der Beispiele in diesem Buch sehen, dass der Zugriff auf Exchange via CDO nicht sonderlich schwierig zu programmieren ist.

Event Sinks

Exchange kann beim Auftreten von bestimmten Ereignissen, beispielsweise bei Ankunft einer Mail per SMTP oder beim Speichern oder Ändern einer Information in der Datenbank, einen Event auslösen. Mit eigenem Code (dem Event Handler) kann auf diesen Event beliebig reagiert werden.

Entwickler, die mit Visual Studio .NET Managed Code erstellen, werden sich recht intensiv mit dem Thema COM Interop auseinander setzen müssen: Exchange, das COM implementiert, muss einen in .NET geschriebenen Event Handler aufrufen. Das ist zwar möglich, leider auch nicht ganz trivial – zumindest für jemanden, der zuvor noch nie mit COM gearbeitet hat.

Dieses Buch wird sich mit dem Programmieren von Event Sinks nicht weiter beschäftigen (das ist zu speziell). Es existiert ein Microsoft-Dokument, das eine recht ausführliche Beschreibung und einige benötigte Dateien (Wrapper) enthält. Suchen Sie auf **microsoft.com** nach `Writing Managed Sinks for SMTP and Transport Events`.

27.5 Exchange SDK

Sehr viele Informationen zu den unterschiedlichen Programmiertechniken finden Sie im Exchange SDK, das auf der Microsoft-Website bei den Exchange-Downloads erhältlich ist. Das SDK ist für einen Exchange-Entwickler natürlich absolutes Pflichtprogramm, ein wenig darin zu stöbern dürfte allerdings auch für Administratoren interessant sein.

28 Programmieren mit CDO (CDOEX)

28.1 Vorbereiten der Entwicklungsumgebung............... 989

28.2 Versenden einer Mail.. 992

28.3 Umgang mit Terminen 994

28.4 CDO und Webservices.. 1001

1	Über dieses Buch
2	Der Aufbau des Buchs
3	Exchange 2003 – Service Pack 2
4	Einführung in das Thema Collaboration
5	Erster technischer Überblick
6	Solutions Design
7	Exchange und Active Directory
8	Routing
9	Storage
10	Öffentliche Ordner
11	Administrative Gruppen
12	Richtlinien, Vorlagen und Adresslisten
13	Front-End-/Back-End-Architektur
14	Clients
15	Sichere Anbindung an das Internet
16	Sicherheit
17	Installation
18	Migration/Upgrade auf Exchange 2003
19	Betrieb und Administration
20	Backup, Restore und Desaster Recovery
21	Verfügbarkeit
22	Live Communications Server 2005 – Ein Überblick
23	LCS – Installation und Konfiguration
24	LCS – »Externe« Clients und Föderationen
25	LCS – Administration
26	LCS – Sicherheit
27	Entwicklung
28	Programmieren mit CDO (CDOEX)
A	Problembehebung in Warteschlangen
B	Zu überwachende Parameter (Jetstress-Test)
C	Performance Monitoring, wichtige Datenquellen
D	Outlook Level 1 Dateianhänge

28 Programmieren mit CDO (CDOEX)

Dieses Kapitel enthält einige Programmierbeispiele zum Thema »Collaboration Data Objects«. Sie werden sehen, dass der grundlegende Zugriff auf Exchange nicht sonderlich schwierig ist.

Aus der Vielzahl der möglichen Ansätze zur Programmierung stelle ich Ihnen die Arbeit mit den Collaboration Data Objects detaillierter vor. Die Entscheidung, genau diesen Bereich vorzustellen, stützt sich auf diese Überlegungen:

- Das Programmieren mit CDO ist vergleichsweise einfach. Technologien wie MAPI oder ICS sind so schwierig zu erlernen, dass man dafür ein ganzes Buch und nicht nur einige Seiten benötigt.
- CDO ist, zumindest zwei der Bibliotheken, mit den .NET-Programmiersprachen zu verwenden (CDOWF unterstützt keine Integration in Managed Code).
- Mit CDO lassen sich recht viele Aufgaben erledigen; zumindest die häufigsten Aufgabenstellungen sind mit dieser Technologie recht einfach umzusetzen.

Dieses Kapitel befasst sich nicht mit CDOEXM, also der Bibliothek mit Funktionen für das Management von Exchange. Ich gehe davon aus, dass die meisten Leser eher »Bedarf« bei der Integration von Exchange in produktive Applikationen haben und nicht ein neues Konfigurationswerkzeug programmieren möchten – wenn doch, können Sie dem Exchange-SDK die notwendigen Aufrufe entnehmen.

Als Entwicklungsumgebung wird Visual Studio .NET 2003 verwendet.

Programme, die CDOEX nutzen, müssen auf einem Exchange Server laufen!

> Gestatten Sie mir noch eine Anmerkung zu den Codebeispielen: In etlichen Büchern ist es üblich, eine komplexe Anwendung zu kreieren, die zwar viele Aspekte enthält, in der man aber stets das komplette Listing durcharbeiten muss, um die Verwendung einer Funktion nachzuvollziehen. Andere Autoren zeigen nur die entscheidenden zwei Zeilen – und der Leser muss sich das »Drumherum« umständlich selbst zusammenreimen.
> Ich gehe den Mittelweg und zeige Ihnen in simplen, in sich geschlossenen Applikationen, wie eine Funktion umgesetzt wird. Ich werde für die Programmierbeispiele sicherlich nicht den Entwickler-Nobelpreis bekommen – ich denke aber, dass dies die für den Leser einfachste Art ist, die Beispiele nachzuvollziehen und in eigenem Code weiterzuverwenden.

28.1 Vorbereiten der Entwicklungsumgebung

Ich gehe davon aus, dass auf Ihrem Entwicklungs-PC kein Exchange installiert ist. Falls doch, entfallen die ersten beiden Schritte, nämlich das Kopieren und Registrieren der CDOEX.DLL-Datei.

- Kopieren Sie von Ihrem Exchange Server die Datei **cdoex.dll** auf Ihre Entwicklungsmaschine. Sie befindet sich bei einer Standardinstallation in dem Verzeichnis C:\Pro-

gramme\Gemeinsame Dateien\Microsoft Shared\CDO.
Der Speicherort auf dem Entwicklungsrechner ist prinzipiell egal – ich denke, dass es aus Gründen der Übersichtlichkeit eine gute Idee ist, diese im gleichnamigen Pfad unterzubringen.

- Die DLL-Datei muss nun registriert werden. Öffnen Sie dazu die Kommandozeile, navigieren Sie in das Verzeichnis, in das Sie die Datei kopiert haben, und führen Sie diesen Befehl aus: `regsvr32 cdoex.dll`
  Als Bestätigung muss eine Dialogbox, die über die erfolgreiche Registrierung der Datei informiert, angezeigt werden (Abbildung 28.1).

Abbildung 28.1 Die cdoex.dll-Datei muss auf Ihrem Entwicklungsrechner registriert werden.

In sämtlichen Projekten, die auf diese Datei zugreifen, werden folgende Schritte durchgeführt:

- Nach dem Anlegen des Projekts öffnen Sie im Projektmappen-Explorer das Kontextmenü des Knotens »Verweise« (Abbildung 28.2).
- In dem sich nun öffnenden Dialog wird der hinzuzufügende Verweis ausgewählt (Abbildung 28.3). Wechseln Sie auf die Karteikarte »COM«, und wählen Sie dort »Microsoft CDO for Exchange 2000 Library« aus. Der Name ist auch beim Erscheinen von Exchange 2003 nicht geändert worden.
  Falls diese Komponente in der Liste nicht auftaucht, hat vermutlich die Registrierung nicht einwandfrei funktioniert – bitte überprüfen Sie dies!
- Nach dem Hinzufügen des Verweises werden im Projektmappen-Explorer die CDO-und die ADODB-Komponente erscheinen. Letztere wird, wie Sie bei den Programmierbeispielen sehen werden, ebenfalls benötigt.
  Bei der CDO-Komponente muss der Wert »Lokale Kopie« auf True gesetzt werden. Kopiert wird der Wrapper, der der .NET-Laufzeitumgebung den Zugriff auf die COM-Komponente gestattet. Die Wrapper-Datei heißt **Interop.CDO.dll** (Abbildung 28.4).

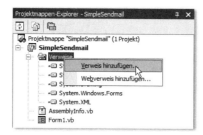

Abbildung 28.2 Dem Projekt muss der Verweis auf die CDOEX.DLL, also die CDO for Exchange 2000-Bibliothek, hinzugefügt werden.

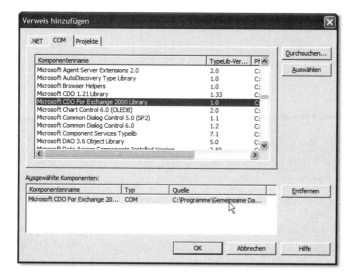

Abbildung 28.3 Falls die Komponente in dieser Auflistung nicht erscheint, hat vermutlich die Registrierung nicht funktioniert.

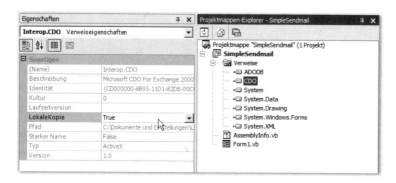

Abbildung 28.4 Die Verweise auf CDO und ADODB sind dem Projekt hinzugefügt worden. Die Eigenschaft der Komponente »LokaleKopie« der CDO-Bibliothek muss »True« sein.

Vorbereiten der Entwicklungsumgebung **991**

28.2 Versenden einer Mail

Als erstes simples Beispiel programmieren wir den Versand einer Mail mit Anhang über CDOEX.

Hierzu wird eine Windows Forms-Anwendung erstellt, die wie in Abbildung 28.5 gezeigt entworfen wird.

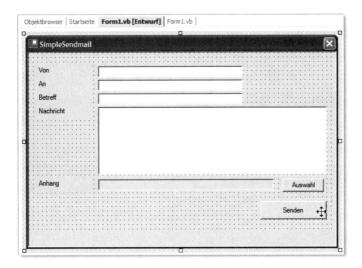

Abbildung 28.5 Die Oberfläche der Anwendung zum Versenden einer Nachricht.

Die Anwendung muss lediglich die OnClick-Events der beiden Schalter abfangen. Ein Click auf Button1 (»Auswahl«) wird einen Dialog zur Dateiauswahl anzeigen, Button2 (»Senden«) sorgt für den Versand der Nachricht:

Hier sehen Sie den Code:

```
Imports CDO
'Versenden der Nachricht.
Private Sub Button2_Click(ByVal sender As System.Object,
 ByVal e As System.EventArgs) Handles Button2.Click
    Dim oMessage As CDO.Message
    oMessage = CreateObject("CDO.Message")
    With oMessage
        .From = TextBox1.Text
        .To = TextBox2.Text
        .Subject = TextBox3.Text
        .TextBody = TextBox4.Text
        .Configuration.Fields("CdoSendUsing").Value =
CdoSendUsing.cdoSendUsingExchange
        .Configuration.Fields.Update()
        If TextBox5.Text <> "" Then
```

```
            .AddAttachment(TextBox5.Text)
        End If
        Try
            .Send()
            StatusBar1.Text = "Mail an " + oMessage.To
 + " gesendet. (" + Now + ")"
        Catch
            StatusBar1.Text = "Mailversand gescheitert! ("
 + Now + ")"
        End Try
    End With
End Sub

'Auswahl der zu versendenden Datei

Private Sub Button1_Click(ByVal sender As System.Object,
 ByVal e As System.EventArgs) Handles Button1.Click
    Dim ofd1 = New OpenFileDialog
    If ofd1.ShowDialog() Then
        TextBox5.Text = ofd1.FileName()
    End If
End Sub
```

Schauen wir uns den Code im Click-Event von Button2 ein wenig genauer an.

Zunächst wird eine Variable für die Speicherung der Mail deklariert und initialisiert:

```
Dim oMessage As CDO.Message
oMessage = CreateObject("CDO.Message")
```

Anschließend wird die Mail-Variable mit Absender, Empfänger, Betreffzeile etc. gefüllt. Interessanter ist die Konfiguration, die dafür sorgt, dass die Mail über Exchange gesendet wird. Hierzu wird das Feld `CdoSendUsing` mit dem entsprechenden Wert gefüllt. Der Update-Befehl beendet die Sequenz:

```
.Configuration.Fields("CdoSendUsing").Value =_
    CdoSendUsing.cdoSendUsingExchange
.Configuration.Fields.Update()
```

Der Mail können ein oder mehrere Attachments hinzugefügt werden. In diesem Beispiel ist nur das Hinzufügen eines einzelnen Anhangs vorgesehen:

```
If TextBox5.Text <> "" Then
    .AddAttachment(TextBox5.Text)
End If
```

Mit der `Send`-Methode des Message-Objekts wird die angelegte Nachricht an den Exchange Server übertragen. Vergessen Sie nicht, eine vernünftige Fehlerbehandlung zu programmieren.

```
Try
    .Send()
Catch
End Try
```

Den Quellcode finden Sie auf der Begleit-CD im Verzeichnis **\Codebeispiele\28_2**.

28.3 Umgang mit Terminen

Ein wesentlicher Bestandteil bei Messaging-Systemen ist die Verwaltung von Terminen. Falls Sie eine Applikation programmiert haben, die in irgendeiner Form mit »Terminen für Menschen« zu tun hat, sollten diese natürlich in Outlook eingetragen werden. Vielleicht arbeiten Sie ja an einem CRM-Modul oder an einer Callcenter-Anwendung, die den Vorgang »Outbound Calls zur Terminvereinbarung für den Vertriebsaußendienst« unterstützt. Da in vielen Bereichen des Geschäftslebens Termine eine wichtige Rolle spielen, sind natürlich beliebige andere Anwendungen denkbar, bei denen es wünschenswert ist, dass Termine im Outlook-Kalender des jeweiligen Anwenders automatisch eingetragen werden.

Damit wir nicht nur »Trockenschwimmen« veranstalten, werden wir in diesem und den folgenden Abschnitten zu dem Beispiel »Outbound Callcenter« eine komplette Lösung designen und ansatzweise umsetzen. Die Aufgaben sind:

- Frei-/Gebucht-Informationen abrufen (Abschnitt 28.3.1)
- Termin eintragen (Abschnitt 28.3.2)
- Kommunikation über Webservices (Abschnitt 28.4)

Das Szenario: Es gibt diverse Callcenter oder »freiberufliche Telefonisten«, die für Mitarbeiter im Vertriebsaußendienst ihres Kunden Termine vereinbaren. Hat der Telefonist keinen Zugriff auf den Kalender des Außendienstmitarbeiters, was in der firmenübergreifenden Zusammenarbeit der Normalfall sein wird, ist das Verfahren eher holprig: Der Vertriebsaußendienstler muss Tage freihalten, die dann durch den Telefonisten sozusagen verwaltet werden. Ab und zu erhält er eine Liste der vereinbarten Termine, die er dann selbst in seinen Kalender eintragen muss. Wenn man das Verfahren verbessern möchte, müsste es wie folgt aussehen:

- Der Telefonist bekommt eine kleine Anwendung, mit der er die freien Zeiten des Vertriebsaußendienstlers einsehen kann. Hier genügt der Zugriff auf die Frei-/Gebucht-Informationen.
- Die Anwendung des Telefonisten muss ebenfalls in der Lage sein, neu vereinbarte Termine einzutragen.

Die »Schwierigkeiten« sind:

- Der Telefonist ist kein interner Mitarbeiter des Unternehmens und hat demzufolge eben keinen direkten Exchange-Zugriff.
- Der Telefonist befindet sich nicht im Innenbereich des Netzes seines Kunden, sondern muss über das Internet zugreifen.

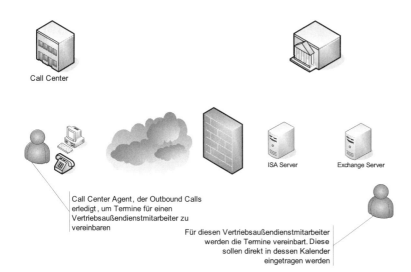

Abbildung 28.6 Das Beispielszenario: Ein Callcenter-Agent soll für einen Vertriebsaußendienstmitarbeiter eines Kunden Termine vereinbaren – und sie eintragen.

28.3.1 Prüfen der Frei-/Gebucht-Informationen

Der einfachste Weg, um festzustellen, ob ein Mitarbeiter in einem bestimmten Zeitraum verfügbar ist, ist das Abrufen der Frei-/Gebucht-Informationen. Wie Sie wissen, sieht man in Outlook vier Stati für Termine:

- Keine Informationen vorhanden (wird bei der später durchzuführenden programmatischen Abfrage als »0« dargestellt)
- Termin als »nicht bestätigt« eingetragen (»1«)
- »Normal« eingetragener Termin (»2«)
- Zeiträume, die als »abwesend« eingetragen sind (»3«)

In Abbildung 28.7 ist ein Tag mit Kalendereinträgen zu sehen, zu denen wir im weiteren Verlauf dieses Kapitels über ein zu erstellendes Programm die Frei-/Gebucht-Informationen abrufen werden.

Schauen wir in die Collaboration Data Objects for Exchange: Das `IAddressee`-Interface enthält eine Funktion `GetFreeBusy`, die zum Abrufen der Frei-/Gebucht-Informationen eines Benutzers verwendet wird. Die Funktion ist wie folgt definiert:

```
Function GetFreeBusy(

    StartTime As Date,
    EndTime As Date,
    Interval As Long,
    [HTTPHost As String],
    [Vroot As String],
    [UserName As String],
    [Password As String]) As String
```

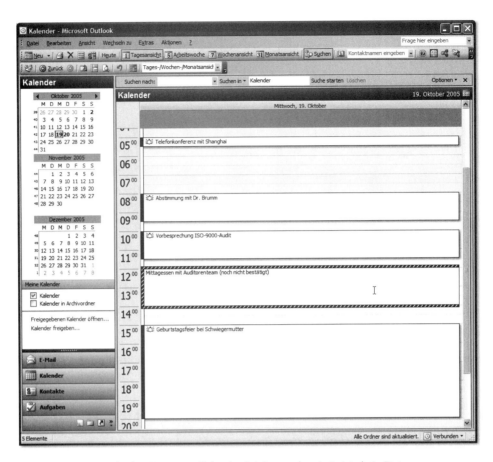

Abbildung 28.7 Es gibt drei Typen von Kalendereinträgen – der vierte ist »kein Eintrag«.

Die Funktion wird mit folgenden Parametern aufgerufen:

- StartTime: Der Anfangszeitpunkt des abzurufenden Intervalls, beispielsweise 19.10.05 10:30 oder 21.10.05.
- EndTime: Der Endzeitpunkt des abzurufenden Intervalls
- Interval: Hierbei handelt es sich letztendlich um die »Auflösung«. Der Minimalwert beträgt eine Minute. Ein sinnvoller Wert ist beispielsweise »15«.
- Die übrigen Parameter werden zurzeit nicht verwendet und sind in der Dokumentation als »Future Use« gekennzeichnet.

Der Rückgabewert der Funktion ist ein String, der für jeden Zeitraum im Raster je nach Status einen Wert von 0, 1, 2 oder 3 hat.

Ruft man mit der GetFreeBusy-Funktion die Frei-/Gebucht-Informationen im Zeitraum von 04:00 bis 14:00 mit einem Intervall von 15 Minuten ab, erhält man diesen String als Rückgabewert (siehe Abbildung 28.7):

000022000000000022222200222222200011111111

Jeder Zahlenwert kennzeichnet den Frei-/Gebucht-Status eines Zeitraums von 15 Minuten (das ist der als Intervall eingetragene Wert):

- Zwischen 04:00 und 05:00 ist nichts eingetragen, daher beginnt der String mit `0000`.
- Von 05:00 bis 05:30 hat der Benutzer einen Termin (Telefonkonferenz mit Shanghai), daher wird `22` zurückgegeben.

Entwickeln wir nun eine Windows Forms-Anwendung. Im Dialog abgefragt werden die Email-Adresse des Benutzers sowie der zu ermittelnde Start- und der Endzeitpunkt. Der Schalter »Ermitteln« sorgt zunächst für eine Zuordnung der Email-Adresse zu einem Benutzerkonto, anschließend wird der zuvor erläuterte String angezeigt. Die Funktion wird mit dem Intervall »15« aufgerufen (Abbildung 28.8).

In einer »echten Applikation« würde man sich natürlich nicht mit der Rückgabe des Strings begnügen, sondern das Ergebnis visualisieren – das ist aber letztendlich programmiertechnische Fleißarbeit und hat nichts mit Exchange-Programmierung zu tun.

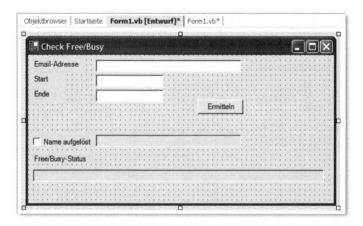

Abbildung 28.8 Dieses ist die Anwendung zum Abruf der Frei-/Gebucht-Informationen im Design-Modus.

Nachfolgend sehen Sie den Code für den `OnClick`-Event des Buttons:

```
Private Sub Button1_Click(ByVal sender As System.Object,_
 ByVal e As System.EventArgs) Handles Button1.Click
    'Variablen deklarieren
    Dim iaddr As New CDO.Addressee
    Dim freebusy As String
    Dim info As New ActiveDs.ADSystemInfo
    iaddr.EmailAddress = TextBox1.Text
    'Prüfen, ob Name aufgelöst werden kann
   If Not iaddr.CheckName("LDAP://" & info.DomainDNSName) Then
        CheckBox1.Checked = False
        TextBox2.Text = "Ermittlung nicht möglich"
    Else
```

```
        CheckBox1.Checked = True
        TextBox2.Text = iaddr.DisplayName
        'Status prüfen
        Try
            freebusy = iaddr.GetFreeBusy(TextBox3.Text,_
TextBox4.Text, 15)
        Catch ex As Exception
            freebusy = "Ermittlung nicht möglich"
        End Try
        TextBox5.Text = freebusy
    End If
End Sub
```

Die wesentlichen Aspekte in diesem Codesegment sind:

Die Ermittlung des Frei-/Gebucht-Status ist eine Methode des Objekts `CDO.Addressee`. Selbiges wird instanziiert, und dessen Eigenschaft `EmailAddress` wird die entsprechende Information aus der Textbox zugewiesen.

```
Dim iaddr As New CDO.Addressee
iaddr.EmailAddress = TextBox1.Text
```

Mit der Methode `CheckName` des `Addressee`-Objekts wird überprüft, ob ein Benutzerkonto anhand der Email-Adresse gefunden werden kann. Die Prüfung läuft gegen das Verzeichnis, so dass auf `LDAP://domain.intra` verwiesen wird. Damit der Domain-Name nicht manuell eingegeben werden muss, wird dieser programmatisch ermittelt. Hierzu wird die Eigenschaft `DomainDNSName` des `ActiveDS`-Objekts verwendet (ein Verweis auf das COM-Objekt `Active DS Type Library` muss dem Projekt hinzugefügt werden). Die vollständige Abfrage lautet also:

```
If Not iaddr.CheckName("LDAP://" & info.DomainDNSName) Then
```

Wenn die Email-Adresse einem Benutzer zugeordnet werden konnte, wird die Checkbox »Name aufgelöst« mit einem Häkchen versehen und der Anzeigename angezeigt. Das ist für die Funktion des Zugriffs auf die Frei-/Gebucht-Informationen nicht notwendig – es ist lediglich ein »Gimmick« beim Testen.

Der eigentliche FreeBusy-String wird wie folgt abgefragt:

```
freebusy = iaddr.GetFreeBusy(TextBox3.Text, TextBox4.Text, 15)
```

Die beiden Textboxen enthalten Start- und Anfangsdatum, das Intervall ist auf 15 Minuten festgelegt. Selbstverständlich muss eine Fehlerbehandlung programmiert werden.

Lassen Sie sich nicht irritieren, weil bei dem Aufruf kein Benutzername angegeben wird. Der Benutzer wurde zuvor durch die `CheckName`-Funktion ermittelt. `GetFreeBusy` ist eine Methode des Benutzerobjekts, dem durch `CheckName` bereits ein Benutzer zugewiesen worden ist.

Die Applikation im Betrieb sehen Sie in Abbildung 28.9.

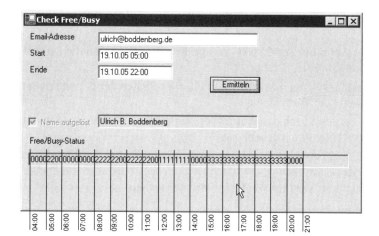

Abbildung 28.9 Die Abfrage des Frei-/Gebucht-Status mit einem eigenen Programm

> **Hinweis** Bedenken Sie beim Testen, dass es einige Minuten dauert, bis der Eintrag im Frei-/Gebucht-Ordner für einen gerade angelegten Termin erscheint.
>
> Beachten Sie, dass die Applikation nur auf einem Exchange Server funktioniert.

Den Quellcode finden Sie auf der Begleit-CD im Verzeichnis **\Codebeispiele\28_3_1**.

28.3.2 Termin eintragen

Die nächste Aufgabe ist das Eintragen eines neuen Termins. Auch bei diesem Beispiel bauen wir eine kleine Windows Forms-Anwendung, die in Abbildung 28.10 im Designmodus zu sehen ist. Als Parameter werden Start- und Endzeit, der Benutzername (= Kontoname) und der Titel des Termins eingetragen.

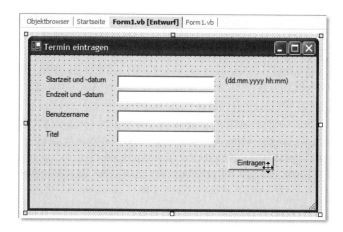

Abbildung 28.10 Die Applikation zum Eintragen eines Termins im Visual Studio Designer

Umgang mit Terminen

Die Applikation ist derjenigen zum Ermitteln der Frei-/Gebucht-Informationen sehr ähnlich:

- Zunächst wird ein neues Appointment-Objekt erzeugt. Bei diesem werden die Parameter der Start- und Endzeit sowie der Titel gesetzt.
- Eine URL zu dem Postfach des Benutzers wird ermittelt. Hier fließen der Benutzername (Kontoname) und der Name der Domain ein.
- Anschließend wird der Termin durch den Aufruf der Methode SaveToContainer in den Exchange-Informationsspeicher geschrieben.
- Falls in Ihrer Umgebung mehrsprachig gearbeitet wird, müssen Sie bei der Bildung der URL aufpassen: Für ein deutschsprachiges Postfach ist /Kalender eine korrekte Pfadangabe, im englischsprachigen Umfeld müsste dort /Calendar stehen

Hier nun der Code im Überblick:

```
Private Sub Button1_Click(ByVal sender As System.Object,
 ByVal e As System.EventArgs) Handles Button1.Click
    Dim oAppt As New Appointment
    Dim info As New ActiveDs.ADSystemInfo
    Dim sCalendarUrl As String
    sCalendarUrl = "file://./backofficestorage/" +
 info.DomainDNSName + "/MBX/" + TextBox3.Text + "/Kalender"
    oAppt.StartTime = TextBox1.Text
    oAppt.EndTime = TextBox2.Text
    oAppt.Subject = TextBox4.Text
    Try
        oAppt.DataSource.SaveToContainer(sCalendarUrl)
        StatusBar1.Text = "Termin eingetragen"
    Catch
        StatusBar1.Text = "Fehler beim Eintragen"
    End Try
End Sub
```

Nachdem die Applikation recht einfach zu programmieren und zu verstehen ist, wird ein erster spontaner Test eventuell massiv gegen die Wand laufen. Hintergrund ist, dass auch CDO die Exchange-Sicherheitsmechanismen nicht umgehen kann. Somit ist es erforderlich, dass der Benutzer, in dessen Kontext die Applikation ausgeführt wird, Schreibrechte auf den Kalender des Anwenders benötigt, für den der Termin eingetragen wird. Hier gibt es zwei Strategien:

- Entweder geben die Benutzer ihren Kalender frei, wobei »Write-Only« genügt (Abbildung 28.11). Das Freigeben des Kalenders kann der Anwender mit Outlook selbst vornehmen, hierzu klickt er auf »Kalender freigeben« (siehe Abbildung 28.7).
- Die zweite Möglichkeit wäre, entsprechende Berechtigungen auf Ebene des Postfachspeichers zu vergeben.

Die Applikation »im Einsatz« sehen Sie in Abbildung 28.12. Als Benutzername wird in diesem Fall der Name des Kontos angegeben.

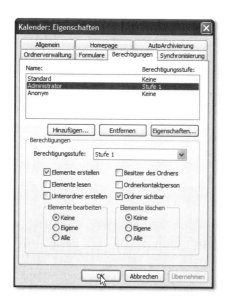

Abbildung 28.11 Wenn eine Applikation Einträge im Kalender eines Anwenders erstellen soll, muss dem Benutzerkonto, in dessen Kontext die Applikation ausgeführt wird, zumindest Schreibrecht auf den Kalender erteilt werden.

Abbildung 28.12 Die Applikation zum Erstellen von Kalendereinträgen in Aktion.

> Beachten Sie, dass die Applikation nur auf einem Exchange Server funktioniert.

Den Quellcode finden Sie auf der Begleit-CD im Verzeichnis **\Codebeispiele\28_3_2**.

28.4 CDO und Webservices

Die beiden erstellten Applikationen können zwar auf Exchange zugreifen, müssen aber lokal auf dem Server installiert werden. Für das in Abbildung 28.6 skizzierte Szenario wäre das der sichere Tod, denn die Callcenter-Agents können schlecht auf Ihrem produktiven Server arbeiten. Wir müssen also eine Möglichkeit finden, die gleich zwei Anforderungen bedient:

- Erstens muss die Applikation zum Eintragen auf einer anderen Maschine als dem Exchange Server laufen.
- Zweitens befinden sich die Anwender außerhalb Ihres Netzes und greifen über das Internet zu.

Grundsätzlich könnte man natürlich den Zugriff über MAPI in Erwägung ziehen und eine Technologie wie das in Outlook 2003 enthaltene RPC over https nachbauen – ich glaube nicht, dass Sie das ernsthaft wollen (weder MAPI-Programmierung noch RPC over https nachbauen).

Bleiben zwei realistische Möglichkeiten:

- Sie entwickeln eine Web-Applikation, beispielsweise mit ASP.NET. Diese läuft auf dem Exchange Server und kann die CDO-Aufrufe somit durchführen.
- Sie arbeiten mit Webservices.

Wie man eine Web-Applikation programmiert, brauche ich Ihnen sicherlich nicht zu zeigen. Wenn Sie ein wenig Erfahrung mit ASP.NET haben, können Sie den Code der beiden zuvor gezeigten Beispiele nach einigen kleineren Modifizierungen dort einsetzen – fertig!

> **Hinweis** Sie werden mit Ihrer ASP.NET-Applikation auf das Problem der Identität des Anwendungspools stoßen. Es wird in diesem Abschnitt in Zusammenhang mit den Webservices diskutiert.

Die zweite Möglichkeit für den Zugriff auf die CDO-Bibliotheken von einem entfernten Rechner ist die Verwendung von XML-Webservices. Webservices sind zwar eigentlich nicht direkt ein Exchange-Thema – einerseits dürfte eine Einführung in die Thematik für viele Entwickler interessant sein, andererseits gibt es durchaus etliche »Exchange-individuelle« Aspekte, die zu beachten sind.

> Beachten Sie bitte, dass die Beispielapplikationen nicht weiter auf die speziellen Aspekte der Nutzung von Webservices eingehen (dies ist ja ein Exchange-Buch)! Wenn Sie also Applikationen entwickeln, die Webservices bereitstellen oder konsumieren, sollten Sie sich eingehend mit deren speziellen Anforderungen, insbesondere in puncto Security, befassen.

28.4.1 Was sind Webservices?

Für alle, die sich unter Webservices (noch) nichts vorstellen können, ist dieser Abschnitt gedacht.

Ein Blick auf Wikipedia (http://de.wikipedia.org) liefert folgende Definition:

> »Ein Web Service ist eine Software-Anwendung, die mit einem Uniform Ressource Identifier (URI) eindeutig identifizierbar ist und deren Schnittstellen als XML-Artefakte definiert, beschrieben und gefunden werden können. Ein Web Service unterstützt die direkte Interaktion mit anderen Software-Agenten unter Verwendung XML-basierter Nachrichten durch den Austausch über internetbasierte Protokolle.«

Verwechseln Sie Webservice nicht mit Web-Applikation:

- Auf eine Web-Applikation greift ein Mensch mit seinem Browser zu.
- Auf einen Webservice greift eine Maschine bzw. ein Softwareprogramm zu.

Am einfachsten ist der Unterschied zwischen Web-Applikation und Webservice an einem Beispiel zu erklären (Abbildung 28.13). Ausgangslage: Ein Kurierdienst bietet seinen Kunden die Möglichkeit, im Internet den Status der Sendungen abzufragen. Nach Eingabe der Sendungsnummer kann der Datenbankserver mit den Sendungsverfolgungsdaten ermitteln, wo die Sendung das letzte Mal erfasst worden ist. Nun gibt es zwei Zugriffsszenarien:

- Wenn ein menschlicher Benutzer gezielt den Status einer Sendung abfragen möchte, kann er die Web-Applikation des Kurierdiensts aufrufen, dort seine Sendungsnummer eingeben, woraufhin die Web-Applikation die Daten beim Datenbankserver abfragt und anzeigt.
- Wenn das Unternehmen auf die Idee kommt, dass die Status aller Sendungen regelmäßig in die Warenwirtschaft eingepflegt werden sollen, wäre das eine ziemlich heftige Arbeitsbeschaffungsmaßnahme, wenn ein Mitarbeiter alle Sendungsnummern zunächst manuell in die Web-Applikation und das Ergebnis in die Warenwirtschaft eintippen müsste.
Über Webservices kann eine Softwarekomponente des Warenwirtschaftssystems ohne »menschliche Hilfe« die Daten abfragen – vorausgesetzt, der Kurierdienst bietet einen Webservice an.

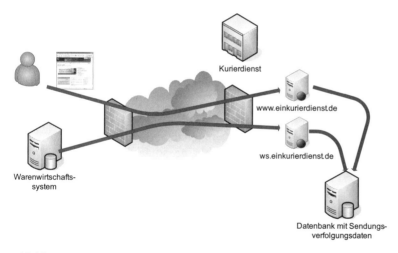

Abbildung 28.13 Ein menschlicher Benutzer arbeitet mit der Web-Applikation, aber eine Maschine konsumiert einen Webservice.

Bei einem Webservice werden XML-Daten über das SOAP-Protokoll ausgetauscht. Der Transport der Daten an sich erfolgt per http/https. Die Definition eines Webservice ist in Abbildung 28.14 gezeigt:

- Im oberen Bereich der Definition sehen Sie die Definition der Anfrage, die vom Client zum Webservice gesendet wird. Innerhalb des SOAP-Envelope ist zwischen den Tags

`<soap:Body>` und `</soap:Body>` der eigentliche Funktionsaufruf zu erkennen. Als Parameter werden drei Strings, nämlich `Startdatum`, `Enddatum` und `Emailaddr` übergeben.

▶ Im unteren Teil ist zu erkennen, was der Webservice an den Client zurücksendet. Zwischen den Tags `<CheckFBResponse>` und `</ CheckFBResponse>` sehen Sie, dass schlicht und ergreifend XML-Code (darin ist ein String enthalten) zurückgesendet wird.

```
POST /CheckFreeBusy/cfb01.asmx HTTP/1.1
Host: ubinfex01.ubinf.intra
Content-Type: text/xml; charset=utf-8
Content-Length: length
SOAPAction: "http://tempuri.org/CheckFreeBusy/Service1/CheckFB"

<?xml version="1.0" encoding="utf-8"?>
<soap:Envelope xmlns:xsi="http://www.w3.org/2001/XMLSchema-instance" xmlns:xsd="http://www.w3.org/2
  <soap:Body>
    <CheckFB xmlns="http://tempuri.org/CheckFreeBusy/Service1">
      <Startdatum>string</Startdatum>
      <Enddatum>string</Enddatum>
      <Emailaddr>string</Emailaddr>
    </CheckFB>
  </soap:Body>
</soap:Envelope>
```

```
HTTP/1.1 200 OK
Content-Type: text/xml; charset=utf-8
Content-Length: length

<?xml version="1.0" encoding="utf-8"?>
<soap:Envelope xmlns:xsi="http://www.w3.org/2001/XMLSchema-instance" xmlns:xsd="http://www.w3.org/2
  <soap:Body>
    <CheckFBResponse xmlns="http://tempuri.org/CheckFreeBusy/Service1">
      <CheckFBResult>string</CheckFBResult>
    </CheckFBResponse>
  </soap:Body>
</soap:Envelope>
```

Abbildung 28.14 Die Definition eines Webservice. Im oberen Bereich sieht man die Anfrage, im unteren Bereich die Antwort.

Auf den ersten Blick sieht das nach recht komplizierter Programmierarbeit aus, um den Webservice nutzen zu können. Visual Studio .NET unterstützt das Erstellen von Webservices und Webservice-Client-Applikationen sehr nachhaltig, so dass zumindest die Protokollabwicklung recht unproblematisch ist.

Die Vorteile von Webservices sind:

▶ Sie sind plattform- und applikationsunabhängig. Über Webservices kann auch eine Unix-Applikation problemlos auf Exchange zugreifen.

▶ Sie funktionieren über das Internet.

▶ Sie sind (zumindest mit Visual Studio) vergleichsweise einfach zu erstellen und zu konsumieren. Wie vergleichsweise einfach Webservices zu handhaben sind, sehen Sie, wenn Sie einmal versuchen, über MAPI mit Exchange zu interagieren…

28.4.2 Frei-/Gebucht-Informationen als Webservice (Webservice)

Zunächst setzen wir die Applikation zum Abruf der Frei-/Gebucht-Informationen als Webservice um.

Webservice erstellen

Um einen Webservice zu erstellen, legen Sie in Visual Studio ein neues Projekt vom Typ »ASP.NET-Webdienst« an. Als Speicherort können Sie einen Pfad auf dem Webserver der Entwicklungsmaschine wählen; auf den Exchange Server können die erzeugten Dateien durch einfaches Kopieren gebracht werden.

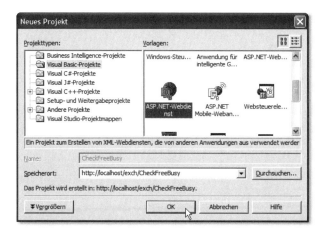

Abbildung 28.15 Um einen Webservice zu erstellen, legen Sie ein neues Projekt vom Typ ASP.NET-Webdienst an.

Ebenso wie bei der Windows Forms-Anwendung aus Abschnitt 28.3.1 müssen Verweise auf die COM-Objekte »CDO for Exchange 2000 Library« und die »Active DS Type Library« angelegt werden. Beim Anlegen des Verweises auf das CDO-Objekt wird ein Verweis auf das ADODB-Objekt angelegt. Dass diese Assembly vermutlich nicht im Global Assembly Cache des Exchange Servers vorhanden sein wird, sollten Sie diese als »Lokale Kopie« anlegen lassen (Abbildung 28.16). Ebenso müssen die Interop-Assemblies für CDO und ActiveDS lokal angelegt werden – dies ist aber standardmäßig eingetragen.

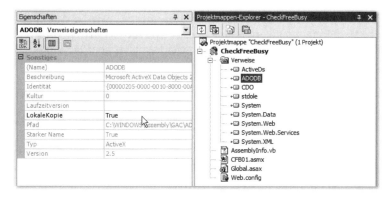

Abbildung 28.16 In den Eigenschaften des Verweises auf ADODB sollte die Eigenschaft »LokaleKopie« auf True gesetzt werden.

Um eine Funktion als Webservice aufrufen zu können, muss sie als `<WebMethod()>` deklariert werden. Ansonsten entspricht der Code in etwa dem der in Abschnitt 28.3.1 erläuterten Windows-Forms-Anwendung.

```
<WebMethod()> Public Function CheckFB(ByVal Startdatum As _
 String, ByVal Enddatum As String, ByVal Emailaddr As _
 String) As String
    'Variablen deklarieren
    Dim iaddr As New CDO.Addressee
    Dim info As New ActiveDs.ADSystemInfo
    iaddr.EmailAddress = emailaddr
    'Prüfen ob Name aufgelöst werden kann
    If Not iaddr.CheckName("LDAP://" & info.DomainDNSName)_
Then
        CheckFB = "<Emailadresse nicht aufgelöst>"
    Else
        'Status prüfen
        Try
            CheckFB = iaddr.GetFreeBusy(Startdatum, _
Enddatum, 15)
        Catch ex As Exception
            CheckFB = "<Erm. nicht mögl.> " + ex.ToString
        End Try
    End If
End Function
```

Den Quellcode finden Sie auf der Begleit-CD im Verzeichnis **\Codebeispiele\28_4_2**.

Webservice installieren

Ich gehe davon aus, dass Ihre Entwicklungsmaschine nicht gleichzeitig der Exchange Server ist – hoffentlich …

Der erste Schritt bei der Installation des Webservice ist das Kopieren der Dateien. In dem Projektverzeichnis auf Ihrer Entwicklungsmaschine wird es in etwa wie in Abbildung 28.17 gezeigt aussehen. Sie können das Verzeichnis nebst Unterverzeichnissen kopieren, allerdings *ohne* folgende Dateien (diese mitzukopieren schadet nicht, aber Sie wollen ja nicht unbedingt Ihre Quellcodes überall herumliegen lassen …):

- *.vb
- *.resx
- *.vbproj
- *.webinfo

Das Webservice-Verzeichnis muss auf dem Zielserver nicht in ein bestimmtes Verzeichnis kopiert werden; übrigens auch *nicht* in **c:\inetpub\wwwroot**.

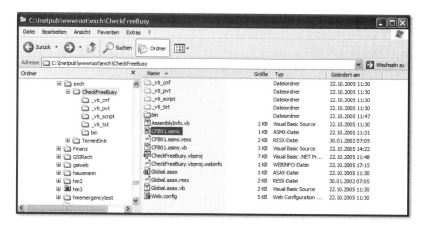

Abbildung 28.17 Das Projektverzeichnis auf dem Entwicklungssystem

Nun muss auf dem Internet Information Server des Exchange Servers ein virtuelles Verzeichnis eingerichtet werden:

▶ Zunächst rufen Sie im Kontextmenü der Standardwebsite das Erstellen eines virtuellen Verzeichnisses auf (Abbildung 28.18).
Wenn Sie mögen, können Sie dieses auch in einem anderen virtuellen Webserver erstellen – wichtig ist nur, dass der Webservice auf dem Exchange Server läuft.

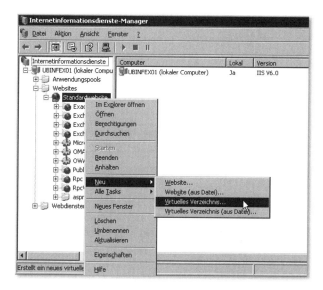

Abbildung 28.18 Für den Webservice muss auf dem IIS ein neues virtuelles Verzeichnis erstellt werden.

CDO und Webservices **1007**

Durch das Erstellen des virtuellen Verzeichnisses werden Sie von einem Assistenten geführt:

- Zunächst muss ein Alias angegeben werden, der zum Zugriff verwendet wird. Der Webservice wird später mit http://servername.domain.int/**alias**/service.asmx angesprochen.
- Auf der nächsten Dialogseite wird das Verzeichnis angegeben, in dem die Webservice-Dateien liegen. Es wird das Verzeichnis, in dem sich die asmx-Datei befindet, angegeben (*nicht* das bin-Verzeichnis).
- Der Wizard wird Sie nach den Zugriffsberechtigungen für das virtuelle Verzeichnis fragen. Setzen Sie diese wie in Abbildung 28.19 gezeigt.

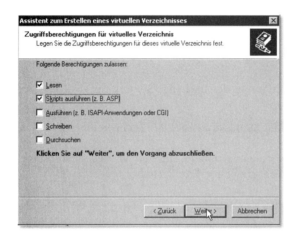

Abbildung 28.19 Für das virtuelle Verzeichnis des Webservice müssen die Zugriffsberechtigungen wie hier gezeigt gesetzt werden.

Webservice testen

Da der Webservice nun erstellt und installiert ist, muss er getestet werden. Angenehmerweise hat Visual Studio in den Webservice eine kleine Testroutine integriert, die allerdings nur auf dem Server, der den Webservice bereitstellt, aufgerufen werden kann – also auf dem Exchange Server.

Rufen Sie im Browser des Exchange Servers http://servername.domain.intra/alias/webservice.asmx auf. webservice.asmx ersetzen Sie durch den individuellen von Ihnen gewählten Namen; dies gilt natürlich ebenso für alle anderen Namen. Im Browser sollte eine Ausgabe wie in Abbildung 28.20 gezeigt erscheinen. Sie können dort zu der von Ihnen programmierten Methode (diese heißt bei mir CheckFB) navigieren. Der Methodenname entspricht dem Namen der als <WebMethod> deklarierten Funktion.

Auf der Website der Methode finden Sie zum einen die genaue Definition für den Aufruf, zum anderen ist eine Aufrufmöglichkeit vorhanden (Eingabezeilen und Button, Abbildung 28.21). Nochmals zur Erinnerung: Die Möglichkeit, den Webservice aufzurufen, haben Sie nur, wenn Sie auf der Maschine testen, auf der er installiert ist.

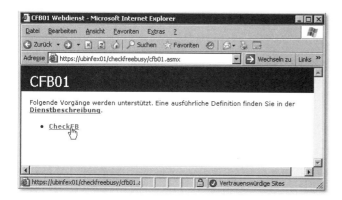

Abbildung 28.20 Die Startseite des Testinterfaces des Webservice zeigt die vorhandenen Methoden.

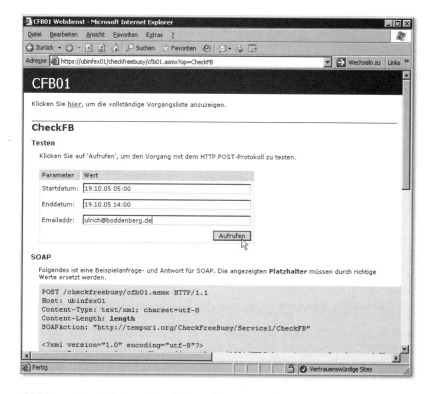

Abbildung 28.21 Auf dieser Seite findet sich einerseits die genaue Definition der Methode des Webservice. Zum anderen existiert die Möglichkeit, die Methode zu Testzwecken aufzurufen. Dies funktioniert nur auf der Maschine, auf der der Webservice installiert ist.

Probieren Sie den Webservice aus! Tragen Sie Start- und Enddatum sowie eine auf Ihrem Exchange Server existierende Email-Adresse ein. Wenn Sie keine weiteren Konfigurationsschritte unternommen haben, wird der Webservice in die Fehlerbehandlung laufen. Die

Beschreibung der Exception weist einen Unknown Error aus (Abbildung 28.22; vergleichen Sie das auch mit dem Source-Code).

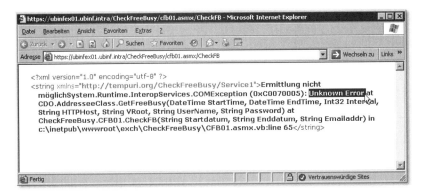

Abbildung 28.22 Klappt nicht! Der Webservice läuft in die Fehlerbehandlung, ein »Unknown Error« ist aufgetreten.

Da ein »Unknown Error« schlecht zu diagnostizieren ist, erhalten Sie im nächsten Abschnitt die notwendige Hilfestellung, um ihn zu eliminieren.

Probleme beheben/Identität des Anwendungspools

> Die folgenden Erläuterungen beziehen sich auf den im Windows Server 2003 enthaltenen IIS 6.

Eine Web-Applikation oder ein Webservice läuft natürlich nicht »einfach so«, sondern befindet sich in einem bestimmten Benutzerkontext. Die Web-Applikation bzw. der Webservice verfügt lediglich über die Rechte, die durch diesen Benutzerkontext gewährt sind. Was bedeutet das für das mit dem Webservice aufgetretene Problem?

- Der Webservice wird vermutlich im Anwendungspool »DefaultAppPool« des Internet Information Servers ausgeführt werden.
- Standardmäßig läuft dieser unter der Identität »Netzwerkdienst« (Abbildung 28.23).

Der »Netzwerkdienst« verfügt nur über minimale Rechte. Für die Abfrage der Domain (`info.DomainDNSName`) und die Auflösung des Benutzernamens (`iaddr.CheckName`) reichen diese Rechte aus, für das Abrufen der Frei-/Gebucht-Informationen nicht mehr.

Das Ergebnis der Fehlersuche ist also, dass der Abruf der Frei-/Gebucht-Informationen in einem anderen Benutzerkontext erfolgen muss. Das ist recht schnell zu erledigen, indem Sie als Anwendungspool für das virtuelle Verzeichnis des Webservices den »ExchangeApplicationPool« auswählen. Dies geschieht auf der Karteikarte »Virtuelles Verzeichnis« im Eigenschaftsdialog des virtuellen Verzeichnisses (Abbildung 28.24).

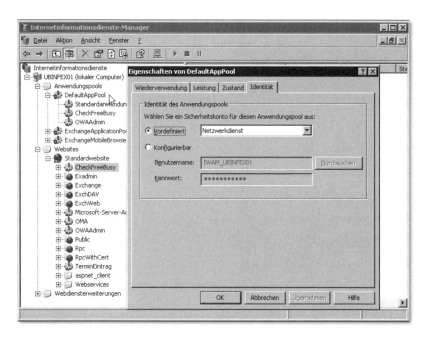

Abbildung 28.23 Der DefaultAppPool läuft standardmäßig unter der Identität »Netzwerkdienst«.

> Wenn Sie häufiger mit dem Internet Information Server 6 zu tun haben –egal ob als Admin oder Developer – sollten Sie sich mit dessen Konzepten beschäftigen. Eine genaue Beschreibung von Anwendungspool & Co. ist in diesem Exchange-Buch zu sehr »off topic«.

Durch den Wechsel des Anwendungspools wird die Applikation funktionieren. Es gäbe allerdings auch andere Lösungsmöglichkeiten:

- Der »ExchangeApplicationPool« läuft unter »Lokales System«. Dieser Benutzerkontext hat eigentlich viel zu viele Rechte für unseren Zweck. Man könnte einen weiteren Anwendungspool anlegen, der unter einem Account läuft, der lediglich über die unbedingt benötigten Berechtigungen verfügt.
- Sie könnten Änderungen an der Rechtestruktur des Systemordners **SCHEDULE + FREE BUSY** vornehmen. Ich halte es aber generell für keine sonderlich gute Idee, an den Exchange-Rechte-Strukturen »herumzuschrauben«.
- Eine weitere Möglichkeit wäre, den Webservice vor dem Aufruf der Funktion die Identität wechseln zu lassen (Impersonation). Dies kann mit der Windows API-Funktion `LogonUser` realisiert werden – das ist in diesem Buch aber »off topic«.

Wenn der Webservice im Anwendungspool »ExchangeApplicationPool« ausgeführt ist, sollte alles korrekt funktionieren. Der Webservice wird die aus Abschnitt 28.3.1 bekannte Ziffernfolge zurückgeben (Abbildung 28.25).

Abbildung 28.24 Der Anwendungspool, in dem das virtuelle Verzeichnis läuft, wird in dessen Eigenschaften-Dialog ausgewählt.

Abbildung 28.25 Mit einer anderen Identität des Anwendungspools funktioniert es!

28.4.3 Frei-/Gebucht-Informationen als Webservice (Webservice-Client)

Wenn der Webservice korrekt funktioniert, muss die Client-Applikation erzeugt werden, die diesen verwenden kann. Hierbei kann es sich um einen beliebigen Anwendungstyp handeln, sei es eine Windows-Forms-Anwendung, eine SmartDevice-Anwendung (SmartPhone und PocketPC) oder eine Web-Applikation. Auch Linux/Unix-Systeme können mit Webservices umgehen. In diesem Beispiel programmieren wir eine Windows-Forms-Anwendung, die die Frei-/Gebucht-Informationen anzeigen soll.

▶ Erstellen Sie in Visual Studio ein neues Projekt.
▶ Rufen Sie im Projektmappen-Explorer das Hinzufügen eines Webverweises auf (Abbildung 28.26).

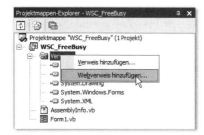

Abbildung 28.26 Damit eine Client-Applikation auf einen Webservice zugreifen kann, muss ein Webverweis erstellt werden.

- In dem Dialog zum Hinzufügen eines Webverweises geben Sie die URL des Webservice auf dem Exchange Server an (Abbildung 28.27).
- Es wird eine Liste der bereitgestellten Methoden angezeigt werden.
- Wählen Sie einen sinnvollen Namen, und tragen Sie ihn in die Textbox »Webverweisname« ein.
- Fügen Sie den Webverweis hinzu.

Abbildung 28.27 In diesem Dialog wird die URL angegeben, unter der der Webservice erreichbar ist.

Im Projektmappen-Explorer ist nun unter dem Knoten »Web References« der soeben angelegte Verweis auf den Webservice zu sehen. Visual Studio hat eine Proxy-Klasse generiert, so dass Sie mit diesem Webservice so umgehen können, als handelte es sich um eine »normale« Prozedur oder Funktion (Abbildung 28.28).

Falls Sie über eine SSL-gesicherte Verbindung auf den Webservice zugreifen (was natürlich empfehlenswert ist!), müssen Sie darauf achten, dass das Zertifikat in allen Punkten in Ordnung ist. Dies umfasst folgende Aspekte:

- Stimmt der Name des Servers mit dem im Zertifikat gespeicherten Namen überein?
- Traut der Client, auf dem die den Webservice konsumierende Applikation läuft, der Stammzertifizierungsstelle, die das Zertifikat herausgegeben hat?
- Ist das Zertifikat noch gültig?

Ist eine dieser Bedingungen nicht erfüllt, wird der Webservice nicht aufgerufen!

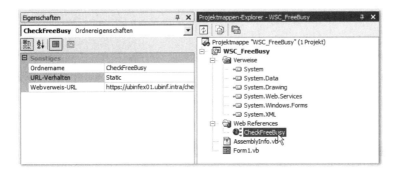

Abbildung 28.28 Visual Studio hat eine Proxy-Klasse angelegt, dank derer mit den Methoden des Webservice so gearbeitet werden kann, als wären es »normale« Funktionen.

Die Applikation, die wir in diesem Beispiel erstellen, enthält Eingabefelder für die Email-Adresse sowie die Start- und die Endzeit. In der Textbox »Ergebnis« werden die Frei-/Gebucht-Informationen ausgegeben – diese würde man in einer produktiven Applikation natürlich noch grafisch aufbereiten (Abbildung 28.29).

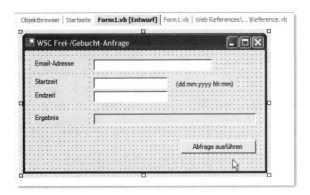

Abbildung 28.29 Die Applikation zum Abruf der Frei-/Gebucht-Informationen im Designer

Für dieses Beispiel muss nur noch der Code für das OnClick-Ereignis des Buttons geschrieben werden:

```
Private Sub Button1_Click(ByVal sender As System.Object, _
 ByVal e As System.EventArgs) Handles Button1.Click
    Dim myCFB As New CheckFreeBusy.CFB01
    Try
        TextBox4.Text = myCFB.CheckFB(TextBox2.Text,_
 TextBox3.Text, TextBox1.Text)
    Catch ex01 As Exception
        TextBox4.Text = "Webservice-Fehler"
    End Try
End Sub
```

Der Aufruf des Webservice geschieht in dem Try-Block. War die Ausführung erfolgreich, wird ein String mit den Frei-/Gebucht-Informationen zurückgegeben. Die fertige Applikation sehen Sie in Abbildung 28.30. **Ob zwischen Client und Server nur 5 m LAN-Kabel liegen oder ob die Systeme auf unterschiedlichen Kontinenten stehen und über das Internet verbunden sind, ist unerheblich.** Der http- bzw. https-Verkehr kann recht problemlos über Firewalls transportiert werden.

Abbildung 28.30 Die fertige Applikation im Betrieb

Den Quellcode finden Sie auf der Begleit-CD im Verzeichnis **\Codebeispiele\28_4_3**.

28.4.4 Sicherheitsaspekte/Frei-/Gebucht-Informationen (Phase 2)

Auch wenn ich in diesem Buch nicht weiter in die Sicherheitsaspekte von Webservices einsteigen möchte, müssen wir aber dennoch einige grundlegende Dinge erledigen – sonst schlafe ich nicht mehr gut.

Wenn Sie den Webservice veröffentlichen, beispielsweise über das Webserver-Publishing des ISA Servers oder einen anderen Reverse-Proxy-Mechanismus (bitte öffnen Sie nicht einfach Ports– immerhin läuft der Webservice auf dem Exchange Server!), muss ein grundlegender Schutzmechanismus aufgebaut werden. Es soll ja schließlich nicht jeder Mensch mit Internetzugriff die Möglichkeit erhalten, Ihre Frei-/Gebucht-Informationen abzurufen:

▶ Der erste Schritt ist, SSL-Verschlüsselung zu fordern (siehe Abschnit 16.2 ff.).
▶ Der zweite Schritt ist, die Authentifizierung der Benutzer zu fordern.

Das Installieren von Zertifikaten auf einem Webserver ist in diesem Buch (Abschnitte 16.2 und 16.3.2) ausführlich besprochen worden. Wir werden uns nun mit der Umsetzung des zweiten Punkts, nämlich der Authentifizierung für den Webservice-Zugriff, beschäftigen:

▶ Der erste Konfigurationsschritt ist sehr einfach. Im Eigenschaften-Dialog des virtuellen Verzeichnisses, in dem der Webservice installiert ist, deaktivieren Sie den anonymen Zugriff (Abbildung 28.31).

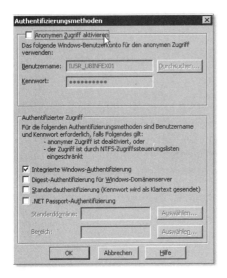

Abbildung 28.31 Damit nur authentifizierte Benutzer auf den Webservice zugreifen können, muss der anonyme Zugriff deaktiviert werden.

▶ Wenn Sie nun die Client-Applikation nochmals ausführen, wird diese in die Fehlerbehandlung laufen (Abbildung 28.32); schauen Sie nochmals in den Code, der Aufruf des Webservice schlägt fehl.

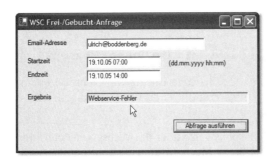

Abbildung 28.32 Die zuvor entwickelte Applikation kommt mit der Deaktivierung des anonymen Zugriffs nicht zurecht – der Webservice-Aufruf schlägt fehl.

Warum schlägt der Webservice-Aufruf fehl? Die Antwort ist so einfach wie ernüchternd: Der Webservice-Client liefert keine Credentials und wird somit nicht authentifiziert!

Damit der Client die notwendigen Credentials beim Aufruf des Webservice zur Verfügung hat, habe ich die Applikation wie folgt ergänzt:

- Drei neue Textboxen enthalten Eingabemöglichkeiten für Benutzername, Passwort und Domain.
- Der Code wurde um die folgenden Zeilen ergänzt:

```
'Netzwerksicherheit einstellen
Dim myCred As New System.Net.NetworkCredential
myCred.UserName = TextBox5.Text
myCred.Password = TextBox6.Text
myCred.Domain = TextBox7.Text
myCFB.Credentials = myCred
```

Abbildung 28.33 zeigt, dass der Abruf der Frei-/Gebucht-Informationen jetzt mit Benutzerauthentifizierung funktioniert. Einige weiterführende Anmerkungen:

- Wenn Sie den Webservice über die Webserververöffentlichung des ISA Servers 2004 bereitstellen, können Sie dort bereits eine Authentifizierung fordern.
- Denken Sie daran, dass Daten über das Internet grundsätzlich verschlüsselt übertragen werden sollen. Die Webservice-Daten können per SSL verschlüsselt werden. Auf dem Webserver muss entsprechend ein Zertifikat installiert sein, und die Aufruf-URL muss mit https beginnen – wie bei einer Web-Applikation.
- SSL-Offloading ist möglich.
- Die Authentifizierung kann durch den IIS geleistet werden. Die Autorisierung (wer darf überhaupt auf den Webservice zugreifen?) muss sozusagen »im Webservice« vorgenommen werden. Es gäbe allerdings Alternativen:
  - In der **web.config**-Datei des Webservice können autorisierte Benutzer eingetragen werden.
  - In der Veröffentlichungsregel des ISA Servers könnten Beschränkungen definiert werden.

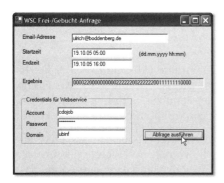

Abbildung 28.33 Wenn der Client beim Aufruf des Webservice Credentials »mitliefert«, können die Frei-/Gebucht-Informationen abgerufen werden.

Den Quellcode finden Sie auf der Begleit-CD im Verzeichnis **\Codebeispiele\28_4_4**.

28.4.5 Termine eintragen (Webservice)

Die zweite Funktion im Zusammenhang mit unserem Mini-Projekt (»Callcenter-Agent vereinbart Termine«) ist das Eintragen von Terminen in den Kalender. In Abschnitt 28.3.2 haben Sie bereits die entsprechende CDO-Funktionalität anhand einer kleinen Beispielapplikation kennen gelernt. Damit der Zugriff aus der Ferne gelingt, implementieren wir auch diese Funktion als Webservice.

Grundsätzlich entsprechen alle auszuführenden Schritte einschließlich Installation, Test und Troubleshooting denjenigen, die Sie im vorherigen Abschnitt zur Erstellung des Frei-/Gebucht-Webservice durchgeführt haben. Um den nachfolgend gezeigten Code zu verstehen, lesen Sie bitte im Abschnitt 28.3.2 (CDO-Funktionalität) und 28.4.2 (Webservice) nach.

```
<WebMethod()> Public Function Eintrag01(ByVal Startzeit_
 As String, ByVal Endzeit As String, ByVal Betreff As _
String, ByVal Benutzer As String) As String
    Dim oAppt As New Appointment
    Dim info As New ActiveDs.ADSystemInfo
    Dim sCalendarUrl As String
    sCalendarUrl = "file://./backofficestorage/" +_
info.DomainDNSName + "/MBX/" + Benutzer + "/Kalender"
    oAppt.StartTime = Startzeit
    oAppt.EndTime = Endzeit
    oAppt.Subject = Betreff
    Try
        oAppt.DataSource.SaveToContainer(sCalendarUrl)
        Eintrag01 = "OK"
    Catch ex01 As Exception
        Eintrag01 = "Fehlgeschlagen: " + ex01.ToString
    End Try
End Function
```

Den Quellcode finden Sie auf der Begleit-CD im Verzeichnis **\Codebeispiele\28_4_5**.

Sicherheitsaspekte

Die Windows Forms-Applikation zum Eintragen der Termine (Abschnitt 28.3.2) lief im Benutzerkontext des Benutzers, der sie aufgerufen hat – wie das eben bei Windows Forms-Anwendungen üblich ist. Dementsprechend musste der Benutzer, in dessen Kalender Einträge erstellt werden sollten, diesen freigeben (siehe auch Abbildung 28.11).

Wenn Sie den Webservice zum Termin-Eintragen im Anwendungspool »ExchangeApplicationPool« laufen lassen (siehe auch Abbildung 28.24), verfügt der Webservice über so umfangreiche Rechte, dass er in die Kalender aller Anwender schreiben kann, ohne dass diese eine Kalenderfreigabe erstellen müssten.

28.4.6 Termine eintragen (Webservice-Client)

Auch für den zuvor eingestellten Webservice zum Eintragen von Terminen wird eine Client-Applikation erstellt. In Abschnitt 28.4.3 wurde der Client zum Zugriff auf den Frei-/Gebucht-Webservice erstellt; bitte entnehmen Sie diesem die Erläuterungen zum folgendem Code, der bis auf die Instanziierung und den Aufruf des Webservice identisch ist:

```
Private Sub Button1_Click(ByVal sender As System.Object,_
 ByVal e As System.EventArgs) Handles Button1.Click
    Dim myTEintrag As New TEintrag.TerminEintrag
    'Netzwerksicherheit einstellen
    Dim myCred As New System.Net.NetworkCredential
    myCred.UserName = TextBox5.Text
    myCred.Password = TextBox6.Text
    myCred.Domain = TextBox7.Text
    myTEintrag.Credentials = myCred
    Try
        Dim result As String
        result = myTEintrag.Eintrag01(TextBox2.Text,_
 TextBox3.Text, TextBox4.Text, TextBox1.Text)
        StatusBar1.Text = "Webservice-Aufruf: " + result
    Catch ex01 As Exception
        StatusBar1.Text = "WS-Aufruf fehlgeschlagen "_
 + ex01.ToString
    End Try
End Sub
```

In Abbildung 28.34 sehen Sie die resultierende Applikation zum Eintragen von Terminen in den Kalender eines Exchange-Benutzers.

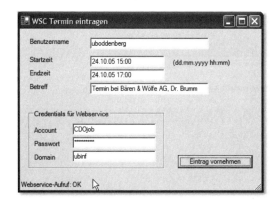

Abbildung 28.34 Hier sehen Sie die Client-Applikation, die über einen Webservice-Aufruf Kalendereinträge erstellen kann.

Den Quellcode finden Sie auf der Begleit-CD im Verzeichnis **\Codebeispiele\28_4_6**.

28.4.7 Kontakte lesen

Kontakte dürften neben den Terminen zu den Objekten gehören, die am häufigsten zwischen Exchange und »Fremdapplikationen« transportiert werden. Wie ich bereits in Kapitel 27 beschrieben habe, muss das Ziel sein, dass ein Anwender nur **einen** Speicherort für seine Kontakte nebst Adressen und Telefonnummern hat. Liegen die Kontakte in seinem Exchange-Postfach, kann er jederzeit darauf zugreifen, beispielsweise auch von zu Hause mit Outlook Web Access oder von unterwegs mit Outlook Mobile Access oder Exchange ActiveSync. Nutzt er letztgenannte Technologie mit einem SmartPhone, kann er direkt aus dem Kontakteintrag wählen. Wie schon gesagt: Wenn ein Vertriebsaußendienstler im Stau steht und den Kunden über sein Zuspätkommen informieren möchte, bringt es ihm wenig zu wissen, dass die Telefonnummer in den Stammdaten des ERP-Systems oder in der CRM-Anwendung gespeichert ist – er benötigt den Kontakt in seinem SmartPhone!

Um zu demonstrieren, wie man Kontakte abruft, die in einem bestimmten Benutzerpostfach gespeichert sind, konstruieren wir eine kleine Anwendung. Nach Eingabe des Kontonamens des Benutzers werden alle im Ordner /**Kontakte** abgelegten Einträge gezeigt. Die Oberfläche der Anwendung ist in Abbildung 28.35 im Designmodus von Visual Studio gezeigt.

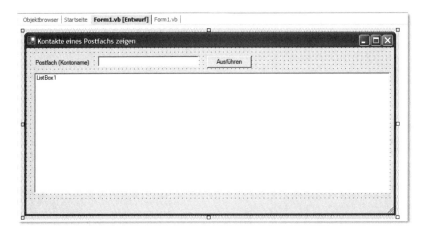

Abbildung 28.35 Die Anwendung zum Anzeigen der Kontakte im Designmodus von Visual Studio

Der Zugriff auf die Kontaktdaten erfolgt über den Exchange-OLEDB-Provider. Der Anwendungscode befindet sich im `OnClick`-Ereignis des Buttons:

```
Private Sub Button1_Click(ByVal sender As System.Object,_
 ByVal e As System.EventArgs) Handles Button1.Click
    Dim info As New ActiveDs.ADSystemInfo
    Dim contactURL As String
    Dim myRecord As ADODB.Record
    Dim myRecSet As ADODB.Recordset
    Dim myQuery As String
    'Anzeigen initialisieren
```

```vb
    StatusBar1.Text = ""
    ListBox1.Items.Clear()

    'URL zu Kontaktordner der Mailbox des Anwenders bilden
    contactURL = "file://./backofficestorage/" +_
info.DomainDNSName + "/MBX/" + TextBox1.Text + "/Kontakte"

    myRecord = CreateObject("ADODB.Record")
    myRecSet = CreateObject("ADODB.Recordset")
    'Verbindung zu Kontaktordner der Mailbox öffnen
    Try
        myRecord.Open(contactURL)
    Catch ex01 As Exception
        StatusBar1.Text =_
"Zugriff auf Mailbox nicht möglich: " + ex01.ToString
        Exit Sub
    End Try
    'Abfrage-String erstellen
    myQuery = "SELECT ""DAV:href"", "
    myQuery = myQuery & " ""DAV:displayname"", "
    myQuery = myQuery & " ""DAV:creationdate"", "
    myQuery = myQuery & " ""urn:schemas:contacts:cn"", "
    myQuery = myQuery & " ""urn:schemas:contacts:email1"" "
    myQuery = myQuery &_
"FROM scope('shallow traversal of """ & contactURL & """') "
    'Recordset öffnen
    Try
        myRecSet.Open(myQuery, myRecord.ActiveConnection)
    Catch ex02 As Exception
        StatusBar1.Text =_
"Recordset kann nicht geöffnet werden: " + ex02.ToString
        Exit Sub
    End Try
    'Recordset durchiterieren und Listbox füllen
    Dim count As Integer = 0
    Do While Not myRecSet.EOF
        count += 1
        ListBox1.Items.Add(myRecSet.Fields("DAV:href").Value)
        ListBox1.Items.Add_
(myRecSet.Fields("DAV:creationdate").Value)
        ListBox1.Items.Add_
(myRecSet.Fields("urn:schemas:contacts:cn").Value)
        ListBox1.Items.Add_
(myRecSet.Fields("urn:schemas:contacts:email1").Value)
        ListBox1.Items.Add("---------------------")
```

```
        myRecSet.MoveNext()
    Loop
    StatusBar1.Text =_
 "Abfrage von " + Str(count) + " Kontakten ausgeführt."
End Sub
```

Ein großer Teil der Anwendung wird Ihnen aus den vorherigen Beispielen bekannt vorkommen. Im Folgenden kommentiere ich die wesentlichen Codezeilen der Anwendung.

Zunächst wird der Pfad zu dem Benutzerpostfach, genauer gesagt zu dessen Kontakte-Verzeichnis, gebildet:

```
contactURL = "file://./backofficestorage/" +_
 info.DomainDNSName + "/MBX/" + TextBox1.Text + "/Kontakte"
```

Als Nächstes wird die Verbindung zu dem Kontakte-Ordner des Benutzers (contactURL) geöffnet. Sollte dieser Zugriff mangels Zugriffsrechten nicht möglich sein, wird eine Exception ausgelöst – daher ist eine Fehlerbehandlung unbedingt notwendig!

```
Try
    myRecord.Open(contactURL)
Catch ex01 As Exception
    StatusBar1.Text = "Zugriff auf Mailbox nicht möglich."
    Exit Sub
End Try
```

In den nächsten Zeilen wird der Abruf der Kontakte in Form eines SQL-Statements vorbereitet:

```
myQuery = "SELECT ""DAV:href"", "
myQuery = myQuery & " ""DAV:displayname"", "
myQuery = myQuery & " ""DAV:creationdate"", "
myQuery = myQuery & " ""urn:schemas:contacts:cn"", "
myQuery = myQuery & " ""urn:schemas:contacts:email1"" "
myQuery = myQuery &_
 "FROM scope('shallow traversal of """ & contactURL & """') "
```

Die komplette Liste der abzufragenden Objekte finden Sie im Exchange SDK, und zwar unter **Reference** • **Exchange Store** • **Exchange Store Schema** • **Content Classes**. Dort können Sie unter diesen Einträgen nachschauen:

▶ urn:content-classes:person
▶ urn:content-classes:item

Die Objekte sind dort leider nur aufgelistet und nicht kommentiert, so dass Sie in vielen Fällen ein wenig testen und experimentieren müssen.

In den restlichen Codezeilen wird zunächst ein ADODB-Recordset mit dem zuvor gebildeten SQL-String (myQuery) aufgerufen. Anschließend wird durch die Ergebnismenge interiert und die Listbox gefüllt.

Die Windows Forms-Anwendung läuft im Kontext des aufrufenden Benutzers, demzufolge ist eine Abfrage der Kontakte eines fremden Benutzers nur möglich, wenn dieser eine entsprechende Freigabe erteilt hat. Alternativ können Sie im Exchange System-Manager die Berechtigungen auf Ebene des Postfachspeichers modifizieren oder im Snap-In »Active Directory-Benutzer und -Computer« die Berechtigungen für ein einzelnes Benutzerobjekt anpassen (Karteikarte »Exchange-Erweitert«, Button »Postfachberechtigungen«).

Wenn die Freigabe in Outlook erfolgen soll, also der Anwender seinen Kontakte-Ordner selbst freigibt, muss er dem abfragenden Benutzerkonto mindestens Berechtigungen der »Stufe 2« einräumen (Abbildung 28.36).

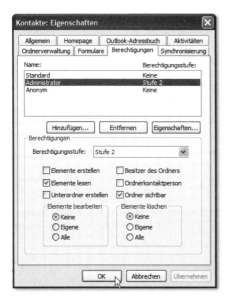

Abbildung 28.36 Damit ein fremder Benutzer die Kontakte abrufen kann, müssen mindestens Berechtigungen der »Stufe 2« gewährt sein.

In Abbildung 28.37 sehen Sie die Applikation im Betrieb. Angezeigt werden jeweils die File-URL zu dem Kontakt-Eintrag, das Erstellungsdatum, der Name des Benutzers und, sofern vorhanden, die Email-Adresse.

> Beachten Sie, dass die Applikation nur auf einem Exchange Server funktioniert.

Den Quellcode finden Sie auf der Begleit-CD im Verzeichnis **\Codebeispiele\28_4_7**.

Anmerkung: Berechtigung auf Postfach-Ebene?

In Abbildung 28.36 haben Sie gesehen, welche Berechtigungen für den Kontakte-Ordner selbst zu setzen sind.

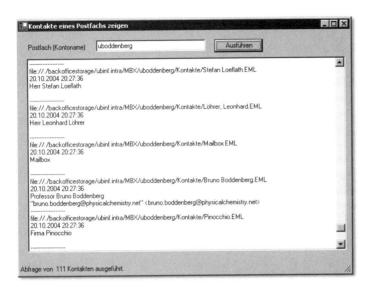

Abbildung 28.37 Die Applikation listet die Kontakte eines beliebigen Benutzers auf – vorausgesetzt, die notwendigen Berechtigungen sind vorhanden.

Falls Sie einmal versucht haben, den Kontakte-Ordner (oder einen beliebigen anderen Ordner) für einen mit Outlook zugreifenden Benutzer freizugeben, werden Sie festgestellt haben, dass auf Postfach-Ebene ebenfalls Zugriffsberechtigungen eingetragen werden müssen. Für den Zugriff mit der eigenen Applikation ist das *nicht* notwendig, dort kann auf Postfach-Ebene die Standardeinstellung beibehalten werden (Abbildung 28.38).

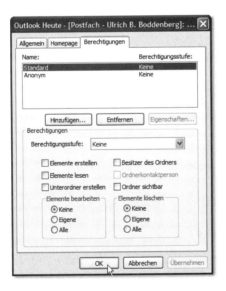

Abbildung 28.38 Da unsere Applikation direkt auf den Kontakte-Ordner zugreift und nicht versucht, den Postfach-Baum zu browsen, kann auf Postfach-Ebene die Standardeinstellung beibehalten werden.

Grund: Wenn Outlook auf ein Postfach zugreift, versucht es zunächst, den kompletten Verzeichnisbaum des Postfachs zu browsen und anzuzeigen. Dazu werden natürlich Berechtigungen auf Postfach-Ebene benötigt. Da unsere Applikation direkt auf den Kontakte-Ordner zugreift, genügt es, dort die notwendigen Berechtigungen zu setzen.

Implementieren als Webservice

Da diese Applikation, wie alle auf CDOEX-basierenden Applikationen nur auf einem Exchange Server ausgeführt werden kann, empfiehlt sich natürlich auch hier die Implementierung als Webservice, damit auch andere Maschinen auf die Daten zugreifen können.

Die Implementierung funktioniert analog den bisherigen Webservice-Beispielen dieses Buchs. Dazu noch einige Hinweise:

▶ Da die Ergebnismenge (= die Anzahl der zurückgegebenen Datensätze) natürlich zur Designzeit nicht feststeht, muss der Webservice als Ergebnis »etwas Dynamisches« zurückgeben. Hier kommt entweder das **XML-Format** oder ein **ADO.NET DataSet** in Frage (in der entsprechenden Fachliteratur werden Sie zu diesen beiden Stichworten in Zusammenhang mit Webservices entsprechende »Kochrezepte« finden).

▶ Das virtuelle Verzeichnis, in dem der Webservice läuft, muss in einem Anwendungspool laufen, dessen Identität über die notwendigen Berechtigungen verfügt. Wenn Sie wie in den vorherigen Beispielen den »ExchangeApplicationPool« wählen, können Sie auf sämtliche Postfächer zugreifen – ohne dass die Anwender zusätzliche Berechtigungen eintragen müssen.

Einige »Innereien«

Wenn Sie die einzelnen aufgelisteten Kontakteinträge genauer betrachten, werden Sie feststellen, dass bei der File-URL zwei unterschiedliche Formate vorkommen:

▶ Einige Einträge enden auf `/Vorname Name.EML` (oder vergleichbare Namensbildungen) (Abbildung 28.39).
▶ Andere Einträge werden mit einer GUID bezeichnet, also `/{AAE75F32-3212-432f-921C-26D2F0A1911C}.EML` (Abbildung 28.40).

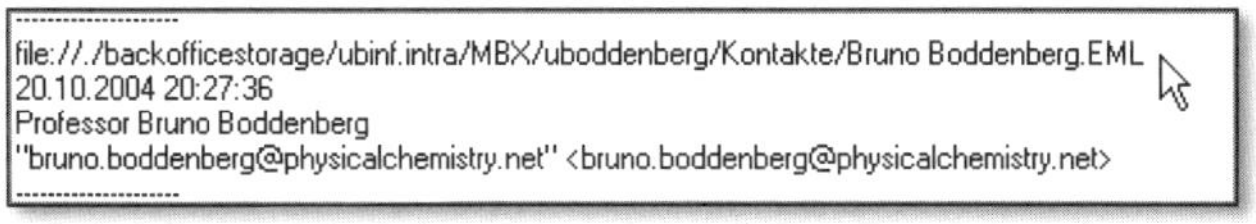

```
file://./backofficestorage/ubinf.intra/MBX/uboddenberg/Kontakte/Bruno Boddenberg.EML
20.10.2004 20:27:36
Professor Bruno Boddenberg
"bruno.boddenberg@physicalchemistry.net" <bruno.boddenberg@physicalchemistry.net>
```

Abbildung 28.39 Kontakteinträge können wie auf dieser Abbildung mit einer Kombination »Vorname Nachname.EML« bezeichnet werden.

```
file://./backofficestorage/ubinf.intra/MBX/uboddenberg/Kontakte/{EB50EAE1-62C0-4AAA-AD63-4FC3AC89E069}.EML
24.08.2005 00:02:42
Frau Ilona Boddenberg
ilona@boddenberg.de
```

Abbildung 28.40 Ebenfalls möglich ist eine Bildung unter Verwendung einer GUID, wie hier gezeigt ist.

Wie die Kontaktbezeichnung gebildet wird, ist unerheblich, auch andere Kombinationen wären denkbar. Wichtig ist nur, dass die Bezeichnungen jeweils einmalig sind und auf .EML enden. Als Anwender brauchen Sie sich über die Benennung übrigens keine Gedanken zu machen, dafür sorgen die Applikationen.

Wie kommen nun die unterschiedlichen Bezeichnungen der Kontakte zustande?

- Outlook bildet diesen Namen aus dem Vor- und dem Nachnamen des Kontakts. Der Kontakt in Abbildung 28.39 wurde also mit Outlook eingetragen.
- Das in Windows Mobile 2003 enthaltene Pocket Outlook verwendet eine GUID beim Anlegen eines Kontakts. Der Kontakt in Abbildung 28.40 wurde mit einem SmartPhone auf von Basis Windows Mobile 2003 angelegt.

Zum Abschluss dieses Abschnitts noch ein Kapitel aus »Spezialwissen, das niemand braucht«:

Was passiert, wenn man in Outlook zwei Kontakte mit demselben Namen einträgt?

- Beim Speichern des zweiten Kontakts wird Outlook eine Warnmeldung anzeigen.
- Wenn Sie trotz Warnung den identischen Kontakt anlegen lassen, zum Beispiel, weil Sie zwei Personen namens Harry Hirsch kennen, fügt Outlook der Kontaktbezeichnung eine Zahl an, so dass `Harry Hirsch-2.EML` entsteht (Abbildung 28.41).
Ein Anwender wird davon nichts merken, da er mit diesen Kontaktbezeichnungen nie in Berührung kommt.

```
file://./backofficestorage/ubinf.intra/MBX/uboddenberg/Kontakte/Harry Hirsch-2.EML
23.10.2005 16:38:51
Herr Harry Hirsch

--------------------
file://./backofficestorage/ubinf.intra/MBX/uboddenberg/Kontakte/Harry Hirsch.EML
23.10.2005 16:38:37
Herr Harry Hirsch
```

Abbildung 28.41 Wenn zwei gleichnamige Kontakte angelegt werden, zählt Outlook den Kontaktbezeichner hoch.

28.4.8 Kontakte eintragen

Im vorherigen Abschnitt haben Sie das Auslesen von Kontakten kennen gelernt – der nächste Schritt ist nun das Eintragen von Kontakten. In diesem Abschnitt entwickeln wir eine kleine Applikation, mit der ein Eintrag im Kontakte-Ordner eines beliebigen Benutzers angelegt werden kann. Es gibt für Kontakte mehrere Dutzend Eigenschaftsfelder, von denen wir lediglich einen kleinen Teil verwenden – Sie können den Code einfach um die benötigten Felder erweitern. Die Applikation im Designmodus sehen Sie in Abbildung 28.42.

Beim Anlegen von Kontakten ist zu beachten, dass eine Art Dateiname vergeben werden muss. Dieser endet auf *.EML. Bei diesem Namen ist im Grunde genommen nur wichtig, dass er einzigartig ist und auf .EML endet. Versucht man, einen Kontakt mit identischem Namen anzulegen, werden Sie eine Exception erhalten. Im vorherigen Abschnitt ist dieser Aspekt recht ausführlich erläutert worden.

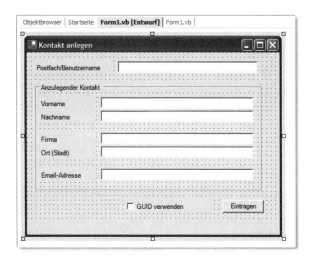

Abbildung 28.42 Die Applikation zum Anlegen von Kontakten im Visual Studio-Designmodus

Outlook nennt neue Kontakte `Vorname Nachname.EML`, Pocket Outlook hingegen generiert einen auf einer GUID basierenden Namen. Unsere Applikation unterstützt beide Verfahren; das Verhalten kann über eine Checkbox gesteuert werden.

Hier nun der Code:

```
Private Sub Button1_Click(ByVal sender As System.Object,_
 ByVal e As System.EventArgs) Handles Button1.Click
    Dim oPerson As New CDO.Person
    Dim strURL As String
    Dim info As New ActiveDs.ADSystemInfo
    oPerson.FirstName = TextBox2.Text
    oPerson.LastName = TextBox3.Text
    oPerson.Company = TextBox4.Text
    oPerson.WorkCity = TextBox5.Text
    oPerson.Email = TextBox6.Text
    oPerson.Fields("objectClass").Value = "contact"
    oPerson.Fields.Update()
    If CheckBox1.Checked Then
        'Eintragen im Outlook-Stil
        strURL = "file://./backofficestorage/" +_
info.DomainDNSName + "/MBX/" + TextBox1.Text +_
"/Kontakte/" + UCase(Guid.NewGuid.ToString) + ".EML"
    Else
        'Eintragen im PocketOutlook-Stil
        strURL = "file://./backofficestorage/" +_
info.DomainDNSName + "/MBX/" + TextBox1.Text +_
"/Kontakte/" + TextBox2.Text + " " + TextBox3.Text + ".EML"
    End If
```

CDO und Webservices

```
    'Eintrag vornehmen
    Try
        oPerson.DataSource.SaveTo(strURL)
        StatusBar1.Text = "Kontakt eingetragen"
    Catch ex01 As Exception
        StatusBar1.Text = "Eintrag nicht möglich: " +_
 ex01.ToString
    End Try
End Sub
```

Wirklich spannend sind im Code eigentlich nur zwei Stellen:

Zunächst müssen die File-URLs gebildet werden. Hier das Codefragment bei Verwendung der GUID:

```
strURL = "file://./backofficestorage/" +
 info.DomainDNSName + "/MBX/" + TextBox1.Text +_
 "/Kontakte/" + UCase(Guid.NewGuid.ToString) + ".EML"
```

Wenn die File-URL gebildet ist und das `CDO.Person`-Objekt mit den gewünschten Daten gefüllt ist, wird es in den Informationsspeicher geschrieben. Wichtig ist an dieser Stelle eine Fehlerbehandlung. Tritt ein Fehler auf, kommen primär diese Ursachen in Betracht:

▶ Der Benutzer, in dessen Kontext die Applikation ausgeführt wird, hat keine Berechtigungen in dem Ziel-Kontaktordner.

▶ Eine weitere mögliche Fehlerursache ist ein nicht eindeutiger (»uniquer«) EML-Name. Dies kann nicht bei dem GUID-Verfahren geschehen, wohl aber bei dem »Outlook-Verfahren«.

```
Try
    oPerson.DataSource.SaveTo(strURL)
    StatusBar1.Text = "Kontakt eingetragen"
Catch ex01 As Exception
    StatusBar1.Text = "Eintrag nicht möglich: " +_
 ex01.ToString
End Try
```

In einer produktiven Anwendung sollte vor dem Eintragen eines neuen Kontakts geprüft werden, ob dieser nicht bereits vorhanden ist. Die Vorgehensweise können Sie dem vorherigen Abschnitt entnehmen.

Damit in einen Kontakte-Ordner Eintragungen vorgenommen werden können, muss der Eigentümer in seinem Outlook mindestens die in Abbildung 28.43 gezeigten Berechtigungen vergeben. Alternativ können Berechtigungen auf Ebene des Postfachspeichers gesetzt werden (siehe auch den vorherigen Abschnitt).

In Abbildung 28.44 sehen Sie die Applikation »in Betrieb«. Zur Demonstration habe ich den Kontakt mit dem »Outlook-Verfahren« und mit dem »Pocket Outlook-Verfahren« (GUID) angelegt. Mit der in Abschnitt 28.4.7 entwickelten Applikation zum Auslesen der Kontaktdaten kann man diese Einträge anzeigen lassen und analysieren (Abbildung 28.49) – achten Sie auf die File-URLs.

Abbildung 28.43 Diese Berechtigungen müssen gesetzt werden, damit Einträge vorgenommen werden können.)

Abbildung 28.44 Die Applikation in Betrieb

> Beachten Sie, dass die Applikation nur auf einem Exchange Server funktioniert.

Den Quellcode finden Sie auf der Begleit-CD im Verzeichnis **\Codebeispiele\28_4_8**.

CDO und Webservices

Abbildung 28.45 Mit der zuvor entwickelten Anzeige-Applikation kann man die beiden EML-Namensvarianten, die unser Programm unterstützt, anzeigen.

»Kontakte eintragen« als Webservice

Wie bei den Beispielen zuvor empfiehlt sich auch in diesem Fall die Implementierung als Webservice. Wenn das virtuelle Verzeichnis, in dem der Webservice läuft, im Anwendungspool »ExchangeApplicationPool« ausgeführt wird, kann in die Kontakte-Ordner aller Benutzer geschrieben werden – ohne dass diese Berechtigungen eintragen müssen.

Anhang

A Problembehebung in Warteschlangen   1033

B Zu überwachende Parameter (Jetstress-Test)   1037

C Performance Monitoring, wichtige Datenquellen   1039

D Outlook Level 1 Dateianhänge   1049

A Problembehebung in Warteschlangen

Warteschlange	Problembehebung
[Lokaler Domänenname] (Lokale Übermittlung)	Nachrichten können sich in dieser Warteschlange ansammeln, wenn der Exchange Server keine Nachrichten für die lokale Übermittlung annimmt. Eine langsame oder nur gelegentliche Nachrichtenübermittlung kann auf eine Nachrichtenschleife oder ein Leistungsproblem hinweisen. Diese Warteschlange wird vom Exchange-Informationsspeicher beeinflusst. Sie können den Protokollierungsgrad des Exchange Servers erhöhen. Konfiguriert wird dies auf der Karteikarte »Diagnostikprotokoll« im Eigenschaftendialog des Exchange Servers.
Nachrichten warten auf Verzeichnissuche	Im Allgemeinen tritt eine Ansammlung von Nachrichten in dieser Warteschlange auf, wenn das erweiterte Warteschlangenmodul nicht in der Lage ist, die Nachrichten zu kategorisieren. Das erweiterte Warteschlangenmodul ist möglicherweise nicht in der Lage, auf die globalen Katalogserver und somit auf die Empfängerinformationen zuzugreifen, oder der globale Katalogserver ist nicht erreichbar oder arbeitet sehr langsam. Weiterhin können sich Nachrichten durch folgende Ursachen anhäufen: ▶ Active Directory ist nicht verfügbar (da das Kategorisierungsmodul Active Directory zur Kategorisierung von Nachrichten verwendet). ▶ Active Directory ist möglicherweise überlastet (wenn sich viele Nachrichten in der Warteschlange vor der Kategorisierung befinden). ▶ Ein Konvertierungsfehler ist aufgetreten. Das Kategorisierungsmodul ist ebenfalls für die Inhaltskonvertierung zuständig. ▶ Das Nachrichtenkategorisierungsmodul kann keine Postfachspeicher finden. ▶ Wenn SMTP erneut installiert oder entfernt wurde, so dass folgende IIS-Metabase-Schlüssel möglicherweise ungültig werden: `/smtpsvc/DsUseCat` und `/smtpsvc/vsi#/DsUseCat`. Stellen Sie fest, ob SMTP neu installiert oder entfernt wurde. Das Kategorisierungsmodul beeinflusst diese Warteschlange. Sie können den Protokollierungsgrad des Exchange Servers erhöhen. Konfiguriert wird dies auf der Karteikarte »Diagnostikprotokoll« im Eigenschaftendialog des Exchange Servers.
Nachrichten warten auf Routing	Nachrichten sammeln sich in dieser Warteschlange an, wenn in Exchange Routingprobleme auftreten.
Remoteübermittlung [Connectorname · Servername · Remotedomäne]	Wenn es zu einer Ansammlung von Nachrichten in dieser Warteschlange kommt, sollten Sie zuerst den Status der Warteschlange überprüfen. Ist der Status der Warteschlange auf **Wiederholen** gesetzt, überprüfen Sie die Eigenschaften der Warteschlange, um die Ursache dafür herauszufinden. Verwenden Sie bei DNS-Problemen zur Fehlersuche Nslookup und Telnet. Ist der Host nicht erreichbar, verwenden Sie Telnet, um festzustellen, ob der Remoteserver antwortet.

Warteschlange	Problembehebung
Endgültiges Ziel momentan nicht erreichbar	Nachrichten können in dieser Warteschlange angesammelt werden, wenn keine Route für die Übermittlung vorhanden ist. Außerdem werden Nachrichten hier eingereiht, wenn ein Connector oder eine Warteschlange für Remoteübermittlung nicht erreichbar oder eine Zeit lang auf **Wiederholen** gesetzt ist und keine andere Route zu dem Connector oder dem Remoteziel vorhanden ist. Dadurch kann ein Administrator das Problem beheben oder eine andere Route festlegen. Um neue Nachrichten in die entsprechenden Warteschlangen für Ihre Remoteziele einzureihen, führen Sie einen Neustart des virtuellen SMTP-Servers durch. Dies gibt Ihnen die Möglichkeit, eine Verbindung zu erzwingen und eine Verfolgung im Netzwerkmonitor (Netmon) durchzuführen.
Vor Übermittlung	Kommt es hier zu einer ständigen Ansammlung von Nachrichten, ist dies ein Zeichen für Leistungsprobleme. Gelegentliche Leistungsspitzen können zur Folge haben, dass in dieser Warteschlange zeitweilig Nachrichten angezeigt werden.
DSN-Nachrichten mit ausstehender Übertragung	Nachrichten können sich in dieser Warteschlange ansammeln, wenn der Microsoft Exchange-Informationsspeicher nicht verfügbar ist bzw. nicht ausgeführt wird oder wenn Probleme bei der Speicherkomponente IMAIL Exchange vorhanden sind. Über diese Komponente erfolgt die Konvertierung. Überprüfen Sie das Ereignisprotokoll auf mögliche Fehler beim Microsoft Exchange-Informationsspeicher.
Warteschlange für Nachrichten mit fehlerhafter Übermittlung	Mögliche Gründe für die fehlgeschlagene Übertragung von Nachrichten sind die folgenden: ▶ Beschädigte Nachrichten ▶ Drittanbieterprogramme oder Ereignissenken führen unter Umständen zu einem Konflikt mit der Warteschlangenfunktion oder der Integrität. ▶ Niedrige Systemressourcen können eine langsame Reaktion des Systems oder andere Leistungsprobleme verursachen. Ein Neustart von IIS hilft möglicherweise vorübergehend bei Ressourcenproblemen, Sie sollten die Ursache jedoch feststellen.
Nachrichten in Warteschlange für verzögerte Übermittlung	Mögliche Gründe für die Ansammlung von Nachrichten in dieser Warteschlange sind die folgenden: ▶ Wenn eine Nachricht an das Postfach eines Benutzers gesendet wird, das gerade verschoben wird, können die Nachrichten in diese Warteschlange eingereiht werden. ▶ Wenn der Benutzer noch kein Postfach hat und für den Benutzer keine Hauptkonto-SID (Security ID) vorhanden ist. Weitere Informationen finden Sie im Microsoft Knowledge Base-Artikel 316047, »XADM: Addressing Problems That Are Created When You Enable ADC-Generated Accounts« (http://go.microsoft.com/fwlink/?linkid=3052&kbid=316047). Die Nachricht ist möglicherweise beschädigt, oder der Empfänger ist ungültig.

Warteschlange	Problembehebung
	Um festzustellen, ob eine Nachricht beschädigt ist, überprüfen Sie deren Eigenschaften. Wenn auf eine Nachricht nicht zugegriffen werden kann, ist diese möglicherweise beschädigt. Überprüfen Sie auch, ob der Empfänger gültig ist.

B Zu überwachende Parameter (Jetstress-Test)

Leistungsindikator	Sollwert beim Performance-Test	Sollwert beim Stress-Test
DB: Mittlere Sek./Lesevorgang	Der Mittelwert sollte geringer als 20 ms sein, der Maximalwert sollte unter 40 ms liegen.	Der Maximalwert sollte geringer als 50 ms sein.
DB: Mittlere Sek./Schreibvorgang	Der Mittelwert sollte geringer als 20 ms sein, der Maximalwert sollte unter 40 ms liegen.	Der Maximalwert sollte geringer als 100 ms sein.
Log: Mittlere Sek./Lesevorgang	Der Mittelwert sollte geringer als 20 ms sein, der Maximalwert sollte unter 40 ms liegen.	Der Maximalwert sollte geringer als 50 ms sein.
Log: Mittlere Sek./Schreibvorgang	Der Mittelwert sollte geringer als 20 ms sein, der Maximalwert sollte unter 40 ms liegen.	Der Maximalwert sollte geringer als 100 ms sein
DB: Lesevorgänge/s DB: Schreibvorgänge/s Log: Schreibvorgänge/s	Die Summe dieser Werte ist der Gesamtwert für die Disk-I/O. Das Verhältnis zwischen Lesen und Schreiben sollte ungefähr 3:2 sein.	Die Summe dieser Werte ist der Gesamtwert für die Disk-I/O. Das Verhältnis zwischen Lesen und Schreiben sollte ungefähr 3:2 sein.
Log: Mittlere Bytes/Schreibvorgang	Dieser Wert sollte zwischen 6 und 8k liegen.	Dieser Wert sollte zwischen 6 und 8 k liegen.
%Processor Time	Der Durchschnittswert sollte nicht über 80 %, der Maximalwert nicht über 90 % liegen.	Der Durchschnittswert sollte nicht über 80 %, der Maximalwert nicht über 90 % liegen.
Available Mbytes	Der Minimalwert sollte über 50 MB liegen	Der Minimalwert sollte über 50 MB liegen.
Free System Page Table Entries	Der Minimalwert sollte über 5000 liegen.	Der Minimalwert sollte über 5000 liegen.
Pages/sec	Der Durchschnittswert sollte unter 100, der Maximalwert unter 1000 liegen.	Der Durchschnittswert sollte unter 100, der Maximalwert unter 1000 liegen.
Pool Nonpaged Bytes	Der Maximalwert sollte unter 75 MB liegen.	Der Maximalwert sollte unter 80 MB liegen.
Pool Paged Bytes	Der Maximalwert sollte unter 190 MB liegen,	Der Maximalwert sollte unter 190 MB liegen.

C Performance Monitoring, wichtige Datenquellen

Die folgenden Leistungsindikatoren gehören zu den wichtigsten im Exchange-Umfeld. Hierzu gehören übrigens nicht nur Exchange-Dienste, sondern auch etliche Betriebssystem-Parameter.

Die Quelle dieser Tabellen ist das auf www.microsoft.com frei erhältliche Dokument `Troubleshooting Microsoft Exchange Server 2003 Performance.doc`.

Die angegebenen Richtwerte für die einzelnen Leistungsindikatoren sind eine außerordentlich wertvolle Hilfe, wenn Sie sich tatsächlich mit dem Problem »Exchange ist schon wieder langsam« auseinander setzen müssen.

An dieser Stelle möchte ich noch einige Hinweise geben:

- Es gibt natürlich viele weitere Leistungsindikatoren, die zur Problemvermeidung oder -lösung beitragen können. Auch diese Liste ist lediglich ein Auszug.
- Sie sollten von Ihrem System turnusmäßig Baselines ziehen, um einen Überblick über die Grundtendenzen zu haben (siehe Abschnitt 19.4.2).
- Sie können sich die Arbeit deutlich erleichtern, wenn Sie den Microsoft Operations Manager einsetzen. Dieses Produkt ist in der Workgroup-Edition, die bis zu 10 Server überwachen kann, erstaunlich preiswert.

C.1 Performance Counters for Mail Queues

Counter	Richtwerte
SMTP Server\Local Queue Length Indicates the number of messages in the SMTP queue for local delivery.	▸ The maximum value should be less than 1.000. ▸ The queue should remain steady near its average with small variance.
SMTP Server\Remote Queue Length Indicates the number of messages in the SMTP queue for remote delivery.	▸ The maximum value should be less than 1.000. ▸ The queue should remain steady near its average with small variance.
SMTP Server\Categorizer Queue Length Indicates the number of messages in the SMTP queue for DS attribute searches	▸ The maximum value should be less than 10.
MSExchangeIS Mailbox\Send Queue Size Indicates the number of messages in the mailbox store's send queue.	▸ The send queue size should be less than 500 at all times.
MSExchangeIS Mailbox\Receive Queue Size Indicates the number of messages in the mailbox store's receive queue.	▸ The send queue size should be less than 500 at all times.

MSExchangeIS Public\Send Queue Size

Indicates the number of messages in the public folder's send queue.

▸ In a server with no mail-enabled public folders, it should be below 10. Otherwise, it should be below 500 at all times.

MSExchangeIS Public\Receive Queue Size

Indicates the number of messages in the public folder's receive queue.

▸ It should be below 500 at all times.

C.2 Performance Counters for RPC Processing

MSExchangeIS\RPC Requests

Indicates the number of MAPI RPC requests presently being serviced by the Microsoft Exchange Information Store service.

The Microsoft Exchange Information Store service can service only 100 RPC requests (the default maximum value, unless configured otherwise) simultaneously before rejecting client requests.

▸ It should be below 30 at all times.

MSExchangeIS\RPC Averaged Latency

Indicates the RPC latency in milliseconds, averaged for the past 1024 packets.

▸ It should be below 50 ms at all times.

C.3 Performance Counters for Epoxy Queues

Epoxy\Client Out Queue Length (WebDAV)

Indicates the number of messages in the queue containing WebDAV messages sent by the Inetinfo.exe process.

▸ The queues should be below 10 at all times.

Epoxy\Store Out Queue Length (WebDAV)

Indicates the number of messages in the queue containing WebDAV messages sent by the Store.exe process.

Epoxy\Client Out Queue Length (DSAccess)

Indicates the number of messages in the queue containing DSAccess messages sent by the Inetinfo.exe process.

▸ The queues should be below 10 at all times.

Epoxy\Store Out Queue Length (DSAccess)

Indicates the number of messages in the queue containing DSAccess messages sent by the Store.exe process.

Epoxy\Client Out Queue Length (IMAP)

Indicates the number of messages in the queue containing IMAP4 messages sent by the Inetinfo.exe process.

▸ The queues should be below 50 at all times.

Epoxy\Store Out Queue Length (IMAP)

Indicates the number of messages in the queue containing IMAP4 messages sent by the Store.exe process.

Epoxy\Client Out Queue Length (NNTP)

Indicates the number of messages in the queue containing NNTP messages sent by the Inetinfo.exe process.

Epoxy\Store Out Queue Length (NNTP)

Indicates the number of messages in the queue containing NNTP messages sent by the Store.exe process.

- The queues should be below 10 at all times.

Epoxy\Client Out Queue Length (POP3)

Indicates the number of messages in the queue containing POP3 messages sent by the Inetinfo.exe process.

Epoxy\Store Out Queue Length (POP3)

Indicates the number of messages in the queue containing POP3 messages sent by the Store.exe process.

- The queues should be below 50 at all times.

Epoxy\Client Out Queue Length (SMTP)

Indicates the number of messages in the queue containing SMTP messages sent by the Inetinfo.exe process.

Epoxy\Store Out Queue Length (SMTP)

Indicates the number of messages in the queue containing SMTP messages sent by the Store.exe process.

- The queues should be below 50 at all times unless there is a mail queue.

C.4 Performance Counters for Temp Disks

PhysicalDisk\Average Disk sec/Read

Indicates the average time (in seconds) to read data from the disk.

- The average value should be below 10 ms.
- Spikes (maximum values) should not be higher than 50 ms.

PhysicalDisk\Average Disk sec/Write

Indicates the average time (in seconds) to write data to the disk.

- The average value should be below 10 ms.
- Spikes (maximum values) should not be higher than 50 ms.

PhysicalDisk\Average Disk Queue Length

Indicates the average number of both read and write requests that were queued for the selected disk during the sample interval.

- The average value should be less than the number of spindles of the disk (1 if it is really a physical disk).

C.5 Performance Counters for Database Disks

PhysicalDisk\Average Disk sec/Read

Indicates the average time (in seconds) to read data from the disk.

- The average value should be below 20 ms.
- Spikes (maximum values) should not be higher than 50 ms.

PhysicalDisk\Average Disk sec/Write

Indicates the average time (in seconds) to write data to the disk.

- The average value should be below 20 ms.
- Spikes (maximum values) should not be higher than 50 ms.

PhysicalDisk\Average Disk Queue Length

Indicates the average number of both read and write requests that were queued for the selected disk during the sample interval.

- The average should be less than the number of spindles of the disk. If a SAN is being used, ignore this counter and concentrate on the latency counters: PhysicalDisk\Average Disk sec/Read and PhysicalDisk\Average Disk sec/Write.

C.6 Counters for Transaction Log Disks

PhysicalDisk\Average Disk sec/Read

Indicates the average time (in seconds) to read data from the disk.

- The average value should be below 5 ms.
- Spikes (maximum values) should not be higher then 50 ms.

PhysicalDisk\Average Disk sec/Write

Indicates the average time (in seconds) to write data to the disk.

- The average value should be below 10 ms.
- Spikes (maximum values) should not be higher than 50 ms.

PhysicalDisk\Average Disk Queue Length

Indicates the average number of both read and write requests that were queued for the selected disk during the sample interval.

- The average should be less than the number of spindles of the disk.
  If a SAN is being used, ignore this counter and concentrate on the latency counters: PhysicalDisk\Average Disk sec/Write and PhysicalDisk\Average Disk sec/Read

Database\Log Record Stalls/sec

Indicates the number of log records that cannot be added to the log buffers per second because the log buffers are full.

- The average value should be below 10 per second.
- Spikes (maximum values) should not be higher than 100 per second.

Database\Log Threads Waiting

Indicates the number of threads waiting to complete an update of the database by writing their data to the log.

If this number is too high, the log may be a bottleneck.

- The average value should be below 10 ms.

C.7 Performance Counters for SMTP Queues

PhysicalDisk\Average Disk sec/Read
Indicates the average time (in seconds) to read data from the disk.

- The average value should be below 10 ms.
- Spikes (maximum values) should not be higher than 50 ms.

PhysicalDisk\Average Disk sec/Write
Indicates the average time (in seconds) to write data to the disk.

- The average value should be below 10 ms.
- Spikes (maximum values) should not be higher than 50 ms.

PhysicalDisk\Average Disk Queue Length
Indicates the average number of both read and write requests that were queued for the selected disk during the sample interval.

- The average should be less than the number of spindles of the disk.

C.8 Performance Counters for Page File Disks

PhysicalDisk\Average Disk sec/Read
Indicates the average time (in seconds) to read data from the disk.

- The average value should be below 10 ms at all times.

PhysicalDisk\Average Disk sec/Write
Indicates the average time (in seconds) to write data to the disk.

- The average value should be below 10 ms at all times.

PhysicalDisk\Average Disk Queue Length
Indicates the average number of both read and write requests that were queued for the selected disk during the sample interval.

- The average should be less than the number of spindles of the disk.

Paging File\% Usage
Indicates the amount (as a percentage) of the paging file used during the sample interval.

A high value indicates that you may need to increase the size of your Pagefile.sys file or add more RAM.

- This value should remain below 50%.

C.9 Performance Counters for User Space Memory

Memory\Available Mbytes (MB)
Indicates the amount of physical memory (in MB) immediately available for allocation to a process or for system use.

The amount of memory available is equal to the sum of memory assigned to the standby (cached), free, and zero page lists.

- During the test, there must be 50 MB of available memory at all times.

Memory\Pages/sec

Indicates the rate at which pages are read from or written to disk to resolve hard page faults.

This counter is a primary indicator of the types of faults that cause system-wide delays. It includes pages retrieved to satisfy page faults in the file system cache. These pages are usually requested by applications.

▶ This counter should be below 1.000 at all times.

C.10 Performance Counters for Kernel Memory

Memory\Pool Nonpaged Bytes

Indicates the number of bytes in the kernel memory nonpaged pool.

The kernel memory nonpage pool is an area of system memory (that is, physical memory used by the operating system) for kernel objects that cannot be written to disk, but must remain in physical memory as long as the objects are allocated.

▶ There must be no more than 100 MB of non-paged pool memory being used.

Memory\Pool Paged Bytes

Indicates the number of bytes in the kernel memory paged pool.

The kernel memory paged pool is an area of system memory for kernel objects that can be written to disk when they are not being used.

▶ Unless a backup or restore is taking place, there must be no more than 180 MB of paged pool memory being used.

Memory\Free System Page Table Entries

Indicates the number of system page table entries that are available.

The kernel drivers use system page table entries for holding I/O and driver data (such as video driver and network buffers) in kernel memory.

▶ At no point should there be less than 3,500 entries.

C.11 Performance Counters for Exchange Store Virtual Memory

MSExchangeIS\VM Largest Block Size

Displays the size (in bytes) of the largest free block of virtual memory.

This counter is a line that slopes down while virtual memory is consumed. When this counter drops below 32 MB, Exchange 2003 logs a warning (Event ID=9582) in the event log. When this counter drops below 16 MB, Exchange logs an error.

▶ At no point should this value go below 32 MB.

MSExchangeIS\VM Total 16 MB Free Blocks

Displays the total number of free virtual memory blocks that are greater than or equal to 16 MB.

This counter displays a line that may first rise, but then may eventually fall when free memory becomes more fragmented. It starts by displaying a few large blocks of virtual memory and may progress to displaying a greater number of separate, smaller blocks. When these blocks become smaller than 16 MB, the line begins to fall.

▶ At no point should this value go below 1.

MSExchangeIS\VM Total Free Blocks

Displays the total number of free virtual memory blocks regardless of size.

This counter displays a line that may first rise, but then may eventually fall when free memory first becomes fragmented into smaller blocks, and then when these blocks are consumed.

Use this counter to measure the degree to which available virtual memory is being fragmented. The average block size is the Process\Virtual Bytes\STORE instance divided by MSExchangeIS\VM Total Free Blocks.

▶ At no point should this value go below 1.

MSExchangeIS\VM Total Large Free Block Bytes

Displays the sum in bytes of all the free virtual memory blocks that are greater than or equal to 16 MB.

This counter monitors store memory fragmentation and forms a line that slopes down when memory is consumed. On a healthy server, the line should stay above 50 MB.

▶ At no point should this value go below 50 MB.

C.12 Performance Counters for exchmem Heaps

MSExchangeIS\Exchmem: Number of heaps with memory errors

Indicates the total number of exchmem heaps that failed allocations due to insufficient available memory.

▶ This value should be 0 (zero) at all times.

MSExchangeIS\Exchmem: Number of memory errors

Indicates the total number of exchmem allocations that could not be satisfied by available memory.

▶ This value should be 0 (zero) at all times.

MSExchangeIS\Exchmem: Number of Additional Heaps

Indicates the number of exchmem heaps created by store after startup.

▶ This value should not exceed 3 at any time.

C.13 Performance Counters for Processors

Processor\% Processor Time (_Total)

Indicates the percentage of time the processor is running non-idle threads.

You can use this counter to monitor the overall utilization of the processors or per-processor.

- The average CPU utilization should be below 90% at all times.

System\Processor Queue Length

Indicates the number of threads in the processor queue.

There is a single queue for processor time, even on computers with multiple processors. This counter shows ready threads only, not threads that are currently running.

- This should be less than 2.
- Infrequent spikes that do not correlate to the % Processor Time being above 75% are not an issue.

C.14 Performance Counters for Network

Network Interface\Bytes Total/sec

Indicates the rate at which the network adapter is processing data bytes.

This counter includes all application and file data, in addition to protocol information such as packet headers.

- For a 100-Mbps network interface card (NIC), it should be below 6–7 MB/sec.
- For a 1000-Mbps NIC, it should be below 60–70 MB/sec.

Network Interface\Packets Outbound Errors

Indicates the number of outbound packets that could not be transmitted because of errors.

- It should be zero (0) at all times.

C.15 Performance Counters on the Exchange Server that Indicate Global Catalog Problems

SMTP Server\Categorizer Queue Length

Indicates how well SMTP is processing LDAP lookups against global catalog servers.

This should be at or around zero unless the server is expanding distribution lists. When expanding distribution lists, this counter can occasionally go up higher. This is an excellent counter to tell you how healthy your global catalogs are. If you have slow global catalogs, you will see this counter go up.

- The maximum value should be below 10.

MSExchangeDSAccess Process\LDAP Read Time (for all processes)

Shows the time (in ms) that an LDAP read request takes to be fulfilled.

- The average value should be below 50 ms.
- Spikes (maximum values) should not be higher than 100 ms.

MSExchangeDSAccess Process\LDAP Search Time (for all processes) Shows the time (in ms) that an LDAP search request takes to be fulfilled.	▸ The average value should be below 50 ms. ▸ Spikes (maximum values) should not be higher than 100 ms.

C.16 Performance Counters on the Global Catalog Servers that Indicate Problems

Processor\% Processor Time (_Total) Indicates the percentage of time the processor is running non-idle threads. You can use this counter to monitor the overall utilization of the processors or per-processor.	▸ The average CPU utilization should be below 90% at all times.
System\Processor Queue Length Indicates the number of threads in the processor queue. There is a single queue for processor time, even on computers with multiple processors. This counter shows ready threads only, not threads that are currently running.	▸ This counter should be less than 2.
Network Interface\Bytes Total/sec Indicates the rate at which the network adapter is processing data bytes. This counter includes all application and file data, in addition to protocol information such as packet headers.	▸ For a 100-Mbps NIC, this counter should be below 6 MB/sec. ▸ For a 1000-Mbps NIC, this counter should be below 60 MB/sec.
Network Interface\Packets Outbound Errors Indicates the number of outbound network packets that could not be transmitted because of errors.	▸ This counter should be zero (0) at all times.
PhysicalDisk(NTDS Database Disk)\Average Disk sec/Read Indicates the average time (in seconds) that it takes to read data from the disk.	▸ The average value should be below 20 ms. ▸ Spikes (maximum values) should not be higher than 50 ms.
PhysicalDisk(NTDS Database Disk)\Average Disk sec/Write Indicates the average time (in seconds) that it takes to write data to the disk.	▸ The average value should be below 20 ms. ▸ Spikes (maximum values) should not be higher than 50 ms.
PhysicalDisk(NTDS Log Disk)\Average Disk sec/Read Indicates the average time (in seconds) that it takes to read data from the disk.	▸ This value should be below 10 ms at all times.
PhysicalDisk(NTDS Log Disk)\Average Disk sec/Write Indicates the average time (in seconds) that it takes to write data to the disk.	▸ This value should be below 10 ms at all times.

PhysicalDisk(NTDS Database or Log Disks)\Average Disk Queue Length Indicates the average number of both read and write requests that were queued for the selected disk during the sample interval.	▸ The average value to be less than the number of spindles of the disk. If a SAN is being used, ignore this counter and concentrate on the latency counters: PhysicalDisk\Average Disk sec/Read and PhysicalDisk\Average Disk sec/Write.
Memory\Available Mbytes (MB) Indicates the amount of physical memory (in MB) immediately available for allocation to a process or for system use. The value of this counter is equal to the sum of memory assigned to the standby (cached), free, and zero page lists.	▸ During the test, there must be 50 MB of memory available at all times.
Memory\Pages/sec Indicates the rate at which pages are read from or written to disk when resolving hard page faults. This counter is a primary indicator of the types of faults that cause system-wide delays. It includes pages retrieved to satisfy page faults in the file system cache. These pages are usually requested by applications.	▸ This counter should be below 1.000 at all times.

C.17 Performance Counters for Public Folder Server Problems

MSExchangeIS Public\Replication Receive Queue Size Indicates the number of replication messages waiting to be processed.	▸ This value should not go above 100.

D Outlook Level 1 Dateianhänge

Die folgende Tabelle enthält die Datei-Extensionen, die von Outlook komplett blockiert werden (Level-1-Attachments).

.ade	Access Project Extension (Microsoft)
.adp	Access Project (Microsoft)
.app	Executable Application
.asp	Active Server Page
.bas	BASIC Source Code
.bat	Batch Processing
.cer	Internet Security Certificate File
.chm	Compiled HTML Help
.cmd	DOS CP/M Command File, Command File for Windows NT
.com	Command
.cpl	Windows Control Panel Extension (Microsoft)
.crt	Certificate File
.csh	csh Script
.exe	Executable File
.fxp	FoxPro Compiled Source (Microsoft)
.hlp	Windows Help File
.hta	Hypertext Application
.inf	Information or Setup File
.ins	IIS Internet Communications Settings (Microsoft)
.isp	IIS Internet Service Provider Settings (Microsoft)
.its	Internet Document Set, Internation Translation
.js	JavaScript Source Code
.jse	JSkript Encoded Skript File
.ksh	UNIX Shell Script
.lnk	Windows Shortcut File
.mad	Access Module Shortcut (Microsoft)
.maf	Access (Microsoft)

.mag	Access Diagram Shortcut (Microsoft)
.mam	Access Macro Shortcut (Microsoft)
.maq	Access Query Shortcut (Microsoft)
.mar	Access Report Shortcut (Microsoft)
.mas	Access Stored Procedures (Microsoft)
.mat	Access Table Shortcut (Microsoft)
.mau	Media Attachment Unit
.mav	Access View Shortcut (Microsoft)
.maw	Access Data Access Page (Microsoft)
.mda	Access Add-in (Microsoft), MDA Access 2 Workgroup (Microsoft)
.mdb	Access Application (Microsoft), MDB Access Database (Microsoft)
.mde	Access MDE Database File (Microsoft)
.mdt	Access Add-in Data (Microsoft)
.mdw	Access Workgroup Information (Microsoft)
.mdz	Access Wizard Template (Microsoft)
.msc	Microsoft Management Console Snap-in Control File (Microsoft)
.msi	Windows Installer File (Microsoft)
.msp	Windows Installer Patch
.mst	Windows SDK Setup Transform Skript
.ops	Office Profile Settings File
.pcd	Visual Test (Microsoft)
.pif	Windows Program Information File (Microsoft)
.prf	Windows System File
.prg	Program File
.pst	MS Exchange Address Book File, Outlook Personal Folder File (Microsoft)
.reg	Registration Information/Key for W95/98, Registry Data File
.scf	Windows Explorer Command
.scr	Windows Screen Saver
.sct	Windows Skript Component, Foxpro Screen (Microsoft)
.shb	Windows Shortcut into a Document
.shs	Shell Scrap Object File

Extension	Description
.tmp	Temporary File/Folder
.url	Internet Location
.vb	VBSkript File or Any VisualBasic Source
.vbe	VBSkript Encoded Skript File
.vbs	VBSkript Skript File, Visual Basic for Applications Skript
.vsmacros	Visual Studio .NET Binary-based Macro Project (Microsoft)
.vss	Visio Stencil (Microsoft)
.vst	Visio Template (Microsoft)
.vsw	Visio Workspace File (Microsoft)
.ws	Windows Skript File
.wsc	Windows Skript Component
.wsf	Windows Skript File
.wsh	Windows Skript Host Settings File

Index

.NET Compact Frameworks 376
/3GB 655
/USERVA=3030 655
<WebMethod()> 1006
0xC7FE1F42 847
1018 251, 253
 Reparatur 258
1018 → JET_errReadVerifyFailure
1019 264
1022 265
1032 266
3-GB-Switch 654

A

Abfragebasierte Verteilergruppen 803
Absenderfilterung 617
Active Directory
 Betriebsmaster-Rollen 107
 Bridgehead 100
 Domain 85
 Exchange 112
 Forest 88
 FSMO 108
 Global Catalog 102
 Grundlagen 85
 Gruppenrichtlinien 104
 Kapitelbeginn 85
 Live Communications Server 124
 Logische Struktur 85
 Namensraum 102
 Organizational Units 89
 OU 89
 OUs vs. Gruppen 90
 Physikalische Struktur 98
 Replikation 98
 Schema 110
 Sicherung 831
 Site 98
 Standort 98
 Tree 86
 Überblick 60
 Übersichtlichkeit 95
 Unternehmensstruktur 93
 Verfügbarkeit 893
 Vertrauensstellung 87

Active Directory Connector 690, 691
Active Directory Connector → ADC
Active Directory Services Interface 983
Active Directory-Gesamtstruktur, Überblick 64
Active DS Type Library 998
ActiveAnswers 242
ADC 690
ADM-Datei 391
Administration 739
Administrative Gruppe 117
Administrative Gruppen 307
 Anlegen 314
 Anwendungsszenarien 310
 Dezentrales Verwaltungsmodell 310
 Installation 648
 Kombiniertes Verwaltungsmodell 312
 Server installieren 316
 Server verschieben 318
 Überblick 60
 Zentrales Verwaltungsmodell 310
administrative Vorlagen 391
ADMPACK.EXE 394
ADMT 678
Adresslisten 321, 326, 333
Adressraum 149
Adressvorlagen 332
ADSI 983
Advanced Firewall 492
Agentless Management 774
Aktualisierungsintervall, Volltextindizierung 278
AllowAnonymous, RPC over http 407
AllowRetailHTTPAuth 441
Always Up To Date 377
Ambiguous Name Resolution 386
Anbindung an das Internet 485
Anmeldedialog, Formularbasierte Authentifizierung 438
Anonyme E-Mails auflösen 136
anonymer Zugriff, Virtuelle SMTP-Server 136

Anpassen des Suchdialogs 328
ANR Include Online GAL 387
Anwendungspool 1010
Anzahl der Speichergruppen 208
Appointment-Objekt 1000
Archivierung 218, 225
 BCC-Journaling 227
 Envelope Journaling 228
 Message-only-Journaling 226
Archivpostfach 225
ASP.NET Mobile Controls 378, 464
ASP.NET-Webdienst 1005
asymmetrische Verschlüsselung 551
ATRN 153
Attachments 393
AttachView 448
Attribute, Active Directory 111
Aufbewahren gelöschter 220
Aufbewahrungspflicht 225
Aufgliederung der Verteilerlisten 803
Ausfall eines Connectors 184
Ausgehende Sicherheit 153, 585
AUTD 377, 478
Authentifizierung 92
 Front-End-Server 360
Autoenrollment von Zertifikaten 560
Autoenrollment, Konfiguration 561
Automatisches Hard Recovery 837
Autorisierung 92

B

Back-End-Server, Überblick 70
Backup 252, 811
Backup Domain Controller 86
Bandbreite
 Konsolidierung 79
 Öffentliche Ordner 284
Banner 361
Baseline 190
Baselining 764
 Leistungsindikatoren 765
BCC-Journaling 227
BDC 86

Benachrichtigung 757
Benutzeradministration 788
　Berechtigungen 116, 792
　Quotas 795
　Richtlinien 324
　Zugriffsmethoden 800
　Zustelloptionen 797
Benutzereffizienz 52
Benutzerkonten anlegen 308
Benutzerverwaltung, Live Communications Server 957
Berechtigungen 792
　Benutzeradministration 116
Bereitstellungstools 638
Best Practices Analyzer 516
Betrieb 739
Betriebsmaster-Rollen, Active Directory 107
Betriebssicherheit 233
Bewertung der Systeme 874
Bildungsregel für Email-Adressen 340
BIND 109
BizTalk 981
BlackBerry 35, 377
Blacklist 38, 139, 610
　DNS 614
　Technische Hintergründe 613
Blacklist-Provider 614, 617
Blocklevel-Device, Überblick 71
BOOT.INI 654
Brick-Level-Backup 845
Bridgehead, Active Directory 100
Bridgehead-Server 147, 170, 182
　Routing 132
　Überblick 65
Business Contact Manager 982

C

CA 526
Cached Mode 80, 303, 336, 354, 382
　Grenzen 384
　Öffentliche Ordner 383
　Offlineadressbuch 337
　SP2, Erzwingen 44
　Überblick 66
CAL 60
Cascading Style Sheets 456
Catchall-Mailbox 199

catutil 281
CDO 985
CDO.Addressee 998
CDOEX 983, 989
CDOEX.DLL 989
CDOEXM 983
CDOSYS 983
CDOSYS SMTP/NNTP Event Sinks 983
CDOWF 983
Certchk.exe 475
Certificate Authority 526
CheckAdminSettings 397
Checkliste 750
Checkpoint File 209
checksum mismatch 255
chk 209
Circular Logging 211, 212
Citrix MetaFrame, Zentrale Struktur 81
Clearswift 487
Client Access License 60
Client für die Windows-Rechte-verwaltung 591
Clients 371
　Exchange ActiveSync 378
　Linux PCs 373
　Macintosh 373
　Outlook Mobile Access 378
　Überblick 65
　Windows Mobile 373
　Windows PC 372
Client-Zugriff aus dem Internet 490
Cluster 885
　Aktiv/Aktiv 887
　Aktiv/Aktiv-Cluster 889
　Aktiv/Passiv 887
　Aktiv/Passiv und n+1 887
　Allgemein 885
　Cluster aware 886
　Cluster vs. Servervirtualisierung 891
　Distributed Transaction Coordinator 660
　Einschränkungen 890
　Ersten Knoten installieren 657
　Exchange installieren 663
　Exchange Systemaufsicht 667

　Installation 655, 656
　Konfiguration 659
　Migration 703
　Netzwerkkarte 660
　öffentliches Netzwerk 660
　Physikalische Datenträger 666
　privates Netzwerk 660
　Quorumressource 658
　Ressourcen 886
　Shared Storage 885
　Sicherung und Wiederherstellung 891
　Testumgebung 655, 892
　Vergleich Editionen 60
　Virtuelle Exchange Server 890
　Virtuellen Exchange Server installieren 664
　Voraussetzungen 656
　Wolfpack 885
　Zweiten (und weitere) Clusterknoten installieren 658
Cluster vs. Servervirtualisierung 891
Clusterdienstkonto 657
Cluster-Ressourcen 886
Clusterverwaltung 657
CN 542
Collaboration Data Objects 985, 989
Collaboration Data Objects → CDO
Collaboration Data Objects for Exchange 983
Collaboration Data Objects for Exchange Management 983
Collaboration Data Objects for Exchange Workflow 983
Collaboration Data Objects for Windows 2000 983
Collaboration, Einführung 49
COM Interop 986
COM-Add-Ins 394
comdlg32.ocx 394
COM-Komponenten 986
Common Name 542
Connector 143
　Abgrenzung zu virtuellem SMTP-Server 135

Überblick 60
Connectorbereich 150
Cookie 437
Copy-on-Write-Snapshots 822
CTP-Version 35

D

DataEnter POPBeamer 199
DataViz 379, 471
Dateianhänge, Outlook Web Access 446
Datenbank 207, 219
   Überblick 70
   Vergleich Editionen 60
Datenbanken pro Speichergruppe 208
Datenbankgröße, SP2 41
Datenbankstruktur 209
Datenbanktheorie 205
Datenhaltung 879
   Controller-basierte Spiegelung 879
   Datenverlustzeit 879
   Host-basierte Replikation 881
   Host-basierte Spiegelung 880
   Wiederherstellzeit 879
Datensicherung 260
Datenverlustzeit 872, 896
dcdiag 641
Defragmentierung 260, 262
Desaster Recovery 811
Detailvorlagen 326
Dezentralisierung 79
DHCP 110
   80/20-Regel 110
Diagnose, Routing 185
Dial Tone Recovery 857
Digest 552
Dimensionierung von Plattenbereichen 233
Direct Push 35
Dirsync 143
DisableCertChk.exe 475
diskpar.exe 250
Distributed Transaction Coordinator 660
Distributed Transaction Coordinator → MSDTC
DMZ, Front-End-Server 350
DNS 109, 124
dnsdiag.exe 192

DNS-Konfiguration, Routing 192
Domain Controller 85, 123
Domain Naming Master, Active Directory 108
Domain, Active Directory 85
Domainnamenskontext 113
DomainPrep 115, 645
Download des vollständigen Adressbuchs 387
DownloadOAB 387, 390
DSAccess 120
DSProxy 121
DSProxy-Dienst 402
Dual Authentication, Front-End-Server 359
DumpsterAlwaysOn 814

E

EAS 498
   Exchange ActiveSync 471
   Überblick 68
EAS-Protokoll 379
Echtheit überprüfen 551
EDB 209, 210
   Überblick 71
Editionen 59, 208
EHLO 153, 194
EICAR.COM 607
Eingangswarteschlange 196
Eingehender Feed 292
Einheitlicher Modus 653
einzelne Gesamtstruktur 114
Email-Adressen generieren 339
Email-Adressen, zusätzliche Richtlinien 340
Email-Aktivierung, Öffentliche Ordner 286
Email-Archivierung 225
Empfängeraktualisierungsdienst 116, 341, 789
Empfängeraktualisierungsdienst → Recipient Update Service
Empfängeraktualisierungsdienst → RUS
Empfängerfilterung 618
Empfängerrichtlinien 324, 339, 790
   Variablen 791
Empfängervorlagen 324
Empty Page 259
Enterprise CA 537, 561
Enterprise Edition
   Storage Groups 72
   Vergleich Editionen 60

Entourage 2004 373
Entwicklung 979
   Active Directory Services Interface 983
   CDOSYS SMTP/NNTP Event Sinks 983
   Collaboration Data Objects 989
   Collaboration Data Objects for Exchange 983
   Collaboration Data Objects for Exchange Management 983
   Collaboration Data Objects for Exchange Workflow 983
   Collaboration Data Objects for Windows 2000 983
   Event Sinks 986
   Exchange Backup an Restore API 984
   Exchange OLE DB Provider 984
   Exchange Server Objects 985
   Exchange Store Event Sinks 984
   Exchange Web Forms 984
   Exchange writer for the Windows Volume Shadow Copy Service 985
   Frei-/Gebucht-Informationen 995
   HTTP/Web Distributed Authoring and Versioning 984
   Incremental Change Synchronisation 984
   Kontakte 1020
   Kontakte eintragen 1026
   Lightweight Directory Access Protocol 984
   MAPI 985
   Messaging Application Programming Interface 984
   Outlook Object Model 984
   Outlook Web Access 984
   SMTP Event Sinks 984
   Termine 994

Versenden einer Mail 992
WebDAV Notifications 984
Windows Management Instrumentation 984
XSO 985
Entwicklungsumgebung 989
Envelope Journaling 228
Ereignisanzeige 188
Erstinstallation 635
Erweiterte Sicherheitskonfiguration für Outlook 392
Erweiterte Suche, Volltextindizierung 282
ESE-API 605
ESE-basierte Virenscanner 605
Esefile 258
Eseutil 254, 258, 261
ESMTP 153
ETRN/TURN 153
Event Sinks 986
Exchange 2000 723
Exchange 2000 Tuning-Einstellungen 724
Exchange 5.5 673
Exchange ActiveSync 378, 470
　AUTD 478
　Clientseitige Konfiguration 472
　Formularbasierte Authentifizierung 472
　Front-End-Server 350
　Häufigkeit der Synchronisation 473
　Konfiguration 471
　Normalzeit 473
　Push-Verfahren 477
　Spitzenzeit 473
　SSL-Verschlüsselung 472
　Überblick 68
　Zertifikate 474
Exchange Backup an Restore API 984
Exchange Custom Attributes 327
Exchange im Active Directory 112
Exchange OLE DB Provider 984
Exchange SDK 986
Exchange Server Objects 985
Exchange Store Event Sinks 984
Exchange Web Forms 984
Exchange writer for the Windows Volume Shadow Copy Service 985

Exchange-Administrator 315
ExchangeApplicationPool 1025
Exchange-Edition 807
Exchange-Organisation, Überblick 60
Exejcfg.exe 228
ExMerge
　Anwendung 730
　Datensicherung 731
　INI-Datei modifizieren 729
　Installation 726
　Konfiguration 726
　Migration 726
　Probleme 729
ExOLEDB 984
Explizites Logon 360
Export des öffentlichen Schlüssels 539
Extended SMTP 153

F

False Positives 612, 623, 625
fehlerhafte Signatur 554
Fehlersuche, Routing 190
Fehlertoleranz
　Öffentliche Ordner 284
　Routing 182
Festplattenoptimierung 250
Feuerwehrübung 865
FibreChannel, Überblick 71
Filterfunktionen 488
Fingerabdruck des Zertifikats 573
Firewall 350, 493
Firewallrichtlinie 494
Firmenlogo, Outlook Web Access 456
FlashSnap-Option 828
Flexible Single Master Operations, Active Directory 108
Forest 114
　Active Directory 88
　Überblick 62, 64
ForestPrep 114, 644
Formularbasierte Authentifizierung
　Outlook Mobile Access 467
　Outlook Web Access 436
　SSL-Offloading 440
Frei-/Gebucht-Informationen 301, 995
　als Webservice 1004

　als Webservice-Client 1012
Frei/Gebucht-Server, Überblick 65
Freigegebenen Kalender öffnen 795
Front-End-/Back-End-Architektur 349
Front-End-https, on 358
Front-End-Server 351
　Absichern 360
　Authentifizierung 359
　Authentifizierungsmethoden 360
　DMZ 350
　Dual Authentication 359
　Konfiguration 351
　MAPI-Protokoll 352, 356
　Migration 723
　Pass-Through Authentication 360
　Redundanz 362
　Service Packs 362
　Troubleshooting 363
　Überblick 65, 70
　Verfügbarkeit 892
　Verschlüsselter Datentransport 356
　Zugriff auf Active Directory 358
FSMO, Active Directory 108

G

GAL 37, 326, 335
Gateway-Threshold 626
General purpose hierarchy 274
Gesamtstruktur 114, 119
　mehrere, Einschränkungen 119
　Überblick 64
GetFreeBusy 995
Global Address List 124, 335, 386
Global Adress List 119, 326
Global Catalog 120
　Active Directory 102
　DSProxy 121
　Problemanalyse 767
　Verfügbarkeit 124
　Voraussetzungen 114
Global Catalog Server 124

Globale Adressliste 37
globale Gruppen, enthält 91
GPMC 107
GPO, Active Directory 90
GPRS 380
Grenzen des Cached Mode 384
Größe der Datenbank, Vergleich Editionen 60
Größe einer einzelnen Datenbank 208
Group Policy Management Console 107
Group Policy Objects, Active Directory 90
Gruppenkalender 270
Gruppenrichtlinien 814
  Abarbeitung 105
  Active Directory 90, 104
  Sicherheit 520
  Übersichtlichkeit 107
Gruppenrichtlinien-Vorlagen 106
GSM 380
GUID 213

H
Hard Recovery 836
hashctl.dll 394
Hash-Wert 552, 573
Häufigkeit der Synchronisation 473
Hauptspeicher 654
Heartbeat 660
HELO 153
Hop 141
HTTP 143
http über SSL 523
HTTP/Web Distributed Authoring and Versioning 984
Hub-and-Spoke-Topologie 160, 165, 179

I
ICS 984
Identität des Anwendungspools 1010
IIS Metabase 831
IIS Metabase Explorer 361
IISADMPWD 432
Im Auftrag senden 798
IMAP4 143
  Front-End-Server 350
IMF 38, 607

IMF Archive Manager 627
Impersonation 1011
Implizites Logon 360
Inaktivitätszeit 37
Incremental Change Synchronisation 984
Information Rights Management 588
Informationsspeicher für Öffentliche Ordner 209, 223, 273
  Karteikarte Allgemein 223
  Karteikarte Replikation 224
  Überblick 71
Infrastruktur Master, Active Directory 108
Installation 635, 647
  Bereitstellungstools 638
  Cluster 656
  dcdiag 641
  DomainPrep 645
  Einheitlicher Modus 653
  Erstinstallation 635
  Erweiterte Anzeige im ESM 652
  ForestPrep 644
  Hauptspeicher 654
  Kommandozeilenparameter 648
  mehrere administrative Gruppen 648
  netdiag 641
  Schema-Erweiterung 644
  Support Tools 641
  Systemweite Voraussetzungen 635
  Überprüfen 640
  Voraussetzungen 635
  Vorbereitung 639
Installation im Cluster 655
Installation zusätzlicher Server 655
Instant Messaging 55
Integration von Anwendungen 982
Integritätsprüfung 258
Intelligent Message Filter 38, 607, 620
  Architektur und Anwendung 620
  Archivieren 627

  authentifizierte Verbindung 629
  Gateway-Threshold 626
  IMF Archive Manager 627
  Installation und Konfiguration 623
  Leistungsmessung 625
  Thresholds 622
Intelligent Message Filter → IMF
Intelligenter Sofortnachrichtenfilter 971
Internet Mail-Assistent 156
Internet News 290
Internet Security and Acceleration Server 492
  Überblick 69, 73
Internetanbindung 485
Internet-Anbindung, SMTP-Connector 181
Internet-Gateway 182
IOPS 239, 243, 247
IOPS-Leistung 234
IPsec 588
ISA Server 77, 349, 427, 491, 492
  Live Communications Server 942
  SSL-Offloading 357
  Überblick 69, 73
isatq.dll 192
iSCSI, Überblick 71
isinteg 254, 262
IT-Grundschutzhandbuch 521
ITIL 739, 870

J
JET_errDiskIO 265
JET_errFileAccessDenied 266
JET_errPageNotInitialized 264
JET_errReadVerifyFailure 251, 258
Jetstress 247
Journaling 218, 225
Journaling-Varianten 226

K
Kalender anderer Anwender, Outlook Web Access 462
Kalender freigeben 795
Kapazitätsermittlung 241
Kategorisierungsmodul 196
Keine Verweise auf Öffentliche Ordner zulassen 148

Kerberos Two Way Transitive
    Trusts, Active Directory 87
Kerberos-Authentifizierung 460
Keystroke-Logger 520
Klasse, Active Directory 111
Kommandozeilenparameter 648
komplexes Passwort 37
Konfigurationsnamenskontext
    113
Konsolidierung 77
Kontakte 806
Kontakte eintragen 1026
Kontakte lesen (Entwicklung)
    1020
Kosten 181
Kosten für Routingwege 164
Kostenoptimiertes Routing 177

L

Latenzzeit 235
Laufwerk M 518
LCS 905
LDAP 984
LDAP-Filter 805
Leaf Page 259
Leistungsindikatoren für das
    Baselining 765
Leistungsindikatorenprotokoll
    243
Letzter Wiederherstellungssatz
    837
Level 1-Attachments 396
Level 2-Attachments 397
Lightweight Directory Access
    Protocol 984
lineare Routingtopologie 163
Literatur-Nobelpreis 679
Live Communications Server 124
    Administration 957
    Anwendungsfreigabe 915,
        916
    AOL, MSN & Co. 954
    Archivierung 913
    Archivierungsdienst 930
    Automatische Konfigu-
        ration 935
    Backup 963
    Benutzerverwaltung 957
    Dateiübertragung 910
    Dateiübertragungsfilter 972
    Director 953
    DNS 935

Editionen 923
Email-Domains 961
Föderation 952
Helpdesk-Lösung 917
Installation 928
Installation Zugriffsproxy
    944
Instant Messaging 910
Integration 921
Intelligenter Sofortnachrich-
    tenfilter 971
ISA Server 942
Kontakte 908
Live Communications Server
    957
Lizenzierung 923
Massendatenpflege 960
Microsoft Operations
    Manager 963
Nachrichtenwarteschlange
    931
öffentliche IM-Dienstan-
    bieter 954
Office Communicator 2005
    934
Outlook 921
Pool 953
Präsenzinformationen 907
Preise 924
Proxy vs. Zugriffsproxy 951
Schema-Erweiterung 927
Server aktivieren 929
Service Locator Records 935,
    969
SharePoint 921
Sicherheit 967
Sofortnachrichten 910
Transport Layer Security 942
Überblick 905
Überwachung 963
URL-Filter 971
Verschlüsselung 967
Videokonferenz 920
Virenschutz 970
Voice 913
Voraussetzungen 927
VPN 941
Whiteboard 915, 919

Windows Messenger 5 937
Zertifikat 945, 967
Zugriffsproxy 944
Zugriffsproxy konfigurieren
    946
Live Communications Server
    → LCS
Lizenzunterlagen 900
Load Balancing, Routing 182
LOG 209
    Überblick 71
Logfile 205
Login-Skripts 90
logische Fehler 873
Logische Struktur, Active
    Directory 85
Logischer Datenträger 745
Logs, Restore 839
Lokale Administratorrechte als
    Sicherheitsrisiko 520
Lokale Bridgeheads 147
lokale Gruppen, enthält 91

M

M:-Laufwerk 607
Mail
    fehlerhafte Signatur 554
    Größenvergleich 557
    Prüfung der Signatur 554
    Signaturen überprüfen 569
    Signieren 548, 551
    Verschlüsseln 548, 550
    Windows Rights Mana-
        gement Services 597
Mail Relay 486
    Beispiel 487
Mailbox Recovery Center 815
Mail-Relay 77
Mailserver veröffentlichen 498
Management Packs 773
Manueller Download des OABs
    390
Manuelles Hard Recovery 839
MAPI 984, 985
    SP2, Zugriffskontrolle 44
MAPI-Client 210
    Ordnerstrukturtyp 274
MAPI-Scanner 604
Maximale Anzahl der Hops 141
MBSA 504
Megazyklen 247
Mehrknoten-Cluster 888

Member Server, Active Directory 85
Message-only-Journaling 226
Messageware 448
　Outlook Web Access 448
Messaging & Security Feature Pack 35
Messaging & Security Feature Pack für Windows Mobile 5 480
Messaging Application Programming Interface 984
Messaging Security Suite 487
Messwerte 243
Microbrowser, Überblick 68
Microsoft Baseline Security Analyzer 504
Microsoft Baseline Security Analyzer → MBSA
Microsoft Business Contact Manager 982
Microsoft Identity Integration Server 119
Microsoft Message Queuing 930
Microsoft Message Queuing → MSMQ
Microsoft Operations Framework
　Prozessmodell 739, 740
　Risikomodell 739
　Service Management-Funktionen 739
　Teammodell 739
Microsoft Operations Framework → MOF
Microsoft Operations Manager 190, 772
　Berichtskonsole 779
　Computergruppen 783
　Editionen 774
　Konzept und Architektur 773
　Leistungsregel 787
　Live Communications Server 963
　Management Packs 781
　Messen 787
　Operatorkonsole 776
　Produktwissensquelle 778
　Regelgruppen 784
　Schwellenwerte 787
　Überblick 73
　Verwaltungskonsole 776
　Voraussetzungen 775
　Warnungsregel 785
　Webkonsole 778
Microsoft Operations Manager → MOM
Microsoft Operations Manager → Operations Manager
Microsoft Virtual Server 882
Microsoft Zertifikatsdienste 536
Migration 673
　Active Directory Connector 690
　Active Directory Connector installieren 691
　Active Directory Connector konfigurieren 695
　ADMT 678
　Bereitstellungstools 692
　bidirektionale Vertrauensstellung 676
　Cluster 703
　Connectoren verschieben 719
　DNS-Eintrag erstellen 675
　Exchange 2000 723
　Exchange 2003 installieren 703
　Exchange 5.5 673
　Exchange 5.5 abschalten 719
　ExMerge 726
　Front-End-Server 723
　Kennwortexportserver-Verschlüsselungsschlüssel 679, 683
　Kennwort-Migration 683
　Konsistenzprüfung für Exchange 5.5 690
　Migration der Benutzerkonten 677
　Name der Exchange-Organisation 707
　nativer Modus 722
　NT4 Domain abschalten 722
　Öffentliche Ordner 711
　PFmigrate 712
　PFMIGRATE.WSF 713
　Postfächer migrieren 708
　Ressourcenpostfächer 701
　Ressourcenpostfächer bereinigen 697
　Standortreplikationsdienst 703
　Umlaufprotokollierung 732
　Verbindungsvereinbarung 699
　Vertrauensstellung einrichten 676
　Voraussetzungen schaffen 674
　WINS-Eintrag erstellen 674
Migration zwischen Organisationen 726
MIIS 119
MIME 210
MIMEsweeper 487
Mobile Information Server 55, 68, 464
Mobiler Zugriff 35
Modifizieren von Themes, Outlook Web Access 448
MOF 739
MOM 772
　Überblick 73
MOM Connector Framework 774
MOM Verwaltungsgruppe 773
MOM Verwaltungsserver 773
Motorola 379, 471
MSDTC 660
MSMQ 930
msnews.microsoft.com 291
Multimaster-Replikation, Active Directory 86
MX/A-Datensätze 193
MX-Record 146

N

Nachrichtengröße 616
Nachrichtenübermittlung 141
　an Internet Empfänger 132
　innerhalb der Organisation 132
Nachrichtenverfolgung 194
Name der Exchange-Organisation 707
Namensauflösung 198
Namensraum 184, 350
　Active Directory 102
netdiag 641

Network Load Balacing 362
Network News Transfer Protocol 290
Netzwerkdienste 109
  Verfügbarkeit 893
Netzwerklastenausgleich-Manager 363
Netzwerkmonitor 197
NewNews-Kommando 291
News 290
News Clients 295
  Outlook 295
  Outlook Express 296
  Outlook Web Access 298
  Zugriff mit NNTP 296
Newsfeed 292
Newsgroups 293
Nicht reproduzierbare Daten 873
NLB 362
NNTP 143, 290
NNTP-Dienst 292
Noise-Words 282
Nokia 379, 471
Notfall 874, 895
Notfallreparatur 237
nslookup 146
NSPI interface protocol sequences 409
NTBackup 828

O

OAB 385
  SP2 44
OAB Bandwidth Threshold 389
OAB Version 1 336
OAB Version 2 337
OAB Version 3a 337
Objektverwaltung zuweisen 314
Offenes Relay 138, 610
Öffentliche Ordner 269, 981
  Abgrenzung SharePoint 55
  Administration 271
  Bandbreite 284
  Cached Mode 383
  Email-Aktivierung 286
  Fehlertoleranz 284
  Grundlagen 270
  Informationsspeicher 223
  Internet News 290
  Migration 711
  Rechte und Berechtigungen 271
  Replikation 273, 282
  SharePoint 287
  SP2 42
  Speicher 273
  Struktur 273
  Strukturen 274
  Umlaufprotokollierung 213
  Verweise 148, 282, 285
  Volltextindizierung 273, 277
Öffentliche-Ordner-Struktur 223
öffentlicher Schlüssel 550
Office 2003, Windows Rights Management Services 589
Office Communicator 2005 934
Office Resource Kit 2003 394
Offline Adress Buch, SP2 44
Offline-Adressbuch 302, 335, 385
Offlineadressliste 218, 335
  Überblick 65
Offline-Backup 842
Offline-Maintenance 237
Offlineordnerdatei 384
OMA 463
  Überblick 68
Online-Backup 252
Onlinezertifizierungsstelle 541
On-Track PowerControls 819
OOM 984
Openwave 468
Operating 742
  Checkliste 750
  Datensicherung prüfen 753
  DR-Konzept prüfen 753
  Patches einspielen 752
  Überprüfung der Anti-Viren-Maßnahmen 750
  Überprüfung der Bandsicherung 744
  Überprüfung der Logs 749
  Überprüfung der Plattensysteme 744
  Überprüfung der Routingwege 747
  Überprüfung der Umgebung 743
  Überprüfung des Antwortverhaltens 746
  Überprüfung von Prozessor und Speicher 745
  Zusammenfassung 752
Operations Manager 772
Ordnerstrukturtyp 274
Organisation, Überblick 60
Organizational Units, Active Directory 89
OrgInfo-Paket 172
ork.exe 394
OST-Datei 384
OU, Active Directory 89
OUs vs. Gruppen, Active Directory 90
outlk11.adm 392
Outlook 382
  administrative Vorlagen 391
  Anpassen des Suchdialogs 328
  Attachments 393
  DSProxy 121
  Einstellungen modifizieren und verteilen 391
  Entwicklung 981
  Erweiterte Sicherheitskonfiguration 392
  Formulare 981
  News Client 295
  RPC over http 400
  Sicherheitseinstellungen 394
  Überblick 65
  Verschlüsseln und Signieren 565
Outlook 10 Security Settings 395, 398
Outlook Express
  News Client 296
  Transport Layer Security 586
Outlook mit RPC over http 400
Outlook Mobile Access 378, 463, 498
  Benutzer berechtigen 465
  Formularbasierte Authentifizierung 467
  Front-End-Server 350, 470
  ISA Server 470
  Konfiguration 465
  SSL-Verschlüsselung 465
  Überblick 68
  Übertragungskosten 470

Outlook Mobile Access → OMA
Outlook Object Model 984
Outlook Web Access 81, 418, 498, 984
  Basis 420
  Betriebssysteme und Browser 426
  Dateianhänge 446
  Featureunterstützung 430
  Firmenlogo 456
  Formularbasierte Authentifizierung 436
  Front-End-Server 349
  Kalender anderer Anwender 462
  Konfiguration 428
  News Client 298
  Optische Anpassung 448
  Passwort ändern 431
  Premium 420
  S/MIME 442, 554
  Segmentierung 430
  SharePoint 459
  Sichern der Kommunikation 429
  Topologie 427
  Überblick 67
  Überprüfung der Signatur 554
  Umleitung auf https 443
  UrlScan 458
  Verschlüsseln und Signieren 570
  Verschlüsselung 434
  Versionen 420
  Zentrale Struktur 81
Outlook-Objektmodell 394
OutlookSecurity.oft 395
OWA 984
  Überblick 67
  Zentrale Struktur 81
OWAAdmin.EXE 428

P
P1-Messageheader 228
Palm 378
palmOne 379, 471
Papierkörbe 811

Pass-Through Authentication, Front-End-Server 360
Passwort ändern, Outlook Web Access 431
Patches und Service Packs 503
Patchverteilung 508
PDC 86
PDC Emulator, Active Directory 108
Performance 208, 233
  Bedarfsermittlung 239
Performance-Monitor 243
  Routing 189
Performance-Monitoring 759
  Analysieren 762
  Baselining 764
  Erfassungszeitraum 766
  Leistungsindikatoren 765
  Leistungsindikatorenprotokoll 760
  Performance Wizard 768
  Performancemonitor 759
  Remote PC 764
  Verfälschung 766
  Warteschlangenlänge 767
PFmigrate 712
PFMIGRATE.WSF 713
Phishing 38
Physikalische Struktur, Active Directory 98
Physikalischer Datenträger 745
PKI 525, 550
  eigene PKI 535
PocketPC 373, 491
  Installation eines Stammzertifikats 577
PocketPC 2003 577
PocketPC Phone Edition 374, 481
Point-in-Time Restore 843
POP3 143
  Front-End-Server 350
  Transport Layer Security 586
POP3-Postfächer 198
POPBeamer 199
Portscanner 361
Postfächer migrieren 708
Postfächer, Wiederherstellung 815
Postfach-Manager 342
Postfachprofil 236
Postfachserver, Überblick 65

Postfachspeicher 208, 216
  Karteikarte Allgemein 217
  Karteikarte Datenbank 219
  Karteikarte Grenzwerte 220
  Karteikarte Richtlinien 222
  Karteikarte Volltextindizierung 221
  Überblick 71
Präfix für Protokolldatei 216
Präsenzinformationen 907
Primary Domain Controller 86
Primary Page 259
privater Schlüssel 550
Problembehandlung
  Routing 185
  Storage 250
Prozessorleistung 247
Pstoreutl 281
Public-Key-Infrastruktur 525, 550
Pull, Internet News 290
Push, Internet News 290
Push-Technologie 35
Push-Verfahren, Exchange ActiveSync 477

Q
Quest Recovery Manager für Exchange 819
Quest Spotlight on Active Directory 198
Quest Spotlight on Exchange 190, 770
Quorumressource 658
Quotas 795

R
RAID-Level 235
RAID-Sets 233
RAS-Server 379
Rebuild des Exchange Servers 864
Recipient Update Service 116, 341, 789
Recipient Update Service → RUS
Recovery des kompletten Servers 863
Recovery SG Override 847
Recovery Storage Group 208, 819, 845
  0xC7FE1F42 847
  Anlegen 848

Datenbank hinzufügen 849
Dial Tone Recovery 857
Durchführungszeitpunkt 854
Einschränkungen 846
ExMerge 855
Rücksichern 850
Überblick 72
Verschieben der Objekte 852
Wiederherstellen einzelner Mails 848
Recovery Storage Group → RSG
Recovery Storage Group → Speichergruppe für die Wiederherstellung
regsvr32 990
Relayeinschränkungen 138
Remote Procedure Calls 400
Überblick 67
Remote Wipe 36, 376
Remotebridgehead 170
Repair Count 262
Reparatur 260
Reparatur-Chancen 259
Replication Monitor 198, 642
Replikation 224
Active Directory 98
Konfiguration 285
Öffentliche Ordner 273, 282, 303
Replikationsintervall 224
Replikationskonflikt, Active Directory 108
Replikationsprobleme 42
Replikationstopologie, Active Directory 86
Replikationsverkehr, Active Directory 95
Reproduzierbare Daten 873
res1.log 209
Reserve Logfile 209
Ressourcendomain 118
Ressourcengesamtstruktur 118
Ressourcenpostfächer 701
Ressourcenpostfächer bereinigen 697
Restore 811, 832
Allgemeines 864
Automatisches Hard Recovery 837
Brick-Level-Backup 845

Dial Tone Recovery 857
Feuerwehrübung 865
Hard Recovery 836
Logs 839
Manuelles Hard Recovery 839
Missverständnis 841
Offline-Backup 842
Point-in-Time Restore 843
Roll-Forward Restore 844
Soft Recovery 834
Verlust der kompletten Datenbank 862
Wiederherstellen einzelner Mails 848
Restore → Rücksicherung
Restore des Exchange Servers 863
restore.env 839
Restorevarianten 834
Reverse Proxy 491, 495
Reverse-DNS-Lookup 142
Rich-Text-Datenbankdatei 209
Richtlinie für Öffentlichen Informationsspeicher 322
Richtlinie für Postfachspeicher 322
Richtlinien 222, 321
RID Master, Active Directory 108
Ring 163
Risikomanagement 740
RMS 588
Roaming 35
Roll-Forward Restore 844
Root CA 526
Root Certificate 526
Root-Zertifikat installieren 525
route.exe 179
Routing 131, 172
Kostenoptimierung 177
Routinggruppen 158
Erstellen 166
Überblick 60
Routinggruppenconnector 143, 168
Karteikarte Allgemein 169
Karteikarte Empfangseinschränkungen 172
Karteikarte Inhaltseinschränkungen 172

Karteikarte Remotebridgehead 171
Karteikarte Übermittlungsoptionen 172
Routinggruppen-Master 124, 158, 166
Ausfall 167
RPC 400
Virtuelles Verzeichnis 403
RPC over http 400
Client konfigurieren 413
Exchange konfigurieren 408
Funktionsweise im Detail 401
Global Catalogs konfigurieren 408
Installationsbeispiel 403
ISA Server anpassen 410
Testen 417
Troubleshooting 417
Voraussetzungen 402
RPC over https
Front-End-Server 350
Überblick 67
RPC Proxy 401
rpcdiag 417
RPC-over-http-Proxy-Server 403
RPCs, Überblick 67
RpcWithCert, Virtuelles Verzeichnis 403
RSG 845
Überblick 72
RTC 906
Rücksicherung 211, 832
RUS 116, 341, 789

S
S/MIME 36, 218, 566
Outlook Web Access 442, 554
S/MIME-Erweiterung 554
S/MIME-Steuerelement 570
Sammeladressen 802
Schema 88, 644
Active Directory 110
Erweiterung 114
Schema Manager 111
Schema Master, Active Directory 108
Schema-Erweiterung 111, 644

Live Communications Server 124, 927
  Überblick 62
Schema-Manager Snap-In 103
Schemamaster 113
Schemanamenskontext 113
Schlüsselpaar 537
Schwankender Verbindungsstatus 176
SCL 620
SDK 986
Security 503
Seek Times 235
Sender ID 38, 146
Sender ID-Framework 39
Server für Öffentliche Ordner, Überblick 65
Server für Offlineadresslisten, Überblick 65
Server verschieben
  Administrative Gruppen 318
  Routinggruppen 166
Serverrichtlinie 322
Serverrollen, Überblick 65
serverseitige Papierkorb 812
Service Locator Records 109, 935
Service Pack 2 35
Service Packs, Front-End-Server 362
Servicefähigkeit 870
Session Initiation Protocol 905
SetTempPath 281
Sevicelevel 896
sExchMailboxFolderSet 431
SharePoint 269, 981
  Koexistenz mit OWA, OMA, EAS 459
  Öffentliche Ordner 287
  Outlook Web Access 459
SharePoint Portal Server, Überblick 73
SharePoint-Webparts 353
Sicherer Channel erforderlich 582
Sicherheit 503
  Grundlagen 503
  Schutz der Netzwerkanschlüsse 522
  Umgang mit Sicherungsbändern 522

Unautorisierte Einwahlmöglichkeiten 523
Zutrittsbeschränkung 521
Sicherheitsmaßnahmen, Sonstige 521
Sicherheitsrichtlinien 37
Sicherheitsüberprüfung 516
Sicherung 828
  Active Directory 831
  IIS Metabase 831
  System State 830
Sicherungstypen 819
  Differenziell 819, 820
  Inkrementell 819
  Kopie 819
  Normal 819
Sicherungsverfahren 818
  Brick-Level-Backup 818
  Datenbankbasierte Sicherung 818
  Offline-Sicherung 818
Signaturprüfung 554, 569
Signieren 36, 548, 551, 565
  Outlook Web Access 570
Signierte Nachrichten als Klartext senden 566
Signierten Nachrichten diese Zertifikate hinzufügen 566
SIMPLE 906
Single Instance Storage 213, 217
SIP 905
SIP-Adresse 906
SIP-URI 906, 958
Site, Active Directory 98
Sitzungsschlüssel 524
Small Business Server 495, 655
Smarthost 142, 146, 154
SmartPhone 491
  Installation eines Stammzertifikats 577, 580
SmartPhone 2003 577
SmartPhoneAddCert.exe 580
SmartScreen-Technologie 38
SMS 35
SMS Control Message 377, 478
SMTP 134
  Transport Layer Security 581
SMTP Event Sinks 984
SMTP-Connector 143, 144
  Auslösen der Übermittlung 152
  Karteikarte Adressraum 149

Karteikarte Allgemein 145
Karteikarte Empfangseinschränkungen 155
Karteikarte Erweitert 153
Karteikarte Inhaltseinschränkungen 151
Karteikarte Übermittlungsoptionen 152
Karteikarte VerbundeneRoutinggruppen 151
Konfiguration 145
Transport Layer Security 583
SMTPDiag 193
Snapshot 822
SNMP-Trap 758
SOA 193
SOAP-Protokoll 1003
Soft Recovery 834
Software Update Services 508
Solutions Design 77
Space Dumps 255
SPAddCert 475
SpAddCert.exe 580
Spam 35, 38, 138, 151, 488, 607
  Absenderfilterung 617
  Blacklist-Provider 614
  Blacklists 610
  Empfängerfilterung 618
  Exchange-Bordmittel 616
  False Positives 612, 623, 625
  Offenes Relay 610
  organisatorische Lösung 609
  Probleme mit Blacklists 610
  Received from 613
  Spam Confidence Level 620
  Verbindungsfilterung 617
  Via-ggra und Viagra 613
Spam Confidence Level 620
Spam Confidence Level → SCL
Speichergrenzwerte 220
Speichergruppe 207, 214
  Enterprise Edition 72
  für die Wiederherstellung 208, 845
  Überblick 72
  Standard Edition 72
  Überblick 72
  Vergleich Editionen 60
Sperrliste 545

Sperrlisten-Verteilungspunkt 545, 574
Spotlight on Active Directory 642
Spotlight on Exchange 770
SQL Reporting Services 773, 779
SQL Server 2000 Windows CE Edition 377
SQL Server 2005 Mobile Edition 377
SRS 703
SSL, Front-End-Server 356
SSL-Bridging 356, 496
SSL-Offloading 356, 357, 441
   Formularbasierte Authentifizierung 440
   RPC over http 405
SSL-Port 534
SSL-Tunneling 356, 496
SSL-Verschiebung 441
SSL-Verschlüsselung 492, 523
   Exchange ActiveSync 472
SSL-Zertifikat, RPC over http 405
Stammzertifikat, PocketPC und SmartPhone 577
Stammzertifizierungsstelle 524, 561
   Installation 536
Stammzertifizierungsstelle des Unternehmens 537
Standard Edition
   Storage Groups 72
   Vergleich Editionen 60
Standort, Active Directory 98
Standortreplikationsdienst 703
Standortreplikationsdienst → SRS
Standortverknüpfung, Active Directory 100
STARTTLS 581, 583, 586
Statische Verteilergruppen 802
Statusmonitore 755
   Link-Status 755
   Server-Status 755
Statusüberwachung, Routing 185
Stellvertreter 120
STM 209, 210
   Fehler 266
   Überblick 71
Storage 205
   Problembehebung 250
Storage Group, Überblick 72

Storage-Layout, Überblick 70
Störfall 874, 894
Störfall und Notfall 894
Störfall vs. Notfall 874
Streaming-Datenbankdatei 209
Struktur
   der Datenbank 251
   Öffentliche Ordner 273, 274
Support Tools 641
SuppressStateChanges 177
surrogate agent 774
SUS 508
Sybari Antigen 605
Symbian 378, 379, 471
symmetrische Verschlüsselung 551
Systemordner 269, 300, 388
Systempfad 216
Systemrichtlinien 321
Systemrichtliniencontainer 321

T

Tägliche Maßnahmen 742
Taktung der Volumentarife 477, 479
Telefonverzeichnis 326
Terminal Services, Zentrale Struktur 81
Testwerkzeuge 247
Testzertifikat 525
Thawte 525
TLS 144, 580
   Live Communications Server 942
Todsünde 485
Topology Viewer 190
Transaction Logfile 211
Transaktionsprotokoll 215
Transport Layer Security 144, 580
   Konfiguration (Empfänger) 581
   Konfiguration (Sender) 583
   Live Communications Server 942
   Outlook Express 586
   POP3 586
   Sicherer Channel erforderlich 582
   SMTP-Datenverkehr 581
   STARTTLS 581, 583, 586
Transport Layer Security → TLS

Tree, Active Directory 86
Trend Micro Messaging Security Suite 487
Trojaner 392
Troubleshooting, Front-End-Server 363
TURN 154
TURN/ATRN 152

U

UBE 607
Übertragungskosten, Outlook Mobile Access 470
Überwachung, Benachrichtigung 757
UCE 607
UceArchive 627
Umlaufprotokollierung 212
   Migration 732
   Überblick 71
Umleitung von http auf https, Outlook Web Access 443
UMTS 380
Universelle Gruppen, enthält 91
Unsolicited Bulk E-mail 607
Unsolicited Commercial E-mail 607
Unternehmensstruktur, Active Directory 93
Unzustellbarkeitsbericht 139
Upgrade 673
Urlaubsvertretung 799
UrlScan, Outlook Web Access 458

V

Verbindungsfilterung 617
Verbindungsstatus 172
   schwankend 176
Verbindungsstatusinformationen 150, 166, 175, 177
Verbindungsstatustabelle 132, 172, 183
Verbindungsvereinbarung 699
Verbundene Routinggruppen 151
Verfügbarkeit 208, 869, 870, 882
   Active Directory 123, 893
   Allgemein 875
   Cluster 885
   Datenhaltung 879
   Datensicherung allgemein 877

DHCP 893
DNS 893
Exchange 878
Front-End-Server 892
Hardware 876
Netzwerkdienste 893
Sicherheit allgemein 878
Software allgemein 876
WINS 894
Verisign 525
Veritas Storage Foundation 828
Vermaschung der Routing-
gruppen 161
Veröffentlichen von Webservern 495
Verschlüsselte Nachrichten
empfangen 569
Verschlüsselung 36, 548, 550, 565
Outlook Web Access 434, 570
Vertauenswürdige Stammzertifi-
zierungsstellen 524
Verteilergruppen 801
Verteilerlisten 232
Vertrauensstellung, Active
Directory 87
Verweise 990
Öffentliche Ordner 282, 285
Verweise auf Öffentliche Ordner 286
VES 890
Videokonferenz 920
Viren 392
Virenscan 488
Virenschutz 603
ESE-basierte Virenscanner 605
Filescanner 606
Mailtest-Web-Applikation 607
MAPI-Scanner 604
M-Laufwerk 607
Test 607
VSAPI-Scanner 604
Virtuelle Exchange Server 890
Virtuelle Exchange Server → VES
Virtuelle Maschinen, Abgrenzung
Cluster 884
virtuelle Server 882
Virtuellen Exchange Server instal-
lieren 664

Virtueller SMTP-Server
Abgrenzung zu Connectoren 135
Filter aktivieren 619
Intelligent Message Filter 624
Karteikarte Allgemein 135
Karteikarte Nachrichten 139
Karteikarte Übermittlung 141
Karteikarte Zugriff 136
Konfiguration 135
Virtueller Standardserver für
SMTP 134
Virtuelles Verzeichnis, Öffent-
liche Ordner-Struktur 275
Visual Studio .NET 377
VMware 882
Vollsicherung 211
Volltextindex, Verschieben der
Dateien 281
Volltextindizierung 221
Anwendung 282
Öffentliche Ordner 273, 277
Optimierung 280
Voraussetzungen 278
Volume Shadow Copy Services 821
Off Host-Backup 828
Provider 825
Requestor 825
Shadow Copy Transport 828
Snapshot 822
Technische Hintergründe 825
vssadmin 826
Writer 825
Volume Shadow Copy Services
→ VSS
Volumen-Schattenkopien 825
Vorlagen 321
VPN 379
VSAPI-Scanner 604
VSS 821

W

War Dialer 523
Wartbarkeit 870
Warteschlangen 187
Routing 186
Warteschlangenlänge 767
Warteschlangenverzeichnis 140

Wartungsintervall 219
Web Access Web Administration 428
Web References 1013
Web Server Publishing-Funktion 491
WebDAV 984
WebDAV Notifications 984
Webregistrierungssupport für
Zertifikatsdienste 537
Webserver-Publishing 77
Webservices 985, 1001, 1002, 1025
erstellen 1005
installieren 1006
Sicherheitsaspekte beim
Aufruf 1015
testen 1008
Webservices → XML-Webser-
vices
Webverweis 1012
Weiterleitungsadresse 798
Wiederanlaufzeit 884
Wiederherstellbarkeit von Post-
fächern 817
Wiederherstellen einzelner Mails
819, 848
Wiederherstellung 211
Wiederherstellzeit 870, 896
Windows Management Instru-
mentation 984
Windows Mobile 373
Windows Mobile 5 35, 37, 377, 480
Windows Mobile vs. BlackBerry 377
Windows Powered SmartPhone 373, 374, 481
Windows Rights Management
Services 588
Ablaufdatum 595
Add-On für Internet Explorer 599
Änderungszugriff 593
Funktionsweise 589
Kompatibilität 599
Lesezugriff 593
Licensor Certificate 589
Lizenzmodell 602
Office 2003 589
Publishing License 589, 595
Schutz von Emails 597

Schutz von Office-Dokumenten 593
Testumgebung 591
Use License 590, 595
Windows Rights Management Services → Information Rights Management
Windows Rights Management Services → RMS
Windows Server Update Service 508
Windows SharePoint Services, Überblick 73
WinRoute 172, 192
WINS 110, 124
WMI 984
Wolfpack 885
Worst Case 870, 872
Wrapper 990
WSUS 508

X

X.400-Connector 143
  Vergleich Editionen 60
X-LINK2STATE 175

XML-Webservices 1002
XSO 985

Z

Zentrale Struktur 79
  Outlook Web Access 81
  Terminal Services 81
Zentralisierung der Exchange-Dienste 888
Zertifikat 523
  anfordern 541
  Anfordern durch Benutzer 558
  Autoenrollment 560
  einbinden 533
  einer öffentlichen Stammzertifizierungsstelle 524
  Exchange ActiveSync 474
  Fingerabdruck 573
  Gemeinsamer Name (CN) der Site 531
  Live Communications Server 967
  Öffentliche Kontaktordner 575

Sperrliste 545
Zertifikatsanforderung 529, 542
Zertifikatsanforderungsdatei 531
zertifikatsbasierte Authentifizierung 36
Zertifikatsdatenbank 539
Zertifikatsspeicher 524
Zertifikatswarnung, RPC over http 406
Zertifikatvorlagen 561
Zertifizierungsstelle 558, 561
  eigene Zertifizierungsstelle 535
Zertifizierungsstellenzertifikat 537
Zugriffsberechtigungen, Konfigurationsnamenskontext 113
Zugriffsmethoden 800
Zurücksichern einer Datenbank 862
Zurücksichern einer Storage Group 862
Zustelloptionen 797
Zuverlässigkeit 870
Zwei-Knoten-Cluster 888

Technische Umsetzung,
Benutzereffizienz,
Verfügbarkeit,
Kostenoptimierung

664 S., 2005, mit Poster, 59,90 Euro
ISBN 3-89842-663-7

Konzepte und Lösungen für
Microsoft-Netzwerke

www.galileocomputing.de

Ulrich B. Boddenberg

Konzepte und Lösungen für Microsoft-Netzwerke

Technische Umsetzung, Verfügbarkeit, Kostenoptimierung

Dieses Buch enthält keine langatmigen Installationsanleitungen, sondern liefert „Fakten, Fakten, Fakten" zu Design und Konzeption von Microsoft-Umgebungen. Es beginnt mit den Grundlagen des Sizings von Servern und Storage-Bereichen, beschäftigt sich detailliert mit den „großen" Applikationsservern, erklärt, was eigentlich hinter .NET steckt, diskutiert die Voraussetzungen einer sicheren Internetanbindung und behält stets die Kernaspekte Kosten, Performance und Verfügbarkeit im Auge.

>> www.galileocomputing.de/1030

SharePoint Portal Server 2003,
Windows SharePoint Services
v2, Office System 2003

Entwicklung von Webparts und
SharePoint-Erweiterungen

Webparts, Office und XML,
Server-Integration

623 S., 2005, mit CD
49,90 Euro
ISBN 3-89842-607-6

SharePoint Portal Server 2003 und Windows SharePoint Services

www.galileocomputing.de

Ulrich B. Boddenberg

SharePoint Portal Server 2003 und Windows SharePoint Services

Der SharePoint Portal Server 2003 ermöglicht die Entwicklung eines intelligenten Portals, das einzelne Mitarbeiter und Teams aus unterschiedlichen Geschäftsprozessen miteinander verbindet. Dieses Buch bietet einen Einstieg und einen Überblick in die SharePoint Portal-Technologien.
Es ist ein Praxishandbuch, das für Entwickler, Administratoren und Entscheider das nötige Wissen an die Hand gibt, die SharePoint-Technologien in mittelständischen Unternehmen effektiv einzusetzen.

>> www.galileocomputing.de/936

Neu: Ausführungen zum
Small Business Server

Lösungen für Unternehmen
und Behörden

Von der Testumgebung
zur Pilotierung

949 S., 2. Auflage 2005, mit DVD, 69,90 Euro
ISBN 3-89842-525-8

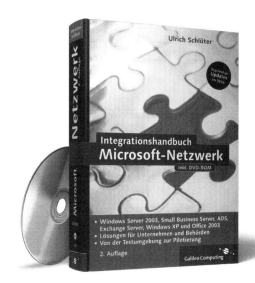

Integrationshandbuch
Microsoft-Netzwerk
www.galileocomputing.de

Ulrich Schlüter

**Integrationshandbuch
Microsoft-Netzwerk**

Windows Server 2003, Small Business Server 2003, ADS, Exchange Server, Windows XP und Office 2003

Unser Bestseller in der 2. Auflage!
Dies ist ein Integrationshandbuch im besten Sinne: Das Wissen um das Zusammenspiel von Microsoft Windows Server 2000/2003, Active Directory, Windows XP Professional, Office XP/2003 oder Exchange Server ist sehr komplex. Schritt für Schritt wird ein Gesamtsystem implementiert, das nicht nur über einen kurzen Zeitraum läuft, sondern wartbar bleibt und später auf neue Versionen upgedated werden kann.
Ganz aktuell: Das Buch enthält Ausführungen zum Small Business Server 2003.

>> www.galileocomputing.de/760

VMware GSX, VMware ESX
und Microsoft Virtual Server

Virtualisierungssoftware
im Vergleich

Planung, Installation und
Verwaltung

612 S., 2005, mit CD, 49,90 Euro
ISBN 3-89842-701-3

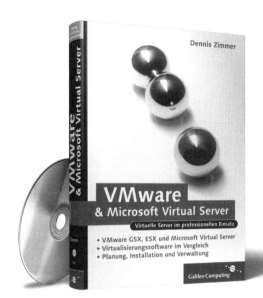

VMware
und Microsoft Virtual Server
www.galileocomputing.de

Dennis Zimmer

VMware und Microsoft Virtual Server

Virtuelle Server im professionellen Einsatz

Dieses Buch bietet von der Konzeption bis zum Einsatz das nötige Wissen für professionelle Virtualisierungsprojekte im Unternehmen. Es klärt nicht nur die Frage, was Virtualisierung bedeutet und welches Produkt sich für welchen Zweck am besten eignet, sondern liefert auch umfassendes Profi-Wissen für den praktischen Einsatz, die Einrichtung und Verwaltung virtueller Server-Welten.

>> www.galileocomputing.de/1102

Riskoanalyse, Methoden und Umsetzung

Für Unix/Linux und Windows

VPN, WLAN, Intrusion Detection, Disaster Recovery, Kryptologie

544 S., 2005, mit CD, 39,90 Euro
ISBN 3-89842-571-1

Praxisbuch Netzwerk-Sicherheit

www.galileocomputing.de

»... hervorragendes Lehr- und Nachschlagewerk für Administratoren ...«
InfoWeek.ch, 04/2005

Johannes Plötner, Steffen Wendzel

Praxisbuch Netzwerk-Sicherheit

Riskoanalyse, Methoden und Umsetzung

Dieses Buch liefert umfassendes Praxiswissen zur IT-Sicherheit. Sie erfahren, wie man Server und Router schützen kann und lernen alles Wissenswerte zu Verschlüsselungen und zur Datensicherheit.

Aus dem Inhalt:
Gefahrenanalyse, Kryptographie, TCP/IP, physikalische Sicherheit, VPN-Grundlagen, Firewalls und Proxies, Topologien, Einbruchserkennung, Netzwerksicherheit, Secure Shell, Unix- und Windows-Sicherheit, Disaster Recovery, Security Policies, sichere Software

>> www.galileocomputing.de/878

Aktuelle Bücher aus unserem Programm

C/C++   Datenbanken   Internet & Scripting   Java   .NET   UNIX/Linux   XML

Apache 2
Einführung, Konfiguration, Referenz
857 S., CD, 44,90 Euro
ISBN 3-89842-787-0

C von A bis Z
920 S., Referenzkarte, 39,90 Euro
ISBN 3-89842-643-2

C/C++
Von den Grundlagen zur
professionellen Programmierung
1368 S., 3. Aufl., CD, 39,90 Euro
ISBN 3-89842-644-0

CSS-Praxis
Mit farbiger CSS-Referenzkarte
530 S., 3. Aufl., CD, 34,90 Euro
ISBN 3-89842-577-0

Dedizierte Webserver
einrichten und administrieren
490 S., CD, 34,90 Euro
ISBN 3-89842-550-9

Einstieg in Java 5
Einführung aktuell zu Java 5
600 S., CD, 24,90 Euro
ISBN 3-89842-556-8

Einstieg in Linux
Eine distributionsunabhängige
Einführung
528 S., DVD, 29,90 Euro
ISBN 3-89842-481-2

**Einstieg in
osCommerce/xt:Commerce**
E-Commerce mit Open Source
318 S., 29,90 Euro
ISBN 3-89842-616-5

Einstieg in Python
Aktuell zu Python 2.4
ISBN 3-89842-706-4

Einstieg in TYPO3
Inkl. Templates, TypoScript, Extensions
504 S., DVD, 24,90 Euro
ISBN 3-89842-604-1

Handbuch für Fachinformatiker
Systemintegration, Anwendungs-
entwicklung und Mediengestaltung
1.078 S., 34,90 Euro
ISBN 3-89842-668-8

**Integrationshandbuch
Microsoft-Netzwerk**
Windows Server 2003, Small
Business Server 2003, ADS,
Exchange Server, Windows XP
und Office 2003 im Einsatz
920 S., DVD, 69,90 Euro
SBN 3-89842-525-8

Java ist auch eine Insel
Programmieren für die Java 2-
Plattform in der Version 5
1.454 S., 5. Aufl., CD, 49,90 Euro
ISBN 3-89842-747-1

**Konzepte und Lösungen für
Microsoft-Netzwerke**
Exchange, SharePoint, LCS, MOM,
SMS, ISA, VMWare, Citrix, Storage,
iSCSI, SAN, NAS, Backup, Veritas
664 S., Mindmap-Poster, 69,90 Euro
ISBN 3-89842-663-7

Linux-Unix-Programmierung
1.152 S., CD, 49,90 Euro
ISBN 3-89842-749-8

PC-Netzwerke
Einrichten von LAN und WLAN
624 S., 2. Aufl., DVD, 24,90 Euro
ISBN 3-89842-496-0

PHP PEAR – inkl. PECL
Anwendung und Entwicklung
798 S., 39,90 Euro
ISBN 3-89842-580-0

Praxisbuch Netzwerk-Sicherheit
VPN, WLAN, Intrusion Detection,
Disaster Recovery, Kryptologie
644 S., CD, 39,90 Euro
ISBN 3-89842-571-1

UML 2.0
Das umfassende Handbuch
432 S., mit CD u Poster, 29,90 Euro
ISBN 3-89842-573-8

VBA mit Excel
Excel programmieren mit
Visual Basic für Applikationen
720 S., CD, 39,90 Euro
ISBN 3-89842-489-8

**Webseiten
programmieren und gestalten**
HTML, CSS, JavaScript, PHP, Perl,
MySQL, SVG und Newsfeeds u.a.
1150 S., CD, 39,90 Euro
ISBN 3-89842-557-6

**Das vollständige Programm
finden Sie auf unserer Website:**
>> www.galileocomputing.de

Galileo Computing

>> www.galileocomputing.de

**Hat Ihnen dieses Buch gefallen?
Hat das Buch einen hohen Nutzwert?**

Wir informieren Sie gern über alle
Neuerscheinungen von Galileo Computing.
Abonnieren Sie doch einfach unseren
monatlichen Newsletter:

www.galileocomputing.de

Professionelle Bücher. Auch für Einsteiger.